儒家文明論壇

（第三期）

上

儒家文明協同創新中心 編

主編 傅永聚 馬士遠

山东人民出版社

国家一级出版社 全国百佳图书出版单位

圖書在版編目（CIP）數據

儒家文明論壇．第三期/傅永聚，馬士遠主編．—濟南：山東人民出版社，2016.12

ISBN 978－7－209－09686－7

Ⅰ．①儒… Ⅱ．①傅… ②馬… Ⅲ．①儒家—文集 Ⅳ．①B222.05－53

中國版本圖書館 CIP 數據核字（2016）第 116035 號

儒家文明論壇（第三期）

傅永聚　馬士遠　主編

主管部門　山東出版傳媒股份有限公司
出版發行　山東人民出版社
社　　址　濟南市勝利大街 39 號
郵　　編　250001
電　　話　總編室（0531）82098914
　　　　　市場部（0531）82098027
網　　址　http://www.sd-book.com.cn
印　　裝　青島國彩印刷有限公司
經　　銷　新華書店

規　　格　16 開（184mm ×250mm）
印　　張　40.5
字　　數　720 千字
版　　次　2016 年 12 月第 1 版
印　　次　2016 年 12 月第 1 次
印　　數　1—1000
ISBN 978－7－209－09686－7
定　　價　88.00 圓（全兩册）

如有印裝質量問題，請與出版社總編室聯繫調换。

《儒家文明論壇》第三期

編輯説明

2015年12月10日至11日“首届經學國際學術高端論壇”在曲阜師範大學舉行，本次論壇由曲阜師範大學孔子文化研究院、臺灣“中央研究院”中國文哲研究所、儒家文明協同創新中心聯合主辦。來自中國大陸、香港、臺灣、韓國、新加坡的數十位學者發表了學術論文，其中包括青年學者近二十位，是一次具有前沿性的高水準經學研討會。會議東道主曲阜師範大學孔子文化研究院對與會學者的論文進行了認真整理，將其中43篇彙爲一集，編爲儒家文明協同創新中心《儒家文明論壇》第三期，付山東人民出版社出版，以便學術界參考。書中的錯誤或不當之處，還請讀者批評指正。

儒家文明協同創新中心

2016年3月20日

首届經學國際學術高端論壇合影（2015 年 12 月 11 日曲阜師範大學）

目 录
CONTENTS

從春秋貴族詩人群體構成形態看詩歌創作方式的轉變*

上海大學中國古代文學與文化研究中心　邵炳軍

摘　要　西周時代的"獻詩""采詩"制度是以服務於禮樂制度爲目的的，而春秋時期這種制度則由服務於"辨妖祥"的宗教目的逐步轉變爲服務於"聽於民"的政治目的。與這一轉變伴隨而生的就是由詩、樂、舞三因素合一逐漸向詩與樂、舞二因素脱離的轉變，使詩歌完全通過自己的語言符號所代表的語義發揮其社會政治功能，詩歌創作方式隨之開始由集體創作逐漸轉化爲個人創作。而正是貴族詩人群體構成形態的多元化，促進了詩歌創作方式的重要變革。

關鍵詞　春秋時期　貴族階層　詩人群體　構成形態　創作方式

文學創作載體由"口耳之言"向"書面之文"的轉變，創作方式由以集體累積型創作爲主向以個體獨立創作爲主的轉變，是世界各民族早期文學都普遍具有的文學現象。就中國古代詩歌而言，像代表"東音""南音""西音""北音"等不同地域特色的早期民間歌謡，無疑是一種集體累積型創作的口頭文學；即就是像《詩・大雅・生民》《公劉》《綿》之類的姬周史詩，《商頌・玄鳥》《長髮》《殷武》之類的子商史詩，其中有關祖先神話傳説的内容，應該是甲骨文出現之前，也就是盤庚遷殷（約前1320）之前産生的口頭傳説。這些前文字時代的"口耳之言"，自然是一種集體累積型創作成果。足見中國詩歌創作載體同樣經歷了一個由前文字時代的"口耳之言"向文字時代的"書面之文"轉變歷程，與此伴隨出現的自然是創作方式由以集體累積型創作爲主向以個體獨立創作爲主的轉變進程。在這個漫長的轉變過程中，貴族詩人群體擔當了重要角色。正是他們使詩歌形態實現了由歌謡向樂歌再向徒歌的轉變，而春秋時期（前770－前453）貴族詩人群體的詩歌創作則是最重要的一環。這一時期，除了許多佚名

* 基金項目：國家社科基金一般項目"春秋時期政治興變與詩歌創作演化"。（項目編號：09BZW016）

貴族與平民詩人之外，出現了可考知族屬、世系、事略與作品的貴族詩人群體，凡 38 人，傳世詩作 56 首（含逸詩 28 首）。[①] 這些貴族詩人群體的詩作，佔全部傳世詩作 223 首的 1/4，基本上分佈於春秋時期的不同歷史階段。雖然他們的社會階層、文化背景、詩學修養、審美理念、師學物件等各不相同，但都通過各自不斷的藝術實踐，爲春秋詩歌創作繁榮做出了重要貢獻，也爲中國後世詩歌創作逐步實現族群化、家族化、學派化、流派化奠定了堅實根基。故本文擬從春秋時期貴族詩人群體構成形態的演變歷程，來觀察先秦詩歌創作方式由以集體爲主向以個體爲主的轉變，進而探討中國古代貴族詩人群體與詩歌創作方式之間的互動關係。

一、春秋前期的貴族詩人群體

這一時期可考知族屬、世系、事略與作品的貴族詩人凡 12 人，傳世詩作凡 19 首（含逸詩 2 首）。具體情況如下：

平王宜臼（前？ – 前 720），姓姬，名宜臼，帝嚳高辛氏元妃姜嫄子后稷棄之裔，宣王靜之孫，幽王宮涅太子，申后所出，豐王伯服（伯盤）、攜王余臣之兄，太子泄父、王子狐之父，幽王八年（前 774）出奔西申（在今陝西省寶雞市眉縣附近），九年（前 773）僭立爲天王，十一年（前 771）繼立爲周王，元年（前 771）東遷雒邑（在今河南省洛陽市王城公園一帶），在位凡五十一年（前 771 – 前 720）。其傳世有《裳裳者華》（見《詩・小雅》）一詩。

家伯父，姓姬，本氏賈，别氏家，字父，行次伯，文王昌之孫、武王發庶子唐叔虞之裔，王室宰夫（掌治朝之下大夫），爲歷仕幽、王二王（前 781 – 前 720 在位）之元老重臣，名、生卒年皆未詳（前 770 在世）。其提出“作誦以究王訩”（《詩・小雅・節南山》）[②] 説，傳世有《節南山》（見《詩・小雅》）一詩。

凡伯，姓姬，氏凡，爵伯，文王昌之孫、周公旦庶子凡伯之後，凡國（都邑即今河南省衛輝市西南故凡城）之君，入仕王室爲幽王、平王卿士，名、字、生卒年皆未詳（前 781 – 前 770 在世）。其主張“猶（猷）之未遠，是用大諫”（《詩・大雅・板》）[③]，傳世有《板》《召旻》《瞻印》（俱見《詩・大雅》）三詩。

衛武公和（前 863 – 前 766），姬姓，名和，謚武，侯爵，尊稱公，季歷之孫、文王昌庶子康叔封之後，頃侯之孫，僖侯之子，共伯余之弟，莊公揚、公子惠孫、公子亹之

① 關於這些貴族詩人的族屬、世系、事略及其作品的創作年代，筆者《春秋文學繫年輯證》（高等教育出版社 2013 年版）有關部分與已發表的相關論文有詳細考證，可參；但爲避免行文冗長，此不逐一標注出處。

② ［漢］毛亨傳、［漢］鄭玄箋、［唐］孔穎達疏：《毛詩正義》，中華書局 1980 年影印阮刻十三經注疏本，第 441 頁。

③ ［漢］毛亨傳、［漢］鄭玄箋、［唐］孔穎達疏：《毛詩正義》，中華書局 1980 年影印阮刻十三經注疏本。

父，厲王十五年（前843）繼立爲君，厲王十六年（前842）攝政稱王，共和十四年（前828）歸政宣王靜，平王元年（前770）襲祖職爲王室司寇（掌刑典之卿），三年（前768）平王命之爲“公”，五年（前766）薨，在位凡七十七年（前843－前766）。其提出“抑抑威儀，維德之隅”（《詩・大雅・抑》）① 説，主張“豈弟君子，無信讒言”（《小雅・青蠅》）②，傳世有《青蠅》《賓之初筵》（俱見《詩・小雅》）、《抑》（見《詩・大雅》）三詩。

鄭莊公寤生（前757－前701），姓姬，名寤生，謚莊，伯爵，僭稱公，懿王囏之孫、夷王燮之子厲王胡後裔，桓公友之孫，武公滑突世子，共叔段（太叔段）、原繁之兄，昭公忽、厲公突、公子亹、鄭子（公子儀）、公子閼（子都）、公子曼伯（檀伯）、公子元、公子吕（子封）、公子語（子人）之父，武公二十七年（前744）繼立爲君，且襲祖職爲王室司徒（掌民事之卿），在位凡四十三年（前743－前701）。其提出“天而既厭周德”（隱十一年《左傳》）③ 説，傳世有《大隧歌》（見隱元年《左傳》）一詩。

蘇成公，姓己，謚成（一作“信”），爵公，祝融八姓（陸終六子）氏族部落支族己姓昆吾之裔，平王、桓王之際蘇國（都邑即今河南省焦作市温縣西南故温城）之君，名、字、生卒年皆未詳（前712在世）。其提出“作此好歌，以極反側”（《詩・小雅・何人斯》）④ 説，傳世有《何人斯》（見《詩・小雅》）一詩。

衛公子職（前？－前688），姬姓，名職，其後别爲右公氏，季歷之孫、文王昌庶子康叔封之後，武公和之孫，莊公揚之子，孝伯、桓公完、公子州籲、宣公晉、公子洩庶兄弟，宣公世子急（急子）之傅，惠公四年（前695）與公子洩立公子黔牟爲君，十二年（前688）爲惠公所殺。其傳世有《鶉之奔奔》（見《詩・鄘風》）一詩。

鄭武姜，姓姜，從夫謚曰武，南申（都邑即今河南省南陽市）侯之女，武公滑突夫人，莊公寤生、共叔段（太叔段）之母，生卒年未詳（前761－前722在世）。其傳世有《大隧歌》（見隱元年《左傳》）一詩。

衛莊姜，姓姜，氏吕，莊其夫謚，吕尚（姜子牙、師尚父）之後，齊成公脱（説）之孫、莊公購（贖）嫡女，太子得臣之妹，僖公禄甫姊妹，衛莊公揚夫人，桓公完嫡母，生卒年未詳（前753－前717在世）。其主張“終温且惠，淑慎其身”（《詩・邶風・燕燕》），傳世有《緑衣》《日月》《終風》《燕燕》（俱見《詩・邶風》）四詩。

衛公子職夫人，宣公世子急傅母，族屬、世系、姓名、生卒年皆未詳（前701在世）。其傳世有《二子乘舟》（見《詩・邶風》）一詩。

---

① ［漢］毛亨傳、［漢］鄭玄箋、［唐］孔穎達疏：《毛詩正義》，中華書局1980年影印阮刻十三經注疏本。

② ［漢］毛亨傳、［漢］鄭玄箋、［唐］孔穎達疏：《毛詩正義》，中華書局1980年影印阮刻十三經注疏本。

③ ［晉］杜預注、［唐］孔穎達疏：《春秋左傳正義》，中華書局1980年影印阮刻十三經注疏本。

④ ［漢］毛亨傳、［漢］鄭玄箋、［唐］孔穎達疏：《毛詩正義》，中華書局1980年影印阮刻十三經注疏本。

衛宣夫人，姓姜，衛其夫國，宣其夫謚，吕尚（薑子牙、師尚父）之後，齊莊公購（贖）之孫，僖公禄父之女，襄公諸兒之姊，衛宣公晉夫人，名、字、生卒年皆未詳（前697在世）。其傳世有《柏舟》（見《詩・邶風》）一詩。

楚文夫人，姓媯，文其後夫之謚，陳國公室之女，初爲息侯夫人，後爲楚文王熊貲掠爲夫人，堵敖熊囏、成王熊惲之母，名、字、生卒年皆未詳（前684－前666在世）。其提出"吾一婦人，而事二夫，縱弗能死，其又奚言"（莊十四年《左傳》）[①] 説，主張"婦人不事二夫"貞節觀，宣導"舞也，習戎備"（莊二十八年《左傳》）[②] 古制，傳世有《大車》（見《詩・王風》）一詩。

在上述12位詩人中，武公和乃衛國（都邑即今河南省鶴壁市淇縣）之君入爲王室"三公"攝卿事寮司寇者，莊公寤生乃鄭國（都邑即今河南省新鄭市）之君入爲王室"三公"攝卿事寮司徒者，凡伯乃凡國之君入爲王室卿事寮卿士者，家父爲王室卿事寮宰夫，可稱之爲王室貴族詩人群體；蘇成公爲蘇國之君，衛莊姜、宣夫人、楚文夫人、鄭武姜皆爲國君夫人[③]，衛公子職爲大夫，公子職夫人爲大夫之孺人，皆可稱之爲諸侯貴族詩人群體。

由此可見，這一時期雖依然是"天下有道"的社會，"禮樂征伐"依然"自天子出"（《論語・季氏篇》）[④]，然畢竟是"正雅"息而"變雅"盛，故貴族詩人群體自然由周王室與諸侯國兩大部分構成，主要形成了三大詩人群體：一是以周平王宜臼、衛武公和、凡伯、家父（家伯父）、鄭莊公寤生等爲代表的王室貴族詩人群體，二是以蘇成公、衛公子職（右公子職）等爲代表的諸侯國男性貴族詩人群體，三是以鄭武姜、衛莊姜、公子職夫人、宣夫人、楚文夫人（息媯）等爲代表的諸侯國女性貴族詩人群體。

這裏，我們特别應該關注的周王室與諸侯國外朝卿事寮與内朝太史寮兩大系統的詩人群體。在春秋中期以前（前770－前547），由於卿事寮之"卿"依然具有"秉國政"之權力，他們是詩歌創作最爲活躍的群體之一。特别是卿事寮大夫，他們一直是春秋時期詩歌創作活動最爲活躍的群體，寫作旨趣多在"人道"。而太史寮系統的社會地位雖有所下降，但其卿大夫則是最典型的中上層知識分子，依然是詩歌創作的主要詩人群體之一，寫作旨趣多在"天道"。正是他們把所謂"變雅"作品的創作推向了極至，并推動了創作方式的變革。尤其值得注意的是，"諸侯夫人，大夫内子，並能稱文道故，斐

① ［晉］杜預注、［唐］孔穎達疏：《春秋左傳正義》，中華書局1980年影印阮刻十三經注疏本，第1771頁。

② ［晉］杜預注、［唐］孔穎達疏：《春秋左傳正義》，中華書局1980年影印阮刻十三經注疏本，第1781頁。

③ 《左傳》稱國君夫人曰"小君"；《論語》《禮記》稱國君夫人爲"寡小君"；《儀禮》或稱國君夫人曰"小君"，或稱曰"寡小君"。則就社會階層而言，"夫人"亦爲"君"，而卿大夫之"孺人"，士之"婦人"，庶人之"妻"，亦當與國君之"夫人"相類，社會地位皆與其夫同。

④ ［三國魏］何晏等注、［宋］邢昺疏：《論語注疏》，中華書局1980年影印阮刻十三經注疏本，第2521頁。

然有章”，她們“並與男子儀文”（清章學誠《文史通義·内篇五·婦學》）[①]。足見貴族女性詩人群體的出現，無疑是這一時期貴族詩人群體構成形態的閃光點。

二、春秋中期的貴族詩人群體

這一時期可考知族屬、世系、事略與作品的貴族詩人凡17人，傳世詩作凡23首（含逸詩12首）。具體情況如下：

陳公子完（前705－前?），姓嬀，氏陳，其後别氏敬，名完，謚敬仲，胡公滿之後，桓公鮑之孫，厲公躍之子，公孫稚（稚孟夷、夷孟思）之父，本陳（都邑即今河南省淮陽市）公族，宣公二十一年（前672）奔齊（都邑即今山東省淄博市臨淄區），仕爲工正（掌百工之官），戰國田齊始祖。其反對“辱高位以速官謗”（莊二十二年《左傳》）[②]，傳世有《防有鵲巢》（見《詩·陳風》）一詩。

晉士蔿，姓祁，本氏杜，别氏士，其後别爲範氏、隨氏、劉氏、士吉氏、士季氏、士弱氏、司功氏，名蔿，字子輿，杜伯之子隰叔後裔，士谷（士缺）之父，本杜人，其先國滅徙居晉，獻公九年（前668）命爲大司空（卿官），生卒年未詳（前672－前650在世）。其提出“禮、樂、慈、愛，戰所畜”（莊二十七年《左傳》）[③]說，傳世有《狐裘歌》（見僖五年《左傳》）一詩。

晉優施，施名，晉俳優（樂師、舞師），族屬、世系、生卒年皆未詳（前666－前656在世）。其提出“知辱可辱，可辱遷重”（《國語·晉語一》）[④]説，傳世有《暇豫歌》（見《國語·晉語二》）一詩。

晉介推（前?－前636），氏介，名推（一作“綏”），尊稱子，獻公二十二年（前655）隨公子重耳（文公）出亡，文西元年（前636）隱於綿上（晉地，在今山西省介休市東南四十裏之介山下）而卒，族屬、世系皆未詳。其提出“言，身之文”説，反對“貪天之功以爲己力”（僖二十四年《左傳》）[⑤]，傳世有《龍蛇歌》（見《吕氏春秋·介立篇》）一詩。

晉舟僑（前?－前632），姓禿，氏舟，名僑，祝融八姓（陸終六子）支族彭姓彭祖之别禿姓舟人後裔，本舟人（禿姓國，彭祖之别，楚滅之，今地闕），其先國滅入虢（即西虢，都邑在今山西省運城市平陸縣東北三十五裏），仕爲大夫，獻公十七年（前

① ［清］章學誠撰、葉瑛校注《文史通義校注》，中華書局1985年版，第531頁。

② ［晉］杜預注、［唐］孔穎達疏：《春秋左傳正義》，中華書局1980年影印阮刻十三經注疏本。

③ ［晉］杜預注、［唐］孔穎達疏：《春秋左傳正義》，中華書局1980年影印阮刻十三經注疏本，第1781頁。

④ ［三國吴］韋昭注：《國語》，上海古籍出版社1998年校點清刊宋刻明道本，上海師範大學古籍整理研究所校點，第268頁。

⑤ ［晉］杜預注、［唐］孔穎達疏：《春秋左傳正義》，中華書局1980年影印阮刻十三經注疏本，第1817頁。

660）以其族適晉（都邑即今山西省侯馬市），獻公二十二年（前655）從公子重耳出亡，文公五年（前632）爲文公所殺。其提出“民疾君之侈也，是以遂於逆命”（《國語・晉語二》）① 説，傳世有《龍蛇歌》（見《説苑・複恩篇》）一詩。

鄭公子士（前？－前623），姓姬，名士（一作“素”），夷王燮之孫、厲王胡庶子桓公友之後，厲公突之孫，文公捷第四子，江嬴所生，穆公蘭、世子華、公子臧之弟，公子瑕、公子俞彌、公子帶之兄，穆公五年（623）朝楚時被酖死。其傳世有《清人》（見《詩・鄭風》）一詩。

秦康公罃（前？－前609），姓嬴，名罃，謚康，太幾之孫、大駱之子非子之後，伯爵，僭稱公，德公之孫，穆公任好世子，公子憖、公子弘、伯嬴、文嬴（懷嬴）、簡、璧之兄，共公稻（貑）之父，穆公三十九年（前621）繼立爲君，在位凡十二年（前620－前609）。其傳世有《渭陽》（見《詩・秦風》）一詩。

魯公子魚，姓姬，名魚，字奚斯，季歷之孫、文王昌庶子周公旦之後，惠公弗湟之孫，桓公允庶子，莊公同、公子慶父、公子牙、公子友之弟，仕爲大夫，生卒年未詳（前660－前656在世）。其提出國君應“敬明其德，敬慎威儀，維民之則”（《詩・魯頌・泮水》）② 説，主張“頌”體詩創作應“孔曼且碩，萬民是若”（《閟宫》）③，傳世有《泮水》《閟宫》（俱見《詩・魯頌》）二詩。

魯里克，姓偃，本氏理，改氏里，名克，字革，堯理官咎繇（皋陶、皋繇）之裔，理徵之後，魯太史（下大夫，史官之長），歷仕僖、文、宣、成四君凡四十六年（前627－前573），生卒年未詳（前627－前573在世）。其提出“臣殺其君，君之過”説，主張史官應“以死奮筆，奚啻其聞之”（《國語・魯語上》）④，傳世有《駉》《有駜》（俱見《詩・魯頌》）二詩。

楚優孟，其後别氏優，名孟，楚大司樂（中大夫，樂人之長），族屬、世系、生卒年皆未詳（前592在世）。其反對“貪吏常苦富，廉吏常苦貧”（宋洪适《隸釋》卷三著録《楚相孫叔敖碑》）⑤ 不合理吏制，主張“念爲廉吏，奉法守職，竟死不敢爲非”（《史記・滑稽列傳》）⑥，傳世有《優孟歌》（見《史記・滑稽列傳》）、《慷慨歌》（見宋洪适《隸釋》卷三著録《楚相孫叔敖碑》）二詩。

---

① ［三國吴］韋昭注：《國語》，上海古籍出版社1998年校點清刊宋刻明道本，上海師範大學古籍整理研究所校點，第296頁。

② ［漢］毛亨傳、［漢］鄭玄箋、［唐］孔穎達疏：《毛詩正義》，中華書局1980年影印阮刻十三經注疏本。

③ ［漢］毛亨傳、［漢］鄭玄箋、［唐］孔穎達疏：《毛詩正義》，中華書局1980年影印阮刻十三經注疏本。

④ ［三國吴］韋昭注：《國語》，上海古籍出版社1998年校點清刊宋刻明道本，上海師範大學古籍整理研究所校點，第176頁。

⑤ ［宋］洪适：《隸釋》，中華書局1986年影印清晦本齋刻本。

⑥ ［漢］司馬遷：《史記》，上海古籍出版社1997年點校宋刻三家注本，郭逸、郭曼點校。

魯公孫嬰齊（前？－前574），姓姬，别氏子叔，名嬰齊，謚聲伯，季歷（公季）之孫、文王昌（西伯）庶子周公旦後裔，文公興之孫，公子肸（叔肸、惠伯）之子，叔老（子叔）之父，仕爲大夫。其宣導“重莫如國，棟莫如德”（《國語·魯語上》）[①]説，傳世有《濟洹歌》（見成十七年《左傳》）一詩。

晉師曠，其後氏師，名曠，字子野，晉太師（下大夫，樂師之長），族屬、世系、生卒年（前559－前534在世）皆未詳。其提出“天生民而立之君”（襄十四年《左傳》）[②]説，傳世有《無射歌》（見《逸周書·太子晉解》）一詩。

周太子晉，姓姬，其後别氏王，名晉，字喬，帝嚳高辛氏元妃姜嫄子后稷棄之裔，簡王夷之孫，靈王泄心太子，景王貴之兄，王孫守敬（宗恭）之父，享年十八歲，生卒年未詳（前550在世）。其主張遵從“象天”“儀地”“和民”“順時”“共神衹”五“令德”，以“受天之豐福，饗民之勳力，子孫豐厚，令聞不忘”（《國語·周語下》）[③]，傳世有《嶠歌》（見《逸周書·太子晉解》）一詩。

宋桓夫人（前694－前？），姓姬，宋其夫國，桓其夫謚，季歷（公季）之孫、文王昌（西伯）庶子康叔封之後，宣公晉之孫，公子頑（昭伯）次女，宣姜所出，齊子（衛共姬）、戴公申、文公毁之妹，許穆夫人之姊，宋桓公禦説夫人，太子茲父（襄公）之母，名、字、卒年皆未詳。其傳世有《河廣》（見《詩·衛風》）一詩。

許穆夫人（前690－前？），姓姬，許其夫國，穆其夫謚，季歷（公季）之孫、文王昌（西伯）庶子康叔封之後，宣公晉之孫，公子頑（昭伯）季女，宣姜所出，齊子（衛共姬）、衛戴公申、文公毁、宋桓夫人之妹，許穆公新臣（許男新臣）夫人，許僖公業（許男業）之母，名、字、卒年皆未詳。其宣導諸侯女子“苞苴玩弄，系援於大國”（《列女傳·仁智傳》）[④]古制，傳世有《泉水》（見《詩·邶風》）、《載馳》（見《詩·鄘風》）、《竹竿》（見《詩·衛風》）三詩。

陳懿氏孺人，即陳大夫懿氏之妻，姓氏、名字、生卒年俱不詳（前676在世）。其傳世有《鳳皇歌》（見莊二十二年《左傳》）一詩。

秦百里奚孺人，即秦大夫百里奚之妻，姓、氏、名、字、生卒年皆未詳（前655－前627在世）。其傳世有《琴歌》（見北齊顔之推《顔氏家訓·書證篇》引漢應劭《風俗通義》）一詩。

① ［三國吴］韋昭注：《國語》，上海古籍出版社1998年校點清刊宋刻明道本，上海師範大學古籍整理研究所校點，第180頁。

② ［晉］杜預注、［唐］孔穎達疏：《春秋左傳正義》，中華書局1980年影印阮刻十三經注疏本。

③ ［三國吴］韋昭注：《國語》，上海古籍出版社1998年校點清刊宋刻明道本，上海師範大學古籍整理研究所校點，第111頁。

④ ［漢］劉向：《古列女傳》，上海書店四部叢刊初編1985年影印明刊本。

齊杞殖孺人（前？ –前 550），即齊大夫杞殖（杞梁殖）之妻，族屬、世系、名字、生年皆未詳。其尊崇“有先人之敝廬在，下妾不得與郊吊”（襄二十三年《左傳》）① 古制，主張“外無所倚，以立吾節”（《列女傳・貞順篇》）②，傳世有《杞梁妻歌》（見漢蔡邕《琴操》卷下）一詩。

可見，這一時期“天下”由“有道”變得“無道”，社會形態由“禮樂征伐自天子出”轉變成爲“自諸侯出”（《論語・季氏篇》）③，“變雅”息而“變風”“變頌”興，故在貴族詩人群體中，王室僅太子晉 1 人，其餘皆集中在各諸侯國，形成了兩大詩人群體：一是以陳公子完（敬仲）、晉士蔿（子輿）、優施、介推（介之推、介子）、師曠（子野）、魯公子魚（奚斯）、里克（太史克、里革）、公孫嬰齊（子叔聲伯）、鄭公子士、虢舟僑（舟之僑）、秦康公罃（大子罃、秦伯罃）、楚優孟、周太子晉（王子喬）等爲代表的貴族男性詩人群體，一是以宋桓夫人、許穆夫人、陳懿氏孺人、秦百里奚孺人、齊杞殖（杞梁殖）孺人等爲代表的貴族女性詩人群體。這表明，從春秋中期開始，“卿”這一創作群體漸次爲“大夫”創作群體所替代，特別是“國人”中的“士”成爲詩歌創作的主要群體。所以，他們不僅是“變雅”創作的主體，更是“變風”創作的開拓者。

三、春秋後期的貴族詩人群體

這一時期可考知族屬、世系、事略與作品的貴族詩人僅 2 人，傳世詩作凡 2 首（皆逸詩）。具體情況如下：

晉中行吴（荀吴、穆子、中行伯、鄭甥），姓姬，本氏荀，别氏中行，名吴，謚穆，尊稱子，敬稱伯，季歷（公季）之孫、文王昌（西伯）庶子原伯後裔，荀庚（宣子、中行伯）之孫，中行偃（荀偃、伯游、中行獻子、中行伯）之子，鄭女所出，中行寅（荀寅、文子）之父，平公四年（前 554）繼父爲卿，昭公二年（前 530）帥師入昔陽（肥都邑，地在今山西省介休市境）滅肥（白狄氏族部落支族），三年（前 529）爲上軍將（第三卿），頃西元年（前 525）帥師滅陸渾之戎（居於伊水流域之戎部落），六年（前 520）帥師伐鮮虞（白狄氏族部落支族，其都邑即今河北省石家莊市正定縣北四十里之新城鋪）滅鼓（白狄氏族部落支族，地即今河北省晉州市西之昔陽故城），歷仕平、昭、頃三公凡二十八年（前 554 –前 520），生卒年未詳（前 554 –前 520 在世）。

---

① ［晉］杜預注、［唐］孔穎達疏：《春秋左傳正義》，中華書局 1980 年影印阮刻十三經注疏本，第 1978 頁。
② ［漢］劉向：《古列女傳》，上海書店四部叢刊初編 1985 年影印明刊本。
③ ［三國魏］何晏等注、［宋］邢昺疏：《論語注疏》，中華書局 1980 年影印阮刻十三經注疏本，第 2521 頁。

其提出“賞善罰奸，國之憲法”（《國語·晉語九》）[①] 説，宣導“率義不爽，好惡不愆，城可獲而民知義所，有死命而無二心”（昭十五年《左傳》）[②]，傳世有《投壺歌》（見昭十二年《左傳》）一詩。

齊景公杵臼（前？－前490），姓姜，氏吕，名杵臼，侯爵，僭稱公，堯時方伯姜姓四岳伯夷（太岳）後裔，出於吕尚（姜子牙、師尚父），頃公無野之孫，靈公環之子，穆孟姬所出，莊公光異母弟，太子牙之兄，燕姬、鬻姒、胡姬之夫，安孺子荼（君荼、晏孺子）、公子陽生（齊陽生、悼公）、公子嘉、公子駒、公子黔、公子鉏（南郭且於）之父，莊公六年（前548）繼立爲君，在位凡五十八年（前547－前490）。其主張國君應“鬻德惠施”以“争民”（《韓非子·外儲説右上》）[③]，傳世有《投壺歌》（見昭十二年《左傳》）一詩。

可見，這一時期由於“禮樂征伐”由“自諸侯出”轉變爲“自大夫出”（《論語·季氏篇》）[④]，故貴族詩人群體皆爲諸侯國詩人，周王室已無傳世作品之貴族詩人。

四、春秋晚期的貴族詩人群體

這一時期可考知族屬、世系、事略與作品的的貴族詩人凡7人，傳世詩作凡12首（皆逸詩）。具體情況如下：

魯孔丘（前551－前479），姓子，氏孔，名丘，字仲尼，尊稱子，帝乙後裔，出於木金父之孫、祁父（睪夷父）之子防叔，伯夏之孫，叔梁紇（郰叔紇、郰人紇）次子，孟皮（伯尼）異母弟，母顔徵在，孔鯉（伯魚）之父，本宋公族，曾祖父孔防叔避難遷居魯昌平鄉陬邑闕里，歷仕魯爲委吏（主委積之吏）、乘田（主苑囿芻牧之吏）、中都（魯邑名，地在今山東省汶上縣）宰（縣邑之長）、司寇（中大夫，典刑之官），昭公十三年（前497）去魯周遊列國，哀公十一年（前484）自衛返魯，潛心整理文獻，創辦私學。其爲儒家學説集大成者，傳世有《去魯歌》（見《史記·孔子世家》）、《陬操》（見《孔叢子·記問篇》）、《泰山歌》（見《禮記·檀弓上》）三詩。

楚申勃蘇（申包胥、棼冒勃蘇、申麃），姓羋，本氏熊，别氏申，其後别爲包（一作“麃”）氏，名勃蘇，字胥，祝融八姓（陸終六子）氏族部落支族羋姓季連之裔，鬻熊之後，出於熊咢之孫、若敖熊儀之子蚡冒熊率（熊眴、棼冒），楚大夫，生卒年未詳

---

① ［三國吴］韋昭注：《國語》，上海古籍出版社1998年校點清刊宋刻明道本，上海師範大學古籍整理研究所校點，第484頁。

② ［晉］杜預注、［唐］孔穎達疏：《春秋左傳正義》，中華書局1980年影印阮刻十三經注疏本，第2077頁。

③ ［周］韓非撰、［清］王先慎集解：《韓非子集解》，中華書局新編諸子集成1998年點校宋刻本，鍾哲點校，第337頁。

④ ［三國魏］何晏等注、［宋］邢昺疏：《論語注疏》，中華書局1980年影印阮刻十三經注疏本，第2521頁。

（前 522－前 475 在世）。其提出“夫戰，智爲始，仁次之，勇次之”（《國語·吴語》）[①]說，傳世有《吴爲無道歌》（見《吴越春秋·闔閭内傳》）一詩[②]。

越文種（前？－前 472），姓芈，本氏熊，别氏文，名種，字子禽，一字少禽，熊坎（霄敖）之孫、武王熊通之子文王熊貲後裔，楚南郢（又謂故郢，文王熊貲自丹陽遷都邑於此，地即今湖北省江陵市荆州鎮北五里故紀南城）人，楚平王（前 529－前 516 在位）時爲宛（楚縣邑，地即今河南省南陽市北郊古宛城）令，後與范蠡相攜同游仕於諸侯，始入吴，越王句踐三年（前 494）前入越爲大夫，二十四年（前 472）越王賜劍使其自殺。其主張“謀臣與爪牙之士，不可不養而擇”（《國語·越語上》）[③]，傳世有《祝辭》二首（俱見《吴越春秋·勾踐入臣外傳》）、《祝酒辭》二首（俱見《吴越春秋·勾踐伐吴外傳》）諸詩。

楚陸通（楚狂接輿），姓芈，本氏熊，别氏陸，其後别爲接輿氏，省爲接氏，名通，字接輿，祝融八姓（陸終六子）氏族部落支族芈姓季連之裔，鬻熊之後，爲楚國著名耕隱之士，世系、生卒年皆未詳（前 489 在世）。其提出“往者不可諫，來者猶可追”（《論語·微子篇》）[④] 説，傳世有《鳳兮歌》（見《論語·微子篇》）一詩[⑤]。

吴申叔儀，姓芈，本氏熊，别氏申叔，名儀，本楚人，徙居吴，仕爲大夫，生卒年未詳（前 842 在世）。其傳世有《庚癸歌》（見哀十三年《左傳》）一首。

魯公孫有山（公孫有山氏、公孫有陘氏），姓姬，名有山（一作“有陘”），或襄公午曾孫，或襄公午之孫，魯大夫，生卒年未詳（前 482－前 468 在世）。其傳世有《賡歌》（見哀十三年《左傳》）一首。

衛莊公蒯聵（前？－前 478），姓姬，名蒯聵，謚莊，侯爵，僭稱公，季歷（公季）之孫、文王昌（西伯）庶子康叔封後裔，襄公惡之孫，靈西元世子，吕姜之夫，孔伯姬之弟，公子郢（子南）、公子起、悼公黚之兄，出公輒之父，靈公三十九年（前 496）出奔宋，四十一年（前 493）晉趙鞅帥師納之於戚（衛邑，地即今河南省濮陽縣北七里之古戚城），莊西元年（前 479）自戚入於衛逐出公輒自立爲君，二年（前 478）爲晉所迫出奔齊而被戎人所殺。其提出“天誘其衷，獲嗣守封”（哀十六年《左傳》）[⑥] 説，

① ［三國吴］韋昭注：《國語》，上海古籍出版社 1998 年校點清刊宋刻明道本，上海師範大學古籍整理研究所校點。

② 説詳：邵炳軍《楚公室族屬、世系暨作家群體事略考》，《中國文化研究》2011 年第 4 期，第 51－61 頁。

③ ［三國吴］韋昭注：《國語》，上海古籍出版社 1998 年校點清刊宋刻明道本，上海師範大學古籍整理研究所校點。

④ ［三國魏］何晏等注、［宋］邢昺疏：《論語注疏》，中華書局 1980 年影印阮刻十三經注疏本，第 2529 頁。

⑤ 説詳：邵炳軍《陽氏、包氏、葉氏族屬、世系暨作家群體事略考》，《河北師大學報》2012 年第 5 期，第 49－52 頁。

⑥ ［晉］杜預注、［唐］孔穎達疏：《春秋左傳正義》，中華書局 1980 年影印阮刻十三經注疏本。

傳世有《渾良夫噪》（見哀十七年《左傳》）一詩。

可見，這一時期以魯孔丘、公孫有山、楚申勃蘇、陸通（接輿）、越文種（子禽、少禽）、吴申叔儀、衛莊公蒯聵（世子蒯聵、太子蒯聵、曾孫蒯聵）等爲代表的貴族詩人群體皆爲諸侯國詩人，儘管社會形態由禮樂征伐"自大夫出"轉變成爲"陪臣執國命"（《論語·季氏篇》）[①]，但大夫階層依然爲詩歌創作主體。

總之，春秋時期貴族詩人群體由"王—公—卿—君—大夫—士"等不同社會階層構成[②]，比西周時期"王—公—卿—君—大夫"的構成形態涵蓋面更廣泛，多元化特徵更明顯。西周時代的"獻詩""採詩"制度是以服務於禮樂制度爲目的的，而春秋時期這種制度則由服務於"辨妖祥"的宗教目的逐步轉變爲服務於"聽於民"的政治目的（《國語·晉語六》載晉士燮言）[③]。與這一轉變伴隨而生的就是由詩、樂、舞三因素合一逐漸向詩與樂、舞二因素脱離的轉變，使詩歌完全通過自己的語言符號所代表的語義發揮其社會政治功能，詩歌創作方式隨之開始由集體創作逐漸轉化爲個人創作。《大雅》《小雅》乃至《國風》中一些貴族詩人創作的政治諷喻詩就是這樣産生的。詩歌創作方式的變革，促進了詩歌創作群體構成的多元化。那些以政治身份出現的卿士寮官署之公卿列士成爲詩歌創作的主體，逐漸取代了以神職身份出現的太史寮官署之巫、史、卜、祝等，且呈現出更加平民化的發展趨勢。

---

① ［三國魏］何晏等注、［宋］邢昺疏：《論語注疏》，中華書局1980年影印阮刻十三經注疏本，第2521頁。

② 據《禮記·王制》，就政治地位而言，天子三公相當於公爵、侯爵之諸侯國君，天子卿士相當於諸侯伯爵之國君，天子之大夫相當於子爵、男爵之諸侯國君。故此將王室公、卿位於諸侯國君之前。

③ ［三國吴］韋昭注：《國語》，上海古籍出版社1998年校點清刊宋刻明道本，上海師範大學古籍整理研究所校點，第410頁。

《詩經·召南·羔羊》彙通

山西大學　劉毓慶

这是一篇詠大夫用罷公食退出之作。历代歧説甚多，今以漢儒舊説爲根本，擇百家善者從之。

一

羔羊之皮，	穿着羔皮製作的黑色毛裘，
素絲五紽（tuó）。	裘縫處裝飾着白色的絲條。
退食自公，	用罷了公餐從公門裏走出，
委蛇委蛇。	步趨從容是那樣閑適逍遥。

【異文】 紽：《釋文》作它，云本又作他。蛇：《釋文》作虵，言沈讀作委委虵虵，《韓詩》作逶迤。

【韻讀】 皮、紽、蛇，歌部。

【羔羊之皮】 本指羊羔皮，這裏代指羊羔皮製成的皮裘。一説指皮弁，即帽子。或以爲皮幣。

按：《毛傳》："小曰羔，大曰羊。"《説文》："羔，羊子也。"徐灝《説文解字注箋》説："疑羔之本義爲羊炙，故從火。小羊味美，爲炙尤宜，因之羊子謂之羔。"《釋名》云："皮，被也，被覆體也。"羔羊的皮毛較犬、狼及羊皮柔細輕暖，但不及狐皮。古人多用黑羔羊皮制做裘衣。如《論語·鄉黨》"緇衣羔裘"皇侃疏云："羔者，烏羊也。"邢昺疏也説："羔裘，黑羊裘也。"因羔羊皮裘爲王者祭天所服，所以又稱大裘。如《周禮·司裘》説："掌爲大裘，以共王祀天之服。"鄭司農注説："大裘，黑羔裘，服以祭天，示質。"所謂"示質"，是因其質樸無華，體現了古人尚質的品格。關於此，清儒有不同的解釋。于鬯以爲此處"羔羊之皮"應指皮弁，而不是皮裘。王闓運則以爲指作爲禮用的皮幣。説詳《總説》。

【素絲】 白色的絲縧。一説白絹，或束帛。

按：《毛傳》："素，白也。"《説文》："素，白致繒也。從糸、𠂹取其澤也。"即白而細的絲帛。從糸，表示是絲帛；𠂹同垂，表示是有光澤細柔而下垂。素絲即指没有經過染色的白色蠶絲。故孔穎達説："素與繪事對言，蓋以其色白可采也，白絲不染絲也。"羔裘由幾塊羔羊皮縫制而成，衣襟向右，也有對襟的。在重要的接縫處（如袖筒的合縫、衣腋下的合縫等）和衣襟相合處，都有白色的絲繩作裝飾，故《毛傳》説："古者素絲以英裘，不失其制。"所謂"英裘"，據孔穎達説，即"織素絲爲組紃以英飾裘之縫"。關於羔裘的形制，我們已難得其詳。古朝鮮學者成海應《詩説》猜測説："素絲爲組以英飾裘之縫中"，"似今之皂隸青衣上縱橫素紃者也"。其説或是。故《鄭風·羔裘》篇有"羔裘晏兮，三英粲兮"之説。清儒牟庭則以爲這裏的素絲指白絹。他説："古者縑帛之屬謂之絲。此經及《干旄》篇素絲皆謂帛，未染也。《緑衣》篇'緑兮絲兮'，謂帛之染爲緑者。《良耜》篇'絲衣其紑'，《毛傳》以爲祭服。則絲衣即帛衣也。……然則素絲即白絹，所以爲裘裡也。"王闓運則以爲指做禮品用的"束帛"。聞一多《詩經新義》又曾對王説大加發揮。可供參考。

【五紽】指飾裘的絲條是用五紽絲織成的。五絲爲紽，五紽二十五絲。

按：《毛傳》與下文"總"字並釋曰"數也"。陳奂言："數之爲言蔟蔟也，皆即密縫之意也。"又引段玉裁《毛詩小箋》説："《東門之枌》傳：'緵，數也。'《烈祖》傳：'緵，總也。'然則此傳'數'字當讀數罟之數。五總，猶俗云五蔟也，上文'它，數也'，亦當如此讀。"孔穎達據《爾雅·釋訓》"緎，羔羊之縫也"的解釋，以爲"五緎既爲縫，則五紽、五總，亦爲縫也"。《毛傳》釋紽、總皆爲"數也"，是"謂紽總之數有五，非訓紽、總爲數也"。但《後漢書·王渙傳》注引《韓詩》薛君章句云："紽，數名也。"《廣雅·釋詁四》説："紽，數也。"《玉篇》也説："紽，絲數。"或以《廣雅》《玉篇》存《魯詩》説。據此，則紽爲絲數當爲秦漢經師舊説。姚炳《詩識名解》卷五説："緎、紽、總皆合絲所成，即俗稱綫是也。《西京雜記》謂："五絲爲䋌，倍䋌爲升，倍升爲緎，倍緎爲紀，倍紀爲緵。蓋綫粗細之殊名耳。"此説得之。王引之《經義述聞》卷五"素絲五緎"條又詳考之曰："《羔羊》篇'素絲五紽''素絲五緎''素絲五總'，《毛傳》曰：'紽，數也。緎，縫也。總，數也。'引之謹案：緎訓爲縫，本于《爾雅》，蓋取界域之義（孫炎《爾雅注》曰'緎，縫，界域'），今繹三章文義，寔不當。如《爾雅》所訓，紽、緎、總皆數也。五絲爲紽，四紽爲緎，四緎爲總。五紽二十五絲，五緎一百絲，五總四百絲。故詩先言五紽，次言五緎，次言五總也。《西京雜記》載鄒倩《遺公孫宏書》曰：'五絲爲䋌，倍䋌爲升，倍升爲緎（緎，今本訛作絨。《埤雅》引此正作緎），倍緎爲紀，倍紀爲緵，倍緵爲襚。'《豳風·九罭》釋文曰：'緵字又作總。'然則緎者二十絲，總者八十絲也。孟康注《漢書·王莽傳》曰：'緵，八十縷也。'《史記·孝景紀》：'令徒隸衣七緵布。'《正義》與孟康注同。《晏子春秋·雜篇》曰：‘十總之布，一豆之食。’《説文》作稯，云：‘布之八十縷爲稯。’正與倍紀爲緵之數相合。紽之數，今失其傳。案《釋文》曰紽，本又作佗。春秋時陳公子佗，字五父。則知五絲爲紽，即《西京雜記》之纚矣。”王念孫《廣雅疏證》也稱引其子引之説。此説似較他説爲勝，今姑從之。絲數多少，表示的是絲帶的密度與粗細。此處是指用二十五根絲縷織成的絲繩。中井積德《古詩逢原》根據他所見到的皮革服飾推測説：“今皮器服往往用組覆縫以爲飾，形類小蛇，其用彩組者，尤肖錦蛇，謂之蛇腹。所謂紽或是也。紽字從系從它，蛇之本字，于義尤近。所云用組者，又非真用組來覆，是用絲刺皮，前卻回繞，自成組形耳。……又有真用組覆邊者，乃無蛇名，曰水引。又有直用絲接連縫處，因以爲飾，或嵌細組於内，皆簡於蛇腹。是類尚多，不可悉舉。緎似有域限之義，蓋是之類云。凡組絛之端，已結束而散垂其餘，或別加絲，肥大其垂用爲飾，皆謂之布散，即總字矣。此詩五總雖未詳其狀，而作布散繫於合縫，用爲飾者無可疑。今貴者之服，或束彩絲，厖然如花，用綴於闕口，以防綻裂，謂之菊閉。所謂總或是類邪?《鄭風·羔裘》‘三英粲兮’，英尤近於菊閉，當並考。數稱五者，蓋非全數。其玄衣裼之，則裘之見者特胸腹間而已。則紽、緎亦不多，特舉所見，故五矣。又首章稱五，故後皆稱五，則五亦非實數，故五總、三英宜相通考索，勿拘三五之數。據菊閉每闕口或三花或五花一處鱗置，若五總、三英或亦如此邪?聚皮造裘，縫處必多，然上有毛覆之，不見縫處，自如全皮爲美也。必不每縫費絲飾，故呈縫處也。意者，素絲圜闕而跨表裡者爲蛇腹，所謂紽也；又衣領相接者，縫不可没，是又可用紽；護闕口者爲菊閉，所謂總也、英也。別用組壓衣邊而周之者，爲水引，所謂緎也。”此説可參。他説詳見《總説》。

【退食自公】自公門食罷而退。退，退出，歸回。公，公門，即國君之門。

按：《毛傳》：“公，公門也。”《鄭箋》：“退食，謂減膳也；自，從也；從於公，謂正直順於事也。”鄭玄之所以要釋“退食”爲“減膳”，是因爲《詩序》有“節儉”之文，故遷就爲説。朱熹則説：“退食，退朝而食於家也。自公，從公門而出也。”何楷的解釋正好相反，他説：“退食者，退朝而食於家也。自，從也，猶言往也。公，公所也。‘退食自公’，言退食已畢，從而之於公所也。”劉履恂《秋槎雜記》曰：“《詩》‘退食自公’，據《春秋襄二十八年左傳》：‘公膳，日雙雞。’杜注：‘卿大夫之膳食。’《釋文》：‘公家供卿大夫之常膳。’《正義》據《玉藻》‘天子日食少牢，朔月太牢；諸侯日食特牲，朔月少牢’推之，以爲大夫日食特豚，朔月特牲。今膳日雙雞者，齊不如禮。此詩美大夫，故言其自公食而退，容貌如此，三言‘自公’，榮之。”馬瑞辰謂劉履恂説，“較《集傳》以退食爲退朝而食於家爲善。古者卿大夫有二朝，魯語所云‘合官職於外朝，闔家事於内朝’也。其在公各有治事之朝，勤於治事，不遑家食，則有公饍可食。《詩》言‘退食自公’，正著其盡心奉公。《緇衣》詩還而授餐，欲其還食於家，所以見君之優賢。此詩‘退食自公’，有不違家食之意，所以明臣之急公也。”今從劉履恂、馬瑞辰説。

【委蛇委蛇】從容自得的樣子。

按：《毛傳》：“委蛇，行可從迹也。”《鄭箋》：“委蛇，委曲自得之貌。節儉而順心志定，故可自得也。”或讀作“委委蛇蛇”。孔廣森《經學卮言》“退食自公委蛇委蛇”條曰：“蓋大夫自公門而出，正慎之至，雖跬步，亦有常度。《漢書》言‘郎僕射竊識霍光下殿門，進止處，不失尺寸’，此行可蹤迹之謂也。《釋文》云：‘沈讀作委委蛇蛇。’按：古書遇重讀者，每於各字下疊小二。《石鼓文》‘君子員獵，員獵員斿’，即書作‘君子員＝獵＝員斿’。《宋書·樂志》載諸樂府辭皆如是，若《秋胡行》云：‘願＝登＝泰＝華＝山＝，神＝人＝共＝遨＝遊＝。’乃重讀‘願登泰華山，神人共遨遊’二句也。此詩舊本似亦作‘委＝蛇＝’，故沅重誤讀耳（晉人作‘頓首頓首’，亦頓下首下各疊之）。”此説可從。《左傳·襄公七年》引詩説：“《詩》曰：‘退食自公，委蛇委蛇。’謂從者也。衡而委蛇必折。”杜注：“委蛇，順貌，《詩·召南》言人臣自公門入私門，無不順禮。從，順行。衡，横也，横不順道，必毁折。”據此，是讀“委蛇委蛇”爲正。

關於“委蛇”之義及其音轉變字，馬瑞辰言之最詳，他説：“‘委蛇’二字疊韻，毛公以爲行有常度，故云‘行可從跡’。‘從跡’即‘蹤跡’也。徐行者必紆曲，《君子偕老》詩《傳》‘委委者，行可委曲從跡也’，義與此《傳》合，故《箋》申之以‘委曲自得之貌’。《韓詩》以爲公正貌，非也。曲與衺同義，故衺貌亦謂之‘委蛇’。‘委蛇’《韓詩》作‘逶迤’，《説文》‘迤，衺行也’，又云‘逶迤，衺去貌’，見《廣雅》‘委蛇，窊衺也’是也。委蛇本人行衺曲之貌，因而蛇行紆曲，亦謂之委蛇。《戰國策》蘇秦嫂‘蛇行蒲伏’，《莊子》‘養鳥者食之以委蛇’是也。物形盤曲亦謂之委蛇，《楚詞·遠遊》‘玄螭蟲象竝出進兮，形蟉虯而逶蛇’是也。路之紆曲亦謂之委蛇，《淮南子·秦族篇》‘河以逶蛇，故能遠’，劉向《九嘆》‘遵江曲之逶移’是也。旗之舒卷亦謂之委蛇，《楚詞·離騷經》‘載云旗之委蛇’是也。聲之詘曲亦謂之委蛇，張衡《西京賦》‘聲清暢而逶蛇’是也。曲之義轉爲長，故委蛇又爲長貌，《楚詞》王逸注‘委蛇，長也’，又《文選·南都賦》注‘委蛇，長貌也’是也。委曲者易順從，故委蛇又爲順貌，《莊子釋文》‘委蛇，至順之貌’是也。徐行有度則必美，故委蛇又有美義，《爾雅》‘委委佗佗，美也’，《韓詩》‘委蛇，德之美貌也’，《説文》‘覣，好視也’，《爾雅釋文》‘委，諸儒本竝作禕，舍人云，禕禕者心之美’，《釋詁》‘禕，美也’是也。委音近爲，故字或從爲。《説文》‘逶’或作‘蟡’，又漢陰《逢盛碑》作‘過’迤是也。遺從貴聲，與委音近，故委又通遺。《莊子·田子方》注‘遺蛇其步’是也。蛇古通作它，後漢《儒林傳》‘服方領習矩步者，委它乎其中’是也。又通作佗，《後漢》任光等《傳贊》‘委佗還旅’是也。古從它者，多與也通，故蛇或作迤，見《韓詩》；或作虵，見《釋文》。又或借作施，《莊子·天運》‘乃至委蛇’，《釋文》‘蛇本作施’是也。又或作跑，《易林·大莊之鼎》云‘長尾踒跑’是也。隋古讀如它，故蛇或作隋，又作隨，《説文》‘委，委隋也’，漢《唐扶頌》‘在朝逶隨’，《劉熊碑》‘卷舒委隨’，《衡方碑》‘禕隋在公’是也。蛇斂音讀如夷，故‘委蛇’又作‘倭遲’，又作‘威夷’，《四牡》詩‘周道倭遲’，《韓詩》作‘威夷’是也。遲、夷古同聲，倭、郁亦一聲之轉，故‘倭遲’《漢書》又引詩作‘郁夷’。委音近猗，迤音同移，故‘委迤’又作‘猗移’，《莊子·應帝王》篇‘吾與之虛而委蛇’《列子·黄帝》篇作‘猗移’是也。委蛇之聲，轉爲委維，《山海經》‘蒼梧之野有委維’郭注‘即委蛇’是也。又轉爲延維，《山海經》‘有神名延維’郭注作‘委蛇’是也。又轉爲婑嫷，《方言》‘嫷，美也’，郭注‘嫷言婑嫷也’是也。《列子》‘稚齒婑媠’義亦同。又轉爲靡迤，《玉藻》‘疾趨則欲發而物足毋移’，鄭注‘移之言靡迤也’。靡迤又爲夷靡，《文選·射雉賦》‘或乃縈壙夷靡’是也。又爲迤靡，《文選·洞簫賦》‘倚巇迤靡’是也。”據此，詩中凡與“委蛇”相關者，皆可獲解。馬氏言“委蛇”有紆曲、盤曲、屈曲、邪曲之意，而此之所以與大夫之行走聯繫，是因爲周時大夫所穿的履舄爲木底，鞋底遠比現在的高，穿上後中心會上移，因此走起路來就會左右摇擺，紆曲徐行。這便成爲一種風度，爲後人效法。古裝戲劇表演中大官出場，往往走八字步，左右紆曲而行，此當時對委蛇之貌的誇張表述。

章評：“退食自公，委蛇委蛇”，寫出大臣風度，分明畫出朝廷無事光景。猶唐詩“聖朝無闕事，自覺諫書稀”也。

二

羔羊之革，　　　　穿着羔皮製作的黑色毛裘，
素丝五緎（yù）。　　裘縫處裝飾着白色的絲絛。
委蛇委蛇，　　　　脚步優優是那樣閑適從容，
自公退食。　　　　那是大夫們公膳後的陶陶。

【韵读】革、緎、食，之部（王歸入聲职部）。

【革】與皮同，這裏只是爲了押韻换字的。

按：《毛傳》：“革，猶皮也。”孔穎達説：皮、革對文則異，散文則通。舉《司裘》曰：“‘大喪飾皮車’，謂革輅也。去毛得稱皮，明是有毛得稱革，故攻皮之工，有函、鮑、韗、韋、裘，是皮、革通言也。此以爲裘，明非去毛，故云‘革猶皮也’。”《管子·侈靡篇》“民變而不能變，是棁之傳革”，尹知章注：“革，皮也。”《黄帝内經素問·調經論篇》“適人必革”，王冰注：“革，皮也。”《文選·王褒〈聖主得賢臣頌〉》

“陸輖犀革”，張銑注：“革，皮也。”是革皮通言之證。顧夢麟《詩經説約》説：“變皮言革，取叶韻耳。”毛奇齡《毛詩寫官記》説：“或曰革不可爲裘，而叶于‘退食’，則以爲裘也，猶之《左傳》役者歌曰：‘牛則有皮，棄甲則那。’皮不可爲介，而叶于‘則那’，則以爲介也，則叶文也。”丁惟汾《詩毛氏傳解詁》也説：“革與皮其質一也，但爲有毛、無毛之别耳，故云革猶皮也。經易皮爲革者，以與緎、食協韻耳。”或以爲此處的革指裘毛脱落，説明大夫之儉，如姚舜牧《重訂詩經疑問》説：“曰皮曰革曰縫皆有謂。曰皮，則有毛附麗在；曰革，則毛毨而鞹存也；曰縫，則革敝而縫見也。”又马瑞辰以为“革”为䩞之借，即裘裹。皆不可從。

【五緎】指五緎絲織成的絲帶。一緎二十絲。

按：《毛傳》：“緎，缝也。”《爾雅·釋訓》：“緎，羔裘之縫也。”郭璞注：“縫飾羔皮之名。”邢昺疏引孫炎説：“緎之为界緎。”項安世《項氏家説》“素絲五緎”條引《説文》曰：“黬，羔裘之缝也。《詩》曰：羔羊之黬。”這當是據《羔羊》詩創造的字。因羔裘爲黑色，故從黑。據王引之研究，緎當訓爲絲數，一緎二十絲。因綴於裘縫，故《爾雅》以緎爲“羔裘之縫”。參“五紽”注。

章評：末二句倒句倒字爲韻，亦自頓挫有神。

三

羔羊之缝，	黑色羔裘的衣縫白絲相連，
素丝五总。	白色的綴飾是成簇的絲線。
委蛇委蛇，	腳步優優儀態是那般從容，
退食自公。	那是公門宴罷歸去的悠閑。

【韻讀】縫、總、公，東部。

【縫】相合處，此處當指羔裘兩襟相合處。一説指縫合。

按：《毛傳》：“縫，言縫殺之大小得其制。”陳奐以古時衣幅大小廣狹的尺寸來解釋《毛傳》所謂的“大小得其制”。這是從經學的角度考慮的。就詩之意而言，此當是指羔裘兩襟相合處。《廣雅·釋詁二》：“縫，合也。”聞一多以爲韃之借字，與皮、革同義。但據《集韻》引《字林》云，韃是“被縫也”，並無革、皮之訓。顯然聞氏是先認定縫當爲皮，然後才從古籍中尋找證據而曲爲之説的。

【總】絲數名，一總八十絲。一説合二爲一謂之總。

按：《毛傳》釋“總”爲“數”。但没有説爲何數。孔穎達則以爲總指裘縫。胡一桂曰：“合二爲一謂之總。”王引之則詳考，以爲絲數名，一總爲八十縷。詳“五紽”注。王先謙據《説文》“總，聚束也”“絩，綺絲之數也。《漢律》曰：綺絲數謂之絩，布謂之總”，説：“此詩絲數亦稱總，與《漢律》異，古今之别耳。絲縷既多，聚而束之，故又爲總也……知漢世絲數亦互稱總也。”

又：五紽、五緎、五總，只是爲詩叶韻而變化的，並非寫實，不可認真。

《毛詩會箋》說：“凡一二三者，數之少；四五六者，數之中；七八九者，數之多。此詩之五紽、五緎、五總，言五不變而紽、緎、總不同。《騶虞》之五豝、五豵，亦言五不變，而豝、豵各異。《王風・采葛》之三月、三秋、三歲，言三不變，而月秋歲遞進；《鄘風・干旄》之良馬四之、良馬五之、良馬六之，則舉三中數，《摽有梅》之其實七、其實三，則舉自多至少兩數，皆約略言之，非指實數。凡見於經傳者，可以類推。”

章評：三章總是一意。惟以一服飾，變文叶韻以詠之；惟以退食，顛倒反覆以詠之。回環疊詠中，呈現出雍容氣象。

總　說

在《二南》中，這是最讓人費神的一篇。其歧説之大使人難以定奪。今只能以漢儒舊説爲根本，擇其善者而從之。其歧説主要出現在以下幾個地方。

首先是關於“羔羊之皮”所指爲何物的問題。主要觀點有三：

一、羔裘説。這是最傳統的解釋，認爲“羔羊之皮”指的是用羔皮制成的皮裘，是大夫所服用的。關於此，《毛詩》家言之最詳，韓、魯兩家没有明言“裘”字，但據王先謙及清代學者《三家詩》的研究成果看，似乎在這一點上各家没有異説。從漢迄今，這始終是佔居主流的觀點。

二、皮弁説。這是清儒于鬯提出的。他的《香草校書》卷十一“《羔羊》篇羔羊之皮”條云：

> 言皮不言裘，則皮者皮弁也，非裘也。《毛傳》指裘而言，然則詩何不直曰“羔羊之裘”，而曰“羔羊之皮”？且二三章曰革曰縫，通篇不見一“裘”字，是知曰革曰縫，皆指皮弁而言也。不然古人著裘，毛向外，革也縫也乃在裡，殆無舍其外轉指其裡者。《羔裘》篇，在《鄭風》曰“羔裘如濡”，在《唐風》曰“羔裘豹袪”，在《檜風》曰“羔裘逍遥”。若改曰：“羔皮如濡”“羔皮豹袪”“羔皮逍遥”可乎？《易林・晉卦》云“羔羊皮弁，君子朝服”，此皮爲皮弁之明據。陳喬樅《齊詩遺説考》以焦贛爲習《齊詩》，舉《易林》中所稱凡列十證，則以皮爲皮弁，亦儻《齊詩》舊説，勝毛義矣。下文言“素絲五紽”，二章言“素絲五緎”，三章言“素絲五總”，正可得古皮弁之制度。《小戴・郊特牲》記所謂“三王共皮弁素積”者非邪？皮弁爲君子朝服，故下文曰“退食自公”（即實羔裘亦是朝服，戴震《考正》云：羔裘，諸侯視朝之服。《傳》因退食自公爲退朝而燕居，故云羔裘以居。考之詩辭，蓋在朝方退，自公門出，見者賦以美之也），而所謂“委蛇委蛇”

者，亦正是首容，非足容也。故《君子偕老》篇云："副笄六珈，委委佗佗。""委委佗佗"承"副笄六珈"而言，則其形容之所指可知矣。此之"委蛇委蛇"即彼之"委委佗佗"（此《陸釋》引沈讀，亦爲"委委蛇蛇"）。以"委蛇委蛇"形容皮弁之貌，猶彼以"委委佗佗"形容"副笄六珈"之貌也。《傳》皆釋爲行可從跡，是以首容爲足容，亦未當矣。又案：《郊特牲記》"三王共皮弁素積"，《家語·冠頌》作"三王共皮弁素緌"，是明皮弁有緌。緌者，纓飾。副笄六珈既爲婦人盛飾，則亦豈有無緌？蓋古惟喪冠不緌，餘冠皆有緌。竊謂委蛇爲首容，實指緌狀也。蓋緌在兩旁，委曲垂下，其狀委蛇然。緌之言委也，其命名爲緌，正取委蛇之意。《説文·它部》云："它，從蟲而長，象冤曲垂尾形。"它即蛇。《後漢書·儒林傳》云"委它乎其中"，正作"它"字。"它"既從虫，"蛇"又從虫，則"蛇"後出字也。

此説甚辨，也確有道理。但遺憾的是在文獻中找不到用羔羊皮作皮弁的證據。《儀禮·士冠禮》鄭玄注："皮弁者，以白鹿皮爲冠，象上古也。"明確言皮弁的質料是鹿皮，而不是羔皮。于鬯引《焦氏易林》"羔羊皮弁，君子朝服"之文，乃是獨證。該書《謙之離》《坎之復》皆作"羔羊皮革，君子朝服"。"皮弁"當是"皮革"之誤，故筆者從前曾從此説，今則放棄。

第三種是皮幣説。提出者是王闓運，從之者有聞一多、王宗石等。王氏《詩傳補》云：

凡言皮者，幣也。《昏禮》"皮帛必可制"，故不用虎豹珍異之皮，而用羔羊；不用麑者，避儷皮也。羔裘聘使韋弁服，羊裘不裼，則常服也。《公食禮》致侑幣於賓，設乘皮，其以此爲裘材乎？《聘禮》皮弁服素絲衣。禮：公食，諸侯賓主皆朝服衣布，此專言絲，據天子朝也。天子朝服無布衣，然則正聘及食燕同皮弁。

王闓運非常喜歡標新立異，而聞一多尤喜異説，故發揮王氏云：

王闓運以《公食大夫禮》説《羔羊篇》，謂羔羊之皮即禮之庭實乘皮，素絲即禮之束帛（《儀禮·公食大夫禮》"庭實設。賓坐祭，遂飲，奠于豐上。公受宰夫束帛，以侑，西鄉立。賓降筵，北面。擯者進相幣。賓降辭幣，升聽命，降拜，公辭。賓升，再拜稽首，受幣，當東楹，北面，退西楹西，東面立。公一拜，賓降也，公再拜。介逆出。賓北面揖，執庭實以出。公降立。上介受賓幣，從者訝受皮"），其説甚新而碻。解《詩》如此，信乎可以擴萬古之心胸矣。惟《詩》曰素

> 絲，《禮》曰束帛，帛之與絲，雖所異甚微，然慶賞用絲，經典究無明文，此惑不祛，恐終無以執間者之口。今案以絲爲贈，的係古制，其證不在經典，而論其堅實可任，或百倍于經典所載。金文《守宮尊》曰："易（錫）守宮絲束……"此其鐵證也。……要之，《羔羊篇》之皮與絲爲二，《傳》合而爲一，謂絲爲裘之英飾，不知皮既非裘，絲亦非英也。

此種解釋也確實有一定道理，但於詩"羔羊之縫"的"縫"字，卻難以疏通。儘管聞氏強以"縫"通"韃"爲説，以爲與皮、革同義，但畢竟找不到"韃"作皮或革解釋的直接證據，因此仍難以服眾。因而在反覆比較、再三考慮之後，筆者還是採取了傳統的"羔裘説"。此既是漢以前歷代經師口耳相傳的一種古老解釋，同時也找不出明顯的違理處。雖今人因時隔久遠，不能詳言羔裘之制而生疑，但也難有確證推翻《詩序》與《爾雅》。

其次是關於紽、緎、總的解釋。這是本詩中歧説最多之處。《毛傳》言"紽，數也""緎，縫也""總，數也"。漢《三家詩》基本相同。這就説明他們有一個基本的共識。但是因爲注釋過於簡略，遂使後人異説叢生，迄今難有定論。其最主要的有兩大説，一是"裘縫説"，一是"絲數説"。

"裘縫説"以孔穎達爲代表。孔氏《毛詩正義》釋《毛傳》云：

> 以此言"紽數"，下言"總數"，謂紽、總之數有五，非訓紽、總爲數也。二章《傳》云"緎縫"者，《釋訓》云："緎，羔羊（慶按：今本《爾雅》作羔裘）之縫。"孫炎曰"緎之爲界緎"，然則縫合羔羊皮爲裘，縫既皮之界緎，因名裘縫云緎。五緎既爲縫，則五紽、五總亦爲縫也。視之見其五，故皆云五焉。《傳》于首章先言"紽數"者，以經云"五紽"，先解五之意，故紽數有五也。首章既解其數，故二章解其體，言"緎，縫也"，且因《爾雅》之文。《爾雅》獨解緎者，蓋舉中言之。二章既解其體，恐人以爲紽自數也，緎自縫也，故于卒章又方總數有五，以明緎數亦五。緎言縫，則紽、總亦縫可知。《傳》互言也。

這是説，《毛傳》"紽，數也""緎，縫也""總，數也"幾處注釋，看似矛盾，實是互文以見義。此説從之者較多。如趙容《誦詩小識》説："此説至明晰，古今諸儒，悉從是解。《集傳》乃曰'紽，未詳''總，亦未詳'。舍千百年已明之説而置之不講，解經之慎重，固宜如是。然承用先儒之説，不猶愈於崛強自是補傳立解者乎！"

但同是主張裘縫説，具體解釋上又有諸多不同。或主張"五紽""五總"指五次縫補，如李樗説："諸家之説五紽、五總，皆未甚分明。故予竊以私意求之，蓋謂五次縫之，以羔裘之或綻或弊。五次縫之，可以見其節儉也。”或主張五張羊皮縫合一裘者，如范處義《詩補傳》說：“素絲必以五，言蓋合五羊之皮爲一裘，循其合處，以素絲爲英飾也。百里奚衣五羊之皮，爲秦養牲，蓋倣古制。然古之羔裘，其制甚精，養牲者被五羊之皮，蓋賤者之服。而召南在位之君子亦服之，非節儉而何?”或主張爲縫處狀態者，如胡一桂《詩集傳附録纂疏》說：“縫之突兀謂之紽，有界限謂之緎，合二爲一謂之總也。”或以爲“揜縫際曰紽”，如郝敬《毛詩原解》說：“紽、拖通，猶加也，以組拖其皮界，聯合之也。緎、域通，縫、總皆聯合之名。合皮成裘，其界非一，織素絲爲組，揜其縫際曰紽。”

“絲數説”首倡於宋儒。陸佃《埤雅》卷五説：

> 《詩》曰：“羔羊之皮，素絲五紽。”“素絲五紽”，所以英裘，其制然也，此言其節。“羔羊之革，素絲五緎。”革者言敝，而因故以改造也，此言其儉。“羔羊之縫，素絲五總。”革而又敝，則補緝以縫之，此言其儉之至。《西京雜記》曰：“五絲爲纁，倍纁爲升，倍升爲緎，倍緎爲紀，倍紀爲總，倍總爲襚。”此乃自少之多、自微至著也。紽今無所考據，以類反之，緎寡于總，紽盖宜寡于緎也。

此一觀點，爲不少人所接受，如吕枏《毛詩説序》説：“《西京雜記》曰：五絲爲纁，五纁爲升，倍升爲緎，倍緎爲紀，倍紀爲總，倍總爲繸。然則紽猶在纁升之先乎?蓋制裘者始縫而絲微。既敝矣，非絲大不足以固之也，故自紽至總，自皮至縫，又儉之至也。何以言五也?五猶周也，員也，徧也。”張次仲《待軒詩記》説：“紽、緎、總，乃織組時素絲多寡之數也。”李元吉《讀書囈語》曰：“紽少於緎，緎少於總。始用五紽，既而緎、而總，以漸而多。蓋始而皮，全不費絲。既而皮敝，則費以漸而多，以補緝治之。記稱晏平仲一狐裘三十年，即羔羊大夫之比矣。”而論述最爲詳盡者則數前引王引之《經義述聞》説。但同是主張“絲數説”，具體闡釋卻有不同。或以用絲多少與裘敝有關，如前引陸佃、吕枏等説。或以爲紽爲二絲之數，如馬瑞辰説：“《廣雅疏證》據春秋陳公子佗字五父，以證佗爲五數。今按：佗字五父，蓋取《詩》‘五紽’爲義，非必紽即五數也。《釋文》紽作它，云本又作佗。佗即古他字，他者，彼之稱也，此之别也。由此及彼，則其數爲二。《管子·輕重甲》篇‘農夫得居裝而賣其薪蕘，一束十他’，‘他’一本作‘倍’。《墨子·經》篇云‘倍爲二也’。他與倍通，則他亦二數矣。……紽通他，蓋二絲之數。”或以絲數多少以别尊卑，如范王孫《詩志》引《詩弋》云：“絲之飾裘，紽寡於緎，緎寡於總，尊者用多，卑者用少也。一美下大夫，二美中大夫，三美上大夫，言滿朝皆可美也。”或以爲線粗細之異名，如李資乾《詩經傳注》説：“五紽者，十縷絲之繩。凡絲細則縷少，縷少則輕薄浮靡。絲粗則縷多，縷多則重厚堅質。……紽寡於緎，故初章‘羔羊之皮，素絲五紽’焉；緎寡於總，故二章‘羔羊之革，素絲五緎’焉；三章‘羔羊之縫，素絲五總’焉。蓋羔皮硝鑠柔軟，故用五紽；爲羔革堅硬，非五緎不可矣。若合縫之處，非五總不可矣。故以差等而增倍焉。”姚炳說：“緎、紽、總皆合絲所成，即俗稱線是也。《西京雜記》謂五絲爲繣，倍繣爲升，倍升爲緎，倍緎爲紀，倍紀爲緵。蓋線粗細之殊名耳。”

除此之外，又有數種異說，約言之如下：

一、五紽爲曲垂之數說。李黼平《毛詩紬義》說：“按首章《傳》云：‘紽，數也。古者素絲以英裘，不失其制。’《釋文》經本作它，云：‘本亦作佗，或作紽。’《說文》它云：‘虫也，從虫而長，象冤曲垂尾形。’毛經文作它，《傳》云：‘它數者，言素絲之飾，其曲垂之數五也，此從表而視，若無睹之也。’次章《傳》云：‘緎，縫也。’緎，《說文》作黬，《玉篇》作䩍，《爾雅》作緎，注云：‘羔裘之縫。’孫炎云：‘緎，縫之界域。’與《傳》義同。此明素絲所在之處，從裏而視之也。三章《傳》云：‘縫言縫殺之大小得其制。總，數也。’《鄘風・干旄》‘素絲紕之’，《傳》曰：‘總紕於此，成文於彼。’‘素絲組之’，《傳》曰：‘總以素絲而成組也。’此總即彼《傳》之總，言素絲組之總數五也，《傳》意或然。”

二、紽爲絛（絲帶）說。何楷云：“《說文》無紽字，當通作絛。《說文》云：‘扁緒也。’孔云織素絲爲組紃，以英飾裘之縫中。素絲爲飾，維組紃耳。若爲線，則所以縫裘，非飾也。故《干旄》曰‘素絲組之’。紃亦組之類，《雜記》注曰：‘紃施諸縫，若今之絛。是有組紃而施于縫中之驗。’錢氏云：‘兩皮之縫不易合，故織白絲爲紃，施之縫中，連屬兩皮，因以爲飾。’”岡井鼒《詩疑》：“此詩末章云‘羔羊之縫’，則如紽、緎、總，皆縫之所用也。孫炎謂‘緎，縫之界域’，是緣字生義，不可從。又按：據《西京雜記》，緎爲二十絲，緵爲八十絲，唯紽無文。而《毛傳》云‘數也’，《類篇》亦云‘絲數也’，則其爲絲數確矣。按《西京雜記》又有‘倍緎爲紀’之文。紀，《說文》云‘絲別也’，恐難以爲絲數，竊疑紀恐紽字之誤，若然，紽四十絲也。《詩》紽、緎、總皆以五言之者，蓋以紽、緎、總合五條爲裘之縫也。何楷云《禮・襍記》注曰：紃施諸縫，若今之絛。是有組紃而施於縫中，屬兩皮，因以爲飾。”

三、五它爲五幅說。胡文英《詩經逢原》：“五它，五幅也。”“革，裘敝而見革也。緎字從或，謂素絲已敝，而或以他帛易之也。”“縫，脱線而縫之也；總，勾箴使不脱也。不以惡衣爲恥，故愈見從容也。”牟庭《詩切》也說：“《毛詩》古文止作‘五它’，它與他字同，《韓詩》今文之學加糸作紽，今《毛詩》孔疏本亦作五紽，非也。《吕氏春秋・貴生篇》高注曰：‘它，猶異也。’然則，素絲五幅，幅各别異，故曰五它也。詩言羔小而羊大，其製以爲裘，同用素絲五幅，以喻仕者，或少或老而食禄皆同。漢東方朔之言曰：‘朱儒長三尺餘，奉一囊粟，錢二百四十。臣朔長九尺餘，亦奉一囊粟，錢二百四十。朱儒飽欲死，臣朔飢欲死。’蓋得此詩之意者也。”“素絲五幅，各爲界域，故曰‘五或’，猶‘五它’也。”“‘五總’，言總爲五幅也。”

四、紽總爲素絲英飾數數然説。段玉裁《詩經小學》説：“《傳》：‘紽，數也。總，數也。’《釋文》數皆入聲音促，《東門之枌》‘越以鬷邁’傳：鬷，數；邁，行也。《烈祖》‘鬷假無言’傳曰：鬷，總；假，大也。總大無言，無争也。毛意鬷者，緵之假借。總者，數也，如數罟之數。《九罭》傳曰：‘九緎緵罟，小魚之綱也。’《烈祖》‘鬷假’，《中庸》作‘奏假’，‘奏’亦讀如‘蔟’。古者素絲以英裘，‘五緵’謂素絲英飾數數然，其數有五也。緎，即縫。‘五緎’言素絲爲飾之縫有五也。紽讀爲佗，佗，加也，其英飾五，故曰‘五佗’。”

五、五佗爲交加説。陳奂《詩毛氏傳疏》説：“五，古文作×，當讀爲交午之午……《説文》無紽字，據陸所見《詩》作它，它者佗之假借。《小弁》傳：‘佗，加也。’傳詁它爲數者，數與縫同事，五佗猶交加。”

六、縫殺有度數説。黄以周《群經説》卷二《申毛傳五紽五緎五總》篇曰：“《詩·羔羊》傳：‘素絲五紽。紽，數也。古者素絲以英裘，不失其制，大夫羔裘以尻。素絲五緎。緎，縫也。羔羊之縫，素絲五總。縫，言縫殺之大小得其制。總，數也。’案：《傳》‘素絲以英裘’，英猶飾也，《清人》《閟宫》皆以英爲飾。素絲既以飾裘，則縫必見於裘表可知矣。《傳》‘縫言縫殺之大小’，則素絲必縫於裘之殺處亦可知矣。裘之制如深衣，其所殺處有五：一曰領，二曰袥，三曰齎，四曰胳下，五曰袂口。素絲之縫，皆當其殺處，故縫亦有五。古裘無裡，其所殺處易裂，必以帛裡之，複以素絲組之，故曰‘素絲五緎’。‘緎，縫也’，本《釋訓》。首章之紽，卒章之總，皆數名。一舉緎，一舉數，互文以見義也。紽、總之數不可考。《傳》既釋以數，而於紽必足之曰‘不失其制’，於總又明之曰‘得其制’，然則《傳》所謂‘數’者，謂得其縫殺大小之度數，《禮》所謂‘衣服有量，必循其故’是也。《後漢·王涣傳》注引《韓詩·羔羊説》亦云‘有度數’，與毛意同。”

七、素絲被裘縫説。朱朝瑛《讀詩略記》曰：“紽，《釋文》作它，又作佗。按《史記·龜策傳》‘蘇酒佗髪’注：謂被髪也。《毛傳》曰‘古者素絲以英裘’，《釋文》音映，蓋以素絲之紃被其縫中，爲隱映也。緎者，表其界限；總者，表其聯合也。羔裘以黑，故素絲飾之，取其易見也。”

八、五紽即五行説。丁惟汾《詩毛氏傳解詁》言：“紽爲行之雙聲假借字，行讀行列之行，與流行之行同聲，經不用本字之行而假行爲紽者，以紽與蛇協韻故也。……五紽即五行，與五緎義，同謂英裘之素絲，有五行也。紽以五數爲制，故傳又申言之云：‘古者絲以英裘，不失其制’，言其定制爲五紽也。……則五緎即五紽之變音也。……總、數雙聲，數讀數罟之數，爲聚束之合聲。”

九、六皮五縫説。沈青涯《毛詩明辨録》:“古人弁服，凡有縫者，必飾之如會者。以皮縫弁，其縫處多嵌碎玉爲飾，爲衛人美之曰‘如星’。今大大服羔裘，是應以緇衣矣。然集皮爲裘，下幅寬廣當以六皮成之。六皮則有五縫，每縫之上皆以素絲組鑲嵌表而出之，如會弁之有星耳。紽似言其縫之墳起，緎似言其縫之分界，總似言其縫之合攏。要皆言其五縫也。”

十、五紽爲五絖説。羅典《凝園讀詩管見》:“紽謂轉長線爲絖而紐合未解者，絖圍約周三尺許，並紐如繩，再屈而紐之，纔及半尺，有它之狀，故字從它。它，蟲之大者，象冤曲垂尾形蛇也。因紽而解其紐，以兩手入絖之圍，左右分之中空，四周如環可循，是爲緎。緎同域音，殆既假幅員爲域之意約言之耳。總讀平聲，與緵同音，當與綱同義。《大雅》‘綱紀四方’傳:‘理之爲紀。’《疏》謂理別絲縷，治絲者理之爲紀，則既理而總束之爲綱矣。絲一絖必綱，線一絖亦必綱，有綱以成其總，故可紽而紀之使卷曲，又可緎而解之使區分也。至於將用以縫，其剪絖以斷縷，縷皆齊不致糾結，固並恃此，總之能約而已。五紽、五緎、五總，亦只作五絖解。絖有紽、緎、總之分名。”按:據羅氏之意，當是説緎、總如今之扣曲與紐釦。

十一、英飾似緣説。夏味堂《詩疑筆記》言:“案古者衣裳皆有緣，裘之英飾當與衣裳之緣等。裘不聞，裳其制必長於衣。《論語》曰‘褻裘長’，褻裘視深衣其長特甚。朝服之裘雖非褻裘比，而亦必不若玄端二尺之短。竊疑紽、緎、總皆英飾之似緣者耳。紽者，其兩側至下邊也。紽與蛇義近，蛇行平直而宛折，下邊之象似之。《釋文》紽本作它。凡字從它者，皆象下垂。《鄘・君子偕老》篇‘委它’，此章‘委蛇’，俱連委爲文。《曲禮》‘臣佩委’，言下垂至地，故知紽爲兩側下邊也。又古它、也、㐌字皆通。《周禮》滹沱作虖池，《韓非子》作呼㴇，是其類。此經《釋文》，它本又作他，同本或作紽，它、也通用，則也、㐌亦通用矣。《儀禮・士昏禮》‘主人爵弁，纁裳緇袘’，以緇緣裳，象陽氣下施，知袘之爲下緣，則紽之爲兩側下邊無疑矣。緎者，裘前兩幅直邊際處也。緎與域同義。域，界也，即《爾雅》所謂‘羔裘之縫’也。兩縫相合，有界域，故知緎爲直際處也。(縫訓合縫，合之間必有界域，裘前直幅雖不縫合，而直際相對，中尤有界縫，故亦曰緎而訓縫。縫之在背者爲繩。《禮記・深衣》‘負繩及踝以應直’是也。鄭注:‘繩謂裻與後幅相當之縫也。’緎則衣前相對之縫。)總者，裘領也。”

十二、四縫右衽説。許伯政《詩深》言:“紽，合素絲于皮之縫中以爲飾。其飾在表皮裏曰革，緎即裏縫也，總則兼表裏言之。或謂國君服純羔，大夫則于裘之前後左右四縫及右衽之邊，皆以絲紃英之，謂之五紽。上大夫惟左右二縫及衽邊有之，謂之三英，而豹飾則大夫皆同。”

十三、緎總別尊卑説。李瀷《詩經疾書》言:“陸佃云:五絲爲䊨，倍䊨爲升，倍升爲緎，倍緎爲紀，倍紀爲總，倍總爲襚。不言紽之爲何物，意者，紽是緎、總之總名也。緎者，二十絲也，緫者，八十絲也。如今布帛之有升數，廣狹不同也。縫者何也？如深衣之有督縫，所謂負直是也。或言緎，或言緫，非一人也。凡冠服度數，皆有定制，如冠之梁旒，服之絺繡是也。當時朝祭之服有緎、緫之别，陛朝者莫敢違，井井可觀，故詩人嘆美之也。始於緫言之紽，而又先其卑，及其尊，無非等威所繫也。孔子言治天下之道，只舉夏時殷輅周冕，天下豈冕服所可治乎？言冕，則他可舉矣，尊卑可别，綱紀可立，禮樂刑政皆垂联於此，乃聖人訓誨王佐之大規模，讀者詳之。”

十四、紽指素積之材説。周悦讓《倦遊庵槧記·經隱·毛詩》曰：“大夫之朝服，緇衣素積裳，則本經素絲，宜即以素積言。‘紽，數也’，乃用絲升數多少之名，所以著其繒材疏密之制，如今言八絲五絲，非以英裘也。既出公門，脱其緇裼，故羔皮之下但見素絲矣。”按：素績指素裳，因腰間有襞襴而得名。《荀子·富國》“士皮弁服”楊倞注：“素積爲裳，用十五升布爲之。積，猶辟也，辟蹙其腰中，故謂之素積也。”

細按各家説，雖皆有道理，但考證之詳，無過於王氏引之者，其説殆不可易。唯需説明者，是其關於“緎”字的訓釋與《爾雅》《毛傳》衝突的問題。《毛傳》《爾雅》皆以緎爲羔裘之縫，《説文》有黬字，訓釋曰“羔裘之缝”，這是就《詩》作出的專門解釋，意者緎是英飾裘縫的絲數。前人每以互文見義之説以解釋《毛傳》，這是有道理的。至於孫炎“緎之为界緎”説，則屬望文生義之訓，恐難信從。

其三是關於詩旨的討論，這幾乎是每篇詩都會遇到的一個問題。《毛詩序》説：“《羔羊》，《鵲巢》之功致也。召南之國化文王之政，在位皆節儉正直，德如羔羊也。”這是以爲《羔羊》是言大夫有“節儉正直”之德的。《孔叢子·記義》篇記孔子讀《詩》，喟然而嘆曰：“（吾）于《羔羊》，見善政之有應也。”所謂“有應”，似與“《鵲巢》之功致”相合。《後漢書》注引《韓詩章句》説：“小曰羔，大曰羊，素喻潔白，絲喻屈柔。紽，數名也。詩人賢仕爲大夫者，言其德能稱，有潔白之性，屈柔之行，進退有度數也。”《齊詩》之説則見於《易林》，其曰：“羔羊皮革，君子朝服，輔政扶德，以合萬國。”具有《三家詩》背景而爲《毛詩》作箋的鄭玄則説：“《鵲巢》之君，積行累功，以致此《羔羊》之化。在位卿大夫競相切化，皆如此《羔羊》之人。”《漢書·儒林傳》谷永疏曰：“王法納乎聖聽，功烈施乎政事。退食自公，私門不開，德配周召，忠合《羔羊》。”《後漢書·王涣傳》言：“故洛陽令王涣，秉清修之節，蹈《羔羊》之義，盡心奉公，務在惠民。”這代表了漢代以前人對《羔羊》詩的理解，雖然其間略有分歧，或意指召公，如《易林》、谷永所言；或意指召南大夫，如《韓詩》《毛詩》所言，但以其爲歌美在位者之作，則是一致的。這作爲一種主流觀點，一直影響着歷代詩的詮釋，後世有影響的觀點多是對《毛詩》及漢儒之説的發揮。如孔穎達曰：“《宗伯》注云：‘羔取其羣而不失其類。’《士相見》注云：‘羔取其羣而不黨。’《公羊傳》何休云：‘羔取其贄之不鳴，殺之不號，乳必跪而受之，死義生禮者。’此羔羊之德也。然則今大夫亦能羣不失類，行不阿黨，死義生禮，故皆節儉正直，是德如羔羊也。”朱熹曰：“南國化文王之政，在位皆節儉正直，故詩人美其衣服有常，而從容自得如此也。”姚旅《露书》卷一曰：“‘素絲五紽’，蓋皮小則合縫多而用絲煩，‘五紽’，見其皮之大，只用五紽耳。皮大則賤，正言其儉也。‘羔羊之革’，皮敝毛落則爲革，蓋因敝而改作也。‘羔羊之縫’，革敝則用縫，蓋又因敝而補葺也。皆亦愈見其儉也。”皆是沿着四家《詩》指引的方向，而進行發揮的。他如像劉瑾所謂“此詩之言賢才，猶《周南》之有《兔罝》也”(《詩傳通釋》)，僞申培《詩説》所謂“此美大夫之詩”，戴震所謂“美官職修也”，張敘所謂“大夫稱職也”（《詩貫》)，山本章夫所謂“美賢能在位”(《詩經新注》) 等，無不如此。

《羔羊》異説之興，啓於宋代，蘇轍《詩集傳》首先發難《詩序》，他説：“君子之愛其人，則樂道其車服，是以詩言‘羔羊之皮’而已，非言其德也。”這是對權威的挑戰。此後便異説蜂起，或以爲婦人之詩者，王質《詩總聞》説：“婦人奉君子，以朴素之衣，亦必責君子以朴素之行。公退，夫婦始燕，見羔裘治之于手，不常覩之于目，非退食來歸之時，無以細推其縫數也。此言從容欵曲之意也。”或以爲美召公忠孝勤儉者，如胡文英《詩经逢原》説：“《羔羊》，召公忠孝勤俭，詩人歌之。”或以爲刺不任國事而宴樂於家，如牟應震《詩問》曰：“羔羊，刺不任國事而宴樂于家也。詩詠大夫皆言羔裘，此獨言皮，不稱其爲裘也。革則益無用。即重爲補苴，仍不足以成裘也。……六言‘委蛇’，國事何有？三言‘退食’，知念室家矣，非素餐尸位而何?”或以爲“刺餼廩薄”者，如牟庭《詩切》説：“《羔羊》，刺餼廩薄也。”“退食自公，言無公膳也。《襄二十八年左傳》曰：公膳日雙雞，饔人竊更之以鶩。據知古制大夫治事于公，必有公膳。而召南國無之，詩人所爲嘆也。”或以爲召公詩者，如龍起濤《毛詩補正》説：“此詩似召公之詞。”或以爲大夫妻勤婦功者，如羅典《凝園讀詩管見》説：“此詩本言大夫妻之勤婦功而功致耳。”“言大夫之妻能勤婦功，其于大夫衣服之屬，以羔羊爲裘者，皆不以匠代，而自爲之，其功致也。”或以陳古刺今者，如古朝鮮尹廷奇《詩經講義》；或以爲美從政之善循禮，如一串元沖《説詩小言》；或以爲記公食禮，如王闓運《詩傳補》；或以爲言“抱闇欲明，莫善于思”，如皆川願《詩經經解》。20 世紀中葉之後，由於階級論的盛行，大多研究者則將此認作諷刺統治者的詩作。如陳子展《詩經直解》説：“若反言之，則此寫尸位素餐，萬事不理之官僚主義生活作風。蓋自奴隸制社會始有一套大小頭目，始有百官等級（禮命之數)，即已孕育官僚主義。正言若反，美中寓刺，彼時民間詩人之藝術手法亦與時偕進矣。”高亨《詩經今注》説：“衙門中的官吏都是剥削壓迫、淩踐殘害人民，蟠在人民身上，吸食人民血液以自肥的毒蛇。人民看到他們穿着羔羊皮襖，從衙門裏出來，就唱出這首歌，咒罵他們，揭出他們是害人毒蛇的本質。”並釋“委蛇”爲虺蛇，以爲是“作者把官吏比作虺蛇”。陳戍國《詩經校注》説："這首詩描寫的就是卿大夫在公食大夫禮之後退朝的那副尊容，頗有諷刺意味。"

遍考諸説，漢儒舊説雖有附會之嫌，但其從正面理解詩義，而且把此詩與賢大夫聯繫起來，則是有一定道理的。詩中雖無明顯的歌美之意，也看不出什麽"節儉正直"來，但閑閑描寫之中，卻表現出了太平無事光景，有一種祥和氣象。就其内容言，顯然是歌詠大夫走出公門的情形的。如果説是從公門退出回家用餐，其必飢腸轆轆，行色匆匆，很難有"委蛇委蛇"的從容之態。只有裹腹而行，才會與"委蛇委蛇"的情狀相合。劉履恂、馬瑞辰、周悦讓等以爲是"自公食而退"，這是合於情理的。李朝成海應《詩説》也説："若言食自公而退，則似尤有據。夫行直則心泰，心泰則體舒，體舒則有威儀之可畏，此委蛇之喻也。"至於前人關於羔羊象徵意義的闡述，此並非没有可能。董仲舒作《春秋繁露·執贄》篇説："羔有角而不任，設備而不用，類好仁者；執之不鳴，殺之不啼，類死義者。羔食於其母，必跪而受之，類知禮者。"這代表着古人對於羔羊之德的認識。以羔羊作爲禮品時，藴含有此種象徵。以之爲裘，而且作爲朝服時，此種象徵更是有可能。因爲像類似的情況，在古代服飾中並非個案。《莊子·田子方》説："儒者冠圜冠者，知天時；履方履者，知地形；緩佩玦者，事至而斷。"章太炎先生《国故论衡·原儒》説："鷸冠者，亦曰術氏冠，又曰圜冠。"鷸冠聚鷸羽爲飾，鷸鳥天将雨則鳴，似知天氣變化，所以儒者冠圜冠以象徵知天時。古人認爲天圜地方，故方履象徵知地理。玦环形，有缺口，象徵決斷、決絕。《荀子·大略》説："聘人以珪，問士以璧，召人以瑗，絶人以玦，反絶以環。"也各有其象徵意義。今之少數民族服飾中也隨時可見此種象徵，瑶族以衣服上結五彩線，以象徵五彩犬圖騰；苗族婦女頭戴銀角，以象徵圖騰爲牛等。這方面已有專文與專著詳論，不須贅説。由此看來，前人關於"德如羔羊"或"羔羊之德"的論述，是符合人類早期思維的，並非無稽之談。

詩 説

周朝時，卿大夫在公朝办事用餐，由朝廷供給伙食，當時叫公膳。這首詩寫的即是卿大夫用過公膳後從公門走出的情景。或以爲是諸侯宴請大夫，散宴後大夫從公門退出的情形。這樣解釋也未嘗不可。總之這裏描寫的是大夫用餐後的情景。詩中既不見有頌美義，也不見有諷刺義，只是閑閑述來，仰羡之情便溢於言表。前人之所以以此爲美賢大夫，正是從詩雍容和順中體會得出。如清儒顧鎮《虞東學詩》説："全詩純用詠嘆，只末二語錯綜顛倒，不但大夫之賢宛乎如接，而朝無闕事，官有餘閑，一種太平景象溢于楮墨。"姚際恒《詩經通論》説："詩人適見其服羔裘而退食，即其服飾步履之間以嘆美之，而大夫之賢不益一字，自可于言外想見，此風人之妙致也。"孔子讀詩之法有三字真言，曰："思無邪。"詩中的美好情景正是從這無邪之思中得以呈現的。舌底生甘的藝術感受，也正從這美妙的體味中來。范王孫《詩志》引《詩揆》曰："止就服飾步履一稱述之，其人説不出許多好處，俱于言外可見，何必無端鑿出'節儉正直'四字來!""節儉正直"是以經學家的觀念從詩中去尋找的意思，而"許多好處"純是以詩讀出的。《箋餘》云："盛世人文，如渾金璞玉，元氣盎然。故疊詠'委蛇'以讚美之。吁！周之《羔羊》，委蛇如龍；鄭之羔羊（指《鄭風·羔裘》），武力如豹。可以見人品，亦可以佔氣運。"這是從詩中讀出的國家氣運。龜井昱《毛詩考》説："三章無前後深淺之辭，唯其衣服永嘆，自有悉入悉深之妙。與《殷其雷》同其體裁。《羔羊》四十八字，而换六字；《殷其雷》七十四字，而换五字耳。"故人視詩爲神物，爲天地之心，正在其於極平常的語言之中蘊藏着可意會而不可言傳的無盡神妙。

經　説

以警察的心態讀詩，莫若以書生之心讀詩。警察心態發現的是竊盜嫌疑人，書生心態發現的是詩韻的美妙和詩中的祥和，從中體味出的是民族對於太平無事之世的珍愛，是對和平生活的向往。後世詩學家，每將詩中情景與當世君臣行事相比較，於是産生出許多感慨和期待。如鄧翔《詩經繹參》説："退食委蛇，似碌碌未有奇節，不知世道艱難。方論經濟，若升平景運，不過奉法承宣，所謂'聖朝無闕事，自覺諫書稀'也。況太平無事，而強求生事，如漢武帝、宋神宗最爲炯鑒。詩人早見及此，特著《羔羊》詩，俾爲良臣者，毋啟人主好大喜功之念，豈以其言近平易而忽之?"《田間詩學》："羔羊之臣，儉于已而恪于位，出入有常，不見有宵衣旰食之勞。想見太平之治，官無廢事，亦不好事，循分自盡而已。晚近功名之士，目此輩爲穿衣喫飯漢耳，豈知此爲世道之極治哉?"日本岡白駒《毛詩補義》説："杜甫詩云：'侍臣緩步歸青瑣，退食從容出每遲。'可想是詩景況矣。蓋内有羔羊之德，而外形委蛇之節，此文王之化，自國君以及大夫也，故曰'《鵲巢》之功致'也。夫人臣之奇節多見乎庸君，而盛功必紀乎衰世。而化文王之政者，朝廷若無事矣，閭巷若無聲矣，公庭若無訟矣，寮署若無官矣。故南國之人，歌詠其君而不得，歌詠其大夫而已；歌詠其大夫而亦不得，歌詠其服與度而已。夫國事叢脞，則當事者跋前疐後，不得行步委蛇矣。'退食自公，委蛇委蛇'，是以見君上之化，亦足以見大夫之材。"於詩中虚幻而出的"太平無事"光景三致其志，正反映了東亞經學家以《詩經》爲核心構建理想政治的苦心。百姓的太平，人類的和平，也正蘊藏在這種苦心中。當全人類被現代化的戰車拖得焦頭爛額、焦慮重重時，回頭來看這理想，那是多麼偉大的東方思想！

論朱熹《詩集傳》的情境解經

——以《王風·揚之水》爲例

"國立政治大學"中文系　車行健

一、前言

牟潤孫（1908－1988）曾對朱熹的《詩集傳》做過如此的評述：

> 朱子撰《毛詩集傳》頗有爲當時世事而發的議論，借着注釋《詩經》評論時事、發揮個人的思想理論，與程頤的撰《易傳》，體例頗相類似。這正是漢儒通經致用之學。①

事實上，朱熹（1130－1200）在經注中闡述其"爲當時世事而發的議論"似乎是頗爲顯露的舉措，不少學者都不約而同地注意到類似的現象，如日本德川時代儒者中井履軒（積德，1732－1817）就嘗稱呼他這類的解經方式爲"有爲之言"，不過他卻從詮釋的客觀性與妥效性（validity）的角度，批評朱熹的"有爲之言"，"不可以解經"。②

"有爲之言"大體上就是牟潤孫所謂的"爲當時世事而發的議論"，而所議論的内容又可分爲"評論時事"和"發揮個人的思想理論"這兩類。在拙著《釋經以立論——漢代毛鄭詩經經解的思想探索》的第一章《論〈詩經〉經解中的義理》中，吾人在前賢的基礎上進一步申述了這種解經方式的特質及其具體内容：

> 經注中的有爲之言既是解經者在其身處之歷史情境中，其思想意識與經典内容產生之交織互動所興發出的思想創造，吾人不妨把這個過程稱之爲"義理感發"。

① 牟潤孫：《論朱熹顧炎武的注解詩經》，《注史齋叢稿》，中華書局2009年增訂本，下册，第606頁。

② 語見氏撰：《孟子逢原》，《日本名家四書註釋全書》，関儀一郎編，鳳出版1973年版，第10卷，第40頁。關於"有爲之言"在解經學中所關涉之相關理論問題的反省及檢討，請參拙著：《釋經以立論——漢代毛鄭詩經經解的思想探索》，里仁書局2011年版，第1章，《論〈詩經〉經解中的義理》。

> 所謂義理感發，範圍很廣，從個人一己存有之感受到對宇宙人生問題嚴肅探索後之學思體悟都可以包含進來。就存有感受而言，可以包括感發者針對個人之心境、時局之慨嘆、政治之敏感、出處進退之考量等情況所做之切身省察與思慮。……這種“有爲之言”是因詮釋者對其存在處境持有某種強烈而深刻的感受所不得不發的……而就學思體悟而言，則可涵括感發者之政治理念、學術傾向與主張，以及針對抽象哲學問題之思辯，甚至理論之建構等，不一而足。①

可見關乎“個人一己存有感受”的有爲之言，包含的範圍很廣，不僅限於“評論時事”一端。而“對宇宙人生問題嚴肅探索後之學思體悟”的有爲之言亦包含表達個人的學術思想、闡揚其所服膺之理念主張，甚至通過注經的方式來建構一己之理論體系等。

既然解經者的有爲之言是因其義理感發而産生，而之所以解經者會生發強烈的義理感發，自然與其所身處的具體時空情境有着緊密的關聯，由此而産生濃厚深沉的存有感應。雖然關乎解經者個人心境、時局慨嘆、政治敏感、出處進退考量等所做之切身省察與思慮主要屬於所謂“存有感受”之有爲之言，但涉及解經者政治理念、學術傾向與主張，以及理論建構等屬於所謂“學思體悟”的有爲之言，亦不能完全與解經者對其存在環境之感應脱離關係。只是相對來説，學思體悟的有爲之言，較之存有感受的有爲之言，更多的是出自其理性客觀的反省思辨，其屬於個人一己的存有感受相對較少，或解經者刻意出自冷静自制的聲吻筆調，而較少顯露其存有的感受。

就理論上而言，這兩類的有爲之言都與解經者的存有感受有密切的關係，都是因應其與存在環境的互動而産生義理的感發，而終致藉由解經的方式來表露一己之心得理念。但就現實來看，存有感受的有爲之言其與解經者存在環境的關聯密度較强，學思體悟的有爲之言則較弱，甚至不明顯。但也不能一概而論，還是要由具體的案例而定。無論如何，從經典詮釋的角度來看，欲了解解經者在經注中所闡發的有爲之言，仍是要透過解經者與外在存在環境互動感應的種種關係與實際過程之掌握，方能得其肯綮。落實到具體的解經實況中來看，即是對解經者所身處的“解經情境”的理解與把握。解經者常根據其在解經當下所身處的特殊具體情境（即解經情境），包含存有感受之所由生發之存在情境與學思體悟所涵蘊之思想、學風之情境，以及由此情境觸發衍生出的存有感受與學思體悟來從事經典詮解的工作，這樣的解經行爲或方式或可稱做“情境解經”。透過對解經者（如朱熹）在解經時所運用的“情境解經”之分析掌握，相信應可

① 見拙著：《釋經以立論——漢代毛鄭詩經經解的思想探索》，第18－19頁。按：“存有感受”一詞，拙著原作“存在感受”。所謂存有，係取存有學（ontology）的概念。ontology一詞，臺灣學界多譯爲存有學，故將“存在感受”改爲“存有感受”。又“學思體悟”一詞，原書作“思想表達”，因前者含義較後者寬廣，能適切反映關乎解經者在學術思想層面上的義理感發情況，故逕以前者取代後者。

在相當程度上有助於對解經者的解經作爲及其成果之深入認識與體會。

以下試着以朱子詮釋《詩經・王風・揚之水》爲例，説明他如何藉由情境解經的方式，來對這首詩做出有别於傳統漢唐《詩》説的特殊詮釋，從而表露出他的存有感受的有爲之言。至於學思體悟的有爲之言情境解經之分析，則另俟他文爲之。

二、朱熹的詮釋

《王風・揚之水》的原文如下：

> 揚之水，不流束薪。彼其之子，不與我戍申。懷哉懷哉，曷月予還歸哉？
> 揚之水，不流束楚。彼其之子，不與我戍甫。懷哉懷哉，曷月予還歸哉？
> 揚之水，不留束蒲。彼其之子，不與我戍許。懷哉懷哉，曷月予還歸哉？①

此詩詩旨大義，《毛詩序》釋之曰：

> 《揚之水》，刺平王也。不撫其民而遠屯戍于母家，周人怨思焉。②

東漢鄭玄（127－200）的《毛詩箋》亦在《毛詩序》的基礎上做了更加詳密的申釋：

> 怨平王恩澤不行於民，而久令屯戍不得歸。思其鄉里之處者，言周人者，時諸侯亦有使人戍焉。平王母家申國，在陳、鄭之南，迫近彊楚。王室微弱而數見侵伐，王是以戍之。③

毛鄭之外，漢代主流的三家《詩》學於此詩則"無異義"④。唐代孔穎達（574－648）的《毛詩正義》亦大體依循毛鄭的詮釋方向，没有太大的歧義。由此可知，由漢至唐，基本上對這首詩的理解仍是放在周平王不撫恤百姓，役使國人戍守母家申國，致使戍夫征卒心生怨懟，故詩人作詩以譏刺之。從題材内容來看，仍是典型的行役詩。

到了宋代之後，學風轉變，學者對漢唐經注開始質疑，北宋歐陽修（1007－1072）

---

① ［漢］毛公傳、［漢］鄭玄箋、［唐］孔穎達疏：《毛詩注疏》，南昌府學本，藝文印書館1993年版，卷4之1，第9b－10b頁。

② 《毛詩注疏》卷4之1，第9a頁。

③ 《毛詩注疏》卷4之1，第9a頁。

④ ［清］王先謙：《詩三家義集疏》，吴格點校，中華書局1987年版，卷4，《揚之水》，第321頁。

《詩本義》首開風氣，其於《王風·揚之水》一詩，質疑鄭玄："不原其意，遂以'不流束薪'爲恩澤不行于民，且激揚之水本取其力弱，不能流移束薪，與恩澤不行意不類。"他認爲鄭玄是因爲"泥於'不撫其民'，而不考詩之上下文義"，以致有此誤解。歐陽修雖批判鄭玄之箋釋，但詮釋的方向還大致是遵照《詩序》的闡釋，認爲是"周人以出戍不得更代而怨思爾"。而其原因則是"東周政衰，不能召發諸侯，獨使周人遠戍，久而不得代爾"①。這個重點是漢唐《詩》説没有的。

稍後於歐陽修的蘇轍（1039－1112）雖也沿襲了漢人的詮釋架構，但強調的重點亦由不撫其民而使周人怨思，轉爲王室權威衰弱，無法號令諸侯，其曰：

> 周之盛也，諸侯聽役於王室，無敢違命。及其衰也，雖令而不至，平王未能使諸侯宗周而強使戍申焉，宜諸侯之不從也。其曰彼其之子，不與我戍申，周之戍者怨諸侯之不戍之辭也。②

本是周之戍人怨恨平王強使戍申、甫、許等國，蘇轍一轉爲周之戍人抱怨諸侯之不戍也。自己的國家不自己保衛，卻反倒要周王室幫他們守禦，也難怪這些來自王畿之征夫戍卒要怨聲載道了。蘇轍將詮釋的重點完全由周人怨懟平王轉爲歸怨諸侯，而其背後的因素則是王室權威墜落，諸侯不尊王室，周王也無能役使諸侯。蘇轍對這點的強調可説是承襲自歐陽修的觀點，但明顯有更加強化的意味。

理學家程頤（1033－1107）於此詩的理解則一方面繼承了漢人批判平王偏厚母家的傳統説法，另一方面也與蘇轍一樣站在周人的角度，抱怨諸侯不共戍申國，其云：

> 周人勞於戍申，而怨思。諸侯有患，天子命保衛之，亦宜也。平王獨思其母家耳，非有王者保天下之心也，人怨宜也。況天子當使方伯鄰國保助之，豈當獨勞畿内之民？故周人怨諸侯之人不共戍申也。③

程頤與毛鄭一樣，皆著眼於平王役使周人戍守母家申國，但關於周人怨思的原因，程頤卻從漢人單純的不撫恤百姓，不施恩澤於民，轉爲強調平王出於私心獨厚母家，並非王者保天下之正大光明的動機。周人除了對平王心生怨恨之外，也同時對諸侯之人不共戍

---

① 歐陽修：《詩本義》，《通志堂經解》本，大通書局據康熙十九年刻本影印1972年再版，卷3，第9b頁。

② 蘇轍：《詩集傳》，宋淳熙七年蘇詡筠州公使庫刻本，收入《續修四全書》經部第56册，上海古籍出版社影印1995年版，卷4，第3b頁。

③［宋］程頤：《詩解》，收入《二程集》，王孝魚點校，中華書局1981年版，《河南程氏經説》卷3，第1056頁。

申心懷不滿，與蘇轍之説類似，但卻少了歐陽修與蘇轍皆共同指出的整體時代背景：王室衰微，無法號令諸侯。

北宋學者雖開始與漢唐舊説立異，但依然保有毛鄭原有之詮釋架構。到了宋室南渡之後的朱熹，方對這首詩做出方向完全不同的詮解，其在《詩集傳》中云：

> 申侯與犬戎攻宗周而弑幽王，則申侯者，王法必誅不赦之賊，而平王與其臣庶不共戴天之讎也。今平王知有母而不知有父，知其立己爲有德，而不知其弑父爲可怨，至使復讎討賊之師，反爲報施酬恩之舉，則其忘親逆理，而得罪於天已甚矣。
>
> 又況先王之制，諸侯有故，則方伯連帥以諸侯之師討之；王室有故，則方伯連帥以諸侯之師救之。天子鄉遂之民，供貢賦，衛王室而已。今平王不能行其威令於天下，無以保其母家，乃勞天子之民遠爲諸侯戍守，故周人之戍申者又以非其職而怨思焉。則其衰懦微弱而得罪於民，又可見矣。①

保留在吕祖謙（1137－1181）《吕氏家塾讀詩記》中的朱熹早年《詩集解》舊説，大意略同於《詩集傳》，但文字敘述次序及詳略稍有不同，一併引録，以供參照：

> 先王之制，諸侯有故，則方伯連帥以諸侯之師討之；王室有故，則方伯連帥以諸侯之師救之。天子鄉遂之民，供貢賦，衛王室而已。平王微弱，威令不行於天下，無以保其母家，而使畿甸之民遠爲諸侯戍守，周人以非其職而怨思也。
>
> 又況幽王之禍，申侯實爲之，則平王所與不共戴天讎也。乃不能討，而反戍焉。愛母忘父，其悖理也亦甚矣，民之怨也，豈不亦以此歟！②

---

① ［宋］朱熹：《詩集傳》，朱杰人校點，收入《朱子全書》第1册，朱杰人等主編，上海古籍出版社；安徽教育出版社2010年修訂本，第464頁。

② ［宋］吕祖謙：《吕氏家塾讀詩記詩集傳》，常熟瞿氏鐵琴銅劍樓藏宋刊本，收入《四部叢刊續編》經部第9－11册，臺灣商務印書館1966年版，卷7，第6a－b頁。案：關於朱熹《詩集解》之相關説明又參束景南：《朱熹佚詩詩文全考》，收入《朱子全書》，第26册，第99頁。原文輯録見第179頁。又案：束景南又從嚴粲（1197－?）《詩緝》中輯録所謂朱熹《詩集解》的佚文："先王之訓，諸侯有故，則方伯連率以諸侯之師討之；王室有故，則方伯連率以諸侯之師救之。天子鄉遂之民，供貢賦，衛王室而已。今平王微弱，威令不行於天下，無以保其母家，乃勞天子之民，遠爲諸侯屯守，故周人之戍申者以非其職而怨思也。又況申侯實啟犬戎以致驪山之禍，乃平王及其臣民不共戴天之讎也。今平王知有母而不知有父，知其立己爲有德，而不知其弑父爲可怨，至使復讎討賊之師反爲報施酬恩之舉，則其絶滅天而得罪於民，又益深矣。"（第179－180頁）嚴氏所引段落先後次序同於吕書，但文字詳密，又近於《詩集傳》。嚴氏《詩緝》成於淳佑四年（1244），距淳熙十四年（1187）《詩集傳》首次刊行，已近六十年，嚴氏於此詩所引是否確爲《詩集解》舊文，似尚難遽以論定。束景南所持理由僅爲嚴書乃仿吕書而成，故其書中所引"朱曰""朱氏曰"，必爲朱熹主《毛序》説之《詩集解》，而非黜《毛序》説之《詩集傳》。（第99頁）然此實不能一概而論，即以朱熹釋《揚之水》一詩而論，無論是舊説之《詩集解》，或新説之《詩集傳》，皆已不主《毛序》説，如此又如何就能判定嚴粲書中所引必爲《詩集解》，而非《詩集傳》？

除了北宋人原有的強調王室微弱，威令不行於諸侯的詮釋重點外，朱熹還特別着重批判平王未積極追究申侯勾結犬戎弑父幽王的罪過，竟將原應用於“復讎討賊之師”，卻反做爲“報施酬恩之舉”。朱熹對此用了極強烈的道德字眼譴責周平王：“忘親逆理，得罪於天。”

比較朱熹前後階段的詮釋文字可知，在較早的《詩集解》時期，朱熹仍是順隨着北宋諸子的詮釋方向，將詮釋的主要重點放在闡述王室微弱，平王不能行其威令於諸侯這一主旨上。而譴責平王不能討賊復讎的義旨，則僅是作爲一次要或附屬的重點。此由文字段落前後順序的安排上，可約略看出端倪。但隨其思想的演進及對此詩理解的深化，到《詩集傳》時期中，他反而將討賊復讎的義旨放置在文字段落的前面，一躍而爲他對詩最主要的詮釋重點。平王不能行威令的主旨反倒調到後面，變成詮釋次要或附屬的重點了。

無獨有偶，朱熹弟子蔡沈（1167－1230）所作的《書集傳》，其於《文侯之命》一篇，亦對周平王做出與朱熹在《揚之水》中類似的抨擊：

> 愚按：《史記》幽王娶於申而生太子宜臼。後幽王嬖褒姒，廢申后，去太子。申侯怒，與繒、西夷犬戎攻王而殺之。諸侯即申侯而立故太子宜臼，是爲平王。平王以申侯立己爲有德，而忘其弑父爲當誅，方將以復讎討賊之眾而爲戍申戍許之舉。其忘親背義，得罪於天已甚矣，何怪其委靡頹墮而不自振也哉！然則是命也，孔子以其猶能言文武之舊而存之歟？抑亦以示戒於天下後世而存之歟？①

觀蔡沈之聲氣口吻，何其相似朱熹，不只是觀念上的近似，甚至在某些詞句用語上，也明顯有延襲朱熹之迹。由此可知此當是紫陽一脈的一貫立場。

《文侯之命》的著成時代和主旨，《書序》釋之曰：“平王錫晉文侯秬鬯圭瓚，作《文侯之命》。”②《尚書僞孔傳》亦云：“幽王爲犬戎所殺，平王立而東遷洛邑，晉文侯迎送安定之，故錫命焉。”③ 唐代孔穎達的《尚書正義》則在前人説法的基礎上，做了更清楚細密的疏釋：

> 幽王嬖褒姒，廢申后，逐太子宜臼，宜臼奔申。申侯與犬戎既殺幽王，晉文侯與鄭武公迎宜臼立之，是爲平王，遷於東都。平王乃以文侯爲方伯，賜其秬鬯之

---

① ［宋］蔡沈：《書集傳》，嚴文儒校點，收入《朱子全書外編》第1册，朱杰人等主編，上海古籍出版社；安徽教育出版社2010年版，第264頁。

② 《尚書注疏》，僞孔安國傳、孔穎達疏，南昌府學本，藝文印書館1993年版，卷20，第1a頁。

③ 《尚書注疏》卷20，第1a頁。

酒，以圭瓚副焉，作策書命之。史録其策書，作《文侯之命》。①

可見漢唐經師的主流詮釋方向皆對此篇的背景及文義做一較忠實的申述②，並未及於平王在復讎討賊方面的檢討，更未對平王的歷史定位做嚴厲的道德譴責。然而蔡沈卻做出有異於漢唐經師的詮釋，將焦點轉移至平王行爲事迹之批判，一如朱熹對《揚之水》的詮釋，師徒二人皆將攸關周平王的經書篇章，將詮釋的焦點轉移至對平王東遷史事之評價。這究竟反映什麽情況？又突顯什麽意義？確實頗耐人尋味。

三、朱熹詮釋的檢討

朱熹對《揚之水》的詮釋，誠然獲得不少支持，如清代的顧廣譽（1800－1867）就深然其説，以爲“尤足發明詩辭所未及”③。然而從詮釋的妥效性的角度來檢討，朱注確實有其可議之處，誠如清儒姚際恒（1647－約1715）所指出的：

> 據《序》謂“刺平王使民戍母家，其民怨之，而作此詩”。《集傳》因謂“申侯爲王法必誅”，及謂“平王與申侯爲不共戴天之仇”。此等語與詩旨絶無涉，何曉曉爲？④

比較毛鄭和北宋諸儒的詮釋，其皆共同承認此詩爲周人怨刺平王之詩，毛鄭將怨刺理由置於平王不撫恤百姓，不施恩澤於民，役使百姓久戍母家申國。北宋諸儒亦大體接受此説，但將周人之怨更擴充至對諸侯之人之不共戍申，而其背後更大的原因就是王綱不振，平王威令不行於諸侯。諸侯不聽令於王室，致使平王只得役使自己的子民戍守申國，而不得不招致民怨。此二解皆與詩文有較直接的關聯，所解皆在經内所涵文義或所涉之事義中。毛鄭只純由詩文所反映的王畿戍人直觀的心情感受出發，所抱怨譏刺的是爲政者加諸在百姓上的負擔，算是較直接切合詩文的詮釋。但北宋諸儒則較此更加深了

① 《尚書注疏》卷20，第1a頁。

② 除了平王錫晉文侯秬鬯圭瓚的詮釋之外，漢人對此篇另有所謂周襄王命晉文公之書的解釋，此説始發自《史記·晉世家》，《新序·善謀篇》説同《史記》。關於此問題，屈萬里（1907－1979）先生在《尚書文侯之命著成的時代》文中曾有詳細的辯證，其謂歷代注解《尚書》的人，採用《書序》之説者多，尊信《史記》《新序》之説者少。而其結論亦斷定：“《文侯之命》是周平王錫命晉文侯之書，而非周襄王錫命晉文公之書。”（《書傭論學集》，聯經出版事業公司1984年版，第86－87頁，第101頁。）相關討論又見氏撰：《尚書集釋》，聯經出版事業公司1983年版，第262－263頁。）按：周襄王命晉文公之書的詮釋方向不爲蔡沈採用，故本文不擬做進一步之討論。

③ 顧廣譽：《學詩詳説》，光緒三年刻本，收入《續修四庫全書》“經部詩類”第72册，上海古籍出版社1995年版，卷6，第6b頁。

④ ［清］姚際恒：《詩經通論》，顧頡剛點校，收入《姚際恒著作集》第1册，“中央研究院”中國文哲研究所1994年版，卷5，第135頁。

一層，其所詮釋者超越詩中主人公的直觀情緒反應，而是作詩者在此詩中所欲傳達的對整個時勢現況的理性深刻反省。其所突顯的王室威令不行於諸侯的訊息，在此詩的表面文字上是沒有的，但結合對此詩所產生的背景及當時整體歷史發展的掌握，則北宋諸儒做出如此的詮釋也是符合此詩内在的深層意義。可以説，如此的解讀是此詩表面涵義的内在的、邏輯的必然發展。這兩種詮釋皆可説切合詩義，皆有涉於詩旨。

但朱熹的詮釋則不然，他對平王的作爲及事迹所做的評判皆不在此詩之内在意義脈胳之中，所解並不在經内所涵文義或所涉之事義中，誠如顧廣譽所説，是對詩所未及處所做的“發明”。因而其所解，與其説是在解經，不如説是在論史——論《揚之水》所關涉之相關歷史人物及歷史事件之是非功過。其所論的内容很明顯就是朱熹的有爲之言，朱熹對此詩的詮釋確實是運用了所謂的情境解經。然則朱熹的解經情境爲何？

諸橋轍次（1883－1982）嘗對宋室南渡之後的國情局勢與經書解釋的對應關係做了如下的觀察：

> 一言以蔽之，南宋的經解用力於復讎思想的發揚。當時的學者無論是誰，都以復讎報國爲職志。……南宋學者感慨國運衰微而鼓吹復讎思想的，不只是對《春秋》的解釋而已，於《詩經》《尚書》《論語》《孟子》的解釋也是如此。①

在《詩經》的經解中，他直指朱熹在《詩集傳》對《黍離》《揚之水》《式微》等詩的注釋中，“宣揚復讎思想”②。朱熹於《黍離》與《式微》二詩的注釋是否有宣揚復讎思想，不易從其經解文字敘述中看出，但《王風・揚之水》之意向所指，是十分清楚明確的。對照朱熹自己的議論，更可以印證這點。黃榦（1152－1221）《朱熹行狀》記載朱熹於孝宗隆興元年（1163）受詔入對，其中即言道：

> 君父之讎不與共戴天，乃天之所覆，地之所載，凡有君臣、父子之性者，發於至痛不能自已之同情，而非專出於一己之私。然則今日所當爲者，非戰無以復讎，非守無以制勝，是皆天理之同然，非人欲之私忿也。③

---

① 諸橋轍次：《唐宋的經學史》，收入安井小太郎等撰：《經學史》，連清吉、林慶彰合譯，萬卷樓圖書公司1996年版，第138－141頁。牟潤孫在《兩宋春秋學之主流》一文中亦有類似的觀察，其云：“宋儒説經，皆能因事致戒，借古以諷今，爲體用兼備之學，不僅治《春秋》者然也。至于尊王復仇，本爲《春秋》之義，今乃遍及于他經，謂其受泰山、安定之影響固可，謂其受時代環境之刺激亦未嘗不可。”見氏撰：《注史齋叢稿》，上册，第87頁。

② 諸橋轍次：《唐宋的經學史》，第141頁。

③［宋］黃榦：《朱熹行狀》收録於束景南《朱熹年譜長箋》，華東師範大學出版社2001年版，下册，引文見第1468頁。

束景南《朱熹年譜長篴》將朱熹舊作《詩集解》稿成時間繫於此年中，而受詔入對時間則爲同年十一月六日[①]，而在此前一年的高宗紹興三十二年（1162），他在因孝宗即位後下詔求直言的情況下，於八月七日上封事，此即著名的《壬午應詔封事》，他在其中直言道：

祖宗之境土未復，宗廟之讎耻未除，戎虜之姦譎不常，生民之困粹已極，方此之時，陛下所以汲汲有爲，以副生靈之望者，當如何哉！

他爲宋孝宗提出了“帝王之學不可以不熟講”“脩攘之計不可以不早定”以及“本原之地不可以不加意”的建議。其中關於脩攘之計，他的看法如下：

今日之計不過乎脩政事、攘夷狄而已矣，非隱奥而難知也。然其計所以不時定者，以講和之説疑之也。夫金虜於我有不共戴天之讎，則其不可和也，義理明矣。[②]

類似的言論在隆興和議成後的次年，即乾道元年（1165）六月所撰就的《戊午讜議序》中，有更爲激切的表露：

君臣父子之大倫，天之經，地之義，而所謂民彝也。……然則其有君父不幸而罹於横逆之故，則夫爲臣子者所以痛憤怨疾而求爲之必報其讎者，其志豈有窮哉！故記《禮》者曰：“君父之讎，不與共戴天；寢苫枕干，不與共天下也。”……國家靖康之禍，二帝北狩而不還，臣子之所痛憤怨疾，雖萬世而必報其讎者，蓋有在矣。[③]

這些言論與朱熹注釋《詩經》的時間頗爲一致，甚至“不共戴天”之語更反復出現在經注和政策建言中，由此可知，朱熹對《揚之水》所做的情境式的詮解以及所表達的有爲之言，不只是其議論周平王行爲事迹的“史論”，更可看作是其針對南宋政局的“政論”。

面對南宋如此的政治局勢，激發起朱熹强烈的民族情緒與復讎雪耻的意識，他自然

① 束景南：《朱熹年譜長篴》，上册，第298－299頁，第306頁。

② ［宋］朱熹：《壬午應詔封事》，《晦庵先生朱文公文集》卷11，《朱子全書》，第20册，第571頁，第573頁。相關係年見束景南《朱熹年譜長篴》，上册，第281－282頁。

③ ［宋］朱熹：《戊午讜議序》，《晦庵先生朱文公文集》卷75，《朱子全書》，第24册，第3618頁。

也從中涵具濃厚的存有感受，這也是他當下所身處的現實情境。當其身處此情境中，一旦與經典相遭遇，而欲從事對經典的理解與詮釋的作爲時，他便很容易對經典中所載之古人古事的相關情境觸發出種種的興發感應。順隨着此興發感應去解經，將所感應的內容展現在經典的詮解中。將現實的此情境投射在經典中的彼情境；復又從經典中的彼情境興發出對現實此情境的感應，二者交相反復，來回循環，古爲今所用，今因古所感，這就是所謂的情境解經。而這正是朱熹詮釋轉向的背景與其在經典詮釋上的意義。

朱熹這樣的即史論即政論式的詮釋，中井履軒稱之爲“持論”，雖然在他看來，“解經與持論異，宜討本文正意”①。但是像朱熹這類大思想家所持的論，仍然有其在學術思想史上的重要意義與價值。其實朱熹通過《揚之水》的經注所發表的政論，現實目的就是向南宋執政當局提出復讎的訴求。表面上朱熹在經注中批判周平王不積極復讎討賊的行爲，所隱含於文字背後更激進的訴求應就是責問周平王爲何不“西伐”以收復舊土。但此訴求與其説是東周時代的問題，不如説更是南宋時代的問題，意即朱熹向南宋執政當局提出爲何不“北伐以收復舊土”的問題。

朱熹通過注疏、詮釋的方式來向當代提出的問題，在後代反倒引起了熱烈的回響。

顧炎武（1613－1682）在《日知録》中有云：

> 《文侯之命》（平王）報其立己之功，而望之以殺攜王之效也。……今平王既立於申，自申遷於雒邑，而復使周人爲之戍申，則申侯之伐，幽王之弑，不可謂非出於平王之志者矣。當日諸侯但知其冢嗣爲當立，而不察其與聞乎弑爲可誅。虢公之立王子余臣，或有見乎此也。自文侯用師，替攜王以除其偪，而平王之位定矣。後之人徒以成敗論，而不察其故，遂謂平王能繼文武之緒，而惜其棄岐豐七百里之地，豈謂能得當日之情者哉！孔子生於二百年之後，蓋有所不忍言，而録《文侯之命》於《書》，録《揚之水》之篇於《詩》，其旨微矣。《傳》言平王東遷，蓋周之臣子美其名爾。綜其實不然。凡言遷者，自彼而之此之辭，盤庚遷于殷是也。幽王之亡宗廟社稷，以及典章文物，蕩然皆盡，鎬京之地已爲西戎所有，平王乃自申東保於雒，天子之國與諸侯無異，而又有攜王與之頡頏，並爲人主者二十年，其得存周之祀幸矣，而望其中興哉！（原注：如東晉元帝不可謂之遷於建康。）②

顧炎武論述的脈絡雖非直接討論朱熹關於《揚之水》的經注是非得失。但他對平

① ［日］中井履軒：《孟子逢原》，第69頁。

② ［明］顧炎武撰：《日知録》，嚴文儒、戴揚本校點，收入《顧炎武全集》第18册，上海古籍出版社2011年版，卷2，《文侯之命》，第119－120頁。

王與聞弑父及棄岐、豐之地而不復的批判，可説是與朱熹同一聲調者。至於他認爲孔子録《揚之水》於《詩》有微旨，更是間接接受認同朱熹詮釋的明證。關於虢公立余臣事，據梁玉繩《史記志疑》云：

案：《竹書》"幽王五年，王世子宜臼出奔申。八年，王立褒姒之子伯服爲太子。十一年，申人、鄫人及犬戎入宗周弑王，殺王子伯服，執褒姒以歸。申侯、魯侯、許男、鄭子立宜臼於申，虢公翰立王子余臣於携，是爲携王。二王並立。平王元年，東徙洛邑。二十一年，晉文侯殺余臣"。史公不録携王，疎矣。嘗論申侯者，平王不共戴天之仇也，乃始奔於申，繼立於申，終且爲之戍申，不可謂非與聞乎弑矣，借手腥羶，無殊推刃。虢公明冠履大義，獨立余臣，輔相二十年之久，真疾風勁草哉！使當時晉、許、鄭皆如虢公，則廢宜臼而奉携王，周有祭主，世有人倫，豈不偉歟！余方怪當時群侯之替余臣，而《史》並削余臣不書，毋亦昧於《春秋》之義乎？①

梁玉繩此論雖在評論《史記》所載平王東遷史事，然其議論的基調，亦一如顧炎武，略同於朱熹。只是與朱熹不同的是，朱熹指責的重點在於平王忘親逆理，將復讎討賊之師，作爲回報申侯立己之恩的舉動。而梁氏更嚴於君臣大義，痛責平王與聞弑父，虢公擁立余臣爲深明大義之舉。至於顧炎武的重點更在感嘆平王無力中興。

但也有站在不同立場來看待此問題的，崔述（1740 - 1816）一則在《讀風偶識》中對朱熹立論的基礎——申侯與弑幽王事——加以辨駁，認爲此事本之《史記》，而《史記》又採之《國語》史蘇、史伯之言。但他認爲經傳固無此事，《詩》《書》又或多缺略，《左傳》往往及東遷時事而不言此，《國語》專記周事而亦無之。他質疑此非常之大變，周轍之所由東，何以經傳皆無一言及之？但只旁見於《國語》《晉》《鄭》史伯、史蘇二人逆料之語？因而他高度懷疑此事之真實性。② 一則復在《豐鎬考信録》中詳辨申侯召戎滅周之説，認爲此事揆諸人情，徵諸時勢，皆不宜有。他的理由是：

申在周之東南千數百里，而戎在周西北，相距遼越，申侯何緣越周而附於戎！……王師伐申，豈戎所能救乎！……申與戎相距數千里，而中隔之以周，申安能啟戎；戎之力果能滅周，亦何藉于申之召乎！申之南，荆也。當宣王時，荆已強盛爲

① ［清］梁玉繩撰：《史記志疑》第1册，賀次君點校，中華書局1981年版，第103 - 104頁。

② ［清］崔述：《讀風偶識》，收入顧頡剛編訂：《崔東壁遺書》，上海古籍出版社1983年版，卷之三，第552 - 553頁。

患，故封申伯于申以塞其衝。周衰，申益微弱；觀《揚水》之篇，申且仰王師以戍之。當幽王時申畏荆自保之不暇，何暇反謀王室！且申何不近附于荆以抗周，而乃遠附于戎也？……宜臼既逐，伯服得立，則亦已矣。幽王何故必欲殺其子而後甘心也？……況宜臼之於王，父子也，申侯之於王，君臣也，王逐宜臼，聽之而已，申侯亦不應必欲助其甥以傾覆王室也。君臣、父子，天下之大綱也；文、武未遠，大義猶當有知之者。況晉文侯、衛武公，當日之賢侯也，而鄭武公、秦襄公亦皆卓卓者，宜臼以子仇父，申侯以臣伐君，卒弑王而滅周，其罪通于天矣。此數賢侯者當聲大義以討之；即不然，亦當更立幽王他子或宣王他子，何故必就無君之申而共立無父之宜臼哉？……然則戎之滅周非一朝一夕之故。蓋緣幽王昏縱淫暴，掊克在位，久矣失民之心，是以戎來侵伐而不能禦；日漸蠶食，至十一年而遂滅；戎之力自足滅周，初不待於申侯之怒也。乃世之論者遂據此以爲平王與於弑父；其戍申也，以爲平王德其立己而忘不共戴天之仇，其亦過矣！①

因而崔述遂根據他所認定的史實，結合當時的時勢，從而爲《揚之水》詩中所謂平王役使周人戍申之舉的必要性做了如此的辯護：

申與甫、許皆楚北出之衝；而申倚山據險，尤爲要地。楚不得申，則不能以憑陵中原，侵擾畿甸。……宣王之世，荆楚漸強，故封申伯於申以塞其衝。平王之世，楚益強而申漸弱，不能自固，故發王師以戍之耳；非以申爲舅故而私之也。不然，戍申足矣，又戍甫戍許何爲者？……然則申、吕二國皆楚北衝，惟許地稍近内；然楚師度申、吕而北則必經許。……由是言之，平王之戍三國，非私之也。……惜乎説經者不考其時勢而但以己意度之者多也！②

又説：

蓋因荆楚日強，漸有蠶食中原，窺伺畿甸之勢，故戍三國以遏其鋒。以爲私其母家，固已失之；因《序》此言遂謂之爲忘讎報施，則更冤矣。③

方玉潤（1811－1883）也持類似的見解，其云：

---

① ［清］崔述：《豐鎬考信録》，收入顧頡剛編訂：《崔東壁遺書》卷之七，第246－247頁。
② ［清］崔述：《讀風偶識》卷之三，第552頁。
③ ［清］崔述：《讀風偶識》卷之三，第553頁。

經文明明言戍申、戍甫、戍許，而《序》偏云“戍于母家”，致啟《集傳》忘讐逆理之論，是皆未嘗即當日形勢而一思之耳。夫周轍既東，楚實強盛。京洛形勢，左據成皋，右控崤函，背枕黄河，面俯嵩高。則申、甫、許實爲南服屏蔽，而三國又非楚敵，不得不戍重兵以相保守，然後東都可以立國。……平王此時不申、甫、許是戍而何戍耶?①

崔述和方玉潤皆從戰略形勢考慮，一自楚國北上發展，一自東周南疆防守的角度，各自爲平王戍申、甫、許之舉的合理性做了有力的説明。

崔述和方玉潤皆不約而同地批評包括朱熹在内的後世説經者欠缺對當時時勢或形勢詳細考察的做法，不能僅憑己意度之。因而，若從當日的時勢背景來看的話，則朱熹提出的問題，對東周時來説，或許不一定是正當的問題。果如崔述所論辯的，則西周之滅，也不一定就是申侯召戎所致者，如此一來，就無與乎朱熹所昌言之復讎討賊、忘親逆理的問題，而平王戍申等國亦自有其戰略的必要性，關乎到中原華夏諸國的安危。

更有甚者，暫不考慮申侯是否啓戎以滅西周，以及東周初年荆楚對華夏諸國的威脅等狀況，單就朱熹詮釋所可能隱含的言外之意，後來由顧炎武加以顯題化的問題：周平王何不西伐以收復宗周舊土？然將此問題置諸當時的形勢，亦可能同樣是一不正當的問題。蓋平王東遷，王室衰微，此固是事實，然對身處郡縣制，習慣大一統中央集權的宋明清人，向處於封建制的周平王質問，只可責以平王有無或能否中興復讎的問題，卻似不宜責其何不光復舊土的問題，因爲被犬戎所攻佔的宗周舊土，已封給秦，且後來也被秦所收復，所謂宗周舊土，名義上仍屬於王土。據《史記·秦本紀》所載：

（秦襄公）七年春，周幽王用褒姒廢太子，立褒姒子爲適，數欺諸侯，諸侯叛之。西戎犬戎與申侯伐周，殺幽王酈山下。而秦襄公將兵救周，戰甚力，有功。周避犬戎難，東徙雒邑，襄公以兵送周平王。平王封襄公爲諸侯，賜之岐以西之地。曰：“戎無道，侵奪我岐、豐之地，秦能攻逐戎，即有其地。”與誓，封爵之。襄公於是始國，與諸侯通使聘享之禮……十二年，伐戎而至岐，卒。生文公。……十六年，文公以兵伐戎，戎敗走。於是文公遂收周餘民有之，地至岐，岐以東獻之周。②

---

① ［清］方玉潤：《詩經原始》，中華書局1986年版，上册，第194－195頁。

② ［汉］司馬遷撰、［宋］裴駰集解、［唐］司馬貞索引、［唐］張守節正義：《新校本史記三家注》點校本，鼎文書局1993年7版，卷6，《秦本紀》，第179頁。

許倬雲據此認爲：

> 平王東遷後，宗周故地未嘗全失。……秦文公十六年，終於盡收周餘民。岐以西已由平王封秦爲諸侯，秦獻岐山以東於周。是以周人舊有畿輔之地，只少岐西一帶。①

此外，對仍身處“封建親戚，以蕃屏周”（《左傳》僖公二十四年富辰語②）制度的東周王室而言，亦不存在收復宗周舊土的問題，誠如杜正勝所指出的，周代尚無後世“領土國家”以後的國家觀念，周王不能控制列國，諸侯的力量也難以達到採邑。究其實乃因爲：

> 周人代殷之際因去氏族共同體時代未遠，把氏族共同體的許多觀念套上天下共主的實際情形，乃演出幾百年的城邦歷史。氏族共産，所以土地要“分封”給親戚；諸侯“受民受疆土”，也認爲這些土、民都是氏族共有的財産。推溯到最後根源，坐鎮在宗周的那個“國”是一切國的母體，所以詩人要歌頌“溥天之下莫非王土，率土之濱莫非王臣”（《小雅・北山》）。③

因而，朱熹、顧炎武在問題上亦同樣是犯了如崔述所批評的“不考其時勢而但以己意度之者”的毛病，亦即以後律古，用後世熟悉的思想、觀念、意識，來看待古代的狀況，如光復舊土、還我河山、北伐、統一等，又如顧炎武以東晉南遷史實來相比喻。

若只從純粹的説經論史來看，崔述、方玉潤的批評自然合情合理，被批評者也當俯首貼耳，虚心受教。但朱熹所提出之問題，卻不只是單純的經典詮釋和歷史評論，其意向所指，具有其濃厚的現實的意義。他的問題是向當代人提出的，他所責問者與其説是東周平王，毋寧説是南宋君主。因而其問題雖看似不具正當性，但對當時人而言，卻是合理且有意義的問題。朱熹這種做法，其實也是“借事言理”的思想表達方式——借東周平王之事，言南宋執政當局如何處理和戰、復讎之理。

四、結論

情境解經的價值與意義並不完全在解經者如何的貼近經文本身，對經典做出“正確

---

① 許倬雲：《周東遷始末》，《求古編》，聯經出版事業公司 1982 年版，第 110 頁。

② ［晉］杜預注、［唐］孔穎達疏：《左傳注疏》，南昌府學本，藝文印書館 1993 年版，卷 15，第 18b 頁。

③ 杜正勝：《周代城邦》，聯經出版事業公司 1981 年版，第 124 頁。

的”“客觀的”及“有效的”詮釋。相反地，若從這樣的標準來看待運用情境式的解經方式，則多半會做出如中井履軒對朱熹經注的批評：“有爲之言，不可以解經。”但弔詭的是，對經典詮釋妥效性的追求，朱熹一如中井履軒，他不但如此要求自己，也以此去看待前賢的經注。前者如其自詡己注經如天平稱等般的準確，所謂“添一字不得，減一字不得”“如秤上稱來無異，不高些，不低些”①。後者如其批評程頤的經解，“自成一書”②，“是據他一時所見道理恁地説，未必便是聖經本旨”③。程頤解經時誠然有“據他一時所見道理恁地説”的義理衝動或義理不得不然的感發，但朱熹何嘗没有？而這些有爲之言的解經表現並没有因此而減損程頤與朱熹經注的價值。相反地，若從思想史與哲學史的角度來看，這反而是其經注的最大價值，也是影響後世極大，備受世人重視的地方。

就《揚之水》一詩而論，朱熹因應其現實情境“所見道理恁地説”的有爲之言，主要是牽涉到時局、政治的事務，也就是牟潤孫所謂的“評論時事”或吾人所謂的“存有感受的有爲之言”。他藉由注經的方式，來發表他對周平王行爲與事迹的史論。然史論往往就具有高度的現實意義，因而也就具有政論的性質。史論的内容常受到論史者的時代意識所影響，不同時代的人面對同一史事，常會做出截然不同的歷史判斷。同樣是評論平王東遷事，蘇軾（1037－1101）亦嘗有《論周東遷》一文，然其評論重點渾不似朱熹斷斷於討賊復讎之理上，而是致嘆於平王失計，放棄故土東遷，終致國力不振。蘇軾强調的重點在領土完整性的重要，甚至以富民之家子孫，雖不幸有敗，即使乞假以生，亦終不敢議其田宅作喻。④ 其議論一如其父蘇洵（1009－1066），認爲六國破滅的原因在於以土地賂秦。⑤ 蘇氏父子的言論皆非單純地論史，其言外之意當然是指向了北宋不能積極收復北方失土，以致國力難振的政治現實困境。但朱熹面臨的現實情境已不同於北宋，故對周平王的看法也不會僅以平王失土東遷爲重點，反而還要進一步檢討平王在討賊復讎上面的曖昧消極態度與作爲。可見議論隨情境而改變，史論如此，經解中的有爲之言亦如此。

不過情境解經學的研究亦有其運用的局限，這其中最大的問題就是解經者身處之情境與所詮解之經典内容的内在關聯性不易證成，例如劉歆新學是否確如康有爲（1858－1927）所批評的爲“飾經佐篡”⑥；而杜預（222－284）又是否如焦循（1763－1820）所

① 以上俱見［宋］黎靖德輯：《朱子語類》卷19，《朱子全書》第14册，第655頁。

② ［宋］黎靖德輯：《朱子語類》卷19，《朱子全書》第14册，第656頁。

③ ［宋］黎靖德輯：《朱子語類》卷105，《朱子全書》第17册，第3445－3446頁。

④ ［宋］蘇軾：《蘇軾文集》，孔凡禮點校，中華書局1986年版，第1册，第151－153頁。

⑤ ［宋］蘇洵：《六國論》，《嘉佑集》，收入《三蘇全集》，中文出版社據道光十二年眉州三蘇祠刊本影印1986年版，卷3，第5a－6a頁。

⑥ 康有爲：《新學僞經考》，朱維錚、廖梅編校，中西書局2012年版，第3頁。

抨擊的，因爲黨附司馬氏，故於注《左傳》時爲司馬氏曲爲飾説?[①] 當解經者的解經文字不明確，或所言太過籠統抽象，誠然不易判斷是否爲情境式的解經，如諸橋轍次認爲朱熹《詩集傳》對《黍離》《式微》二詩的注釋亦同《揚之水》一樣，寓有復讎的思想，然而這個判斷卻很難從朱熹的經注文字敘述脈絡中去證成。但是去除因經注文字表達造成判斷障礙的狀況不論外，證成情境解經最大的關鍵就是解經者當下身處及感受的現實情境與經典的情境是否可以找到相關聯之處。這種關聯性愈高，則解經者運用情境解經的可能性也愈高，反之則愈低。當然，百分之百，完全一致的關聯性在現實上是不可能有的，任何的情境解經都不可避免是一種“以今律古”的做法，解經者也很難不會犯崔述所謂的“以己意度之者”的毛病。但除非從事純粹客觀的解經活動，無事乎“律”，亦無所“度”。否則只要解經者有所“律”或有所“度”，將其“此一時”的情境與經典“彼一時”的情境聯繫起來，他就很有可能在從事情境的解經活動。[②] 找出這種關聯，證成解經者在運用情境式的解經方式，並説明分析此具體情境爲何，解經者又如何受此情境的感發來從事經典詮解的工作，而所詮解的具體内容又爲何？與經典原義的關係、距離如何？以及如此詮解的意義、價值爲何？……這些就是情境解經學主要探討的内容。

---

① ［清］焦循:《春秋左傳補疏·序》，收入《重編本皇清經解》，庚申補刊本，漢京文化事業公司1980年版，卷1159，第1a－b頁。

② 對此問題的相關反省與討論另參拙著:《釋經以立論——漢代毛鄭詩經經解的思想探索》，第199－202頁。

由詩本義看《毛詩序》

——以《周南》十一篇爲例

曲阜師範大學　黄懷信

《毛詩序》（傳爲子夏所創，毛公及衛宏所潤益），是舊時讀《詩》的指南。雖自南宋朱熹攻訐並廢之不用，但迄今相信者依然不少。《毛詩序》的正確度到底有多大，只有真正理解原詩，方可從根本上得到區辨。本文謹以《周南》十一篇爲例，做具體分析如下。所引《詩經》原文，據十三經注疏本。

關　雎

【原詩】

關關雎鳩，在河之洲。窈窕淑女，君子好逑。
參差荇菜，左右流之。窈窕淑女，寤寐求之。
求之不得，寤寐思服。悠哉悠哉，輾轉反側。
參差荇菜，左右採之。窈窕淑女，琴瑟友之。
參差荇菜，左右芼之。窈窕淑女，鐘鼓樂之。

【訓譯】

河心小洲上，雎鳩關關叫；深閨美淑女，君子看上她。
參差小荇菜，左右摟取它；深閨美淑女，日夜尋求她。
求她不能得，日夜想着她；想得太悠遠，輾轉失了眠。
參差小荇菜，左右採摘它；深閨美淑女，永遠不分離。
參差小荇菜，左右選擇它；深閨美淑女，鐘鼓歡樂她。

【意境與畫面】

一章：一個男子看到河洲（河中小島）上一對廝守着的雎鳩，聽到它們歡快的叫聲，即景生情，想到自己心儀的深閨淑女，就是將與自己一生廝守的佳偶。

二章：男子心想：參差不齊的荇菜，必須左右摟取，否則就會被别人採走。所以我一定要快點下手，寤寐求之，不能失去。

三章：由於未能找到意中佳偶，所以男子轉而爲想。白天想，晚上也想，想得十分悠遠，以致失眠。由於失眠，而愈加想得悠遠。以下四、五兩章，便爲所想的內容。

四章：男子心想，荇菜稀少的時候，要左右一朵一朵地採來。窈窕淑女，就像那稀少的荇菜，我一定要把她找來，娶她爲妻，與她琴瑟友之，白頭偕老。

五章：男子心想，荇菜不管長在哪裏，我也要左右選擇找到它；窈窕淑女不管躲在哪裏，我也要把她娶來，與她不棄不離，使她快樂幸福。

【詩本義與《毛詩序》】

從以上訓譯與意境可以看出，這是一首愛情詩。詩本義是描寫一個小夥子愛上一位長在深閨中的姑娘，因爲見不着而形成單相思，一心要與她爲伴，娶她爲妻的故事，反映主人公對愛情的執着與專一。上博簡《詩論》孔子曰："《關雎》樂而不淫，哀而不傷。"其説甚是。而《毛詩序》曰："《關雎》，后妃之德也，風之始也，所以風天下而正夫婦也。故用之鄉人焉，用之邦國焉。"非詩本義。所謂"后妃之德"，蓋自"窈窕淑女"説。《詩經今注》云："這首詩歌唱一個貴族愛上一個美麗的姑娘，最后和他結了婚。"也有誤解。因爲詩中所謂"鐘鼓樂之"，其實只是想像，並没有真正結婚。

葛 覃

【原詩】

葛之覃兮，施于中谷，維葉萋萋。黄鳥于飛，集於灌木，其鳴喈喈。

葛之覃兮，施于中谷，維葉莫莫。是刈是濩，爲絺爲綌，服之無斁。

言告師氏，言告言歸。薄汙我私，薄浣我衣。害澣害否？歸寧父母。

【訓譯】

葛條藤啊，伸到了山谷中，葉子碧萋萋。黄鳥飛啊，落在了灌木中，叫聲啾唧唧。

葛條藤啊，伸到了山谷中，葉子茂密密。割回來煮啊，再織成布，穿上美滋滋。

報告師氏啊，我要回娘家。趕緊洗内衣，趕緊换外衣。爲什麼洗、爲什麼换？因爲要回家看父母。

【意境與畫面】

山谷之中，長滿了葛藤，葉子碧緑，十分茂盛。黄鸝鳥上下翻飛，落在了灌木叢中，唧唧鳴叫。

一位少婦，把割回來的葛藤加工蒸煮，紡線織布，做成衣裳，高興地穿在身上。

她去向管家請假，説她要回娘家。准假後她趕緊洗内衣，换外衣，期待着趕緊回到父母身邊。

【詩本義與《毛詩序》】

從訓譯與意境可以看出，這是一位嫁到公室的女子，在其即將歸寧父母，换洗衣服之時所唱的歌。歌詞之中，充滿着對生活的熱愛，又抑制不住歸寧前的激動和喜悦。娘家，是她的初生之地；父母，是她的根本所在。她雖然没有厭倦夫家的生活，但仍然不忘急切地回娘家看望父母，説明她懷有强烈的敬本思想，所以上博簡《詩論》孔子稱之爲“祇初之志”。《毛詩序》曰：“《葛覃》，后妃之本也。后妃在父母家，則志在於女功之事。躬儉節用，服澣濯之衣，尊敬師傅，則可以歸安父母，化天下以婦道也。”比較接近，因爲詩中的女主人，確是一位後宫之女。

卷　耳

【原詩】

采采卷耳，不盈頃筐。嗟我懷人，寘彼周行。

陟彼崔嵬，我馬虺隤。我姑酌彼金罍，維以不永懷。

陟彼高岡，我馬玄黄。我姑酌彼兕觥，維以不永傷。

陟彼砠矣，我馬瘏矣，我僕痡矣，云何吁矣？

【訓譯】

採那卷耳菜，不滿一小筐。罵我所想人，放在大路上。

登上山頂望，我馬腿跛了。姑且酌金罍，聊以不長想。

登上高岡望，我馬快病了。姑且酌犀樽，聊以不長念。

登上石巔了，我馬真病了。僕人也病了，爲何把我怨？

【意境與畫面】

一章：家鄉的野外，一位婦人正在採野菜。因爲她心不在焉，所以很久也没有採滿一小筐。她心中想着出門在外的丈夫，恨他久出不歸，於是把菜籃子放在地邊的大路上，嗔罵於他。

二章：遥遠的外地，丈夫的馬腿跛了，不能快走。丈夫歸心似箭，登上山頂遥望家鄉。無奈，只好住下來自酌金罍，聊以消除對妻子的長久想念。

三章：馬快病了，毛色玄黄，不能前行。丈夫急得登上山岡，遥望家鄉。無奈，只好繼續借酒自慰，飲以牛角杯，聊以消除對妻子的長久思念。

四章：已經走過了最後的險阻，馬實在走不動了，僕人也病倒了，實在没法及時趕回去。丈夫心裏説：我都這樣了，你爲什麼還要怨我呢？真不理解人。

【詩本義與《毛詩序》】

從訓譯與意境可以看出，這是一首夫婦對唱的歌：首章是妻子所唱，表達對丈夫的思念和怨恨；後三章爲丈夫所唱，表達對妻子的思念，以及其之所以遲歸的原因，責怪妻子不瞭解人，所以上博簡《詩論》稱其“不知人”。《毛詩序》曰：“《卷耳》，后妃之志也。又當輔佐君子，求賢審官，知臣下之勤勞，內有進賢之志，而無險詖私謁之心，朝夕思念，至於憂勤也。”有誤解，完全是政治説教，幾與詩本意無關。

樛 木

【原詩】

南有樛木，葛藟累之。樂只君子，福履綏之！
南有樛木，葛藟荒之。樂只君子，福履將之！
南有樛木，葛藟縈之。樂只君子，福履成之！

【訓譯】

南山有棵曲枝樹，葛藤牽累了它。快樂的君子，福禄安撫了他！
南山有棵曲枝樹，葛藤荒蕪了它。快樂的君子，福禄養活了他！
南山有棵曲枝樹，葛藤縈繞着它。快樂的君子，福禄成就了他！

【意境與畫面】

村南的山坡上，有一棵枝條向下彎曲的樹，上面纏滿了葛藤。葛藤牽累着它的枝條，使它不能向上生長，而且奪走它的營養，使它不能茁壯成長。

一位受人牽累、被人勒索的人，一輩子不能出人頭地，過着拮据的生活。而一位“君子”，卻因趨炎附勢，靠着依附、勒索他人和運氣而得到了福禄，並因俸禄而成功，過着無比快樂和富裕的生活，兩者形成鮮明對照。

【詩本義與《毛詩序》】

從訓譯與意境可以看出，這是一首表示不平的詩，抒發對靠榨取他人血汗而得福禄者的不滿，是對當時官場政治的一種批判，作者或是一位因受他人牽累而不能發達的人。上博簡《詩論》一章曰：“《樛木》之時，……曷？曰：《樛木》福斯在君子，不［亦有時乎］？《樛木》之時，則有其禄也。”意思是：《樛木》的時，怎麼講？答：《樛木》篇的福禄在君子，不是靠時運嗎？《樛木》的時，就在於君子得到了福禄。可見在《詩論》作者看來，《樛木》中的“君子”得福禄，完全是靠時運，説明時運對人非常重要，所以他歸納出一個“時”字。《毛詩序》曰：“《樛木》，后妃逮下也。言能逮下而無嫉妒之心焉。”言“后妃”不知所據，而且是把這種不平看成了嫉妒。

螽 斯

【原詩】

螽斯羽，詵詵兮。宜爾子孫，振振兮！
螽斯羽，薨薨兮。宜爾子孫，繩繩兮！

螽斯羽，揖揖兮。宜爾子孫，蟄蟄兮！

【訓譯】

蝗蟲的翅膀真是多，該你的子孫一大幫！

蝗蟲的翅膀轟轟響，該你的子孫鬧嚷嚷！

蝗蟲的翅膀聚一堆，該你的子孫圍一團！

【意境與畫面】

主人家的孩子滿月（或過生日），一位來賓爲唱此歌，以表祝賀。

【詩本義與《毛詩序》】

從訓譯與意境可以看出，這是一首祝人子孫眾多的詩。《毛詩序》曰："《螽斯》，后妃子孫眾多也。言若螽斯不妒忌，則子孫眾多也。"似誤以比爲賦，且螽斯何得知妒忌？

桃　夭

【原詩】

桃之夭夭，灼灼其華。之子于歸，宜其室家。

桃之夭夭，有蕡其實。之子于歸，宜其家室。

桃之夭夭，其葉蓁蓁。之子于歸，宜其家人。

【注釋】

夭，借爲"枖"，《説文解字》："木少盛貌。"夭夭（枖枖），形容少盛。

【訓譯】

桃樹雖嫩，花卻鮮亮。女子雖小，嫁去宜夫。

桃樹雖嫩，桃子卻大。女子雖小，嫁去宜家。

桃樹雖嫩，葉子卻密。女子雖小，嫁去宜人。

【意境與畫面】

姑娘出嫁的儀式上，一位來賓高唱此歌，讚美姑娘，爲之祝福。

【詩本義與《毛詩序》】

從訓譯與意境可以看出，這是一首讚美出嫁女子，祝願其婚姻美滿的詩。古人早婚，故以桃之夭夭做比喻。《毛詩序》曰："《桃夭》，后妃之所致也。不妒忌，則男女以正，婚姻以時，國無鰥民也。"非本義，"妒忌"之説更是誤解。

兔　罝

【原詩】

肅肅兔罝，椓之丁丁。赳赳武夫，公侯干城。

肅肅兔罝，施于中逵。赳赳武夫，公侯好仇。

肅肅兔罝，施于中林。赳赳武夫，公侯腹心。

【注釋】

兔，《釋文》作“菟”，云：“一作‘兔’。”《集韻》云：“《春秋傳》：‘楚人謂虎爲於菟，一曰兔也。’”周南近楚地，故此“兔”當謂虎，非兔子。

【訓譯】

密密捕虎網，牢牢釘地上。赳赳武夫們，公侯好護衛。

密密捕虎網，設在路中央。赳赳武夫們，公侯好伴侶。

密密捕虎網，設在樹林中。赳赳武夫們，公侯好心腹。

【意境與畫面】

一章：一邊，幾個民夫，正在用錘子往地上固定捕虎的網，丁丁作響。另一邊，武夫們披甲戴盔，手持着矛戟和盾牌，雄赳赳地站立一排，嚴陣以待，捍衛着諸侯的城池。

二章：一邊，四通八達的大路中央，捕虎的網機關大張，等待老虎到來。另一邊，全副武裝的武夫，雄赳赳地護衛在公侯身邊，嚴陣以待。

三章：一邊，樹林中央，捕虎的網機關大張，等待老虎到來。另一邊，全副武裝的武夫，雄赳赳地護衛在殿外，公侯安臥在其中。

【詩本義與《毛詩序》】

從訓譯與意境可以看出，這是一首歌頌和讚揚赳赳武夫的詩。赳赳武夫被安排在各個角落，就像已經張開機關的虎網釘在地上、設在大路中央、設在林子中間，使老虎無處可逃一樣，嚴密保衛着公侯的安全，使公侯高枕無憂，所以説他們像公侯的城墻、是公侯的伴侶、公侯的心腹。可見這位公侯大人善於使用武夫，值得學習，所以上博簡《詩論》引孔子説：“《兔罝》其用人，則吾取。”《毛詩序》曰：“《兔罝》，后妃之化也。《關雎》之化行，則莫不好德，賢人衆多也。”不知自何而言，見其誤解之深。

芣 苡

【原詩】

采采芣苡，薄言采之。采采芣苡，薄言有之。

采采芣苡，薄言掇之。采采芣苡，薄言捋之。

采采芣苡，薄言袺之。采采芣苡，薄言襭之。

【訓譯】

采車前，趕緊采；采車前，趕緊裝。

采車前，趕緊摘；采車前，趕緊捋。

采車前，趕緊撩；采車前，趕緊兜。

【意境與畫面】

一條土路上，長滿了車前草，結了很多穗子，已經發黄成熟。一群婦女，正在忙着采集。她們有的摘穗，有的捋子。採來的車前子有的手提着衣襟兜，有的把衣襟別在腰帶上兜，大家手忙腳亂，唯恐被別人採完。

【詩本義與《毛詩序》】

從訓譯與意境可以看出，這是一首描寫婦女們競相採集車前子的詩，反映其歡快的勞動場面。《毛詩序》曰："《芣苡》，后妃之美也。和平則婦人樂有子矣。"似以芣苡比子。然而芣苡固多子，但非詩所要表達的。

漢　廣

【原詩】

南有喬木，不可休息。漢有游女，不可求思。漢之廣矣，不可泳思。江之永矣，不可方思。

翹翹錯薪，言刈其楚。之子于歸，言秣其馬。漢之廣矣，不可泳思。江之永矣，不可方思。

翹翹錯薪，言刈其蔞。之子于歸。言秣其駒。漢之廣矣，不可泳思。江之永矣，不可方思。

【訓譯】

南山有株喬木，不能靠着休息。漢南有個游女，無法求到手裏。（因爲）漢江太寬，無法游過；江水太長，無法繞過。

壘一堆柴薪，要割刺手的荆棘。（即使）游女願嫁，我得去給喂馬。（而）漢江太寬，無法游過；江水太長，無法繞過。

壘一堆柴薪，要割難聞的蔞蒿。（即使）游女願嫁，我得去給喂駒。（而）漢江太寬，無法游過；江水太長，無法繞過。

【意境與畫面】

一個小夥子站在漢江北岸，望着滔滔江水，想起江南的游女，不禁説出了心裏話：

一章：村裏有一棵高大的樹，人們都聚攏在下邊，靠着它休息。南山坡上有一顆更高大的樹，樹幹粗壯，但人卻到不了它下邊，不能靠着休息。漢對岸有一個出游的女子，婀娜漂亮，但卻無法碰面，因爲漢面太寬，水流洶湧，無法游過；小夥往上游走去，終因江水太長，無法繞過，只能望江興嘆。

二章：一個農夫在山上割荆棘，不時被刺着手，鮮血直流。他辛辛苦苦地割下荆棘挑回去，一遍又一遍，最終摞成一大堆，準備用作柴火。小夥想像，割柴都需要付出這樣的代價，求女能不付出嗎？可是轉念又一想，即使游女願意嫁給我，我也得去給她家喂馬，可是江水又寬又長，怎麼過去呢？所以不如作罷。

三章：一個農夫在地頭割蔞蒿，一根一根，積少成多，背回去放在院子裏。一遍又一遍，最終摞成一大堆。小夥想像，割柴都需要付出這樣的代價，求女能不付出嗎？可是轉念又一想，即使游女願意嫁給我，我也得去給她家喂狗，可是江水又寬又長，怎麼過去呢？所以不如作罷。

【詩本義與《毛詩序》】

從訓譯與意境可以看出，這是一個男子自知游女不可得而唱的歌，表現出一種無奈，同時也表現了他的聰明。上博簡《詩論》曰："《漢廣》之智……曷？曰：《漢廣》不求不可得，不攻不可能，不亦智（知）恒乎？《漢廣》之智，則智（知）不可得也。"意思是：《漢廣》的智，怎麼講？答：《漢廣》中的男子不求不可得的女，不做不可能的事，這不是知道常理嗎？《漢廣》的智，就體現在他知道不可得。可見較得詩義。《毛詩序》曰："《漢廣》，德廣所及也。文王之道被于南國，美化行乎江漢之域，無思犯禮，求而不可得也。"與"德""禮"聯繫起來，已經完全政教化，與詩本義無關。

汝墳

【原詩】

遵彼汝墳，伐其條枚。未見君子，惄如調飢。

遵彼汝墳，伐其條肄。既見君子，不我遐棄。

魴魚赬尾，王室如燬。雖則如燬，父母孔邇。

【訓譯】

沿着汝水岸，砍伐榴樹枝。不見君子面，心中飢轆轆。

沿着汝水岸，砍伐榴樹條。見了君子面，知他還活着。

魴魚尾巴紅，王宮已被焚。王宮雖被焚，父母還很近。

【意境與畫面】

一章：西周末年，犬戎入侵，攻入鎬京，王宮被焚，大火熊熊。一個婦女，正沿着河岸割柳條。她一邊割，一邊焦急地等待在京城服役的丈夫回來。等不見丈夫回來，憂心如焚，擔心他已經遇難。

二章：第二天，她再去河邊，一邊割那些所剩的柳條，一邊繼續等待自己的丈夫。丈夫終於回來了。遠遠看見丈夫走來，知道他没有拋下自己而去，頓時放下了心。

三章：回到家裏，妻子給丈夫煎煮魴魚。看着魴魚的紅尾巴，妻子勸慰丈夫說：如今王宮已被焚毀，無法再去恢復。而王宮雖被焚毀，畢竟還有父母就在身邊，你就留下來吧。勸他不要再離開家。

【詩本義與《毛詩序》】

從訓譯與意境可以看出，這是一首描寫妻子等待丈夫、勸慰丈夫的詩。反映對丈夫的關心，也反映犬戎滅周，焚毀王宫的歷史事實。《毛詩序》曰："《汝墳》，道化行也。文王之化行乎汝墳之國，婦人能閔其君子，猶勉之以正也。"略有意。

麟之趾

【原詩】

麟之趾，振振公子。于嗟，麟兮！

麟之定，振振公姓。于嗟，麟兮！

麟之角，振振公族。于嗟，麟兮！

【訓譯】

麟的蹄子，振奮公子。啊，麟啊！

麟的額頭，振奮同姓。啊，麟啊！

麟的大角，振奮全族。啊，麟啊！

【意境與畫面】

一頭公鹿，身體碩大，非常健壯。它的蹄子和腿，矯健有力。公子看到它，精神爲之一振。他讚嘆道："啊，好公鹿！"

公鹿的額頭飽滿寬大，十分堅固。所有同姓的人看到，得到振奮。他們不約而同地讚嘆道："啊，好公鹿！"

公鹿的角十分粗大華麗。全宗族的人看到，得到振奮。他們也不約而同地讚嘆道："啊，好公鹿！"

【詩本義與《毛詩序》】

從訓譯與意境可以看出，這是一首諸侯自勵的詩。《毛詩序》曰："《麟之趾》，《關雎》之應也。《關雎》之化行，則天下無犯非禮，雖衰世之公子，信厚如麟趾之時也。"似牽強。

以上可見，《周南》十一篇，只有《葛覃》一篇本義與《毛詩序》比較接近，《汝墳》一篇略有意味。可見《毛詩序》的説法基本不可信。所以，讀《詩》不可被其所誤導。

高麗、朝鮮詩作中的《春秋》"華夷觀"

——朝鮮《公羊》學説的詮釋意義

香港浸會大學中文系　盧鳴東

一、引言

自三國、高麗至朝鮮時代，古韓國長期接受中華文化輸出和影響，歷經文化整合、累積和沉澱，由受容者漸次成爲發揚禮義文教的傳播者，並在文化身份上比擬中華，以之識別華夏周邊的四方鄰國。從高麗、朝鮮的文獻資料中可見，兩朝文人認爲自箕子東渡以來，朝鮮半島已在其文化身份上出現了轉變，由原來的東夷屬國，躍升成爲華夏文化的旁支，消除了因種族差異和地域隔閡所造成的夷狄標籤，由此也呈現出華夏文化地理版圖的對外擴張。原載於《孟子・滕文公上》的"用夏變夷"是兩朝文人闡釋其文化身份之所以轉變的思想理據，有關論説在他們的詩作中比比皆見，意識鮮明，輔以《春秋》"華夷觀"的發揮，皆有助揭示古禮傳播與華夷分辨的問題關鍵，對溯源儒家禮儀文化在古韓國的發生存在一定價值。

自宋室敗亡，蒙元入主中原，之後明太祖重掌華夏政權，俱反映了華夷之間的一種錯綜複雜的對峙關係。當時朝鮮半島文人對於中原政權的更迭，夷狄入主中華，多有感觸，他們每於詩文之中詮釋《春秋》"大一統"精神，揮舞昔日"尊王攘夷"的旗幟，藉此表達尊崇漢族正統，並以維護華夏文化的傳承爲己任。高麗、朝鮮兩朝使節通過出使明室，履行"慕王化""夷狄進至中國"的《春秋》大義，對其華夏文化身份的認同做出實踐。但及至明朝覆亡，中原再度易主，面對以華夏爲本位的文化秩序再次失守於夷狄，此時朝鮮文人已存在禮義文教取法東方的意識，還提出重新界定文化地理重心的訴求。

二、《春秋》"大一統"與華夏政權的正統

高麗、朝鮮兩朝，韓國儒生注解《春秋》"大一統"經義，主要沿襲漢代《公羊》學説。朝鮮開國功臣權近（1352－1409）指出"一以奉天而立萬世之法，一以尊王而

示一統之大，二義並行，不相悖也”①。其認爲“大一統”要義是“奉天立法”和“尊王一統”，此與《公羊》學説不别。《春秋·隱公元年》記載：“元年春王正月。”《公羊傳》曰：“元年者何？君之始年也。指者何？歲之始也。王者孰謂？謂文王也。曷爲先言王，而後言正月？王正月也。何言乎王正月？大一統也。”漢代公羊學家何休曰：

文王，周始受命之王。……統者，始也，摠繫之辭。天王者，始受命改制，佈政施教於天下，自公侯至於庶人，自山川王於草木昆蟲，莫不一一繫於正月，故云：“政教之始。”②

何休認爲“王”是指周文王，他是華夏國君，其受命於天，不是繼位於人，其法應天而行，以爲天下施教，因此，華夏政權及其頒授法制的合法性皆得到天的確認，受到華夏臣民尊敬，以及四方夷狄推崇。朝鮮晚期，奇學敬（1741－1809）奉朝鮮純祖之命注解《春秋》經義，指出“《春秋》第一大義即首揭“王正月”也。……然則《春秋》之作，明一王之統，正萬世之法”。在《公羊》學説指導下，《春秋》“大一統”專指華夏漢族的正統，而周邊四夷只是禮義教化的受容者，稱臣於華夏政權。誠如權近詩有云：“三韓自古禮義邦，世修侯度尊中國。”③

《春秋》“大一統”之義歷經千載，在歷史現實中難免受到衝擊。北宋以來，中國北方已逐步被夷狄侵奪，靖康蒙難，南宋偏安江左，至遼、金衰微，蒙元崛起，趙宋敗亡，華夏地區已盡落入胡元手上。漢族政權旁落，華夷秩序紊亂，歷歷在目。高麗、朝鮮兩朝文人雖然未能改變中原政局的狀況，但心存《春秋》“尊王攘夷”之義並没有因此磨滅。陳澕（高麗明宗至高宗年間），高麗朝人，號梅公，其於高麗高宗時擔任使節，出訪金國，回國後撰寫了一首五言絶句，題爲《奉使入金》。詩文記載：

西華已蕭索，北寨尚昏蒙。
坐待文明旦，天東日欲紅。④

① ［高麗］權近：《春秋説》，載《春秋淺見録》，《韓國經學資料集成》，成均館大學校大東文化研究所1998年版，第134册，《春秋一》，第4頁。

② “國立編譯館”主編：《春秋公羊傳注疏》，新文豐出版公司2001年版，第17册，第28頁。

③ ［朝鮮］權近：《陽村先生文集》，《韓國文集叢刊》，學民文化社1986－1997年版，第7册，卷六，第59頁。

④ ［高麗］陳澕：《梅湖遺稿》，《梅湖先生文集》，《韓國歷代文集叢書》，景仁文化社1999年版，第11册，卷1，第48頁。

《梅湖公小傳》有陳澕於"高宗乙亥","以書狀官如金還"① 的記載,從中得知他出使金國是在高麗高宗二年,即1215年。詩中"西華"指南宋,國勢日值衰頽,故謂"蕭索";"北寨"謂金、蒙兩國。陳澕出使金國同年,即金宣宗三年,蒙古成吉思汗攻陷金國首都燕京,此時呈現金國漸弱、蒙古益強的政治形勢,造成中國北方昏暗不明的局面,而高麗置於兩國對陣交鋒之間,難斷取捨,致令作者心存憂慮。詩末作者寄望中原及早重返昔日文明局勢,掃蕩腥羶,使禮義文教重申傳入朝鮮半島。

朝鮮正祖八年(1784年),陳澕的《梅湖遺稿》經整理後刊行,其中收録了《奉使入金》詩。1783年11月,黄景源(1709-1787)爲此書寫《序》,兼評論此詩曰:

> 公能以高麗陪臣,知先宋之爲中國,而蒙古之爲夷狄,藹然有《春秋》之義,豈不賢哉!②

黄景源讚賞陳澕是一位賢臣,因其僅以東藩屬國的身份,尚能心存《春秋》華夷之辨。至於他出使金國的原因,吴載純(1727-1792)在《跋》中解釋曰:

> 蓋公以書狀官,奉使金源時詩,而其旨激昂悲咤,千載之下,猶令人擊節而興慨也。嗚呼!當是時,中國陵夷,戎狄迭侵,而《春秋》"尊王"之義漠然不復聞矣。然竊嘗怪以三韓禮義之國,猶且靡然服從於胡虜,終至結婚、媾通、朝宦,而不知恥,及讀公詩,然後始知其時士大夫未嘗無忍痛不得已之心,特畏約力,不能有爲也。③

吴載純指陳澕出使金國時,《春秋》"尊王"之義已蕩然無存,他慨嘆自中國漢代開始,朝鮮半島的馬韓、辰韓和弁韓便自居禮義之國,反觀後起的高麗王朝震服於夷狄,與遼、金兩國修好,可謂不知恥辱。雖然如此,他從《奉使入金》一詩理解,此實爲當時政治形勢所迫,高麗限於國力,不得已才作屈服,因此對此不應深責。值得留意的是,黄景源、吴載純生活在朝鮮英祖和正祖期間,二人撰寫《序》《跋》之時④,清人入關已過百年,中原自蒙元之後再次失守於夷狄,華夷易主亦已成定局,然而,他們對華夏正統的一腔熱誠,在此詩的解讀中表露無遺。

---

① [朝鮮]崔粹翁:《梅湖公小傳》,《梅湖先生文集》,《韓國歷代文集叢書》,第11册,第35頁。

② [朝鮮]黄景源:《梅湖集序》,《梅湖先生文集》,《韓國歷代文集叢書》,第11册,第25頁。

③ [朝鮮]吴載純:《梅湖遺稿跋》,《梅湖先生文集》,《韓國歷代文集叢書》,第11册,第120頁。

④ [清]黄景源《序》記載"癸卯仲冬",即1783年。吴載純《跋》有"崇禎紀元後三甲辰"一句,明朝滅亡後,李氏朝鮮仍然使用崇禎年號,稱作"崇禎紀元";"崇禎紀元後三甲辰",崇禎後第一個甲辰是1664年,第二個甲辰是1724年,而第三個甲辰是1784年。

朝鮮文人對於漢族王朝正統地位被夷狄所取代的歷史，顯得痛心至極。朴興生(1374－1446)，號菊堂，朝鮮初年文人，1423年出任昌平縣令，曾上呈《擬禮曹請女服華制箋》，倡議朝鮮中央應該執行婦女服飾從華制的政策，貫徹“用夏變夷”的精神。他還在詩文中揭示《春秋》“尊王”之義，其七言絶句《有感》詩云：

> 用夏變夷當戮力，嘆今思古恐災身。
> 自從秦漢經唐宋，勁節精忠問幾人。①

詩人回顧中原政局的劇變，漢族王朝飽受夷狄威脅，至宋室更被蒙元取代，因而有如此感嘆。他歸咎中原之士皆未能如岳飛般盡力抵禦金人，精忠報國，而對於夷狄的肆意挑釁，能負隅頑抗的中原之士究竟不多，各人僅存自保的心態，致令華夏政權旁落夷狄手中。

雖然蒙元佔領中原是不能改變的史實，但朝鮮文人堅守《春秋》“大一統”之義，並没有把蒙元視爲正統。關於華夏政權的歷史，明代曾先之節略十八種史書材料，撰寫成《十八史略》，之後余進在此基礎上加入元史，上承宋史的正統，稱爲《十九史略通考》。余進的《十九史略通考》東漸以後，備受朝鮮重視，誠如鄭澔（1648－1736）曰“而東俗亦深尊尚”②，但對於余進不用“變例”記録元代歷史，違背了《春秋》“大一統”之義，鄭澔對此便深表不滿。《史略補要・序》記載：

> 竊有所未曉於余氏所定《元史》一篇也。夷狄猾夏，據有中土，此實天地間一大變故也。作史者所當特用變例，以明《春秋》“大一統”之義，而今乃以胡元之統，混然接承於趙宋之統，何哉?③

蒙古一統華夏，據有中土，政權和土地歸於一統，按形勢理應承接趙宋正統，但鄭澔認爲“所謂‘正統’云者，乃歷代帝王之統，非統合天下之統”④。正統與否不在於土地廣狹，例如東周雒邑、蜀漢益周，南宋臨安，所領土地不足與蒙元相比，但他們皆爲漢族血嗣，華夏冑裔，具有“帝王之正統”。元代因以夷狄身份入主華夏，雖能“統合天下”，獨霸中原，卻不稟受“帝王之正統”，故他認爲當用“變例”把其蒙元帝位定性爲“閏位”，而把其帝統定爲“絶統”，表示漢族正統自宋代以後中斷，胡元不得

① ［朝鮮］朴興生：《菊堂遺稿》，《韓國文集叢刊》，第8册，第328頁。
② ［朝鮮］鄭澔：《史略補要・序》，《丈巖先生文集》，《韓國歷代文集叢書》，第11册，卷23，第376頁。
③ ［朝鮮］鄭澔：《史略補要・序》，《丈巖先生文集》，第11册，卷23，第377－380頁。
④ ［朝鮮］鄭澔：《史略補要・序》，《丈巖先生文集》，第11册，卷23，第377－380頁。

繼承。

三、《春秋》“夷狄進至中國”與華夏文化身份的認同

《春秋》“大一統”學説在明代開國初年別具政治意義，自明太祖登基以後，祀孔廟、行釋奠、祭宗廟和制禮樂等儒家禮儀活動相繼展開，盡顯其以恢復儒家禮義文化的政策，作爲在“攘夷”以後重新建立漢族政權一統的表徵。洪武元年（1368）二月，明太祖頒佈詔令，規定漢人“不得服兩截胡服，其辮髮椎髻、胡服、胡語、胡姓一切禁止”①。這政策反映明室革除胡俗的決心，強調華夷之間的分野。洪武五年（1372），明太祖再次頒下文教詔令，旨在振興華夏禮義之風：“於戲！用夏變夷，風俗之所由厚，哀窮賑乏，仁政之所當施。因時制宜，與民更化，期臻禮義之風，永底隆平之治。”② 明太祖承用“用夏變夷”這千古傳誦的圭臬，作爲重返漢族禮義傳統的文教指導綱領。在明代境内而言，這是要革除蒙元以來遺留下來的胡人風尚，重新銜接漢族文教的正軌，而對於境外四夷來説，便是接受華夏文化的熏陶，啓迪王化，提高本土禮義文教的水平。

元朝滅亡，高麗王朝爲了修補朝中親元勢力所帶來的負面影響，與蒙元殘餘勢力劃清界線，消除明太祖對高麗政治立場的疑慮，曾多次派遣大臣出訪明朝京師，貫徹明室“用夏變夷”的國策。高麗晚年，鄭夢周（1337－1392）曾多次以高麗使節身份訪明。高麗恭愍王 21 年（1372）三月，“高麗國王王顓遣密直同知洪師範、鄭夢周等奉表賀平夏，貢方物，且請遣子弟入太學”③。此行目的之一是上表要求明室准許高麗子弟入讀太學，接受華夏禮儀文化。這章表牋由高麗儒臣李穡（1328－1396）撰寫，上表之後，遺留下中、韓兩個版本，分別輯録在李穡《牧隱文藁》和《明朝太祖實録》內。兹比較二者如下：

《事大表牋·請子弟入學表》	《明太祖實録》卷七十三
秉彝好德，無古今智愚之殊；用夏變夷，在禮樂詩書之習。苟因陋而就寡，奚修業以及時，故我東方，肇從炎漢，遣子弟鼓篋而入學，歷唐宋聯書而可稽，豈徒有尊崇中國之心，亦足爲賁飾大平之具。……憐臣嚮化之誠，諒臣成人之美，特垂明詔，渙發俞音，倘容互鄉之童得齒虞庠之胄。④	秉彝好德，無古今智愚之殊；用夏變夷，在禮樂詩書之習。故我東夷之人，自昔以來皆遣子弟入太學。不惟知君臣父子之倫，亦且仰聲名文物之盛，伏望皇仁察臣向化之誠，使互鄉之童得齒虞庠之胄，不勝慶幸。⑤

① 《明太祖實録》，“中央研究院”歷史語言研究所 1966－1967 年版，第 1 册，卷 30，第 9 頁。
② 《明太祖實録》，第 4 册，卷 73，第 9－10 頁。
③ 《明太祖寶訓》，“中央研究院”歷史語言研究所 1966－1967 年版，卷 6，第 486 頁。
④ ［高麗］李穡：《事大表牋·請子弟入學表》，《牧隱文藁》，《韓國文集叢刊》，第 5 册，卷 11，第 96 頁。
⑤ 《明太祖實録》，第 4 册，卷 73，第 3－4 頁。

此表牋一事兩載，《明朝太祖實録》記録高麗使節上表時稱己爲“故我東夷之人”，而《牧隱文藁》爲1583年洪州李增的版本，當中已加入《事大表牋·請子弟入學表》的篇目標題，並把高麗稱爲“故我東方”。不難看出，當時高麗在明室面前自稱“東夷”，但在朝鮮半島境内則把自己稱爲“東方”，依此所見，朝鮮並不承認夷人的身份，這在“脱夷”的民族意識傾向上已流露出一點眉目。

之後，鄭夢周於高麗辛禑王十年（1384）和十二年（1386），先後訪明並上奏表箋至明太祖，“請便服及陪臣朝服、便服，仍乞蠲減歲貢”[①]。表中並稱高麗朝服遵從華服，落實“用夏變夷”制度。據此，明太祖勸告高麗君臣不得寄以空言，必須切實執行，其云：“及用夏變夷之制，在彼君臣力行如何耳。”[②] 這番評論反映朝鮮半島雖然遵行明朝的文教策略，坦然有進至中國之心，惟明太祖依然抱持懷疑的態度，對此没有表示充分的肯定。明太祖對於朝鮮半島落實華夏禮儀文教的判斷，與鄭夢周等高麗、朝鮮文人的看法存在一定距離。鄭夢周在《冬夜讀〈春秋〉》曰：

仲尼筆削義精微，雪夜青燈細玩時。
早抱吾身進中國，傍人不識謂居夷。[③]

詩人以夜讀《春秋》爲題材，論述孔子賦予《春秋》之微言大義。詩中載“早抱吾身進中國”，此句擷取《公羊》“夷狄進至中國”之義。《春秋·莊公二十三年》曰：“荆人來聘。”《公羊傳》曰：“荆何以稱人？始能聘也。”何休注曰：“《春秋》王魯，因其始來聘，明夷狄能慕王化，脩聘禮，受正朔者，當進之，故使稱‘人’也。”楚地位處華夏南僻，以蠻夷身份猶能向魯國行朝聘之禮，接受王化熏陶，因此，《春秋》進楚爲“人”，以明褒進夷狄之義。

在地理版圖上，古韓國位處東夷之地，遠離中原，但從禮儀文教程度而言，高麗、朝鮮文人認爲自箕子東來，設八教，教民禮樂，朝鮮半島已脱離夷狄種族的身份，其禮義文教自可比擬中華，冠有“小中華”“海外中華”“禮義之邦”等美譽。成文濬（1559－1626）曰：“我東自箕子東封以來，用夏變夷，立我民極。逮于周末，餘教已泯，流風已微，而孔聖猶發欲居之嘆，則我東之進於中國久矣。”[④]，鄭夢周詩中之所以有“早抱”之義，正因爲他相信早自箕子受周武王分封朝鮮以後，朝鮮半島已遵行

① ［高麗］鄭夢周：《圃隱先生年譜攷異》，《圃隱集》，《韓國文集叢刊》，第5册，第609頁。

② ［高麗］鄭夢周：《圃隱先生年譜攷異》，《圃隱集》，《韓國文集叢刊》，第5册，第609頁。

③ 《圃隱集》，《韓國文集叢刊》，第5册，第595頁。

④ ［朝鮮］成文濬：《送外甥安厚之歸觀山陽序》，《滄浪先生文集》，《韓國歷代文集叢書》卷4，第1525册，第214頁。

"用夏變夷"的制度，於文化程度上早已"脱夷"。《論語·子罕》曰："子欲居九夷。"又"君子居之，何陋之有?"[①] 因此，詩人"居夷"之嘆，不是指實際的地理位置而言，而是認爲若然從禮義文教上衡量，朝鮮半島早已不屬於蠻夷之一，"傍人"不辨，才視之爲夷地。南龍翼（1628－1692）有《奉使燕行時》儷文一首：

> 其爲道也極弘，其爲傳也極久者哉！將使鶏林僻壤，長爲多士之模。鰈域偏藩，永有"小華"之譽，用夏變夷之在此。[②]

上文的"雞林"是指昔日的新羅首都，即朝鮮時期的慶尚道慶州府。南氏謂箕子之道在朝鮮半島已傳揚極遠極深，早於新羅首都，已人才濟濟，比擬中華。《大雅·文王》曰："濟濟多士，文王以寧。"此反映"用夏變夷"的成效已達到。

朝鮮半島的努力終明太祖在位年間（1368－1398）也没有被肯定，直至明惠帝四年（1402），即朝鮮太宗二年，明室始派鴻臚寺行人潘文奎出訪，授以"九章之服"，以表揚朝鮮太宗能以四夷之國的身份，自進禮義。勑書曰：

> 勑朝鮮國王李諱，日者陪臣來朝，屢以冕服爲請，事下有司，稽諸古制，以爲四夷之國，"雖大曰'子'"，且朝鮮本郡王爵，宜賜以五章或七章服。朕惟《春秋》之義，遠人能自進於中國則中國之。今朝鮮固遠郡也，而能自進於禮義，不得待以子、男禮，且其地逖在海外，非恃中國之寵數，則無以令其臣民。兹特命賜以親王九章之服，遣使者往諭朕意。嗚呼！朕之於王，顯寵表飾，無異吾骨肉，所以示親愛也。王其篤慎忠孝，保乃寵命，世爲東藩，以補華夏，稱朕意焉。[③]

明惠帝爲了褒獎朝鮮進於中國，履行《春秋》大義，破格授予明代親王等級的"九章"衮冕服制[④]，雖然，夷狄最高爵位僅稱爲"子"。《禮記·曲禮下》曰："其在東夷、北狄、西戎、南蠻，雖大曰'子'。"鄭玄注曰："入天子之國曰子，天子亦謂之子，雖有侯、伯之地，本爵亦無過子，是以同名曰子。"[⑤] 可見，夷狄進至爵位，最高

---

① "國立編譯館"主編：《論語注疏》第19册，新文豐出版公司2001年版，第204頁。

② ［朝鮮］南龍翼：《平壤箕子廟碑銘·奉使燕行時》，《壺谷集》，《韓國歷代文集叢書》卷14，第2542册。

③ 國史編纂委員會編：《朝鮮王朝實録》第1册，國史編纂委員會1968年版，第226頁。太宗二年（1402年），2月26日。

④ 冕服的九種圖飾，包括龍、山、華蟲、火、宗彝、藻、粉米、黼、黻九種圖案，共九章。參見《尚書·益稷謨》，《尚書正義》，第183頁。

⑤ "國立編譯館"主編：《禮記注疏（上）》，第10册，第223頁。

不過於“子”。至於《春秋》“文備七等”，包括“州、國、氏、人、名、字、子”（莊公十年）①，據此進退夷狄，爵位也不過於“子”。因此，朝鮮以夷狄國，卻獲賜予明朝親王服禮，闡明其身份已遠高於夷狄之上，這在明室方面而言，已經是禮待備至。

但儘管有明惠帝的“特别眷顧”，朝鮮當時始終是置身在夷狄種族的框架内，這對於一意脱離夷狄身份的朝鮮君臣來説，明室的回應自然不能令他們滿意。事實上，朝鮮朝内君臣亦常以華夏身份自居，稱東亞鄰國爲夷狄。朝鮮定宗元年（1399），左散騎常侍朴錫命等上疏曰：

> 竊聞《春秋》，謹華夷之辨者，以其非我族類，其心必異，萌猾夏之階也。……日本在我國東，世爲邊境之患，若中國之有戎狄也。②

朝鮮認爲其與日本身份有區别，彼此猶如中國與戎狄而具有華夷間的分野。這種脱夷的文化心態在朝鮮中後期變得更爲清晰實在，例如朝鮮使節面對明代官員，已拒絶使用“夷人”稱呼。朝鮮中宗三十四年（1539），即明世宗嘉靖十八年，朝鮮翻譯官李應星懇請明朝官員修訂“夷人”的稱呼：

> 遣通事李應星、崔世瀛于禮部，謄書宗係覆本而來。李應星等摘題本内“緣係夷人”之語，請許郎中曰：“本國‘用夏變夷’有自來矣，今見題本有‘夷人’之語，竊所未安，望大人酌量，何如？”郎中笑而答之，即稟于尚書，改“夷人”二字爲“外國”云。③

摘題本用印具題，作爲官員入奏的文書；李應星發現摘題本内寫有“夷人”之語，隨即請郎中修改，最終“夷人”二字改寫爲“外國”。

《公羊》“張三世”説有“夷狄進至於爵，天下大小遠近若一”的政治理想，旨在以分封爵位的操作機制爲夷狄“用夏變夷”而“進至中國”提供指引；而朝鮮半島是在長期慕華的文化心理過程中，建立其民族自信，承認自身已不屬於九夷之一，遂從自身的民族文化出發，切實通過儒家禮義文教的軌道，進至中國而成爲華夏的一分子。在朝鮮儒生的心目中，所謂“夷狄進至中國”並不是從實際的地理版圖上的劃分，或指

① 《春秋公羊傳注疏》，第17册，第266－269頁。

② 《朝鮮王朝實録》，第1册，第152頁。定宗元年（1399年），7月10日。

③ ［韓］權橃（1478－1548）：《朝天録》，《冲齋先生文集》，《韓國歷代文集叢書》，第583册，卷7。

來自不同地域民族的結合，而是反映在文化地理的版圖上，中國禮義文教在華夏地區以外的擴充。

四、《春秋》“王魯”與華夏文教的傳播

華夏地區是儒家禮義文教的發源地，被視爲文明教化的傳播中心，相對中心邊陲的偏遠地區來説，彼此的分野在於文明程度的高低，而由此在華、夷地理位置上所呈現的文教優劣狀態，決定了儒家禮義文化由内而外、由近至遠的傳播向度，使華夏地區成爲禮義輸出的起據點。在這文化地理標識的指導下，華、夷彼此之間在文化交流上並不對等：歷代處於華夏地區的漢族政權，儘管有朝代興替的變動，它們俱以傳播禮義文教爲己任，以此作爲處理華夷外交問題的一貫政策，而四夷禮接華夏，致力提高禮義文教水平，也務必貫徹“用夏變夷”的制度，於境内盡顯華夏文化的風尚，華、夷兩者相輔相成，以彰顯風化天下的儒家達旨。

這種以華夏爲中心的禮義教化秩序，其義在《公羊》學説的“《春秋》王魯”中更見完備。何休曰“《春秋》王魯，以魯爲天下化，首明親來被王化”，《春秋》假魯地爲天下京師，作爲王者教化的中心。《公羊傳・成公十五年》“《春秋》内其國而外諸夏，内諸夏而外夷狄”，何休注曰：“内其國者，假魯以爲京師也。”① 這説明王化從内而外，遠及夷狄，而能夠上朝王魯的夷狄國，《春秋》皆褒進之。《春秋・僖公二十九年》曰：“介葛盧來。”《公羊傳》曰：“介葛盧者何？夷狄之君也。何以不言朝？不能朝也。”何休注曰：

> 據諸侯來曰“朝”。不能升降揖讓也。介者，國也；葛盧者，名也。進稱名者，能慕中國，朝賢君，明當扶勉以禮義。②

“介”是東夷國名；“葛盧”是介國國君的名稱。介因是夷狄國，故不能行升降揖讓之禮，基於其能慕王化，到魯行朝聘之禮，故《春秋》使其由“國”進升至“名”，稱之“介葛盧”，以示褒進。據此，《公羊》“王魯”學説予以“用夏變夷”的實踐意義，以“夷狄進至中國”的具體途徑，刻劃出儒家禮義文化由華夏傳播至四夷的線路。

明太祖立國以後，中、朝使節互訪頻繁，高麗、朝鮮兩朝使節通過朝貢、進獻、慰問和謝恩等名目，出訪明朝，在爲了鞏固中、朝宗藩關係的同時，也秉持“以小事大”

---

① 《春秋公羊傳注疏》，第17册，第701頁。

② 《春秋公羊傳注疏》，第17册，第476－477頁。

的慕華心態，撰寫表牋，上請明室允許並下賜如服飾等禮儀制度，表明朝鮮半島對華夏文教的嚮往，及釋出全國上下接受儒家文化熏陶的意向。例如洪武十九年（1386）12月，李崇仁（1347－1392）以高麗賀正使的身份出使明朝，上請服制，其於《請衣冠表》曰：“顒望寵錫之加，伏望擴兼容之量，推一視之仁，遂使夷裔之民，得爲冠帶之俗。”表中盡顯高麗欲從華制之心迹。李崇仁有《送張學録使還京師》一詩，亦能反映此心態：

韓邦傍海近蓬瀛，矯首時時望帝京。
使介忽來傳詔命，君臣齊出拜恩榮。
中原禮樂通夷俗，盛代文章屬老成。
萬古虞書精一訓，君應持此佐升平。①

詩中的“矯首”比喻朝鮮半島君臣對中原禮儀的殷切期待，他們從千里之外遥指中原國都，盼望明室使者早日傳來詔命，賜下華夏禮樂文明。此外，詩人運用“中原禮樂通夷俗”一句，揭示禮義文教自中原所出，之後傳播至四夷之地，這正切合《春秋》“王魯”説所確立的王化軌道，藉此尊崇中原政權是禮義文教的唯一頒授者，並確認華夏地區是禮義文教的發源地。

以華夏地區作爲禮義教化普及的開端，這也是明朝立國初年，中、朝雙方士人所秉持的一種共識。高麗禑王十一年（1385）九月，明使臣周倬奉旨出使高麗，逗留期間得與成均館大司成鄭道傳接待。他認爲鄭道傳雖然“博於學問”，“議論弘達”，能“授領成均，爲學者師”，但仍要來華親身體驗華夏文教。周倬曰：

吾尚期宗之上朝天庭，觀風云際會之盛，識江山海宇之廣，接衣冠文物之威儀，見城郭兵甲之富庶，覩制禮作樂之大典，則宗之之襟度學問識趣，超越乎今之器局。上可以歌揚皇風聖澤於無窮，下可以訓國之俊秀，攷古論今，忠君事親，以盡用夏變夷之化。②

鄭道傳（？－1398），字宗之，終生曾兩次出訪明朝。第一次在高麗禑王十年（1384）七月，其“爲書狀官，從聖節使鄭夢周入朝京師，請承襲及謚”③，此行目的是

① ［高麗］李崇仁：《陶隱先生詩集》，《韓國文集叢刊》，第6册，卷2，第593頁。
② ［朝鮮］鄭道傳：《鄭三峰詩文序》，《三峰集》，《韓國文集叢刊》，第5册，卷14，第545頁。
③ ［朝鮮］鄭道傳：《事實》，《三峰集》，《韓國文集叢刊》，第5册，卷14，第527頁

請求明室承認禑王的王位及賜謚號給恭愍王；第二次在恭讓王二年（1390）六月，“如京師賀聖節”①，此爲明太祖祝壽。因周倬於1385年才出訪高麗，此時鄭道傳已於早一年上訪明朝，而此事周、鄭二人於高麗論接期間應該得悉。此外，周倬此《序》職稱鄭道傳爲“成均司成”，此爲鄭氏於1387年由李成桂推薦，“召拜成均大司成”②，至第二次出訪明朝前已遷爲“政堂文學”，因此，周《序》當寫成於鄭道傳任大司成至第二次出訪期間。因此，我們可以理解，周倬熱切期望鄭道傳不一而足，應再親身到華夏，接受禮義熏陶，尤其大司成主要職責是教授成均館生員，此爲培育高麗全國人才之所在地，故傳道者當勤於訪京，“慕王化”，“以盡用夏變夷之化”。

《春秋》“夷狄進至中國”的必然性決定於華、夷之間禮義文教程度的高低，若然這種文化秩序出現逆轉，文化傳播的向度便會出現偏離。朝鮮文人金誠一（1538－1593），號鶴峯，其在《偶書》詩曰：

> 禮義何嘗有夷夏，存能爲夏去爲夷。
> 莫將生死渝吾節，此道從來不可離。③

詩人認爲夷、夏之分没有固定常態，他們的分野僅取決於禮義存否。因此，儘管是居於蠻夷之地，當地人們依然可循禮而行，不受居住環境限制。趙絅（1586－1669）曰：

> 昔延州來季子生長句吴蠻夷之國，所聞者擊劍鬬狠之事……若季子者，天性與道合，雖不事禮樂，自是禮樂中人，而其曰：“習於禮。”則必是於禮有時習之功，豈待聘上國而後始行禮也，雖處蠻夷之時，亦能自拔於流俗，而用夏變夷也明矣。④

延州來季子是指春秋時期吴王壽夢的第四子季札，因封於延陵，故又稱號延陵季子。《左傳·襄公二十九年》有“吴子使札来聘”一章，記載季札曾出使聘魯，觀周樂，從中分辨出周室政治興衰。趙絅認爲，季子雖然成長在吴國荊蠻之地，耳濡目染盡是蠻荒風土流俗，但其習禮有常，不必等待朝聘華夏諸國，也身懷儒家禮義教養。這樣

① ［朝鮮］鄭道傳：《事實》，《三峰集》，《韓國文集叢刊》，第5册，卷14，第529頁。
② ［朝鮮］鄭道傳：《事實》，《三峰集》，《韓國文集叢刊》，第5册，卷14，第527－529頁。
③ ［朝鮮］金誠一：《鶴峯先生文集》，《韓國歷代文集叢書》，第48册，卷2，第48頁。
④ ［朝鮮］趙絅：《東槎録·重答林道春書》，《龍洲先生遺稿》，《韓國歷代文集叢書》卷23，第403册，第520頁。

來説，華夷之民不必出訪華夏，也不必等待王者化及，自身居於夷狄之地也能自變風俗，用夏變夷。

韓愈曰：“孔子之作《春秋》也，諸侯用夷禮則夷之，進至中國則中國之。”① 事實上，朝鮮文人認爲朝鮮半島早已進至中國並成爲華夏的一分子，具備禮義文教的素養，因此，當清人入主中國後，個別文人便重新考慮中原政權在夷狄的統領下，華夏地區是否還存在師法意義，而禮義文教又是否還在華夏地區發生。姜再恒（1689－1756）溯源周代禮教形成的歷史，對比朝鮮當前的文化形勢，探索華、夷地理位置與其禮義文化的發展關係：

> 議者曰：“東西異宜，南北異治，越南薊北，土俗迥别，况吾東方之地，隔海萬里，風氣與中國殊異，豈可以中國之治治之乎？不如因其俗而爲之制，保其國而安其民，策之上也。”是盖不然。夫子不云乎：“君子居之，何陋之有。”昔者不窋竄於戎狄之間，公劉居豳，太王居岐，蠢然西夷之俗，而文王用夏變夷，成周家八百年郅隆之治。東方雖僻遠，殷太師以範疇八政之治，垂教於後世，至於今名儒輩出，號爲學者皆知宗孔氏，崇禮義，尊中國，攘夷狄，貴王賤伯之道，則其俗尚之美，可以侔擬於中華，而非四方諸夷之所及矣。……海外偏小之邦，善政美化，雖不能遠及中華，而中華有王者作，必來取法，所謂王者師者，其不在兹乎。②

姜氏認爲，周代發迹在華夏西面，雖處於西夷風俗，亦能開啓八百年文教禮治的基業；朝鮮與中國相隔千里，兼位處九夷之地，然而儼如成周一般，無損其禮義文教的傳承，並已在其土壤上孕育出不少名儒學者、宗孔載道之士，其禮義風尚自可比擬中華。可見，朝鮮文人面對清人掌管中原，漢族政權旁落的現實，遂從確認其華夏文化身份入手，變遷昔日以中原地區爲文化本位的意識，並在禮義文教的轉播上，提出從師法華夏到取法東方的文化地理轉向。

五、結語

在地理科學的測量上，由經緯度所組成的坐標系統，準確地標示出地理空間的所在位置，這種測量帶有絶對的位置性，與由華夏禮義文教所形成的文化地理版圖不一樣。文化地理版圖是以文化水平的程度高低，來決定文化軸心與周邊文化地理位置的所在，

① 嚴昌校點：《韓愈集》，岳麓書社2000年版，卷11，第147頁。

② ［朝鮮］姜再恒：《政務私議》，《立齋先生遺稿》，《韓國歷代文集叢書》卷16，第343册，第361－363頁。

彼此是帶有相對性的，它們會因各地水平的升降，隨時變遷。在《春秋》華夷觀下，古韓國一直以中原地區爲文化軸心，而歷代君臣皆以學習儒家禮義文化作爲文教策略，他們貫徹實踐“用夏變夷”的禮義制度，藉以提升境内華夏文教水平，達致“進至中國”，“脱夷變夏”的期盼。相對朝鮮文人而言，朝鮮半島自箕子東來以後，已從接受、整合、改良而創造出具有本土特色的儒家禮義文化，而當清人入主中原，漢族政權失守於夷狄，朝鮮文人遂通過儒家文化地理版圖的重新界定，以肩負起中國禮義文化在海外傳承的使命。

民國學者以古文字訓詁《詩經》的實踐情形

長庚科技大學通識教育中心副教授　邱惠芬

一、前言

凡一時代學術的潮流，必有其研究的新視野、新方法與新價值。民國以來學者在探究《詩經》研究的創新上，承繼清末今、古文家辯證的成果，結合了當時利用大量史料及“國故整理”運動，以實證科學的方法，發展成新的訓詁策略及手法。是以新議題與新材料開拓了話語形構[①]，而激蕩發展成一個或數個研究群，蔚爲風尚。部分學者結合“歷史語言學”“社會文化學”“民俗學”“人類學”等多元視野詮釋《詩經》，更是精彩紛呈，别具特色。

王國維結合新材料與實證方法，於一九二五年發表《古史新證》一書。書中提出“二重證據法”的思維論點，援引金石、甲骨文等古文字學用以考證《詩經》，補正過去紙上材料的不足，深具啓導之功。相較於乾嘉考據學純以文字史料爲主的考證方式，王氏掌握了新穎且有力的詮釋理據，賦予《詩經》研究一個新的面貌。其後，出土文獻知識的運用，在羅振玉、王國維、董作賓、郭沫若等“甲骨四堂”的研究分享、建議與溝通的歷程，成果更爲豐碩，流風所及，影響了不少學者從事出土文獻與《詩經》的研究。林義光《詩經通解》便是第一部大量採用古文字材料，全面訓釋《詩經》的專著。此書成於 1930 年，是繼王國維之後，自覺地以古文字全面考釋、訓詁《詩經》的先聲，其對聞一多《詩經新義》（1937）、《詩經通義》（1943）以及于省吾《澤螺居

① 米歇・傅柯在《知識考掘學》（麥田出版社 1993 年版）中指出，每個社會或文化都有駕馭其成員思維、行動、組織的規範條例的結構，這就是話語。所謂的話語指的是一個社會團體根據某些成規以將其意義傳播確立於社會中，並爲其他團體所認識、交會的過程。

詩經新證》(1935－1963)① 等《詩經》研究，影響甚大。

考察學界對於王國維、林義光、聞一多、于省吾等人以古文字訓詁《詩經》的研究，除一般《詩經》學史的通論簡述之外②，專論部分，或有針對專著進行研究者，如臺灣學者洪國樑、季旭昇、侯美珍、許瑞誠等③，大陸學者姚淦銘、葉玉英、包詩林、朱金發、李思樂、楊天保、白憲娟、陳欣、張晴晴、李玉萍等④；亦有從出土文獻、青銅文化論《詩經》的形成發生⑤，以及探論新考據學派學術與思想等⑥。但對於林義光、聞一多、于省吾三人以古文字治《詩經》的繼承脈絡與比較研究上，目前仍乏人論述。

本文以林義光、聞一多、于省吾三人運用古文字訓詁《詩經》的實踐情形爲研究範圍，除了核實其深受王國維研究影響的關係脈絡外，对三人以古文字訓詁《詩經》的立場目的與方法、特色成就及局限，亦將做分析説明。至如民初學者楊樹達《積微居小學述林》《積微居小學金石論叢》、郭沫若《中國古代社會研究》《青銅研究》等，

---

① 《澤螺居詩經新證》共有上、中、下三卷。上卷由1935出版的《雙劍誃詩經新證》刪訂而成，中卷分别發表於《文史》第一輯《澤螺居詩經札記》(1962年)、第二輯《澤螺居詩義解結》(1963年)，下卷《詩經中止字的辨釋》發表於《中華文史論叢》第三輯(1962年)、《詩履帝武敏歆——附論姜嫄棄子的由來》發表於《中華文史論叢》第六輯(1963年)、《對於〈詩・既醉〉篇舊説的批判和新的解釋》發表於《學術月刊》第十二期(1962年)、《詩"駿惠我文王"解》發表於《吉林大學社會科學學報》第三期(1962年)。

② 楊晉龍:《臺灣近五十年詩經學研究概述1949－1998》(《漢學研究通訊》第20卷3期，2001年8月)、洪湛侯:《詩經學史》，中華書局2002年版、陳文采:《清末民初詩經學史論》，花木蘭文化出版社2007年版、夏傳才:《二十世紀詩經學》，學苑出版社2005年版、趙沛霖:《現代學術文化思潮與詩研究——二十世紀詩經研究史》，學苑出版社2006年版等。

③ 洪國樑:《王國維之詩書學》，臺灣大學碩士論文，1981年、《王國維之經史學》，花木蘭文化出版社2010年版、季旭昇:《詩經古義新證》，文史哲出版社1995年版、《評聞一多詩經論著中的古文字運用》(《經學研究論叢》第二輯，1995年2月)、《析林義光詩經通解中的古文字運用》(《第五屆近代中國學術研討會》，"中央大學"中國文學系，1994年版，第121－134頁)、《澤螺居詩經新證》(《語文、情性、義理——中國文學的多層面探討國際學術會議論文集》，臺北市:"國立臺灣大學"中國文學系，1996年)、侯美珍《聞一多詩經學研究》(臺北市:政治大學中文研究所碩士論文，1995年)、《聞一多詩經詮釋研究》(臺南市:成功大學中文研究所碩士論文，2008年)。

④ 姚淦銘《王國維文獻學研究》(江蘇古籍出版社2001年版)、葉玉英《文源的文字學理論研究》(福州市:福建師範大學碩士論文，2003年)、《論林義光對古文字學的貢獻》(《福建師範大學學報》，2004年第2期)、包詩林《于省吾新證訓詁研究》(合肥市:安徽大學博士論文，2007年)、朱金發《聞一多的詩經研究》(開封市:河南大學碩士論文，2001年)、李思樂《聞一多先生對詩經校勘訓詁的傑出貢獻》(《古籍整理研究學刊》，1996年第5期)、楊天保《聞一多與古典文獻研究》(桂林市:廣西師範大學碩士論文，2000年)、白憲娟《20世紀二三十年代的〈詩經〉研究——以胡適、顧頡剛、聞一多〈詩經〉研究爲例》(濟南市:山東大學碩士學位論文，2006年)、陳欣:《論聞一多的文化闡釋批評》(武漢市:華中師範大學博士論文，2009年)、張晴晴:《聞一多的詩經研究》(青島市:中國海洋大學碩士論文，2010年)、趙秀芹《聞一多〈詩經〉研究評議》(吉首市:吉首大學碩士論文，2012年)、李玉萍《論澤螺居詩經新證對詩經故訓的繼承與開展》(《懷化學院學報》，第32卷第6期，2013年6月)。

⑤ 曹建國《出土文獻與先秦詩學研究》(上海市:復旦大學博士論文，2004年)、管恩好《青銅文化與詩經發生學研究》(濟南市:山東師範大學博士學位論文，2007年)、時世平《出土文獻與詩經詞義訓詁研究》(濟南市:山東師範大範碩士文，2009年)。

⑥ 董恩強:《新考據學派:學術與思想1919－1949》，武漢市:華中師範大學博士論文，2006年。

則因專意於文字訓詁及歷史研究，非以《詩經》爲主之專題研究，則不在本文討論之列。

二、王國維以古文字訓詁《詩經》的成就與影響

王國維在《最近二三十年中中國新發見之學問》一文中，直言古來新學問的發起，大都由於不同視野下的新發現。他舉出當代發現的殷虛甲骨文字、敦煌塞上及西域各地之簡牘、敦煌千佛洞的六朝唐人所書卷軸、内閣大庫元明以來的書籍檔案，以及中國境内的古外族遺文，可媲美孔壁、汲塚的珍貴價值。而各地零星出土的金石材料，更與學術大有關係①。有鑒於身處前所未有的發現時代，他因而提出具體且科學的新治學取向。

《毛公鼎考釋序》云：

> 顧自周初迄今垂三千年，其訖秦漢亦且千年。此千年中，文字之變化脈絡不盡可尋，故古器文字有不可盡識者，勢也。古代文字假借至多，自周至漢，音亦屢變，假借之字不能一一求其本字，故古器文義有不可強通者，亦勢也。自來釋古器者，欲求無一字之不識，無一義之不通，而穿鑿附會之以生。穿鑿附會者，非也；謂其字之不可識、義之不可通而遂置之者，亦非也。文無古今，未有不文從字順者。今日通行文字，人人能讀之、能解之，《詩》《書》、彝器，亦古之通行文字，今日所以難讀者，由今人之知古代不如現代之深故也。苟考之史事與制度文物，以知其時代之情狀；本之《詩》《書》以求其文之義例；考之古音，以通其義之假借；參之彝器，以驗其文字之變化。由此而之彼，即甲以推乙，則于字之不可釋、義之不可通者，必間有獲焉。然後闕其不可知者，以俟後之君子，則庶乎其近之矣。②

由於時空隔絶不可逆轉的局勢，以致時人對古器文字與文義的認知上有極大落差。所以，王國維提出通識古器文字、文義的新法，意即：通過對於史事與制度文物的考訂來瞭解時代的情狀；依據《詩》《書》來推求文義；考求古音明通假借；以及參照彝器知曉古今字的變化等。

大陸學者姚淦銘指出，王國維所運用的材料，不限於甲骨文及金文，還包括了簡牘、封泥、兵器、印文等，以校正訛誤不確的部分，且借鑒宋代到清末的考釋方法與自

① 《王國維學術經典集》上册，江西人民出版社 1997 年版，第 175－180 頁。
② 王國維：《觀堂集林》，河北教育出版社 2003 年版，第 145 頁。

己的科學的系統方法。所以，他對於古文字考釋的認識，往往“不是孤立的對待，而是將其置於一系統網絡，以古文字聯絡着當時的史事、制度文物，聯絡着《詩》《書》的義例，聯絡着古音通假，聯絡着銅器文字”[①]。

夏傳才《詩經出土文獻和古籍整理》一文曾指出，王國維的重要貢獻不在於他的每條考釋都準確無誤，而是他能綜合運用甲骨文、金文、石鼓文、古代簡册來考釋古史和訓釋古籍，他所提出的二重證據法理論，改變了中國現代學術建構，開闢了古史研究的新時代。[②] 而王氏研究後來形成的學術話語權力結構，其“二重證據法”呈現的古史考證氛圍與進展，對於當時及後來的學術研究活動影響極深。

大體而言，王國維的《詩經》研究，主要有四方面：第一，“頌詩”與樂舞的關係[③]；第二，以《詩》證史，以史論《詩》；第三，借甲骨金文考釋名物；第四，訓詁《詩經》新義[④]及提挈《詩經》的成語。然而，他研究的關注重點主要在借《詩》以證諸古史，賦予新證。故不論是考論《詩經》的篇次，或是以殷虚卜辭所紀的祭禮與制度文物來證明《商頌》爲宋詩，還是援引甲骨金文以考證《詩經》中所言的歷史地理[⑤]，基本上，其研究旨趣仍在史學。其借史以研經、詩、史相互參證，不僅擘劃了經史研究新局，而且在還原《詩》義上，具有一定的作用及價值。

考察王國維援引古文字材料論證《詩經》的情形，可從“抉發《詩經》成語以新詮”“借《詩》以新證古史”“考釋名物、禮制”“斷代詩篇及次第”等四方面，一窺梗概。至於林義光、聞一多、于省吾三人針對王國維説法進一步引申、補充或不同看法的部分，亦將一併説明如下。

（一）抉發《詩經》成語以新詮

所謂成語，係指習用之古人文句、詩句、諺語、格言、熟語等。成語的整理，乾嘉考據學者多有所獲，然闕以專題系統申論，並作爲訓詁新提案者[⑥]，王國維乃第一人。王國維在《與友人論詩書中成語書一》《與友人論詩書中成語書二》及《與沈兼士先生書》中，揭示《詩經》中的“成語”。其云：

《詩》《書》中如此類，其類頗多，自來注家均以雅訓分别釋之，殊不可通。凡此

---

① 見姚淦銘《王國維文獻學研究》，江蘇古籍出版社2001年版，第123頁。

② 見《二十世紀詩經學》，學苑出版社2005年版，第330－331頁。

③ 王國維：《觀堂集林》，河北教育出版社2003年版，《説商頌》（第53－55頁）、《周頌説》（第51－52頁）、《周大武樂章考》（第48頁）、《説勺舞象舞》（第50－51頁）、《漢以後所傳周樂考》（第56－57頁）等篇。

④ 王國維：《觀堂集林》，河北教育出版社2003年版，《肅霜滌場説》，第30－32頁。

⑤ 王國維：《觀堂集林》，河北教育出版社2003年版，《散氏盤跋》（第438－440頁）、《兮甲盤跋》（第650頁）、《鬼方昆夷玁狁考》（第296－307頁）等篇。

⑥ 洪國樑：《王國維之經史學》，花木蘭文化出版社2010年版，第223頁。

類語，能薈萃而求其源委歟？其或不能，則列舉之而闕所不知，或亦治經者所當有事歟？（《與沈兼士先生書——附研究發題‘詩書中成語之研究’》①）

而在《與友人論詩書中成語書一》文中，王氏亦指出古書中成語難解者有三：譌闕、語與今語不同、成語之意義與其中單語分別之意義不同。學者洪國樑統整王國維成語觀念有六：第一，古語非即是成語；第二，成語率爲複語，且具相沿之特殊意義；第三，成語類多連用，雖亦有析用者，然須得連文互證；第四，單語而具特殊意義且習用者；第五，成語不可徒拘字形；第六，二字常連用，而其義難確指者，恐多係成語之故。②

今整理王氏援引古文字用以說明《詩經》者，計有九則：舍命、神保、永言配命、臨、彌性、庭方、戎公、有嚴、不時。以“舍命”爲例，王氏援引《克鼎》《毛公鼎》等例，說明“舍命”即“捨㝰命”。而《與友人論詩書中成語書二》云：

《詩·羔裘》云：“舍命不渝。”《箋》云：“是子處命不變，謂守死善道，見危授命之等。”案：《克鼎》云：“王使善夫克舍命于成周。”《毛公鼎》云：“厥非先告父厝，父厝舍命。毋有敢蠢。㝰命於外。”是“舍命”與“㝰命”同意。舍命不渝，謂如晉解揚之致其君命，非處命之謂也。③

其後，林義光接受王氏的說法，並增補《克彝》“王命膳夫克舍命于成周”證云：

舍字在金文多訓爲賜予。說見《文源》。舍命即錫命，亦即敷命之謂也。《易·垢卦·象傳》云：“有隕自天，志不舍命也。”不爲發聲語助。“舍命”亦即“錫命”，故爲有隕自天之象。此詩“舍命”之解亦當從鼎文與《易傳》。至《韓詩外傳》二、《晏子·雜上》篇、《新序·義勇》篇載崔杼盟晏子，晏子不屈之事，並引此詩，則以“舍命”爲“見危授命”，與古義不合。④

另于省吾補《矢令毀》“舍三事命，舍四方命”爲證⑤，聞一多附和之，以金文

① 王國維：《觀堂集林·補遺》，大通書局 1976 年版，第 1477 - 1480 頁。
② 洪國樑：《王國維之詩書學》，“國立臺灣大學”出版委員會 1984 年版，第 68 - 75 頁。
③ 王國維：《觀堂集林》，河北教育出版社 2003 年版，第 35 頁。
④ 林義光：《詩經通解》，中西書局 2012 年版，第 94 頁。
⑤ 于省吾：《澤螺居詩經新證》，中華書局 1982 年版，第 10 頁。

“舍命”義與敷命、施命同①。

（二）借《詩》以新證古史

《商頌》寫作年代，歷來有两種説法。

第一種説法認爲作於春秋時代，乃正考父美宋襄公之作，魏源《詩古微》提出13證、皮錫瑞《經學通論》亦列舉7證，王國維作《説商頌》上、下篇。首先，就詩篇中所言的地理位置，主張紂居河北，不得遠伐河南景山之木，反而宋居商邱，距景山僅百數十裏，又周圍百里内别無名山，則伐景山之木以造宗廟，於事爲宜。其次，從卜辭中的稱謂與句法用例，發現殷虚卜辭所紀祭禮與制度文物，於《商頌》中無一可尋。其所見之人、地、名及成語，皆與殷朝不同，而反與周朝稱謂相類。且卜辭稱國都曰商，不曰殷；稱湯曰大乙，不曰湯，而《頌》則曰湯、曰烈祖、曰武王。再者，語句中也多沿襲周詩。如《那》之猗、那，即《檜風·萇楚》之阿儺。《小雅·隰桑》之阿難，石鼓文之亞箬也。《長發》之“昭假遲遲”即《雲漢》之“昭假無贏”、《烝民》之“昭假於下”也。《殷武》之“有截其所”即《常武》之“截彼淮浦，王師之所”也。又如《烈祖》之“時靡有争”與《江漢》句同②。王氏針對《商頌》詩篇中所言之地理位置、《商頌》中祭禮與制度文物不見於殷虚卜辭，以及《商頌》語句多襲周詩等事例，證明《商頌》乃春秋時宋國臣子歌頌宋襄公之作品，對於研究《商頌》詩義的解讀，的確有一定的地位價值。

第二種説法是以商頌作於宋代晚期，如大陸學者張松如、楊公驥、陳子展、姚小鷗、陳桐生等人，即針對以上的觀點及論據，提出反駁，引起學術界的高度關注③。

今考察林義光《詩經通解·商頌·那》一詩云：

> 十二篇者既爲商之名頌，則必爲世間所盛傳。惟禮樂廢壞之後，所傳不無錯亂。故正考父校於周之大師，正其篇次，改以《那》爲首也。閔馬父稱此十二篇爲商之名頌，則頌之作必在商時。即如《序》説，亦爲微子以前作。惟諸篇中詞句平易，或與《采芑》《烝民》《江漢》《閟宫》諸詩轉相因襲，説者或疑不類殷人所爲。不知古人成語雖在遠世亦可相襲，至於一時代之文難易錯出，見於《詩》《書》及彝器者尤所恒有。以辭之難易論定作者年代，非能毫厘不失者也。十二篇之中，今所存者惟五篇。《序》以爲此篇祀成湯，《烈祖》祀中宗，皆於詩義無據。

① 孫黨伯、袁謇正主編：《聞一多全集》第三册，湖北人民出版社1993年版，第281頁。

② 王國維：《觀堂集林》，河北教育出版社2003年版，第54－55頁。

③ 楊公驥與張松如合撰《論商頌》《文學遺産增刊》第二輯，1956年，其後，張松如撰《商頌研究》（南開大學出版社1995年版），一一反駁《商頌》爲宋詩。陳桐生：《史記與詩經》，人民文學出版社2000年版，第158－175頁，整理並增列2條共13條例説明之。

蓋二詩皆美主祭之人，與《魯頌》之《閟宫》相類。至《玄鳥》《長發》《殷武》乃爲稱頌先祖之辭爾。①

其以正考父得《商頌》十二篇於周太師，正其篇次，改以《那》爲首，是《詩序》據《國語》閔馬父所言，按此，《商頌》當在微子以前作。而古人成語遠世相襲，《商頌》諸篇詞句平易，旨在讚美主祭之人或稱頌先祖，雖有推疑非殷人所作，然查考《詩》《書》及古彝銘文，同一時代文詞多難易錯出，故不當以此遽論作者年代。此與王國維以語句多沿襲周詩爲理據，是不同調的。他主張《商頌》之作必在商時，而詩義指涉的對象，《那》《烈祖》二詩應爲稱美主祭之人，與《魯頌·閟宫》類同；《玄鳥》《長發》《殷武》三詩則爲稱頌先祖而作。

（三）考釋名物、禮制

王氏《説斝》一文引羅振玉《殷虚書契考釋》證明諸經中“散”字疑皆“斝”字之譌，並明列五例以證大之飲器大者皆散角或斝角連文，言斝則不言散，可明二者實爲同物；散者對膳言之散本非器名；以及引《詩·邶風》“赫如渥赭，公言錫爵”。《毛傳》云“祭有畀煇。胞，翟。閽，寺者。惠下之道，見惠不過一散”爲例，而云：

經言爵而《傳》言散，雖以禮詁詩爲《毛傳》通例，然疑經文爵字本作斝。轉訛爲散，後人因散字不得其韻，故改爲爵。實則散乃斝之譌字。赫、斝爲韻，不與上文籥、翟爲韻。②

其推論爵字本作斝，轉訛爲散，以證明小學訓詁之所獲，可證之古制，而王國維關注焦點則似乎在於斝譌作訛。故于省吾進而引申斝之形制，云：

如按《毛傳》之説，則醆、斝與爵只是名稱不同，没有形制上的差别。今以出土的商周時代酒器驗之，則斝爲有鋬（把手）、兩柱、三足（或四足）；圓口之器，用以貯酒。爵爲飲酒器，今俗稱之爲爵杯。以容量計之，則斝大於爵約十或二十餘倍。契文爵字作[illegible]，像有柱、流、尾、腹、鋬、三足之形。此詩之爵言洗、斝言奠者，爵爲手執之飲器，是説主客在獻酢之後，主人再酬客故言洗；斝爲貯酒器，需要用斗以挹注於爵，亦可能置斝於爵之兩柱上而直瀉之，因爲斝器較大，常設於爵側，故言奠。至於斝之所以有兩柱者，因爲斝系中型貯酒器，罍爲大型貯酒

① 林羲光：《詩經通解》，中西书局 2012 年版，第 432 頁。
② 王國維：《觀堂集林》，河北教育出版社 2003 年版，第 69－70 頁。

器，罍的容量約大於斝十餘倍。持罍以注於斝，故斝有兩柱以支之。總之，不用出土的商周酒器以驗之，則周之爵等于夏之醆、殷之斝，而詩人言“洗爵奠斝”之義終没之辨。①

其以罍爲大型的貯酒器，斝爲中型的貯酒器，爵則是手持拿的酒杯。罍傾酒於斝，所以斝有兩個柱子支撑，常置放爵旁，須用斗注酒於酒杯。並認爲唯有通過出土實物證據來交驗互證，否則是無法瞭解詩人“洗爵奠斝”的含義。此若參照王國維《説觥》一文②，可見繼承脈絡。

此外，在《釋宥》一文中，王國維以《春秋左氏傳》“王饗醴，命之，宥”之“宥”當作侑助解，並引《小雅·彤弓》證諸王引之《經義述聞》與孫詒讓《比部》謂胙。其云：

《鄂侯鼎》字正作友，《有司徹》之賓尸也，乃議侑於賓以異姓，吉禮尸之有侑，猶嘉禮賓之有介也。《有司徹》一篇紀侑事者，無侑尸飲食之事，是侑之名義，取諸副尸而不取諸勸尸審矣。古者諸侯燕射之禮，皆宰夫爲獻主，故其臣不嫌有賓名。若天子饗諸侯，則不設獻主。受獻者嫌與天子亢禮也，若曰天子自飲酒而諸侯副之，如侑之於尸云爾。《鄂侯鼎》始云“馭方𦤎王”，又云“馭方卿王射”，蓋祼則副王，而射則與王爲耦，事亦相因也。其在《詩》曰“鐘鼓既設，一朝右之”，右之者，正《春秋傳》所謂“命之宥”也。不然，酢之事乃諸侯侑王，天子之享諸侯，顧曰一朝右之，可乎？孫君之説《詩》，王君之説《左傳》，其理皆長於舊注，而證據未詳，其義亦不備，故爲補之云爾。③

顯然，王氏更進一步援引《鄂侯𦤎方鼎》中宥、侑二字，説明侑之義與酢同。《彤弓》《傳》釋右爲勸，《楚茨》《傳》釋侑爲勸，可見右、侑同字。但林義光對於王引之讀宥爲侑，據《爾雅》“酬、酢、侑、報也”解“命之，侑”爲王命虢公、晉侯與王相酬酢的説法，則有不同的意見，其《詩經通解》云：

古制君臣不相酬酢，故《燕禮》以宰夫爲獻主，則饗禮亦不得以王命而酢王也。此詩先言饗，繼言右，繼言醻，醻謂賞賜以報其功。皆於一朝行之，而行之必

① 于省吾：《澤螺居詩經新證》，中華書局1982年版，第107頁。
② 王國維：《觀堂集林》，河北教育出版社2003年版，第70－72頁。
③ 王國維：《觀堂集林》，河北教育出版社2003年版，《觀堂别集》，第612頁。

在宗廟。觀諸彝器記策命事每云“旦，王格太室”可見也。《虢季子伯盤》“王格周廟，宣榭爰饗”，其下乃錫弓矢事，亦其證。方饗之時，賓尚在門外。《周語》定王謂隨會云：“唯戎狄則有體薦。坐諸門外，而使舌人體委與之。”① 而宣十六年《左傳》云：“王享有體薦，宴有折俎。公當享，卿當宴。”則體薦在門外者不獨施於戎狄，王之享公宜皆然矣。既饗而後右之入門。而賞賜酬庸又在其後。與内外傳所記策命之禮正合。而在彝器亦有可證者。如《大鼎》：“王饗醴。王呼善夫馭召大以厥友入攼（衎）。王召趣馬雍，命取騅騆卅匹錫大。亦先饗醴而後召入，既召入而後酬庸也。”②

《詩經通解》以古制君臣不相酬酢，宥即右之借字，亦即内右、入右之義。林氏並引《師虎敦》《揚敦》《豆閉敦》《卯敦》等諸彝器言册命事爲例，解作“既饗而右而酬之”。

（四）斷代詩篇及次第

王國維發揮治史精神，窮究詩篇年代。在《鬼方昆夷玁狁考》一文中，徵之古器，以凡紀玁狁事者，皆宣王時器物，而證《小雅·采薇》《出車》《六月》當爲宣王時詩。③ 又《玉谿生詩年譜會箋序》一文，針對《鄭箋》據《國語》《緯候》論斷《小雅·十月之交》《雨無正》《小旻》《小宛》四詩爲刺厲王詩，提出例證駁斥，云：

逮同治間，《函皇父敦》出於關中，而毛、鄭是非，乃決於百世之下。《敦銘》云：“函皇父作周娟盤盉尊器敦鼎，自豕鼎降十又兩罍兩壺周娟其萬年子子孫孫永寶用。”周娟猶言周姜，即函皇父之女歸於周而皇父爲作媵器者。《十月之交》“豔妻”，《魯詩》本作閻妻，皆此敦、函之假借字。函者其國或氏，娟者其姓。而幽王之后則爲妻爲姒，均非娟姓。鄭長於毛，即此可證。信乎，論世之不可以已也。故鄭君序《詩譜》曰：“欲知源流清濁之所處，則循其上下而省之。欲知風化芳臭澤之所及，則旁行而觀之。”治古詩如是，治後世詩亦何獨不然。④

王氏此引《函皇父敦》所載，論證《詩序》言爲刺幽王之作是錯誤的。

按此，于省吾持不同的看法，他認爲鄭玄《詩譜》列爲厲王時没有根據。反倒是

① 《詩經通解》本處引文“唯戎狄則有體薦”下，缺“夫戎狄，冒没輕儳，貪而不讓。其血氣不治，若禽獸焉。其適來班貢，不俟馨香嘉味，故”等字。

② 林義光：《詩經通解》，中西书局 2012 年版，第 195 頁。

③ 王國維：《觀堂集林》，河北教育出版社 2003 年版，第 296－307 頁。

④ 王國維：《觀堂集林》，河北教育出版社 2003 年版，第 572 頁。

阮元推得幽王六年十月辛卯朔，證據至確。王國維拘泥於鄭玄氏剡后之説，不求甚解，況厲王后本姓姜，此論實未深考。[①]

約論之，王國維的《詩經》研究重點，終極關懷在史學。他能運用新、舊史料參證互釋，補正前説，在研究方法與材料的開拓，影響極大。學者洪國樑謂其學術之重要特質在於開新風氣、闢新途徑、創新解釋。[②] 而其補正舊説錯謬，發前人所未聞，所論多爲後人所繼承，如林義光《詩經通解》"舍命"、《正月》"憂心慘慘，念國之爲虐"、《靜女》等，聞一多《羔羊》"羔羊之縫"、于省吾《十月之交》"豔妻煽方處"、《皇矣》"王此大邦，克順克比"、《敬之》"陟降厥士""《詩》駿惠我文王解"等，皆對王説有所繼承與引申補充。

三、林義光、聞一多、于省吾以古文字訓詁《詩經》的立場目的與方法

（一）林、聞、于三人以古文字訓詁《詩經》的立場、目的

1. 林義光《詩經通解》

林義光《詩經通解》全書共二十卷，成於一九三〇年。此書以疏通晦昧難懂的《詩》義爲要旨，甄擇舊説之外，另結合清儒音聲故訓的研究成果與新出土的古文字材料，以試圖釐清文字孳生通假與傳寫改易的變化，駁正前人錯謬舊説。[③] 此書立論的重要的依據，係一九二〇年以金文定其字形、字音，第一部有系統地利用古文字資料訂正《説文》字書的《文源》[④]，今詳考全書引用金文的情形，"國風"部分計有詩二十七首三十二條，"小雅"部分詩二十二首三十條，"大雅"部分詩二十首四十二條，"三頌"部分詩二十首三十二條。

林義光運用古文字研究《詩經》的方法，大抵上與王國維一致，然尤重於字之音、形、義的本來面目。在訓釋《詩經》的立場上，主張"欲究詩義，必由古音、古字求之""欲達先聖玄意，須明瞭文字孳生通假與古書傳寫改易"，以及"以遺存文物證驗古事"[⑤]。而林氏運用古文字以訓詁《詩經》的目的在於疏通、補正舊説的不足。在"敏求信述"的自許下，他面對與群經記載不相符合的事證言論，採取不廢不偏的存録態度，援引古文物爲證驗依據，且參覈諸彝器銘文，詳加證明。中國學者葉玉英指出其在古文字材料的運用上，一則利用金文印證《説文》，二是從金文材料中摸索古文字形

① 于省吾：《澤螺居詩經新證》，中華書局 1982 年版，第 26 頁。

② 洪國樑：《王國維之經史學》，花木蘭文化出版社 2010 年版，第 46 頁。

③ 林義光：《詩經通解》，中西书局 2012 年版，第 1 – 2 頁。

④ 葉玉英：《文源的文字學理論研究》，福建師範大學碩士論文 2003 年版，第 1 頁。

⑤ 林義光：《詩經通解》，中西书局 2012 年版，第 1 頁。

音義演變的規律。[1]

值得一提的是，林義光對於《詩經》音韻極爲重視。在他看來，確立《詩》的音韻，掌握音讀，訂正傳寫訛變，往往是通解《詩》義的重要方法。《詩經通解》"正文"除詳列詩句外，於字音收元音與輔音者，概以羅馬音標表示，繼《序》《例略》之後，有"詩音韻通説"一文，説明標音讀、用韻的準則。而於《文源》一書"古音略説"中，他依聲母、諸書異文、聲訓、説文重文、説文聲讀等五種方法，推定古音通例；並定古雙聲之法及疊韻之法。而於《詩音韻通説》文中亦云：

> 文字之讀音，作《詩》之時有與近今顯然不同者……皆可於《詩》之用韻見之。由此可證，古今語音多所變易，《三百篇》詩雖非一時一地之作，在當時則字有定音，舛牾極少。蓋作詩之時，華夏語言較今日爲整齊劃一也。[2]

在他看來，語音隨着時代的不同而有所變易，非一時一地之作的《三百篇》，在當時肯定音讀是確定的。所以，結合了古音及古文字材料，以通解《詩經》。

《詩經通解》的成果對於于省吾、聞一多的影響甚大。考察于、聞二人著作中，參引或補正林義光意見者甚多，如于省吾《澤螺居詩經新證》之《節南山》"相爾矛矣"、《敬之》"佛時仔肩"、《雨無正》"淪胥以鋪"、《大明》"會朝清明"、《文王有聲》"維龜正之"、《生民》《履帝武敏歆》等，聞一多《詩經新義》"今""塈溉介""命"等，《詩經通義·甲》之《摽有梅》《小星》《日月》《小雅·谷風》等，《詩經通義·乙》之《葛覃》《桃夭》《君子偕老》《碩人》《豐》《蝃蝀》《綢繆》《鴇羽》《七月》《小雅·谷風》《杕杜》《采芑》《庭燎》《我行其野》《小弁》《大東》《車舝》《苕之華》等，皆可看出論詩觀點承襲之迹。

2. 聞一多《詩經新義》《詩經通義》

《詩經新義》與《詩經通義》甲、《詩經通義》乙，是聞一多《詩經》基礎研究工作的成果。在整理古籍的過程中，他發現較古的文學作品難讀的原因，不外乎作者的時代背景及著作意圖難以了解、文字假借以及傳本的訛誤，遂訂下"説明背景""詮釋詞義""校正文字"三個研究課題。[3] 在《匡齋尺牘》中，他陳述讀《詩經》面臨的三樁困難，是如何去掉聖人點化的痕迹、建立客觀的推論標準以及擺脱主見悟入詩人的心

---

① 葉玉英：《文源的文字學理論研究》，福建師範大學碩士論文 2003 年版，第 61 頁。

② 林羲光：《詩經通解》，中西书局 2012 年版，《詩音韻通説》第 1 頁。

③ 孫黨伯、袁謇正主編：《聞一多全集》第五册，第 113 頁。

理[①]，故此，提出先把每篇的文字看懂[②]的良方，以解決《詩經》抽象的、概括的問題。

一九三七年發表的《詩經新義》一書，針對《詩經》裏二十三組字詞，進行了訓釋。《詩經通義》分甲、乙二部。《詩經通義》甲發表於一九四三年，共訓釋《周南》《召南》《邶風》等三十一首詩；《詩經通義》乙則爲聞氏未定、未刊稿，共訓釋《國風》一百五十四首及《小雅》十七首詩。一九九三年湖北人民出版社據開明版《聞一多全集》及聞氏遺稿整理小組的整理成果，出版新全集時，方將《詩經通義》乙收入。新全集在"整理説明"中，特別交代了此書封面原題有"詩經新義"字樣，不類聞氏筆迹，當爲清理遺稿者所加，而因體例不同於《詩經新義》而近於《詩經通義》甲，故仿開明版分《風詩類鈔》之分甲、乙而定名之。[③]

今考察三書訓釋體例，《詩經新義》以字爲主，而《詩經通義》甲則依相類詞例爲訓，二書兼論相類字詞句例；《詩經通義》乙則多依原詩詞序排列，擇詞分訓，體例與前二者迥異，然與未刊《風詩類鈔》之語體注釋所擇字或詞多相同。按此，《詩經通義》乙應早於《風詩類鈔》，至於是否先於《詩經通義》甲，則有待商榷。[④]

探究聞一多研究《詩經》的終極關懷，在於還原《詩經》本來的面目、重現《詩經》時代的真實面貌。聞氏通過考證訓詁的過程及手段，掌握文字及詩義，企圖建構結合了文化人類學、民俗學等"社會學"的讀《詩經》的方法。在《風詩類鈔》的"序例提綱"中，他曾指出這種讀法是採取"縮短時間距離"，用語體文將《詩經》移全讀者的時代，並借助考古學、民俗學、語言學等方法。此外，還要注意古詩特有的技巧（象徵廋語 symbolism、諧聲廋語 puns、其他等），以串講通全篇詩義，並於書後附録圖像、校勘記、引用書目、釋音、國風通檢等。[⑤]

大陸學者趙沛霖指出，對聞一多來説，訓詁的終點只是起點。《詩經通義》往往在將某些字詞的基本意義解釋清楚之後，再以此爲基礎進一步探其根源，明其流變，從而促進詩義的闡發。因此，全方位多角度地從發展和整體規模上考察《詩經》，讓聞一多得出很多具體的個別結論。此外，聞氏更概括許多個別例證的基礎，得出很多具有一定

---

① 孫黨伯、袁謇正主編：《聞一多全集》第四册，第456－457頁。

② 孫黨伯、袁謇正主編：《聞一多全集》第三册，第202頁。

③ 孫黨伯、袁謇正主編：《聞一多全集》第四册，第4頁。

④ 中國學者朱金發考辨二書體例及内容，以《詩經通義》甲在内容詳盡度、引書疏證數量及邏輯嚴密度皆較《詩經通義》乙爲大，且《詩經通義》甲訂正了《詩經通義》乙引書中出現的訛誤，因而推斷《詩經通義》甲是在《詩經通義》乙的基礎上整理加工而成。（詳見《聞一多的詩經研究》，河南大學碩士論文2001年版，第11頁）然而，筆者查考聞氏《詩經新義》《詩經通義》甲、《詩經通義》乙三書訓釋同様一首詩，選用資料證據多相同，且引用疏證數量繁多不代表内容詳盡及邏輯嚴密高。何況訓詁考證對於聞氏而言，只是過程與手段，後出漸轉精簡，條理和暢，實則符合他所提出的"社會學"的讀法。

⑤ 孫黨伯、袁謇正主編：《聞一多全集》第四册，第457－458頁。

普遍性的結論。[①]

相較於歷來經學的、歷史的、文學的《詩經》讀法，聞一多開新造大的企圖，可見一斑。如今瞭解了聞一多新詮《詩經》的企圖，再重新檢視《詩經新義》與《詩經通義》之訓詁考證，以及他運用古文字的態度與方法，將更能理解聞氏有別於林義光、于省吾治《詩》的立場目的。

3. 于省吾《澤螺居詩經新證》

于省吾考證札記之《澤螺居詩經新證》共有三卷，上卷主要由一九三五出版的《雙劍誃詩經新證》刪訂而成，中卷分別發表於《文史》第一、二輯的《澤螺居詩經札記》(1962 年)、第二輯《澤螺居詩義解結》(1963 年)，下卷則是已發表的有關《詩經》考證的單篇論文。

于氏治學，極推崇乾嘉學者段玉裁、于氏父子的無徵不信；二十至三十年代，自古器物和先秦古文字資料大量出土後，則深受王國維的治學方法影響。[②] 1931 年後，于省吾從事古物學和金文研究，並用古文字研究成果校訂和詮釋先秦典籍。除了堅持“以形爲主”的方法避免望文生義外，還要盡可能地掌握辭例。[③] 究其研究古文字的主要目的，是爲探討古代史。他認爲古文字中的某些象形字和會意字，往往形象地反映了古代社會活動的實際情況，所以，文字本身就是很珍貴的史料。[④]

于氏“新證”之作目的，根據《諸子新證・序》所云：

> 清代學者輯佚覈異，考文通音，訂其違牾，疏其疑滯。微言墜緒，於以宣昭。省吾末學淺識，竊嘗有志於斯，誦覽之餘，時得新解。本之於甲骨彝器、陶石鉚化之文，以窮其原；通之於聲韻假借、校勘異同之方，以究其變。[⑤]

可知《新證》目標在於借甲骨彝器、聲韻假借、校勘訓詁等方式，吸收前人古文字的研究成果，爲其新解提供證例。今考察《澤螺居詩經新證》一書體例，卷上將句法相似的字詞放在一起訓釋，且多臚列鐘鼎文字補證，不做任何説明；卷中則一改前例，以詩句爲題解説，並多所駁正《傳》《箋》舊説；卷下係由完整主題論述的單篇論文組成。此書于氏借文字之形、音以求義的心得札證。書中舉出不知古人重文之例而誤讀者、古字湮而本音失者、音假而本義湮者、不知句之通假而失其句讀者、形譌而本義

① 趙沛霖：《詩經研究反思》，天津教育出版社 1989 年版，第 392 頁。
② 陳公柔、周永珍、張業初：《于省吾先生在學術方面的貢獻》，《考古學報》第 1 期，1985 年版，第 4 頁。
③ 林澐：《甲骨文字釋林述介》，《甲骨文字釋林》，商務印書館 2010 年版，第 499－501 頁。
④ 《甲骨文字釋林》，商務印書館 2010 年版，第 3－5 頁。
⑤ 《雙誃劍諸子新證》，中華書局 2009 年版，第 5－6 頁。

湮者、形譌又繼之以音假而本義湮者、音假又繼之以形譌而本義湮者等七例，期以不蹈拘文牽義之譏。①

大抵上，在運用古文字以訓釋《詩經》的立場上，于氏強調通過古文字以瞭解《詩經》裏反映的社會實際情況，採用出土文獻和傳世文獻交驗互足的方法，爲《詩經》研究取得新例證。而在運用古文字訓釋典籍的立場上，他則認爲古典文獻有許多人爲的演繹説法和轉輾傳訛之處，應強調以地下發掘的文字資料爲主，古典文獻爲輔。《甲骨文字釋林》一書序言即提出同時用地下發掘的實物資料，用以補充文字資料的不足，二者交驗互足，才能使古代史的研究不斷取得新的成果。②

古文字學養深厚的于省吾，其訓釋《詩經》字詞過程中，多以金文通例或西周習見語例，判定歷來説《詩》者尊崇的《毛傳》《鄭箋》之錯謬。其徵引鍾鼎銘文，考證文字通假及古書傳寫改易，並利用民俗學、神話學等綜合研究的理論方法，一一辨證諸家舊説。夏傳才《二十世紀詩經學》指出于氏選用的考釋方法，展示了現代進行《詩經》詞語考釋的正確道路——古文獻和古文字（金文、甲骨卜辭、石鼓和簡牘資料）以及文化人類學諸學科的綜合選用，故此書可譽爲現代“新証”派代表作。

（二）林、聞、于三人以古文字訓詁《詩經》的方法

綜觀三人運用古文字解《詩》的立場與目的，大抵上不外乎“求通”與“證新”。“求通”旨在疏通傳注，證成舊説；“證新”則意在突破前説，發明新義。③ 二者輔車相依，關係密切。其或有求通以出新，或證新以通釋者，兼而有之，不一而足。玆分校訂誤字音讀、識字通假與句讀、構詞慣例訓詞語、闡明参稽語例、考釋名物禮制、新證詩史與篇次等，論述三人補證舊説及證新詩義的表現。

1. 校訂誤字音讀

隨着出土文獻的相繼發現，校訂古書中文字的傳寫改易、訛誤與音讀，既是時代因緣與需求，也是消除古書疑義的基本手段。

在校定傳寫改易上，林義光於《皇矣》“帝作邦作對，自大伯王季”訓云：

---

① 《雙劍誃尚書新證；雙劍誃詩經新證；雙劍誃易經新證》，中華書局 2009 年版，第 317－320 頁。

② 《甲骨文字釋林》，商務印書館 2010 年版，第 7 頁。

③ 白憲娟：《20 世紀二三十年代的〈詩經〉研究——以胡適、顧頡剛、聞一多〈詩經〉研究爲例》（濟南市：山東大學碩士論文，2006 年）指出，聞一多對此研究方法又有所發展創新，形成了與清代考據學不同的新特質，主要表現在以下幾方面：首先，不同於清儒爲考據而考據，在聞一多而言，考據只是一種手段，一種途徑，是其到達《詩經》的殿堂的憑藉。其次，在傳統考據訓話的基礎上，吸收多種現代學科方法，開創出現代《詩經》研究的新訓話學方法。（第 48 頁）而包詩林《于省吾新證訓詁研究》（合肥市：安徽大學博士論文，2007 年）則指出，于氏的所謂“新”，首先體現在古文字、古器物等新材料的運用上；其次，體現在伴隨而來的新方法，即地下材料與傳世文獻的印證；再次體現在對於意義的考釋上。所以，于省吾的“新”是指糾正誤説所發明的“新解”“新義”，也是他爲前賢及當代作者未能論及的“新解”“新義”，尤其，無徵而不立説是他訓釋的原則。（第 157 頁）

邦讀爲奉。邦、奉皆从丰得聲，古爲同音；而奉金文作，又與邦形近，故傳寫者譌作邦字也。奉對猶對揚。諸彝器每言對揚，而《召伯虎敦》云："奉揚朕宗君其休。"是奉亦對揚之義。《書・雒誥》云："奉答天命。"奉答亦即奉對矣。《陳侯因脊敦》云：答揚厥德，是對亦作答。帝作奉作對，自大伯、王季者，言太伯、王季始對揚天休也。《廣雅》云：作，始也。天之休命將在文王，而非太伯、王季之友愛則文王不得嗣立，故以太伯、王季爲奉答天命之始。①

林氏主張"邦"讀爲"奉"，有三個理據：第一，邦、奉二字古同音，皆从丰得聲；第二，考釋金文，奉、邦二字形近；第三，奉對意即對揚，諸彝器每有"對揚"二字，如《召伯虎敦》《陳侯因敦》等。故而推論今作"帝作邦作對"乃傳寫者譌作。若此，則謂"奉答天命自大伯王季始"，與邦作國家解，並無太多差別，此例可從。②

又如《雨無正》"凡百君子各敬（急）爾身"之"敬"字，林引《師虎敦》"苟夙夜"爲例，證敬字本當作苟，傳寫者誤讀爲敬而改其字③，敬字古或通作苟，此解作"各以己身之事爲急，不恤國難"。《下武》"不遐有佐"之"佐"字，林氏以佐當爲差，古文當作差，作佐者傳寫所改。並引《齊侯罏》"國差立事"證國差即國佐也④，解作"胡有差"，猶胡害與胡愆。《時邁》"允王保之"之"允"字，林氏以金文作畯，畯即畯字，故譌省爲允。⑤《訪落》"堪家多難"之"堪"字，疑當作"湛家多囏"。林氏引《毛公鼎》"家湛于囏"之辭例與比類，謂傳寫者譌湛囏爲堪難，且增"未"字以足其義，力主此詩作"湛艱"而不作"堪難"解。⑥ 林氏援引古文字，發前人所未發，雖與歷來説解不同，但無妨詩義，可備一説。

在校定訛字上，聞一多《詩經通義》疑《旄丘》之"瑣尾"之尾字爲省，音沙⑦。尾當爲字之誤也。其並引金文《曾子𥎦簠》《休盤》等及郭沫若的説法，以瑣、古同讀，係雙聲疊韻之連綿詞。另《芣苢》一詩之"袺襭"，聞氏引《釋文》及山井鼎《考文》作擷，而以袺襭當从手作拮若擷。又吉聲多有上義，拮者當謂拾物之狀，擷與拮同，字誤从衣。聞氏並引甲骨文爲證，以䜌爲拮擷本字⑧，其借重古文字以求通詩義，説解異於前人，當可聊備一格。

---

① 林義光：《詩經通解》，中西书局2012年版，第318頁。

② 見邱惠芬：《林義光詩經通解研究》，《輔仁國文學報》第32期，2011年4月，第115頁。

③ 林義光：《詩經通解》，中西书局2012年版，第228頁。

④ 林義光：《詩經通解》，中西书局2012年版，第326頁。

⑤ 林義光：《詩經通解》，中西书局2012年版，第398頁。

⑥ 林義光：《詩經通解》，中西书局2012年版，第410頁。

⑦ 孫黨伯、袁謇正主编：《聞一多全集》第三册，第373頁；《聞一多全集》第四册，第89頁。

⑧ 孫黨伯、袁謇正主编：《聞一多全集》第四册，第22頁。

歷來《維天之命》"駿惠我文王，曾孫篤之"訓釋皆從《鄭箋》"以大順我文王之意，謂爲《周禮》六官之職也"而無異議，于省吾以金文驗之"駿惠"二字，謂本應作"疐"，其引宋代出土《秦公鐘》"畯疐在立（位）"、《秦公簋》"畯疐在天"爲例，證凡典籍之駿字金文均作畯。畯從允聲，駿從夋聲，畯、駿音近字通，疐乃疐字的形訛。《秦公鐘》"畯疐"之"疐"，《歷代鐘鼎彝器款識》和《考古圖》均釋作"惠"，孫詒讓《古籀拾遺》、王國維《兩周金石文韻讀》亦釋作"惠"，于氏遂云此與秦漢之際學者隸定此詩古文時，釋"疐"爲"惠"，雖然相去兩千多年之久，然其誤認古文，不謀而合。[①] 于氏並參考郭沫若《兩周金文辭大系圖録考釋》、楊樹達《積微居金文説秦公簋再跋》等説法，直指郭説終屬費解而楊説有誤。進一步指出金文疐字屢見，除用作人名外，均應讀作柢，訓爲根柢或本柢。故此詩"駿惠我文王，曾孫篤之"之駿惠本應作畯疐。畯與駿係古今字，惠乃疐字的形訛，疐與柢古字通用。駿訓大，柢訓本，是典籍中的通詁。而由於典籍與地下文字資料得到了交驗互證，因而金文中的"疐處宗室"和"作疐爲極"的解釋，過去的懸而未決的問題，終可迎刃而解。[②]

在考字音讀者上，聞一多《詩經通義》甲引卜辭、金文爲例，證《山有扶蘇》"隰有游龍"之龍，以龍本讀。[③] 于省吾《詩經新證》以古音湮而本音失者，舉《終南》"錦衣狐裘"之"裘"字爲例，以此詩裘與梅、哉爲韻，《七月》"取彼狐貍，爲公子裘"之貍、裘爲韻，《大東》"東人之子，職勞不來。西人之子，粲粲衣服。舟人之子，熊羆是裘。私人之子，百僚是試"之裘與來、服、試爲韻。其引甲骨文裘作[illegible]及《又卣》等爲證，裘應作衣，从衣又聲，古音讀若以，之部。[④]

2. 識字通假與句讀

通過比勘用字之異而掌握古今字，可供作釋義及其理據。在識明古今字的部分，《載驅》"簟茀朱鞹"之茀字，林義光以金文作"簟弼"，證"弼"爲本字。[⑤]《文源》亦引《毛公鼎》"簟弼魚葡"爲證，以弼爲車蔽，百爲茵字，象茵覆二人之形。[⑥]

《關雎》"君子好逑"之逑，于省吾承《傳》訓爲匹，駁《箋》據《魯詩》強作解，援《説文》"怨匹爲逑""仇，讎也。从人九聲""雔，雙鳥也，从二隹"及《釋詁》等訓釋，以逑、仇、雔、讎等字古每通用，謂今本字與借字已糾結莫辨。且特引商代金文屢見之雔，均作[illegible]，像兩鳥相向形，以商周金文中均有讎字，中間从言，兩側像

① 于省吾：《澤螺居詩經新證》，中華書局 1982 年版，第 150 頁。

② 于省吾：《澤螺居詩經新證》，中華書局 1982 年版，第 150 – 152 頁。

③ 孫黨伯、袁謇正主編：《聞一多全集》第三册，第 380 – 381 頁。

④ 林義光：《詩經通解》，中西书局 2012 年版，第 14 頁。

⑤ 林義光：《詩經通解》，中西书局 2012 年版，第 113 頁。

⑥ 林義光：《文源》，中西書局 2012 年版，第 209 頁。

兩鳥相反形，主張不論相向或相對，都具左右相對義，故典籍中多訓爲匹，此坐實了雔、雠與仇、逑的演化和通轉的規律。[①]《楚茨》“我孔熯矣”之熯字，于氏以金文覲不从見，勤不从力，引《女𡠦毁》《宗周鐘》證熯即謹之本字，“我孔熯矣”即“我孔謹矣”，下接“式禮莫愆”語意調適，今作熯乃形譌而本義湮者。[②] 于氏此解作謹與《傳》訓爲敬，義近可通。

通假字之例，林義光於《節南山》“不弔昊天，不宜空我師”下云：

> 不弔，不淑也。金文叔字皆借弔字爲之。叔、弔雙聲旁轉，故淑亦通作弔。《書·費誓》“無敢不弔”，《史記·魯世家》作“無敢不善”。襄十六年《左傳》“旻天不弔”。鄭眾注《周禮·大祝》引作“閔天不淑”，是弔即淑也。《詩》言尹氏宜俾民不迷，不宜空窮我眾。其稱不淑昊天，乃痛傷嘆嗟之詞。[③]

此以叔、弔二字雙聲旁轉，故相通，援引諸書文字證明“不弔”“不善”“不淑”皆同義。《文源》亦引《豆閉敦》古文字，證明弔皆以爲叔字，且叔字幽韻，弔字宵韻，雙聲旁轉。[④] 此訓合於詩義，並可與王國維《與友人論詩書中成語書》以“不淑”二字爲成語，謂古多用爲遭際不善之專名，不弔亦即不淑、不善的説法，相互發明。[⑤]

《緇衣》“載弁俅俅”之“載弁”，林氏亦以金文有本字，即爵韋之韠之䵧市。䵧字音義當與纔字相近，䵧、纔與《禮經》爵字亦聲近義通，字變作載𢦏，且引《薛氏款識》“齊侯鎛鐘”所云：“余命女𢦏差卿。審較文義蓋讀𢦏爲爵，與《禮經》借爵爲𢦏義異而例同。”[⑥]

《七月》“稱彼兕觥”之“稱”字，聞一多《詩經通義》乙據馬瑞辰、朱駿聲之論，以稱爲偁、再之假借，有揚舉之意，並援金文及卜辭爲例證之。[⑦]

《載芟》“侯疆侯以”之以字，于省吾謂以、已古通，又已、己二字形近易訛，己即紀之本字。此乃形譌又繼之以音假而本義湮者。其並引金文《紀姜》《紀侯鐘》之紀并作己，不从糸。故“侯疆侯以”應讀作“侯疆侯紀”，訓爲維疆維理。[⑧]《南有嘉魚》

---

① 于省吾：《澤螺居詩經新證》，中華書局1982年版，第69頁。

② 于省吾：《澤螺居詩經新證》，中華書局1982年版，第30頁；《雙劍誃尚書新證；雙劍誃詩經新證；雙劍誃易經新證》，中華書局2009年版，第319頁。

③ 林義光：《詩經通解》，中西書局2012年版，第214頁。

④ 《文源》，中西書局2012年版，第210頁。

⑤ 邱惠芬：《林義光詩經通解研究》，《輔仁國文學報》第32期，2011年4月，第116頁。

⑥ 林義光：《詩經通解》，中西書局2012年版，第415－416頁。

⑦ 孫黨伯、袁謇正主編：《聞一多全集》第四册，第350頁。

⑧ 于省吾：《澤螺居詩經新證》，中華書局1982年版，第62頁。

“式燕以行”、《賓之初筵》“烝行烈祖”、《那》“行我烈祖”，于省吾按金文行假侃爲之，並引《井仁鐘》《兮仲鐘》等爲例。①

《雨無正》“昊天疾威”之威字，于氏以《毛公鼎》“敃天𤕌畏”，證𤕌即古疾字，敃、威古並通。②《雙劍誃吉金文選》中亦引徐同柏讀敃爲愍，愍天即旻天，以及《爾雅》郭注旻猶愍，證此乃愍萬物彫落。③ 又《民勞》一詩“無縱詭隨以謹無良”“無縱詭隨以謹惛怓”“無縱詭隨以謹罔極”“無縱詭隨以謹醜厲”“無縱詭隨以謹繾綣”等“謹”字，于省吾以金文覲不从見，引《頌鼎》《女䵼毁》《䵼卣》等例，以謹本應作堇，堇、覲乃古今字，作“無從譎詐，與見天良”，解爲譎詐之人不可從，無良之人不可見。于氏並駁《傳》《箋》“謹”作“慎”解，以其與下言“式遏寇虐”之遏字言復意乖，未能探得詩人防微杜漸深旨諷意。④

榷正句讀是釋古籍的起點。依韻讀而正句讀者，《臣工》一詩之“將受厥明，明昭上帝，迄用康年”句，林義光云：

> 明與明昭，複語也。厥明明昭上帝，猶皇（煌）皇（煌）后帝也。將督飭農夫使庤錢鎛，故告之曰：“今將受上帝命竟以康年命我眾人矣。”而下文則申之曰“奄觀銍艾也”。此詩舊失其讀，今依韻正之。介與艾爲韻，是“來咨來茹，嗟嗟保介”句絶也。求與牟爲韻，是“維莫之春”至“於皇來牟”句絶也。年與人爲韻，是“將受厥明”至“命我眾人”爲一讀也。茹、畬、鎛三字爲隔協，不在句末。揆諸文義，亦以此讀爲宜。⑤

其以“將受厥明明昭上帝迄用康年”當爲一句，依韻而訂正句讀失誤。

又《韓奕》“鞹鞃淺幭”句，林氏以鞃幭之制，金文有朱虢（鞹）弘幭之例，是以朱鞹爲鞃之幭，詩之鞹鞃淺幭當以鞹爲一讀，鞃淺幭三字連讀。⑥

而《正月》“彼求我，則如不我得”一句，于省吾《詩經新證》以此章上下皆四言，“則如不我得”文實累贅。其引《余冃鉦》“勿喪勿䡅”與《說文》䡅籀文敗同爲證，説明則、敗古通。故此句當爲“彼求我敗，而不我得”言彼求敗我，而不我得也。我敗即敗我，謂毀傷我，與上言“天之抓我，如不我克”，言天之捐我，而不我識

---

① 于省吾：《澤螺居詩經新證》，中華書局 1982 年版，第 19 頁。
② 于省吾：《澤螺居詩經新證》，中華書局 1982 年版，第 28 頁。
③ 于省吾：《雙劍誃吉金文選》，中華書局 1998 年版，第 126 頁。
④ 于省吾：《澤螺居詩經新證》，中華書局 1982 年版，第 43 頁。
⑤ 林義光：《詩經通解》，中西書局 2012 年版，第 401－402 頁。
⑥ 林義光：《詩經通解》，中西書局 2012 年版，第 379 頁。

也。意謂抈我者而不我識，敗我者而不我得也。此乃不知句之通假，因而失其句讀者。①

此外，《君子偕老》“委委佗佗”句，于省吾亦謂金文、石鼓文及古鉩本周秦載，凡遇重文不復書，皆作以代之，《毛傳》訓釋乃不知古人重文之例而誤讀者。②

3. 構詞慣例訓詞語

構詞慣例是論證字詞用義的重要依據，亦是探求篇章意旨的基礎。

《燕燕》一詩“遠送于南”句，聞一多酌取衆説，裁定此詩爲任姓國君送妹出適於衛之作。其以衛在西北方，爲何詩言“遠送于南”，聞氏遂援引金文《士父鐘》《兮仲鐘》《井人鐘》《虢叔旅鐘》《楚王鐘》《免毁》《免簠》《同毁》《然員鼎》等，證明南、林古聲近字通，南字當讀爲林。“遠送于南”即“遠送于林”，猶“遠送于野”。林、野古同義字。其並據《魯頌·駉》之《傳》訓“郊外曰野，野外曰林”證林乃郊外之地，本無遠近之別，且詩每以林野爲互文，如《野有死麕》“林有樸樕，野有死鹿”，《陳風·株林》之株林、株野。此詩一章“遠送于野”、三章“遠送于林”亦林、野互文，特字假南爲之，使讀者不得其義。③

而《湛露》“顯允君子，莫不令德”句，于省吾以《采芑》三章、四章皆稱“顯允方叔”，顯訓顯明或顯赫，本是常詁。且允應讀作駿，訓大，如《爾雅·釋詁》訓駿爲大，駿从夋聲，夋从允聲，二字乃相通借。《酌》“實維爾公允師”之允，亦應讀作駿。其並舉典籍駿字，金文通作，即今畯字，畯與駿古同用。按此，顯駿應訓作顯赫駿偉，故舊訓“明信”有失本義。④

又“命”字訓釋，聞一多歸納《詩》中命字凡數十見，《雅》《頌》諸命字多屬天道之命而與後世異，尤《國風》中部分之命字，自來誤解最深。

> 金文令命同字，經傳亦每通用。《小星》篇二命字實即《東方未明》篇“自公令之”之謂……金文屢言“舍命”，其義與敷命、施命同。（林義光、于省吾俱有説，不備引。）《羔裘》篇“舍命不渝”，戴震以命爲君命，證之金文而益信。《揚之水》篇“我聞有命”，《傳》曰“聞曲沃有善政命”，是亦以命爲君命。《定之方中》篇“命彼倌人”之爲君命于臣，無待詮釋。以上《國風》中諸命字，用爲名詞者五，用爲動詞者一，要皆謂人事中上施于下之命令，而非天道中天授于人之命數，如修短之期，窮達之分諸抽象觀念。《小星·傳》曰“命不得同于列位”，《羔

---

① 于省吾：《澤螺居詩經新證》，中華書局1982年版，第23－24頁。

② 于省吾：《澤螺居詩經新證》，中華書局1982年版，第9－10頁。

③ 孫黨伯、袁謇正主編：《聞一多全集》第三册，第348－349頁；《聞一多全集》第四册，第59－60頁。

④ 于省吾：《澤螺居詩經新證》，中華書局1982年版，第78頁。

裘·箋》曰“見危受命”，皆以人事之命爲天道之命，斷不可從。（《箋》釋《羔裘》之禮命，亦非。《周禮·小宰之職》“五曰聽禄位以禮命”，先鄭《注》曰“禮命謂九賜也”，後鄭彼《注》曰“禮命，禮之九命之差等”。《箋》既以賤妾進御於君釋此詩，不知九賜九命之事與賤妾何與?）若朱子訓《蝃蝀》之命爲“正理”，則又以宋儒心性之學説《詩》矣。①

其以國風中之命字，作動詞者如《小星》《東方未明》之命作令解；作名詞者有父母之命（如《蝃蝀》“不知命也”）、敷命、施命（《羔裘》“舍命不渝”）、君命（《揚之水》“我聞有命”、《定之方中》“命彼倌人”）等，大抵所指皆上施於下的命令。

《祈父》“有母之尸饔”之母字，于省吾以金文凡毋皆作母，《弓鎛》《毛公鼎》等例不可枚舉。此詩“胡轉予于恤，有母之饔”當解作“胡移我于憂恤，又無以陳饔以供養”，上下義訓一貫，經義調適。否則，爲王之爪牙應可竭心盡力於外，何以既有母以尸饔，又責祈父?② 而《甲骨文字釋林》亦謂甲骨文和金文均借用母字以爲否定詞之毋，毋字的造字本義，係把母字的兩點變爲一個横劃，作爲指事字的標志，以别於母，而仍因母字以爲聲。③

此外，在“德音”二字訓解上，于省吾確有新義。其統計《詩經》二字連用共十二處。其中，《日月》“德音無良”、《南山有臺》“德音不已”“德音是茂”、《皇矣》“貊其德音”等三處，“德音”與“令聞”“淑問”之義相仿，猶言“令名”“善譽”。另有九處本應作“德言”，如《邶·谷風》“德音莫違”、《有女同車》“德音不忘”、《小戎》“秩秩德音”、《狼跋》“德音不瑕”、《鹿鳴》“德音孔昭”、《車舝》“德音來括”、《隰桑》“德音孔膠”、《假樂》“德音秩秩”等。于氏以音與言本係同字，後來因用各有當，遂致分化，然形音義有時還相通用。而就字形上看，金文和金文偏旁中的言字作[illegible]，亦作[illegible]，作[illegible]者與音字無别。如《楚王領鐘》“其聿其言”即“其聿其音”；晚期金文从言的字作[illegible]，亦作[illegible]。故德音也通作德言。④

4. 闡明參稽語例

深稽博考古人常語、成語等語例，有助於訓釋古籍。

于省吾以成語釋《詩》者，有《雨無正》一詩“飢成不遂”句。于省吾以“遂”字應讀作“墜”。金文本作㒸，金文言“不㒸”和“不敢㒸”的成語習見。古籍中也往

① 孫黨伯、袁謇正主編：《聞一多全集》第三册，第280－281頁。

② 于省吾：《澤螺居詩經新證》，中華書局1982年版，第23頁。

③ 《甲骨文字釋林》，商務印書館2010年版，第455頁。

④ 于省吾：《澤螺居詩經新證》，中華書局1982年版，第129－134頁。

往以遂爲墜。故此詩“戎成不退，飢成不遂”二句相對成文，不遂即不墜。[①]

在古人常語部分，《雨無正》“云不可使”之“可使”二字，林義光云：

> 可使讀爲考事。《師𤸫敦》“在昔先王小學汝，汝敏可吏”，《齊侯鎛》“是以余爲大攻，旡（暨）大吏、大徒、大僕、是辝（以）可吏”，《多父盤》“其事（使）㕄多父眉壽丂事”，可吏與丂事同，亦即此詩之可使也。可、考雙聲。《叔角父敦》考字作𦒳，以可爲聲。則可、考古音亦相通。考，成也。“云不考事，得罪于天子；亦云考事，怨及朋友”，言當正大夫離居莫肯夙夜之時，不作成我事，即暬御之任務。則天子罪之；欲作成我事，則朋友怨之。故上文云維曰于仕，孔棘且殆也。[②]

其以“可使”二字屢見金文，援《師𤸫敦》《齊侯鎛》《多父盤》《叔角父敦》等證“可使”讀爲“考事”。

而《思齊》“不顯亦臨，無射亦保”句，林氏以《毛公鼎》“肆皇天無射，臨保我有周”證“臨保”爲古人常語[③]；《烝民》“邦國若否”句，以《毛公鼎》“虢許上下若否”例證“若否”古人常語[④]。

周人語例者，《日月》“報我不述”句下，于省吾以述、墜音近字通，金文墜作𤸫，述乃假字，論“不𤸫”乃周人語例[⑤]；《既醉》“孝子不匱”以匱本應作遺。遺、墜音近古通，並據《毛公鼎》《克鐘》《邾公華鐘》《邢侯𣪘》《師寰𣪘》等論斷不𤸫乃周人語例。[⑥]《緜》“來朝走馬”句，于氏以自來皆以走馬爲驅馬，周初決無此等語例，朝、周古音近字通，且《汝墳》“惄如調飢”《傳》訓調爲朝，而《大鼎》《師兑𣪘》《𧻚馬亥鼎》《右𧻚馬嘉壺》等例可證、趣古通。故“來朝走馬”應讀作“來周走馬”，謂太王自豳遷於岐周，而養馬於此。[⑦]

金文通例者，《江漢》“作召公考”一句，于氏以考、孝金文通用，此考與首、休、壽韻，乃“作孝召公”之倒文。而因上言“錫山土田，于周受命，自召祖命”，故“虎拜稽首，對揚王命”乃作孝召公。且金文多言追孝，如《僪兒鐘》“以追孝𢓊祖”，而金文通例乃每上有所錫，輒以追孝或亯孝其祖考爲言。[⑧]

---

① 于省吾：《澤螺居詩經新證》，中華書局 1982 年版，第 128 頁。
② 林義光：《詩經通解》，中西書局 2012 年版，第 228－229 頁。
③ 林義光：《詩經通解》，中西書局 2012 年版，第 315 頁。
④ 林義光：《詩經通解》，中西書局 2012 年版，第 376－377 頁。
⑤ 于省吾：《澤螺居詩經新證》，中華書局 1982 年版，第 8 頁。
⑥ 于省吾：《澤螺居詩經新證》，中華書局 1982 年版，第 39－40 頁。
⑦ 于省吾：《澤螺居詩經新證》，中華書局 1982 年版，第 34－35 頁。
⑧ 于省吾：《澤螺居詩經新證》，中華書局 1982 年版，第 52 頁。

此外，于省吾有以“謰語”訓釋詞義者，如《君子偕老》“委委蛇蛇”、《振鷺》“以永終譽”之永終，終亦永也；《載芟》“侯疆侯以”之疆理乃古人謰語互文皆用之也；《抑》“不僭不賊”句下，于氏以賊與乃形近而訛，僭、是古人謰語，亦通作忒爲慝。僭忒疊義，猶言差爽。“不僭不”即“不僭”的分用語。于氏統理謰語分用之例，云：

《詩經》中常有此例，如《隰有萇楚》的“猗儺其枝”，猗儺即阿難，《隰桑》分用之則爲“隰桑有阿，其葉有難”；《那》的“亦不夷懌”，《節南山》分用之則爲“既夷既懌”。又如婉孌爲謰語，《甫田》分用爲“婉兮孌兮”；粲爛爲謰語，《葛生》分用爲“角枕粲兮，錦衾爛兮”。是其例證。《諸召鐘》稱“夙暮不”，《蔡侯鐘》稱“不愆不貳”，愆即古愆字……僭貳訓差爽，愆訓過錯，語義有輕重。“不愆于儀，不僭不貳”，猶言其儀既没有大的過錯，也没有小的差爽。[①]

對於猗儺、夷懌、婉孌、粲爛等雙聲、疊韻等謰語分用之例，于氏於《無羊》“旐維旟矣”句下增列《毛公鼎》稱“肆皇天亡斁，臨保我有周”之臨保二字疊義，《思齊》分用爲“不顯亦臨，無射亦保”，並釋此詩“眾維魚矣，旐維旟矣”之旐字應讀作兆，而“眾維魚矣”之眾，與“旐維旟矣”之兆字，互文同義，兆引申爲眾多的泛稱，且眾、兆雙聲疊義，均爲量詞，維爲句中助詞。此詩當謂牧人所夢眾魚之豐年徵象，兆旟爲室家繁盛之驗。[②]

5. 考釋名物禮制

《詩經》名物研究最終目的是通過對名物的訓解，進而會通物理、曉暢詩義。在考釋名物禮制上，《小戎》“六轡在手”句，林義光按《公貿鼎》轡字作，象六轡形。中象兩服馬之轡，旁象兩驂馬之轡，則服馬一轡，驂馬二轡，力持王夫之《詩經稗疏》主六轡之説。[③]《六月》“既成我服”句，林氏引《虢季子伯盤》“王賜乘馬，是用佐王”爲例，證賜馬有佐王之義，故“既我成服”當指服馬，不應如舊訓爲衣服。[④]《十月之交》“擇三有事”之三有事，林氏以爲即《雨無正》篇三事大夫。其以《詩》《書》言三事皆在正大夫以外，顯然非三公，並引《毛公鼎》於卿事寮、太史寮而外，又言參有司，謂參有司即三事；且據近出《周明公尊彝》“保尹三事四方，受卿事寮”

① 于省吾：《澤螺居詩經新證》，中華書局1982年版，第110－111頁。

② 于省吾：《澤螺居詩經新證》，中華書局1982年版，第83－84頁。

③ 林義光：《詩經通解》，中西書局2012年版，第135－136頁。

④ 林義光：《詩經通解》，中西書局2012年版，第197頁。

闡釋卿事寮外又言三事四方，與《雨無正》以正大夫、三事、邦君分言的情形相合，皆可見三事不爲長官。①《賓之初筵》"室人入又"句，林氏以金文言入右，如《豆閉敦》"井伯入右豆閉"、《卯敦》"艾季入右卯立中廷"等，證此室人導賓酌酒，雖非入門，但與納賓之事相類，故亦謂之入右。②

又《采菽》之"玄袞及黼"，《詩經通解》云：

> 金文《絙侯伯晨鼎》云："王命絙侯伯晨曰，嗣乃祖考侯于絙，錫汝秬鬯一卣，玄袞衣，幽夫。"幽夫讀爲黝黼，即詩之玄袞及黼。黝爲微青黑色，黼白黑相配，謂之黝宜矣。金文言賜衣者，曰玄衣黹屯，曰戠衣，曰玄衮衣，皆裼衣非命服也。何以言之？命服上公乃服衮，而《韓奕》篇"錫玄衮"，《伯晨鼎》與《吴尊》皆"錫衣衮衣"，《吴尊》之作册吴，是否上公雖不可知，至韓侯、絙侯則儼然侯也，安得錫衮冕乎？惟《伐徐鐘》云："王命公伐徐。攻戰攘敵，徐方以靜。錫公寶鐘，大曲，彤矢，僕馬，衮冕，以章公休。"稱爲公而賜衮，斯乃真衮矣。又命服必有衣有裳，其章始備。而金文言賜衣者皆不及裳，是亦所賜爲裼衣之證也。③

林氏以金文言賜衣者皆裼衣非命服，且言賜衣皆不及裳，是所賜爲裼衣之證，此"玄袞及黼"當謂玄綃爲裼衣，以黑與青（袞）爲緣，以白與黑（黼）爲領，袞應從《爾雅》訓黻，與《九罭》之衮衣不同。

《靈臺》之"辟雍"，林氏針對戴震依古銘識《周鼎銘》"王在辟宫"及"王在雍上宫"等例，謂辟雍乃文王離宫之閒燕遊樂處，不必以爲大學之説，援引《靜敦》證説學射必在大池，其上有學宫，力主《射義》之習射於澤與《王制》以辟雍爲學校，皆於古有徵。④

此外，《羔羊》一詩之素絲，聞一多據金文《守宫尊》《鼎》以絲爲交易品，亦贈遺用絲之旁證，持論"素絲五紽"即金文之束絲矣。《干旄》篇之素絲亦贈遺所用，其以絲馬并證，與《守宫尊》《鼎》所紀密合。由於《守宫尊》《鼎》以外未見以絲爲慶賞或貨幣之資，以理勢度之，聞一多認爲贈遺、讎值、贖罪等經濟性活動，皆以絲爲中介，宜早於用帛與綿。故依陳夢家、郭沫若等判定此二彝器皆在西周末葉，而推疑贈遺

---

① 林羲光：《詩經通解》，中西書局 2012 年版，第 225 頁。
② 林羲光：《詩經通解》，中西書局 2012 年版，第 281 頁。
③ 林羲光：《詩經通解》，中西書局 2012 年版，第 284－285 頁。
④ 林羲光：《詩經通解》，中西書局 2012 年版，第 323－324 頁。

用絲乃西周末葉以前特殊之風尚。①

而《麟之趾》之麟，聞一多引用《説文》麠之重文作麖，以及籀文、《釋獸》等訓釋，謂麟（麐）、麕（麇）、麠（麖）、麞，四名爲一物。《詩經通義》甲云：

> 《野有死麕》篇説男求女，以麕爲贄。麕即麟，既如上説，則本篇蓋納徵之詩，以麟爲贄也，納徵用麟者，麟、慶古同字。《説文》曰："慶，行賀人，从人从夊。吉禮以鹿皮爲贄，故從鹿省。"案此説字形非是。慶金文《秦公毁》作慶，其字于卜辭則爲麐之初文。麐本即下加口，而古字加口與否，往往無別。慶于金文爲慶，于卜辭爲麐。適足證慶、麐古爲一字耳。夫鹿類之中，麐爲最貴，故古禮慶賀所用，莫重于麐，因之麐遂孳乳爲慶賀字。《説文》以"吉禮以鹿皮爲贄"，解"慶"字，可謂得制字之意矣。吉禮用贄，以麟爲貴，故相承即以麟爲禮之象徵。《傳》曰"麟信而應禮"，《箋》曰"與禮相應，有似於麟"，并《左傳·哀十四年》服《注》曰"視明禮修而麟至"，胥其例也。婚禮納徵用麟爲贄，而《二南》復爲房中樂，其詩多與婚姻有關，故知《麟之趾》爲納徵之詩。②

此通釋麟與麕爲一物的説法，前所未見。聞氏更引用婚禮納徵，以麕爲贄之禮俗，參考金文、卜辭等材料，判定《麟之趾》一詩爲納徵之詩，且以《野有死麕》一詩證明古婚禮以全鹿爲贄，後世尚簡，始易以鹿皮。

又如《靜女》一詩"俟我于城隅"之"隅"字。《詩經通義》引金文曲字作[illegible]，並對照《説文》《無極山碑》，斷定隅、曲同義。言古者築城必就隅爲臺。《詩經通義》甲云：

> 宫與城皆垣墻之名，惟所在有遠近爲異，故疑宫隅城隅，其制不殊，而上宫城隅，亦名異而實同。宫隅城隅之屋，非人所常居，故行旅往來，或藉以止宿，又以其地幽閑，而人所罕至，故亦爲男女私會之所。（金文隅作[illegible]從章，像兩亭相對。後世之亭，爲行旅所寄頓，亦或爲男女所集聚，疑即古隅樓之遺。）城闕即城隅，上宫之類。……蓋城墻當門兩旁築臺，臺上設樓，是爲觀，亦謂之闕。城隅，上宫爲城宫墻角之樓，城闕爲城正面夾門兩旁之樓，是城闕亦城隅，上宫之類，故亦爲男女期會之處。《集傳》以《子衿》篇爲淫奔之詩，信矣。③

① 孫黨伯、袁謇正主編：《聞一多全集》第三册，第 323 頁。
② 孫黨伯、袁謇正主編：《聞一多全集》第三册，第 317 頁。
③ 孫黨伯、袁謇正主編：《聞一多全集》第三册，第 377 頁。

顯然，聞氏考釋城隅之餘，另外賦予城隅爲男女期會之處，且附和朱子以《子衿》爲淫詩的説法。

至如《摽有梅》之梅字，聞一多云：

> 梅字从每，每母古同字，而古妻字亦从每从又。梅一作䒵，从敏，古作敏，亦从每从又，與妻本屬同字。本篇梅字，《釋文》引《韓詩》作楳，《説文》梅之重文亦作楳。《説文》又曰："某，酸果也。"古文作槑。案某槑皆古無字之省變，卜辭金文，或以無爲母，而經典亦無毋通用，毋即母字。是梅楳某槑仍爲一字。梅也者，猶言爲人妻爲人母之果也。然則此果之得名，即昉于摽梅求士之俗。求士以梅爲介，故某楳二形又孳乳爲媒字，因之梅（楳）之函義，又爲媒合二姓之果。要之，女之求士，以梅爲贄，其淵源甚古，其函義甚多。本篇《傳》《箋》並謂梅盛極則落，喻女色盛將衰，皮相之論也。①

其以原始社會之求致食糧，每因兩性體質之所宜，分工合作，採集蔬果乃女子工作。果實既爲女子所有，則女之求士，以果爲贄，亦適宜合理。則以果實爲求偶之媒介，兼取繁殖性能的象徵意義。故擲人果實寓貽人嗣胤，女欲事人即以果實擲之其人以表其誠。若此，則梅與女子關係甚深。②

他如《甫田》"如茨如梁"，于省吾以金文荊楚之荊作[illegible]者習見，金文梁國之梁與稻粱之粱每無别，橋梁與屋梠，梁字金文中亦有不从米者，可見荊與梁、粱并从刅聲，字本相通。此乃詩人詠"曾孫之稼"，以茨之密集與荊之叢生爲比，形容禾稼之多。③《生民》"卬盛于豆，于豆于登"一句，自來説此詩者，均從《毛傳》訓卬爲我，而不知卬即仰之古文。于省吾引《毛公鼎》"卬邵皇天"即"仰邵皇天"、《瞻卬》"瞻卬昊天"即"瞻仰昊天"、《車舝》"高山仰止"，《説文》引作"高山卬止"等爲例證，説明卬爲古文，仰爲后起的分化字。他並指出近年來出土的銅豆習見，並不限於《毛傳》所説的"木曰豆"的意思。④

《既醉》"永錫爾類"句，于氏亦有新義。首先，他認爲"永錫爾類"是説永久以奴隸的族類錫予之，因爲當時習慣以奴隸爲賞賜品。至於有人説這四句是指孝子的族類而言，他則以孝子既爲君子之子，君子已有世代相傳的族類，爲什麼還要言"錫"，予以駁正。其次，就詩義本身來看，首章是以"其類維何"的問辭開頭，而以"室家之

① 孫黨伯、袁謇正主編：《聞一多全集》第三册，第328頁。
② 孫黨伯、袁謇正主編：《聞一多全集》第三册，第328頁。
③ 于省吾：《澤螺居詩經新證》，中華書局1982年版，第91－92頁。
④ 于省吾：《澤螺居詩經新證》，中華書局1982年版，第138頁。

壺”爲答辭，一問一答，“類”與“室家”都是實有所指。可見用室家聚族以居的族類作爲永久的賞賜品，説得通。至於第八章中的“其僕維何，釐爾女士”的女士二字，于省吾認爲此乃倒文以協韻，應指士女，如同下文的子孫作孫子。他並引用《師寰簋》以士女與羊牛並列，作爲此詩以士女爲僕隸的確證。此外，于氏以《詩經》中以士與女相對稱者，都是指青壯年男女，故此詩的士女，係指壯年的男女。①

6. 新證詩史與篇次

伴隨考古成果的湧現，利用出土材料來重建古史，可以更瞭解《詩》之時代背景與指涉含義。有別於古人求善的方法態度，聞一多希望用“《詩經》時代”的眼光讀《詩經》。《匡齋尺牘》云：

> 在某種心理狀態之下，人們每喜歡從一個對象中——例如一部古書——發現一點意義來灌溉自己的良心，甚至曲解了對象，也顧不得。這點方便是人人的權利。舊時代中有理想的政客，和忠於聖教的學者，他們自然也各有權利去從《詩經》中發現以至捏造一種合乎他們“心靈衛生”的條件的意義。便是在這種權利的保障之下，他們曾經用了“深文周納”的手術把《狼跋》説成一首頌揚周公的詩。②

歷來説者多以《豳風》裏的詩與周公有關，聞一多持不同的意見，他主張《狼跋》一詩應與格調最近的《秦風·終南》等而觀之。二詩同樣是極力摹繪及讚美一位貴族，差別在於《終南》是一幅素描，《狼跋》則是一幅 Caricature（漫畫/諷刺畫）。其以《狼跋》“公孫”等於《終南》“君子”，《狼跋》“德音不瑕”等於《終南》“壽考不忘”。由於詩中既無確證點明身份，倒不如安分點僅説是某一位公孫或豳公之孫就好，畢竟尋繹公孫是什麼樣的典型人物，他的儀表、服飾乃至性情等頭緒，有趣許多。

因此，要明瞭《狼跋》一詩，首先應深查“公孫碩膚”的“膚”字。聞氏引金文臚作膚，鑪作，證臚、膚同字。其並以《藝文類聚》引《釋名》例證，主《詩》中膚字的意義與鴻臚的臚相同；而碩膚與鴻臚一樣，譯作近代語，便是大腹的意思。而《詩經》“公孫碩膚”與《易林》“老狼白臚”兩相印證，亦可斷定此詩以狼比喻公孫。至於詩中以狼“跋胡疐尾”的艱難步態形容公孫，並未污蔑公孫人格德性，此乃詩人對公孫一種善意的調弄的態度，所以，他推想公孫的性情應該極具幽默感，作者想當然是與他地位相當的妻子。③

---

① 于省吾：《澤螺居詩經新證》，中華書局 1982 年版，第 145－146 頁。

② 孫黨伯、袁謇正主編：《聞一多全集》第三册，第 214 頁。

③ 孫黨伯、袁謇正主編：《聞一多全集》第三册，第 215－223 頁。

而《文王》“無念爾祖”句下，于省吾對於舊説以周公所作，不以爲然，其云：

此詩詞句調暢，押韻流利，在章法上前一章的末句與下一章的首句所用的“蟬聯格”，較之西周中葉常見用韻的金文，已經達到進一步的發展。此詩著作時代不僅不是周初，也不是西周中葉，而是屬於西周晚期。詩人稱頌周人之崛興，歸功于文王，連帶追述周人克殷後勸服殷士，并以殷事爲借鑒而作。説《詩》者如果不首先考明作品的時代，則一切都成空中樓閣。我認爲，我國的韻文，從不見于商代甲骨文和金文，乃萌芽於周初。《周頌》中屬於西周前期的作品約十篇左右，有的一篇中僅二、三句押韻。《魯頌》和《商頌》都係春秋前期所作。大、小《雅》的撰著時期，有的屬於西周末期，有的屬於春秋早期。《正月》稱“赫赫宗周，褒姒威之”，《雨無正》稱“周宗（應依左昭十六年傳作宗周）既滅，靡所止戾”。《正月》和《雨無正》兩篇都係《小雅》裡詞句最爲古奥的作品，但也不過是“宗周既滅”之後春秋早期所作。至於《國風》，則係春秋前期所作，屬於西周末期是很少的，總之，《詩經》中除去《周頌》中十篇左右外，最早的篇什都超不出西周後期或末期。鄭氏《詩譜》所列的年代，多不可據。①

而在《〈詩·既醉〉篇舊説的批判和新的解釋》一文中，于氏亦云：

自鄭康成詩《箋》以爲“成王祭宗廟”的詩，漢以後的學者多宗鄭説，很少異議。但是，按其詩詞句的調暢，韻讀的流利，與其他詩篇以及周代金文中可以辨認出時代的韻文相互印證，則此詩的著作時代不能早於西周末期。再説其章法結構上的技巧考之，全詩共八章，自第三章起，每章的首一句，都是承接了上章的末一句加以變化，蟬聯而下。《下武》共六章，即用此法，但每章的首一句很少變化。又《文王》共七章，自第三章以下，也是用同樣的承接方法。這種章法結構，可以叫作“連鎖遞承法”。“連鎖遞承法”是從形式上各自爲章的詩篇發展而來的。足證《下武》《文王》和《既醉》在《大雅》中是比較晚的作品。②

以及對《周頌》詩篇時代的質疑，云：

按《周頌》多周初之詩，其崇奥與東周文字迥然不同。惟《執競》《臣工》二

① 于省吾:《澤螺居詩經新證》，中華書局1982年版，第95－96頁。
② 于省吾:《澤螺居詩經新證》，中華書局1982年版，第143頁。

篇，詞句不類他篇之渾穆，間有可疑。或爲後人所竄易，或書缺有間，爲後人所補苴。如《執競》《序》以爲祀武王，然祀武王而曰“不顯成康”，非也。《毛傳》以爲“不顯乎其成大功而安之也”，然下云“自彼成康”則指成王、康王言無疑。又《臣工》“維暮之春”一語，亦非西周中葉以上之文。辥氏《鐘鼎款識·鳥篆鐘》“唯正月王菅吉日”，近世出土《陳旻壺》“陳旻再立事歲孟冬”，二者皆晚周器，不足以證此詩。①

可知于省吾判定詩篇的時代，除以章法結構、詞句調暢及韻讀流利與否爲據之外，仍參照金文中可以辨識的韻文及詩篇交互印證。如《執競》《臣工》二詩詞句與《周頌》其他詩篇肅穆雄渾之氣不同，令人懷疑乃後人竄易，或是書中有缺漏，後人增補，即便《鐘鼎款識·鳥篆鐘》與《陳旻壺》二件晚周器，仍無法充分證明。

于氏強調《詩》若不考明時代，則一切皆成空中樓閣，不切實際。而他對於詩篇時代的考論推求，實與王國維斷代詩篇時代的做法相類似。

四、林、聞、于三人以古文字訓詁《詩經》的特色及局限

相較清儒受制於出土材料的發現數量和古文字研究水平等因素的制約，林、聞、于三人自覺地廣搜及運用出土材料與傳世《詩經》相互證，對於訛字、通假、句讀、詞語訓釋、名物禮制、詩史與篇次等，尋根溯源，參證比較。所展現之特色，主要有五；其研究之局限亦有四，茲分述如下。

（一）三人以古文字訓詁《詩經》的特色

1. 結合古文字考釋成果，因形以求義

二十世紀甲骨文、金文的大量出現與研究，古文字學因而大興，訓詁方法也由高郵王氏父子等“因聲求義”，漸轉由古文字形之分析以求義。雖説古文字的研究從辨明文字的形體著手，但形、音、義三者是不能截然分開的，若只關注字形而不顧及音、義，經義解讀便將出現局限性。

林義光勇於嘗試從金文材料中摸索古文字形音義演變的規律，《文源》一書整理近百條因形近而産生訛變的條例②，並運用在通解《詩經》的含義上，主張探究《詩》義必於古音、古字求之，並將古文字結合清儒的音聲故訓方式，以釐清文字通假與傳寫改易之迹，因此，本書勾稽傳寫改易、傳寫改譌、傳寫者誤改等例證甚多。

聞一多強調要理解《詩經》，欣賞《詩經》，就必須先弄懂裏面的每一個字詞，因

① 于省吾：《澤螺居詩經新證》，中華書局1982年版，第57頁。

② 《文源》，中西書局2012年版，第69－73頁。

爲一首詩全篇都明白，只剩一個字没有看懂，就可能成爲影響你欣賞或研究這首詩的重要關鍵。所以，每讀一首詩，必須把那裏每個字的意義都追問透徹，不許存下絲毫的疑惑。[①] 如《行露》“誰謂雀無角”之“角”字，聞一多舉出五個例證：第一，從語根證角爲喙；第二，以文字畫爲證，古彝器銘文識有大喙鳥，其喙作形，與卜辭角字作者相似，與字之角的形貌也相似；第三，古諺語稱鳥味爲角；第四，相同部首的孳乳字有觜，可指鳥喙及獸角；第五，同樣偏旁的孳乳字有桷，桷即椽，猶喙謂之角。故此，獸角與鳥喙二者性質相似，皆屬自衛之器，獸角與角喙皆名爲角。然後世以角指獸角，另以噣字爲鳥喙之名，初文角則廢，以致《傳》《箋》誤訓“雀之穿屋似有角”，讀角爲獸角。[②]

于省吾自述研究古文字四十餘年，其依認識的甲骨文字糾正已識之字的音讀義訓之誤，提出造字本義的新解。他認爲古文字是客觀存在的，有形可識，有音可讀，有義可尋，其形、音、義之間是相互聯繫的，且應注意每一個字和同時代其他字的横向關係，以及它在不同時代的發生、發展和變化的縱向關係。[③] 因此，他由字出發以至解經，卓識見於《尚書新證·序》云：

> 讀古書者必諳於文字之通假，蓋群經諸子與夫騷些之謰語，韻讀固同流共貫，可以求而知之也，然文字形體代更，世異演變無方，有非通假一途之所可限者，有不見夫文字之本原，而無以意測，其果爲通假與否者，聲音通假之道至是而窮，而勢必有資乎古籀。《尚書》，古籀之書也，不循古籀以求之，徒據後人竄改譌啎錯褫之迹，奮臆騁辭而強爲之解，無當也……[④]

以及《尚書新證·敘例》：

> 經傳文詞之不易解者，多半由於聲之假與形之譌，是編所發明者，偏於形之訛，往往證以同時語例，其不合者，一句之中每由於一二字，一二字中每由於一二畫，辨察於幾微之間，所以昭昧發幽，蓋以此也。高郵王氏父子所著書，如《讀書雜志》及《經義述聞》，《形譌》一篇所載往往字形相去懸殊，似不應誤而誤者，不一而足，要在學者之得其會心而已。[⑤]

---

① 孫黨伯、袁謇正主編：《聞一多全集》第三册，第202頁。
② 孫黨伯、袁謇正主編：《聞一多全集》第三册，第267－268頁。
③ 《甲骨文字釋林》，商務印書館2010年版，第1－3頁。
④ 《雙劍誃尚書新證；雙劍誃詩經新證；雙劍誃易經新證》，中華書局2009年版，第3－4頁。
⑤ 《雙劍誃尚書新證；雙劍誃詩經新證；雙劍誃易經新證》，中華書局2009年版，第12－13頁。

可知其力主文字形體演變無方，絶非通假可以囿限，須仰賴古籀相互參驗。而經傳文詞又多半因通假與譌誤而雖以訓解。因此，《詩經新證》對於通識《詩經》文本正字之形、音、義特别用心，且特参以古籀以訂正形譌之字。① 由於字形上或訛或正的問題，往往牽涉到義訓上的是非得失，所以，字形是他實事求是地進行研究的唯一基礎。②

如《匏有苦葉》"深則厲，淺則揭"之厲字，戴震《毛鄭詩考正》引《説文解字》《水經注·河水》證橋有厲名，時人段玉裁、王引之不以爲詞，而採《爾雅》以衣涉水之訓。于省吾《甲骨文字釋林》則提挈砅爲砅之古文，砅字中間从水，兩側从石，像履石渡水的樣貌極爲鮮明，後世稱橋梁爲厲，乃砅或砅的借字，故依此論證《説文》"砅"字段《注》"古假砅爲厲"的説法，乃因不知砅與砅之造字本義而本末倒置。于氏核實戴震的理論性理據，仰賴的正是因形證義的方式。③

而《詩經》中"止"字的辨釋，于氏有云：

> 止字卜辭作或，商代金文作，乃足趾之趾的象形初文。金文演化作，《説文》誤解爲"艸木有阯"。之字卜辭作或，从止在一上，一爲地，像足趾在地上行動，止亦聲，係會意兼形聲字。小篆訛作，《説文》誤解爲"艸木過屮，枝葉莖益大"。隶變作，爲今楷所本。以上止是與之字的發生、發展和變化源流。凡《詩經》中用作容止和止息之止，后世有的傳本均訛作止，這一點，清代的一些説文學家無不知之；凡《詩經》中用作指示代詞和語末助詞之止，即古文之字，後世有的傳本均訛作"止"，這一點，二千年來的説《詩》者卻無人知之。④

其以《詩經》中止字凡 122 見，爲"止"字之訛有 53 字，用作"容止"及"止息"，是傳抄或傳刻之訛。于氏探索"止"字構形與《説文》"艸木出有阯"無涉，而

---

① 《雙劍誃尚書新證；雙劍誃詩經新證；雙劍誃易經新證》，中華書局 2009 年版，《詩經新證·序》："讀經宜先識字形，音得而義始可尋，然非就古人之聲韻以究其本音，古籀之初文以識其本形，則經義豈易言哉，自清儒之闡明古音，而協韻易知，通假可求，自近世之古籀學興而形譌以正，古義式昭。"第 317 頁。

② 《甲骨文字釋林》，商務印書館 2010 年版，書末李澐《甲骨文字釋林述介》一文指出，于氏在考釋古文字方面之所以取得很大的成績，主要與他堅持"以形爲主"的方法有關；同時，他也認爲僅從某個不識的古文字的上下文來揣測字義，而不先認真研究字形，往往容易望文生義，削足適履地改易客觀存在的字形以遷就一己之見。(未編頁碼)

③ 《甲骨文字釋林》，商務印書館 2010 年版，第 150－152 頁；岑溢成：《訓詁學與清儒訓詁方法》，新亞書院博士論文 1984 年版。

④ 于省吾：《澤螺居詩經新證》，中華書局 1982 年版，第 129 頁。

是足趾的“趾”的初文，商代金文爲原始象形字，至於卜辭及周代金文偏旁从止的字已趨簡化。其舉證《儀禮·士昏禮》《詩經·抑》《國語》《説文》等釋義，以“止”字本像足趾之趾，引申則有足、容止、留止、基止等義，雖然義訓不同，但基本上卻是一脈相承、婉轉貫通的。至於或作“之”者則有69字，分别用作句首指示代詞、句末指示代詞以及語末助詞，此乃漢人竄改未盡所致，兩千年來的説詩者卻無人知曉。由於《詩經》“之”字較“止”字習見，不該於“之”字外存若干“止”字以紊亂，所以他澄清之、止二字的混淆情形，勢必與舊説大相逕庭。①

而在釐清卜辭、金文之與之字的發生、發展和變化後，亦可看出于氏仔細按覈每首詩之辭例及詩義，可見其因形索義目的仍在得於經義。

2. 徵引古文字相類詞例，論證字詞

字詞的校讀與訓釋，如果能與同時代的甲骨、金文資料對讀，找出可資參考的相同或相類的詞句，不僅可校讀文字錯訛，也可以供作詩義訓釋。尤其根據古文字的用字和書寫習慣，更能推闡、論證字詞的用義。

《式微》“胡爲中露”之中字，林義光引《沇兒鐘》《王孫鐘》“中韓𠭯陽”以及《終風》“終和且平”句法爲例，依其文義讀爲“終韓且陽”，證“中”與“終”古通用，而讀爲終②；《桑中》“美孟弋矣”之弋字，以《釐母敦》有妣字，推證弋當作妣，指姓③。而《維天之命》“文王之德之純”句，林義光以《虢叔鐘》《善夫克鼎》《師望鼎》皆言“得屯亡射”，可見“得屯”爲常語，故判定此詩“德純”亦當讀爲“得屯”。云：

> 得屯亡（無）射（斁）者，得之雖難，而既得之後永持不釋也。不釋亦即不已。《説文》：斁，解也。一曰終也。是斁又可訓已。《井人鐘》云：得屯用魯，永終于吉。魯讀爲固，純嘏金文皆作屯魯。魯與嘏同音，則亦與固同音。亦謂得之難而持之固，故能永終于吉也。屯訓爲難者，屯之言鈍。鈍亦謂之魯者，魯之言固。魯鈍之人，有所得則不易失。人之於福禄亦常以易失爲懼，故福禄謂之純嘏。其字在金文皆作屯魯。然則純嘏即魯鈍亦即屯固之義矣。《左傳》畢萬筮仕於晉，遇屯之比。辛廖佔之曰：“吉。屯固比入，吉孰大焉。”閔元年。屯之卦爲難而佔爲吉者，以凡物鈍則固，與純嘏之義相合也。《周語》“敦厖純固”，純固亦即屯固。《禮記》云：“詩云‘維天之命，於穆不已’，蓋曰天之所以爲天也。‘於乎不顯，

① 于省吾：《澤螺居詩經新證》，中華書局1982年版，第120－129頁。

② 林義光：《詩經通解》，中西書局2012年版，第46頁。

③ 林義光：《詩經通解》，中西書局2012年版，第61頁。

> 文王之德之純'，蓋曰文王之所以爲文也，純亦不已。"《中庸》篇。純之所以爲不已，正以得之難則持久不釋，猶"得屯無斁"之義也。①

此以"德純不已"即金文"得屯無斁"，且謂"純嘏"在金文皆作"屯魯"，即魯鈍亦即屯固之義。而物鈍則固，與純嘏之義合。詩句謂文王之所以爲文王，是其得受天命，其德純之不已。至於純之所以爲不已，是得之難則持久不釋，猶如"得屯無斁"的意思。

相較於林義光使用金文常語來推闡論證字詞，于省吾除了以"金文通例""周人語例"或是"謰語"等處理字詞用義外，《詩經新證》中更大量援引甲骨、金文相似詞例，供作訓釋對照。如《簡兮》"有力如虎"，引《弓鎛》"靈力若虎"爲輔證；又如《蓼蕭》"鞗革沖沖"，引《毛公鼎》《頌鼎》《吴𣪘》以"鞗革"並作"攸勒"；《鴻鴈》"哀此鰥寡"與《烝民》"不侮矜寡"，引《毛公鼎》"迺敄鰥寡"與《作册卣》"勿矜鰥寡"證之；《韓奕》"榦不庭方"引《毛公鼎》"率褱不廷方"、《秦公鐘》"鎮靜不廷"證之等。②

誠如趙沛霖指出，于氏對字義的解釋除了有字源學的根據，還有同時代文獻的證據，每每在語言的歷史性與社會性的統一中，求其訓解。③

3. 出土文獻與傳世文獻交驗互證

出土文獻包含實物證據與文字證據。傳世文獻可以證明出土文獻的古文字，同樣的，出土文獻上的文字證據，也可用來驗證傳世文獻中詞語的意義，或糾正書寫的錯誤。二者相互補充印證，進行考察，才能真實全面地揭示及還原當時語言文字的真實面貌。特别是出土文獻擁有極多商代後期甲骨文和西周春秋時代的金文，對於補足《詩經》傳世文獻的研究，彌足珍貴。

除了字詞的比勘、語例的推闡以及詩義的訓釋，利用出土實物證據來考釋傳世文獻的器物，更是直接而有效的訓詁方法。《下武》"下武維周"句，林義光以古彝器多著足迹形，而訓周有哲王世代相承，猶自上而下之足迹步步相續，便是依遺存古器物的實物證據論斷之。④

聞一多釋《小弁》"鹿斯之奔，維足伎伎"，依《釋文》"伎本亦作跂"以及徐璈、馬瑞辰訓"伎伎即奔貌"，謂鹿奔爲跂。云：

① 林義光：《詩經通解》，中西書局2012年版，第392－393頁。

② 于省吾：《澤螺居詩經新證》，中華書局1982年版，第8、20、22、28、51頁。

③ 趙沛霖：《現代學術文化思潮與詩經研究：二十世紀詩經研究史》，學苑出版社2006年版，第296－297頁。

④ 林義光：《詩經通解》，中西書局2012年版，第325頁。

> 支字聲多有三隅之義，《説文》：“，三足鍑也。”《楚辭·離騷》注：“芰，蔆也。”《説文》：“蔆，芰也。”菱形三角也。（俗呼三角形曰菱形。）《詩·大東》“跂彼織女”，織女，三星鼎立。俗亦呼歧路爲三叉路。凡獸類行時，皆懸一足，以三足著地（余兄亦傳明動物生理學，嘗爲余言此），而奔馳時其狀尤顯（Bushmen 畫牛形如此，英國批評家 Roger Fry 嘗詫爲奇絶，蓋五十年前攝影術未發明時，歐洲人尚未觀及此也，不謂吾先民於二千年前已知之），故詩人狀鹿奔曰“伎伎”也。奔字金文作奔，从三止，豈即伎伎之義與?①

聞氏指出詩人以“伎伎”狀鹿奔，並依動物生理學按覈獸形皆三足著地及奔馳的現象，且參英國著名藝術批評家 Roger Fry 對生活於南非、波札那、納米比亞與安哥拉的一個原住民族布希曼人（Bushmen）牛畫，贊嘆先民二千年前已知此樣貌。

又如《小戎》之“陰靷鋈續”，于省吾以近世習見的列國車器銅板上，有的獸首有鼻有環，鼻可納環而環則繫革或縢。銅板與獸首有的彎，有的平，所以綁在車子的木頭上。“陰靷鋈續”是指陰靷所繫綁的地方，環與鼻都是以白金鑲嵌裝飾。至於古人車馬上的革縢都是用環繫綁，此乃通制。故《傳》《箋》訓“續”爲續靷，是錯誤的。②

通過感性的實際觀察的目驗方法，在于省吾《詩經新證》裏的訓詁表現尤爲常法。如《閟宫》“犧尊”，其觀察近世出土尊器其體制像動物形貌者，有犧尊、象尊、羊尊、鴞尊、凫尊等，駁《正義》“犧尊有沙羽飾”訓非，而肯定王肅“以犧牛爲尊”的説法。③

4. 歸納古文字用例，條貫《詩》訓

辨别《詩經》語詞之用字之例與造句之例，是通釋《詩》義的重要方法步驟。若能加以參酌出土文獻資料，系統地歸納《詩經》成語、謰語等用例，不僅可通解該詩字詞之義，亦能使《詩經》中相似字句條暢理貫，訓釋更爲充足完備。

聞一多《詩經新義》中歸納《詩經》語詞之用字之例，論證字詞。如訓“介”字，云：

> 金文乞取字多作匄，亦有作乞者。……《詩》則多用介。匄、介同祭部，乞在脂部，最相近，故三字通用。匄、乞皆兼取與二義，介字亦然。《小明》篇“介爾景福”，《既醉》篇“介爾昭明”，林義光並讀匄訊予，得之。今案：《雝》篇

---

① 孫黨伯、袁謇正主編：《聞一多全集》第四册，第 415 頁。
② 于省吾：《澤螺居詩經新證》，中華書局 1982 年版，第 12－13 頁。
③ 于省吾：《澤螺居詩經新證》，中華書局 1982 年版，第 65 頁。

> 曰："綏我眉壽，介以繁祉。"綏讀爲遺。遺亦與也，以當爲臺，我也。"綏我眉壽"與"介以繁祉"亦對文。介亦當訓與。《酌》篇曰："是用大介，我龍受之。"介字義同，大介猶大賜，上言介，下言受，義正相應。綜之，塈、溉、介聲近義同，並即訓與之匃乞，今俗呼與爲給，亦即此字。《摽有梅》傳訓塈爲取，似知塈即乞字，特誤以乞與爲乞取爾。諸介字《箋》並訓爲助，未塙。《匪風》《傳》訓溉爲滌，《小明》《傳》訓介爲大，則遠失之。①

聞氏借重林義光《詩經通解》訓釋成果，並遍考各詩相同句例，得出塈、溉、介三字近義同，駁正《箋》訓諸詩中介字爲助，違失其義。

而《凱風》"吹彼棘心"一句，其云：

> 金文心字作□，象心房形，此心臟字，又作□，此心思字，□爲聲符兼意符。□者鐵之初形（心鐵古音同部），今字作尖。《釋名·釋形體》曰："心，纖也，所識纖微無不貫也。"阮元謂此訓最合本義，《説文》心部次於思部，思部次於囟部，而系部、細部即從囟得聲得義，故知心亦有纖細之義。案：阮説是也。心从□會意，故物之鐵鋭者，亦得冒心名。棗棘之芒刺，物之鐵鋭者也，故亦謂之心……然則棘心猶棘也。詩一章曰吹彼棘心，二章曰吹彼棘薪者，以其體言則曰棘心，以其用則曰棘薪，其實皆即棘耳。《傳》"棘難長養者"段玉裁云"棘下奪心字"，棘心對下章棘薪，爲其成就者而言，謂棘之初生萌蘗，故云難長養者。此申《傳》義或是，經意則未必然。知之者，《詩》又曰"棘心夭夭"，夭夭，傾曲貌（詳《周南·桃夭》篇），心果謂萌蘗，其受風吹，安得夭夭之狀乎？……諸家皆泥於《傳》説，以棘喻七子，謂心其幼小時，而薪則其已長大者。實則棘心即棘薪，而薪於《詩》例，爲婦人之象徵，本以指母，非指子也。②

聞氏引金文"心"字闡述纖細之義，並以物之鐵鋭亦得有心名。並進一步衍伸出"吹彼棘心"與"吹彼棘薪"同詩章句中的相關性，以棘心即棘薪，皆爲婦人之象徵，斷論《傳》訓爲非。最後，歸納《詩》中言薪者，如《漢廣》"翹翹錯薪"、《王·揚之水》"不流束薪"、《鄭·揚之水》"不流束薪"、《南山》"析薪如之何"、《綢繆》"綢繆束薪"、《東山》"烝在栗薪"、《小弁》"析薪扡矣"、《大東》"無浸穫薪"、《車舝》"析其柞薪"、《白華》"樵彼桑薪"等，證明析薪、束薪蓋上世婚禮中實有的儀

① 孫黨伯、袁謇正主編：《聞一多全集》第三册，第277頁。

② 孫黨伯、袁謇正主編：《聞一多全集》第三册，第359－360頁。

式，非泛泛舉譬。如《漢廣》“翹翹錯薪，言刈其楚。之子于歸，言秣其馬”，即馬以駕親迎之車，與薪都是婚禮中必用之物。此外，《詩》中不明言薪，而意中仍以薪喻昏姻者，有《豳·伐柯》的伐柯猶析薪與《小雅·伐木》的“伐木”等，其義例皆相仿。

此外，于省吾整理金文中對於當時統治階級的歌頌，如《叔弓鎛》“俾百斯男，而埶斯字”、《𠭯子壺》“承受純德，旂無疆，至于萬億年，子之子，孫之孫，其永用之”、《𡚬生盨》“𡚬生眾大娟，其百男百女千孫，其萬年眉壽永寶”等例，發現和《大明》“大任有身，生此文王”“纘女維莘，長子維行，篤生武王”、《生民》“載生載育，時維后稷”、《思齊》“大姒嗣徽音，則百斯男”、《假樂》“干祿百福，子孫千億”、《賓之初筵》“錫爾純嘏，子孫其湛”、《皇矣》“既受帝祉，施于孫子”等詩句，都是在頌揚生育子嗣和“綿綿瓜瓞”的詞語。既没有以士女爲淑媛爲子女的語句，也没有言“錫類”和“從以”的例句。然因典籍中這類詞語常見，所以，説詩者常將《既醉》“永錫爾類”“永錫祚胤”“景命有僕”“釐爾女士”“從以孫子”等詩句，不假思索地看成一般祝詞，曲解詩義。所以，他進一步就古代祭祀用尸祝的意圖，來説明詩篇本義，並附和林義光解此詩“爲工祝奉尸命以致嘏於主人之辭”的説法，指出周人祭祀祖先，爲尸以象神而崇拜祈福是常見的，而這也是原始宗教的巫術作用發展到階級社會的表現形式之一。因此，《既醉》“天被爾禄”“景命有僕”都是祭祀時通過尸祝致告之辭，説明當時統治階級的福禄和奴隸都是天命所賜。①

5. 融合多元視域，發明《詩》義

充分運用古文字材料作爲訓詁詩義，融合多元視域，重新發明《詩經》新義既是時代潮流所趨，也是民國學者亟思突破的展現。其中，結合文化人類學、心理分析學、神話批評、歷史學、考古學、民俗學、語言學、繪畫美術等不同學科等，用以闡發《詩經》新義，聞一多堪稱個中翹楚。

聞一多曾説研究《詩經》有三樁困難：第一，無法還原《詩經》的真面目；第二，如何建立讀《詩》的客觀標準；第三，如何擺開主見悟入詩人的心理。另外，他也説研究《詩經》有三大魔障：聖人的點化、以今臆古的危險讀詩法以及難以盡脱自己以了解古人。② 而在這樣的困難及魔障下，他希望能用《詩經》時代的眼光讀《詩經》。③而爲了要把《詩經》視爲反映古代生活的婚姻、家庭、社會文化的史料，用以取代傳統儒家的“經學的讀法”，他在《風詩類鈔》的“序例提綱”中主張的具體做法是“縮短時間的距離——用語體文將《詩經》移至讀者的時代”，並用考古學、民俗學、

① 于省吾：《澤螺居詩經新證》，中華書局 1982 年版，第 147 - 149 頁。

② 孫黨伯、袁謇正主編：《聞一多全集》第三册，第 199 - 201 頁。

③ 孫黨伯、袁謇正主編：《聞一多全集》第三册，第 215 頁。

語言學等方法，帶讀者領會《詩經》的時代。①

有關“芣苢”一詞的訓釋，其云：

> 古代有種傳説，見於《禮含文嘉》《論衡》《吴越春秋》等書，説是母吞薏苡而生禹。所以夏人姓姒。這薏苡即是芣苡。古籍中凡提到芣苡，都説它有“宜子”的功能，那便是因禹母吞芣苡而孕禹的故事産生的一種觀念。一點點古聲韻學的知識便可以解決這個謎了。芣從不聲，胚字從丕聲，不、丕本是一字，所以古音芣讀如胚。苡從聲，胎從臺，臺又從目。（《王孫鐘》《歸父盤》等器，以字皆從口作臺。）所以古音胎讀如苡。芣苡與胚胎古音既不分，證以“聲同義亦同”的原則，便知道芣苡的本意就是胚胎。其字本只作不以，後來用爲植物名變作芣苡。用在人身上變作胎，乃是文字孳乳分化的結果。附帶的給你提醒一件有趣的事。芣苡既與胚胎同音，在《詩》中這兩個字便是雙關的隱語，這又可以證明後世歌謡中以蓮爲憐，以藕爲偶，以絲爲思一類的字法，乃是中國民歌中極古舊的一個傳統……先從生物學的觀點看去，芣苡既是生命的仁子，那麼採芣苡的習俗，便是性本能的演出，而芣苡這首詩便是那種本能的吶喊了。再借社會學的觀點看，你知道，宗法社會裡是没有個人的，一個人的存在是爲他的種族而存在的，一個女人是在爲種族傳遞繁衍生機的功能上而存在着的……這樣看來，前有本能的引誘，後有環境的鞭策，在某種社會狀態之下，凡是女性，生子的欲望没有不强烈的。知道芣苡是種什麼植物，知道它有過什麼功用，那功用又是怎樣來的，還知道由那功用所反映的一種如何真實的，嚴肅的意義——有了這種知識，你這纔算真懂了芣苡，你現在也有了充分的資格讀這首詩了。②

“采采芣苡”《傳》：“芣苡，馬舄。馬舄，車前也。懷任焉。”古人根據類似律（聲音類近）之魔術觀念，以爲食芣苡即能受胎而生子……意者古説本謂禹因芣苡而生，末世歧説變芣苡爲薏苡，亦猶薏苡之説又或變爲珠乎？使以上所推不誤，則芣苡宜子之説，由來已久。魯韓毛説並同，學者未可泥於近代眼光而輕疑之也。③

由此可以看出他首先以“母吞薏苡而生禹”的神話學切入，然後從生物學、心理學、民俗學、文化人類學等角度説明“芣苡”是生命的仁子，具有宜子功能，采芣苡的習俗是性本能的演出。其後，又借助文字學、聲韻學、考古學等訓“芣苡”與“胚

① 孫黨伯、袁謇正主編：《聞一多全集》第四册，第457頁。
② 孫黨伯、袁謇正主編：《聞一多全集》第四册，第205－206頁。
③ 孫黨伯、袁謇正主編：《聞一多全集》第四册，第308－309頁。

胎”的意義關係，再者，進一步指出二者乃語言學中的雙關隱語，最後引述魯、韓、毛各家及本草家的共識，全面地強調“芣苢”若不是一個 allegory（隱語），包含着一種意義，一個故事的意義暗號、引線或字音，這首詩便等於一篇囈語了。他之所以要把這觀念的源頭偵察到，目的不是要替古人辯護，而是要救一首詩。①

而于省吾亦有以民俗學説釋《詩》義者，如《思齊》“烈假不瑕”句，其云：

> 《漢唐公房碑》作“癘蠱不遐”，蠱謂巫蠱，近代民族學家也稱之爲“魔術”，係原始宗教用巫師作法以陷害敵人的一種手段。初民認爲人的災難、疾病和死亡，除去戰争以外，都是被敵人暗地裡施行巫術所致。我國古代和近代世界各原始民族，都盛行着各種巫術作風。甲骨文蠱字或作蛊。甲骨文稱“唯蠱、不唯蠱”者習見。又稱“㞢（有疾），其唯蠱”，這是説有疾病係被人施蠱所致，這樣的例子不煩備舉。②

其以此詩意謂得於神佑，因而大疾滅絶，猛烈的蠱難也已遠離。詩之“肆戎疾不殄”與“厲蠱不遐”乃相對爲文。而他從民俗學的角度出，以各原始民族所盛行的巫術證明，可知“厲蠱”指陷害敵人的各種惡毒法術，駁正《傳》《箋》等誤釋。

（二）三人以古文字訓詁《詩經》的局限

能借重出土文獻的新材料，以新思維、新方法探勘《詩經》，再擘新局，是民國以來學者以古文字訓詁《詩經》的成就，但也往往因執著於古文字而不免有專擅之嫌。中國學者時世平指出運用出土文獻在《詩經》訓詁實踐上，應把握五幾個原則，即：一、依據故訓，不輕改舊説；二、尊重文本，不輕言假借；三、通曉語法，往復求通；四、古代社會生活與古代文獻互相發明；五、實事求實，不鑽牛角尖。③

可見研究者的才學識見，攸關出土材料的鑑識、判讀之精確妥適性；唯有信而有徵，客觀公正的態度，才能以理服人；而不追求新奇，損益舊説，以貫通《詩》義爲依歸，更是《詩經》訓詁的精神與目的。

1. 損益舊説，臆造新解

《兔罝》一詩之“公侯干城”“公侯腹心”句，聞一多以“干城”“腹心”二詞平列而義相近，進而斷定“公侯好仇”之“好仇”，亦當義近平列之詞。其並考卜辭辰巳之巳作，與子孫之子同，亦或作，又與巳然之已同，是子、巳、已古爲一字。子、

① 孫黨伯、袁謇正主編：《聞一多全集》第三册，第202－213頁。

② 于省吾：《澤螺居詩經新證》，中華書局1982年版，第100頁。

③ 時世平：《出土文獻與詩經詞義訓詁研究》，山東大學碩士論文2009年，第25－36頁。

已一字，則好、妃亦本一字。因而持論《詩》之“好仇”字雖作好，義則或當爲妃字。則好訓爲妃，則妃亦匹也。如此，《關雎》“好逑”亦即君子匹儔也，而妃仇當爲古之成語。①

季旭昇《評聞一多詩經論著中的古文字運用》以甲骨文中根本不存在子、巳同字的情形。② 故聞一多拆好字，以偏旁相似論同字，且訓好爲妃，釋《兔罝》“好仇”爲“妃仇”，相較舊説言武夫能爲公侯之好匹，實屬多餘。③

又《燕燕》“遠送于南”句，歷來訓解多以此詩爲衛莊姜送妾戴嬀歸陳之作，陳在衛國南邊，故詩云“遠送于南”。聞一多採用魏源《詩古微》解題，以此詩爲任姓國君送妹出適於衛所作，云詩中“仲氏任只”之任即《大明》“摯仲氏任”，並援金文證南、林古聲近字通，南字當讀爲林。然聞氏此解損益舊説，難免有臆造新解之嫌。

2. 務矜創獲，堅持孤證

《詩經新義》集結《漢廣》“言刈其楚”、《王風·揚之水》“不流束楚”、《鄭風·揚之水》“不流束楚”、《唐風·綢繆》“綢繆束楚”等，探論“楚”之訓釋。謂“楚”有草及木二種訓義。聞氏以訓木之義，人盡知之，訓草之義則知之甚寡。然則古人服喪所居倚廬，實乃以草蓋屋，可稱謂之梁闇。聞氏盛讚于省吾以梁闇即荆庵，指荆草覆屋之説精確。云：

荆爲草類，故制字从草，楚即荆（如上説，荆亦从刅聲，則荆楚爲陽魚對轉），是楚亦草矣。楚爲草屬，《管子·地員篇》曰“其木宜蚖蕃與杜松，其草宜楚棘”。《方言》三：“凡草木刺人……江湘之間謂之棘。”）《詩》中楚字亦多爲草名。《漢廣》篇二章曰“言刈其楚”，三章曰“言刈其蔞”，楚與蔞并舉，《王·揚之水》篇一章曰“不流束薪”，二章曰“不流束楚”，三章曰“綢繆束楚”，楚與薪當并舉。蔞蒲并草類，薪當亦皆以草爲之。（《説文·艸部》“薪，蕘也”，“蕘，薪也”，《詩·板》《釋文》，《文選·長楊賦》《注》并引《説文》作“蕘，草薪也”。《漢書·賈山傳》《揚雄傳》《注》亦并云：“蕘，草薪。”是薪本謂草薪，故制字亦从艸）然則楚亦草矣。知楚爲草類，則《漢廣篇》曰：“翹翹錯薪，言刈其楚，之子于歸，言秣其馬。”“翹翹錯薪，言刈其蔞，之子于歸，言秣其駒。”謂以

① 孫黨伯、袁謇正主編：《聞一多全集》第三册，第255－256頁。

② 季旭昇《評聞一多詩經論著中的古文字運用》，《經學研究論叢》第二輯，聖環圖書公司1995年版，第213－214頁。

③ 許瑞誠指出聞氏在訓詁方面涉及詞義訓詁和文法討論上，犯了引用古字論證之失、忽略文意貫穿之失、論述語法不當之失、好以改字改讀、訓釋詞義不當之失、好以通義釋字之失等缺失。詳見《聞一多詩經詮釋研究》，“國立成功大學”中國文學碩士論文2007年版，第114－115頁。

> 楚與蔞爲秣馬之當耳。刈楚與秣馬本爲一事，乃《箋》曰："楚，雜薪中之翹翹者，我欲刈取之，以喻衆女皆貞潔，我又欲取其高潔者。"又曰："於是子之嫁，我願秣其馬，致禮餼，示有意焉。"分刈楚、秣馬爲兩事，蓋即坐不知楚爲草名之故與？《王・揚之水》《傳》訓楚爲木，其失亦顯。①

聞氏以卜辭中楚字有楚、𣚍二種書體，故楚有草、木二種釋義。據《甲骨文字詁林》所載，卜辭"楚"皆爲地名②；《古文字詁林》亦載"楚"爲卜辭殷祭祀地名③。按《説文》則訓"叢木，一名荆"，而此詩歷來説解亦皆訓爲叢木，以其細枝嫩葉可以餵馬。聞氏此訓楚爲草的説法，於古無據，且屬多餘。

然則，對於于省吾指摘梁爲荆之誤字，聞一多則駁其非，云：

> 案刅、㓝、刑、荆古當爲一字。《貞毀》之即刅字，《䟆毀》之即㓝字，而并讀爲荆。二字于皆釋荆，義得而形未符。以金文證之，許書荆從刀乃从刅之訛。《大梁鼎》梁作，《曾伯簠》梁作，《叔朕簠》作，《史免匡》作，并从刅，與《梁伯戈》同，亦與小篆同。荆、梁并从刅聲，是二字古同音，故荆庵一作梁闇。古字假借，何嘗未有，安得盡以誤字目之哉？且《説苑・正諫篇》荆臺，《淮南子・原道篇》作京臺，而从京之字如涼、諒、倞等皆讀來母，《史記・刺客傳》"荆卿，衛人謂之慶卿"，而慶麠古同字，詳下麟之條。麠亦來母字，則荆古音亦正可隶來母而讀如梁矣。于氏知闇之可假作庵，而不知梁之可假作荆，此千慮之一失耳。④

此聞氏引金文申論刅、㓝、刑、荆古當爲一字，荆、梁二字古同音，是故荆庵作梁闇。今季旭昇論辯先秦古文字根本見不到刑字，聞氏以刑和刅、㓝、荆同字之説誠不可信。⑤

3. 專斷出土材料爲確據，罔顧篇章通義

篇章之義由貫串全篇的思想或觀念以及所體現的語言行爲所構成。以詞句之義爲基礎，但並非詞句之義的總和。無論引用的出土材料用例及論證多麼豐富周詳，唯有前後文義的貫通才是訓釋是否真正確立的指標。

---

① 孫黨伯、袁謇正主編：《聞一多全集》第三册，第 262－264 頁；《聞一多全集》第四册，第 24 頁。
② 于省吾：《甲骨文字詁林》第二册，中華書局 1999 年版，第 1378－1379 頁。
③ 李圃等編：《古文字詁林》第一册，上海教育出版社 1999 年版，第 467－469 頁。
④ 孫黨伯、袁謇正主編：《聞一多全集》第三册，第 263 頁。
⑤ 時世平：《出土文獻與詩經詞義訓詁研究》（2009 年山東大學碩士論文），第 215－217 頁。

《七月》一詩之“朋酒斯饗”，林義光以金文酒字皆作酉，酒者乃後人所改。其云：

> 酉者醜之省借。醜從酉得聲，乃後出字，古得借酉爲之。《禮記》“在醜夷不争”，鄭注：“醜，衆也。”《曲禮》。醜、儔古同音。朋醜猶言朋儔也。毛以朋酒爲兩樽酒，此特望文生訓。古惟貨貝乃以朋計，兩樽不得爲朋也。《儀禮・鄉飲酒禮》雖云尊兩壺於房户間，然《鄉飲酒》“烹狗於東方”，而此詩“曰殺羔羊”，則亦不得盡據《鄉飲》爲説矣。①

林氏以古惟貨貝乃以朋計，兩樽不得爲朋，故朋酒當解作朋醜、朋儔解。《文源》引《毛公鼎》《盂鼎》等爲例，以酉本義即爲酒。聞一多《詩經通義》乙亦引録此説，並申之曰：

> 案古者五貝爲朋，此以朋酒爲兩樽，恐非詩義。《説文》無朋字，只見東漢隸書（婁壽孔廟樊敏諸碑可證），西漢亦無之。朋字亦必依莽制新造，字从二月，即二貝之變體。②

然就上下文義考之，朋酒訓作朋醜、朋儔，實牴牾不通。郭沫若以朋之貝數初本無定制，爲二爲五均可，五貝爲朋外，亦有兩貝爲朋。故“朋酒斯饗”仍依《傳》訓兩樽曰朋，較爲妥當。

又《碩人》一詩之“朱幩鑣鑣”，林義光訓云：

> 幩，毛云飾也。按《詩》之朱幩不言所飾，而金文則屢言桒較《師兑敦》《吴尊》《毛公鼎》《番生敦》《录伯戎敦》。及桒鞃朱鞹幭，《吴尊》《录伯戎敦》。皆惟國君之車有之。桒爲幩之古文。説見《文源》。然則朱幩者，較與鞃幭之朱飾也。較之制詳《淇奥》篇，鞃幭之制詳《韓奕》篇。毛於幩字解爲人君以朱纏鑣扇汗且以爲飾。愚謂鑣鑣既爲盛貌，則與馬銜之鑣無涉。而毛乃以鑣鑣二字作三字讀，如毛説，是謂朱纏之鑣鑣鑣然而盛，則詩當言朱幩鑣鑣鑣矣。甚無謂也。蓋車之朱飾在其時已無可考，故聊以屬馬銜耳。③

---

① 林義光：《詩經通解》，中西書局2012年版，第165頁。

② 孫黨伯、袁謇正主編：《聞一多全集》第四册，第349頁。

③ 林義光：《詩經通解》，中西書局2012年版，第72－73頁。

其以“𠦪”爲幩之古文，朱幩即較與鞃幭的朱飾，鑣鑣乃顯盛之狀，毛訓朱纏之鑣鑣鑣然而盛，於義失當。[①] 故主張《詩》之朱幩不言所飾，且車之朱飾已無可考，故朱幩聊以爲馬銜，聞一多《詩經新通義》乙亦引録此説[②]。

今考察《傳》訓“幩”爲飾，意指人君以朱纏鑣扇汗，且以爲飾。鑣鑣則訓盛貌。《正義》以朱爲飾之物，故幩爲飾。按此，《傳》訓馬車之飾顯盛多貌，在會通物理，貫通詩義上，顯然較爲合理，而林、聞二人以朱幩意指套在馬嘴上用以控制方向的鐵製器具顯盛，則於義不通。

4. 囿於材料出土時機，前修未密，後出轉精

受到地下材料出土的時代環境限制，徵引古文字訓詁《詩經》的結果，往往因新材料的出土發現而屢遭變易。如《采菽》一詩“玄衮及黼”，林義光以金文言賜衣者皆裼衣非命服，且言賜衣皆不及裳。然近來西周銅器銘文賞賜物、册命金文等相關研究，可知金文中賜裳的例子，已見子犯編鐘[③]。賞賜之衣見於銅器銘文者更可歸納成四類：玄衣、玄衮衣、戠衣、戠玄衣，甚或《詩經》裏有卷龍紋圖樣的黑色衣服——玄衮，已被禮學家證成服龍衮者爲天子、上公或王者之後、諸侯等[④]。

而在考釋名物禮制上，林義光據《公貿鼎》訓六轡車制，析分轡字形義，思慮縝密，但隨着始皇陵二號銅車的發現，孫機《始皇陵二號銅車對車制研究的新啓示》以及揚之水《詩經名物新證》對於六轡的繫結法，也有了更精確的解釋[⑤]。

至於《靈臺》之“辟雍”，林義光據戴震説法申論辟雍爲學校者，今考商周彝器金文，有《麥尊》刻有“辟雍”，記載周天子於辟雍乘舟射牲及賞賜從禦之人過程。顯見周初“辟雍”爲周天子及貴族成員舉行禮儀大典、祭祀活動、習射樂舞等公共活動的場所。[⑥]

再者，《緜》一詩之“古公亶父，陶復陶穴”，林義光疑太王以前非穴居，援引陳啓源復、穴皆土室，復則絫土爲之，穴則鑿地爲之，其形皆如窑竈等説法，而謂古者窟居隨地而造，平地則絫土於地上重複爲之，高地則鑿土爲穴。[⑦] 其後，于省吾則就近世考古發掘的半坡仰韶文化墓葬、山東大汶口龍山文化墓葬以及《安陽發掘報告》第四

① 林義光：《詩經通解》，中西書局 2012 年版，第 72－73 頁。

② 孫黨伯、袁謇正主編：《聞一多全集》第四册，第 153 頁。

③ 吴紅松：《西周金文賞賜物品及其相關問題研究》，安徽大學博士論文 2006 年版，第 64 頁。

④ 鄭憲仁：《西周銅器銘文賞賜物之研究——器物與身份的詮釋》，“國立臺灣師範大學”國文學系博士論文 2004 年版，第 171－172 頁。

⑤ 孫機：《中國古輿服論叢・中國古馬車的三種繫駕法》，《文物》，1983 年版，第 13 頁。揚之水：《詩經名物新證》，天津教育出版社 2007 年版，第 234－236 頁。

⑥ 李紹先、賀文佳：《西周辟雍考論》，《文史雜誌》，2011 年第 6 期，第 23 頁。

⑦ 林義光：《詩經通解》，中西書局 2012 年版，第 307 頁。

期等資料，加以考釋。于氏指出從仰韶文化、龍山文化到商周之際，穴居的情形仍保存。周人地處西北，較落後中原，商代末期的太王的住穴與復穴都用陶治的紅燒土築成。陶應作動詞，指陶冶紅燒土，其質地堅固，可防潮濕。而復字是指儲藏穀物的竇窖，“陶復陶穴”實則“陶穴陶復”的倒文，旨在與上下句的瓞、漆、室三字協韻。而這樣的訓釋，則澄清了兩千年來説詩者對把“陶復陶穴”説成在地上復築土室的錯誤訓釋①；今人揚之水亦詳細臚列相關復原圖考以資證明②。

又如，《十月之交》“擇三有事，亶侯多藏”句，林義光以此詩“三有事”與《雨無正》的“三事大夫”相同，屬於同時期的作品。但他力主三事不爲長官，主要原因有四：第一，《雨無正》一詩中先言正大夫離居，後言三事大夫，可見三事不爲長官；第二，《書》中立事、準人、牧夫並舉，證明三事非三公；第三，《毛公鼎》的“參有司”爲三事；第四，《周明公尊彝》言“三事四方，受卿事寮”，可見三事自別於卿事寮之外。因此，而判定舊説以三有事爲三公、三卿的説法錯誤。③

其後，于省吾據出土文獻用例以證通訓，言“事”“士”古通。而引《毛公鼎》“及茲卿事寮大史寮”、《叓叔多父盤》“使利於辟王卿事”、《矢簋》“尹三事四方，舍三事命”，斷言“三事”即此詩之“三有事”，“有事”猶諸侯之稱“有國”“有邦”也。④

今季旭昇先生引用劉雨《兩周金文官制研究》爲證，指出《雨無正》“三事大夫，莫肯夙夜；邦君諸侯，莫肯朝夕”詩句中的“三事大夫”與“邦君諸侯”相對，以及金文“三事”和“四方”對舉，來證明“三事”地位的崇高。⑤

他如《閟宫》“三壽作朋”之“三壽”，林義光《詩經通解》訓以三壽之人爲輔佐也。並云此詩自“黄髮臺背”以下，始爲祝壽之辭。然“保彼東方”至“如岡如陵”數語，則與祝壽無關。其並援引《宗周鐘》言保國而不及壽、《晉姜鼎》上文雖爲祝壽之辭，然下文僅言保孫子而不及壽，責求向來解詩者徒見“三壽”遂以爲祝壽。林氏考察《文源》，《宗周鍾》“三壽惟利”與《晉姜鼎》之“三壽是利”，利字乃讀爲賴，故二者皆言依賴老壽之人以保國保孫子之意，正與詩之“三壽作朋”意同。⑥

“三壽”一詞，僅見於《詩經·魯頌》，歷來解法約有三種：以“三壽”爲三卿，此其一；指壽之三等，即上壽、中壽、下壽，此其二；祝人像三星一樣長壽，此其三。

---

① 于省吾：《澤螺居詩經新證》，中華書局 1982 年版，第 97 – 99 頁。

② 揚之水：《詩經名物新證》，天津教育出版社 2007 年版，第 117 – 143 頁。

③ 林義光：《詩經通解》，中西書局 2012 年版，第 2254 頁。

④ 于省吾：《澤螺居詩經新證》，中華書局 1982 年版，第 27 頁。

⑤ 季旭昇：《澤螺居詩經新證》，《語文、情性、義理——中國文學的多層面探討國際學術會議論文集》，“國立臺灣大學”中國文學系 1996 年版，第 751 頁。

⑥ 林義光：《詩經通解》，中西書局 2012 年版，第 150 – 154 頁。

查考《傳》訓壽爲考；《箋》釋三壽爲三卿；孔《疏》依《箋》訓爲三老、三賢；馬瑞辰《毛詩傳箋通釋》以下言“如岡如陵”是祝其壽考，从《傳》訓三壽爲三老①，而謂之三壽指壽之三等的説法。于省吾僅增列《者鐘》“若參壽”等，而未詳明其義；徐中舒《金文嘏辭釋例》則與《天保》一詩相較，云《閟宫》“三壽作朋”乃祈壽老之義，其辭與《天保》“如南山之壽，不騫不崩”相同。二者分别以岡陵、南山譬壽。②

今季旭昇則以本詩義旨推求，質疑祝壽何以含糊籠統地祝人從八十歲到一百二十歲，而不敬祝僖公“萬年無疆”“胡不萬年”“壽考萬年”？其並根據《者減鐘》等銘文，證明“三壽作朋”的三壽是“參壽”，指祝福人家如參星一樣長壽的意思。③

據金信周《兩周祝嘏銘文研究》一文查考“三壽”與“參壽”所見銅器，以西周共、懿時期之器《仲觶》爲最早，其壺銘寫作“三壽”，進而推論二者均是祈請長壽之詞。④

五、結論

綜言之，民初學者據古器物銘文以證詞例、訂正傳寫誤謬及禮制歷史等，深受王國維文獻研究的二重證據法影響。王國維的《詩經》研究中，抉發《詩經》成語以解《詩》、借《詩》以新證古史、考釋名物禮制，以及斷代詩篇及次第，對於林義光、于省吾及聞一多的《詩經》研究，具有普遍性的影響。綜觀三人運用古文字解《詩》的立場與目的，在於“求通”與“證新”。“求通”旨在疏通傳注，證成舊説；“證新”則意在突破前説，發明新義。其訓詁實踐分别表現在《詩經》之校訂誤字音讀、識字通假與句讀、構詞慣例訓詞語、闡明参稽語例、考釋名物禮制、新證詩史與篇次等方面。

三人擁抱新材料、新思維、新方法，加以探勘《詩經》新事證，成就在“新”，局限也在“新”。在“證新”的期許下，三人以古文字訓詁《詩經》展現了五大特色：一、結合古文字考釋成果，因形以求義；二、徵引古文字相類詞例，論證字詞；三、出土文獻與傳世文獻交驗互證；四、歸納古文字用例，條貫《詩》訓；五、融合多元視域，發明《詩》義等。而在“求通”的原則下，運用古文字訓詁《詩經》亦難免有失當之處，所謂“損益舊説，臆造新解”“務矜創獲，堅持孤證”“專斷出土材料爲確據，罔顧篇章通義”以及“囿於材料出土時機，前修未密，後出轉精”則是三人古文字訓詁《詩經》的局限。

---

① 馬瑞辰：《毛詩傳箋通釋》，中華書局 1989 年版，第 1147 頁。

② 徐中舒：《徐中舒歷史論文選集上》，中華書局 1998 年版，第 526－529 頁。

③ 季旭昇：《詩經古義新證》，文史哲出版社 1995 年版，第 151－154 頁。

④ 金信周：《兩周祝嘏銘文研究》，“國立臺灣師範大學”國文研究所碩士論文 2002 年版，第 112－118 頁。

中國學者趙沛霖指出二十世紀的考古發現對於《詩經》研究的影響，除了間接促成對《詩經》時代社會歷史和社會性質的認識以外；更能通過考古學的研究成果直接解決《詩經》本身的有關問題，如作品的時代、性質、題旨、詩義以及名物、訓詁、典章、制度等問題。①

楊樹達《積微居金文説》序中，曾自述研究金文的經驗，云：

> 每釋一器，首求字形之無誤，終期文義之大安，初因字以求義，繼複因義而定字。義有不合，則活用其字形，借助於文法，乞靈于聲韻，以假讀通之。②

其研究金文銘器是以識讀古文字開始，先求正確字形爲首務，終以文義通暢爲依歸。其因字以求義，再由字義逆推而定正字。遇有文義乖違者，則活用字形、借助文法及聲韻，以通假讀通，此乃研究古器物及釋讀古文字者，值得借鏡之途徑。

從考古學的角度來看，考古學家常以《詩經》釋銘證器。而今從《詩經》研究的立場來看，銅器銘文的時代意義以及册命賞賜等指涉内容，往往也能提供《詩》義、名物考證、詩史斷代等相關證據。因此，考古材料是《詩經》研究的重要助力，在會通《詩》義的依歸上，如能更進一步結合語言、歷史、考古及多元視域的研究方法，相互參照舊説，截短補長，則可開拓新局。

（本文收入《民國學者以古文字訓詁〈詩經〉的實踐情形》，《變動時代的經學與經學家——民國時期經學研究論文集》，臺北市：萬卷樓圖書公司出版，2014 年 12 月。）

---

① 趙沛霖：《現代學術文化思潮與詩經研究：二十世紀詩經研究史》，學苑出版社 2006 年版，第 274－275 頁。而劉立志《二十世紀考古發現與〈詩經〉研究》亦指出古文物的發現在四個方面推動深化了《詩經》研究，即考古文物能糾正《詩經》傳本之誤、貫通《詩經》文字訓詁、參證《詩經》名物制度，以及有助於我們了解《詩》三百篇流傳早期及結集成書前後的社會文化狀况，並更全面更深刻地考察《詩經》學術史。《南京師範大學文學院學報》第 2 期，2004 年 6 月，第 51 頁。

② 楊樹達：《積微居金文説・序》，中國科學院 1952 年版，第 1 頁。

《詩經》研究革新的開端——歐陽修的《詩本義》

韓國中央大學　李康範

摘　要　北宋自慶曆後，諸儒發明經旨，非前人所及，歐陽修撰《詩本義》，其先鋒也。深窺詩人之意，其後各著其説，新義日增，舊説幾廢，推原所始，其實自歐陽氏發之。永叔以毛鄭之學，雖已廣博，不合於經者亦爲不少，蓋其失患於自信其學故也。諸序可信，由於與孟子多合，此招諸儒之駁。但其云“夫王者之興，豈專由女德”，快哉也！詩人之意與聖人之志者，本也；太師之職與經師之本，末也。毋得夫本而通其末！永叔辨毛鄭批淫，文公受益匪淺，曰其説直到底不可移易。其破《毛詩正義》之牢，開闢新路，功不可没！

關鍵詞　歐陽修　《詩本義》　《詩序》　朱熹　時世論　本末論

一、前言

雖同屬於唐宋八大家，但在除了唐韓愈與柳宗元的北宋六大家之中，歐陽修的地位較爲特殊。他在北宋的政治舞臺上接納范仲淹與富弼的主張積極支持仁宗全面展開的政治改革“慶曆新政”，其自身也被提拔到相當於副宰相的參知政事，成爲了直接參與政治改革運動的“改革派”陣營的一名主將。同時作爲位於最高峰的歷史學家與文學家，他在人文學領域所涉及的範圍也可以説極爲龐大。首先作爲歷史學家，他著述了被編入正史二十四史之一的《新五代史》，又是《新唐書》最重要的編纂者之一，相當於一人編纂了二十四史中的兩部正史。同時他是古文運動的領袖人物之一，北宋具有代表性的散文家、詩人，也是宋詞婉約派的代表詞人之一。

歐陽修作爲主管科舉考試的行政長官同時發掘出了蘇軾、蘇轍兄弟及曾鞏，日後三弟子均被列入“唐宋八大家”。此外，並未登上仕途或有何積極活動的蘇軾兄弟的父親蘇洵之所以能夠被列入“唐宋八大家”，也依仗着歐陽修的舉薦與鼓勵。同時曾鞏所引薦的王安石日後能夠成長爲推行“新法”的重臣，也是仰賴歐陽修在朝廷中對他的大力舉薦及栽培。慶曆新政與新法的實行雖均以失敗而告終，其間當然不免與政敵們針鋒相對，但他從不回避政敵對自身的批判與彈劾，并始終保持着君子之風，未曾喪失過對政敵們人格的尊重。① 蘇軾曾對其學問做過如下的描述：

> 論大道似韓愈，論事似陸贄，記事似司馬遷，詩賦似李白。②

或許是由於歐陽修在史學與文學方面取得的成果過於耀眼奪目，人們往往忽略其在經學研究方面所取得的成就與貢獻。③ 本稿試圖探求一下構成歐陽修淵博學問世界一部分而未被後人所重視的經學的一個領域，即研究《詩經》的論著《詩本義》。從歐陽修在學問方面所處的地位來看，《詩本義》是一部不容忽視的著述。從時間上看，它不只是代表北宋詩經學的重要著作，同時對活躍於南宋初期的具有劃時代意義的學者朱熹起到了橋梁般的作用。尤其它先於詩經學革命性的著作朱熹的《詩集傳》，佔有宋代詩經學疑古風先驅的重要地位，因此有必要再次探究其詩經學。在進入本論之前，有必要對《詩本義》著述的背景，包括宋代疑古風經學思想的脈絡進行一下梳理。

二、北宋經學的發展趨勢及背景

爲瞭解宋代經學的背景，在考察經學本身變化發展的趨勢之前有必要先考察一下當時的社會政策及風氣，以及文化教育發展變化的趨勢。首先，眾所周知北宋實施重文輕武政策。北宋因吸取唐及五代滅亡的歷史教訓而施行了如此的國策，但卻因此給後世留下了文弱的印象。但宋的體制卻極爲鞏固，本人極爲贊同許倬云關於宋創造了中國文治文化新模式的見解。④ 同時宋崇尚氣節的社會風氣改變了隋唐五代以來單單追求榮利的風潮。例如，馮道曾先後陪伴了四個朝代的10位皇帝，而宋太祖爲改變社會風氣做出了極大的努力。

這種比較抽象的風氣的變化具體體現在印刷術上。北宋時期，印刷術飛躍的發展在

---

① 欲對"八大家"作比較基礎全面的瞭解，本人積極推薦目前中國CCTV播放的深受推崇影響力極大的"百家講壇"中"唐宋八大家"這一節目。北京師範大學康震主講的這一節目共75回，其中歐陽修一節共14講，介紹了從他的青年時期一直到晚年"六一居士"隱居的人生歷程。雖然觀眾對"百家講壇"褒貶不一，但"百家講壇"不失爲瞭解歐陽修最簡便的辦法，內容整理較爲全面。

② 《宋史·歐陽修傳》引用了蘇軾的詩句。洪湛侯：《詩經學史》，中華書局2004版，上册299頁再引用。

③ 韓國對歐陽修的研究在其史學及詩詞，古文運動方面可謂成果豐碩，但到目前爲止以《詩本義》爲主題的論文甚至中心詞都没有出現過。只有20世紀70年代車柱環教授在第3回東洋學國際學術會議上發表的《歐陽修的詩觀》中以3頁的篇幅介紹了對《詩經》及《詩本義》的見解。比較近期的成果可舉郭盧鳳的《歐陽修經學研究》（首爾：《中國學研究》第5輯）85－113頁，全面考察了歐陽修的經學，介紹了詩經學。大陸及臺灣對歐陽修的論述一般佔詩經學史的一章，對《詩本義》研究的專著亦不多見。筆者的恩師裴普賢先生的《歐陽修詩本義研究》（東大圖書公司1980年版）可謂唯一一本，10年前出版過車行健的《詩本義析論》（里仁書局2003年版）。

④ 許倬雲教授讚揚宋代的"養士"爲其最優秀的制度，由此強化了社會體制。詳細內容見《從歷史看領導》，洪健全教育文化基金會2007年版，"宋代的養士"第147頁。

經學及其他學術文化廣泛傳播，高級知識的大眾化方面起到了極其重要的作用。書籍的發行雖始於唐代，但主要集中於佛經、曆書及私人文集。五代出現了經書雕版，但雕版術到了宋代才得以完成。太宗端拱元年（988）孔穎達的《五經正義》經校對後由國子監刊行。咸平四年（1001）發行了單疏本12種。[①] 隨着諸經雕版印刷的大量普及，校刊與发行也迅速發展。《五經正義》成爲取士的中心後，學術文化藝術的傳播發展水平更是前所未有。尤其是《五經正義》的集中校正和刊定，説明對其需要之多，也説明了許多地方需要修正。[②]

隨着書籍的快速普及，中央和地方學校學生的大量增加，宋代增設四大書院。這大部分得力於范仲淹的以教育爲中心的政策主張。書院大量出現後地方開始流行講學，這意味着學問傳播的途徑由公的向私人講授的轉換已成爲一種大的發展趨勢。北宋初期國子監的地位相當於秦漢時期的博士官，但卻逐漸喪失了作爲官學的權威。與此相反書院大批出現，代替了中央的國子監，這又是形成各種學派的摇籃，其結果逐漸成爲國子監的競争對手，象徵着學術氣氛的轉换。同時王安石以變法爲中心將科舉制度分爲常舉與特選，而隨着新政治風潮出現的圍繞王安石《三經新義》評價的論争，也給整個學術氛圍帶來了微妙的變化。對此本文在後面將進一步補充説明。

以上簡單整理了作爲宋代經學發展背景的當時社會環境的變化。這些變化雖然相互連接，成爲了促使宋代學問與文學發展的重要因素，但與給經學的認識帶來變化還有一段距離。現在我們再來考察一下當時經學内部的變化。宋代經學發展趨勢最大的特點可謂抛棄訓詁，而轉向義理的大方向的轉變。以北宋五子爲中心促成的繁榮爲日後南宋初期朱熹完成理學的集大成奠定了基礎。對這一點經學史與思想史都已經進行了詳細論述與討論，本人在這裏不再贅言。但在這樣大的轉變過程中有一種傾向非常值得矚目，即在學者之間，"喜好新奇，好以己意解經"風氣的出現。不管是出於好奇還是學問的自覺，今天在我們看來極爲當然的這種態度在當時可謂是非常具有飛躍性的。這種風氣的轉變一般認爲發生在仁宗慶曆年間，即宋開國大約八十年間，可以説是承傳唐的經學氛圍没有什麽大變動的時期，但其後的大約八十多年，由於"慶曆新學風"的盛行，而開始了真正的宋學。南宋的陸遊認爲這一轉變發生在慶曆時期：

> 唐及國初，學者不敢議孔安國、鄭康成，况聖人乎？自慶曆後，諸儒發明經旨，非前人所及。[③]

---

① 我們熟悉的經、注、疏的合刻本到南宋才開始出現。

② 對當時經書雕版印刷的問題進行刊正的要求見於李至的上疏，見戴維：《詩經研究史》，湖南教育出版社2001年版，267頁參考。

③ 王應麟：《困學紀聞》，世界書局1974年版，卷8，"經説"第512頁。

很多人認爲“發明經旨”的開始是指劉敞的《七經小傳》，下面我們來依次看一下吴曾與王應麟的見解。

> 國史云：慶曆以前，學者尚文辭，多守章句注疏之學，至劉原父爲《七經小傳》，始異諸儒之説。①
>
> 自漢儒至於慶曆間，談經者守訓故而不鑿。《七經小傳》出而稍尚新奇矣。至《三經新義》行，視漢儒之學若土梗。②

臺灣學者林葉連認爲慶曆年間如此求新風潮興起的原因首先在於對唐末反義疏風潮的繼續與傳承。其次，可以歸爲科舉制度的實行。③ 對此皮錫瑞曾言道：

> 科舉取士之文而用經義，則必務求新異，以歆動試官；用科舉經義之法而成説經之書，則必創爲新奇，以煽惑後學……一代之風氣成于一時之好尚，故立法不可不慎也。④

皮錫瑞作爲首屈一指的今文經學家，其所言説雖均基於自身門户的立場，但至少説明了當時喜愛新奇學説風潮的盛行。

還有一個無法忽視的原因就是這一時期的黨争，即王安石的新法党與以司馬光等爲中樞的舊法黨之間的派别之争。兩派的黨争也反映在經學研究上，王安石標榜着《詩》《書》《周禮》《三經新義》，提倡經學的革新。范仲淹與歐陽修等卻以冷笑的視線駁斥了王安石。但對於一切提倡追求“新”風氣的歐陽修也不例外。他的《詩本義》也包括了許多積極求新果敢打破陳規的部分。换而言之，歐陽修的詩經學即是反映他嶄新學術傾向與慶曆新政時期獨特的學術氛圍的一本著作。⑤

還有一點該注意的是，兩漢以來今古文論争由一邊倒的經學傾向脱離出來，在嶄新

---

① 吴曾：《能改齋漫録》卷2，26頁，“注疏之學”。林頁連《中國歷代詩經學》，臺灣學生書局1993年版，第234頁再引用。

② 詩經學者之間對劉敞的《七經小傳》是否開啓了慶曆新學風也各持己見。本文參考戴維《詩經研究史》，湖南教育出版社2001年版，第266－271頁。

③ 反義疏風潮，科舉制度的施行及“以己解經”，疑經、改經風潮參考林葉連《中國歷代詩經學》，臺灣學生書局1993年版，第231頁“（1）慶曆以降之變革”以下部分。

④ 皮錫瑞：《經學歷史》，河洛圖書出版社1981年版，經學積衰時代第277頁。

⑤ 戴維：前揭書，270頁。

的思辨的“新”學風下也摻入了新精神要素，即疑古的出現。這是前所未有的新傾向[①]，其中尤其是疑經風潮按過去的觀念來看不能不説是一種驚世駭俗的新的學問傾向。對此陸游曾評價道：

> 唐及國初，學者不敢議孔安國、鄭康成，況聖人乎？自慶曆後，諸儒發明經旨，非前人所及。然排《繫辭》，毀《周禮》、疑《孟子》，譏《書》之《胤征》《顧命》，《詩》之序，學者不難於議經，況傳注乎？[②]

即過去絶對不敢提起的對經文内容的質疑敢於公開地提出，這真實地反映了以改革爲前提的慶曆時期的社會面貌，同時這又是打開學問新局面的原動力。

下面我們考察一下在如此社會及學問的氛圍當中詩經學所表現出的傾向如何。如前所述北宋前期的詩經學與經學研究的方向大致没有什麼區别。即雖然承襲《毛詩正義》的一派佔主流地位，但通過講學與著述並多少將新的要素注入其中，樹立與先儒不同學説的風氣逐漸開始形成。周堯卿的《詩説》30 卷標誌着這一變化的開始。對毛、鄭的批判及對毛、鄭異同優劣的論辨與日後歐陽修的《詩本義》所表達的觀點基本相似。[③]

其實經學中提倡與勇於提出與前代不同學説的風潮比起詩經研究春秋學的大學者孫復、石介、胡瑗等的解釋也極爲突出。宣導古文運動的歐陽修在慶曆時期作爲新學風的中心人物，對新風氣的形成也絶不甘落後。雖然“慶曆新政”實施不久即以失敗告終，但其與范仲淹一起開創的新學問氛圍卻引起了巨大的反響。以太學爲中心的數千名學子形成了新的勢力，完成了經學研究方向的一大轉變，《詩本義》即可以説是這種大背景下的產物。換而言之，無論是就詩經學的影響力而言，還是就學術地位而言，《詩本義》都可以稱得上是這一轉變的象徵性著作。[④]

由於所處的時代，置身於這一時代巨變旋渦之中並充當主力的歐陽修的著述當中自然而然地會體現出這一“新”的傾向。歐陽修敢言被“惑”的勇氣在詩經學著述當中也得到了體現。南宋的樓鑰甚至曾稱讚歐陽修“開百世之惑”，以示對他的支持，從時間上來看樓鑰的評價是對歐陽修最早的評價之一：

---

① 當然如唐代劉知幾等許多學者提出了日後可以歸爲“疑古”的論争焦點問題。但這裏是指雖影響不大，却被承認的一種學術傾向的學界潮流。

② 王應麟《困學紀聞》卷 8，洪湛侯前揭書 298 頁再引用。

③ 戴維，前揭書，269 頁。

④ 因此戴維對將劉敞的《七經小傳》視爲這一轉換標誌的説法雖没有提出異議，但他認爲比起《七經小傳》經學上貢獻更大的歐陽修之所以没有得到承認是因爲人們對歐陽修的瞭解較少，並爲此惋惜。戴維，前揭書，271 – 272頁參考。

> 由漢以至本朝，千餘年間，號爲通經者，不過經述毛、鄭，莫詳于孔穎達之疏，不敢以一語違忤。二家自不相侔者，皆曲爲説以通之。韓文公，大儒也，其上書所引《菁菁者莪》，猶規規然守其説。惟歐陽公《本義》之作，始有以開百世之惑，曾不輕議二家之短長，而能指其不然以深持詩人之意。其後王文公、蘇文定公、伊川程先生各著其説，更相發明，愈益昭著，其實自歐陽氏發之。①

對歐陽修的評價與前面所提到的陸遊的評價同出一轍，時間流逝直至清代也基本没有改變。《四庫全書總目提要》中對其先驅者般的貢獻也給予了高度讚揚：

> 自唐以來説詩者莫敢議毛、鄭，雖老師宿儒，亦謹守《小序》，至宋而新義日增，舊説幾廢，推原所始，實發于修。②

那麼如此對“敢議”的歐陽修的評價果真是比較客觀合理的嗎？本稿將以一直到宋爲止成爲論争焦點的諸多詩經學問題爲中心具體考察一下歐陽修所敢議的部分究竟怎樣起到了先驅者的作用，以及對於傳統的諸多有争議的部分他是否還保留着保守性的態度。他是否果真如前面所列舉的做到了“開百世之迷惑”，在中國詩經學史上他又究竟佔有如何的地位。

三、對《詩序》的批判及本末論

1.《詩本義》的構成及版本問題

《詩本義》的構成大致如此：最開始的第 1 卷到第 12 卷討論詩篇，在“論曰”中主要以毛鄭爲中心，對前人的學説進行檢討與批判。接着在“本義曰”中則試圖以自身的觀點對詩篇進行解讀。如前者屬於“破”的話，後者則屬於“立”。③ 但歐陽修所論及的詩包括國風 160 首中的 55 篇，小雅 74 首中的 35 篇，大雅 31 首中的 12 篇，周頌 31 首中的 8 篇，魯頌 4 首中的 1 篇，商頌 5 首中的 3 篇共 114 篇，不過佔全部的三分之一多一點。同時後代争議最多的詩經學中比較重點分析的詩篇，例如《小星》《緑衣》《凱風》《桑中》等没有被包括在其中，而得到了有些令人惋惜的評價④，也引起了雖有

---

① 朱彝尊：《經義考》卷 104，中文出版社 1978 年版，第 561 頁參考。

② 清乾隆敕撰：《四庫全書總目提要・卷 15・經 15・詩類 1》，漢京文化事業有限公司 1981 年版，第 91 頁參考。

③ 戴維：《詩經研究史》，湖南教育出版社 2001 年版，第 273 頁。如戴維一般許多人將歐陽修“論曰”視爲“破”，將“本義曰”視爲“立”，本人基本贊同。但本人更覺得這是由於學者們達成了共識，接受了首先研究《詩本義》的趙制陽的觀點。趙制陽：《詩經名著評介》，臺灣學生書局 1983 年版，第 101 頁。

④ 上注，趙制陽，前揭書，101 頁。

創意性但缺乏系統性的批評[①]。而與這些評價相反，現代詩經學者戴維卻認爲歐陽修對114首的論述除卻了繁瑣的考證，極爲“新穎”“簡明”[②]。此評價雖簡短卻比較準確地指出了歐陽修詩經評論的特點。

但《詩本義》由卷13到卷15的3卷則集中體現了歐陽修自身所特有的論調，進行了主題性的討論。其中卷13由“一義解”與“取捨義”兩部分内容構成，“一義解”並没有討論全詩，只停留在對一章、一句、一字的論述，其内容主要是對毛、鄭的取捨選擇，只展開了簡單的論述。“取捨義”也以12篇爲物件，其中7篇遵循《毛傳》，5篇遵循鄭玄等，亦爲簡單的取捨，由此學問的價值並不高。而緊接着的卷14以下的所謂二論（“時世論”“本末論”）及三問（“豳問”“魯問”“序問”）則爲具體體現歐陽修詩經觀的核心部分。

卷15以“詩解統序”開頭，由“二南爲正風解”“周召分聖賢解”“王國風解”“十五國次解”“定風雅頌解”“十月之交解”“魯頌解”“商頌解”等8篇簡短的論述組成。這與“詩解統序”加在一起稱爲“通解九篇”。其後没有標明卷數，又增補了“鄭氏詩譜補亡”“詩圖總序”2篇。即卷13到卷15的3卷，集中體現了歐陽修對詩經學有争議問題自身的觀點。

在具體考察歐陽修的詩經説之前，有必要決定一下該以《詩本義》的哪一部分爲中心針對其關於《詩經》的見解進行分析與評價。本稿需要考慮一下對於一些有争議的部分是否該作爲本稿所討論的對象，即目前通行本《詩本義》卷15所收録的“詩解統序”以下的8個“通解”，内容有失簡潔精密，立論也有許多錯誤，有些部分與卷14以前的内容相重複或矛盾。例如“二南爲正風解”中稱《二南》爲文王時期的作品，而在本義解釋中則寫爲“周衰之作也”。另外“周召分聖賢解”中雖然提出了《周南》與《召南》是按照對聖賢教誨理解的程度來分的，但在“時世論”中卻主張《二南》之間“無所優劣，不可分聖賢”[③]。二者形成矛盾。另外，“解統”與《時世論》雖然論述的爲同一主題，但内容比較起《時世論》相對來説非常詳細具有邏輯性，極爲客觀。因此不能排除卷15的“解統”爲著述於青年時期，到了晚年丟棄的原稿一部分的可能性。[④] 雖然很多人推測原稿爲作者本人丟掉的，對於重新收入現行本的這一矛盾，有學者主張大概是日後由得到它的人重新附在了卷15。這種主張從歐陽修晚年重新修

---

① 對此參考洪湛侯《詩經學史》，中華書局2004年版，上册，第299－300頁。

② 戴維：《詩經研究史》，湖南教育出版社2001年版，第272頁參考。

③ 歐陽修：《詩本義》卷第十四，“時世論”二頁a。本稿所使用的版本爲臺灣藝文印書館影印的四部善本叢書本，爲線裝本。因此没有現代式的頁數，由此以頁來標記，前頁標爲a，後頁標爲b。以下書籍出處只標爲“歐陽修，《詩本義》”。

④ 洪湛侯：《詩經學史》，中華書局2004版，上册，第306－307頁。以下標爲“洪湛侯《詩經學史》”。

改定稿的《詩本義》及《歐陽文忠全集》也没有收録這 8 篇這一點來看更具有説服力。因此可以説考察歐陽修的詩經學不將這 8 篇包括在内似乎也無妨。① 還有一個容易被人們所忽視的問題,《統解》的數字與歐陽修所提及的並不一致,這不免會引起人們的疑惑。雖然歐陽修自稱撰寫了《統解》10 篇,但卷 15 的《詩統解序》後面的“解”只有 8 篇,同時卷 12 的《義解》也只有 9 篇,與他自己所稱的 10 篇不符。因此歐陽修所説的 10 篇雖然是指現在《詩本義》收録的《統解》,但是否因單純的遺漏而使篇數不一致,或另外還有 10 篇很難判斷。此外,《詩本義》以外歐陽修與鄭玄作《詩譜》一般寫了《詩圖》14 篇,如今均已失傳。同時《補亡鄭〈詩譜〉》提到的“予之别論”的《别論》如今在《詩本義》中也看不到。②

由此我們考察歐陽修的詩經學可利用的基本資料爲到卷 12 所收録的對 114 首個别的批評及卷 14 的“二論”以及“三問”。本稿將把議論的中心集中於後者,適當參考歐陽修對個别詩的見解,作爲佐證與反駁的資料。因此本稿將把“二論”中與“時世論”緊密相連的“三問”中的“序問”看作一個整體,把二論的“本末論”看作另一部分,參考後世的評論展開論述。由於篇幅的限制本文無法考察歐陽修詩經説的全部,本稿將集中於爲後世所提供的争議的焦點及影響。

2. 對《詩序》的觀點及對毛、鄭的批判

(1) 歐陽修對《詩序》的觀點

詩經研究史自漢代以來最大的懸案之一即圍繞着《詩序》的作者及其内容的真實性展開的争論。首先關於作者,各種詩經學史及經學概論雖都做了比較詳細的描述可仍没有定論。但大體上認爲其作者並非卜商(即子夏),而是東漢的衛巨集將其形成了文字。對此歐陽修的見解也大致相同,他首先排除了作者爲子夏的可能性:

> 或問:“詩之序卜商作乎?衛宏作乎?非二人之作,則作者其誰乎?”應之曰:“《書》《春秋》,皆有序而著其姓氏,故可知其作者。詩之序不著其姓氏,安得而知之乎?雖然,非子夏之作,則可以知也。”曰:“何以知之?”應之曰:“子夏親受學於孔子,宜其得詩之大旨,其言風雅有正變而論關雎、鵲巢系之周公、召公。使子夏而序詩,不爲此言也。”③

---

① 上注洪湛侯,前揭書,307 頁參考。歐陽修寫文章極爲謹慎,由此可以推斷這種推論極有可能性。關於他慎重的創作態度前面提及的“百家講壇”最後一回也做了詳細的介紹。

② 詳細内容參考裴普賢《歐陽修詩本義研究》,東大圖書公司 1980 年版,第 5-7 頁及戴維《詩經研究史》,湖南教育出版社 2001 年版,第 274-276 頁。版本問題參考車行健《詩本義析論》,里仁書局 2003 年版,下篇第一章歐陽修《詩本義》的版本問題的綜合考察部分,第 31-149 頁。

③ 歐陽修:《詩本義》卷第十四,“序問”十一頁 b 參考。

在歐陽修看來，子夏從孔子學習了詩，瞭解孔子的心志，如此風雅有正變，論及《關雎》及《鵲巢》時没有理由聯繫到周公與召公。因此《詩序》没有承傳詩的本意，最終可以推斷《詩序》絶不會是孔子的門徒子夏所作。

歐陽修如此的觀點從今天的角度來看並没有什麽新意。但直至北宋初期，經書與“聖人”幾乎是神聖不可侵犯的，對照如此學界一貫的態度，這樣排除在經學傳授方面最爲接近孔子的子夏不能不説是相當有意義的。换而言之，雖然並没有直指聖人，但對聖人周邊的人物如此“敢於”堅持客觀的態度大膽提出質疑，僅此一點也預告着宋代經學的變化。

但對《詩序》歐陽修大致是持有着可信的比較肯定的觀點，對其理由曾説明道：

> 自漢以來，學者多矣，其卒舍三家而從毛公者，蓋以其源流所自，得聖人之旨多歟？今考《毛詩》諸序，與孟子多合。故吾于詩常以序爲證也。至其時有小失，隨而正之。惟《周南》《召南》失者類多，吾固已論之矣，學者可以察焉。[①]

歐陽修强調比起過程結果更加重要。從進化論的觀點出發，認爲流傳下來的内容當然比被淘汰的内容更值得相信，對此觀點當然還需要商榷。同時因爲與孟子相合的部分較多，因此可以信賴的結論也同樣有待商榷。對於孟子的説詩究竟可以保證多少《詩序》的真實性，許多學者持有懷疑的態度，歐陽修的邏輯也不能保證其合理性。因爲先秦諸子中孟子對於《詩經》的解釋態度屬於最該回避的所謂“斷章取義”，而且程度極深。對於孟子《詩經》的理解能力許多學者曾提出過質疑。例如現代的詩經學史家趙制陽指出對於《凱風》篇《詩序》孟子曾寫道“親之過小者也”，但《詩序》並没有母親之過小的内容，因此可以説孟子對《詩經》的理解是極爲輕率的。[②]

由此可以説《詩本義》雖然具有學術價值，但没有得到後世較高評價的根本原因在於歐陽修較多地表現出了傾向於《詩序》的態度，這一點可以説是歐陽修詩經學致命的弱點。不久之後，鄭樵率先將其正式定爲攻擊的目標，這是由於由朱熹完成的詩經學界“革命性”思維的轉换開始主要集中於《詩序》。

但對歐陽修詩經學如此的評價究竟是否妥當還需要重新進行充分的檢討。因爲他的《詩經》學説中包含着許多在前代未得到重視或只稍稍顯露出來的見解，經他提出後得到了後世的重視而成爲一種正説。對《詩序》的批判也同樣如此。歐陽修大概肯定了

---

① 與上注同書，卷第十四，“序問”十二頁 a 參考。

② 趙制陽：《詩經名著評介》，臺灣學生書局 1983 年版，第 103 - 104 頁。洪湛侯也指出歐陽修并不相信子夏爲《詩序》作者的説法，但另一方面又有許多部分與孟子的主張相符，因此認爲可以以《詩序》爲證據顯得互相矛盾。洪湛侯《詩經學史》，306 頁參考。

《詩序》的邏輯與價值，但没有完全追崇。衆所周知，《詩序》的《周南》與《召南》爲盛世之詩，以下十三《國風》爲衰世之詩，如按年代進行排列，前者爲讚美之詩，後者爲諷刺之詩。這意味着“美刺説”的出現，如此機械地將盛與美，衰與刺成雙地對稱排列，這在《詩序》的邏輯當中是受到後世學者最多抨擊的部分。但當時的經學大多傾向於一如既往地追隨《詩序》的意圖，歐陽修對此則勇敢地提出了批評。首先，歐陽修對美刺説是詩人的意圖，還是對《詩序》主觀的解釋提出了質疑，部分詩的《詩序》完全符合詩人的意願，但有的詩大有可能完全爲《詩序》的主觀性的解釋。歐陽修如此認爲無法明確劃分詩人與《詩序》之間界限的主張非常具有合理性與説服力。但問題並没有完全解決，詩一旦離開詩人之手，對詩人本意的理解完全在於讀者，没有必要也不可能去向詩人確認。由此是否與詩人的本意一致或爲主觀性的解釋均爲經學家所無法判斷的部分。儘管如此，歐陽修的觀點提醒了大家，無論是把詩看作神聖的經文還是文學創作，對詩的解釋不應摻入主觀或者教條的框框，這本身就極富時代意義。

歐陽修如此冷靜的態度表明他基本承認《詩序》，但同時也對《詩序》提出了諸多的批評。例如他對《周南・螽斯》曾寫道：

> 螽斯，后妃子孫衆多也。言若不妬忌，則子孫衆多也。
>
> 論曰：螽斯大義甚明而易得。惟其序文顛倒遂使毛鄭從而解之，失也。蟄螽蝗類微蟲爾。詩人安能知其心不妬忌？此尤不近人情者。蟄螽多子之蟲也，大率蟲子皆多，詩人偶取其一以爲比爾。①

簡而言之，《詩序》中所謂的螽之妬忌，雖然是荒唐之言，但從今天的角度來看歐陽修的態度卻顯得非常客觀合理。由此，他對《詩序》的批判自然而然地轉向了《詩序》的時世論批判。所謂《詩序》的時世論如前面所述，是指將十五國風與西周的歷史年代相並列，將盛世的讚美詩與衰世的諷刺詩相對而分。歐陽修的攻擊目標始終集中在被公認爲詩經“聖域”的《周南・關雎》與《小雅・鹿鳴》。否定傳統的將其視爲盛世之詩的學説，而把兩詩都定論爲周衰時期的詩，這可以説是最具代表性的一例。他所啓用的根據也是我們非常熟悉的説法。第一，《論語》中孔子的“《關雎》哀而不傷”。第二，對司馬遷《史記》中談及的《關雎》與《鹿鳴》的説法。即如其所描述“周道缺，詩人本之衽席，《關雎》作”。第三，今文三家《詩》中均將其歸爲康王政衰時期的詩，而《小雅・鹿鳴》也是周衰後出現的作品。其理由可舉季劄所説的“思而不貳，

① 歐陽修：《詩本義》卷第一，《螽斯》，五頁參考。

怨而不言，其周德之衰乎”及司馬遷所説的“仁義陵遲，《鹿鳴》刺焉”等。[①] 這種推斷是否正確目前還無法定論，但敢於對如經文一般擁有教條權威的毛公與鄭玄的注釋大膽提出質疑，這在當時是極爲新鮮也是極具革命性的。

歐陽修以《關雎》爲開端對《關雎》以下《周南》的詩也進行了批判。《周南》11 首中由《詩序》聯繫到后妃之德的有 8 首，對此歐陽修批判道：

> 大姒，賢妃，又有内助之功爾，而言詩者過爲稱述，遂以關雎爲王化之本，以謂文王之興自大姒始。故於眾篇所述德化之盛，皆云后妃之化所致，至於天下太平，麟與騶虞之瑞，亦以爲后妃德化之成功。故曰麟趾，關雎之應，騶虞鵲巢之應也。何其過論歟！夫王者之興，豈專由女德？[②]

政治的繁榮怎能完全歸於一個女人的德行，歐陽修如此的批判是被後世詩經學廣泛接受的較爲客觀的批評。我們没有必要去追究其中是否包含着男尊女卑的保守主義傾向，但歐陽修詩經學許多的漏洞源於他經常摒棄自己在“時世論”中一再標榜的原則，當對詩進行解釋時其論調往往有很大的變化。卷第一《關雎》的“論曰”中將詩中的“淑女”假設爲太姒，“君子”假設爲文王，然後解釋道：

> 淑女與左右之人常勤其職，至日夜寤起，不忘其事。故曰寤寐求之，輾轉反側之類是也。[③]

同出自一個人的解釋，前後卻如此不同，不能不讓人感到詫異。在《詩本義》最開始的部分出現如此“教條”的解釋，致使歐陽修没有成爲詩經學改革的先驅者，而被認爲是仍被傳統學説所束縛的普通詩經學者。[④] 但正如前面已經提及的，歐陽修對《詩序》的批評與前代大不相同，提出了屬於他自己的獨特新穎的見解，這一點值得給予高度評價。

歐陽修的“時世論”批判隨後繼續展開。他判定《周頌・昊天有成命》與《周頌・噫嘻》爲康王以後的詩，《周頌・執競》爲昭王以後的詩，指出了毛、鄭解釋上的錯誤。問題在於《昊天有成命》中出現的成康是指成王與康王，還是普通的名詞。毛、鄭將其解釋成爲形容詞，歐陽修卻把《周頌》等都看作是成王時期的作品，這一

---

① 關於《關雎》與《鹿鳴》的内容均參考歐陽修《詩本義》卷第十四“時世論”四頁 a。

② 歐陽修：《詩本義》卷第十四“時世論”三頁 b 參考。

③ 歐陽修：《詩本義》卷第一，二頁 a 參考。

④ 對此具體的批評，趙制陽前揭書，108 頁參考。

點兩者極爲不同。在當時這可以看作是具創新精神的解説。日後朱熹在《詩集傳》中對歐陽修的説法全盤採納，後世也没有提出其他異議，雖不大但也可以説是歐陽修的貢獻吧。① 歐陽修對《詩序》的批判可以説是對全盤接受《詩序》的毛傳與鄭玄無法避免的批判，下面我們再簡單地考察一下歐陽修對毛、鄭的批判。

（2）歐陽修對毛、鄭的批判

歐陽修對毛、鄭的批判雖然散落夾雜在詩的各論當中，但可以綜合概括的部分爲《詩解總序》。歐陽修也與他同時代的其他學者一樣，在開頭的部分寫下了對詩經學鼻祖毛、鄭的讚美之詞。

> 毛、鄭二學，其説熾辭辨，固已廣博，然不合於經者，亦爲不少。②

上面引用的部分可謂是比較温和的批判，間或也可以發現比較嚴厲的批判。

> 予欲志鄭學之妄，益毛氏疏略而不至者，合之於經，故先明其統要十篇，庶不爲之蕪泥云爾。③

整理起來，毛氏的缺點可總結爲“疏略”，鄭玄的缺點則在於“妄”，那麼是什麼導致了他們的“妄”與“疏略”呢？歐陽修將其原因歸爲他們過度的自信。

> 夫毛、鄭之失，患于自信其學，而曲遂其説也。④

如此我們有必要考察一下他用來證明鄭箋“妄”的實例。歐陽修在卷12《長髮》的“論曰”中對鄭玄批判道：

> 論曰：“帝立子生商”，帝，上帝也，而鄭以爲黑帝，鄭惑讖緯，其不經之説，汩亂六經者不可勝數，學者稍知正道，自能識爲非聖之言。然今著於《箋》以害

---

① 歐陽修：《詩本義》卷第十四“時世論”四頁參考。趙制陽在嚴厲批判“時世論”的同時，對其中《周頌・昊天有成命》，《周頌・噫嘻》，《周頌・執競》3首卻做出了時世考證最爲準確的評價。具體內容趙制陽前揭書，第108－109頁參考。裴普賢：《歐陽修詩本義研究》，東大圖書公司1980年版。也對歐陽修對《周頌》3首做出的時代考證做出了肯定的評價。同上，第128－129頁參考。

② 歐陽修：《詩本義》卷第十五“詩解統序”一頁b參考。

③ 歐陽修：《詩本義》卷第十五“詩解統序”二頁a參考。這裏稱爲“統要”10篇，如上面所述，與現行“詩解統序”以下8篇有差異。對此，裴普賢，《歐陽修詩本義研究》，東大圖書公司1980年版，第7－8頁參考。

④ 歐陽修：《詩本義》卷第十四“時世論”五頁a參考。

詩義，不可以不去也。[①]

衆所周知，鄭玄在體現以古文經説爲基礎，並涵蓋今文經説的東漢末“博學的”傾向的過程中不得不吸收了一部分的讖緯説。這一部分是由於鄭玄本身即爲讖緯典籍作注的專家，但考慮到以成爲“通儒”爲目標的東漢末的學術風氣，没有必要將其貶低至“妄”。但日後讖緯説逐漸被排除，傳統學説被承認爲正確的學問方向，歐陽修如此的批判可以説是非常符合時宜的。歐陽修對鄭玄的批判逐漸變得激烈，他甚至引用了王肅的觀點對鄭玄進行了抨擊。《擊鼓》“論曰”中歐陽修寫道：

擊鼓五章，自爰居而下三章，王肅以爲衛人從軍者與其室家訣别之辭，而毛氏無説，鄭氏以爲軍中士伍相約誓之言，今以義考之，當以王肅之説爲是，則鄭於此詩一篇一失大半矣。[②]

掌握着政治大權，並試圖以此獲取學問話語權的王肅，其做法在學問的發展上为最不可取的典型之一。歐陽修當然知道政治與學問怎樣才能建立起均衡的關係，但他爲了批判鄭玄甚至引用了王肅的經説，足以證明他的力不從心。尤其是歐陽修曾舉薦過年輕時的王安石，但後來王安石的新法特别是青苗法實施後歐陽修對此提出了嚴厲的批判。同時對在王安石的政治背景影響下廣泛普及的《三經新義》歐陽修也表示了強烈的反感。他在這裏引用了以文化權威自居的王肅的經説，多少帶有一種感情用事的色彩。

至此我們考察了歐陽修對《詩序》與毛鄭的批評，如前面所説他的論述許多部分與前人並没有很大的區别，而是對前人學説的一種重複。間或有些部分顯得牽強附會。儘管如此，在疑古思想與“自己的學説”開始慢慢滋生發芽的北宋初期，他站在時代潮流的最前端，起到了先驅者的作用。同時他提出的雖然還十分模糊不成體系的許多問題成爲了後來詩界革命的火種，這些都是值得給予肯定評價的部分。

3. 歐陽修的本末論

讀詩的時候存在着詩人的立場與讀者的立場，而如何來把握一首詩的意味則完全取決於讀者對詩的理解，這一點是顯而易見的。但對《詩經》的誦讀已經成爲了一種政治教化與教育的工具，爲政者已經將讀者各種多樣性的解釋視爲一種衆口難防的危險之説，因此就必需一種標準教材。而對這種標準教材的制定就變成了一項國家的事業。那麼究竟該以怎樣的標準來讀詩呢？從常識上講當然最應該尊重詩人的立場，但“獨尊儒

① 歐陽修：《詩本義》卷第十二，《長發》，十六頁 a 參考。

② 歐陽修：《詩本義》卷第二，《擊鼓》，十頁參考。

術”以後，“聖人”的解釋已經超越了詩人的立場，成爲了最高的權威。但“聖人”不可能對每個細節都做出解釋，只能給後人留下幾句綱領而已。那麼最終該由什麼人根據“聖人”的幾句綱領來制定標準進行解釋呢？這個任務當然落到了經學家們的頭上。對《詩經》的解釋毛、鄭的傳與箋擁有着最高的權威，這當然是出於重視學問與思想一統的傳統，同時也是教育與教化要爲政治服務原則的產物，但表現内心世界的詩如此一刀切地進行解釋是否妥當呢？對這一當然應懷疑而又無可奈何的問題中國的知識分子沉默了近千年。直到北宋歐陽修提出了本末論，才在詩經學引起了雖小但卻很重要的反響。他指出對詩的把握應該脱離經師的詩經學，而該從詩人的視角來進行把握。這一主張看似没有什麼特别引人注目之處，但卻該視爲一個重大變化的開端，它爲日後朱熹的革命播下了種子。

歐陽修提出了根本性的問題，我們爲什麼無法得到詩的真意呢？其原因就在於“勞其心而不知其要，逐其末而忘其本也”。他提出了所謂本末論，認爲對於學詩的人有四個最重要的核心部分，半屬於本，半屬於末。

> 何謂本末？作詩者，述此事，善者美，惡者刺，所謂詩人之意者，本也。正其名，别其類，或系於彼，或系於此，所謂太師之職者，末也。察其美刺，知其善惡，以爲勸戒，所謂聖人之志者，本也。求詩人之意，達聖人之志者，經師之本也。講太師之職，因其失傳而妄自爲之説者，經師之末也。今夫學者得夫本而通其末，斯盡善矣！得其本而不通其末，闕其所疑可也。……蓋詩人之作詩也，固不謀于太師矣，今夫學詩者求詩人之意而已，太師之職有所不知，何害乎學詩也。若聖人之勸戒者，詩人之美刺是已。知詩人之意，則得聖人之志矣！①

歐陽修强調本末都通達了是最理想的，但如果達不到這種境界就該充分瞭解詩人創作的意圖與聖人的本意。這就是所謂的根本，保存或傳播詩的太師與創立傳承經説的經師在這樣的過程中可以加入自身主觀的加工，所以他强調屬於末的“太師之職”與“經師之業”是次要的。

要理解詩人的意圖與聖人的本意這是任何人都會首肯的前提。但問題是詩人的意圖如何才能知道呢？我們無法直接去向詩人詢問，那麼如何才能接近詩人創作最初的本意呢？對此歐陽修提出了一項原則，即“以人情求之”②。下面有必要考察一下歐陽修的説詩究竟是否符合他自己提出的“以人情求之”的原則，當然這樣的嘗試一開始就會

① 歐陽修：《詩本義》卷第十四“本末論”六頁 b－七頁 a 參考。

② 歐陽修：《詩本義》卷第六，《出車》，七頁 b 參考。

遇到難關，即以怎樣的標準來判斷是否符合人情呢？如此我們就要首先以歐陽修提出的四項來考察一下其經説的傾向。以他對《子衿》的解釋爲例：

> 論曰：《子衿》據序但刺鄭人學校不修爾。鄭以學子在學中有留者，有去者。毛又以嗣爲習謂習詩樂。又以一日不見如三月，謂禮樂不可一日而廢。苟如其説則學校修而不廢，其有去者，猶有居者，則勸其來學。然則詩人復何所刺哉！……據詩三章皆是學校廢而生徒分散，朋友不復群居不相見而思之辭。①

開頭的部分煞有其事地對毛、鄭展開了批判，但最後終於免不了重新又回到了《詩序》與毛、鄭，這當然使得與自身的宣言相悖，不免令人感到遺憾。趙制陽對歐陽修如此的解釋也曾提出過不符合人情的批判，歐陽修只是對鄭箋的承襲，從而偏離了自身所鼓吹爲“末”的“經師之業”。②

對歐陽修前後自相矛盾的部分提出批評是有道理的，但同時也該考察一下他的宣言在詩經學發展史上的意義。如前所述，他將“太師之職”與“經師之業”歸於兩個“末”，尤其試圖擯棄無法避免地隨自身的主觀意志恣意對詩進行解釋的經師的論述可謂是極爲卓越的見解。這給後代帶來了很多的啓發，可以説爲詩經學的大轉換播下了種子。對這一點“革命家”朱熹在《朱子語類》中給予了高度的讚揚：

> 歐陽公有《詩本義》二十餘篇，然説得有好處。有《詩本末》論云：何者爲詩之本，何者爲詩之末。詩之本不可不理會，詩之末不理會得也無妨。其論甚好。③

我們可以理解爲他給朱熹在《詩集傳》④ 中解決争議最多的“淫詩”問題給予了許多啓示。即歌頌愛情的詩人站在當事人的立場上按照傳統的觀點無法擺脱“淫亂”的嫌疑，因此不符合教化的目的。爲了解決這一問題解詩者從“第三者”的角度出發將不少歌頌愛情的詩歌解釋爲諷刺的内容，這只能説是對率真愛情表達的歪曲，將詩從主人那裏生生奪過來的行爲。朱熹試圖將這些“淫詩”重新還給詩人，由此完成了《詩經》的革命。歐陽修的“本末論”實則是給這場革命提供了重要的理論根據。由此，

---

① 歐陽修：《詩本義》卷第四，《子衿》，五頁 a 參考。

② 趙制陽：《詩經名著評介》，105 - 106 頁參考。

③ 朱熹：百衲本《朱子語類》卷 80，漢京文化事業有限公司 1980 年版，第 830 頁“三解詩”參考。

④ 現在我們看到的《詩集傳》爲朱子的第三次手稿即朱子所謂的“晚年定論”。由於遺失我們無法知道全貌，前兩次手稿均没有擺脱《詩序》解釋的傳統觀點。

從今天的角度來看歐陽修的似乎極爲平淡無奇的“本末論”使讀詩擺脱了教條的“唯一”標準，而轉換成了屬於讀者的“多樣”性的理解，這一點具有很大的意義，值得我們矚目。下面我們再來考察一下他所提出的“讀詩法”中一些值得我們關注的部分。

歐陽修主張當我們無法對詩進行準確解釋的時候没有必要勉强製造出一種説法，而是要進行“闕疑”。例如在《魯問》中，歐陽修對《魯頌》通篇過於高度評價魯僖公的武功提出了質疑。即《魯頌》中魯僖公擊敗淮夷與戎狄，收服荆舒，開墾徐宅，降服海邊蠻貊的描述與《春秋》的記録不符，因此有詩人過分誇張的嫌疑。對這樣的情況歐陽修提出了“闕疑”的方法，具體内容如下：

> 《詩》，孔子所删正也；《春秋》，孔子所修也。《詩》之言不妄，則《春秋》疏謬矣；《春秋》可信，則《詩》妄作也，其將奈之何？應之曰：“吾固已言之矣，雖然，本有所不能達者，猶將闕之是也。惟闕其不知以俟焉可也。”①

歐陽修提出的解決方案，多少會引起一見而回避的嫌疑，但它充分地體現了漢代以來“疑者闕之”的經學傳授原則，同時這一見解比起歐陽修以前牽强附會的解釋可以説是一大進步。

四、《詩本義》的問題及對後世的影響

1.《詩本義》的問題

以上我們以歐陽修的時世論爲中心對其對《詩序》的觀點及對毛、鄭的看法，同時以本末論爲中心對他提出的解放讀者對詩的“解釋權”的主張進行了考察。以此爲基礎下面將對他在《詩經》解釋過程中所出現的問題進行一下探討。詩經學史家們的意見可以説是相互比較雷同，主要是圍繞歐陽修對《詩序》的觀點展開的，下面以趙制陽的整理爲中心同時綜合整理一下其他學者們的意見。

首先，對《詩序》的理解不足。歐陽修將《詩序》並非子夏所作設定爲重要的原則。但真正進入到詩解説的具體篇章，卻牽强附會地主張《詩序》表達了聖人的心志，如漢儒一般許多地方都在追隨《詩序》②，因此對毛、鄭的批判也過度依賴於《詩序》，相反具體證明《詩序》問題之處的例子卻很少③。如前面所指出的《詩本義》没有得到高度評價的根本原因就在於它並没有很好地擺脱《詩序》。

---

① 歐陽修：《詩本義》卷第十四，“魯問”，十一頁參考。

② 詳細内容趙制陽《詩經名著評介》，120頁參考。

③ 洪湛侯曾以對《行露》《子衿》《沔水》3首的解釋爲例。具體内容洪湛侯《詩經學史》，中華書局2004年版，上册，第308頁參考。

第二，因無法脱離《詩序》而盲目相信美刺説。漢儒説詩的方法極爲簡單，即以“美”與“刺”爲兩大軸心，因此很多部分無法擺脱“陳古以刺今”説教似的舊狀。美刺説的問題可以整理爲將敘事與抒情轉化爲説理，牽強附會地將歷史人物加入對詩的解釋。歐陽修很多部分承襲了美刺説，這可以視爲一種時代的局限性，尤其是以“陳古以刺今”的方式來進行解釋及説教似的態度令人惋惜。①

第三，對風謡的認識不足。上面已經指出過，歐陽修很多部分做出了與自己提出的四種本末論背道而馳的解釋，其中由於對風謡認識的不足引起了很多誤會。這也是由於承襲《詩序》的解釋而造成的，這一點可以理解。對《召南・野有死麕》的解釋可謂是很典型的一個例子。《野有死麕》因收録於《召南》，因此與《周南》同樣引用了《詩序》的各種“説理”與“德化”，同時沿襲了《詩序》的“惡無禮”解釋。這是由於對《野有死麕》原本爲風謡體詩即民間歌謡這一點的認識不足。民間歌謡以抒情爲主並非説理，對政治并不關心的普通百姓重要的是要表現日常生活，主題與“德化”當然相差甚遠。如將其視爲民歌就非常容易做出解釋，但若生搬硬套地將其與對文王的德化或后妃之德等特定人物的“美刺”相聯繫，做出的解釋當然是與原意相違歪曲的。②

第四，缺乏時代考證。這一點可以説是北宋時期以前經學家們共同的問題。雖然不能歸於歐陽修個人的問題，但從歐陽修爲傑出的歷史學家這一點來考慮多少有些惋惜。例如，他將《二南》與文王及太姒聯繫起來進行解釋，這與二論的時世論中批判《詩序》的開頭部分提出的《關雎》爲康王政衰時期詩作的豪邁精神相距甚遠。同時在“周召分聖賢解”中做出的“二南之作，當紂之中世，而文王之初，文王受命之前也”。的解釋顯得極爲勉強。據清代崔述的考證，歐陽修對“文王稱王十年説”持極爲反對的態度，因此上述解釋與歐陽修自身的主張相矛盾。③

此外由於把主力放在對毛、鄭的批判上，對詩經的解釋只進行了三分之一，不夠完整而且不成體系。提出自身的主張時顯得不夠犀利，與朱熹及鄭樵比較起來使人覺得缺乏魄力，同時書中如很多學者所指出的還有許多自相矛盾的地方。④

總而言之，歐陽修雖然具有先驅者的意義，可最終没有擺脱“經師”對詩的解釋這樣的局限性，洪湛侯對他簡單的一句評價道出了對他的痛惜之情。“所以歐陽修只能

① 舉一個例子在《鄭風・女曰鷄鳴》中歐陽修並未脱去道學家的面貌。“刺不説德也。陳古義以刺今，不説德而好色也。”

② 具體内容見趙制陽《詩經名著評介》118 頁參考。此外洪湛侯曾以對《漢廣》《女曰鷄鳴》《東門之枌》的解釋爲例。詳細内容其本人的《詩經學史》308 頁參考。

③ 具體内容見趙制陽《詩經名著評介》，119 頁參考。

④ 但是戴維認爲歐陽修因極爲勇敢地進行“闕疑”，因此只對 114 篇進行了解釋，他的評價有時未免使人覺得在過度試圖爲歐陽修開脱。詳細内容見其著書《詩經研究史》，湖南教育出版社 2001 年版，276 頁。

是：‘詩經宋學’的啓蒙大師而不可能成爲宋學的主將。”①

以上我們整理了歐陽修《詩本義》的問題所在，這其中當然包含着個人無法左右的時代局限性。但在詩經學研究史上歐陽修具有的意義與這些錯誤及局限性比較起來，我们更應該放在他給予後人的啓示與影響，下面我們就來考察一下他對後人的影響。

2. 對宋代詩經學的影響

歐陽修對後世的影響主要局限於宋代詩經學，這與其説是因爲歐陽修影響力的不足，不如説尤其南宋以後他的學説被廣泛接受，而帶來了詩經研究根本性的轉變。如此，歐陽修可以稱得上由朱熹完成的詩經革命的先驅者之一。下面分同時代與南宋來考察一下他對後人的影響。

（1）對蘇轍的影響

在出仕的過程中曾得到過歐陽修的幫助，按照當時的慣例與歐陽修結成師生關係的蘇轍在詩經學方面也留下了具有先驅者意義的《詩集傳》。② 蘇轍在著書中指出只保留《詩序》開頭的第一句，緊接着他論述道：

> 其言時有反復煩重，類非一人之辭者，凡此皆毛氏之學，而衛宏之所集録也。③

事實上首先主張應只將《詩序》首句保留下來的並不是歐陽修而是唐代的成伯璵。成伯璵的《毛詩指説》被稱爲按照個人的見解對《詩經》進行解釋的第一本書，在這本書中成伯璵指出“子夏惟裁初句耳，至也字而止……其下皆是大毛公自以詩中之意繫其辭也”。歐陽修接受了此觀點，而且在自己的《一義解》中積極實踐，對20首中的8首只記録了《詩序》的首句。與此同時，對於《詩序》的首句也根據自己的判斷進行了部分刪除，比較周密地體現了自身的見解。例如，《板》與《召旻》的《詩序》中均出現了“凡伯”兩字，可《板》《詩序》的被刪除了，《召旻》的《詩序》中則仍然保留着。即在《板》中認爲不是“凡伯”所作的。在《閟宫》《詩序》的“頌僖公能復周公之宇也”中，“能復周公之宇”6字被刪除了，只留下了“頌僖公也”4字，這是出於僖公不可能“能復周公之宇”的判斷。④

非常短的首句中如有不必要的部分也進行了刪除，如此大膽的態度對與自己有着緊密師生關係的蘇轍也給予了某種啓發。再進一步，這對日後詩經學史中鄭樵對《詩序》

① 洪湛侯：《詩經學史》上册，309頁。

② 日後爲與朱熹《詩集傳》相區别稱爲《潁濱詩集傳》。

③ 洪湛侯：《詩經學史》上册，309頁再引用。

④ 關於成伯璵以下所引内容與上注同。

更加大膽的攻擊，朱熹對《詩序》採取的“棄”的革命性的構想也帶來了一定的影響。

（2）對鄭樵的影響

如果説蘇轍消極地採取了只保留《詩序》首句態度的話，鄭樵則最爲大膽地對《詩序》展開了攻擊。他的著書題目就取名爲《詩辨妄》。

設如有子夏所傳之《序》，因何齊、魯間先出，學者卻不傳，反出於趙也？《序》既晚出於趙，於何處而傳此學？①

鄭樵如此的見解由於《詩辨妄》的失傳我們無法瞭解其全貌，但可以推測他的攻擊雖然猛烈，但論據展開並不會十分周密。但他如此大膽的主張對日後清代的崔述帶來了影響，崔述在《讀風偶識》中展開了詳細的論證②。可是鄭樵自身從未承認過從歐陽修那裏受到過影響，他的 80 多種著書包括《通志》在內在資料的嚴謹性方面受到了批判，有人指出這是由於他終生居住在福建莆田很難有機會看到中央的書籍，考慮到這一點鄭樵親眼看到歐陽修著書的可能性比較小，由此鄭樵對《詩序》充滿激情的抨擊與歐陽修似乎没有直接的關係。但一連串的過程如果按照時間排列來看，兩人都主張《詩序》的作者並非子夏，歐陽修可以説是率先提出了此觀點，而鄭樵的主張也承其而起。至少，詩經學的變化過程中兩個人基本上是同軌的。但歐陽修的主張給予了南宋初期朱熹極大的影響，稱得上是引起大規模革命的導火索。

（3）對朱熹的影響

活躍於南宋初期的朱熹不只是因爲在理學方面，而且由於在學問的各個方面所取得的豐碩成果被人們稱作自鄭玄以來數千年才出現的一位大師。他對詩經學的影響格外突出。上面已經談到，他正式並系統地對《詩序》提出了批駁，推倒了自漢代以來被視爲詩經學千古不變之説的毛、鄭經説的許多部分，提出了“淫詩説”等改革性的詩説，他的許多學説至今仍無懈可擊，爲世人所接受。清代以後，對他的詩經説的質疑與批判不斷，是由於朱子學在其直系弟子之後漸漸地變身爲道學權力集團被批爲另一種的獨裁文化權力，問題並不在於朱熹。至少在詩經學他所佔的地位是無法取代的。當然朱熹有如此的成果，得益於很多先輩對他學問與思想的傳授。其中朱熹對《詩本義》給予了高度的評價，這種評價在《朱子語類》中隨處可見。

---

① 鄭樵的《詩辨妄》因已經失傳，無法看到其全貌。1933 年疑古派學者顧頡剛在各種典籍中進行了輯佚并加注，編成“辨僞叢刊之一”由樸社刊行。同上注，3 頁參考。

② 崔述的《讀風偶識》雖然以單行本出版，但由顧頡剛加標點加入副題的《崔東壁遺書》最爲有名。1963 年臺灣世界書局編輯爲 8 册發行，收録於第 5 册。

> 毛鄭，所謂山東老學究，歐陽會文章，故詩意得之亦多，但是不合以今人文章如他底意思去看，故皆局促了詩意。
>
> 因言歐陽永叔本義，而曰：理義大本，復明於世固自周程，然先此諸儒亦多有助。舊來儒者，不越注疏而已。至永叔、原父、孫明復諸公，始自出議論，如李泰伯文字亦自好。此是運數將開，理義漸欲復明於世故也……便如《詩本義》中辨毛、鄭處，文辭舒緩，而其説直到底不可移易。①

朱熹雖然自稱之所以不相信《詩序》是受了鄭樵的影響②，但是我們把《詩本義》與《詩集傳》做一下比較就能夠發現他接受歐陽修觀點的内容佔的比重更大。現代學者洪湛侯認爲朱熹完全接受歐陽修見解的部分至少有20多篇，但他没有全部採用被歐陽修判定爲臆説或毛、鄭所做出的錯誤的解釋。尤其是“一義解”20篇中，擯棄毛、鄭而採用歐陽修觀點的部分在10篇以上。③

我們更應該矚目的是歐陽修對朱熹直接的影響，即關於“淫詩”問題這一部分。歐陽修認爲《漢廣》《野有死麕》《靜女》《氓》《東門之枌》等均非“刺淫詩”，而是墮入愛河的主人公自己所作的“淫詩”。他的這一觀點指出詩歌所歌頌的感情主體並非第三者而是詩人自己。這一見解可以説是意義重大。④ 歐陽修的這一觀點給予了朱熹極大的啓示，以至於朱熹後來提出的“淫奔者自作”這一觀點作爲極其自然而客觀的見解爲世人普遍接受。即將詩歌主人定位於戀愛的當事人，這一觀點對朱熹的淫詩説具有先驅者般的劃時代的意義，可以稱得上詩説的轉捩點。尤其是歐陽修首次將視線集中於“淫奔”這一問題所在，而且對於“淫詩”問題有些地方比朱熹顯得更加大膽。例如，歐陽修將《野有死麕》的“起士誘之”解釋爲“起士遂誘而污以非禮”，“其卒章遂道其淫奔之狀”⑤，將其視爲“淫奔”之詩。朱熹則認爲由於《野有死麕》收録於《召南》，而不能將其歸入“淫奔”的範圍，兩者比較起來即可發現歐陽修所提出的詩説更加大膽。此外他將《東門之枌》也歸入“淫奔之辭”，做出了“陳俗男女喜淫風……男女淫奔多在國之郊野，所謂南方之原者，猶東門之墠也”⑥ 如此帶有批判性的解釋。這

---

① 朱熹：百衲本《朱子語類》，漢京文化事業有限公司1980年版，卷80，第830頁“三解詩”參考。

② 朱熹：百衲本《朱子語類》，漢京文化事業有限公司1980年版，卷80，“一綱領”，825頁參考。

③ 洪湛侯：《詩經學史》上册，311頁參考。

④ 趙制陽批評地指出歐陽修之所以無法相信淫奔之説，是由於他没有擺脱道學家經典化、倫理化的觀點。而筆者認爲這一看法是因過於糾纏於“淫”字而産生的。“淫詩”這一用語不應從道學者的角度出發與其所慨嘆的“淫亂”之意相聯繫，而應該視爲宋代“男女相悦之辭”的意味。趙制陽將這一部分視爲歐陽修的問題，筆者卻認爲是其最突出的優點所在。趙制陽的觀點《詩經名著評介》122頁參考。

⑤ 歐陽修：《詩本義》卷第二，《野有死麕》，七頁參考。

⑥ 歐陽修：《詩本義》卷第二，《野有死麕》，卷第五，《東門之枌》，一頁b參考。

與朱熹所做出的“男女聚會歌舞”比較温和的解釋形成了對比。整體上來看並未完全脱離經師氛圍的歐陽修在這一部分爲何能夠提出如此大膽的詩説呢？從下面引用的書信我們多少能夠窺見他當時的心理。

詩三百五篇，作者非一人。羈臣與奔妾，桑濮乃淫奔。其言或可取，龐雜不全純，子雖爲佛徒，未易廢其言。其言在合理，但懼學不臻。①

換而言之在歐陽修看來，實際上詩三百篇的作者極多，因此不可能都如聖賢所説的那樣，其中或許也無法避免地會夾雜着一些“淫奔詩”，正是由於這樣的認識才有可能産生當時看來極爲大膽的解説。

以上簡單地考察了一下《詩本義》所帶來的影響，我們可以引用戴維如下的評價作爲一個小結。

《詩本義》十六卷，是全面系統地對《詩經》按歐陽修己意進行討論的著述，此書上繼魏晉駁正毛、鄭的衣缽，下啓有宋以經證道之先河，不過，其體例嚴謹，立論平實，不像魏晉王肅者流出於門户私見，肆意譏彈，而是從理義上推論并且打破唐以來《毛詩正義》給《詩經》學界帶上的牢籠，對《詩經》學研究不僅在結論上作出正確的論證，更重要是在思想方法上開闢了新的道路。②

五、結語

以上我們考察了歐陽修《詩本義》的時代背景、意義及詩經學的問題和貢獻，以及他對後世的影響。對以上内容我們大致可以整理如下：

首先，歐陽修不僅作爲北宋的政治家，積極推行慶曆新政，而且作爲歷史家、學者、詩人、詞人爲後人留下了極爲豐富的遺産。同時作爲《詩經》研究者也做出了不小的貢獻。他所著的《詩本義》是代表北宋詩經學的重要著作，對朱熹詩經革命的發生起到了橋梁般的作用。

第二，産生如此變化的社會因素可以整理爲北宋的崇尚氣節及雕版印刷術的發達、書院的設立、科舉考試制度的變化、黨争的激化等。由理學根本性的大變革而派生出來的“以己意解經”風潮以及“疑經風”起到了極大的作用，同時這背後的“慶曆新學

① 歐陽修：《居士集》卷4，《酬學詩僧惟悟》。洪湛侯：《詩經學史》上册，312頁再引用。

② 戴維：《詩經研究史》，湖南教育出版社2001年版，第272頁參考。

風”也不容忽視。

第三，《詩本義》涉及了全部诗歌的三分之一，114 首。後半部卷 13 的“一義解”與“取捨義”在學問上的價值並不高，卷 14 以下由“時世論”與“本末論”組成的“二論”與由“豳問”“魯問”“序問”組成的三問是歐陽修詩經觀的核心。但卷 15 的由“詩解統序”與其後 8 篇較短的議論所組成的“通解九篇”内容不夠嚴謹，立論也有許多錯誤與矛盾，可以忽略。

第四，歐陽修雖然認爲《詩序》的作者並非子夏，但與孟子相合的部分比較多，基本上信賴《詩序》，由此歐陽修遭到了許多學者的批判。也正是由於這一點他没有完全擺脱《詩序》的影響，無法得到比較恰當的評價。但他並不是盲從於《詩序》，他把《關雎》與《鹿鳴》視爲衰世之詩是一個比較典型的例子。同時在“時世論”批判中，他在一些地方修改了毛、鄭的錯誤，被後人接受爲一種定説。

第五，在“本末論”中他強調最基本的是瞭解詩人的創作意圖與聖人原本的意圖，並把這視爲根本。把“太師之職”與“經師之業”視爲次要的，歸於“末”。而接近“本”的原則則在於“以人情求之”。

第六，如歐陽修在《野有死麕》解釋中所體現的大膽質疑的態度，他給蘇轍、鄭樵、朱熹都帶來了影響，尤其給朱子探求的最核心的淫詩問題帶來了很大的影響。

第七，歐陽修詩經學的缺點可以整理爲：整體看來對《詩序》的理解不足，盲從於美刺説，没有擺脱“陳古以刺今”的舊態，缺乏對風謡的認識，時代考證不足，不夠全面，缺乏系統性及魄力。因此他只能被稱爲“詩經宋學”啓蒙大師而無法成爲主將，的確令人惋惜。

第八，儘管如此，《詩本義》打破了《毛詩正義》對詩經學的束縛，它開闢了詩經學研究思想及方法的新路，這一點功不可没。

正如戴維所指出的，或許是由於被歐陽修的大名所掩蓋，在他諸多方面所取得的業績當中，只佔其中一部分的詩經學人們並没有予以很高的重視。對歐陽修《詩本義》的評價，正如戴維曾經説，勇於疑古，打破《毛傳》的拘束，其规模与成果远超过前人，無论思想上還是方法上，给《詩经》研究的啓发至大。宋代詩经研究方向的变化实由欧阳修始，欧阳修又敢於阙疑，可避免牵強附会。①

換而言之，正如本文開頭所講的，歐陽修的《詩本義》不衹是代表着北宋詩經學的著作，同時它對南宋初期“詩界革命家”朱熹學説的出現起到了橋梁般的作用，這一點值得我們矚目。當然他的學説仍然没有擺脱舊説的束縛，對許多有争議的問題大部分保持着保守的態度，論據薄弱的部分隨處可見，頗爲主觀地僅憑感情來進行判斷的部

① 戴維：《詩經研究史》，湖南教育出版社 2001 年版，第 276 頁參考。

分也存在很多。儘管如此，歐陽修所提出的許多令人耳目一新的詩説使他當之無愧地成爲了先於朱熹《詩集傳》，開創宋代詩經學疑古的先驅者。同時也對後世的學者打開新的局面給予了極大的啓發。筆者對於歐陽修解開了“百世之迷惑”如此的讚美之詞雖然不敢完全苟同，但確信歐陽修的詩經學值得我們重新進行考察並進一步探索其詩經學的意義所在。

参考文献

[1] 毛亨、鄭玄:《毛詩鄭箋》,四部備要本,臺灣中華書局,1979,臺北。

[2] 歐陽修:《詩本義》,四部善本叢書本,臺灣藝文印書館影印本,臺北。

[3] 朱熹:百衲本《朱子語類》,漢京文化事業有限公司,1980,臺北。

[4] 王應麟:《翁注困學紀聞》,臺灣世界書局,1974,臺北。

[5] 朱彝尊:《經義考》,中文出版社,1978,臺北。

[6] 清乾隆敕撰:《四庫全書總目提要》,漢京文化事業有限公司,1981,臺北。

[7] 皮錫瑞:《經學歷史》,河洛圖書出版社,1981,臺北。

[8] 鄭樵:《詩辨妄》,顧頡剛輯佚,樸社,1933,北京。

[9] 趙制陽:《詩經名著評介》,臺灣學生書局,1983,臺北。

[10] 林葉連:《中國歷代詩經學》,臺灣學生書局,1993,臺北。

[11] 洪湛侯:《詩經學史》,中華書局,2004,北京。

[12] 大衛:《詩經研究史》,湖南教育出版社,2001,長沙。

[13] 裴普賢:《歐陽修詩本義研究》,東大圖書公司,1980,臺北。

[14] 車行健:《詩本義析論》,里仁書局,2003,臺北。

[15] 郭盧鳳:《歐陽修經學研究》,《中國學研究》第5輯,首爾。

[16] 許倬云:《從歷史看領導》,洪健全教育文化基金會,2007,臺北。

日本江户時期伊藤家學對朱熹《詩經》二《南》觀的批評

臺灣“中研院” 張文朝

摘　要　本文目的在闡明伊藤家學對朱熹二《南》觀的批評，以歸納朱熹以前及其二《南》觀，研讀文本，統計、分析、比較各學者的論述爲研究方法，從而得到以下結論，即：一、“南”字的定義：中國由《傳》《序》《箋》《疏》等實質疆域，轉向抽象的服順、樂名。伊藤家學既非漢、唐傳統二《南》觀，亦非朱熹新説，而是個別性的觀點。如仁齋、東涯無解，東所、蘭嵎受程大昌“《南》是樂名”的影響。二、在文王德化觀上，開始於毛《傳》，明確於《序》《箋》《疏》，完備於朱熹。仁齋先從朱熹，後以《序》批朱，謂不應明指王化爲文王之化。此爲立場不同，無關對錯。東涯批判朱熹以文王之化解詩爲誤，甚爲合理，值得深思。東所卻比朱熹更強調文王德化。蘭嵎與朱熹都批評《桃夭序》“后妃不妒忌”之説，但朱熹是就文王風化言其效，而蘭嵎則就現實面批評《序》説是不可能實現的事。於此可見伊藤家學二《南》觀的轉變。三、仁齋謂讀二《南》詩篇一可忘勞，二可得《雅》《頌》之意義血脈，二《南》是詩之入門、爲政之關鍵，此等是其新見。本文爲學界所未曾有的研究成果，透過本文或可映現出中、日研究《詩經》學的版圖梗概，並藉由本文使後學者能在此議題上有新的認識。

關鍵詞　江户時期　古義學派　朱熹　詩經　二南觀

一、前言

朱子學於十四世紀傳到日本後，先流行於僧侣之間，後及於博士家，深受知識階層所重視而加以研究。而朱熹（1130－1200）所撰的《詩集傳》，也因岐陽方秀（1363－1424）於應永十年（1403）以此講學，而開啓《詩集傳》在日本傳播的序幕。[①] 這時期

① 關於《詩集傳》在日本的傳播，可參考張文朝著：《朱熹〈詩集傳〉在日本江户時代（1603－1868）的流傳》，《漢學研究通訊》第32卷第1期，2013年2月，第9－22頁。

的博士家學也將之與《毛詩》做比較研究、講學，而留下可觀的成果，其中最爲後人所常提的就是清原宣賢（1475－1550）的《毛詩抄》。進入江户時代（1603－1868）之後，朱子學因藤原惺窩（1561－1619）、林羅山（1583－1657）等人的推廣，而成爲顯學，無論是贊同或反對，無人不以朱子學爲學習對象，其中屬於古義學派的伊藤家學即以批評朱子學而成爲當時學問重鎮之一。

本文以研讀伊藤家各學者所著文本，統計、分析、比較各學者的論述爲研究方法，探討伊藤家學如何看待朱熹《詩經》二《南》觀，而將重點放在伊藤家批評朱熹二《南》觀的論述上。但在進入主題之前，須對中國在傳統《詩經》學史上如何討論二《南》，討論的重點又是什麽，以及朱熹在二《南》觀上如何承前啓後等問題有所交代，所以先歸納朱熹以前的二《南》觀論述，接着就朱熹的二《南》觀做分析，以見新舊二《南》觀的異同。再以伊藤仁齋、東涯、東所、蘭嵎等古義堂各堂主所著《詩經》相關之文本爲依據，掌握各堂主的二《南》觀，分析、比較各堂主間及各堂主與朱熹間之差異，看看日本古義學派創始者伊藤仁齋在二《南》觀上如何回應朱熹的論點，歷代古義堂堂主如何繼承仁齋的二《南》觀，有無新觀點，對朱熹的批評是否恰當、公允。以見伊藤家二《南》觀的傳承與創新，及對朱熹觀點的批評情況。最後總結本文所論，並論述本文之研究意義與價值，以爲結論。

二、朱熹的二《南》觀

朱熹在《詩集傳》卷一解《周南》時，對於二《南》的“南”字解釋説：

> 周，國名。南，南方諸侯之國也。周國本在《禹貢》雍州境内岐山之陽，後稷十三世孫古公亶甫始居其地，傳子王季歷，至孫文王昌，辟國寖廣。於是徙都于豐，而分岐周故地以爲周公旦、召公奭之采邑，且使周公爲政于國中，而召公宣佈于諸侯。於是德化大成於内，而南方諸侯之國，江、沱、汝、漢之間，莫不從化，蓋三分天下而有其二焉。①

所以二《南》的“南”是指南方諸侯之國，以範圍而言，是在江、沱、汝、漢之

① 朱熹著：《詩集傳》，收入朱傑人校點：《朱子全書》第1册，上海古籍出版社2002年版，第401頁。

間。其實這是根據傳統經學的舊説而言的[①]，漢代魯、齊、韓、毛四家傳《詩》，迨鄭玄融四家之説於一爐，爲毛《傳》作《箋》，三家失色，陸續亡佚，全文已不可得而閱，所以只能透過各家對三家《詩》的輯佚或補遺，略窺一二而已。毛《詩序》於二《南》二十五篇試圖建構一幅由《周南》的后妃之德，感化《召南》夫人等眾妻室，所形成的理想“内助”藍圖。這是漢代二南觀與先秦不同之處。而其解二《南》之“南”，謂“南，言化自北而南也”，可知王化的途徑是自周公、召公治理之領域以達南方之國，即《漢廣》《甘棠》等《序》中所謂“南國”“江、漢之域”。以《禹貢》的地理位置而言，周在雍州，其南爲梁州。所以《周南》十一篇中，前八篇都以歌頌后妃之德爲主[②]，而《召南》十四篇中，也有八篇描寫諸侯、卿大夫之夫人、妻室、王姬之美德[③]，合二《南》二十五篇中有八篇論及文王之化[④]。這幅藍圖在《詩序》成書的時代雛型已然呈現，但尚未建構完整。雖然這幅理想的“内助”藍圖尚未完備，卻是對後世起了重要的影響作用。

毛《傳》解，從其解二《南》的用語而言，如王化、王后共荇菜以事宗廟、風化天下（《關雎》），夫人執蘩菜以助祭（《采蘩》），信（《麟之趾》），禮（《麟之趾》《草蟲》《行露》《野有死麕》）等關鍵字來看，毛《傳》確實也有王化而使后妃夫人成爲“内助”的思想。但是《傳》卻祇在解《何彼襛矣》提到文王，且與文王之化無關，這意味着毛《傳》的“王化”不一定特指“文王之化”。

毛《傳》解《樛木》“南有樛木”之南爲“南土也”、《漢廣》“南有喬木”之南爲“南方”，都是未確定何地的南方、南土，只有《草蟲》“陟彼南山”之南山爲“周南山也”[⑤]，稍微可以知道與周地有關，但也是模棱兩可的解釋，可説是周國中的南山，也可以看成周國以南的某山。毛《傳》中“南”的概念或範圍，並不如《序》中的那麼確切，若毛《詩序》先於毛《傳》，則毛《傳》大可依《序》解“南”，但事實上毛《傳》卻未如此解釋，這是否意味《序》後於《傳》呢？值得思考。

---

① 近人有新的詳細看法，例如裴溥言認爲“二南共佔今河南省黄河以南的大部分，陝西省陝南一角，湖北省長江以北的大部分地區。而以河南陝縣爲中線劃分東西。依西周地理言，則二南之北與魏、晉、衛三國以河爲界；東以蔡國與陳爲界；南以長江與楚相接；西則不涉岐周，更不到巴蜀。到東周時，召南始西與秦爲鄰，南受楚侵；而周南地區，已爲王風、鄭風取代”。裴溥言著：《〈詩經〉二南時地異説之研討》，收入臺靜農先生八十壽慶論文集編輯委員會編撰：《臺靜農先生八十壽慶論文集》（聯經，1981 年 11 月），第 743 – 781 頁。文幸福更詳細地分析了南有南化説、樂調説、南國南土説、南面説、詩體説、楚風説、以篇章數言南説，但他以爲南是一種樂器。又以爲分周召乃是民之所得有深淺之故。見文幸福著：《詩經周南召南發微》，學海出版社 1986 年版，第 93 – 145 頁。

② 此八篇爲《關雎》《葛覃》《卷耳》《樛木》《螽斯》《桃夭》《兔罝》《芣苢》。

③ 此八篇爲《鵲巢》《采蘩》《草蟲》《采蘋》《殷其靁》《小星》《江有汜》《何彼襛矣》。

④ 此八篇爲《漢廣》《汝墳》《羔羊》《摽有梅》《江有汜》《野有死麕》《騶虞》。

⑤ 以上三詩之引文分見於［漢］毛亨傳，［漢］鄭玄箋，［唐］孔穎達疏，朱傑人等整理：《毛詩注疏》，上海古籍出版社 2013 年版，《樛木》，第 53 頁、《漢廣》，第 70 頁、《草蟲》，第 94 頁。

鄭《箋》在解釋二《南》各詩篇時，解經四十八次，解《傳》七十四次，與《傳》不同解有九處，依《序》解有十七處，自己意見有二十處。由此可見，就二《南》二十五篇言，《箋》以解《傳》最多，其次是解經，再次是自己的意見，頗合於《六藝論》所自述的“注《詩》宗毛爲主，毛義若隱略，則更表明。如有不同，即下己意，使可識别也”①。而且鄭玄著《周南召南譜》謂“二國之詩，以后妃、夫人之德爲首，終以《麟趾》《騶虞》。言后妃、夫人有斯德，興助其君子，皆可以成功，至於獲嘉瑞”②。也已然點出此“内助”的核心在后妃、夫人，而“助”的内涵則是以協助“祭祀”爲主。鄭玄既注毛《詩序》，又著此《譜》，則鄭玄箋《詩》，如何能無此意思呢？實際檢視鄭《箋》二《南》各詩篇中出現“助”者，多指后妃得賢女之助，與后妃、夫人“内助”其君子的物件不同，爲什麼有這種的差異呢？會是鄭玄特意安排了一個環環相扣的連環助嗎？亦即君王得后妃之“内助”，后妃又得賢女之樂助，以此顯彰王化之效。

鄭玄箋《詩》《序》，著《譜》，其中對“南”的看法比《傳》《序》更爲確切。于《周南召南譜》中謂：“周、召者，《禹貢》雍州岐山之陽地名。”“至紂，又命文王典治南國江、漢、汝旁之諸侯。”“于時三分天下有其二，以服事殷，故雍、梁、荆、豫、徐、揚之人，鹹被其德而從之。”“其得聖人之化者，謂之《周南》；得賢人之化者，謂之《召南》。言二公之德教，自岐而行于南國也。”於箋《詩序》“南，言化自北而南也”中謂：“從北而南，謂其化從岐周，被江、漢之域也。”於毛《傳》解《樛木》“南有樛木”之南爲“南土也”之處，解釋説：“南土謂荆、揚之域。”③由此可見，二《南》的“南”字，從毛《傳》《詩序》到鄭玄之著，逐漸呈現出明顯的輪廓。可見兩漢的看法是就實際範圍做説明。

唐代孔穎達《毛詩注疏》集《詩經》、毛《傳》《序》、鄭《箋》於一書，融合自漢至唐的《詩經》學於一爐，解説可謂博矣詳矣。而於二《南》之詩則謂：“二《南》，文王之詩而分系二公。”“此二《南》之詩，文王時作。”“二《南》之風，實文王之化，而美后妃之德者，以夫婦之性，人倫之重。”“《周南》《召南》二十五篇之詩，

① 鄭玄著：《六藝論》，葉 2b，收入山東文獻集成編纂委員會編：《山東文獻集成》第 1 輯，山東大學出版社 2006 年版，第 48 - 414 頁，上欄。

② ［漢］毛亨傳，［漢］鄭玄箋，［唐］孔穎達疏，朱傑人等整理：《毛詩注疏》，上海古籍出版社 2013 年版，第 6 頁。

③ 以上六引文分見於《毛詩注疏》，上海古籍出版社 2013 年版，《周南召南譜》，第 1、2、3、5 頁，《關雎》，第 24 頁，《樛木》，第 53 頁。今人趙制陽認爲：“二南的地理位置，遠及黄河、汝水、漢水、長江之間，與二公采邑岐山之南百里地區毫無關連。又召公采邑原屬岐山之西，與江、漢、汝墳方向正好相反。鄭玄《詩譜》云：‘言二公之德教自岐而行于南國也。’這是不大可能的事。況且據《史記》所載，二公分陜而治，已在成王之世。文王時周、召二公尚尚無采邑，何來二南之化？”見趙制陽著：《〈詩經·二南〉有關問題的討論》，收入同氏《詩經名著評介》第二集，五南圖書出版公司 1993 年版，第 109 頁。

皆是正其初始之大道，王業風化之基本也。”“二《南》皆是正始之道，先美家内之化。”① 從此數語中已可以確定孔《疏》的基本思想是以二《南》是文王之詩，指出是文王之道德使后妃化於内，擴及南國，由此開始奠定了周朝王業風化的基礎。但因爲是疏通《傳》《箋》之義，所以只能再回歸於后妃德化之説。這可以説是從漢代以來到唐代的傳統觀點的融合。

“自唐以來，説《詩》者莫敢議毛、鄭，雖老師宿儒，亦謹守《小序》。至宋而新義日增，舊説幾廢，推原所始，實發于修。”② 這是《四庫全書提要》爲北宋歐陽修(1007－1072)《詩本義》所做的説明，實已道出自唐至宋的《詩經》學現象之大概，而歐陽修實立於《詩經》學新舊學説分水嶺之地，有承先啓後之功。《提要》又稱《詩本義》“其立論，未嘗輕議二家，而亦不曲徇二家。其所訓釋，往往得詩人之本志”③。則可知歐陽修之著《詩本義》，以詩人之志爲論，而議論於毛、鄭之説。④ 於二《南》一本於歌詠文王之德及太姒内助之詩，而對毛、鄭論二《南》詩之《序》多所批判，以爲失者多⑤，如在《關雎》篇謂：“《關雎》本謂文王、太姒，而終篇無一語及之。”他認爲毛、鄭太不近人情。又指出二《南》詩之《序》多稱后妃之德化，遂令人有“文王之興，自大姒始”的錯覺。⑥ 這是他與傳統《詩經》學説最大不同之處，也啓發了朱熹的二《南》觀。另外，對鄭玄《詩譜·周南召南譜》以爲文王三分天下有其二，是指九州中的六州之説，頗有意見，認爲那是孔子“言天下服周之盛德者過半”之意，

① 以上五引文分見於《毛詩注疏》，上海古籍出版社2013年版，《周南召南譜》第4頁、第8頁，《關雎》第5頁、第25頁、第26頁。

② ［清］永瑢、紀昀等撰：《欽定四庫全書總目》，臺灣商務印書館1983年版，第326頁，上欄。

③ ［清］永瑢、紀昀等撰：《欽定四庫全書總目》，臺灣商務印書館1983年版，第326頁，上欄。

④ “毛、鄭二學，其説熾辭辨，固已廣博，然不合於經者，亦不爲少。或失於疎略，或失於繆妄。蓋《詩》載《關雎》，上兼商世，下及武、成、平、桓之間，君臣得失，風俗善惡之事，廣闊遼邈，有不失者鮮矣，是亦可疑也。予欲志鄭學之妄，益毛氏疎略而不至者，合之於經。”歐陽修著：《詩本義·詩解統序》，收入中國詩經學會編：《詩經要籍集成》第4册，學苑出版社2002年版，第259頁，上欄－下欄。

⑤ 歐陽修著：《詩本義·序問》，收入中國詩經學會編：《詩經要籍集成》第4册，學苑出版社2002年版，第258頁，下欄。歐陽修於書中多處提及二《南》其《序》多失，如於《麟之趾》《野有死麕》中所論即可見。

⑥ “言《詩》者過爲稱述，遂以《關雎》爲王化之本，以謂文王之興自大姒始，故於衆篇所述德化之盛，皆云后妃之化所致，至於天下太平。《麟趾》與《騶虞》之瑞，亦以爲后妃功化之成效，故曰：《麟趾》，《關雎》之應；《騶虞》，《鵲巢》之應也。何其過論歟？夫王者之興，豈專由女德？”見歐陽修著：《詩本義·時世論》，收入中國詩經學會編：《詩經要籍集成》第4册，學苑出版社2002年版，第254頁，上欄。

而非實指國土之大小，批判毛、鄭“欲尊文王，而反累之”①。

南宋程大昌（1123－1195，字泰之，徽州人）謂：“蓋《南》《雅》《頌》，樂名也，若今樂曲之在某宫者也。”② 以爲《南》是樂名，這是與以往不同的另一種解釋。可見歐、程兩人的看法趨於抽象的解釋。

朱熹治《詩》，初依《詩序》解經，後得鄭樵（1104－1162）攻《序》的啓示，反思《詩序》的功過，認爲《詩序》“附會書史、依託名謚、鑿空妄語”③，因此著《詩序辨説》，以“論其得失”④，而主張就詩本文理解詩義。本文將針對《詩序》與朱熹《詩序辨説》《詩集傳》對二《南》二十五篇詩的解釋做一比較，分析其説，以見其異同。

朱熹受歐陽修的影響，在《關雎》篇已將其中的后妃指定爲大姒，則王化自然也就是指文王之化。所以《詩集傳》直言“文王生有聖德，又得聖女姒氏以爲之配”⑤，而由家至國化行，由此可知朱熹依《序》説將《關雎》定調爲“王化之基”。《葛覃》篇，朱熹認爲是“后妃既成絺綌，而追賦其事”之詩，並非如《序》所言是還在父母家時之詩，批判《序》解詩“淺拙”。《卷耳》，朱熹只承認《序》説“后妃之志也”爲正，其餘都是穿鑿附會之説，而《詩集傳》以爲是后妃思念文王之詩，則后妃之志在於思。而《樛木》《芣苢》《汝墳》《采蘩》《采蘋》《甘棠》《行露》《小星》等八篇的《序》解，朱熹認爲還算説得過去，所以在《辨説》中，没有提出任何辨言，而在《詩集傳》中，朱熹除了《樛木》“后妃逮下無嫉妒之心”、《小星》“南國夫人承后妃

① “孔子曰：三分天下有其二，以服事殷。蓋言天下服周之盛德者過半爾。説者執文害意，遂云九州之内，奄有六州。故毛、鄭之説，皆云文王自岐都豐，建號稱王，行化於六州之内，此皆欲尊文王，而反累之爾。”見歐陽修著：《詩本義・野有死麕》卷2，收入中國詩經學會編：《詩經要籍集成》第4册，學苑出版社2002年版，第170頁，上欄－下欄。關於“三分天下而有其二”的説法，今人趙制陽有類同的看法，他認爲：“這是孔子對文王溢美之詞。如以爲文王實已據有六州之地，自封王號，同時又奉命爲西伯，專事征伐；文王即成爲陽奉陰違的人，如何聖德之有？況且商紂暴戾成性，殺大臣如棄敝屣，文王有遭彼囚禁與烹子之痛，怎敢做抗命奪權的事？故漢儒説文王曾據有六州之地，受命稱王，實在是冤枉了文王。”見趙制陽著：《〈詩經・二南〉有關問題的討論》，收入同氏《詩經名著評介》第二集，五南圖書出版公司1993年版，第110頁。另有一種看法以爲《南》是南音，如［秦］吕不韋（？－前235）撰，［東漢］高誘注：《吕氏春秋》：“禹行功見塗山之女，禹未之遇而巡省南土。塗山氏之女乃令其妾待禹於塗山之陽。女乃作歌，歌曰：‘侯人兮猗’實始作爲南音（高注：南方國風之音），周公及召公取風焉，以爲《周南》《召南》（高注：取塗山氏女南音爲樂歌）。”卷6，第6b－7a頁，收入《景印文淵閣四庫全書》第848册，臺灣商務印書館1983年版，第318頁，上欄－下欄。此説後爲南宋程大昌（1123－1195）等所接受。

② ［南宋］程大昌著：《考古編》，《詩論一》，葉2a，收入《景印文淵閣四庫全書》第852册，臺灣商務印書館1983年版，第852－3頁，上欄。

③ 朱熹著：《詩序辨説》，收入朱傑人校點：《朱子全書》第1册，上海古籍出版社2002年版，第361頁。今人尚繼愚認爲《詩序》有妄生美刺、隨文生義、穿鑿附會三大弊病。見尚繼愚著：《詩集傳・提要》，收入中國詩經學會編：《詩經要籍集成》第6册，學苑出版社2002年版，第132頁。

④ 朱熹著：《詩序辨説》，收入朱傑人校點：《朱子全書》第1册，上海古籍出版社2002年版，第353頁。

⑤ 朱熹著：《詩集傳》，收入朱傑人校點：《朱子全書》第1册，上海古籍出版社2002年版，第402頁。

之化，能不妬忌以惠其下”，將二詩歸之后妃之外，其餘都系諸文王。可看做是朱熹的新説。

《詩集傳》注《螽斯》詩爲“比也”，朱熹以爲序《詩》者不知此詩爲比體，故以螽斯爲不妒忌者。其實朱熹冤枉了《序》，因爲毛《傳》不注“興也”，而此詩不會是“賦體”，所以《序》謂“若螽斯不妬忌，則子孫衆多”，已將之視爲“比體”。“若”有“如、像”之意，所以“若螽斯不妬忌”可以解爲“如螽斯那樣不妬忌”，則譬喻之意可見。鄭《箋》之所以會進一步説明“后妃之德能如是，則宜然”，也正是看出《序》有譬喻之意的關係。

《桃夭》篇，《詩集傳》注説：“文王之化自家而國，男女以正，婚姻以時。”這已道出《辨説》中所批判的，特別是指出《序》首句“后妃之所致也”爲非，認爲《序》錯在把“男女以正，婚姻以時，國無鰥民”的事歸之后妃不妒忌所致。就朱熹而言，這是有違“王者之化”的基本要件，亦即此等國事都應歸之文王，而不是后妃。所以朱熹在《辨説》中提出批判，説：“序者失之，皆以爲后妃之所致。”可見朱熹批判《序》説大概都是因爲《詩序》有違“文王之化”的説法之故。

《兔罝》《芣苢》首句言“后妃之化”“后妃之美”，朱熹在《詩集傳》中都改成“化行俗美”，朱熹所謂的“化行”，當然是指“文王之化”。而《漢廣序》一用到“文王之道被于南國，美化行乎江、漢之域”，朱熹立即稱其“得詩意”，更不忘再強調一下文王之化的重要性，説：“而所謂文王之化者，尤可以正前篇之誤。”以證明他批判前兩詩不是没有根據的。

《麟之趾》，《序》謂：“《關雎》之應也。《關雎》之化行，則天下無犯非禮，雖衰世之公子，皆信厚如《麟趾》之時也。”而朱熹《辨説》只説：“之時二字可删。”可見朱熹同意《序》説。《序》並無言及文王、后妃之事，但在《詩集傳》中更謂：“文王、后妃德修於身。”“文王、后妃仁厚，故其子亦仁厚。”朱熹並列文王、后妃，無非想要描述文王能修身，而得后妃之内助，因此子孫也都能仁厚的理想家庭圖像。可知《詩集傳》將此詩篇視爲文王外治與后妃内職，相輔相佐，所得到的效應。

總計《周南》十一篇，《詩序》以后妃之德爲説的有八篇，而朱熹《詩集傳》以文王之化爲主的有七篇。也因爲這個改變，使得原先以后妃之德爲主的毛《詩》《周南序》觀，一變而成爲以文王之化爲主的朱熹《詩集傳》《周南序》觀。

而朱熹又是如何看待《召南》各篇呢?《鵲巢》，《序》以爲是：“夫人之德也，夫人起家而居有之，德如鳲鳩，乃可以配焉。”《辨説》與《詩集傳》則認爲是：“南國諸侯被文王之化以成德，能正心修身以齊其家，其女子亦被后妃之化，而有專静純一之德。”傳統《詩經》學將此詩附和在《關雎》詩篇之下，使之與《關雎》形成對應關係。朱熹《辨説》《詩集傳》更明顯地以“南國諸侯”對應“文王”，以“夫人”對應

“后妃”，呈現出此關係。又如《采蘩》《草蟲》《采蘋》《羔羊》《殷其靁》《摽有梅》《野有死麕》《騶虞》等詩，朱熹《詩集傳》也都以“南國被文王之化”的模式加以解釋，而《甘棠》《行露》二詩，因爲與召伯有直接關係，所以《序》一説美召伯，一説召伯聽訟的事迹，但是朱熹《詩集傳》全歸之文王。《序》以爲《小星》是夫人無忌妒之行、《江有汜》美媵勤而無怨，而使嫡能悔過之詩，但是朱熹《詩集傳》則認爲這都是被后妃之化的結果。

如此朱熹對《序》有贊同的，也有修正的地方。然而所修正的，大多是文辭字義，朱熹在《辨説》中指出：如《摽有梅》之某句未安、《何彼襛矣》之斷句不當、《騶虞》之語意不分明等，或説詩中未見某義，如《草蟲》“未見以禮自防之意”、《殷其靁》“無勸以義之意”、《江有汜》“未見勤勞無怨之意”之類。可見朱熹對《詩序》的評論並没有使用嚴厲的批判語言，而是較柔和的語氣。

總計《召南》十四篇，《詩序》以夫人、大夫妻爲言的各有三篇，以嫡媵、王姬爲言的各有一篇，以文王之化爲説的有四篇，以召伯爲説的有二篇。朱熹以南國諸侯被文王之化爲言的有十一篇之多，以南國夫人、嫡被后妃之化爲説的有二篇，文王、后妃之教齊説的有一篇（《何彼襛矣》）。可見《詩序》在《召南》所要呈現的，是以南國夫人等女性貴族成德的事迹爲中心。而朱熹則將南國諸侯及夫人等的成德歸之以文王之化爲主，以后妃之化爲輔的成德事迹。

接着，我們來檢視朱熹“《周南》總論”及“《召南》總論”的觀點。他在“《周南》總論”中説：

> 按：此篇首五詩皆言后妃之德。《關雎》舉其全體而言也，《葛覃》《卷耳》言其志行之在己，《樛木》《螽斯》美其德惠之及人，皆指其一事而言也。其詞雖主於后妃，然其實則皆所以著明文王身修家齊之效也。至於《桃夭》《兔罝》《芣苢》則家齊而國治之效。《漢廣》《汝墳》則以南國之詩附焉，而見天下已有可平之漸矣。若《麟之趾》則又王者之瑞，有非人力所致而自至者，故複以是終焉，而序者以爲《關雎》之應也。夫其所以至此，后妃之德固不爲無所助矣。然妻道無成，則亦豈得而專之哉！今言《詩》者或乃專美后妃而不本于文王，其亦誤矣。①

而在“《召南》總論”中提到：

> 愚按：《鵲巢》至《采蘋》言夫人、大夫妻，以見當時國君、大夫被文王之

① 朱熹著：《詩集傳》，收入朱傑人校點：《朱子全書》第1册，上海古籍出版社2002年版，第411頁。

化，而能修身以正其家也。《甘棠》以下，又見由方伯能佈文王之化，而國君能修之家，以及其國也。其詞雖無及于文王者，然文王明德新民之功，至是而其所施者溥矣。①

合觀朱熹的這兩個總論，可見朱熹依照《周南》詩篇很有條理地陳述各篇的大要，更清楚可見朱熹所要點出的是《周南》各篇其實蘊含着文王“修身、齊家、治國、平天下”的德化。而《召南》諸侯、夫人也因被文王之化的結果而能“修身、齊家、治國”的效用。這正是朱熹詮釋二《南》詩篇的最主要目的。朱熹在《詩集傳·序》中回答或問“然則其學之也當奈何”時，更是直接了當地指出：“則修身及家，平均天下之道，其亦不待他求而得之於此矣。”② 從以上朱熹所論可以得到一個結論，就是二《南》詩篇正是《大學》内聖外王理論的實際例子，學《詩》即可得之。

以上，通過對《詩序》《詩序辨説》《詩集傳》的二《南》詩旨比較分析，可知朱熹將傳統《詩序》觀做了一次整合，使之成爲名符其實的、完整的修齊治平的《大學》之道的模範實例。

朱熹對二《南》二十五篇的繼承，多在文王德化，后妃内助，南國諸侯被化成德等事上，有所破，也有所立。所破者，多爲《序》説不符合此事者；所立者，即使《序》説不符合此事，也爲之符合。而今人李家樹認爲：“朱熹《詩集傳》與《詩序》相同的有十篇，大同的有十二篇，相異的有二篇，異同各半的有一篇，因此，大膽來説，朱熹是個從《序》派。”③ 黄忠慎認爲：“朱熹《詩集傳》與毛《傳》、鄭《箋》同性質，二《南》是親被文王之化以成德者，所以《詩序辨説》面對詩《序》之詮釋二《南》各篇，言語文字都很温和客氣。朱熹《辨説》認爲二《南》二十五篇《序》可以接受的有十二篇，其餘十三篇，或局部修正，或自出新説，總之，意不在推翻《序》説，可知朱子是標準的尊《序》者。”④

由今人的研究可以知道：朱熹是既“尊”又“從”二《南》二十五篇的《序》説的，既然尊、從《序》説，那麼，就内容而言，也應有所遵循才是。但是其實不盡然，整體上，朱熹對於文王德化説、后妃内助説是繼承了《傳》《序》《箋》《疏》等傳統之論述。但是對於后妃之德化説，則很有意見，特别是《關雎》篇，他指出：

但其詩雖若專美大姒，而實以深見文王之德。序者徒見其詞，而不察其意，遂

① 朱熹著：《詩集傳》，收入朱傑人校點：《朱子全書》第1册，上海古籍出版社2002年版，第420頁。

② 朱熹著：《詩集傳·序》，收入朱傑人校點：《朱子全書》第1册，上海古籍出版社2002年版，第351頁。

③ 李家樹著：《詩經的歷史公案》，大安出版社1990年版，第76－78頁。

④ 黄忠慎著：《朱子詩經學新探》，五南出版公司2002年版，第56－58頁。

壹以后妃爲主，而不復知有文王，是固已失之矣。至於化行中國，三分天下，亦皆以爲后妃之所致，則是禮樂征伐皆出於婦人之手，而文王者徒擁虛器以爲寄生之君也，其失甚矣。①

他的這番話，其實可以追溯到上述的歐陽修所主張的“王者之興不專由女德”説，朱熹當然也贊同太姒有内助之功，但更認爲后妃内助之行與南國德化之美，都是源自于文王的仁德。因此，他接着引曾鞏的話，説：

古之君子未嘗不以身化也，故家人之義歸於反身，二《南》之業本于文王，豈自外至哉！世皆知文王之所以興，能得内助，而不知其所以然者，蓋本于文王之躬化。故内則后妃有《關雎》之行，外則羣臣有二《南》之美，與之相成。其推而及遠，則商辛之昏俗，江漢之小國，《兔罝》之野人，莫不好善而不自知，此所謂身修故國家天下治者也。②

毋庸置疑，朱熹對於曾鞏的話，是表示贊同的，所以他説：“竊謂此説庶幾得之。”③ 又對《桃夭》《兔罝》《芣苢》等《序》的首句内容，以爲后妃之所致，提出批判，認爲這三篇都是“言文王風化之盛，由家及國之事”。如此一來，《周南》前五篇説文王有德，化及后妃，後六篇變成是説文王之化。而《召南》十四篇都是諸侯及夫人蒙化成德之事，所以朱熹説：“文王之時，《關雎》之化行於閨門之内，而諸侯蒙化以成德者，其道亦始于家人，故其夫人之德如是，而詩人美之也。”④ 亦即《周南》爲文王躬化，而有后妃内助之行，對應於《召南》諸侯蒙化成德，而有夫人之德。這樣的一種對應關係，正如同林師慶彰所説的：朱子把不成系統的《詩序》教化觀，做了較大的修正，把《周南》連係成一内聖至外王的組詩，把《召南》詮釋成了一有教化意義的組詩。⑤ 陳志信則説：朱熹將二《南》諸詩收束至文王聖德的詮説，可説更是緊密係聯了毛鄭詩説稍嫌零散的體系。⑥ 由此可見，朱熹已爲二《南》詩篇建立了一個比傳統二《南》學説更爲完備的體系。

① 朱熹著：《詩序辨説》，收入朱傑人校點：《朱子全書》第1册，上海古籍出版社2002年版，第355頁。
② 朱熹著：《詩序辨説》，收入朱傑人校點：《朱子全書》第1册，上海古籍出版社2002年版，第355頁。
③ 朱熹著：《詩序辨説》，收入朱傑人校點：《朱子全書》第1册，上海古籍出版社2002年版，第355頁。
④ 朱熹著：《詩序辨説》，收入朱傑人校點：《朱子全書》第1册，上海古籍出版社2002年版，第359頁。
⑤ 林慶彰著：《朱子〈詩集傳·二南〉的教化觀》，收入鍾彩鈞主編《朱子學的開展——學術篇》，漢學研究中心2002年版，第65－66頁。
⑥ 陳志信：《理想世界的形塑與經典詮釋的形式——以朱熹〈詩集傳〉對〈二南〉的詮釋爲例》，《漢學研究》21卷1期，2003年6月，第302頁。

三、伊藤家學的二《南》觀及其對朱熹的批評

十二世紀初，隨着朱子學傳入日本，朱熹的思想不僅在理氣、心性學影響日本極大，就連朱熹的《詩經》學説也深受日本學者的注意，而加以研究。特别是江户時代（1603－1868）的儒學者，有不少《詩經》相關著作[①]，對於朱熹的《詩》觀，或表贊同、或極力批判，其中古學派對朱熹的《詩》觀較有意見。所謂古學派是指聖學派、古義學派、古文辭學派等三派而言。山鹿素行（1622－1685）欲排斥空洞無用的宋、明性理思辨之學，主張應實踐日常有用之學，而直指孔子，以聖教直傳者自許，乃首倡聖學派。伊藤仁齋（1627－1705）因疑性理之學，而排除漢、唐、宋、明之學，藉由《論》《孟》直溯孔、孟思想，以達孔、孟之道，號稱古義學。荻生徂徠（1666－1728）不僅攻擊宋儒學説，也排斥仁齋古義之學，棄《孟》、漢、唐、宋儒之學，以六經爲本，直探先王、孔子等聖人之道，主張文取先秦，詩用盛唐，認爲唯有精確掌握古文辭的含義，才能正確地理解六經，所以此學派稱爲古文辭學派。[②]

由於素行在《詩經》學上較少批判朱熹的《詩》觀，而徂徠除了批判朱熹之外，也批判仁齋。所以本文先檢視古義學派學者，特别是伊藤家學的《詩經》二《南》觀與朱熹觀點之間的異同，以後再擴及其他。

自伊藤仁齋於寬文二年（1662）在京都堀川自宅開古義堂私塾收徒授課起，四十餘年間，門人達三千人，可見其學問受歡迎的程度。古義堂自始至終爲時二百四十四年（1662－1905），家傳六代，所藏圖書約五千五百種，近一萬册。本節將重點集中在伊藤家《詩經》二《南》觀，以見其家學之傳承與創新。六代堂主依序爲：仁齋、東涯（1670－1736）、東所（1730－1804）、東裏（1757－1817）、東峰（1799－1845）、輶齋（1831－1907）。其中，東裏與東峰兩堂主没有發現《詩經》學論著，而輶齋雖有《五經備忘録》《禮易詩備忘録》等著作，但只是抄録他認爲重要的文字，而無就字義做任何論述。其他如：仁齋有《詩説》《語孟字義》詩三條、《論語古義》《童子問》；東涯有《讀詩要領》《經史博論》《經史論苑》《經説》《經學文衡》；東所有《詩解》《詩解韻章圖》《詩解名物》《伊藤點五經》《詩經世本古義小引》。另外，仁齋的五男蘭嵎（1694－1778）也有《小雅稾本》《詩古言》[③] 等著作可供研究。

---

① 張文朝著：《日本における詩經學史》，萬卷樓2012年版，及同編譯：《江户時代經學者傳略及其著作》，萬卷樓2014年版。

② 關於江户時代各儒學各學派的創立，可參考張文朝著：《日本江户時代儒學各派創始者思想述介》，《儒學研究論叢》第2輯，2009年12月，第27－45頁。

③ 蘭嵎自言所著之書名爲《詩經古言》，但書中標題卻爲《詩古言》，而《詩古言序説》即是《詩古言》之《序》。本文爲統一稱呼，除出現在蘭嵎自言處以《詩經古言》稱之之外，其餘都以《詩古言》爲名，詳見正文下論。

本節即以上述各文本爲依據，發掘伊藤仁齋、東涯、東所、蘭嵎等家族的二《南》觀與朱熹二《南》觀的異同爲論述。

（一）伊藤仁齋（1627－1705）

伊藤仁齋，名維楨，仁齋是其號，私謚古學先生，江户前期京都的儒者。自少年時期起學習漢文，立志學問之道。三十多歲以前熱衷於宋學，後雖也研究佛教，但漸覺其非。三十六歲左右，決定回歸孔、孟原典求其原意，而提倡"古義學"，開"古義堂"，爲首代堂主，收徒講授《論》《孟》，排斥宋儒之論，就具體的人倫日用，建立易知易行重實踐的學説。其學問之核心在於標舉聖門學問第一字"仁"①，爲仁定義爲"仁者，愛而已矣"②。而視仁、義、禮、智爲道③，認爲聖人之教不外乎仁、義④。

如上所述，仁齋視仁爲道德之根本，所有的善由此而出，是聖人之學與教之根源。那麼，被視爲聖人之教之根本的經書《詩經》，仁齋如何看待呢？在學問上，仁齋採取批判朱子學的態度，而在面對朱熹的《詩經》解釋時，又將採取何種態度呢？由前賢的論著中，分析得知前賢的研究成果大多就仁齋的詩去經化、平易、性情、人情觀、俗的概念、讀詩方法論、詩的流通性、詩的真僞、存《序》説、六義論等論述仁齋的《詩經》觀。⑤ 然而幾乎没有論及二《南》觀，所以本文在此將透過仁齋著作中所見關於二《南》觀，與朱熹的解釋做比較、探討。

仁齋在早年（三十七歲時）所寫的《詩説》中提到讀《詩》的重要性，他説：

> 於乎！不見古昔之盛，不可以爲古昔之治，不知古人之情，不可以爲古人之學。苟欲見古昔之治，知古人之情，則舍《詩》奚以爲？夫畫雪者不能繪其潔，畫花者不能繪其馨，畫禽者不能繪其聲，畫人者不能繪其情，而畫古之風俗，而能繪其盛衰治亂、人情物態者，其惟《詩》乎？故讀二《南》，則觀文王風化之盛，

---

① "圣门学问第一字是仁"，见《童子问》上，收入家永三郎等校注：《近世思想家文集》，岩波书店 1966 年版，第 213 頁。其他如"孔門學問第一字是仁""孔門之學仁而已矣"，見《同志會筆記》，《古學先生文集》卷 5，三宅正彦编：《近世儒家文集集成》第 1 卷，ぺりかん社 1985 年版，第 111－112 頁。

② "仁之为德大矣。然一言以蔽之。曰，爱而已矣。"见《童子问》上，收入家永三郎等校注：《近世思想家文集》，岩波书店 1966 年版，第 215 頁。

③ "道者何，仁也，義也，礼也，智也。人囿于其中，而不得须臾离焉。"《童子问》上，第 206 頁。

④ "外仁義而无教。"《童子问》卷下，第 251 頁。

⑤ 其中，较具特色的如：土田健次郎在《伊藤仁斋的詩经观》中，论述若从詩原義的解明历史来看，仁斋的《詩序》再评价似乎比朱熹倒退了，但就《詩》的非经书化历史来看，则比朱熹更进一步。《詩》脱离经书的桎梏，打开了与一般詩歌同次元研究的视野。見土田健次郎著：《伊藤仁齋の詩經觀》，《詩經研究》6，1981 年 6 月，第 18 頁。此文由锅岛亚朱华於 2005 年 10 月译成中文，发表於《经学研究集刊》1，第 37－43 頁。清水徹在《伊藤仁齋における〈詩經〉觀》中，論述仁齋的詩論與其思想有關聯，雖然他否定朱子學的載道論或勸善懲惡説，但是，作爲儒者，他堅持不廢止含有道德價值的《詩經》《大序》《小序》，而繼承宋代人情説的立場。見清水徹著：《伊藤仁齋における〈詩經〉觀》，《東洋文化》《東洋の學藝》復刊第 100 號，2008 年 4 月，第 21 頁。

猶正月之吉，父母兄弟，相集一堂，具儀設燕，竟日嘉樂，頓忘窮歲之勞矣。讀《國風》，則猶其怨悱苦樂，愛憎毀譽，躬自有之，窮則欲求其生路，達則欲及其所愛矣。讀二《雅》三《頌》，則猶身生成周之世，在朝廷郊廟之間，而面觀其揖遜登降，穆穆熙熙，受厘陳戒，接神奉粢之容矣。其盛衰治亂，人情物態，溢乎言表，千載如新，所謂有聲之畫也，故曰："欲見古昔之治，知古人之情者，舍《詩》奚以爲?"①

從這個引文可以發現一件事，那就是仁齋在討論讀《詩》的時候，特別把二《南》從《國風》中獨立出來討論。可見仁齋對讀二《南》與讀其他《風》《雅》《頌》有不同的見解。他從"見古昔之治""知古人之情"的角度切入②，而謂"觀文王風化之盛"，則可以看成是仁齋將二《南》詩篇解讀爲"文王風化"的民情反映，亦可見此一觀點來自朱熹，來自傳統二《南》觀，可説是仁齋對此一觀點的繼承。而認爲讀二《南》詩篇有讓人"頓忘窮歲之勞"的功效，則是未見於中國學者之論，未聽於日本學者之聞，可説是仁齋獨自的新見解。依照仁齋所描述的正月之吉，應是改歲朔日，時值春節，全家和樂團聚的景象。仁齋接着又説：

而夫子又特曰，人而不爲《周南》《召南》，其猶正牆面而立也與，何哉？蓋人之所患，每在於門筲之不太。而學者之所苦，最在於藩籬之難開。苟安于目前之小康，而不知聖世之大同者，譬猶井蛙之不知東海，蟪蛄之不知春秋，南人之疑於北方有千人氈帳，北人之疑于江南有萬斛之船，硜硜乎其鄙哉。苟不讀二《南》而知文王風化之盛，其奚以能除我鄙陋之氣，而共致其廣大之象。若夫《雅》《頌》之篇，則往往聖人君子之所作，而其詞若稍涉謹嚴，流邃雅奥，不遽可讀焉。至於二《南》之詩，則猶春陽之氣著物自發生，穠鬱芬馥，自襲人衣。蓋滿腹樂意，而雖一樂字，亦著不得，所以爲至也。故讀二《南》而有得焉，則二《雅》三《頌》，不待用工，而其意義、血脈，皆得之於此。非惟《風》詩之正經，實讀《詩》之門户，爲政之樞要，人而不可不爲者也。③

---

① 伊藤仁齋著：《詩説》《古學先生詩文集》卷之3，收入三宅正彥編：《近世儒家文集集成》第1卷，ぺりかん社1985年版，第63頁，下欄－64上欄。

② 關於仁齋的人情觀可參考土田健次郎著：《伊藤仁齋の〈詩經〉觀》，《詩經研究》第6號1981年6月，第13－19頁。黑住真著：《伊藤仁齋の思想と詩歌》，《季刊日本思想史》第21號，1983年9月，第29－49頁。清水徹著：《伊藤仁齋における〈詩經〉觀》，《東洋文化》《東洋の學藝》復刊第100號，2008年4月，第12－26頁。

③ 伊藤仁齋著：《詩説》《古學先生詩文集》卷之3，收入三宅正彥編：《近世儒家文集集成》第1卷，ぺりかん社1985年版，第64頁，上欄、下欄。

仁齋認爲讀二《南》而有得，則《雅》《頌》之意義、脈絡自然可得[①]，盛讚二《南》不僅僅是《國風》之正經，更是《詩》三百篇之入門、爲政之關鍵，這麽重要的詩篇如何能不讀呢？早期的仁齋如此看重二《南》，絶大部分是受朱子學的影響。但是到了晚年，他在《論語古義》中解釋《論語·陽貨》篇“子謂伯魚曰”章時，説：

> 二《南》之詩，皆言盛周王化之所及，而修身、齊家之道，無所不備也。苟不讀二《南》而知先王風化之盛，其奚以能除我鄙陋之氣，而造夫廣大之域？故曰：“其猶正牆面而立也與？”蓋譏夫苟安于目前之小康，而不知聖世之大同也。[②]

這除了延續上個引言中所表現的思想之外，更提出二《南》也是備有“修身、齊家之道”的詩篇，當然這與朱熹的説法相同。由此而能“除我鄙陋之氣，而造夫廣大之域”，則是就孔子之言加以敷衍而成的結果。這個引言所要傳達的意義，其實與前面所引用之言並無不同。但是仔細閱讀之後，可以發現此處仁齋所使用的語彙，與早年有極大不同，特别是不再明確地説出風化的主體是“文王”，而是代之以“周王”“先王”等較爲廣泛含義的語彙來表達。這是爲什麽呢？是不是意味着仁齋二《南》觀的改變呢？仁齋在《論語古義》中説：

> 按：《小序》云：“《關雎》者，后妃之德也。”本不言何王后妃，蓋言后妃之德宜如此。《鵲巢》，《關雎》之應也。其《序》云：“《鵲巢》者，夫人之德也。”亦不的言何國夫人，則所謂后妃，亦不斥言何王后妃，爲是。[③]

原來是仁齋根據《序》之解釋，認爲《序》只説后妃夫人，卻没有明言是哪個后妃或夫人，這是在説明身爲后妃或夫人者應有如是之德，所以不必特指何王之后妃、何國之夫人。仁齋認爲《小序》的解釋是對的，而暗指朱熹等不應如此明確地説是文王之后妃太姒。就這點來説，顯然仁齋已修正了朱熹的觀點。

仁齋於二《南》詩中最常提到的是《關雎》篇，他在解釋《論語》“《關雎》樂而

---

① 關於仁齋的血脈説，可參考金培懿著：《〈論語古義〉の注釋方法について》，《九州中國學會報》第36卷，1998年版，第72－90頁。及藤本雅彦著：《伊藤仁齋の〈論語〉注釋の方法：〈論語古義〉〈學而〉篇第二章の解釋の試み》，《大阪大學日本學報》第1卷，1982年版，第25－48頁。

② 伊藤仁齋著：《論語古義》卷之9，陽貨第17，“子曰師摯之始”章，收入關儀一郎編：《日本名家四書注釋全書》第3卷，鳳出版1973年版，第262頁。

③ 仁齋著：《論語古義》卷之2，《八佾》第三，“子曰《關雎》樂而不淫”章，收入關儀一郎編：《日本名家四書注釋全書》第3卷，鳳出版1973年版，第42頁。

不淫”章時，説：

> 此專美《關雎》聲音之盛而言，當與“師摯之始，《關雎》之亂”章參看。夫聲音之玅，可以感動鬼神，而況於人乎?《關雎》之樂，能合于中和之德，而歸於性情之正，夫子之所以取之也。蓋樂者人情之所宜有，而哀亦人情之所不免。茍欲去人情之所宜有，則至於絶物；欲滅人情之所不免，則至於害性。但《關雎》之樂，其音樂而不淫，哀而不傷。聞之者邪穢蕩滌，查滓融化，自得性情之正，樂之至美者也。然而詩言志，歌永言，聲依永，律和聲，則詩其本也。茍讀詩而善得其志，則聲音自在其中矣。①

仁齋認爲此章是孔子讚美《關雎》之音樂，《關雎》之音樂本身能“合于中和之德，而歸於性情之正”，所以可以使聞者“邪穢蕩滌，查滓融化，自得性情之正”。因此仁齋稱讚《關雎》是“（音）樂之至美者”。但是，自孔子以後，恐已無人聽過這樣美好的樂聲，如何能有自得性情之正的依據呢？所以仁齋不得不口氣一轉，説詩是志之本，如能善得詩人之志，則此至美之樂自然在其中了。仁齋認爲讀此章需與“師摯之始，《關雎》之亂”章齊看，這是因爲仁齋認爲這兩章的重點都在詩樂的部分，在“師摯之始，《關雎》之亂”章中，仁齋解釋説：

> 《關雎》成周之雅樂，其詩言后妃之德，其聲樂而不淫，哀而不傷，乃三百篇之首篇，而合于中和之德，使聽者自得性情之正，樂之最至美者也。而師摯，魯之玅工，當其初年，爲夫子奏之，故夫子嘆之如此。②

仁齋稱《關雎》是成周時的雅樂，成周是指周公輔佐成王的時代，仁齋從他早年的文王説，經不特定何王的先王説，到現在已確定爲成周説。假如真是這樣，那麼，這裹所謂的“其詩言后妃之德”的后妃，豈不應該就是指成王之后妃了嗎？當然，就仁齋而言，這似乎不是他所要表述的重點，他要傳達的是《關雎》之樂“合于中和之德，使聽者自得性情之正”這個看法，在這之前，仁齋已對《關雎》之樂作過贊許，這裏仁齋再度稱讚《關雎》之樂，而且以最高級的語彙稱讚《關雎》爲“樂之最至美者”。

---

① 仁齋著：《論語古義》卷之2，《八佾》第三，“子曰《關雎》樂而不淫”章，收入關儀一郎編：《日本名家四書注釋全書》第3卷，鳳出版1973年版，第41－42頁。

② 仁齋著：《論語古義》卷之4，《泰伯》第八，“子曰師摯之始”章，收入關儀一郎編：《日本名家四書注釋全書》第3卷，鳳出版1973年版，第124頁。

相對於朱熹只讚許“爲此詩者得其性情之正，聲氣之和”“就其詞玩其理”①，而未就《關雎》的音樂加以論述，可見仁齋對《關雎》音樂推崇之極至。

(二) 伊藤東涯（1670－1736）

伊藤東涯，名長胤，字原藏，號東涯、慥慥齋，京師人。伊藤仁齋之長子，博覽強記，深經術，善屬文。十四歲始講《詩經》，十八歲已有朱子學、陸王學之教養，二十三四歲間讀完杜預所著《左傳集解》三十卷。爲古義堂第二代堂主，繼述家學，終身不仕官。其最爲人所稱頌的是繼承其父之學問，使之普及。元文元年歿，年六十七，私謚紹述先生。

東涯對其父仁齋所論二《南》觀，似乎没有多大發揮。抑或是東涯已將父親的思想化爲自己的思想，致使我們無法從現行的文本中，區别出何者爲仁齋的，何者又是東涯的。如東涯解釋《論語・陽貨》篇“子謂伯魚曰”章，也只是提醒讀《詩》者，若不讀《詩》，則會有遇事不能言，而變得不方便的情況。② 没有仁齋的那種欲知“聖世之大同”的企圖心。然而這並不代表東涯對《詩經》二《南》没有意見，例如他對《召南・殷其靁》一詩，提出自己的看法，他説：

> 《詩・召南・殷其靁》詩云：殷其靁云云。先儒謂：“南國被文王之化，婦人以其夫從役在外，而思念之，故作此詩。”由此説，則凡爲人妻者，須厚於其夫，是所以教婦人也。予謂良人在外，婦嘆於室，人之恒情，窮巷寒村，頑妻癡女皆然，何必沐先王之道而能然哉？但從政者讀此詩，則能諳閭閻室家之情，行師斷獄之間，不尚苛嚴以失人情，所謂可以觀者，此也。③

東涯所謂的先儒是指朱熹而言，他對朱熹《詩集傳》謂婦人因被文王之化而能思念其夫的解釋，提出質疑，謂此等事乃人之常情，爲什麼一定要沐得先王之化才會做出思念夫婿的事呢？“人情”是不需經過思慮即會的本能反應，不待教而能然。所以即使是聖人之教，在東涯看來都是多餘的。但是，東涯並不是只會批判朱熹而已，他更認爲

① 朱熹著：《詩集傳》，收入朱傑人校點：《朱子全書》第1册，上海古籍出版社2002年版，第403頁。又見朱熹著：《論語集注》，收入朱傑人校點：《朱子全書》第6册，上海古籍出版社2002年版），第89頁，及《論語或問》，收入朱傑人校點：《朱子全書》第6册，上海古籍出版社2002年版，第670－671頁。《論語精義》，收入朱傑人校點：《朱子全書》第7册，上海古籍出版社2002年版，第123－125頁。

② “夫子謂伯魚曰：‘不學《詩》無以言也。’又曰：‘人而不爲《周南》《召南》，其猶正牆面而立也與！’と。人の《詩》を學ばざれば，さし當りて物いふこともならず。不自由成ことをのたまへり。”見伊藤東涯著：《讀詩要領》，收入關儀一郎編：《日本儒林叢書》第5卷，鳳出版1978年版，第6頁。

③ 伊藤東涯著：《閒居筆録》卷之下，收入關儀一郎編：《日本儒林叢書》第1卷，鳳出版1978年版，第53頁。

如果從政者讀此詩，則可以知婦人之情，而於決策之際，可以不失人情。這無疑是東涯對《詩》"可以觀"所做的另一種詮釋。

東涯對《關雎》"樂而不淫"的觀點，也是關注在音樂這部分，認爲："淫者非必溺於色之淫，乃謂音聲流於和樂，如水之溢，于《關雎》'樂而不淫'可知。音聲勝過和樂，必流於淫。"① 這裏必須事先説明的是：這個引言是東涯在批判朱熹把鄭詩等同於孔子所要放逐的鄭聲爲誤，而爲鄭聲雖淫、鄭詩不淫做辯護時，特別就"淫"字所做的解釋。東涯認爲淫不一定就是溺於色，而是事物"過度"的一種表現，如水之溢出、聲音之過度和樂，都是一種淫的狀況，所以舉《關雎》"樂不過度故不淫"當例子，以此曉人。這雖然是東涯舉以示人的例子，但也可以由此而知道東涯對《關雎》的態度是與仁齋一致的，都是就《關雎》的音樂上理解，而不像朱熹是根據詩詞加以解釋。因此，東涯在《讀詩要領》中三論鄭聲淫的問題之後，提出了以下的觀點作爲該書的結尾，他説：

> 詩與樂不同。《詩》者，今之三百五篇《詩經》是也，皆可諷誦而歌。《詩》中《南》《雅》《頌》用於音樂，其餘全不用於樂。又樂如《韶》《武》，雖至春秋時代尚存，然其詞不見於《詩》中。六經除《詩》《書》《易》《春秋》《禮經》之外，又有所謂《樂經》者。夫子又言"興於詩，立于禮，成于樂"。合彼是而觀，則詩與樂不同。②

東涯從六經中有《詩經》，又有《樂經》，又從孔子言"興于詩，成于樂"得到詩與樂不同的結論。又説《詩經》中二《南》、二《雅》、三《頌》是有用樂的，其他十三國《風》則不用樂。當然他説這些的用意，已如上述，是用來説明《南》《雅》《頌》既是詩又是樂，且都是典雅之樂，而鄭詩是不用樂的徒歌，所以不會流爲淫詩。我們從他的説明中可以得知，東涯把二《南》從十五國《風》中區別開來，是因爲二《南》具有音樂性之故，這一點可以説是繼承了仁齋的觀點，很符合他作爲紹述家學的

---

① "淫とは必しも色に溺るるの淫にあらず。音聲の和樂に流れて。水のあふるるか如くなるをいふ。《關雎》"樂而不淫"といふにて知るべし。音聲の和樂にすぐれば、必ず淫に流る。"見東涯著：《讀詩要領》，收入關儀一郎編：《日本儒林叢書》第5卷，鳳出版1978年版，第15－16頁。

② "詩と樂と同じからず。《詩》は今の三百五篇の《詩經》是れなり。いづれも諷誦して歌ふべし。《詩》の内にて，《南》《雅》《頌》は音樂に用ひられて，その餘はことごとく樂に用ひらるるにあらず。又樂にて《韶》《武》の如き，春秋の時代までのこりてあれども，その詞、《詩》の中にみへず。六經を《詩》《書》《易》《春秋》《禮經》とたてて，又《樂經》といふものあり。夫子又"興於詩，立於禮，成於樂"とのたまふ。彼是引合てみれば，詩と樂とは同じからず。"見東涯著：《讀詩要領》，收入關儀一郎編：《日本儒林叢書》第5卷，鳳出版1978年版，第17頁。

形象。

（三）伊藤東所（1730－1804）

伊藤東所，名善韶，字忠藏，號東所，京師人。東涯之長子，東涯歿時，年僅八歲，由叔父蘭嵎教養成人。及長，年十八爲古義堂第三代堂主，善繼學業，不墜家聲。文化元年歿，年七十七，私謚修成先生。

東所在所著《詩解》中就二《南》整體做評論時，説："天子有禮樂，故二《南》《雅》《頌》葉音樂；諸侯無禮樂，故徒歌而已。"① 這也是東所繼承父、祖的觀點，認爲二《南》有其音樂性。而東所謂十三國諸侯之詩爲徒歌，徒歌的觀點未見於仁齋、東涯之著作中，而東所注意到此説。其實徒歌之説可見於毛《傳》解釋《魏風・園有桃》"心之憂矣，我歌且謡"，毛《傳》謂："曲合樂曰歌，徒歌曰謡。"孔穎達《正義》曰："《釋樂》云：'徒歌謂之謡。'孫炎曰：'聲消摇也。'此文歌、謡相對，謡既徒歌，則歌不徒矣，故云：'曲合樂曰歌。'"② 簡單地説，徒歌就是謡，就是歌唱而不用樂器伴奏。這裏要特别注意的是：東所把《詩經》中的二《南》《雅》《頌》視爲天子的禮樂之一，而諸侯則無。其實這是東所的誤解。就二《南》而言，例如紀録以敬老爲主的鄉州鄰里定期聚會宴飲的《禮記・鄉飲酒義》都可以"合樂，《周南・關雎》《葛覃》《卷耳》；《召南・鵲巢》《采蘩》《采蘋》"，何況諸侯？又説：

> 鄭氏以來，二《南》及十三國詩爲《國風》，配之《雅》《頌》，謂三經。然二《南》直曰《周南》《召南》，十三國單曰邶、墉、衛，未嘗曰邶、墉、衛風也，然則十五國詩，古不謂之《國風》，程大昌所謂《南》《雅》《頌》皆樂之名，而十五國詩非《風》，是也。③

所謂"鄭氏以來"是代表漢、唐《詩經》學觀點，而"然二《南》直曰"則是代表宋時所出現的《詩經》學觀點。因此，東所援用程大昌之言，以表明他"《南》爲樂名"的觀點，是來自程大昌的説法。"南"從表王化方向、表實質區域到表樂名，伊藤家學也與時俱進，東所留意到此觀點。

> 《南》《雅》《頌》共樂名也，非《詩》之體。二《南》詩以南樂奏之，二《雅》以雅樂奏之，三《頌》以頌聲奏之，故曰《南》《雅》《頌》爾。《南》者，

① 伊藤東所著：《詩解》《釋例》3，寫版，天理大學圖書館藏1799年版，原書無編碼。

② ［漢］毛亨傳，［漢］鄭玄箋，［唐］孔穎達疏，朱傑人等整理：《毛詩注疏》，上海古籍出版社2013年版，第514－515頁。

③ 伊藤東所著：《詩解》《釋例》10，寫版，天理大學圖書館藏1799年版，原書無編碼。

貴賤上下所通用者。《雅》者，朝廷所用之正樂也。其有大小之别者，蓋有豐殺廉肉之異，而如某宫某宫，而異其用也。《頌》，宗廟之樂，猶本朝之神樂也。①

這個地方東所比仁齋、東涯更清楚地區分了二《南》與《雅》《頌》的音樂性質，認爲二《南》詩是用“南樂”、二《雅》用“雅樂”、三《頌》用“頌聲”演奏的，而且“南樂”不論貴賤、上下都可以使用。就二《南》而言，這明顯與上述諸侯無二《南》等禮樂的説法，截然不同，而他之所以有前後不一的表述情況，這是東所要區别漢、唐傳統《詩經》學的雅樂解釋與兩宋以後《詩經》學的南樂解釋，只是没有説明清楚。東所進而認爲：

《詩》與《樂》異。《詩》乃三百篇，是也。《樂》乃《韶》《武》《大夏》，以金石之八音奏之，是也。就三百篇内，二《南》《豳》，與《雅》《頌》，則葉絲竹筦弦者。其餘十三國之詩，是爲徒詩，惟有其詞，而不合奏樂。又有笙詩，有其樂而無其詞，《白華》以下六，是也。②

這説明了東所繼承東涯“詩與樂異”的觀點，而指出十三國之詩爲“徒詩”的説法，與仁齋、東涯不同。就伊藤家學而言，可説是東所的新説，但這也是來自程大昌的觀點，可見東所的《詩經》觀深受程大昌的影響。③

就二《南》二十五篇詩的看法，東所認爲《關雎》是：“詠文王宫中之事，以謂君子得好配，夫婦道正。”由此而敷衍出修齊治平的論述。④ 更提出“然《關雎》一篇，是詠文王宫中之事，豈民間之所能作哉？何以不列之《雅》《頌》？而大、小《雅》中，多刺時之詩，豈朝廷之所自作哉？何以不列之《國風》?”的質疑，東所由此而“知三百篇中，原其所作，或出於朝廷，或出於民間，而及其久也，輯而爲《詩》”⑤。東所從《詩》的内容來判定詩作之所出，確實也是個方法。又説：“子曰：《關雎》之亂，洋洋乎盈耳乎。又曰：《關雎》樂而不淫，哀而不傷。共謂音調節奏之正耳，非就詩詞上言

---

① 伊藤東所著：《詩解》《釋例》13，寫版，天理大學圖書館藏1799年版，原書無編碼。

② 伊藤東所著：《詩解》《釋例》14，寫版，天理大學圖書館藏1799年版，原書無編碼。此處東所謂：“《白華》以下六，是也。”實則依序應爲《南陔》以下六詩，即《南陔》《白華》《華黍》《由庚》《崇丘》《由儀》才是。

③ “十三國者詩，皆可采而聲，不入樂，則直以徒詩著之本土。故季劄所見，與夫周工所歌，單舉國名，更無附語，知本無《國風》也。”見南宋·程大昌著：《考古編》，《詩論一》，葉2b，收入《景印文淵閣四庫全書》，臺灣商務印書館1983年版，第852册，第852-3頁上欄。

④ 伊藤東所著：《詩解》卷之1，寫版，天理大學圖書館藏1795年版，原書無編碼。

⑤ 伊藤東所著：《詩解》《釋例》6，寫版，天理大學圖書館藏1799年版，原書無編碼。

之。"① 這明白地批評了朱熹"姑即其詞而玩其理以養心"的讀《詩》方法，而維護自仁齋以來伊藤家學對《關雎》詩篇是就音樂而解的觀點。謂《葛覃》詩説："德化自内始，其及外可知。"則東所同意此詩與文王德化有關。以爲《卷耳》是"夫婦相愛，人情之所在，可以法其正"之詩，這與東涯對《召南・殷其靁》中的思婦之説有異曲同工之處。認爲《樛木》是"美文王之德，爲天所助"，反對《序》所説"后妃之逮下也，謂后妃之不嫉妬衆妾也"，以爲"蓋不然矣"。《螽斯》是美生德之詩，因爲夫婦之道正，所以如螽斯之子孫衆多。《桃夭》言："被文王之化，内無怨女，外無曠夫也。"而"德澤之所被，自然而然廣矣，大哉"!《兔罝》"被王化，武夫野人，人皆謹慎，爲君公之用"。《芣苢》謂世治家和，女子之柔順，實先王恩化入人之深。《漢廣》"可見德化之所及深矣";《汝墳》"慕文王之德";《麟之趾》"嘆美文王子孫衆多，且有德義"。

如上所述，東所解釋《周南》十一首詩中，直接言及文王有六首，認爲是文王德化的有三首，其餘二首爲論夫婦之道。由此可知，東所將《周南》歸之文王的解釋，比朱熹以文王之化爲主的七篇還要明顯，甚且幾乎没有言及《序》所謂的后妃之德。贊同《序》所言的只有《漢廣》"可見德化之所及深矣，《序》云'德廣所及也'，是矣"，及《麟之趾》"《序》云《關雎》之應，近是矣"。但要注意的是：這兩則同意《序》説的，都是在解釋文王之德的前提之下。

而東所對《召南》十四篇詩的解釋如下：《鵲巢》之詩"召人謂我君能保其國，娶妻而能成其禮也"，所謂召人，所謂我君，則東所將《鵲巢》聚焦在召公身上，不再言"夫人之德"明矣。《采蘩》"召國之夫人事其夫，親中饋之勞"，同意《序》云夫人不失職之説。《草蟲》"召人慕召公之德";《采蘋》"召公之夫人，能循禮儀，助祭祀。夫人所率之女子，亦能遵法也。可見召公之德化，内治之整矣"。《甘棠》"召公之德化，入人心之深也"，因而贊同《序》美召伯之説;《行露》美"召公聽斷之明"，贊同《序》"召伯聽訟"之説。《羔羊》美"大夫有德，節儉正直"。《殷其靁》"感召公施仁政于國中"，對《序》所謂"勸以義"之説，不以爲然，這與朱熹同調。認爲《摽有梅》言處女婚期過時，批判《序》所謂"男女及時"爲固陋之説。朱熹也以爲《序》此説未安，可見兩人所見無二。《小星》"謂同爲君之小臣，各安其所值而已"，批判《序》與朱熹同主"夫人之淑德，下及賤妾"，而以爲不然。《江有汜》"文王之時，江沱之間，有嫡不以其媵備數，媵遇勞而無怨，嫡亦自悔也"，以見《詩》可以怨。此説幾乎同於《序》所言，而不理朱熹所謂"詩中未見勤勞無怨之意"之評語，亦可見東所對《序》與朱熹之説，各有所取及所棄。認爲《野有死麕》是"男女相贈

① 伊藤東所著:《詩解》《釋例》14，寫版，天理大學圖書館藏1799年版，原書無編碼。

答之詞，凡人之求妻，贈物通情，女亦非不從，唯欲有禮耳，人情之所有，不忘禮義也”。而對《序》所謂“惡無理”之説，表示“所見乃異”。《何彼襛矣》贊同《序》“美王姬”之説。《騶虞》“謂時和物豐，官得其人，君不事多殺”。雖然同意《序》將此詩視爲“《鵲巢》之應”，但對於“以騶虞爲獸名，對麒麟”，認爲是“不可取也”。引焦竑（1541－1620，字弱侯，號澹園，南京人）“騶，司車之官。虞，司獸之官”之解[①]，認爲應該解作官名爲是。東所批評《序》把騶虞當獸名解釋的同時，其實也是批判了朱熹的説法。朱熹不只解釋説：“騶虞，獸名。”更進一步引《説文》之文描述此獸爲“白虎黑文，不食生物者也”[②]。而且朱熹在與人討論此詩時，説：“‘於嗟乎！騶虞。’看來只可解做獸名，以‘於嗟麟兮’類之，可見。若解做騶虞官，終無甚意思。”[③] 可見朱熹不是不知道有官名之解，只是對他來説，是個“無甚意思”的解釋罷了。

如上所述，東所認爲《召南》是詠召公之事四篇，言召公之德三篇（其中一篇與夫人重複），夫人二篇，男女二篇，大夫、小臣各一篇，與文王有關的只有二篇；而同意與反對《序》説的各有五篇。由此可見，東所將《召南》獨立歸之召公的解釋，明顯已脱離了漢、唐、朱熹等將《召南》視爲《周南》文王德化之效的路線。而從東所對《詩序》的態度來看，處在江户中、後期[④]，古文辭學派與折衷學派先後盛行之際的古義學派領導中樞的伊藤家學，除了要與古文辭學派抗衡之外，已經明顯地逐漸往古新注折衷的路線靠近，這是時勢所趨，恐怕東所也在所難免的吧。

（四）伊藤蘭嵎（1694－1778）

伊藤蘭嵎，名長堅，字才藏，號蘭嵎，京師人。伊藤仁齋之五子，東涯之異母弟。享保十六年（1731）紀伊侯征爲儒官，元文元年（1736）東涯歿，東涯之子東所尚幼，所以蘭嵎回到京都古義堂教授達十年之久，待東所成人，再回紀伊教導藩士子弟。安永七年（1778）歿，年八十五，私謚紹明先生。

蘭嵎在其《詩古言》中提到他著此書的原則，他説：“長堅膚淺，不揆檮昧，訓詁本諸《爾雅》，出入於《傳》《箋》，于宋、明諸儒解注，竊取其長，並抒鄙見，以爲之注。名以《詩經古言》云。”[⑤] 而東所曾對蘭嵎著此書有過評論，他説：“季父蘭嵎著《詩古言》，推時世，詳訓詁，亦不拘拘家庭之誨，别發揮一家之卓見。其説浩博，不

① 焦竑著，李劍雄點校：《焦氏筆乘》，中華書局2013年版，第4－5頁。

② 朱熹著：《詩集傳》，收入朱傑人校點：《朱子全書》第1册，上海古籍出版社2002年版，第420頁。

③ 朱熹著：《朱子語類》卷第81、詩2，收入朱傑人校點：《朱子全書》第17册，上海古籍出版社2002年版，第2780頁。

④ 本文將江户時期分成前、中、後三期，即1603年－1687年爲前期，1688年－1780年爲中期，1781年－1868年爲後期。

⑤ 伊藤蘭嵎著：《詩古言・序説》，自筆版，天理大學圖書館藏1750年版，頁14b。

可涯涘矣。”亦可見蘭嵎爲學之態度。

蘭嵎對二《南》的看法，在《詩古言》卷一《周南第一》提到解釋，説：“《南》，與南昧（ㄓㄨˋ）之南同，出聲歌呼南南也。以《雅》以《南》，是也。曰化自北而南，所無焉爾。首二篇曰《南》，以例餘十三國也。”① 蘭嵎認爲《周南》《召南》二篇之所以稱爲《南》，與南聲相同，是指音樂而言，不是所謂化自北而南之意。蘭嵎的這個解釋與《詩古言·序説》中“《南》即呼南南之義也”的説法是一樣的。② 蘭嵎又説：

> 曰《風》、諷同，諷，誦也。蓋侯國所諷誦之詩也。程大昌云：“有《南》《雅》《頌》，而無《國風》。”然《左傳》云：“《風》有《采蘋》《采蘩》，《雅》有行葦、泂酌。”及太史公曰：“《國風》好色不淫。”此從古既有之，非後之所加也。③

蘭嵎之所以引程大昌的話，除了要證明二《南》之所以爲《南》，是不同於十三國詩之外，同時也表達反對程大昌無《國風》之説。關於這一點，東所則是承認程大昌無《國風》之説，而改稱十三國詩。是可見東所雖然與蘭嵎學，亦不見得事事同於蘭嵎。

蘭嵎雖著有《詩古言》，但是缺頁嚴重，少有連貫之處，且只到《兔罝》篇前半而止，甚爲可惜。今録一段較爲完整之處，以窺其論《詩》之一端。在《桃夭》詩首章的評論中，蘭嵎説：

> 朱子云：“《周禮》‘仲春令會男女’，然則桃之有花，正婚姻之時也。”然則蕡實亦爲其時歟？蓋屬謬解云。《序》云：“后妃之所致也。不妒忌，則男女以正，婚姻以時。”此我所不解也。夫使天下之人，皆婚姻以時，男有室，女有家，雖堯、舜其猶病者，豈以后妃之不妒忌之故，而能致之耶？④

蘭嵎所引朱熹之言，乃見於《詩集傳》中⑤，蘭嵎批評朱熹之解爲謬，爲什麼呢？蘭嵎雖然没有説明理由，或許蘭嵎認爲如果三、四月時桃花開，則《桃夭》首章“灼灼其華”，在時間上可説是符合朱熹所言，但是二章言“有蕡其實”，則在時序上來説，

① 伊藤蘭嵎著：《詩古言》《周南第一》，自筆版，天理大學圖書館藏1750年版，頁2b。
② 伊藤蘭嵎著：《詩古言·序説》，自筆版，天理大學圖書館藏1750年版，頁2b。
③ 伊藤蘭嵎著：《詩古言·序説》，自筆版，天理大學圖書館藏1750年版，頁2b。
④ 伊藤蘭嵎著：《詩古言·序説》，自筆版，天理大學圖書館藏1750年版，頁13a–13b。
⑤ 朱熹著：《詩集傳》，收入朱傑人校點：《朱子全書》第1册，上海古籍出版社2002年版，第407頁。

已到了六、七月，甚至十一月，如何能說是正婚姻之時呢？更别説三章所言“其葉蓁蓁”，則已到來年早春之事了。依此推測，則蘭嵎之質疑是有其道理的。但是蘭嵎没有就詩中花開、結果、枝葉繁盛的詩境，思考詩人或許是要比喻或祝福一個女子從結婚、生子，到家族興旺的過程，而不是三章都在説正婚姻之時。蘭嵎也批評此《序》“后妃不妒忌”之説，其實朱熹也對此《序》説提出批評，説：“序者失之，皆以爲后妃之所致，既非所以正男女之位，而於此詩又專以爲不妒忌之功，則其意愈狹，而説愈疎矣。”① 所不同的是，朱熹就文王風化言其效，而蘭嵎就現實面批評《序》説是不可能實現的事。

四、結論

如上所論，本文綜觀了中國傳統《詩經》學史討論的二《南》，就此部分而言，可以歸納出三個結果，也就是：（一）漢以前多著重於詩篇辭句的運用，漢以後多著重在詩旨大義的教化。（二）漢以前不説二《南》詩是文王之詩，漢以後都説二《南》詩是文王之詩，且強調后妃的内助，北宋則強調王者之興不出於女德。（三）兩漢對“南”的認識，由《傳》的南土説，經《序》的“南國”“江、漢之域”，到《箋》《疏》的六州説，實際區域輪廓逐漸清晰，範圍逐漸擴大。但歐陽修對於六州之説提出修正，認爲是指服順文王者過半，而不是指實際的行政區域；程大昌以爲是樂名，兩人趨於抽象的解釋。

朱熹雖然是新《詩經》學的代表人物，但是在“南”的認知上，是以繼承傳統學説爲主，並無新説。而在二《南》的詩旨上，則有重大的貢獻。朱熹整合了傳統《詩序》觀，除了繼承了文王德化、后妃内助、南國諸侯被化成德等事之外，有所破，也有所立。所破者，多爲《序》説不符合此事者；所立者，即使《序》説不符合此事，也爲之符合，使之成爲名符其實的、完整的修齊治平的《大學》之道的模範實例，爲二《南》詩篇建立了一個比傳統二《南》學説更爲完整的體系。可以説朱熹的二《南》觀與傳統二《南》觀的最大的不同在於朱熹把以后妃德化爲主的傳統二《南》觀轉變成以文王德化爲主的二《南》觀。

日本學者在“南”字的解釋上，如仁齋、東涯並無對“南”字做何解釋。仁齋的無解，或許根源於孔、孟未曾對“南”下過定義，所以對標榜回歸孔、孟原典求其原意的仁齋而言，“南”的解釋並非重點所在。而東涯以紹述其父仁齋之學爲志，自然也就可以不必解釋。東所、蘭嵎則深受南宋程大昌的影響，認爲《南》是樂名。蘭嵎因爲不拘家庭之誨，所以不必堅守非孔、孟之語不言的家規，而接受南宋的學説，認爲

① 朱熹著：《詩序辨説》，收入朱傑人校點：《朱子全書》第1册，上海古籍出版社2002年版，第358頁。

《南》是指音樂而言，不是所謂化自北而南之意。東所自幼與蘭嵎學，多少受蘭嵎的影響。加上時值折衷學派興盛，自然促使東所廣納眾學，折衷各説以爲己用。但是東所在解釋南樂的使用上，出現了分歧，先説是“天子之禮樂”，後又説“貴賤上下所通用”。這是東所要區别漢、唐傳統《詩經》學的雅樂解釋與兩宋以後《詩經》學的南樂解釋，只是没有説明清楚。由此可知，伊藤家學對“南”的觀點，既不是漢、唐傳統二《南》觀，也不是朱熹新學説，而是有個别性、因人而異的觀點。

在二《南》整體的詮釋上，還是可以看出伊藤家學對二《南》整體的觀點，有其個别性的存在。就朱熹所强調的文王德化二《南》觀而言，仁齋先從朱説，後以詩《序》反朱，不再明確地説出風化的主體是“文王”，顯然是修正了朱熹的觀點。這個修正，因所據立場不同而有所差異，無所謂對錯。東所將《周南》歸之文王的解釋，比朱熹還要積極，甚且幾乎没有言及詩《序》所謂的后妃之德；而將《召南》獨立歸之召公的解釋，明顯已脱離了漢、唐、朱熹等將《召南》視爲《周南》文王德化之效的路線。于此可清楚地看出伊藤家學在二《南》觀繼承上的轉變。仁齋認爲讀二《南》詩篇可“頓忘窮歲之勞”；讀二《南》而有得，則《雅》《頌》之意義血脈自然可得；二《南》是《詩》三百篇之入門、爲政之關鍵，這些可説是仁齋獨自的新見解。而這些見解多爲東涯、東所所繼承。

在二《南》單篇的見解上，仁齋最常提到的是《關雎》篇，他盛讚《關雎》音樂爲“樂之最至美者”，然而吾人無緣聽聞此美音，所以他提醒讀《詩》者“詩是志之本”，能善得詩人之志，則此至美之樂自然在其中。這與朱熹只“就其詞玩其理”而未就音樂加以論述，實在没有實質上的明顯的差異。東涯則就仁齋未詳論的音樂與“淫”之關係，以流水爲喻，做了詳盡的論述，認爲詩與樂不同，由此認爲鄭詩等徒歌不會流爲淫詩。這雖然是東涯批判朱熹誤把鄭詩視爲鄭聲所舉的例子，但也可以由此而知道東涯對《關雎》的態度，是與仁齋一致的。而東所在《關雎》篇的音樂性上繼承了仁齋、東涯的觀點。

東涯質疑朱熹解釋《殷其靁》中的婦人因被文王之化而能思念其夫一事，提出自己的見解，認爲此等事乃人之常情，無需先王之化，任何人也都能做到。東涯批評朱熹的這個解釋是很合理的，東涯提供了對《詩經》經文的另一種思考，值得反思。

而伊藤蘭嵎批評朱熹解《桃夭》，謂“桃之有花，正婚姻之時”爲謬解，而質問朱熹若時至“蕡實”是否依然得時？若就首章而言，蘭嵎的批評有失公允。因爲朱熹是就傳統經學解釋“灼灼其華”，且在時序上也没問題。倒是對第二章言“有蕡其實”，則在時序上確實不能説是得時，依此推測，則蘭嵎之質疑是有其道理的。但是蘭嵎没有就詩中花開、結果、枝葉繁盛的詩境，思考詩人比喻或祝福一個女子從結婚、生子，到家族興旺的過程，而不是三章都在説正婚姻之時。再者蘭嵎與朱熹都批評此《序》“后妃不妒忌”之説，不同的是，朱熹就文王風化言其效，而蘭嵎就現實面批評此《序》説是不可能實現的事。

本文論述了中國傳統《詩經》學史上討論二《南》的重點，及朱熹對此問題的繼承與貢獻。又論述了日本古義學中樞伊藤家學四位堂主二《南》觀的繼承與新見，及其對朱熹的批評。伊藤家學既然是古義學派的中樞，則本文所論四位堂主的二《南》觀，可作爲理解古義學派其他學者對此問題所持觀點的風向球。此爲學界所未曾有的研究成果，通過本文，或可映現出中、日研究《詩經》學的梗概，並藉由本文使後學者能在此議題上有新的認識。

参考文獻

一、中、港、臺部分：

[1] [秦]吕不韋撰，[東漢]高誘注：《吕氏春秋》，收入《景印文淵閣四庫全書》第 848 册，臺北：臺灣商務印書館，1983 年。

[2] [漢]毛亨傳，[漢]鄭玄箋，[唐]孔穎達疏，朱傑人等整理：《毛詩注疏》，上海：上海古籍出版社，2013 年。

[3] [漢]鄭玄著：《六藝論》，收入山東文獻集成編纂委員會編：《山東文獻集成》第 1 輯，濟南：山東大學出版社，2006 年。

[4] [宋]歐陽修著：《詩本義》，收入中國詩經學會編：《詩經要籍集成》第 4 册，北京：學苑出版社，2002 年。

[5] [宋]程大昌著：《考古編》，收入《景印文淵閣四庫全書》第 852 册，臺北：臺灣商務印書館，1983 年。

[6] [宋]朱熹著：《朱子語類》，收入朱傑人校點：《朱子全書》第 17 册，上海：上海古籍出版社，2002 年。

[7] [宋]朱熹著：《詩序辨説》，收入朱傑人校點：《朱子全書》第 1 册，上海：上海古籍出版社，2002 年。

[8] [宋]朱熹著：《詩集傳》，收入朱傑人校點：《朱子全書》第 1 册，上海：上海古籍出版社，2002 年。

[9] [宋]朱熹著：《論語或問》，收入朱傑人校點：《朱子全書》第 6 册，上海：上海古籍出版社，2002 年。

[10] [宋]朱熹著：《論語集注》，收入朱傑人校點：《朱子全書》第 6 册，上海：上海古籍出版社，2002 年。

[11] [宋]朱熹著:《論語精義》,收入朱傑人校點:《朱子全書》第7册,上海:上海古籍出版社,2002年。
[12] [明]焦竑著,李劍雄點校:《焦氏筆乘》,北京:中華書局,2013年。
[13] [清]永瑢、紀昀等撰:《欽定四庫全書總目》,臺北:臺灣商務印書館,1983年。
[14] 文幸福著:《詩經周南召南發微》,臺北:學海出版社,1986年。
[15] 李家樹著:《詩經的歷史公案》,臺北:大安出版社,1990年。
[16] 尚繼愚著:《詩集傳·提要》,收入中國詩經學會編:《詩經要籍集成》第6册,北京:學苑出版社,2002年。
[17] 林慶彰著:《朱子〈詩集傳·二南〉的教化觀》,收入鍾彩鈞主編:《朱子學的開展——學術篇》,臺北:漢學研究中心,2002年,頁65-66。
[18] 金培懿著:《〈論語古義〉の注釋方法について》,《九州中國學會報》第36卷,1998年,頁72-90。
[19] 張文朝著:《日本江户時代儒學各派創始者思想述介》,《儒學研究論叢》第2輯,2009年12月,頁27-45。
[20] 張文朝著:《朱熹〈詩集傳〉在日本江户時代(1603-1868)的流傳》,《漢學研究通訊》,第32卷第1期,頁9-22。
[21] 張文朝著:《日本における詩經學史》,臺北:萬卷樓,2012年。
[22] 張文朝編譯:《江户時代經學者傳略及其著作》,臺北:萬卷樓,2014年。
[23] 陳志信著:《理想世界的形塑與經典詮釋的形式——以朱熹〈詩集傳〉對〈二南〉的詮釋爲例》,《漢學研究》21卷1期,2003年6月,頁279-306。
[24] 黄忠慎著:《朱子詩經學新探》,臺北:五南出版公司,2002年。
[25] 裴溥言著:《〈詩經〉二南時地異説之研討》,收入臺靜農先生八十壽慶論文集編輯委員會編撰:《臺靜農先生八十壽慶論文集》,臺北:聯經,1981年11月,頁743-781。
[26] 趙制陽著:《詩經名著評介》第二集,臺北:五南圖書出版公司,1993年,頁45-111。

二、日本部分:
[1] 伊藤仁齋著:《古學先生文集》,收入三宅正彦編:《近世儒家文集集成》第1卷,東京:ぺりかん社,1985年。
[2] 伊藤仁齋著:《童子問》,收入家永三郎等校注:《近世思想家文集》,東京:岩波書店,1966年。
[3] 伊藤仁齋著:《論語古義》,收入關儀一郎編:《日本名家四書注釋全書》第3卷,東京:鳳出版,1973年。

[4] 伊藤東涯著:《閒居筆録》,收入關儀一郎編:《日本儒林叢書》第1卷,東京:鳳出版,1978年。

[5] 伊藤東涯著:《讀詩要領》,收入關儀一郎編:《日本儒林叢書》第5卷,東京:鳳出版,1978年。

[6] 伊藤蘭嵎著:《詩古言》,自筆版,天理:天理大學圖書館藏,1750年。

[7] 伊藤東所著:《詩解》,寫版,天理:天理大學圖書館藏,1799年。

[8] 清水徹著:《伊藤仁齋における〈詩經〉觀》,《東洋文化》《東洋の學藝》復刊第100號,2008年4月,頁21。

[9] 土田健次郎著:《伊藤仁齋の詩經觀》,《詩經研究》6,1981年6月,頁18。

[10] 藤本雅彥著:《伊藤仁齋の〈論語〉注釋の方法:〈論語古義〉〈學而〉篇第二章の解釋の試み》,《大阪大學日本學報》第1卷,1982年,頁25-48。

[11] 黑住真著:《伊藤仁齋の思想と詩歌》,《季刊日本思想史》第21號,(1983年9月),頁29-49。

應當怎樣研究"孔子遺説"

中國孔子研究院　楊朝明

任何學術問題的探討都應首先解決資料問題，孔子儒學的研究也不例外，資料問題尤爲重要。由孔子在中國傳統文化中的地位所決定，對孔子思想的認識直接關係到對中國儒學與傳統文化的評價與態度。而從根本上説，人們對孔子褒貶不一，是源於對"孔子遺説"的不同認識與理解。

一、"孔子遺説"需要認真研究

現存孔子言論的直接材料，可以用"孔子遺説"加以概括。所謂"孔子遺説"，即孔子生前所留存下來的言論。例如，《論語》和《孔子家語》都是孔子及其弟子以及時人的言論集。孔子"述而不作"，但其長期從事教育工作，培養了大批弟子。孔子言論以"子曰""孔子云""子言之"之類的形式，賴孔門弟子整理得以流傳下來。

"孔子遺説"是中國儒學研究的基礎，是中國傳統文化研究的關鍵，但歷來研究者多，分歧也極大，其間還存在許多不正確的認識。長期以來盛行的疑古思潮，從懷疑古史到懷疑古書，很多古籍被打入"僞書"行列，多數典籍的成書年代被嚴重後置，不少珍貴材料被"武斷地加以剔除"。經過疑古學者的剥離，與孔子有關或可信資料"似乎只有《論語》一書了"，更爲極端者，甚至《論語》也受到了懷疑。

經歷了歷史跌宕之後，多數學者的認識趨向理性、平實。但在具體研究中，相關資料缺乏、單一，難以把握。有感于此，有學者多方收集孔子言行事蹟資料，例如，清人孫星衍輯有《孔子集語》，今人郭沂有《孔子集語校補》；復旦大學姜義華、張榮華、吴根梁編有《孔子——周秦漢晉文獻集》；曲阜師範大學李啓謙、駱承烈、王式倫合編《孔子資料彙編》。

近年來，大批戰國、秦漢時代的地下文獻問世，帶來大量關於孔子、孔門弟子及早期儒學的新資料，也"啓動"了許多久已被忽視的傳世文獻。因此，以出土文獻與傳世典籍相結合，從探討孔子與六經之關係入手，系統闡發藴含其中的教化學説，並深入探討“孔子遺説”的形成及其歷史價值很有必要。

二、“孔子遺説”的形成與整理

“孔子遺説”由孔門弟子記録，於孔子去世後纂輯而成。據《禮記・文王世子》，周代有“乞言”傳統，特爲重視長老耆宿們的善言嘉語。孔子“祖述堯舜，憲章文武”，是三代文化的集大成者，當時君臣、大夫名士尤其孔門弟子格外重視孔子的言論。孔子一生都與弟子們相伴，孔門弟子崇敬孔子，也最瞭解孔子，他們習聞、珍視進而記録了孔子的許多日常言論。

其最典型的材料見於《論語・衛靈公》。子張聞孔子講做人要“言忠信，行篤敬”之言，馬上將老師之言書寫、記録在衣帶上，可見其珍重之意態。相關材料還大量見於《孔子家語》，如《入官》篇子張“退而記之”，《論禮》篇子夏“敢不記之”，《五刑解》冉有“退而記之”等，以及孔子多次提示弟子“識之”“志之”等。據《孔子家語》，孔子晚年講論時，就有弟子輪流加以筆録。

當然，“孔子遺説”形成系統，進而流傳下來，有一個集中纂輯的過程。這一過程，可能肇端於孔子歿後孔門弟子間的“分化”。弟子們稟性不同，對孔子所講内容的接受、體會自然各異；孔子施教也往往因材而異，不拘一格，以致弟子們或“皆有聖人之一體”，或“具體而微”。孔子去世後，弟子們游走四方，設帳授徒，必然稱揚和發揮孔子學説，無形中又強化了這一趨向。

孔子弟子衆多，又各有所記，孔子遺説必是豐富乃至龐雜，這便亟需能力、地位、影響足以服衆者出面主持、領纂。符合這般條件的大概可舉出子貢、有若、曾子等人，他們都是孔子身後很有影響的弟子。但其中地位更特殊、對孔子學説理解更深的當屬曾子。孔子去世後，曾子爲群倫推重，孔子嫡孫子思也從而問學，曾子應是纂輯“孔子遺説”的前期召集人和主持者。

纂輯“孔子遺説”，絶非短期完成。曾子以後，主持其事者必爲子思。《孔叢子・公儀》記子思之言説：“臣所記臣祖之言，或親聞之者，有聞之於人者，雖非其正辭，然猶不失其意焉。”他整理“孔子遺説”，堅信所記實得孔子本意。

近年來，新出簡帛中多有關於“孔子遺説”的相關資料。其中，上博竹書《從政》篇與郭店竹書《成之聞之》屢次出現“聞之曰”。我們認爲，所謂“聞之曰”，即是聞之於孔子如何如何，相當於“子曰”。而“聞之”的主體應是子思，這一特殊的語式質樸地反映出所記遺説的來源以及子思與孔子的特殊關係，從而也反證這些言語資料的真實性與可靠性。

當然，隨着文獻的傳流、播衍，孔子言論更多地以“子曰”“孔子曰”“夫子曰”等形式呈現。所有這些遺説，除少量爲後世諸子假託外，絶大多數系由孔子弟子記録，曾子、子思纂輯而成，傳流而來。

三、如何對待“孔子遺説”

第一，充分估量、正確理解和認識“孔子遺説”的整體性。現存“孔子遺説”，都是孔子思想某種維度和方面的反映，我們應盡可能地將“孔子遺説”合觀參驗。《論語》絶非研究孔子的唯一可靠資料，其僅爲“孔子遺説”材料中“正實而切事者”材料的選輯，遠非全體。《論語》類於“語録”，缺乏孔子論説的相關背景與情形的記述，令人難得要領，甚至産生誤解。這就需要參考其他文獻資料，除《禮記》《大戴禮記》等外，更有《孔子家語》《孔叢子》等重要典籍。其中，《孔子家語》類于孔子弟子筆記的彙編，《孔叢子》則可謂孔氏家學的學案。尤其《孔子家語》，内容豐富、材料真實、價值極高，完全稱得上“孔子研究第一書”。

第二，辯證認識弟子“潤色”與保存“本旨”的關係。孔門弟子記録孔子言論，旨在保存孔子的思想學説，原本記録孔子思想宗旨，其記録工作的最重要原則應該就是“存真”。然而，耳“聞”與筆“記”之間畢竟有時間差；口頭語與書面語之間也會有距離；稟性與學養的不同會在理解上出現偏差；匯纂和編輯時也必有主持者的潤色之功。從絶對的意義上講，現存“孔子遺説”不可能完全是孔子言論的實録。但無論是一般弟子，還是主持彙集的曾子、子思，其主觀願望一定是保存孔子思想學説的“本旨”。由此，我們應理性、客觀、辯證地進行理解和把握。

第三，動態考察與客觀看待篇卷分合與文字訛變等情況。隨着簡帛古籍的出土與研究，人們認識到古書的形成要經過複雜的過程，其間往往有多種傳本，且經過若干學者之手，一般都要經過較大的改動變化才能定型。因此，應以一種動態的眼光看待文獻傳流，各種“孔子遺説”的傳流也是如此。對《孔子家語》傳流中的各種問題進行梳理、分析，就能發現在特定條件下，其文本所出現的文辭歧異、篇卷分合、文字變更等各種情況及其成因。

第四，遇有時忌或不合時勢時往往會改動或調整字詞語句。這種情況在漢代較爲普遍，其中尤以《禮記》《大戴禮記》的纂輯最爲典型。如果將《孔子家語・哀公問政》與《禮記・中庸》相應部分進行比較，就能看出前者中的“尊賢”“篤親親”“敬大臣”“子百姓”“來百工”，分别變成後者中的“勸賢”“勸親親”“勸大臣”“勸百姓”“勸百工”，動詞“尊”“敬”等皆改寫爲“勸”，透露出尊君卑臣的意涵。如果將《孔子家語》與二戴《禮記》進行比較，類似的例子俯拾即是。發現了這一規律，僅僅從“孔子遺説”文獻中，也能將儒學由先秦“德性儒學”到漢代“威權儒學”的這種演變看得一清二楚。

《書》篇的寫成、結集與早期儒家“《書》教”流變*

曲阜師範大學孔子文化研究院　馬士遠

摘　要　《書》有着很長的寫成、改動、增補、結集過程,《書》篇的寫成主要與上古史官有關,其載記的主要目的在於資政;《書》的結集主要與王官之學及官學下移有關,其結集的主要目的在於垂教。孔子、孔門後學、孟子、荀子在儒家早期“《書》教”的形成與流變中起着核心作用。

關鍵詞　《書》篇寫成　《書》之結集　“《書》教”傳統　資政垂教功用

《書》篇的寫成,主要與上古史官有關,其主要目的在於資政;《書》的結集,主要與王官之學及官學下移有關,其主要目的在於垂教。故《書》有着很長的寫成、改動、增補、結集過程。《書》是儒家學派特别推崇的上古經典,孔子、孔門後學、孟子、荀子在儒家早期“《書》教”的形成與流變中起着核心作用。早期儒家的“《書》教”在春秋戰國時代具有垂教、化俗、資政多項功用。《書》學最初是由上古的史官開始的,孔子站在前代史官不斷寫成《書》篇並對《書》一類文獻整理的已有成果及已有思想整理的基礎上,又對《書》進行了整理,孔子門人弟子有多人在孔子所整理之《書》的早期傳播中起到了重要作用,孟子又在孔子整理之《書》的基礎上,按照其所處的時代要求和自我思想主張對《書》再一次進行了儒學意義上的整理、潤色與加工。荀子引《書》釋《書》推動了儒家“《書》教”傳統的早期形成。要想準確地把握孔子、孟子、荀子等先漢儒者與《書》的關係,就必須用發展聯繫的觀點探討《書》的早期存在和流變歷程。

* 本文爲國家社科基金項目(13BWX041)、全國博士後第57批面上一等資助項目(2014M0150)成果之一。

一、早期史官對《書》篇的寫成與系統整理

南昌大學國學院程水金先生在其《中國早期文化意識的嬗變》一書中提出：先秦史官文化在漸次趨於成熟的過程中，經歷了三個發展階段，一是傳世與不朽意念之産生的階段；二是搜綴既往，尋覓古鑒的階段；三是歷史反思探求公理的階段。在史官文化演進過程中産生的史官散文，也同樣經歷了三個發展階段，即：以周代彝器銘文爲代表的體現傳世與不朽意念的肇始階段，以《尚書》《逸周書》及《國語》爲代表的反映搜檢歷史尋覓古鑒的發展階段，以“《春秋》三傳”爲代表的表現歷史反思、探求社會公理的成熟階段。

以其觀點而言，《尚書》當産生於“搜綴既往，尋覓古鑒”的第二階段。但史實並非完全如此，《書》篇的寫成與結集並非同時發生，部分《書》篇的寫成當屬“傳世與不朽意念”産生的第一階段，從文獻反映的史實角度來看，我國古代對文書檔案的製作、保存早已有之，王國維先生謂“史”字爲“持書之人”，史官爲“掌書之官”，[1]卷六金毓黻謂“史之初職，專掌官文書及起文書草”，史官所掌之書即爲“官府之檔案”。[2]3《尚書·多士》有“惟殷先人有册有典”之説，殷代卜辭中也常出現“乍册”“册”等記録，這些都説明早在殷商時期作“册”、存“册”的傳統已經形成，周代史官擬定册命、祝文、盟書，載記大事要事、帝王言行的行爲已經相當普遍，周代稱“史”之官如大史、内史、小史、外史、御史等的職責大都涉及文辭記事。從各篇章的語言結構看，早期《書》篇之寫成當爲獨立篇章無疑。《書》中的大部分篇章，其原始存在狀態爲塵封在密室裏的檔案，正是史官在完成所職的過程中逐漸産生了“搜綴既往，尋覓古鑒”的意識，自然就涉及到援例性的以歷史爲鑒，《尚書》一類的原始文獻由此而走出了塵封的王室檔案，主要目的在於資政。

程水金認爲《尚書》《逸周書》等是“在西周末年的厲、宣、幽、平之世，以西周初年的鑒古意識爲基礎，搜綴既往、尋覓古鑒思想前提下的産物，其編纂之目的，或鑒於當世，或戒於將來；因此，一部《尚書》多爲訓誡諫説之辭，其行文體例乃就事析理，且往往一事一議，不枝不蔓，以期於事簡而理明”。此説將傳統《書》之結集年代向上推移了不少。考之文獻，其説有一定的理據，由最初的巫史同源向執事之史的演變之痕迹在文獻中是很多的，史官製作册、典、祝、命等文書爲當下神教、行政服務，是其重要職責之一，如製作册祝的有《尚書·金縢》“史乃册祝曰……”等，製作册命的有《刺鼎》“王呼作命内史册命刺。”[2]3《師兑敦》“王呼内史尹册命師兑。”[2]3《尚書·畢命》“康王命作册畢（公），分居裏，成周郊，作《畢命》。”這些資料所反映的就應是由巫向史的發展演變軌迹。對執事之史而言，保存已有典册、誥命、盟誓等官府檔案爲當下或將來行政以資借鑒，更是其重要職責之一，如《國語·周語》：“故天子

聽政，使公卿至於列士獻詩，瞽獻曲，史獻書……瞽、史教誨，耆、艾修之，而後王斟酌焉，是以事行而不悖。”《周語上》：“賦事行刑，必問於遺訓而咨於故實。”《周語下》：“若啓先王之遺訓，省其典圖刑法，而觀其廢興者，皆可知也。”至此，行政日益依賴于文書、檔案的傳統逐漸形成，執事之史開始向“掌官書以贊治”[3] 3的“胥吏之史”演變。“掌官書以贊治”的胥吏之史的産生，最終促進了史官文化的崛起，最早的《尚書》結集本當出於這些“掌官書以贊治”的“胥吏之史”。《尚書》最早之功能當是此“資政”之用。《尚書》作爲上古三代歷史文獻資料的彙編，其形成過程漫長而複雜。關於《尚書》之成書並不是一蹴而就的，而是一個緩慢的漸進的過程。《尚書》資料來源主要是各國歷史資料，記録的史料時間跨度極大，包括上古時期到春秋中葉至少1300年的歷史。所以很難在短期内集結到如此多之史料以成《尚書》，故其成書也不是一朝一夕能完成的。其形成當是一個漸進的遞增的過程。

出於“掌官書以贊治”的史官之手的《書》《周志》等一類古籍在其定型過程中，曾經歷了具有鑒古意識的史官的抉擇與整理加工，“一部《尚書》多爲訓誡諫説之辭，其行文體例乃就事析理，且往往一事一議，不枝不蔓，以期於事簡而理明”的特徵，足以證明其文本確實經過了文學意味的加工與整理。胥吏之史在爲將來行政以資借鑒之目的的驅動下，還要拿這些古代的文書檔案來對太子、國子等未來的統治者進行教育，同樣也需要進行加工與整理，而不能不分主次地隨手拈來就用。這些最初的《書》《周志》一類的結集本在官方教育過程中在上層社會裏得到了廣泛傳播，不僅在周王朝内的上層得以普及，而且在侯國也是如此，如《左傳・楚語》上記載申叔時論教太子的話曾提到：“教之《詩》，而爲之導廣顯德，以耀明其志”，“教之《令》，使訪物官”，“教之《訓典》，使知族類，行比義焉”，曹道衡、劉躍進認爲這裏的《令》當即“命”，《訓典》當即《堯典》《伊訓》等，“故指《書》，因爲《書》本即‘典謨訓誥誓命’之文”。[4] 57如果曹、劉之説確實符合史實的話，那麼這則文獻不僅説明早在孔子之前，一些諸侯國可能已存有不同的《書》之文獻，而且也説明在孔子之前確實存有“以《書》爲教”的官方行爲。

無論是出於“掌官書以贊治”的目的，還是出於塑造未來統治者文化品格的需要，在《書》的早期取捨與傳播過程中，勢必都體現了中國早期文化的基本特徵，同時也必然符合在夏、商文化基礎上形成的周文化的基本要求，必然經歷了以西周禮樂文化爲核心的中國上古文化的洗禮，這種洗禮既包括不同篇目的取捨，亦包括文本意義上的文學意味的加工。篇目的取捨，我們無從得知，但文學意味的加工，卻可以從古代史家之誦的有關文獻中略知一二。

《禹貢》篇屬於《尚書・夏書》，目前學界多認爲此篇不是成于一人一時，孔穎達《尚書正義》云：“此篇史述時事，非是應對言語，當是水土既治，史既録此篇。”[5] 159

孔氏認爲《禹貢》出自史官所録，頗有見地。《禹貢》前部分把全國的情況按九州分别加以介紹，接着是水利治理情況、土質的等次、賦稅的等級，最後是進貢的物品和進貢的路線；語句以四言爲主，節奏感很強，有的段略還葉韻，音韻鏗鏘。伏俊璉由此認爲此篇“表現了早期史官之誦的形式，大約是西周瞽史誦給國子聽的。”按：認爲《禹貢》篇的前半部分表現了早期史官之誦的形式是對的，但就整篇文本來看，前後語言風格不盡相同，爲人加工整理的可能性是完全存在的。

再如，《洪範》篇，早期文獻將其歸入《尚書・商書》，秦以後的文獻卻將其歸屬于《尚書・周書》，無論其歸屬怎樣，都改變不了其内容是陳述治國大法的實質，其内容分爲九個部分，即“洪範九疇”。同《禹貢》篇一樣，學界也多認爲此篇不是成于一人一時，但爲史家所記當爲事實，該篇是以箕子口氣講述的，箕子曾佯狂以避害，佯狂後以唱誦爲主，已暗含了此篇的唱誦性質，事實上，《洪范》通篇葉韻，節奏感強，確實是一篇韻誦文體。如其第五條的一段文本：

> 無偏無陂，遵王之義；無有作好，遵王之道；無有作惡，遵王之路。無偏無党，王道蕩蕩；無党無偏，王道平平；無反無側，王道正直。[6]222

此外，據伏俊璉考證，與《尚書》具有同類性質的《逸周書》中的《太子晉》《周祝》兩篇爲瞽矇“誦”的底本，《允文》《小明武》兩篇的文本也是葉韻的。這些用韻的文體表現形式，不可能是其原始文本狀態，其間必定經歷了壟斷文化的上層史官的糾詞正音的加工與改動。

總之，周王朝的史官們爲了尋求保國、治民的要術，爲了培養周王朝未來的接班人，都需要以古爲鑒，以古爲教，促成了《書》的結集與傳播，同時也促進了有關文本的潤色加工。最初以資政之用結集而成之《書》在早期帝王的培養中也的確發揮了重要的作用。

二、孔子對《書》的整理及其“《書》教”觀的初步形成

今存《尚書》是按儒家思想經過很長的編纂、整理、改動、增删後所存的結果，在這一編纂、整理、改動、增删過程中，孔子具有肇始之功。《尚書》作爲中華元典之一，在其傳播過程中並非完全是依靠統治者或儒家個别聖賢的提倡與支持，如果沒有其自身文化價值的超越性，如果沒有其道德準則的普適性，單靠外力是無法在幾千年中始終保持其神聖的經典地位的。《尚書》自身所具有的這種道德準則的普適性和文化價值的超越性，對孔子同樣具有吸引力，在日常教學、生活、政治實踐中，孔子非常重視《尚書》，“子所雅言，《詩》《書》、執禮，皆雅言也”[7]71，即使厄于陳、蔡之際，仍然

讀《書》不倦："孔子困于陳、蔡之間，即三經之席，七日不食，藜羹不糝，弟子有飢色，讀《詩》《書》習禮樂不休。"[8] 242孔子本人也自云："夫《詩》《書》之不講，禮樂之不習，是丘之過也。"[9] 151足見《尚書》與孔子確實有着某種緊密的聯繫。我們可以肯定地說，《尚書》是孔子構建其系統思想體系的重要來源之一，孔子在對《尚書》的接受中豐富了其創派立説的思想基礎，但據傳世文獻記載，孔子不僅以"《書》教"授弟子門人，而且還刪過《書》，作過《書序》，並且首稱《尚書》之名，這些記載曾引起了後人的争議，至今學界仍莫衷一是。我們先來看其刪《書》説，至於作《書序》、稱《尚書》之名等問題，留待其他章節再考證。

孔子刪《書》説有以下記載，《史記·孔子世家》云：

> 孔子之時，周室微而禮樂廢，《詩》《書》缺。追跡三代之禮，序書傳，上紀唐虞之際，下至秦繆，編次其事。……故書傳、《禮記》自孔氏。[10] 1935－1936

《漢書·藝文志》云：

> 《書》之所起遠矣，至孔子纂焉。上斷於堯，下讫于秦，凡百篇而爲之序，言其作意。[11] 1706

《書緯·璿璣鈐》云：

> 孔子求《書》，得黄帝玄孫帝魁之《書》，迄于秦穆公，凡三千二百四十篇，斷遠取近，定可以爲世法者百二十篇，以百二篇爲《尚書》，十八篇爲《中候》。[12] 122

比較三者，《書緯·璿璣鈐》爲漢代的緯書，其説自不可信，而《漢書》之説是建立在漢代《書》經學者之説和《史記》之説基礎上的，"凡百篇而爲之序，言其作意"是漢儒的普遍觀點，只有《史記》去古未遠，其説也較爲可信。孔子之時"周室微而禮樂廢，《詩》《書》缺"，已被大量先秦文獻所證實；至於"序《書》傳，上紀唐虞之際，下至秦繆，編次其事"，不管"序書傳"指是序《書》《傳》，還是序《書傳》，至少都與《書》有關，而"上紀唐虞之際，下至秦繆"之説，顯然是一種時間斷限，這種上、下斷限就是一種取捨，因此，我們斷定孔子確曾刪過《書》，至少把其看到的《書》中的秦繆以後的篇目刪去了；"編次其事"，估計是緊接其前的時間斷限而言的，筆者認爲其意是指，孔子把唐虞至秦繆之間的《書》篇按時間先後順序或按朝代先後順序進行了編次。

據王犕考證，孔子"修"《書》當有兩次，第一次以整理加工文本爲主，第二次以撰《書傳》爲主，第一次在其四十三歲至五十一歲之間。[13] 167 孔子當時整理《尚書》的目的並不是爲了保存上古文獻，而是爲了利用《尚書》藏往知來的特性，即其所蘊含的"道"與"德"的普適性來宣揚和踐行其政治教化之主張，故在其對《書》的整理過程中，不單單是以時間爲斷限進行取捨，亦理應按篇目所蘊含的文化價值和是否具有"道"與"德"的普適性來抉擇，那些可以觀"義"、觀"仁"、觀"誡"、觀"度"、觀"事"、觀"治"、觀"美"的篇目被保留下來，而那些與"義""仁""誡""度""事""治""美"無關或關係不大的篇目，便被排除在作爲教材而用的《書》之外。這種抉擇取捨以其文本所蘊含的思想性爲標準，反映到文學層面上就是，《尚書》原有的篇目文本作爲已有的文學史料，孔子是按其所蘊含的思想性爲準則進行刪取的，其中暗含了我們今天所講的文學選本批評的思想，雖然孔子在當時還未有今天意義上的文學觀念。

《詩》以韻文爲表現形式，《書》以散文爲表現形式，分別代表了兩種不同的文學樣式，而且二者文本都具有豐富的思想内涵，故孔子施教以《詩》《書》爲先，並在其施教過程中，逐漸形成了一定的《詩》教觀和"《書》教"觀。"《書》教"一詞是與"《詩》教"一詞同時由孔子提出的，《禮記·經解》中都有如下記載：

> 孔子曰："入其國，其教可知也。其爲人也，温柔敦厚，《詩》教也；疏通知遠，《書》教也……故《詩》之失在愚，《書》之失在誣……其爲人也，温柔敦厚而不愚，則深於《詩》教者也疏通知遠而不誣，則深於《書》教者也……"[14] 727

《孔子家語·問玉》篇亦有同樣的記載，孔子把《尚書》的教化功能定位爲"疏通知遠"，可以説是準確地把握住了《尚書》所蘊含的文化價值的超越性，綜觀傳世本《尚書》的核心内容，其主體是虞、夏、商、周時期的典、謨、訓、誥、誓、命，是上古時期雄主能臣在鬥争實踐中總結出的中華先民智慧的結晶，這裏不僅有對唐舜禪讓的讚美、對湯武革命的稱頌，亦有對明主賢臣的標榜、對民瘼冷暖的關注，從中不僅可以瞭解促使王朝興替、歷史巨變的底因，以古鑒今，甚至能爲後世立法，而且可以學到修身理家治國平天下的大道理。其實，從孔安國受《古文尚書》的司馬遷對孔子"疏通知遠"的"《書》教"觀領悟得最爲深刻，"究天人之際，通古今之變"可以説是孔子"《書》教"觀最好的注腳。

孔子的"《書》教"觀除疏通知遠之外，還具體地體現在其論《書》之中。《藝文類聚》六十四引《尚書大傳》有如下一條孔子與子夏論《書》的記載：

子夏讀《書》畢，孔子問曰："吾子何爲於《書》?"子夏曰："《書》之論事，昭昭然若日月，離離若參辰之錯行，上有堯舜之道，下有三王之義。商所受于夫子者，志之弗敢忘也。雖退而窮居河、濟之間，深山之中，壞室編蓬爲户，於中彈琴，詠先王之道，則可發憤慷慨矣。"[15] 131

《外紀》卷九引《尚書大傳》與此基本一致，不過比上文多了孔子對子夏的評價和孔子回答顔回的話，與《韓詩外傳》《孔叢子》所載相一致，其多出的一段文本如下：

夫子愀然變容，曰："嘻！子殆可與言《書》矣。雖然，見其表，未見其裏，窺其門，未入其中。"顔回曰："何謂也?"孔子曰："丘常悉心盡志以入其中，則前有高岸，後有大溪，填填正立而已。六《誓》可以觀義，五《誥》可以觀仁，《甫刑》可以觀戒，《洪範》可以觀度，《禹貢》可以觀事，《皋陶謨》可以觀治，《堯典》可以觀美。"[15] 131－132

由這兩則文獻可以更加深入地理解孔子"《書》教"觀的基本主張。子夏受之于夫子且志之弗敢忘的"上有堯舜之道，下有三王之義"，正與《禮記・經解》和《孔子家語・問玉》兩篇孔子提出的"疏通知遠"的"《書》教"觀是一致的。這肯定是孔子"《書》教"的基本觀點之一，但在孔子看來，這只不過是《書》之"表"。後來孔子經過"悉心盡志以入其中"，又發現了《書》篇有"七觀"之義，"六《誓》可以觀義，五《誥》可以觀仁，《甫刑》可以觀戒，《洪範》可以觀度，《禹貢》可以觀事，《皋陶謨》可以觀治，《堯典》可以觀美"才是《書》之"裏"，這是孔子"《書》教"觀中最爲本質的内容。義、仁、戒、度、事、治、美七者實爲孔子實施王道政治的基本主張，由此足見《書》對孔子思想體系的形成起着核心作用，孔子的"《書》教"思想對後世儒家學説影響甚巨。

三、孔門弟子與《書》的傳播

春秋末期，文化下移，"王官之學"散在民間。孔子開設私學，以六藝之術教學授徒，賢者達 72 人。《史記・孔子世家》説："孔子以《詩》《書》、禮、樂教，弟子蓋三千焉，身通六藝者七十有二人。"[10] 1938 顯然三千之説是虛數，七十二賢均通六藝之説，我們也難以確證，但孔子死後，"楊朱、墨翟之言盈天下，天下之言，不歸楊，則歸墨"，孔門儒學受到了前所未有的挑戰，但賴以部分門徒的努力，儒學還是不斷得以傳播，最終發展爲兩大顯學之一。《尚書》是關於上古政治的歷史文獻彙編，保存了大量的先王之事，孔子以《尚書》爲政治教科書，以《尚書》篇要旨教誨弟子。孔子後學在促進《尚書》學發展，推動《尚書》教育方面具有深遠的影響。在孔子死後儒學發展傳播的早期過程中，《尚書》的授受關係不詳，據文獻記載來看，確實與《尚書》傳播有關者，主要有漆雕開、子張、子夏、子思、顔回、子路、子貢數人。現分别考述如下：

漆雕氏之儒與《尚書》。孔門七十二弟子中有三個漆雕，即漆雕開（字子若）、漆雕哆、漆雕徒父，三千弟子中還有一個漆雕憑。

子若小孔子十一歲，在孔門弟子中應屬於長者，《正義》云：

“漆雕開，習《尚書》，不樂仕。”[16] 2213

《正義》謂其習“《尚書》，不樂仕”的記載是可信的，《論語·公冶長》云：

子使漆雕開仕，對曰：“吾斯之未能信。”子悦。[7] 43

《孔子家語》亦有更爲詳細的記載：

孔子曰：“子之齒可以仕矣，時將過！”子若報其書曰：“吾斯之未能信。”孔子悦焉！[9] 3

漆雕開爲蔡國人，據“報其書”來看，此時漆雕開當離開魯國返回蔡，春秋末年的蔡國已淪落爲楚國的附庸國，作爲一個備受孔子重視並受孔子“《書》教”思想影響深刻的有仁有義的蔡籍文人，再加上漆雕開爲殘疾人，其不願入楚爲官，而效法師恩，投入到傳《書》佈教的事業中去，是符合情理的。韓非論漆雕氏云：“漆雕之議，不色撓，不目逃，省曲則違于臧獲，省直則怒于諸侯，世主以爲廉而禮之”[17] 270，韓非對子張、子思之儒多所批評，稱之爲賤儒、俗儒，而對漆雕氏之儒多所讚美，由此亦見漆雕開所開創的漆雕氏之儒不樂仕的君子儒之風格。漆雕開在孔門《書》學傳播中佔有重要地位，漆雕開在孔門中屬於長者，比子張、子夏、子思等其他傳《書》者要早三十多歲，既爲師兄又爲前輩，又以傳《書》爲主，且其門徒如漆雕徒父、漆雕哆、曹恤、秦冉、漆雕憑、宓子賤、公孫尼子、世碩、巫馬施等代有傳人，韓非把漆雕氏列爲儒家八派之一，足以爲信。

子張之儒與《尚書》。子張小孔子四十八歲，在孔門中屬於小字輩，孔門弟子在發揚儒學方面成就較大者被韓非概括爲八，而子張之儒居首，説明子張在傳播孔學中的佔有極其重要的地位。子張與《書》的傳授有着緊密的關係，這可以從以下一些文獻的記載而得知：

《論語·憲問》云：

子張曰："《書》云：'高宗諒陰，三年不言'，何謂也?"子曰："何必高宗，古之人皆然。君薨，百官總己以聽於塚宰三年。"[7] 158

《禮記·檀弓下》云：

子張曰："《書》云：'高宗三年不言，言乃讙'，有諸?"仲尼曰："胡爲其不然也！古者天子崩，王世子聽於塚宰三年。"[14] 131－132

《尚書大傳》論《堯典》的部分云：

孔子對子張曰："男子三十而娶，女子二十而嫁。女二十通織紉績紡之事，文章之美。不若是，則上無以孝于舅姑，下無以事夫養子也。舜父頑母嚚，不見室家之端，故謂之鰥。《書》曰：'有鰥在下，曰虞舜。'"[15] 5

《尚書大傳》論《説命》的部分云：

《書》曰："高宗諒陰，三年不言。"何謂梁陰也？傳曰："高宗居凶廬，三年不言。此之謂梁陰。子張曰：'何謂也?'孔子曰：'古者君薨，世子聽於塚宰三年。'不敢服先王之服，履先王之位而聽焉。"[15] 104

《尚書大傳》論《甫刑》的部分云：

子張曰："堯舜之王，一人不刑而天下治，何則？教誠而愛深也。"[15] 108

《尚書大傳》卷三云：

子張曰："仁者何樂於山也。"孔子曰："夫山者，巋然高。巋然高，則何樂也？夫山，草木生焉，鳥獸蕃焉，財用殖焉。生財用而無爲私焉，四方皆代焉，每無私予焉。出云風以通乎天地之間，陰陽和合，雨露之澤，萬物以成，百姓以饗，此仁者所以樂於山者也。"[15] 129－130

從上述材料來看，子張在孔門弟子中是對《書》最用心的，而且單從《尚書大傳》來看，在孔門弟子中引子張的話最多，足以看出子張在先秦儒家《尚書》的傳授中的重要地位。據司馬遷記載，孔子死後，弟子各分散，子張居陳，而子張又是于《尚書》用功最勤的一個，陳爲楚所滅，説明子張在南方陳地傳播《書》，並形成了勢力極大的一派，漆雕開在南方蔡地傳播《書》也形成了較有影響的一派，二者一前一後，對儒學在南方楚地的傳播起到了非常關鍵的作用。

而在北方，則有子夏之儒、子思之儒在傳播《書》經方面起到了關鍵作用，子思與《書》的傳播學界早有認識，此處只觀照子夏之儒與《尚書》的傳播。子夏姓卜名商，字子夏，魏人，小孔子四十四歲，是孔門傳授六藝最爲關鍵的人物。孔子死後，子夏居西河，招生授徒，孜孜于儒家文化典籍的傳授，曾爲魏文侯師。《韓詩外傳》卷二記載：

子夏讀《書》已畢。夫子問曰：'爾亦可言於《書》矣?'子夏對曰：'《書》之於事也，昭昭乎若日月之代明，燎燎乎如星辰之錯行，上有堯舜之道，下有三王之義，弟子所受于夫子者，志之於心不敢忘。雖居蓬户之中，彈琴以詠先王之風，有人亦樂之，無人亦樂之，亦可發憤忘食矣。[8] 72－73

子夏明説受之從夫子受《書》而學到堯舜之道、三王之義，並志之於心而不敢忘，説明子夏曾系統地接受過孔子的"《書》教"。《尚書大傳》卷五也記載了子夏向孔子彙報學習《尚書》心得體會的事情，子夏説，通過學習《尚書》，對堯、舜、禹、湯、文王的治世之道已經了然於胸，而個人的得失和生死已經置之度外；孔子對他的回答從總體上給予了肯定，然後指出，你這只是見其表未見其裹、窺其門未入其中，教育子夏要善於把握《尚書》每一篇當中的深刻意蕴，汲取臨民治政的智慧。可見，子夏對於《尚書》的學習，也是下了一番功夫的。但楊朝明認爲：子夏於《書》"未爲精微"，揚雄《法言·君子》所説"子夏得其《書》矣，未得其所以《書》也"，可以作爲對子夏之于《尚書》關係的概括。[18] 33

作爲一部解釋《尚書》經義的著作，《尚書大傳》曾先後五次明確提及了子夏，其中一次稱"魏文侯問子夏"，魏文侯所問，毫無疑問是關乎《尚書》經義的内容；《大傳》還記載有子夏解釋《尚書·康浩》慎罰原則的一番話：

昔者，三王意然欲錯刑遂罰，平心而應之，和然後行之，然且曰："吾意者以不平慮之乎？吾意者以不和慮之乎?"如此者三，然後行之，此之謂慎罰。[15] 90

從語言風格上分析，它很像是隨問而答，就内容而言，它闡發的是治國策略，鑒於子夏和魏文侯的師徒關係，有學者推測，這或許就是二人之間的問對。可見，子夏傳《書》確是“信而有征”的。

關於顔回與《尚書》的事迹，在伏生所撰《尚書大傳》之中有兩條記載，其一云：

> 文王以閎夭、太公望、南宫括、散宜生爲四友。周文王胥附，奔輳，先後，禦侮，謂之四鄰，以免於𥌓之害。懿子曰：“夫子亦有四鄰乎！”孔子曰：“文王得四臣，丘亦得四友焉！自吾得回也，門人加親，是非胥附與？自吾得賜也，遠方之士日至，是非奔輳與？自吾得師也，前有輝，後有光，是非先後與？自吾得由也，惡言不入於門，是非禦侮與？文王有四臣，以免口；丘亦有四友，以禦侮。”[19] 409

周文王以閎夭、太公望、南宫括、散宜生爲四友，而孔子以文王事迹自比，以顔回、端木賜、顓孫師、仲由爲四友，並且把顔回列在首位，謂顔回能使“門人加親”，使疏遠者相親附，足見孔子對顔回的器重。其二云：

> 孔子愀然變容曰：“嘻！子殆可與言《書》矣。雖然，見其表未見其裏，窺其門未入其中。”顔回曰：“何謂也？”孔子曰：“丘常悉心盡志，以入其中，則前有高岸，後有大溪，填填正立而已。六《誓》可以觀義，五《誥》可以觀仁，《甫刑》可以觀誡，《洪範》可以觀度，《禹貢》可以觀事，《皋陶謨》可以觀治，《堯典》可以觀美。”[19] 149

孔子教授顔回《尚書》，以“義、仁、誡、度、事、治、美”七種要旨概括六《誓》、五《誥》《吕刑》《洪範》《禹貢》《皋陶謨》《堯典》十六篇大義，使顔回能夠知曉《尚書》的要義，且影響後世的“七觀”説就來源於此。

顔回是孔子弟子之中最能明白孔子志向的，孔子在傳道授業時，必然以注重政治教化的《尚書》悉心教育顔回，從上述兩則材料也可看出顔回對《尚書》有很深的理解，故顔回與《尚書》學淵源頗深。

子路性格勇敢果毅，善於政事，孔子曾對此有過評論，“子曰：‘由也，千乘之國，可使治其賦也，不知其仁也。’”[20] 77子路有治千乘之國的才幹，曾爲邑宰，而《尚書》記先王之政事，孔子以《尚書》授徒，針對子路因材施教，關於子路《尚書》學説理應有所記載，但限於文獻典籍缺失，僅從傳世文本中輯録出三則事迹，現分述如下：

孟子曰：“子路，人告之以有過則喜。禹，聞善言則拜。”[21] 240

禹的事迹見於《尚書·益稷》：“帝曰：‘來，禹！汝亦昌言。’……皋陶曰：‘俞！師汝昌言。’”[22] 161 趙岐《孟子注》引《尚書》曰：“禹拜讜言。”《尚書釋文》引李登《聲類》云：“讜言，善言也。”[22] 161 昌言即善言，禹能夠擇善而從，故帝堯命其治水。子路性情果決，有過則改，因此喜於聽到别人的批評意見。

子疾病，子路請禱。子曰：“有諸?”子路對曰：“有之。《誄》曰：‘禱爾於上下神祇。’”子曰：“丘之禱久矣。”[20] 101

禳疾禱祀，是古之禮儀，見於《周禮·女祝》：“女祝掌王后之内祭祀，凡内禱祠之事。”鄭玄注曰：“禱，疾病求瘳也。”[23] 196 周公求禱之事見於《尚書·金縢》篇，其文曰：“公乃自以爲功，爲三壇，同墠。爲壇於南方，北面，周公立焉。植璧秉圭，乃告太王、王季、文王。”[22] 494 孔子生病，子路欲仿效周公爲其禱告祛病，孔子不以爲然。但由此亦可知子路熟于《尚書》篇典故。

子路曰：“不仕無義。長幼之節，不可廢也；君臣之義，如之何其廢之？欲潔其身，而亂大倫。君子之仕也，行其義也。道之不行，已知之矣。”[20] 186

朱熹《論語集注》云：“人之大倫有五：父子有親，君臣有義，夫婦有别，長幼有序，朋友有信是也。”[20] 186 子路所謂“大倫”，朱熹釋爲“五倫”。同時，《中庸》亦有對此闡述：“天下之達道五……曰君臣也，父子也，夫婦也，昆弟也，朋友之交也。”[20] 29 朱熹注曰：“達道者，天下古今所共由之路，即《書》所謂五典，《孟子》所謂‘父子有親、君臣有義、夫婦有别、長幼有序、朋友有信’是也。”[20] 29 “《書》所謂五典”見於《舜典》篇：“帝曰：‘契，百姓不親，五品不遜。汝作司徒，敬敷五教，在寬。’”[22] 100 綜合各條材料所載，則子路所言實際源自《尚書》無疑。

子貢言必稱師，是極爲尊敬孔子的，《子罕》載：“太宰問于子貢曰：‘夫子聖者與？何其多能也?’子貢曰：‘固天縱之將聖，又多能也。’”[20] 110 子貢極力推崇孔子，在學習政治謀略時以《尚書》要義爲指導，兹列舉數例如下：

子貢問政。子曰：“足食，足兵，民信之矣。”子貢曰：“必不得已而去，於斯三者何先?”曰：“去兵。”子貢曰：“必不得已而去，于斯二者何先?”曰：“去食。自古皆有死，民無信不立。”[20] 135－136

《尚書·洪范》釋“八政”曰：“一曰食，二曰貨，三曰祀，四曰司空，五曰司徒，六曰司寇，七曰賓，八曰師。”[22] 456食列在首位，師即兵列在末位，孔子教誨子貢時排列次序與《尚書》同，蓋孔子之思想亦來源於《尚書》學。

又《尚書大傳·略説》記載子貢問政一事，其云：

> 子貢曰：“葉公問政于夫子，子曰政在附近而來遠；魯哀公問政，子曰政在於論臣；齊景公問政，子曰政在於節用。三君問政，夫子應之不同，然則政有異乎？”[19] 419

“政在附近而來遠”語出《尚書·舜典》“柔遠能邇”[22] 96，《尚書·梓材》“庶邦享作，兄弟方來”[22] 567，其義相近。“政在節用”與《尚書·無逸》篇周公勸誡成王的話“無淫于觀、于逸、于游、于田”[22] 636相似，可知孔子、子貢的爲政理論實際以《尚書》爲根底。

自孔子開科授徒，文化繼承與傳播的使命便落在了以諸子之學爲代表的士階層身上，上層貴族所執掌的文化、思想流入諸侯國乃至民間，話語權的下移造就了一批新的知識階層。從文化史、經學史的視角考察，孔子後學在春秋戰國之際的歷史背景下所起的作用不容忽視，他們恰恰是文化交替過程中的樞紐，使西周之後的知識體系、觀念思維等能夠有序傳承與流佈。《尚書》作爲三代帝王的施政治國教科書，被孔子奉爲經典而教授弟子，在被經典化的過程中，形成了影響後世深遠的《尚書》教育傳統。孔子後學多層次、多角度地徵引《尚書》篇目，不僅推動了《尚書》學的發展，而且對於傳播《尚書》教育思想發揮了巨大的作用，充分發揮了《書》之垂教功能。

四、孟子與《尚書》的關係及其“《書》教”觀

王蒨在其《論梅本古文〈尚書〉的淵源》一文中曾認爲，今文《尚書》二十八篇是孔子所編《尚書》的殘本，古文《尚書》二十五篇所呈現的思想與孟子的歷史觀極吻合，古文《尚書》二十五篇當出自于戰國時期孟子之手的潤色與加工，是孟子整理加工《尚書》的殘本。[13] 167這是目前把僞古文二十五篇與孟子相聯接起來的較早的説法，其説符不符合歷史事實呢？

孟子是孔子之後儒家學派的最大代表，據《史記·孟子荀卿列傳》記載，孟子曾道：

> 受業子思之門人。道既通，游事齊宣王，宣王不能用。適梁，梁惠王不果所言。則見以爲迂遠而闊於事情。當是之時……天下方務于合從連衡，以攻伐爲賢，

而孟軻乃述唐、虞、三代之德，是以所如者不合。退而與萬章之徒序《詩》《書》，述仲尼之意，作《孟子》七篇。[10] 2343

就《尚書》而言，這則文獻告訴我們兩個資訊：一爲孟子所序之《書》來源於孔氏家學，其所傳之《書》當爲孔子曾經整理加工過的《書》；二爲孟子與萬章之徒曾經“序”過《書》。

對今人而言，問題是如何理解司馬遷所用的“序”字，假設司馬遷所用的“序”字之義是爲《書》作序，那麽，有一個問題就難以理解，司馬遷既然已經説過孔子曾“序”過《書》，孟子“述仲尼之意”，就没有必要再“序”。筆者認爲，司馬遷所用的“序”字，無論是對孔子而言，還是對孟子所説，其意都是整理、編次之義。

荀子在其《非十二子》一文中曾批評孟子云：

略法先王而不知其統，猶然而材劇志大，聞見雜博。案往舊造説，謂之五行。甚僻違而無類，幽隱而無説，閉約而無解。案飾其詞而祗敬之曰：“此真先君子之言也”——子思唱之，孟軻和之，世俗之溝猶瞀儒嚾嚾然不知其所非也，遂受而傳之，以爲仲尼、子遊爲茲厚於後世。是則子思、孟軻之罪也。[24] 50-51

這段文辭與《尚書》的整理加工有關，“略法先王”是符合孟子思想的，“聞見博雜，案往舊造説”也是符合孟子實際的，尤其是“案往舊造説”一語更值得注意，王蒨先生認爲“古文《尚書》二十五篇便是孟子‘案往舊造説’產生出來的”，“‘案飾其詞而祗敬之曰：此真先君子之言也’是多麽符合二十五篇古文《尚書》的實際。‘飾其詞’，是説二十五篇古文的語言是經過‘修飾’的。而且孟子把經過自己修飾的古文，的確是當作‘此真先君子之言也’而‘祗敬之’的”。[13] 169

王蒨將這段文辭與孟子整理《尚書》聯繫起來，確有一定的道理，孟子所整理加工的《尚書》之“經”來源於子思之門人，子思之門人所傳《尚書》之“經”來源於子思，子思所傳《尚書》之“經”當來源於曾由孔子親手整理過的《尚書》，無論是子思、子思之門人還是孟子，按理説可能對孔子的《書》説進行發展，但都不應該對孔子所傳之《書》“經”進行改動。但事實並非如此，《孟子·盡心下》有孟子論《書》的一段記載：

孟子曰：“盡信《書》，則不如無《書》。吾于《武成》，取二三策而已矣。仁人無敵於天下，以至仁伐至不仁，而何其血之流杵也？”[25] 325

《武成》原爲《書》之一篇，在孟子看來，其可信度是很低的，因爲其言辭所表現出來的思想不符合儒家學説的“仁”。由《武成》一例來看，孟子是按其改造了的儒家學説來審視由孔子“述而不作”“無征不信”所傳下來的《書》的，並進而得出了《書》不可全信的“《書》教”觀點。由“吾于《武成》，取二三策而已”來看，孟子爲了使先王之言取信于時人，不免將其主張、學説、觀點融化到歷史史實之中。孟子同孔子一樣，都是以天下爲己責的人，《書》對他們而言，絶不是一堆歷史文獻，而是蘊含著聖人之道的可用於時下政治教化的工具，在對《書》的態度上，二者都不是爲了保存《書》的真實性，而是根據各自的主張對《書》篇和内容進行整理加工，使之更適合於教化。不過由於孟子對孔子的學説進行了發展，而且其所處的時代背景也已經與孔子的時代有所不同，故孟子繼孔子之後對《尚書》再一次進行了整理加工，便是自然之事。

孟子用《書》有其特定的歷史背景。戰國之際，中國思想史進入“軸心時代”，原有的社會秩序被打破，周王室的衰微使上層貴族所執掌的知識、文化與思想流入諸侯國乃至民間，即“天子失官，學在四夷”[27] 1389。在這樣的時代潮流之中，孟子爲使自己的學説在“百家争鳴”中取得一席之地，必然大量徵引《書》篇内容爲己説論證。孟子多角度、多層次地引用《書》篇，其所宣揚的文化輿論推動了《尚書》在社會上的流佈與傳播，同時宏觀地呈現了《尚書》學在戰國時代的存在面貌，從文化史、經學史方面考慮，對探究戰國《書》教傳統的流變、闡釋也有重要的價值和影響。

孟子主張君權天授，其民本思想源于《尚書》，孟子認爲得天下者是順從民心的結果。如《萬章上》載：

> 萬章曰：“堯以天下與舜，有諸?”孟子曰：“否。天子不能以天下與人。”“然則舜有天下也，孰與之?”曰：“天與之。”“天與之者，諄諄然命之乎?”曰：“否。天不言，以行與事示之而已矣。”[21] 643

接着孟子對“以行與事示之”進行解釋：“昔者堯薦舜於天而天受之，暴之於民而民受之。故曰：天不言，以行與事示之而已矣。”曰：“敢問薦之於天而天受之，暴之於民而民受之，如何?”曰：“使之主祭而百神享之，是天受之。使之主事而事治，百姓安之，是民受之也。天與之，人與之，故曰天子不能以天下與人。”[21] 644

稽考《尚書》諸篇，民本思想已有多處記載，有關語句如下：

> 天聰明，自我民聰明。天明畏，自我民明威。[21] 153
>
> 天棐忱辭，其考我民。[21] 514)

天畏棐忱，民情大可見。[21] 525

孟子借《尚書》之義，把“民”的地位提升到一個新的高度，提出了“民爲貴，社稷次之，君爲輕”的政治理論，將“民本”思想發展爲一個相對完整的體系。

《康誥》是周公告誡康叔治理衛國的誥詞，闡明了“敬天愛民”的道理，周公曰：

惟乃丕顯考文王，克明德慎罰；不敢侮鰥寡，庸庸、祗祗、威威，顯民，用肇造我區夏，越我一二邦以修。我西土惟時怙，冒聞於上帝，帝休，天乃大命文王殪戎殷，誕受厥命。越厥邦、厥民，惟時敘。乃寡兄勖。[21] 532

文王能夠崇尚德教，慎用刑罰，尊寵人民，成就偉大的事業。《尚書大傳·康誥》對此進行解釋説：“天之命文王，非啍啍然有聲音也。文王在位而天下大服，施政而物皆聽，命則行，禁則止，動摇而不逆天之道，故曰‘天乃大命文王’。”[19] 414 君王之所以上承天命，孟子認爲其原因就在於君王能夠主祭而百神享之，更重要的是治理天下，井然不紊而使百姓安居樂業，這與周公的誥詞在含義上具有内在的一致性。君王的權力來源於民意，上天根據民意決定君王是否具有德行治理天下。相反，如果君王不能順應民情，就會失掉天命，孟子舉桀、紂爲例進行説明：

桀、紂之失天下也，失其民也。失其民者，失其心也……爲湯、武驅民者，桀與紂也。[21] 503

孟子借桀、紂的歷史説明民心對於政治的重要性，其義來源於《多方》，該篇的核心思想是強調天命。周王朝的統治是建立在人民擁護的基礎之上的，即周公所云：“惟夏之恭多士，大不克明保享於民，乃胥惟虐於民，至於百爲，大不克開”[21] 669，“乃惟成湯，克以爾多方簡，代夏，作民主”[21] 669，“乃惟爾商後王逸厥逸，圖厥政不蠲烝，天惟降時喪。”[21] 671

孟子注重調節天命與人民之間的關係，使二者能夠在政治上達到一種動態的平衡。同時，其學説既脱離了神秘主義的色彩，故能夠在“百家争鳴”之中脱穎而出，成爲當時之顯學。然而考察孟子思想之源泉，皆與《尚書》有着千絲萬縷之聯繫，可知其民本思想多從《書》篇中來。

孟子養民重農思想如《尚書》中所載殷周之際的天子大臣注重保養人民，如《盤庚》云：“古我前後，罔不惟民之承保。”《康誥》云：“用乂保民。”《梓材》云：“子子孫孫永保民。”《秦誓》云：“以保我子孫黎民。”孟子論及政治謀略，亦有保民思想，

《梁惠王上》記載：

> （齊宣王）曰："德何如則可以王矣?"曰："保民而王，莫之能禦也。"曰："若寡人者，可以保民乎哉?"曰："可。"……故推恩足以保四海，不推恩無以保妻子。[21] 79

保養人民的前提條件是使人民安居樂業，注重稼穡，不違農時。《堯典》篇載帝堯攝政之時，命令羲氏與和氏，嚴肅謹慎地遵循天時，推算日月星辰的運行規律，制定曆法，即"曆象日月星辰，敬授人（民）時。"及舜繼承帝位，告誡四嶽十二牧"食哉惟時"，即農業生産不能違背天時。同時命令棄（后稷）主持農業，教民播種百谷。又《洪範》載"農用八政"，食是列在第一位的。《尚書》各篇章多次談論農業生産，可見重農思想在《書》篇之中已有顯現。孟子承繼《尚書》重農思想，對農事有自己的見解，如《梁惠王上》所載：

> 不違農時，穀不可勝食也。數罟不入洿池，魚鱉不可勝食也。斧斤以時入山林，材木不可勝用也。穀與魚鱉不可勝食，材木不可勝用，是使民養生喪死無憾也養生喪死無憾，王道之始也。五畝之宅，樹之以桑，五十者可以衣帛矣。雞豚狗彘之畜，無失其時，七十者可以食肉矣。百畝之田，勿奪其時，數口之家可以無飢矣。[21] 54–58

孟子認爲"養生喪死無憾"是實行王道的基礎，而"不違農時""無失其時"的農業生態觀念是保證人民不受飢寒的前提。這一概念的提出，對當今社會宣導的可持續發展戰略具有極大的借鑒意義，生態發展乃至經濟社會發展都可從中吸取有益的經驗。從學術史視角觀照孟子的養民重農精神，實汲取自《尚書》中關於農事的主要思想。

孟子仁政思想源于《尚書》。"仁"是孔子思想體系的核心，孟子將"仁"擴展到政治領域，提煉出"仁政"的理論。孟子強調統治者必須注重德行，以德修身，否則就會變爲暴君，實施暴政受到仁君的誅伐。《梁惠王下》載齊宣王問政一事：

> 齊宣王問曰："湯放桀，武王伐紂，有諸?"孟子對曰："於《傳》有之。"曰："臣弑其君，可乎?"曰："賊仁者謂之賊，賊義者謂之殘。殘賊之人，謂之一夫。聞誅一夫紂矣，未聞弑君也。"[21] 145

齊宣王認爲湯、武伐桀、紂是臣弑君的行爲，孟子以仁義作爲説辭，認爲湯、武行仁政而誅暴君是奉行天命，其義源於《牧誓》，文曰：“今商王受惟婦言是用，昏棄厥肆祀弗答，昏棄厥遺王父母弟不迪，乃惟四方之多罪逋逃是崇、是長，是信、是使，是以爲大夫、卿士，俾暴虐于百姓，以奸宄于商邑。今予發惟恭行天之罰。”[21] 423－425孟子因襲《尚書》討罪救民的思想，借《書》篇大義闡釋、延伸，將其仁政王道觀念發揮得淋漓盡致。

關於弔民伐罪的思想，孟子曾引《仲虺之誥》之文3次，分别見於《梁惠王下》《滕文公下》和《盡心下》。

《書》：“湯一征，自葛始。”天下信之，東面而征西夷怨，南面而征北狄怨，曰：“奚爲後我？”……《書》曰：“徯我後，後來其蘇。”[21] 152

《書》曰：“葛伯仇餉。”此之謂也……湯始征，自葛載，十一征而無敵於天下，東面而征西夷怨，南面而征北狄怨，曰：“奚爲後我？”……《書》曰：“徯我後，後來其無罰！”[21] 433－434

南面而征北狄怨，東面而征西夷怨，曰：“奚爲後我？”武王之伐殷也，革車三百兩，虎賁三千人。王曰：“無畏，寧爾也，非敵百姓也。”[21] 962

孟子在此反復陳述的意思是國君施行仁政則天下無敵。按《仲虺之誥》原文是：“乃葛伯仇餉，初征自葛。東征西夷怨，南征北狄怨，曰：‘奚獨後予？’攸徂之民，室家相慶，曰：‘徯予後，後來其蘇。’”[21] 293在《仲虺之誥》中，仲虺勸勉成湯要發揚美德，順從天意，治理禍亂。孟子借用成湯“克寬克仁”的品德，主張弔民伐罪，安撫百姓，由此就能受到四方民眾的歸順和擁戴。孟子相信仁義之師可“以寡敵眾”，並舉成湯之例以表明“仁義者無敵”的道理。

《尚書》曾記周武王牧野之戰“血流漂杵”的故事，其文云：“甲子昧爽，受率其旅若林，會於牧野。罔有敵于我師，前徒倒戈，攻於後，以北，血流漂杵。”[21] 435商周牧野之役，孟子從“仁君無敵於天下”的視角出發，對《武成》篇所記不以爲然。“孟子曰：‘盡信《書》，則不如無《書》。吾于《武成》，取二三策而已矣。仁人無敵於天下，以至仁伐至不仁，而何其血之流杵也？’”[21] P959孟子之時，《武成》篇所記的内容已經相當全面，故孟子可以就其内容發表自己的見解。考諸《史記·周本紀》關於此次戰役的記載，“帝紂聞武王來，亦發兵七十萬人距武王……紂師雖眾，皆無戰之心，心欲武王亟入。紂師皆倒兵以戰，以開武王。武王馳之，紂兵皆崩畔紂。”[10] 124可知牧野之役，雙方各出動軍隊數十萬人，經過激戰，血流之多甚至浮起舂杵的史實大體是可以相信的。但孟子堅信仁者無敵，仁義之師可以所向披靡，這種弔民伐罪、除暴安良的正義戰爭是不會造成大規模傷害的。孟子質疑牧野之戰的真實性，恰恰反映出孟子理想化的道德觀念和仁政思想。

關於禪讓制度，《論語》之中僅有一條記載。《堯曰》篇載："堯曰：'咨！爾舜！天之歷數在爾躬，允執其中。四海困窮，天禄永終。'舜亦以命禹。"朱熹注曰："此堯命舜，而禪以帝位之辭……舜後遜位於禹，亦以此辭命之。"[20] 194 堯禪讓帝位於舜，其事在《舜典》之中記載尤爲詳細，舜在即位前經受了各種考驗，之後制定刑法，選賢授能，成爲後世仁君的模範。孟子借堯舜禪讓之事，發揮己見，極力推崇禪讓之制。《萬章上》云：

> 堯老而舜攝也。《堯典》曰："二十有八載，放勳乃徂落，百姓如喪考妣。三年，四海遏密八音。"……而舜既爲天子矣。[21] 635－637

孟子徵引此文，見於僞古文《舜典》篇，其文云："二十有八載，帝乃殂落。百姓如喪考妣。三載，四海遏密八音。"[21] 94 除改"帝"爲"放勳"，改"三載"爲"三年"外，其餘《孟子》之文皆與《尚書》同。據此可推斷孟子之時，《堯典》篇已經成型，且在社會上流傳極廣，以致於作爲新興士階層的孟子能夠熟讀此文，並徵引該文作爲自己論辯的歷史依據。堯崩之後，舜受禪爲帝而攝政，孟子又云：

> 舜相堯二十有八載，非人之所能爲也，天也。堯崩，三年之喪畢，舜避堯之子于南河之南，天下諸侯朝覲者不之堯之子而之舜，訟獄者不之堯之子而之舜，謳歌者不謳歌堯之子而謳歌舜，故曰天也。夫然後之中國，踐天子位焉。[21] 644

孟子基於基本的歷史史實而參以己説，使上古三代的禪讓制度在戰國時期的亂世之中綻放出理想的光輝。同篇又記載禹受禪讓之事：

> 昔者舜薦禹於天，十有七年。舜崩。三年之喪畢，禹避舜之子于陽城，天下之民從之，若堯崩之後不從堯之子而從舜也……孔子曰："唐虞禪，夏後、殷、周繼，其義一也。"[21] 647－652

堯、舜、禹三代帝王具有仁德，雖禪讓而百姓擁護之。孟子贊成禪讓制度，同時對周文王、武王的功業亦表示推崇和擁護。《滕文公下》載孟子議論武王伐紂一事，引《書》曰："丕顯哉！文王謨。丕承哉！武王烈。佑啓我後人，咸以正無缺。"[21] 451 稽考今本《尚書》，並無此文，蓋此文出自《書》篇逸文，但《康誥》"丕顯考文王"，《立政》"武王之大烈"，其文義與孟子所引相近。周初之人稱頌讚揚先祖，其文獻載於《書》篇，孟子引《書》以論事，反映出他對周初史事的順從與推重。

孟子的“《書》教”觀已與孔子的“《書》教”思想有所不同，孟子對孔子所強調的《書》之“疏通知遠”的觀點採取了懷疑的態度，而進一步加強了《書》的政治教化作用，這是由於孟子不僅僅看到了孔子傳流下來的《書》，而且還看到了一些與孔子所傳之《書》“經”不盡相同的其他一些《書》篇，究其原因，即荀子所説的“聞見博雜”，據劉起釪統計，《孟子》稱引《尚書》今文二十八篇凡十二次六篇，古文十六篇凡五次三篇，難以考定的逸《書》凡十五次。[26] 49 也就是説，《孟子》引《書》見於今存本的和不見於今存本的各佔一半。由於孟子所見不在孔子所傳《書》之内的《書》篇，没有經過儒家學説的改造，極易與儒家之《書》相悖反，不利於《書》的教化作用的進一步發揮，作爲以儒宗自居的孟子，自然不會任儒家《書》之外的篇目流傳以混淆民信，故孟子亦有必要重新對《書》加以增删、整理、加工。

無論是從《孟子》一書稱引《書》的情況來看，還是從荀子所論孟子之説、司馬遷所述孟子“序”《書》的史實來講，孟子及其弟子們確曾對《尚書》進行過整理加工，其對《書》的整理加工是繼孔子之後的又一次使《尚書》儒學化的重要之舉。其整理加工的過程，同樣也包含了以是否符合儒家思想，特別是是否符合孟子所發展了的儒家思想爲標準進行的取捨，這種取捨同樣也有文學選本批評的思想在起作用。另外，孔孟之間相距一百多年，而那個時代又是語言迅速發展豐富的黄金時代，孟子在對《尚書》整理加工的過程中，由於其不太重視保持文獻的原貌而強調其政治教化之用，進行必要的語言語義的轉换是可能的，這種語言語義的轉换，正同我們將古文轉化爲白話文一樣，其間蘊含了文學意義上的潤色。

五、荀子《尚書》學及“《書》教”傳統之發展

《尚書》是上古三代政教之書，孔子以之爲政治教科書教育門徒，荀子學派實即孔門一系。《荀子》大量引《書》、釋《書》以論證己説，其諸多思想源出於《尚書》。富國養民思想、貴賤等次思想淵源於《書》學，公義勝私欲、先教後刑、人治思想、刑法因時變易思想等皆以《尚書》爲根柢。荀子引《書》斷章取義，以述爲作。借助《荀子》引《書》情況，可以窺探戰國時期《書》學的傳播與流變，亦有助於推動研究戰國《書》教傳統。

荀子的生平事迹與著述情況，見於《史記·孟子荀卿列傳》：

> 荀卿，趙人。年五十始來遊學于齊。……齊襄王時，而荀卿最爲老師。齊尚修列大夫之缺，而荀卿三爲祭酒焉。……於是推儒、墨、道德之行事興壞，序列著數萬言而卒。[10] 2348

《史記索隱》云："名況。卿者，時人相尊而號爲卿也。"[10] 2348又《漢書·藝文志》儒家類班固自注"孫卿子"曰："名況，趙人，爲齊稷下祭酒。"[11] 1725顏師古注："本曰荀卿，避宣帝諱，故曰孫。"[11] 1728案宣帝名劉詢，荀、詢音同，荀、孫音近，故改爲孫。荀卿之著作，名爲《荀子》，王應麟《漢書藝文志考證》云："劉向《校讎書録序》云：'所校讎中《孫卿書》凡三百三十三篇，以相校除複重二百九十篇，定著三十二篇，皆以定殺青簡，書可繕寫。'楊倞分易卷第，更名《荀子》。"[28] 7-8

荀卿之學出自孔門一系，《韓非子·顯學》篇記載自孔子死後，儒學分爲八家，其中就有"孫氏之儒"[29] 456，孫氏即指荀卿。據《漢書·儒林傳》記載："至於威、宣之際，孟子、孫卿之列咸遵夫子之業而潤色之，以學顯於當世。"[21] 3591荀卿之學源出於孔學無疑。

《尚書》作爲上古三代的原始文獻資料，藴含着豐富的教化思想，是禮樂教化的重要載體。孔子開科授徒，以《詩》《書》爲教本，即所謂"子所雅言，《詩》《書》執禮，皆雅言也。"[7] 70孔子與《尚書》關係密切，而荀子學派實際出於孔門一系，故荀子論辯多引《書》以發揮闡釋其義。《荀子》稱引《尚書》僅次於用《詩》，大篇幅地徵引《書》篇内容，可見荀子于《尚書》學有獨特的見解。《尚書》乃政教之書，荀子諸多思想來源於其中，茲分述如下。

遍考古代文籍，未有記載明言荀子曾傳《尚書》，但荀子對於《尚書》的熟知程度并不亞于其他諸子，從《荀子》一書載論《書》篇的内容可以明確此點，如《勸學》篇言：

> 學惡乎始？惡乎終？曰：其數則始乎誦經，終乎讀禮……《書》者，政事之紀也……《詩》《書》之博也，《春秋》之微也，在天地之間者畢矣……《詩》《書》故而不切。[28] 11-14

《尚書》作爲政教之書，長於紀事，則荀子所謂"誦經"，自然包括《尚書》在内。故、古義通，《説文》："古，故也。"[30] 45《尚書》記述虞夏商周四代史事，年代邈遠，文義古奥難懂，而荀子深知《尚書》要旨，善於運用《書》篇旨意爲己説論辯，其施政思想源于《尚書》者主要體現在富國養民與貴賤等次兩方面。

荀子關於富國養民的思想主要體現在《富國》篇中，其在具體議論時曾兩度援引《康誥》内容，茲予以分析。其一：

> 足國之道，節用裕民而善臧其餘。……故知節用裕民，則必有仁義聖良之名，而且有富厚丘山之積矣。此無它故焉，生於節用裕民也。……《康誥》曰："弘覆

乎天，若德裕乃身。”此之謂也。[28] 177－178

楊倞對此段的注解是：“弘覆如天，又順於德，是乃所以寬裕汝身。言百姓與足，君孰不足也。”[28] 178《康誥》原文是：“宏於天，若德裕乃身，不廢在王命。”[22] 534本義是周公告誡康叔要尚德保民，比天宏大，用和順的美德指導自己去完成王命。荀子僅截取一“裕”字加以己説，使之符合“節用裕民”的理論，與《康誥》原義大相徑庭。其二：

無它故焉，忠信調和均辨之至也。故君國長民者欲趨時遂功，則和調累解，速乎急疾；忠信均辨，説乎賞慶矣；必先修正其在我者，然後徐責其在人者，威乎刑罰。三德者誠乎上，則下應之如景向，雖欲無明達，得乎哉！《書》曰：“乃大明服，惟民其力懋和，而有疾。”此之謂也。[28] 190－191

所謂“三德”，謂調和累解，忠信均辨，正己而後責人。君王如能誠意行此三德，則百姓應之如聲隨響。楊倞認爲此處引《書》乃“言君大明以服下，則民勉力爲和調而疾速，以明效上之急也”[28] 191。此句亦出自《康誥》篇，其文爲“乃大明服，惟民其敕懋和。若有疾”[22] 537，敕，《説文》：“誡也。”[30] 62意爲百姓大明上意而誠服，自相教誡而勉力於和順。荀子引《書》以證明百姓勉力于事功而君王明達于上，恰與《康誥》原義相反。

《富國》篇兩引《康誥》之文，然與《書》篇原義不符，蓋荀子于《尚書》只取其文不取其義，斷章取義，以證己説。

荀子在《王制》篇中提出了“制禮義以分貧富貴賤之等”的理論，其曰：

分均則不偏，埶齊則不壹，眾齊則不使。……埶位齊而欲惡同，物不能澹則必爭，爭則必亂，亂則窮矣。先王惡其亂也，故制禮義以分之，使有貧富貴賤之等，足以相兼臨者，是養天下之本也。《書》曰：“維齊非齊。”此之謂也。[28] 152

荀子認爲天下相爭而亂窮的原因在於没有貴賤等級之分，只有以禮義分貴賤等次，才能使天下大治，並引《書》以證其説。考諸《吕刑》原文：“刑罰世輕世重，惟齊非齊，有倫有要。”[22] 788周秉鈞釋“齊”爲同，“維齊非齊”即同與不同，言刑罰隨世輕重，同與不同，皆有道理有要求也[31] 283。楊倞謂此句“言維齊一者乃在不齊，以諭有差等然後可以爲治也”。[28] 152則荀子釋上“齊”爲“齊一”，釋“非齊”爲富貴貧賤無差等，其意義與《吕刑》文本相去甚遠。從訓詁學視角考察，荀子開闢了附會傳説、己意解經的先河。

荀子作爲戰國時代諸子百家的集大成者，批判吸收各家的理論主張，形成富有特色的法律觀念，對先秦法治思想進行了一次總結。

荀子主張以公滅私，私欲是社會動蕩的根源，只有秉持公義之心，君王之道方能長久。《修身》篇云：

> 怒不過奪，喜不過予，是法勝私也。《書》曰："無有作好，遵王之道；無有作惡，遵王之路。"此言君子之能以公義勝私欲也。[28] 36

又《天論》篇末論"萬物爲道一偏"之後引"《書》曰：'無有作好，遵王之道；無有作惡，遵王之路。'此之謂也。"[28] 320此處兩引《洪範》語句，字句、詞序完全一致。《洪範》經文之後猶有四句："無偏無党，王道蕩蕩；無党無偏，王道平平。"[22] 464荀子將"作好""作惡"比作私欲，先王之道、路比作公義，君子若能以公義勝私欲作爲刑罰的準則，就能以公滅私，即楊注所云："以公滅私，故賞罰得中也。"[28] 36

先教而後刑思想，見於《致士》《宥坐》兩篇之中，即：

> 臨事接民而以義，變應寬裕而多容，恭敬以先之，政之始也；然後中和察斷以輔之，政之隆也；然後進退誅賞之，政之終也。……《書》曰："義刑義殺，勿庸以即，女惟曰'未有順事'。"言先教也。（《致士》）[28] 262
>
> 不教其民而聽其獄，殺不辜也。……不教而責成功，虐也。已此三者，然後刑可即也。《書》曰："義刑義殺，勿庸以即，予維曰未有順事。"言先教也。（《宥坐》）[28] 522

此句引自《康誥》，原文爲："用其義刑義殺，勿庸以次汝封。乃汝盡遜曰時敘，惟曰未有遜事。"[22] 539周公告誡康叔斷獄用刑要合宜，勿要順從康叔私心行刑，如果所用刑罰之事全都順當，也要自謙説尚未順承。荀子節引"未有順事"一句。作爲不教民而使民犯法的理論依據，但對"義刑義殺"句意則隨意解説，發揮闡釋，荀子對《尚書》以述爲作，斷章取義，於此可謂明證。

荀子認爲君子比良法更能治理國家，《致士》篇載："故有良法而亂者有之矣，有君子而亂者，自古及今，未嘗聞也。《傳》曰：'治生乎君子，亂生乎小人。'此之謂也。"[28] 261 "《傳》曰"内容今不可考，或爲某篇脱簡。治人治法的法律思維在《君道》篇中論述更爲詳盡：

> 有亂君，無亂國；有治人，無治法。……法者，治之端也；君子者，法之原也。故有君子則法雖省，足以遍矣；無君子則法雖具，失先後之施，不能應事之

變，足以亂矣。……故君人者勞於索之，而休於使之。《書》曰：“惟文王敬忌，一人以擇。”此之謂也。[28] 230

王先謙云：“無治法者，法無定也，故貴有治人。”[28] 230治人比治法更重要，原因在於選擇合適的法官能夠“應事之變”，若法律不甚完備，則君子的美好品德可以彌補法律的缺失。《吕刑》作爲歷史上最早的較爲系統的刑法專著，在任用執法人員時考慮的因素比較多，如“何擇，非人?”[22] 782“非佞折獄，惟良折獄，罔非在中”。[22] 789要選擇善人來安定百姓，反對巧辯之人審理案件，善良的人處理刑獄就會公正合理。荀子在選擇執法者的問題上與《吕刑》的觀點相一致。引《書》文字乃《康誥》內容：“惟文王之敬忌。乃裕民曰：‘我惟有及。’則予一人以懌。”[22] 543擇、懌形近而誤，懌即悦懌、高興，考慮文王的敬德忌惡，繼承文王賞善懲惡的德行，那麼就會心生悦懌了。荀子借《康誥》文義表示任用賢人就會垂裳而治，其人治思想源出於《尚書》。

荀子刑罰因時變易思想在《吕刑》之中稱爲“刑罰世輕世重”，指刑罰要根據具體的社會情況而決定輕重，即《孔傳》所云：“言刑罰隨世輕重也。刑新國用輕典，刑亂國用重典，刑平國用中典。”[8] 788荀子在《正論》篇中援引此句：“刑稱罪則治，不稱罪則亂。故治則刑重，亂則刑輕，犯治之罪固重，犯亂之罪固輕也。《書》曰：‘刑罰世輕世重。’此之謂也。”[28] 328楊倞注曰：“治世刑必行，則不敢犯，故重；亂世刑不行，則人易犯，故輕。李奇注《漢書》曰：‘世所以治，乃刑重；所以亂，乃刑輕也。’”又曰：“治世家給人足，犯法者少，有犯則衆惡之，罪固當重也。亂世人迫於飢寒，犯法者多，不可盡用重典，當輕也。”[28] 328從楊倞和李奇的注解分析，荀子對於“刑罰世輕世重”的理解與《吕刑》所記完全相反，荀子雖引《書》論證，但以己意解經，不合本義，是《荀子》一書釋《書》論《書》的一大特點。

今本《荀子》三十二篇引《書》計二十三次，直接引用《書》中文句共十八次，其中兩處重複，未明確爲稱引《書》篇，但化用《書》中文句共五次。《荀子》引《書》的方式是論證結合，將援引《書》篇與闡發議論相統一。荀子引《書》採用兩種方式，一是先引後議，二是先議後引[32] 76。先引後議的例子如《修身》篇“《書》曰：‘無有作好，遵王之道；無有作惡，遵王之路。’此言君子之能以公義勝私欲也”。荀子先徵引《書》篇，闡發其大義，然後對《書》中原義進行發揮引申，而與《書》篇本義相去甚遠。先議後引的例子如《王制》篇載“故制禮義以分之，使有貧富貴賤之等，足以相兼臨者，是養天下之本也。《書》曰：‘維齊非齊。’此之謂也”。這種方式借用“此之謂也”的句式來完成對所議論之事和引《書》闡述的論證。

通過對《荀子》引《書》、論《書》、釋《書》的分析考論，荀子在運用《尚書》爲己説論證之時往往脱離原義，甚至斷章取義，這與荀子對《尚書》學以述爲作的特點有很大的聯繫。《尚書》是上古三代的政教之書，在被儒家經典化的過程中形成了影響深遠的《書》教傳統。戰國時代，百家争鳴成爲社會的主題，在這樣的歷史背景之下，荀子一派爲求掌握政治上、文化上的話語權必須對流傳已久的《尚書》進行符合己説的闡釋、延伸。荀子多層次、多角度地徵引《尚書》，對我們窺探戰國《書》學的原貌和瞭解先秦《書》學的流變，都有重要的價值。《荀子》引《書》、用《書》推動了《尚書》在社會上的傳播，同時有助於促進戰國《書》教傳統的形成、演變。

總之，孔子、孟子、荀子作爲儒家學説的先聖，曾相繼按照各自的思想主張對《書》進行整理加工，其間體現了《書》之儒學化的早期嬗變。最初以資政之用而集結之《書》經孔、孟、荀整理加工用以垂教，反映了儒家早期“《書》教”傳統之流變。

参考文獻

[1] 王國維. 王國維遺書(一)[M]. 上海:上海古籍書店,1983.
[2] 金毓黻. 中國史學史[M]. 北京:商務印書館,1957.
[3] 閻步克. 史官主書主法之責與官僚政治之演生[J]. 國學研究第4卷.
[4] 曹道衡,劉躍進. 先秦兩漢文學史料學[M]. 北京:中華書局,2005.
[5] 孔穎達. 尚書正義卷六[M]. 北京:北京大學出版社,2000.
[6] 李民、王健. 尚書譯注[M]. 上海:上海古籍出版社,2004.
[7] 楊伯峻. 論語譯注[M]. 北京:中華書局,2005.
[8] 許維遹. 韓詩外傳集釋[M]. 北京:中華書局,2005.
[9] 薛安勤,靳明春. 孔子家語今注今譯[M]. 大連:大連海運學院出版社,1993.
[10] 司馬遷. 史記[M]. 北京:中華書局,1975.
[11] 班固. 漢書[M]. 北京:中華書局,1983.
[12] 張爾田. 史微[M]. 上海:上海書店出版社,2006.
[13] 王蒨. 論梅本古文《尚書》的淵源[J]. 文獻,1987(2).
[14] 王文錦. 禮記譯解[M]. 北京:中華書局,2003.
[15] 陳壽祺. 尚書大傳附序録辨僞[M]. 北京:中華書局,1985.
[16] 張守節. 史記正義[M]. 北京:北京大學出版社,2000.
[17] 韓非. 韓非子[M]. 上海:上海古籍出版社,1996.
[18] 楊朝明.《墨子》引《書》與歷代《尚書》傳本之比較[J]. 孔子研究,2002(5).
[19] 陳壽祺. 尚書大傳輯校[M]. 上海:上海書店,1988.
[20] 朱熹. 四書章句集注[M]. 北京:中華書局,2012.
[21] 焦循. 孟子正義[M]. 沈文倬,點校. 北京:中華書局,1987.

[22] 尚書正義[M]. 孔安國,傳. 孔穎達,正義. 黃懷信,整理. 上海:上海古籍出版社,2007.

[23] 周禮注疏[M]. 鄭玄,注. 賈公彥,疏. 趙伯雄,整理. 北京:北京大學出版社,1999.

[24] 張覺. 荀子校注[M]. 長沙:嶽麓書社,2006.

[25] 楊伯峻. 孟子譯注[M]. 北京:中華書局,2005.

[26] 劉起釪. 尚書學史[M]. 北京:中華書局,1989.

[27] 楊伯峻. 春秋左傳注[M]. 北京:中華書局,2009.

[28] 王先謙. 荀子集解[M]. 沈嘯寰,王星賢,點校. 北京:中華書局,1988.

[29] 王先慎. 韓非子集解[M]. 鍾哲點校. 北京:中華書局,1998.

[30] 許慎. 說文解字[M]. 徐鉉,校定. 北京:中華書局,2013.

[31] 周秉鈞. 尚書易解[M]. 上海:華東師範大學出版社,2010.

[32] 崔冠華,柯亞莉.《荀子》引《書》辨析[J]. 西南交通大學學報:社會科學版,2013,(6):74-78.

孔子的兩端思想

新加坡國立大學中文系　勞悅強

一、前言

《論語・爲政》載孔子（前551－479）曰："攻乎異端，斯害也已。"依孔子原意，"異端"究何所指，必需訓詁、文脈、義理，通而明之，然後可有確解。傳統舊説對"異端"的内容，理解各有不同，但大多認爲貶詞。事實上，孔子所説的異端，原來並無貶義。我另有一文考證"異端"一詞的詞義自春秋至清代的發展過程，在此不贅。輓近學人對《異端章》的解釋最精當深刻者當推錢穆先生（1895－1990）。其説如下：

> 攻者，如攻金攻木，乃專攻義，謂專於一事一端用力也。或説攻，攻伐義，如小子鳴鼓而攻之。然言攻乎，似不辭，今從上解。異端者，一事必有兩頭，如一線必有兩端，由此及彼，仍一線也。若專就此端言，則彼端爲異端，從此端視此端亦然。墨翟兼愛，楊朱爲我，何嘗非各得一端，而相視如水火。舊説謂反聖人之道者爲異端，因舉楊墨佛老以解此章，然孔子時，尚未有楊墨佛老，可見本章異端，義別有指。此蓋孔子教人爲學，不當專向一偏，戒人勿專在對反之兩端堅執其一也。所謂異途而同歸，學問當知全體，務求相通，否則道術將爲天下裂，而歧途亡羊，爲害無窮矣。……孔子平日言學，常兼舉兩端，如言仁常兼言禮，或兼言知。又如言質與文，學與思，此皆兼舉兩端，即《中庸》所謂"執其兩端也"。執其兩端，則自見有一中道。中道在全體中見。僅治一端，則偏而不中矣。①

錢先生的訓詁根據，前賢多已言之，但他指出以"攻伐"釋"攻"，則"攻乎"似

① 錢穆：《論語新解》上册，新亞研究所1963年版，第50－51頁。

不辭，或爲其獨見。[①] 無論如何，錢先生的看法精彩之處在於其能使訓詁義理互相發明，從而揭示孔子思想在生活中實際體現，俾使讀者由此能夠想見夫子其人其生命，乃不致膠着於文字層面，而失卻夫子爲人和治學之真精神。錢先生已明言"孔子平日言學，常兼舉兩端"，並頗示例證，本文受其啓發，嘗試對孔子的兩端思想，略加闡述，尚望不致狗尾續貂。

二、兩端與一貫

孔子學問恢弘精深，內涵豐富，其中節目錯綜複雜，而其論述則輒及兩端。概而言之，孔子學問可分爲人與治學兩大方面。爲人宜治學，治學爲做人，實一事之兩端，若攻乎異端，終非美事。孔子自言"吾道一以貫之"，曾子謂"夫子之道，忠恕而已"。朱熹注："盡己之謂忠，推己之謂恕"。[②] 忠乃爲己，恕及他人，可見夫子之道正是講求人我相濟的學問。忠恕兩端一貫，從思維模式而論，曾參所言一針見血，看似閒話家常，實則精闢入微，當得夫子首肯。人生先於學問，請從人生發端。

所謂人生，必有人我。世上若獨有一己，則並無人生可言。人我互成人倫，而非各自獨立。人我有同有異。人我所同爲共性，一己獨有爲個性。共性天生如此，孔子稱作"性"[③]。性之本質爲"仁"，[④] 更具體言之則曰"忠信"。個性雖亦本自天性，但需由學培養，而學必待習而成。[⑤] 學之內容泛稱作"文"。依孔子之意，人不應只有共性而亦需培養個性，但個性不離共性。學文是知識活動，相對於學文，孔子又講力行，並且強

---

① 按：攻若作攻伐解，習慣上似乎在賓語前不加"乎"字，至少古籍無此用例。相反，若作治解，雖然先秦文獻並無其他"攻乎"的用例，但"治"字本身則可以在其賓語前加一"乎"字，如"治乎人""治乎民""治乎內"之類。

② 《論語・里仁》，朱熹：《四書章句集注》，中華書局2003年版，第72頁。又《中庸》第13章載子曰："道不遠人。人之爲道而遠人，不可以爲道。《詩》云：'伐柯伐柯，其則不遠。'執柯以伐柯，睨而視之，猶以爲遠。故君子以人治人，改而止。忠恕違道不遠，施諸己而不願，亦勿施於人。"見朱熹：《四書章句集注》，第23頁。

③ 後來《中庸》説"天命之謂性"，又戰國出土郭店楚簡《性自命出》曰"性自命出，命自天降"，兩者所言當合孔子之意。

④ 孟子曰："仁也者，人也。"又曰："仁，人心也。"分見《孟子・盡心下》和《孟子・告子上》，朱熹：《四書章句集注》，第367，333頁。

⑤ 個性或可稱作"情"，雖然文獻所見，孔子並未有此説法。"情"字在《論語》中兩見。《論語・子路》載子曰："上好禮，則民莫敢不敬；上好義，則民莫敢不服；上好信，則民莫敢不用情。"又《子張》篇載孟氏使陽膚爲士師，問於曾子。曾子曰："上失其道，民散久矣。如得其情，則哀矜而勿喜。"兩處"情"字均指民情而言，民情容有差異，或許"情"字有殊别之意。楚簡《性自命出》曰："性自命出，命自天降。道始於情，情生於性。"見李零：《上博楚簡三篇校讀記》，中國人民大學出版社2007年版，第102頁。性既指共性，則"情生於性"，似可指個性而言。"道"指大道，人人可由，人人需由，人人當由，所以如此，乃因大道本出於人人。孔子説："人能弘道，非道弘人。"見《論語・衛靈公》，收入朱熹：《四書章句集注》，第167頁。"道始於情"即道始於人人的特殊情況，也可説是人人的個性。

調知行合一，言行一致。另一方面，文乃傳自前人，換言之，學文也可説是學古。孔子自言“述而不作，信而好古”，[①] 正是此意。學文的關鍵在於“默而識之，學而不厭”[②]，否則只如“道聽而塗説”，雖聞善言，不爲己有，孔子説是“德之棄也”。[③] 文乃書本上之學問，孔子平時講學，自然囊括。[④] 子曰：“小子何莫學夫《詩》?《詩》可以興，可以觀，可以群，可以怨，邇之事父，遠之事君，多識於鳥獸草木之名。”[⑤] 但學《詩》所得，若僅止於“多識於鳥獸草木之名”，則純屬書面上學問，而孔子言學，務兼切身之修養，此正是“默而識之”的意義所在。

信而好古，默而識之，多識前言往行以畜其德，其實就是生人嘗試與古人在心靈上建立一種溝通互感。易言之，在生人心裏，古人不啻未死。孔子教導弟子“祭如在，祭神如神在”，又説：“吾不與祭，如不祭。”[⑥] 逝者之神是否存在，孔子不欲妄議，但祭祀之時，其神則必在祭者心中，否則祭祀流爲虚文，毫無意義。生死是人生一大問題，對孔子而言，生死在活人心中得以融合。但生死有主從之别，若不辨主從，而執着於死的一端，則人生的重點便會不同，或者人生在世的意義亦會改變。《論語・先進》載季路問事鬼神。子曰：“未能事人，焉能事鬼?”曰：“敢問死。”曰：“未知生，焉知死?”[⑦] 正如朱熹所説：“蓋幽明始終，初無二理，但學之有序，不可躐等，故夫子告之如此。”[⑧] 不躐等就是辨主從。孔子并非抹殺死後世界，但未知生，焉能知死。死後世界，生人又如何能知；事實上，死後是否尚有一世界，本身已成疑問。子貢嘗問於孔子曰：“死者有知乎？將無知乎?”子曰：“吾欲言死之有知，將恐孝子順孫妨生以送死；吾欲言死之無知，將恐不孝之子棄其親而不葬。賜欲知死者有知與無知，非今之急，後自知之。”[⑨] 死後若真有另一世界，死人自會知之。這是孔子務實的態度，他並非否定有此可能，但畢竟“非今之急”，然則生死問題仍須有先後之序。即使死後確有一真實世界，生人此生仍當有處世待人的態度，而且應該當下講究，不待未來，亦不因死後有知與否而改變。程子説：“晝夜者，死生之道也。知生之道，則知死之道；盡事人之道，則盡事鬼之道。死生人鬼，一而二，二而一者也。或言夫子不告子路，不知此乃所以深

① 《論語・述而》，見朱熹：《四書章句集注》，第 93 頁。

② 《論語・述而》，見朱熹：《四書章句集注》，第 93 頁。

③ 《論語・陽貨》，見朱熹：《四書章句集注》，第 179 頁。

④ 《論語・堯曰》首章便是孔子講解《書》的記録，至於他屢屢與弟子論《詩》，無疑也是他授《詩》的證據。

⑤ 《論語・陽貨》，見朱熹：《四書章句集注》，第 178 頁。

⑥ 《論語・爲政》，見朱熹：《四書章句集注》，第 64 頁。

⑦ 《論語・先進》，見朱熹：《四書章句集注》，第 125 頁。

⑧ 《論語・先進》，見朱熹：《四書章句集注》，第 125 頁。

⑨ 楊朝明主編：《孔子家語通解——附出土資料與相關研究》《致思》，第 101 頁。

告之也。"① 此説最得孔子生死觀的真義。

總而言之，學文即承認一己之外，尚有他人；當今以前，尚有往古；書本而外，更有人生；死者已去，但仍然活在生人心中。己心與他心可通，當下與往古來世亦可通，如此，人生便可不囿限於一己之身，乃至一己之環境與時代。孔子又嘗言："不怨天，不尤人，下學而上達。知我者其天乎！"② 然則夫子之學文，更可超乎人世而上達於天，天人可以合一。孔子讚美堯曰："大哉堯之爲君也！巍巍乎！唯天爲大，唯堯則之，蕩蕩乎，民無能名焉。巍巍乎其有成功也，焕乎其有文章！"③ 可見夫子下學上達、可以通天的學問，啓發自堯，這不正是他信而好古，默而識之的結果？爲人與治學，書本與人生，人與我，生與死，古與今，天與人，兩端互融，一以貫之。

三、共性與個性

上述乃以兩端一貫爲綱領以概括孔子思想之大略，以下則再從爲人與治學兩大端，就孔子思想中一些關鍵觀念與環節作進一步闡釋。《論語・學而》載子曰："弟子入則孝，出則悌，謹而信，泛愛眾，而親仁。行有餘力，則以學文。"④ 此章可謂孔子教人做人與爲學最根本的起點，由此意義言之，或許更能看出孔子本身爲人治學的態度和精神。因是之故，要審視孔子的兩端思想，我們不妨從此章入手，也許更爲可靠。夫子在此章明示爲人之態度和修養之次第，其中入與出分指家庭與社會，謹而信則指個人行己的態度，而泛愛眾是待人接物，處處可見兩端。至於親仁則擇善思齊，亦外亦内，兼顧人我，兩端得以一貫。從入孝出悌至親仁，全在行的一面，所以夫子最後説"行有餘力，則以學文"，即力行之外，尚有學文，此又是兩端一貫。《大學》謂："物有本末，事有終始，知所先後，則近道矣。"雖然此語未必如朱熹所言，出自孔子親授，但本末、終始、先後同樣兼顧物事之兩端，由此得以近道，其説與孔子的兩端思想可謂吻合。

從《弟子入則孝章》可見，孔子著重幼年弟子應先培養性情，性情乃爲人之基礎。這是人人具有而且應有的共性。培養性情同時也在塑造性格；性格則屬個性，因此孔子既重視力行，亦講究學文。"文"涵括古今，其所能開展的世界，因人而異，學子的個性由此得以啓發、栽培、以致形成。儘管此章針對幼年弟子而言，但即使成人，亦當如此，所以孔子又説："十室之邑，必有忠信如丘者焉，不如丘之好學也。"⑤ 以好學自豪的孔丘自然已是成人。此章可見忠信是人人共有的性情，加以好學，則養成孔丘異乎常

① 《論語・先進》，見朱熹：《四書章句集注》，第 125 頁。
② 《論語・憲問》，見朱熹：《四書章句集注》，第 157 頁。
③ 《論語・泰伯》，見朱熹：《四書章句集注》，第 107 頁。
④ 朱熹：《四書章句集注》，第 49 頁。
⑤ 《論語・公冶長》，見朱熹：《四書章句集注》，第 83 頁。

俗的個性。《論語・憲問》載子路問成人。子曰："若臧武仲之知，公綽之不欲，卞莊子之勇，冉求之藝，文之以禮樂，亦可以爲成人矣。"曰："今之成人者何必然？見利思義，見危授命，久要不忘平生之言，亦可以爲成人矣。"此處成人之義固然不指年齡而言，但無疑關乎人的成長。子路所講的"知""不欲""勇""藝""禮樂"，全都由後天的學習而來。即使孔子所降低的要求，如"見利思義""見危授命""久要不忘平生之言"，仍然是學習所致。易言之，先天之性情與後天之學習，分屬兩端，但孔子一以貫之。

事實上，幼年在人倫中實踐孝悌，個性即已開始孕育。《論語・爲政》載子游問孝。子曰："今之孝者，是謂能養。至於犬馬，皆能有養。不敬，何以别乎？"人人皆能養父母，無大不同，甚至與犬馬無異，但敬意則在乎子女個别的孝心。同篇又載子夏問孝。子曰："色難。有事，弟子服其勞；有酒食，先生饌，曾是以爲孝乎？"服勞後饌，人人皆能，而色難則最顯個性。總而言之，個性原來也在共性的培養中日漸形成。子曰："性相近也，習相遠也。"① 相近者乃共性，相遠者乃個性。個性與共性是人性的兩端，性與習則是爲人的兩端，孔子均一以貫之。性是人的本質，習是學，也是學的結果，因爲學的結果會轉化成爲學子本人的一部分。所學就是文，在此意義下，學有所成，學子的天性也增添了紋飾，也可説是文化。子曰："質勝文則野，文勝質則史。文質彬彬，然後君子。"② 忠信之性雖可貴，但若不加栽培，不免質樸。栽培雖好，但若過分雕琢，反而掩蓋甚至破壞質樸之性。質與文又是爲人治學之兩端，不宜偏攻，所以孔子説："文質彬彬，然後君子。"君子就是孔子所講的"成人"。

《論語・學而》首章載子曰："學而時習之，不亦説乎？有朋自遠方來，不亦樂乎？人不知而不愠，不亦君子乎？"③ 爲學，無人不能，時習則人人殊功，能悦與否，全在個人。學而時習完全屬於個人的修養，朋來與否，則固非個人所能決定，然則學習屬己，朋來屬人，孔子人己兼顧。朋來與否雖然由他人決定，但一己的影響無疑至大，然則個人學而時習，反躬自悦之時，亦可謂朋來之契機已在其中。由是觀之，人己兩端又是一以貫之，但先己後人，兩端有先後，因此，"人不知而不愠"，不愠乃個性。然而，不愠之個性仍然根於忠信的共性。在此意義下，個性共性始終融合一體。

現代學者談論儒家道德思想，大多着眼於人之共性，平情而論，只是偏見。誠然，孔子常常從仁者的共同特點説仁，比如，他説："夫仁者，己欲立而立人；己欲達而達人。"④ 但如何立人，如何達人，其中尚有個人性格和際遇的因素。"桓公殺公子糾，召

---

① 《論語・陽貨》，見朱熹：《四書章句集注》，第175頁。
② 《論語・雍也》，見朱熹：《四書章句集注》，第89頁。
③ 朱熹：《四書章句集注》，第47頁。
④ 《論語・雍也》，見朱熹：《四書章句集注》，第92頁。

忽死之，管仲不死”，更且輔助桓公稱霸諸侯，孔子稱“管仲以九合爲仁功”，[①] 而他本人則仕途蹭蹬，故其仁德之體現與管仲殊異；此外，兩人個性不同，自然亦有以致之。孔子鮮少許人以仁，但他説“殷有三仁”，即去國的微子，佯狂爲奴的箕子與死諫的比干。[②] 三人皆殷室，忠心爲國，但下場各異，主要是由於各自不同性格所決定。可見孔子論仁，兼顧共性與個性。由於尊重個性，儘管狂狷性格相反，孔子同樣欣賞。子曰：“不得中行而與之，必也狂狷乎？狂者進取，狷者有所不爲也。”[③] 孔子因材施教，前提也是尊重個性。試看孔門師生圖：“閔子侍側，誾誾如也；子路，行行如也；冉有、子貢、侃侃如也，子樂。”[④] 真可謂“和而不同”。[⑤]

孔子欣賞個性，待人接物時自然也尊重别人的個性，所以弟子認爲夫子絶四：“毋意，毋必，毋固，毋我”。[⑥] 意、必、固、我都是堅持己見，漠視他人的態度。《論語·憲問》載微生畝謂孔子曰：“丘何爲是棲棲者與？無乃爲佞乎？”孔子曰：“非敢爲佞也，疾固也。”[⑦] 微生畝見孔子棲棲遑遑，遊説諸侯，誤以爲佞，孔子答辯只是“疾固”。朱注謂“疾固，執一而不通也”。[⑧] 固執於自己的立場，罔顧生民福祉，只見道理的一端，孔子不但不爲，更且深惡，所以他説：“君子之於天下也，無適也，無莫也，義之與比。”[⑨] 又説：“柳下惠、少連，降志辱身矣。言中倫，行中慮，其斯而已矣。”謂“虞仲、夷逸，隱居放言，身中清，廢中權。我則異於是，無可無不可。”[⑩] 柳下惠、少連、虞仲、夷逸等人當然是賢者，值得景仰，但依孔子之意，他們都不免各執一端，所以他自稱“我則異於是，無可無不可”。

性情而外，孔子對學文本身的理解亦每每兼顧兩端。子曰：“學而不思則罔；思而不學則殆。”[⑪] 朱熹説：“學之爲言效也。”[⑫] 學的基本性質在模仿，但孔子説學子不能盲目模仿，而必須思考所模仿者爲何以及如何模仿等相關事宜，所以學思必須並重。[⑬] 子

---

① 《論語·憲問》，見朱熹：《四書章句集注》，第 154 頁。
② 《論語·微子》，見朱熹：《四書章句集注》，第 182－183 頁。
③ 《論語·子路》，見朱熹：《四書章句集注》，第 147 頁。
④ 《論語·先進》，見朱熹：《四書章句集注》，第 125 頁。
⑤ 《論語·子路》載子曰：“君子和而不同，小人同而不和。”見朱熹：《四書章句集注》，第 147 頁。
⑥ 《論語·子罕》，見朱熹：《四書章句集注》，第 109 頁。
⑦ 朱熹：《四書章句集注》，第 158 頁。
⑧ 《論語·憲問》，見朱熹：《四書章句集注》，第 158 頁。
⑨ 《論語·里仁》，見朱熹：《四書章句集注》，第 71 頁。
⑩ 《論語·微子》，見朱熹：《四書章句集注》，第 186－187 頁。
⑪ 《論語·爲政》，見朱熹：《四書章句集注》，第 57 頁。
⑫ 《論語·學而》首章朱注，見《四書章句集注》，第 47 頁。
⑬ 子夏亦説：“博學而篤志，切問而近思，仁在其中矣。”見《論語·衛靈公》，收入朱熹：《四書章句集注》，第 189 頁。

曰："吾嘗終日不食，終夜不寢，以思，無益，不如學也。"① 這並非説思不如學，而是警戒"終日不食、終夜不寢，以思"的害處。思而不學則殆，則又牽涉到行爲。思與行又成一事之兩端。攻乎異端，斯害也已，終日不食以思，正是一例。子曰："不曰'如之何，如之何'者，吾末如之何也已矣！"朱《注》曰："如之何如之何者，熟思而審處之辭也。不如是而妄行，雖聖人亦無如之何矣。"② 不思而妄行，固不可取，但猶疑不決，畏足不前，亦未必值得鼓勵。《論語・公冶長》載季文子三思而後行。子聞之曰："再，斯可矣。"③ 孔子論行，又常及言，言行亦是一事之兩端。子貢問君子。《論語・爲政》載子曰："先行其言而後從之。"④ 言行並重，但務求先行後言。關於言行，孔子還從弟子宰我身上汲取教訓。子曰："始吾於人也，聽其言而信其行；今吾於人也，聽其言而觀其行。於予與改是。"⑤ 行不但先於言，而且還要言行一致。儘管如此，以言論言，孔子承認言本身仍然有其獨立的價值，所以他説："有德者必有言，有言者不必有德。"⑥ 言與德亦成一事之兩端。

四、行藏與得失

孔子設帳授徒，目的在於培養人才以應新時代的需要。⑦ 雖然他説過："君子謀道不謀食。耕也，餒在其中矣；學也，祿在其中矣。君子憂道不憂貧"，⑧ 但他並非叫人不謀食，此即"學也，祿在其中矣"之意。俸祿則由於從政，所以，子夏曰："仕而優則學，學而優則仕。"⑨ 必須注意，仕與學構成一個兩端的循環，自然也是一以貫之。然而，孔子並非教弟子必仕。學是仕的準備，但學既然培養個性，則仕與否自然也有個性的考慮。《論語・公冶長》載子使漆雕開仕。對曰："吾斯之未能信。"⑩ 孔子不但没有生氣，而且心中欣悦。又季氏使閔子騫爲費宰。閔子騫曰："善爲我辭焉！如有復我者，則吾必在汶上矣。"⑪ 必須強調，閔子騫並非缺乏從政之才。《論語・先進》載魯人

---

① 《論語・衛靈公》，見朱熹：《四書章句集注》，第 167 頁。

② 《論語・衛靈公》，見朱熹：《四書章句集注》，第 165 頁。

③ 朱熹：《四書章句集注》，第 81 頁。

④ 朱熹：《四書章句集注》，第 57 頁。

⑤ 《論語・公冶長》，見朱熹：《四書章句集注》，第 78 頁。

⑥ 《論語・憲問》，見朱熹：《四書章句集注》，第 149 頁。

⑦ 《論語・雍也》載季康子問："仲由可使從政也與？"子曰："由也果，於從政乎何有？"曰："賜也可使從政也與？"曰："賜也達，於從政乎何有？"曰："求也可使從政也與？"曰："求也藝，於從政乎何有？"見朱熹：《四書章句集注》，第 86 頁。

⑧ 《論語・衛靈公》，見朱熹：《四書章句集注》，第 167 頁。

⑨ 《論語・子張》，見朱熹：《四書章句集注》，第 190 頁。

⑩ 朱熹：《四書章句集注》，第 76 頁。

⑪ 《論語・雍也》，見朱熹：《四書章句集注》，第 86 頁。

爲長府。閔子騫曰："仍舊貫，如之何？何必改作？"子曰："夫人不言，言必有中。"[①]可見他堅拒季氏之聘，大概是由於他不認同這位魯國僭越強臣的行爲。無論如何，這自然在一定程度上也反映了閔子騫的個性。對於閔子騫推辭季氏，孔子的反應如何，不得而知，但絕不會反對，因爲他必然會尊重弟子的個性。[②]

閔子騫爲孔門德行一科之高弟，修己工夫，不容置疑。依孔子之意，修己安人，實爲一貫之兩端。[③] 修己即是學，安人即是仕。再易言之，修己即是爲己，安人即是爲人。爲己爲人，[④] 兩端只有先後之序，但同樣可取，不宜只攻一端。因此，當子路使子羔爲費宰，孔子便斥責道："賊夫人之子。"子路反駁説："有民人焉，有社稷焉，何必讀書，然後爲學。"孔子再斥責曰："是故惡夫佞者。"[⑤]

從人生的取捨而言，出仕與否就是一個行與藏的問題，孔子視爲人生的一個大關節。事實上，孔子一生的履歷不啻就是他人生行與藏的記録。弟子原憲曾問及恥。孔子曰："邦有道，穀；邦無道，穀，恥也。"[⑥] 邦有道無道，關乎個人之行藏，孔子此處的回答針對行藏來説恥，但只是一個基本原則。[⑦] 穀與不穀，尚需因人因勢而有所斟酌，不可簡單視爲截然對立的兩端。《論語・憲問》載子擊磬於衛，有荷蕢而過孔氏之門者，曰："有心哉，擊磬乎！"既而曰："鄙哉，硜硜乎，莫己知也，斯己而已矣。深則厲，淺則揭。"子曰："果哉！末之難矣。"[⑧] 荷蕢者無疑就是一個邦無道不穀的例子，孔子固能欣賞，但從他語氣中可知，他並不認爲人人當如荷蕢者之果決。又《論語・衛靈公》載子曰："直哉史魚！邦有道如矢，邦無道如矢。"[⑨] 史魚與荷蕢者不同，不管邦有道無道，他都堅持出仕，而且矢直如一。孔子無疑也欣賞史魚，但他也並未主張人人當如史魚，因爲他説過："邦有道，危言危行；邦無道，危行言孫。"[⑩]

行藏與否，其中一大考慮是時機是否適當。孟子最讚賞孔子，稱之爲"聖之時

---

① 朱熹：《四書章句集注》，第126頁。

② 《論語》中也絕無孔子勉強弟子做事的例子。即使大事如父母三年之喪，所謂天下之通喪，宰我並不認同，孔子反對，但也並未堅持弟子執行。見《論語・陽貨》，收入朱熹：《四書章句集注》，第181頁。

③ 《論語・憲問》載子路問君子。子曰："修己以敬。"曰："如斯而已乎？"曰："修己以安人。"曰："如斯而已乎？"曰："修己以安百姓。修己以安百姓，堯、舜其猶病諸。"見朱熹：《四書章句集注》，第159頁。

④ 《論語・憲問》載子曰："古之學者爲己，今之學者爲人。"見朱熹：《四書章句集注》，第155頁。

⑤ 《論語・先進》，見朱熹：《四書章句集注》，第129頁。

⑥ 《論語・憲問》，朱熹：《四書章句集注》，第148頁。

⑦ 《論語・泰伯》又載子曰："篤信好學，守死善道。危邦不入，亂邦不居。天下有道則見，無道則隱。邦有道，貧且賤焉，恥也；邦無道，富且貴焉，恥也。"見朱熹：《四書章句集注》，第106頁。

⑧ 朱熹：《四書章句集注》，第158－159頁。

⑨ 朱熹：《四書章句集注》，第162－163頁。

⑩ 朱熹：《四書章句集注》，《論語・憲問》，第149頁。雖然孔子此處並未説明邦無道時是否仍然出仕，但他認爲此時應該危言行遜，顯然他並不主張人人都效法史魚。

者”,[①] 可謂恰如其分。易言之，對於行藏，孔子猶如他對其他事情的態度一般，毋必。衆所周知，孔子嘉許顏回爲唯一好學的弟子，但其實他給予顏回更高的稱譽别有所在。《論語·述而》載子謂顏淵曰：“用之則行，舍之則藏，唯我與爾有是夫!”[②] 時可則行，時不予則藏，孔子説孔門之内獨有顏回善於行藏。孔門之外，蘧伯玉也是深諳用行舍藏之道的君子。孔子曾表揚過這位好友説：“君子哉蘧伯玉！邦有道則仕，邦無道則可卷而懷之。”[③] 史魚則不管用與舍，仍然堅持要行。荷蕢者與史魚相反，不管用與舍，仍然堅持要藏。兩人都是只顧行與藏之一端，孔子、顏回、蘧伯玉則能兼顧兩端。

行與藏在現實生活中的直接影響也許就是貧富。孔門師弟屢次討論貧富問題，應該是必然之事了。孔子承認，“富與貴是人之所欲”，“貧與賤是人之所惡”,[④] 問題是如何得富貴貧賤以及如何處富貴貧賤。孔子並非教人罔顧物質生活，一意蹈高。他甚至説：“富而可求也，雖執鞭之士，吾亦爲之。如不可求，從吾所好。”[⑤] 易言之，富貴貧賤也是現實生活的兩端，孔子並未忽略任何一端。即使弟子也深明此意。子貢就曾請教孔子曰：“貧而無諂，富而無驕，何如?”雖然子貢貨殖致富，但他並非只問處富之道，而兼問如何處貧。孔子答道：“可也。未若貧而樂，富而好禮者也。”[⑥] 在另一個場合，孔子又説過：“貧而無怨難，富而無驕易。”[⑦] 可見他總是兼顧貧賤富貴兩端立論。但必須强調，孔子只是在談論如何立身自處的時候才兼顧貧賤富貴兩端。如何處貧賤富貴其實亦即如何立身自處。

無怨而樂，好禮無驕都是指對待貧賤和富貴的人來説。至於貧賤富貴本身則是一個關乎得失的問題。得失跟追求有關。貧賤既然是人之所惡，自然無人會積極追求；相反，富貴既然是人之所欲，必然有人竭力追求，所以孔子説“富而可求”，則願當執鞭之士，他並未説願意追求貧賤。由此可見，富貴關乎求，而貧賤則在乎守。孔子又説，富貴若“不以其道得之，不處也”，另一方面，貧賤若“不以其道得之，不去也”。[⑧] 可見即使孔子講追求富貴之道最終仍然是一個立身自處的問題。自處關乎己，關乎内，而富貴貧賤則關乎物，關乎外。己與内的得失完全由個人主宰，但物與外的得失則個人無

---

① 《孟子·萬章下》，見朱熹:《四書章句集注》，第 315 頁。

② 朱熹:《四書章句集注》，第 95 頁。

③ 《論語·衛靈公》載子曰：“直哉史魚！邦有道如矢，邦無道如矢。君子哉蘧伯玉！邦有道則仕，邦無道則可卷而懷之。”見朱熹:《四書章句集注》，第 162 – 163 頁。又《論語·季氏》載孔子曰：“見善如不及，見不善如探湯。吾見其人矣。吾聞其語矣。隱居以求其志，行義以達其道。吾聞其語矣，未見其人也。”見朱熹:《四書章句集注》，第 173 頁。孔子説此話時，也許尚未知蘧伯玉。

④ 《論語·里仁》，見朱熹:《四書章句集注》，第 70 頁。

⑤ 《論語·述而》，見朱熹:《四書章句集注》，第 96 頁。

⑥ 《論語·述而》，見朱熹:《四書章句集注》，第 52 頁。

⑦ 《論語·憲問》，見朱熹:《四書章句集注》，第 151 頁。

⑧ 《論語·里仁》，見朱熹:《四書章句集注》，第 70 頁。

法決定。子曰："士而懷居，不足以爲士矣。"① 又曰："士志於道，而恥惡衣惡食者，未足與議也。"② 志於道的士憂道不憂貧，如果仍貪圖廣廈，以惡衣惡食爲恥，不識自處之道，則自然不足與議了。不識自處之道的人，只能算是個鄙夫。子曰："鄙夫可與事君也與哉？其未得之也，患得之；既得之，患失之；苟患失之，無所不至矣。"③ 終日患得患失，試問如何爲人？人生欲求有得而無失，莫近於求諸己。孔子說："君子求諸己，小人求諸人。"④ 外在人生必有得失，行藏、貧賤富貴皆屬外在，自然有得有失。孔子談外在人生兼顧行藏、貧賤富貴與得失，其間牽涉個人的性格、學問與際遇，實難一概言之，這是他的中庸之道，也是他的高明之處。

五、人心與內外

上述偏在爲人一端，以下從孔子思想論其治學一端。孔子思想的根本在仁。孔子答樊遲問仁，曰："愛人。"⑤ 仁固然是愛，但"人"字不可忽略。若無人則無所愛，或所愛不關乎人。易言之，必有人我始能見仁。《說文》卷八人部："仁，親也。"⑥ 所謂親，既指心中之情，亦兼指仁愛所及之對象。《說文》卷八見部："親，至也。"段《注》曰："至部曰：'到者、至也。'到其地曰至。情意懇到曰至。父母者、情之冣至者也。故謂之親。"⑦ 仁愛之對象，最親者莫如父母，老吾老以及人之老，然則人我亦有親疏遠近之別。此又是人倫之兩端，非如墨家兼愛，只講一端，並無親疏遠近之分，亦非如法家轉重另一端，刻薄寡恩，漠視人情。

仁是一種內心感情的表達流露，必需外在的手段和形式，亦即是禮。仁與禮構成內外兩端，缺一不可。手段必須恰當，形式務求得體。《釋名·釋言語》："禮，體也，得事體也。"⑧ 鄭玄說："禮者，體也，履也，統之於心曰體，踐而行之曰履。"⑨ 依鄭玄說，得體不獨指形體儀容，更包括心中的敬意。可見禮本身也包涵人心和禮儀內外兩端，然後才能得體。子曰："人而不仁，如禮何？人而不仁，如樂何？"⑩ 又曰："禮云禮云，玉帛云乎哉？樂云樂云，鐘鼓云乎哉？"⑪ 空洞之禮儀，徒具形式，自然毫無意

---

① 《論語·憲問》，見朱熹：《四書章句集注》，第 149 頁。
② 《論語·里仁》，見朱熹：《四書章句集注》，第 71 頁。
③ 《論語·陽貨》，見朱熹：《四書章句集注》，第 179 頁。
④ 《論語·衛靈公》，見朱熹：《四書章句集注》，第 165 頁。
⑤ 《論語·顏淵》，見朱熹：《四書章句集注》，第 139 頁。
⑥ 段玉裁：《說文解字注》，上海古籍出版社 2000 年版，第 365 頁。
⑦ 段玉裁：《說文解字注》，上海古籍出版社 2000 年版，第 409 頁。
⑧ 畢沅：《釋名疏證》廣文書局 1979 年版，第 25 頁。
⑨ 孔穎達引鄭玄說，見《禮記注疏》，收入阮元：《十三經注疏》，藝文印書館 1976 年版，第 5 册，第 10 頁。
⑩ 《論語·八佾》，見朱熹：《四書章句集注》，第 61 頁。
⑪ 《論語·陽貨》，見朱熹：《四書章句集注》，第 178 頁。

義。反觀，若缺乏禮樂，又如人情何？可見人心禮儀，内外兩端必須一以貫之。從禮之用而言，禮的目的在通人情，因此禮又是貫通人我兩端的手段。有子曰："禮之用，和爲貴。先王之道斯爲美，小大由之。"① 和既指行禮之人從容自在，② 一己之心情與其所表達之禮儀融合一體，此之謂和。此外，禮通人我，一己之情藉禮而恰當表達，人我之間得以融洽無間，此亦謂之和。

如欲行禮得體，以表達人情，則"知"不可少。禮儀本身只是形式，意義由人賦予，因此禮儀理應隨時而變，具體的實踐由人來斟酌。如此，禮與知便是一事之兩端。孔子雖然重禮，但他不固守虚文。子曰："麻冕，禮也；今也純，儉，吾從衆。拜下，禮也；今拜乎上，泰也。雖違衆，吾從下。"③ 斟酌是智慧之事，但與仁心敬意並行不悖。由是而言，仁與知又成兩端。再者，仁爲主，知爲從。宰我欲改三年之喪，而且言之成理，但喪禮主哀戚之情，而宰我僅據事理而擬用短喪，這是以知爲主而未兼顧仁。孔子告之曰："君子之居喪，食旨不甘，聞樂不樂，居處不安，故不爲也"，並責之謂爲"不仁"，④ 但並未以宰我爲無理。顯然，夫子是以仁爲主而知爲從，更兼顧兩端。

仁雖爲主，但如何主導得當，則必須知之權衡。子曰："人之過也，各於其黨。觀過，斯知仁矣。"⑤ 依孔子之意，忠信之仁雖爲人之共性，但忠信之厚薄各有不同，此關乎人的個性與修養，所以，忠信流露爲言行，難得適中得當，此之謂"過"。過非謂過錯，乃指失當而言。體仁如射埻，中的曰中，不中則過與不及。⑥ 朱《注》引程子曰："人之過也，各於其類。君子常失於厚，小人常失於薄；君子過於愛，小人過於忍。"程子釋黨爲類，遂以君子小人言過之不同，其實孔子大概並未如此實指。孔子説過："君子而不仁者有矣夫，未有小人而仁者也。"⑦ 顯然，君子也可以有不仁者。黨，偏也。溺愛刻薄，均不得中，性情有偏之故，凡人皆然。仁心既有偏蔽，則必需智慧以救其失。宰我曾問孔子曰："仁者，雖告之曰：'井有仁焉。'其從之也？"子曰："何爲其然也？君子可逝也，不可陷也；可欺也，不可罔也。"⑧ 宰我的問題切中仁者可有之

① 《論語·學而》，見朱熹：《四書章句集注》，第51頁。

② "禮之用，和爲貴"，朱《注》曰："從容不迫之意。"見朱熹《四書章句集注》，第51頁。

③ 《論語·子罕》，見朱熹：《四書章句集注》，第109頁。

④ 《論語·陽貨》，見朱熹：《四書章句集注》，第181頁。

⑤ 《論語·里仁》，見朱熹：《四書章句集注》，第71頁。

⑥ 《論語·先進》載子貢問："師與商也孰賢？"子曰："師也過，商也不及。"曰："然則師愈與？"子曰："過猶不及。"此處，過猶不及亦以射埻爲喻。又此章朱《注》曰："子張才高意廣，而好爲苟難，故常過中。子夏篤信謹守，而規模狹隘，故常不及。……道以中庸爲至。賢知之過，雖若勝於愚不肖之不及，然其失中則一也。"見朱熹：《四書章句集注》，第126頁。由於孔子所論爲子張和子夏，所以朱熹謂"賢知之過"，當然正確。然而，子張與子夏之過，其實正是兩人個性所致。誠如朱熹所言，賢知固然如此，愚不肖亦然，其失中一也。然則，《觀過知仁章》所講之"過"，不必如程朱所言，專指君子小人爲説。

⑦ 《論語·憲問》，見朱熹：《四書章句集注》，第150頁。

⑧ 《論語·雍也》，見朱熹：《四書章句集注》，第90－91頁。

偏失，而孔子的回答正説明仁心必須由智慧來指引。感情與理性不可偏廢，務求得以平衡，然而，仁知之間亦有主從。子曰："知及之，仁不能守之，雖得之，必失之。"① 可見知雖能見理之所在以及行之所當爲，但能否貫徹到底，最終仍然由心中之仁來主宰。宰我欲廢三年喪，正是知及而仁不能守的例子。子貢曰："學不厭，智也；教不倦，仁也。仁且智，夫子既聖矣！"② 他認爲孔子之所以爲聖人，正在於其能仁且知，不偏一端。

從人倫交際之禮而言，仁心敬意的表達需要智慧，不但禮與仁互爲一體，禮與知亦共成兩端。但禮也是治具，作爲治民手段，禮與刑又爲兩端。子曰："爲政以德，譬如北辰，居其所而衆星共之。"③ 學者談儒家政治思想，每言德治，固然有理，但也往往誤會德治無關刑法。子曰："道之以政，齊之以刑，民免而無恥。道之以德，齊之以禮，有恥且格。"④ 孔子禮刑對舉，旨在彰顯兩者不同的治民效果，但並未否定刑法的用處。季康子問政於孔子曰："如殺無道，以就有道，何如？"孔子對曰："子爲政，焉用殺？子欲善而民善矣。君子之德風，小人之德草，草上之風，必偃。"⑤ 殺無道以就有道，固然是"齊之以刑"的手段，而孔子反對，乃針對季康子而言，不宜一概而論，執一廢百，誤以爲夫子一味主張以德導民向善。子路曰："衛君待子而爲政，子將奚先？"子曰："必也正名乎！"《論語・子路》載子路曰："有是哉，子之迂也！奚其正？"子曰："野哉，由也！君子於其所不知，蓋闕如也。名不正，則言不順；言不順，則事不成；事不成，則禮樂不興；禮樂不興，則刑罰不中；刑罰不中，則民無所錯手足。故君子名之必可言也，言之必可行也。君子於其言，無所苟而已矣。"⑥ 孔子所言乃其本人爲政的主張，具體細節正在禮樂刑罰，無所偏廢，而且特别聲明君子於其言無所苟。他明言"禮樂不興，則刑罰不中"，可見他主張爲政禮樂刑罰並行不悖，但有先後主從之分。孟氏使陽膚爲士師，問於曾子。曾子曰："上失其道，民散久矣。如得其情，則哀矜而勿喜。"⑦ 曾子也未反對用刑，而哀矜勿喜則顯然别有教化之講究。總之，作爲治政之具，禮與刑爲主從之兩端。

六、結語

世人普遍以爲孔子代表的儒家思想保守，只是一偏之見，實則孔子思想也有活潑開

① 《論語・衛靈公》，見朱熹：《四書章句集注》，第 167 頁。
② 《孟子・公孫丑上》，見朱熹：《四書章句集注》，第 233 頁。
③ 《論語・爲政》，見朱熹：《四書章句集注》，第 53 頁。
④ 《論語・爲政》，見朱熹：《四書章句集注》，第 54 頁。
⑤ 《論語・顔淵》，見朱熹：《四書章句集注》，第 138 頁。
⑥ 朱熹：《四書章句集注》，第 141－142 頁。
⑦ 《論語・子張》，見朱熹：《四書章句集注》，第 191 頁。

放的一面。子曰："人能弘道，非道弘人。"① 夫子畢生所學，一言蔽之，曰文曰道。文與道乃天下公器，也是已成之迹，人人共學，人人共行；遵從已成之迹，固然是保守。② 然而，共學共行實由於人人各自私修，而私修則可各有新見，另闢蹊徑。孔子強調人能弘道，非道弘人，正是戒人切勿拘束於已成之迹而唯知因循。孟子謂"人之所以異於禽獸者幾希，庶民去之，君子存之。舜明於庶物，察於人倫，由仁義行，非行仁義"③，即是此意。庶民所去、大舜所存就是人人皆有而異於禽獸之共性，但舜又能"明於庶物，察於人倫"，這便是他私修之功。本於私修，由仁義行，是人能弘道；若只行仁義，則不過以道弘人而已，儘管所行之仁義是人心之所同然的公器。孔子之意，踐跡守道與開新弘道其實互爲兩端，不應偏攻其一，否則亦成斯害。當然，執其兩端而用中，從來都是難事，所以，孔子才會慨嘆説："中庸之爲德也，其至矣乎！民鮮久矣。"④

孔子思想蘊涵豐美，端緒紛繁而又互相關聯，因此要全面徹底抉發和分析他的兩端思想，實非易事。本文嘗試以簡馭繁，以爲人與治學來概括孔子思想，因爲夫子自己本以爲人與治學爲人生一貫之兩大端。最後，本文再提擷孔子思想中一個揉合爲人與治學的重點，以總結全篇。

孔子博學，其思想本身自然是一套學問知識，但孔子自言"無知"，可謂弔詭。《論語·子罕》載子曰："吾有知乎哉？無知也。有鄙夫問於我，空空如也。我叩其兩端而竭焉。"⑤ 孔子所謂無知，並非針對鄙夫所問而言，但儘管無知，他仍然能叩鄙夫所問之兩端而竭焉。這畢竟是一種知。然則孔子清楚知道，自己所知實際基於自己的無知。子曰："知之爲知之，不知爲不知，是知也。"朱《注》曰："但所知者則以爲知，所不知者則以爲不知。如此則雖或不能盡知，而無自欺之蔽，亦不害其爲知矣。"⑥ 此説誠然有理，可謂學者的共識，但孔子所言或更有深意。一般而言，我們固然知道自己所知與所不知，然而，所不知其實有兩種，一是自己明知的無知，一是自己不知的無知。對於明知的無知，我們可以坦白承認，無須自欺，強所不知爲知，但對於不知的無知，我們無所謂坦白承認，更不能存心強不知爲知。問題在於，我們自以爲有所知，其實有一極爲重要的前提，就是自己不知的無知。易言之，我們自己所知其實正由於我們不知的無知，於是誤以爲真有所知，或至少誤以爲已知有關事物之一切及其全部意義。

---

① 《論語·衛靈公》，見朱熹：《四書章句集注》，第167頁。

② 《論語·先進》載子張問善人之道。子曰："不踐跡，亦不入於室。"朱熹：《四書章句集注》，第127頁。踐迹入室就是以道弘人。

③ 《孟子·離婁下》，見朱熹：《四書章句集注》，第293－294頁。

④ 《論語·雍也》，朱熹：《四書章句集注》，第91頁。

⑤ 朱熹：《四書章句集注》，第110頁。

⑥ 《論語·爲政》，見朱熹：《四書章句集注》，第58頁。

一旦我們對於自己不知的無知有所了解，從而得到新知，則對於從前所有的舊知，或許會有所修正，甚至全盤推翻。① 孔子說："温故而知新，可以爲師矣。"② 求新知而不忘温故，舊學新知各爲一端，但共成一體。明知的無知其實從所知來，我們清楚知道自己所知的同時，也明知自己有何不知。求新知即是求自己明知的無知。當明知的無知變成新知，則原來的舊知得以温焺，或許又成新知。可見知與無知也是相對的異端，反復環轉，不息不止，不可偏廢。我們的知永遠都是基於我們的無知，所以孔子說："吾有知乎哉？無知也。"孔子的"空空如也"並非在鄙夫面前故作的謙虚，而無寧是他爲人與治學的根本態度。

① 此意其實早見於《莊子·則陽》，其文曰："蘧伯玉行年六十而六十化，未嘗不始於是之而卒詘之以非也，未知今之所謂是之非五十九非也。萬物有乎生而莫見其根，有乎出而莫見其門。人皆尊其知之所知而莫知恃其知之所不知而後知，可不謂大疑乎！已乎已乎！且無所逃。此所謂然與，然乎?"見郭慶藩：《莊子集釋》，中華書局1985年版，第4册，第905頁。最耐人尋味的是，《莊子·寓言》又載莊子謂惠子曰："孔子行年六十而六十化，始時所是，卒而非之，未知今之所謂是之非五十九非也。"郭慶藩：《莊子集釋》，第4册，第952頁。孔子與蘧伯玉的修養工夫顯然無異，兩人所以能化，因爲他們都能知自己的所謂知其實只是"恃其知之所不知而後知"。

② 《論語·爲政》，見朱熹：《四書章句集注》，第57頁。

帛書《二三子》新釋三則

曲阜師範大學 劉 彬

摘　要　帛書《二三子》篇，孔子所引《鼎》卦上九爻辭作“鼎王璧”，今本作“鼎玉鉉”，“璧”爲“璧”之形省，“王璧”即“玉璧”。從孔子之釋，推知此爻辭本當作“鼎玉鼏”，義爲以玉飾之、插鼎耳兩孔而舉鼎的鼎杠。“鼏”以與“鼏”形近而誤爲“鼏”，“鼏”通“璧”，即《二三子》之“璧”。“鼏”以與“扃”音義皆同，而通作“扃”，又寫爲今文“鉉”，即今本之“鉉”。孔子釋《屯》九五爻辭，解“小貞吉”之“小”爲“小民”，解“大貞凶”之“大”爲“大人”，頗爲新穎。其中“年穀十壹”讀爲“年穀十一”，指田賦十取其一之稅率。孔子此釋，至三國魏時仍有流傳。孔子釋《艮》卦辭，言及“精白”，乃古代政治人物修心之語，謂修養其心，使其空虛潔白，而充盈良善之精。“能精能白，必爲上客”，謂能充盈其精，能潔白其心，必爲尊貴之大臣。“能白能精，必爲古正”，謂能潔白其心，能充盈其精，必爲顯貴之高官。

關鍵詞　帛書《二三子》　鼎王璧　年穀十壹　精白

一、鼎王璧

《易》曰：“鼎王璧，大吉，無不利。”孔子曰：“鼎大矣！鼎之遷也，不自往，必人舉之。大人之貞也，鼎之舉也，不以亓（其）止（趾），以☐☐賢以舉忌（己）也。明（明）君立（涖）正（政），賢輔弼（弼）之，將何爲而不利？故曰‘大吉’。”①

此節孔子釋《鼎》卦上九爻辭。其所引《鼎》卦上九爻辭“鼎王璧”，今本作“鼎玉鉉”。“王”，即“玉”字，讀爲“玉”。對“璧”如何訓釋，以及與今本的關係，學者看法不同，約有四說：

① 裘錫圭主編：《長沙馬王堆漢墓簡帛集成》（叁），中華書局2014年版，第44頁。

（一）廖名春先生認爲："'璧'爲璧字之省文。《儀禮·士冠禮》：'離肺實于鼎，設扃鼏。'鄭玄注：'扃，今文爲鉉。'《玉篇·鼎部》：'鼏，鼎蓋。'《儀禮·少牢饋食禮》：'皆有冪。'鄭玄注：'今文冪作鼏。'又《既夕禮》：'白狗幦。'鄭玄注：'古文幦爲冪。'冪可作幦，又可作鼏。自然鼏亦可通幦。《二三子》所謂'璧'即璧，通幦。幦、鼏通用。'鼎玉璧'，即云鼎有玉鼏，有玉做的鼎蓋。與今本比較，實大勝於今本。一者避免重複，鼎卦六五爻辭已稱'鼎黄耳金鉉，利貞'，上九又稱'鼎玉鉉'，顯屬重復。二者爻辭義與爻位更相貼切。鼏爲鼎蓋，蓋爲一鼎之最上；上九爲鼎卦最上一爻，爻位爲上，爻辭稱'鼏'，密合無間。從六五的'耳''鉉'到上九的'幦（鼏）'，顯然是由下而上，合情合理。'鉉'，古文作'扃'；'幦（鼏）'可寫爲'璧'。如此連言'扃鼏'，則可作'扃璧'。後人將'璧'錯成了'扃'，古文'扃'後又寫作今文'鉉'。'鼎玉幦（鼏）'遂變成了'鼎玉鉉'。"① 是廖氏認爲"璧"即"璧"之形省，這是正確的。他認爲"璧"通"幦"，"幦"又通"鼏"，"鼏"爲本字，其義爲鼎蓋。此本字"鼏"與帛書《周易》的關係是：鼏→幦→璧。而與今本《周易》的關係是：鼏→幦→扃→鉉。

（二）丁四新先生認爲："'璧'，疑是'璧'字之省寫。鼎璧，即是用以插杠舉鼎的鉉。"② 其言"用以插杠舉鼎的"，是謂"璧"爲鼎耳的兩孔。又把"璧"等同於"鉉"，而"鉉"指横貫鼎兩耳以舉鼎的棍子。因此此説矛盾。

丁氏後又詳其説："筆者亦以'璧'爲'璧'之省形，'璧'與'鼏'音通（均爲錫部，幫明旁紐），'鼏'與'鼏'形近，'鼏'（見紐耕部）與'鉉'（匣紐真部）音近義同，故'鉉'字可同義换作'鼏'，'鼏'以形近而誤作'鼏'，'鼏'因音近又抄作'璧'。"③ 是丁氏以"鉉"爲先起字，以"璧"爲後起字，今本與帛書形成直接關係，即：鉉→鼏→鼏→璧。但在其腳注中，又曰："'璧'讀作'鼏'，'鼏'訛作'鼏'，'鼏'與'鉉'音近義同，故後人得以换作'鉉'字。"④ 此又以"璧"爲先起，以"鉉"爲後起，帛書與今本亦形成直接關係，即：璧→鼏→鼏→鉉。顯然，此與上説是矛盾的。

（三）張政烺先生"璧"作"璧"，認爲："璧疑即璧字，从玉，辟省聲。《説文》：'鉉，所以舉鼎也，从金，玄聲。《易》謂之鉉，《禮》謂之鼏。'又'鼏，以木横貫鼎耳舉之，从鼎，冖聲。《周禮》：廟門容大鼏七個，即《易》玉鉉，大吉也。'按鼏音

① 廖名春：《帛書〈二三子〉、〈要〉校釋五則》，《國際易學研究》第五輯，華夏出版社1999年版，第39－40頁。

② 丁四新：《馬王堆漢墓帛書〈周易〉》，《儒藏》精華編二八一册，北京大學出版社2007年版，第228頁。

③ 丁四新：《楚竹書與漢墓帛書〈周易〉校注》，上海古籍出版社2011年版，第463頁。

④ 丁四新：《楚竹書與漢墓帛書〈周易〉校注》，上海古籍出版社2011年版，第463頁，腳注2。

密。鉉鼏同義異字，蓋《易》古亦有作鼏者，傳寫者遂假璧字爲之。”① 按張氏所引《説文》之“鼏”字誤，實爲“鼏”字，段玉裁《説文解字注》已正之。張氏認爲古《周易》有版本作“鼏”，帛書之“璧”即來於此。其關係可表示爲：鼏→璧。

（四）《長沙馬王堆漢墓簡帛集成》接受張先生觀點，又認同秦倞説法：“‘𡎆（璧—鼏）’之錯爲‘扃’，又寫作今本的‘鉉’，實係以跟‘鼏’形近之‘鼏’字爲中間環節（‘鼏’‘扃’音近）。”② 是認爲“璧（鼏）”爲本字，“鼏”誤爲“鼏”，“鼏”假爲“扃”，“扃”又寫爲“鉉”。即本字“鼏”與帛書的關係是：鼏→璧。而與今本關係是：鼏→鼏→扃→鉉。

按：以上學者的訓釋，涉及幾個較疑難的詞“鼏”“鼏”“扃”“鉉”，必須先弄清楚它們的涵義，以及關係，然後才便於討論主題。

“鼏”，《説文·鼎部》：“鼏，目木横貫鼎耳舉之，从鼎，冂聲。《周禮》‘廟門容大鼏七個’，即《易》‘玉鉉，大吉’也。”段注：“大、小徐篆皆作鼏，解作冖聲，莫狄切，以鼎蓋字之音，加諸横毌鼎耳之義，誤矣。”楊樹達《積微居金文説》：“鼏字从冂，不从冖。”段注又曰：“《禮經》十七篇多言‘扃’‘鼏’，《注》多言‘今文扃爲鉉，古文鼏爲密’。按：扃者叚借字，鼏者正字，鉉者音近義同字也。以木横毌鼎耳是曰鼏，兩手舉其木之耑是曰扛鼎。鼏横於鼎蓋之上。故《禮經》必先言抽扃，乃後取鼏。猶扃爲户外閉之關，故或以扃代之也。金部‘鉉’下曰：‘所以舉鼎也。《易》謂之鉉，《禮》謂之鼏。’據此則許所據《禮》古文作鼏，鄭則據《禮》今文作鉉。同《易》也。”徐灝箋：“扛鼎之鼏，从鼎冂聲，通作扃，别作鉉。”

“鼏”，《説文》無，段玉裁增之曰：“鼏，鼎覆也，从鼎、冖，冖亦聲。”自注：“此九字各本無，（大、小徐）以鼏篆鼏解，牛頭馬脯而合之，今補正。鼏見《禮經》，所以覆鼎，用茅爲之，今本作鼏，正字也。《禮》古文作密，叚借字也。从鼎、冖者，冖，覆也。冖亦聲者，據冥字之解知之。古者覆巾謂之幎，鼎蓋謂之鼏。”《玉篇·鼎部》：“鼏，鼎蓋。”

“扃”，《説文·户部》：“扃，外閉之關也。从户，冋聲。”段注：“關者，以木横持門户也。《曲禮》：‘人户奉扃。’注曰：‘奉扃，敬也。’孔疏曰：‘奉扃之説多家。今謂《禮》有‘鼎扃’，所以關鼎。今關户之木與關鼎相似。……户扃，蓋以木横著於户爲之機，令外可閉者。鼎關字正作鼏，《禮》古文叚扃爲之。”

“鉉”，《説文·金部》：“鉉，舉鼎也。从金，玄聲。《易》謂之鉉，《禮》謂之鼏。”段注增“所目”，作“所目舉鼎也”，是。並注：“鼏音扃，與鼏音蜜，畫然二物二

① 張政烺：《張政烺論易叢稿》，中華書局 2011 年版，第 165－166 頁。

② 裘錫圭主編：《長沙馬王堆漢墓簡帛集成》（叁），中華書局 2014 年版，第 45 頁。

事。《易》謂之鉉者，《周易・鼎》六五'鼎黄耳金鉉'，上九'鼎玉鉉'是也。古説皆云鉉貫於耳，顔師古獨云鉉者鼎耳，非鼎扃也，其説甚誤。《易》言'黄耳金鉉'，則耳與鉉非一物明矣。云'《禮》謂之鼏'者，《士冠禮》'設扃鼏'，鄭注：'今文扃爲鉉，古文鼏爲密。'一部皆然。《考工記・匠人》亦作扃。許所見《禮經》扃作鼏，即《鼎部》所云'横關鼎耳而舉之'者也。鼏與扃皆以效冂之冂爲聲，扃訓外閉之關，音義皆同。若鼏則訓鼎蓋，古音如密。……據鄭，則《禮》今文爲鉉矣。許何以鉉專系《易》也？許於《禮經》之字，古文是者則從古文，今文是者則從今文。此從古文作鼏，故曰'《禮》謂之鼏也'。"

由上可知：

（一）"鼏"與"鼏"音義皆不同。"鼏"爲横貫鼎兩耳之杠，其材質爲木或金屬，其功能爲抬舉鼎，使之移動，或關閉鼎蓋。"鼏"音密，爲鼎蓋。"鼏"與"鼏"字形非常相似，容易誤寫誤用。

（二）"鼏"與"扃"音義皆同。"扃"爲門户之外關閉門户的横木，與"鼏"關閉鼎蓋功能類似。故"鼏"與"扃"可通用。

（三）"扃"與"鉉"爲今古文關係，其義相同。"扃"爲古文，"鉉"爲今文。

綜觀孔子釋《鼎》上九"鼎玉璧"，一方面從鼎的遷移，强調鼎被"抬舉"，另一方面言"賢以舉己"，從明君蒞政方面，强調必須有賢臣的輔弼，即臣下的抬舉，因此釋"璧"爲"鼏"，以爲鼎蓋，是錯誤的。而釋爲鼎杠，顯然是正確的。由此，疑《鼎》上九爻辭，本當作"鼎玉鼏"，義爲以玉裝飾之鼎杠。此本字"鼏"與帛書的關係是："鼏"誤爲"鼏"，"鼏"通作"璧"，即帛書之"璧"，即鼏→鼏→璧。而此本字"鼏"與今本關係是："鼏"通作"扃"，又寫爲今文"鉉"，即今本之"鉉"，即鼏→扃→鉉。

二、孔子釋《屯》九五

> ［《卦》曰］："屯亓膏，［小貞吉］，大貞凶。"孔子曰："屯輪（綸）〼小民家息以綾（接）衣食，有（又）有飢□□□時□□〼屯輪（綸）之，亓'吉'亦宜矣。'大貞凶'［者，□］川流下而貨留高，年𣪊（穀）十壹（一）□〼□□□□□□□□□□大人患□□□□□□□貨，守財弗施則□□□□□□□□。"①

此孔子釋《屯》卦九五爻辭"屯其膏，小貞吉，大貞凶"。由於殘缺過甚，較難解讀。其前半部分，釋"屯其膏，［小貞吉］"。"輪"讀爲"綸"，"屯綸"即囤積理財。

① 裘錫圭主編：《長沙馬王堆漢墓簡帛集成》（叁），中華書局2014年版，第49頁。

“息”，《史記・高祖本紀》“家有息女”，正義：“息，生也。”即生息。“家息”即家庭生息，家庭生活。“緌”通“接”，訓爲續。《淮南子・精神訓》“聖人食足以接氣”，高誘注：“接，續也。”“有有”，讀爲“又有”。孔子所謂“屯輪⧄小民家息以緌衣食，有有飢□□□時□□⧄屯輪之，亓‘吉’亦宜矣”，大體言小民家庭生活以衣食相接續，以防飢餓寒冷，故囤積衣食是吉利的。孔子此釋，將“小貞吉”之“小”訓爲“小民”，即一般民眾，是很新穎的。

與此相對應，孔子釋“大貞凶”，將“大”訓爲“大人”，其言“‘大貞凶’［者，□］川流下而貨留高，年㲄十壹□⧄□□□□□□□□□□大人患□□□□□□□貨，守財弗施則□□□□□□□”云云，皆謂大人之所爲。其“□］川流下而貨留高”，似言大人賦斂無度，以“川流下”即河水流動而向下，反襯“貨留高”，即貨物停留於大人處而積聚增高。“年㲄十壹”，“㲉”，讀爲“穀”。《説文・子部》桂馥義證：“㲉，通作穀。”《集韻・厚韻》：“㲉，或作穀。”“壹”，讀爲“一”。“年㲉十壹”，當指田賦十取其一之稅率。《孟子・滕文公上》：“夏后氏五十而貢，殷人七十而助，周人百畝而徹，其實皆什一也。”對年收成什一之稅，齊桓公認爲高，而“百取五”（《管子・幼官》）。故孔子此釋，大體當言所謂“大貞凶”，是説大人賦斂無度，河水流動而向下，貨物停留而向上，年收成十取其一……大人仍患其少，而積聚貨物，保守財物而不肯施予民眾，會失掉民心，而有凶。

按《漢書・谷永傳》：“諸夏舉兵，萌在民飢饉而吏不恤，興于百姓困而賦斂重，發于下怨離而上不知，《易》曰：‘屯其膏，小貞吉，大貞凶。’”注：“孟康曰：膏者，所以潤人肌膚；爵禄亦所以養人者也。小貞，臣也；大貞，君也。遭屯難饑荒，君當開倉廩，振百姓，而反吝，則凶；臣吝嗇則吉。《論語》曰：‘出納之吝，謂之有司。’”孟康爲三國曹魏時學者，注中所引來自孟康《漢書音義》。較之《二三子》，孟康之言顯然來自孔子之説。説明孔子此釋，至三國魏時仍有流傳。

三、精白

《卦》曰：“根（艮）亓（其）北（背），不獲亓（其）身；行亓（其）廷（庭），不見亓（其）人。”孔子曰：“‘根（艮）亓（其）北（背）’者，言任事也。‘不獲亓（其）身’者，精白□□□也。敬官任事，身［不］得者鮮矣。亓（其）佔曰：‘能精能白，必爲上客。能白能精，必爲古正。’以精白長眾者，難得也，故曰‘行亓（其）庭，不見亓（其）人’。”①

① 裘錫圭主編：《長沙馬王堆漢墓簡帛集成》（叁），中華書局2014年版，第55頁。

此節爲孔子釋《艮》卦辭。其較難理解的，是“精白□□□”“能精能白”“能白能精”之“精白”。學者對此看法不同，主要有：

陳鼓應先生：“精、白、質、素等概念，是道家用以表述道的純一及得道的境界。如《莊子》‘虛室生白’、《黄帝四經》‘至素至精’‘是謂能精’‘素則精’等。在《二三子問》中，不但繼承了這一概念，並且將‘白’‘質’與‘精’直接組合，即‘能精能白’‘精白’‘精質’等，其承襲黄老之跡至爲顯明。”① 此以黄老道家思想釋之。

趙建偉先生：“精妙質樸。此言止於陰處而不見其身影是説治事爲官當精妙質樸，不著形跡。”② 同陳先生，亦以黄老思想釋之。

丁四新先生：“‘精白’在帛書中是一個政治話語上的用詞，不一定源於道家。《禮記·祭統》：‘齊者，精明之至。’又云：‘是故君子之齊也，專致其精明之德。’《漢書·賈山傳》：‘天下之士莫不精白以承休德。’《鹽鐵論·訟賢》：‘懷精白之志，行忠正之道。’‘精白’是就人們的心靈修養所達到的狀態而言的，本出自於祭儀中的‘齋戒’活動。‘精’指精誠、精純、專一，‘白’謂明潔無私。”③ 提出爲古代政治話語，反對道家説，以古代“齋戒”中心靈修養的狀態釋之。

李鋭先生：“《國語·周語上》記：‘十五年，有神降于莘，王問于内史過，曰：是何故？固有之乎？對曰：有之。國之將興，其君齊明、衷正、精潔、惠和，其德足以昭其馨香，其惠足以同其民人。神饗而民聽，民神無怨，故明神降之，觀其政德而均佈福焉……’此處用到了‘精潔’，並且指出‘精潔’是國君的一種德行。《周語上》又記：‘襄王使邵公過及内史過賜晉惠公命，吕甥、郤芮相晉侯不敬，晉侯執玉卑，拜不稽首。内史過歸，以告王曰……民之所急在大事，先王知大事之必以衆濟也，是故祓除其心，以和惠民。考中度衷以涖之，昭明物則以訓之，制義庶孚以行之。祓除其心，精也；考中度衷，忠也；昭明物則，禮也；制義庶孚，信也。然則長衆使民之道，非精不和，非忠不立，非禮不順，非信不行……’這裏具體解釋了‘精’的概念，而且‘精’被認爲是統治者‘和惠’民的一個‘使民之道’。按《廣雅·釋詁下》：‘祓，除也。’《小廣雅·廣詁》：‘祓，潔也。’‘祓除其心’，就是指潔其心，潔其心，就可以‘和惠民’，就是‘精’。《國語·晉語一》載：‘公之優曰施，通于驪姬。驪姬問焉……優施曰：必于申生。其爲人也，小心精潔，而大志重，又不忍人。精潔易辱，重僨可疾，不

① 陳鼓應：《易傳與道家思想》，三聯書店 1996 年版，第 214 頁。

② 趙建偉：《出土簡帛〈周易〉疏證》，萬卷樓圖書有限公司 2000 年版，第 227 頁。

③ 丁四新：《〈易傳〉類帛書零劄九則》，《〈周易〉經傳解讀與研究學術研討會論文集》，濟南山東大學易學與中國古代哲學研究中心主辦，2006 年版，第 15 頁；又載氏著《玄圃畜艾——丁四新學術論文選集》，中華書局 2009 年版，第 220 頁。

忍人，必自忍也。辱之近行。驪姬曰：重，無乃難遷乎？優施曰：知辱可辱，可辱遷重，若不知辱，亦必不知固秉常矣。今子内固而外寵，且善否莫不信。若外殫善而内辱之，無不遷矣。且吾聞之：甚精必愚。精爲易辱，愚不知避難。雖欲無遷，其得之乎？是故先施讒于申生。’這裏兩次提到了‘精潔’，與上文的‘精潔’當有關聯。《廣雅·釋器》：‘潔，白也。’因此，從‘精潔’發展到‘精白’，是有可能的。”①

按：陳氏、趙氏以道家思想釋“精白”，非。此爲孔子所言，當爲儒家思想無疑。丁氏指出非道家思想，爲政治話語，是。但其認爲此語爲古代齋戒中政治人物心靈修養之狀態，則疑非。李氏援引《國語·周語上》“精潔”和“袚除其心，精也”，以及《晉語一》“精潔”，認爲“從‘精潔’發展到‘精白’，是有可能的”，從語言的義理内涵發展分析，深入有見。

“精白”之詞，是孔子在解釋《艮》卦辭時所言。艮其象其義皆爲靜止，卦辭“艮其背，不獲其身”，義爲靜止其背，不得其身。孔子認爲“‘不獲其身’者，精白□□□也”，意思是不要以外在之身爲追求目標，而是要注重内在心靈修養，即“精白”。因此，“精白”當爲古代政治人物修心之語。《二三子》孔子此言“以精白長眾”，《國語·周語上》所載周内史過就晉惠公之事，亦論“長眾使民之道”，因此二者的語境是非常相似的，有重要的借鑒意義，可以很好地比對研究。《國語·周語上》這段話，李鋭先生所引不全，有必要完整引出來：

> 《夏書》有之曰：“眾非元后，何戴？后非眾，無與守邦。”在《湯誓》曰：“余一人有罪，無以萬夫。萬夫有罪，在余一人。”在《盤庚》曰：“國之臧，則惟女眾。國之不臧，則惟余一人，是有逸罰。”如是則長眾使民，不可不慎也。民之所急在大事，先王知大事之必以眾濟也，是故袚除其心，以和惠民。考中度衷以涖之，昭明物則以訓之，制義庶孚以行之。袚除其心，精也。考中度衷，忠也。昭明物則，禮也。制義庶孚，信也。然則長眾使民之道，非精不和，非忠不立，非禮不順，非信不行。今晉侯即位而背外内之賂，虐其處者，棄其信也。不敬王命，棄其禮也。施其所惡，棄其忠也。以惡實心，棄其精也。四者皆棄，則遠不至而近不和矣，將何以守國？古者，先王既有天下，又崇立上帝、明神而敬事之，于是乎有朝日、夕月，以教民事君。諸侯春秋受職於王，以臨其民。大夫、士日恪位著，以儆其官。庶人、工、商各守其業，以共其上。②

① 李鋭：《論帛書〈二三子問〉中的“精白”》，《周易研究》2004年第4期，第59－60頁。

② 徐元誥：《國語集解》，中華書局2002年版，第32－33頁。

内史過認爲“長眾使民之道”（即爲民眾之長、統治民眾的道理），有四個方面，即“精”“忠”“禮”“信”，其中“精”爲其首。“精”是就政治人物（如君主）内心修養而言，其内容就是“祓除其心”，認爲“祓除其心”，就能得到“精”，即掃除其心，使其空虛潔白，從而使精充盈其中。《二三子》孔子言政治人物“精白長眾”，謂“長眾”的前提條件是“精白”，即先進行心靈修養，“精白”其心，其“白”謂潔白其心，當與内史過所言“祓除其心”義同；其“精”也當同於内史過所言之“精”。因此，完全可以内史過所言“祓除其心，精也”，來理解孔子所言“精白”，李鋭先生的觀點是正確的。

内史過又謂“以惡實心，棄其精也”，乃從反面言如以惡充實其心，則棄絶其精，如此則“精”當謂善。因此“精白”的實際内涵，當謂政治人物修養其心，使其空虛潔白，而充盈良善之精。

“精白”的修心原理，《管子·心術上》有之，其曰：“心之在體，君之位也。九竅之有職，官之分也。心處其道，九竅循理。嗜欲充盈，目不見色，耳不聞聲。……虛其欲，神將入舍。掃除不挈（潔），神乃留處。……世人之所職者精也（注：職，主也。言所秉而生者精也），去欲則宣，宣則靜矣。靜則精，精則獨立矣。獨則明，明則神矣。神者至貴也，故館不辟除，則貴人不舍焉。故曰：不潔則神不處。潔其宫，闕《開》其門。宫者，謂心也。心也者，智之舍也，故曰宫。潔之者，去好過也。”[①] 言人所秉而生者爲精（或神），嗜欲充盈其心，精（神）則不存。故掃除這些欲望，使其心空虛潔淨，精（神）就能來入住。以此理論，可以領會孔子所言“精白”之“精”乃人先天所秉受者，是形而上之先天良善，本來即充盈内心。但由於人之後天私欲充滿内心，良善之精喪失。故人的修養過程就是返回去，先將内心這些私欲清除，潔白其心，先天良善之精就會自動回來。

“精白”爲修心，故孔子強調“敬宫”：“‘宫’具體比喻‘心’。‘宫’比喻‘心’，這有文獻上的明確證據。《管子·心術上》曰：‘潔其宫，開其門，去私毋言，神明若存。……潔其宫，闕《開》其門，宫者，謂心也。心也者，智之舍也。故曰宫，潔之者，去好過也。門者，謂耳目也，耳目者，所以聞見也。’除《心術上》外，此喻又見於《莊子·人間世》：‘瞻彼闋者，虛室生白，吉祥止止。’陸德明《釋文》引司馬彪《注》曰：‘室比喻心，心能空虛則純白獨生也。’”[②] “敬宫”，即敬修其心，進行“精白”的心靈修養。

如此，孔子所引頗爲疑難的佔辭“能精能白，必爲上客；能白能精，必爲古正”，

---

① 黎翔鳳：《管子校注》（中），中華書局2004年版，第766、767、770、771頁。

② 丁四新、汪奇超：《馬王堆帛書〈二三子〉疑難字句釋讀》，《周易研究》2013年第4期，第17頁。

也可以作出比較清楚的解釋。“上客”，《戰國策·秦策五》“上客從趙來”，高誘注：“上客，尊客也。”趙建偉先生曰：“‘上客’，上賓，指大臣、賢才。”[①] 其説是，“上客”謂尊貴賢能的大臣。“古正”，《長沙馬王堆漢墓簡帛集成》：“正，長也。‘古’字，疑可讀爲訓‘大’之‘嘏’‘假’‘格’等。‘古正’猶言‘大正’，古書或作‘大政’。”[②] 其説是。“古”“嘏”皆魚部見母，音同假借。《爾雅·釋詁上》：“嘏，大也。”《詩·小雅·賓之初筵》“錫爾純嘏”，毛傳：“嘏，大也。”《儀禮·少牢饋食禮》“以嘏于主人曰”，鄭玄注：“嘏，大也。”《逸周書·寶典》“樂獲純嘏”，孔晁注：“嘏，大也。”“古正”即“嘏正”，即“大正”。“能精能白，必爲上客”與“能白能精，必爲嘏正”爲對文，“嘏正”與“上客”義近，皆指爵高位顯之高官。“能精能白，必爲上客”，謂能充盈其精，能潔白其心，必爲尊貴之大臣。“能白能精，必爲嘏正”，謂能潔白其心，能充盈其精，必爲顯貴之高官。兩句實言人若能修養至“精白”的境界，就能成爲重要的政治人物。

① 趙建偉：《出土簡帛〈周易〉疏證》，萬卷樓圖書有限公司 2000 年版，第 227 頁。

② 裘錫圭主編：《長沙馬王堆漢墓簡帛集成》（叁），中華書局 2014 年版，第 55 頁。

《論語》首章詮釋

——兼附及此學旁落與復興的幾點思考

嘉義大學中文系　蘇子敬

説到中國文化，則傳統上以孔子爲道統中的至聖、學統中的先師，視《論語》爲修己治人、内聖外王之學的聖書。如今，紀念孔子誕辰已聊備一格，然《論語》在臺灣主流社會似亦無足輕重。而社會價值之錯亂，令人憂心忡忡，蓋反求諸己的忠恕之道已失，而功利競逐之風伴着人之疏離而愈熾故也。有識者，欲於大學通識課程加強經典教育，然未便獲得多數認同與實際施行，其中原因之一，乃對於《論語》等經典未有深刻而現代化的理解與領會。昔程子已言："如讀《論語》，舊時未讀是這個人，及讀了後又只是這個人，便是不曾讀也。"① "《論語》一書未易讀也。有既讀之而漠然如未嘗讀者，有得一二而啓悦其心者，有通體誠好之者，有不知其手之舞之、足之蹈之者。"② 筆者認爲："經典之所以爲經典，即在於其既具有偉大深遠的價值，同時亦能對時代有所啓示……即在其兼具'終極關懷'與'現實關懷'兩大層面，故有普遍性、永恒性、理想性、時代性以及現實性，能深掘人性，提煉對應時代問題的出路指引，以引導生活方向。"③ 而《論語》爲傳統中國文化歷代士人所共尊，亦爲當代大哲鴻儒所宗仰服膺，其爲經典中的經典當無疑，故修習《論語》"既可引發對社會歷史文化的關懷與反省，更可增強對自身生命價值方向的探索，在今古之中有一絕佳的對照點，傳統與現代對話，理想與生活交會，自覺覺他，促進和諧"④。問題只在，處於今日多元文化的現代，甚至價值紛亂無依的後現代，將如何去接觸或詮釋之，才較易活化之，使之

---

① 程灝、程頤著，王孝魚點校：《二程集·河南程氏遺書卷第十九－伊川先生語五》，中華書局1981年7月第1版，2004年2月第2版，2011年1月北京第6次印刷)，第261頁。以下簡稱此書爲《二程集》。

② 《二程集·河南程氏粹言卷第一》，第1209頁。

③ 蘇子敬：《略論論孟之研修及其學問路向》，收在《〈四書〉學術研討會論文集》，孔孟學會2011年6月版，第176頁。

④ 蘇子敬：《略論論孟之研修及其學問路向》，收在《〈四書〉學術研討會論文集》，孔孟學會2011年6月版，第176－177頁。

發揮經典的效用。《論語》第一篇《學而》大抵呈顯孔門之學的要旨與路向，涵蓋格、致、誠、正、修、齊、治、平等“内聖外王”之道，其首章“學而時習之，不亦説乎？有朋自遠方來，不亦樂乎？人不知而不愠，不亦君子乎？”① 更可説是孔子學思修養之自道，開門見山地提示了整部論語之精神意趣，成爲中國文化的象徵。於此，筆者昔得陳師修武課堂講述“論孟導讀”之指引，程師兆熊《四書大義》② 之啓發，更爲唐君毅先生《中國哲學原論・原道篇（一）》③ 對孔子仁道之由下學而層層上達之弘深闡釋所感動興發不已。下文即就此章，循宋朱熹集注，兼及魏何晏集解、清劉寶楠正義、民程樹德集釋等歷代傳統綜合性注釋，更參究王船山、當代新儒家和現代學者之見解，嘗試詮釋之。

一、如何體會《論語》首章之精神意趣

程子曰：“孔子之言，莫非自然；孟子之言，莫非實事。”④ 學者常如程子此説，以孔子之言親切自然，如春風化雨，滋潤而得生機，自然可收下學而上達之效，生命於焉滋長、升華、超越⑤，邁向人生的終極理想。然究竟何以能如此？其關鍵何在？進路爲何？

就《論語・學而》首章觀之。首先，我們會發現，這則語録可分成三部分，而這三部分的結語卻都用了詰問的語氣，其實這是一種“我與你”之間的反問，看似疑問句，卻藴含肯定、贊嘆的意涵在其中。然則何以要用此種反問句以表示呢？細玩之，此種反問其語氣是很委婉的，像詩教般的温柔敦厚，没有強迫的壓力、勉強的痕迹，只是自自然然地道出，且一詠三嘆般泌入吾人心坎。這是能讓聞者或讀者（總言之學者）一而再再而三地反問自己、與自己對話，且更引領學者在自己的實踐經驗歷程中，不論身處順境或逆境，去自我省思、回答、印證。尤其在先覺者的指引交感下，去反省自我與週遭群倫，找到升華、超越、安頓之路，引發實踐的動力，去學而時習，去與師友或弟子共學共感，去修身養性而樂天知命。王船山贊云：“夫子只就其所得者，約略著此數語，而加之以詠嘆，使學者一日用力於學，早已有逢原之妙，終身率循於學，而不能盡所得之深。此聖人之言，所爲與天同覆，與地同載，上下一致，始終合轍；非若異端

① 本文所引《四書》篇章，若未特別聲明，則基本上皆據朱熹：《四書章句集注》，大安出版社 1999 年 12 月第一版第四刷。以下簡稱此書爲朱熹：《四書章句集注》。

② 程兆熊：《鵝湖書院叢書 6：四書大義》，明文書局，1988 年 5 月初版。

③ 唐君毅：《中國哲學原論原道篇（一）》，臺灣學生書局，1991 年 9 月全集校訂版卷十四。

④ 《二程集・河南程氏粹言卷第一》，第 1205 頁。

⑤ 近人陳冠學先生亦言：“此‘學’之爲人類性命之一超越活動之首點出。此是劃時代的發明，學問自此成一超越存在”“顯學問本體之爲人類性命之一超越存在超越活動也。”見陳冠學：《論語新注》，東大圖書股份有限公司，1995 年 4 月再版，第 1－2 頁。

之有權有實，懸羊頭賣狗腿也。”[①] 又云：“讀《論語》須是别一法在，與《學》《庸》《孟子》不同。《論語》是聖人徹上徹下語，須于此看得下學、上達同中之别，别中之同。”[②] 可謂深體孔子“極高明而道中庸”“徹上徹下”的天地精神，以及孔子詠嘆道德生命本性源源不絶、興發人之心志以接引後學“下學而上達”的旨意，使初學至於聖賢皆能由學之中而各得其淺深，“仁者安仁，知者利仁”（《論語·里仁》第二章），意味精妙無窮，終其一生窮究實踐之亦難盡其深藴。故此學、此教一概真誠平實、親切自然，上下通貫、内外合一，和天覆地載之潤澤流行的德性規律始終應合，非如異端之學實别有宗旨懷抱，卻常訴諸權教而眩惑人也。總之，孔子此學不是一種以理論思辨爲本質的學問，也不是一時的權變曲折之術，而是畢生生命實踐的精神智慧之分享與提撕，訴諸實踐理性、道德情意，透過内聖外王之道的學習與工夫歷程，指引自慊自足的安身立命之境，企向合内外、通人我、貫天人的道德人格、終極理想。

故吾人欲循《論語》契應孔學，則須就其詞章風誦玩味其中之聲氣態度與文義，悠游涵泳，以意逆志，體會其精神義理，並親身實踐以印證之。程伊川有云：“某自十七八讀《論語》，當時已曉文義，讀之愈久，但覺意味深長。《論語》，有讀了後全無事者，有讀了後其中得一兩句喜者，有讀了後知好之者，有讀了後不知手之舞之、足之蹈之者。”[③] 程明道解“興於詩，立於禮，成於樂”（《論語·泰伯》第八章）亦云：“學之興起，莫先於詩。詩有美刺，歌誦之以知善惡治亂廢興。禮者所以立也，不學禮無以立。樂者所以成德，樂則生矣。生則惡可已也？惡可已，則不知手之舞之、足之蹈之也。若夫樂則安，安則久，久則天，天則神。天則不言而信，神則不怒而威。至於如此，則又非手舞足蹈之事也。”[④] 蓋就經典意義的證實言，需透過長期“悠遊涵泳”，深有自得而樂不可已，然後可以自我印證，甚至返歸於默、退藏於密，契及“天何言哉？四時行焉，百物生焉，天何言哉？”（《論語·陽貨》第十九章）、“大而化之之謂聖，聖而不可知之之謂神”（《孟子·盡心下》第二十五章）、“君子所過者化，所存者神，上下與天地同流”（《孟子·盡心上》第十三章）的“天德流行”之境。這是歷經多少經典玩味、存在體驗及道德學習的人生歲月之積澱所印證者，如孟子所謂“集義而生”，豈是今日一般論文形式，僅憑某些文獻之分析、歸納、演繹所得之效力可比的呢？昔課堂上牟宗三先生曾警惕表示：“經”比“論”透脱而富生命啓發性，當重“經”過於“論”才是，如《論語》之經，其實不適合作爲論文對象。其意大致也是説，讀《論

① 王夫之：《船山全書第六册·讀四書大全説卷四論語·學而篇》，嶽麓書社 2011 年 1 月第 1 版第 1 次印刷，第 587 頁。以下簡稱此書爲王夫之：《船山全書第六册·讀四書大全説》。

② 王夫之：《船山全書第六册·讀四書大全説》，嶽麓書社 2011 年 1 月第 1 版第 1 次印刷，第 586 頁。

③ 《二程集·河南程氏遺書卷第十九－伊川先生語五》，第 261 頁。

④ 《二程集·河南程氏遺書卷第十一－明道先生語一》，第 128 頁。

語》不能只訴諸理論思辯、文獻分析以建構知識，而須以吾人生命與之真誠對話、交流共感，長期涵泳、深入體驗，提撕實踐理性、道德情意以照應之。程子還一再提撕此等玩味深求之讀論孟的方法："論孟只剩讀著，便自意足。學者須是玩味。若以語言解着，意便不足。"① "凡看語孟，且須熟讀玩味。須將聖人言語切己，不可只作一場話説。人只看得二書切己，終身儘多也。"② "讀書者當觀聖人所以作經之意，與聖人所以用心，聖人之所以至於聖人，而吾之所以未至者，所以未得者。句句而求之，晝誦而味之，中夜而思之，平其心，易其氣，闕其疑，則聖人之意可見矣。"③

其次，欲講明《論語》等經學，除如上長期悠遊涵泳、實踐體驗（亦即"存在進路"，姑且歸入"以理解經"一路）必不可免之外，經典間的互相詮釋印證（所謂"以經解經"，如解此《論語》首章自是希冀在《學而》篇甚至整部《論語》的義理背景下進行，要求其融貫一致，甚至相發明）以及借助傳統"訓詁考證"的成果以明文字意義，亦屬必要，程子即曰："凡看文字，須先曉其文義，然後可以求其意。未有不曉文義而見意者也。"④ 尤其先哲大賢對義理的闡發（大致亦可歸入"以理解經"一路，但不排除"以史證經"者），更是重要的線索、橋梁，不可輕忽。不過，處此西學東漸、文化多元的時代，似乎還宜透過東西比較的講法，而其中關鍵即在須先辨明相應的哲學問題與理論脈絡。如《論語》首章，即須思量孔子言此之旨意爲何，嘗試回答何以能悦、能樂、能不慍，分析闡述其理安在，而此則又或須辨明東西方學問本質的同異與文化趨向等。以下即循此等方式闡述之。

二、學而時習之，不亦説乎？

孔子好學並一再凸顯學之重要性。孔子教諭子路"六言六蔽"（六種美德和其各自可能的偏蔽）云："好仁不好學，其蔽也愚；好知不好學，其蔽也蕩；好信不好學，其蔽也賊；好直不好學，其蔽也絞；好勇不好學，其蔽也亂；好剛不好學，其蔽也狂。"（《論語·陽貨》第八章）此中就連"好仁""好知"之德行都還須通過好學的自覺明理以避免其流於偏蔽，可見"好學"之緊要。又云："吾嘗終日不食，終夜不寢，以思，無益，不如學也。"（《論語·衛靈公》第三十章）此亦突出"學"之篤實緊要，而思即盡在學中思才較有益處。更且兩者須配合而行始能無弊，故云："學而不思則罔，思而不學則殆。"（《論語·爲政》第十五章）強調學思並重、互相爲濟，"學"中須有思，方可有得有定而不迷惘徒然，"思"則不單思，而須與學配合俱進，以免空想危

① 見朱熹：《四書章句集注》，第59頁《讀論語孟子法》所引。
② 見朱熹：《四書章句集注》，第59頁《讀論語孟子法》所引。
③ 見朱熹：《四書章句集注》，第59頁《讀論語孟子法》所引。
④ 見朱熹：《四書章句集注》，第59頁《讀論語孟子法》所引。

殆、自以爲是而誤己誤人。此種有思有得之“學”，便是人突破自我氣質與現實環境之限制，得以超越提升、邁向理想而安然自足的憑藉，所以孔子自道云：“其爲人也，發憤忘食，樂以忘憂，不知老之將至云爾。”（《論語·述而》第十八章）又曰：“十室之邑，必有忠信如丘者焉，不如丘之好學也。”（《論語·公冶長》第二十七章）於此，孔老夫子自謙忠信並不凸出，但自詡長處在好學一事，由此自勵而勉人。又似乎認爲忠信自然大有人在，而好學則不然。如《論語》亦載：“哀公問：‘弟子孰爲好學？’孔子對曰：‘有顏回者好學，不遷怒，不貳過。不幸短命死矣！今也則亡，未聞好學者也。’”（《論語·雍也》第二章）其感慨而冀望、呼召弟子勉力於學以成德之意深切矣！而其中亦可能隱含忠信可秉諸天賦人性，而好學則大抵須經過自覺的努力以養成之意。

朱子《四書或問》云：“蓋人而不學，則無以知其所當知之理，無以能其所當能之事，固若冥行而已矣。”① 此即呼應孔子之好學與重學、論學，凸出“學”爲道德智能之實現以超脱不自覺的盲動之關鍵。雖然，光憑此句，未能確定朱子是否否定有“不學而知，不學而能”之“本性”，還是，僅就實際的人生經驗歷程、生活世界之實踐自覺的持續呈現而如此説，並非真的否定有良知良能之本性；但，該處後文朱子又云：“理義，人心之所同然，非有我之得私也。向也吾獨得之……則是獨擅乎此理，而舉世倀倀，不得與於其心之所同也。”② 此即可略示朱子並未否定人心有共同的理義，故其中所謂“得之”之“得”便非“由無而有”之意，而是“由隱而顯”“彰著體現”之意，且此顯現之實際生命歷程的關鍵就在於“學”。由此，我們將可更切實了解《四書章句集注》對“學”的界説與詮釋（見後文），藉此線索、橋梁深入孔子的學問世界，也更可體認到“強調學之重要”與“肯定先天的道德本性”並不相悖，此不獨心學爲然，理學亦然也。

下面，我們就要接着進一步探討何謂“學”。所謂“學而時習之”的“學”内涵爲何？何以其“時習”能令人喜悦不勝呢？

首先，從《論語》原典考異言，此句有“學而時習之，不亦説乎？”與“學而時習之，不亦悦乎？”兩種版本，但“説”與“悦”二字其實通寫已久，“説”作“悦”解亦多見於《論語》諸篇。③ 兩字俱從《易》兑掛之“兑”字而來。④ 故其差異並不影響句義。

---

① 《景印元本四書集義精要·卷第五》，“國立故宫博物院”，1978 年 11 月版，第 1 頁。

② 《景印元本四書集義精要·卷第五》，“國立故宫博物院”，1978 年 11 月版，第 2 頁。

③ 見程樹德：《論語集釋卷一·學而上》，國立華北編譯館，1943 年 5 月初版，收在林慶彰主編：《民國時期經學叢書》第一輯第 47 册，文听閣圖書有限公司，2008 年 7 月初版，第 1 頁，並見程石泉：《論語讀訓解故》，“國立臺灣師範大學”出版社 1981 年 7 月再版，第 1 頁。以下，前書簡稱程樹德：《論語集釋》，後書簡稱程石泉：《論語讀訓解故》。

④ 程石泉：《論語讀訓解故》，第 1 頁。

就整句看來，孔子認爲，爲學的時候是會讓人的生命喜悦的。但，這是何種的喜悦呢？又是從何而來的呢？以現今社會的學生爲例來看，從小開始就不停地在考試，斤斤計較分數，彼此陷於比較競争的氛圍中，尤其到了國中高中，整天就必須繃緊神經地面對書籍，挑燈苦讀，而此時此刻的學生真能夠如孔子般“學而時習之，不亦説乎”嗎？答案很可能反而是“不亦苦乎”①！但是有時候，仍然有機會遇到即使不用他人在旁鞭策，就十分有興趣的學科；又或者即使原本不大喜歡的，但可能因爲學習態度的轉變而變得可以接受，甚至歡喜起來。由此吾人可以做一推演：

1．以主觀情緒好惡來看，學習若要感到喜悦快樂，那麽，將與學習的内容有最直接的關係，其次是與面對學習對象的態度有關。但是，光以主觀情緒的好惡而論，人人各有差異，往往帶有相對性，也每每不能好惡以理、以正，故對甲而言學習之有樂趣的，對乙而言卻不見得如此，這樣一來，哪能一體適用呢？

2．若純以感性本能而言，則更可能是不用花心力去學習的、遊戲娱樂的，才是較讓人快樂的。

3．但孔子此處所説，當是適用於所有學習者的，是要對一般人而言皆當可成立的，而且是必須不斷付出心力去學習而後可能的。那麽，孔子這裏所説的喜悦，就不是純粹來自感性本能的，也不是相應於人言言殊、不論對錯的個别主觀情緒而言的，而當是與理性的嚮往、價值的追求緊密相關的，是普遍關涉人生超越的理想之實現歷程與趨向完成，由之而來的一種内在精神心靈的喜悦之情，就像孔子所説“唯仁者能好人，能惡人”。（《論語・里仁》第三章）之出乎公正無私的喜怒之情，亦如孟子所謂“理義之悦我心，猶芻豢之悦我口”（《孟子・告子篇上》第七章）的道德滿足之感。

是故，這種學是以普遍的道德主體爲核心的生命學問，由内聖而貫外王，不是西學裏客觀外在的知識之學，孔子不就明確以顔淵之“不遷怒，不貳過”（《論語・雍也》第二章）此等反求諸己、決然改過遷善之道德修行回復“好學”嗎？不也在《論語》首篇就已明説：“君子食無求飽，居無求安，敏於事而慎於言，就有道而正焉，可謂好學也已。”（《學而》篇第十四章）、“弟子入則孝，出則弟，謹而信，泛愛眾，而親仁。行有餘力，則以學文。”（《學而篇》第六章）此處所謂“好學”顯然與追求感性本能欲望之滿足相反，而關注於對言語的負責任、對職事的勤勉認真以及積極親近有道師友而改正已失；又雖仍提醒學文（含詩書六藝之文）之事而不廢弛，然以之爲末，強調孝悌言行愛人就道之事爲先務，可見乃以仁義道德爲學之本。孔子高弟子夏也説：“賢賢易色，事父母能竭其力，事君能致其身，與朋友交言而有信。雖曰未學，吾必謂之學

① 可參南懷瑾述著，蔡策記録：《論語别裁》，老古文化事業股份有限公司，1976 年 5 月臺灣初版，1992 年 12 月臺灣二十一版，1996 年 9 月臺灣五次印刷，第 10 頁。以下此書簡稱南懷瑾：《論語别裁》。

矣。”（《學而》篇第十四章）所述皆人倫道德之事，關乎夫婦、父子、君臣、朋友四倫的實踐，而與理論知識無關，卻以之爲學。凡此可見孔門之學的常行大道、本末先後。

申言之，此學主要是一種道德的“情”與“意”及其行爲實踐，若要説“知”，則是一種“德性之知”或“實踐理性”，深知篤好於仁德而不易所守[①]，或者，在此種道德要求主導下，去求得知識、運用知識，以輔助仁德事業的實現踐履，所謂“仁者安仁，知者利仁”（《論語・里仁》第二章）。孔門四科“德行、言語、政事、文學”（見《論語・先進》第二章），亦以德爲首，爲人人應當要追求的生命理想目標。所以，這種學是一種普遍的“爲己之學”，本身就是目的，就具有内在價值。它根於人性，卻須在生命經驗歷程中去覺悟彰顯，去除障蔽，也往往是一先覺覺後覺、後覺效先覺而後得以實現者，故朱子結合孟子性善學説，兼從“覺”與“效”去解《論語》此處之“學”：“學之爲言效也。人性皆善，而覺有先後，後覺者必效先覺之所爲，乃可以明善而復其初也。”[②] 此種學既然是内具道德價值、實現生命本性以完善自己的學問，則愈習愈得，愈趨近道德自我的實現，自然是心中喜悦不勝的了。此中“時習”，有學者解爲“依時節之禮儀而實習之”之意，此雖可應和孔子之重禮，然則過於狹隘了，還是朱熹集注自云“時時習之”[③]，甚至引謝良佐“無時而不習”[④]，其意較爲切當周到，其中包含了“覺知”與“實踐”，程子所謂“時復思繹，浹恰於中”[⑤]“學者，將以行之也。時習之，則所學者在我，故説”[⑥]。所以，這種學與習，要教孔夫子“發憤忘食，樂以忘憂，不知老之將至”了（《論語・述而》第十八章）。誠如王船山《四書訓義》所解：“君子之終身於學而不自已者，誠有所得於學而不容已焉。内也而信諸心，則有以大得乎情；外焉而徵諸行，則有以自成其德。則終身於學，而又安事他求乎？”[⑦] 亦如《讀四書大全説》所云：“學者内以安其心，外以成其身，渾然具足而無所歉……可無求‘説’‘樂’於外物，而他有待以成其德。”[⑧] 質言之，此學内外通貫、渾然具足，得以安身立命、終身悦樂，不假他求，故不容自已。

另外，有學者將“學而時習之”之“而”，從聲韻通假的角度釋爲“能”，意指“能夠”，“習”則仍作“實踐”“踐行”解，亦即從“學以致用”、非理論空談而能時

---

① 朱熹：《四書章句集注・論語集注卷二・里仁第四》第二章，朱子自注云：“蓋深知篤好而必欲得之也……惟仁者則安其仁而無適不然，知者則利於仁而不易所守。”第92頁。

② 朱熹：《四書章句集注・論語集注卷一・學而第一》，第61頁。

③ 朱熹：《四書章句集注・論語集注卷一・學而第一》，第61頁。

④ 朱熹：《四書章句集注・論語集注卷一・學而第一》，第61頁。

⑤ 朱熹：《四書章句集注・論語集注卷一・學而第一》，第61頁。

⑥ 朱熹：《四書章句集注・論語集注卷一・學而第一》，第61頁。

⑦ 王夫之：《船山全書第七册・四書訓義卷五論語一》，嶽麓書社，2011年1月第1版第1次印刷，第245頁。以下簡稱此書爲王夫之：《船山全書第七册・四書訓義》。

⑧ 王夫之：《船山全書第六册・讀四書大全説》，第586頁。

常或適時實際應用的角度，説其可悦。此解，強調可實踐應用之學，而學不虚學故可悦。此固亦照應到儒學重視平常日用的“應用”“實踐”面向，然若直以“實用之學”解之，而不像德國哲學家康德《判斷力批判・引論》一般，細加分辨立基於“自然”概念的“技術地實踐”（根底上仍屬於理性之“思辯”或“理論”運用，而非理性之“道德”或“實踐”運用）之與立基於“自由”概念的“道德地實踐”之不同，亦將很可能把孔子強調“道德生命實踐之學”混淆於“技術實用性之學”了。

再者，關於“學”字，船山在《四書箋解》有一分析：“凡言‘學’，有兼講習討論存養省察而言者，有分而言之者。”① 但此“學而時習之”一句中之“學”，船山在其《四書箋解》中則認爲“專指講習討論……但此講習討論，所以明善而爲篤行之資，不可如俗下時文作記誦詞章説耳”②，而《讀四書大全説》亦有言：“學有對問、對思、對修而言者，講習討論是也。”③ “‘時習’兼‘温故知新’在内，非但温理其舊聞而已。”④ “馮厚齋專就講習討論上説，只作今經生家温書解。此俗學、聖學大别白處，不容草次。”⑤ 此即如現代就道德生命的學問加以哲學理論、實踐方法等的研究探討和工夫切磋等等，重點在於審問、慎思、明辨以及修身篤行以知善明理、日新又新，而指引行爲的方向與落實於修齊治平之人倫日用間，使堅定不惑，並避免流於他律或盲目枉行、誤入歧途，決非只是一般温書記誦之俗學。然而，何以船山於此句之學，曾要將存養和省察排除在外呢？蓋一方面就工夫歷程言：“以存養是純常無間之功，省察因幾而動，俱不可言習也。”⑥ 另方面就實踐境界言：“講習討論愈習而愈得，故‘説’。若存養省察之效，不可以‘説’言之。”⑦ 此等辨析頗細密，然亦似乎不必如此拘執，因爲就存養無所間斷、省察隨適意念之起而行，固可説非所謂重習，且重在純粹意志之堅凝擴充或勉力艱苦地克己去私，而不好直接説是“習”“説”；然初學者或一般學者則有間斷與恢復以及工夫安排之歷程，恢復即是“習”而可言“説”，安排即不必是因幾而動，如曾子亦言“吾日三省吾身”，此似可歸諸省察工夫，而不礙言其爲“習”而可“説”。其實，船山在《讀四書大全説》亦已有一分辨：“本文一‘學’字，是兼所學之事與爲學之功言，包括原盡，徹乎‘時習’而皆以云‘學’。若《集註》所云‘既學而又時時習之’一‘學’字，則但以其初從事於學者而言耳。‘既’字、‘又’字，

---

① 王夫之：《船山全書第六册・四書箋解卷三上論・學而第一》，嶽麓書社，2011 年 1 月第 1 版第 1 次印刷，第 162 頁。以下簡稱此書爲王夫之：《船山全書第六冊・四書箋解》。

② 王夫之：《船山全書第六册・四書箋解》，嶽麓書社，2011 年 1 月第 1 版第 1 次印刷，第 162 頁。

③ 王夫之：《船山全書第六册・讀四書大全説卷四論語・學而篇》，第 588 頁。

④ 王夫之：《船山全書第六册・讀四書大全説卷四論語・學而篇》，第 588 頁。

⑤ 王夫之：《船山全書第六册・讀四書大全説卷四論語・學而篇》，第 589 頁。

⑥ 王夫之：《船山全書第六册・四書箋解》，第 162 頁。

⑦ 王夫之：《船山全書第六册・四書箋解》，第 162 頁。

皆以貼本文‘時’字，故《集註》爲無病……《集註》云‘必效先覺之所爲，乃可以明善而復其初’，此豈暫一嘗試於學之謂乎？”[①]“知集註‘既學’之‘學’，非實詮本文‘學’字，則此疑冰釋矣。”[②]依此，蓋船山認爲朱注中“既學而又時時習之”一句中之“學”字乃就初學者的“所學之事”之“講習討論”“温故知新”而言，其義較狹，並非即等於朱注所詮釋的《論語》此章本文之“學”字的意義——“必效先覺之所爲，乃可以明善而復其初”——之概括廣大和深切。船山認爲此章本文之學除“所學之事”外同時概括“爲學之功”，且猶如《大學》所謂“大學之道”的“學”字一般廣大充盡（引證參後）。推其意，此學亦即由“明明德”“親民”（或“新民”）至“止於至善”之“格致誠正修齊治平”的“内聖外王”之學，則自可兼講習討論與存養省察。此學貫徹了謝上蔡所釋“無時而不習”的工夫歷程以至朱子所注“所學者熟，而中心喜説，其進自不能已矣”[③]的境界功效，甚至亦貫徹《論語》此章後兩句扣乎“朋來共遊同學之樂”及“不知我而不愠”的實踐工夫及其境界效驗，達到此章三句所涵彼此一體相貫之“説”“樂”與“君子”的“聖賢爲己之實功”[④]，而非“但以學、問、思、辨槩聖學而小之”[⑤]的卑陋。换言之，此學不能只以一般“博學、審問、慎思、明辨”説之，而必須連貫於成己成物、樂天知命的道德“篤行”工夫與境界，誠所謂：“果其爲‘學’，則‘習’自不容中止，‘朋’自來，‘不知’自‘不愠’，德即成於不已。……則‘説’‘樂’‘君子’所以著‘時習’‘朋來’‘不愠’之效。然非其能‘説’、能‘樂’、能爲‘君子’，要不足以言‘學’，則亦以紀學者必至之功。”[⑥]“且學者之於學……則亦當自勉於‘習’，廣益於‘朋’，而無以‘知’‘不知’動其心，固可以開初學入德之門。乃言乎‘説’而天理之來復者盡矣，言乎‘樂’而天理之流行者著矣，言乎‘君子’而天德之攸凝者至矣，則亦可以統作聖之功。”[⑦]故船山也直接點出：“‘學’是一章總領，然‘學而時習之’‘學而’二字只貫本句，下二節俱暗藏‘學而’二字在，若曰學而朋來，學而不愠，故不須頂首句學字。”[⑧]並概括地説：“此‘學’字與‘大學之道’‘學’字同，概括廣大，故上蔡以‘坐如尸、立如齊’言之……事無窮，道自無窮。豈今日之坐立，以温理昨日之如尸、如齊者乎？”[⑨]

---

① 王夫之：《船山全書第六册·讀四書大全説》，第588頁。
② 王夫之：《船山全書第六册·讀四書大全説》，第589頁。
③ 朱熹：《四書章句集注·論語集注卷一·學而第一》，第61頁。
④ 王夫之：《船山全書第六册·讀四書大全説》，第588頁。
⑤ 王夫之：《船山全書第六册·讀四書大全説》，第588頁。
⑥ 王夫之：《船山全書第六册·讀四書大全説》，第587頁。
⑦ 王夫之：《船山全書第六册·讀四書大全説》，第587頁。
⑧ 王夫之：《船山全書第六册·四書箋解》，第162頁。
⑨ 王夫之：《船山全書第六册·讀四書大全説》，第588頁。

三、有朋自遠方來，不亦樂乎?

先從《論語》原典考異看，蓋齊論、古論作“友朋自遠方來，不亦樂乎?”魯論則作“有朋自遠方來，不亦樂乎?”或“朋友自遠方來，不亦樂乎?”學者或認爲“有”與“友”相通，意爲“友人”（名詞）或“親近”（動詞），或認爲“有”爲“有無”之“有”，與“友”字義不同。[①] 鄭玄注“同門曰朋，同志曰友”，包咸亦注“同門曰朋”（底下原或亦有“同志曰友”一句）。[②]（清）劉寶楠引宋氏翔鳳《樸學齋札記》之說以爲“朋”指“弟子”而言，其中乃以《白虎通・辟雝》所云：“師弟子之道有三，《論語》曰‘朋友自遠方來’，朋友之道也。”及《孟子》“子濯孺子曰：‘其取友必端矣’”兩處爲證，而認爲“朋”或“友”皆指“弟子”（學生）而言。[③] 其說論據似乎不夠充分，更且，如此經解將使得“有朋自遠方來，不亦樂乎?”（或“友朋自遠方來，不亦樂乎?”）此句限定於就老師的立場發言，其意義空間將變得狹窄了，反不若“同門”（同一學習處出入之門户，引申爲同學、曾共同學習的師弟子等）、“同志”之義爲長，更貼近文字本義，故朱注：“朋，同類也。”[④] 實最爲精簡貼切而富意義詮釋的空間。

就此句義理的詮釋空間而論，筆者素來傾向不要拘執於老師對學生的立場以立論，而從人與人間生命心靈的交流感通與論學切磋、相勉於善的角度以爲説，如潘重規先生亦以“同學共事的人”“志同道合的朋友”解釋之[⑤]，吾人或可簡言之“同道”。這是在朋友或師友弟子間真誠的情感交流而互動中，打破彼此隔閡，分享人生的體驗、道德實踐的心得，以至關懷人間美善、外王之道的實現，策勵於“天人合一”之終極理想的實現，達成爲學的目的。此與前句“學而時習之，不亦説乎?”一層次之主要的差别，乃在前句或可只就個人獨自之學習、求道歷程以説之，可純粹只面對自己，而此“有朋自遠方來，不亦樂乎?”之層次，必已落到人與人間之倫理生活中了，而有心靈交感、通及於外的意義。李澤厚先生從“樂感文化”的比較文化觀點以論此章，頗見新意。[⑥] 其中對此句的見解，與筆者素來的看法亦有相近之處，他説：

> 有朋友從遠方來相聚會，舊注常説“朋”是同學（“同門曰朋”）。因此是來研

---

① 以上參程樹德：《論語集釋卷一・學而上》，第4－5頁。並參程石泉：《論語讀訓解故》，第1頁。

② 參程樹德：《論語集釋卷一・學而上》，第4頁。

③ 見（清）劉寶楠：《論語正義卷一・學而第一》，中華書局1990年3月第一版，1998年12月北京第三次印刷，第3－4頁。

④ 朱熹：《四書章句集注・論語集注卷一・學而第一》，第61頁。

⑤ 潘重規：《論語今注・學而篇第一》，里仁書局1999年版，第2頁。

⑥ 詳見李澤厚：《論語今讀》，安徽文藝出版社1998年10月第一版第一次印刷，第27－30頁。

> 討學問，切磋修養……其實，何必拘泥于此？來相見面，來相飲酒，來相聊天，不也愉快？特别又從遠方來，一定是很久没有見面了，在古代，這就更不容易，當然更加快樂。這“樂”完全是世間性的，却又是很精神性的，是“我與你”的快樂，而且此“樂”還在“悦”之上……“悦”僅關乎一己本人的實踐，“樂”則是人世間也就是所謂“主體間性”的關係情感。那是真正友誼情感的快樂。……世俗中有高遠，平凡中見偉大，這就是以孔子爲代表的中國文化精神。這種文化精神以“即世間又超世間”的情感爲根源、爲基礎、爲實在、爲本體。因人的生存意義即在此“生”的世間關係中，此道德責任所在，亦人生歸依所在。儒學以此區别于其他宗教和哲學。[①]

惟其説法中“論學切磋”“修身養性”等超越理想義、實踐嚴肅性放得過淡了，與筆者之意略有出入。蓋若盡如其説，則朋友之相與亦可能流於孔子所説“群居終日，言不及義，好行小慧，難矣哉!”（《論語・衛靈公》第十六章）之困局惡狀，朱注所謂“無以入德，而將有患害也”[②]。前引船山語云：“‘學’是一章總領……下二節俱暗藏‘學而’二字在，若曰學而朋來，學而不愠”[③]，便以“學”爲背景而貫徹“有朋自遠方來”也。

再回頭考論朱注。朱子説：“朋，同類也。自遠方來，則近者可知。”[④] 並引伊川語：“以善及人，而信從者衆，故可樂。”[⑤] 此乍看之下，似乎只從爲師教人而近悦遠來、追隨者衆的角度以論説，然細玩之，亦不盡然。蓋既以“同類”解“朋”字爲前提，則不限於師尊與弟子的關係間，“信從者衆”亦不必全然自拜其爲師者衆多以説，尤其其中强調“以善及人”，當是視此爲“信從者衆”的前提；故朱注雖可説可能應和孔子民間講學論道的情境背景，而偏重爲師教人者的角度，但核心仍在“善”“道”之流行實現，有更多的人能“聞道”“信道”，能從事於道德實踐、生命的學問，以各得其悦樂也。朱注後文復引伊川言：“樂由説而後得”[⑥]，亦即强調先有“學而時習”之志道與行道不已，而德性覺悟的内在喜悦，才能有此自覺覺他、心心相印，而喜不自勝、發散於外之樂。是則更可見集注此處所指之樂，其所以樂之重點不在“受衆人所肯定”，而在“己立”而“立人”，“成己”復“成物”也。清劉寶楠《論語正義》云：

---

① 詳見李澤厚：《論語今讀》，安徽文藝出版社1998年10月第一版第一次印刷，第28－29頁。

② 朱熹：《四書章句集注・論語集注卷八・衛靈公第十五》，第231頁。

③ 王夫之：《船山全書第六册・四書箋解》，第162頁。

④ 朱熹：《四書章句集注・論語集注卷一・學而第一》，第61頁。

⑤ 朱熹：《四書章句集注・論語集注卷一・學而第一》，第61頁。

⑥ 朱熹：《四書章句集注・論語集注卷一・學而第一》，第62頁。

“此文‘時習’是‘成己’，‘朋來’是‘成物’，但‘成物’亦由‘成己’，既以驗己之功修，又以得教學相長之益、人才造就之多，所以樂也。”[①] 劉氏正義此説，前半即呼應朱注而闡之頗善，後半則恐又有落入常俗之論處，蓋己之是否功修，原不待於外而後證也，觀程子“雖樂於及人，不見是而無悶，乃所謂君子。”[②] 可見也。另外，船山亦分析朋來之類別云：“天下之未知有學者，生其興起之心，而相就以學焉；天下之既知有學者，願求切磋之益，而樂與同學焉；道之云阻，不能阻之也。”[③] 則亦不只就弟子之來學言朋來，同時也兼指友朋之互相切磋共學，故不必限於師生關係而言之也。

又朱注引程子曰：“説在心，樂主發散在外。”[④] 船山則辨析云：“‘發散在外’，不是將心中之‘説’發出來，乃外間所見所聞皆可樂也。”[⑤] 似乎更凸顯善道及人、人文化成、主客感通交融之樂，而外在人事物與內在理想追尋之悦相應和也。蓋從主體間性而言，學而有志同道合者共在，共營一明德止善、和樂融融的場域；從主體境界甚至超主客界而言，如孔子所云“一日克己復禮，天下歸仁焉”（《論語·顔淵》第一章），天下萬民萬事萬物，皆以仁心看待之、轉化之，在無私感通的仁德之照臨護持下，成爲可親可樂的世間，而“君子無入而不自得焉”（《中庸》第十四章）。

四、人不知而不愠，不亦君子乎？

此句原典無不同版本之異文。其中“愠”字之意，則各解同中略有微異。魏何晏集解作“怒也”[⑥]；清劉寶楠《論語正義》引《詩·緜·傳》“愠，恚也”，而説“恚、怒義同”[⑦]，此與集解無異；東漢鄭玄注《論語》云：“愠，怨也。”[⑧] 似乎指向某種不滿而引生的內在怨恨情緒，較怒字明確而深沉；朱熹集注則曰：“愠，含怒意。”[⑨] 將怒“含蘊於心中而未發”之意顯出，《朱子語類》更釋曰：“不是大故怒，但心裏略有些不平底意思便是愠了”[⑩]。綜合言之，“愠”於此處蓋指外顯受挫，抑鬱於中而懊惱略含怨怒之氣也。程石泉先生因上述鄭注及《論語·憲問》第三十七章中“不怨天，不尤人。

---

① 劉寶楠：《論語正義卷一·學而第一》，第 4 頁。

② 朱熹：《四書章句集注·論語集注卷一·學而第一》，第 61 頁。

③ 王夫之：《船山全書第七册·四書訓義卷五論語一》，第 246 頁。

④ 朱熹：《四書章句集注·論語集注卷一·學而第一》，第 61 頁。

⑤ 王夫之：《船山全書第六册·四書箋解》，第 162 頁。

⑥ 何晏集解·邢昺疏：《重刻宋本十三經注疏·論語注疏解經卷第一》，藝文印書館，1982 年 8 月 9 版，第 5 頁。

⑦ 劉寶楠：《論語正義卷一·學而第一》，第 5 頁。

⑧ 見程石泉：《論語讀訓解故》，第 1 頁。

⑨ 《四書章句集注·論語集注卷一·學而第一》，第 61 頁。

⑩ 《朱子語類·論語二·學而篇上·學而時習之章》。可參程樹德：《論語集釋卷一·學而上》，第 8 頁【餘論】所引。

下學而上達。知我者其天乎!”而解“人不知而不愠”即“不怨天，不尤人”之謂。[①]南懷瑾先生《論語别裁》亦近此解，而認爲若人家不了解我，那麼，心理難過一下總可以吧，但盡自己痛切反省，而不藴藏怨天尤人的念頭，這種心理是健康的，這樣才算君子。[②] 程、南兩先生此等詮釋雖未必能盡孔子之心意，然仍可有益於學者，亦有其可取之處也。

那麼，怎麼樣才能如此“不怨天、不尤人”，“遯世不見知而不悔”（《中庸》第十一章），甚至始終毫無不平之意呢？要不是學養深沉厚實，所學者在我，不須待外在之肯定，而皆能自得其樂、自有安頓之處，如何能如此？乃胸中自有丘壑、無限美景，仰不愧於天，俯不怍於地，樂在至道之中而後然也，此便是道德生命之學之成，非成德之君子而何？所謂“學在己，知不知在人”[③] “‘不愠’是學能自得之深，不求於外”[④]也。進而言之，此中當有一關鍵，即是所謂的“知命”，如《論語》終章孔子所説“不知命，無以爲君子也”（《論語·堯曰》第三章）。此所謂“知命”，即是就“道德義命”或“普遍天命”之真切體認而言，依唐君毅先生之意[⑤]，此“命”不只是見得莫可奈何之外在限制，而是“由命見義”，即此外在限制而見得人之所當爲或不當爲，宛若此遭命、外命對我内在良知善性之呼召以自有所命令。此内在道德自命即由所面對的外在限制之命運所召唤、引發而生，乃内外相交、主客共感而見有義命洋洋乎貫於其間，命令我有所承擔順受。而人時有此等非我或他人所能決定之不同遇合，其歷程新生之義命不斷，是則天命流行，可謂“即外命即内命即天命”，如唐君毅先生所説：“于此凡可説之爲自命者，而忘我以觀之，皆可説爲我之遇合之所以命我，亦即天之所以命我。由此而可説我之有命，乃我與我之此自命相遭遇，亦我與天之所以命我相遭遇。”[⑥]“蓋當人之所遇與其昔所期所望全不同時，則人昔之所以自命者，到此即可全失其用；而此新所遇之境，即若直接命其以在此境中之義所當爲。”[⑦] 就此再深入言之，唐君毅先生有謂：

---

① 見程石泉：《論語讀訓解故》，第1頁。

② 南懷瑾：《論語别裁》，第10、14頁。

③ 尹焞語，見朱熹：《四書章句集注·論語集注卷一·學而第一》，第61頁。

④ 王夫之：《船山全書第六册·四書箋解》，第163頁。

⑤ 可詳參《中國哲學原論導論篇》第十六章《原命上：先秦天命思想之發展》之《四、孔子之知命》《六、孟子之立命義》兩節，《中國哲學原論原道篇（一）》第二章《孔子之仁道（下）》之一、二、三節，以及《生命存在與心靈境界（下）》第二十六章《天德流行境——盡性立命境——觀性命界（中）》之《七、盡性立命之涵義》一節。（以上分據臺北：臺灣學生書局，1991年9月全集校訂版卷十二、十四、廿四。）另可簡參蘇子敬：《唐君毅孟學詮釋之系統研究》第六章第四節《孟子“立命”之涵義與“盡性立命”》，花木蘭文化出版社2009年3月初版，收在《中國學術思想研究輯刊　四編　第二五册》)，第120－126頁。

⑥ 唐君毅：《中國哲學原論原道篇（一）》，臺灣學生書局，1991年9月全集校訂版卷十四，第120－121頁。

⑦ 唐君毅：《中國哲學原論原道篇（一）》，臺灣學生書局，1991年9月全集校訂版卷十四，第121頁。

蓋志士仁人之求行道，至艱難困厄之境，死生呼吸之際，而終不枉尺直尋，亦終不怨天尤人，則其全副精神，即皆在自成其志，自求其仁。此時之一切外在之艱難困厄之境，死生呼吸之事，亦皆所以激勵奮發其精神，以使之歷萬難而無悔者；而其全副精神，唯見義之所在，未嘗怨天尤人之德性，亦即無異上天之所玉成。……凡彼之所以自期而自命者，亦即其外之境遇之全體或天之全體所以命之者。①

依孔子之教，人而真欲爲君子，欲爲志士仁人，則其行義達道之事，與其所遇者，乃全副是義，全副是命。達則兼善天下，用之則行，而有所爲，是義是道。隱居或乘桴浮海，而舍之則藏，乃有所不爲……是所以避非義非道之行，而自求其志，獨善其身，仍是義，仍是道。人當此際，外境之於我，實無順逆之分，順是順，逆亦是順，斯人無可怨，天無可尤；而一切順逆之境，無論富貴、貧賤、死生、得失、成敗，同所以成人之志、成人之仁；斯見全幅天命，無不堪敬畏。②

如此言之，是則“人知我而得用”之順境，固可爲我行道之助力，如張橫渠《西銘》所云：“富貴福澤，所以厚吾之生也”；然“人不知我而不得用”或“大道不行”之逆境，亦同樣可爲成就我之道德心志的憑藉，如《西銘》所云：“貧賤憂戚，庸玉汝於成也”。如此一來，連不達不知之窮厄際遇，便亦不再是莫可奈何者，乃皆有其引發我道德義命的正面意義，而不再與我衝突對立，反承擔之、順受之，如是“義命合一”，故能“安然不慍”，達到“君子無入而不自得焉”（《中庸》第十四章）的地步，或如《西銘》所云“存，吾順事；没，吾寧也”之境界。

此外，有人將“人不知”直指“朋不來”，船山則駁云：“知不知畢竟在知遇上説，不與上“朋來”相礙。時文説朋不來是“不知”者，非。”③ 並舉證説：“如孔子則朋來極盛而人固不知也。”④ 此駁有理，蓋“知遇”之意較深廣，如孔子弟子三千，卻不得可行仁政之位，周遊列國，戚戚惶惶如喪家之犬，而且其弟子連子路亦有不知孔子之深心處。不過，船山亦不否認“朋之未來”可以是“人不知”的一種情況，只是不能將“人不知”化約爲“朋不來”，視爲同樣之事而已，故又云：“安見‘人不知’者，非以‘朋’之未‘來’言耶?”⑤ 另船山又深微論辯説：“他如雙峰所云“説”之深而後能“樂”，“樂”之深而後能“不慍”。則“時習”之“説”與“朋來”之“樂”，一似分所得之淺深；而外重於中，以“朋來”之“樂”遣“不知”之“慍”，尤爲流

① 唐君毅：《中國哲學原論導論篇》，臺灣學生書局，1991 年 9 月全集校訂版卷十二，第 537 頁。
② 唐君毅：《中國哲學原論導論篇》，臺灣學生書局，1991 年 9 月全集校訂版卷十二，第 538 頁。
③ 唐君毅：《中國哲學原論導論篇》，臺灣學生書局，1991 年 9 月全集校訂版卷十二，第 162 頁。
④ 唐君毅：《中國哲學原論導論篇》，臺灣學生書局，1991 年 9 月全集校訂版卷十二，第 162－163 頁。
⑤ 王夫之：《船山全書第六册·讀四書大全説卷四論語·學而篇》，第 588 頁。

俗之恒情，而非聖人之心德。”① 此非吹毛求疵，而是深知道德學問之本根自律、自慊自足，不待於外，深體真正的道德人格乃由“良知善性”或“純粹的善意志”之存心持續及其自然悦行而定，猶孟子所謂：“君子所性，雖大行不加焉，雖窮居不損焉，分定故也。君子所性，仁義禮智根於心。其生色也，睟然見於面，盎於背，施於四體，四體不言而喻。”（《孟子・盡心》第二十一章）相反，若落於另一偏，全然收攝於一己“學問思辨”之内，而不能“篤行”道德，忽略關懷成就世間、大道之行的外在功業，則船山亦駁斥説：“至於專挈‘時習’爲主，如云峰之説，則直不知樂行憂違，成物以成己，安土而樂天，爲聖賢爲己之實功，而但以學、問、思、辨槩聖學而小之，則甚矣其陋也！”② 蓋真正的道德自我必不限於自己之内，而能展現“忠恕之道”，“己欲立而立人，己欲達而達人”（《論語・雍也》第二十八章），甚至如陸象山所謂“宇宙内事乃己分内事”（《陸九淵集》卷三十六《年譜》十三歲下記載）一般關懷無盡，以成物即是成己，以道不行爲憂而大道之行爲樂也。

五、結語

今日時代之風競逐功利、對立嚴重，人間疏離、人性異化，幾不知反求諸己、推己及人爲何物，可謂文化病深、沉痾難治。如是，如何予以有效的文化治療？就“學”而言，亟需一種道德生命的學問，返歸性情之本真、理性之溝通，而同情共感、安身立命。《論語》即是這樣一種本乎道德性情的生命實踐之學，爲中華文化傳統中修己安人而内聖外王的百世經典。以上藉由其首章之訓詁考證、詞章玩味，尤其義理分析，以闡釋《論語》之“學”的根本方向在於“道德實踐”而非“理論思辨”，乃所以樂天知命、人我交融、悦樂不愠的“成德之教”“性情之學”，而非現代一般所謂的知識學問。此成德之教、實踐之學，就如孔子所説的“不怨天，不尤人。下學而上達。知我者其天乎！”乃不論順境逆境，皆能“由命見義”，召喚道德使命，體認得其正面的意義，終“即外命即内命即天命”而“義命合一”，故能“君子無入而不自得焉”。

此等儒家“性情之教”“道德實踐”之學，既足以自慊自足、安身立命，成爲“極高明而道中庸”的傳統學問主流，何以今日旁落至此幾乎淪喪的地步？在此提出幾點思考，就教方家，以待來者，而結束本文。

1. 是否受到清代以來訓詁考證的“樸學”之風長遠影響？
2. 是否受到西洋“重知”的科學傳統或希臘傳統之重大影響？
3. 如何恢復作爲“生命的學問”之“道統”，以之爲主而攝今日一般指涉“知識

① 王夫之：《船山全書第六册・讀四書大全説卷四論語・學而篇》，第587頁。
② 王夫之：《船山全書第六册・讀四書大全説卷四論語・學而篇》，第588頁。

之統”的“學統”？或者説，如何以“仁”攝“知”？

4. 如何本“道統”或“仁學”以開展現代合理適切的“政統”或者更廣義的“新外王”？

5. “物有本末，事有終始”，教育不只是應當有本末，且亦當因材施教，而不是一味要求兼賅？然而，我們的基礎教育卻將各大知能領域並列，不分本末輕重，甚至重知大大過於重德，以致影響各層教育的風尚？

6. 是否要回復“經典教育”？若是，那從基礎教育到高等教育，各層級如何進行之？

7. “中國哲學”傳統如何談、如何教才好？

經學　儒學　子學

華中師範大學國學院　董恩林

摘　要　本文通過對先秦相關史料的梳理，説明：一、“六經”飽含中華民族先祖改造世界、創造生活的思想與經驗，數千年來直到清代末年，一直被人們奉爲“聖經”，視作修身、齊家、治國平天下的基本準則。故圍繞“六經”而産生的經學，即整理、考證、訓釋六經字詞章句，討論、演繹六經思想義理的學術，是中華民族的根本之學、傳家之學；二、經學産生在前，儒學因孔子整理、研究六經以及廣招弟子傳播六經思想而生，故儒學不論是其以考據爲重的“漢學”還是其以義理爲重的“宋學”，實質都是解經之學，其核心是闡釋六經所内涵的正統的内聖外王思想；三、儒學是春秋諸子中唯一全面地忠實地恪守“六經”主旨的，完全繼承了中華民族創生以來的主體思想，自春秋以後逐漸取代王官之學的地位，成爲全社會主流意識形態，西漢以後更是獨尊諸子。故儒學雖是子學卻早已取得經學的地位，與其他諸子學不可同日而語。稱“儒家”爲一派尚可，稱“儒學”爲一派是不科學、不符合歷史事實的。

關鍵詞　王官之學　經學　儒學

最近幾年研究和思考國學、經學、儒學的問題，令我意識到，不僅要埋頭研讀經典，以經典爲根據進行深入的微觀研究；同時，還要抬頭看方向，注意宏觀理論的把握，思考有關國學、經學、儒學與子學相互關係的問題，作一些啓蒙式的論述。因爲過去一百多年的傳統文化斷裂，讓許多本來清楚的關係模糊了、本來明確的概念顛倒了。比如經學與儒學的關係、經學與子學的關係。前者如果不弄清楚，就會出現儒學經學化、儒學屬子學等僞命題；後者如果不弄清楚，就會産生把五經當作子學經典，甚至得出經學導源於子學的謬論。下面，筆者就中國歷史上經學與儒學、經學與子學的關係作些辨正，以就教于專家。

一、經學是中華民族的根本之學

在討論這個問題之前，我們首先需要明白一個道理、樹立一個信念，即中華民族五千年的生存發展必然會創造自己的文明、文化與學術，並與之相始終，一個没有自己獨特文明、文化與學術的民族是不可能如此長久存在和發展壯大的。那麼，用什麼名稱或概念來表達和形容這種文明、文化與學術呢？歷史文獻告訴我們，西漢以前，聖賢們用“堯舜之道”“文武之道”“詩書禮樂”“六經”“六藝”等名稱；西漢以後，則更多地使用“五經”“經學”“經術”“儒學”“儒術”等名稱。

“六經”飽含中華民族先祖改造世界、創造生活的思想與經驗，數千年來直到清代末年，一直被人們奉爲“聖經”，視作修身、齊家、治國平天下的基本準則。故圍繞“六經”而産生的經學，即整理、考證、訓釋六經字詞章句，討論、演繹六經思想義理的學術，是中華民族的根本之學、傳家之學。

《周禮·地官司徒》大司徒“教萬民”以六德（知、仁、聖、義、忠、和）、六行（孝、友、睦、姻、任、恤）、六藝（禮、樂、射、御、書、數）；“以五禮防萬民之僞而教之中，以六樂防萬民之情而教之和”。“保氏掌諫王惡，而養國子以道，乃教之六藝：一曰五禮，二曰六樂，三曰五射，四曰五馭，五曰六書，六曰九數；乃教之六儀：一曰祭祀之容，二曰賓客之容，三曰朝廷之容，四曰喪紀之容，五曰軍旅之容，六曰車馬之容。”《周禮·春官宗伯》：大司樂“以樂德教國子：中、和、祇、庸、孝、友；以樂語教國子：興、道、諷、誦、言、語”。太師掌“教六詩：曰風，曰賦，曰比，曰興，曰雅，曰頌”。這些分别是品德教育、語言教育、詩歌教育。“大卜掌三易之法：一曰連山，二曰歸藏，三曰周易，其經卦皆八，其别皆六十有四”。“簭人掌三易，以辨九簭之名：一曰連山，二曰歸藏，三曰周易。”這是《易》經的來源。“大史掌建邦之六典，讀禮書而協事。小史掌邦國之志，奠系世，辨昭穆。外史掌書外令，掌四方之志，掌三皇五帝之書。”這是先秦《春秋》《史記》的源頭。《禮記·王制》也詳細記載了當時教育的主要内容：“司徒修六禮以節民性，明七教以興民德。”“順先王《詩》《書》、禮、樂以造士，春秋教以禮、樂，冬夏教以《詩》《書》”。《禮記·文王世子》：“凡學，世子及學士，必時，春夏學干戈，秋冬學羽籥，皆於東序。”“秋學禮，執禮者詔之；冬讀書，典書者詔之；禮在瞽宗，書在上庠。”“凡學，春官釋奠于其先師，秋冬亦如之。”（鄭注：“官，謂《詩》《書》、禮、樂之官也。”）“凡三王教世子，必以禮樂，樂所以修内也，禮所以修外也。”可見，三代以來，中國是以《詩》《書》、禮、樂爲學術與教育核心的，尤其是“禮樂”可謂教化之本，“天下資禮樂焉”（《禮記·明堂位》），凡教“必以禮樂”（《禮記·文王世子》）。此外，先秦經史子典籍，對《詩》《書》《夏書》《周書》《商書》的廣泛而大量的引用，“詩書禮樂”並稱、“詩書”並稱、“禮樂”並稱以及“禮樂之儀”“禮樂之器”“禮樂之化”“禮樂之説”“禮樂之道”“禮樂之事”“禮樂之原”“合禮樂”“用禮樂”“禮樂刑政”等提法的俯拾即是，都充分説明了《詩》《書》、禮、樂在先秦學術思想中的核心地位。應注意的是，先秦典籍中的“禮樂”除禮樂典籍之義外，多指禮樂教化、禮樂制度，但有禮樂教化、禮樂制度，必然有禮樂典籍，否則其教化、其制度就是無本之木，故先秦“禮樂”一詞始終都含有禮樂經典、禮樂制度兩義。因此，從後世經學角度講，西周《詩》《書》《禮》《樂》的經學性質與意義是非常明顯的，不管它當時是否被稱爲“經”。

至於《易》《春秋》二經。據《國語・楚語》載申叔時對楚莊王太子的教育建議説：“教之《春秋》（大事記之類典籍），而爲之聳善而抑惡焉，以戒勸其心；教之《世》（《世系》之類典籍），而爲之昭明德而廢幽昏焉，以休懼其動；教之《詩》，而爲之道廣顯德，以耀明其志；教之《禮》，使知上下之則；教之《樂》，以疏其穢而鎮其浮；教之《令》（官府法令之類典籍），使訪物官；教之《語》（語録之類典籍），使明其德而知先王之務用明德於民也；教之《故志》（史書），使知廢興者而戒懼焉；教之《訓典》（《尚書》之類典籍），使知族類行比義焉。”孔子也説過：進入一個邦國，就知道其教育狀況如何，“其爲人也，温柔敦厚，《詩》教也；疏通知遠，《書》教也；廣博易良，《樂》教也；絜靜精微，《易》教也；恭儉莊敬，《禮》教也；屬辭比事，《春秋》教也”（《禮記・經解》）。申叔時是春秋初楚莊王時的賢大夫，去西周未遠，早於孔子一百多年，他和孔子所説《春秋》顯然都不是孔子所修《春秋》。可見，《春秋》之類編年史書最晚在春秋初已作爲學校教材使用。《周易》雖然早已産生，並掌握在太卜之手，但它屬佔卜之書，易傳“十翼”未出現以前，無法作爲教材使用，應該是最晚進入六經系列的，這也可能是孔子“晚而喜《易》”的原因。

總之，“六經”在孔子之前即已産生，在春秋戰國諸子中有廣泛應用，是先秦學術與教育的根本所在。李學勤先生在談到經學、儒學問題時，有一段話很值得我們深思。他説：首先，經的成立是非常早的，即使當時不用“經”這個詞。經是什麼意思啊，經者常也，常讀必讀的爲經。從考古資料來看，《詩》《書》《禮》《樂》等的成立絶不晚，把它們稱爲六經已經證明在先秦。有人説先秦只有五經，没有六經，《樂》不成爲經，現在從馬王堆帛書可以看到，《詩》《書》《禮》《樂》不及百篇不算熟悉，可見樂有經。上海博物館的楚簡有《樂記》的内容，有經才有記，没有經哪有記呢？《詩》《書》《禮》《樂》《易》《春秋》作爲當時教育的基本讀本一直是如此的，怎麼能説没有經呢？楚簡中六經的名稱和次序與《莊子・天下》《天運》篇記載是完全一致的。這樣看來實際上“經”在當時早就存在，經和經學早就存在。[①]《左傳》記載：昭公二年，

① 李學勤：《國學與經學的幾個問題》，《湖南大學學報》，2006年第2期。

韓宣子“觀書於太史氏，見《易象》與《魯春秋》，曰：周禮盡在魯矣，吾乃今知周公之德，與周之所以王也。”李學勤先生從考古學角度認爲這裏的《易象》應該是論述卦象的書。[①] 當時孔子只有十二歲，可見，在孔子之前已有論述六經的學術。李先生在其《出土文物與〈周易〉研究》一文中還指出：所謂易學是從一種哲學高度，從陰陽學説分析卦象，得出哲學的認識、人生的道理，所以馬王堆帛書《要》篇中孔子跟他弟子強調研習《周易》不是爲佔卜，而是爲了其中的哲學道理，是哲學學術研究。從易象研究《周易》，研究其中的哲學道理，至少從春秋就開始了，《左傳》《國語》裏很多例子已經講得很清楚了。[②]

不僅李學勤先生如此認識，其他許多知名學者都有過類似結論。如任繼愈先生指出：“《詩》《書》《禮》《樂》，後世以爲出於儒家，實際是西周以來數百年的文化積累。”[③] 孔子論“仁”的幾個方面的內容，在孔子之前都有人講過了。連“克己復禮”這句名言也是孔子之前的人説的。《左傳・昭公十二年》載仲尼曰：“古也有《志》：‘克己復禮，仁也。’”[④] 蒙文通也指出：“周公是儒家的始祖”。[⑤] 故章學誠所謂“六藝非孔氏之書，乃《周官》之舊典也：《易》掌太卜，《書》藏外史，《禮》在宗伯，《樂》隸司樂，《詩》領于太師，《春秋》存乎國史”（《校讎通義・原道》），是有道理的。

正如饒宗頤先生所言：經講的是常道，樹立起真理標準，去衡量行事的正確與否，取古典的精華，用篤實的科學理解，使人的文化生活，與自然相調協，人與人之間的聯繫取得和諧的境界。“經”的內容，不講空頭支票式的人類學，而是實際受用而有長遠教育意義的人智學。[⑥]

故經學是中華民族的根本之學、傳家之學。

二、“儒學”名列“子學”而實爲“經學”

那麼，“儒學”“儒術”顧名思義就是儒家學説、儒家學術。儒家是春秋諸子之一，其學説怎麼能夠代表中華民族之學呢？這就需要我們追根究底了。

首先，從名稱來看，“儒學”在二十六史中出現587次，除了明清直稱以五經爲基本教材的各級官方學校爲“儒學”和極少數非語詞組合外，其涵義與“儒術”“經學”

---

① 李學勤：《走出疑古時代》，遼寧大學出版社1994年版，第72頁。

② 李學勤：《出土文物與〈周易〉研究》，《齊魯學刊》2005年第2期。

③ 任繼愈：《中國古代哲學發展的地區性》，《中華學術論文集》，中華書局1981年版，第465頁。

④ 陳鼓應：《老莊新論》，上海古籍出版社1992年版，第78－79頁。

⑤ 蒙文通：《經學抉原・經學導言・諸子》，世紀出版集團2006年版，第35頁。

⑥ 饒宗頤：《新經學的提出——預期的文藝復興工作》，《饒宗頤二十世紀學術文集》，臺北新文豐出版股份有限公司2003年版，第10頁。

"經術"是完全相同的，即研究、闡釋五經之學。中國從漢代一直到清末，"經學"與"儒學"都是同義語。最有力的證據是二十四史中入"儒林傳"者絶大多數爲經學專家，另有少數是經學教育家。所以，《元史・儒林傳》明確指出："前代史傳，皆以儒學之士，分而爲二：以經藝專門者爲儒林，以文章名家者爲文苑。"所謂"經藝專門"即指經學專家。《宋史》則分《儒林傳》《道學傳》，前者專列經學家，後者專列理學大家周、張、程、朱等。同時，自漢代起，凡史傳中謂其"好儒學""明儒學""尚儒學""以儒學稱""以儒學名""儒學起家"者，也就是通常所謂"儒者"全是指精通經學的人，没有一個是指單純好義理的思想家。如《史記》載河間獻王"好儒學"，好的是"古文先秦舊書，《周官》《尚書》《禮》《禮記》《孟子》《老子》之屬，皆經傳説記，七十子之徒所論。"如《後漢書》卷二八下《馮豹傳》："豹字仲文，年十二……長好儒學，以《詩》《春秋》教麗山下。"又如《舊唐書》卷一一九《楊綰傳》載當時科舉考試情況："試日，差諸司有儒學者對問，每經問義十條，問畢對策三道。""有儒學者對問"就是請精通經學的官員擔任考官面試考生經義。又如《宋史》載後周太祖嘉獎經學家田敏之語曰"卿詳明禮樂，博涉典墳，爲儒學之宗師"。誠如《漢書》卷八十八《儒林傳》所説："古之儒者，博學乎《六藝》之文。《六藝》者，王教之典籍，先聖所以明天道、正人倫、致至治之成法也。及高皇帝誅項籍，引兵圍魯，魯中諸儒尚講誦習禮，弦歌之音不絶，豈非聖人遺化好學之國哉？於是諸儒始得修其經學，講習大射鄉飲之禮。"可見，宋以前，所謂"儒學"，就是指經學。

宋儒特重思想義理，特重闡述孔子倫理道德、禮樂仁義思想，五經内外的發揮與演繹甚多，故特創"道學"之名，以與傳統"儒學"相區别。《宋史》修纂者爲了將宋代程朱理學家與注重訓詁考據的經學家相區别，特爲邵雍、周敦頤、二程、張載、朱熹及其門人立《道學傳》，以與《儒學傳》區别開來，以示理學與傳統注重訓詁的"儒學"的差異。《明史・儒林傳序》亦將"經學""儒術"與"性理"對稱。實際上，顧炎武早就指出：經學即理學。那就是説，理學即經學的不同表現而已。大致來説，元代以前，經學、儒學是交替使用的；元代以後，由於學校都用"儒學"爲名，故"經學"一名遂爲通稱。而元代之所以用"儒學"作爲學校名稱，是因爲當時與"儒學"並設的還有"蒙古字學、回回國學"等，爲示與蒙古學、回回學相區别，便把以傳授漢人經學爲主的學校稱爲儒學。（《元史》卷八十一《選舉志一》）可見，元代稱學校爲儒學，同樣顯示出其與經學不可分割爲二的聯繫。顯然，中華傳統學術中，"儒學"即"經學"，偏離經學之"儒學"，則名爲"道學""性理之學"。所以，"儒學"的準確理解應該是"儒家解經之學"，即儒家經學，《漢語大詞典》即以"儒家經學"來界定"儒學"。正因爲"儒學"即"經學"，所以中華傳統文獻分類中，隨着時代的推移，孔子及其弟子的著述越來越多地歸入經學部類。

其次，從内容來看。《周禮》明確記載“師以賢得民”，即以德行教民；“儒以道得民”，即以六藝教民。可見，西周德性教育與六藝教育是分開的，就好比我們現在的大學裏思想政治教育歸輔導員管，知識教育歸教師管一樣。春秋時代“禮崩樂壞”，“禮樂征伐自諸侯出”，“學在官府”的局面也被打破。官府師、儒流入民間，諸子百家之學由此起。孔子“閔王道將廢，乃修六經，以述唐虞三代之道”（《漢書》卷二十八下《地理志下》）。“論百家之遺記，考正其義，祖述堯舜，憲章文武，刪《詩》述《書》，定《禮》理《樂》，製作《春秋》，贊明《易》道，垂訓後嗣，以爲法式”。[①]“孔子修成康之道，述周公之訓，以教七十子，使服其衣冠，修其篇籍，故儒者之學生焉。”（《淮南子・要略》）“孔子，習周公者也。”（《法言・學行》）孔子自己也説：“丘治《詩》《書》《禮》《樂》《易》《春秋》六經，自以爲久矣。”（《莊子・天運》）就是説，孔子以儒者身份，以繼承自三皇五帝、堯、舜、禹、湯、文、武、周公以來形成的中華民族的主體正統思想爲己任，並通過整理、研究六經義理和興辦私學、廣收門徒來傳播、弘揚這種以詩書禮樂、内聖外王、德性仁義之道爲基本内涵的正統思想，勇敢擔當起“師”“儒”兩種角色和三代禮樂文明的代言人，從而形成儒家學派、儒家學説。故其學説實包含六經文本訓詁注疏及其所内含的性命修養、内聖外王的義理兩大部分，代表和傳承了中華民族自原始社會漸生、堯舜文武時代定型的五千年農業文明的主流文化、主體思想和核心精神。故儒家學説完全是在經學基礎上發展起來的，完全繼承了六經主體思想。所以，儒家學説實際上是儒家學派的解經之學，即儒家經學，歷代經學家也都無一例外地以儒家自居。孔子以後的經學，特别是漢武帝實行“罷黜百家，獨尊儒術”之後，經學便始終以儒學的面孔出現，便成了儒家經學。故“儒學”一名既可以説是“儒家學説”的簡稱，也可以説是“儒家經學”的簡稱。孔子之後，其弟子對經學的研究、整理、闡釋也逐漸形成了兩大方式與方向，一是訓解六經字詞句意，子游、子夏、荀子是也；二是闡釋六經内聖外王之道和性命修養，曾子、子思、孟子是也。前者即“儒術”，後世所謂“漢學”由此成；後者即“師道”，後世所謂“宋學”“理學”由此起。兩者既有聯繫又有區别：“經術”“漢學”爲宋學、理學所宣導的内聖外王之道提供經典依據；宋學、理學則將六經所含王道、仁學作爲教育内容傳播于社會、應用於政治。孔子之後，儒分爲八，綜合起來看，仍然不外上述兩方面。實際上，《清史稿》卷四百八十《儒林傳》“敘”扼要分析了這種“師道”“儒術”歷夏、商、周迄於明末的來龍去脈和分合演進，很值得我們注意：

昔周公制禮，太宰九兩系邦國，三曰師，四曰儒；複於司徒本俗聯以師儒。師

① 《孔子家語・本姓解》，楊朝明《孔子家語通解》本，齊魯書社2009年版，第459頁。

以德行教民，儒以六藝教民。分合同異，周初已然矣。數百年後，周禮在魯，儒術爲盛。孔子以王法作述，道與藝合，兼備師儒。顏、曾所傳，以道兼藝；游、夏之徒，以藝兼道。定、哀之間，儒術極醇，無少差繆者此也。荀卿著論，儒術已乖。然六經傳説，各有師授。秦棄儒籍，入漢復興，雖黄老、刑名猶複淆雜。迨孝武盡黜百家，公、卿、大夫、士、吏，彬彬多文學矣。東漢以後，學徒數萬，章句漸疏。高名善士，半入黨流。迄乎魏、晉，儒風蓋已衰矣。司馬、班、范，皆以《儒林》立傳，敘述經師家法，授受秩然。雖於《周禮》師教未盡克兼，然名儒大臣，匡時植教，祖述經説，文飾章疏，皆與《儒林傳》相出入。是以朝秉綱常，士敦名節，拯衰銷逆，多歷年所，則周、魯儒學之效也。……至隋、唐《五經正義》成，而儒者鮮以專家古學相授受焉。宋初名臣，皆敦道誼，濂、洛以後，遂啓紫陽，闡發心性，分析道理，孔、孟學行不明著於天下哉！《宋史》以《道學》《儒林》分爲二傳，不知此即《周禮》師、儒之異，後人創分，而暗合周道也。……終明之世，學案百出，而經訓家法，寂然無聞。揆之《周禮》，有師無儒，空疏甚矣。……是故兩漢名教，得儒經之功；宋、明講學，得師道之益：皆於周、孔之道，得其分合，未可偏譏而互誚也。

這一段話首先説明周代以來師傳道、儒授藝的社會分工與教育格局，以及孔門弟子顏回、曾子以道兼藝，子游、子夏以藝兼道的分流情況。所謂“以道兼藝”即以傳授六經先王之道爲主、闡釋六經文字章句意義爲輔；所謂“以藝兼道”即以闡釋六經文字章句意義爲主、傳授六經先王之道爲輔。

其三，從文化地位來看。首先，表現在中國傳統文獻分類同時又是學術分類中，從劉向《七略》到《漢書·藝文志》的《六藝略》《諸子略》《詩賦略》《兵書略》《術數略》《方技略》六分法，從《隋書·經籍志》等正史到《四庫全書》的經、史、子、集四部分類法，中國歷代正史《藝文志》《經籍志》和各種公私書目文獻都把儒家學説賴以爲據的五經、十三經專列爲一部，爲中華學術文化之首，並把孔子的《論語》《孝經》附列其中；另列“儒家”于諸子類之首，列入“儒家”類的都是孔門後學及其信徒論述儒家内聖外王理論的專著如《荀子》《春秋繁露》《二程全書》《朱子語類》《新語》《法言》《潛夫論》等等。即把傳統經典與儒家區分開來，經學之名由此而生。换句話説，中國傳世文獻的分類法，自漢代以來變化不斷，但無論哪一家目録，變的都是子、史、集之間的分合，經部區别于、高於子部的地位始終都是不變的，而以正統思想解經的儒家學説也始終居於諸子之道。其次，司馬遷及其父親司馬談的思想無疑是傾向于黄老道家之學的，但他們在《史記》中仍然將孔子及其弟子之事系之以《世家》，其他諸子包括老子在内則用《列傳》體例；歷代正史均有“儒林傳”記載經學家的生平事迹及其經學著作，其他諸子則没有這樣的專傳。這些表明，在歷代正史中，在歷代官方思想和主流意識形態中，儒家與其他諸子同樣是處於不同層次和位置的。最后，中國歷代學校，從中央到地方，學校教育都以儒家經學爲主，都把五經、十三經及由此而派生的《三字經》《弟子規》等童蒙讀物作爲學校主要教材。

正因爲儒學傳承了經學所包含的中華民族傳統的意識形態和核心價值觀，在中國歷史上始終處於國家思想文化與教育的正統地位，所以她有一個“一以貫之”的道統説。從孔子、孟子開始，便十分强調這種道統，即强調自己思想理論的繼承性、傳統性。《大戴禮記・五帝德》：“孔子曰：‘予！禹、湯、文、武、成王、周公，可勝觀也!’”《大戴禮・用兵》：“子曰：‘今之道堯、舜、禹、湯、文、武者猶依然，至今若存。’”故《禮記・中庸》説：“仲尼祖述堯舜，憲章文武，上律天時，下襲水土。”至“孟子道性善，言必稱堯舜。”如《孟子・盡心下》：“孟子曰：‘由堯舜至於湯，五百有餘歲，若禹、皋陶，則見而知之；若湯，則聞而知之。由湯至於文王，五百有餘歲，若伊尹、萊朱則見而知之；若文王，則聞而知之。由文王至於孔子，五百有餘歲，若太公望、散宜生，則見而知之；若孔子，則聞而知之。由孔子而來至於今，百有餘歲，去聖人之世，若此其未遠也；近聖人之居，若此其甚也，然而無有乎爾，則亦無有乎爾。’”與孔子是一脈相承的，故後世稱爲“孔孟之道”。至唐代，韓愈在《原道》中特别對這種“道”之統緒作了歸納：“夫所謂先王之教者，何也？博愛之謂仁，行而宜之之謂義，由是而之焉之謂道，足乎已無待於外之謂德。”“其文：《詩》《書》《易》《春秋》；其法：禮、樂、刑、政；其民：士、農、工、賈；其位：君臣、父子、師友、賓主、昆弟、夫婦；其服：麻、絲；其居：宫、室；其食：粟米、果蔬、魚肉。”“斯吾所謂道也，非向所謂老與佛之道也。堯以是傳之舜，舜以是傳之禹，禹以是傳之湯，湯以是傳之文、武、周公，文、武、周公傳之孔子，孔子傳之孟軻。軻之死，不得其傳焉。”到了宋代，二程、朱子都曾總結儒家思想的傳承統緒，朱熹在《中庸章句序》裏對這種道統作了細緻的演繹，説：“夫堯、舜、禹，天下之大聖也。……自是以來，聖聖相承，若成湯、文、武之爲君，皋陶、伊、傅、周、召之爲臣，既皆以此而接夫道統之傳。”朱子得意門生兼女婿黄幹對此作了簡明總結：“堯、舜、禹、湯、文、武、周公生，而道始行；孔子孟子生，而道始明；孔孟之道，周、程、張之繼之；周、程、張子之道，文公朱先生又繼之。此道統之傳，歷萬世而可考也。”[①] 中國歷代王朝都是承認這種道統的，連民國之父孫中山也曾説過：“中國有一個道統，堯、舜、禹、湯、周文王、周武王、周公、孔子相繼不絶。我的思想基礎，就是這個道統，我的革命，就是繼承這個

① 黄幹：《徽州朱文公祠堂記》，《黄勉齋先生文集》卷五，中華書局 1985 年版。

正統思想，來發揚光大!”①

儒家強調這個道統，目的就是爲了説明其思想、其理論是中華民族的、國家的意識形態和核心價值觀，而不是一家一派一時之學。這是有其充分的合理性、科學性和史實依據的。

子學産生於春秋戰國時代，包括儒家在内的諸子百家都脱胎于“王官”之學，形成於“學在官府”的局面被打破、私學興起之際，因而都不約而同地、必然地要以六經爲依據。但“儒家”之外的八家，都只是發展了六經中某一非主流思想，各極其偏，甚至走向其反面。如道家將六經中“無爲”、謙退思想倍加演繹，乃至最後發展成消極遁世的道教；又如墨家將六經中克儉、禁暴、愛人思想發揮到極點而成兼愛、非攻、節用的極端主張；名家則將六經中的“正名”思想、循名責實思想發揮到極致，便鑄成了“白馬非馬”的詭辯論。過猶不及，物極必反。故除儒家外的其他各家，儘管曾風行一時、顯赫一隅，但終究湮滅無聞。唯有孔子創立的儒家學派力求完整而不偏移地傳承和發展華夏民族先賢的主體正統思想。孔子在《論語・子罕》中有一段話對理解儒學的内容實質很有幫助，他説:“文王既没，文不在茲乎？天之將喪斯文也，後死者不得與于斯文也；天之未喪斯文也，匡人其如予何?”意思就是，周文王、周公等去世後，周代文化不就在我這裏嗎？上天如果真要消滅這種文化，那我也就掌握不了這些文化；如果上天並不想消滅這種文化，那匡人又能把我怎麼樣呢？其潛臺詞很明顯：我傳承的是華夏族主體正統文化，不是區區匡人所能夠消滅的。因此，儒家雖爲諸子一家，“儒學”卻絶非一家之學，而是中華民族之學、民族之魂，孔、孟則是中華民族精神的代表和化身。“儒學”表面穿着子學外衣，實質則是傳承中華民族主體思想與精神。這是“儒學”幾千年來受到官方、民間普遍信奉，被歷代統治者奉爲正統官學，獨尊於世的真正原因，並非僅僅因爲西漢武帝與董仲舒君臣的一時提倡造成的。我們可以想一想，中國歷史上也曾多有皇帝強力扶持道家、佛教，爲什麼最終二家没能像儒學這樣取得恒久的國教地位呢？

值得注意的是，諸子導源六經，儒學與經學同義，經學與儒學是華夏民族的正統學術、主體思想與核心精神，這本來是中國古代的常識，但過去一百多年的傳統文化斷裂，導致現在很多人把經學、儒學與子學的地位搞混亂、搞顛倒了，竟然從子學著作中找到一些五經引文，反過來據以判斷某經屬某子學派，甚至據以判斷六經中某經産生于諸子之後，甚至把子學視爲經學之源。混亂之至，莫此爲甚。如一些學者把《周易》説成道家經典，周桂鈿先生就撰文批駁了這種觀點。②

① 王升:《領袖與國家》第六章，黎明出版社 1977 年版。

② 周桂鈿:《論〈易系辭〉不是道家著作》,《周易研究》1993 年第 1 期。

總之，在中國歷史上，儒學與經學是相輔相成的，是可以相互替代的兩個概念，儒家學説雖是子學卻早已取得經學的地位，與其他諸子學不可同日而語。但必須清楚，儒學因經學而生，是經學的理論化、系統化産物，兩者是有先後之别的。我們平常所謂“儒家經學”只能在“儒家解經之學”這個意義上使用，切不可理解爲經學專屬儒家、十三經乃儒家所有。而且“儒學”一語，古今所指内涵也是有差異的，古代儒學專指經學而言，如今的儒學則多指儒家思想理論體系而言。故稱“儒家”爲諸子中的一派則可，稱“儒學”爲一派之學則是不全面、不準確的。

經學文獻的衍生和通俗化

——以近古時代的傳刻爲中心

北京大學　顧永新

在中國文化史上，近古（宋、元、明、清）是一個文化轉型的時代。由於城市的發展，市井文化的漫延，尤其是科舉制度的推廣，雕版印刷的廣泛使用，文學、學術、宗教、藝術等，均在不同程度上表現出民間化、世俗化、多元化的傾向。而經學作爲傳統學術的核心和根基，以及主流意識形態的代表形式，其直接的載體——經學文獻也是如此，在流傳和刊行過程中，由官方走向民間，由單一走向多元，由高雅走向通俗，不斷衍生出新的不同類型、不同級次的文獻，數量更大，受衆面更廣，普及程度更高，商業運作更多。與之相適應，内容和形式不斷地調試，以期滿足多層次、多用途的受衆需求。

經學文獻是中國經學的知識載體和表現形式，可以按照類目（如《易》《書》等"十三經"及《四書》類、群經總義類、小學類等）、時代（上古、中古、近古）、傳本類型（簡牘、石經、寫本或抄本、刻本、活字本等）、記録形式（文字、表格、圖像等）等不同的分類標準做不同的區分。其主體是儒家經典的原典以及以之爲核心的歷代編纂、注釋、校勘、考據等整理、研究成果。"十三經"的原典在先秦、秦漢時期俱已成書，並形成了比較穩定的文本；漢、魏、晉直至隋唐人爲之作注，是對原典的注釋；南北朝義疏及唐、宋"五經正義""七經疏義"，是對原典及其特定古注的再注釋。宋元刊行的諸經注疏合刻本，以及明清匯刻的"十三經注疏"就是這些經、注、疏（多附載《經典釋文》）的結集，我們姑且稱之爲正經注疏[①]。這是一個垂直的、自足的系

① "正經正注"語出清張之洞《書目答問》，爲其書經部第一部類的類目名稱。原注："此爲誦讀定本，程試功令，説經根柢。注疏本與明監本五經，功令並重。"張氏所謂"正經正注"，兼指明清通行本"十三經注疏"和朱熹等宋元人新注"五經四書"，二者均爲元、明、清科舉程式所指定的。本文對"正經"的界定和使用有所不同。我們認爲，狹義的"正經注疏"專指傳統的"十三經注疏"經傳、注、疏，宋元以降"五經四書"及其相關著作並不從屬在内。這是因爲，在近古經學史上，朱學系統的"五經"新注和《四書章句集注》系列著作的通行程度、使用範圍及其深遠影響，已經遠遠地超出了傳統"十三經注疏"的範疇，儘管其最初的源頭依然是注疏，但確實已經形成了一個相對獨立的系統。所以，我們所使用的"正經注疏"範疇只是借用了張之洞原概念外延的一部分。

統，是整個經學文獻的核心，其它系統的經學文獻都是由此衍生、孳乳而來的。隨着經學史上擯弃章句注疏之學、倡導義理之學的經學轉型期的結束，“五經四書”的宋元人新注不斷涌現，尤以朱熹及其學派的相關著作影響最大，南宋後期至元代既成主流，進入明代成爲獨尊的通行本。近古時代，其傳播範圍之廣、通行程度之高，是正經注疏所無法比擬的。朱學系統内部的傳承和發揚又使之形成新的垂直系統，即朱子等對於原典的注釋成爲新的經典，其弟子或後學爲之再作注釋，或稱注（傳、釋、解等），或稱疏（疏義、纂疏等），並將這個系統内外的各家説法加以彙編。當然，兩個系統之間既相對獨立，各自爲用，又有交集，相互交融，如元李廉《春秋諸傳會通》就是由正經系統《左傳》注（杜預《集解》）、疏（孔穎達《正義》）和宋人“五經”系統胡安國《春秋傳》兩個源頭衍生出來的。雖有所側重，但更多地呈現出來的是二者的交集。本文立足於上述兩個相對獨立的系統，通過對各系統内部經學文獻的傳承、流變、編纂、刊行的考察，透視出近古經學文獻衍生的脉絡和規律，及其所表現出來的通俗化傾向。

這裏，我們引進級次文獻的概念，將兩個系統内部的經學文獻再作劃分，依次分爲一次、二次、三次、四次文獻，以期對各系統内部經學文獻有整體的、全方位的而又歷史的、有層次的認識，並進而探求各級次文獻之間衍生、孳乳的過程。

一、正經注疏的衍生和傳刻

正經注疏系統的一次文獻無疑就是《周易》《尚書》《詩經》《周禮》《儀禮》《禮記》《春秋左傳》《春秋公羊傳》《春秋穀梁傳》《孝經》《論語》《爾雅》《孟子》等“十三經”的原典。一次文獻本身既已包含着豐富而複雜的語言文字、思想文化、歷史因革和學術傳承信息，不同時代、不同地域、不同人抄寫或印行更形成了不同版本，從而增加了其複雜性，削弱了其穩定性。這種版本異同的狀況在二、三、四次文獻中同樣也是存在的。二次文獻包括漢、魏、晉古注，間有隋、唐舊注，是對一次文獻（原典）的注釋，所謂“正注”包括《周易》魏王弼、晉韓康伯注、《尚書》僞漢孔安國傳、《毛詩》漢毛亨傳、鄭玄箋、《周禮》鄭玄注、《儀禮》鄭玄注、《禮記》鄭玄注、《春秋左傳》晉杜預集解、《春秋公羊傳》漢何休解詁、《春秋穀梁傳》晉范寧集解、《論語》魏何晏集解、《孝經》唐玄宗注、《爾雅》晉郭璞注、《孟子》漢趙岐注等。當然，漢魏至隋唐的其它注解，如《周易》漢魏的孟喜、京房、荀爽、馬融、鄭玄、虞翻、王肅、干寶等注；《尚書》漢代的伏勝、馬融、鄭玄等注；漢代魯、齊、韓今文三家《詩》傳（或分内、外傳）、説、故；《左傳》漢代的賈逵、服虔等注；《論語》鄭玄注；古、今文《孝經》所謂的“孔傳”和“鄭注”等等，理論上也屬於二次文獻，只是由於政治、學術或地域、學派等方面的緣故未能成爲“正注”。經傳（如《易經》和《易傳》《春秋經》和三傳）原本各自單行，古注更是獨立於經傳之外别行。不過，六朝以後行世者，只有經注本而無單經本[①]。也就是説，六朝以後一、二次文獻已合爲一體，正經因正注而得以傳承有緒，正注因正經而獲得正統地位。三次文獻即所謂疏，是對原典及原典注釋的再注釋，大體可分爲兩個階次：一是南北朝直至隋唐的義疏之作，今多已亡佚，傳世者有梁皇侃《論語義疏》；二是前揭正經正注的“疏”，包括唐孔穎達主持編纂的“五經正義”（《周易正義》《尚書正義》《毛詩正義》《禮記正義》《春秋左傳正義》）和賈公彦《周禮疏》《儀禮疏》、徐彦《春秋公羊傳疏》[②]、楊士勛《春秋穀梁傳疏》，以及宋邢昺等編纂的《論語疏》《孝經疏》《爾雅疏》（唐人賈、徐、楊所撰四疏連同宋人新修三疏，北宋時由國子監校定刊行，稱之爲“七經疏義”）和舊題北宋孫奭所作《孟子疏》。實際上，唐宋人所作的疏（正義）是在前人義疏的基礎上完成的（如邢昺《論語疏》“大抵剪皇氏（《義疏》）之枝蔓，而稍傅以義理”[③]），基本上涵蓋了其主體内容（個别的疏直接以前人舊疏爲藍本，如唐元行沖爲玄宗《孝經注》作疏，而邢昺疏所依據的正是《元疏》）。疏（正義）原本單行（單疏本），直到南宋才出現注疏合刻本，經、注、疏合刻，至此一、二、三次文獻合而爲一。當然，這並不排除同時及其後並行的單經（白文）本、經注本、單疏本等其它類型正經刻本的存在。

從時代上劃分，正經注疏的一次文獻均産生於先秦、秦漢，二次文獻主要是漢、魏、晉古注，及個别隋唐舊注，三次文獻則是南北朝直至唐宋由一、二次文獻衍生出來的。二次、三次文獻之外，唐宋以降正經的其它注釋（之所以没有把這部分注釋列入二次文獻，是因爲這些經注多係參酌漢魏古注和唐宋疏義之作，並非單純地植根於原典的原始文本）以及歷代以序跋、札記、評點、校記、題解等其它形式出現的相關研究論著，連同經學文獻的整理成果，如歷代公私目録和史志目録中的相關著録、經學文獻專科目録、各種經書選本、節本、經學叢書、各種相關著作中保存下來的校勘和訓詁資料等，則是四次文獻。就四部分類目録的經部類目而言，群經總義類（如鄭玄《駁五經異義》、陸德明《經典釋文》）著作基本上都屬於四次文獻。樂類是比較特殊的，無一次文獻，[④]《漢書·藝文志》所著録的《樂記》等篇可視爲二次文獻，而以下諸書多爲四次文獻，如宋陳暘《樂書》、蔡元定《律吕新書》等。禮類除了《周禮》《儀禮》《禮記》三禮之屬，還有三禮總義（如宋聶崇義《三禮圖集注》）、通禮（如朱子《儀

---

① 王國維：《五代兩宋監本考》卷上，北京圖書館出版社《宋元版書目題跋輯刊》影印本，2003年版，第三册，第525頁。

② ［清］永瑢等：《四庫全書總目》卷二六經部二十六《春秋》類一《春秋公羊傳注疏》提要從北宋董逌《廣川藏書志》説，以爲徐彦當在唐貞元、長慶以後（中華書局影印清浙江杭州刻本，1965年版，第211頁）。現在一般認爲徐彦是北朝人。

③ 《四庫全書總目》卷三五經部三十五《四書》類一《論語正義》提要，第291頁。

④ 古文經學家認爲，先秦有六經，秦火以後，《樂》經亡佚，漢代以降只有五經。今文經學家主張《樂》本無經。

禮經傳通解》)、雜禮書(如宋陳祥道《禮書》)之屬，大體上也都是四次文獻。總之，四次文獻是由一、二、三次文獻衍生出來的整理、研究著作。

1. 經注本

雕版印刷儒家經典始於五代，最先刊行的是一、二次文獻的結合體——經注本。自後唐長興三年(932)馮唐、李愚請令國子監校定、刊行九經，① 至後周廣順三年(953)判國子監事田敏等進印板九經書，② 前後歷經四朝二十餘年，在中國印刷史和經學史上都是值得大書特書的事件。五代監本九經的經數實爲十二經，所謂九經三傳，與唐代開成石經相同，包括《易》《書》《詩》、三禮、三傳及《孝經》《論語》《爾雅》，附以《五經文字》《九經字樣》。北宋開國之初繼續沿用，到了中期，由於版片多殘損、漫漶不可識，於是相繼重刊諸經經注本。儘管太宗已有動議，③ 但全面的校勘工作還是從真宗朝開始的。景德二年(1005)啓動，工作比較分散，持續時間較長，所以直到天禧五年(1021)以後才結束④。靖康之亂，不僅北宋國子監所刻書悉數被運往燕京，連同書版也爲金人擄掠以北去，損失殆盡⑤。南宋國子監又據北宋監本翻刻，包括經注本和單疏本。當然，所謂南宋監本實際上都是由江南各州郡刊刻、再將版片送往國子監的⑥。

五代監本九經今皆不存，日本室町時代南北朝覆宋刊本《爾雅注》三卷，卷末尾題及經注字數二行，另葉空兩行低三字題“將仕郎守國子四門博士臣李鶚書”一行。這是今天能夠看到的、間接反映監本九經面貌的唯一版本實物。光緒中，楊守敬訪得此本之影抄本，將其刻入《古逸叢書》，題作“影覆宋蜀大字本”，判定“爲翻蜀大字本。

---

① [宋]薛居正:《舊五代史》卷一二六馮道本傳提及“(後唐明宗)時以諸經舛繆，與同列李愚委學官田敏等，取西京鄭覃所刊石經，雕爲印板，流佈天下，後進賴之”(中華書局1976年版，第五册，第1658頁。)

② [宋]王溥:《五代會要》卷八《經籍》載:“周廣順三年六月，尚書左丞兼判國子監事田敏進印板九經書、《五經文字》《九經字樣》，各二部，共一百三十册。”(上海古籍出版社1978年版，第129頁)

③ 據[元]脱脱等:《宋史》卷四三一《儒林一》李覺本傳，淳化初，“上以經書板本有‘田敏輒删去者’數字，命(李)覺與孔維詳定”(中華書局1977年版，第三十七册，第12821頁)。又宋周應合《景定建康志》卷三三《書籍》曰:“雍熙中，太宗皇帝以板本九經尚多訛謬，重加刊校。”(《宋元方志叢刊》影印本，中華書局1990年版，第二册，第1884頁下)

④ [宋]王應麟:《玉海》卷四三《景德群書漆板刊正四經》，江蘇古籍出版社、上海書店影印光緒中浙江書局刊本，1987年版，第二册，第814頁。

⑤ [宋]徐夢莘:《三朝北盟會編》卷九八靖康中帙七十三《諸録雜記》引趙鴻臚子砥《燕雲録》曰:“靖康丙午冬，金人既破京城，當時下鴻臚寺取經板一千七百片。是時子砥實爲寺丞，兼是宗室，使之管押，隨從北行。”(上海古籍出版社1987年版，上册，第723頁)

⑥ [宋]魏了翁:《毛義甫居正〈六經正誤〉序》記述頗詳，其文有曰:“南渡草創，則僅取版籍於江南諸州，與京師承平監本大有徑庭，與潭、撫、閩、蜀諸本互爲異同，而監本之誤爲甚。”(《鶴山先生大全文集》卷五三，《四部叢刊》影印劉氏嘉業堂舊藏宋刊本)

其不題長興二年者，蓋翻刻時去之"[①]。1973 年，日本古典研究會影印神宫文庫藏覆宋刊本。長澤規矩也先生撰《神宫文庫藏舊刊本〈爾雅〉解題》，也認爲神宫文庫本保存了五代蜀刻本的面貌。實際上，與日本覆宋刊本的底本同版的南宋刻本在中國尚有孑遺，原爲汲古閣舊藏，清代歸畢沅經訓堂，後入清宫内廷收藏，今存臺灣故宫博物院。全書保存基本完好，僅卷末二葉散佚，毛氏以仿宋字體精寫抄配，無李鶚書一行。從刻工和避諱來推斷，當刻於孝宗朝。王國維《覆五代刊本〈爾雅〉跋》和張允亮《故宫善本書志》[②] 都否定此本是蜀刻本，以爲南宋國子監覆刻北宋監本；昌彼得先生進一步證實其爲"南宋浙版歸監中印本"[③]。

2. 從附刻《釋文》到經注附《釋文》本

作爲國家頒佈的標準文本，兩宋監本書版允許吏民刷印，並頒行地方，准予翻刻，進一步促進了經書的推廣和流通，也使得經注本統一在監本系統之内，從而出現了衆多的官刻本和坊刻本。南宋官刻經注本以撫州公使庫和興國軍學刻本最稱善本。撫州公使庫淳熙中原刻、咸淳中補刻"九經三傳"[④]；興國軍學南宋初刻、嘉定中修補、補刻"六經"[⑤]。這兩種官刻本都源出國子監本，刊刻群經的同時併刻陸德明《經典釋文》各經音義，依經别行，配套出現。《經典釋文》包括除《老》《莊》以外"九經三傳"凡十二經的音義，以經爲單位，經文、注文均出文注音釋義，兼及異文，集六朝音義著作之大成，爲唐宋以降研讀經書的必備工具書。它的校刊可以追溯到五代後周，也是由國子監主持的，各經單行，依次進行，開始於監本九經刊刻完成之後不久，全部校定工作

① ［清］楊守敬：《日本訪書志》卷三"影鈔蜀大字本"《爾雅注》三卷解題，《日本藏漢籍善本書志書目集成》影印本，北京圖書館出版社 2003 年版，第九册，第 133－136 頁。

② 《圖書館學季刊》第四卷三、四期，中華圖書館協會 1930 年版。

③ 昌彼得：《蟫庵群書題識·跋宋監本〈爾雅〉》，臺灣商務印書館 1997 年版，第 48 頁。

④ 南宋孝宗淳熙中，撫州公使庫刊行"六經三傳"——《周易》《尚書》《毛詩》《禮記》《周禮》及《春秋》三傳。度宗咸淳九年（1273），黄震補刻《論語》《孟子》和《孝經》，於是有所謂"九經三傳"（參見宋黄震《黄氏日抄》卷九一《修撫州六經跋》，《景印文淵閣四庫全書》本，臺灣商務印書館 1986 年版，第 708 册，第 985 頁上。《景印文淵閣四庫全書》本以下簡稱四庫本），並修補、印行舊刻《儀禮》（同卷《修撫州〈儀禮〉跋》）。今存撫州公使庫刻本計有四種：淳熙刻南宋遞修本《周易》九卷、《略例》一卷（藏中國國家圖書館，以下簡稱國圖；卷七以下補配清影宋抄本）、淳熙四年刻本《禮記》二十卷、《釋文》四卷（國圖藏足本，臺灣"中央圖書館"藏殘本，東京大學東洋文化研究所僅藏《釋文》）、淳熙刻南宋遞修本《春秋經傳集解》三十卷（清宫天禄琳琅舊藏殘本，今分藏臺灣故宫和國圖，二者合璧，尚缺七卷）、淳熙刻重修本《春秋公羊經傳解詁》十二卷、《釋文》一卷（國圖藏）。

⑤ 興國軍學南宋初刊行《周易》《尚書》《毛詩》《周禮》《禮記》五經。寧宗嘉定七年（1214），軍學教授聞人模等修補舊版，並補刻《左傳》，九年畢工。日本宫内廳書陵部藏《春秋經傳集解》三十卷、《經傳識異》一卷（卷三至四、二十至二十一、二十六至二十八抄配）。日本静嘉堂文庫藏殘本十五卷，存卷十、十五至二十、二十三至三十；國圖藏殘本一卷，存卷二十二。日本尊經閣文庫藏興國軍學刻本《春秋左氏音義》五卷，正是刊刻《集解》之時附刻的陸氏《釋文》。

直至北宋真宗大中祥符元年（1008）始告竣[①]。正是由於五代、北宋監本《經典釋文》各經單行的出版模式，因此宋代官刻群經經注本往往與《釋文》同時刊印，相輔而行（我們頗疑南宋監本亦是此例，因無直接的版本實物爲證，暫付闕疑）。

這種附刻《釋文》的形式固然可以及時查對音義，但翻檢仍嫌不便，於是南宋初坊間開始出現了經注附《釋文》本，將各經《釋文》打散，依次分別插入相應的被釋經文、注文之下，省却翻檢之勞，頗爲便利。作爲一種過渡形態，早期的經注附《釋文》本並非逐句附《釋文》，而是將經、注文分段，相應的《釋文》置於整段之後，即《九經三傳沿革例·書本》所謂“又于本音義不列於本文下，率隔數葉，始一聚見，不便尋索”。今存高宗朝鶴林于氏家塾棲云閣刻本《春秋經傳集解》，存二十九卷（一至九、十一至三十），正是這種體式。孝宗淳熙至光宗紹熙中，建安余仁仲萬卷堂刊刻經注附《釋文》本“九經三傳”[②]，已經是標準的、逐句附《釋文》的體式。

理宗景定元年（1260）至度宗咸淳末年（1274），廖瑩中世綵堂刊刻九經[③]。清宮天禄琳琅舊藏廖刻《春秋經傳集解》殘本，[④] 嘉慶中毀於火。廖刻九經，今已蕩然無存，幸有相臺岳氏荆溪家塾和盱郡兩種元代重刊本，[⑤] 均忠實地覆刻原本，故今日尚可略窺廖本之面貌。在余仁仲本的基礎之上，廖本對所附《釋文》又做了減省和改動，《四書》部分還間採“文公音”。可見，經注附《釋文》本是由單純的經注本附刻《釋文》衍生出來的，所附《釋文》經過不斷地增删、改易（先後有興國于氏、建安余氏、廖氏世綵堂等刊本），目的是便於閱讀，迎合當時學校教育、科舉考試及經術研修的多重需求。

今存宋刻經注本（含附《釋文》本）以《春秋經傳集解》爲最多，版本最爲複雜。而明代刊刻的經注附《釋文》本《春秋經傳集解》幾乎都是“淳熙小字本”（南宋淳熙三年閩山阮仲猷種德堂刻本）和元相臺岳氏荆溪家塾刻本這兩種宋、元本的覆刻或翻刻本。十行十八字本出自前者，八行十七字本出自後者，可見其影響之大，通行之廣。

---

① 參見《玉海》卷四三《開寶校釋文》和卷五五《祥符賜莊列子》，第二册，第812頁和第1055頁。

② 余仁仲萬卷堂所刻“九經三傳”實爲十一經，即《周易》《尚書》《毛詩》《禮記》《周禮》及《春秋三傳》《論語》《孝經》和《孟子》。今存余仁仲刻本有四種：《禮記》二十卷（國圖藏足本及殘本各一部，上海圖書館藏殘本兩部）、《春秋經傳集解》三十卷（臺灣“中央圖書館”藏殘本，存六卷）、《春秋公羊經傳解詁》十二卷（臺灣故宮和國圖各藏一部）、《春秋穀梁傳》十二卷（臺灣故宮藏殘本，存六卷）。各本版式、行款大體相同，均爲細黑口，左右雙邊；每半葉十一行，經文大字十八、九字，注文小字雙行二十七字。

③ 廖刻九經分别是《周易》《尚書》《毛詩》《禮記》《周禮》《春秋經傳集解》《論語》《孟子》和《孝經》。參見張政烺先生《讀〈相臺書塾刊正九經三傳沿革例〉》（發表在《中國與日本文化研究》第一集，中國大百科全書出版社1991年版，第32－36頁；後收入《張政烺文史論集》，中華書局2004年版，第166－188頁）。

④ ［清］于敏中等：《天禄琳琅書目》卷一宋版經部著録其書，江蘇廣陵古籍刻印社，1992年影印光緒中王先謙校刻本，第15－18頁。

⑤ 臺灣故宮藏元盱郡覆刻本《論語》十卷、《孟子》十四卷，天禄琳琅録外書。元相臺岳氏荆溪家塾覆刻本傳世較多，有《周易》十卷（國圖藏）、《春秋經傳集解》三十卷（國圖藏足本，静嘉堂文庫藏殘本）、《論語》十卷（國圖藏）、《孟子》十四卷（國圖藏）、《孝經》一卷（國圖藏）、《周禮》十二卷（臺灣故宮藏殘本）等。

今存“淳熙小字本”清人多著録爲宋刻本，分藏中國大陸、臺灣和日本的多家藏書機構。我們探究相關文獻著録，比勘版式、行款、字様及異文，可以判知傳世各本實爲兩個系統的明代覆刻本，分別源出同一祖本——淳熙種德堂本，先後兩次刊刻，一刻於中葉以前，一刻於嘉靖中。兩本各自別行，行款相同，版式相近，有異文，二者之間並無直接的覆刻關係。前者刊刻質量較好，異文佳勝者較多，有修、補版；後者多保留種德堂牌記，後印本經過修、補版或變换、剜改牌記。而真正的“淳熙小字本”恐已不存於天壤間矣。由這一個案的考索不難看出，在經書版本衍生的過程中充滿了不確定性，明代的兩個覆刻本源同流別，每個系統内部又有先、後印、修、補版以及版片轉讓等複雜情況，較之其所從出之原刻本均有不同程度的變異。

3. 纂圖互注重言重意本

爲了滿足士人科舉備考以及各級學校教育的需求，便於閲讀、理解，繫聯、貫通關鍵詞，歸納、總結知識體系，南宋中期至宋末又從經注附《釋文》本中衍生出纂圖互注重言重意本，由建陽地區的書坊刊行，流傳廣泛，大行於世。其書名目繁多，如纂圖互注、重言重意、互注點校及監本、京本、婺本等，不過是吸引讀者眼球，内容上並無實質性的差異，往往陳陳相因，輾轉相承。經、注文多加以句讀或發字（唐宋標注四聲的方法，以圓圈或墨點分注字的不同位置以示平、上、去、入四聲），本文之前多插配相關圖畫或圖表（内容涉及天文地理、器物服飾、傳授統緒、知識體系等等）即“纂圖”，“曰重言者，本經相同之句；曰重意者，句似而意同之文；曰互注者，他經所引之語”①。此外，還有似句（大體相當於重言，指本書中相似之句）、重篇（僅見於《毛詩》，指篇名重復之詩）等。各書體式不一，或具其一二，或兼具多項。

張麗娟教授對於纂圖互注重言重意本的版本系統進行了全面的考察，根據書題、版式、行款、體式、開本等特徵，將傳世刻本大體劃分爲六個系統：一、十一行纂圖互注本，中字本，書前有纂圖，有互注、重言、重意等内容，書題作“纂圖互注某經”，十一行二十一字，今存《周易》（臺灣“中央圖書館”藏）、《尚書》（國圖和哈爾濱市圖書館藏殘本；日本京都圖書館藏本爲南宋建安宗氏刻本，與之並不同版，但有覆刻關係）、《禮記》（陸心源舊藏，今藏静嘉堂文庫）。二、十二行纂圖互注本，亦有纂圖、互注、重言、重意等内容，書題亦作“纂圖互注某經”，十二行二十一字，今存《周禮》（國圖藏兩部，一爲鐵琴銅劍樓舊藏，一爲袁克文舊藏，二者有明顯的覆刻關係，但並不同版；静嘉堂文庫藏本亦爲陸心源舊藏，與國圖兩藏本系統相近，但有明顯差異）、《禮記》（國圖藏）、《春秋經傳集解》（附《春秋名號歸一圖》二卷，龍山書院

---

① ［清］瞿鏞：《鐵琴銅劍樓藏書目録》卷二經部二宋刊本《婺本點校重言重意互注尚書》十三卷解題，中華書局《清人書目題跋叢刊》影印本，1990年版，第32頁。

本，袁克文舊藏，今藏國圖)、《毛詩》(臺灣故宮藏)。三、九行巾箱本，九行十七字，書題無冠詞，只標經名，不附纂圖，僅有重言而無其它。今存《周禮》(日本足利學校遺迹圖書館藏足本十二卷；國圖藏殘本兩部，一爲鐵琴銅劍樓舊藏，一爲天禄琳琅舊藏，兩本當有覆刻關係，後者與足利本同版)、《禮記》(日本國會圖書館藏)、《春秋經傳集解》(日本國會圖書館藏)。四、十行“監本”，書前有纂圖，本文有互注、重言、重意等内容，書題大多作“監本纂圖重言重意互注點校某經”，十行十八字(間有十九或二十字者)。《監本纂圖重言重意互注點校毛詩》(國圖藏殘本兩部，一爲黄丕烈舊藏，卷五至七補配影宋抄本；一爲陳鱣舊藏，存卷一至十一及圖譜一卷。兩本並不同版，當有覆刻關係)、《監本纂圖重言重意互注禮記》(上海圖書公司藏本，毛氏汲古閣舊藏)、《監本纂圖春秋經傳集解》(南京圖書館藏本，明安國桂坡館舊藏)、《監本纂圖重言重意互注論語》(北京大學圖書館藏南宋劉氏天香書院刻本，楊守敬、袁克文舊藏)、《監本纂圖重言重意互注點校尚書》(《四部叢刊》據劉氏嘉業堂藏本影印，原本今不知所在)。五、十一行“京本”，開本爲巾箱本，十一行十九至二十字，有互注、重言、重意等内容，書前無纂圖，書題均冠以“京本”二字。《京本點校附音重言重意互注周禮》(北京大學圖書館、上海圖書館各藏殘本一部)、《京本點校附音重言重意互注禮記》(國圖、上海圖書館各藏殘本一部)、《京本點校重言重意春秋經傳集解》(湖南圖書館藏殘本；吉林大學圖書館藏零本卷二十九，書題作《京本點校附音春秋經傳集解》)。六、十行“婺本”，開本爲巾箱本，十行二十字左右，有互注、重言、重意等内容。《婺本點校重言重意互注尚書》(臺灣故宫藏本，陳鱣、鐵琴銅劍樓舊藏)、《婺本附音重言重意春秋經傳集解》(上海圖書館藏殘本)。此外，還有個别零星傳本，如國圖藏宋刻本《毛詩詁訓傳》《附音重言互注禮記》、上海圖書館藏宋刻本《東萊先生吕成公點句春秋經傳集解》等。上述六個系統内部各本具有相同或相近的版刻特徵，但並不一定是同一書坊同一時間所刻，或數家坊賈相約共刻群經，或一家書坊據另一家版式風格和體式特徵覆刻或翻刻。

今存纂圖互注本雖系統各異，版式、行款或有不同，但大體上都是典型的南宋建陽地區坊刻本風格，開本多爲巾箱本或中字本，行窄字密，版式多黑口，雙邊，出文多出以墨圍、白文。以其出於坊刻，故校勘多不精審，版式亦多隨意，即便是同一部書也往往會出現各卷版式或書題不統一的情況。從避諱來看，刊刻年代當在南宋孝宗、光宗朝至宋末，元代並不通行。至於“監本”“京本”“婺本”不過是書坊故意做虚假宣傳，並不一定出自真正的國子監或汴梁、婺州等知名刻本。

4. 單疏本

早在校刊經注本之前，北宋國子監從端拱元年(988)到景德二年(1005)十幾年間，已先行校定、刊行“五經正義”和“七經疏義”，至此“九經三傳”全部都有了單疏本。

今存單疏本都是南宋國子監翻刻北宋監本（或後世覆刻本、抄本），凡九種：《周易正義》十四卷（國圖藏）、《尚書正義》二十卷（日本宫内廳書陵部藏）、《毛詩正義》四十卷（日本武田科學振興財團杏雨書屋藏殘本，存三十三卷，缺首七卷）、《禮記正義》七十卷（日本身延山久遠寺藏殘本，存卷六十三至七十，凡八卷）、《春秋公羊疏》三十卷（國圖藏殘本，存首七卷）、《爾雅疏》十卷（國圖和静嘉堂文庫各藏一部）。此外，《儀禮疏》五十卷，清道光中汪士鍾覆刻宋刊殘本四十四卷（缺卷三十二至三十七）。《春秋正義》三十六卷，日本文化中近藤守重影抄常陸國久慈郡萬秀山正宗寺影宋抄本。《周禮疏》五十卷，日本京都大學藏單疏抄本，存三十一卷（缺卷四至六、九至十一、十五至十七、四十一至五十）。《春秋穀梁疏》十二卷，北京大學圖書館和國圖各藏清抄本一部，皆缺卷一至五。長澤規矩也先生通過對傳世六種單疏刻本刻工的比對分析，確認現存的單疏本並無北宋刻本，均刻於南宋，其中有的還經過元代修補①。單疏本行款均爲半葉十五行二十幾字至三十字左右，其源頭均爲北宋監本，儘管經過南宋翻刻，總體風格並無大變。

單疏寫本舊式是經、注文各標起止（個别的出以朱書），下接疏文（個别的出以墨書），字體不分大小。兩宋國子監刻本沿襲了這種體式，從現存諸本來看，各經出文方式稍有異同，但大體上都是經注不録全文，只標起止，選取所疏經注首末二字（或三四字），標示“某某至某某”（或冠以“傳”“注”等字），間有標“某某云云”者，簡短句式亦有出全句者。下空一格，列疏其下，或冠以“正義曰”“釋曰”“解云”等字，或無之。雖間有不盡然者，然大略如是。僅《尚書正義》少有變化，經、注文起止單列一行，疏文提行平書②。

5．注疏合刻本

五代始刊經注本，北宋校刻單疏本，二者一直各自别行，宋朝南渡以前並無“注疏”之名③。經注本兼有經、注文，而單疏本不具經注，將兩本對照起來看，翻檢頗爲

---

① 詳見長澤規矩也：《注疏本考・現存宋刊單疏本刊行年代考》，收入《長澤規矩也著作集》第一卷《書誌學論考》，汲古書院 1985 年版，第 19－25 頁。

② 以上經注本、單疏本的相關内容參見張麗娟教授《宋代經書注疏刊刻研究》第二至五章，北京大學中文系博士學位論文，北京大學出版社，即將出版。

③ 關於注疏合刻的時間，段玉裁以爲在北宋之季，加入《經典釋文》則在南宋之季（《經韻樓集》卷一《十三經注疏釋文校勘記序》，上海古籍出版社 2008 年版，第 1 頁）；錢大昕以爲在南宋紹興中，加入《釋文》則在光宗、寧宗以後（《十駕齋養新録》卷三《注疏舊本》及卷二《正義刊本妄改》，江蘇古籍出版社 2000 年版，第 59 頁和第 41 頁）；葉德輝《書林清話》主阮元説，以爲在兩宋之間（卷二《翻板有例禁始於宋人》，中華書局 1987 年版，第 36 頁）。根據傳世的注疏合刻本實物，以及黄唐八行本《〈禮記正義〉跋》，現在一般認爲注疏合刻始於南宋初期，是從兩浙東路茶鹽司刊刻八行本開始的。我們認爲，並不能完全排除八行本之前存在注疏合刻本的可能性，在北宋或南宋早期，可能有諸如《直齋書録解題》所著録的注疏合刻本《論語注疏解經》十卷本這樣的注疏合刻本的存在，這是後來八行本及十行本系統各本的祖本。參見拙作《金元平水注疏合刻本研究——兼論注疏合刻的時間問題》（中華書局《文史》2011 年第三期，2011 年 8 月）。

不便，於是才產生了經注和疏萃於一書、便於閲讀的構想。紹興中，[①] 兩浙東路茶鹽司始將《周易》《周禮》《尚書》注疏合刻。紹熙三年（1192），黄唐在浙東茶鹽司任上又刊刻了《禮記》《毛詩》注疏。慶元六年（1200），紹興知府沈作賓刊行《春秋左傳正義》。其後，《論語注疏解經》《孟子注疏解經》亦在浙東刊刻。上述諸經的行款均爲八行十幾字，亦即《九經三傳沿革例》所謂"越中舊本注疏"，通稱"八行本"。據傳世版本及相關文獻記載，可以確切證實曾經刊行的八行本只有這八種，[②] 它經注疏是否刊刻，則未可知，只是當時並未刻全"十三經"是肯定的[③]。宋、元、明三朝八行本的版片一直流傳下來，元代存西湖書院，明代存南京國子監，迭經修補印行[④]。

大約在南宋後期，建陽地區出現了《九經三傳沿革例》所謂"建本有音釋注疏"，即在經、注、疏之外加入了陸德明《經典釋文》的音義，著名的是建安劉叔剛（桂軒）一經堂刻本《附釋音毛詩注疏》《附釋音春秋左傳注疏》及《附釋音禮記注疏》（和珅覆刻本），[⑤] 此外當有若干種，刻者或非一家，或全部出於一經堂。這就是所謂宋刊十行本注疏，後世流傳不廣。今傳世十行本多爲元大德至泰定間刊刻、明正德中修補本，[⑥] 有《周易兼義》九卷、音義一卷、《略例》一卷、《附釋音尚書注疏》二十卷、《附釋音毛詩注疏》二十卷、《附釋音周禮注疏》四十二卷、《儀禮》十七卷、《儀禮圖》十七卷、《旁通圖》一卷、《附釋音禮記注疏》六十三卷、《附釋音春秋左傳注疏》六十卷、《監本附音春秋公羊傳注疏》二十八卷、《監本附音春秋穀梁傳注疏》二十卷、

---

① 長澤規矩也先生對日本足利學校遺迹圖書館所藏未經補刻的《周易注疏》初印本的刻工和缺筆進行考證，認爲舊説《周易》《周禮》《尚書》刊於紹興年間不能成立，當刻於孝宗乾道、淳熙間。

② 今傳世者有七種：《周易注疏》十三卷（足利學校遺迹圖書館和國圖各藏一部）、《尚書正義》二十卷（足利學校遺迹圖書館和國圖各藏一部）、《周禮疏》五十卷（國圖和臺灣故宫各藏一部足本；北京大學圖書館藏殘本，存二十七卷）、《禮記正義》七十卷（國圖藏足本一部，又殘本一部，存二十八卷；足利學校遺迹圖書館藏殘本，卷三十三至四十爲室町時代補寫）、《春秋左傳正義》三十六卷（國圖藏）、《論語注疏解經》二十卷（臺灣故宫和重慶市圖書館各藏殘本一部，均存卷十一至二十）、《孟子注疏解經》十四卷（臺灣故宫藏足本，國圖、北京大學圖書館、南京博物館等處藏殘本）。

③ 屈萬里：《書傭論學集·十三經注疏板刻述略》，《屈萬里先生全集》之十四，臺灣聯經出版事業公司 1984 年版，第 224 頁。

④ 《注疏本考·越刊八行本注疏考》，第 31 頁。屈萬里先生認爲，《西湖書院書目》所著録之諸經注疏，疑有一部分爲八行本，即《南雍志·經籍考》所謂舊板諸經注疏（《十三經注疏板刻述略》，第 223 頁）。

⑤ 《附釋音毛詩注疏》二十卷，日本足利學校遺迹圖書館藏初印本；《附釋音春秋左傳注疏》六十卷，足利學校遺迹圖書館藏南宋補刻本，又一部，分藏國圖和臺灣故宫；另外，國圖藏本《監本附音春秋穀梁注疏》二十卷，宋刻元修本，版式、行款、字體、版刻風格與前揭劉叔剛刻本非常相似，當爲同時期的建陽坊刻本（參見張麗娟《宋代經書注疏刊刻研究》第七章第一節《南宋建陽坊刻十行注疏本》）。劉氏一經堂刻本《附釋音禮記注疏》六十三卷，今無傳本，有清乾隆六十年和珅覆刻本。

⑥ 舊説十行本是宋刻明修補本，長澤規矩也先生辨明其誤，所作《正德十行本注疏非宋本考》已證明正德本絶非宋刻（《注疏本考》，第 33－39 頁）。

《孝經注疏》九卷、《論語注疏解經》二十卷、《孟子注疏解經》十四卷、《爾雅注疏》十一卷等十三種。其版歷元、明兩朝迭經修補，或稱南監本（據今人研究，書版一直存在福建，實際上並未在南京國子監印行）。《儀禮》宋元時期並無注疏合刻本，所以元刻十行本只是《儀禮》白文本及楊復所作關於各種儀式、儀節程序、陳設方位的解説及附圖；最早的注疏合刻本是由陳鳳梧嘉靖五年（1526）刻於山東，而後將書版送入南京國子監的。《爾雅注疏》雖刻於元代，九行十八至二十字，與它經行款不同；所附音釋乃宋人所作，並非陸氏《釋文》。《周易兼義》本文不附音義，書末附刻《釋文》；《孝經注疏》《論語注疏解經》《孟子注疏解經》索性不附《釋文》。可見，這五經《釋文》的存廢及其與經注、疏的構成方式和其它元刻十行本（《儀禮》除外）不同，來源或有不同。關於十行本的文本來源，除《論語注疏解經》《孟子注疏解經》源出八行本之外，其它幾經（確定有八行本者）並不出自八行本，而是由經注附《釋文》本（余仁仲本或與之同系統的别本）附以單疏構成[①]。

明嘉靖中，[②] 閩中御史李元陽、提學僉事江以達校刊“十三經注疏”，以元刻明正德修補十行本爲底本，是爲閩本，又稱嘉靖本、李元陽本，這是全部“十三經注疏”匯刻的第一次。除《儀禮注疏》據陳鳳梧刊本、《爾雅注疏》據元刊九行本外，餘悉據十行本，校刊尚不苟。萬曆中，北京國子監以南監本（元刻十行本）既不可用，乃據閩本重刻，[③] 是爲北監本。崇禎中，毛氏汲古閣又據北監本重刻，[④] 是爲汲古閣本，又稱毛本、崇禎本。清乾隆初年，武英殿據北監本重刻，世稱殿本、乾隆本，加以句讀，並附考證，校刻精審[⑤]。其中，《周易注疏》將《釋文》附入經、注文之下，不再於書後附刻。《孟子注疏》將孫奭《孟子音義》散入相應的經、注文之下。《論語注疏》《孝經注疏》《爾雅注疏》經、注文之下相應地附入陸氏《釋文》。陳鳳梧刊本《儀禮注疏》所附陸氏《釋文》有删節，閩本、北監本、毛本因之，至殿本則全録《釋文》。嘉慶二十年（1815），阮元巡撫江西，以家藏十行本十一經併黄丕烈所藏《儀禮》《爾

---

① 參見橋本秀美：《〈禮記〉版本雜識》（《北京大學學報》（哲學社會科學版）2006 年第五期）和張麗娟《宋代經書注疏刊刻研究》第七章第一節。

② 日本學者加藤虎之亮根據李元陽、江以達二人仕履，考證閩本的刊行時間當在嘉靖十三至十五年之間（據長澤先生《注疏本考·十三經注疏版本略説》第 14 頁轉述）。

③ 北監本是在萬曆十四年至二十一年間刊行的，曾經崇禎五年（清錢大昕著，何元錫編次《竹汀先生日記鈔》卷一引崇禎六年吴士元題疏，稱崇禎五年冬奉旨重修（《叢書集成初編》據《式訓堂叢書》本排印，中華書局重印本，1985 年，第 8 頁）。加藤虎之亮推測崇禎十二年也曾重修）、康熙二十五年兩次重修。詳見《注疏本考·十三經注疏版本略説》第 14－15 頁。

④ 據日本學者原三七考證，毛本刊行時間當在崇禎元年至十二年之間。一般認爲其底本是北監本，實際上也參考了十行本和閩本等，並有校訂者自己的見解，後人譏之多失之武斷。嘉慶中，蘇州坊肆曾翻刻毛本，加入《〈周易〉略例》《詩譜》，並附校勘記。同治中，湖南書局也有翻刻本，最爲低劣。詳見《注疏本考·十三經注疏版本略説》第 15 頁。

⑤ 同治中，廣東翻刻殿本，字樣、用紙粗劣，謬誤很多。

雅》單疏本，付諸剞劂。盧宣旬又分别摘録阮元先前所作之《十三經注疏校勘記》附刻於各經各卷之末。書名題曰《重刊宋本十三經注疏》，除《儀禮》《爾雅》之依單疏本分别作五十卷、十卷外，其餘分卷，悉同十行本。只是《周易》不附《略例》《孟子》有《題辭》與十行本不同。其中，《爾雅注疏》所據底本爲單疏本，配以明嘉靖十七年（1538）吴元恭仿宋刊三卷經注本。《儀禮注疏》名義上是據單疏本和經注本（嚴州本）重構，實際上是據嘉慶十一年（1806）顧廣圻重編、張敦仁刊刻的《儀禮注疏》五十卷①。阮本由南昌府學刊行，嘉慶二十一年秋完成。書未成之際，阮元已移撫河南，校書之人不如先前細心，而且《校勘記》去取亦不盡善，所以阮元本人"不以此刻本爲善也"，② 故道光六年（1826）南昌府學重校，據倪模和余成教校本逐條更正。光緒三年（1877），又有汪文臺《十三經注疏校勘記識語》四卷，訂正阮校之疏誤處不少。儘管如此，阮本仍是迄今爲止"十三經注疏"通行本中最好的本子③。

綜上所述，正經注疏一、二、三次文獻的多重衍生都是在版本刊刻過程中通過内容重編、體式改造來實現的。經注本是六朝以後正經最通行、最基本的文本形態，五代、北宋均爲單純的經注本；進入南宋，先後衍生出附刻《釋文》的經注本、經注附《釋文》本、纂圖互注本等版本類型。單疏本於北宋刊行之後，原本與經注本各自别行，南宋初始與經注本合刻，衍生出八行注疏合刻本。南宋後期，單疏本又與經注附《釋文》本合刻，衍生出十行注疏合刻本（恐非"十三經"全部），元代據之翻刻或新刊其它各經十行本，明正德中修補，並依次衍生出嘉靖李元陽本、萬曆北監本、崇禎汲古閣本等，清乾隆武英殿本出自北監本，嘉慶阮元校刻本則直接出自元刻十行本。其衍生路徑大體如下圖所示（圖附文後）。

需要説明的是，第一，上述諸本之間的相互關係和衍生路徑並不具有普遍性、特定性，也就是説，並不是全部十三經都適合這一路徑。如《孟子》疏爲兩宋之際人僞作，故無單疏本之刻；《儀禮》在明嘉靖之前僅有經注本（無經注附《釋文》本）和單疏本，並無注疏合刻本；《爾雅》《孝經》注疏合刻始於元代；第二，就八行本和十行本的關係而言，《論語》《孟子》二經的十行本直接出自八行本，並不是由經注附《釋文》本和單疏本重構而成的，而它經則不具有這種直接的承繼關係。第三，就《論語》而言，經注本和注疏合刻本所附《釋文》並無關聯，分别源出《經典釋文》，這可以從另

① 參見橋本秀美：《〈儀禮〉單疏版本説》（《文史》第五十輯，中華書局2000年版，第41頁）以及廖明飛《〈儀禮〉注疏合刻源流考》（北京大學中文系碩士學位論文，2012年，第106－110頁）。

② ［清］張鑒：《雷塘庵主弟子記》卷五，《續修四庫全書》影印清光緒中儀徵阮氏刻本，上海古籍出版社1996年版，第557册，第271頁上。

③ 此本一出，勢壓衆本，翻刻本頗多，如同治十二年江西書局、光緒十八年湖南寶慶務本書局等都曾翻刻。

一個角度印證上述十行本構成的結論。第四，宋元之際正經注疏的刻本數量衆多，系統複雜，傳世的個別版本僅爲其中的片段或局部，所構擬系統必有缺環，不足以完全代表當時的實際狀況。

此外，上述衍生路徑只限於近古通行各本，源出五代、兩宋刻本，歷經元、明、清三朝。實際上，在兩宋其它地域或金、蒙古時期還存在着其它系統或類型的刻本。試舉例説明正經注疏衍生過程的複雜性。近古經書刊行頻次之高、數量之多、影響之大恐以《論語》《孟子》爲最。當然，宋元以降《論》《孟》通行本更多地屬於《四書》一系，這裏主要討論作爲正經注疏一、二、三次文獻的版本類型。《論語》刻本大體有四種類型：白文本、經注本（何晏《集解》）、單疏本（邢昺《正義》）、注疏合刻本（《集解》和《正義》合編）。其中，最爲通行的是經注本和注疏合刻本。傳世經注本多爲經注附《釋文》本，除前揭兩種元代覆刻南宋廖氏世綵堂本之外，還有北京大學圖書館藏《監本纂圖重言重意互注論語》二卷。單純的經注本今存日本南朝正平十九年（元順帝二十四年，1364）道祐居士刊本《論語集解》十卷，是爲著名的正平本。注疏合刻本有臺灣故宫藏八行本《論語注疏解經》二十卷殘本（存卷十一至二十）和元刻明修十行本《論語注疏解經》二十卷，以及宫内廳書陵部藏南宋蜀大字本《論語注疏》十卷和清光緒三十三年（1907）貴池劉氏玉海堂影刊元貞二年（1296）平陽府梁宅刻本《論語注疏解經》十卷。傅增湘、王國維二位先生都認爲元貞本出自蜀大字本，[①] 其説非是。元貞本所據宋本和蜀大字本分别是在南宋的兩個不同地域刊行的注疏合刻本，均源出單疏本，系統各異；刊行有先後，但彼此並不相謀，各自獨立構成。元貞本、八行本與十行本是一個系統，不過元貞本和八行本更早，更接近於祖本。元貞本所據底本應該是早於八行本的宋本，《直齋書録解題》所著録的《論語注疏解經》十卷本可能就是這樣的本子。由此看來，近古通行的《論語》注疏合刻本是基於單疏本和經注本，經過諸如元貞本所據宋本、八行本、十行本這樣的順序依次衍生出來的[②]。

《孟子》進入經書序列最晚，故其版本形態較之它經内容有不同。《孟子》三次文獻頗多踳駁，真僞莫辨。舊題北宋孫奭撰《孟子正義》與確係孫奭所撰《孟子音義》的真僞及其相互關係是宋元以降《孟子》學史乃至經學史上的重要問題。這不僅僅是三次文獻本身的問題，還關涉二次文獻亦即東漢趙岐《孟子注》（含《章指》）。清人通過對宋刻本《趙注》《音義》的傳抄、校勘、覆刻（或翻刻），圍繞着《孟子音義》

---

① 分别參見傅增湘：《藏園群書經眼録》卷二《論語注疏》十卷解題（中華書局2009年版，第79頁）和王國維《觀堂集林》卷二一《舊刊本〈毛詩注疏〉殘葉跋》（中華書局影印商務本，2004年版，第四册，第1042－1043頁）。

② 參見拙作《元貞本〈論語注疏解經〉綴合及相關問題研究》（沈乃文先生主編《版本目録學研究》第二輯，國家圖書館出版社2011年版，第198－218頁）。

《正義》真僞問題而展開探索，輯録、復原《章指》，可見僞孫疏删除《章指》、改造之後列於疏首的僞迹；傳抄、校刻《音義》，可見僞孫疏據《音義序》改造而成的《正義序》之僞，進而判定全書之僞。僞孫疏出現在八行本甚至更早的注疏合刻本之中，進而衍生出十行本系列各本，其後幾百年間一直以《趙注》和“孫疏”的面目出現，直至乾隆中殿本又將《音義》合刻，於是有了經、注、疏和《音義》的合刻本。與清人對《孟子》二次、三次文獻進行的深入研究同步，基於宋刻本《趙注》和《音義》，注入更多、更新的學術積澱，又衍生出一系列新的版本：康熙中通志堂覆刻在先，乾隆中先後出現了孔繼涵刻本、韓岱云刻本和所謂盧文弨校刻本，嘉慶中黄丕烈士禮居又有覆刻本，直至後來的許瀚、伍崇曜、吴棠校刻本等，無不結合着對於《音義》和僞孫疏的考辨而展開，相互推動，相得益彰，這種良性互動恰好説明了版本傳刻、校勘對於學術研究的推動作用。

二、“五經四書”的衍生和通俗化

隨着漢唐章句注疏之學逐步趨向繁瑣化和自我封閉，經學自身的發展走進了死胡同。唐大曆以後，“自名其學”的經學家不斷涌現，尤其是啖助、趙匡、陸淳等的《春秋》學派以經駁傳，斷以己意，昭示着經學史上轉型期的開始。北宋時期，不惑傳注、自出新意逐漸形成風氣，並在慶曆以後演變成疑古惑經的學術思潮。歐陽修、劉敞、蘇氏父子、王安石等往往摒弃章句注疏之學，以新意解經；又有周敦頤、張載、二程等爲心性之學，理學蔚然興起，至南宋朱熹集大成。在這樣的學術背景之下，“五經”又有了新注，成爲程朱理學思想的載體：宋胡安國《春秋傳》、朱熹《周易本義》《詩集傳》、蔡沈《書集傳》以及元陳澔《禮記集説》。另外，朱熹又在韓愈、李翱推崇《孟子》、重視《大學》《中庸》以及二程“表章《大學》《中庸》二篇，與《語》《孟》并行”[①] 的基礎之上，於孝宗時撰成《四書章句集注》，將《論語》《孟子》與《禮記》中的《大學》《中庸》兩篇配合起來，集中進行注釋和闡發，於是有《四書》之名。其中，《大學章句》一卷，《論語集注》十卷，《孟子集注》十四卷，《中庸章句》一卷。到了元代，這些新注與正經注疏並行不悖，並逐漸佔據主導地位。明永樂中編纂“五經大全”，全用上述新注，與《四書大全》一道，成爲科舉考試和學校教育的標準文本，正經注疏廢而不行。

在理學發達的背景之下，朱熹《四書章句集注》吸納周、張、二程等理學家的學説，融會本人的理學思想，採用淺近精準的注釋形式，使之成爲宋代理學代表性的、集大成的著作。儘管經歷了一些曲折和反復，朱子及其《四書章句集注》作爲儒家道統

---

① ［元］脱脱等：《宋史》卷四二七《道學傳一·序》，中華書局 1977 年版，第三十六册，第 12710 頁。

承續者的地位在南宋末期最終得以確立，《四書》學也隨着其地位的提升和權威性的確認而逐步展開，於是出現了黄榦、真德秀、金履祥等人的相關論著，但《四書》學的真正繁榮還是從元代開始的。元朝立國之初，在趙復、姚樞、許衡、劉因等大儒的宣揚、傳播之下，“北方知有程、朱之學”,[①] 朱子學由南方發展到全國，基本上確立了其官學地位。尤其是元仁宗恢復科舉，正式將《四書》列爲考試内容，從此《四書》與科舉制度和教育制度結合起來，游走於學術與政治的邊緣，得到最持久、最廣泛、最深入的傳播，其影響力和受眾面遠遠大於“五經”。不過，元代科舉考試的次數和録取的人數相當有限，而且帶有明顯的民族歧視的烙印，所以學者大多“慨然發憤，致力於聖人之學”,[②] 並不絶對寄希望於科舉，往往專心致志於經術。於是，《四書》學領域出現了研究熱潮。據清倪燦、盧文弨《補遼金元藝文志》，元人通治《四書》的著作有五十餘部，數量相當可觀。而且，元代《四書》類著作大多有所發明。儘管延祐中恢復科舉，用以取士，“而闡明理道之書遂漸爲弋取功名之路。然其時經義、經疑並用，故學者猶有研究古義之功”[③]。即使建樹不多，也還不失學術水準，將《四書》思想世俗化，在《四書》學史上亦有普及、推廣之功。以《四書大全》爲《四書》學之分水嶺，之前猶不失學術研究，發明古義；之後則多爲科舉講章，揣摩舉業[④]。明清時期《四書》成爲科舉考試和學校教育的主題，《四書》研究也脱離了學術軌道，而轉向科舉一途，成爲應試的帖括之學。爲經義而設的講章充斥《四書》學界，其書多爲坊間射利之作，陳陳相因，自生自滅。

1.“五經四書”級次文獻的劃分

元人虞集論當時朱學系統諸書的社會影響以及主流意識形態的形成，曰：

> 群經、《四書》之説，自朱子折衷論定，學者傳之。我國家尊信其學，而講誦授受，必以是爲則，而天下之學皆朱子之書。書之所行，教之所行也；教之所行，道之所行也。[⑤]

這樣，獨立於正經注疏之外、秉承程朱理學思想的“五經四書”系統已經形成。我們仍然採用劃分級次文獻的方法來剖析這個系統。“五經四書”本文無疑就是一次文

---

① ［明］宋濂等：《元史》卷一八九《儒學一》趙復本傳，中華書局 1976 年版，第十四册，第 4314 頁。

② ［明］宋濂等：《元史》卷一八九《儒學一》陳櫟本傳，中華書局 1976 年版，第十四册，第 4321 頁。

③ 《四庫全書總目》卷三六經部三十六《四書》類案語，第 307 頁。

④ 《四庫全書總目》卷三六經部《四書》類案語曰：“至明永樂中，《大全》出而捷徑開，八比盛而俗學熾。”（第 307 頁）

⑤ ［元］虞集：《道園學古録》卷三六《考亭書院重建文公祠堂記》，《四部叢刊》影印明景泰翻元小字本。

獻，前揭朱熹等的新注則可以視作二次文獻。不過，其所據一次文獻文本較之傳統正經注疏系統或有變易。《周易》經、傳原本各自單行，先後經費直、鄭玄、王弼改易，形成了經傳參合本：乾卦卦、爻辭之下依次接《彖傳》《象傳》和《文言傳》；坤卦以下《彖傳》《象傳》分附相應的卦、爻辭之下（坤卦《文言傳》亦附《象傳》之後）。魏晉以後，經傳參合本成爲通行本。宋代疑古惑經思潮風行，對於變亂古制、經傳參合的《周易》文本提出質疑，試圖恢復古《易》之舊，如王洙、邵雍、吕大防、晁説之、吕祖謙等均有所謂"《古易》"考訂本。朱子《周易本義》選用的底本就是吕祖謙所編定的，卷次分别是序例、卷一上經、卷二下經、卷三《彖》上、卷四《彖》下、卷五《象》上、卷六《象》下、卷七《繫辭》上、卷八《繫辭》下、卷九《文言》、卷十《説卦》、卷十一《序卦》、卷十二《雜卦》，凡經、傳十二篇。

《毛詩·小雅》凡七什，各什篇數不盡相同，其中《鹿鳴之什》《南有嘉魚之什》十三篇，《魚藻之什》十四篇，其餘四什分别都是十篇。朱子《詩集傳》對其篇什、次第、名稱做了調整，均分爲八什，每什十篇，除《鹿鳴之什》外，其餘各篇什的名稱都不相同。《鹿鳴之什》前九首詩篇次一同《毛詩》，其下《毛詩》依次是《魚麗》《南陔》《白華》《華黍》；而《詩集傳》以《南陔》爲《鹿鳴之什》末篇，[①] 將《魚麗》置於《華黍》之後，作爲第二什《白華之什》的第三篇[②]。

《大學》本爲《小戴禮記》之一篇，宋儒將鄭玄注本稱之爲古本，其内容大體可分爲兩部分：一部分提出明明德、親民、止於至善三項基本原則和格物、致知、誠意、正心、修身、齊家、治國、平天下八種方法；另一部分是對這三項原則和八種方法的解説和論證。朱子把前一部分稱之爲經，後一部分稱作傳，傳逐條解經，但缺少對於"致知在格物"和"誠其意在致知"的注解，而且"正心在誠其意"的注解也没有遵照八條目應有的次序，而是出現在諸傳之首。於是，他推斷前者是闕文，後者是錯簡。所以其改本《大學章句》就做了"移其文、補其傳"的工作，即根據二程思想補"格物致知"傳，又把"誠意"傳後移至"正心"傳之前，成爲一經十傳。事實上，二程儘管並未明言《大學》有闕文，但也都認爲有錯簡；朱子不過是在他們的基礎上又進了一步。南宋後期以降朱子改本（新本）大行於世，當然也有人仍秉持二程的觀點，反對補傳。至王陽明則一以古本爲正，認爲既無闕文，亦無錯簡，原無經傳之分。《中庸》也和《大學》一樣有古本、新本之别。鄭玄注本三十三章，朱子《中庸章句》重編章次，章數同，内容亦無變動，然段落劃分有所不同。今通行本即

---

① 《詩集傳·南陔》題解："此笙詩也，有聲無詞，舊在《魚麗》之後。以《儀禮》考之，其篇次當在此，今正之。"（中華書局1958年排印本，第109頁）

② 《詩集傳·白華之什》題解："毛公以《南陔》以下三篇無辭，故升《魚麗》以足《鹿鳴》什數，而附笙詩三篇於其後，因以《南有嘉魚》爲次什之首。今悉依《儀禮》正之。"（中華書局1958年排印本，第109頁）

朱子編定之新本。

三次文獻是宋元人爲前揭朱學系統新注再作的注釋，猶如唐宋人爲漢魏古注所作的疏（正義），大致可分爲兩種類型，一是羽翼、發明或辨證、去取朱熹等新注，一是纂集宋元及前代諸家經説，彼此互證，轉相發明。試擇其要者，列表如下：

類型	作者	書名	編纂特色
第一種類型	宋董楷	《周易傳義附録》	合程子《傳》、朱子《本義》爲一書，而採二子之遺説附録其下，意在理數兼通，又引程朱之語以羽翼程朱。
	元熊良輔	《周易本義集成》	雖主於羽翼《本義》，而與《本義》異者，亦頗多也。
	元陳師凱	《書蔡傳旁通》	於名物度數、《蔡傳》所稱引而未詳者，一一博引繁稱，析其端委；其《蔡傳》歧誤之處，則不復糾正。蓋如孔穎達諸經《正義》，主於發揮注文，不主於攻駁注文也。
	元王天與	《尚書纂傳》	是書雖以孔安國《傳》、孔穎達《疏》居先，而附以諸家之解，其大旨則以朱子爲宗，而以真德秀説爲羽翼。……其注疏或删或存，亦以二家之説爲斷。《自序》所謂“期與二先生合而已”，不敢“以私意（見）去取”，蓋道其實也。
	宋輔廣	《詩童子問》	主於羽翼《詩集傳》，以述平日聞於朱子之説，故曰“童子問”。
	宋朱鑒	《詩傳遺説》	蓋因重槧朱子《集傳》，而取文集、語録所載論《詩》之語，足與《集傳》相發明者，匯而編之，故曰“遺説”。
	元劉瑾	《詩傳通釋》	其學問淵源出於朱子，故是書大旨在於發明《集傳》，與輔廣《詩童子問》相同。
	元梁益	《詩傳旁通》	仿孔、賈諸《疏》證明注文之例，凡《集傳》所引故實，一一引據出處，辨析源委。
	元朱公遷	《詩經疏義》	爲發明朱子《集傳》而作，如注有疏，故曰疏義。其後同里王逢，及逢之門人何英，又採衆説以補之。逢所補題曰輯録，英所補題曰增釋，雖遞相附益，其宗旨一也。其説墨守朱子，不逾尺寸，而亦間有所辨證。
	元李廉	《春秋諸傳會通》	此書以諸家之説薈萃成編。……然是編雖以胡氏爲主，而駁正殊多，又參考諸家，並能掇其長義。一事之疑，一辭之異，皆貫串全經，以折衷之。
	宋真德秀	《四書集編》	博採朱子之説，以相發明；復間附己見，以折衷訛異。

续表

類型	作者	書名	編纂特色
第二種類型	元胡一桂	《易本義附録纂疏》	是編以朱子《本義》爲宗，取文集、語録之及於《易》者附之，謂之附録；取諸儒《易》説之合於《本義》者纂之，謂之纂疏。其去取别裁，唯以朱子爲斷。
	元董真卿	《周易會通》	斯編實本一桂之《纂疏》，而廣及諸家。初名曰"周易經傳集程朱解附録纂注"，……其後定名"會通"者，則以《程傳》用王弼本，《本義》用吕祖謙本，次第既不同；而或主義理，或主象佔，本旨復殊；先儒諸説，亦復見智見仁，各明一義，斷斷爲門戶之争。真卿以爲諸家之《易》途雖殊，而歸則同，故兼搜博採，不主一説，務持象數、義理二家之平。
	元董鼎	《尚書輯録纂注》	是編雖以蔡沈《集傳》爲宗，而《集傳》之後，續以朱子語録，及他書所載朱子語，謂之輯録。又採諸説之相發明者，附列於末，謂之纂注。《自序》稱《集傳》既爲朱子所訂定，則與自著無異；又稱"薈萃成朱子之一經"，則仍以朱子爲主也。
	元陳櫟	《尚書集傳纂疏》	是編以疏通《蔡傳》之意，故命曰疏；以纂輯諸家之説，故命曰纂。又以《蔡傳》本出朱子指授，故第一卷特標朱子訂正之目，每條之下，必以朱子之説冠於諸家之前，間附己意，則題曰"愚謂"以别之。
	元胡一桂	《詩集傳附録纂疏》	是編體例與其所著《易本義附録纂疏》悉同，採朱子文集、語録之及於《詩》者附於《集傳》，謂之附録；又採諸儒之説輔翼《集傳》者，次於附録，謂之纂疏；有與《集傳》異者，間一取之，注云"姑備参考"；至自下己意，則加"愚案""愚謂"以别之。蓋雖宗《集傳》，亦自具識解。①
	汪克寬	《春秋胡傳附録纂疏》	是書前有克寬自序，稱"詳注諸國紀年謚號，可究事實之悉；備列經文同異，可求聖筆之真。益以諸家之説，而裨胡氏之闕疑；附以《辨疑》《權衡》，而知三傳之得失"。然其大旨，終以《胡傳》爲宗。
	宋趙順孫	《四書纂疏》	是書備引朱子之説以翼《章句集注》，所旁引者，唯黄幹、輔廣、陳淳、陳孔碩、蔡淵、蔡沈、葉味道、胡泳、陳埴、潘柄、黄士毅、真德秀、蔡模一十三家，亦皆爲朱子之學者，不旁涉也。
	元胡炳文	《四書通》	是編以趙順孫《四書纂疏》、吴真子《四書集成》皆闡朱子之緒論，而尚有與朱子相戾者，因重爲刊削，附以己説，以成此書。凡朱子以前之説，嫌於補朱子之遺，皆斥不録。故所取於《纂疏》《集成》者，僅十四家，二書之外，又增入四十五家，則皆恪守考亭之學者也。大抵合於經義與否非其所論，唯以合於注意與否，定其是非。雖堅持門户，未免偏主一家。②

① ［清］瞿鏞：《鐵琴銅劍樓藏書目録》卷三經部三元刊本《詩集傳附録纂疏》二十卷解題，第49頁。

② 除《詩集傳附録纂疏》外，關於上述諸書編纂特色的内容均摘録自《四庫全書總目》經部相關類目下各書提要。

隨着朱學系統各經新注一統天下的格局的逐步形成，宋元人對其進行再注釋的著作不斷涌現。上述諸書僅爲其中代表性的、影響較大者。儘管我們將其大致劃分爲兩種類型，第一種以輔翼朱子等新注爲主，方法大多也是匯輯舊説，證成已意；第二種通過纂集舊説（主要是宋元人經説）來注解、疏證，或稱纂疏本，但均不出朱子學的範疇。不管哪一種類型，都把新注奉爲圭臬，以之爲核心，或徑稱疏，以孔（穎達）、賈（公彥）爲標榜，以疏解注，遵循疏不破注的原則。如趙順孫《四書纂疏》，鄧文原《四書通序》病其書之冗濫，胡炳文亦頗摘其失。但在四庫館臣看來，"經師所述，體例各殊。注者詞尚簡明，疏者義存曲證。順孫書以'疏'爲名，而自序云'陪穎達、公彥後'，則固疏體矣，繁而不殺，於理亦宜。文原殆未考孔、賈以來之舊式，故少見而多怪歟"[①]。又如陳師凱《書蔡傳旁通》一以《蔡傳》爲是，旁徵博引，拾遺補闕則可，糾謬正訛則不可，"蓋如孔穎達諸經《正義》，主於發揮注文，不主於攻駁注文也"[②]。

當然，儘管近古"五經四書"系統新注漸成主流，成爲壓倒多數的新經典，但仍然有學者打通兩個系統，兼顧正經注疏，藉以審視朱學系統新注的學術價值。如元俞皋《春秋集傳釋義大成》"經文之下，備列三傳，其胡安國《傳》，亦與同列。……然皋雖以四傳並列，而於《胡傳》之過偏過激者，實多所匡正"[③]。另外，《禮記》中的《大學》《中庸》及《論語》《孟子》雖然兼跨兩個系統，但區分還是明確的，主要是由注疏引申、孳乳而來的劃歸正經注疏系統，而自《四書》衍生、生發出來的則屬於"五經四書系統"。

明永樂中頒行的《四書大全》和《五經大全》實際上株守甚至攘取三次文獻各書，[④] 從中衍生而來。《四書大全》即全以倪士毅《四書輯釋》爲藍本，"稍加點竄"[⑤]，編訂而成。《周易（傳義）大全》取諸天臺董楷《（周）易傳義附録》、鄱陽董真卿《周易會通》和雙湖胡一桂《周易本義附録纂疏》、云峰胡炳文《周易本義通釋》[⑥]。《書經（傳）大全》大旨本陳櫟《尚書集傳纂疏》和陳師凱《書蔡傳旁通》[⑦]。又依顧、朱二氏所言，《詩傳大全》實出自元劉瑾《詩傳通釋》；《春秋大全》取材於汪克寬《春秋胡（氏）傳附録纂疏》。比較特殊的是《禮記大全》，"就陳氏（澔）《集説》而

① 《四庫全書總目》卷三五經部三十五《四書》類一是書提要，第298頁。

② 《四庫全書總目》卷一二經部十二《書》類二是書提要，第97頁。

③ 《四庫全書總目》卷二八經部二十八《春秋》類三是書提要，第225頁。

④ 參見清顧炎武：《日知録》卷一八《四書五經大全》（上海古籍出版社影印道光十四年黄氏西溪草廬刻黄汝成《集釋》本，1985年，第1385－1388頁）、朱彝尊《經義考》卷四九《周易傳義大全》二十四卷、又《義例》一卷按語（林慶彰先生等編著《點校補正》本，臺灣"中央研究院"中國文哲研究所籌備處，1997年，第二册，第341－343頁）。

⑤ 《四庫全書總目》卷三六經部三十六《四書》類二是書提要，第301頁。

⑥ 《四庫全書總目》卷五經部五《易》類五是書提要，第28頁。

⑦ 《四庫全書總目》卷一二經部十二《書》類二是書提要，第99頁。

增益之"[①]。這是因爲元代及明初科舉程式《禮記》均主注疏，永樂以後才廢注疏不用，只用《集説》。《大全》攘竊成書，爲後人所詬病；但取材對象多爲相關著述中學術價值較高者，或義理明備，或採擇精審，亦不可完全否定。

總之，從朱學系統新注中衍生出來的三次文獻（出以傳、釋、説、疏義、纂注、纂疏等名目），明初又成爲《四書五經大全》的取材對象，或沿用其例，或攘取成文。而《大全》一出，成爲官方指定的標準文本，懸爲令甲，直接影響到有明一代的經學，不僅漢唐注疏廢止不用，即便是其所從出的宋元疏義亦多湮没無聞。

2. 科舉的指示作用與經義、經疑之作

"五經四書"系統的經學文獻既以程朱理學爲絶對的指導思想，又以科舉考試的推廣和雕版印刷的發達爲雙驅動，在近古社會逐漸壓倒傳統的正經注疏，最終成爲主流的標準文本，呈現出多重衍生和通俗化的態勢。

科舉的演進，科舉文體的程式化，實質上從内容到形式對士人思想的桎梏都是越來越嚴，從而對經學文獻衍生的路徑也産生了影響。宋初科舉因襲唐制，神宗熙寧四年（1071），王安石變法，以經義論策取代了唐代以來以詩賦取士的制度，其時的經義文體還是較爲自由的散文。士人各佔治《易》《詩》《書》《周禮》《禮記》一經，《論語》《孟子》爲兼經，初試本經經義，次兼經經義，此後經義遂成定制。南宋以後，經義文體"則其篇甚長，有定格律，首有破題，破題之下有接題，有小講，有繳結，以上謂之冒子。然後入官題，官題之下有原題，有大講，有餘意，有原經，有結尾。篇篇按此次序，其文多拘於捉對，大抵冗長、繁複可厭，宜今日又變更之"。元代的經義有所變通，雖然"不拘格律，然亦當分冒題、原題、講題、結題四段"[②]。作爲元代科舉考試的另一項主要内容，經疑（"設爲疑事問之，以觀其學識也"[③]）原本在《四書》内出題，元末稍變程式，改爲本經疑，於是在五經中也出經疑題目。經義、經疑都要求以朱學系統新注爲主，這與明代八股文已經非常接近。所以，一般認爲八股文在文體上最直接的淵源就是宋代的經義[④]。

元代實行科舉，一般認爲始於元太宗九年（1237），因耶律楚材等之請，開科取士，"以論及經義、詞賦分爲三科，作三日程，專治一科，能兼者聽，但以不失文義爲中選。其中選者，復其賦役，令與各處長官同署公事"[⑤]。但此後科舉中斷了七十多年

---

① 《經義考》卷一四四《禮記大全》三十卷轉引陸元輔語，第四册，第866－867頁。

② 倪士毅《作義要訣·自序》，北京大學圖書館藏元刻本。

③ 《日知録》卷一六《經義論策》，第1254頁。

④ 如清劉熙載《藝概》卷六《經義概》云："經義試士，自宋神宗始行之……今之《四書》文，學者或並稱經義。"（上海古籍出版社1978年版，第172頁）有關這一問題，可參看朱瑞熙先生《宋元的時文——八股文的雛形》（《歷史研究》1990年第三期）。

⑤ ［明］宋濂等：《元史》卷八一《選舉志一》，中華書局1976年版，第七册，第2017頁。

未曾施行。直至仁宗皇慶二年（1313）十一月，才正式頒佈科舉程式，次年（延祐元年，1314）正式開科取士。按照這一程式，分榜而試，其中漢人、南人：

> 第一場明經、經疑二問，《大學》《論語》《孟子》《中庸》内出題，並用朱氏《章句集注》，復以己意結之，限三百字以上。經義一道，各治一經。《詩》以朱氏爲主，《尚書》以蔡氏爲主，《周易》以程氏、朱氏爲主，已上三經，兼用古注疏。《春秋》許用《三傳》及胡氏《傳》，《禮記》用古注疏，限五百字以上，不拘格律。①

明初實行科舉，亦以“五經四書”試士。至洪武十七年（1384）頒佈科舉定式：

> 《四書》主朱子《集注》；《易》主《程傳》、朱子《本義》；《書》主《蔡氏傳》及古注疏；《詩》主朱子《集傳》；《春秋》主《左氏》《公羊》《穀梁》三傳及胡安國、張洽《傳》；《禮記》主古注疏。永樂間，頒《四書五經大全》，廢注疏不用。其後，《春秋》亦不用張洽《傳》，《禮記》止用陳澔《集説》。②

明初科舉程式大體沿襲元代，雖以朱學系統新注爲主，但兼用注疏；而永樂以後廢注疏不用，止用《大全》。職此之故，元人雖宗尚朱子學，但尚有漢唐注疏之學的根柢，“當時經義，猶不盡廢舊説，故應試者得兼用之，此元代經學所以終勝明代也”③；明人則唯《大全》是務，正經注疏束之高閣，“於是明代士子爲制義以應科目者，無不誦習《大全》，而諸家之説盡廢”④。即便是純粹的經學著作，在當時科舉風尚的熏染之下，客觀上也多爲士子應考所用，或者説編纂之初亦不無適應科舉的預設。如元汪克寬《春秋胡傳附録纂疏》應該説學術目的是很純正的，但仍不免“蓋兼爲科舉而設”⑤。

科舉的指示作用無疑深刻地影響着經學文獻刊行的選題和頻次。南宋後期以降，《易》學領域並奉程、朱之學。咸淳二年（1266），朱子再傳弟子董楷據當時通行的六卷本《程氏易傳》和十二卷本《周易本義》，編纂而成《周易傳義附録》十四卷，這是傳、義合編之始。元明科舉程式規定《易》主程、朱《傳義》（這和董楷合編本的出現應該不無關聯），因此坊間也相應地出現了多種合編本和單行本。先有元人删繁就簡而

① ［明］宋濂等：《元史》卷八一《選舉志一》，中華書局1976年版，第七册，第2019頁

② ［清］張廷玉等《明史》卷七〇《選舉志二》，中華書局1974年版，第六册，第1694頁。

③ 《四庫全書總目》卷一二經部十二《書》類二附録《書義矜式》提要，第106頁。

④ 文淵閣《四庫全書·四書大全》書前乾隆四十一年（1776）提要。

⑤ 《四庫全書總目》卷二八經部二十八《春秋》類三是書提要，第229頁。

成的《周易傳義》十卷本，其後又出現了由十卷本《傳義》刪去《本義》、保留《程傳》重構而成的十卷本《伊川程先生周易經傳》。入明以後，作爲官學定本的《周易傳義大全》二十四卷的編修，更加強化了傳、義合編文本的權威性，於是衍生出二十四卷的《傳義》本以及四卷本《程傳》和四卷本《本義》。由《程傳》和《本義》各自別行到合編，再由合編本分別衍生出新的單行本，這反映了近古"五經四書"一系經學文獻傳刻的一般規律。

隨着科舉的日益平民化和科舉文體的不斷程式化，服務於科舉考試的輔導資料應運而生，以其簡便有效、切於實用而流行開來，所謂帖括之學、兔園册子大行其道。正是因爲體式和内容的程式化和封閉性桎梏了士人的自由發揮和主觀思考，使得這些類似於射策、猜謎的參考書瞄準科舉程式，對士人應考産生了立竿見影、行之有效的輔助作用，無疑是一條通往仕途的終南捷徑，所以一時大受追捧，泛濫開來。旺盛的剛性需求和利好的市場前景，對於編撰者和書坊來説都是有利可圖的，於是形成了編撰、刊行、銷售等各個環節聯動的完整利益鏈，又使得受衆進一步增多，影響進一步放大。這一類書在宋代既已出現，當時已有較大規模的梓刻；① 伴隨着元代重開科舉，又成爲坊刻本的重鎮，發行數量之大，流行區域之廣，使用之普遍遠遠超出宋代。根據相關書目著録及傳世版本，這類文獻大體可分爲兩個方面，一是科舉程文選編，將科舉考試中選的文章結集；一是經義作法指南，又可細分爲經義和經疑兩小類。倪士毅《作義要訣》是現存最早的專論科舉文體寫作的著作，總結了宋元有關經義寫作方法和技巧的論述，講解當時科舉經義的體例和程式，影響很大。

當然，元明時期經義之作儘管在民間十分通行，各種版本、各種類别層出不窮，但還是有有識之士提出異議，甚至批評。如明李時勉曰："此等書吾平生所不喜，以其專爲進取計，能怠學者求道之心故也。"② 不過，在仿效和鑽研帖括之學依然是登第的捷徑甚至是必由之路的大環境之下，個别清醒人物的聲音畢竟是極其微弱的，根本無法撼動科舉文體乃至科舉程式，也無法影響周邊士人的價值取向或閲讀方式。

3．"五經四書"通俗化的變體

"五經四書"系統多重衍生並漸趨通俗化的另一個驅動力來自書坊。宋元書坊的營銷模式是圖書編纂、刻印、銷售三位一身，書坊主的成份構成是文人、商人集於一體，這對學術是有積極的推動作用的；而學術進步尤其是儒學的發達又極大地促成了坊刻的繁榮，這種良性互動關係的建立和維繫對於學術和出版都是有利的。當然，書坊主給予

① ［宋］岳珂：《愧郯録》卷九"場屋編類之書"條論及"建陽書肆方日輯月刊"的"編類條目、撮載綱要之書"汗牛充棟，四方傳習（《四部叢刊續編》影印鐵琴銅劍樓藏宋刻本）。

② ［明］葉盛：《水東日記》卷六，四庫本，第1041册，第35頁下。

儒學足夠關注的同時，最爲留意的往往是其中有關科舉考試的經學文獻，更加看好其切於實用和宜於射利。於是不斷地推陳出新，本着通俗化、實用性的原則，緊緊地圍繞着科舉考試，衍生出“五經四書”的各種變體。

爲了適應一般讀書人閲讀以及學校教育、士子科舉的需求，諸經的音釋類著作（即對經文、注文施以注音和釋義）在元明時期頗爲流行，書坊不斷地花樣翻新。猶如《經典釋文》爲群經經文、注文注音釋義一樣，朱學系統新注成爲新的經典之後，也相應地産生了現實的需求，音釋本漸次衍生出來。其中流傳最廣、影響最大的是《書集傳》《詩集傳》音釋本。隨着《蔡傳》地位的不斷提升，受衆日趨擴大，梓行日漸頻繁，於是元末至正中鄒季友所撰《書集傳音釋》應運而生，可考者有至正五年（1345）虞氏明復齋、十一年德星書堂、雙桂書堂、十四年日新書堂和元明間宗文書堂等刊本。《詩集傳》音釋本也出現在元末，按所附音釋内容多寡可分爲簡式和繁式兩種類型：簡式指僅有反切或直音的注音，包括日本宫内廳書陵部所藏十卷本及其所從出之日本足利學校遺迹圖書館所藏宗文精舍至正十二年刻十卷本，以及蘇州博物館藏明洪武三年正齋精舍刻十卷本、北京大學藏明正統十二年司禮監刻二十卷本；繁式指除了注音之外尚有名物、典制的注釋，只有雙桂書堂和餘慶書堂刻羅復纂輯二十卷本《詩集傳名物鈔音釋》（雙桂書堂刻本今藏國圖，餘慶書堂刻本僅見於傅增湘《藏園群書經眼録》著録）。無論簡式還是繁式，音釋的主體内容都出自元許謙《詩集傳名物鈔》，但二者之間並無承繼或因襲關係，應是各自獨立完成的音釋本。《書集傳》《詩集傳》音釋本當時極爲通行，雙桂書堂、日新堂、宗文堂等書坊同時刊刻二書，配套而行。

宋元之際，出於鄉塾童蒙學習儒家經典尤其是士子科舉考試的需要，通俗淺近的旁注（或作傍訓）類、句解類經學文獻大量涌現，或依經直解，旁注窄行；或隨文分句，句各有釋，這些都是“五經四書”通俗化的産物。旁注本在元代已出現，元明兩代較爲通行，經文大字書於正行，訓釋字句意義者細書於旁簡，有署名羅祖禹、李恕、朱升等的“五經”、《四書》旁注之作。各家取材大體一致，互有因襲，編纂旨意不同，内容略有差異，表現出更多的複雜性和隨意性。

所謂句解本多爲“直音傍訓句解”三種注釋體式的集合體，經過變異、整合而成，兼釋音義，串講文意，其主旨在於取便初學，以應鄉塾課蒙之用。句解本大量出現在宋元之際，主要是由福建（可能還有江西）的書坊刊行，元、明兩代盛行，入清後作者和刊本似乎都不多見。據相關書目著録及現存版本可知，《周易》《尚書》《毛詩》《周禮》《禮記》《左傳》《論語》《孟子》等經均有句解本，編著較多、影響較大的作者有朱祖義、李公凱和朱申。由於發行量大，流通廣泛，同一著作往往有同一作者、不同書坊刊行，或不同作者、同一書坊刊行的不同版本。句解本或取材於通行的朱學系統新注，如李公凱《論語句解》取材於朱子《集注》；或另有所本，取材於宋元直至明代通行的其它經書注本，如李公凱《尚書句解》；或依據傳統的漢唐注疏改竄而成，如朱申《周禮句解》。總之，來源複雜，取材廣泛，並不盡出於朱學系統。就其内容而言，簡要明瞭，通俗淺近，如四庫館臣所云："雖循文詁義，無大發明，而較之竄亂古經、横生新義者，猶不失謹嚴之義"[①]，"故學者猶有研究古義之功"[②]。當然，這類文獻的選題和取材還是和科舉這一指揮棒的示意作用直接相關聯的，如李公凱《（纂集柯山）尚書句解》取材於南宋夏僎《柯山書解》，夏氏書直至明初還與《蔡傳》並行，用以取士。

早在前揭直音傍訓句解本出現之先，南宋林堯叟編撰《春秋左傳句解》，於淺近明瞭的句解之外，又有所謂"括例始末"（"括例"指總結義例；"始末"謂十二公前備載列國紀年及二十國大事），將《春秋經傳》通俗化、系統化，契合民間更廣大的讀者群體的知識背景和閱讀習慣，故宋元以降傳刻不輟，且衍生出附入林氏《句解》的胡安國《春秋傳》本和與杜預《春秋經傳集解》合編的杜林合注本等版本類型。其書絶非一般的通行於鄉塾的兔園册子，亦非簡單地出於書坊射利的科舉用書，既約定俗成，又喜聞樂見，既非欽定御撰，也非官方定本，但它作爲《春秋經傳》標準而又穩定的讀本，在民間有着廣闊巨大的受眾面和無比旺盛的生命力，其影響之深、勢力之大遠遠超出列爲科舉程式的單行杜注和《胡傳》。從這個意義上講，林氏《句解》雖爲精英學術史所闕失，究其實確爲《春秋》學史上不可或缺的一筆。科舉導向影響甚至左右着經學，而經學思潮又影響着學術取向，學術風尚又影響着圖書出版；反過來，成爲定式的坊刻經書讀本影響着讀者的閱讀模式和閱讀習慣，進而影響到其學術素養和知識結構，這又在一定程度上契合了科舉的風向標的功能。這些彼此互動的關係網密切地交織在一起，深刻地影響着《春秋》學史的走向。

近古時代，《四書》在民間的影響力和受眾面遠遠大於"五經"。元代最爲通行的兩部《四書》學著作——程復心《四書章圖纂釋》和倪士毅《四書輯釋》在明代合編，並不斷衍生出新的版本，由此可以探尋《四書》類經學文獻走向民間、漸趨通俗化的進程。二書先後於後至元三年（1337）和至正二年（1342）分别由建安德新堂和日新堂刊行。明初，坊間又先後出現了王元善《四書輯釋通考》以及二書合編本（附載王元善《通考》）。兩部名著合編，固然有書坊出於牟利的考慮，但確實也爲讀者閱讀提供了便利。宣德、正統間，王逢、劉剡又加以改竄、重編，變换體式，改易名目，成《四書通義》四十五卷，正統五年（1440）由進德書堂刊行。各種合編本漸次通行，單行本反而流傳不廣。《四書輯釋》和《四書章圖纂釋》元明兩代分合、孳乳的過程實際

---

① 《四庫全書總目》卷一九經部禮類一《周禮句解》提要，第153頁。

② 《四庫全書總目》卷三六經部三十六《四書》類按語，第307頁。

上就是近古經學文獻衍生路徑的縮影，折射出經學、科舉和書坊三者之間多重的互動關係。

宋元以降，坊刻經書（其中主要是“五經四書”）往往於卷首或卷末附刻與該書内容相關的參考資料，或梳理知識系統，或交待背景資料，或考索人物傳記，或辨明名物制度。如《周易》附刻程頤《上下篇義》、朱熹《易圖説》《周易五贊》《筮儀》《易説綱領》；《尚書》附刻朱子《説書綱領》；《詩經》附刻《詩傳綱領》《詩序辨説》；《春秋》附刻《春秋名號歸一圖》《春秋（二十國）年表》《春秋圖説》（含《諸國地理圖》《傳授次序圖》《一百二十四國爵姓》《周王族諸氏》《諸公族諸氏》《諸侯興廢》《春秋總例》《春秋始終》等）；《四書》附刻《讀大學法》《讀中庸法》《讀論語孟子法》等。各書附刻情況不一，《春秋名號歸一圖》《春秋（二十國）年表》《春秋圖説》已見載於南宋經注本《春秋經傳集解》，入元後除經注本之外更附刻胡安國《春秋胡氏傳》以行。《周易》所附刻之内容除《（易説）綱領》外均已見於南宋董楷所編《周易傳義附録》元刻本（宋刻本今已不存，是否附載上述内容不可考），《（易説）綱領》見於明初《周易傳義大全》。《尚書》和《四書》所附刻之内容始見於元代刊刻的“五經四書”系統各本，甚至更晚。各本附刻内容大多輾轉相承，因仍舊式，間有書坊重新校訂的情況。通過對各書附刻内容有無、多寡或沿用、校訂的考察，可以略窺其傳刻源流和版本流變。

三、其他系統或載體的經學文獻

由於經學的全面發展和雕版印刷的廣泛應用，近古經學文獻空前繁榮，趨向通俗化的同時，還呈現出多元化、多樣化的傾向。除了正經注疏和“五經四書”兩大主幹系統之外，仍然有其它系統（或者稱之爲系列，究其淵源雖不出上述兩個系統，但在某個特定歷史時期或特定範圍之内具有比較深遠而且持久的影響）的存在。例如，王安石熙寧變法，改革科舉制度，王氏新學系列著作行於場屋幾十年，雖中間不無反彈、摇擺，但還是直接影響到北宋後期直至南宋的學校教育和科舉取士制度，至少在某些歷史階段，它在學術上和政治上的影響力絶對可以與兩大主幹系統分庭抗禮，鼎足而三。北宋龔原、耿南仲分别著有《周易新講義》，先後作爲三舍法實施期間的太學講義，與王安石《易義》是一脉相承的，《郡齋讀書志》卷一上著録王、龔、耿三人《易》注，曰：“介甫‘三經義’皆頒學官，獨《易解》自謂少作未善，不專以取士，故紹聖後復有龔原、耿南仲注《易》，三書偕行於場屋。”

排除政治因素，單就學術史而言，與主流學術思潮迥異的其它學術範式是客觀存在的。在南宋《詩經》學史上，吕祖謙《吕氏家塾讀詩記》的影響僅次於《詩集傳》，

"兼總衆説，巨細不遺，挈領提綱，首尾該貫"①。是書大體上持論公允、通達，擇善而從，並不礙於成説或偏見，所謂"《詩》學之詳正，未有逾於此書者也"②。吕氏堅守毛、鄭，信從《小序》，按照我們預設的理論框架，可以納入正經注疏系統四次文獻；但其書既不浸淫於宋學風尚，又與朱子《詩》學不同，所以毋寧視作另外的系列。其後，嚴粲《詩緝》"以吕祖謙《讀詩記》爲主，而雜採諸説以發明之。舊説有未安者，則斷以己意"。四庫館臣以爲"宋代説《詩》之家，與吕祖謙書並稱善本，其餘莫得而鼎立，良不誣矣"③。戴溪《續吕氏家塾讀詩記》"以《吕氏家塾讀詩記》取《毛傳》爲宗，折衷衆説，於名物訓詁最爲詳悉，而篇内微旨、詞外寄托，或有未貫。乃作此書以補之，故以'續記'爲名"④。吕氏《讀詩記》宋代傳刻不輟，版本衆多，明代中葉以後再度流行，可見其《詩》學卓然自成一家。

近古已從寫本時代進入刻本時代，書籍的主流形制無疑就是刻本，而抄本作爲書籍流傳的重要方式依然不絶如縷。除了這兩種紙質載體之外，以儒家經典爲題材而鐫刻的石經是另一種重要的載體，也是經學文獻衍生的另一個方向：它源出寫本，又爲刻本所從出，在經學文獻衍生的路徑中起着重要的作用。之所以鐫刻入石，就是取其奉爲圭臬、傳之久遠之義，因此也就順理成章地成爲官方定本，無論是象徵意義上的還是現實社會對於標準文本的需求。比如唐代開成石經鐫刻的直接起因就是貞觀中顔師古校訂《五經文字》以後長期缺失統一的標準文本，這也是寫本時代手抄筆録、無意脱衍或有意增删的特點所决定的，直接的目的就是使學者取正，有本可依。開成石經除"九經三傳"之外，還附刻代宗大曆中張參所編《五經文字》三卷和文宗大和中唐玄度所編《九經字樣》一卷兩種正字書，考正經傳文字形體，辨析音義。實際上，在進入刊石階段之前，已先後經歷了大曆中書於太學講堂屋壁和大和中易以木版兩個階段，至開成中始刊石。寫本時代經書載體的多重切换，顯現出文本統一的趨勢；同時，也直接影響到刻本時代的文本樣貌，五代監本九經的經文就是以開成石經爲直接依據的。就雕版印刷而言，《五經文字》和《九經字樣》先後有二書分刊之五代及北、南宋監本，以及北宋重和中重新編刊的二書合編本《新定五經字樣》。這一過程頗具象徵意義，揭示了經學文獻衍生的規律性和複雜性，反映了文獻載體的世俗化和統一化傾向。

近古最重要的兩部石經是五代後蜀廣政石經和北宋嘉祐石經。蜀石經自廣政元年（938）由其相毋昭裔捐俸始刊，終廣政二十八年間共刻《孝經》《論語》《爾雅》《毛詩》《尚書》《儀禮》《禮記》《周禮》《春秋左氏傳》（截至十七卷，卷十八至三十書石

---

① 《中華再造善本》影印國圖藏南宋淳熙江西漕臺刻本《吕氏家塾讀詩記》卷首朱熹序。

② ［宋］陳振孫：《直齋書録解題》卷二是書解題，上海古籍出版社 1987 年版，第 39 頁。

③ 《四庫全書總目》卷一五經部十五《詩》類一是書提要，第 125 頁。

④ 《四庫全書總目》卷一五經部十五《詩》類一是書提要，第 124 頁。

在後蜀，而鐫成則已入宋）十經。北宋皇祐中田況補刻《公羊傳》《穀梁傳》,[①] 宣和中席貢補刻《孟子》[②]。關於蜀石經的底本，並無異議，古來皆以爲開成石經（指經文部分而言，傳注部分當有其它源頭）。如上所述，五代監本九經的經文也出自開成石經。晁公武開始注意到蜀石經與監本九經（“長興板本”）之間的文本異同，紹興中曾做過校勘，發現了監本九經的不少訛誤。乾道中，晁氏守成都，令學官具體施行這項工作。六年（1170），參校二本，“取經文不同者三百二科，著《石經考異》，亦刻於石”[③]，附立於蜀石經後。《石經考異》已佚，但它所揭示的由於不同載體經學文獻的衍生路徑不同而造成的文本異同現象值得我們注意。

儘管嘉祐石經傳世拓本經數有九，周密亦有“九經”之説,[④] 但真正是北宋刊刻的僅有八經，《孟子》是元初補刻的。傳統觀點認爲嘉祐石經始刊於至和元年（1054），恐非是，大約在慶曆元年（1041）既已肇啓。關於嘉祐石經散佚及其流向問題，歷來衆説紛紜，所謂金人運往燕京的説法不足爲據。金國子監也曾刊立石經，不過僅成《禮記》《春秋》二經，金、元兩代都曾修復過。元代汴梁路儒學建在北宋國子監故址，元世祖時曾修復過那裏的嘉祐石經，散亡殆始自元末之亂；明永樂中圮壞於水，所以開封府學易址，石經殘石也隨之遷徙，歸於開封府學，景泰中多已磨滅破碎；天順中，再次圮沕於水，但直到正德中還有殘石[⑤]。清代多已不見，僅有零星殘石被發現。

四、海外佚存經學文獻的回傳

中日兩國古代經學文獻的流播由來已久，近古尤爲頻數，這也是經學文獻衍生的一個真實側面和特殊形態，反映了文獻流傳的雙向軌迹和學術思想的交互影響。《七經孟子考文補遺》是日本江户時代古學派學者山井鼎考文、物觀補遺而成的經書校勘著作，在日中學術界都産生了相當大的影響。其書作爲僅有的兩部由外國人纂集的中國經學著作之一而被收入《四庫全書》（另一部是古學派學者太宰純校刊並注音的《古文孝經孔氏傳》），更得到了乾嘉學者翟灝、盧文弨、王鳴盛、洪頤煊、阮元等的肯定，成爲清代以降經書校勘不可或缺的著作。盧文弨校訂《周易注疏》、王鳴盛編撰《尚書後案》、

---

① ［宋］吕陶:《淨德集》卷一四《府學經史閣落成記》，四庫本，第1098册，第105頁上。

② ［宋］曾宏父:《石刻鋪敘》卷上《益郡石經》著録《石經孟子》十二卷，“宣和五年九月，帥席貢暨運判彭慥，方八石，逾年乃成，計四册”（北京圖書館出版社《歷代石經研究資料輯刊》影印清抄本，2005年，第三册，第320頁）。

③ ［宋］王應麟:《玉海》卷四三《後唐群經刻板》，江蘇古籍出版社、上海書店影印光緒中浙江書局刊本，1987年版，第二册，第811頁。

④ ［宋］周密:《癸辛雜識·別集上·汴梁雜事》稱“九經石板，堆積如山”，中華書局1988年版，第217頁。

⑤ 河南按察使陳鳳梧立石記其始末，其石清代亦已亡佚。全祖望嘗録其文，參見《鮚埼亭集》卷三八《明開封府學石經碑贊跋》（朱鑄禹《全祖望集匯校集注》本，上海古籍出版社2000年版，上册，第747頁）。

周春纂集《十三經音略》、阮元校勘“十三經注疏”、劉寶楠、劉恭冕父子撰著《論語正義》、孫詒讓重校“十三經注疏”等都以此書爲重要参校本。《考文補遺》的學術價值主要在於它保存了大量唐宋以來（甚至包括唐以前）的經書異文資料，爲經書校勘提供了更多、也更爲可靠的版本依據；大而言之，它也是日本儒學發展史和中日學術交流史研究的直接而珍貴的資料。

同樣是從日本回傳、但並非日人所作、亦收入《四庫全書》者，乃南朝梁皇侃所撰《論語義疏》，其書南宋後期亡佚，但在日本傳承不絕。江户時代寬延三年（1750），古學派學者根本遜志在其師荻生徂徠的鼓勵之下，校訂並刊行足利學校所藏古抄本[①]《皇疏》十卷，後經多次翻刻。乾隆三十六年（1771），武林汪鵬航海至日本，購回根本氏刊本。翌年，浙江省布政使王亶望將此本進呈《四庫全書》館，事先曾據以翻刻[②]。後來鮑廷博又用王氏翻刻本的版片印入《知不足齋叢書》，最爲通行。

事實上，作爲中日經學文獻傳承的重鎮，《孝經》學文獻是最具代表性和典型性的，雙向流播的歷史源遠流長，其中佔主流的當然是東傳日本。根據《日本書紀》的記載，七世紀初葉聖德太子《十七條憲法》中即有《孝經》的内容，可見其書傳入日本由來已久。自日本回傳，肇始於北宋，歐陽修《日本刀歌》即有“徐福行時書未焚，逸書百篇今尚存”的詩句，典出太平興國九年（984）日本僧奝然進獻《孝經鄭注》的史實[③]。在清代達到了高峰，對當時學界産生了深刻的影響。

所謂《古文孝經》孔安國傳，未必是西漢孔安國所作，漢魏以後長期流傳，梁末亡佚。隋開皇十四年（594）以後，經劉炫之手又出現了所謂《孔傳》本，對於其真僞問題當時即有争議。劉炫整理本隋唐時期傳入日本，而五代以後在中國既已不存。前揭收入《四庫全書》的太宰純校刻本《古文孝經孔氏傳》正是参校日本歷代流傳的多種寫（抄）本，旁及他書所引，更加音注而成。太宰本雖非漢魏時期《孔傳》原本，但直接淵源於隋唐舊本，亦非僞作。

所謂《今文孝經》鄭注，未必是鄭玄所作，大約亡於北宋之前。北宋時又有奝然進獻本自日本回傳，不過南宋再次亡佚。清嘉慶中，日本又有輯自《群書治要》的《孝經鄭注》回傳中國。六年（1801），鮑廷博重刊岡田挺之輯本，收入《知不足齋叢書》。儘管存在着質疑的聲音，但在當時還是引起了不少的關注。反過來，岡田本的西

① 據島田翰《古文舊書考》卷一《論語義疏》十卷解題，足利學校抄本係日本大永、天文間（十六世紀三十年代）所抄，“鈔手既非精，異同亦極惡，宜乎（根本）遜志所刻師心臆改，多失其本真矣”。島田氏又發現了日本曆應、寶德、永正抄本，抄寫時間均在足利本之前（北京圖書館出版社影印日本明治三十七年（1904）東京民友社聚珍排印本（更名《漢籍善本考》），2003 年，第 147 頁）。

② 乾隆五十二年（1787），武英殿又據文淵閣四庫本校刻印行。

③ ［宋］王應麟：《玉海》卷一五四《朝貢・元豐日本貢方物》，江蘇古籍出版社、上海書店影印光緒中浙江書局刊本，1987 年版，第四册，第 2836 頁。

傳及其在清朝學界的反響也促進了日本學界相關研究的深入展開，其後又出現了一些校訂、補遺之作，並翻刻《知不足齋叢書》本。

唐開元中，《孝經》古、今文和孔、鄭注争立，十年（722），唐玄宗自注《孝經》，“頒於天下及國子學”[①]；同時“詔（元）行沖爲《疏》，立於學官”[②]。天寶二年（743），“上重注，亦頒於天下”[③]；四載，刊石於太學。五載，再次頒行《疏》[④]。是謂“開元始注”和“天寶重注”。後世通行本均爲“重注”本。北宋咸平中，邢昺等以元行沖《疏》爲藍本，再爲“重注”作新《疏》。此後，《御注》《邢疏》成爲正經注疏系統《孝經注疏》的標準文本而行於世，“始注”、《元疏》及天寶重修《疏》漸次失傳。清光緒十年（1884），《古逸叢書》據源弘賢寬政十二年（1800）摹刻本（其底本是三條西實隆享禄四年（1531）抄本）覆刻《開元始注》，書題《覆卷子本唐開元御注孝經》，於是國人始見“始注”本。今存最早的“重注”刻本《御注孝經》一卷，藏宫内廳書陵部，乃狩谷棭齋舊藏北宋天聖、明道間刻本。“重注”在保持“始注”總體注釋風格的前提之下，在文字、訓詁和修辭上都做了修訂。通過比較研究，可以洞悉二者撰作背景、動因及文本、義疏等方面的異同。

總之，《孝經》學文獻東傳日本，衍生出新的寫本或刻本、活字本，再回傳中國，通過覆刻或翻刻等方式又衍生出新的版本。這個過程着實不同於近古一般經學文獻衍生的路徑，具有特殊性和不確定性。

贊　論

近古既是歷史學、語言學上的分期，同時也是社會學、哲學上的分期，因爲在這些領域，宋元明清各代都表現出相對一致的特徵和明顯的承續關係。文學適應市井社會的現實需求，實現了從宋詞到元曲再到明清小説脱雅入俗的切换；宗教迎合市民社群的精神需求而表現出民間化、世俗化的傾向；思想領域，以倫理道德爲核心的思辨哲學——宋明理學成爲主流意識形態；學術領域，宋學取代了漢學，佔據主導地位，束書不觀、游談無根的學風在明代漫延。在這種學術文化背景之下，基於日益發達的雕版印刷在社會生活、學術文化領域的普遍應用，受益於不斷深入的跨地區乃至跨國界的學術文化交流和商業貿易往來，與文學、宗教、思想、文化等領域日益顯著的世俗化傾向同步，經

---

① ［宋］王溥：《唐會要》卷三六《修撰》，中華書局 1955 年版，第 658 頁。詔見宋王欽若等編纂、周勛初先生等校訂《册府元龜》卷四〇《帝王部・文學》，鳳凰出版社 2006 年版，第一册，第 431 頁。

② ［宋］歐陽修、宋祁等：《新唐書》卷二〇〇《儒學下・元行沖傳》，中華書局 1975 年版，第十八册，第 5691 頁。後晉劉昫《舊唐書》卷一〇二《元行沖傳》亦曰“又特令行沖撰御所注《孝經》疏義，列於學官”（中華書局 1975 年版，第十册，第 3178 頁）。

③ ［宋］王溥：《唐會要》卷三六《修撰》，中華書局 1955 年版，第 658 頁。

④ ［宋］王溥：《唐會要》卷七七《論經義》，中華書局 1955 年版，第 1411 頁。

學文獻由傳統的單一形式不斷地衍生出更多、更新的類型，或立意簡明，深入淺出；或圖文並茂，取便初學；或取法程式，經義指南，愈發呈現出通俗化的特色。這固然是自覺地適應世俗化社會的普遍要求，更直接的動因還是服務於科舉考試和學校教育。因爲近古社會二者已經完全結合在一起，教育制度與官僚制度對接，學校淪爲科舉的附庸。帖括之學、兔園册子同樣適用於二者，成爲士人博取功名的利器。

在這個過程中，書坊無疑起到了推波助瀾的作用。經學文獻的最新衍生品類大都是由書坊率先完成的，不斷地推陳出新，以求適應更廣大的受衆。當然，直接的目的還是擴大市場佔有率，以實現利益的最大化。由於近古書坊獨特的運營模式，使得它游走於學術和商業之間：一方面，書坊主廣泛地接觸學者，徵詢選題，在他們周圍形成了一個比較穩定的學術團隊，這在客觀上有利於學術進步；另一方面，書坊主最終的着眼點當然是射利，所以他的出版規劃還是以是否暢銷爲取捨標準，在此前提之下的合理預期才是求得利潤和學術的最大平衡。

需要説明的是，由於經學文獻載體、體式、版本的衍變或通俗化，對於儒家經典文本内容的解讀或闡釋也相應地發生了變化。而且，影響和受衆主要分佈在民間的這種通俗化傾向並非完全吞噬或取代傳統的經學研究，經學自有其演進的内在規律性和連續性。即使是在各種衍生品類或通俗化變體大行於世之時，依然也有嚴謹守成、循規蹈矩的經學著作，保持着迥異於世俗的、象牙塔裏學術的本真和原生態。這些都是傳統經學史所關注的，不在本文論列範圍之内。

總之，近古經學文獻伴隨着時代的變遷、文化的走向，不斷地衍生、變異並漸次通俗化，表面上看起來似乎只是文本的嬗變、體式的翻新，實際上其中藴涵着豐富的思想史、文化史和物質生活史層面的動因，關涉着科舉與經學、學術與出版（尤其是坊刻）等多層次的複雜問題。我們希望運用傳統文獻學的方法，以版本研究爲核心，兼及文本，探究近古經學文獻傳刻過程中的衍生路徑及其通俗化的傾向，旨在揭示以文獻學治經學的學術方法論。我們進而認爲，文獻載體切换、版本傳刻、文本校勘在很大程度上推動着學術進步，而相關研究對於學術研究也有着巨大的拉動作用，絶不僅僅是單純的文本形態的研究（所謂“書皮之學”），由此可以進一步延伸到學術史的研究，並在個案研究的基礎之上把握其帶有普遍性的規律，這對於中國經學史和古文獻學史的研究都是有積極意義的。

附注：拙稿原係同名拙作（北京大學出版社 2014 年 12 月）緒論，謹此略做修訂，愧兹忝冒，以爲“第一届國際經學學術研討會”論文。

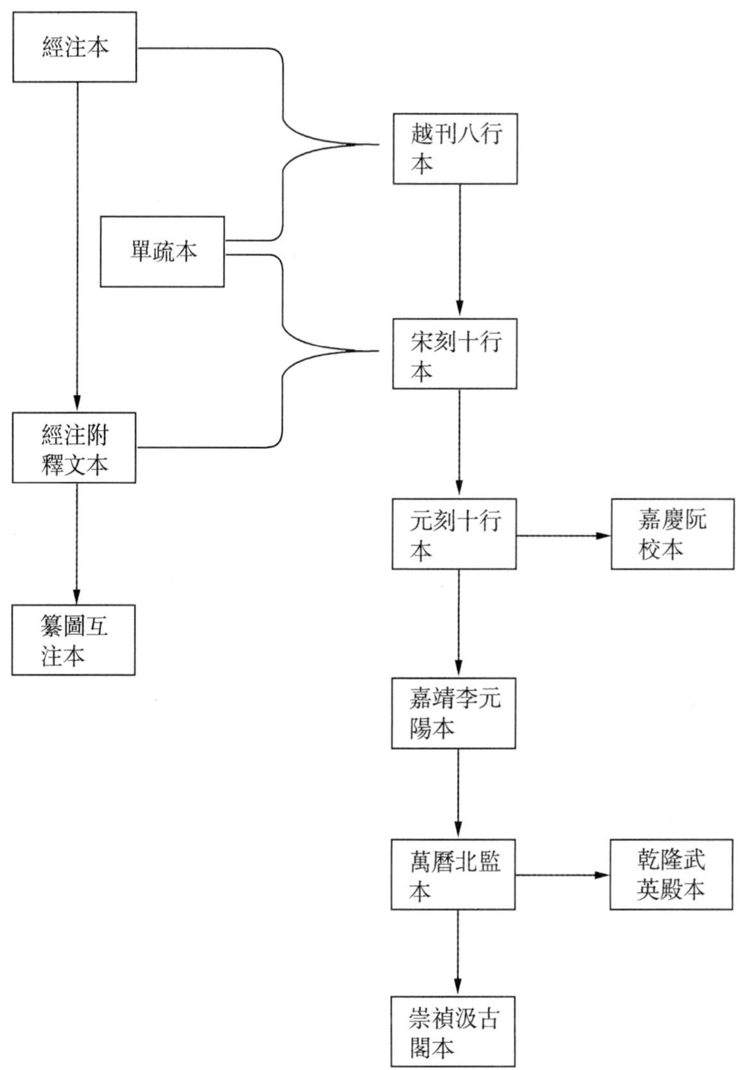

正經注疏衍生路徑示意圖

新、舊《五代史》載録經學史料述略

嘉義大學中國文學系　馮曉庭

一、前言

對於近日從事中國經學史研究的學者來説，“五代十國時期經學”可能是令人最爲困惑的研究課題與範疇之一，如是狀況之所以出現，並非起源於“五代十國時期”學問的高深難解，追究個中道理可以發現，歷來學者的意見造成認知偏差當是主要原因之一，而相關文獻長期未受應有的重視則當爲主要原因之二。

歷來學者於經學或經學史專著當中論述五代經學，時代稍早而影響較爲顯著者，如皮錫瑞（1850－1908）的《經學歷史》、馬宗霍（1897－1976）的《中國經學史》，又如日人本田成之（1882－1945）的《支那經學史論》（中譯更名爲《中國經學史》）、瀧熊之助（－1934－）的《支那經學史概説》（中譯更名爲《中國經學史概説》），這些前輩學者的認知，大抵不超越“五代十國時期經學”毫無可觀的設想。於是，皮錫瑞如是説道：

> 經學自唐以至宋初，已陵夷衰微矣。①

馬宗霍如是説道：

> 自唐以《九經》取士，歷五代迄宋，其制不改，五代雖曰亂離，而鏤板之術，於時始行。②

① ［清］皮錫瑞撰：《經學歷史》，學海出版社1985年版，第221頁。

② 馬宗霍撰：《中國經學史》，學海出版社1985年版，第107頁。

顯然，皮錫瑞與馬宗霍所見的“五代十國時期經學”，不但僅是“唐代經學”的遺續、内容無所更新，更呈現出衰頽朽敗的樣貌。此外，在馬宗霍的觀察中，此時唯一尚能與經學相關事務稱説載録的，便是經書將隨着雕板印刷技術的成熟而具備廣泛傳播以及文字劃同統一性的可能性。

中國學者所知如此，日本學者所見亦是，在論述“宋初經學”之初，本田成之如是説道：

> 從唐亡，後梁、後唐、晉、漢、周五代，迭爲興敗，兵亂繼續，凡五十餘年，由宋太祖趙匡胤統一天下。……其學問獎勵法，有似後漢底光武。①

所謂“五代，迭爲興敗，兵亂繼續，凡五十餘年”，“宋太祖趙匡胤”，“其學問獎勵法，有似後漢底光武”，在戰亂頻仍、朝代屢更的五代十國時期，經學的發展毫無進益，直至趙宋立國之後，學術方見振興，本田成之對於“五代十國時期經學”的理解，較諸同時期的中國學者，可以説並無二致。本田成之之外，瀧熊之助也如是説道：

> 自唐亡之後，歷後梁（二世，十七年）、後唐（四世，十四年）、後晉（二世，十一年）、後漢（二世，四年）、後周（三世，十年）共五代，前後五十餘年。兵亂相踵，文運殆無可觀者。②

瀧熊之助爲“五代十國時期經學”所下考語——“兵亂相踵，文運殆無可觀者”，相對於前述三者，言辭顯得益發激烈，其中意義不言可喻。

除了上述對於“五代十國時期經學”略有牽涉的四部專著之外，由安井小太郎（1858－1936）等人編撰的《經學史》③一書，於討論“唐宋經學”（由諸橋轍次（1883－1982）撰寫）的篇章之中，對於該時期的經學發展狀態，全然未加着墨，而如此不設隻字的表現方式，正是諸家認定“五代十國時期經學”乏善可陳的最佳注腳。

相對於早期研究者簡略而全般否定的論述，近年學者觀察“五代十國時期經學”，鋪陳的内容業已有所更革。如程方平撰作的《隋唐五代的儒學》一書，就將五代視爲“儒學改革”的時代，認爲該時期的經學研究發展實況是：

---

① 本田成之撰，孫俍工（1894－1962）譯：《中國經學史》，學海出版社1985年版，第237－238頁。

② 瀧熊之助撰，陳清泉（－1941－）譯：《中國經學史概説》，商務印書館1941年版，第251－252頁。

③ 安井小太郎等撰，林師慶彰、連清吉譯：《經學史》，萬卷樓圖書公司1996年版，第251－252頁。

> 五代時的經學教育處在唐宋兩個重要歷史時期之間，雖然數經戰亂，但仍頑強發展，繼承了隋唐時期經學教育的遺産和經驗教訓，爲開啟宋學起了重要的作用。以往，總以爲五代在教育及科舉的發展無甚可取，但在短短的五個朝代中均有健全的經學教育及科舉制度，並且各自運轉自如，這在整個教育史上亦屬罕見。①

在上列文字當中，“五代十國時期經學”不但維持了經學發展的命脈、保證了晚唐以來經學或儒學教育改革的延續，更有功於新興學術的啓動，其重要性以及作用性獲得明確的表述與關注。程方平對於“五代十國時期經學”的認知與評價，顯然與前輩所持大相逕庭。《隋唐五代的儒學》之所以能夠展現不同以往的觀察角度、提出異於前修、幾乎已成共識的見解，個中道理或許不一而足，而考核其書，程方平能夠較爲廣泛地徵引覽閱相關史料，按察事實詳加探研，則是最爲重要的因素。②

《隋唐五代的儒學》之外，由吴雁南（1929－2001）等人編纂的《中國經學史》，雖然以“五代經學的低落”爲書中關於“五代十國時期經學”的敘述厘定標目，但是仍然承認當時有關經學或儒學的學習風氣從未間斷，同時也認定經書的付諸板刊雖然是“一項基礎性的工作”，卻能收到“爲國學監生和士人習經提供一個定本”的功效。③ 從基本認知上看，吴雁南等人對於“五代十國時期經學”的觀點與馬宗霍、本田成之等人可説無甚歧異，然而《中國經學史》於論述過程中多引相關史料爲證，較諸前輩諸家的直觀論定，當然徵實可信。

前輩與晚近學者對於“五代十國時期經學”的描述所以有如是巨大的差異，或許牽涉到各自對於“經學”的定義，如“明經科”取士能否視爲經學研究的元素，便關乎學者對於經學研究行爲存在與否的判準；又如經學專籍曾見著録暨傳世留存者甚少，便關乎學者對於“五代十國時期經學”評價的判準。從史實敘述的層面來説，認知概念的參差，固然足以造成鋪陳方向的違背，然而，在史料憑據確實存在的狀態之下，歷史事件的“有”與“無”，絶對不可能出現南轅北轍、彼是我非的不同呈現，换言之，關於“五代十國時期經學”的敘述所以有所差異，研究者對於相關史料文獻的掌握，可能就是關鍵性的原因之一。設若針對目前常見的文字篇幅進行檢覈，的確可以發現某項趨勢，即前輩與晚近學者針對“五代十國時期經學”所施行的探究與討論，最大的區别便在於晚近學者能夠較爲全面以及有效率地徵引使用文獻材料，進而獲致相對完整與客觀的結論。或許可以這麽説，有關“五代十國時期”經學不彰、零夷衰微的説法，

---

① 程方平撰：《隋唐五代的儒學》，雲南教育出版社 1991 年版，第 159 頁。

② 該書頁 153 至頁 159，大量徵引相關史料文獻排比綜述，證明經學於“五代十國時期”仍見發揚。

③ 吴雁南等撰：《中國經學史》，福州市：福建人民出版社 2001 年版，第 267－268 頁。

其實是肇始於研究論説者對於相關文獻史料的忽略或失察，而這些忽略或失察，直接造成學者對於“五代十國時期經學”的忽略與興味澹然，也間接地促成“五代十國時期”經術不興的刻板印象，於是，“五代十國時期經學”的實質樣貌與影響後效，也就陷入長期缺乏關照的困境。

根據筆者粗略的觀察，歷來牽涉“五代十國時期經學”的文獻並非少數，如新舊《五代史》《十國春秋》《吴越春秋》《五代會要》《册府元龜》《全唐文》《兼明書》等典籍，對於當時官方或民間的經學活動，都有相當分量的記載，設若能夠經過系統綜理，必定足以證明“五代十國時期”並非於經學全無表現的時代。由於學者已經能夠擇取相關文獻記載充當論證的實據與敘述的依歸，“五代十國時期經學”的真實面目與價值意義，因而逐漸略現規模。

從學術的連貫性與史實敘述的完整性來看，儘管“五代十國時期經學”的真正面貌與價值，逐漸在近來研究者有效掌握與運用文獻史料的研究方式之下有所呈現，但是各項論述基本上是以“唐代經學”的後續以及“宋代經學”的開端作爲鋪陳的基調，並非專爲探研“五代十國時期經學”而設，嚴格地説仍視之爲“附屬”。在如是的情況之下，儘管與“五代十國時期經學”有關的史料文獻業已受到注目與採擇，但是仍然缺少全面性的檢視，“五代十國時期經學”的時代性與特殊性、“五代十國時期經學”在中國經學發展歷史當中應否被視爲獨立環節等議題，也就難以伸張。

如衆所知，要徹底厘清“五代十國時期經學”的真正樣貌，最爲理想的方法，當然是在不預設任何立場的狀態下全面檢閱有關的史料文獻，綜理耙梳、排比分析、據實陳述。而諸般文獻之中，名義上負責載録五代全般史實的新、舊《五代史》，由於成書時代甚早①，載録概括全期，應該可以稱爲推究“五代十國時期經學”面目的重要依據。爲收擴清“五代十國時期經學”初效，本文擬先行針對新、舊《五代史》篇章進行全面檢索，集結有關史料、類比數計，進而綜理辨析、鋪陳説解，藉以粗略勾勒描繪“五代十國時期經學”發展樣貌，並淺述其中義涵與啓示。

二、新、舊《五代史》載録經學史料分類

經過大致翻檢，初步得知《舊五代史》之中足以充當後世探研當時經學發展狀況的史料文字約八十九則，《新五代史》之中則存有三十三則（均不包含一則兼兩事者）。

---

① 《舊五代史》成書於宋太祖（趙匡胤，（927－976））開寶七年（974），時代距五代終結僅十四載，《新五代史》成書於宋仁宗（趙禎，（1010－1063））皇祐五年（1053），年代雖然較晚，而徵引史料多元，於《舊五代史》有補足之功。本文徵引之新、舊《五代史》文字，全數依［宋］薛居正（912－981）等撰、［清］邵晉涵（1743－1796）等輯：《舊五代史》洪氏出版社1977年版；［宋］歐陽修（1007－1072）撰：《新五代史》洪氏出版社1977年版爲準，以下僅標明篇名、卷、頁，不再重複記録版本。

由於新、舊《五代史》指涉敘述的史事主體一致，難免有所重疊，所以一百二十二則史文所關聯的事件名目，便不見得正如其數所示。設若根據關涉事務種類略加分析區別，則依其中結構可以繪成表格如下：

文獻類別	《舊五代史》	《新五代史》	總數
帝王貴冑與經學	15	12	27
政府官員論制度	12	2	14
官方教育與科舉	12	0	12
經書印本的刊刻	3	1	4
孔子的崇敬祭祀	7	1	8
圖書文獻的蒐集	7	0	7
個別學者的載録	33	17	50
總計	89	33	122

上表所示各項類別，只是依照筆者所見内容條列，而所謂全般一百二十二則，也僅只是通過筆者個人認知蒐擇而成，以管窺豹，能否正確詳實地呈現新、舊《五代史》所載經學史料的樣貌，當然需要再經檢證。

另一方面，儘管上表所列可能無法呈現新、舊《五代史》當中經學史料的精確結構，但是分析各個項目的數量以及相互之間的數差，或許可以獲致若干值得先行稱述的現象與討論鋪陳的指標：

其一，關於個别學者研究經學的事迹，新、舊《五代史》中載録最多，如是的現象當然與傳統正史篇幅大部分爲“列傳”的資料結構有關。然而，倘若當時知識分子絶不從事經學研究活動，史傳也將無由記録，新、舊《五代史》雖然不如其他史書設有《儒林傳》，但是出自各項“列傳”的五十則文字，説明了“五代十國時期”仍然存在着因爲從事經學研究活動而受矚目書記的學者。

其二，帝王貴冑對於經書經學的關注，在新、舊《五代史》當中亦見載録，可見“五代十國時期”雖然朝代更迭頻仍、人君率皆馬上治天下，兵馬倥偬、藩輔大抵奮武而無文，但是統治階級對於經書或者經學並未全然遺棄，儘管甚少推動鼓吹，而學術或許因此保有若干存在與發展的空間。

其三，資料結構顯示，五代政府建立制度、選取教育人才，在相當程度上仍然需要借重經書或經學，可見經學與經書仍然是“五代十國時期”重要的文化現象，對當時社會依舊保有規範與指導作用，並未喪失其經典性的崇高地位。

三、帝王貴胄與經學活動

新、舊《五代史》中與帝王貴胄涉入經學活動相關的記載，性質最爲明確的，莫過於直接書寫統治階級人物從事經書學習事務，其中所述歸屬於帝王之家的篇章如：

安王友寧，字安仁。少習《詩》《禮》，長喜兵法，有倜儻之風。（《舊五代史·梁書·宗室列傳·安王朱友寧》卷12，頁161）

友倫幼亦明敏，通《論語》、小學，曉音律。（《新五代史·梁家人列傳·朗王存·子友倫》卷13，頁134）

帝洞曉音律，常令歌舞于前。十三習《春秋》，手自繕寫，略通大義。（《舊五代史·唐書·莊宗本紀》卷27，頁366）

（帝）善騎射，膽勇過人，稍習《春秋》，通大義。（《新五代史·唐本紀·莊宗》卷5，頁41）

（高季興）謂賓佐曰："新主百戰方得河南，對勳臣誇手抄《春秋》；又豎手指云：'我於指頭上得天下。'"（《舊五代史·周書·世襲列傳·高季興》卷133，頁1752）

帝髫齔好讀《春秋》，略通大義。（《舊五代史·唐書·閔帝本紀》卷45，頁613）

高祖鎮太原，命瑯琊王震以《禮記》教帝，不能領其大義，謂震曰："非我家事業也。"（《舊五代史·晉書·少帝本紀》卷81，頁1067）

重貴少而謹厚，善騎射，高祖使博士王震教以《禮記》，久之，不能通大義，謂震曰："此非我家事也。"（《新五代史·晉本紀·出帝》卷9，頁89）

壽王重乂，字宏理，高祖第三子也。幼岐嶷，好儒書，亦通兵法。（《舊五代史·晉書·宗室列傳·壽王重乂》卷87，頁1140）

綜合上列文字，則"五代十國時期"帝王宗室參經學活動的表象情狀，在新、舊《五代史》的陳述之中可以初步分析如下：

其一，除了後漢以及後周，五代帝王宗室家人當中確實各有若干研讀經書者，如後梁的朱友寧（？ –916）、朱友倫（？ –903），後唐的莊宗（李存勖，885 –926）、閔帝（李從厚，914 –934），後晉的少帝（石重貴，914 –974）、石重乂（919 –937）。

其二，"五代十國時期"帝王宗室所研讀的經書，有明確記録的，包括《詩經》《禮》《論語》《春秋》《禮記》等五種，而籠統的稱述則有"儒書"一辭。

其三，帝王宗室接受經書教育者，欣然承教、信而好之者固然存在，混沌不識、無所擷取者亦有所在。

帝王宗室以經書作爲王孫教育的課本、以經學經述充當皇嗣養成的科目，至少在漢代便可見其端倪，在經書與經學文化指導性與政治實用性全盤確立的現實條件之下，皇家教育體系更加無法摒除經書研讀或經學研究的環節，於是，各項史册文獻於帝王宗室研討與崇尚經書經學的事迹每多載述。從史料一貫性的角度來説，正史之中有關帝王宗室從事經學活動的書録，除非内容特殊，實在没有特別列舉、討論其中義涵的必要；然而，從比對相較的角度來看，新、舊《五代史》所載經學材料較諸其他正史，在比例上明顯偏低，是以字字珍玉，自是彌足寶貴，同時，在馬上治天下觀念強烈的現實環境當中，帝王皇室居然對於經典學習一節仍能有所操持，事實載於史册，對於探討中國經學發展歷史的學者來説，其重要性益發可見。

前列史文除了能夠呈現經學文獻層面的表象性意義之外，設若進一步探究，還可以獲致以下數項認識：

其一，自後梁伊始，雖然各代易幟頻仍、國祚短促，繼世傳位多不過四嗣、享國視事久不過十載，而研讀經書者，代代有之。儘管如是的存續狀態無法證明“五代十國時期”皇家宗室確實視經書教育爲統治階級養成的必要程序，也不能充任當時王孫必然全數接受經書教育的憑據，但是經書與經學教育的確存在於當時皇室教育體系之中，或許會對人君發揮若干影響，則是可以確認不疑的。

其二，從紀録上看，五代皇室所研讀的經書，似乎並未展現一致性，也没有展現所謂時代性，也就是説，當時統治階級之間，或許並不存在專崇某部經書的風氣。換言之，當時帝王宗室閲讀經書，擇取可能全憑一己所好，並未顧及時代以及文化等外在因素。唯一較爲特殊的，就是後唐莊宗與閔帝二代皆好讀《春秋》，雖然都只能“通大義”，於道理無甚深入，但兩代君主喜好如斯，唐莊宗甚至手抄《春秋》經文、展示群臣，是否可以就此認定後唐皇室重視《春秋》，抑或後唐皇室視《春秋》之學爲“家族之學”、期盼藉此倡導風氣與建立價值觀，則是足堪思考、饒富趣味的議題。

其三，後唐莊宗研習《春秋》，手鈔《春秋》經文，示諸群臣，終而道出“我於指頭上得天下”之語，據新、舊《五代史》所載，則唐莊宗似乎認定能代後梁享國，全然肇因尊崇研讀《春秋》。後晉高祖（石敬塘，892 –942）爲教育繼承人，延請國子監博士王震以《禮記》教授晉出帝，據新、舊《五代史》所載，則晉高祖雖於馬上得天下，而似乎仍然認定經書教育對於國家繼承人而言具備正面意義。儘管唐莊宗事實上是“百戰方得河南”，而“指頭上得天下”一語亦飽受高季興（858 –929）等人批判，晉出帝經王震（ –938 – ）教授，“久之”，仍“不能通大義”，終有“非我家事業也”之嗚，終究不能抹滅“五代十國時期”的確有若干君主對於經書經學有所重視的事實，經學以及經書對於當時統治階級的意義，也因此而有所呈現。

帝王與宗室研讀經書，事迹載諸史册，固然是皇家於經學研讀活動有所參與的直接證據，而若干表面上無關的間接敘述，也可以充當認識相關史事的力證，如後唐明宗（李嗣源，867 –933）於訓示秦王李從榮（？ –933）之際所道：

> 經有君臣父子之道，然須碩儒端士，乃可親之。吾見先帝好作歌詩，甚無謂也。汝將家子，文章非素習，必不能工，傳於人口，徒取笑也。吾老矣，於經義雖不能曉，然尚喜屢聞之，其餘不足學也。（《新五代史·唐明宗家人列傳·秦王從榮》卷15，頁136）

唐明宗於經書研讀一事是否卻有操作，新、舊《五代史》並無載録，然而依循“經有君臣父子之道”“吾老矣，於經義雖不能曉，然尚喜屢聞之”“其餘不足學也”等語，則唐明宗於經書經學有所認識，或許是合理推斷。此外，“詩歌”“文章”與“經義”等三項唐明宗所提及的文化學習活動之中，唯有“經義”一項受到肯定，或許也凸顯了當時統治階級對於經書經學的實質觀點。

當然，經書經學的學習，或者説研習經學的學者，面對“五代十國時期”的統治階級，也曾經遭受若干衝擊，如：

> 太祖平生不愛儒者。（《新五代史·雜傳·李琪·兄珽》卷54，頁616）
>
> 帝與允明等謀誅楊邠、史弘肇等，議已定，入白太后。太后曰：“此大事也，當與宰相議之。”李業從旁對曰：“先皇帝平生言，朝廷大事，勿問書生。”（《新五代史·漢家人列傳·皇后李氏》卷18，頁192）

所謂“平生不愛儒者”“朝廷大事，勿問書生”，知識分子在當時的地位顯然不及武人疆吏，儘管這些文字指涉的可能涵蓋全體知識分子而非專限於經生，但是在忽視知識分子的政治與社會氛圍之下，經學活動的發展必受限制，則是合理的推斷。前輩學者言及“五代十國時期經學”，大多懷抱着“陵夷衰微”“文運殆無可觀者”等觀點，或許正是如斯紀録的作用與後效。

除了存記帝王宗室從事經學活動的相關史料之外，新、舊《五代史》還載録了若干與經學無直接關係，卻又息息相關的事件，即歷代政府對於孔子（前551 – 前479）的崇奉。歷代君主對於孔子的崇奉，確立於漢武帝（劉徹，前156 – 前87）獨尊儒術之後，對於孔子的崇奉，内容通常涵蓋三項：一是修築廟室，一是祭祀敬奠，一是册封後嗣。檢詢新、舊《五代史》，關於孔子崇奉一事，較有意義的記載可以列舉如後：

（開平三年十二月）國子監奏："創造文宣王廟，仍請率在朝及天下現任官僚俸錢，每貫每月尅一十五文，充土木之植。"允之。是歲，以所率官僚俸錢修文宣王廟。（《舊五代史·梁書·太祖本紀》卷5，頁81）

（天成二年八月）以吏部郎中、襲文宣公孔邈爲左諫議大夫。（《舊五代史·唐書·明宗本紀》卷38，頁526）

孔邈，文宣王四十一代孫。（《舊五代史·唐書·孔邈列傳》卷69，頁905）

（長興三年五月）以文宣王四十三代孫曲阜縣主簿孔仁玉爲兗州龔邱令，襲文宣公。（《舊五代史·唐書·明宗本紀》卷43，頁591）

（廣順二年六月）帝幸曲阜縣，謁孔子祠。既奠，將致拜，左右曰："仲尼，人臣也，無致拜。"帝曰："文宣王，百代帝王師也，得無敬乎!"即拜奠於祠前。其所奠酒器、銀鑪並留於祠所。遂幸孔林，拜孔子墓。帝謂近臣曰："仲尼、亞聖之後，今有何人?"對曰："前曲阜令、襲文宣公孔仁玉，是仲尼四十三代孫，有鄉貢《三禮》顏涉，是顏淵之後。"即召見。仁玉賜緋，口授曲阜令，顏涉授主簿，便令視事。仍敕兗州修葺孔子祠宇，墓側禁樵採。（《舊五代史·周書·太祖本紀》卷112，頁1482）

（廣順二年六月）幸曲阜，祠孔子。（《新五代史·周本紀·太祖》卷11，頁114）

根據上列條文，則五代五十四年之間（907－960），中央政府於孔子崇奉有關的三大事項，盡皆有所作爲：

其一，國子監文宣王廟（地點應該在當時國都汴京）的造築工作，始於後梁太祖（朱温，852－912）開平（907－910）年間，費用由官僚俸禄節出。

其二，孔子四十一世後人孔邈（－927－）、四十三世後人孔仁玉（－932－）、顏淵（前521－前481）後裔顏涉（－952－），均受册封。

其三，後周太祖（郭威，904－954）於廣順二年（952）臨幸孔子故里曲阜，"謁孔子廟""拜孔子墓"。

從歷史發展的角度來説，五代帝王崇奉孔子，代表了對於歷史事實的繼承；從政府典制的角度來説，五代帝王崇奉孔子，代表了對於政府典制的遵行；兩者都不見得能夠證明皇室崇尚儒學或者帝王獎掖學術。筆者以爲，這些歷史事件存録於史册的最大意義，便是説明了"五代十國時期"的政治氛圍、文化風氣以及社會價值觀雖然因爲兵燹叢生而有所更易，但是"反孔""反儒"或者"反經書""反經學"等意識卻未在當時的統治階層之間傳佈，也許正因爲如此，"孔門之學"或者經書經學方能獲致存留的空間，以待日後發揚。

四、政府援經論制與明經取士

自漢代以來，經書的權威性格逐漸完備，其内容也隨而成爲中國地區文化發展、制度創建、社會構築、價值樹立的依歸與範式。是以，政府成員援引經書所載制定或論辯律法施行、政策推動、制度構成的實例，在史册當中可謂屢見不鮮。檢覈新、舊《五代史》，政府成員根據經書所述訂定法式、考辨制度、決斷嫌疑的載録不一而足，其中於經書關聯較深、較具經學研討義涵者，依時序先後計有"後晉議避諱""後晉議廟制""後周議珪璧"等三項，分款探析，或者亦能見"五代十國時期經學"之一斑。

（一）後晉議避諱（《舊五代史·晉書·高祖本紀》卷77，頁1014）

後晉高祖天福三年（938）二月，中書省官員針對避諱問題上書，所述重點如下：

> 《禮經》云："禮，不諱嫌名，二名不偏諱。"《注》云："嫌名，謂音聲相近，若禹與宇、邱與區也。二名不偏諱，謂孔子之母名徵在，言在不稱徵，言徵不稱在。"此古禮也。唐太宗二名並諱，玄宗二名亦同，人姓與國諱音聲相近是嫌名者，亦改姓氏，與古禮有異。

對於後晉所要執行的避諱之制，中書省臣僚的建議有二，一是遵循"古禮"，一是遵循"唐禮"。所謂古禮，便是依據《禮記·曲禮》所陳述的"禮，不諱嫌名，二名不偏諱"① 等語爲中心推演建置而成者。根據鄭玄的解釋，則"不諱嫌名"指的是不避諱"音聲相近"之字，"二名不偏諱"指的是"二名不一一諱也"。因此，"禹與宇（《十三經注疏》本'宇'作'雨'）、邱（《十三經注疏》本'邱'作'丘'）與區""音聲相近"，書寫稱呼之際，無須避諱；孔子母名"徵在"，書寫稱呼之際，諱"徵"則不諱"在"、諱"在"則不諱"徵"。

至於"唐禮"，則是"二名並諱""人姓與國諱音聲相近是嫌名者，亦改姓氏"，書寫稱呼之際，既避"嫌名"，又行"偏諱"，顯然與《禮記》所言歧異。

議論上陈，晉高祖以爲"二名及嫌名事"，"雖踰孔子之文"，但是"未爽周公之訓"，裁示"依唐禮施行"，諱"二名及嫌名"。

---

① ［漢］戴聖（－前51－）編次，［漢］鄭玄（127－200）注，［唐］孔穎達（574－648）正義：《禮記·曲禮篇》卷3，頁12下。本文徵引的《十三經》暨相關説解原文，全數依清仁宗嘉慶二十年（1815）江西南昌府學刊《十三經注疏》本（藝文印書館，1985年12月影印）爲準，以下僅標撰注者、書篇名、卷、頁，不再重複紀録版本。

（二）後晉議廟制（《舊五代史·禮志》卷142，頁1897－1903）

1. 段顒議廟制

後晉高祖天福二年（937）正月，由於國號初創，未立宗廟，中書省與門下省上書建請籌設相關制度典禮。二月，太常博士段顒（－937－）首發議論，認爲：

其一，宗廟數額對於歷代政權來説，一向最難以確認訂定，施行宗廟制度，“須考《禮經》，以求故事”——必須遵循《禮經》的載録，所行方能合乎禮制故實。經書中關於宗廟制度的記載，最早見於《尚書·舜典》，《舜典》云：“正月上日，受終於文祖。”① 所述正是“堯之廟”，然而並未明載其廟數額。經書中存宗廟數額之説者有二，一是《禮記·喪服小記》的四廟之説，一是《禮記》中《祭法》《王制》的七廟之説。

其二，《喪服小記》經文“王者禘其祖之所自出，以其祖配之，而立四廟”，則古制天子立宗廟四，而鄭玄《注》以爲：“高祖以下至禰四世，即親盡也，更立始祖爲不遷之廟，共五廟也。”則古制除“四親廟”之外，又立“始祖之廟”，其數額總計爲五。

其三，《禮記·祭法》經文“王立七廟……諸侯立五廟……大夫立三廟……適士二廟……官師一廟”（卷46，第8頁，上），《王制》經文“天子七廟，三昭三穆，與太祖之廟而七。諸侯五廟，二昭二穆，與太祖之廟而五。大夫三廟，一昭一穆，與太祖之廟而三。士一廟”（卷12，頁13下），則古制天子立宗廟七。天子七廟之説，除了《禮記》之説，《孔子家語》《春秋穀梁傳》也存其説；此外，《尚書·咸有一德》經文“七世之廟，可以觀德”（卷8，第27頁，下），亦可證古制天子七廟之説。

其四，周舍（469－524）《禮疑義》兼記兩説，認爲“天子立七廟，或四廟，蓋有其義也”——兩者都具備合理性。所謂“四廟”，則“從禰至高祖已上親盡”——由親父上至高祖，血親之義已盡，“故有四廟之理”。至於“七廟”，則是於“四親廟之外”，“緣自古聖王，祖有功、宗有德，更封立始祖”——由於先古聖王祖宗功德煊赫，子孫開國承家，緬懷“祖功宗德”，是以立廟崇祀；然而祖宗功德“不拘定數”，所以後世遂有“五廟、六廟”“七廟、九廟”之制，綜其道理，於“四親廟”外别立他廟，目的在於“欲後代子孫觀其功德”，所以《尚書》方云“七世之廟，可以觀德”。

其五，“四廟”“七廟”之制，原理等同，而“七廟”之制，“並通其理”，兩者皆有兼顧，是以建請設立宗廟七所，然而宗廟創制，茲事體大，所以“檢七廟、四廟二件之文”，陳請百官詳議。

2. 劉昫議廟制

段顒檢具“四廟”“七廟”之説，而以“七廟”爲宜的論説上陈之後，晉高祖敕令

① 舊題［漢］孔安國（－前100－）傳，［唐］孔穎達正義：《尚書》，《舜典》卷3，第4頁下。

官員參詳，左僕射劉昫（887－946）等人有所疑義，以爲：

其一，《禮記·王制》經文“天子七廟，諸侯五廟，大夫三廟”，孔穎達於《尚書正義》有所申述，認爲：

> 周制之七（“之”字《十三經注疏》本無）者，太祖廟（“廟”字《十三經注疏》本無）及文王、武王之（“之”《十三經注疏》本作“二”）祧與親廟四；太祖，后稷也。商六廟，契及湯與二昭、二穆。夏則五廟，無太祖，禹與二昭、二穆而已。（卷8，28上）

如此，則夏、商、周三代，宗廟必立“四親”，而各緣祖宗功德，有所增益。宗廟數額，“自夏及周，少不減五，多不過七”——“五廟”“六廟”“七廟”之數，均合古禮。

其二，《禮記正義》以爲：“天子七廟，皆（“皆”字《十三經注疏》本無）據周也。”（卷12，頁14下）“七廟”之説，乃是周代制度，依據三代通行禮法，則“五廟”“六廟”“七廟”皆合乎制度，“有其人則七，無其人則五”。三代以後，魏、晉、宋、齊、隋及唐初，“多立六廟或四廟”，所以建置如此，是因爲建國初始，“無其人”，“不盈七廟之數也”。

其三，“四親”之制爲宗廟基礎，於古禮有徵，是以建請設置“高祖以下四親廟”，至於“始祖一廟”，建置與否，則仍陳請天子垂示。

3. 張昭遠議廟制

劉昫等人陳請斟酌建置“始祖一廟”，御史中丞張昭遠（－937－）頗持疑義，上書議論道：

其一，《禮記·王制》經文“天子七廟，三昭三穆，與太祖之廟而七”，鄭玄《注》以爲：“此周制也。七者，太祖后稷及文王、武王與四親廟。”又以爲：“商人六廟，契及成湯與二昭二穆也。夏后氏立五廟，不立太祖，唯禹與二昭二穆而已。”根據《王制》經文與鄭玄《注》的説釋，則商人、周人各自以稷、契爲太祖，夏人無太祖，也無“追謚之廟”，那麼爲“太祖”、亦即“始祖”立廟，並非定制。考諸史書，歷來各代宗廟，“都無始祖之稱”，僅商、周二代各自以稷、契爲太祖，由此可知，不爲“始祖”立廟，方是禮制之正。

其二，《禮記·中庸》經文：

> 武王纘太王、王季、文王之緒，壹戎衣而有天下……尊爲天子……宗廟饗之。……周公成文、武之德，追王太王、王季，祀先公（“祀先公”《十三經注疏》本

作“上祀先公”）以天子之禮。(卷52，第14頁下)

又《孝經·聖治篇》經文：“周公郊祀后稷以配天。”① 就此觀之，周武王（姬發，? -前1043）“雖祀七世”——設立宗廟有七，但是“追爲王號者，但四世而已”——僅只追尊后稷、太王、王季、文王四祖爲“王”。如此舉措，與設“四親廟”之義相合。所以“自東漢以來，有國之初，多崇四廟”，所遵循的，便是周代宗廟之制。建請“創立四廟”，並推崇“四世之中名位高者爲太祖”。

4. 劉昫再議廟制

張昭遠建請“創立四廟”之後，劉昫等人再發議論，以爲：

其一，《禮記·王制》“天子七廟，三昭三穆，與太祖之廟而七”之説，依鄭玄《注》所言，確爲“周制”，爲周王室獨有之制。至於“四廟”，涵蓋的則是“高、曾、祖、禰四世”。《禮記·大傳》經文：“（武王）追王大王亶父、王季歷、文王昌。”（卷34，第2頁，上）又因爲“后稷爲堯稷官，故追尊爲太祖”。這便是“周武王初有天下”之際，“追尊四廟”——設置四宗廟的明確紀録。

其二，自漢、魏以來，至於周、隋，開國創業之君，宗廟設置，以四廟爲制，所依循的，便是“周武王初有天下”，宗廟建置的本旨，是以建請依張昭遠所議，設置四廟，並不設立“始祖之廟”。

（三）後周議珪璧（《舊五代史·禮志》卷143，頁1910－1912）

後周世宗（柴榮，921－959）顯德四年（957）四月，朝廷敕令“禮官博士”等人“議祭器、祭玉制度以聞”，本次議論的焦點集中於祭典所使用的諸般玉器，論辯雙方的代表人物各自爲國子祭酒尹拙（－957－）與國子博士聶崇義（－957－）。新、舊《五代史》所録史文之中，尹拙與聶崇義論難的重心有二，一是“璧”的形制，一是“璜琮”的形制。

1. 尹拙議玉制

尹拙議論“璧”與“璜琮”形制，内容如下：

其一，蕭梁崔靈恩（－514－）撰《三禮義宗》，以爲：“蒼璧所以祀天，其長十有二寸，蓋法天之十二時。”同時，後漢班固（32－92）編撰的《白虎通德論》、隋代牛弘（545－610）、潘徽（－605－）編撰的《江都集禮》，都認爲“璧皆外圓内方”②。綜合三家之説，則“璧”的直徑應爲十二寸，形制當爲“外圓内方”，確無疑義。

① ［唐］唐玄宗（李隆基，685－762）注，［宋］邢昺（932－1010）正義：《孝經·聖治篇》卷5，第2頁上。

② ［漢］班固撰：《白虎通德論·文質》，上海古籍出版社影印江安傅氏雙鑒樓藏元刊本，1990年版：“方中圓外曰璧。”卷7，第53頁下。

其二，《三禮義宗》又云："璜琮所以祀地，其長十寸，以法地之數。其琮外方内圓，八角而有好。"則"琮"的形制應是"外方内圓"，呈"八角"之形，而當中有圓孔。

2．聶崇義議玉制

對於尹拙的説釋，聶崇義不以爲然，反駁糾正道：

其一，《周禮·冬官·玉人》經文："璧……好三寸以爲度。""璧、琮九寸。"[①] 則璧有九寸之制，無可質疑，是以阮氏（？－？）與鄭玄《禮圖》都定璧之直徑爲九寸。此外，《爾雅·釋器》經文："肉倍好謂之璧，好倍肉謂之瑗，肉好若一謂之環。"郭璞《注》以爲："好，孔也；肉，邊也。（二"也"字《十三經注疏》本無）"[②] 則《爾雅》雖然"不載尺寸之數"，但是綜合"璧好三寸""肉倍好謂之璧"等語，則"兩邊肉各三寸，通好共九寸"，璧的直徑爲九寸，當是無可質疑。

其二，《周禮·冬官·玉人》經文："琮八角而無好。"[③] 而賈公彦《周禮疏》及阮氏《禮圖》均不言琮内有孔。又琮、璜、珪、璧，"俱是祀天地之器"，而《爾雅·釋器》説釋各式玉器，"唯言璧、環、瑗三者有好，其餘璜、琮諸器並不言之"，益發可證琮中無孔，而琮之形制"八角而無好"，甚爲明確。

3．田敏裁決優劣

尹拙與聶崇義論玉制，一方以爲璧徑十二寸、琮八角中有孔，一方以爲璧徑九寸、琮八角中無孔，兩者所論皆有所據。議論既出，責任太常卿田敏（880－971）裁決剖判，田敏認爲尹拙所説雖云有所根據，然而聶崇義援引《周禮》正文，"其理稍優"，建請"從之"，聶崇義的意見於是成爲政府建置祭祀玉器制度的依歸。

從討論發起的動機、目的以及討論者的身份來看，發生於"五代十國時期"的"後晉議避諱""後晉議廟制""後周議珪璧"等三大討論事件，所據儘管多爲經書材料，然而政府制度建構或者法令調整的色彩濃厚，並非單純的經學討論案件。如是的議論角度，當然與兩漢政府所召開的"石渠閣會議""白虎觀會議"在本質上有所差異。雖然兩者都緣起於統治階級"經學爲政治服務"的期盼，但是"石渠閣會議"與"白虎觀會議"至少是爲了討論經學議題而設，會議的結果對於其後的經學發展有絶對性影響；而五代政府"議避諱""議廟制""議珪璧"，只是擇取經學材料作爲制度法令建立或變革的參照或依據，姑且不論所舉學説受不受用，也不論如斯事件歷來多有，單就討

---

① ［漢］鄭玄注，［唐］賈公彦（－652－）疏：《周禮·冬官·玉人》卷41，第4下－5上頁。

② ［晉］郭璞（278－324）注，［宋］邢昺（932－1010）正義：《爾雅·釋器》卷5，第18頁上。

③ 《十三經注疏》本《周禮·冬官·玉人》無"琮八角而無好"一語，而有"璧琮九寸"（卷41，第5頁上）、"璧琮八寸"（卷41，第6頁上）、"瑑琮八寸"（卷41，第7頁上）等語。另，《周禮·春官·大宗伯》經文："以黄琮禮地。"鄭玄《注》："琮八方像地。"（卷18，第24頁下）。推究聶崇義所論，則所謂"琮八角而無好"一語，或許是綜合這些文字、未經詳細查覈分别所致。

論内容缺乏深入詮釋這一點來説，五代官員所爲難於經學研究有所啓發，便已能輕易推知。

對於經書詮釋或經學研究而言，五代政府“議避諱”“議廟制”“議珪璧”，是不具備任何實質意義的；然而，對於試圖認識“五代十國時期經學”的研究者來説，新、舊《五代史》的有關記載，或許蘊含了若干值得思考的面向：

其一，從後晉到後周，三次重要的討論，基本上與禮制的建構有關，而討論的對象既然是禮制，那麼載録禮文獻的《三禮》，成爲討論者徵引的資取，當然是合理的現象，同時，根據《三禮》文字討論國家制度，史書所載多有。因此，新、舊《五代史》當中出現相關記載，並不能證明“五代十國時期”《禮》學研究發達，政府官員當中嫻於《禮經》多，充其量只能説明當時知識分子尚能依據經書提出相關意見，讀經或研經者的確存在。另一方面，新、舊《五代史》的紀録説明了雖然這些論述參與者的言論都能有所依據，但是並未踰越前修所設，可見“五代十國時期經學”的確存在信古守舊性格。

其二，除了“後周議避諱”之外，“後晉議廟制”與“後周議珪璧”兩事，至少都有兩方相互論難，然而，在通盤檢閱論爭的過程與内容之後，可以發現相互論難的兩派，或者採用的材料一致、而解讀不同，或者援引的基本文獻參差，而無論何者，或許都可以視之爲學術派别的歧異。然而，新、舊《五代史》的載録當中，經學史上所謂“家法”“師法”等學術派别的區隔，似乎並不存在。相互論難的兩方，並未在討論啓動之後勢如水火，而其意見也未在日後造成經書詮釋觀點分裂的事實。當然，無關仕進、非爲經學，可能是數次論難之後波瀾不生的重要原因，但是當時經學處在“統一”日久的狀態之下，確實已無派别之分，或許是可以考慮的元素。

其三，後晉政府“議避諱”，官員以《禮記》所載“古禮”與“唐禮”進陳，晉高祖選擇了“唐禮”。《曲禮》所言“古禮”遭到否定，當然不能視爲“五代十國時期”經學衰微、經書失卻文化權威性的表徵。而晉高祖用“唐禮”捨《禮記》，卻凸顯了若干所謂值得討論的現象。一是所謂尊經崇儒，對於統治階級而言，是否必然？二是人君帝王，在面臨經書所載以及其他選項之際，其判别標準若何？筆者以爲，二者不但是探究“五代十國時期經學”必須注重的問題，也是研究任何一個時期經學歷史必須重視的環節。

從唐代起，“進士科”與“明經科”考試便是唐代擢拔人才的兩個主要方式，“進士科”考試以辭賦聲律的測驗爲主，“明經科”考試則以經學爲測驗範圍。“明經科”考試首重“帖經”，參與考試者必須默寫各經經文，在“經義”測試方面則是以“墨義”的方式進行，必須依照《正義》文句一字不易地回答問題，不許應考者稍有逾越。五代政府承繼李唐制度，科舉亦以“進士科”與“明經科”爲主，新、舊《五代史》

當中有關“明經科”取士的重要記録有以下數則：

（天福五年四月）禮部侍郎張允奏，請廢明經、童子科，從之。因詔宏詞、拔萃、明算、道舉、百篇等科並停之。（《舊五代史·晉書·高祖本紀》卷79，頁1040）

（天福五年四月）禮部侍郎張允奏曰：“明君側席，雖切旁求；貢士觀光，豈宜濫進。竊窺前代，未設諸科，始以明經，俾昇高第。自有《九經》《五經》之後，及《三禮》《三傳》已來，孝廉之科，遂因循而不廢，搢紳之士，亦緘默而無言，以至相承，未能改作。每歲明經一科，少至五百以上，多及一千有餘，舉人如是繁多，試官豈能精當。況此等多不究義，唯攻帖書，文理既不甚通，名第豈可妄與。且常年登科者不少，相次赴選者甚多，州縣之間，必無遺闕，輦轂之下，須有稽留，怨嗟自此而興，謗讟因茲而起。但今廣場大啟，諸科並存，明經者悉包於《九經》《五經》之中，無出于《三禮》《三傳》之内，若無釐革，恐未便宜，其明經一科，伏請停廢。”……敕明經、童子、宏詞、拔萃、明算、道舉、百篇等科並停。（《舊五代史·選舉志》卷148，頁1979－1980）

（開運元年八月）詔復置明經、童子二科。（《舊五代史·晉書·出帝本紀》卷83，頁1094）

（開運元年八月）詔曰：“明經、童子之科，前代所設，蓋期取士，良謂通規。爰自近年，暫從停廢，損益之機未見，牢籠之義全虧。將闡斯文，宜依舊貫，庶臻至理，用廣旁求。其明經、童子二科，今後復置。”（《舊五代史·選舉志》卷148，頁1980）

（廣順二年二月）禮部侍郎趙上交奏：“貢院諸科，今欲不試汎義，其口義五十道，改試墨義十道。”從之。

（廣順三年正月）趙上交奏：“進士元試詩賦各一首，帖經二十帖，對義五通，今欲罷帖經、對義，别試雜文二首、試策一道。”從之。

（廣順三年八月），刑部侍郎、權知貢舉徐臺符奏：“請别試雜文外，其帖經、墨義，仍依元格。”從之。（《舊五代史·選舉志》卷148，頁1981）

（顯德二年六月）禮部侍郎竇儀奏，請廢童子、明經二科及條貫考試次第，從之。（《舊五代史·周書·世宗本紀》卷115，頁1531）

（顯德四年十月）詔懸制科凡三：其一曰賢良方正能直言極諫科，其二曰經學優深可爲師法科，其三曰詳閑吏理達于教化科。不限前資、見任職官，黄衣草澤，並許應詔。時兵部尚書張昭條奏，請興制舉，故有是命。（《舊五代史·周書·世宗本紀》卷117，頁1562）

上列各項之中，對於説明五代政府辦理“明經科”考試梗概頗有助益，若能仔細推敲，於“五代十國時期經學”，當有更深入理解，設若簡要統合諸般文字，則可檢得以下初步認識：

1.“明經科”考試的興廢

其一，晉高祖天福五年（940）四月，罷“明經科”。

其二，晉出帝開運元年（944）八月，復置“明經科”。

其三，周世宗顯德二年（955）六月，罷“明經科”。

2.“明經科”考試的内容

其一，考試科目類别：《五經》《九經》《三禮》《三傳》。

其二，考試的方式：“帖經”——墨寫經書文字。“口義”——對考官背誦《正義》或《疏》文字。“墨義”——由“口義”改制，墨寫《正義》或《疏》文字。

3.“明經科”考試廢黜的原因

其一，當時“每歲明經一科”及第中選者，“少至五百以上，多及一千有餘”，人數繁多，必然無法正確選拔優秀人才。

其二，參與“明經科”考試者，“多不究義”——對於經書義理大多無有深究，“唯攻帖書”——僅僅專攻墨寫經文疏文，“文理既不甚通”，實在不宜選取。

其三，因爲“明經科”考試難度低，“常年登科者不少”，安插選官，難免有所愆遲，“怨嗟謗讟”因此滋生，實在不宜再行辦理。

針對新、舊《五代史》關於當時“明經科”考試的記載，尚可進一步解讀如下：

其一，“明經科”考試在後晉、後周兩度遭到罷廢，雖然廢黜的時間不長，且其間一度恢復，但是終五代之世仍未獲重啓，顯見該考試科目的確於當時政府選才並非最爲緊要。中央政府對於“明經科”考試的輕忽、利禄的斷絶，是否會造成仕子對於“明經科”考試的鄙棄，甚或是對閲讀經書、專研經學的蔑視，頗堪推敲。

其二，“明經科”所以受到中央政府輕忽，原因在於選取的人才素質不佳，選取的人才素質不佳，則肇因於考試的方式不善。根據張允（－940－）的奏章，則當時“明經科”考試以“帖經”“墨義”爲主，考生專司背誦，便可及第中選，而及第中選者甚至可能連經書文理大義都不能通解。是以，在如此制度之下，不但政府無法藉以選拔優秀人才，經書研究與經學探討的高度與深度也可能會大受影響。

其三，因爲中央政府鄙視“明經科”考試，便認定五代政府不重視經書研讀或經學研究、鄙視經生，事實上是錯誤的認知。周世宗顯德四年，政府應兵部尚書張昭（－957－）陳請，決議增設三個選拔人才的科别，一是“賢良方正能直言極諫科”、二是“經學優深可爲師法科”、三是“詳閑吏理達于教化科”，不限資格，皆可應選。三科當中“經學優深可爲師法科”赫然在列，可見五代當中，至少後周政府對於深通經學的碩儒經師仍舊有所尊崇。此番政令的頒佈，可以凸顯當時社會或許的確存在“經學優深”的碩儒經師，也説明了閱讀經書與研究經學等學術活動確實有所存續，“五代十國時期”並非全然於經學毫無表現的時代。

除了辦理“明經科”考試、增設“經學優深可爲師法科”選取人才之外，新、舊《五代史》還記載了五代政府開雕“經書印板”的史實四則，其文字如下：

(長興三年二月) 中書奏:“請依石經文字刻《九經》印板。”從之。(《舊五代史·唐書·明宗本紀》卷43，頁588)

(乾祐元年五月) 國子監奏《周禮》《儀禮》《公羊》《穀梁》四經未有印板，欲集學官考校雕造。從之。(《舊五代史·漢書·隱帝本紀》卷101，頁1343)

時以諸經舛繆，與同列李愚委學官田敏等，取西京鄭覃所刊石經，雕爲印板，流佈天下，後進賴之。(《舊五代史·周書·馮道列傳》卷126，頁1658)

(田敏) 以印本《五經》遺從誨，從誨謝曰:“予之所識不過《孝經》十八章爾。”敏曰:“至德要道，於此足矣。”敏因誦《諸侯章》曰:“在上不驕，高而不危，制節謹度，滿而不溢。”從誨以爲譏己，即以大卮罰敏。(《新五代史·南平世家·高季興·子從誨》卷69，頁858－859)

根據新、舊《五代史》的記載，則經書印板一事，内情如下：

其一，倡始自後唐明宗長興三年（932），主其事者爲李愚（？－935）、田敏、馮道（833－954）等人。

其二，經書印板以唐“開成石經”爲底本，預計刊刻《九經》（《周易》《尚書》《毛詩》《禮記》《春秋左氏傳》《儀禮》《周禮》《春秋公羊傳》《春秋穀梁傳》）文字。

其三，後漢隱帝（劉承佑，930－950）乾祐元年（948）五月，國子監奏稟“《周禮》《儀禮》《公羊》《穀梁》四經未有印板，欲集學官考校雕造”，可見至少於漢隱帝之前，五代政府已經完成《周易》《尚書》《毛詩》《禮記》《春秋左氏傳》等《五經》印板的刊刻。又田敏曾經以“印本《五經》”贈予南平高從誨（891－948），高從誨於唐明宗天成二年（929）至後漢隱帝乾祐元年在位，又可證《五經》印本的完成必在乾祐元年以前。

五代政府開啓經書印板的開雕工作，不但爲經書文字提供統一的板本，也保障了經書研讀以及經學研究等活動的留存與推廣。更重要的是，這項措施啓迪了趙宋中央對於諸經《正義》以及《經典釋文》印板的雕造工作，應該可以説是“五代十國時期”對於後世經學發展産生最巨大影響的學術行爲。

五、五代十國時期的經學研究者

新、舊《五代史》不但記載了與官方有關的經學活動，也記録了當時若干從事經學研究者的事迹，以下便依史文所録分類陳列：

（一）研讀《周易》者

1. 許寂

許寂，字閑閑……汎覽經史，窮三式，尤明《易》象。……昭宗聞其名，徵赴闕，召對於内殿。……問《易》義。（《舊五代史·唐書·許寂列傳》卷71，頁944）

2. 馬重績

馬重績，字洞微……少學數術，明太一、五紀、八象、《三統大曆》。……晉高祖以太原拒命，廢帝遣兵圍之，勢甚危急，命重績筮之，遇《同人》，曰："天火之象，乾健而離明。健者君之德也，明者南面而嚮之，所以治天下也。同人者，人所同也，必有同我者焉。《易》曰：'戰乎乾。'乾，西北也。又曰：'相見乎離。'離，南方也。其同我者自北而南乎？乾，西北也，戰而勝，其九月十月之交乎？"是歲九月，契丹助晉擊敗唐軍，晉遂有天下。……明年，張從賓反，命重績筮之，遇《隨》，曰："南瞻析木，木不自續，虚而動之，動隨其覆。歲將秋矣，無能爲也！"七月而從賓敗。（《新五代史·雜傳·馬重績》卷57，頁664－665）

（二）研讀《尚書》者

1. 李愚

李愚，字子晦……家世爲儒。父瞻業……以《詩》《書》訓子孫。愚童齔時，謹重有異常兒，年長方志學，徧閲經史。（《舊五代史·唐書·李愚列傳》卷67，頁890）

2. 馬重績

石昂，青州臨淄人也。家有書數千卷，喜延四方之士，士無遠近，多就昂學問……昂父亦好學，平生不喜佛説，父死，昂於柩前誦《尚書》，曰："此吾先人之

所欲聞也。”（《新五代史·一行傳·石昂》卷34，頁371－372）

（三）研讀《毛詩》者

1. 李愚

李愚，字子晦……家世爲儒。父瞻業……以《詩》《書》訓子孫。愚童齔時，謹重有異常兒，年長方志學，徧閱經史。（《舊五代史·唐書·李愚列傳》卷67，頁890）

2. 李保殷

李保殷，河南洛陽人也。昭宗朝，自處士除太子正字……歷長水令、《毛詩》博士。（《舊五代史·唐書·李保殷列傳》卷68，頁904）

（四）研讀《三禮》者

1. 王震

高祖鎮太原，命瑯琊王震以《禮記》教帝，不能領其大義，謂震曰：“非我家事業也。”（《舊五代史·晉書·少帝本紀》卷81，頁1067）

重貴少而謹厚，善騎射，高祖使博士王震教以《禮記》，久之，不能通大義，謂震曰：“此非我家事也。”（《新五代史·晉本紀·出帝》卷9，頁89）

2. 顔涉

（後周太祖）謂近臣曰：“仲尼、亞聖之後，今有何人？”對曰：“……有鄉貢《三禮》顔涉，是顔淵之後。”（《舊五代史·周書·太祖本紀》卷112，頁1482）

（五）研讀《春秋》者

1. 敬翔

（敬翔）見太祖，太祖問曰：“聞子讀《春秋》，《春秋》所記何等事？”翔曰：“諸侯争戰之事耳。”太祖曰：“其用兵之法可以爲吾用乎？”翔曰：“兵者，應變出奇以取勝，《春秋》古法，不可用於今。”（《新五代史·梁臣列傳·敬翔》卷21，第208頁）

2. 張希崇

張希崇，字德峰，幽州薊縣人也。……希崇少通《左氏春秋》。(《舊五代史·晉書·張希崇列傳》卷88，頁1147)

張希崇字德峰，幽州薊人也。少好學，通《左氏春秋》。(《新五代史·雜傳·張希崇》卷47，頁528)

3. 烏震

震略涉書史，尤嗜《左氏傳》。(《舊五代史·唐書·烏震列傳》卷59，頁794)

震爲人純質，少好學，通《左氏春秋》。(《新五代史·唐臣列傳·烏震》卷26，頁279)

4. 張憲

張憲，字允中，晉陽人……憲始童丱，喜儒學，勵志横經，不舍晝夜。……弱冠盡通諸經，尤精《左傳》。(《舊五代史·唐書·張憲列傳》卷69，頁911)

5. 史匡翰

史氏世爲將，而匡翰好讀書，尤喜《春秋三傳》，與學者講論，終日無倦。(《新五代史·唐臣列傳·史建瑭·子匡翰》卷25，頁269)

(六) 研讀《論語》者

1. 趙贇

幽州節度使趙德鈞奏："臣孫贇，年五歲，默念《論語》《孝經》，舉童子，於汴州取解就試。"(《舊五代史·唐書·明宗本紀》卷40，頁547)

(七) 研讀《孝經》者

1. 趙贇

幽州節度使趙德鈞奏："臣孫贇，年五歲，默念《論語》《孝經》，舉童子，於

汴州取解就試。”（《舊五代史·唐書·明宗本紀》卷40，頁547）

（八）“明經科”及第者

1. 淳于晏

淳于晏，以明經登第。（《舊五代史·唐書·淳于晏列傳》卷71，頁943）

彦威客有淳于晏者，登州人也，少舉明經及第。（《新五代史·雜傳·霍彦威》卷46，頁506）

2. 馬縞

馬縞，少嗜學儒，以明經及第。（《舊五代史·唐書·馬縞列傳》卷71，頁942）

馬縞，不知其世家，少舉明經（《新五代史·雜傳·馬縞》卷55，頁633－634）

3. 蘇禹珪

蘇禹珪，字玄錫……父仲容，以儒學稱於鄉里，唐末舉《九經》……禹珪性謙和，虚襟接物，克構父業，以《五經》中第。《舊五代史·周書·蘇禹珪列》卷127，頁1674）

（九）“明經科”未及第者

1. 張衍

衍樂讀書爲儒，始以經學就舉，不中選。（《舊五代史·梁書·張衍列傳》卷24，頁325）

2. 吴巒

吴巒，字寶川，鄆州盧縣人也。少舉明經不中。（《新五代史·唐臣列傳·吴巒》卷29，頁325）

3. 司徒詡

（司徒詡）少好讀書，通《五經》大義，弱冠應鄉舉，不第。（《舊五代史·周書·司徒詡列傳》卷128，頁1691）

（十）“讀經書”者

1. 孫騭

孫騭，滑臺人。嗜學知書，微有辭筆。……雅好聚書，有《六經》《漢史》洎百家之言，凡數千卷，皆簡翰精至，披勘詳定，得暇即朝夕躭翫，曾無少怠。（《舊五代史·梁書·孫騭列傳》卷24，頁324）

2. 李延光

（李愚）與李延光相善，延光以經術事梁末帝爲侍講，數稱薦愚，愚由此得召。（《新五代史·雜傳·李愚》卷54，頁620）

3. 崔棁

崔棁字子文，深州安平人也。……少好學，頗涉經史，工於文辭。（《新五代史·雜傳·崔棁》卷55，頁632）

（十一）“學爲儒、讀儒書”者

1. 王師範

師範雅好儒術，少負縱横之學，故安民禁暴，各有方略，當時藩翰咸稱之。（《舊五代史·梁書·王師範列傳》卷13，頁176）

2. 趙鳳

趙鳳，幽州人也，少爲儒。（《舊五代史·唐書·趙鳳列傳》卷67，頁889）

趙鳳，幽州人也，少以儒學知名。（《新五代史·唐臣列傳·趙鳳》卷28，頁308）

3. 藥縱之

藥縱之，太原人，少爲儒。(《舊五代史·唐書·藥縱之列傳》卷71，頁941)

4. 張策

張策，字少逸，河西燉煌人也。父同，爲唐容管經略使。策少聰悟好學，通章句。(《新五代史·唐六臣傳·張策》卷35，頁377)

5. 張從訓

張從訓，字德恭。本姑臧人，其先迴鶻别派……從訓讀儒書，精騎射。(《舊五代史·晉書·張從訓列傳》卷91，頁1204)

6. 薛融

薛融，汾州平遥人。性純和，以儒學爲業。(《舊五代史·晉書·薛融列傳》卷93，頁1233)

薛融，汾州平遥人也。少以儒學知名。(《新五代史·雜傳·薛融》卷56，頁646)

7. 曹國珍

曹國珍，字彦輔，幽州固安人也。曾祖藹，祖蟾，父絢，代襲儒素。(《舊五代史·晉書·曹國珍列傳》卷93，頁1234)

8. 李遐

李遐，兗州人也。少爲儒，有節操。(《舊五代史·晉書·李遐列傳》卷93，頁1236)

9. 劉晞

劉晞者，涿州人也。父濟雍，累爲本郡諸邑令長。晞少以儒學稱於鄉里。

（《舊五代史·晉書·劉晞列傳》卷 98，頁 1317）

10. 龍敏

龍敏，字欲訥，幽州永清人。少學爲儒，仕鄉里爲假掾。（《舊五代史·漢書·龍敏列傳》卷 108，頁 1427）

11. 張允

張允，鎮州束鹿人。父徵。允幼學爲儒，仕本州爲參軍。（《舊五代史·漢書·張允列傳》卷 108，頁 1429）

12. 馮道

馮道，字可道，瀛州景城人。其先爲農爲儒，不恒其業。（《舊五代史·周書·馮道列傳》卷 126，頁 1655）

13. 劉仁贍

劉仁贍，略通儒術，好兵書。（《舊五代史·周書·劉仁贍列傳》卷 129，頁 1707）

14. 劉皞

（劉皞）從儒學，好聚書。（《舊五代史·周書·劉皞列傳》卷 131，頁 1722）

15. 張薦明

張薦明者，燕人也。少以儒學遊河朔。（《新五代史·一行傳·鄭遨·張薦明附》卷 34，頁 370）

根據上陳史文，則新、舊《五代史》所述經學研究者總計三十八人（《論語》《孝經》重複），可以依其研讀性質區分爲十一類，並其個別人數，則可製表如下：

類别	研讀周易	研讀尚書	研讀毛詩	研讀三禮	研讀春秋	研讀論語	研讀孝經	明經科及第	明經科未第	讀經書	學爲儒讀儒書
數量	2	2	2	2	5	1	1	3	3	3	15

當然，如是的載録絶對無法展現“五代十國時期”個别經學家從事經書研讀或經學研究的整體樣貌。例如有關“明經科”及第者部分，新、舊《五代史》僅述三人，而前文所引禮部侍郎張允奏書則稱每年“明經科舉人”，多者千餘，少者五百有餘，兩者比例，差異何啻百一。又如史文當中常見的段顒、田敏、尹拙、聶崇義等儒臣，儘管大多活躍於五代時期，然而因爲身終於宋，是以新、舊《五代史》無所記録，終至無法見其經學研究梗概。又如段顒曾於唐明宗天成二年三月上表陳請“國學《五經》博士各講本經，以申横經齒胄之義”（《舊五代史・唐書・明宗本紀》卷38，頁520），可見當時《五經》具設博士，然而，史文之中僅見聶崇義與王震，其餘則毫無陳述，致令後世對於當時高階經學研究者的經學活動無可知悉。由此可見，新、舊《五代史》所載録的史料或許確實不足。

另一方面，儘管新、舊《五代史》的記録數量極少，無法確實完整展現當時個别經學研究者的經學活動，然而倘若仔細解讀諸般史料，對於當時的經學研究狀況仍可進行粗淺的推想：

其一，從比例上看，當時經學研究者研讀《春秋左氏傳》而爲人所知者，比例最高，是否表示當時研讀《春秋》或者《春秋左氏傳》的風氣較其他各經爲盛，頗值得推敲深究。

其二，新、舊《五代史》當中記載研究者“學儒學”“讀儒書”的比例最多，是否表示當時學者大多不具備精讀或者專研一經的能力，只能泛泛遍讀諸經。當然，如斯狀況是否可能肇因於“明經科”考試的範圍是《五經》《九經》，研究者爲了及第中選，只能致力於全體經書文字的背誦，無從針對單一經典進行深入探研，絶對是討論“五代十國時期經學”的重大議題。

其三，對於經學研究者學問的淵源、傳承等前代史書（尤其是《史記》《漢書》《後漢書》）所重視的環節，新、舊《五代史》完全没有載述，如是的狀態之所以出現，史料的闕如與記録的態度都可能是原因。然而，當時的經學研究環境，業已處在長時期統一於以《五經正義》爲中心的經學體系之下，師法、家法的界限模糊，無論師承何人，經學的基本教材與詮釋立場盡皆一致，無需特别載録師承，或者也是可以考慮的因素之一。

六、結論

平心而論，新、舊《五代史》所載録的諸般資料，能否完全展現“五代十國時期經學”的整體樣貌，其答案不言可喻；换言之，設若僅僅依據存藏於新、舊《五代史》當中的經學史料，也難以掌握“五代十國時期經學”的發展脈動。就此而言，新、舊《五代史》對於經學史研究的意義，遠遜於其他史書，尤其是《史記》《漢書》《後漢書》。設若以《舊五代史》曾經亡佚、今存輯本的史料已然流失許多、是以造成文字不足徵考的現象一事爲説，則《新五代史》全本尚存，所載更遜《舊五代史》輯本，益發證實新、舊《五代史》於探究中國經學史方面關於文獻史料的貢獻細微。

新、舊《五代史》提供的經學相關史料雖然稀少，但是在初步觀覽之後，仍可以就其中重要部分詳加推敲，而獲致若干值得注意的現象：

其一，即使資料結構可能較爲鬆散，但是新、舊《五代史》之中關於帝王研讀經書、官員據經書議政、政府據經書取士、知識分子研讀經書探究經學的紀録並非偶一。如是的狀態，顯然與前輩學者對於“五代十國時期經學”“陵夷衰微”“殆無可觀”等看法出入頗鉅。而差異如斯，是否説明了前輩學者在論定“五代十國時期經學”之際，忽略了最基本的文獻查證工作，如果真是如此，則坊間諸多持同樣論點的中國經學史專著，其真實價值若何，有必要再受檢視。

其二，從新、舊《五代史》的記載之中，可以發現，近來學者在談論唐代後期與宋代初年經學之際最樂於稱道，以韓愈（768－824）、柳宗元（773－819）學説爲主體的“新儒學”，以啖助（724－770）、趙匡（－776－）、陸淳（陸質，?－806）爲中心的“新《春秋》學”，以及歐陽修、宋祁（996－1061）於《新唐書·儒林傳》言及的“（唐代宗（李豫，726－779））大曆（766－779）經學革新”，[①] 在新、舊《五代史》當中完全不見記載。倘使記載的失落肇因於相關史文的亡佚，那麼自然没有再行論述的必要；而設若史文原始結構便是如此，則其中便隱藏了饒富趣味的問題。前文所謂“韓、柳新儒學”，“啖、趙、陸新《春秋》學”以及“大曆經學革新”，於歐陽修參與編輯的《新唐書》記載甚詳，於劉昫撰寫的《舊唐書》則所記簡略，從書寫者的角度來説，面對相同的事實，而書寫的内容較爲詳細，極有可能關乎書寫者的喜好。歐陽修既然於《新唐書》針對各項詳加敘述，那麼在撰寫《新五代史》之際，倘若有相關史實，略而不書，於理不合。就此而言，近來學者樂於稱述的“韓、柳新儒學”，“啖、趙、陸新《春秋》學”以及“大曆經學革新”，在“五代十國時期”可能毫無延續，或者説發展極爲細微，並無可稱述之處（如啖助、趙匡等人研讀《春秋》，倡議打破

① ［宋］歐陽修、宋祁撰：《新唐書·儒林傳》，洪氏出版社 1977 年版，卷 200，第 5707 頁。

《三傳》界限，擇優而取，憑己意論斷，但是新、舊《五代史》所録研讀《春秋》的五位研究者當中，有三位很明確是專研《春秋左氏傳》，可見啖助、趙匡的觀點不見得對研讀《春秋》者發揮作用)。設若如是的推論能夠成立，則發生於唐代後期、被視爲關乎經學發展的種種重要變革，是否真的如歐陽修所説的那樣波瀾澎湃或者影響遍佈，就必須再行推敲了。

其三，新、舊《五代史》所收録的經學史料當中，“五代十國時期”經學專著的紀載可謂絶無僅有，换言之，研究者無法依據新、舊《五代史》史文尋得任何經學專書。設若將相關因素歸之於新、舊《五代史》撰寫無録個人專著之例，或歸之於“五代十國時期”文獻流傳不易，則以下三項正可駁斥其説：

> (賈緯) 屬文之外，勤於撰述，以唐代諸帝《實録》，自武宗已下，闕而不紀，乃採掇近代傳聞之事，及諸家小説，第其年月，編爲《唐年補録》，凡六十五卷。……緯有《集》三十卷，目曰《草堂集》，並所撰《唐年補録》六十五卷，皆傳於世。(《舊五代史·周書·賈緯列傳》卷 131，頁 1727－1729)
>
> 凝好飾車服，爲文章以多爲富，有《集》百餘卷，嘗自鏤板以行于世，識者多非之。(《新五代史·雜傳·和凝》卷 56，頁 640)
>
> 王仁裕集其平生所作詩萬餘首爲百卷，號《西江集》。(《新五代史·雜傳·王仁裕》卷 57，頁 662)
>
> (顯德六年八月) 高麗國遣使朝貢，兼進《別序孝經》一卷、《越王孝經新義》一卷、《皇靈孝經》一卷、《孝經雌圖》三卷。(《舊五代史·周書·恭帝本紀》卷 120，頁 1595)

如此，則新、舊《五代史》於個人著述與外邦進獻圖書有所載記，而“五代十國時期”刊板已然盛行，雖然兵燹頻仍，而文獻傳遞或許未若漢、唐手鈔之艱困。相對地，史書之例與流傳受阻既然不是經學專著失録的原因，那麼“五代十國時期”未嘗出現經學專著，或者未嘗出現具有影響值得書録的經學專著，便是真確的原因。“五代十國時期”既然未曾出現具有分量的經學專著，無怪乎前輩學者論及此期經學，總是評價甚低。

※本文之撰寫，承蒙程師元敏、林師慶彰、蔣師秋華、楊師晉龍教誨訓示，獲益良多，謹此申記，用致感佩，並銘謝悃。

唐賦的經藝書寫

臺灣東華大學　吴儀鳳

一、問題源起

翻開《文苑英華》和《全唐文》閲讀其中唐賦的部分，會發現有不少賦作都與經學有關。例如《文苑英華》卷61至卷63收録儒學類賦作達三十篇。[①] 其中不少賦題都是出自於經書之文句或典故，如《人不學不知道賦》及《學然後知不足賦》[②] 都是用了《禮記·學記》中的經文來命題的。[③] 又如《詩有六義賦》[④] 命題取自於《詩大序》[⑤]，《壞宅得書賦》[⑥] 則用的是《尚書·序》中魯恭王壞孔子宅得《書經》的典故。[⑦]

可是除了《文苑英華》儒學類所收録之賦作以外，還有很多唐代賦作其命題都與儒學有關，例如《宣尼宅聞金石絲竹之聲賦》用的是前引魯恭王壞孔子宅得《書經》

① 這些儒學類賦作篇目參見［附表一］："《文苑英華》所收儒學類賦作篇目一覽表"。

② 《人不學不知道賦》見《文苑英華》，［宋］李昉等編，新文豐出版公司影印明隆慶刊本，1979年版，卷62，第3b－4a頁，總頁280－281；又見簡宗梧、李時銘主編：《全唐賦》，里仁書局2011年版，第捌册，卷59，第5321－5322頁。《學然後知不足賦》見《文苑英華》卷62，第7a－8b頁，總頁282；又見《全唐賦》，第陸册，卷42，第3809－3811頁。

③ "人不學不知道"語見《禮記·學記》，見《禮記注疏》，鄭玄注、孔穎達疏，南昌府學本，藝文印書館1993年版，卷36，第1b頁。"學然後知不足"語見《禮記·學記》，見《禮記注疏》卷36，第2b頁。

④ 《詩有六義賦》見《文苑英華》卷63，第6a－7a頁，總頁286；又見《全唐賦》，第肆册，卷23，第2059－2060頁。

⑤ 《詩大序》原文如下："故詩有六義焉：一曰風，二曰賦，三曰比，四曰興，五曰雅，六曰頌。"（《毛詩注疏》毛公傳、鄭玄箋、孔穎達疏，南昌府學本，藝文印書館1993年版，卷1之1，第9b－10a頁。）

⑥ 《壞宅得書賦》見《文苑英華》卷63，第2a－2b頁，總頁284。；又見《全唐賦》，第柒册，卷48，第4293－4294頁。

⑦ 《尚書序》云："至魯共王，好治宫室，壞孔子舊宅以廣其居，於壁中得先人所藏古文虞、夏、商、周之書及傳，《論語》《孝經》，皆科斗文字。王又升孔子堂，聞金石絲竹之音，乃不壞宅，悉以書還孔氏。"（《尚書注疏》孔安國傳、孔穎達疏，南昌府學本，藝文印書館1993年版，卷1，第12a－13a頁。）

同樣的典故[①]，而這類以經書典故命題的唐代賦作爲數不少，筆者嘗試初步蒐羅後製作成附表二：唐賦賦題與經藝相關篇目一覽表，依此粗略地統計唐賦賦題與經藝相關之篇目至少有一百四十四篇，其中各經的分佈如下，包括：1.《周易》17 篇、2.《尚書》27 篇、3.《詩經》22 篇、4.《禮經》38 篇、5.《春秋經》10 篇、6.《論語》10 篇、7.《孟子》2 篇、8. 緯書 12 篇、9. 其他與經學有關者 6 篇。

雖然唐代律賦常有取材自經史子集等書籍之典故或文句來命題者，但其在取材自經書之比例如此之高卻是少有人提及的。與此相關之前人研究多是在論及唐賦時集中於討論律賦的命題和作法，如鄺健行《科舉考試文體論稿：律賦與八股文》書中對於唐代律賦的形成及其體製都做了較爲詳細的考察，包括題下限韻、聲律、用韻等，並且也針對律賦與科舉考試的關係進行了一些考察。[②] 之後論及唐代律賦的學者也多是從事上述這幾方面的研究，如尹佔華《律賦論稿》全書以律賦爲主進行多方面的探討，其對於唐代律賦的試賦命題認爲是不拘於儒家一派。[③] 游適宏在其《試賦與識賦——從考試的賦到賦的教學》書中第一章則是對唐代科舉考試的甲賦具有哪些限制，又對考生進行了怎樣的能力鑑別兩個問題做出説明。[④] 而趙俊波在《中晚唐賦分體研究》書中第四章論律賦的雅正，包括語言的雅正、題材的雅正以及風格的雅正，認爲：此皆與律賦好引用經典成詞有關。其中引王應麟《辭學指南》之語，言："制辭須用典重之語，仍須多用詩書中語言，及擇漢以前文字中典雅者用。"趙氏認爲在經史子當中，最爲作家看重的是儒家經典，對它的黏附，自然使作品顯得典重、莊雅。他並指出唐代律賦在語言上對經典的取用包括有：一、以經中成語入文，二、融化經中語言，三、套用經典語言的句式。趙氏書中並多有舉例。而其敘述題材雅正之處，則亦列舉了出自經書或寫國家典禮制度題目者十九篇。[⑤] 而趙書在論及"重經史而輕文詞"一節中則交代了唐人重視經史之學的背景。[⑥]

既然唐代律賦與科舉考試有着密切的關係，於是筆者便從徐松（1781－1848）《登

---

① 《宣尼宅聞金石絲竹之聲賦》共有王起（760－847）撰及許康佐撰二篇，見《文苑英華》卷 78，第 3a－4b 頁，總頁 353；王起賦又見《全唐賦》，第伍册，卷 33，第 3045－3046 頁；許康佐賦又見《全唐賦》，第伍册，卷 32，第 2921－2922 頁。

② 鄺健行：《科舉考試文體論稿：律賦與八股文》（臺灣書店 1999 年版）其中包括《一、唐代律賦與律》《二、初唐題下限韻律賦形式的審察及引論》《三、唐代律賦用韻敘論》《四、唐代律賦對於科舉考試的黏附與偏離》等，均是針對唐代律賦研究之重要參考。

③ 尹佔華：《律賦論稿》，巴蜀書社 2001 年版，第 51 頁。

④ 游適宏：《試賦與識賦——從考試的賦到賦的教學》，秀威資訊科技公司 2008 年版，第一章《限制式寫作測驗鴻起之一考察—唐代甲賦的測驗型態與能力指標》，第 15－45 頁。

⑤ 趙俊波：《中晚唐賦分體研究》，中國社會科學出版社、華齡出版社 2005 年版，下篇，第四章《論中唐律賦》（上），第 284－296 頁。

⑥ 趙俊波：《中晚唐賦分體研究》，第四章第三節《中唐律賦雅正風格形成的原因》，第 299－301 頁。

科記考》中蒐羅唐代的科舉試賦題目羅列成附表三：唐代科舉試賦題目一覽表。從附表三看來，雖然試賦題目並非一面倒地全是出自於儒家經書典故者，但其中也有不少經藝書寫的賦題，如《王師如時雨賦》《人文化天下賦》《止戈爲武賦》《天下爲家賦》《倒載干戈賦》《樂德教胄子賦》《性習相近遠賦》《明水賦》《寅賓出日賦》《射隼高墉賦》《梓材賦》等，其所佔比例也不低。如果再結合縣試和州試的試題題目來看的話，當更爲可觀，如《宣州試射中正鵠賦》也是經藝命題者。[①] 可惜縣試和州試的試賦題目今日多已不存，只能從少數文人文集中略窺一二。然則由此可以推想：經藝書寫的試賦命題當不在少數。

由於近現代研究領域專業分工的結果，賦在近代文學研究的領域中，它的身份顯得很不討好。蓋作爲文學，賦它並不總是那麼抒情，也不像詩，可以搖蕩性靈，於是當帝國消失、崩頹之際，賦也在平民思想的興趣下被打入了冷宫，成爲僵化的貴族文學，被批評爲失去生命力之作，没有多大的價值。[②] 然則若暫時不從文學角度，而改由文化史的角度來看賦時，其實賦有很大的價值，它可説是了解古代帝國文化一扇重要的窗口。而賦正是扮演了一種帝國文化的要角，它本身便是帝國文化的產物，因此它充滿了帝國的話語在其中。

經學自漢代立五經博士以來，一直在士人教育中扮演着重要的角色。賦之中也充滿了經學的話語，這一方面是與國家的經學教育政策有關，一方面也是儒家士人的信仰和理念。漢代立五經博士，確立經學的官方正統性，受到帝國的重視和尊崇，是士人學習的主要典籍。在唐代則更有科舉考試的引導作用在，透過考試更加確立了研讀的範圍，建立了一套規範。

自漢代開始，士人獻賦以取得晉身之階的做法便已使得賦具有某種功利的色彩。而有關漢代經學與賦的關係，目前大陸已有不少的相關論述，如萬光治《漢賦通論》（增訂本》第十一章《漢賦與漢詩、漢代經學》、胡學常《文學話語與權力話語：漢賦與兩漢政治》與馮良方《漢賦與經學》等。[③] 因此，賦與經學可説是始自漢代開始就有着密切的關係，這當然有着特定歷史社會文化背景的因素，前輩學者對此着墨較多。然則，將焦點放在賦作本身，以及可以明顯從賦本身去看出其與經學之密切關聯者，則是本文

---

① 《宣州試射中正鵠》，見《白居易集箋校》，白居易撰、朱金城箋校，上海古籍出版社 1988 年版，卷 38，第 2596 頁。

② 胡適的意見是其中比較有代表性的，其云辭賦："離開平民生活越遠，所以漸漸僵化了，變死了。"（《白話文學史》遠流出版公司 1986 年版，上卷，第 52 頁）；又批評《兩京賦》《三都賦》："簡直是雜貨店的有韻仿單，不成文學了。"（遠流出版公司 1986 年版，第 80 頁。）

③ 萬光治：《漢賦通論》，中國社會科學出版社、華齡出版社 2005 年增訂本；胡學常：《文學話語與權力話語：漢賦與兩漢政治》，浙江人民出版社 2000 年版；馮良方：《漢賦與經學》，中國社會科學出版社 2004 年版。又關於這方面的討論，請另參本書附論第二章《漢賦與漢代經學關係述評》。

選擇唐賦作爲考察對象的主要原因。翻開《文苑英華》第一册所收唐代賦篇之作，體國經野式的經學語言比比皆是，《尚書》“粤若稽古”式擬古的語言也多出現在賦篇中。[①] 唐賦中可輕易地在賦中找到許多經學的話語，[②] 雖然這種現象在唐以前的賦篇也可見到，但在唐賦上的表現尤爲明顯。

從《文苑英華》中所見之唐人賦題看來，其中與經學相關之題目甚多，而且賦作内容中也多充滿經書中的典故和套語。對於唐賦之中大量出現經學題目和經學化的寫作話語此種現象，本文擬以“經藝書寫”一詞稱呼之。“經藝書寫”中“藝”字乃取用“六藝”之意，“六藝”之意有二，一是出自《周禮·保氏》中所説的禮、樂、射、御、書、數等六種技藝[③]；另一説等同於六經，如班固（32－92）《漢書·藝文志》中便以六藝指稱《樂》《詩》《禮》《書》《春秋》《易》等六經。[④]《史記·孔子世家》也説：“孔子以《詩》《書》《禮》《樂》教弟子，蓋三千焉；身通六藝者，七十有二人。”[⑤] 鄭玄（127－200）《六藝論》用的也是六經之説。[⑥]《舊唐書·經籍志》著録有鄭玄《六藝論》一卷[⑦]，《新唐書·藝文志》也著録有鄭玄《六藝論》一卷。[⑧] 可見唐人是有見到鄭玄《六藝論》的，以“六藝”指稱六經是自漢代以來便已如此。而“藝”更有强調才藝、才能、技藝之意，不只是讀經書而已，更有强調議禮、考文、訂制度等强調實踐性的意義。因此本文採用“經藝”一詞。

唐賦中有以“六藝”爲題之作，如封希顔《六藝賦》[⑨]，該賦所指稱之意爲《周禮·保氏》中禮樂射御書數之意。另外，又有李益（746－829）《詩有六藝賦》[⑩]，指的

---

① “粤若稽古”或作“曰若稽古”是《尚書》中常見的句子。唐賦如張仲甫《雷賦》首句即是“粤若稽古”（《文苑英華》卷17，第1a頁，總頁80；又見《全唐賦》，第參册，卷16，第1453頁）；任華《明堂賦》起首也是“粤若稽古”（《文苑英華》卷47，第2b頁，總頁210；又見《全唐賦》，第貳册，卷12，第1187頁）；崔損《凌煙閣圖功臣賦》首句云：“粤若聖唐之馭極也”（《文苑英華》卷114，第519頁；又見《全唐賦》，第參册，卷22，第2011頁）；張餘慶《祀后土賦》首句云：“粤若盛唐”（《文苑英華》卷56，第4b頁，總頁254誤作“奥若盛唐”；又見《全唐賦》，第陸册，卷38，第3423頁）。

② 例如王良友：《中唐五大家律賦研究》，文津出版社2008年版，第五章《中唐五大家律賦修辭分析》製有李程挪用經語一覽表（第288－290頁）可以參看。

③ 見《周禮注疏》，鄭玄注、賈公彦疏，南昌府學本，藝文印書館1993年版，卷14，第6b頁。

④ 班固撰、顔師古集注：《漢書集注》，點校本，鼎文書局1984年版，卷30，《藝文志》，第1723頁。

⑤ 司馬遷撰、裴駰集解、司馬貞索引、張守節正義：《新校本史記三家注》，點校本，鼎文書局1993年版，卷47，《孔子世家》，第1938頁。案：本文標點與點校本略有不同。

⑥ 鄭玄《六藝論》，參皮錫瑞：《六藝論疏證》，光緒己亥年長沙思賢書局刻本。

⑦ 劉昫撰：《舊唐書》，點校本，中華書局1975年版，卷46，《經籍志》，第1983頁。

⑧ 歐陽修撰：《新唐書》，點校本，中華書局1975年版，卷57，《藝文志》，第1445頁。

⑨ 封希顔《六藝賦》見《文苑英華》卷61，第7b－9a頁，總頁278－279；又見《全唐賦》，第壹册，卷6，第577－579頁。

⑩ 李益《詩有六藝賦》見《文苑英華》卷63，第6a－7a頁，總頁286；又見《全唐賦》，第肆册，卷23，第2059－2060頁。

是《詩經》中的風雅頌賦比興六義。雖然這兩篇題名有“六藝”之作，並非本文所指“六經”之意，但唐人賦作中的確有不少直接以五經或經書爲題名之作。其對於經學之重視，或是經學滲透入賦作中這一點可説是毋庸置疑的。

吾人注意到唐賦中的經藝書寫現象具有其特殊性，因此認爲由此一現象進行一些觀察和探討或許可以發現唐賦與經學二者間的某些關聯性存在，而這一點是前人未曾提出過的。然而由於本身學力有限，在處理此一論題上可能有力有未逮之處。現僅就力所能及之處對唐賦中有關“經藝書寫”的部分做出一些心得的整理，還請諸位博雅君子不吝指教。

二、經藝書寫的歷史考察

從目前既存的賦作看來，唐代是大量出現經藝書寫類賦作的時代，在此之前雖然也偶有一些與經藝有關之賦作，但數量不多，且篇幅也多不完整。之前的經藝書寫賦作多是典禮類的賦作，例如西漢揚雄（前 53－18）的《甘泉賦》和《河東賦》，後來則有東漢王延壽（约 124－约 148）的《魯靈光殿賦》。① 這類以郊祀、宫殿爲主題的賦作，在後來唐代賦作中仍有，但就經藝書寫這一點來看的話，漢賦中的經藝書寫表現不像唐賦中那麼明顯，但已略見一些端倪了，例如《魯靈光殿賦》起首便用了“粵若稽古帝漢，祖宗濬哲欽明”這樣出自於《尚書》中的語言。

歌詠祥瑞之作是唐賦中另一項爲數眾多的主題，而這顯然也是前有所承。從劉劭（约 168－约 249）的《龍瑞賦》中可以看出，該賦自言作於魏明帝太和七年（233）春。其序文云：

> 太和七年春，龍見摩陂，行自許昌，親往臨觀，形狀瑰麗，光色燭燿，侍衛左右，咸與睹焉。自載籍所記，瑞應之致，或翔集于邦國，卓举于要荒，未有若斯之著明也。②

祥瑞之説經書中亦有之，如《尚書・皋陶謨》中的“簫韶九成，鳳凰來儀”“擊石拊石，百獸率舞”。③ 發展到後來，緯書中有更多與瑞應相關的内容，而這些也是在唐賦經藝書寫中常見的一種表現形態。④

---

① 見蕭統編：《文選》，李善注，胡克家刻本，華正書局影印 1995 年版，卷 11；又見於《全漢賦校注》下册，費振剛等校注，廣東教育出版社 2005 年版，第 850－862 頁。

② 劉劭：《龍瑞賦》，見嚴可均編：《全上古三代秦漢三國六朝文》，中華書局 1958 年版，《全三國文》卷 32。

③ 《尚書注疏》卷 5，《益稷》，第 14b、15a 頁。

④ 唐賦中寫瑞應類題材的作品可參見《文苑英華》卷 84－89，符瑞類。另可參看吴儀鳳：《唐賦的帝國書寫特質》（《東華漢學》，第 4 期，2006 年 9 月）第二節指出這些瑞應題材賦作正是帝國書寫的一種表現。

綜合而言，嚴格意義的經藝書寫，即以儒家經典命題的賦作在唐代以前是不常見的，因此經藝書寫此一現象的確可以説是唐賦發展上的一大特色。唐代以前的賦，偶有典禮賦和瑞應賦的寫作，這一點可以約略窺看出經藝書寫的部分端倪，但真正全面性地、徹底地在賦作中普遍化經藝書寫、以經藝命題的這種寫作手法則是唯有唐代時方有之。唐以前的賦篇很少以經書典故來命題，只有像辟雍、郊祀、藉田等這些與禮制相關的賦題，還有在都城和宫殿題材的賦作中會出現較具有經學話語的辭彙。但是到了唐代，援引經義入題的賦作大量增加。此外，典禮如春射秋饗、鄉射、鄉飲之類的賦作撰寫，在唐以前只是偶爾、零星地寫作，在内容上也還未達到唐人那種以限韻文字爲主，主題扣緊經義式的寫法，而且篇目之多，所寫題目之廣也是前所未有的。這不得不讓人懷疑是因爲科舉考試以賦取士之故。以賦取士的做法，早在漢代即已有之。五代蜀馮鑒《文體指要》嘗云："賦家者流，由漢晉而歷隋唐之初，專以取士。"① 此處所言指的應是獻賦以獲取青睞，取得進身階之做法，此西漢之司馬相如便爲一例。② 故以賦作爲一種入仕的手段，早在司馬相如（前 179 – 前 127）時便已是如此。這種獻賦以謀求官職的做法一直到唐代都始終存在着。杜甫（712 – 770）不也是企圖以獻三大禮賦而謀求仕途嗎？③ 但若説是以考試的方式，出題考驗考生作賦的這種做法，則是出現於隋開皇十五年（595）。當時楊素（？ –606）考杜正玄，便手題以下數題，令杜正玄擬作，包括《司馬相如上林賦》《王褒聖主得賢臣頌》《班固燕然山銘》《張載劍閣銘》《白鸚鵡賦》等。而且給予時間限制，令其在一天之中未時之前完成。楊素意本在試退杜正玄，孰料杜正玄完全通過考試，没有問題。他的弟弟杜正藏也是，在開皇十六年（596）時，蘇威（542 –623）主考，試擬《賈誼過秦論》及《尚書湯誓》《匠人箴》《連理樹賦》《几賦》《弓銘》。同樣地，杜正藏應時便就，又無點竄。④

由此看來，隋代開皇十五、十六年時，已有以試賦來甄選人才的做法了。只不過當時的出題主要是由經、史中出題，和雜文的命題擬作。而到了唐朝，則是不但延續了隋代命題作文式取士的做法，而且更加制度化、定型化。從本章末附表三：唐代科舉試賦一覽表中看來，試賦的情況由原本雜文中多選一的文體，逐漸被固定化下來，成爲每年科舉考試中雜文科必考一詩一賦這樣的情況。同時，從命題上來看，也可以看出主考官有着越來越注重以經義命題的現象。唐代的入仕渠道，主要有三：門蔭入仕、科舉和雜色入流三種。門蔭入仕主要是沿襲魏晉南北朝九品中正的制度而來，是貴族入仕的世襲渠道。科舉才是主要大多數中下階層士人主要的選擇。雜色入流是一般較低階的技術性

---

① 吴曾：《能改齋漫録》，木鐸出版社 1982 年版，卷 2，《事始》"試賦八字韻脚" 條引。

② 司馬相如因《子虚賦》而被漢武帝召見。見《漢書》卷 57，《司馬相如傳》，第 2529 – 2533 頁。

③ 見《舊唐書》卷 190，《杜甫傳》，第 5054 頁。

④ ［唐］李延壽：《北史》，點校本，鼎文書局 1980 年版，卷 26，《杜銓附族孫正玄傳》，第 961 – 962 頁。

吏員，較不爲士子所重。①

在唐代的科舉考試中最爲士人所重視的是進士科，這也是禮部舉行的固定的常科考試。進士科考試，在地方上有州縣的考試，然後才是到省參加由中央禮部舉行的省試。而無論是在州縣的考試或是在中央的省試都曾經出現過試賦的題目。例如《宣州試射中正鵠賦》，又如《府試授衣賦》《省試人文化天下賦》等。而且這些命題都是出自於經書，考生必須熟知經書的内容和典故，掌握經義，方能在文辭上進行巧妙地鋪陳和作答。

除了常科的進士科考試外，吏部進行官員甄選的考試，即所謂科目選的考試，其中的"博學宏詞科"也經常以賦命題。② 吾人由徐松的《登科記考》和孟二冬（1957 - 2006）的《登科記考補正》書中整理出的唐代科舉試賦一覽表（附表三），其中便有不少賦題是博學宏詞科的試題。③ 此外，由於唐代有兩都，因此在試賦題目中也會有東都的試賦題目。由附表三：唐代科舉試賦一覽表中可以看到科舉考試命題試賦的頻繁性，因此可以説律賦的寫作是士人應科舉考試時必須具備的能力。

由科舉考試的命題再回過頭來看唐代士人所受的教育，則可以知道：基本上士人所受的教育主要還是經學教育，在經學教育中培養了士人崇聖尊儒的觀念。而隨着唐初《五經正義》的頒佈，更奠定了《五經正義》在教育和科舉考試中的重要性。

科舉試題的命題是確立賦援引典故入題及寫作要求的重要因素。而除了賦題本身外，從玄宗開元二年（714）起開始有了明確的限韻文字，而後幾乎已成爲一種固定試題要求。因而從命題上來看，其援引經義之處除了賦題本身外，限韻文字往往也是援引經義之處。而考生除了針對賦題作賦之外，限韻文字往往也是一個題目，它除了本身限韻的要求外，更傳達了某種與題目相輔相成的訊息。因此考生往往根據賦題和限韻文字這兩條線索，開始構思自己的賦作。賦的開始首重破題，正如研究律賦的學者所言一般，在這些律賦的寫作裹，它逐漸有一種讓閲卷官一看即知其程度深淺好壞的標準形成。於是這就是中晚唐時《賦譜》一類書籍産生之緣由，該類書籍旨在教人如何寫好應試的律賦。它需要具備哪些條件？它需要注意哪些地方？有關律賦寫作的要求前輩學者研究甚多，在此不擬多加贅述。④

① 有關唐代科舉考試制度的詳細説明，參見吴宗國：《唐代科舉制度研究》，遼寧大學出版社 1997 年版。

② 博學宏詞科屬科目選之説明，詳參吴宗國：《唐代科舉制度研究》第五章科目選。

③ 博學宏詞科以賦命題者，見於《登科記考》者，有《公孫弘開東閣賦》《五星同色賦》《放馴象賦》《鈞天樂賦》《太清宫觀紫極舞賦》《朱絲繩賦》《披沙揀金賦》《樂理心賦》《瑶臺月賦》《漢高祖斬白蛇賦》等，參見本章末附表三：唐代科舉試賦表，該表依據徐松：《登科記考》（趙守儼點校，中華書局 1984 年版）及孟二冬之《登科記考補正》（北京燕山出版社 2003 年版）製作而成。

④ 例如鄺健行：《科舉考試文體論稿》、游適宏：《試賦與識賦：從考試的賦到賦的教學》、王良友：《中唐五大家律賦研究》（文津出版社 2009 年版）、尹佔華：《律賦研究》、詹杭倫：《唐宋賦學研究》（中國社會科學出版社、華齡出版社 2004 年版）等對律賦的寫作要求都有不少的説明，可參看。

但是詩賦之間的命題往往也會出現重復的現象，例如唐文宗開成二年（837）考《霓裳羽衣曲詩》，而開成三年（838）就考《霓裳羽衣曲賦》。[①] 又如《太學朷置石經詩》是開成四年（839）考題，唐賦中便有同題之賦[②]；李德裕（787－849）曾作《振振鷺賦》[③]，而《振振鷺詩》是大中八年（854）試題[④]；《白云起封中詩》據《全唐詩》卷一二一得知：這是省試的詩題[⑤]，而唐人賦作中也有《白云起封中賦》[⑥]；武宗會昌三年（843）試《風不鳴條詩》[⑦]，唐賦有《風不鳴條賦》。[⑧] 可見詩賦之間的命題是可以互相挪用的，因此這也成了考生們模擬考試習作的題目取材。

由此看來，唐代賦作在典禮賦和經藝書寫上都是具有鮮明特色的。至於爲何會如此，據本文推測這很可能與唐代科舉考試以賦取士，而賦又以經藝爲命題的考試方式有着密切的關聯性。而作爲一個大一統的唐代帝國，在此一特色上也展現了更爲中央集權和強化國家意識的帝國形象，也因此在國家政教的推行上，典禮和經藝便形成其思想意識上的兩大主流，從而主導了士人的教育和考試方向。

三、唐賦經藝書寫的內在層次分析

有關唐賦之中的經藝書寫現象，本文擬分爲外在層次及內在層次兩方面來分別敘述探討。首先説明內在層次的部分，這一部分是純粹就賦作本身的分析探討而言，第二部分是外在層次，這是就唐賦的經藝書寫現象中具有具體創作背景或創作時具有實際外在現實目的指向者。外在層次將在下一節中敘述。

唐賦的經藝書寫可以有廣義與狹義兩種區分，廣義的經義書寫泛指與六經相關的書寫，包括賦文的用詞、風格等，而狹義的經藝書寫則專指賦題出自於經書者。本文的研究重點在於後者。

---

① 參見徐松：《登科記考》卷 21，開成二年至三年，第 776－780 頁。亦可見《登科記考補正》卷 21，開成二至三年，第 866－871 頁。

② 《太學朷置石經賦》見《文苑英華》卷 61，第 3b－4b 頁，總頁 276；又見《全唐賦》，第捌册，卷 59，第 5325－5326 頁。

③ 李德裕：《振鷺賦》見《李德裕文集校箋》，李德裕撰、傅璇琮、周建國校箋，河北教育出版社 1999 年版，別集卷 1，第 419－420 頁。

④ 參見徐松：《登科記考》卷 22，大中八年，第 824 頁。亦可見《登科記考補正》卷 22，大中八年，第 919 頁。

⑤ 《全唐詩》，彭定求编、點校本，中華書局 1960 年版，卷 121，陳希烈有《省試白雲起封中》詩。（第 4 册，第 1214 頁）

⑥ 《白雲起封中賦》見《文苑英華》卷 12，第 4b－5b 頁，總頁 60；又見《全唐賦》，第陸册，卷 42，第 3795－3796 頁。

⑦ 參見徐松：《登科記考》卷 22，會昌三年，第 797－798 頁。

⑧ 《風不鳴條賦》有二首，見《文苑英華》卷 62，第 1b－3b 頁，總頁 62－63；又見《全唐賦》，第捌册，卷 58，第 5209－5210 頁，及第柒册，卷 52，第 4705－4706 頁。

當然今日談用典，多是將其視爲詩文中一種修辭的表現手法來看。古代則有《文心雕龍·事類》一篇，詩歌中的確有很多用典之佳例，一般在解説用典時也都以詩歌爲主。詩詞文中的引用可以用修辭學的引用，賦文中的引用亦然，可是本文要處理的並不是修辭學意義的引用，本文欲探討的唐代賦篇是以經藝成詞或典故或典章制度爲命題者，其例爲通篇命題之所在，並不是文句中個别文詞的使用，故並不適用傳統修辭學的引用。换言之，本文所欲處理的唐賦經藝書寫，並不是指賦文中使用經典成詞或套語的手法，當然這類情形在唐代賦文中很多，而且多能融化詞句，相關的研究可參看趙俊波《中晚唐賦分體研究》第四章第一節及王良友《中唐五大家律賦研究》第三章、第五章。賦文中融鑄經典成詞和用典的寫作手法很多，但是本論文所欲針對的乃是唐代賦篇命題與經藝有關之部分，這其中既可以説是直接來自於經典的成詞，也可以説是來自於經典的思想，既可以説是用典，也可以説是引用。但主要是對於唐賦以經藝命題的探討，而不是修辭學意義下對賦文文詞的運用。

命題則是主考官測試考生（作者）對此題目來源（出處）之知識背景的厘測。測驗考生在賦文中能否展現出其正確的理解和態度。因此涉及考生（作者）對題目的理解和詮釋。一篇賦作包括：賦題、限韻文字和賦文三個部分。而經藝書寫現象在這三個部分都可以看到，並且三個部分在一篇賦作中不是孤立的存在，而是三者間彼此互相呼應、有機地結合成一個整體。由唐賦的實際作品看來，賦文詮釋的向度包括：一、經文本身，二、注解群，賦的限韻文字有時會給予經義詮解的指向。

賦文中以經藝書寫入賦的寫法在唐代律賦中很多，趙俊波、王良友等人均已指出這一點，此處不擬重述。本文主要研究的對象是以賦題本身具有經藝書寫者爲主，亦即賦題係出自於儒家經書文句或典故者爲主，這類賦作甚多，如［附表二］中所列。筆者也有將各賦賦題出自經典何處進行過考察，另列有表格，唯材料過多，今限於篇幅，不擬納入，僅略述：一、賦題對經藝的直接引用例，二、賦題對經藝的間接引用例，三、限韻文字的引用例，四、賦文與限韻文字、賦題三者的關係。

（一）賦題對經藝的直接引用例：

一、直接引用經文者，大多數賦題皆是如此，如出自於《論語·爲政》的《君子不器賦》。又如《三驅賦》之命題①，《周易·比卦·九五》中有提到“王用三驅”，《隋書·禮儀志三》載有三驅之禮，意即：王者有三驅之禮也，以驅爲名，至三而止。②另《史記·殷本紀》記載：湯見張網四面，乃去其三面。諸侯聞之，曰：“湯德至矣，

① 《三驅賦》見《文苑英華》卷124，第4a－5a頁，總頁566；又見《全唐賦》，第肆册，卷25，第2297－2298頁。

② 《隋書》，鼎文書局1993年版，卷8，《禮儀志》，第168頁。

及禽獸。"[①] 故唐賦中另有《開三面網賦》。[②]《舊唐書·張玄素傳》言："三驅之禮，非欲教殺，將爲百姓除害，故湯羅一面。"[③] 這便説明了三驅之禮的意義。又據《舊唐書·魏知古傳》載：先天元年冬天，玄宗畋獵於渭川，行三驅之禮。[④] 故知三驅之禮在唐朝時仍然有在施行。另《舊唐書·褚亮傳》中有褚亮上疏諫唐高祖畋狩事，其中亦提及冬狩之禮，網唯一面，禽止三驅。[⑤] 可見無論是網開三面或是三驅之禮其目的都是在勸諫帝王勿過度畋獵而應有所節制。

二、引用經書篇目者，如《魚在藻賦》《南有嘉魚賦》都是直接引用《詩經》同樣篇名之命題。[⑥]

三、援用其事者，如《射雉解顔賦》典出《左傳·昭公二十八年》：昔賈大夫惡，娶妻而美，三年不言不笑，御以如皋，射雉，獲之，其妻始笑而言。賈大夫曰："才之不可以已！我不能射，女遂不言不笑夫！"[⑦]

四、引用經藝中的國家禮制，這類例子絶大多數都是典禮類題材之賦，例如《開冰賦》[⑧]，《禮記·月令》寫仲春之月"天子乃鮮羔開冰，先薦寢廟。"[⑨] 既是經書中的禮制，也是現在的國家禮制。[⑩]

五、化用經文語句入題者，如《尚書·舜典》中"命汝典樂，教胄子"一句[⑪]，化爲賦題《樂德教胄子賦》。[⑫]

六、斷章取義，片斷引用者，如《天下爲家賦》，雖是出自於《禮記·禮運篇》[⑬]，

---

① 《史記》卷3，《殷本紀》，第95頁。

② 《開三面網賦》見《文苑英華》卷124，第5b－6b頁，總頁567；又見《全唐賦》，第捌册，卷59，第5319－5320頁。

③ 《舊唐書》卷75，《張玄素傳》，第2641頁。

④ 《舊唐書》卷98，《魏知古傳》，第3063頁。

⑤ 《舊唐書》卷72，《褚亮傳》，第2581頁。

⑥ 《魚在藻賦》見《文苑英華》卷139，第9b－10a頁，總頁644；又見《全唐賦》，第肆册，卷28，第2473－2474頁。命題出自於《詩經·小雅·魚藻》。《南有嘉魚賦》見《文苑英華》卷140，第1a－2a頁，總頁645；又見《全唐賦》，第貳册，卷11，第1053頁。命題出自於《詩經·小雅·南有嘉魚》。

⑦ 《春秋左傳注疏》，左丘明傳、杜預注、孔穎達疏，南昌府學本，藝文印書館1993年版，卷52，第30b頁。

⑧ 《開冰賦》見《文苑英華》卷39，第7a－8a頁，總頁175；又見《全唐賦》，第伍册，卷33，第2961－2962頁。

⑨ 《禮記注疏》，鄭玄注、孔穎達疏，南昌府學本，藝文印書館1993年版，卷15，《月令》，第6b頁。

⑩ 有關唐代典禮賦的部分，請參看本書第四章。

⑪ 《尚書注疏》卷3，《舜典》，第26a頁。

⑫ 《樂德教胄子賦》有六篇，見《文苑英華》卷76，第4a－9a頁，總頁344－347；又見《全唐賦》，第陸册，卷42，第3791－3792頁（李彦芳）、第肆册，卷24，第2179－2180頁（羅讓）、第伍册，卷31，第2745－2746頁（徐至）、第伍册，卷31，第2753－2754頁（鄭方）、第伍册，卷31，第2741－2742頁（劉積中）、第伍册，卷36，第3287－3288頁（杜周士）。

⑬ 原文爲"今大道既隱，天下爲家，各親其親，各子其子，貨力爲己，大人世及以爲禮。"（《禮記注疏》卷21，《禮運》，第4b頁。）

但因爲片段截取“天下爲家”來命題，遂引起了一些争議。[①]

七、引用經書傳注者，命題不是出自於經文本身而是出自於注釋者，如《冬日可愛賦》《夏日可畏賦》[②] 兩篇賦題用的是《左傳·文公七年》中杜預（222–284）的注。《左傳·文公七年》酆舒問於賈季曰：“趙衰、趙盾孰賢?”對曰：“趙衰，冬日之日也；趙盾，夏日之日也。”杜預注：“冬日可愛，夏日可畏。”[③] 又如《鑄劍戟爲農器賦》，此題較爲特别，乃是出自於《韓詩外傳·卷九》：“鑄庫兵以爲農器。”[④] 南朝宋詩人鮑照《河清頌》亦云：“銷我長劍，歸爲農器。”[⑤] 可見唐賦在命題時也不只限於《詩經》。

八、化用經典思想者。如《聖人以四時爲柄賦》。[⑥]

九、結合文句與思想者。如《靈臺賦》既是《詩經·靈臺》之篇章，也是經書中之思想。[⑦]

（二）賦題對經藝的間接引用例：

一、間接與經書相關者，如《進善旌賦》典出《管子·桓公問》：“舜有告善之旌，而主不蔽也”。[⑧] 據《大戴禮記·保傅》記載，堯在位時，曾於庭前設置“進善旌”（即一面旗幟），讓百姓站在旗下，向他提出對政事的建議、評論。[⑨] 此爲間接引用經書之例。

二、出自《孔子家語》或《尸子》者，例如李方叔（780–805）《南風之薰賦》之出自所謂的《南風歌》。[⑩] 雖然《禮記·樂記》中有云：“昔者舜作五弦之琴以歌《南風》。”[⑪]《史記·樂書》亦云：“舜彈五弦之琴，歌《南風》之詩而天下治。……夫

---

① 《唐摭言》卷13，《無名子謗議下》載：“劉允章試《天下爲家賦》，爲拾遺杜裔休駁奏，允章辭窮，乃謂與裔休對。時允章出江夏，裔休尋亦改官。”（見王定保撰、姜漢椿注譯：《新譯唐摭言》（三民書局2005年版），第445頁。）

② 《文苑英華》收録《冬日可愛賦》有齊映、席夔二首，《夏日可畏賦》有賈嵩一首，見《文苑英華》卷5，第7b–10a頁，總頁30–31；齊映賦又見《全唐賦》，第參册，卷20，第1815頁、席夔賦又見《全唐賦》，第伍册，卷32，第2917–2918頁、賈嵩賦又見《全唐賦》，第陸册，卷44，第3951–3952頁。

③ 《春秋左傳注疏》卷19上，第15b頁。

④ 韓嬰撰、屈守元箋疏：《韓詩外傳箋疏》巴蜀書社1996年版，卷9，第785頁。

⑤ 鮑照：《河清頌》，見《鮑參軍集注》（鮑照撰、錢仲聯增補集説校，上海古籍出版社1980年版），卷2，第97頁。

⑥ 《聖人以四時爲柄賦》見《文苑英華》卷24，第2b–3a頁，總頁109；又見《全唐賦》，第捌册，卷58，第5233–5234頁。

⑦ 《靈臺賦》見《文苑英華》卷60，第6a–8b頁，總頁273–274；又見《全唐賦》，第壹册，卷3，第289–293頁。命題出自於《詩經·大雅·靈臺》。

⑧ 王冬珍等校注：《新編管子》，“國立編譯館”2002年版，下册，卷18，《桓公問》，第1189頁。

⑨ 方向東：《大戴禮記滙校集解》，中華書局2008年版，上册，卷3，《保傅》，第328頁。

⑩ 《南風之薰賦》有4篇，此爲第4篇，見《文苑英華》卷13，第8a–9a頁，總頁66；又見《全唐賦》，第肆册，卷28，第2479–2480頁。案：《文苑英華》作者作“李叔”，誤，當據《全唐文新編》作“李方叔”，李方叔《南風之薰賦》又見《全唐文新編》（周紹良主編，吉林文史出版社2000年版），卷594，第6756頁。

⑪ 《禮記注疏》卷38，《樂記》，第1a頁。

南風之詩者生長之音也。”[①] 但此賦之命題中包括了限韻文字“悦人阜財生物遂感”，其中“阜財”二字係出自於《南風歌》。《南風歌》其辭據孔穎達（574－648）《禮記正義》所引：

《聖證論》引《尸子》及《家語》難鄭云：“昔者舜彈五弦之琴，其辭曰：‘南風之薰兮，可以解吾民之慍兮！南風之時兮，可以阜吾民之財兮！’”[②]

雖然鄭玄《禮記注》及孔穎達《禮記正義》均認爲《南風歌》是不可靠的，[③] 但是這於此作賦並無妨礙。李方叔的《南風之薰賦》其所用限韻即是採用了《家語》中所流傳之《南風歌》之辭。

三、又有《舜有羶行賦》[④]，語出《莊子·徐無鬼》：“舜有羶行，百姓悦之。”[⑤] 雖然並非出自儒家典籍，但都是將舜視爲聖王形象而予以歌頌的。用典，但用的是史事，而並非直接引用自經書之典。如《端午日獻尚書爲壽賦》用的是蘇綽獻《尚書》給隋煬帝的典故[⑥]，典出《隋書·蘇威傳》隋煬帝時天下大亂，蘇威知煬帝不可改，很是擔心，五月五日端午節這一天，百僚上饋，多以珍玩。蘇威獨獻《尚書》一部，微以諷帝，煬帝不悦。[⑦] 非以經藝本身爲題，但與經藝相關者。如許堯佐《五經閣賦》[⑧]，屬於歌詠建築，觀此賦之作當是先有一座五經閣在而詠之，但該建築物之相關資料現已無考。與當時實際時事結合之題，並非引用之例。如《太學刱置石經賦》和《御註孝經臺賦》[⑨]，這是與當時時事結合之命題。這個部分將會在第四節外在層次中述之。

其他間接與經書相關之賦題，包括大量引用緯書的祥瑞題目賦作，以及以三代聖王爲題之賦，雖然並非直接引自經書，但也與經學有着密切關聯。由此也可看到唐人對於

---

① 《史記》卷24，《樂書》，第1235頁。

② 《禮記注疏》卷38，《樂記》，第1b頁。

③ 鄭玄注云：“《南風》，長養之風也，以言父母之長養己，其辭未聞也。”《孔疏》云：“今案：馬昭云：‘《家語》王肅所增加，非鄭所見。’又《尸子》雜説，不可取證正經，故言未聞也。”（《鄭注》及《孔疏》俱見《禮記注疏》卷38，《樂記》，第1a－b頁。）

④ 《舜有羶行賦》見《文苑英華》卷43，第4b－5b頁，總頁192－193；又見《全唐賦》，第陸册，卷43，第3839－3840頁。

⑤ 郭慶藩輯：《莊子集釋》（王孝魚點校，華正書局1987年版），卷24，第864頁。

⑥ 《端午日獻尚書爲壽賦》見《文苑英華》卷63，第8a－8b頁，總頁287；又見《全唐賦》，第陸册，卷45，第4025－4027頁。

⑦ 見《隋書》卷41，《蘇威傳》，第1189頁。

⑧ 《五經閣賦》見《文苑英華》卷61，第5a－6a頁，總頁277；又見《全唐賦》，第伍册，卷32，第2925－2926頁。

⑨ 《御註孝經臺賦》見《文苑英華》卷61，第4b－5a頁，總頁276－277；又見《全唐賦》，第參册，卷20，第1865－1866頁。

正統儒家經籍以外的材料並不排斥。

（三）限韻文字的作用

對於經籍的引用，除了表現在賦題、賦文以外，限韻文字也有，例如《河橋竹索賦》，此賦題看起來普通，但特別的是它用的限韻文字是“誰謂河廣一葦航之”①，這是《詩經·衛風·河廣》中的句子，可見也有單以經文入限韻文字者。又如《下車泣罪人賦》限韻文字爲“萬方之過在予一人”②，此典出自於《説苑·君道》③，但其意來自於《尚書·泰誓》“百姓有過，在予一人”。④ 故亦屬於間接引用經藝之例。

此外，限韻文字也有來自於傳注序文者，如《南有嘉魚賦》賦題雖然用的是《詩經·小雅》中的《南有嘉魚》，然其限韻文字“樂得賢者”云云（見下），卻襲用了正作爲《詩經》傳注之屬的《詩序》之文⑤，而其功用則在於揭示題旨。

限韻文字其實扮演着重要的功能，它對於賦題有重要的指示作用，其與賦題間的關係有：一、説明或補述關係，如裴度（765－839）《鑄劍戟爲農器賦》，限韻文字“天下無事務農爲兵”屬於補述題意。⑥ 二、因果關係説明，如謝觀《周公朝諸侯於明堂賦》，限韻文字“九垓向序外方同心”⑦，題目是因，限韻文字是果。三、點明題旨，如裴度的《三驅賦》限韻文字爲“蒐畋以時網去三面”⑧；《開三面網賦》限韻文字爲“仁聖之道開‘弛’三面”。⑨ 其限韻文字都更加點明了題目的主旨。四、確定題目出處及方向，有時賦題出處來源不只一處，這時藉助限韻文字可以掌握到命題的題旨和方向。例如《衣錦褧衣賦》⑩，因爲其出處亦可見於《詩經》中《衛風·碩人》和《鄭風·丰》二篇，但無論怎樣解讀都無法找出其與賦作内容的關聯。後來找到《禮記·中庸》才確定這才是本賦題的出處。因爲限韻文字“君子之道闇然日章”以及賦文内容都是與此有連結的。可見限韻文字扮演着重要的題目指示功能，具有解題、闡明或補述題意的作用在，功能十分重要，並非只是爲了要求考生押韻而已。

---

① 《文苑英華》卷46，第4b－5a頁，總頁207；又見《全唐賦》，第伍册，卷34，第3109頁。

② 王起《下車泣罪人賦》見《文苑英華》卷121，第6b－7b頁，總頁552－553；又見《全唐賦》，第捌册，卷59，第5278頁。

③ 左松超：《説苑集證》，“國立編輯館”2001年版，上册，卷1，《君道》，第20頁。

④ 《尚書注疏》卷11，《泰誓》，第10a頁。

⑤ 《南有嘉魚》之《詩序》云：“樂與賢也，太平君子至誠，樂與賢者共之也。”（《毛詩注疏》卷10之1，第1a頁。）

⑥ 《文苑英華》卷42，第3b頁，總頁187；又見《全唐賦》，第肆册，卷25，第2289頁。

⑦ 《文苑英華》卷54，第9a頁，總頁242；又見《全唐賦》，第陸册，卷43，第3847頁。

⑧ 《文苑英華》卷124，第4a頁，總頁566；又見《全唐賦》，第肆册，卷25，第2297頁。

⑨ 《開三面網賦》見《文苑英華》卷124，第5b頁，總頁567；又見《全唐賦》，第捌册，卷59，第5319頁。案：《文苑英華》缺一“弛”字，今據《全唐賦》補入。

⑩ 《衣錦褧衣賦》，見《文苑英華》卷113，第1a－2a頁，總頁514；又見《全唐賦》，第伍册，卷32，第2909－2910頁。

（四）賦文、限韻文字與賦題三者的關係

從一些唐賦經藝書寫的實例看來，唐人是有參看孔穎達的疏的，而《孔疏》基本上採取對前人之説集大成的做法，既引用鄭玄之説，也引用王肅（195－256）之説，將漢魏六朝前行學者的說法皆並列之。比較像是一種集解式的做法，這用來作爲一種教科書倒是不錯的。

從命題來看，唐賦中出現的《詩經》命題多集中在《雅》，如《小雅》中的《南有嘉魚》便是一個題目。而《南有嘉魚賦》限以"樂得賢者次用"爲韻，這也是用了《詩序》的詩旨，強調樂得賢者之意，嘉魚是賢者的比喻。

再看實際的賦作。例一，李蒙《南有嘉魚賦》云："惟魚在淵兮其跡惟深，賢在野兮其道惟默。""釣嘉魚在内穴，得奇士於滋川。"① 又如楊諫《南有嘉魚賦》一開始即破題，云："后非賢不乂，魚非水不託。""我國家憂勞庶績，寤寐求賢，""詩人格言，必將興之於王國。"② 見此命題作賦者必須能熟稔《詩經·南有嘉魚》一詩之詩旨（即《詩序》所提供者），了解其中的隱喻關係，而且知道命題者的用心，此既是爲國家取才之試，應試者也站在了國家渴求賢才的角度來作賦發揮。

例二，李程《衣錦褧衣賦》。《衣錦褧衣賦》出處有二：《詩經·衛風·碩人》，及《詩經·鄭風·丰》，李程《衣錦褧衣賦》賦中點出"賦於碩人之篇""知我者謂我隱蔽文章，不知我者謂顛倒衣裳。"李程這篇賦並不是只是以《碩人》一詩之《詩序》爲説，其中也用了莊姜《緑衣》之典，但主要是在講君子韜光不耀。脱離了原本《詩序》連結衛莊姜之説。李程的賦主要是以限韻中的"君子之道闇然日章"作爲主旨。這出自於《禮記·中庸》。由此看來，好的寫作者還要能夠貫通各經。

例三，李子卿《府試授衣賦》以"霜降此時女工云就"爲韻。賦一開始點出授衣的時間在"九月"，試賦之時，乃是題目和限韻文字都是題目，作賦者必須在賦中都達到兩個題目的題旨才行。《府試授衣賦》題目出於《詩經·豳風·七月》："七月流火，九月授衣"。③《府試授衣賦》寫道：

> 將備服之纁素，豈徒事夫紅紫？則知王者之德，聖人之思，禮法在矣，古今以之。事陳王業，功當天時。澤及周王之道，歌得豳人之詩。……方今四隩既宅，九州攸同，人悦物茂，時和年豐，男勤耕於稼穡，女務績於蠶工，雖悦當今之化，亦

① 李蒙《南有嘉魚賦》見《文苑英華》卷140，第1b－2a頁，總頁645；又見《全唐賦》，第貳册，卷11，第1053頁。

② 楊諫《南有嘉魚賦》見《文苑英華》卷140，第1a－1b頁，總頁645；又見《全唐賦》，第貳册，卷12，第1127頁。

③《毛詩注疏》卷8之1，第9a頁。

猶行古之方。①

最後以“霜始降兮女工就，歲時窮兮寒衣授”作結，首尾兼顧，有所呼應。張何《授衣賦》直接點出：“稽《月令》之前制，得《豳詩》之首章”來點明題目出處。②可見作賦者除了點明題目“豳詩”外，還要展現對這題意的理解，從經義、治道的角度上去論説，又必須以優美的賦文進行鋪敘。賦文中充滿對洋洋王道的讚美。這個題目乃是河南府考試之試題。作爲考試的人才鑒别，從賦中可以看出作者語言文字的構作能力，經典的學識及其吸收與融貫能力等。

總而言之，賦題、限韻文字、賦文三者可説在寫作時必須是三位一體的，三者間必須有着結構上的連結與統合。

四、唐賦經藝書寫的外在層次分析

唐賦中以經藝來命題之作，若進一步考察，會發現某些賦篇的寫作其實是有特定的時空背景因素存在的，並不是單純地紙上命題作文而已。也就是説，其命題本身便與當時的政治、社會等時事背景有關，因此由這些賦作的經藝書寫現象還可以進一步觀察到賦作與外在環境間的聯結關係。以下即舉例説明之。

（一）壁經、石經、孝經臺等相關賦作

首先，在唐賦之中有直接以“壁經”“石經”“五經”爲題名者，如：《太學壁經賦》（《文苑英華》，第275頁）、《太學剏置石經賦》（《文苑》，第276頁）。《太學壁經賦》是引用東漢熹平石經的典故，據《後漢書·蔡邕傳》云：

> 邕以經籍去聖久遠，文字多謬，俗儒穿鑿，疑誤後學。熹平四年，乃與五官中郎將堂谿典、光禄大夫楊賜、諫議大夫馬日磾、議郎張馴、韓説、太史令單颺等，奏求正定《六經》文字。靈帝許之。邕乃自書丹於碑，使工鐫刻立於太學門外。於是後儒晚學，咸取正焉。③

《太學壁經賦》表面上看來是以東漢蔡邕（133－192）立熹平石經的典故爲題而作。然則實際上唐文宗開成二年（837）有立開成石經之舉。據《舊唐書·文宗本紀》載：

---

① 《文苑英華》卷113，第4a－5a頁，總頁515－516；又見《全唐賦》，第參册，卷20，第1853－1854頁。

② 張何《授衣賦》見《文苑英華》卷113，第5a頁，總頁516；又見《全唐賦》，第參册，卷21，第1941頁。

③ 范曄：《後漢書》，點校本，鼎文書局1979年版，卷60下，《蔡邕列傳》，第1990頁。

開成二年十月癸卯，宰臣判國子祭酒鄭覃進《石壁九經》一百六十卷。時上（指文宗）好文，鄭覃以經義啓導，稍折文章之士，遂奏置五經博士，依後漢蔡伯喈刊碑列於太學，創立石壁九經，諸儒校正訛謬。上又令翰林勒字官唐玄度復校字體，又乖師法。故石經立後數十年，名儒皆不窺之，以爲蕪累甚矣。①

正是在這樣一個唐文宗立開成石經的背景下，開成四年（839）便以《太學創置石經詩》爲該年科舉試題。《太學剏置石經賦》也必然是在此一開成石經設立的背景下寫作的。該賦云："我國家學校崇崇，剏石經于其中，用啓千年之聖，將遺萬古之風。"雖然賦中所述並不是十分具體，但文中有云："雕鎪之功備矣，文質之義昭然""鑿寒光而嶄嶄迭映，驊古色而字字相宣"，以及説明石經最主要的功用在於"辨舛錯而定魯魚，然後二三子是效是則。"②（《文苑英華》，第276頁）這説明了開成石經具有刊正九經文字的作用在。而《太學壁經賦》也説：

國家誕敷文命，建學崇政，置六經于屋壁，作群儒之龜鏡。剪遺文以辯謬，俾雅詁以詳正。……稽古至今，從百家之正義；歸真背僞，俾四海之同文。於是博考群臣，宣明舊典，既科斗之互缺，亦魚魯之相舛。依鳥跡而難從，訪蛇形而莫辨。定兹金簡，規程邈之隸書；遵彼古文，參史籀之大篆。然後命鍾張之藝，詔文學之官，界四壁以繩直，揮五色之毫端。粲爾其彩，昭然可觀。雖一勞之克定，乃千載之不刊。錯綜既備，班列有次。欲昭明於六書，先褒貶於一字。俾去顛訛之惑，用全述作之意。苟不絶於韋編，將永齊於石記。至於止戈爲武，反正爲乏，將爲後生之式，必憲先王之法。……瞻彼垣牆，代兹簡牘，篇章焕炳，文雅照燭，正以先王之脩；則曲禮三千，習以孔門之徒，則冠者五六。所謂一人作則，萬國儀刑；光我廊廟，異彼丹青。示人範於古訓，正國常於典經。既文明乎天下，宜遠域而來庭。③

這一篇《太學壁經賦》寫得比較好，有具體地寫到刊刻石經具有訂正文字之功，而且提及在此過程中必須去處理經文中各種古文的文字校訂問題。

唐代中央政府對於經學很重視，這可以從其重視五經文字校正的這一點看出來。最

① 《舊唐書》卷17下，《文宗本紀》，第571頁。

② 以上俱見《文苑英華》卷61，第3b－4b頁，總頁276；又見《全唐賦》，第捌册，卷59，第5325－5326頁。

③ 《太學壁經賦》見《文苑英華》卷61，第275－276頁；又見《全唐賦》，第捌册，卷59，第5323－5324頁。

早在唐太宗時便已注重五經文字考定的工作了。《舊唐書·顏師古傳》載：

> 太宗以經籍去聖久遠，文字訛謬，令師古於秘書省考定五經，師古多所釐正，既成，奏之。太宗復遣諸儒重加詳議，于時諸儒傳習已久，皆共非之。師古輒引晉、宋已來古今本，隨言曉答，援據詳明，皆出其意表，諸儒莫不嘆服。於是……頒其所定之書於天下，令學者習焉。①

唐太宗嘗嘆五經去聖遠，傳習寖訛，詔顏師古（581－645）於秘書省考定，多所釐正。因頒所定書於天下，學者賴之。②《舊唐書·太宗本紀》載："貞觀七年十一月丁丑唐太宗頒新定五經。"③ 太宗時，孔穎達與顏師古、司馬才章、王恭、王琰等諸儒受詔撰定《五經義訓》，凡一百八十卷，名曰《五經正義》。④ 唐高宗永徽四年三月壬子朔，頒孔穎達《五經正義》於天下，每年明經令依此考試。⑤

既然唐代以科舉考試取士，在科舉考試中經學始終是主要的教育和考試的內容。根據相關文獻考察可知：中唐以後，由於太學衰微，民間私學盛行。而最爲國家考試所重視的經書，其印刷刊行據了解最早要遲至五代時才開始以雕版印刷方式刊行儒家經典。在此之前，目前所發現的唐代較早的雕版印刷文件多是佛經。⑥ 因此，唐文宗立開成石經便是基於社會的需要。

五經之外，《孝經》《論語》也是被視爲等同於經書的。《舊唐書·職官志》記載國子監祭酒、司業必須教授之經中便包含了《孝經》《論語》⑦，而唐玄宗更曾經親自御注《孝經》。《舊唐書·玄宗本紀》載"開元十年六月辛丑，訓注《孝經》，頒于天下"⑧。唐賦之中有一篇《御註孝經臺賦》即是因唐玄宗天寶四年（745）題立之石臺《孝經》而作，《石臺孝經》今日尚存於西安碑林第一陳列室前。《御註孝經臺賦》其云：

---

① 《舊唐書》卷73，《顏師古傳》，第2594頁。

② 《新唐書》卷198，《顏師古傳》，第5641－5642頁。

③ 《舊唐書》卷3，《太宗本紀》，第43頁。

④ 《舊唐書》卷73，《孔穎達傳》，第2602頁。

⑤ 《舊唐書》卷4，《高宗本紀》，第71頁。

⑥ 參見張秀民撰、韓琦增訂：《中國印刷史》，浙江古籍出版社2006年版，上册，第一章唐代雕版印刷的始興部分，第16－29頁。又可參見張樹棟、龐多益、鄭如斯撰：《簡明中華印刷通史》，廣西師範大學出版社2004年版，第三章第一節隋唐時期的雕版印刷，第65－69頁。

⑦ 《舊唐書》卷44，《職官三》"國子監祭酒"："凡教授之經，以《周易》《尚書》《周禮》《儀禮》《禮記》《毛詩》《春秋左氏傳》《公羊傳》《穀梁傳》各爲一經，《孝經》《論語》兼習之。每歲終，考其學官訓導功業之多少，爲之殿最。"（第1891頁）

⑧ 《舊唐書》卷8，《玄宗本紀》，第183頁。

玄宗探宣尼之旨，爲聖理之闡。……勒睿旨於他山之石，樹崇臺爲儒林之苑。……十八章之箴規，揭之備舉。乃知孝理馨香，有時而彰。不壞不朽，化被無疆，所以播鴻休於玉葉，表嗣子於明王。故曰孝者天之經也，宜乎配地久而天長。①

由帝王獎掖、提倡之經學表現其國家對經學的重視，於是便有着由上而下，風行草偃的風氣散佈於士人社會中了。

（二）中和節相關賦作

唐德宗貞元五年（789）正月乙卯，德宗下令以二月一日爲中和節。② 將原本屬於民間上巳、重陽禳除災厄的節日改以中和節來取代。有關中和節的設立和它節日的民俗内涵，朱紅《從中和節看唐代節日民俗》一文中有詳細的説明。③ 中和節有着德宗欲以農爲本，重農思想的展現，故有獻《農書》之活動。侯喜《中和節百辟獻農書賦》就是在這樣一個背景下寫作的。④ 而這獻《農書》活動的思想的源頭當可以追溯至《禮記·月令》中所述孟春之月天子親載耒耜，率三公、九卿、諸侯、大夫躬耕帝藉的重農、倡農思想上。⑤ 同時，中和節配合《禮記·月令》思想者尚有“仲春之月……日夜分，則同度量，鈞衡石”這一點上。中和節皇上賜玉尺給臣子，象徵用統一標準來治理天下，使之規範。⑥ 正是依照《禮記·月令》仲春之月所言，由於這一天晝夜平分，故可以來校正度量衡，使之準確。孔穎達疏《禮記·月令》仲春之月“日夜分，則同度量、鈞衡石”中便云：

平當平者，謂度量鈞衡之等，人之所用，當須平均。人君於晝夜分等之時而平正此當平之物。⑦

此孔疏解鄭玄注所云：“因晝夜等而平當平也。”這句話。因此，唐賦中《平權衡賦》

---

① 張昔《御註孝經臺賦》見《文苑英華》卷61，第4b－5a頁，總頁276－277；又見《全唐賦》，第參册，卷20，第1865－1866頁。

② 王溥撰：《唐會要》，世界書局1974年版，卷29，《節日》，第544頁。

③ 朱紅：《從中和節看唐代節日民俗》，《史林》，2005年第5期，第62－68頁。

④ 《中和節百辟獻農書賦》見《文苑英華》卷22，第2a－2b頁，總頁102；又見《全唐賦》，第陸册，卷41，第3667－3668頁。

⑤ 參見《禮記注疏》卷14，《月令》，第20a頁。

⑥ 有關中和節賜玉尺之説，參見朱紅：《從中和節看唐代節日民俗》一文，第65－66頁。

⑦ 《禮記注疏》卷15，《月令》“仲春之月”，第6a頁。

一題所指便是由此而來。① 而且這是德宗貞元九年（793）的科舉試題，限韻文字爲“晝夜平分，錙銙取則”也是完全點出題目正是由《禮記·月令》仲春之月“日夜分，則同度量、鈞衡石”這一句話的經文而來，而在思想内容上則必須結合鄭玄注與孔穎達疏，並且結合當時唐德宗中和節之時事一併來看，方能理解其意。

與中和節有關之賦尚有《舞中成八卦賦》，這是德宗時原本由昭義節度使王虔休所獻之《聖誕樂》，經德宗改編後成爲中和樂舞，而且舞中成八卦圖形，在德宗故去後，憲宗元和二年（807）進士科考試即以“舞中成八卦賦”爲題②，以“中和所制，盛德斯陳”爲韻，《文苑英華》中現存此賦三篇，爲張存則、白行簡（约776－826）和錢眾仲所作。③ 元和二年出此題目，有着懷念德宗，及強化憲宗繼位的正當性的作用性在。

唐賦的經藝書寫，有些賦作比較容易可以直接從題目上看出其以經藝入題，但有些賦作則並不容易察知，一來必須要對經書的内容熟稔，二來要能掌握賦作的寫作背景和思想脈絡，如此方能解讀出賦作隱含的深層含意。前述之《平權衡賦》就屬於有必要深入追究的這一類。

（三）祥瑞賦作與馴象的獻與放

此外，對於唐代歷史事件等政治社會背景的熟稔也是解讀這類賦作的一個關鍵。因爲賦篇時而會結合時事命題，從而具有幽微的諷諫意涵，如果無法由此入手的話，對於賦篇的理解往往只能停留在浮淺的表面意義，而無法進一步去做更深一層的理解。例如唐德宗貞元十三年（797）的科舉試賦題目爲《西掖瑞柳賦》④，由《資治通鑑》考察其時的背景如下：唐德宗建中四年（783）發生朱泚之亂，造成長安城陷落，德宗逃離長安。之後，朱泚之亂平定，德宗重新搬師回朝，再度回到經過叛軍占領過後的長安城，心情想必是五味雜陳，非常複雜的。因爲在此之前，德宗對於自己是否還能再回到長安，恐怕也是不確定的。而儘管亂事平定，重回長安，但終究當初戰爭時皇帝的倉惶出走還是很狼狽不堪的，有拋棄宗廟、百姓，引發戰争等等的罪愆。德宗的出逃幾乎可以和唐玄宗天寶十四年的安史之亂出逃相比。

然而在搬師回朝後，朝廷恢復運作，又開始科舉考試。宫廷内中書省的柳樹在經歷

① 《文苑英華》所收《平權衡賦》有劉禹錫（772－842）、李宗和及陳佑三篇，見《文苑英華》卷104，第2b－5a頁，總第475－476頁；劉賦又見《全唐賦》，第肆册，卷29，第2580－2581頁、李賦又見《全唐賦》，第肆册，卷28，第2487－2488頁、陳賦又見《全唐賦》，第肆册，卷28，第2491－2492頁。

② 參見朱紅：《由中和節看唐代節日民俗》，第67－68頁；又見徐松：《登科記考》，卷17，元和二年，第623－625頁。

③ 《舞中成八卦賦》三篇，見《文苑英華》卷79，第4a－7a頁，總頁359－360；張存則賦又見《全唐賦》，第伍册，卷37，第3415－3416頁、白行簡賦又見《全唐賦》，第伍册，卷36，第3247－3248頁、錢眾仲賦又見《全唐賦》，第伍册，卷37，第3411－3412頁。

④ 《文苑英華》所收《西掖瑞柳賦》有郭炯和陳詡二篇，見《文苑英華》卷87，第5a－6a頁，總頁396；郭賦又見《全唐賦》，第伍册，卷31，第2769－2770頁、陳賦又見《全唐賦》，第參册，卷18，第1691－1692頁。

叛軍佔領後一度死去，此時竟然又活了，於是吕渭（734－800年）第二年便以《西掖瑞柳賦》爲題，他可能是想説中書省柳樹的復活是一個祥瑞的禎兆，表示對正統王師的歡迎和嚮往。不過，這個命題看似正面，只可惜德宗似乎並不領情，而且很不喜歡。據《南部新書·甲》載："中書省柳樹久枯死。興元二年，車駕還而柳活。明年，吕渭以爲禮部賦，上甚惡之。"① 唐人韓鄂《歲華紀麗》書中曾著録"漢武西掖瑞柳"，不過今日已不知此典故之出處。但唐人是知道的，吕渭用此典作爲貞元十三年（797）禮部進士科考試的賦題。乍看之下，這個題目是一個祥瑞的題目，可想而知：考生們必然會是一番歌功頌德之辭，因爲祥瑞的題目也是唐賦中常見的，祥瑞之題多與經書、緯書有關，經書如《禮記·中庸》中亦言："國家將興，必有禎祥。"②《公羊傳》於哀公十四年亦云："麟者，仁獸也，有王者則至，無王者則不至。"何休（129－182）注云："上有聖帝明王，天下太平，然後乃至。"③ 緯書則如《孝經援神契》中所説："德至鳥獸，則鳳皇翔，麒麟臻。"④ 這種思想在董仲舒（前176－104）《春秋繁露·五行順逆》中亦有表露，其言："恩及草木，則樹木華美，而朱草生；恩及鱗蟲，則魚大爲，鱣鯨不見，群龍下。""恩及於毛蟲，則走獸大爲，麒麟至。"⑤ 後漢時的王充（27－97）在《論衡·講瑞篇》中也説："黄帝、堯、舜、周之盛時，皆致鳳皇。"又云："夫鳳皇，鳥之聖者也；騏驎，獸之聖者也；五帝、三王、皋陶、孔子，人之聖也。"⑥ 誠如《國語·周語》所説："周之興也，鸑鷟鳴于岐山"一樣⑦，因爲聖者、王者出，故有祥瑞出現。從現有的唐賦看來，其中有大量的祥瑞命題之作，究其思想仍是延續着這一脈相承的祥瑞思想信仰而來的。

吕渭的《西掖瑞柳賦》命題本來應該是一個很歌功頌德、逢迎皇帝的題目，孰料德宗並不喜歡，大概是因爲這個題目會唤醒在此之前朱泚之亂倉惶出逃的失敗經驗，所以德宗根本不希望有人再去觸及這根敏感的神經吧！

以祥瑞命題的唐代賦作很多，光是《文苑英華》卷84至89"符瑞"一類中便收録了六十八篇賦作。而且觀察唐代祥瑞類賦作的命題，其中大多數都與緯書有關，例如

---

① 《南部新書》，錢易撰、黄壽成點校，中華書局2002年版，甲，第11頁。

② 《禮記注疏》卷53，《中庸》，第4a頁。

③ 以上俱見《春秋公羊傳注疏》（公羊壽傳、何休解詁、徐彦疏，南昌府學本，藝文印書館1993年版），卷28，"哀公十四年"，第8b－9a頁。

④ 安居香山、中村璋八：《緯書集成》，河北人民出版社1994年版，中册，第977頁。

⑤ 董仲舒撰、蘇輿義證：《春秋繁露義證》，點校本，中華書局1992年版，卷13，《五行順逆》，第372頁、第376頁。

⑥ 王充之語俱見黄暉：《論衡校釋》，中華書局1990年版，卷16，《講瑞篇》，第721、722頁。

⑦ 《國語》，舊題左丘明撰、韋昭注，點校本，漢京文化公司1983年版，卷1，《周語》，第30頁。

《黃龍負舟賦》《神龜負圖出河賦》《白玉琯賦》等都是取材自緯書者①；也有取材自《瑞應圖》者，如《蓂莢賦》②；也有典出《尚書》者，像是《鳳鳴朝陽賦》《鳳皇來儀賦》。③ 由於祥瑞命題的唐代賦作很多，内容又多是以歌功頌德爲目的的寫作，故在此不擬多述。僅舉一遠方異國進貢珍稀之物——馴象之賦爲例，來説明隨着寫作背景的不同，同樣的動物也會被賦予不同的意義，然賦作最終的目的都是要歌頌帝王。

《文苑英華》卷131收録了與馴象有關的賦作四篇，前兩篇是《越人獻馴象賦》④，後兩篇是《放馴象賦》。⑤ 根據《舊唐書·代宗本紀》記載：代宗大曆六年，十一月己亥，文單國王婆彌來朝，獻馴象一十一。⑥ 在此之前，唐高宗永徽四年，林邑國王亦曾遣使來朝，貢過馴象。⑦ 唐玄宗先天、開元、天寶年中亦皆有獻馴象之紀録。⑧

《越人獻馴象賦》命題取材自《漢書·武帝紀》元狩二年夏"南越獻馴象"⑨，但實際寫作背景中有南方邊邑鄰國向唐王朝獻馴象之事。其中杜洩之《越人獻馴象賦》中便言：此馴象乃是以自身可以入貢爲幸、爲榮，賦文中以馴象之口吻自言："以君好生之故，我身必壽；以君賤貨之故，我齒斯存。豈克耕於野，輸衆人之力；曷如我入貢，霑萬乘之恩。雖自慚於陋質，永願在乎王門。"⑩ 闕名之《越人獻馴象賦》亦言："服我后之皁棧，光我唐之域邑。驅之則百獸風馳，翫之則萬夫云集。"⑪ 看似用馴象的口吻敘述，實際上展示的是寫作者欲彰顯唐帝國之服遠懷柔的大國風範，所以才會出現如："我有萶舒之智高，思柔服也；我有周公之德王，以之馳三軍"這樣的文句。⑫

---

① 《黃龍負舟賦》作者爲吕温，見《文苑英華》卷84，第3b-4b頁，總頁381；又見《全唐賦》，第伍册，卷31，第2833-2835頁。《神龜負圖出河賦》作者爲裴度，見《文苑英華》卷84，第5b-6b頁，總頁382；又見《全唐賦》，第肆册，卷25，第2293-2294頁。《白玉琯賦》作者爲王起，見《文苑英華》卷86，第6b-7a頁，總頁392；又見《全唐賦》，第伍册，卷33，第3014-3015頁。

② 《蓂莢賦》有程諫與吕諲二首，見《文苑英華》卷88，第1a-2b頁，總頁399；程賦又見《全唐賦》，第貳册，卷12，第1163-1164頁、吕賦又見《全唐賦》，第貳册，卷12，第1137-1138頁。

③ 《鳳鳴朝陽賦》作者爲崔損，見《文苑英華》卷84，第9b-10b頁，總頁384；又見《全唐賦》，第參册，卷22，第2007-2008頁。《鳳凰來儀賦》作者爲李解，見《文苑英華》卷84，第8b-9b頁，總頁383-384；又見《全唐賦》，第柒册，卷53，第4789-4791頁。

④ 此二篇《越人獻馴象賦》作者一爲闕名，一爲杜洩，俱見《文苑英華》卷131，第4b-6a頁，總頁602-603；又見《全唐賦》，第捌册，卷60，第5454-5455頁，及第參册，卷16，第1444-1446頁。

⑤ 此二篇《放馴象賦》作者一爲獨孤授，一爲獨孤良器，俱見《文苑英華》卷131，第6b-7a頁，總頁603-604；又見《全唐賦》，第參册，卷21，第1916-1917，及第伍册，卷35，第3203-3204頁。

⑥ 《舊唐書》卷11，《代宗紀》，第298頁。

⑦ 《舊唐書》卷4，《高宗紀》，第72頁。

⑧ 《唐會要》卷98，"林邑國"，第1751頁。相關研究請另參見詹杭倫：《越人獻馴象賦與杜甫關係獻疑》，逢甲大學唐代研究中心、中文系主辦"唐代文化、文學研究及教學國際學術研討會"，2007年5月19、20日。

⑨ 《漢書》卷6，《武帝紀》，第176頁。

⑩ 《文苑英華》卷131，第6a頁，總頁603；又見《全唐賦》，第參册，卷16，第1446頁。

⑪ 《文苑英華》卷131，第5a頁，總頁603；又見《全唐賦》，第捌册，卷60，第5455頁。

⑫ 《文苑英華》卷131，第6a頁，總頁603；又見《全唐賦》，第肆册，卷23，第2059-2060頁。

一般而言，大象的壽命約六七十歲，這些之前被進貢至皇帝宮廷苑囿中的大象，到了代宗大曆十四年（779）時，因爲花費頗重，所以代宗一聲令下，把他們都放了。據《資治通鑑》代宗大曆十四年載：

> 先是，諸國屢獻馴象，凡四十有二，上曰："象費豢養而違物性，將安用之！"命縱於荆山之陽，及豹、貀、鬥雞、獵犬之類，悉縱之；又出宫女數百人。於是中外皆悦，淄青軍士，至投兵相顧曰："明主出矣，吾屬猶反乎！"①

於是這一年（代宗大曆十四年）博學宏詞科的試賦題目就是《放馴象賦》②，可見主考官在命題時是多麼地切合時事！《放馴象賦》一題由時事而來，但其思想精神卻是源自於《禮記·中庸》中所言之"凡爲天下國家有九經"其中的"柔遠人則四方歸之"。③

元稹（779－831）有《和李校書新題樂府十二首》其中《馴犀》一首開頭有云："建中之初放馴象"④，故知：元稹將放馴象之功歸之於德宗！而《舊唐書·德宗本紀》末史臣贊曰亦有提及德宗"放文單之馴象"⑤，可見代宗、德宗二朝都有放過馴象。而由這些賦作實例看來，無論是貢獻馴象，或者是釋放馴象，都可以找到頌讚的理由，歌頌帝王一番！

（四）《王師如時雨賦》與平淮西

再如《王師如時雨賦》⑥，在閱讀《資治通鑑》憲宗元和十三、十四年整個完整的平淮西事件後再回頭觀看此題，從而確定了《王師如時雨賦》這篇賦的寫作背景正是與平淮西有關的歌頌。《王師如時雨賦》是憲宗元和十四年（819）的科舉試題，配合着當時的時代背景看來，那時正是憲宗平淮西後，展現朝廷中央軍事魄力的一年⑦，對唐王朝而言具有重大的意義，於是元和十四年的中書舍人庾承宣便在試賦的命題上定下了《王師如時雨賦》這樣的題目，結合着此一時事背景来看，就更加明瞭主考官對於賦的命題其所蘊含的深意。中唐之時，各地方節度使勢力坐大，往往專斷獨行，並不理會中央王朝，甚至自行廢立，唐王朝的中央權力面臨挑戰，處於弱勢，又不敢對地方節度使動用武力，中央政府面對囂張跋扈的藩鎮，長期的積弱不振，於是當裴度掛帥成功地平定淮西後，具有重振中央威望的重大作用和宣示意義存在。《王師如時雨賦》的命

① 《資治通鑑》代宗大曆十四年，第7259－60頁。

② 參《登科記考補正》卷11，代宗大曆十四年，第467頁。

③ 《禮記注疏》卷53，《中庸》，第13－14頁。

④ 《元稹集》，冀勤點校，中華書局2000年版，卷24，第283頁。

⑤ 《舊唐書》卷13，《德宗紀》，第400頁。

⑥ 《王師如時雨賦》有陳去疾和章孝標兩篇，俱見《文苑英華》卷65，第6a－7b頁，總頁295；又見《全唐賦》，第陸册，卷43，第3899－3900頁，及第伍册，卷35，第3199－3200頁。

⑦ 相關史事請參考《資治通鑑》憲宗元和十三、十四年。

題援引了《孟子・滕文公》中的典故而成[1]，不過它顯然不只是引經據典地紙上文章而已，因爲無論是命題者、寫作者和讀者，他們都身處於元和十四年的背景中，對於長時間來的國家局勢有一定的認識和了解，因此這個題目就不再僅僅只是出自於古代經書的典故而已，而是具有真切實際感受的時事，具有面對當前現實局勢的意義。因此，看似引經據典的經藝書寫賦作如果能細密地去進行一些寫作背景考察的話，是可以看出其中以古諷今、以古喻今的深層意涵的。

（五）望思臺相關賦作

有些賦篇其賦題雖然並非直接取材自經書，但是其寫作的内容和寫作的用意上都具有經藝的精神，也是值得注意的。例如《文苑英華》卷51中有三篇以望思臺爲題之作，望思臺爲漢武帝因懷念無辜而死的戾太子劉據所建，其典故見於《漢書・武五子傳》中戾太子劉據一節，其事大意如下：先是漢武帝派江充治巫蠱，江充至太子宫掘蠱，得桐木人，於是戾太子劉據起兵殺江充，結果與丞相交戰，太子兵敗，逃亡，藏匿，自殺。後來漢武帝憐太子無辜，乃作思子宫，爲歸來望思之臺於湖。天下聞而悲之。[2]

如果只從表面上看，三篇《望思臺賦》就可能只是被解讀成憑弔古迹，覽古、懷古或詠史之作。[3] 但是若由其中之一的作者陸贄（754－805）身處的時代背景看來，其以《望思臺賦》爲題本身就具有諷諫的意含。《資治通鑑》卷二百三十三德宗貞元三年（787）記載德宗與李泌（722－789）有關太子事的一番對話[4]，其中便説明了德宗原本也對太子有疑，欲廢太子而改立，李泌因而提及昔日肅宗之子建寧王倓冤死之事，事後肅宗亦悔恨，其情頗與漢武帝相似，李泌昔日即輔佐肅宗，現又輔佐德宗，故特别以勿疑太子一事提醒德宗。蓋因太子所處之位，欲譖之者多矣，一旦皇帝疑心，類似戾太子據的悲劇就會一再重演。陸贄是德宗十分倚重的大臣，故而他的這篇《傷望思臺賦》和其他兩篇《望思臺賦》之作應該都是在此一背景下作的。

三篇寫望思臺賦之作，其中蔣凝的《望思臺賦》寫得最好。陸贄《傷望思臺賦》主要都環繞着漢武帝戾太子巫蠱之禍的本事而發，陳山甫《望思臺賦》有用到晉獻公太子申生因驪姬之亂自殺的典故[5]，而蔣凝的《望思臺賦》在“齊誅子糾以無道，晉殺

---

① 《孟子・滕文公下》：“湯始征，自葛載，十一征而無敵於天下。東面而征西夷怨；南面而征北狄怨，曰：‘奚爲後我？’民之望之，若大旱之望雨也。歸市者弗止，芸者不變，誅其君，弔其民，如時雨降。民大悦。《書》曰：‘徯我后，后來其無罰！’”（《孟子注疏》趙岐注、孫奭疏，南昌府學本，藝文印書館1993年版，卷6上，第10a頁）

② 參見《漢書》卷63，《武五子傳》“戾太子”一節，第2741－47頁。

③ 此三篇《望思臺賦》作者分别爲陸贄、陳山甫及蔣凝，俱見《文苑英華》卷51，第6a－8b頁，總頁231－232；又見《全唐賦》，第參册，卷22，第1991－1992頁，及第柒册，卷52，第4727－4728頁，及第柒册，卷48，第4295－4296頁。

④ 參見《資治通鑑》卷233，《唐紀》“德宗貞元三年”，第7497頁。

⑤ 詳參《春秋左傳注疏》卷12，“僖公四年”，第14a－16a頁。

申生而可哀”一句中便用了兩個典故，包括齊桓公殺公子糾事①、晉獻公的太子申生自殺事。賦中對望思臺及其典故的描寫很詳細，又富有情景：

路入湖邑，臺名望思。幾里而云瞻累土，千春而草没餘基。仙掌一峰，遠指江充之事；黄河九曲，旁呑武帝之悲。昔者漢祚方隆，皇綱失理，因巫蠱之事作，有讒邪之禍起。宫中既得其桐人，臣下皆疑於太子。龍樓獲謗，方儲副以難明；鳳閣無恩，遂出奔而至死。②

陳山甫《望思臺賦》亦極力描寫“登臺有悼往之心”的情景，末言：“是臺也，可以申鑒於後王，豈徒處高‘明’而縱目?”③ 而陸贄也在賦文一開始對望思臺做了描寫：

桃野之右，蒼茫古源。草木春慘，風煙晝昏。攬予轡以躊躇，見立表而斯存。廼漢武戾嗣勦命地也，然後築臺以慰遺魂!④

陸贄等作者在寫作《望思臺賦》時應該是可以看得到望思臺的。賦作雖不免於吊古，但也很具有現實的諷諫意義，而像蔣凝、陳山甫兩位作者更旁引春秋時晉獻公因寵幸驪姬，使太子申生自殺之事入賦，亦可見作者博古通今，引經義入賦表達對時政關心的通變之法。若就其現實意義來看，亦不無經世致用之意。

以上透過實際唐賦作品的例子分析探討賦的經藝書寫其實命題上有時是有其時代背景和意義的，若能深入了解，將更可以了解其微言大義，了解命題者和寫作者的用心。由前述所舉之例也可以發現：唐代的科舉試賦命題有時是與時事有着密切的關聯性，同時背後也有着嚴肅的政教意涵。由於唐代科舉考試制度的確立，更使得經學與科舉考試相結合，成爲國家考試中最主要的内容。從唐賦中大量運用經書典故看來，經學仍是唐代士人教育過程中的必讀經典，因而即使是文士也不得不投入經學的研讀和學習中。唐賦中有許多賦篇可能都是爲科舉考試而作，一般而言，科舉考試中的試賦題目大多都會取材自經書之中，如此一來，可以測驗出考生對於經書是否熟稔。此外，唐賦中更彌漫着許多讖緯祥瑞的内容和符號。從唐賦的賦題取材來看，我們發現：其實唐代士人受到緯書很大的影響，他們對於緯書同經書一樣熟稔。而唐賦的内容又以祥瑞爲其主要的取材對象。這些都可以看出唐代士人對這些讖緯學説的熟稔。

---

① 齊桓公遺書魯人殺公子糾事，見《史記》卷32，《齊太公世家》，第1486頁。

② 《文苑英華》卷51，第7b－8a頁，總頁231－232；又見《全唐賦》，第柒册，卷48，第4295頁。

③ 《文苑英華》卷51，第7b頁，總頁231；又見《全唐賦》，第柒册，卷52，第4728頁。案：《文苑英華》闕“明”字，據《全唐賦》校補。

④ 《文苑英華》卷51，第6a－6b頁，總頁231；又見《全唐賦》，第參册，卷22，第1991頁。

唐代建立了一套科舉考試制度，在這套考試制度中儒家經典仍是最重要的經典。科舉考試中有試雜文，而賦是雜文考試中最常出現的考試文體，因此我們今日所看到的唐賦有許多可能都是科舉試賦，或者是爲準備科舉考試所撰寫的習作。

唐賦的内容裏，洋溢着對帝王的歌頌。作者盛讚皇帝仁德，所以招致祥瑞出現。同時把皇帝比喻爲天、爲日，更經常引用堯舜禹湯等聖王的形象和相關的傳説作爲典故來作一比擬。各式各樣的祥瑞、寶物和禮器，也都成爲唐賦中重要的題目。例如祥瑞的動物有龍鳳龜，還有云物、紫氣、嘉禾、連理樹及白色祥瑞的動物禽鳥等。至於欹器、鼎等也是具有特殊意義的禮器。在這些祥瑞或是特殊禮器的背後其實都有一整套的政教思維存在，是可以進一步去挖掘和探索的。因爲無論是科舉考試或是獻賦，撰寫者都很清楚地把他作品的閲讀對象設定爲皇帝，因而在撰作過程中寫作者的思維也都是環繞在皇帝的目光所及之處，關心他所關心的。而這些賦作更具有某些節慶時歡慶和祝賀的意味，尤其獻賦更可以因此獲得官禄，也成爲士人的一種進身階。因此，從初步的考察中發現：唐賦中大量運用經書的典故爲題，並且具有濃厚的經學思想在作品中。賦這種文體具有帝國書寫的特性，因而它所採用的經書典故也多半都是從《尚書》《禮記》中與帝王德行、國家制度、治國之方等大道有關者，而《詩經》的部分則以雅、頌爲主，國風的部分則比較少。賦大抵還是從經國大業，潤色鴻業的角度出發進行書寫的一種文體，因而賦與國家、與經學之間的關係顯得更爲緊密。

唐賦與經學的關係十分密切，這一點如果純粹只從文學的角度去看並不容易發現。許多看似枯燥乏味，缺乏性靈的賦作，其實都與科舉考試以經學命題有着密不可分的關聯。而研究者不宜片面地在没有經學作爲背景知識的情況下逕行地去詮釋，本文的研究亦在於强調和説明：唐賦的寫作與帝國的制度和考試脱離不了關係，更與經學脱離不了關係。相對地，從這些與經學有關的唐賦中也可以看到唐代經學的另一個面向，從賦當中也可以看出士人的經學根柢。

五、結論

許多論及唐代科舉考試的資料多會徵引《舊唐書·鄭覃傳》中鄭覃以經術之士，反對浮華文詞，反對進士之説，其云：

> （鄭）覃雖精經義，不能爲文，嫉進士浮華，開成初，奏禮部貢院宜罷進士科。初，紫宸對，上語及選士，覃曰："南北朝多用文華，所以不治。士以才堪即用，何必文辭？"①

① 《舊唐書》卷173，《鄭覃傳》，第4491頁。

在大多數述及唐代科舉考試的論述中都強調進士科考試注重的是文學、文辭，並引述當朝之士批評科舉制度取士浮華的資料，從而予人一種唐代文辭之士與經術之士二者是壁壘分明，互相對立的印象。如胡美琦（1929－2012）《中國教育史》便説唐代考試只注重考文學。[①] 又如科舉考試中的進士科考試必須經過三場，每一場定去留，其中第一場考試是帖經，但是依傅璇琮《唐代科舉與文學》書中第七章所述，帖經的地位在中唐後越來越滑落，變得一點也不重要，甚至可以用詩來替代。[②] 閱讀這些材料不禁予人強烈的印象：唐代參與科舉考試的考生真是只重視文學而可以完全不理會經書。只要詩賦寫得好，就可以考上，即使不會背誦經書，也可以“以詩贖帖”，用作詩來取代。如此更使人覺得唐代都是文學之士。再加上皮錫瑞（1850－1908）《經學歷史》又言：“經學自唐以至宋初，已陵夷衰微矣。”[③] 可見其對唐代經學之評價是不高的，他又説：唐代帖經而已，注重背誦，而不重經義。由這些材料中描繪出來的唐代士人景象都是只重文學，不重經學的。

可是當實際去從事唐賦的研讀和考察時，卻對其中充滿如此大量的經藝書寫現象而對前人如此的評論不免産生懷疑。先是有經術與文學二者的對立現象，繼而又引用鄭覃感慨經術衰微的話語來呈現出唐代的這種此消彼長的現象。然則從本文處理唐賦的經藝書寫現象來看時，其實並不存在經術與文學二分對立的現象，反而賦之中有大量的經藝化的現象。不僅賦的選題和命題有一大堆和經學有關者，其所引用的經典繁多，儒釋道皆有，但其中仍是以儒家爲主。當然其中也包含有許多與典禮有關的賦作，還有許多與樂教和射禮有關之賦題，凡此都可以説展現了主事者對於考試人才選拔自有其一套思想的要求。

從實際的唐賦經藝書寫的作品來看，無論是主考官在命題上或是考生在作答上，彼此都引用了聖人之言，將此一考試的賦作納入國家政治經略思想的大背景脈絡中，以聖人之言互相對話，如果不明瞭題意出處、題旨的考生，無法達成理想的作答，一知半解的考生也不容易完美作答。是以唯有對於經義語句和内涵熟悉的考生方能在這限制性的遣詞造句和作文規範中勝出。而這些經藝書寫的命題有的有時事性，有的來源出處不只一端，考生還必須具有融會貫通的本領，對應着當前的社會而言，這大概就是真正的經世致用之意，也是命題者所欲從考試中去篩選人才的一個理想的目標吧！

唐賦的經藝書寫是特定文類的專用手法，也是具有特定目的和特定的期待讀者及期待視野的寫作方式。它因應着唐代國家掄才的科舉考試而成爲一種考試的文體，從而有了特

① 胡美琦：《中國教育史》，三民書局 1978 年版，第 272 頁。

② 參見傅璇琮：《唐代科舉與文學》，陜西人民出版社 2003 年版，第七章，第 171－173 頁。

③ 皮錫瑞：《經學歷史》，周予同注釋，漢京文化公司 1983 年版，《經學變古時代》，第 220 頁。

定的讀者訴求和意識形態的籠罩，這大概都是賦在唐代所產生的前所未有的變化吧！

附表一：　　《文苑英華》所收儒學類賦作篇目一覽表

編號	賦題	文苑英華卷，頁，總頁	全唐文新編頁碼
1	辟雍賦	卷61，1a－2a，總頁275	卷546，頁6315
2	太學觀春宮齒胄賦	卷61，頁2a－2b，總頁275	卷961，頁13087
3	太學壁經賦	卷61，頁2b－3b，總頁275－276	卷546，頁6317
4	太學刱置石經賦	卷61，頁3b－4b，總頁276	卷546，頁6316
5	御註孝經臺賦	卷61，頁4a－5a，總頁276－277	卷455，頁5350
6	五經閣賦	卷61，頁5a－6a，總頁277	卷633，頁7151
7	觀太學射堂賦	卷61，頁6a－7a，總頁277	卷511，頁5983
8	八卦賦	卷61，頁7a－7b，總頁278	卷354，頁4047
9	六藝賦	卷61，頁7b－9a，總頁278－279	卷282，頁3198
10	金鏡賦	卷62，頁1a－2a，總頁279	卷946，頁12890
11	漢章帝白虎殿觀諸儒講五經賦	卷62，頁1a－2a，總頁279	卷632，頁7132
12	貢士謁文宣王賦	卷62，頁1a－2a，總頁280	卷482，頁5702
13	貢舉人見於含元殿賦	卷62，頁2b－3b，總頁280	卷482，頁5702
14	人不學不知道賦	卷62，頁3b－4a，總頁280－281	卷482，頁5703
15	重寸陰於尺璧賦	卷62，頁4a－5b，總頁281	卷641，頁7239
16	惜分陰賦	卷62，頁5b－6a，總頁281－282	卷719，頁8235
17	學植賦	卷62，頁6a－7a，總頁282	卷200，頁2275
18	學然後知不足賦	卷62，頁7a－8a，總頁282－283	卷757，頁8900
19	文戰賦	卷62，頁8a－8b，總頁283	卷766，頁9122
20	解議圍賦	卷62，頁8b－9b，總頁283	卷624，頁7056
21	書同文賦	卷63，頁1a－2a，總頁284	卷641，頁7234
22	壞宅得書賦	卷63，頁2a－2b，總頁284	卷804，頁9814
23	鑿壁偷光賦	卷63，頁2b－3b，總頁285	卷722，頁8281
24	螢光照字賦（三篇）	卷63，頁3b－4a，總頁285－286	卷719，頁8235；卷722，頁8282；卷722，頁8286
25	賦賦	卷63，頁5b－6a，總頁286	卷656，頁7425
26	詩有六義賦	卷63，頁6a－7a，總頁286－287	卷481，頁5688
27	擲地金聲賦	卷63，頁7a－8a，總頁287	卷641，頁7239
28	端午獻尚書爲壽賦	卷63，頁8a－8b，總頁287	卷769，頁9166

附表二：　　唐賦賦題關涉經藝資料一覽表

唐賦與經藝 1：《周易》

編號	作者	賦題	限韻	全唐文新編 v 卷/p 頁	出處
1.	敬括	八卦賦		v354/p4047	周易・繫辭下
2.	錢眾仲	舞中成八卦賦	以中和所致盛德斯陳爲韻	v713/p8121	周易・繫辭下
3.	張存則	舞中成八卦賦	以中和所致盛德斯陳爲韻	v713/p8122	周易・繫辭下
4.	白行簡	舞中成八卦賦	以中和所致盛德斯陳爲韻	v692/p7832	周易・繫辭下
5.	劉允濟	天行健賦		v163/p1918	周易・乾卦
6.	翟楚賢	天行健賦	以天德以陽故能行健爲韻	v959/p13013	周易・乾卦
7.	陸肱	乾坤爲天地賦	以取類著言純乎元理爲韻	v765/p9112	周易・説卦
8.	張隨	云從龍賦	以聖王得賢臣爲韻	v362/p4162	周易・乾卦
9.	王起	履霜堅冰至賦	以君子之道闇然而日章爲韻	v641/p7237	周易・坤卦
10.	獨孤授	師貞丈人賦	以武有七德師貞丈人爲韻	v456/p5360	周易・師卦
11.	裴度	三驅賦	以蒐畋以時網去三面爲韻	v537/p6231	周易・比卦
12.	武少儀	射隼高墉賦	以君子藏器待時爲韻	v613/p6931	周易・解卦
13.	敬騫	射隼高墉賦	以君子藏器待時爲韻	v365/p4223	周易・解卦
14.	羅讓	井渫不食賦		v525/p6115	周易・井卦
15.	陸贄	鴻漸賦	以鴻漸路適之爲韻	v460/p5416	周易・漸卦
16.	白行簡	垂衣治天下賦	以聖理無爲道光前古爲韻	v692/p7828	周易・繫辭

唐賦與經藝 2：《尚書》

編號	作者	賦題	限韻	全唐文新編	出處
1.	袁司直	寅賓出日賦第一	以大明在天恒以時授爲韻	v545/p6307	尚書・堯典
2.	周渭	寅賓出日賦第二	以大明在天恒以授時爲韻	v453/p5331	尚書・堯典
3.	王儲	寅賓出日賦第三	以大明在天恒以時授爲韻	v455/p5351	尚書・堯典
4.	獨孤授	寅賓出日賦第四	以大明在天恒以時授爲韻	v456/p5366	尚書・堯典
5.	崔損	五色土賦第一	以皇子畢封依色建社爲韻	v476/p5559	尚書・夏書・禹貢
6.	盧士開	五色土賦第二	以皇子畢封依色建社爲韻	v457/p5378	尚書・夏書・禹貢
7.	吴連叔	謙受益賦第一	以君子立身謙德之柄爲韻	v946/p12892	尚書・大禹謨
8.	孟翺	謙受益賦第二	以君子立身謙德之柄爲韻	v958/p12997	尚書・大禹謨
9.	平冽	兩階舞干羽賦	以皇風廣被夷夏謐清爲韻	v406/p4734	尚書・大禹謨
10.	趙蕃	甸人獻嘉禾賦		v722/p8282	尚書・嘉禾

续表

編號	作者	賦題	限韻	全唐文新編	出處
11.	劉積中	樂德教胄子賦第一	以育材訓人之本爲韻	v619/p7010	尚書・舜典
12.	羅讓	樂德教胄子賦第二	以育材訓人之本爲韻依次用	v525/p6114	尚書・舜典
13.	徐至	樂德教胄子賦第三	以育材訓人之本爲韻依次用	v619/p7011	尚書・舜典
14.	鄭方	樂德教胄子賦第四	以育材訓人之本爲韻依次用	v619/p7012	尚書・舜典
15.	杜周士	樂德教胄子賦第五	以育材訓人之本爲韻	v693/p7868	尚書・舜典
16.	王起	木從繩賦第一	以聖君順諫如木從繩爲韻	v641/p7235	尚書・説命上
17.	張勝之	木從繩賦第二	以木以繩直君由諫明爲韻	v739/p8581	尚書・説命上

唐賦與經藝3：《詩經》

編號	作者	賦題	限韻	全唐文新編	出處
1.	李益	詩有六義賦	以風雅比興自家成國爲韻	v481/p5688	詩經・大序
2.	李程	衣錦褧衣賦	以君子之道闇然日章爲韻	v632/p7141	詩經・衛風・碩人 詩經・鄭風・丰
3.	張仲素	河橋竹索賦	以誰謂河廣一葦航之爲韻	v644/p7268	詩經・衛風・河廣
4.	李子卿	授衣賦	以霜降此時女工云就爲韻	v454/p5345	詩經・豳風・七月
5.	張何	授衣賦	以霜降此時女工云就爲韻	v457/p5376	詩經・豳風・七月
6.	王綮	鳥求友聲賦	以人自得求友聲之道爲韻	v769/p9172	詩經・小雅・伐木
7.	楊諫	南有嘉魚賦第一	以樂得賢者次用韻	v365/p4225	詩經・小雅・南有嘉魚
8.	李蒙	南有嘉魚賦第二	以樂得賢者次用韻	v360/p4133	詩經・小雅・南有嘉魚
9.	王起	庭燎賦第一	以早設王庭輝映群辟爲韻	v950/p12931	詩經・小雅・庭燎
10.	楊濤	庭燎賦第二	以天覆之廣文德以來爲韻	v642/p7241	詩經・小雅・庭燎
11.	趙昂	攻玉賦	以他山之石爲韻	v622/p7034	詩經・小雅・鶴鳴
12.	錢起	晴皋鶴唳賦	以警露清野高飛唳人爲韻	v379/p4372 錢起詩集	詩經・小雅・鶴鳴
13.	李夷亮	魚在藻賦	以潛泳水府形諸雅什爲韻	v594/p6755	詩經・小雅・魚藻
14.	賈餗	教猱升木賦	以仁義在躬教之則進爲韻	v731/p8476	詩經・小雅・角弓
15.	崔損	鳳鳴朝陽賦	以鳳鳴山陽振翼飛舞爲韻	v476/p5558	詩經・大雅・卷阿
16.	張叔良	五星同色賦	以昊天有成命爲韻	v441/p5145	詩經・周頌・昊天有成命

续表

編號	作者	賦題	限韻	全唐文新編	出處
17.	崔淙	五星同色賦	以昊天有成命爲韻	v459/p5394	詩經・周頌・昊天有成命
18.	韋承慶	靈臺賦		v188/p2154	詩經・大雅・靈臺
19.	喬琳	鶺鴒賦	有序	v356/p4073	詩經・小雅・常棣
20.	李德裕	振振鷺賦		李德裕文集校箋 p419	詩經・有駜 詩經・周頌・振鷺
21.	白居易	賦賦	以賦者古詩之流爲韻	白居易集箋校 v4/p2622	

唐賦與經藝 4：《禮》

編號	作者	賦題	限韻	全唐文新編	出處
1.	李德裕	知止賦		v697/p7934	禮記・大學
2.	李紳	善歌如貫珠賦	以聲氣圓直有如貫珠爲韻	v694/p7874	禮記・樂記
3.	趙蕃	善歌如貫珠賦	以聲氣圓直有如貫珠爲韻	v722/p8284	禮記・樂記
4.	元稹	善歌如貫珠賦	以聲氣圓直有如貫珠爲韻依次用	v647/p7295	禮記・樂記
5.	雍陶	學然後知不足賦	以君子強志然後成立爲韻	v757/p8900	禮記・學記
6.	黎逢	人不學不知道賦	以學然後知不足爲韻	v482/p5703	禮記・學記
7.	羅立言	振木鐸賦	以發號施令王猷所先爲韻	v692/p7844	禮記・明堂位
8.	白行簡	振木鐸賦	以振文教而納規諫爲韻	v692/p7829	禮記・明堂位
9.	王起	振木鐸賦	以孟春之月遒人徇路爲韻	v641/p7227	禮記・明堂位
10.	封希顔	六藝賦	以移風易俗安上理人爲韻	v282/p3198	禮樂射御書數
11.	王起	開冰賦		v641/p7228	禮記・月令
12.	歐陽詹	明水賦	以元化無宰至精感通爲韻	v595/p6769	禮記・郊特牲
13.	崔損	明水賦	以泠然感化潔我烝嘗爲韻	v476/p5558	禮記・郊特牲
14.	賈稜	明水賦	以元化無宰至精感通爲韻	v594/p6756	禮記・郊特牲
15.	陳羽	明水賦	以元化無宰至精感通爲韻	v546/p6323	禮記・郊特牲
16.	韓愈	明水賦	以元化無宰至精感通爲韻	v547/p6331	禮記・郊特牲
17.	闕名	明水賦	以元化無宰至精感通爲韻	v960/p13082	禮記・郊特牲
18.	任華	明堂賦		v376/p4336	禮記・明堂位
19.	王諲	明堂賦		v333/p3813	禮記・明堂位
20.	劉允濟	明堂賦		v163/p1916	禮記・明堂位

续表

編號	作者	賦題	限韻	全唐文新編	出處
21.	于沼	明堂賦		v947/p12901	禮記・明堂位
22.	李白	明堂賦		v347/p3970	禮記・明堂位
23.	韋允	郊特牲賦	以繭栗之微貴乎誠慤爲韻	v733/p8506	禮記・郊特牲
24.	闕名	藉田賦		v960/p13082	禮記・月令
25.	石貫	藉田賦	以復收墜典以期農祥爲韻	v762/p9042	禮記・月令
26.	闕名	土牛賦		v960/p13083	禮記・月令
27.	陳仲師	土牛賦	以以示農耕之早晚爲韻	v716/p8147	禮記・月令

唐賦與經藝5：《春秋》

編號	作者	賦題	限韻	全唐文新編	出處
1.	常衮	春蒐賦	以畋狩得時獻禽合禮爲韻	v410/p4825	穀梁傳・昭公二十二年春
2.	胡瑱	大閱賦	以國崇武備明習順時爲韻	v401/p4620	穀梁傳・桓公六年秋
3.	梁獻	大閱賦	以國崇武備明習順時爲韻	v282/p3199	穀梁傳・桓公六年秋
4.	浩虛舟	射雉解顔賦	以藝極神驚愁顔變喜爲韻	v624/p7058	左傳・昭公二十八年
5.	歐陽詹	藏冰賦	以西陸朝覿方出之爲韻	v595/p6770	左傳・昭公四年

唐賦與經藝6：《論語》《孟子》

編號	作者	賦題	限韻	全唐文新編	出處
1.	白居易	君子不器賦	以用之則行無施不可爲韻	v656/p7425	論語・爲政
2.	鄭俞	性習相近遠賦	以君子之所慎焉爲韻	v594/p6761	論語・陽貨
3.	浩虛舟	行不由徑賦	以處心行道有如此焉爲韻	v624/p7057	論語・雍也
4.	羅立言	風偃草賦	以上之化人乃如是焉爲韻	v692/p7845	論語・顔淵
5.	蔣防	草上之風賦	以君子之德風偃乎草爲韻	v719/p8238	論語・顔淵
6.	陳仲師	駟不及舌賦	以是故先聖子欲無言爲韻	v716/p8149	論語・顔淵
7.	陳仲卿	駟不及舌賦	以樞機一發策辱之本爲韻	v948/p12908	論語・顔淵
8.	章孝標	王師如時雨賦	以慰悦人心如雨枯旱爲韻	v683/p7709	孟子・梁惠王章句下第十一章
9.	陳去疾	王師如時雨賦	以慰悦人心如雨枯旱爲韻	v760/p8983	孟子・梁惠王章句下第十一章

唐賦與經藝7：緯書

編號	作者	賦題	限韻	全唐文新編	出處
1.	裴度	神龜負圖出河賦	以作瑞前王始啓文教爲韻	v537/p6230	尚書・中候
2.	高郢	西王母獻白玉琯賦	以聖道昭格神物呈祥爲韻	v449/p5284	尚書・帝驗期
3.	王起	白玉琯賦	以神人來獻以和八音爲韻	v642/p7242	尚書・帝驗期
4.	程諫	蓂莢賦		v374/p4322	尚書・中候
5.	吕諲	蓂莢賦	以呈端聖朝爲韻	v371/p4288	尚書・中候
6.	闕名	二黄人守日賦	以君德同明遠人來附爲韻	v960/p13076	孝經・援神契
7.	滕邁	二黄人守日賦	以君德同明遠人來附爲韻	v723/p8296	孝經・援神契
8.	潘炎	黄龍見賦		v442/p5164	易緯
9.	潘炎	黄龍再見賦		v442/p5163	易緯
10.	李爲	日賦		v793/p9582	易緯
11.	王奉珪	日賦		v952/p12953	易緯
12.	李邕	日賦		v261/p2947	易緯

唐賦與經藝8：其他與經學及經書有關者

編號	作者	賦題	限韻	全唐文新編	出處
1.	王履貞	太學壁經賦	以六經典法刊正文字爲韻	v546/p6317	
2.	許堯佐	五經閣賦	以禮傳詩書易成教爲韻	v633/p7151	
3.	張昔	御註孝經臺賦	以百行之本明王所尊爲韻	v455/p5350	

附表三：　唐代科舉試賦題目一覽表

西元	帝王	年號	欄位1	録取人數	試賦題目	用韻	備注	知貢舉者	職銜	《登科記考》頁碼備查
685	武則天	垂拱元年	（光宅二年）	27	高松賦		省試	劉奇	考功員外郎	80
713	玄宗	先天二年	（開元元年）	77	藉田賦			房光庭		167
714	玄宗	開元二年		17	旗賦	風日云野，軍國清肅		王邱	吏部侍郎	172
714	玄宗	開元二年			竹簾賦		哲人奇士，隱淪屠釣科			173
716	玄宗	開元四年		16	丹甑賦	周有豐年				184
717	玄宗	開元五年		25	止水賦	清審洞澈涵容		裴耀卿		187
719	玄宗	開元七年		25	北斗城賦	池塘生春草		李納		201

续表

西元	帝王	年號	欄位1	録取人數	試賦題目	用韻	備注	知貢舉者	職銜	《登科記考》頁碼備查
727	玄宗	開元十五年	孟二冬補		灞橋賦	水云暉映，車騎繁雜				
730	玄宗	開元十八年		26	冰壺賦	清如玉壺冰，何慚宿昔意		崔明允		255－256
734	玄宗	開元二十二年		29	梓材賦	理材爲器，如政之術		孫逖	考功員外郎	266－268
734	玄宗	開元二十二年			公孫宏開東閣賦	風勢聲理，暢休實久	博學宏詞科			
737	玄宗	開元二十五年	孟二冬移至開元十三年	27	花萼樓賦並序一首	以題爲韻		姚奕	禮部侍郎	282
747	玄宗	天寶六年		23	罔兩賦	道德希夷仁美		李巖	禮部侍郎	313
751	玄宗	天寶十年		20	豹烏賦	兩遍用四聲爲韻		李麟	兵部侍郎	322－323
763	代宗	廣德元年	（寶應二年）	27	日中有王字賦	以題爲韻次用		蕭昕	禮部侍郎	358－359
767	代宗	大曆二年		20	射隼高墉賦	君子藏器待時		薛邕（上都）	禮部侍郎	367－368
769	代宗	大曆四年			五星同色賦	以昊天有成命	博學宏詞科	薛邕（上都）	禮部侍郎	372
773	代宗	大曆八年		34	東郊朝日賦	國家行仲春之令		張渭（上都）	禮部侍郎	380
774	代宗	大曆九年			蜡日祈天宗賦		東都試	張謂（上都）	禮部侍郎	383－384
775	代宗	大曆十年		27	五色土賦	皇子畢封，依色建社	上都試	常袞（上都）	禮部侍郎	387－388
775	代宗	大曆十年			日觀賦	千載之統，平上去入	東都試	蔣涣（東都）	留守	
777	代宗	大曆十二年		12	通天臺賦	洪臺獨存，浮景在下		常袞	禮部侍郎	394
779	代宗	大曆十四年		20	寅賓出日賦	大明在天，恒以時授		潘炎	禮部侍郎	399－401
779	代宗	大曆十四年			放馴象賦	珍異禽獸，無育家國	博學宏詞科			
781	德宗	建中二年		17	白云起封中賦			于邵	禮部侍郎	418－419

续表

西元	帝王	年號	欄位1	録取人數	試賦題目	用韻	備注	知貢舉者	職銜	《登科記考》頁碼備查
791	德宗	貞元七年		30	珠還合浦賦	不貪爲寶，神物自還		杜黄裳	禮部侍郎	457－459
792	德宗	貞元八年		23	明水賦	玄化無宰，至精感通		陸贄	兵部侍郎	463－469
792	德宗	貞元八年			鈞天樂賦	上天無聲，昭錫有道	博學宏詞科試			
793	德宗	貞元九年		32	平權衡賦	晝夜平分，銖鈞取則		顧少連	户部侍郎	478－482
793	德宗	貞元九年			太清宫觀紫極舞賦		博學宏詞科			
794	德宗	貞元十年			風過簫賦	無爲斯化，有感潛應		顧少連	户部侍郎	488－493
794	德宗	貞元十年			朱絲繩賦		博學宏詞科			493
796	德宗	貞元十二年		30	日五色賦			吕渭	禮部侍郎	502
796	德宗	貞元十二年			披沙揀金賦	求寶之道，同乎選才	博學宏詞科			505
797	德宗	貞元十三年			西掖瑞柳賦	應時呈祥，聖德昭感		吕渭	禮部侍郎	514
798	德宗	貞元十四年		20	鑒止水賦	以“澄虚納照，遇象分形”爲韻，限三百五十字已上成		顧少連	尚書左丞	518－521
799	德宗	貞元十五年			樂理心賦	易直子諒，油然而生	博學宏詞科	高郢	中書舍人	525－526
800	德宗	貞元十六年		17	性習相近遠賦	君子之所慎焉		高郢	中書舍人	531－533
801	德宗	貞元十七年		18	樂德教胄子賦	育材訓人之本		高郢	中書舍人	541－542
802	德宗	貞元十八年			瑶臺月賦	仙家帝室，皎潔清光	博學宏詞科	權德輿	中書舍人	556
803	德宗	貞元十九年		20	中和節百辟獻農書賦	嘉節初吉，修是農政		權德輿	禮部侍郎	563－565
803	德宗	貞元十九年			漢高祖斬白蛇賦		博學宏詞科			564
807	憲宗	元和二年		28	舞中成八卦賦	中和所製，盛德斯陳		崔邠	禮部侍郎	620－622

续表

西元	帝王	年號	欄位 1	録取人數	試賦題目	用韻	備注	知貢舉者	職銜	《登科記考》頁碼備查
810	憲宗	元和五年		32	洪鐘待撞賦			崔樞	禮部侍郎	647－649
819	憲宗	元和十四年		31	王師如時雨賦	慰悦人心，如雨枯旱		庾承宣	中書舍人	675－677
822	穆宗	長慶二年		29	木雞賦	致此無敵，故能先鳴		王起	禮部侍郎	710－712
823	穆宗	長慶三年		28	麗龜賦			王起	禮部侍郎	715－716
832	穆宗	大和六年		25	君子之聽音賦	審音合志鏗鏘		賈餗	禮部侍郎	755－757
837	穆宗	開成二年		40	琴瑟合奏賦			高鍇	禮部侍郎	771－776
838	穆宗	開成三年		40	霓裳羽衣曲賦	任用韻		高鍇	禮部侍郎	777
849	宣宗	大中三年		30	堯仁如天賦			李褒	禮部侍郎	812－814
862	宣宗	咸通三年		30	倒載干戈賦	聖功克彰，兵器斯戢		鄭從讜	中書舍人	840－842
863	宣宗	咸通四年		35	謙光賦			蕭倣	左散騎常侍	
866	懿宗	咸通七年			被袞以象天賦			趙騭	禮部侍郎	851－853
868	懿宗	咸通九年			天下爲家賦			劉允章	禮部侍郎	855－856
876	懿宗	乾符三年		30	王者之道如龍首賦	龍之視聽，有符君德		崔沆	禮部侍郎	872－873
878	懿宗	乾符五年			至仁伐至不仁賦			崔澹	中書舍人	875－877
892	昭宗	景福元年		30	止戈爲武賦			蔣泳		898－899
895	昭宗	乾寧二年		25	人文化天下賦	觀彼人文，以化天下		崔凝	刑部尚書	906－911
897	昭宗	乾寧四年		20	未明求衣賦			薛昭緯	禮部侍郎	915－916
901	昭宗	光化四年		26	天得一以清賦			杜德祥	禮部侍郎	924－926

江俠庵其人及其譯著

曲阜師範大學　陳　東

摘　要　江俠庵（1875－1950），原名寶衍，又名寶珩，字俠庵。廣州市花山區花山鎮龍口村人。早年留學日本，回國後在廣州創辦有《農工商報》，民國初年任花縣第一任縣長。著有長篇武俠小説《女俠客》。譯著有《先秦經籍考》《經學史論》《南北戲曲源流考》，對民國時期經學、戲曲文學等俗文學研究有不小的影響。《先秦經籍考》的出版捲入商戰，引起不少爭議；同樣譯自本田成之《支那經學史論》的孫俍工譯《中國經學史》，是參照江俠庵譯《經學史論》修改而成。孫譯本擅自增加的部分幾乎毫無價值。

關鍵詞　江俠庵　先秦經籍考　經學史論　孫俍工　中國經學史

國外漢學家著作的大量引進，是民國時期經學的特色之一。其中，日本漢學家的作品引人注目，日本漢學家本田成之的《支那經學史論》，給人留下的印象最深，作者在書末發有如下一段感慨："我至是有一遐想！埃及和迦勒底的學問在其本國已亡掉了，希臘的學問在他的本國已亡，而在他國卻完全保存著呢。佛教也是這樣！回想我以前，在南華某人家，曾見左宗棠墨迹一聯云：異國古書留日本。像經學這一學科，將來或失於中國，而被存於日本，也未可知，我於此有無限的感慨了。"① 經學即將在中國消亡而僅存於日本的預言，對二十世紀初的中國學術界，無疑是巨大的刺激。而最早把本田成之及其著作介紹到中國來的正是江俠庵。

説到江俠庵，學界人士基本都能聯想到他的著名譯著《先秦經籍考》，也有不少人知道《先秦經籍考》出版後不久，就有人指責其"播毒社會"。1935 年 3 月，《現代》雜誌發表了筆名"慧先"寫的文章，文章的題目就是《江俠庵編譯〈先秦經籍考〉的

① 本田成之著：《支那經學史論》，江俠庵譯本《經學史論》，商務印書館 1934 年版，第 371 頁；孫俍工譯本《中國經學史》，上海書店 2001 年版，第 296 頁。

胡譯》。文中説道："當這書出版的時候，在杭州與友人鍾敬文兄閒談神話的研究，講到日本小川琢治的《穆天子傳考》，因而講到江俠庵先生編譯《先秦經籍考》（《穆天子傳考》一文也收入此書中），敬文兄説江先生譯文錯誤甚多。後在復旦大學與友人葉德均兄等閒談，談到了《先秦經籍考》，德均兄説，聽人説譯者江先生是不懂日文的。"① "慧先"其人不知爲誰，但鍾敬文（1903－2002）、葉德均（1911－1956）都是有名的學者。看來當時的學界已不知江俠庵爲何許人。江俠庵真的是不懂日文在"胡譯"嗎？

一、江俠庵其人

檢索"江俠庵"其人，搜索結果大多是"生平、籍貫不詳"或"生平待考"，有的則是異常簡略，語焉不詳。稍詳細的地方資料《花縣華僑志》《花都文史》，流傳不廣，且兩者之間矛盾之處甚多。在詳細調查、綜合排比各種資料後，可知江俠庵生平大致如下：

江寶衍（1875－1950），原名楚洋，又名寶珩，字俠庵，文章署名"俠"或"俠庵"。廣州花山區花山鎮龍口村人。父汝沾曾在廣西桂平縣蒙圩從業洗染。俠庵兄弟六人，他排行第四。俠庵童年入村塾，及長，勤于自學，博覽經史，參加廣州府考試，被録取爲案首（秀才第一名）。

江俠庵留日時間説法不一。《花縣華僑志》説是"光緒二十六年（1900），兩廣總督府舉辦選送出洋留學生考試，他被録取官費留日，攻讀法政科。在留日期間參加中國同盟會。"②《花都文史》則説是"1904年他以秀才資格考取官費到日本留學。與胡漢民、朱執信、宋教仁爲同期同學，期間孫中山在日本將其創立的興中會，聯合國內外革命團體改組成立中國同盟會。俠庵毅然加入，結識了孫中山。兩年的留學生活中，俠庵刻苦用功，既掌握了政法科學理論又熟練了日語翻譯技能，畢業回國學以致用。"③ 依前者，中國同盟會成立於1905年8月20日，江俠庵在日本留學時間至少在五年以上，而不是兩年。由此來看，江俠庵日文水準不會很差，至少説他不懂日文是錯的。

江俠庵畢業回國後，先在海豐縣師範學堂和廣東政法學堂任教。時海豐人陳炯明（1878－1933）在該校就讀，成爲江俠庵門生。大約在此時，江俠庵著有長篇武俠小説《女俠客》，署名"俠""俠民"。小説講述孤女黄芳兒的身世遭遇。她先是被騙至揚州，流落青樓；後被知府之子強娶爲妾，不堪責打，投水自盡。獲救後，又不得不與貪其美

① 慧先：《江俠庵編譯〈先秦經籍考〉的胡譯》，《現代》（革新號）第六卷第二期（民國二十四年三月一日），第138頁。

② 梁瀚等編輯組：《花縣華僑志》，花都市地方誌辦公室1996年版，第262頁。

③ 政協廣州市花都區文史資料研究委員會編：《花都文史》第22輯（人物專輯），政協廣州市花都區文史資料研究委員會2003年版，第69頁。

色的歹徒周旋，後與大俠宋雄結識，走上習武任俠之路。小説僅四回，未完，刊登在光緒三十一年（1905）四月《新新小説》第八期、光緒三十二年（1906）五月第九期。[①]

光緒三十三年（1907）6月21日，江俠庵等在廣州創辦《農工旬報》，從第24期改名《農工商報》，從第55期又改名《廣東勸業報》。每月三期，每期20頁。館址廣州光雅里。該刊的特色是以方言作實業勸導，内容多關於農工商實業及其改良。其廣告説：本報宗旨"因爲世界艱難，志在講明生財好法，俾大家撈翻起世界。文字文俗兼用，務求淺白有趣，俾睇報者一見就明。"設有論説、新聞、新法、學理、講古仔、講道理、新笑談、廣告、高等薦人館（職業介紹）等專欄。宣統二年（1910）12月停刊，共出版發行122期。[②] 這期間，江俠庵在旬刊上主編"論説"專欄，署名"俠庵"，發表了不少文章。如：《羊城街道改良論》《工程重學》《製造瓷器大家巴律昔小傳》《機器大家魯般師傅小史》《化學講演》《植物學淺説》《合同通例》《中外度量衡通纂》《商品調查表解》《商店管理法》等，以經濟學類論文爲多，如：《論借洋債之利弊》《獨市生意之利害》《講商人之信用》《論錢財之性質》《論金錢之勢力》《講窮》《論奢侈》《權利外溢界説》《講加税》《論開辦蠶桑實習所之緊要》《農業保險論》《論振興實業之方》《論專利與工藝發達之關係》《講利》《購買外洋器械説》《海外貿易》《北江實業調查録》等，也有一些來自日文的譯文，如：日本工業雜誌社著《列邦以中國爲商工業之戰場論》、日本稻垣民政局乙丙著《豐凶預知新論》《資本之用法》等。[③]

民國成立，陳炯明代理廣東都督，任命江俠庵爲辛亥革命後第一任花縣知事，並任同盟分會特派組織員。民國六年（1917），陳炯明改任援閩粵軍司令，江俠庵隨司令部任幕僚。民國七年（1918），陳炯明任福建省省長，委任江俠庵爲該省漳州南清縣縣長。

民國九年（1920），江俠庵辭職回廣州白薇街開辦織帶廠，後因資金短缺歇業。民國十三年（1924），花縣旅穗同鄉會按當時省民團統率處規定，公選他爲花縣民團總局局長，負責維持縣内治安。未幾，花縣農民運動興起，縣内地主江耀中、劉壽朋等組織"田主業權維持會"，出槍壯大民團，鎮壓農民運動，造成"花縣慘案"，省農會代表彭湃（1896－1929）曾撰文指責江俠庵。

民國十四年（1925）夏，隨長子舉家遷居上海。民國十六年（1927）創辦宏文學院，教授古文。[④] 結局如何不得而知。大概此後不久，即被商務印書館總經理王云五聘

① 石昌渝主编：《中國古代小説總目》（白話卷），山西教育出版社2004年版，第248頁。

② 武禧：《晚清小说家扫描》（二十三），《清末小说から》第98号（2010年7月1日），第26頁。

③ 上海圖書館編：《中國近代期刊篇目匯録》第二卷（中册），上海人民出版社1981年版，第2223頁；談敏著：《回溯歷史：馬克思主義經濟學在中國的傳播前史》下，上海財經大學出版社2008年版，第801頁。

④ 民國十六年（1927）2月18日《申報》（本埠增刊）廣告："巨集文學院之組織。茲有粤人江俠庵，精研古文，現由友人江天鐸、馬君武、黄仕龍、陳君亮、梁懷溥等，勸其講學，刻組設宏文學院于北四川路老靶子路北崇業里西弄。有志者取閱章程，函索即寄云。"

爲特約日文翻譯。

江俠庵任商務印書館日語翻譯期間，于1931年出版了《先秦經籍考》（1929年完稿）。完成了《經學史論》（1934年出版）、《南北戲曲源流》（1938年出版）的初譯。《花縣華僑志》記載："此時江俠庵'翻譯《資本論》。'[①] 查無確證。《花都文史》記載：此時江俠庵"曾與書店老闆合作把俄國共産黨人布哈林著的《唯物史觀》譯成日文出版……可惜1932年1月28日日本侵略軍突襲上海，商務印書館在戰火中遭毁，該書無存。"[②] 此事亦難查證。恐皆系誤傳。

民國二十一年（1932），江俠庵返回廣東，任南海縣佛山行署承審，同時在廣州創辦《國聲報》，自任社長，後因資金短缺而停辦。其時，鄒魯（1885－1954）主修《廣東通志》，特約他撰寫"物産編"。手稿現存廣州中山圖書館。

民國二十七年（1938）10月，廣州淪陷，江俠庵輾轉移居越南，在西貢設旦華學校授徒，直至抗戰勝利後回國。

民國三十七年（1948），杜湛津（1909－？）任民國花縣最後一任縣長，成立文獻委員會，委任江俠庵主持編纂花縣史志。

建國後，俠庵繼續在家鄉騰龍學校任教。1950年4月30日病逝，終年75歲。

二、《先秦經籍考》

《先秦經籍考》，江俠庵編譯，商務印書館刊行，民國二十年（1931）二月初版，分上中下三册。此書是江俠庵從日本學者研究先秦古籍的考證文章中選譯、編集而成，有關先秦古籍的文章38篇，附載相關聯的漢人著作的考證文章3篇，合計41篇。大部分選自《支那學》《藝文》《支那學文藪》等雜誌，而如《老子原始》《穆天子傳考》等，則是從單行本譯出。該書《凡例》列舉其選文標準："本書考究之目標有四：一、經籍編纂或著作之年代；二、經籍之流傳時被竄入或錯簡；三、經籍之鈔本或版本；四、經籍中之傳注箋釋。"選文以内藤虎次郎（1866－1934）、狩野直喜（1868－1947）、武内義雄（1886－1966）、本田成之（1882－1945）、小川琢治（1870－1941）、小島祐馬（1881－1966）等京都學派學者的著作爲主，其中尤以武内義雄的作品最多（18篇），幾佔全書的二分之一。

張岱年（1909－2004）評價其所選"各篇大體皆頗精粹，而尤以《作易年代考》《尚書編次考》《禹貢製作年代考》《兩戴記考》《禮運考》《左傳引經考證》《大學製成

---

① 梁瀚等編輯組：《花縣華僑志》，花都市地方誌辦公室1996年版，第263頁。

② 政協廣州市花都區文史資料研究委員會編：《花都文史》第22輯（人物專輯），政協廣州市花都區文史資料研究委員會2003年版，第69頁。

年代考》《中庸考》《爾雅之新研究》《老子原始》《莊子考》《穆天子傳考》等篇，最爲佳構。其懷疑之精神、客觀之態度、精嚴之方法、鋭敏之眼光、令人讀之不得不敬佩。而其蒐討之勤、徵引之博，舉證堅實，下斷審慎，尤爲不可及。確屬曾下真實功夫之作。"[①] 當然，其中"亦有不甚佳者"。在"目次上分總論類、《周易》類、《尚書》類、《毛詩》類、《兩戴記》類、《春秋三傳》類、《四書》類、《孝經》《爾雅》類、諸子類、地理及傳記類、雜考類，亦多未當。"

至於譯筆方面，張岱年先生認爲"大體極忠實通順可誦，但亦屢見不能通之處，謬于中文文法之處亦頗夥。錯誤之處亦間見。如《老子原始篇》中引《老子》'聖人如何'句，皆作'吾人如何'。但自大體言之，實屬不常見之佳譯也。"張先生還説："吾人讀近年來國人所作考證文字，每每未讀竟而已發見錯誤累累，駁之良易。證據之無力、推斷之急躁、誤解之屢見，是其通病。而讀此書中所録日人之文，則讀後每不覺爲所折服。雖本存反對之見，有時竟不能不放棄，内容堅實豐允，非淺薄之人率爾操觚者比也。江氏所選概皆三四年前之文，近一二年，日人當又有若干新成就應介紹者，深望江先生繼續此種工作，實爲對於吾國國學界之有大益之刺激與滋養料也。"[②]

江俠庵《先秦經籍考》出版後反響強烈。同年 8 月便有上述署名"張季同"（張岱年字季同）的書評，予以稱讚。同年，黄云眉（1898 – 1977）《古今僞書考補正》序云："屬稿甫竣，吾友陳伯瀛先生以江俠庵君所編譯之日人《先秦經籍考》示余，受而讀之。其中如本田成之之《作易年代考》、内藤虎次郎之《易疑》《爾雅之新研究》、武内義雄之《兩戴記考》《大戴記曾子十篇考》《莊子考》《列子冤詞》《孫子十三篇考》、佐藤廣治之《孝經考》、小川琢治之《山海經考》《穆天子傳考》、狩野直喜之《汲塚書出土始末考》等，與本書持論頗多異同。然以專家成專書，甚有研討之價值。本書不暇採入，姑附其篇目於此，以志景仰。"[③] 顧頡剛（1893 – 1980）在《當代中國史學》中曾説："日人研究中國古籍的也很多，比較有價值的論文也不少，江俠庵先生選譯的《先秦經籍考》（商務出版）雖不夠完善，也足供我們參考。"[④] 據《顧頡剛日記》，顧氏在 1949 年 12 月 20 日、21 日，1955 年 10 月 20 日，1964 年 3 月 30 日，多次翻閲江俠庵譯《先秦經籍考》。王統照（1987 – 1957）詩集《鵲華小集》中有《重讀江譯日人著〈先秦經籍考〉》"，詩云："秦火餘留覓證難，鉤陳索隱校嚴寬。果從謳誦傳副墨，卻爲射籌任史官。兩漢簡書淆讖緯，五經今古竟叢殘。自揆覽解疏分比，愧向蟲魚效

① 張季同：《評先秦經籍考》，《大公報》天津版・文學副刊，1931 年 8 月 17 日。
② 張季同：《評先秦經籍考》，《大公報》天津版・文學副刊，1931 年 8 月 17 日。
③ 黄雲眉：《古今僞書考補正》，山東人民出版社 1959 年版，第 5 – 6 頁。
④ 顧頡剛：《當代中國史學》，上海古籍出版社 2002 年版，第 127 頁。

研鑽。"①

當然也有指責、貶低的聲音，這便是"慧先"發表在《現代》雜誌上的《江俠庵編譯〈先秦經籍考〉的胡譯》一文。慧先在文章中說：眾人對此書推薦備至，"因此，我感到有檢閱此書的譯文的必要。這書的原文，如江先生所說'他日於整理國故前途，或有多少影響'（序頁三）。但是不幸得很，我檢閱的結果，這部'介紹此四十一篇提供于海内同志，俾作他山，又幸蒙商務印書館王云五所長，贊助印行'（同上）的編譯本的譯文，竟是'胡譯'！"② 慧先挑選江譯三段文字與其自己所譯三段文字相對比，主旨在説明江俠庵"譯文，除了錯誤之外，這種'中國文'也很難瞭解"。

不能不承認，江俠庵譯文確實有一些艱澀難解之處，許多詞句都殘留有明顯的日文辭彙、語法及行文習慣。但指責其爲"胡譯"，則有苛責之嫌。其實，慧先文所攻擊的對象不僅是江俠庵，更主要的恐怕還是針對商務印書館。慧先文章中指出"第三十八篇武内義雄著《四部叢刊述》，當然是帶了學術的面具，爲那'蒙''贊助印行'的商務印書館作報紙上的評前廣告的。爲什麼當然呢？因爲武内義雄的《四部叢刊述》登在《支那學》第一卷第四號，——而便在這篇文章的下面的神田喜一郎的《關於四部叢刊底本之選擇》，我們江先生忘卻'編譯'了"。指責商務印書館借此書爲《四部叢刊》做廣告。文章的最後，慧先説："我在這裡敬告商務印書館，敬告'王云五先生'，這種'胡譯'的東西，不要再'印行'了，不要再'贊助印行'了，免得播毒社會。"③ 不久，《申報》署名歐任政的《讀了〈現代〉（革新號）之後》的文章，文中評説："慧先的《先秦經籍考的胡譯》，讀了很痛快。這種譯品，虧譯者有如此之厚臉皮來出版，也會有這種不負責任的書局替出版。"④ 簡直有罵街之嫌。

其實張岱年書評中已經指出：《先秦經籍考》書末載《四部叢刊述》一篇，很是"怪特"。其時，商務印書館與中華書局競争激烈，江俠庵爲商務印書館特聘日文翻譯，所編譯《先秦經籍考》中加入武内義雄《四部叢刊述》，自當是有意爲之，是江俠庵自己主動捲入了商務印書館與中華書局的商戰之中，遭受對手的攻擊也是意料之中，屬咎由自取。

此後《先秦經籍考》版本，據筆者所知有商務印書館 1931 年版、1933 年再版，上海文藝出版社 1990 年影印版，國家圖書館出版社 2010 年影印版。至今仍是學術界研究

---

① 王統照：《王統照文集》第四卷，山東人民出版社 1980 年版，第 431－432 頁。

② 慧先：《江俠庵編譯〈先秦經籍考〉的胡譯》，《現代》（革新號）第 6 卷第 2 期（1935 年 3 月 1 日），第 138 頁。

③ 慧先：《江俠庵編譯〈先秦經籍考〉的胡譯》，《現代》（革新號）第 6 卷第 2 期（1935 年 3 月 1 日），第 138 頁。

④ 歐任政：《讀了〈現代〉（革新號）之後》，《申報》1935 年 10 月 9 日"書報介紹"。

古典文學的必備參考書。

三、《經學史論》與《中國經學史》

本田成之（1882 - 1945），號蔭軒，1913 年入京都帝國大學支那哲學科，師從漢學名家狩野直喜和高瀨武次郎，專攻中國哲學。1927 年以《支那經學史論》提交東京帝國大學申請博士學位，1931 年獲文學博士學位。

《支那經學史》，大致按中國經學的發展順序，按時代先後列爲 7 章，並列出 28 個專題。依次是：第一章經學的起源，内列經學的由來、上代的教育總説、明堂教育時代、大史教育時代、庠序學校時代、大司樂時代六個專題；第二章經學内容的成立，内列詩書禮樂、七十子後學者與《春秋》《春秋》傳的興起、《周易》的興起四個專題；第三章秦漢的經學，内列異端雜説的興起、漢初的經學、傳統與訓詁、齊學的旺盛四個專題；第四章後漢的經學，内列總説、師法及家法、古文學的興起、經學的感化四個專題；第五章三國六朝的經學，内列三國時代、晉的經學、南北朝的經學三個專題；第六章唐宋元明的經學，内列唐的學政、《五經正義》、宋的經學、元明的經學四個專題；第七章清朝的經學，内列清初的經學、乾嘉時代的經學、道咸以後的經學三個專題。内容簡扼，綫索明晰，在提綱挈領式的論述中，對中國古代的經學發展和經學史研究進行了總結性的回顧和展望。

1927 年 11 月，《支那經學史論》由東京吉川弘文館出版，[①] 隨即在中國學界引起反響。1928 年 6 月，即日文版《支那經學史論》出版的第二年，周予同（1898 - 1981）在《民鐸》雜誌上撰文指出："最近日人本田成之撰《支那經學史論》，已由東京弘文堂出版。以具有二千多年經學研究的國度，而整理經學史料的責任竟讓給別國的學者，這在我們研究學術史的人，不能不刺骨地感到慚愧了。"[②] 1934 年 5 月，商務印書館率先出版了江俠庵譯本，書名《經學史論》，并于次年（1935 年 3 月）再版。1935 年 6 月，中華書局也出版了孫俍工（1894 - 1962）譯本，書名《中國經學史》。兩家出版社的競争戰火在這本小書上再燃。

孫俍工譯中華書局 1935 年版《中國經學史》"譯者序"云："余譯此書至第七章，忽見商務有廣告，已有江俠庵君譯本正要出版，深悔不該重譯。迨江譯本出版，購而校讀之，乃知江君所譯與我的譯本比較有不同處甚多，最顯著者如加注釋、附年表、眉頭提要及關於所引中國經學家言論均參考原著予以校正等，皆爲江譯所無。其重出也許不

---

① 1929 年、1936 年、1940 年再版。

② 周予同：《經學史與經學之派别》，《民鐸》雜誌第 9 卷第 1 號。

是毫無意義的吧。"[①] 孫譯本出版廣告亦云："《中國經學史》，本田成之著，孫俍工譯，一册一元五角。本書譯自本田成之所著之《支那經學史論》，舉凡經學的起源，經學的内容，歷代經學發展的狀況，窮源究委，闡發盡致。且打破向來尋章摘句和入主出奴，抱門户之見的態度，是以生面别開，規模獨具。關於中國經學者的言論，均一一參考原著加以校正，議論亦甚精核。章末附注釋，卷末附中國經學年表，極便檢閲。並有眉批提要，尤爲醒目。"[②] 由此可知，孫俍工譯本與江俠庵譯本的不同之處是江譯本忠於原著，無所增減；孫譯本則擅自增加了眉頭提要、"中國經學年表"、注釋和引文的校正。

依照後來者居上的常識，孫俍工譯本後出，再加上新增四項内容，似乎兩譯本的優劣毋庸再議，孫俍工譯本應該是高於江俠庵譯本。但是，筆者粗略校讀二者之後發現，事情並不是那麽簡單。仔細檢閲孫譯本新增的四項"亮點"，不禁讓人大失所望。

首先所謂的"眉頭提要"，只是書簽式的内容標示，毫無新鮮内容，決不是廣告中所説的"眉批提要"，充其量只能是便於閲讀。未見孫俍工譯本有任何議論内容，不知何來"議論亦甚精核"。

其次，孫俍工譯本所附《中國經學年表》長達30多頁，内容卻只能用濫竽充數來形容。年表自黄帝元年記起：

黄帝元年（甲子），黄帝制六相，史官制六書。	紀前2697年
帝堯元年（甲辰），置曆閏法。	2357
夏禹元年（丙子），始定貢法、車制、設學校。	2205
夏芒十五年（辛丑），《尚書》中的最古的一部分約産於此時。	2007
周武王十三年（己卯），《詩經》中最古的一部分約産於此時。	1122
……（此後皆爲經學、史學人物生年、卒年記録，間有經書編纂出版記録）……	
中華民國二十一年（壬申），廖平卒。	紀後1932年[③]

如此内容，只能用"荒唐"二字來形容。此時在日本，白鳥庫吉（1865－1942）的"堯舜禹抹殺論"已經廣爲流傳；在中國，顧頡剛"層累地造成的中國古史觀"也已經提出。本田成之論中國經學史，最早也只是追溯到商代。"中國經學史年表"竟然從黄帝記起，陳腐已然過甚。將這種年表附在本田成之著作之後，簡直是狗尾續貂。如果本田成之生前得知此事，想必會氣絶身亡。

---

① 孫俍工譯：《中國經學史》，上海書店出版社2001年版，第2頁。

② 《申報》1935年10月3日版圖書廣告。

③ 孫俍工譯：《中國經學史》，中華書局1935年版，第321－358頁。

再來看孫俍工譯本所加的注釋。首先是量少。第一章只有5注，第二章有9注，第三章有8注，第四章有6注，第五章有6注，第七章有7注。全書不過41注。其次是注釋內容淺薄、無聊。如第二章注（5）：“八卦就是乾、兑、離、震、巽、坎、艮、坤”；注（7）：“坎的卦形爲‘水’的橫寫，離的卦形爲‘火’的橫寫”；第五章注（3）：“輔嗣即王弼”；注（4）：“康成即鄭玄”。如此等等。如同雞肋，可有可無。反倒顯示了譯者對經學常識的無知。

孫俍工譯本《中國經學史》最爲自豪的當是原著“所引中國經學家言論均參考原著予以校正”。這也應該是孫譯本唯一的亮點。但很可惜，校讀兩譯本可知，孫譯本在這一點上做得也非常糟糕。問題出在本田成之原著上。本田成之原著行文流暢、通俗易懂，很少直引原文，大量使用的是約取原文大意式的敘述。這一點，江俠庵譯本《經學史論》“譯者序”中已經説及：“這部書的敘述，是提綱挈領，指示因果關係的要點，不是用歸納法來下嚴格的斷案。但我們應該明白它：一、因所涉方面太闊，時代太長，不容易做。二、它在他們國内，已形成同一傾向的空氣，所以只引某人學説便夠了。要之，在那乾燥無味的經學，他卻説得醰醰有味，生趣盎然，是令我佩服的。”[①] 江俠庵譯本就是嚴格尊重了原著的行文風格。

孫譯本如果在原著約取大意、已經改爲通俗語言敘述的語句下，以附加注釋的形式注引原文，既可以保證原著簡短流暢的文風，又可以核對著者對原文的理解是否恰當，不失爲一種聰明的選擇。然而，遺憾的是，孫俍工譯本採用了最簡單粗暴的方式，直接用原文替代了原著中約取大意的語句。結果是破壞了原著行文簡短流暢的風格，致使譯文冗長繁瑣，且艱澀難懂。試比較江譯本與孫譯本同樣段落的譯文，優劣便一目了然。

《經學史論》第七章清朝的經學，第一節清初的經學：

> 顧炎武（亭林）專研經書，但他是對所有事物，做實際的研究。他這樣研究的動機，是反對明儒，只是光明此心，而不肯爲客觀的學問底研究而起的。他論學之説如下：“性與天道，子貢所未得聞，今人偏好議論這一件事，聖人學問之道，是‘好古敏求’‘博學而篤志，切問而近思’。自一身至於天下國家，自臣子弟友，以至出入往來酬酢皆是道。那都是載在《五經》《論語》，歷代史跡的。夫子之文章，性與天道，皆在其中，今的理學，不取于經書，而取於語録，舍經學而説理學，其所謂學，實是禪學（與友人論學書，取其大意）。”[②]

① 江俠庵譯：《經學史論》，商務印書館1934年版，第2頁。
② 江俠庵譯：《經學史論》，商務印書館1934年版，第309頁。

《中國經學史》第七章清朝的經學，第二節清初的經學：

顧炎武（亭林）專研經書，是就一切事物做實際的研究的方法，以反對明儒所謂只是此一心光明則客觀的事物的學問爲無用之説的。其論學問，這樣説："性與天道，子貢之所未得聞也。性命之理著之《易傳》，未嘗數以語人。其答問士也，則曰：行己有恥。其爲學，則曰：好古敏求。其及閘弟子言，舉堯舜相傳所謂危微精一之説一切不道，而但曰：允執其中，四海困窮，天禄永終。嗚呼！聖人之所以爲學者，何其平易而可循也。故曰：下學而上達。顔子之幾乎聖也，猶曰：博我以文。其告哀公也，明善之功，先之以博學。自曾子而下，篤實無若子夏，而其言仁也，則曰：博學而篤志，切問而近思。今之君子則不然，聚賓客門人之學者，數十百人，譬諸草木，區以别矣，而一皆與之言心言性，而終日講危微精一之説。是必其道之高於夫子，而其門弟子之賢于子貢，祧東魯而直接二帝之心傳者也。我弗敢知也。……嗚呼！士之不先言恥則無本之人，非好古而多聞則爲空虚之學。以無本之人而講空虚之學，吾見其日從事于聖人而去之彌遠也（與友人論學書）。"①

原著明明注明是"約取大意"，孫譯本卻執意要以原文替代。結果江譯本只有240字的内容，孫譯本用了428字。再如：

《經學史論》第七章清朝的經學，第二節乾嘉時代的經學：

江永，字慎修……他論春秋軍制，以爲儒者多稱古代寓兵于農，井田廢而兵農才分，但考春秋之世，兵農已經分了。他的證據很爲詳明的確。②

《中國經學史》第七章清朝的經學，第二節乾嘉時代的經學：

江永，字慎修……他論春秋軍制，以爲："後儒言古者寓兵于農，井田廢而兵農始分，辯之曰：考之春秋時，兵農固已分矣。管仲參國伍鄙之法，齊三軍出之士鄉十有五，公與國子、高子率之，而鄙處之農不與也。爲農者治田供稅，不以隸于師旅也。鄉田但有兵賦，無田稅，似後世之軍田、屯田，此更無養兵之費。晉之始唯一軍，既而作二軍，作三軍；又作三軍，作五軍；既舍二軍，旋作六軍，以新軍無帥而復三軍，其既增又損也，蓋除其軍籍使之歸農，若軍盡出於農，則農民固

① 孫俍工譯：《中國經學史》，中華書局1935年版，第262－263頁。
② 江俠庵譯：《經學史論》，商務印書館1934年版，第325頁。

在，安用屢易軍制乎？隨武子曰：楚國荆屍而舉，商農工賈不敢敗其業。此農不從軍之證也；孟氏取其半焉，以其半歸公；叔孫氏臣其子弟，而以其父兄歸公。所謂子弟者，兵之壯者也；父兄，兵之老者也。皆其素在軍籍，隸之卒乘者，非通國之父兄子弟也。其後舍三軍，季氏擇二，二子各一，皆盡征之而貢於公。若民之爲農者，出田稅，自仍歸之君，故哀公曰："二，吾猶不足。三家雖專，亦惟食其采邑，豈嘗使通國之農盡屬己哉？陽虎壬辰戒都車，令癸巳至此。又兵常近國都之證，其野處之農固不爲兵也。"他的證據很爲詳明的確。①

江譯本只用了62字，孫譯本則用了435字。大概正是因爲如此，孫譯本全書字數遠遠大於江譯本，以致有人錯以爲江譯本是"節譯"本，孫譯本才是全本。② 不能不爲江譯本大呼冤枉。

既然孫譯本《中國經學史》新增的四大亮點都已經失去了光彩，那麼，二者的優劣只好看正文翻譯的比拼。筆者發現二者正文的譯文竟然驚人地相似或相同。這裏可以前文所引本田成之《支那經學史論》最後的感嘆爲例：

我至是有一遐想！埃及和迦勒底的學問在其本國已亡掉了，希臘的學問在他的本國已亡，而在他國卻完全保存著呢。佛教也是這樣！回想我以前，在南華某人家，曾見左宗棠墨跡一聯云：異國古書留日本。像經學這一學科，將來或失於中國，而被存於日本，也未可知，我於此有無限的感慨了。③

這段譯文，孫譯本和江譯本竟然完全一致，一字不差，只是標點稍有不同。當然，注意到這一點的不止筆者一人，有學者已經指出"今對比兩個譯本關於第七章'清朝的經學'的譯文，措辭差異不大，當爲孫俍工參照江俠庵譯本，並加注釋、眉頭提要而成。"④

雖然是譯文，譯自同一文本，但遣詞用句，甚至是語氣詞都完全一致，實在是不可思議。這種相似如果只是此一處，當認爲是巧合。但奇怪的是，類似之處不止第七章。再舉本書開頭《緒言》爲例：

---

① 孫俍工譯：《中國經學史》，中華書局1935年版，第279－281頁。

② 孫俍工譯：《中國經學史》，上海書店出版社2001年版，陳居淵"出版説明"第4頁。

③ 江俠庵譯本《經學史論》，商務印書館1934年版，第371頁；孫俍工譯本《中國經學史》，中華書局1935年版，第319－320頁。

④ 王應憲：《日本〈中國經學史〉之譯介與迴響》，張柱華：《"草原絲綢之路"學術研討會論文集》，甘肅人民出版社2010版，第419頁。

回想我於明治四十二年（1909年）入京大文科，在狩野先生和高瀨先生指導之下，專攻支那哲學，同時又曾旁聽内藤先生、鈴木先生、富岡先生的講義。在學生時，我已把明儒哲學的發見，連月寄稿到（給）《哲學雜誌》。及進而讀《十三經注疏》，所讀的恰是《周禮》《儀禮》的疏文，已覺内容浩瀚，未易觀摩。在日本學界有言，若未涉獵過正、續《皇清經解》全書者，不足以語漢學。因此，我嘗披覽該籍，真覺浩如煙海，多歧亡羊呵！自是漸覺醰醰有味，從讀注疏或經解中，每有蠡勺的意見湧現出來。"①

畫直線底線的是江譯本原有，孫譯本刪除的地方。括弧内畫曲線底線的地方是孫譯本新增部分。足見二者相似度之高。

筆者在這裹無意爲八十多年前的筆墨官司斷案，要推斷孫譯本抄襲了江譯本似乎還需要更多的證據，但由孫譯本新增的四個"亮點"，無一不是臨時剪接拼湊而成來看，有理由說中華書局在這場競爭中耍了花槍，藏了不少的貓膩。孫譯本以一種嶄新的"高大帥"的形象"後來者居上"，儼然以嫡系長子自居；相比之下，江譯本的形象則顯得"單薄瘦小"，活脱脱一個後娘養的，一臉的可憐相。

最後還要指出的是，江、孫兩譯本在大陸與臺灣兩岸似乎待遇不同。臺灣學界好像喜歡江譯本《經學史論》，對孫譯本《中國經學史》有些冷落。林政華《今傳五部經學史的特色與缺失》比較二者說："《支那經學史論》日人本田成之撰，版本有二：其一爲民國二十三年五月江俠庵譯，題《經學史論》，商務印書館國學小叢書本。譯本較通暢。其二是同年九月佚名譯，題《中國經學史》，有譯者附注，書末附録《中國經學年表》。臺北古亭書屋於民國六十四年元月有影印。"② 林慶彰《民國時期的中國經學史研究》在談民國時期撰寫的經學史時說："第三本是本田成之的《經學史論》（江俠庵譯，商務印書館，1934年5月出版，371頁，國學小叢書）。本田成之在中國名氣很大，因爲他的書大家都在用，臺灣現在都還有翻印本。……第四本是本田成之的《中國經學史》，孫俍工譯（中華書局1935年版，358頁）。這本比較難找到，不過我們的《民國時期經學叢書》已把它放進去了。"③

在大陸學界，江譯《經學史論》似乎不如孫譯《中國經學史》有名。2001年上海書店出版社出版有《中國經學史》横排簡體本，刪去了附録《中國經學年表》，請陳居淵寫了"出版説明"。2013年灕江出版社也出版有《中國經學

---

① 江俠庵：《經學史論》，商務印書館1934年版，緒言第3頁；孫俍工譯：《中國經學史》，中華書局1935年版，緒言第2－3頁。

② 王靜芝等：《經學研究論集》，黎明文化事業股份有限公司1981年版，第324頁。

③ 趙德潤主編：《炎黄文化研究》第11輯，大象出版社2010年版，第254頁。

年表》，同時又刪掉了陳居淵的"出版說明"。江譯《經學史論》未聞在大陸有再版。

四、《南北戲曲源流考》

青木正兒（1887—1964），是日本著名漢學家，也是京都學派的活躍分子，不過與武內義雄、本田成之等專攻中國上古經典不同，青木正兒的專攻是中國近世俗文學——詞曲。他曾多次向王國維求教，並遊學北京、上海，觀摩皮黄、梆子、昆腔，寫成《自昆腔至皮黄調之推移》（1926），《南北戲曲源流考》（1927）兩文。

《南北戲曲源流考》這是一部專論中國南北戲曲淵源以及發展變化的著作。書中南北戲曲指的是宋元以來發達於南方的南戲與傳奇，以及繁榮於北方的雜劇。此書主要論述的是音樂方面的沿革變化，而兼論戲曲的結構變遷等。全書分爲上下兩篇。上篇論南北戲曲的起源，包括宋代雜劇所用的樂曲、南宋雜劇和金的院本、元代雜劇的改進、南戲發達的路徑等四部分。下篇論南北戲曲的消長，包括元代北曲的盛行和南曲的下沉、南曲的興隆和其餘勢、北曲的衰落和其末路、南北曲音樂的差異等四個方面。

青木正兒《南北戲曲源流考》成文的第二年，即 1928 年 12 月，江俠庵就完成了對此文的翻譯，但不知何故，十年以後的 1938 年才得以在長沙商務印書館出版。江俠庵在《譯者敘》中介紹此書的特點說："（一）著者是研究中國戲曲的專家，而具有師承，已如前述，除了這書之外，尚有《由昆曲趨向皮黄》一書，可以做這篇的續篇。（二）著者搜羅中國戲曲專書，不下數十種，挹其精液以成這書的。（三）著者非徒依仗書本，並且是從往京津蘇杭寧紹間，實地研究，具有心得的。（四）著者持論具有'實事求是'的態度，其言論壁壘森嚴，確有發前人未發之處。（五）著者觀察的眼光很是宏遠，雖然所論是戲曲，而戲曲的背景，如政治、經濟、風俗、社會特性，時代思想等等，都一一加以嚴密的考察。（六）著者是專門研究中國文藝的一人，除戲曲外，其他中國各方面的文藝，皆有很好的著述，如《支那文藝論藪》一書，就是關於文藝方面的論文了。"①

江俠庵譯《南北戲曲源流考》出版的第二年（1939），署名"敏"的作者便在《圖書季刊》上發文予以推介，同時指出"是書譯文文字稍嫌滯澀。又書中引證前人文字，多作語體，不審是否爲著者或譯者所改。惜未得引用各書一校焉。"② 看來江俠庵依然沿襲了其翻譯《經學史論》的風格，嚴格尊重原著文風，力求生動傳神。

必須指出的是，江譯《南北戲曲源流考》1938 年出版之際，青木正兒早已經將此

---

① 江俠庵譯：《南北戲曲源流考》，長沙商務印書館 1938 年版，《譯者敘》2－3 頁。

② 敏：江俠庵譯《南北戲曲源流考》，《圖書季刊》1939 年第 1 卷第 3 期，第 345－346 頁。

文與《自昆腔至皮黄調之推移》合併爲《支那近世戲曲史》（1930 年），而且商務印書館已經於 1936 年出版了王古魯（1901 – 1958）的譯本《中國近世戲曲史》。尤其王古魯譯本由章太炎題簽，公譽爲翻譯界的精品。江俠庵譯《南北戲曲源流考》能在王古魯譯《中國近世戲曲史》出版兩年之後，同樣在商務印書館出版，並在此後不斷再版，[①] 足以證明江俠庵所譯《南北戲曲源流考》還是有其特色與存世價值的。

① 江俠庵譯《南北戲曲源流考》版本有長沙商務印書館 1938 年版，臺北商務印書館 1967 年版、1970 年版，中國戲劇出版社 2015 年版。

廖平與經學的終結

曲阜師範大學　黄開國

歷史以某種形式開端，也往往以某種形式結束。西漢經學大師董仲舒用春秋公羊學開創了經學，兩千年後，近代經學大師廖平又用公羊學的素王改制説，建立了一個具有内在矛盾的尊孔尊經的經學理論，從反面宣告了經學的終結。

在近代中國，廖平不但是著名的經學家，而且是一位奇特的思想家，以思想多變和怪誕聞名於世。他一生學經六變，一變平分今古，二變尊今抑古，三變大統小統，四變天學人學，五變天人大小，六變以五運六氣解《詩》《易》。他的經學六變，愈往後就愈是玄虚怪誕，變到最後連跟隨他多年的學生也因之高深莫測而不能理解了。縱觀中國經學史和哲學史，以思想多變和怪誕而論，廖平可以説是千古第一奇人。本文試圖説明廖平多變而怪誕的經學理論，是如何體現經學的終結的。

一、以聖人代言人自居

經學是以孔子爲偶像、以六經爲經典的封建社會佔統治地位的意識形態。到廖平生活的近代中國，由於社會性質的變化，使經學所賴以生存的社會根基開始崩潰了。興起的資産階級新學和大量傳入的西學，又從不同方向猛烈地衝擊著經學，使經學傳統的統治地位日益衰落，面臨著終結的歷史命運。

近代社會的經學衰落是一個無情的客觀事實。但是，不同的人對同一現象，往往會有不同的看法和態度，這有多種原因。個人所接受的思想，以及由此而形成的觀念，無疑是其中重要的因素。廖平對經學衰落的看法和態度，就與他早年所受的思想教育和由此而形成的觀念有直接聯繫。

廖平早年曾經過喜好程朱、博覽考據和專求大義三個發展階段，先後接受過宋學、漢學和今文經學。但又先後感到宋學空疏，漢學煩瑣，唯有今文經學才是精華和根本，而最終接受了今文經學的思想。

今文經學是與古文經學相對的經學基本派別，盛行於西漢，因其典籍用漢代通行的文字寫成而得名，其特點是好講微言大義。而所謂微言大義，不過是今文經學家們根據自己的需要，對六經所做的主觀解釋，既可以這樣講，又可以那樣講，完全隨個人的主觀需要而轉移。因此，微言大義多與六經的本義無關，甚至風馬牛不相及。但講微言大義的人總是說，他講的那一套就是六經的本義。而要讓人信服這一點，就需要將孔子神化爲無所不知的神，把六經鼓吹爲無所不包的絶對真理。

在今文經學所講的微言大義中，公羊學的素王改制説是神化孔子和六經的最好理論。它以唯心主義的天命論爲基礎，宣揚孔子是受命于天的聖人，有帝王之德但無帝王之位，故稱素王；孔子著六經是代天立法，是爲素王改制。根據這個理論可以對孔子和六經做出任意的神化解釋。因此，講微言大義的人多好談素王改制説。廖平從博覽考據轉向專求大義，就是受公羊學的影響，自接受今文經學後，他又篤信素王改制説，由此形成了對孔子和六經的迷信觀念。

歷史上講素王改制的有兩種人，一種人是利用孔子和六經的牌號，通過微言大義的方式，來宣講自己的思想理論，以實現某種政治目的；另一種人則對孔子和六經懷著虔誠的迷信，儘管他們借素王改制所講的微言大義，都是自己的思想，但他們總是自信就是六經的本義，因此，這種人常以聖人的代言人自居。廖平就屬於後一種類型的經學家。

從對孔子和六經的迷信出發，廖平不但看不到經學衰落的歷史必然性，反而錯誤地把經學衰落的原因，歸結爲兩千年來孔經微言大義不明，他認爲只要闡明了隱寓在孔經中的微言大義，經學就不僅不會衰落，而且會被中西各國奉爲絶對真理頂禮膜拜。在他看來，孔經，微言大義一直不明的原因，又在於缺乏一個具有超人智慧，能夠洞察孔經微言大義的天才，今天這個天才出現了，他不是别人，就是廖平自己。他帶著今文經學家的這種狂想，以聖人代言人自居，一再聲稱他的經學思想絶非個人的私見，而是對孔經中固有微言大義的“翻譯”，他自號六譯，就是自以爲他的經學六變都是對孔經微言大義的“翻譯”。

二、“翻譯”的二重性

廖平“翻譯”孔經微言大義，是借助公羊學的素王改制説來進行的。素王改制説貫穿他的經學六變。但是，經學第一變的素王改制説卻不同於公羊學的神怪之説。他認爲孔子早年從周，爲古文經學所本；晚年有見於周文的弊病，而改文從質，此爲今文經學所宗，孔子改文從質即素王改制。可見，經學第一變的素王改制説的基本含義是改文從質，廖平是用它來解答今文經學和古文經學形成根由這一經學史的問題，還不是對孔經微言大義的“翻譯”。因此，廖平自號六譯是名不副實的。

他對經學微言大義的“翻譯”，開始于經學第二變。廖平認爲，兩千年來昧而不明的經學微言大義，就是漢代公羊學的素王改制説，但是，公羊學只講孔子爲赤制，將素王改制僅限於爲漢代劉氏王朝立法，遠遠没有窮盡其義藴。在廖平看來，素王改制不只是爲漢代制法，而是“集群聖之大成，垂萬世之定制”（《知聖篇》），爲中國建立了盡善盡美的萬世法。六經就是中國的萬世法典，貫穿著素王改制精神，“素王一義，爲六經之根株綱領，此義一立，則群經皆有統宗，互相啓發，溉芥相投。自失此義，則形體分裂，南北背馳，六經無復一家之言。”（同上）廖平所謂“翻譯”所發現的經學微言大義，可以歸結爲兩句話：孔子是中國萬世聖人，六經是中國的永恒法典。廖平的“翻譯”充滿著神化孔子和六經的神秘主義，從此，廖平的“翻譯”就沿著這個方向繼續發展。

爲了給“翻譯”提供理論根據，廖平激烈地反對六經皆史之説，力辨經史之分。他提出史是歷史陳迹，有從野蠻到文明的發展；經則是孔子改制的經典，定於一尊，萬古不變。因而，史是愈古愈野蠻，如堯、舜、禹古代的真實情形是洪荒未開，大羹元酒，茅茨士階，同姓婚嫁之類；而六經中所講的古代恰恰相反，一片文明禮備的景象。所以，經中所言古代並非歷史上的古代，而是孔子借歷史上的名號所做的托古改制。在廖平看來，經中所言古代和一切托古的名目，都是隱寓著孔子改制的微言大義的符號。他的“翻譯”不過是用今天的語言，把這些符號所表達的意義表示出來。這樣，廖平就用他的經史之分的理論，爲經學第二變和後來的“翻譯”製造了理論根據。

到經學第三變，廖平又從孔經中“翻譯”出了大統小統的微言大義。他認爲孔子改制，不僅建有中國萬世法，而且有治理全球的萬世法。孔子關於中國的治法，適用方圓三千里的小九州，是世界開通以前小康時代的法典，相當於王霸，故稱小統；至於全球治法，則適用方圓三萬里的大九州，是世界交通後大同時代的制度，相當於皇帝，所以叫大統，據此，孔子不但是中國萬世之聖，亦且是全球的萬世聖人，孔經不僅是中國的永恒法典，亦且是全球的永恒典則。經學第四變時，廖平的“翻譯”又有新發現：素王改制並不限於全球，還包括整個天體。孔子給全球所建的法典，只適合六合以内的人類社會，故稱人學；孔子爲天體所立的制度，適用六合以外的整個空間，是關於靈魂（神游）和神仙（形游）世界的法則，因此叫作天學。孔子既建有天學人學，則孔子不僅是全人類的教主，而且是整個宇宙的立法者，孔經不僅是全人類的典則，也是無限天體的法律。經學第五變是綜合第三、四變而成，廖平的“翻譯”没有講出什麽新東西。在經學第六變的最後“翻譯”中，廖平又從孔經天學中，發現了天、地、人合一的法則，素王改制的孔子又成了天地人三才的立法者，孔經又變成了貫穿天地人的絶對法則。

廖平的“翻譯”表明，他所謂“翻譯”根本不是科學意義上的翻譯，而是今文經學講求微言大義的一種時髦説法。他的“翻譯”借助發揮公羊學的素王改制説，貫穿著神化孔子和六經的主線，正如他自己所說："書著百種，而尊孔宗旨前後如一。"(《四益館雜著·尊孔》可見，廖平"翻譯"所建立的這個理論，不過是尊孔尊經的經學傳統理論。它是廖平深受今文經學影響，迷信孔子和六經的表現。

思想史的發展規律表明，每一理論的産生除了受思想家個人的主觀因素影響外，還要受以前既有理論的發展和特定的社會歷史條件的制約，是二者交互作用的産物。廖平尊孔尊經的經學理論産生在經學有兩千年發展歷史的近代中國，因而，必然受到經學理論的發展與近代中國歷史條件的制約，使之打上近代社會的歷史烙印。

在近代中國，尊孔尊經的經學理論不僅已經發揮殆盡，而且變成了大多數人不感興趣的陳詞濫調。要重新唤起對孔子和六經昔日的迷信心理，廖平深知不能一味沿襲舊説，而必須從理論上另闢蹊徑。因此，廖平的"翻譯"講出了經學傳統理論聞所未聞的小統大統、人學天學諸微言大義。而具體怎樣另闢蹊徑，則同近代社會的特點緊相聯繫。近代中國處在古今中西的交匯點上，從思想領域看，經學作爲封建意識，與資産階級新學形成了古和今的矛盾；經學作爲中國傳統的意識，又與從西方傳入的西學形成了中和西的矛盾。廖平要維護經學，建立尊孔尊經的經學理論，就必須面對新學和西學的挑戰。因此，近代社會的古今中西之争不可避免地要通過廖平的經學理論表現出來，從而，使他所講的微言大義具有與經學傳統理論不同的時代内容。

經學作爲業已過時的意識，在近代社會的古今中西之争中，根本不能與新學和西學相抗衡。一種理論不能戰勝與之相匹敵的另一種理論時，常常採用附會的手法，把對方的理論説成是自己早有的，以此來貶低論敵，抬高自己。佛教在中國盛行後，道教編造"老子化胡"説，論證佛出於道。哥白尼的"太陽中心"説在中國廣泛流行後，阮元等封建士大夫就説，這不過是我們古代聖人周公、孔子、曾子早就講過的東西。這種現象在中國思想史上屢見不鮮。在廖平身上，我們再一次看到這個現象，他面對新學和西學的衝擊，也採用附會的手法，把經學以外的古今中西的各種學説納入經學，以建立一個能與新學和西學相對抗的經學體系。

經學的傳統理論取材于以《易》《詩》《書》《禮》《春秋》五經爲基幹的儒家典籍，廖平"翻譯"經學微言大義，卻不限於儒家的典籍，而是取材於古今中西的各種著作。他先後把《老子》《莊子》《列子》《尹子》《申子》《公孫龍子》《韓子》《吕覽》《淮南子》《逸周書》《山海經》《河圖》《洛書》《穆天子傳》《黄帝内經》《史記》《漢書》，以及緯書、堪輿、術數、道藏、佛典、詩賦等古代著作納入經學；甚至連資産階級新學和傳入的西學著作，也統統被廖平説成孔經的微言大義的流變。

廖平論證孔經微言大義，其具體内容也是由古今中西的各種學説構成的。他講孔子爲中國立萬世法，把先秦至漢哀平年間的一切學術都納入其中；他講孔子爲全球立萬世法，則主要依據西方近代地理學，以及中國古代鄒衍的大九州説、緯書中的地理知識，從而在孔經中附會出了五大洲、南極、北極、東西兩半球、經緯、赤道諸科學的地理學概念，論證了孔經不僅早有地球之説，而且比西方的地理學高明精密數千倍；他講天學的微言大義，借助西方的近代天文科學和中國古代的天文學知識，建立起了所謂以太陽系、昴星、西宫、三垣爲中心的天學皇、帝、王、伯四等制度，又借助道教和佛教的靈魂不死、神仙學説，製造出了天學的神遊説和形遊説；後來又借助《黄帝内經》的五運六氣理論，論證了《詩》《易》天學中有天地人合一的絶對法則。

廖平把古今中西的各種學説納入經學，就使他的理論在内容上成了一種包容古今中西各種學説的理論了。而古今中西各種學説的融合，乃是近代社會的歷史産物，因此，從理論内容而言，廖平的經學又與傳統經學有根本不同，而是一種富有時代特色的近代思想理論。

通過如上分析，可以對廖平所謂“翻譯”而建立的理論做這樣的概述：它是用古今中西各種學説做内容而建立起來的尊孔尊經理論。這是一個内容和形式相矛盾的二重性理論，一方面，在形式上表現爲尊孔尊經的經學傳統理論，另一方面，在内容上則表現爲具有近代特色的古今中西各種學説的融合。

三、經學的終結

廖平經學所具有的這個矛盾是不相容的。因而，它使廖平的經學在諸方面都呈現出一種二律背反。

今文經學的立場是廖平經學的出發點。根據經學史上的家法原則，廖平在建立其理論時，就必須恪守今文經學的原則，而不得牽引古文經學，更不得牽引今文經學以外的思想。但是，廖平不僅破壞了今文經學的家法原則，而且破壞了整個經學的基本原則。今文經學本以《王制》爲宗，廖平卻把古文經學的典籍《周禮》也納入自己的理論，並抬到《王制》之上，作爲孔經大統説的典籍。同時，他還把古今中西的各種學説引入經學，作爲孔經傳注師説。這樣，今文經學與古文經學的界線，經學與其他學説的界線，都被他打破了。經學的家法原則被蕩滌無存了。

廖平的理論是以尊孔尊經爲宗旨的，但是，孔子和六經都被廖平做了任意改造。廖平所尊的孔子和六經，是經學的偶像和經典。作爲經學偶像，孔子是神聖不可侵犯的，但廖平卻用地理學、天文學、醫學、佛教、道教等學説來論證素王改制的内容，把孔子變成了一個可以由各種服飾妝扮的玩偶。作爲經學的經典，六經是不能被絲毫懷疑的，而廖平的理論雖然名義上以六經標目，如以《春秋》爲孔子小統經説，《王制》爲傳；以《尚書》爲大統經説，《周禮》爲傳；以《春秋》《書》《禮》爲人學三經，以《樂》《詩》《易》爲天學三經，但構成天人、大小的具體内容，卻是古今中西各種學説，這就把六經變成了一個徒有虚名的形式。

廖平的理論本來是爲了維護經學，但他卻對歷史上的經學派别，一一做出了貶低和批判性的評判。由於他把經學理解爲無所不包的大全，而歷史上並不存在這樣的經學派别，因而，他認爲歷史上的所有經學派别，都不能代表孔經的真諦。他批評今文經學囿於中國，不如六藝廣大，統括中外古文經學先是被他斥爲劉歆作僞的産物，後來雖歸於大統學派，但又算不上正宗。宋學言動静誠心性，被廖平斥爲先天後人，顛倒了孔經先人後天的順序。漢學則一直被斥爲經學的糟粕。

對這個二律背反，廖平是没有意識到的。在他看來，對歷史上所有經學派别的批評，把古今中西的各種學説引入經學，同他從今文經學的立場來建造尊孔尊經的立場理論之間並不存在衝突。廖平没有意識到這個衝突，並不等於它就不存在了，恰恰相反，它使矛盾的雙方在廖平的理論中得到了極度的發揮。一方面，他的理論從把孔子神化爲中國萬世之聖，到把六經鼓吹爲天、地、人的絶對法則，從形式上對孔子和六經做了登峰造極的神化；另一方面，他又用古今中西的各種學説，從内容上前所未有地沖決了經學的傳統藩籬。

在廖平這個矛盾的經學理論中，本來就包含著經學終結的客觀内容。就其理論的二律背反的一個方面來看，用古今中西的各種學説打破經學的界限，改造經學意義上的孔子和六經，批評歷史上的經學派别，這一切都意味著對經學的否定。但是，廖平的主觀願望是維護經學，他所意識到並努力去進行的，是建立一個無所不包的經學體系。因此，廖平從來没有意識到其理論的這個方面的意義。雖然循此方向發展，是可以走到否定經學，建立一個近代的思想理論的高度，可是，廖平卻始終没有走到這一步。相反，倒是尊孔尊經的經學傳統理論形態死死框住了廖平。所以，經學終結的歷史必然性，在廖平的思想中只能通過反面的形式表現出來。

所謂從反面體現經學的終結，是説廖平從維護經學的主觀願望出發，用古今中西各種學説所建立的尊孔尊經理論，是一個徹底失敗的理論。經學作爲封建社會的正統意識，具有歷史形成了的内容，而被廖平引入經學的古今中西的各種學説，則存在時間、地域、性質、文化類型諸方面的差異。不可否認，古今中西的各種學説在一定條件下，是可以有機地融合的，但是，在廖平的理論中它們都是被作爲尊孔尊經的思想材料，而被納入經學的範圍，來附會所謂孔經微言大義的。因此，廖平雖把古今中西的各種學説引進他的理論，但並没有建立起一個無所不包的經學理論；相反，倒使他的理論漏洞百出，互相抵牾，甚至違反起碼的歷史常識。比如，經學形成於漢代，諸子出於先秦，廖平卻以諸子爲經學流派；佛、道與經學異趣，廖平卻稱之爲孔經天學學派；西學本是西方社會的産物，廖平卻硬説是子學的流變，種種奇怪之論多類似天方夜談。因此，廖平的經學必然要被人們視爲怪誕，而得不到社會的承認。

但是，廖平卻從今文經學的立場，自信能建立一個人們公認的孔經哲學體系，這無異於要實現一個根本無法實現的意願，從而迫使他學經數變，但是，由於他始終擺不脱尊孔尊經的理論形態，因而，他的經學愈往後變，就越是不倫不類，荒誕不經。

儘管廖平耗盡終生心血，前後數變，但是，他所建立的理論一直没有得到社會的承認。雖然經學第二變因其尊今（今文經學）抑古（古文經學），而受到某些信今文經學者的好評，經學第三變因把古文經學的典籍《周禮》説成孔子大統之書，而受到一些信古文經學者的稱許，但倘若不囿于經學的偏見，很少有人對他的經學理論做正面評價。廖平經學理論的結局，不僅是廖平理論的破産，也宣告了一切在近代中國維護經學的企圖的破産。這個破産表明經學終結的歷史命運，是任何主觀努力都無法挽救的。

廖平的經學理論在中國近代思想史上所起的作用基本上是保守的、反動的，與歷史的發展是背道而馳的。所以，毛澤東在 1940 年 9 月 5 日寫給范文瀾的信中，提出要批評廖平等人，並説："越對這些近人有所批判，越能在學術界發生影響。"（《毛澤東書信選集》，163 頁）但是，時至今日，有分析地批判廖平的理論，仍是尚未完成的任務。

張載哲學化的經學思想論綱

陝西師範大學哲學系　林樂昌

張載（1020－1077 年，字子厚，學者稱横渠先生）是北宋著名的理學開創者和關學宗師，也是當時著名的經學思想家。作爲研究張載經學思想體系的嘗試，本文計劃分以下四節闡論：第一節總論張載經學著作和經學思想特色；第二節至第四節，則分論張載經學思想體系的主要内容，依次爲："太虚""氣化"的宇宙論哲學，"合虚與氣""合性與知覺"的心性論哲學，以及"聖學須專禮法修"的禮學思想。①

一、經學著作和經學思想特色

據朱熹、吕祖謙《近思録・引用書目》、晁公武《郡齋讀書志》、趙希弁《讀書附志》、陳振孫《直齋書録解題》等書目著録，張載著述頗多。然元、明以降，陸續散佚。其存世著作，今集中見於中華書局本《張載集》，主要有：《正蒙》《横渠易説》《經學理窟》《張子語録》《文集佚存》等。值得注意的是，南宋以來官、私書目著録有張載"諸經説"，除傳世的《横渠易説》外，已佚者有《禮記説》《論語説》《孟子説》《周禮説》《詩説》《春秋説》等。②"諸經説"及《經學理窟》等，顯然都是解經著作；即使未冠以儒經之名的《正蒙》一書，其實也是張載研究儒家經典的産物。③ 儘管張載對儒家諸經都有研究，但其學説所依據的主要經典則爲《易經》和《禮》經，其次爲《論語》《孟子》。

---

① 限於篇幅，此次提交的文本略去四節篇幅的第三、四節。關於第三、四節的内容，可参看筆者撰寫的《張載哲學化的經學思想體系》中的相關部分，見姜廣輝主編：《中國經學思想史》第三卷上册，第六十二章，中國社會科學出版社 2010 年版，第 547－551、556－563 頁；《張載禮學論綱》，《哲學研究》2007 年第 12 期。

② 張載佚著《禮記説》《論語説》《孟子説》三種，已收入《張子全書》卷十四至卷十六，林樂昌編校，西北大學出版社 2015 年版。

③ 邱漢生指出，《正蒙》各篇名稱和内容，幾乎均與儒典有關。（邱漢生：《對張載理氣觀析疑的評議》，《中國社會科學》1981 年第 1 期，第 217 頁）另請參閲程宜山著：《張載哲學的系統分析》，學林出版社 1989 年版，第 150 頁。

關於張載經學思想的特色，筆者將從道統思想、解經方式、體系建構等三方面略加論述。

（一）“發源端本”的道統思想

儒家道統論是關於“道”的思想觀念和“道”的傳授譜系的理論。宋學家尤其理學家普遍以儒家經典爲“載道之具”。[①] 雖然“道統”這一術語至南宋才由朱熹正式提出，[②] 但北宋開宗立派的理學家無不關注道統思想。張載以“繼絶學”爲己任，講學強調“志道”“傳道”。（《經學理窟・義理》，《張載集》，中華書局1978年，第274、271頁。以下凡引《張載集》，均隨文夾注，僅注著述名、篇名和頁碼）張載認爲，他所繼之學和所傳之道，是上古聖賢所傳之學和道，其實也就是聖學的道統和學統。張載説：“此道自孟子後千有餘歲，今日復有知者。”（同上，第274頁）明確指出儒家之道統意識至當代才得以恢復，語氣中隱含了他自己也是包括在具有道統意識的人士之列的。張載心目中的儒家道統譜系是：“‘作者七人’，伏羲、神農、黄帝、堯、舜、禹、湯，制法興王之道，非有述於人者也。”（《正蒙・作者》，第37頁）“作者七人”，出自《論語・憲問篇》。歷史上少有人描述過堯、舜、禹之前的聖學傳承，而張載則將伏羲、神農、黄帝説成是“制法興王之道”的傳授者。張載不僅對道統的歷史傳緒具有明確的見解，而且還以儒家道統的傳承者自居。説：“今倡此道不知如何，自來元不曾有人説著，如揚雄、王通又皆不見，韓愈又只尚閑言詞。”（《經學理窟・自道》，第291頁）又説：“竊嘗病孔孟既没，諸儒囂然，不知反約窮源，勇於苟作，持不迨之資而急知後世，明者一覽，如見肺肝然，多見其不知量也。”（《文集佚存・與趙大觀書》，第350頁）張載批評“諸儒”不知“道”，其主要表現是“不知反約窮源”，也就是未能窮究義理之學的精義和根本。

張載道統思想有三個重要特點。其一，把道統追求當作義理發明的前提。説：“志於道者，能自出義理。”（《經學理窟・義理》，第274頁）其二，張載認爲，“義理”指向應當爲“至大之事”，其内容包括“天地”宇宙哲學和“禮樂”政治哲學，這就是張載所説“求義理，莫非天地、禮樂、鬼神至大之事”。（《經學理窟・義理》，第276頁）張載突出地把宇宙論哲學作爲義理的内容，是要爲儒家的仁義、禮樂提供超越的和形上的根據。其三，張載批評“秦漢以來學者大蔽”乃“知人而不知天”（《宋史・張載傳》，《張載集・附録》，第386頁），欲回歸上古聖賢及周、孔、思、孟的“畏天”“知天”“事天”傳統，把“天”“天道”作爲道統重建和經典詮釋的根本方向。

---

① 周予同：《〈經學歷史〉序言》，皮錫瑞著：《經學歷史》，中華書局1989年版，第3頁。

② 陳榮捷：《西方對朱熹的研究》，《中國哲學》第五輯，三聯書店1981年版，第208頁。

(二)“心解則求義自明”的解經方式

“心解則求義自明，不必字字相校”(《經學理窟·義理》，第276頁)，是張載解經方式的重要特徵。對此，還需要將其置於宋代義理之學及理學分化的背景中略加闡論。這裏“求義”之“義”，指經義，有義則有理，是爲義理；“字字相校”，指漢唐以來“泥文而不求大體”(同上)的訓詁方法。然而，訓詁明並不見得就一定會導致義理明。因此，張載便於宋儒中最早提出“義理之學”，並在《經學理窟》中特辟《義理》篇做系統論述。義理之學既是北宋興起的儒家新的解經方式，又是兩宋儒家各派匯成的學術主潮。宋代義理之學的主要派系包括：王安石的新學，張載的關學，程頤兄弟的洛學，蘇軾、蘇轍兄弟的蜀學等。[①] 在北宋義理之學四大派系中，關學和洛學屬於“理學”，而新學和蜀學則不屬於理學。以義理詮釋儒經，重視儒家的道德性命問題，是義理之學的共識。而作爲義理之學的理學(關學、洛學)與非理學(新學、蜀學)之間又有所區別，主要表現在：一是非理學的哲學思辨色彩不如理學濃重；二是非理學在義、利等價值觀念的取捨上比理學更強調利的方面；三是非理學與佛老之間的思想界限没有理學嚴格。所謂理學，是把天、理(道)、心、性等基本觀念作爲宇宙論或倫理學的終極根據，並將道德倫理價值和身心修養置於功利考慮之上的新儒家學術形態。

不同派别的義理之學，在解經方式、思想觀點等方面各不相同。張載特别強調“自出義理”。“自出義理”，是指理論思考不因循成説，強調自出議論，自抒新意，自立新説，自成體系。張載“自出義理”的基本方式是所謂“心解”，指重視自我心思作用的發揮。當然，在解經中重視心思作用並不爲張載所專擅，他的獨特之處表現在圍繞解經的心思作用提出了諸多原則要求，從而在解經的指向、概念的提煉、原理的總結、體系的建構等方面，無不呈現自己的特色。

關於解經須發揮心思作用，張載提出了如下三原則。一是“精思”“心弘”原則。史書屢稱張載“志道精思”(吕大臨：《横渠先生行狀》，《張載集·附録》，第383頁)；他自己也強調，求義理要“心弘”“精思潔慮”“求之有漸”(《經學理窟·學大原下》，第284頁)，“心不弘則無由得見”(《經學理窟·義理》，第276頁)。精審簡潔的哲學思辨和宏闊深邃的學術視野，是張載解經的基本風格。二是心思“簡易”原則。張載認爲，“語道不簡易，蓋心不簡易”“立本處，以易簡爲是”(《經學理窟·氣質》，第271頁)。若心思簡易，“則言自歸約”“詞簡而意備”(《經學理窟·義理》，第276、277頁)。這裏所謂“言自歸約”“詞簡意備”，指解經、立説要善於提煉哲學基本概念。三是“深沉”“有造”原則。張載説：“義理之學，亦須深沉方有造，非淺易輕浮之可得也。”(《經學理窟·義理》，第273頁)“深沉”“有造”乃“造道”的要求，主

① 陳植鍔著：《北宋文化史述論》，中國社會科學出版社1992年版，第107頁。

要體現在張載理學的原理總結和體系構造上。由於張載特重思辨，且思慮精深，故王夫之贊曰："橫渠學問思辨之功，古今無兩"。[①] 這一評價是恰如其分的。

張載理學的内容，包括概念系列、命題原理等等，都是經由獨特的解經方式並自創"新意"[②] 才得以建構起來的。從宏觀視野看張載理學的内容，一言以蔽之，即前述"至大之事"，包括從天道宇宙哲學直至禮法政治哲學。從微觀分析著眼，張載理學思想模式則主要是由其理學概念系列和相關理學命題建構而成的。張載晚年回顧自己學思歷程説："某比來所得義理，盡彌久而不能變，必是屢中於其間，只是昔日所難，今日所易；昔日見得心煩，今日見得心約；到近上更約，必是精處尤更約也。"（《張子語録中》，第317頁）這顯示了張載思想成熟期的自信，其中涉及對義理的認識越來越精煉簡約的過程。義理認識的越來越精煉簡約，包括以言詞對義理的概括，提煉出能夠體現自己理學思想的基本概念。由於在經典詮釋中使用了具有很強思辨意味的哲學概念，這就使張載的經典詮釋成爲"哲學性詮釋"。[③] 在此基礎上，張載確立了以"天"爲核心概念，以"天""道""性""心"爲概念序列的理學綱領。就張載理學而言，無論是"天"，還是"天""道""性""心"序列，無不顯示出獨特的關學色彩。因此，應當把張載關學準確地稱之爲"天道心性之學"，或更簡括地稱之爲"天學"。宋學派系研究不能停留于"義理之學""性理之學"一類的泛稱，應當提煉出各派的核心觀念或概念系列作爲其名稱。

宋代理學與經學之間的關係相當密切。但與其説理學"超越經學"，[④] 不如説理學是經學形態的轉變更貼切。相對于漢唐的訓詁考訂經學，我們可以把宋代儒學稱爲"新經學"，[⑤] 或義理化經學；對於宋代理學，則可以稱爲理學化經學。[⑥] 在理學化經學形態中，張載及朱熹等人的學説哲學思辨色彩最爲濃厚，故不妨把它們稱之爲思辨化經學或哲學化經學。

（三）"某唱此絶學亦輒欲成一次第"的體系建構

張載經學思想體系的建立，在其50歲以後的思想成熟期。張載自述道："某近來思慮義理，大率億度屢中可用，既是億度屢中可用則可以大受。某唱此絶學亦輒欲成一次

---

① 王夫之著：《讀四書大全説》卷七，中華書局1989年版，第458頁。

② 在經典詮釋中，張載非常重視"新意"的創發，在這方面他有一系列論説，例如："義理有疑，則濯去舊見以來新意。"（《經學理窟·學大原下》，第286頁）

③ 劉笑敢在中國哲學詮釋傳統的研究中，區别了三個相關概念，即"非哲學性的注解"，"哲學性的詮釋"，"詮釋性的哲學著作"，很有啓發性。（劉笑敢：《經典詮釋與體系建構：中國哲學詮釋傳統的成熟與特點芻議》，收入黄俊傑主編、李明輝編：《儒家經典詮釋方法》，華東師範大學出版社2008年版，第26頁）

④ 崔大華著：《儒學引論》，人民出版社2001年版，第423－436頁。

⑤ 周予同著：《中國經學史講義》，上海文藝出版社1999年版，第73頁。

⑥ 姜廣輝：《"宋學""理學"與"理學化經學"》，《哲學研究》2007年第9期，第48－50頁。

第。”（《張子語録下》，第 329 頁）“億度屢中”，語出《論語・先進篇》，原意是形容料事準確，而這裏則引申説明張載的義理思辨已經達致高妙自如，而又嚴整有序的境地。在長期“思慮義理”的過程中建構自己的理學體系（“成一次第”），是張載終生努力的目標，而這一目標在其思想成熟期終於得以實現。

張載是宋代經學思想哲學化的代表之一。張載的經學思想體系同時也是哲學體系，這一哲學體系是建立在經學研究基礎之上的。張載在《正蒙》首篇《太和》第 12 章中，用四句話歸納了自己的概念序列：“由太虛，有天之名；由氣化，有道之名；合虛與氣，有性之名；合性與知覺，有心之名。”（《正蒙・太和》，第 9 頁）我們不妨把這四句話稱作張載經學思想的“四句綱領”。值得注意的是，經過對這“四句綱領”加以語境還原之後發現，它原來是對《中庸》首章“天命之謂性”等前三句的解讀。[①]《中庸》首章“天命之謂性”等前三句與“四句綱領”對應的核心概念有“天”“道”“性”，而並不涉及“氣”。“天”“道”“性”“心”，是自上而下排列的概念序列。張載天人哲學體系的宇宙論哲學和心性論哲學兩大層次，完全與其“天”“道”“性”“心”概念序列的“次第”相吻合。在其基本概念系列中，“天”是最高概念和核心概念。

構成張載經學思想體系的理論内容，除上述基本概念系列外，還有一系列基本命題和原理。就其經學思想的基本命題看，主要包括“太虛即氣”命題，“性其總合兩”命題，“大其心體天下之物”命題，等等；就其經學思想的基本原理看，則主要包括“太虛”“氣化”的宇宙論哲學原理，“天地之性”和“氣質之性”的人性論原理，“德性之知”“聞見之知”和“誠明所知”的知識論原理，“變化氣質”和“知禮成性”的工夫論原理，“以禮爲教”的教育哲學原理，等等。

從張載經學思想體系的結構層次看，可以將其劃分爲形上和形下兩大部分。“四句綱領”，可以視作張載經學思想體系形上部分的總綱，其内容涉及宇宙論哲學和心性論哲學；而作爲政治哲學和教育哲學的禮學，其根源與形上學有關，而禮學的基本内容則屬於張載經學思想體系的形下部分。

二、“太虛”“氣化”的宇宙論哲學

（一）搭建兩層結構的哲學宇宙論詮釋框架

謀求解決張載之學難題和歧解的出路，需要反思過往經驗，從張載思想整體出發，搭建一種更適用和有效的詮釋框架，我們稱之爲兩層結構的宇宙論哲學詮釋框架。

錢穆説：“在北宋理學四大家中，二程於宇宙論形上學方面較少探究。濂溪、横渠

① 張載：《張子全書》卷十四《禮記説・中庸第三十一》，林樂昌編校，西北大學出版社 2015 年版，第 384 頁。

則於此有大貢獻。”① 比錢穆更早，湯用彤曾用“宇宙論”和“本體論”分別指稱兩漢儒學和魏晉玄學。“宇宙論”，是採自西方的術語。考慮到“宇宙論”這一術語已被學界所廣泛接受，故這裏仍用“宇宙論”概念；同時，爲了與“自然宇宙論”相區別，我們特別稱之爲“宇宙論哲學”或“哲學宇宙論”，而其具體内容則來自于張載等宋儒的相關思想。

張載爲儒家重建哲學宇宙論的努力，既是回應佛道學説的挑戰、以解決超越與現實關係的需要，同時也是對漢魏以來“宇宙論”“本體論”思維成果的總結。漢代“宇宙論”的基本特徵是，以元氣界説萬物的生成和宇宙的構成。湯用彤在比較魏晉玄學本體論與漢儒元氣宇宙論的區别時指出，魏晉本體論的突出特色是不以“無形之元氣”界説本體，不談“宇宙之構造”，“萬物之孕成”，而是“舍物象，超時空”，“研究天地萬物之真際”，直接“爲本體之體會”。② 如果説，魏晉本體論是對漢代氣化宇宙論的否定，那麽，宋代以張載以及周敦頤、朱熹爲代表的哲學宇宙論則是在總結漢魏思維成果基礎上所做的綜合，這是一個否定之否定的過程。漢代宇宙論講萬物的生成和宇宙的構造，卻不講宇宙的本體；相反，魏晉本體論講“舍物象，超時空”的本體，卻不講萬物的生成和宇宙的構造。而宋代理學家則克服了漢代宇宙論與魏晉本體論各自的片面性，把宇宙論與本體論這兩個原本隔絶的理論融爲一體，形成了一種既包括宇宙本體内容，也包括宇宙生成内容的新型宇宙論哲學。爲了便於説明問題，我們可以從兩個各有側重的角度把這種新型宇宙論哲學分爲兩個層次：把側重强調本體超越性的理論稱爲宇宙本體論層次，把側重强調宇宙結構和萬物生成過程的理論稱爲宇宙生成論層次。這樣劃分，有其學理上的依據。在張載宇宙論哲學中，太虚與氣之間的關係是其基本關係。但分析地看，太虚與氣之間的關係既有分又有合，太虚與氣分則有先後，合則無先後。太虚與氣之間的分合或先後關係，決定了張載宇宙論哲學兩個層次的劃分。

太虚與氣之間的相分關係，强調的是太虚本體的超越性和先在性，這便構成宇宙本體論層次。所謂宇宙本體論，是面對宇宙萬物和道德價值“發源立本”（《張子語録下》，第329頁），探究其終極本原和超越源頭的理論建構。張載的宇宙本體論突出的是太虚本體與氣及經驗物的區分，突出的是太虚本體超越時空、超越氣及一切經驗層面、相對層面的的“至一”“至静無感”的獨立性。宇宙本體論層次的基本概念是太虚亦即天。

太虚與氣之間的相合關係，强調的是太虚與氣的關連性和無分先後的共在性，這便構成宇宙生成論層次。所謂宇宙生成論，是關於天地萬物的生命成長條件、構成、根

① 錢穆著：《朱子新學案》上册，巴蜀書社1986年版，第25頁。

② 湯用彤：《魏晉玄學流别略論》，收入氏著：《魏晉玄學論稿》，人民出版社1957年版，第49頁。

源、動力、變化過程及其秩序的學説，其内容也包括人性論在内。爲了批判佛教以世界爲“幻化”的觀點，基於充分肯定現實世界的真實性這一目的，在宇宙生成論的這一層次張載强調虚與氣之間的關連性和不可分割性，主張“太虚即氣”，“太虚不能無氣”。（《正蒙・太和》，第8、7頁）這裏，横渠突出的不是太虚本體的獨立性，而是其“合”的作用的發揮，亦即在宇宙創生過程中太虚本體經由感應機制與陰陽之氣整合爲統一的宇宙創生力量。宇宙生成論層次的基本概念是道和性。

張載建構兩層結構的宇宙論哲學有其經典依據，這就是《易傳・繫辭》所言“寂然不動，感而遂通天下之故”（《横渠易説・繫辭上》，第199－200頁）。“寂然不動”與“感而遂通”，正與宇宙論哲學的兩層結構相對應：“寂然不動”，是宇宙本體論的依據，强調的是“至静無感，性之淵源”（《正蒙・太和》，第7頁）的太虚本體；“感而遂通”，是宇宙生成論的依據，强調的是太虚本體必然要下貫現實世界，並作爲主導力量參與宇宙生生不息的生成過程的情形。張載指出：“《易》言‘感而遂通’者，蓋語神也。”（《横渠易説・繫辭上》，第200、201頁）這裏的“神”，是指太虚與氣相感相合所形成的創生能量和神妙機制。

除張載之外，周敦頤、朱熹的宇宙論哲學也具有兩層結構。與張載宇宙論哲學以太虚與氣（陰陽）爲模式類似，周敦頤宇宙論哲學以無極與氣（陰陽）爲模式，朱熹宇宙論哲學則以天理與氣（陰陽）爲模式。雖然他們三人所使用的本體概念不同，分别爲無極、太虚、天理，但宇宙論哲學的基本模式則是一致的，都是由本體與氣（陰陽）構成的。而且，周敦頤和朱熹的宇宙論哲學與張載一樣，也都具有宇宙本體論和宇宙生成論兩個層次。以朱熹的理氣（陰陽）觀爲例，若不以兩層結構的宇宙論哲學作爲詮釋框架，那麼，對於朱熹理與氣之間的先後或分合關係則很難説清。概言之，朱熹宇宙論哲學的兩層結構指：“理在氣先”的宇宙本體論，以及“理氣不離”的宇宙生成論。①

有些學者簡單地把湯用彤專用于漢、魏思想的“宇宙論”“生成論”這兩個術語套用于張載宇宙論哲學，把張載的氣論内容稱爲“宇宙論”，而把張載的太虚概念則稱爲“本體論”。其實這是一種誤用，不僅與張載宇宙論哲學的内涵不相應，而且也無法對張載虚氣關係等問題的解決提供幫助。例如，若以“本體論”稱張載學説，則其並非僅講太虚本體而不講宇宙的構造和生成；若以“宇宙論”稱張載學説，則其又並非僅講陰陽氣化而不講超越的本體。看來，在張載思想研究中缺乏一套適用有效的詮釋框架，是多種歧解長期得不到澄清的方法論根源之一。

與宋代宇宙論哲學的兩個層次相對應，被宋儒作爲思維方式所普遍使用的“體”“用”及其關係也有兩個層次，體與用之間既有“二”亦即相分的關係，也有“不二”

① 參閲陳來著：《朱子哲學研究》，華東師範大學出版社2000年版，第92－99頁。

亦即相合的關係。但在這一問題上，長期以來存在着理解的誤區，過於強調“體用不二”的一面，而忽略體用還有“二”的一面，亦即“相分”“不雜”的一面。“體用不二”，幾乎已成爲學者概括宋儒論體用關係的唯一用語。① 程頤説過：“體用一源，顯微無間。”② 然而，程頤又説過：“大本言其體，達道言其用，體用自殊，安得不爲二乎？”③ 錢穆對體用兩種不同層次的關係做了區别，他把體與用之間的“二”稱之爲“分言”，把體與用之間的“不二”則稱之爲“合言”。④ 因此，真正被完整理解的體用關係，應當是“二而不二”的。⑤ 簡言之，“二”，指體用各自具有不同的意涵和地位；“不二”，指在現實世界中體與用密不可分。此外，針對近年有海内外學者認爲中國哲學没有超越觀念、没有形上思想、没有兩個世界的傾向，有學者提出，從孔子的天人關係，到宋明理學的理氣關係等，都可以認爲是兩個世界的關係，即形上超越世界與形下現實世界的關係。⑥ 其實，張載學説的虚氣關係、天人關係，同樣屬於兩個世界的關係。

（二）“太虚無形，氣之本體”的宇宙本體論

1. 太虚本體的涵義

張載建構宇宙本體論的核心，在於其天觀或太虚觀。依據張載本人的論述，可以從兩個角度詮釋其太虚本體的多方面含義：一是從太虚自身的規定性看，二是從太虚作爲宇宙間一切存在的終極根源和主導力量看。

（1）從太虚自身的規定性看其涵義。太虚自身的規定性，也就是其自身的特性或存在的本然狀態。從不同側面看，太虚自身具有以下特性。

第一，絶對性和獨立性。太虚本體的絶對性，指它具有超越一切陰與陽、動與静、聚與散、虚與實、一與多、有形與無形等相對層面的特性。張載説：“静者善之本，虚者静之本。静猶對動，虚則至一。”（《張子語録中》，第 325 頁）這不是從相對意義上而是從絶對意義上論太虚的。就是説，太虚本體不是動、静相對之静，而是絶對之“至静”；不是一、多相對之一，而是絶對之“至一”。所謂“至一”，是對太虚本體擺脱一切相對因素的強調，是對其自身所具有的絶對、至高、唯一等特性的強調。這裏的“至一”，既是指太虚本體具有絶對性，也是指其具有獨立性。一直以來，有相當多的學者

---

① 丁禎彦：《試論張載的“體用不二”》，《中國哲學範疇集》，人民出版社 1985 年版，第 340 - 356 頁。

② 程頤著：《易傳序》，《二程集》，中華書局 1981 年版，第 689 頁。

③ 程頤著：《河南程氏文集》卷九《與吕大臨論中書》，《二程集》，中華書局 1981 年版，第 606 頁。

④ 錢穆著：《朱子新學案》上册，巴蜀書社 1986 年版，第 296 - 297 頁。

⑤ 朱寶昌：《論體》，《朱寶昌詩文選集》，陝西師範大學出版社 1994 年版，第 59 頁。朱寶昌早年就讀于燕京大學哲學系，從學于熊十力，深得熊的賞識，並被熊選定作爲自己“傳道的徒弟”。（朱寶昌：《悼念先師熊十力先生》，《朱寶昌詩文選集》，第 315 頁）朱寶昌提出的“體與用二而不二”，對體用關係是一個全面而又精卓的概括。

⑥ 金春峰：《中國哲學之與“兩個世界”》，《湖南大學學報》（哲學社會科學版），2006 年第 3 期。

不願意承認張載太虛本體具有獨立性。[①] 其實，太虛本體的獨立性或超越性，是指其不依賴於氣和任何經驗物而存在的性質，也是就其在宇宙中所處的至高無上地位而言的。張載一方面不滿於當時諸儒把超越之天視作自然之天或經驗之天，另一方面又認爲道家的太虛是一個具有無限性、絶對性、超越性等優點的概念，故借助太虛以改造儒家天觀。張載指出："人鮮識天。天竟不可方體，姑指日月星辰處，視以爲天。"（《横渠易説・繫辭上》，第177頁）他告誡人們："氣之蒼蒼，目之所止也；日月星辰，象之著也；當以心求天之虚。"（《張子語録中》，第326頁）張載有感於當時已少有人能"以心求"超越的本體之天了，更多的情形是以耳目感官去把握由氣構成的"蒼蒼"之天亦即經驗之天。"言虚者未論陰陽之道"（《張子語録中》，第325頁），是就太虛本體的自身狀態而言，由於尚未涉及宇宙生成的"陰陽之道"，故太虛先于宇宙生成之道。太虛本體的這種先在性，是超時間的先在。承認本體的先在性是必要的，因爲它是肯定本體獨立性的一種方式。惟其如此，才能真正表明太虛是宇宙存在和萬物生成的最終原因。

第二，無限性和永恒性。在張載看來，"天大無外"（《正蒙・太和》，第10頁），太虛是具有無限性的終極實在。他所説"天之不禦莫大於太虛，故必知廓之，莫究其極也"（《正蒙・大心》，第25頁），表達的也是同樣的意思。張載還認爲，太虛具有由氣聚而成的"有形之物"所不具備的"廣大堅固"（《正蒙・太和》，第7頁）、永恒不變的特性，他説："金鐵有時而腐，山嶽有時而摧，凡有形之物即易壞，惟太虛無動摇，故爲至實。"（《張子語録中》，第325頁）"至實"，指太虛是宇宙間真實的無限的終極實在，即使萬物崩壞消散，太虛仍會永恒地存在下去。

第三，包容性和感應性。張載認爲，太虛或天具有"包藏萬物於内"（《正蒙・乾稱》，第63頁）的包容能力。他還説："天之爲德，虚而善應"。（《正蒙・乾稱》）所謂"虚而善應"，説的是太虛本體所具有的"無所不感"（《正蒙・乾稱》），"體物不遺"（《正蒙・天道》，第13頁）這種神妙莫測、善於感通宇宙萬物的能力。張載在早年的《易説》中把"感"分爲"以同而感"和"以異而感"兩種類型，但在晚年的《正蒙》中則僅強調"以異而感"，不再提"以同而感"。張載指出："無所不感者虚也，感即合也，咸也。以萬物本一，故一能合異；以其能合異，故謂之感；若非有異則無合。"（《正蒙・乾稱》，第63頁）雖然太虛本體"至靜無感"，但太虛作爲生成萬物的主導力量則又是"無所不感者"。感，指特定主體對異質的他者發揮關連作用時的感應、感通機制。在張載看來，經由這種感應或感通機制，使"有異"亦即異質的東西

① 湯勤福認爲，"太虛不可能離開'氣'而獨立存在。"（湯勤福編：《張子正蒙導讀》，上海古籍出版社2000年版，第16頁）

互感互動，整合爲一體。就是説，太虛本體能夠將自身與陰陽之氣整合爲統一的宇宙創生力量。“合異”與“非有異則無合”是張載論“合”的原則，這意味着相合的虛與氣二者必然是異質的而不是同質的。若太虛與氣的含義没有差異，則作爲張載理學“四句綱領”之一的“合虛與氣”便只是同語反復，不能成立。據此判斷，“太虛即氣”與“合虛與氣”的意涵是一致的，這裏的“即”等同於“合”。正是這種包容能力和感應能力，使得太虛本體能夠成爲宇宙間一切存在物的終極根源和主導力量。

（2）從太虛作爲宇宙間一切存在的終極根源和主導力量看其含義。在張載學説中，太虛本體不僅是自然世界的終極根源和創生萬物的主導力量，而且也是價值世界的終極根源。

首先，太虛是自然世界的終極根源和創生萬物的主導力量。張載提出：“虛者天地之祖”，“萬物取足於太虛，人亦出於太虛。”（《張子語録中》，第326、324頁）張載認爲，太虛是創生萬物的主導力量，他説：“天惟運動一氣，鼓萬物而生。”（《横渠易説・繫辭上》，第185頁）張載還把作爲創生萬物的主導力量稱作“神”，他説：“鼓天下之動者存乎神”，“神則主乎動，故天下之動，皆神之爲也。”（《横渠易説・繫辭上》，第205頁）可見，“神”與“太虛”指稱的是同一個本體，只是在動、静不同側面上才有所區别，“神”偏就動態而言。

其二，太虛又是價值世界的終極根源。張載所謂天或太虛作爲整體觀念，其自然、物質含義與倫理、價值含義之間並没有被割裂，天或太虛既是自然世界的終極根源，同時也是價值世界的終極根源。張載指出：“虛者，仁之原。”“虛則生仁，仁在理以成之。”（《張子語録中》，第325頁）還指出：“天地以虛爲德，至善者虛也。”（同上，第326頁）在張載的道德價值系統中，其核心部分是“天秩”之“禮”，“生生”之“仁”，和以“乾稱父、坤稱母”爲宇宙根源的“孝”。賦予道德價值以宇宙根源，是張載倫理學的突出特點。

總之，張載所謂太虛，是涵括了精神性實在和物質性實體的最高本體，而不是單純的物質性；太虛既是自然本體（萬物化生的本原），又是價值本體（道德性命的本原），是宇宙間一切存在的終極根源。

2. 是太虛自身的本然狀態，還是“氣的本然狀態”

《正蒙・太和篇》第2章曰：

> 太虛無形，氣之本體。其聚其散，變化之客形爾。至静無感，性之淵源。有識有知，物交之客感爾。客感客形與無感無形，惟盡性者一之。

所謂“太虛無形，氣之本體”是説，無形的太虛，是氣的“本體”。有論者認爲，這裏的“本體”有其獨特的含義，是指太虛是氣的本然存在狀態，而不是指太虛是超越於氣之上的最高存在。還認爲，這種“本體”用法，正是中國傳統哲學中本體概念的獨特之處。[①] 這是一種在學術界流行甚廣的觀點。把“本體”的含義解釋爲“本然狀態”，本來也未嘗不可。但問題在於：本體應當是誰的本然狀態？本體是氣的本然狀態，還是太虛自身的本然狀態？

“太虛無形，氣之本體”句，是統攝以下三個分句的。第二句“其聚其散，變化之客形爾”句，與下面的第三、四句都省略了主語，這是古代漢語的特點。但根據語意，這三個分句的主語是不同的，分別是：氣、太虛和“有識有知”的人。“其聚其散”句的主語是氣，[②] 説的是氣的本然狀態，不可能指太虛。[③] 第三句“至靜無感”的主語是太虛，説的是太虛的本然狀態，不可能指氣。[④] 第四句“有識有知”的主語指僅具有“見聞之知”的人。第五句“客感客形與無感無形，惟盡性者一之”作爲結句，其主語是“盡性者”。“客感客形”指氣或物及其變化，“無感無形”指太虛本體；通過“盡性者”的努力，將這兩個方面統一起來，從而使“性”得到徹底實現。“盡性者”，指不但具有“見聞之知”，而且更具有“德性之知”乃至“誠明所知”的聖人。可見，太虛的“本然狀態”應當指“無形”和“至靜無感，性之淵源”等“本來恒常的狀態”，還包括前面歸納的太虛自身的諸多規定性，而不應當指“其聚其散”等氣的“變化不定的形態”。[⑤] 太虛的本然狀態與氣的本然狀態，是兩種不同層次的狀態。把“太虛無形，氣之本體”解釋爲太虛是氣之本然存在狀態，這與海德格爾批評亞里士多德對“存在”的理解有些類似。海德格爾在探尋“存在”本身的意義時，批評亞里士多德對存在只是從“存在者”方面來理解的，而没有從存在自己的方面、根據存在自身來理解存在，這就遮蔽和遺忘了存在本身。[⑥]

張載明確主張，太虛（天）高於氣，體高於用，形上高於形下。他指出：“天也，形而上也。”（《正蒙・至當》，第 37 頁）“運於無形之謂道，形而下者不足以言之。”（《横渠易説・繫辭上》，第 207 頁）而作爲高於形而下層面之氣的太虛本體，既不像氣

---

① 劉又銘：〈宋明清氣本論的若干問題〉，收入黄俊傑主編、楊儒賓等編：《儒學的氣論與工夫論》，華東師範大學出版社 2008 年版，第 153 頁；謝榮華：〈張載哲學中的“虚”與“氣”〉，收入《早期道學話語的形成與演變》，安徽教育出版社 2007 年版，第 42、44 頁。

② 《正蒙・乾稱篇》第 15 章云：“太虛者，氣之體。氣有陰陽，屈伸相感之無窮，故神之應也無窮……”（第 66 頁）“太虛者，氣之體”之後緊接着説“氣有陰陽”，與《正蒙・太和篇》第 2 章“太虛無形，氣之本體”之後緊接着説“其聚其散”在句式上一致，這可以印證“其聚其散”的主語應當指氣，而不應當指太虛。

③ 劉又銘認爲，“其聚其散”的主語是太虛，這是誤讀。（劉又銘：《宋明清氣本論研究的若干問題》，黄俊傑主編、楊儒賓等编：《儒學的氣論與工夫論》，第 152 頁）

④ 謝榮華認爲，“至靜無感”指氣的狀態，這是誤讀。（謝榮華：《張載哲學中的“虚”與“氣”》，《早期道學話語的形成與演變》，第 47 頁）

⑤ 張岱年在解釋“太虛無形，氣之本體”時説：“本體與客形相對，客形是變化不定的形態，本體是本來恒常的狀態。”（氏著：《中國古典哲學概念範疇要論》，中國社會科學出版社 1987 年版，第 66 頁）

⑥ ［日］阿部正雄著：《禪與西方思想》，王雷泉等譯，上海譯文出版社 1989 年版，第 157 頁。

那樣具有陰、陽兩端的可分性，也不像氣那樣具有聚與散、有形與無形之類的相對性。能作爲“本體”的，其本身必須是自足的，能夠自己作爲自己的根據，不需要依賴任何外在因素來説明自身狀態，而且還能夠作爲宇宙間一切存在物的終極根源。

總之，認爲太虛本體是氣的本然狀態的觀點，其實質是把太虛歸結爲物質性的氣，把張載宇宙論哲學歸結爲物理學。在張載學説中，不存在氣本論，只存在氣化論。

（三）“太虛即氣”的宇宙生成論

1.“太虛即氣”：宇宙生成論命題

張載建構“太虛即氣”的宇宙生成論，是爲了批判佛教以世界爲“幻化”的立場，肯定現實世界的真實性，表達對現實世界的構成、萬物的生成根源及運行動力等基本認識。如果説“太虛無形，氣之本體”强調的是太虛對氣的超越，屬於張載的宇宙本體論命題；那麽，“太虛即氣”强調的則是太虛與氣相感相合的關連性，屬於張載的宇宙生成論命題。就“太虛即氣”命題的理論性質和層次定位看，不應當視爲涵括宇宙論哲學兩個層次的命題，而應當視爲特指宇宙生成論單一層次的命題；另外，也不應當把“太虛即氣”歸結爲“儒家本體論”。

作爲張載對現實世界的基本認識，“太虛即氣”所要表達的是，相感相合的太虛與氣是宇宙中兩種最基本的要素或力量：太虛本體是宇宙的最高實在、終極根源和主導力量，而氣則是用以表述宇宙動能、自然元素、生物稟賦、生命活力等意涵的經驗性詞語，只是在生成之道的表現形式的意義上才加以使用的。“氣”，並不具有價值意義，更無法作爲宇宙本體。在萬物生成的過程中，氣的作用，是爲萬物的生成和存在提供不可或缺的素材和活力；而太虛本體的作用，則是成就萬物的本性或本質，賦予其存在的根據，並推動萬物不斷運行變化。對於萬物生成過程而言，太虛和氣二者的作用是缺一不可的。張載認爲，在宇宙生成過程中，“太虛不能無氣”（《正蒙·太和》，第7頁）；反之，氣也不能無太虛。因此，張載指出：“知虛空即氣，則有無、隱顯、神化、性命通一無二。”（《正蒙·太和》，第8頁）若没有由太虛與氣相感相合所構成的統一的宇宙力量，就没有萬物生生不息的生成和變化過程及其秩序。

張載宇宙生成論的要義，是揭示萬物生成的根源和動力，而“太虛即氣”便正是能夠體現宇宙萬物生成的根源性和動力性的重要命題。“合虛與氣”，既是“太虛即氣”的基本意涵，也是性與道的基本構成。儘管性與道的基本結構相同，都是“合虛與氣”而構成的，但二者在宇宙生成過程中的作用則各有側重：性，主要作爲萬物生成的根源，體現萬物各自的秉性或本質；道，主要作爲萬物運行的動力，展現萬物的變化過程及其秩序。

2.“天參”模式

張載指出：“性者萬物之一源，非有我之得私也。”（《正蒙·誠明》，第21頁）這就揭示了包括人類在内的萬物生成的共同根源，就是説，“合虛與氣”是生成萬物必不可少的基本條件。需要區分的是，此處的“性”作爲以虛氣爲結構的根源，是萬物生成的直接根源，但並不是萬物生成的終極根源；終極根源是虛氣結構中的太虛本體。“性”不僅具有生成萬物的共同根源的意義，而且還有其内在結構層次，即張載提出的“天地之性”和“氣質之性”。在張載看來，包括物性與人性在内的宇宙萬物的本性，都既含有天地之性，又含有氣質之性，故天地之性和氣質之性是爲“人、物所同得”的。[①]

張載的宇宙生成論，其内容也包括人性論在内。“合虛與氣，有性之名”（《正蒙·太和》，第9頁）；“有無虛實通爲一物者，性也”（《正蒙·乾稱》，第63頁）；人性既包括先天的“天地之性”，也包括“形而後”才有的“氣質之性”。這些是張載人性論的立論基點。張載從整合虛與氣亦即本體界與現實界入手，批評了佛老單純以虛言性，以及“陋儒”單純以氣言性的兩偏之失。[②] 尤其值得注意的是，爲“人、物所同得”的天地之性與氣質之性的關係並非平列的，而是有本有末的。張載認爲“性之本原，莫非至善”，[③] 強調在人性論上“發源立本”的道德價值意義。

張載性論和人性論都是以虛氣爲基本結構的。虛氣結構的展開則是太虛與陰陽之氣組成的三重結構。張載指出：“天所以參，一太極兩儀而象之，性也。”（《正蒙·參兩》，第10頁）針對釋氏“以性爲無”，張載還提出“吾儒以參爲性”。（《横渠易説·説卦》，第234頁）這裏的“參”與“叁”，古字通用，有同一結構中三方面力量參錯會合之意。張載的“天參”宇宙結構模式，涉及作爲統一體的宇宙及其三重結構這一古老問題。早在屈原的《天問》中便提出：“陰陽三合，何本何化？”《穀梁傳》曰：“獨陰不生，獨陽不生，獨天不生，三合然後生。”[④] 顯然，“三合”指陰陽和天這三種力量的會合參錯、互感互動，從而成爲宇宙萬物生成的結構性根源。其實，“天參”亦即張載所謂“太虛即氣”之性；由於涉及陰陽氣化，故也指天道。總之，“天參”是由“天”所主導的、天與陰陽之氣關連互動的，具有結構性的宇宙根源。

3.“太和”之道

張載在其代表著《正蒙》的首篇《太和》開宗明義地提出了宇宙的“太和”之道：

> 太和所謂道，中涵浮沉、升降、動靜、相感之性，是生絪緼、相蕩、勝負、屈

---

① 朱熹語，江永注：《近思録集注》卷一，張載“性者萬物之一源”句下朱熹注，《文淵閣四庫全書》本。

② 參閲林樂昌：《張載對儒家人性論的重構》，《哲學研究》2000年第5期。

③ 參見林樂昌：《張載佚書孟子説輯考》，第51條，《中國哲學史》2003年第4期，第124頁；另見《張子全書》卷十六《補遺三·孟子説》，林樂昌編校，西北大學出版社2015年版，第445頁。

④ 范甯集解、楊士勳疏：《春秋穀梁傳注疏》卷五，阮元校刻：《十三經注疏》（影印本），中華書局1980年版，第2381頁。

伸之始。其來也幾微易簡，其究也廣大堅固。起知于易者乾乎！效法于簡者坤乎！散殊而可象爲氣，清通而不可象爲神。不如野馬、絪緼，不足謂之太和。語道者知此，謂之知道；學《易》者見此，謂之見《易》。

古今不少學者將張載所謂“太和”之道歸結爲“氣”，失其本旨。這就給我們提出了一個問題：“太和”之道是不是僅由“氣”構成的？應當如何理解“太和”之道的構成和實質？

張載論“太和”之道，多次言及“絪緼”。王夫之説：“絪緼，太和未分之本然。”① 王夫之解釋的特點，是以“絪緼”之氣作爲太和“未分”的統一狀態。有些學者據此認爲，張載是用“太和”指陰陽未分的氣，即氣的“絪緼”狀態。究竟應當怎樣理解太和與絪緼的關係？能不能把太和歸結爲絪緼之氣？看來在以王解張的同時，更要以張解張。張載説：“不如野馬、絪緼，不足謂之太和。”（《正蒙・太和》，第7頁）張載在解釋何謂“絪緼”時説：“氣坱然太虛，升降飛揚，未嘗止息，《易》所謂‘絪緼’、莊生所謂‘生物以息相吹’‘野馬’者歟。”（《正蒙・太和》，第8頁）所説正是太虛參與“太和”之道運行過程的情景。張載還説：“萬物形色，神之糟粕，性與天道云者，易而已矣。心所以萬殊者，感萬物爲不一也，天大無外，其爲感者絪緼二端而已。物之所以相感者，利用出入，莫知其鄉，一萬物之妙與！”（《正蒙・太和》，第10頁）這裏也言及至大無外的“天”（太虛）與“絪緼二端”的氣之間相感相合，實現太虛與陰陽之氣三者“一萬物之妙”的“太和”之境。這就進一步證明太虛是參與太和之道的生化過程的。絪緼作爲陰陽之氣，並不是僅以“未分”狀態呈現自身的。陰陽之氣二者既有合，也有分，其分合過程也就是陰陽之氣的相感互動過程。所謂“絪緼二端”，指的就是絪緼之氣的相分狀態；而絪緼之氣的相合狀態，則只有在“太和”中才能夠實現。但絪緼之氣相合狀態的實現，不能脱離太虛的參與和主導。可見，張載所謂“太和”，不是陰陽之氣的兩重結構，而是與前述“天參”模式相一致的三重結構。

在張載看來，經由感應或感通機制，能夠使異質的東西關連整合爲一體，這裏具體指太虛本體能夠將自身與陰陽之氣整合爲統一的宇宙創生力量。正是在此意義上，張載認爲“太和”之道是“中涵”了“相感之性”的，就是説，“太和”之道内在地包含着“性”，二者的意蕴是一致的。也正是在此意義上，張載才一貫堅持“性與天道合一”或“性即天道”。（《正蒙・誠明》，第20頁；《正蒙・乾稱》，第63頁）在張載宇宙生成論中，性與道，從而宇宙根源與宇宙動力，是同構和統一的。“太虛即氣”，既是張載的性論命題，也是其道論命題。

① 王夫之著：《張子正蒙注》卷一《太和篇》，中華書局1975年版，第2頁。

經典闡釋存在的問題

——以《論語》爲例

曲阜師範大學孔子文化研究院　高尚舉

近些年來，由於國家和學術界對傳統文化的大力提倡，作爲傳統文化主幹的儒家文化得到了前所未有的重視，儒家經典的研讀蔚然成風，闡釋著述數不勝數。這些闡釋著作，多數品質較高，爲廣大讀者閱讀經典發揮了正確引導、解難釋疑的良好作用，但也有一些，存在着“流於淺俗”“過於深奥”“任意斷句”“隨意説解”的問題，給讀者帶來了負面影響，甚至誤導。茲以《論語》爲例，將問題呈獻給大家，以祈知斑窺豹，引起注意。

一、流於淺俗，達不到古人境界

經典中的文辭本來是精闢的，含義是深刻的，而某些解經者達不到古人的思想境界，以至把經文闡釋得淺及皮毛，不得精要，甚至低俗，誣枉古人。如：

> 《論語·泰伯》：曾子有疾，召門弟子曰：“啟予足，啟予手。《詩》云：‘戰戰兢兢，如臨深淵，如履薄冰。’而今而後，吾知免夫。小子！”

此章經文的意思是：曾子有病，召喚弟子們説：“打開被子看看我的腳，看看我的手。《詩經·小旻》説：‘戰戰兢兢，如臨深淵，如履薄冰。’從今以後，我知道可以免于刑戮傷殘之害了，小子們！”

而某注本這麼解釋“啓予足，啓予手”曰：“從我所行中學習，從我所做中學習。‘啓’是開悟。這是曾子重病後對弟子的教誨，可算臨終遺言。做事兢兢業業，小心翼翼，循禮而爲。你們要從我所行所做中領悟，盡力踐行。”而另一注本又這麼解釋“吾知免夫”：“我知道我將死亡。免字是兔字少一點，許慎云：‘是兔逃脱，逸不見足，是會意字。’逸不見足，是逸隱不見蹤跡。段玉裁説：‘凡逃逸者皆謂之免，假借作免薨。’夫就是大丈夫，免夫，就是死後，不再是大丈夫的人了。”

啓，本義爲“開”。因此，解爲“打開被子看看我的脚，看看我的手”，是附合經義的。有些注家釋“啓”爲“抬抬”“動動”，也講得通。下句的“‘戰戰兢兢，如臨深淵，如履薄冰。’而今而後，吾知免夫”，説明了曾子讓弟子“啓手足”的用意。儒家看重孝道，臨終以得保全名譽身體爲幸。正如鄭玄所云：“曾子以爲受身體于父母，不敢毁傷之，故使弟子開衾而視之也。”（引自何晏《論語集解》）李澤厚《論語今讀》以爲這是曾子“宗教性道德”的體現。可從。免：免于刑戮。夫：語氣詞。曾子強調孝道。《大戴禮記》有《曾子》十篇，其中有《立孝》《大孝》諸篇論述孝道。而《孝經》相傳爲曾子所作。其所謂“身體發膚，受之父母，不可毁傷”，毁傷即指受刑戮而言。孔子也曾説“君子懷刑”（《論語·里仁》），稱南容“邦無道可免于刑戮”（《論語·公冶長》）。這都反映了儒家謹慎人生、不給父母落罵名的思想。而某些注本未能揭示出這層基本的含義。

《論語·爲政》：子游問孝。子曰：“今之孝者，是謂能養。至於犬馬，皆能有養。不敬，何以别乎?”

對於這段話，有的注本這麽譯解：“孔子説：‘現在的所謂孝，就是説能夠養活爹娘便行了。至於狗馬都能夠得到飼養；若不存心嚴肅地孝順父母，那養活爹娘和飼養狗馬怎樣去分别呢?’”有的這麽譯解：“對於犬馬，我們也能向它們提供食物。如果爲人父母不對自己應對之盡責的兒女們的道德品質給予深切的關注，不去努力把兒女們培養造就成具有美德與優秀的言談舉止的人，而只是以向他們提供食物爲滿足，那麽養育兒女又怎麽能與豢養犬馬區别開來呢?”還有的這麽譯解：“現在的培養孩子，就是能養。像犬馬都能養子。不培養敬的品質，與禽獸養子有什麽區别呢?”

這些解釋存在兩大方面的錯誤。一是倫理混亂：學生子游問怎麽做才叫孝，孔子答，做兒女的在贍養父母的同時，對父母做到“敬”才算孝。晚輩對長輩稱“孝”，長輩對晚輩稱“慈”，我們常説“父慈子孝”。此語顯然不是在講做父母的如何關心、培養孩子。二是字句譯解不符合經義：孔子説這話的意思是，當今的人談到孝，認爲能做到養就是孝了。至於狗馬等畜生，都能做到養。作爲人，在養的同時倘若體現不出“敬”來，那與狗馬等畜生有何區别?實際上，孔子所説的這個“養”字，是“相養”的意思。人，長幼間能相養（長養幼，幼養長）；有靈性的動物，長幼間也能做到相養。“烏雛反哺”之佳話，以及動物中衆多相養的真實例子，證實禽獸確實能做到相養。人能相養，動物也能相養，人若在贍養老人時體現不出“敬”來，那麽與禽獸有何區别?關鍵要看這個“别”字，孔子強調的是人與禽獸的區别。孔子的境界高，對人在孝的方面要求高，在對待老人方面，只做到“養”是不夠的，還要做到“敬”，不能停留在禽獸的水準上。

> 《公冶長》：宰予晝寢。子曰：“朽木不可雕也，糞土之牆不可杇也。”

此章，某注本這麼譯解：“宰予晝寢，指宰予畫男女之私，此説極合情理。……宰我漫不經心地畫起男女之私處，私情來着，孔子大爲光火，罵他爲‘朽木不可雕也，糞土之牆不可杇也’！一句話，孔子認爲宰我底子太次、素質太差。”有的這麼譯解：“當然，‘晝寢’的類别很多，但被孔子罵成‘朽木不可雕也，糞土之牆不可杇也’該不會多。各位不妨想想，有啥事能使一位學養俱佳的老師發大火？極有可能之一，就是孔子在講課時，發現他認爲不錯的學生，當着他的面打起瞌睡，甚或睡着了。不是嗎？白天上課打瞌睡，有可能表示夜生活不正常。睡眠不夠，才會如此。所以孔子發火了。”

梁武帝“繪畫寢室”説，無疑是誤解，學人多不從；極少從者，其探究難免要走向歧途。

“晝寢”，即朱熹《論語集注》所説的“當晝而寐”，也就是白天睡覺。“晝寢”大概被孔子視爲懶惰懈怠之表現，與孔子提倡的學而不厭、珍惜光陰（“逝者如斯夫”，擔心時光流逝太快）相違，所以怒責之。“畫男女之私處”“夜生活不正常”之説，雖然想像豐富，但有失低俗。宰予僅僅是大白天睡了一會兒懶覺，不料落得個“流氓習氣”的名聲，豈不冤哉！

二、追求深奥，超乎古人想像

《論語》中的語言，大多通俗易懂，並非深奥。而有的注本，一味追求深奥，硬是往“深”處理解，既超乎古人思維，也害得今人難以接受。如：

> 《爲政》：子夏問孝，子曰：“色難。有事，弟子服其勞；有酒食，先生饌，曾是以爲孝乎？”

某文解曰：“‘色’即是面色、神情之意，‘難’則是一個假借字，具體地説，是‘戁’字的假借。……‘戁’字出現較早，《詩經·商頌·長髮》中即有‘不戁不竦，百禄是總’的詩句。至於‘戁’字的含義，《説文·心部》解釋説：‘戁，敬也。從心，難聲。’《字彙·心部》解釋説：‘戁，恭也。’《漢語大字典》則釋‘戁’爲‘恭敬’。把‘色難’解爲‘色戁’，取其容色恭敬之意。”

“色難”之“難”，當是“難易”之“難”，並非“戁”字。“敬”字在《論語》

中出現22次，不可能只是在此章舍“敬”用“戁”。“色難”二字的正確解釋是：侍奉父母或師長，能長期做到敬色（或説長久地保持敬愛和悦的容態）爲最難。漢代鄭玄《論語注》解曰：“言和顔悦色，是爲難也。”宋朱熹《論語集注》解曰：“謂事親之際，惟色爲難也。”孫欽善《論語本解》解曰：“色：指敬愛和悦的容色態度。《禮記·祭義》：‘孝子之有深愛者必有和氣，有和氣者必有愉色，有愉色者必有婉容。’”

下文的“有事，弟子服其勞；有酒食，先生饌”，孔子認爲僅僅做到這些，太容易了，是一般人都能做到的，達不到“孝”的程度，所以他用反詰的語氣“曾是以爲孝乎”（曾：竟，難道）加以否定。孔子認爲，做子女的對待父母，在讓其吃飽穿暖的情況下，重要的是要做到“恭敬”，要和顔悦色，讓老人打心眼裏舒服，這才算真正做到了“孝”。

《里仁》：子曰：“唯仁者能好人，能惡人。”

某注本解曰：“《釋名·釋言語》：‘惡，扼也。’扼即扼字，亦作搹，即《易·象傳》‘君子以遏惡揚善’之遏。疑本章所謂好人，揚人之善也。本章所謂惡人，遏人之惡也。”

實際上，該語中的“好惡”，應讀作 hào wù，即喜好、厭惡。意思是，唯仁者能掌握好對人的好惡標準和分寸，亦即能正確地或公正地對待人。

《八佾》：孔子謂季氏：“八佾舞於庭，是可忍也，孰不可忍也。”

某注本釋“佾”曰：“本字由‘亻’‘八’和‘月’構成。‘八’的原意是‘別’，‘月’的意思是‘肉’‘肉體’或‘身體’。因此‘佾’的意思應是指一種和其身體相區别的人，即人體的重塑與再創的形式——它就是舞蹈，是人體的活的雕塑的藝術。”

實際上，“佾”指樂舞行列。《説文》：“佾，舞行列也。”漢代馬融《論語注》曰：“佾，列也。天子八佾，諸侯六，卿大夫四，士二。八人爲列，八八六十四人也。”

《學而》：子曰：“君子不重則不威，學則不固，主忠信，無友不如己者，過則勿憚改。”

某注本解“無友不如己者”一語曰：“使更多的朋友都像自己一樣。……無，讀同蕪，豐也。是茂盛、眾多義。不，讀同丕，甚大義。不忠信的人，使他也尚忠信，則人人皆像自己一樣尚忠信好學。”

"無友不如己者"，就字面上看，是不結交品德上不如自己的人。"無"字，在這裏是"不"義。"友"，看做動詞爲好，是"交朋友"的意思。交朋友要看重德行，結交在德行上比自己好的人，遠離小人。如《季氏》篇"友直、友諒、友多聞，益也。"即跟正直的人交朋友，跟誠信的人交朋友，跟博學多聞的人交朋友，有好處。

同樣，該注本還把《衛靈公》篇的"無爲而治者，其舜也與"解作："老子主張無爲，及孔子説舜無爲，都是大有作爲的意思。無，除作有無的無外，無字的隸變，作蕪，作橆。釋詁云：蕪，茂豐也。今尚書文作庶草蕃廡。注：云蕃滋也廡豐也。所以無爲，並非何必有爲或不必有爲，而是正好相反的豐庶有爲，故筆者釋'大有作爲'。"

將"無爲"解爲"豐庶有爲""大有作爲"，當然不合《論語》文意。"無爲而治"的正確的解釋應是"不作爲而使天下大治"。孫欽善《論語本解》解作"無所煩勞就能使天下大治"，可從。"無爲而治"是儒家對君主領導能力的高境界要求，要做到這種程度，必須有極好的道德修養，極強的謀劃用人能力，即既能以德服人，又能"任官得其人"（趙岐《孟子注》）。

《述而》：子曰："默而識之，學而不厭，誨人不倦，何有於我哉？"

某注本解曰："有，與佑字義通，助也。何有，猶言何助，反言也；正言之，即無助。又《説文》我部，只'我''義'二字，朱駿聲《通訓定聲》稱，我義二字相通假，高翔麟《字通》及陳立'《釋我》'專文，皆以爲相通假。本章'何有於我哉'，疑即'何助於義哉'。"

此章語義明顯，即"把學到的知識默默地記下來，學習知識不厭煩，教誨學生不厭倦，這對我來説有何難的？"把"有"解作"佑、助"，把"我"解作"義"，令人費解。再説"何有"，《論語》中共出現八次：《里仁》子曰："能以禮讓爲國乎？何有？"《雍也》：季康子問："仲由可使從政也與？"子曰："由也果，于從政乎何有？"曰："賜也可使從政也與？"曰："賜也達，于從政乎何有？"曰："求也可使從政也與？"曰："求也藝，于從政乎何有？"《述而》子曰："默而識之，學而不厭，誨人不倦，何有於我哉？"《子罕》子曰："出則事公卿，入則事父兄，喪事不敢不勉，不爲酒困，何有於我哉？"《鄉黨》子曰："惟酒無量，不及亂，何有於我哉？"《子路》子曰："苟正其身矣，於從政乎何有？"品味這些"何有"，就是"有何"的倒裝用法，是用反問的語氣表示"没有什麼"。如今的孔子故里曲阜及其魯西南一帶，在表示"某事不難"或"有能力有把握勝任某事"時，口語中常説："這有什麼？""這有啥？"意思是"這没什麼""這没啥""這種事算不得什麼"。用這種輕鬆的語氣表示"不難"。由此，將"何有於我哉"理解爲"對於我來説，有何難的？"符合經義。孔子終生都在這麼做着，以爲是平常事，所以才説得如此輕鬆。

《述而》：子曰："加我數年，五十以學《易》，可以無大過矣。"

某文釋"五十以學《易》"曰："'五十'我認爲是'𠂆'字。這個字裂爲'五十'的可能性很大，因'氏'和'五'形極近，特别是'𠂆'在寫法上作'𠂆'，上半就更像'五'了。按'𠂆'是厥的古字……《爾雅·釋言》：'厥，其也。'……照此説來，《論語》的這一章應該是：'假我數年，𠂆（其）以學易，可以無大過矣。'"

"五十"就是年歲數字，無需懷疑。此語是一種假設，假設能將我的年齡增加數年，從五十歲時就開始學《易》，則可以無大過也。加我數年，實際上是期望將時光倒回去數年。孔子悔恨學《易》太晚，故有"加我數年"的企求。如果能讓自己回到五十歲上，（假設回到五十歲上，也就等於爲自己增加了數年的年齡）從五十起學《易》，就不會有大的過錯了。孔子學《易》是在晚年，《史記》孔子"晚而喜《易》"的記載可證。

如此深奧的解釋，把本來通俗易懂的經文，搞得複雜化了；把人們本來認識的字，搞得不認識了。

三、任意斷句，尋求新解

《論語》被世世代代人誦讀了兩千多年，語句方面很難説還存有讀不對的地方，而當今，有些研究者就盯住斷句找茬，屢屢否定傳統斷句，另作新斷新解。如：

《學而》：子曰："君子食無求飽，居無求安。"

某注本斷句爲："君子食無求，飽；居無求，安。"解曰：孔子説："君子飲食無所求，飽就行；居住無所求，安而已。"

孔子的本意是説："作爲君子，飲食不貪求飽足，居住不貪求安逸。"而某注本的這種破天荒的斷句和譯解，把孔子安貧樂道的思想給完全顛覆了。孔子時代，人們的生活水準難與今日等言，在那種生活低下的境況下，孔子提倡安貧樂道，褒揚顔淵"一簞食，一瓢飲，在陋巷，人不堪其憂，回也不改其樂"之賢德，是正確的。這並非孔子不嚮往幸福生活，他承認"富與貴，是人之所欲也"，他也追求富裕生活，曾説："富而可求也，雖執鞭之士，吾亦爲之。"但在生活貧困的境遇下，"安貧樂道"是值得提倡的。

《衛靈公》：子曰："巧言亂德，小不忍則亂大謀。"

某注本斷句爲："巧言亂德小，不忍則亂大謀"，解作："花言巧語對德敗亂不大，没有容忍之心就會壞大事。"

《陽貨》：子曰："巧言令色，鮮矣仁。"

某注本斷句爲："巧言令色鮮矣，仁。"解曰："'巧言令色鮮矣'，就是不巧言令色，就是真誠。"譯曰："能不巧言令色，就是仁。"

《陽貨》：子曰："唯女子與小人爲難養也，近之則不遜，遠之則怨。"

某文斷句爲："孔子説：'唯！女子與！小人爲難養也——近之則不孫，遠之則怨。'即：孔子説：'對！您（這位）先生（説得是對的）啊！小人（實在是）很難對待、侍候、對付的——親近他吧，（他）就傲慢不恭；疏遠他吧，（他）就怨恨在心。'""唯：讀作 duì（即今之"對"），表肯定語氣的應答詞，相當於現代口語中'是不是'之'是'。東漢許慎《説文解字》：'唯：諾也。從口、隹（zhuī）聲。''隹''對'音近。……女：當讀爲 rǔ，通'汝'，對稱代詞，只用於表示單數。……與：如上所述，以往注家多把'與'誤讀爲 yǔ，視爲表並列關係的連詞，作'和'講，此乃導致對句子誤解的重要原因之一。其實，此處的'與'當讀爲 yú，同'歟'。……"

這樣斷句的目的，大概是想爲孔子開脱。由於這句話，孔子落了個"輕視婦女"的罪名。很多人千方百計、絞盡腦汁爲孔子開脱：或從孔子的思想主張方面，或從斷句方面，或從文字訓詁方面，但都顯得蒼白無力。《論語》中確實記下了這句話，白紙黑字，難以抹去。

首先要明白的是，孔子這裏所説的女子，不是泛指，是指一部分女人。任何人，無論狂到何種地步，也不敢拿天下半數的女子來貶毁，以落千萬年之駡名，何况是一貫主張"泛愛衆而親仁"的聖賢孔子！清楚了這一點，才符合事實，天下絶大多數的好女子才可釋然。

孔子所説的"一部分女人"，是指那些缺乏修養，不通情達理，甚至胡攪蠻纏——俗話説的潑婦一類。這類女人不好對待：親近她吧，她則不恭遜；疏遠她吧，她則怨恨。總之，無論你怎樣做，她都會整天鬧得你不得安寧。孔子把這種缺乏修養的女子與品格低下的小人放在一起評論，慨嘆其不好對待，是合乎情理的。

孔子謹嚴，他所説的話，雖不能説全對，但並非隨意而發，多是有所指的。現實生活中，確實有相當一部分女子修養頗差，品行低劣（當然男子也是如此），親了遠了都不行，令人感到很難對待。凡有親身經歷者（與缺乏修養、品行差的女人生活在一起），倍感孔子描述精闢；而没有這種經歷者（與有修養、品行好的女人生活在一起），則疑孔子冤枉了婦女、輕視了婦女。尤其是那些品性優良，賢妻良母型的婦女，往往誤以爲孔子所言也包括了自己，感到委屈和不滿。

早在宋代，邢昺在《論語注疏》中就已講明："此言女子，舉其大率耳。若其稟性賢明，若文母之類，則非所論也。"今人錢地在《論語漢宋集解》中案曰："孔子所言女子，非泛指一切女人，所言小人，亦非泛指一切男人。"

四、望文生訓，説解隨意

望文生訓、説解隨意，這類問題比較嚴重，治學嚴謹的學者一般不會出現此類問題。如：

《子罕》："子見齊衰者、冕衣裳者與瞽者，見之，雖少必作；過之，必趨。"

某注本將"齊衰者"解作："齊：至，到頭，至頂。衰：生命近于枯竭的老人，極度衰老的老人"。

這是常識性的錯誤，是作者不懂古代喪服制度所造成的。《辭源》釋曰："齊衰，喪服名，爲五服之一。"喪服五服制名稱爲：斬衰、齊衰（zī cuī）、大功、小功、緦麻。齊衰，五服之第二者，這種喪服，用粗麻布製成，是縫了邊的。因此，"齊衰者"的正確解釋是"穿喪服的人"。

《憲問》：子張曰："高宗諒陰，三年不言。"

某注本解"諒陰"曰："諒陰：向死者亡靈（"陰"）所説出的誓言（"諒"）。"

正確的理解："諒陰"當是居凶廬守喪。"諒陰"也作"諒闇""涼陰""亮陰""亮闇""諒暗""梁闇"等。漢鄭玄《論語注》曰："諒闇謂凶廬也。"宋朱熹《論語集注》曰："諒陰，天子居喪之名。"

關於"諒陰"的含義，注家説法各異：漢孔安國曰："諒，信也。陰，猶默也。"（引自何晏《論語集解》）唐陸德明《經典釋文》曰："諒，音亮，信也。陰，如字，默也。"唐李善《文選·閒居賦》注曰："諒暗，今謂凶廬裏寒涼幽闇之處，故曰諒暗。”宋金履祥《論語集注考證》曰：“按《禮》當作‘梁闇’，天子居喪之次也。大夫、士居倚廬謂於中門之外，東牆下依木爲廬，諸侯加圍障，天子則又加梁楣故名‘梁闇’。”康有爲《論語注》曰：“伏生《大傳·説名篇三》引皆作‘梁闇’。伏生傳今文，故從之。……亮、涼、諒，皆‘梁’音，通。陰與闇通，即今‘庵’也。……《書·無逸篇》：‘梁闇，天子居喪之廬名。有梁，而以草披之者。’”《辭源》：“諒闇，也作‘諒陰’‘梁闇’‘涼陰’。有二説：一説爲天子、諸侯居喪之稱；一説爲居喪之所，即凶廬。”《辭源》又釋“亮陰”曰：“帝王居喪。《書·無逸》：‘其在高宗，……作其即位，乃或亮陰，三年不言。’漢鄭玄《注》亮陰爲‘凶廬’；孔《傳》謂亮陰爲居喪守默。見《書·説命》‘亮陰三祀’注疏。也作‘亮闇’。”《辭源》又釋“涼陰”曰：“古代國君居喪之稱。《漢書·五行志》中之下：‘劉向以爲殷道既衰，高宗承敝而起，盡涼陰之哀，天下應之。’注：‘涼’，信也。陰，默也。言居喪信默，三年不言也。涼讀曰諒。一説，涼陰爲居喪之廬也。爲三年處於廬中不言。”《辭源》又釋“梁闇”曰：“指皇帝居喪。也作‘諒陰’‘亮陰’‘涼陰’‘諒闇’。《尚書大傳·毋逸》：書曰：‘高宗梁闇，三年不言。’何謂梁闇也？傳曰：‘高宗居倚廬，三年不言。’今《書·説命上》《無逸》皆作‘亮陰’。”

就字形而言，“諒陰”“亮陰”“涼陰”“諒闇”等字形不一，蓋因口耳相傳時據音傳寫各異所致。就讀音而言，陸德明《經典釋文》認爲“陰”讀如字，即讀 yīn。而多數人都認爲讀 ān。

下面羅列一些“隨意説解”的例子，以反映此類問題的嚴重性：

某注本將《論語》中出現的很多“不”字都解作“丕”，即“甚大”義。據此義，把“君子不器”解作“君子大器”；將“三月不違仁”解作“三月丕違仁”；將“門人不敬子路”解作“同學們非常尊敬子路”；將“不念舊惡”解作“是丕念是反復地念舊惡”；將“信道不篤”釋爲“信道丕篤，是由衷行善道，又能任重道遠地持之以恒”；將“四體不勤，五穀不分”解作“丕勤是甚勞，丕分是忙於分别按節氣種播”。將“不爲酒困”之“酒”解作“酒，就也。就是成就，所以酒也是成就人性之善與惡。”

某注本將“食不厭精膾不厭細”解作：“食不合精，肉不合細，謂‘食米不當精，膾不當細’。乃孔子儉省之道。蓋食不精即爲糙米，膾不細則不必揀精去肥，與孔子‘疏食飲水’之儉樸生活相符。”將“好勇疾貧”解作：“疑本章疾字，當爲𣉻字而非疾字……疑‘疾貧’當爲‘智貧’。智不足以辨是非，亂之源也。‘疾之已甚’疑系‘智之已甚’。謂或有人既無仁心，又智之已甚，知識與智慧，適足以濟其惡。”將“工欲善其事，必先利其器”解作：“《説文通訓定聲》：‘利，叚借爲賴，’‘兵革堅利之利，是本字，古讀如離。上思利民之利，是借字，當讀爲賴。’器，殆祭器也，尊彝之屬。‘必先利其器’殆謂祭祀必先賴有祭器是也。孔子用此二句以勉子貢，居是邦而欲爲仕，如祭祀之必先賴有祭器，謂自身當先具有可用之才耳。”

某注本將《里仁》篇“父母在不遠游，游必有方”解作：“游：這個字由‘浮’和‘方’構成，意爲能在水中浮起而不沉没的方舟，因此‘游’的引伸意就是借助方舟這一水上交通工具進行的漂洋渡海的活動。方：方體船或並體船。《説文》：‘方，並船也。象兩舟……。’游必有方：游必有船。”譯解曰：“孔子説：‘對於那些上有老父老母、下有幼兒幼女的生活艱辛的人們來説，當他們的老父老母還在世的時候，最好不要舉家遷徙，縱使一定要舉家遷徙，也要等到具備了必要的物力財力之後，就像那些想要飄洋渡海的遠遊者，也必須等到自己具備了必須的方舟之後，才能開始其飄洋渡海的遠遊活動一樣。’”將《里仁》篇“人之過也，各於其党”解作：“（黨）繁體字爲‘黨’，這個字由‘尚’和‘黑’構成，意爲以愚昧無知（心不明，眼不亮）爲基礎的盲目的崇尚、盲目的信仰與盲目的追求（這也許正是黨派活動爲古代和現代一些人所非議的原因），這裏指盲目崇尚、盲目信仰與盲目追求的原因——愚昧無知。”將《微子》篇的“四體不勤，五穀不分”解作：“四體不勤：四體不能勤，即四肢使不上勁。五穀不分：五穀不能分辨，即眼睛不好以至於不能分辨五穀。”

某注本將“學而時習之，不亦説乎？有朋自遠方來，不亦樂乎？人不知而不愠，不亦君子乎”譯作：“學問，適時习用它，不也是講説嗎？從遠方結伴來求學，不就是喜好這學説嗎？别人不知道，自己傾囊講授，不也是君子行徑嗎？”解作：“‘説’，就是‘解説、宣講’。”“方，指結伴。《説文解字》方部：‘方，併船也。’……可見是‘方’‘併’同義。從很遠的地方結伴來求學，説明求學人多，孔學影響深遠。”將“質勝文則野，文勝質則史。文質彬彬，然後君子”譯作：“才質勝過名聲，則在野；名聲勝過才質，則在朝。”將“不憤不啓，不悱不發，舉一隅不以三隅反，則不復也”譯作：“知識積累不豐厚，不能開悟；不多説，不能講明白。”將“願無伐善，無施勞”解作：“‘無伐’指没有戰争。‘善無施勞’，善不會帶來憂愁。施，影響，帶來。勞，憂愁。”將“子罕言利與命與仁”解作：“孔子把利、命、仁談透了。……‘罕’是古代捕鳥的網。孔子在這裏用的意思是‘完全’‘透徹’的意思”。將“仕而優則學，學而優則仕”解作：“做官做得好，就是學；學得好，就是爲政。”譯作：“仕能做好就是有學識，學識精深就是仕。”將“泛愛衆而親仁”解作：“泛愛忠，親仁行。”將“述而不作”解作：“循而不止。”將“食不語寢不言”解作：“對飯菜好壞不指責，對臥房之事不談論。”將“躬自厚而薄責于人”解作：“既要厚待自己，也要厚待别人。”將“唯女子與小人爲難養”解作：“只有把女兒嫁于小人，是最難處養了”。將“女爲君子儒，無爲小人儒”解作：“你要宣揚君子人生之需，不要宣揚小人人生之需。”等等。

這樣的説解，富含精義的儒家名言被解釋得精深義全無，精闢性盡失。熟知《論語》的人們不禁要問："這是在解讀《論語》嗎?"孔子師徒倘若泉下有知的話，也難免要問："我們説過這樣的話嗎?"當然，學術界對古代經典存有不同理解，是很正常的現象，創新畢竟是學術發展的生命動力與總趨勢，但是，違背"實事求是"治學基本原則的所謂創新研究，得出的結果往往是與所做的努力相反的。更令人擔心的是，初讀儒家經典的青少年，倘若讀了這類注本（這些注本有的已一版再版，發行量較大），會得到什麼樣的收穫?!

《論語》的外交思想試析*

曲阜師範大學　黄仁國

摘　要　從毛澤東、周恩來，到習近平，中國領導人經常在外交場合使用《論語》的相關語句，如“己所不欲，勿施於人”“擇其善者而從之”“四海之内皆兄弟”“和而不同”“德不孤，必有鄰”“人而無信，不知其可也”等。《論語》對於理解外交形式與外交任務、韜光養晦與有所作爲、傳承與創新等中國特色的大國外交具有基礎性的作用。《論語》的外交思想是樸素的、辯證的，與中國的地緣特色非常吻合。通過《論語》，可以看到中國外交和平、慎戰、中道、堅忍、誠信、崇禮、尚德、忠恕、自律、爲民、惠鄰等品格與慣性，可以預測中國特色大國外交的風格和氣派將會是一種海陸交融、合作共赢的新模式。

關鍵詞　論語　外交　中國特色

2013年6月27日，外交部部長王毅在第二屆世界和平論壇午餐會上首次提出探索中國特色大國外交之路，指出：“中國外交的特色，發端于博大精深的中華文明。中華民族在五千年的歷史長河中，形成了民胞物與、仁者愛人的人本精神，爲政以德、執用兩中的政治思想，兼愛非攻、親仁善鄰的和平志向，以和爲貴、和而不同的和諧理念，推己及人、立己達人的待人之道。這些獨具特色的東方傳統價值觀，源源不斷地爲中國外交提供着寶貴精神財富。”① 2014年11月28－29日，國家主席習近平在中央外事工作會議上强調中國必須有自己特色的大國外交，指出：“我們要在總結實踐經驗的基礎上，豐富和發展對外工作理念，使我國對外工作有鮮明的中國特色、中國風格、中國氣

* 本文系孔子與山東文化强省戰略協同創新中心科研創新項目“《論語》與中國特色大國外交”（KZXT03YB05）階段性成果。

① 王毅：《探索中國特色大國外交之路》，《國際問題研究》2013年第4期，第3頁。

派。"[①] 這表明，學習中國傳統文化，總結新中國外交實踐，是探索中國特色大國外交的重要途徑。

《論語》是中國傳統文化的普及性讀本，有中國人的"聖經"之稱。《論語》有直接論述外交的言論，也有記載孔子師生周遊列國進行人文交流和公共外交的素材，更有大量反映兩千年來（從文化傳承的角度說，應該是五千年）中華民族人生觀、價值觀、世界觀的內容。以《論語》爲個案，分析中國特色大國外交的文化規定性，預測中國特色大國外交的未來走向，具有一定的代表性。

一

新中國成立後，中國外交進入了一個新時期。值得注意的是，党和國家領導人，從毛澤東、周恩來，到習近平，經常在外交場合引用《論語》的相關言論。

"己所不欲，勿施於人"

"己所不欲，勿施於人"在《論語》中出現兩次：一是《論語・顏淵》（12・2）："仲弓問仁。子曰：'出門如見大賓，使民如承大祭。己所不欲，勿施於人。在邦無怨，在家無怨。'仲弓曰：'雍雖不敏，請事斯語矣。'"二是《論語・衛靈公》（15・24）："子貢問曰：'有一言而可以終身行之者乎？'子曰：'其恕乎！己所不欲，勿施於人。'"1956年6月4日，周恩來在印尼雅加達對華僑作"關於華僑的雙重國籍問題"講話時說："大家可以想一想，如果在我們國內，有幾百萬外國僑民，他們也是雙重國籍，我們政府好不好辦事呢？凡事都要推己及人。中國有一句老話叫做'己所不欲，勿施於人'。我們如果遇到這個情形，也不願意，那麼，我們在國外怎麼能要求人家接受雙重國籍呢？"[②]

"己所不欲，勿施於人"最近常被引用以説明中國的和平發展道路。2014年3月28日，習近平在德國科爾伯基金會演講"走和平發展道路是中國人民對實現自身發展目標的自信和自覺"時說："中國人歷來講求'已所不欲，勿施於人'。"[③] 2015年4月21日，習近平在巴基斯坦議會演講時說："中華民族歷來愛好和平。中國人在兩千多年前就認識到'國雖大，好戰必亡'的道理。中國人民崇尚'己所不欲，勿施於人'，中國不認同'國強必霸論'。走和平發展道路，對中國有利，對亞洲有利，對世界也有利，任何力量都不能動搖中國和平發展的信念。中國堅持不干涉別國內政原則，不會把自己

① 習近平出席中央外事工作會議並發表重要講話。新華網，2014年11月29日。http://news.xinhuanet.com/politics/2014-11/29/c_1113457723.htm

② 《周恩來外交文選》，中央文獻出版社1990年版，第135頁。

③ 《習近平談治國理政》，外文出版社2014年版，第266頁。

的意志強加於人，即使再強大也永遠不稱霸。”①

“擇其善者而從之”

“擇其善者而從之”出自《論語·述而》（7·22）：“子曰：‘三人行，必有我師焉：擇其善者而從之，其不善者而改之。’”1958年3月，毛澤東在成都召開的中央工作會議上講“對待蘇聯經驗只能擇其善者而從之”時説：“蘇聯經驗是一個側面，中國實踐又是一個側面，這是對立的統一。蘇聯的經驗只能擇其善者而從之，其不善者不從之。把蘇聯的經驗孤立起來，不看中國實際，就不是擇其善者而從之。”“國際方面，要和蘇聯、一切人民民主國家及各國共産黨、工人階級友好，講國際主義，學習蘇聯及其他外國的長處，這是一個原則。但是學習有兩種方法：一種是專門模仿；一種是有獨創精神，學習與獨創結合。硬搬蘇聯的規章制度，就是缺乏獨創精神。”②

“四海之内皆兄弟”

“四海之内皆兄弟”出自《論語·顔淵》（12·5）：“司馬牛憂曰：‘人皆有兄弟，我獨亡！’子夏曰：‘商聞之矣：死生有命，富貴在天。君子敬而無失，與人恭而有禮。四海之内，皆兄弟也。君子何患乎無兄弟也?”1958年5月16日，毛澤東爲中國共産黨第八次全國代表大會第二次會議印發第二機械工業部黨組關於同蘇聯專家關係的報告寫“四海之内皆兄弟”評語時寫道：“就共産主義隊伍説來，四海之内皆兄弟，一定要把蘇聯同志看作自己人。大會之後，根據總路線同他們多談，政治掛帥，尊重蘇聯同志，刻苦虚心學習。但又一定要破除迷信，打倒賈桂！賈桂（即奴才）是誰也看不起的。”③

“和而不同”

“和而不同”出自《論語·子路》（13·23）：“子曰：‘君子和而不同，小人同而不和。’”2014年3月27日，習近平在聯合國教科文組織總部演講“文明因交流而多彩，文明因互鑒而豐富”時説：“中國人早就懂得了‘和而不同’的道理。”④ 同年3月28日，習近平在德國科爾伯基金會演講“走和平發展道路是中國人民對實現自身發展目標的自信和自覺”時説：“‘以和爲貴’‘和而不同’‘化干戈爲玉帛’‘國泰民安’‘睦鄰友好’‘天下太平’‘天下大同’等理念世代相傳。”⑤ 4月1日，習近平在布魯日歐洲學院演講“在亞歐大陸架起一座友誼和合作之橋”時説：“中國主張‘和而不同’，

---

① 習近平在巴基斯坦議會的演講。新華網，2015年4月21日。http：//news. xinhuanet. com/world/2015－04/21/c_ 1115044392. htm

② 《毛澤東外交文選》，中央文獻出版社1994年版，第311、312頁。

③ 《毛澤東外交文選》，中央文獻出版社1994年版，第315頁。

④ 《習近平談治國理政》，外文出版社2014年版，第261頁。

⑤ 《習近平談治國理政》，外文出版社2014年版，第265頁。

而歐盟強調‘多元一體’。中歐要共同努力，促進人類各種文明之花競相綻放。”①

“德不孤，必有鄰”

“德不孤，必有鄰”出自《論語·里仁》(4·25)：“子曰：‘德不孤，必有鄰。’”2015年5月23日，習近平在中日友好交流大會上致辭時說：“鄰居可以選擇，鄰國不能選擇。‘德不孤，必有鄰。’只要中日兩國人民真誠友好、以德爲鄰，就一定能實現世代友好。中日兩國都是亞洲和世界的重要國家，兩國人民勤勞、善良、富有智慧。中日和平、友好、合作，是人心所向、大勢所趨。”②

“人而無信，不知其可也”

“人而無信，不知其可也”出自《論語·爲政》(2·22)：“子曰：‘人而無信，不知其可也。大車無輗，小車無軏，其何以行之哉?’”2015年4月21日，習近平在巴基斯坦議會演講時説：“巴基斯坦認爲‘誠信比財富更有用’，中國認爲‘人而無信，不知其可也’，兩國傳統文化理念契合相通。”③

二

學習《論語》，對於理解中國特色的大國外交具有一定的基礎性作用。

外交形式與外交任務

重視外交形式是中國外交的一大特色。國外一些學者對此難以理解，把它歸結爲中國文化的“面子”問題，認爲：“中國人注重給他人面子，維持自己的面子，避免丟臉。這原本是一個國内社交上的習慣，但卻變成了外交習慣，也深深地影響了中國的外交政策，特别是在對待像美國這樣比它更强大的國家時。”④ 這顯然是對中國外交的誤解。在新中國外交的理論與實踐中，外交形式與外交任務一直都是相互聯繫、不可分割的。1950年3月20日，周恩來在外交部全體幹部會議上的講話中指出：“我們要打破舊的外交傳統，既不盲目排外，也不媚外，否則不是狂妄便是自卑。不亢不卑才是我們的態度，在這方面必須掌握得體。”“在外交場合上，任何一個行動都不要隨便。”“我們要不亢不卑，便不得不有一套統一的禮節。當然，這些都屬於外交形式。爲什麼要照顧外交形式呢? 這是因爲我們要争取外國人民，某些形式和制度是必須建立的。有時，形式是起很大作用的。”“注意形式並不是迷信形式，而是爲了完成外交任務。任務和

① 《習近平談治國理政》，外文出版社2014年版，第283頁。

② 習近平在中日友好交流大會上的講話。新華網，2015年5月24日。http://news.xinhuanet.com/politics/2015-05/23/c_1115384379.htm

③ 習近平在巴基斯坦議會的演講。新華網，2015年4月21日。http://news.xinhuanet.com/world/2015-04/21/c_1115044392.htm

④ [美] 沈大偉主編:《糾纏的大國——中美關係的未來》，新華出版社2015年版，第7頁。

形式是完整的，統一的，形式雖然要服務於任務，但形式還是重要的。”[①] 周恩來在新中國建立之初的這一講話，很好地闡述了外交形式與外交任務的辯證關係。

從中國文化的角度看，《論語》所反映的中國傳統文化，“面子”與“裏子”，或者“形”與“質”是相聯繫的。《論語·學而》（1·12）載：“禮之用，和爲貴。先王之道，斯爲美；小大由之。有所不行，知和而和，不以禮節之，亦不可行也。”“以和爲貴”“以禮節和”包括兩層意思：其一，“禮”是形式，“和”是任務，“用”禮是爲求“和”；其二，要保持“和”，重要的是守禮、有道，而不是一味和合。[②]《論語·八佾》（3·1）載：“孔子謂季氏，‘八佾舞於庭，是可忍也，孰不可忍也?’”孔子對魯國正卿季平子違反禮制使用天子規格的樂舞表示深深嘆息，認爲這種違禮很可能滑向無法無天的境地。《論語·八佾》（3·4）載：“林放問禮之本。子曰：‘大哉問！禮，與其奢也，寧儉；喪，與其易也，甯戚。’”就是説，禮儀的根本在於其實質内容：就一般禮儀説，與其鋪張浪費，寧可樸素簡約；就喪禮説，與其儀文周到，寧可過度悲哀。[③] 從《論語》看，禮儀的形式很重要，但該形式所反映的實質内容更重要。

重視外交形式與外交任務的統一，彰顯中國禮儀之邦的特色。

韜光養晦與有所作爲

近幾年來，學術界圍繞着中國外交是否應該放棄“韜光養晦”戰略展開了不少争論。主張放棄的學者中，有一種觀點認爲，中國實力增強了，外交資源豐富了，外交戰略自然要進行大的調整，以更好地維護中國國家利益。這種觀點忽略了中國傳統文化中的一個非常重要的思想，即是否“韜光養晦”與本身實力没有直接聯繫。中國傳統文化中不以財富、身份等外在可評估的“硬”實力而以道德等難以衡量的“軟”實力定位人生目標的思想，是理解中國堅持和平發展道路的重要文化淵源，也是中國外交區别于西方“國强必霸”傳統邏輯思維的特色所在。

《論語》宣傳“泰而不驕”。《論語·子路》（13·26）載：“子曰：‘君子泰而不驕，小人驕而不泰。’”把安詳舒泰卻不驕傲凌人視爲君子美德。《論語·堯曰》（20·2）把“泰而不驕”視爲君子從政基礎的“五美”之一，並説：“君子無衆寡，無小大，無敢慢，斯不亦泰而不驕乎?”

《論語》宣傳“訥言敏行”。《論語·學而》（1·14）載：“子曰：‘君子食無求飽，居無求安，敏於事而慎於言，就有道而正焉，可謂好學也已。”提出君子要爲人低調，安貧樂道，多做少説。《論語·里仁》（4·24）明確説：“君子欲訥于言而敏於行。”即

① 《周恩來外交文選》，中央文獻出版社1990年版，第16、17頁。

② 楊朝明主編：《論語詮解》，山東友誼出版社2013年版，第13頁。

③ 楊伯峻：《論語譯注》，中華書局2014年版，第24頁。

言語要謹慎遲鈍，做事要勤勞敏捷。《論語・子路》（13・27）載："子曰：'剛、毅、木、訥近仁。'"認爲擁有"剛強、果決、樸質，而言語不輕易出口"四種品德的人接近於"仁德"境界。顯然，"訥言敏行"就是"韜光養晦，有所作爲"。《論語・爲政》（2・9）載："子曰：'吾與回言終日，不違，如愚。退而省其私，亦足以發，回也不愚！'"孔子誇顔回大智若愚，聽課從不頂嘴，課後通過反省提出新見解①。《論語・公冶長》（5・9）對顔回的評價很高，載："子謂子貢曰：'女與回也孰愈？'對曰：'賜也何敢望回？回也聞一以知十，賜也聞一以知二。'子曰：'弗如也，無與女弗如也。'"從對顔回的評價可以看出，"韜光養晦"與"有所作爲"是相互聯繫的，訥而不敏是真"愚"，訥言敏行才是"不愚"。要做到訥言敏行，必須有不怕别人不瞭解自己，而怕自己不瞭解别人，擔心自己能力不夠的心態，即"人不知而不慍"（《論語・學而》1・1）、"不患人之不己知，患不知人也"（《論語・學而》1・16）、"不患莫己知，求爲可知也"（《論語・里仁》4・14）、"不患人之不己知，患其不能也"（《論語・憲問》14・30）、"君子病無能焉，不病人之不己知也"（《論語・衛靈公》15・19）。

《論語》宣傳儒家的進退觀。《論語・泰伯》（8・13）載："子曰：'篤信好學，守死善道。危邦不入，亂邦不居。天下有道則見，無道則隱。邦有道，貧且賤焉，恥也；邦無道，富且貴焉，恥也。'"以是否有"善道"作爲是否"有所作爲"的唯一準則。《論語・公冶長》（5・21）載："子曰：'甯武子，邦有道則知，邦無道則愚。其知可及也，其愚不可及也。'"邦有道就聰明，邦無道就糊塗，但聰明好學，糊塗難學，韜光養晦並不容易。在追求"道"方面，孔子被認爲"是知其不可而爲之者"（《論語・憲問》14・38）。顯然，儒家進退觀在處理國際關係問題上就是不干涉他國内政與願意在"善道"（如相互覺得合適、合作共贏等）的基礎上開展一切形式的國際合作的統一。

"韜光養晦，有所作爲"表明中國外交進退有據，可爲世界添彩，決不爲世界添亂。

傳承與創新

近幾年來中國特色大國外交的提出，表明中國當下的外交要走出一條與其它國家特别是與西方大國不同的道路。中國特色的大國外交是否也會與前幾年乃至前幾十年中國的外交有着本質的區别？是否會由"弱國"外交跨越式走向"強國外交"？從中國傳統文化的角度看，中國特色大國外交不可能會是一種"斷崖式"躍進，必然是一種漸進式創新。

《論語》主張守成。《論語・學而》（1・9）載："曾子曰：'愼終追遠，民德歸厚矣。'"愼重對待父母親的喪事，追念祭祀遠代先人，這樣就會醇化社會風氣，使人民

① 李零：《喪家狗：我讀〈論語〉》，山西人民出版社2007年版，第78頁。

的道德變得仁厚起來，這是講傳承。在家庭層面，“孝道”是基本倫理，《論語》認爲“孝”就是“三年無改于父之道”（《論語·學而》1·11、《論語·里仁》4·20）。《論語》强調守成，但也認爲守成不容易。《論語·子張》（19·18）載：“曾子曰：‘吾聞諸夫子：孟莊子之孝也，其他可能也；其不改父之臣與父之政，是難能也。’”正是因爲守成不容易，所以特别强調守成。

《論語》主張好的東西要代代相傳，不好的東西要堅決拋棄、及時廢止。《論語·八佾》（3·14）載：“子曰：‘周監於二代，郁郁乎文哉！吾從周。’”孔子認爲周朝的禮儀制度是以夏商兩代爲根據制定的，非常豐富，應該傳承下去。《論語·衛靈公》（15·11）載：“顔淵問爲邦。子曰：‘行夏之時，乘殷之輅，服周之冕，樂則韶舞。放鄭聲，遠佞人。鄭聲淫，佞人殆。’”用夏朝的曆法，坐殷朝的車子，戴周朝的帽子，音樂則用舜的“韶”和周武王的“武”；捨棄淫靡的鄭國樂曲，斥退小人。

《論語》認爲傳承需要慎重，要信而有征。《論語·八佾》（3·9）載：“子曰：‘夏禮，吾能言之，杞不足征也；殷禮，吾能言之，宋不足征也。文獻不足故也。足，則吾能征之也。’”即禮儀的傳承需要有足夠的歷史檔和賢者，這樣才能真正傳承精華、去除糟粕。

《論語》專門論述創新的不多，似乎守成有餘、創新不足。這是表象。孔子説“後生可畏，焉知來者之不如今也？”（《論語·子罕》9·23）即表達一代將勝過一代的思想。《論語》的創新思想在於主張學習與實踐相結合。如，“學而時習之，不亦説乎？”（《論語·學而》1·1）、“見賢思齊焉，見不賢而内自省也”（《論語·里仁》4·17）。《論語》主張學以致用。《論語·子路》（13·5）載：“子曰：‘誦詩三百，授之以政，不達；使于四方，不能專對；雖多，亦奚以爲？’”書讀得再多，在國内不能完成政治任務，出使外國不能獨立談判酬酢，也是没有用處的。

《論語》主張創新不要怕出錯，但要勇於改正錯誤。如，“過，則無憚改”（《論語·學而》1·8）、“過而不改，是謂過也”（《論語·衛靈公》15·30）、“君子之過也，如日月之食焉：過也，人皆見之；更也，人皆仰之”（《論語·子張》19·21）。《論語》主張創新要有底線。《論語·子罕》（9·3）載：“子曰：‘麻冕，禮也；今也純，簡，吾從眾。拜下，禮也；今拜乎上，泰也。雖違眾，吾從下。’”禮帽用什麼材質做没有關係，但禮節的性質很重要，創新不能偏離大方向。這表明創新是一個不斷循環往復的過程，需要在實踐中反復檢驗。《論語·學而》（1·4）載：“曾子曰：‘吾日三省吾身——爲人謀而不忠乎？與朋友交而不信乎？傳不習乎？’”就是講要通過不斷地反思而循序漸進。

傳承與創新可以避免二元分立、二元對決帶來的巨幅震蕩，從外交層面看，有利於控制“鐘擺效應”的擺幅。

三

《論語》的外交思想是樸素的、辯證的，與中國的地緣特色非常吻合。中國自古以來便是一個海陸雙棲的區域大國，儘管歷史上絶大多數時間陸主海從、重農抑商，但很早就孕育了與美、歐、日諸海洋性國家和歷史上俄國、德國等大陸性國家不同的傳統文化。與單純的海洋文化或大陸文化強調海陸二元對立不同，中國傳統文化的主流是非對抗性的，是和平的、開放的、合作的、包容的、和諧的，是由海洋文化和大陸文化相互交融孕育的。這種海陸交融的文化思想在齊魯文化經典《論語》中有充分的體現。

《論語》通過對進與退、剛與柔、文與質、言與行、義與利、人與物、師與生、親與友、兄與弟、父與子、君與臣、忠與孝、遠與近、學與習、君子與小人、個人與鄰里、宗族與鄉黨、内政與外交、小國與大國等各種關係的解説，宣傳其人本精神、政治思想、和平志向、和諧理念和待人之道，表達其治國理政的理念。通過《論語》，可以看到中國外交和平、慎戰、中道、堅忍、誠信、崇禮、尚德、忠恕、自律、爲民、惠鄰等品格與慣性，即中國外交的文化規定性。這種文化規定性反映的是中國特色外交的常態，即堅守和平發展、合作共赢，不走“強國必霸”的傳統大國外交老路。不管中國未來怎樣發展、世界怎樣變化，這些核心的東西，或者説基本穩定的文化特質，是不會輕易改變的。

中國特色大國外交的提出，表明中國外交將在傳承的基礎上不斷開拓創新。這種創新的過程，也是繼續博採世界各國文明之長的過程，是學習、實踐和修正錯誤的過程，是内化、自我完善的過程。中國未來的外交從内容到形式都將變得更加豐富多彩，同時也將更具中國風格和中國氣派。不管如何創新，“一方水土養一方人”，中國特色大國外交的風格和氣派既不會是西方模式，也不會是原蘇聯模式或轉型後的俄羅斯、東歐模式，而將是一種海陸交融、合作共赢的新模式。

儒家文明論壇

（第三期）下

儒家文明協同創新中心　編

主　編　傅永聚　馬士遠

山东人民出版社

国家一级出版社　全国百佳图书出版单位

韓國重孝思想及其當代啓示*

曲阜師範大學歷史文化學院　王曰美

摘　要　韓國人崇尚孝道歷史久遠，加之韓國政府對“孝”的大力弘揚，使得韓國社會形成了“不孝者無以立足”的良好風氣。韓國國會於2007年7月高票通過了世界上第一部關於“孝”的法律——《孝行奬勵資助法》，這是“孝文化”發展史上具有里程碑意義的標誌性事件。另外，韓國政府在“社會習俗”“學校教育”“法律制度”等方面亦做了很多弘揚傳承孝道文化的工作。正是對以“孝”爲核心的儒家文化的尊崇與宣揚，使得韓國成爲東亞儒學文化圈中最忠實于儒家文化的國家，亦成爲當今世界上公認的“踐行儒家文化最好的國度”。

關鍵詞　韓國　孝道　當代　啓示

韓國是當今世界上公認的“儒學樣板國家”，“儒家文化國家的活化石”。近些年來，我一直從事韓國儒學的研究，並以“中國儒學與韓國社會”爲題獲得了國家社科基金的後期資助。在研究的過程中，我發現韓國是一個特別重視孝道的國家，在科學技術突飛猛進、“新”“舊”文化激烈碰撞的21世紀，韓國在傳承弘揚孝道文化方面有許多值得我們借鑒的地方。

韓國人崇尚孝道歷史久遠。《禮記》記載，孔子曾盛讚韓國先民的孝行：“少連、大連，善居喪，三日不怠，三月不解，期悲哀，三年憂，東夷之子也。”[1]後伴隨着儒家文化的傳入及其對朝鮮半島影響的日益深化，三國時期“孝”逐漸成爲國家奬勵的最大德行。新羅奈勿王二年，派使臣到各地，慰問鰥寡孤獨，對孝行卓著者給予晉升一級官職的奬勵[2]。後來統治朝鮮半島五百多年之久的李氏王朝，將儒教定爲國教，大力

* 本文系國家社會科學基金後期資助項目（12FZX020）；山東省研究生教育創新計畫項目（SDYY12055）；孔子與山東文化強省戰略協同創新中心的階段性成果。

褒獎孝行，廣立忠孝牌坊，確定《孝經》等儒家經典爲成均館、四學及鄉校的必修科目，譯製、編纂和印發《三綱五倫行實圖》《孝行録》《五禮儀》等。由於統治者的大力宣揚與推行，“孝”遂成爲上自兩班貴族階層，下至平民百姓，盡人皆知，且要恪守踐行的行爲準則，使孝道觀念發展到了鼎盛階段。

“孝”是中國文化的“根荄”[3]。孝道思想是中國傳統美德的根本和倫理思想的核心，亦是踐行各種善行的起點。中韓兩國“孝”觀念的差異，集中表現在對“忠”“孝”關係的處理上：先“忠”後“孝”，還是先“孝”後“忠”？就父子關係而言，兩國的孝道思想都主張子女必須無條件地服從父母（尤其是父親），父母（尤其是父親）具有絶對權威；父子關係高於夫妻關係和其他人際關係。但就父子關係與君臣關係而言，兩國孝道思想則表現出了不同特點。中國儒家文化雖説極崇孝道，把“孝”看成是“至德要道”，但在“忠”“孝”發生衝突時，“孝”從來不敢冒犯君主的權威，因爲“君臣關係的‘忠’完全是父子關係的‘孝’的放大體”，[4]君主乃“天下之大父母也”（《尚書·洪范》）。父權必須絶對臣服於君權，即“忠”“孝”不能兩全的情況下，要先“忠”後“孝”。韓國的“孝道”恰好相反，它雖也強調“移孝爲忠”，但在實踐中，當“忠”“孝”不可兩全時，往往“先孝後忠”，主張父子之“孝”高於君臣之“忠”。故北京大學韓國學研究中心韓振乾教授説：儒家文化的核心“忠”和“孝”，傳到韓國以後，韓國主要重視的是“孝”。[5]

一、韓國政府對“孝”的大力弘揚

早在20世紀六七十年代，伴隨着社會經濟的快速發展，以及西方個人主義、拜金主義、享樂主義觀念的宣揚和老齡人口的增加，傳統的孝道在韓國現代社會面臨着嚴重的挑戰，孝道文化漸漸褪去了其原有的光環，而孝道文化的消解使得整個韓國社會出現了諸如家庭失和、犯罪率上升等道德倫理滑坡的一系列嚴重的社會問題。針對這一現象，韓國民間的一些有識之士和團體發起了“孝道文化推廣運動”，並根據時代發展的要求對“孝”道文化不斷創新和泛化，賦予了孝道文化新的内涵與意義，把韓國傳統的“養老、敬老、愛親、祭祖”的孝道内涵創新爲“孝道七大理念”：實踐敬天愛人思想；孝敬父母和師長；關愛兒童、青少年學生；愛家；愛國；熱愛大自然，保護環境；愛近鄰，服務全人類。韓國孝運動團體總聯合會會長崔聖奎先生認爲：這七大理念具有“通教、通念、通時”的三通特徵，即“孝是超越宗教、宗派對立而將之融爲一體的通約性價值；孝是超越不同理念和思想差異的普遍性精神；孝是超越不同時代和空間的永恒性文化”。[6]2005年2月10日，《中央日報》與京畿文化財團共同舉辦的“孝意識”調查結果顯示：韓國是儒教國家中孝思想内在化最好的國家，家族紐帶意識最爲強烈，而解決日益黑暗的韓國諸多社會問題的根本出發點在於“孝”。① “如果没有孝，社會就會遭遇高離婚率、零出生率等深刻的危機問題，就會日益呈現出分裂的現象。孝是社會統合的捷徑，也是社會發展的捷徑”。[7] 顯然，韓國把孝的内涵無限放大了，借助了儒家“推己及人”的思想，“移孝爲愛”，實際上已經變成了以孝爲中心的核心價值體系，其内容卻又具有了一些現代性的特徵，如“熱愛大自然，保護環境”就是現代環境倫理思想的體現，“愛近鄰，服務全人類”則具有了某種國際主義的普適性價值。

韓國政府也特别重視“孝道文化推廣運動”，2007 年 7 月，世界上第一部關於“孝”的法律——《孝行獎勵資助法》在韓國國會高票獲得通過，這是“孝文化”發展史上具有里程碑意義的標誌性事件。崔聖奎先生在《孝行獎勵資助法》的序言中指出：“孝是五千年以來我們民族力量的源泉，也是拯救家庭、社會和國家的原動力。孝是最韓國化也是最世界化的文化……没有人會反對孝，但非常令人遺憾的是，我們都認可孝的必要性，但在實踐中我們的社會卻並不盡如人意。老齡人口一直在增長，但我們對老人的敬重和孝卻越來越少。”

韓國的《孝行獎勵資助法》是一部獎勵法。該法第二章第四條規定：“保健福利部部長，與相關中央行政機關的首長每五年一次共同協商制定孝行獎勵基本規劃。”基本規劃包括四個方面：

1. 對孝行教育進行鼓勵。該法第二章第五條規定：“國家及地方自治團體努力在幼稚園、小學、中學、高中進行孝行教育；國家及地方自治團體努力在嬰幼兒保健所、社會福利設施機構、終生教育機關、軍隊等地方進行孝行教育。”2. 對行孝之人進行表彰和資助。該法第三章第十條、十一條規定：對那些孝行突出的子女要及時進行表彰，國家和民間團體對於孝行突出贍養老人的國民可以資助其部分贍養費用。3. 向孝行突出者的父母等長輩提供居住設施。該法第三章第十二條規定：國家或地方自治團體向與子女共同居住于一套住宅房或住宅區域内的父母等長輩提供具備與之相應的設備和功能的居住設施，以此表示獎勵孝行行爲。4. 對民間孝道推廣團體國家將提供支援和資助。該法第三章第十三條規定：“國家及地方自治團體對從事孝行獎勵工作的法人、組織或個人，可以補償其必要費用的一部分或者全部，而且也可以適當支援其相關的工作。”[8]

從《孝行獎勵資助法》的這些具體規定我們可以看出，該法正文的内容全部都是如何獎勵孝行的計畫和措施，並且獎勵措施非常具體，切實可行，具有很強的可操作性。這與世界上其他各國在涉及贍養老人的民法、婚姻法的相關規定，以盡義務、懲罰

① ［韓］崔英辰著，邢麗菊譯：《韓國儒學思想研究》，東方出版社 2008 年版，第 408 – 409 頁。這次調查的物件是首爾和京畿地區的 1000 名韓國男女。調查結果如下：“您是否認爲贍養父母是子女的責任和義務”，86% 同意；“盡孝道能使家庭和睦團結”，80% 同意；“父母比配偶重要”，51% 同意。這充分顯示了孝在韓國社會中的價值地位之高。

爲主形成了鮮明的對比。如我國的《老年人權益保障法》在涉及到贍養老人的問題上，主要採取的是“懲罰”性質的規定，基本没有獎勵。也就是説，這些法律的絶大多數條款都是在強調老年人的權益保障和晚輩對其養老之義務，並没有規定盡了義務之後應該得到相應的獎勵資助的措施。反之，若公民或者組織不盡贍養老人的義務，那麼法律就可以追究其責任，重的還會定罪。這樣就使得民眾普遍缺乏積極主動的法律參與意識，就算有部分條款涉及獎勵方面的内容，但也只是籠統地提一兩句，並没有規定具體的獎勵措施，很難實行。很明顯，我們的法律屬於消極層面上的懲罰法，韓國的《孝行獎勵資助法》屬於積極層面上的獎勵法。該法爲了加強社會對“孝”的關注和鼓舞激發子女“孝”的意識，第二章第九條規定：把每年的10月份規定爲“孝之月”。在“孝之月”將由韓國政府和自治團體出資組織一系列的孝行推廣宣傳活動，以加強全社會對孝道文化的推崇與弘揚。

韓國的《朝鮮日報》《京鄉新聞》《東亞日報》《韓國日報》等也經常報導儒教在維護家庭和睦、社會安定方面所起的舉足輕重的積極作用。如《東亞日報》就系列報導了：以現役軍人爲调查對象開展的與孝相關的15個問題與服役態度的問卷調查。問卷調查顯示：越是對父母極盡孝心的將兵，他們在軍隊服役的態度就越好，對國家也越忠誠，立的功和獲的獎也越多[9]。《韓國日報》則用大篇幅版面報導了“儒教式家庭教育對孩子成長的積極影響”：與西方家長與子女間維持平等關係，並注重個性發展的家庭教育相比，時刻提醒子女對父母要恭順的儒教式教育更有利於孩子們的健康茁壯成長。調查顯示：接受儒教家庭教育的孩子幾乎没有不道德行爲、過度不安、抑鬱自閉等症狀。孩子的父親越是具有儒教式態度，則孩子就越具有安全感。而與此形成鮮明對比的是，接受西方家庭教育的孩子則多數患有精神不安症[10]。2001年3月27日中國駐韓大使李濱在《東亞日報》發表了《令孔子也驚訝的傳統儒教與尖端社會的和諧》一文，指出：韓國的儒教文化氛圍比中國更濃厚，儒教傳統給韓國社會帶來了安定、濃濃的人情味，使得整個韓國社會如同秩序井然的大家族一樣團結而有凝聚力，加快了韓國的現代化、國際化進程[11]。

由於韓國舉國上下重視“孝道”，在經濟和文化生活中也出現了花樣繁多的“孝道”産品，這也是韓國孝道的一大特色。每逢中秋、春節等重大節日，韓國廠商都爭先恐後地推出孝敬老人和父母的産品。如一套精美的點心盒上印着一個“孝”字；西瓜經過特殊處理，上面隱約顯出一個“敬”字，或“順”字等等。進而韓國政府又提出了“文化立國”的國策。韓國政府認爲，西方文明在鼎盛期過後，開始顯露出一系列弊端，爲探索和創建新文化，不僅要挖掘儒教等傳統文化的精髓，而且要把文化産業發展成爲拉動經濟發展的新動力。韓國在推行“文化立國”的國策中，最成功的經驗之一，就是挖掘儒教的精髓，把傳統文化的背景融入到現代生活之中，闖出了一條具有韓國特色的“韓流”新路。韓國的電視劇更是把儒家的“孝”發揮到了淋漓盡致的地步。近年來，隨着韓國電視劇、流行歌曲的大量引入，我國出現了一股“韓國大眾文化熱”，刮起了一股強勁的“韓流”。在年輕一代的中國學生當中，韓國就是“現代與時尚”的代名詞。《大長今》《來自星星的你》《人魚小姐》等一部部的韓國電視劇用它們生動細膩的拍攝手法反映了韓國社會家庭成員之間的禮儀尊卑、長幼有序、手足情深。在有着相似文化背景的亞洲國家和地區贏得了大批觀眾的喜愛，收視率屢創新高。這些生活細節令我們中國觀眾感到似曾相識，因爲這些本來就是我們儒家文化的内容。劇中的情節之所以讓我們感動，産生共鳴，就是因爲我們和韓國有着相似的文化背景，説到底，就是儒學的八德核心：孝、悌、忠、信、禮、義、廉、恥。其中，尤以“孝”的宣揚更爲成功，以儒家文化爲背景和根基的韓國文化産業在亞洲，尤其是在中國獲得了巨大的成功。韓國把這些出口創匯的文化産業均稱爲“孝子産業”。從 2001 年開始，韓國政府決心用 5 年的時間把“孝子産業”産值從佔世界市場份額的 1% 增加到 5%，成爲世界五大文化産業强國之一。爲此，韓國政府于 2001 年成立了“韓國文化産業振興院”，目的是推動“孝子産業”戰略的全面實施。同時還成立了各種行業協會，如文藝振興基金、孝子産業振興基金、電影振興基金、出版基金等，具體負責協調每個行業的發展。

爲了大力弘揚孝道，形成尊老養老的良好社會風氣，韓國歷届總統每到年初時，都要邀請 400 名孝子、孝婦到其居住的青瓦臺做客。這些孝子、孝婦都是全國範圍内通過層層篩選選拔出來的。一些大企業，每年也在本企業内選拔 30 至 50 名孝子、孝婦，給予他們豐厚的物質獎勵。韓國法律明文規定，對於和父母一起居住 5 年以上的房屋，遺留給子女，税金可減免 90%。[12]

即便在體育運動中，也會刻意設立“孝子項目”，以彰顯韓國的孝道民族文化傳統。

正是“孝”文化的大力宣揚和踐行，使得韓國人普遍認爲，一個人連自己的父母都不孝敬，更不可能期盼他對國家盡忠、對公司盡力、爲朋友“兩肋插刀”了。因此，韓國人都把給父母行孝與爲國（公司）盡忠緊密聯繫起來，並逐漸在社會上形成了强大的輿論力量：一個人如果不孝敬父母，不管你的能力有多大，業績有多突出，是絶對不能得到提拔和重用的，身邊的同事也不會把你當朋友。即“不孝者”是無法在社會立足的。

正是對以“孝”爲核心的儒家文化的尊崇與宣揚，使得韓國成爲東亞儒學文化圈中最忠實于儒家文化的國家，亦成爲世界上公認的“儒學樣板國家”，“踐行儒家文化最好的國度”。孔子的教誨、儒家的思想猶如宗教的教規被韓國國民所遵循。正如韓國對外的宣傳材料《大韓民國》中所寫：“儒教的箴言，成爲知識與道德生活的强大推動力，儒教的倫理規範，則根深蒂固地深入韓國人的靈魂，使韓國人比中國更篤信儒教。”[13]

二、中國政府應加大弘揚“孝”文化的力度

我國是儒家文化的發源國，但韓國卻成爲當今世界上公認的“儒學樣板國家”，“儒家文化國家的活化石”。可以説，韓國在儒家文化繼承與弘揚的某些方面（如對“孝道”的尊崇和弘揚方面）已經遠遠地走在了我們的前面，這種“牆内開花，牆外香”的現象不能不引起我們這些社會科學工作者的冷靜思考與深深自責。

尤其是自20世紀70年代以來，伴隨着改革開放的不斷深入，中國人民的物質文明得到了很大的提高，但精神文明建設與物質文明建設相比卻有些滯後了。中國現代社會對待老人的道德缺失現象與日俱增，出現了諸多老無所依，老無所靠的不孝現象。有些家庭存在着嫌棄老人，甚至遺棄老人的現象。老人成了家中的保姆，一旦年老體衰，就被冷落甚至遺棄。有的老人在子女之間“上輪”，奔走於幾個子女之間輪流食宿，没有了尊嚴。有的老人在子女單位分配住房時，被子女拉來幫忙申請住房，一旦新房到手，很快就被推出門外。有的老人甚至不堪兒女的虐待而自殺。中華民族幾千年來所尊奉的“孝悌忠信、禮義廉恥”的傳統美德被無情的拜金主義所取代，這些“醜陋不孝”現象與中國世界文明古國、儒家文化的發源地的國際地位格格不入，也與中國共産黨十八大提出的“弘揚中國優秀傳統文化，構建社會主義精神文明家園”的大政方針背道而馳。

孔子説過“父母在，不遠遊，游必有方”；“父母之年，不可不知。一則以喜，一則以懼”。（《論語・里仁》）孟子也説過“世俗所謂不孝有五：惰其四肢，不顧父母之養，一不孝也；博弈好酒，不顧父母之養，二不孝也；好貨財，私妻子，不顧父母之養，三不孝也……”。（《孟子・離婁下》）孔子、孟子在孝敬父母方面講的都極爲具體，要求人們時時處處關心體貼照顧自己的父母，這是子女應盡的道德義務。這種道德義務是人類種族繁衍的需要，也是人生自然規律的要求，更是社會主義精神文明建設的重要内容。而伴隨着近年來，外出打工、經商、求學等流動人口的不斷增加，社會上出現了大量獨守在家、無人照顧的空巢老人，子女如何盡孝逐漸成了一個新的社會問題。曾子説過：“椎牛而祭墓，不如雞豚逮親存也。”（《韓詩外傳》卷七）所以，盡孝要從現在做起，從點滴做起，以免“樹欲靜而風不止，子欲養而親不待”的後悔與自責。這就要求我們不斷弘揚儒家的仁孝思想，要把老人對子女的教與愛，子女對老人的孝與敬統一起來，宣導父慈子孝，尊老愛幼，兄友弟悌。正如《論語》所言：“其爲人也孝弟，而好犯上者，鮮矣！不好犯上，而好作亂者，未之有也。君子務本，本立而道生。孝弟也者，其爲仁之本與!”由於宗法制度的深刻影響，中國古代社會形成了“家國同構”的格局，因而也就有了“忠孝相通”，“求忠臣于孝門”的説法。故梁啓超説：“吾中國

社會之組織，以家族爲單位，不以個人爲單位，所謂家齊而後國治是也。周代宗法之制，在今日其形式雖廢，其精神猶存也。”[14]中國自古就有“不孝之人，不能與之交友”的諺語，即一個對父母都不孝的人，他（她）也絶不可能對朋友誠信，更不可能對國家盡忠。因此，可以説“孝”是做人的基礎，是一切道德的根本。只有這個基礎穩固了，才能爲和諧中國、和諧世界的建立起到積極的促進作用。

據有關部門統計，截至2011年底，中國60歲及60歲以上老年人口達到1.8499億人，佔總人口的13.7%，未來三年内會升至2.21億，中國已經快速步入到了老齡化社會階段，養老問題凸顯[15]。據有關部門預測，2040年中國老年人口的比例將與發達國家水準接近。21世紀後半期，中國將承受15億人口規模與人口嚴重老齡化的雙重壓力。由於中國人口多，底子薄，國家整體的經濟實力與實際生活水準與發達國家相比還存在着一定差距。這種國情决定了中國社會還不能完全負擔起照料老年人的全部任務，要使老年人老有所養，老有所樂，還需要我們在一定時期内保持家庭養老的優良傳統。

爲了弘揚傳承優秀的“孝”文化，中國政府近年來做了很多有益的工作。2012年6月26日，全國人大常委會首次審議的《老年人權益保障法（修訂草案）》，將有較大争議的“常回家看看”精神慰藉條款列入其中①；某些地方政府將“忠於家庭、孝順父母”的條款列入到了官員考核的標準之中；北大、人大等高校將考生是否孝敬父母列爲自主招生的重要考察項目。各種傳媒對新時期涌現出來的孝敬父母、忠於國家的模範人物做了一系列的跟蹤報導，在社會上産生了積極的影響。全國各地開展了“十佳孝賢”“十大傑出孝子”“十佳孝星”等的評選，並在多地舉辦了“孝文化”論壇，重編“新二十四孝”故事等活動。2013年、2014年中國中央電視臺大型公益活動“尋找最美孝心少年”吸引了全國數億觀衆的目光，無數觀衆被“孝心少年”的事迹和精神所深深感動，全社會掀起了宣導孝親善行，致敬道德楷模，弘揚社會主義核心價值觀的強大輿論正能量，被主流媒體譽爲“爲社會擎起了道德標杆”。更有某些機構立下五年内培養百萬中華小孝子的宏願，等等。這些措施對於引導全社會形成一種敬老孝親、民德淳厚的好風氣不無益處。但有的活動卻流於形式，空喊口號，失之於武斷。而孔孟所宣導的“勞而無怨”、曾子的“耘瓜受杖”，以及後世某些腐儒所宣揚的“君叫臣死臣不得不死，父叫子亡子不得不亡”的愚孝愚忠教條，均爲消極落後、違背人性的觀念，需要我們區别看待，加以揚棄。

---

① 中華人民共和國主席令第七十二號：《中華人民共和國老年人權益保障法》已由中華人民共和國第十一屆全國人民能代表大會常務委員會第三十次會議於2012年12月28日修訂通過，自2013年7月1日起施行。《中華人民共和國老年人權益保障法》第十八條規定：“家庭成員應該關心老年人的精神需求，不得忽視、冷落老年人。與老年人分開居住的家庭成員，應當經常看望或者問候老年人。”

三、韓國弘揚孝文化的啓示

中韓兩國都是有着悠久歷史、燦爛文化的國家，且儒家思想在兩國有着極深的影響。伴隨着經濟全球化和國家現代化的進程，怎樣弘揚以孝文化爲核心的傳統文化，構建人類和諧精神文明家園是兩國面臨的亟待解決的焦點問題。

1. 社會習俗方面。加強國民對民族傳統文化的認同感、自豪感，宣導全民積極參與到保護、傳承民族傳統文化的各項活動中來。民眾的積極參與是弘揚、保護民族傳統文化的根本保證。在儒家思想的影響下，中韓兩國民眾都特別重視家庭生活，所以通過家庭生活傳遞的儒家思想不再是專業學術思想，而成了世俗的、普及性極高、影響性很大的文化。可以説儒家思想的百姓化、生活化才能使儒家思想更具生命力。春節、中秋節、清明節、端午節是中韓兩國最重要的傳統節日。春節和中秋節是團圓祭祖的最重要節日，中韓兩國都會出現千萬人以上的回鄉潮，子女們無論離家多遠都會盡可能地趕回父母身邊，祭祖團圓，以盡孝心。否則，會被世人視爲不孝。而清明節則是緬懷先祖，修繕墓地的節日。中韓兩國的端午節雖然時間一致，都是農曆五月初五，但卻有着諸多的不同。中國端午節吃粽子、飲雄黄酒、戴香包、划龍舟、紀念屈原等習俗，在韓國的端午節習俗中已經不存在了。只有插艾蒿、以菖蒲水洗頭的風俗在韓國有所延續演變，也就是説，端午節流傳到韓國後，逐漸加入了韓國本土的民眾信仰和農時活動，漸漸演變爲韓國端午祭了，其中以江陵端午祭最負盛名。江陵端午祭從“謹釀神酒”起，到送神止，長達一個月的時間。其中祭祀山神、巫俗、演戲、遊藝等是其主要内容。2005年11月25日，韓國申報的“江陵端午祭”被聯合國教科文組織正式確定爲“人類傳説及無形遺産著作”。

“韓國江陵端午祭”申遺的成功在中國學界及輿論界掀起了軒然大波。激憤者有之（認爲韓國人搶了我們中國的東西）；無奈者亦有之（認爲我們對自己的傳統文化不夠重視）。我覺得，韓國人想幹什麼是他們韓國人的事，我們中國人應該怎樣應對挑戰與機遇則是我們中國人的事。保護和傳承自己優秀的文化遺産，口號喊得再響也没有多大用處，重要的是讓我國民眾發自内心地認同自己的文化。眼下我們最需要做的是對自己的傳統文化給予應有的温情與敬意，並拿出傳承保護的有效行動來。與其與别人大打口水戰，還不如實實在在地幹幾件普及弘揚咱們優秀傳統文化的具體事情。

傳統節日與傳統民俗又與傳統文化緊密相連，不可分割，中韓兩國人民重視傳統節日即是重視傳統文化的傳承發展，而民族精神的培育和弘揚，也正是在這種對傳統文化的尊敬與保護中，經過一代又一代人的努力培養起來的。中韓兩國人民對國家政治的關心以及所反映出來的強烈程度也是世界上少有的，特别是知識分子階層更是表現出強烈的社會使命感和敢於擔當的社會責任心，這都與儒家文化“胸懷天下、積極入世”精神的大力提倡和弘揚有着密不可分的關係。

2. 學校教育方面。十年樹木，百年樹人。百年大計，教育爲本。以儒學爲核心的優秀傳統文化是中韓兩國的文化根基，要想把我們的文化之本發揚光大，加強國民對民族傳統文化的認同感和凝聚力，就應該從孩子抓起，利用學校教育，結合各種喜聞樂見的宣傳方式（如編制歌謡、歌曲、故事、舞臺劇、電視劇、電影等等），宣導全民認識保護傳承民族傳統文化的重要意義。這方面，韓國做得更好一些。

韓國至今還保留有歷代傳承儒教、祭祀孔子與儒學聖賢的地方：234 所鄉校和 186 所書院。他們在這裏專門設有“忠孝教育館”，開展有關儒學的各項學術活動，對學生進行經書教育和孝行宣傳活動。“孝是韓民族的傳統，也是民族的固有思想”，“儒學思想影響有多深，孝思想就有多深”，“韓國不僅以孝爲最高德目，倫理基礎，且始終以孝爲教育的指導方針”。[16]鄉校還承擔着地區傳統生活文化中心的功能，定期舉辦各種中小規模的傳統婚禮、傳統成年禮等傳統儀式，每年都邀請老人舉辦耄老宴，並表揚孝行者和善行者，目的是讓青少年親身體驗孝道家族精神和忠誠愛國主義，爲地方居民提供實踐傳統儒教禮節的標準，使一般韓國人能夠體會到儒教生活方式與儒教的價值理念。在韓國，每到中小學生的寒暑假，韓國各地學校都會舉辦各種“忠孝教育”講座，向學生宣傳“忠、孝、禮”等傳統倫理道德。很多韓國小孩子胸前都掛着一塊牌子，牌子的正面是父母像，背面是孝敬父母的名言警句和種種規定，叫做“孝行牌”。韓國媽媽每天晚上要求孩子看看“孝行牌”，再想想自己做得怎麼樣。所以，韓國人從小就認爲孝敬老人、贍養父母是一種神聖的義務。一旦哪個不盡孝者被曝光，他（她）將被世人唾棄與排斥，再也無法立足於社會了。即使在步入比較發達的工業化階段的今天，“孝道”倫理在韓國社會仍然焕發着勃勃生機與活力，滲透踐行于社會生活的方方面面，對韓國經濟的騰飛和社會的安定和諧發揮着強大的文化張力，從而受到世界各國的關注。

3. 法律制度方面。爲了弘揚傳統孝道，形成尊老養老的良好社會風氣，韓國政府努力建立完善的法律體系以保障“孝”道倫理的傳播和踐行。正如前面提到的：韓國政府在法律和政策上給予“孝子、孝婦”很多實實在在的物質奬勵和看得見、用得上的優惠政策，制定實施了《孝行奬勵資助法》，設立“孝子企業奬”等等。

需要我們特別注意的是，孝道倫理觀念甚至反映在韓國法律的某些條款中。如，韓國刑事法第 9 章 151 條，關於“窩藏犯人與親族關係”的特例規定：對於窩藏或幫助犯了罰款和罰款以上罪的犯人逃避的人，將處以三年以下的勞役或 1 萬 5 千元以下的罰款。但是，如果窩藏的是你的親族、户主或同居的家族，則可以免去上述的處罰。再如，韓國刑事法第 10 章第 155 條關於“毁滅罪證與親族間關係”的特例規定：（1）對於凡是毁滅、隱匿、僞造、捏造他人刑事事件或勞役事件的有關證據的人；（2）對於窩藏或幫助犯了刑事事件或勞役事件的有關證人逃避的人，都將處以 5 年以下的勞役或 2 萬 5 千元以下的罰款；（3）對於以謀害被告人、嫌疑犯或勞役嫌疑犯爲目的而犯了以上兩項罪的人，則處以 10 年以下勞役。但是，如果上述三項中所窩藏的是你的親族、户主或同居的家族，則可以免去上述各項處罰。而在關於殺害罪的刑法條款中則恰好與此相反，即對於殺害親族、户主或同居家族的犯人的判罪，要重於殺害非親族關係的犯人。姑且不論這些法律條款是否合理，但它確實充分體現了孝道在當今韓國社會中的地位。所以很多學者説，韓國人現在是思想上西洋化，而在感情上則仍然是儒教傳統的[17]。

家家有老人，人人都要老。實踐證明，儒家的“孝智慧”直到今天對於中韓兩國乃至全世界仍然具有歷久彌新的時代意義和借鑒價值。我們應當認真總結歷史上以孝治國的思想和方略，從中汲取正反兩方面的經驗和教訓，本着學以致用、知行合一的原則，並結合當今國際國内實踐進行創造性地轉换重塑和批判性地繼承發揚，不斷發掘和利用人類創造的一切優秀思想文化成果，爲更好地造福于中韓兩國人民提供一份具有民族特點的文化擔當。

参考文獻

[1]《禮記正義》卷 42《雜記下》，見《十三經注疏》下册，中華書局 2003 年版，第 1561 頁。

[2]《三國史記》卷 3，奈勿尼師今，2 年條。

[3] 梁漱溟：《中國文化要義》，上海：學林出版社 1987 年版，第 307 頁。

[4]《李大釗文集》下卷，人民出版社 1984 年版，第 178 頁。

[5] 史少博、董虹：《韓國利用儒家思想進行“孝”教育》，載《社會科學戰線》2010 年第 3 期。

[6]［韓］崔聖奎：《孝就是希望》，韓國孝運動團體總聯合會宣傳册 2007 年版，第 8－16 頁。

[7]［韓］崔英辰著，邢麗菊譯：《韓國儒學思想研究》，北京：東方出版社 2008 年版，第 409－410 頁。

[8]［韓］廣忠、肖群忠：《韓國孝道推廣運動及其立法實踐述評》，載《道德與文明》2009 年第 3 期。

[9]《孝者的軍隊生活也很出衆》，載《東亞日報》1996 年 8 月 8 日。

[10]《儒教式家庭教育有利於孩子的成長》，載《韓國日報》1997 年 2 月 5 日。

[11]［韓］崔英辰著，邢麗菊譯：《韓國儒學思想研究》，北京：東方出版社 2008 年版，第 390－391 頁。

[12]《儒家思想在韓國》,載《光明日報》1995 年 12 月 15 日。
[13] 大韓民國海外公報館編印:《大韓民國》,一念出版社 1983 年版,第 237 頁。
[14] 梁啓超:《新大陸遊記》,載《飲冰室合集·專集》第 5 册。
[15] 成積春主編:《孔子與儒家文化》,呼和浩特:内蒙古人民出版社 2011 年版,第 107 頁。
[16] 金益誅:《韓國的孝思想》,瑞文堂出版社 1979 年版,第 89 頁。
[17] 樓宇烈:《儒學在現代韓國》,載《傳統文化與現代化》1998 年第 1 期。

趙汸《春秋》義例説論析

曲阜師範大學歷史文化學院　李　建

摘　要　在《春秋》學史上，元末《春秋》學家趙汸研治《春秋》的最大特點是以義例説經。他考論魯史與《春秋》之别，明辨史"例"與經"義"之分，提出了系統的以"策書之例"與"筆削之義"爲核心的《春秋》書法義例説。其《春秋》義例學説，是在依據《左傳》及杜預注、融通三傳史法經義説、批判繼承諸家義例書法説基礎上的發明，不僅體系頗爲嚴密完整，而且從方法論層面上形成了獨具特色的《春秋》詮釋學系統。趙汸的《春秋》義例學所體現出的會通經史、據傳求經，由《左傳》到《春秋》、由考證史法而辨析經義的治經理路，以及力糾唐宋以來舍傳求經、虚辭説經、附會穿鑿之弊端的經學理念，是其《春秋》義例學説的主要價值和貢獻。

關鍵詞　趙汸　策書之例　筆削之義　《春秋》義例　史法經義

趙汸（1319－1369），字子常，安徽休寧人，元末研治《春秋》學的代表人物。曾師事當時知名儒者黄澤，得其《周易》《春秋》爲學之要。趙汸爲學博洽，兼通經史，於《春秋》工夫尤爲精邃，有《春秋師説》《春秋集傳》《春秋屬辭》《春秋左氏傳補注》等著作行於世。趙汸研治《春秋》的最大特點是以義例説經。他認爲，《春秋》乃孔子"經世之書"，研治《春秋》當"深知聖人製作之原"[①]，而欲究聖人製作之原，當由《禮記·經解》所謂"春秋之教"以求"屬辭比事"之法，然後"聖人經世之義可言"[②]。因此，趙汸考論魯史、《春秋》之别，明辨史法、經義之分，解析三傳及諸家之得失，創發"策書之例"與"筆削之義"《春秋》書法義例説，從而形成了頗爲完整系統的《春秋》義例學説體系，成爲繼西晉杜預、南宋陳傅良等《春秋》義例書法説之後，考索研説《春秋》義例最爲詳備、體系最爲完善嚴密者。不僅如此，趙汸還以

① 趙汸：《春秋集傳序》，《春秋集傳》，文淵閣四庫全書本。

② 趙汸：《春秋屬辭自序》，《春秋屬辭》，文淵閣四庫全書本。

自創的《春秋》義例學説體系詮釋《春秋》，從而形成了獨具特色的《春秋》詮釋學系統。本文擬從趙汸的史法經義觀、“策書之例”與“筆削之義”説以及趙汸《春秋》義例學説的特點及評價等方面，試對其《春秋》義例學説作一分梳論析，敬請方家指正。

一

以“屬辭比事”爲基點，區分“經”“史”，辨别“義”“例”①，通過明晰“策書之例”以求“筆削之義”，是趙汸探究《春秋》義例並以之解説《春秋》的立足點和出發點。自三傳以來，解説《春秋》者可謂紛然雜陳，歧義多變，這種情況盡管是由於今文古文、漢學宋學各自旨趣不同所致，但也與各家未能窮本究源、明辨《春秋》自身性質及孔子作《春秋》本原有關。而這一切恰恰成爲趙汸立足《春秋》“屬辭比事”，區分魯史與《春秋》，辨别史法與經義，深究聖人製作之本原的出發點。

趙汸認爲，孔子筆削魯史製作經世之書《春秋》，唯有孟子深知其製作本原。孟子説：“王者之跡熄而《詩》亡，《詩》亡然後《春秋》作。……其事則齊桓、晉文，其文則史。孔子曰：‘其義則丘竊取之矣。’”（《孟子·離婁下》）即爲“孔門傳《春秋》學者之微言”②。但自孟氏之後，多未能推明孟子“事文義”之説以解《春秋》，因而互有得失，此自《左氏》《公羊》《穀梁》三傳已開其端：

> 《左氏》有見於史，其所發皆史例也，故常主史以釋經，是不知筆削之有義也；《公羊》《穀梁》有見於經，其所傳者，猶有經之佚義焉，故據經以生義，是不知“其文則史”也。後世學者，三傳則無所師承，故主《左氏》則非《公》《穀》，主《公》《穀》則非《左氏》，二者莫能相一。其有兼取三傳者，則臆決無據，流遁失中。其厭於尋繹者，則欲盡舍三傳，直究遺經，分異乖離，莫知統紀。使聖人經世之道暗而不明、鬱而不發，則其來久矣。③

依趙汸之見，諸家之失在於，一是三傳（實爲兩家）各執經、史或事、義之一端，不知區分“史例”史法與“筆削之義”，雖各有所得，亦不免各有所失。二是後世治《春秋》者，亦未能明辨三傳之得失長短，或拘於偏見，互相排斥；或取捨三傳，而不得要領；或舍傳求經，各立異説，更不知義法綱紀。而造成這種情況的原因，即在於自

① 趙汸所言之“經”，指孔子筆削之《春秋》；所言之“史”，爲未經孔子筆削之魯史《春秋》，即所謂“策書”。與之相對應，其所謂“例”，即“史例”“策書之例”；所謂“義”，即“經義”“筆削之義”。

② 趙汸：《春秋集傳序》，《春秋集傳》，文淵閣四庫全書本。

③ 趙汸：《春秋集傳序》，《春秋集傳》，文淵閣四庫全書本。

三傳始，便“不考于孟氏，而昧夫製作之原”，未能區分“經”“史”，辨别“義”“例”[1]。

那麼，趙汸爲何主張研治《春秋》要有這種辨别區分呢？這一方面是受其老師黄澤學説的啓發影響，另一方面則是其積思自悟的結果。宋濂在《春秋屬辭序》中説：“（黄澤）嘗語于子常（趙汸）曰：‘有魯史之《春秋》，則自伯禽至於頃公是已；有孔子之《春秋》，則起隱西元年至於哀公十四年是已。必先考史法，然後聖人之筆削可得而求矣。’子常受其説以歸，晝夜以思，忽有所得，稽之《左傳》杜注，備見魯史舊法，粲然可舉。亟往質諸先生，而先生歿已久矣。子常益竭精畢慮，幾廢寢食，如是者二十年，一旦豁然有所悟入，且謂《春秋》之法，在乎屬辭比事而已。”趙汸自己也説：“始汸聞諸師曰：‘《春秋》本魯史成書，故必先考史法，而後聖人之法可求。’”[2]“汸自早歲獲聞資中黄楚望（黄澤）先生論五經旨要，於《春秋》以求書法爲先，謂有魯史書法，有聖人書法，而妙在學者自思而得之，乃爲善也。於是思之者十有餘載，卒有得于孟氏之言。”[3] 也就是説，趙汸首先秉承師説，認爲《春秋》一名，實有魯史《春秋》與孔子《春秋》之不同，二者各有書法，即“魯史書法”與“聖人書法”之别，所以，欲考求孔子據魯史成書的《春秋》筆削義旨，當先從魯史《春秋》的史法、書法入手。其次，趙汸又通過深悟孟子關於《春秋》“事文義”的論説，以及《禮記·經解》關於“屬辭比事”爲“《春秋》之教”的闡釋，從而得出了研治《春秋》之義、理解筆削之旨的關鍵在於推究“屬辭比事”法的認識。趙汸在《春秋纂述大意》中説：“嘗謂聖人作經，雖不可測，以今觀之，二百四十二年，簡重如山，亦必屬辭比事而後可施筆削。所以學《春秋》者，若非屬辭比事，亦不能達筆削之權。故其間紀綱義例，皆是以此法求之。”[4] 在《春秋屬辭目録》中亦説：“竊思倫類區别，爲義至精，參互錯綜，易相矛盾，苟不屬辭比事以通之，豈無遺憾。”所以他强調：“‘屬辭比事’而不亂者，深於《春秋》者也”，“學者由《春秋》之教以求製作之原，製作之原既得，而後聖人經世之義可言矣”。[5] 而《春秋》“屬辭比事”與史官“策書之例”密切相關，所以他又説，“故學者必知策書之例，然後筆削之義可求，筆削之義既明，則凡以虚辭説經者，其刻深辯急之説皆不攻而自破。苟知虚辭説經之無益，而刻深辯急果不足以論聖

① 宋濂在《春秋屬辭序》中論及《春秋》學説流變時也説：“濂頗觀簡策，所載説《春秋》者多至數十百家，求其大概，凡五變焉。……五變之紛擾不定者，蓋無他焉，由不知經文、史法之殊，此其説愈滋而其旨愈晦也歟!”

② 趙汸:《春秋屬辭目録》,《春秋屬辭》，文淵閣四庫全書本。

③ 趙汸:《春秋集傳序》,《春秋集傳》，文淵閣四庫全書本。

④ 趙汸:《東山存稿》卷三，文淵閣四庫全書本。

⑤ 趙汸:《春秋屬辭自序》,《春秋屬辭》，文淵閣四庫全書本。

人也，然後《春秋》經世之道可得而明矣。”[①]

趙汸不僅明確分疏了魯史與《春秋》、“魯史書法”與“聖人書法”之别，而且提出了以“屬辭比事”爲基點，通過明辨“策書之例”以探求“筆削之義”的治《春秋》學方法，並且進而形成了系統的以“策書之例”與“筆削之義”爲核心的《春秋》義例學説，這是他研治《春秋》學的創獲，足可成一家之言。换言之，趙汸以史法推明書法、以書法究明義法經義，從而最終揭示孔子《春秋》經世之大義的治經理路，與那些或泥於史法之例而不知求經義，或偏於求經義而混淆史法經法者，截然不同。由此亦可説，趙汸這種以“義”“例”治《春秋》的理念，是在三傳及諸家關於《春秋》書法説基礎之上的進一步深化和超越。

二

趙汸在其《春秋集傳》書序中歸納了十五條“策書之例”[②]，即史官及魯史《春秋》的史例、史法：

> 一曰君舉必書，非君命不書；二曰公即位，不行其禮，不書；三曰納幣、逆夫人、夫人至、夫人歸，皆書之；四曰君夫人薨，不成喪，不書葬，不用夫人禮，則書卒，君見弑，則諱而書薨；五曰適子生，則書之，公子大夫在位，書卒；六曰公女嫁爲諸侯夫人、納幣、來逆、女歸、娣歸、來媵、致女、卒葬來歸，皆書，爲大夫妻書來逆而已；七曰時祀、時田，苟過時越禮則書之，軍賦改作逾制亦書於策。此史事之録乎内者也。八曰諸侯有命告則書，崩卒不赴則不書，禍福不告亦不書，雖及滅國，滅不告敗，勝不告克，不書於策；九曰雖伯主之役令，不及魯，亦不書；十曰凡諸侯之女行，惟王后書，適諸侯雖告不書；十一曰諸侯之大夫奔，有玉帛之使則告，告則書。此史氏之録乎外者也。十二曰凡天子之命無不書，王臣有事爲諸侯，則以内辭書之；十三曰大夫已命，書名氏，未命，書名，微者，名氏不書，書其事而已，外微者，書人；十四曰將尊師少稱將，將卑師衆稱師，將尊師衆稱某帥師，君將不言帥師；十五曰凡天災物異無不書，外災告則書之。此史氏之通録乎内外者也。

趙汸將此十五條“策書之例”按照“内外”之别分爲三大類：第一至第七條是史官記

① 趙汸：《春秋集傳序》，《春秋集傳》，文淵閣四庫全書本。

② 趙汸《東山存稿》卷三亦存《春秋集傳序》一篇，文字與其《春秋集傳》書序略異。其中歸納“策書之例”十四條，無第七條。

録各自國内大事的書例，第八至第十一條是史官記録本國之外其他諸侯國大事的書例，第十二至第十五條是史官記録國内外大事都需要遵循的書例。趙汸認爲，這十五條“策書之例”，也是自魯公伯禽以來魯國史官遵循“周公遺法”而記録歷史大事的史例（體例）、史法，是魯國《春秋》正史的“策書常法”，即魯國史官一貫遵循、一脈相承的原有記事規則。也就是説，在魯國正史中，什麽可以“書”，什麽可以“不書”，以及如何“書”或“不書”等，原本有着一套固定的史法規範或書法原則，趙汸有時又將其稱之爲“史策成言”“古史遺法”“國史定法”“史氏恒辭（法）”“魯史遺法”等。實質上，趙汸所謂的“策書之例”等，即是指史官、魯史的書法或史法。

而孔子據魯史作《春秋》，對此“策書常法”有依從因循，有損益變革，即有“有筆有削”或“有筆無削”等“筆削”之義法（“筆削之義”）。趙汸將其歸納爲八條：一曰存策書之大體，二曰假筆削以行權，三曰變文以示義，四曰辨名實之際，五曰謹中外（華夷）之辨，六曰特筆以正名，七曰因日月以明類，八曰辭從主人。[①] 他並且強調，這八條“筆削之義”，“實製作之權衡也”[②]，即是説，這就是孔子根據魯史史法（書法）作《春秋》的主要標準與原則，它體現了孔子作《春秋》之用意；而通過對這些書法標準與原則的揭示，《春秋》中蘊含的經世之道和聖人寄寓之義即可顯現出來。[③] 以下分别予以概要分析説明。

（一）存策書之大體

“存策書之大體”，意謂孔子遵從魯國國史“策書之例”，對國史舊文“有筆無削”，以保存、體現原有史官書法的“一國紀剛本末”之“實”，如“策書大體”所包含的“公即位、逆夫人、朝聘、會同、崩薨、卒葬、禍福、告命、雩社、禘嘗、搜狩、城築、非禮、不時，與夫災異、慶祥之感”等事例，皆據魯史“策書常法”筆録“史之舊文”於《春秋》，有筆而無削，“使不失魯國正史之常”。這主要是從史官常法（史例、史法）、紀事内容等角度説明作爲經書的《春秋》的特點，即通過對“策書大體”的保存，一定程度上保持魯國國史常貌。“夫子作《春秋》，有筆焉，有削焉，策書之大體，義有無待於筆削者，吾無加損焉。”[④] 之所以如此，按趙汸之見，是因爲西周末亂之時，魯國國史本已體現周公遺法，國之綱紀、善惡寓含其中，“不待筆削而義已明”，所以

① 趙汸《東山存稿》卷三《春秋集傳序》一文曾將“筆削之義”歸納爲十條：“一曰存策書之大體，二曰常事不書，三曰舉重，四曰謹名分之辨，五曰辨名實之際，六曰謹夷夏之辨，七曰詳盛衰之變，八曰辭從主人，九曰無達例，十曰議而不辭。”對比二者内容及其所著《春秋集傳》與《春秋屬辭》兩書的先後關係，《東山存稿》中《傳序》“筆削十義”之文當爲初稿。

② 趙汸：《春秋集傳序》，《春秋集傳》，文淵閣四庫全書本。

③ 趙汸所謂“筆削之義”的“義”，也即孔子所説“其義則丘竊取之矣”，以及孟子所説“事文義”之“義”。但趙汸在論説“筆削之義”時，“義”實際上兼有《春秋》書法之“義例”與孔子所寓之“義”兩層含義。

④ 趙汸：《春秋集傳》卷一，文淵閣四庫全書本。

只需如實照録魯史舊文以存其實即可。另外，趙汸也提到，孔子所作《春秋》乃“當代之史也，使仲尼筆削之際，不復存其大體，魯之君臣能無駭乎?”[①] 意謂孔子《春秋》通過對魯史大體的保存，或可避免因寫當代史而遭當政者猜忌之險。由該條“存策書之大體”亦可看出，雖然孔子對體現魯史“大體”的史之舊文皆筆而不削，表面看似乎依然在貫徹其所謂“述而不作”之原則，但究其實，孔子作《春秋》的出發點畢竟與魯國史官不同，他並非照録舊史以恢復或保存魯史原貌爲鵠的，而是在不改魯史基本面貌（形式）的前提下寄寓自己的思想理念。所以，史官所作魯史與孔子所作《春秋》，史官策書之“義”（史義）與孔子筆削製作之“旨”（經義），在視角、歸趨或性質上有着根本的不同，一爲史官之史及史法，一爲聖人之經及義法。孔子所筆而不削的内容，只不過是他所認同的符合其製作理念的魯史中體現綱紀、善惡之“義”的部分而已。

（二）假筆削以行權

“假筆削以行權”，意謂孔子爲撥亂經世而製作的《春秋》，不全依魯史史法舊文，而是有書有不書，“其所書者則筆之，不書者則削之”[②]，以體現《春秋》製作（書法）之義的權變。“書”與“不書”即“筆”“削”。所以趙汸説：“是故有筆有削以行其權，有筆無削以存其實，實存而權益達，權達而實愈明，相錯以暢其文，相易以成其義者也。”[③] 之所以“假筆削以行權”，是因爲西周自平王東遷以來，王室衰微，諸侯背叛，霸業不興，外裔横行，大夫專政，陪臣擅命，“伐國、滅國、圍入、遷取之禍交作，弑君、殺大夫、奔放、納入之變相尋”，而史官及魯史的“策書常法”已不足以反映這些“善惡之情”，所以孔子作《春秋》“斷自隱公，有筆有削，以寓其撥亂之志”[④]，通過“有書有不書，以互顯其義”[⑤]。换言之，對於史官的“策書常法”（史法之“恒體”“定體”）及魯史《春秋》的舊文，孔子既有“存策書之大體”的“有筆無削”的因循實録，更有寄託其經世之志的“有筆有削”的損益變革，如此才能更完整地體現孔子及《春秋》所寓之義。可見，“筆削”是區别“策書”史法與《春秋》經法、理解聖人製作之義旨的關鍵。

那麽，《春秋》是如何“筆削”的呢？趙汸將《春秋》“筆削”之法歸納爲三種方式：一曰不書，二曰變文，三曰特筆。“變文”與“特筆”另寓“筆削之義”，即第三至第六條，故趙汸“假筆削以行權”的“筆削”特指第一種“不書”（即“削”）的情

① 趙汸：《春秋屬辭》卷一，“存策書之大體第一”，文淵閣四庫全書本。
② 趙汸：《春秋屬辭》卷八，“假筆削以行權第二”，文淵閣四庫全書本。
③ 趙汸：《春秋屬辭》卷一，“存策書之大體第一”，文淵閣四庫全書本。
④ 趙汸：《春秋屬辭》卷一，“存策書之大體第一”，文淵閣四庫全書本。
⑤ 趙汸：《春秋集傳序》，《春秋集傳》，文淵閣四庫全書本。

況，正與第一條“存策書之大體”的“有筆無削”相對應。趙汸認爲，《春秋》“不書之法”或“不書之義”又有五種方式及寓意：一曰略同以存異，二曰略常以明變，三曰略彼以見此，四曰略是以著非，五曰略輕以明重。[①] 即通過“不書”（“削”“略”）來變通“策書之例”（史法、常法），達到“存異”“明變”“見此”“著非”“明重”的目的，從而顯示孔子《春秋》之義。例如，國史史法“公如大國恒書‘至’”“公會盟主恒書‘至’”，而孔子有時可能削而不書“至”予以變通，所謂“國史有恒體，無辭可以寄文，於是有書有不書，以互顯其義”[②]。另外，按趙汸之意，書與不書，同時要根據史法的具體情況和孔子所要表達的義來決定，如所謂“以書‘至’爲恒，則不書‘至’以見義，以不書‘至’爲恒，則書‘至’以見義，所謂略同以顯異是也”[③]。

（三）變文以示義、辨名實之際、謹中外之辨

“變文以示義”“辨名實之際”“謹中外之辨”[④] 三條，即上文所説“筆削”的第二種方式“變文”的情況。與“筆削”的“書”與“不書”不同，所謂“變文”，即對於魯史“文同而事異”或“事同而文異”的情況，孔子通過變换個别文詞以表達不同的喻義，使學者即其異同詳略來明辨是非、決斷嫌疑。此類“變文”，趙汸多指孔子《春秋》中名號、稱呼、避諱等文詞變化的情況。如孔子《春秋》記周王事，有時書“王”，有時書“天子”“天王”，是因爲“文同禮失，王不稱‘天’”；記魯公事，有時不書“公”，有時以他詞代，是因爲“諱公與王卿士盟，不書‘公’，同微者”，“諱公爲仇人役，變‘公將’稱‘師’”；[⑤] 同是大夫逃奔他國，有的書官職，有的書其字，而不書其名，是因爲“大夫奔，非君出之（驅逐），不名”，等等。至於“侵”“伐”等文詞的變文使用，趙汸認爲，“《春秋》所書侵伐，除伯者伐叛討貳之外，莫非爲亂而已。皆從其恒辭，則無以示義，皆變其文，則無以見實。故夫子於内，師加小國，雖微者言伐，見其恃衆淩寡，加大國，雖公將言侵，見犯非其分，悉變其文以示義。於外，師或以大加小而言侵，或以外裔幹中國而言伐，或小國而言伐我，或大國而言侵我，皆從其恒辭以見實。《周官·大司馬》：‘比小事大，以和邦國，九伐之法，馮弱犯寡則眚之。’此《春秋》内師書侵伐之義也”[⑥]。即通過變换“侵”“伐”等文詞的使用，既顯示當時諸侯相互攻戰殺伐的實情，也體現《春秋》所表達的是非嫌疑之義。

---

① 趙汸：《春秋屬辭》卷八，“假筆削以行權第二”，文淵閣四庫全書本。

② 趙汸：《春秋集傳序》，《春秋集傳》，文淵閣四庫全書本。

③ 趙汸：《春秋屬辭》卷八，“假筆削以行權第二”，文淵閣四庫全書本。

④ “中外之辨”，趙汸在《春秋屬辭》等書中有時用“内外之辯”“華夷之辨”或“夷夏之辨”，其義相同。

⑤ 如，《春秋》僖公二十九年：“夏六月，會王人、晉人、宋人、齊人、陳人、蔡人、秦人盟于翟泉。”莊公八年：“春，師次於郎，以俟陳人、蔡人。……夏，師及齊師圍郕……秋，師還。”見趙汸：《春秋屬辭》卷十，“變文以示義第三”。

⑥ 趙汸：《春秋屬辭》卷十，“變文以示義第三”，文淵閣四庫全書本。

而“辨名實”“謹中外”可以説是“變文以示義”的進一步具體展現。趙汸認爲，“辨名實”是孔子《春秋》之“要義”，“正必書王，諸侯稱爵，大夫稱名氏，四夷大者稱子，此《春秋》之名也。諸侯不王而伯者興，中國無伯而夷狄横，大夫專兵而諸侯散，此《春秋》之實也。夫《春秋》之名實如此，將以示後世，曰實録可乎？曰實録且猶不可，而況于聖人撥亂以經世之事哉！此辨名實所以爲《春秋》之要義也”[①]。所以，他認爲，孔子《春秋》“辨名實”的書法有二：一是“去名以全實”，即“征伐在諸侯，則大夫將不稱名氏，中國有伯，則楚君侵伐不稱君”；二是“去名以責實”，即“諸侯無王，則正不書王，中國無伯，則諸侯不序，君大夫將，略其恒辭，則稱人”。也就是説，孔子通過改變舊史中關於“名稱”的“恒辭”書法，以達到既反映歷史事實（實録）又體現是非大義的目的。同樣，“謹中外”亦是如此。趙汸所説的“謹中外”（“内外”“華夷”等），主要是指《春秋》對於楚、吴、越等所謂“夷”“外裔”之國的書法與中國（華夏）“異辭”，這方面也主要體現在對楚、吴等外夷的君臣將帥等名稱用詞的變化上。之所以如此，趙汸認爲，這正體現了孔子“信（申）大義於天下”的經世理念。例如，“楚既僭王，則周之叛臣也，吞滅諸夏，則中國之賊也，故《春秋》當中國有伯，則楚君、大夫、將皆稱‘人’，明中國之大義，以信桓文之志也”[②]。按趙汸之見，儘管《春秋》書法“謹内外之辨”，如“書楚事與中國異辭”，但仍體現了孔子存事實、示大義的特點。例如，《春秋》記楚王事，有時書“楚人”，有時書“楚子”，是因爲“經於將兵稱人，既變文以示義，則盟會從其恒稱，以見實也”[③]。

（四）特筆以正名

由趙汸對“筆削”的“不書”“變文”兩種方式的論説可以看出，無論是“書”與“不書”，還是通過“變文”來“示義”“辨名實”“謹中外”，其意都是指孔子依循史官常法及魯史舊文，對原有的常規文辭（“恒辭”“恒稱”）斟酌損益或稍作變通以寓意而言，所謂“皆從史氏舊文”。那麼，孔子作《春秋》是否有打破這種常規史法、常用文辭的情況呢？對此，趙汸是肯定的，這就是其所謂的“特筆以正名”：

> 特筆者，所以正名分、決嫌疑也。筆削不足以盡義，然後有變文；若夫亂久禍極，大分不明，而又有非常之故焉，則變文亦不足以盡義，是故有特筆。凡特筆，皆謂有所是正者也。夫變文雖曰有損益，然猶史氏恒辭爾；至於有所是正，則非複

---

① 趙汸：《春秋屬辭》卷十一，“辨名實之際第四”，文淵閣四庫全書本。
② 趙汸：《春秋屬辭》卷十二，“謹内外之辨第五”，文淵閣四庫全書本。
③ 趙汸：《春秋屬辭》卷十二，“謹内外之辨第五”，文淵閣四庫全書本。

恒辭矣。衛君輒待孔子而爲政，子曰“必也正名乎”，而又推極名不正之害，至於使民無所措手足。此經世之先務也。春秋世變極矣，父子君臣之間，人所難言者多矣，豈史氏恒辭所能盡其分哉！今考《春秋》，凡辭旨卓異與史文弗類者，皆人事之變，恒辭不足以盡義，而後聖人特筆是正之，非史氏所及也。然所是正者，不過片言，而三綱五常赫然複正。故曰：非聖人其孰能修之。莊周氏曰“春秋以道名分”，蓋亦得其大意云。①

即是説，對於“筆削”“變文”亦不足以表達其義的“名分”等大是大非問題，孔子突破魯史舊文的“史氏恒辭”或“史策成言”“國史定法”，用不同於魯史舊文的語言文辭進行表述，即通過“特筆”的方式以表達正名、經世的用意。如魯僖公二十八年（前632年）冬，晉文公召周襄王參加諸侯會盟，《春秋》書曰“天王狩于河陽”，趙汸認爲，此即孔子不同于諸如“天王會諸侯于河陽”等“史氏恒辭”的“特筆”書法，因爲，如果按照舊史書法記爲“王會諸侯”之類的常規表述，則上下失序、下陵上替、綱紀廢墜、王道不尊的名分實際無以糾正，而孔子“改正之，曰‘天王狩于河陽’，則天威赫然臨於下土，有不可以強弱論者，而晉侯蓋世之功微矣。上以尊天子，下以全晉侯，而貴王賤伯之意溢於辭表”②。可見，“特筆”也是“變文”的一種特殊形式。但趙汸同時認爲，這種很能反映孔子糾正名分嫌疑的“特筆”書法，孔子使用並不多，“特筆亦不過數簡”“不過片言”而已，這是因爲，“《春秋》本魯史成書，夫子作經，唯以筆削見義，自非有所是正，皆從史氏舊文，而所是正亦不多見”③。而這也正是趙汸在其“筆削之義”第八條“辭從主人”中要進一步説明的意思。

（五）辭從主人

所謂“辭從主人”，是趙汸借用南宋陳傅良之語④。此處的“主人”指“魯君”，趙汸的意思是，孔子根據魯史作《春秋》，除了在極個别的特殊情況下使用自己的言辭“特筆”書寫外，其他所有文字皆來自魯史舊文，只不過孔子有所筆削而已。趙汸將“辭從主人”作爲《春秋》“筆削之義”的一條，可以説有兩點主要原因：第一，通過該條進一步體現《春秋》“筆削之義”的第一條“存策書之大體”，因爲“存策書之大體”主要是從國史常法（史例、史法）、紀事内容範圍等角度説明《春秋》經的特點，而“辭從主人”則是從魯史史文、語言文辭的角度體現《春秋》經的特徵，後者可以補充前者。第二，通過該條可以進一步説明魯史與《春秋》、史法與經法的關係，辨别

① 趙汸：《春秋屬辭》卷十三，“特筆以正名第六”，文淵閣四庫全書本。
② 趙汸：《春秋屬辭》卷十三，“特筆以正名第六”，文淵閣四庫全書本。
③ 趙汸：《春秋集傳序》，《春秋集傳》，文淵閣四庫全書本。
④ 陳傅良《春秋後傳》卷二：“凡《春秋》辭從主人，皆實録而已，非修《春秋》之辭也。”

三傳及後世説《春秋》者之得失。對於《春秋》經的言辭文字，儘管三傳及其他説《春秋》者有“從史文”等説法，但均没有從經史之别的角度予以辨析，所以使得“何者爲史策舊文，何者是聖人之筆削”，暗昧難通，即使趙汸所推崇的“得學《春秋》之要，在三傳後卓然名家”的南宋陳傅良亦是如此。因此，趙汸説：“《穀梁》以國地之異名者，謂之‘從史文’，不能通諸全經。《左氏》所發多史例也，而記韓宣子之言，謂之《周禮》，且曰‘非聖人莫能修之’，則其失在不知有筆有削而已。至永嘉陳氏，乃專主筆削求經，然猶以爵號名氏爲褒貶，誤指《左氏》所録即魯史舊文，而經之成言皆爲聖筆所修，其所謂‘從主人之辭’者，亦無幾焉。……故今特取陳氏語名篇，以矯其失。”①

（六）因日月以明類

趙汸認爲，通過筆削（含有筆無削）、變文、特筆等義例書法方式，《春秋》的“上下内外之無别，天道人事之反常”，或者説“上下内外之殊分，輕重淺深之弗齊”之義還不能完全呈現，因爲完全依照“以事系日、以事系月、以事系時”等史官紀事常法，春秋以來王室衰微、禮崩樂壞、世事變亂等是非得失仍會混淆不明。因此，孔子又以“日月之法”予以區别，此即所謂“因日月以明類”。趙汸説：

> 蓋孔子之修《春秋》也，凡策書之大體既以實録而存，其王伯之會、中外之交、父子君臣之間，皆有筆有削以彰其義。至於上下内外之無别，天道人事之反常，史之所書或文同而事異，或事同而文異者，則皆假日月以明其變、決其疑。大抵以日爲詳者，則以不日爲略；以月爲詳者，則以不月爲略；其以日爲恒者，以不日爲變，以不日爲恒者，以日爲變，甚則以不月爲異；其以月爲恒者，以不月爲變，以不月爲恒者，以月爲變，甚則以日爲異。將使學者屬其辭、比其事以求之，則事之存乎筆削者，既各以類明，而日月之法，又相爲經緯，以顯其文、成其義。②

也就是説，孔子《春秋》書法，除有筆無削和有筆有削的方式外，還根據紀事的實際情況，通過對“日月”的書與不書以及相應的變通，來具體而微地呈現所記“上下内外、天道人事”的“恒（常）”“變”“異”等等，以便更好地彰顯孔子所欲寄之義。當然，本條對“日月”的書與不書，與上文提到的“筆削”“變文”中的“書”與“不書”之義有交疊重合處。趙汸之所以將孔子“日月”書法特别地獨立出來，其

① 趙汸：《春秋屬辭》卷十五，“辭從主人第八”，文淵閣四庫全書本。
② 趙汸：《春秋屬辭》卷十四，“因日月以明類第七”，文淵閣四庫全書本。

意當在進一步辨明經史之別，凸顯《春秋》“善惡淺深，奇變極亂”之微，並且與筆削、變文、特筆之法相爲經緯，使之所體現的義類更加明晰，從而進一步“顯其文、成其義”。

綜上，趙汸所論列的《春秋》“筆削之義”八條義法，可分爲三個相互關聯的層次：第一，“存策書之大體”與“辭從主人”爲一層次，是孔子依循史官書法與魯史舊文，筆而不削、實録以存其“實”的部分；第二，“假筆削以行權”與“變文以示義”“辨名實之際”“謹中外之辨”“特筆以正名”爲一層次，其中“假筆削以行權”又爲後四者之統領，後四者又逐次遞進，是孔子變通史官書法及魯史舊文，有筆有削、變文（含特筆）以示其“義”的部分；第三，“因日月以明類”爲另一層次，因爲孔子的“日月”書法既有因循實録，也有變通筆削，所以可以通貫全經，使《春秋》隱微之義盡顯。總而言之，這三個層面、八條義法既有相對的各自獨立性，更有内在的相互交融貫通。正如趙汸在其《春秋屬辭》篇目後記中所言：“第一篇有筆無削與第二篇有筆有削者相對，第三篇至第六篇皆變文，與第八篇從史文者相對，而與前二篇相爲經緯，其第七篇則又一經之權衡也。”[①] 而且，如前所述，趙汸認爲《春秋》筆削義法，即體現在“屬辭比事”中，因此，他歸納梳理的這八條“筆削之義”，正是通過推究《春秋》“屬辭比事”而來，“其入處只是屬辭比事法，無一義出於杜撰”[②]。由此，趙汸形成了其完整的《春秋》義例學説體系。

三

趙汸的“策書之例”與“筆削之義”説，渾然一體，適足構成了其獨特、完整而嚴密的《春秋》義例學理論體系。從形式上看，趙汸所概括的十五條“策書之例”，是魯國《春秋》的國史體例，即“魯史書法”；所論列的八條“筆削之義”，是孔子的“聖人書法”，體現了孔子《春秋》書法所寓之義。但從其實際内容看，二者相互關聯，密不可分，明確史法“策書之例”恰恰是推究經法“筆削之義”的依據和前提，而孔子《春秋》的“筆削之義”也只有通過明辨國史的“策書之例”才能最終得以揭示，所以説“學者必知策書之例，然後筆削之義可求，筆削之義既明……然後《春秋》經世之道可得而明矣”[③]。同時，不僅“筆削之義”體現孔子所寓之義，反映史官書法的國史“策書之例”也同樣可以體現孔子之義，即是説，“策書之例”也寓含着國史書法

① 趙汸：《春秋屬辭目録》，《春秋屬辭》，文淵閣四庫全書本。

② 趙汸：《東山存稿》卷三，《答趙伯友書》，文淵閣四庫全書本。

③ 趙汸：《春秋集傳序》，《春秋集傳》，文淵閣四庫全書本。

之史義，這個史義就是西周以來史官一貫遵循的“周公遺法”[①]，即反映周公制作典章禮制的“義”。孔子既然志在撥亂反正，恢復“周公之法”，那麼所作《春秋》就不必對符合周公之制的史官常法及魯史舊文進行筆削，即便是“存策書之大體”，述而不作，也仍能寄寓孔子之義，只不過是借史官之義來表達己意而已。這也是孔子作《春秋》爲何有因循實録、筆而不削，也有損益變通、有筆有削的原因所在。由此亦可以看出，趙汸論列“策書之例”與“筆削之義”，不僅僅在於區分史法、經法之别，更在於通過辨析梳理史法、經法以揭示其内在關聯，從而真正體現孔子《春秋》之義。

從另一角度來看，趙汸以“策書之例”與“筆削之義”爲核心的《春秋》義例學説體系，更具有方法論層面的意義，即，既可以洞見《春秋》學諸家治經之得失，又可以具體而微地深辨《春秋》學自身諸問題。如前所述，自三傳以來，經家學者蔽於一端，或如《左傳》“以史法爲經文之書法”，或如《公羊》《穀梁》“雖詳於經義，而亦不知有史例之當言”；其後學者，即使如深究史例的杜預、融合三傳書法以求經義的陳傅良，也不能避免其弊端，諸家紛擾不定，其主要原因即在於“不知經文、史法之殊”[②]。趙汸以明辨史法、經法的“策書之例”與“筆削之義”立説，正可以明見諸家得失。更具體一步講，雖然自孟子以來，對於孔子依據魯史作《春秋》，有所謂“其文則史”“皆因舊史”[③]“皆依舊文”[④]等説，但《春秋》經中究竟哪些是孔子因魯史舊文，有筆無削、述而不作的，哪些是孔子損益筆削、有述有作的，以及孔子是如何因循、製作的，其述作多寡、輕重程度又如何，等等，經家學者多因没有自己完善的義例説而不能予以系統辨明，且不免支離破碎，穿鑿駁雜。而趙汸自成體系的分列史法“策書之例”與經法“筆削之義”的義例説，正可以分門别類、條分縷析地排比區分魯史舊文與筆削製作，使之各有歸屬，體統分明，繁而不亂，從而也使得《春秋》的“屬辭比事，莫不燦然，各有條理”，正如宋濂所評價：“何者爲史策舊文，何者是聖人之筆削，悉有所附麗；凡暗昧難通，歷數百年而弗決者，亦皆迎刃而解矣。……世之説《春秋》者，至是亦可以定矣！”[⑤]也就是説，趙汸以其所構建的《春秋》義例學説重新審視和詮釋《春秋》經傳的“屬辭比事”以及《春秋》“事”“文”“義”之關係，由此也建立起自成其説的《春秋》詮釋學系統。這正是趙汸《春秋》義例學説在方法論

① 趙汸《春秋集傳序》：“古者列國皆有史官，掌記一國之事。《春秋》，魯史策書也，事之得書不得書，有周公遺法焉。”

② 宋濂：《春秋屬辭序》，《春秋屬辭》，文淵閣四庫全書本。

③ 如杜預《春秋釋例》卷十五“皆因舊史之策書”，黄震《黄氏日抄》卷六十一“皆因舊史而修之”，蕭楚《春秋辨異》卷一“皆因舊史之文”，程端學《程氏春秋或問》卷七“書之，不書之，仲尼皆因魯史之文也”等。

④ 如宋魏了翁《春秋左傳要義》卷八：“仲尼書經，不以日月褒貶，或略或詳，非此所急，故日月詳略，皆依舊文……故因史成文耳。”

⑤ 宋濂：《春秋屬辭序》，《春秋屬辭》，文淵閣四庫全書本。

的意義上超越前人之處。

趙汸的《春秋》義例學説，是在依據《左傳》及杜預注、融通三傳史法經義説、批判繼承諸家義例書法説基礎上的發明。趙汸的老師黄澤曾論説研治《春秋》學要領："學《春秋》只當以三傳爲主，而於三傳之中，又當據左氏事實以求聖人旨意之所歸，蓋於其中自有脈絡可尋。""説《春秋》當據左氏事實，而兼採公、谷大義。此最爲簡要。杜元凱專修丘明之傳以釋經，此於《春秋》最爲有功"。"學《春秋》以考據《左傳》國史事實爲主，然後可求書法。能考據事實，而不得書法者亦尚有之，未有不考據事實而能得書法者也。"[①] 趙汸治《春秋》，受其師黄澤影響，亦主張從《左傳》入手，據事實以求經旨義理，"夫得其事、究其文而義有不通者有之，未有不得其事、不究其文而能通其義者也。故三傳得失雖殊，而學《春秋》者必自左氏"（《春秋左氏傳補注序》）。但如前所述，《左傳》詳于史事，然失於以史法爲經法，杜預注釋又延續其弊；《公》《穀》二傳詳於經義，然失於不知"其文則史"及史例；陳傅良雖融會三傳書法以考證筆削之義，然不曾知史法與經法之别。趙汸正是在此認識理念下，具體踐行其師黄澤之教，以《左傳》及杜預《春秋釋例》爲依託，吸取唐宋以來諸家尤其是陳傅良《春秋後傳》義例説之長，而棄其所短，"有未及者，辨而補之"[②]，由此構建起其融通三傳及諸家史法、經義，"觸類貫通，自成義例，與先儒所纂所釋者殊不同"[③] 的《春秋》義例學體系。[④] 趙汸對其創獲甚爲自得，曾言"苦思之功，若有神助，聖人復起，不易吾言"[⑤]。

趙汸的《春秋》義例學説雖然融會貫通，體例精密，但並非没有可議之處。如清人皮錫瑞評論："趙氏分别策書、筆削，語多近是。《春秋屬辭》，本此立説。孔廣森深取其書。唯其書學非專門，仍有未盡是者。如'隱公不書即位以成公意''桓公書即位以如其意''公薨以不地見弑''公夫人出奔曰孫'，凡此等皆《春秋》特筆，未必魯史有此書法。趙氏以爲存策書之大體，是猶惑于杜預之説，又信其師黄澤臆撰'孔子奉君命修國史'之文，不知聖人口授微言，實是私修而非官書。不信古義，而臆造不經，故其所著《集傳》《屬辭》，仍不免有誤也。"[⑥] 即是説，其史法、經法之辨别仍有未當

① 趙汸：《春秋師説》卷下，"論學《春秋》之要"。

② 宋濂：《春秋屬辭序》，《春秋屬辭》，文淵閣四庫全書本。

③ 趙汸：《東山存稿》卷三，《與朱楓林先生允升學正書》。

④ 趙汸在其致宋濂等人的書信中也談到他借鑒吸收各家義例説的情況："第一篇與末篇即是黄先生之意，考之經傳，並不見筆削之跡；第二篇筆削之旨，乃本二傳、陳氏，擇其所當存而補所未備；第三篇至六篇間有先儒之説，而《後傳》之指居多，或辨其所未然；第七篇發機於二傳、何氏及西疇崔氏。"（趙汸：《東山存稿》卷三，《春秋纂述大意》）

⑤ 詹烜：《東山趙先生汸行狀》，趙汸《東山存稿》附録。

⑥ 皮錫瑞：《經學通論·春秋》，中華書局1995年版，第86－87頁。

處，以此釋《春秋》，仍不免附會臆説。

但從整體而言，趙汸以“策書之例”與“筆削之義”爲核心的《春秋》義例學説，嚴密完整，自成體系，超越了三傳以來諸家義例説，是西晉杜預以來研究《春秋》經傳義例最成體系者。趙汸探討《春秋》義例的最終目的是爲了建構一套嚴密的《春秋》詮釋系統，並以此爲依據揭明孔子《春秋》的經世之旨，其代表作《春秋屬辭》與《春秋集傳》就是體現此理念的良好典範①。正因如此，趙汸不僅建立了完整的《春秋》義例解説系統，而且形成了自己以義例説經的《春秋》學説體系，從而奠定了其在《春秋》學史上的重要地位。尤其是，趙汸的《春秋》義例學所體現出的會通經史、據傳求經，由《左傳》到《春秋》、由考證史法而辨析經義的治經理路，以及力糾唐宋以來舍傳求經、虚辭説經、附會穿鑿之弊端的經學理念，更應是其《春秋》義例學説的主要價值和貢獻。正如《四庫》館臣所評價：“今觀其書，刪除繁瑣，區以八門，較諸家爲有緒。……顧其書淹通貫串，據傳求經，多由考證得之，終不似他家之臆説。故附會穿鑿不能盡免，而宏綱大旨，則可取者爲多。”②

---

① 趙汸曾説：“《屬辭》是先考定史法，以明聖人筆削之權，《集傳》是推原事情世變，以達聖人經世之用，二書各有所主，互相發明，而後經意乃備。”（趙汸：《東山存稿》卷三，《春秋纂述大意》）

② 《四庫全書總目》卷二十八，“經部·春秋類”。

徐復觀對《中庸》之詮釋*

曲阜師範大學孔子文化研究院　武漢大學哲學學院　宋立林

經典的生命力有賴於不斷的詮釋。《中庸》作爲四書之一，雖然到了唐宋以後才得到應有的重視，但是其思想内涵及其歷史地位，便在後世學者的不斷詮釋活動中獲得了顯現與累積。有學者將儒家詮釋學分爲三種形態：一是作爲政治學的儒家詮釋學；二是作爲護教學的儒家詮釋學，三是作爲解經者心路歷程的儒家詮釋學。① 儒家詮釋學，在現代得到了承繼與發展。其中，現代新儒家徐復觀先生是其中比較自覺地發展儒家詮釋學的一位學者。徐先生雖然不是傳統意義上的經學家，但是他對儒家經典及古典儒學的新詮釋，極富啓發意義。

徐復觀先生在現代新儒家"熊門"一系中算是個"異數"，他之學問理路與牟、唐二先生迥然有異，所謂"其同不能掩其所異"。他走的基本上是思想史的詮釋之路，而非哲學的建構之路。他自稱："我的看法，對於中國文化的研究，主要應當歸結到思想史的研究。"② 又説："我所致力的是對中國文化作'現代的疏釋'。""思想史的工作，是把古人的思想，向今人後人，作一種解釋的工作。"③ 其實，這裹的疏釋、解釋，即今所謂詮釋。徐先生認爲，"疏導中國文化，首先要站在歷史上説話，不能憑空杜撰。思想的演變，地位的論定，一定要抉擇爬梳，有所根據。換句話説，我是用很嚴格的考據方法重新疏釋、評估中國的文化。"④ 他總結自己的工作，"二十餘年的努力方向，在

---

* 本文是國家社科基金青年項目（12CZX029）及全國博士後科學基金第 57 批面上資助項目（2015M572205）、國家社科基金青年項目（13CZX035）的階段性成果

① 黄俊傑：《當代歷史變局下的儒家詮釋學：徐複觀對古典儒學的新解釋》，《徐複觀與中國文化》，湖北人民出版社 1997 年版，第 229－230 頁。

② 徐復觀：《中國思想史論集·代序》，九州出版社 2014 年版，第 2 頁。（本文所引徐先生文章除本頁注 2 外，皆爲九州版"全集"本，以下注釋從簡。）

③ 徐復觀：《兩漢思想史》卷三，《中國思想史工作中的考據問題代序》，第 3 頁。

④ 林鎮國等：《擎起這把香火——當代思想的俯視》，《徐複觀雜文續集》，時報文化出版公司 1981 年版，第 410 頁。

以考證言思想史，意在清理中國學術史裏的荆棘，以顯出人文精神的本真。”①

徐復觀先生這一“别樹一幟”的學思理路，是與其個人經歷及他對中國文化的基本認知有關的。徐先生在進入學術界以前，基本上身居政壇，對中國社會尤其是中國政治的現實有真切的體驗，所以他能一生在“學術與政治之間”，將學術與現實打成一片。對於中國歷史文化尤其是儒家文化的認知，徐先生也不同於從純粹義理或觀念來理解的哲學進路。在徐先生看來，儒學是一種倫理與政治不分的思想體系。而這導致了儒學具有强烈現實世界取向。所以他對中國思想的詮釋，從來不離他對政治思想的表詮，對現實政治的批導。他説：“中國思想，雖有時帶有形上學的意味，但歸根究底，它是安住于現實世界，對現實世界負責；而不是安住於觀念世界，在觀念世界中觀想。”②因此，徐先生特别强調對思想史的研究要“知人論世”。

同時，徐先生特别强調“史”也就是“演變”。他指出，“只有能把握到這種發展演變，才能盡到思想史之所謂‘史’的責任，才能爲每種思想作出公平正確地‘定位’。”③

然而，徐先生對中國思想史的詮釋本身即是一種建構。在今天，徐先生的“思想史”詮釋依然能夠給予吾人以啓迪，值得我們仔細品讀與思考。毫無疑問，在徐先生的思想史詮釋之中，先秦儒學與兩漢思想，乃是其中的重中之重。這集中於《中國人性論史·先秦篇》及《兩漢思想史》兩部大書。兹就徐先生關於《中庸》一書的詮釋，略加分梳，希望能夠發現徐先生學思理路之得失，以爲今日重思《中庸》、詮表《中庸》有所推進。

徐先生對於《中庸》的專論不多，主要集中在《中國人性論史·先秦篇》之第五章《從命到性——〈中庸〉的性命思想》，《中國思想史論集》之《〈中庸〉的地位問題——謹就正于錢賓四先生》，《學術與政治之間》之《論政治的主流——從“中”的政治路線看歷史的發展》及《儒家思想與現代社會》中之《中庸政治領導人物的古典形相》諸文。但是他對《中庸》的詮釋卻不容忽視。他對《中庸》成書及結構之勘定，對《中庸》思想之新詮，對《中庸》之地位的論斷，對中庸政治之楷定，皆有其不可忽視之意義。

一、《中庸》的成書與結構問題

《中庸》從宋代開始，才真正的受到關注，於是關於《中庸》的争論也就隨之而

① 徐復觀：《遠奠熊師十力》，《無參數尺布裹頭歸·交往集》，第116頁。

② 徐復觀：《兩漢思想史》卷一，《三版改名自序》，第11頁。

③ 徐復觀：《兩漢思想史》卷三，《中國思想史工作中的考據問題代序》，第4頁。

起。這種争論首先是關於成書及作者的争議，即《中庸》是否爲子思所作？是否先秦作品？是否儒家著作？是一人所作抑或説是出於一個學派、乃至不同學派？這種争議到今天依然没有終結的迹象。對於此一問題的觀點，大概可以劃分爲三派："傳統派""懷疑派"和"折中派"。之所以出現争議，是人們在讀《中庸》的過程中發現了一些矛盾，這些矛盾得不到化解，《中庸》的成書問題等就無法最終完滿解決。這些問題，據楊少涵兄的歸納，大概有 9 個之多：1. "三同"，2. "華嶽"，3. "仲尼"，4. 文體不一前後兩分，5. 遣詞用字有秦漢痕迹，6. 思想虚高不類孔孟，7. 晚周諸子不稱引《中庸》，8. 子思"困宋"作《中庸》，9. 子思終年及其作《中庸》時的歲數。楊先生總結説："以上就是關於《中庸》成書及其作者的辯難和争論的九大焦點問題。這九點可以進一步歸結爲三個方面。第一，前三個問題屬於内證。在這方面，懷疑派佔有一定的優勢。這就逼迫傳統派爲維護傳統的觀點，必須對這些出於《中庸》文本内部的矛盾提供解決辦法。但就目前的證據來説，傳統派並没有更強力的文獻證據。所以，很多辯護性説法多屬猜測臆斷。第二，傳統派在中間三個問題上始終具有一種堅信。對於思想長河中的子思與《中庸》來説，這三個問題並不具有特别強勢的證僞功能。這就爲傳統派的堅信態度能夠一直存在提供了寬廣的空間。畢竟，文本流傳是一回事，思想創發是另一回事。在古代傳播技術不夠發達的情況下，兩者不可能完全同步。第三，最後三個問題多屬於折中派的旁證。這些折中的旁證，卻很能吸引人們的興趣。折中派在後三個疑點上秉持一種調和的態度，這是中國古籍中很多語句的意義多樣性給予他們的方便。"① 對此，筆者不敢苟同。首先，楊先生總結説："前三個問題屬於内證。在這方面，懷疑派佔有一定的優勢。這就逼迫傳統派爲維護傳統的觀點，必須對這些出於《中庸》文本内部的矛盾提供解決辦法。但就目前的證據來説，傳統派並没有更強力的文獻證據。所以，很多辯護性説法多屬猜測臆斷。"但是就其文而言，是得不出這一結論的。也就是説，"三同""華岳""仲尼"這三個疑點，其實前人的回答已經較爲圓滿了。關於"三同"的問題，首先"天下車同軌、書同文、行同倫"並不待秦以後才出現，而是周代已有的。這應該是得到認可的。其次，李學勤先生指出"今"乃是假設，並不是曲爲回護，而是站得住的古漢語用法。所以"三同"來否定《中庸》之爲子思作恐怕行不通。關於"華嶽"的問題，徐復觀先生的論證確實不足，華岳不應指齊國境内的華山、嶽山。但是，他也指出如果因華山遠離山東，齊魯儒者不會提到華山，同樣，河海遠離陝西，秦漢士子也應該不會提到渤海。《中庸》第廿六章"對山而言'寶藏興焉'，對水而言'貨財殖焉'，這卻不是秦地儒者的口吻，因秦地無山海之利"。我們須知，像孔子、子思之儒，胸懷天下，對於他們而言，視野不會局促於本邦國之内。所以

① 楊少涵：《〈中庸〉成書的辯難焦點綜説》，《孔子學刊》第 2 輯，上海古籍出版社 2011 年版。

華嶽不論指哪一座山、兩座山，都不必因之而否定子思作《中庸》之説。關於“仲尼”的問題，其實本來不是問題。子孫稱父祖之字，並不違禮。所以，在這一方面顯然不是懷疑派佔據上風。

徐復觀先生對於《中庸》成書的看法，有幾點是值得注意的。第一，不論是在《〈中庸〉的地位問題》還是在《中國人性論史·先秦篇》中，他都指出：《中庸》成書于孔孟之間。這一點應該説是得到了出土文獻的佐證，也得到了學界較多共識的。第二，《中庸》的結構問題，徐先生認爲《中庸》分上下篇，這一看法也得到了晚近學者的支持，雖然具體如何分篇，分爲多少篇，有各自不同的看法。

通過對出土文獻與傳世文獻的二重證據，我們認爲將《中庸》置於孔孟之間的發展鏈條之中，既有傳統的記載爲依據（徐先生所謂“漢人之通説”），復合乎宋儒道統之説，更是符合儒家思想的發展的内在理路。不管是錢穆先生認爲，《中庸》受莊子思想而形成，還是馮友蘭等學者將之後置於秦漢之際，顯然都是無法成立的。而徐復觀先生正是通過對儒學思想的發展内在理路的梳理來確立《中庸》的成書時代的。

當然，徐先生的很多認識也存在問題，比如他在對比《中庸》“哀公問政”一段與《孔子家語》的關係時，肯定是王肅僞造《家語》時抄襲了《中庸》，而不是相反。朱子也認爲，《家語》“爲政在於得人”比《中庸》“爲政在人”要“語意尤備”。又説《家語》“其文尤詳”，《中庸》之缺漏了哀公之問，“今無此文辭，而猶有‘子曰’二字，蓋子思刪其繁文以附於篇，而所刪有不盡者，今當爲衍文也。”

徐復觀先生認爲是朱子受了王肅的蒙蔽。他認爲，王肅編纂《家語》時抄襲了《中庸》，略加增飾。《中庸》是完備的，而《家語》多出的部分是王肅的僞造。比如他認爲“天道敏生”“待化以成”等字，皆“是《家語》多出來的”，都“帶有補充解釋的意味”。我想這還是受到歷史上《家語》僞書説的影響所致。楊朝明先生曾經對此作了對比研究，指出：“《家語》與《禮記》衆多的相應部分都是如此，如果不帶有偏見或者先入之見，一定看不出《家語》雜取《禮記》的痕迹。事實可能正相反，《孔子家語》雖然晚出，但其材料較早，其他文獻中的許多材料都來自《家語》，至少能看出《家語》比《禮記》更爲古樸。”[①]《中庸》與《家語》的這一段應該是同源的，只不過《中庸》在被漢儒編輯進《禮記》的時候，做了一些改動。其中一個改動是虚詞的增加。將《孔子家語》《禮記》與新出竹簡帛書在使用虚詞方面進行對照，看出《禮記》往往在句子前面加發語詞“夫”字、尾碼“矣”字、“也”字，用這樣的方法比較，《家語》的古樸，《家語》與《禮記》的先後關係，可以一目了然。其實，通過對比《老子》與帛書《老子》，也能發現這一現象。其二是一些用法的改變，比如“凡爲天

① 楊朝明：《〈中庸〉成書問題新探》，《河南科技大學學報》2006 年第 5 期。

下國家有九經”一段，所涉及的動詞多有改變，如“尊賢”“篤親親”“敬大臣”“子百姓”“來百工”，分别變成了“勸賢”“勸親親”“勸大臣”“勸百姓”“勸百工”，動詞都變成了“勸”；“綏遠人”變成了“柔遠人”。如楊先生所説：“這些顯然都與西漢中央集權政治的加強有關。”[①] 如果拋開《家語》僞書説的成見，我們應該説徐先生對於《中庸》與《家語》的關係存在誤解。當然，這對於《中庸》的理解，並不過分重要。

徐先生認爲，今本《中庸》確由《中庸説》二篇構成。在他看來，《孔叢子》記録子思“撰《中庸》四十九篇”，《史記》也有相近説法，之所以單獨加以提出，乃因爲《中庸》已經受到充分重視。正像有的篇章入之《禮記》而仍各自爲書等的情況那樣，《中庸》出於《子思子》，其本書無妨繼續單行。所以徐復觀推論説：“所謂《中庸説》二篇者，實即《禮記》四十九篇中之一的《中庸》的單行本，二者實爲一書。”在他看來，“《孔子世家》稱《中庸》，《漢志》稱《中庸説》，《白虎通》謂《禮中庸記》，古人對傳記之稱謂，並不嚴格，三者皆可視作一書之名稱。”進而，徐先生認爲，《中庸》包含上下篇。他將第 1 章至第 20 章前半段（“道前定則不窮”止），爲上篇。第 20 章下半段至 33 章爲下篇。但是，其中的第 16 至 19 章及第 28 章乃是“禮家所雜入”，可以剔除在外。他指出，《中庸》的上篇乃出自子思。第一章是“作者有計劃寫的一個總論”，此後的若干“子曰”乃是子思將孔子有關中庸的思想、論述集合在一起，是“有意的編集，以特顯中庸之義”，可見“子思是把中庸看作孔子思想的中心”。對於《中庸》的下篇，徐先生則認爲鄭玄所謂“明聖祖之德”對於下篇來説才恰當。他認爲“完全是作者的話”，由此我們可知他所謂“作者”即是子思。但徐先生卻在《中國人性論史》第五章的第十二節認爲，《中庸》的作者是子思門人。[②] 可見，徐先生的認識有矛盾處，但是他説下篇是承接上篇並發展了上篇這一認識是確切無疑的。

關於上下篇的關係，徐先生認爲，下篇是“緊承《中庸》之上篇而發展的”，“在編成的時間上，即在上篇之後，在孟子之前”，“上下兩篇，斷不可混而爲一”，但是“上下篇的思想，實在是一貫的”。這是非常重要的一個判斷。

郭沂、梁濤、楊朝明諸位先生都在徐復觀先生認識的基礎上，根據出土簡帛資料，提出了分篇結構新的看法。比如郭沂認爲，今本《中庸》一書包含兩個部分：今本《中庸》中有“子曰”的部分，屬於子思所記孔子言論，這一部分原爲子思書的首篇《中庸》，也就是古本《中庸》的遺章；其餘的部分原來也是一部獨立的著作《天命》，

① 楊朝明：《〈中庸〉成書問題新探》，《河南科技大學學報》2006 年第 5 期。

② 徐先生在《程朱異同》一文的注中也説：“《中庸》本爲上下兩篇。上篇出於子思，下篇出於子思後學，但亦應在孟子之前。”《中國思想史論集續篇》第 532 頁。

認爲同樣是子思著作的佚篇。[①] 梁濤先生則認爲《中庸》應該包括原來獨立的兩篇：《中庸》和《誠明》。《中庸》應包括第二章到第二十章上半段“所以行之者，一也”，這一部分主要記述孔子的言論，涉及内容較爲廣泛，應屬於雜記性質；《誠明》包括第一章以及第二十章“凡事豫則立”以下。這一部分主要記述作者的議論，是一篇内容完整，邏輯嚴謹的議論文。[②] 楊朝明先生更是將之分爲四部分：第一部分即與上博竹書《從政》篇比較以後凸顯出來的原始本子思《中庸》，包括朱熹分章的第二至第九章。第二部分是“子路問強”的内容，從“子路問強”直到“哀公問政”以前，包括朱熹分章的第十至第十九章。第三部分是“哀公問政”的内容，從“哀公問政”直到“博學之，審問之”以前，即與《孔子家語》相應的内容，也就是朱熹分章的第二十章前面的大部分。第四部分是除了前三部分以外的其餘所有内容，包括朱熹分章的第一章和第二十章“博學之，審問之”以下的部分。他認爲，這幾篇的作者也應該歸於子思。[③]

如果將以上諸位先生的看法與徐先生相比，就會發現其中的差異，其中最大的區别在於徐先生強調上下篇雖有不同，但是“思想一貫”。而其他諸位的看法則強調不同篇章之間的差異。其實，如果仔細揣摩所謂上下篇的意思，徐先生的看法應該是正確的。《中庸》從總體上而言，思想是貫通的。也許，《中庸》的兩篇或四篇在編入《禮記》時，並不是隨意的合併，而是“合理”的處理。

二、對於《中庸》思想之新詮

思想史的研究，如果不純從漢學的立場進行考證、訓詁的話，那麽，它一定是賦予新義的詮釋過程。徐先生向來對於清儒的考據訓詁之學抱有極大的批評，他認爲，“僅靠訓詁、考據，並不就能把握得到古人的思想。在訓詁、考據以後，還有許多重要工作”。這個“重要工作”即是“深求其意以解其文”，由局部積累到整體，再從整體落實到局部這樣一個反復抽象、印證的過程。他提出研治思想史應該意識到凡是真正有價值的思想，都是具有現實關切與問題意識的。那麽，研究思想史，就不能停留在文獻文字上，而應該“先由文字實物的具體以走向思想的抽象，再由思想的抽象以走向人生、時代的具體。經過此種層層研究，然後其人、其書，將重新活躍於我們的心目之上，活躍於我們時代之中”。[④] 這種方法，黄俊傑先生歸納爲：整體論的觀點、比較的觀點，可以稱之爲“脈絡化”的詮釋方法。

---

① 郭沂：《〈中庸〉成書辨正》，《孔子研究》1995年第4期。

② 梁濤：《郭店楚簡與〈中庸〉公案》，《臺大歷史學報》2000年6月第25期；《荀子與〈中庸〉》，《邯鄲師專學報》2002年第2期；《郭店竹簡與思孟學派》第五章第二節，中國人民大學出版社2008年版。

③ 楊朝明：《〈中庸〉成書問題新探》，《河南科技大學學報》2006年第5期。

④ 徐復觀：《中國思想史論集》，九州出版社2014年版，第133頁。

在這一觀念指導下，徐先生對於《中庸》的關鍵“概念”進行了梳理與詮釋。在這些新的詮釋之中，展現了徐先生對於儒家思想的綜合的把握與透徹的理解。所謂“置觀念於情境，究思想與社會之互動”，進而“賦古典以新義，出新解于陳編”。

（一）中庸關鍵在庸：平常而普遍

自來關於《中庸》的理解，無不是把“中”作爲最爲核心的範疇。但是徐復觀先生卻提出了石破天驚的看法。他認爲，“中”與“庸”連爲一詞，其所表現的特殊意義，是“庸”而不是“中”。他的理由是：中的觀念雖然重要，但這是傳統的觀念，容易瞭解。和“中”連在一起的“庸”的觀念，卻是賦予了一種新內容，新意義。我們知道，在傳統的注疏之中，“庸”主要有兩種訓詁：其一是鄭玄所説的“用”，這在《説文解字》《方言》等書中可以得到印證。其二是朱子所謂“平常”之義。在徐先生看來，這裏的庸，實際上應該將“用”“平常”連在一起才能真正把握“中庸”的深義。他解釋説：“所謂‘庸’者，乃指‘平常的行爲’而言。所謂平常的行爲，是指隨時隨地，爲每一人所應實踐，所能實現的行爲。”“‘平常的行爲’，實際是指‘有普遍妥當性的行爲’而言，這用傳統的名稱表達，即所謂‘常道’。程子‘不易之謂庸’的話，若就庸的究竟意義而言，依然是説得很真切的。”

那麼，中和庸是什麼關係呢？徐先生解釋説：“平常的行爲，必系無過不及的行爲，所以中乃庸得以成立之根據。”也就是説，中居於根本的地位。但是，如果没有庸，那麼中就可能“懸空而成爲一種觀念”，同樣，如果没有中，那麼“平常的行爲的普遍而妥當的內容不顯”，也就是説庸所以成立的“意義不顯”。

因此，中庸合起來，意思就是“不偏、不易”，徐先生隨即指出：“中庸即是‘善’。”這是没有人曾經點出的。子曰：“中庸之爲德也，其至矣乎！民鮮能久矣。”這句話在《論語·雍也》同樣出現過，只不過少了一個“能”字。至，有極致、最高義，那麼，至德即儒家最高的德。“中庸”之爲“至”德，恰恰在於它之“庸”即“平常”而“普遍”（常，本身就兼有平常與普遍、永恒之義）。也就是説，儒家所推崇之善、之德，並非懸空的形而上的東西，而是見諸於人生生命之中的實踐。亦即人應該追求的善（好的）。自然，我們可以將中庸視爲“善”，甚至是“至善”。

這種“善”實際乃“人道”的體現或其題中應有之意。徐先生説：“這即表明孔子乃是在人人可以實踐、應當實踐的行爲生活中，來顯示人之所以爲人的‘人道’；這是孔子之教，與一切宗教乃至形而上學，斷然分途的大關鍵。”徐先生的這一判斷是十分允當而深刻的。孔子所説的“中庸”之道，就是他所要確立的人道。《中庸》所謂“道也者，不可須臾離也，可離非道也”這正可以因此而得到確切的理解。

然而，“中庸”之爲“至德”，也會導致另外一個困境：“民鮮能久矣”“中庸不可能也”。依前所論，“至德”乃是因其平常而普遍，那麼何以又出現如此的“困境”呢？

徐先生對此的解釋是：首先，人有“知”“愚”的氣稟問題；其次，人的行爲常出於生理欲望的衝動，而失掉了節制；復次，人常常難以抵抗外面政治社會環境的壓迫和誘惑。自然，徐先生的解釋没有從“理學”的角度展開，但卻是非常平實而貼切的。他從内外兩個角度，將此問題的癥結所在點了出來。這恐怕與徐先生對於“政治社會環境”的深切體驗有關。

（二）天命之謂性：平等的依據

在徐復觀看來，《中庸》的第一章是“作者有計劃寫的一個總論”。而“天命之謂性，率性之謂道，修道之謂教”三句話，又是全書的“總綱領”，也可以説是“儒學的總綱領”。這一論斷，顯示出徐先生對於儒學之總體理解。因爲這三句話可以説將儒學之基本“範疇”：天、命、性、道、教等，和盤托出，寥寥數語，卻意涵深邃。

我們知道，人性論的問題，是儒學的一個具有根基性的問題。徐復觀先生説：“人性論是以命（道）、性（德）、心、情、才（材）等名詞所代表的觀念、思想，爲其内容的。人性論不僅是作爲一種思想，而居於中國哲學思想史中的主幹地位；並且也是中華民族精神形成的原理、動力。”（第 2 頁）我們知道，儒家正統的、主流的人性論觀點即是“性善”説。要理解儒家的性善説，就繞不開《論語》《中庸》與《孟子》。眾所周知，孟子以“心善”言“性善”完成了“性善説”的基本論説。但是毫無疑問，孟子的這一思路“淵源有自”，那個“所自來”的源頭就是孔子和子思。

學術界一般認爲，孔子對於人性的看法是模糊的。但是，如果仔細揣摩我們就會體認到孔子的“仁學”本身即藴含着性善説，只是孔子没有明確地提出。孔子的這一思路被《中庸》發展了。“天命之謂性”的命題提出，“性善”説便呼之欲出了。徐復觀先生對此的辨析和疏解是非常詳細而深入的。他首先從孔子有關“天命”“性與天道”“仁”等“概念”辨析入手，探究其間的内在聯繫。

徐復觀首先辨析了《論語》中“命”與“天命”的差異。他指出：“《論語》上凡單言一個‘命’字的皆指運命之命而言。”而孔子所謂的“天命或天道或天”，用最簡捷的語言表達出來，“實際是指道德的超經驗的性格而言，因爲是超經驗的，所以才有其普遍性、永恒性”。“道德的普遍性、永恒性，正是孔子所説的天、天命、天道的真實内容。”孔子説自己“五十而知天命”，對此徐先生解釋説：“他的知天命，乃是對自己的性，自己的心的道德性，得到了徹底地自覺自證”，是“對於在人的生命之内所藴藏的道德性的全盤呈露”。而“此藴藏之道德性，一經全盤呈露，即會對於人之生命，給予以最基本的規定，而成爲人之所以爲人之性。這即是天命與性的合一。”徐先生這一分梳非常重要。我們知道，孟子對於“性”與“命”做出了明確的區隔，其實，在孔子這裏也已經有了區别。儒家對於命（外在的）與天命（内在的）有着根本不同的態度。對於外在的命，孔子及儒家是持一種“俟命”的態度，而對於天命則持一種

“敬畏”的態度。

徐復觀認爲，“仁是性與天道融合的真實内容”。孔子所謂一貫之道即是仁。孔子所謂的仁，“乃内在於每一個人的生命之内，所以仁的自覺，是非常現成的”。在這裏徐先生下了一個斷語：“孔子既認定仁乃内在於每一個人的生命之内，則孔子雖未明説仁即是人性，但如前所述，他實際是認爲性是善的，在孔子，善的究極便是仁，則亦必實際上認定仁是對於人之所以爲人的最根本的規定，亦即認爲仁是作爲生命根源的人性。”其實，徐先生如果引用《中庸》中孔子之語“仁者，人也”，便能更加清晰地得出這一結論。

徐復觀先生説：“子貢曾聽到孔子‘言性與天道’，是孔子在自己生命根源之地——性，證驗到性即是仁，而仁之先天性、無限的超越性，即是天道；因而使他感到性與天道，是上下通貫的。性與天道上下相貫通，這是天進入於他的生命之中，從他生命之中，給他的生命以道德的要求、規定，這便使他對於天，發生一種使命感、責任感、敬畏感。”他非常準確地把握到孔子所開出的中國文化之道德路向，與西方的形而上學及宗教路向的根本差異。一般而言，天是客體，而性是内在於人的生命中的主體。好像天可以從上面、外面，給人的生活行爲以規定。作爲生命主體的人性則“處於被動的消極的狀態”。可是在孔子那裏，“我欲仁斯仁至矣”。“對仁作決定的是我而不是天”。爲什麼？因爲在孔子，“天是從自己的性中轉出來”。

但是，對於天與人的關係，天命與人性的關係，到了《中庸》才有了一個明確的論説。“天命之謂性”，在徐先生看來是“驚天動地的一句話”。這是將中國文化與西方文化做出最根本區别的路向性的判斷。徐復觀指出：“各宗教乃至柏拉圖這一型的哲學，多不能在人的生命自身，及生命活動之現世，承認其究極的價值；而必須爲人轉換另一生命，另一世界。這樣，人的生命，人的現世，並不能在其自身生穩根；亦即不會感到在其自身，有其積極性地建立的必要。”

徐先生明確指出：“天命之謂性”的“天”，不是泛泛地指在人頭頂上的天，而系由向内沉潛淘汰所顯現出的一種不爲外界所轉移、影響的内在的道德主宰。因此，這裏的所謂“天命”，只是解脱一切生理束縛，一直沉潛到底時所顯出的不知其然而然的一顆不容自已之心。此時之心，因其解脱了一切生理的後天的束縛，而只感覺其爲一先天的存在，亦即系突破了後天各種藩籬的一種普遍的存在，《中庸》便以傳統的“天”的名稱稱之。並且這不僅是一種存在，而且必然是片刻不停地發生作用的存在，《中庸》便以傳統的“天命”的名稱稱之。[①] 徐先生在晚年的《程朱異同》一文中，進一步指出：“到了《中庸》，則很明顯地將發現的自我，稱之爲天命之‘性’。説人之性是由天

① 徐復觀：《〈中庸〉的地位問題》，《中國思想史論集》，九州出版社 2014 年版，第 87 頁。

所命，乃順着子貢所提出的‘夫子之言性與天道，未［不］可得而聞也’所作的解答，這是由實質轉到概念上的發展；而此處的天命，雖來有傳統，但實際是爲了加強性的普遍性、不易性而提出的，所以《中庸》不是在天命上立腳，而是在性上立腳，由是而由‘盡己之性’到‘盡人之性’‘盡物之性’的提出，這即是自我的升進、完成，由此所展開的即是道德有機體的人文世界。”① 也就是說，“天”的含義，乃是由人心而推擴出去的，而顯現出來則是由上而下落的。徐先生的這一論斷，發前人所未發，意義巨大。

而“天命之謂性”更大的意義在於：“平等”。徐先生說：“‘天命之謂性’的另一重大意義，是確定每個人都是來自最高價值實體——天——的共同根源；每個人都秉賦了同質的價值；因而人與人之間，徹底是平等的。”我們通常都認爲，平等觀念來自於近代的西方。中國文化缺乏一種平等精神。其實，這完全是一種偏見和誤解。因此可以說，只有在天命之謂性的這一觀念之下，人的精神，才能在現實中生穩根，而不會成爲向上漂浮，或向下沉淪的無常之物。因此，在徐先生看來，這一觀念與近代西方“天賦人權”觀念有同等的意義。對於中國文化中的“平等”觀念，徐先生後又有《中國文化中“平等”觀念的出現》等專論，提出“人生而平等，乃先秦儒家之通義”等重要論斷，可見其對於儒家思想之詮釋與表彰的努力。

那麼，儒家在人格的境界上又有不同等級的區分，這與平等觀念是否相悖呢？徐先生深刻地指出：“人格的平等，與人格價值的等級性，這是不可混淆，而又不可分離的兩個概念。只要承認價值觀念，便必須承認價值之等差觀念。必如此而後始有精神之向上可言，有人道之可言，有文化之可言。”這對於糾正今人對於人格境界說之誤解，大有啓示。

（三）率性之謂道：殊共統一

緊接着“天命之謂性”的第二句是“率性之謂道”。徐復觀指出：“‘道’的意義，應當從兩方面來加以規定。從各個人來說，是人之所以爲人的價值的顯現；如此，便是人；不如此，便不是人。從人與人的相互關係來說，道即是人人所共由的道理。”這句話的意思就是說，“道即含攝於人性之中，人性以外無所謂道”。爲什麼這樣講呢？徐先生依然重視性與生命生活的密切關聯。他說：“順性而發的道，是與人的生命、生活連在一起，其性格自然是中庸的。”那麼，順着個人之性所發出來的，就是中庸之道。不過，這樣的“道”一方面有個體所顯現的“特殊性”，同時又因爲人所共由而居於“普遍性”。因爲有前面“天”的根據，所以，“在特殊性之中，同時即具有普遍性”。每個人的庸言庸行就是天命的“呈現”“流行”。因此，中庸既是經驗的，同時又是超

① 徐復觀：《程朱異同》，《中國思想史論集續篇》，第532頁。

經驗的，是被限定的，同時又是無限的。在這裏，道德的無限性方得以呈現出來。徐先生指出："顯天命於中庸之中，這才是孔子學問的基本性格。"

因此，這種"中庸"乃是經驗與超經驗的統一，是有限與無限的統一，是特殊性與普遍性的統一，也是理想與現實的統一。"由承認現實與理想之距離，並由現實中追求理想，使理想實現于現實之中，卒之，將理想與現實打成一片，這是《中庸》思想的中心，亦即儒家全部思想之中心。"

（四）未發乃慎獨之結果

"喜怒哀樂之未發，謂之中；發而皆中節，謂之和。"這是《中庸》對於中與和的定義。但是自古以來對於"未發""已發"的問題，有諸多的爭論。在徐復觀看來，即使是二程與朱子，在這個地方的理解也存在偏失。

徐先生將"未發"與"慎獨"關聯起來予以解釋。徐先生認爲，"慎獨"是針對人的生理欲望壓抑和掩蓋天命之性而來的工夫。他說："所謂獨，實際有如《大學》上所謂誠意的'意'，即是'動機'；動機未現於外，此乃人所不知，而只有自己才知的，所以便稱之爲'獨'。"徐先生的這一看法，可以從《大學》中得到證明。"所謂誠其意者：毋自欺也，如惡惡臭，如好好色，此之謂自謙，故君子必慎其獨也"。

慎獨就是一種戒慎、謹慎、省察的工夫。省察什麼？省察自己的意念初動是出於性，還是出於欲望？也就是要保證自己的意念"率性"。而這種"慎獨"的標準，正是天命之性所發生的作用。所謂"性在一念之間，立可呈現，而不知其所以然，所以古人便說這是天所命的。"

而"未發"便是接着"慎獨"而言的。給天命之性以擾亂的是由欲望而來的喜怒哀樂。徐先生指出："這裏的所謂喜怒哀樂之未發的'未發'，指的是因上面所說的慎獨工夫，得以使精神完全成爲一片純白之姿，而未被喜怒哀樂所污染而言，即是無一毫成見。"那麼，何以不說"謂之性"而說"謂之中"呢？徐先生解釋："'中'是不偏於一邊的精神狀態而不是性。""但所以能夠'中'，及由'中'所呈現的，卻是性。性是由天所命，通物我而備萬德，所以便說'中也者天下之大本'。"

徐先生指出：《中庸》假定聖人是生而即誠的，其餘的人，則系由一套工夫（修）所積累的成果。這裏的工夫包含"尊德性"與"道問學"這樣內外兩個方面，是兼顧與合一的。向內的工夫就是慎獨，嚮往的工夫就是"明善"而"擇善固執"。

在這裏，徐先生對於二程及朱子進行了批評。他指出，程子最大的問題在於將"喜怒哀樂"與"思"混爲一談，即是將"思"當作"已發"，導致其對於"中"的參證，"連思也不敢用上"。在徐先生看來，"思"便是"慎獨"的工夫，或者說慎獨本身就是一種思。朱子也同樣如此。徐先生將這種誤解稱之爲"死巷"。應該說，徐先生的這一看法極其深刻，這對於《中庸》所謂"未發"是極其重要的。

（五）誠即是仁

根據徐先生的看法，《中庸》分爲上下篇，而上下篇的思想是一貫的，即在“以仁來貫通”這一點上是“完全一致的”。但是，《中庸》下篇談的卻是“誠”，仁字只出現了兩次。怎麼來理解“以仁來貫通”呢？

徐先生指出：“《中庸》下篇，是以誠爲中心而展開的。”正如“中和”在上篇的分位一樣，下篇中“誠”也居於這樣一個核心地位。在上篇，以中和爲橋梁而使中庸通向性命，使性命落下而實現爲中庸。下篇則進一步以誠來把性命與中庸，天與人，天與物，聖人與凡人，融合在一起。在下篇，以誠言性，顯然是持性善論的。但是孟子以心言性善亦顯然是受到了《中庸》這一思想的影響而進一步展開和發展的。

爲什麼《中庸》如此強調誠？徐先生解釋説：“就我的推想，因爲仁有各種層次不同的意義；誠則是仁的全體呈現；人在其仁的全體呈現時，始能完成其天命之性，而與天合德。而且誠的觀念，是由忠信發展而來；説到誠，同時即扣緊了爲仁求仁的工夫。”他進一步強調，誠不是形而上的本體，不是思辨。這是儒學與西方形而上學的截然不同處。誠包含着“成己成物”這樣“内外”兩個方面。“把成就人與物，包含於個人的人格完成之中，個體的生命，與群體的生命，永遠是連結在一起，這是中國文化最大的特性。這種地方，只能就人性的道德理性自身之性格而言。”

徐先生認爲，“誠者天之道也”是就人完全實現了天命之性而言的。他認爲，這裏的天之道“實等於‘天之命’”。這裏，徐先生對誠與天道的關係的理解，是與眾不同的。如果以此來解釋，那麼“誠之者，人之道也”應該如何把握呢？如果説，“天之道”等於“天之命”，那麼“人之道”又當如何理解呢？是否可以説“人之道”就是“人之命”？這還是需要商榷的。“天之道”與“天道”可以等同，但是“天之命”與“天命”則有差異。但是，徐先生指出：“先秦儒家若就天地而言誠，亦系由人身之誠而推擴言之。”這一説法無疑是富有啓發意義的。這與上文提到他將“天”視爲“先天”的存在是一致的。

徐先生指出：誠即是性。同時，誠即是中庸。也就是説，中庸、仁與誠在某種程度上是同一，即皆是性（這裏的性，自然是“天命之謂性”的那個性）。因此，誠絶非神秘的境界，而是中庸的境界。而這種中庸境界的最佳呈現則是聖人。徐先生説：“上篇多本孔子對一般人的立教而言中庸，下篇則通過一個聖人的人格——亦即孔子，來看性命與中庸之渾淪一體，即所謂‘尊德性而道問學，致廣大而盡精微，極高明而道中庸’，亦即所謂誠”。

三、中庸政治之闡發

徐復觀先生除了對《中庸》之重要概念做了詮釋之外，更在對“政治”的言説中，將“中庸”視爲“政治”的根本。他提出了“中庸政治”“政治的中庸”等概念。“中庸政治”的提出，實際上是徐先生詮釋“修道之謂教”的結果。

徐復觀先生認爲，“修道之謂教”這一句話“是儒家對政治的一種根本規定”。在這裏，顯現出徐復觀先生對於政治的敏感性。這得力於他“學術與政治之間”的雙重思考，顯然是其《中庸》詮釋中的亮點所在。我們知道，以徐先生、牟宗三諸位先生爲代表的臺港新儒家，是主張“老内聖”開出“新外王”的，所謂新外王就是顯現於西方的科學與民主。尤其是徐先生終其一生，爲了實現此一目標而不斷鬥争，與此同時，他也在理論上去挖掘中國文化尤其是儒家思想中的“德治”“民主”等積極的思想精華，批判歷史上與現實中一直存在的專制主義政治。這是徐先生不同于牟、唐等先生的地方。這一點我們通過先生的論著目録就能窺見。徐復觀在去世之前發表的題爲《中國傳統文化中的性善説與民主政治》一文，依然開宗明義地指出：“中國興亡絶續的關鍵，在於民主政治的能否建立。中國傳統文化在今後有無意義，其決定點之一，也在於它能否開出民主政治。在傳統文化能開出民主政治，不僅是爲了保存傳統文化，同時也是爲了促進民主化的力量。我三十年來在文化上所傾注的努力，主要是指向這一點。”

他在詮釋《中庸》的過程中，也在着力表彰其中所蘊含的民主因素。他認爲，實現中庸之道的即是政治之教，亦即是政治。中庸之道，出於人性；實現中庸之道，即是實現人性；人性以外無治道。違反人性，即不成爲治道。他將後文出現的“以人治人”“凡爲天下國家有九經”與“修道之謂教”聯繫起來，指出：以人治人，是指政治領導者不以自己意志去治人，而是以各人所固有的中庸之道去治人，“實則是人各以其中庸之道來自治”。他進而指出：“中庸之道的政治，用現在的觀念來表達，實際即是以民爲主的民主政治。”這一斷語，是徐先生對中國文化所蘊含的“民主”因數的一種掘發。當然，他接着就指出，由於古代受時代的限制，未能從制度上把民主政治建立起來。但同時他也強調，西方的民主制度，“只是外在的對立勢力的抗争中逼出來的，尚欠缺每人由性所發的中庸之道的積極内容，所以便會不斷發生危機。”他在很多地方，一再強調儒家的民本觀念、德治思想、道德意識，都是西方民主政治所欠缺的根基。他深刻地指出：民主來源於對人性的信任。這是與我們一般的“常識”所悖逆的。習慣的説法是，西方的民主制度建基於對人性的幽暗的警惕，而儒家的性善説則對於人有過分的信任，所以無法重視制度的建構，因此民主也僅僅停留在觀念裏而不能落地。但是，徐先生則不同意這樣的論調。在他看來，儒家的民本觀念、德治主義與民主政治是内在貫通的。對於徐先生這一論斷，肖濱進行了批評。①

徐先生所以肯定性善與民主的關係，實則在於這樣一種看法：中庸之道，在政治上

① 肖濱：《徐復觀重構儒家政治文化的三個層面》，《徐複觀與中國文化》，第317頁。

實現，必須根據於仁。此即《中庸》“修道以仁”的內在意蘊。因爲仁才有推己及人的擴充的力量，尊重每一人的人性，消解權力意志，使人人各遂其性。職是之故，“儒家言道德，必以仁爲總出發點，以仁爲總歸結點。”不僅修身如此，儒家的教也是如此。他指出：“率性之謂道的道是仁，修道之謂教的教也是仁。”儒家言政治，“是以仁來貫通的”。這正是儒家“内聖外王”的思路。

本于這一立場，徐先生將“中”視爲政治的應然。他在《論政治的主流》一文中强調：“在人類政治生活歷史中，本有一條時隱時現而絶不曾斷滅的主流，我勉強稱之爲‘中’的政治路線。”他不僅分梳出西方政治思想中的中的政治路線，尤其是強調民主政治，自然是中的路線。而且更指出，在中國幾千年的政治思想，“中”無疑是其中的“一貫之道”。他在另一篇文章《中庸政治領導人物的古典形相》中，接着上文提出的問題，更拈出了中國歷史上尤其是《中庸》所記載的“中庸政治領導人物的古典形相”。他從“子曰：舜其大知也與!”一章入手剖析，指出“好問而好察邇言”乃是政治人物“大知”的表現。徐先生將“邇言”解釋爲“社會輿論”①，指出“這種淺近之言，乃真正政治問題之所在”。因爲這種邇言反映的是民眾的好惡。徐先生指出，“政治上最高的原則，永遠只是‘民之所好好之，民之所惡惡之’。”接着，徐先生就“執其兩端用其中於民”一句進行了詮釋。徐先生指出：“政治上的是非利害，是來自社會組成分子的實際生活，永遠是相對的，永遠是有兩端的。”因此，“只有將對立的兩端的意見，加以調和折衷，使各階層、各方面的利益，能得到合理的調劑，以凝結成統一的政治社會發展的大方向。”最後，他還是將論述的重點放在了民主政治上。這是徐先生一貫的立場了。

徐先生在《正常即偉大》的短論之中，再次就《論語》及《中庸》所揭櫫的“中庸之道”與政治的關係發表了看法。他以“正常”來解釋中庸，進而指出民主政治對於中庸之道在政治上落實的必要性。應該説是極爲深刻的卓見。

對於徐復觀先生古典儒學的新解釋、新詮釋，有不少學者已經做了深入的研究。比如黄俊傑先生便將徐復觀先生的古典儒學詮釋學的方法歸結爲“脈絡化”的“作爲政治學的儒家詮釋學”。什麽是“作爲政治學的詮釋學”？黄俊傑認爲，徐復觀先生的儒學新詮是典型的“作爲政治學的儒家詮釋學”，這也是具有中國文化特色的詮釋學。這種詮釋學的發生學基礎不是本體論或知識論，而是政治經濟學或政治社會學。它本質上不是存有，而是活動，它不能停留在本體界中，它強烈地要求落實在現象界，以貫通知識活動與實踐活動，並將兩者融合而爲一體。也因此，這種詮釋活動很能産生内在動

① 1955年，徐復觀先生作《我所瞭解的蔣總統的一面》，便呼籲政治領袖應該培養並接受輿論。由此我們看出，徐先生對於古典的詮釋，時刻關注着現實。

力，使詮釋者與他所詮釋的經典之間建立強烈的互爲創造性的關係。[①] 黄氏指出：徐復觀對於儒家思想所作的詮釋，對儒家最大的貢獻乃在於重新開發二千年來鬱而不彰的古典儒家政治思想中的人民主體性，使其與現代中國所需的民主政治相接榫，從而在20世紀爲儒學創造新生的契機。[②] 黄俊傑的這一認識，是十分準確的。我們通過徐復觀對於《中庸》的詮釋，便能清楚地看到這一特點。

總之，徐復觀先生對於《中庸》的詮釋富有新意，頗多創獲，當然也存在一些誤解與偏失。無論正反，都對今人重新疏解《中庸》及儒家思想史有重要的啓示。

① 1955年，徐復觀先生作《我所瞭解的蔣總統的一面》，便呼籲政治領袖應該培養並接受輿論。由此我們看出，徐先生對於古典的詮釋，時刻關注着現實，第259頁。

② 1955年，徐復觀先生作《我所瞭解的蔣總統的一面》，便呼籲政治領袖應該培養並接受輿論。由此我們看出，徐先生對於古典的詮釋，時刻關注着現實，第260頁。

裴松之儒玄結合思想及對《三國志注》的影響*

曲阜師範大學傳媒學院　董廣偉

摘　要　裴松之源出河東裴氏家族，有着博學尚儒的家學家風，但在魏晉社會思潮的影響下，裴氏家族亦漸染玄學，形成了儒玄結合的特点。裴松之南渡後，受當時時代風尚和政治形勢的影響，也出現了與主流思想不太相符的音符，更爲關注個體生命的價值，關注個體人物的價值和意識的高揚。其注重人物獨特的精神氣質的描寫，個體意識的展現，使得史書的撰寫注重細節化、形象化、人物個性化，爲《三國志》增添了濃厚的文學色彩。

關鍵詞　裴松之　個體意識　士族　人物品評　三國志注

一、裴松之家族地位的變遷及裴松之個人經歷

從《宋書·裴松之傳》知裴松之屬河東聞喜裴氏家族。河東裴氏的高門顯位可由史籍記載看出，《晉書·裴憲傳》中記載，當時另一個顯赫的高門大族是王氏，而“裴、王二族盛于魏晉之世，時人以爲八裴方八王：徽比王祥，楷比王衍，康比王綏，綽比王澄，瓚比王敦，遐比王導，頠比王戎，邈比王玄”①，《世説新語·品藻》中亦有同樣記載，可見河東裴氏在當時的閥閱地位。但在東晉時，河東裴氏的顯要人物未能與琅琊王氏同下江南，這導致“裴氏家族没有在東晉政權中取得相應的地位，以繼續發揮像王氏家族那樣的政治作用”②。南下的裴氏可分爲三支：一是裴松之一支，早在西晉永嘉（307－313）之亂後即遷移江南，寓居建康；另一支是裴邕支，屬南來吴裴氏，渡江居襄陽；再一支是裴邃支，屬中眷裴氏，於義熙（405－418）年間寓居壽陽。這三支

* 基金項目：山東省社會科學基金資助項目。（15CWXJ06）

① 《晉書》卷三十五《裴憲傳》，第1052頁。

② 田余慶著：《釋“王與馬共天下”》，載《東晉門閥政治》，北京大學出版社1989年版，第10頁。

中，以裴松之這一支遷居最早，應屬北方移民江南的第一個時期。逯耀東先生推測裴松之上一代或與東海王越妃裴氏同族，渡江後投奔她。[①] 據田余慶先生考證，司馬睿受東海王越命令偕王導南渡建鄴，這其中裴妃起了重要作用，《晉書·東海王越傳》說“初，元帝鎮建鄴，裴妃之意也，帝深德之，數幸其第”，田先生認爲這樣説有所不確，“裴妃對促進司馬睿與王導南渡是起過巨大作用的。但把渡江大事説成只是裴妃個人的意願促成，也不妥當”[②]，可見裴氏對司馬睿政權的建設是起了重要作用的。裴妃在永嘉之亂中被擄賣，“東晉既建，始得過江。司馬睿爲報答司馬越和裴妃恩德，以皇三子沖奉越後，以毗陵郡爲其封國，又以毗陵犯世子諱，改名晉陵”[③]，後來裴妃“請招東海王越魂卜葬廣陵，元帝特許之”[④]，由此可見裴妃在東晉王朝的特殊地位。裴松之一支或許投奔了她，也是極有可能的。從後來另外兩支裴氏家族的地位不甚顯要來看，裴松之家族或許南渡後與裴妃有聯繫，裴松之家成員的官職和地位等或可説明一二。本來由於河東裴氏的顯要人物未能與琅琊王氏同下江南，而琅琊王氏在東晉政權的建立過程中又有翼戴之功，正所謂“王與馬，共天下”[⑤]，裴松之這一支屬的勢力相對而言要遜弱了許多，因此儘管其渡江較早，其家族地位較琅琊王氏、陳郡謝氏、太原王氏等已稍遜一等。但據《宋書·裴松之傳》記載，裴松之的祖父裴昧任光禄大夫[⑥]，父親裴珪爲正員外郎，這是皇帝的近侍官之一，往往由世族壟斷的清流之官担任，這也説明裴松之家族因其父祖的努力及裴氏家族原有的社會地位的影響，也或許有裴妃的幫助，已進入了中央政界，得到了東晉政府在某種程度上的重用。

晉孝武帝太元十六年（391 年），即裴松之二十歲時，開始步入仕宦生涯，任殿中將軍一職，這屬於清選之官，一般爲甲族才望之人擔任。《宋書·百官志下》“殿中將軍”條下云“晉孝武太元中，改選，以門閥居之”[⑦]，後又被任命爲員外散騎侍郎，《宋書·謝弘微傳》説“晉世名家身有國封者，起家多拜員外散騎侍郎”[⑧]，可見這仍是由世族擔任的官職。這似乎爲裴松之的仕進打開了一條通道。但不幸的是，在義熙（405－418）初年，裴松之出任吴興郡（今浙江吴興）故障縣令，這是世族子弟所不齒於擔任的外職官員。爲何會由清流之官降爲寒門人士才擔任的官員，史闕不詳，也許與

---

① 逯耀東著：《魏晉史學的思想與社會基礎》，第 233 頁。

② 田余慶著：《釋“王與馬共天下”》，載《東晉門閥政治》，第 18 頁。

③ 田余慶著：《釋“王與馬共天下”》，載《東晉門閥政治》，第 18 頁。

④ 田余慶著：《東晉門閥政治》，第 36 頁。

⑤ 《太平御覽》卷四百九十五引《晉中興書》，河北教育出版社 2000 年版，第 1077 頁。

⑥ 安作璋主編《簡明中國歷代官制辭典》説“光禄大夫爲魏、晉時爲加官及禮贈之官”，齊魯書社 1990 年版，第 114 頁。

⑦ 《宋書》卷四十《百官志下》，第 1250 頁。

⑧ 《宋書》卷五十八《謝弘微傳》，第 1591 頁。

統治階級的内部矛盾鬥争有關，也許與時局的變化有關。因爲這時一流的世族如琅琊王氏、太原王氏、陳郡謝氏、潁川庾氏等大族基本是以軍權謀求門户利益，這也是東晉門閥世族的一個特點，故其家族中有不少人都是軍功赫赫的名將，他們把持軍政並以此來保證家族地位的鞏固，田余慶先生所言“要維持士族地位於不墜，要使士族門户利益得到政治保障，必須有本族的代表人物居於實力地位才行。這也就是唐長孺先生所論‘計門資’還要同‘論勢位’相聯繫”[①] 正是對這種情況的反映。就在裴松之被免掉殿中將軍一職時，其岳父庾楷還想讓他去擔任新野太守一職，即爲明證。然這時朝中正有主相之争，田余慶先生曾指出，庾楷曾在這場政治鬥争中党附司馬道子，而後庾楷發現“值此際會，首要的事是保全門户，而不是死助一方”，於是庾楷又倒向王恭，結果死於這場争鬥中。史臣曰“庾君含怨，交鬥其中”，正説明了這種情況。[②] 這種局勢對裴松之是否有影響不得而知，但保全門户應該是他所關切的事情。不管怎樣，裴松之兢兢業業地做事，“在縣有績”，因此不久又回到建康任尚書祠部郎，掌管祭祀之事。關於他的政績，史載不多，《宋書·裴松之傳》僅列其上疏禁私碑一事，認爲當時私立碑文有違事實，要求加以限制，“庶可以防遏無征，顯彰茂實，使百世之下，知其不虚，則義信於仰止，道孚與來葉”[③]。這一上疏，對當時虚自標榜的風氣給予了揭露，對寒流、世族的自我吹嘘也都有一定的震懾作用。此時東晉政權内部的矛盾鬥争還是極其複雜尖鋭的，淝水之戰後，東晉王朝並没有趁機繼續擴大勝利的戰果，而是滿足於苟安江南，並展開了中央與方鎮、王室與世族乃至王室内部的錯綜複雜的鬥争，這場争鬥沉重打擊了東晉王朝的勢力，政權逐步落入雖出身士族但實際已降爲寒門的北府兵將領劉裕手中。劉裕爲了緩和國内的階級矛盾，滿足江南人民抗敵要求，同時也爲了打擊世家大族的勢力，掃清稱帝障礙，興兵北伐，裴松之以州主簿、轉治中從事史的身份跟隨北伐。攻佔洛陽後，裴松之便居州從事，從而對洛陽的歷史有了直觀的瞭解。後因其具有“廊廟之才，不宜久屍邊務，今召爲世子洗馬”[④]，又回到了建康。逯耀東先生明確指出，“‘洗馬’之職是清官中的清官，甲族才能任此職。從裴松之起家爲殿中將軍，又任太子洗馬，可知裴松之是當時第一流的世族”[⑤]，這就決定了他的社會地位和與之相關的思想。應該説，裴松之這一支還在朝廷中位列世族，擔任了一些清流官職，已很不易，他們家族主要人物没有南渡，自然無法像王氏家族那樣在政治上發揮巨大的作用，但這應該也使得他清楚地看到了統治階級之間的争鬥，看到了朝代的更替，世族地位的變化，家族

① 田余慶著：《東晉門閥政治》，第 206 頁。

② 田余慶著：《東晉門閥政治》，第 280 頁。

③ 《宋書》卷六十四《裴松之傳》，第 1699 頁。

④ 《宋書》卷六十四《裴松之傳》第 1699 頁。

⑤ 逯耀東著：《魏晉史學的思想與社會基礎》，第 233 頁。

的升降等，對他的思想應該産生了較深刻的影響。他的任職，一方面是原有家族地位的影響，另一方面應該是他自己政績所致，尤其世族的受打擊，應使得他比較重視家學的延續。我們從其傳記中看不到他參與談玄的記載，史載其“立身簡素”，但從其他方面分析，裴松之的思想還是受到了時代風尚的影響，表現出了與傳統儒學有些不一致的地方。

二、裴松之的思想及對史學的影響

具體而言，一是對世族地位的重視與維護。裴松之既位居世族，則世族人士所重視的一些事情他同樣也很注重。首先表現爲重視婚宦。《宋書》本傳稱“舅庾楷在江陵，欲得松之西上”，舅在古語中可指妻之父，又稱外舅，簡稱舅，則松之妻應爲庾楷之女，庾楷是征西將軍庾亮之孫，而穎川庾氏是有名的世家大族，甚至一度取代王氏，“用庾與馬共天下代替‘王與馬共天下’”[①]。在東晉，有名的政治家、軍事家大都出自琅琊王氏、陳郡謝氏、穎川庾氏等，可見裴松之還是非常重視婚宦的，這是當時保持世族閥閱地位的一種重要手段，婚宦失類，在當時是極其嚴重的事情，不但有辱家族，甚至等同有罪行。馬端臨說：“魏晉以來，最重世族，公家以此定選舉，私門以此訂婚姻。”[②]，由此可見裴氏家族是極爲重視婚媾的，這也是時代思潮的影響。其次是重視禮制與譜牒。其重視家族的標誌還有一點就是對禮制的研習和對譜牒的看重。史載其在劉宋初年議立五廟樂，“松之以妃臧氏廟樂亦宜與四廟同”[③]，被武帝採納。庾炳之在徙爲丹陽丞後，因未到府，“疑於府公禮敬，下禮官博議”，裴松之表達了自己的看法，認爲“吏安可以未到廢其節乎”“宜執吏禮”[④]。此外，從裴松之《三國志注》中也可窺探他對禮制的重視，如《明帝紀》中記太和三年魏在洛陽設宗廟一事，裴松之據此認爲“黄初四年，有司奏立二廟，太皇帝大長秋與文帝之高祖共一廟，特立武帝廟，百世不毀。今此無高祖神主，蓋以親盡毀也。此則魏初唯立親廟，祀四室而已。至景初元年，始定七廟之制”[⑤]，可見其對曹魏廟制的設立情況很有研究，顯示了對禮制的嫻熟。景初元年又記魏宗廟用樂舞及廟的設立情況，裴松之引孫盛言談廟制，同樣顯示了對這方面的諳習。《后妃傳·文昭甄皇后傳》記明帝愛女死後，明帝爲之立廟、封爵等，裴松之同樣引孫盛言對於封小孩爵位及立廟等事進行評論，否定這種做法，仍是表現了對禮的熟諳，等等，類似的例子不再舉。而從裴松之著作來看，除《三國志注》以外，尚有

① 田余慶著:《東晉門閥政治》，北京大學出版社 1989 年版，第 137 頁。

② 《文獻通考·職役考》，轉引自蒙思明著《魏晉南北朝的社會》，上海人民出版社 2007 年版，第 115 頁。

③ 《宋書》卷六十四《裴松之傳》，中華書局 2003 年版，第 1699 頁。

④ 《宋書》卷五十三《庾炳之傳》，第 1517 頁。

⑤ 《三國志》卷三《明帝紀》“裴松之按”，中華書局 1987 年版，第 97 頁。

《集注喪服經傳》《裴氏家傳》，雖未流傳下來，但可以看出他對禮制及家傳的重視，這些都是世族當時所看重的學業。事實上，禮樂制度不僅是統治階級捍衛等級制度、維護尊卑上下有序的有力工具，對家族而言，它也同樣具有維繫宗法血緣關係、強化家族内部聯繫、突出家傳家教的功能。對禮樂的研習和秉持，既有利於參政議政，亦有利於鞏固家族地位，這也是爲何禮制在魏晉南北朝一直頗受重視的原因。因此不僅裴氏家族如裴松之、裴子野等都有關於禮的文集傳世，就是其他人如徐勉、何承天等人都著有《禮論》若干卷，可見人們對禮制的重視。再者表現爲注重通過政績維護家族地位。前面提到裴松之的政績史載不多，但從其家族地位而言，裴氏家族雖是世家大族，真正在朝中任重要職務的似乎没有或不多見。正如前所引田余慶先生所指出的："東晉士族門户的社會地位雖然在一定程度上具有世襲意義，但在法律上畢竟與封爵世襲不同。要維持士族地位於不墜，要使士族門户利益得到政治保障，必須有本族的代表人物居於實力地位才行"，或"某一士族秉權而能久于其任者，一般都是昆弟衆多而且名重一時，分居内外，彼呼此應，以維持家族勢力於不衰"[①]，而裴氏家族未在朝中掌權，同樣也没有這樣的實力派人物，尤其在其岳父庾氏家族勢力衰落後，要想維護自己家族的地位，對裴松之而言，只有依靠勤勤懇懇的工作以獲取政績來取得統治者的讚賞。因此可以看到《宋書》本傳對之的記載多是"爲吴興故障令，在縣有績"；劉裕北伐佔領洛陽後，裴松之"居州行事"，後被認爲是廊廟之才被召回；或出使湘州，回來提交了一份完美的報告，得到一番稱讚"甚得出使之義"；另外對世立私碑，有違事實的現象提出看法和建議，出爲永嘉太守，"勤恤百姓，吏人便之"[②] 等，都反映了他想通過努力工作，勤勤懇懇，以獲取政績來維護家族地位和利益的事實。然而，裴松之除了實務性的工作之外，更爲擅長的是在學術方面的才能，《宋書》本傳稱其所著文論及《晉紀》並行於世，是知他的成就展示在這一方面，他同時還著有《裴氏家傳》，也顯示了他同當時的士族文人一樣，是關注家族、關注傑出人物的，其實也是關注自我、關注生命的表現。史載劉宋皇帝如劉裕、劉義隆等都非常重視文化建設，尤其宋文帝劉義隆，愛好廣泛，文史兼通，在重視吏治的同時也比較重視任用文義之士，這些都爲裴松之提供了有利條件，因爲裴松之本人正是兼具這兩方面的才能的。事實也證明，他正是通過爲《三國志》作注得到了宋文帝本人的賞識，稱爲"此爲不朽矣"，由此爲家族文化的傳承奠定了良好的基礎，同時也進一步維護了家族的地位和利益。

二是受時代思想的影響。首先表現爲對玄學有所瞭解。在魏晉南北朝時期，大多數士族都由儒入玄，裴氏家族也未能例外，然對裴松之的思想，學界一直認爲他是堅定的

① 田余慶著:《東晉門閥政治》，第186頁。

② （唐）李延壽撰《南史》卷二十三《裴松之傳》，中華書局2008年版，第863頁。

儒學人物，目前我們也没找到他談玄的有關記載，但這並不能完全説明他對玄學的否定。事實上，漸染玄學並不意味着對儒學的排斥，如其岳父庾楷的祖父庾亮出入玄儒，具有儒學與玄學雙重的内涵，但庾亮本人“雖好談玄學，卻不非儒，不廢儒家禮法事功。所以本傳稱他‘風格峻整，動由禮節，閨門之内不肅而成’，‘時人皆憚其方嚴’”①，因此我們並不能完全説裴松之的思想就没有接受時代影響，没有任何變化。雖然並不能説裴松之的思想已染玄學，但至少可以肯定地説，他並不排斥玄學，這其實也是他的家學特徵，像裴楷、裴遐等人都是談玄高手，已顯示其家族受時代特點的影響而出現的變化，則裴松之雖未必沾染玄學，至少應該不陌生，或者説，比較熟悉，南朝社會重人物，品德、學問、風流、清談等都是他們所看重的風流學養，裴松之身處世族這一環境中，時代特徵又如此顯現，有所瞭解是很正常的。如在《上三國志注表》中言：“臣聞智周則萬里自賓，鑒遠則物無遺照，雖盡性窮微，深不可識，至於緒餘所寄，則必接乎粗跡。”對此，柳詒徵先生就已指出：“南朝學者，多嗜玄學，故氏先從原理説起，以史事爲粗跡，爲學者之緒餘。”其下裴松之言“伏惟陛下道該淵極，神超妙物，輝光日新，郁哉彌盛，雖一貫墳典，怡心玄賾，猶復降懷近代，博觀興廢”，雖是盛讚皇帝，然正如柳詒徵言“此又以玄學之高，襯托史學”②。從這裏的敘述和柳詒徵先生的闡釋中，我們就已看到，裴松之是受了玄學的影響的，或者説，他對玄學很熟悉，並且在自己的著述筆觸中已顯示出來，通過借用玄學的表述來闡發史學，這是極爲明顯的例子。

其次裴松之受當時士人個體意識覺醒的影響，非常關注人，關注生命的價值，反映了生命意識的覺醒。魏晉以來，隨着個體意識的覺醒，士人在戰亂與疾疫的雙重打擊下充分體驗到了死亡的恐懼和生命的可貴，如許靖在給曹操的信中説“靖尋循渚岸五千餘里，復遇疾癘，伯母殞命，並及群從，自諸妻子，一時略盡。……生民之艱，辛苦之甚，豈可具陳哉！”③ 可見許靖已充分體驗到了生命的脆弱與可貴，在直面死亡威脅的同時也對生命有了強烈的感悟。而士人在其後暢談玄學、體悟自然、領略内心的自覺等的影響下，更深刻地領會到生命的内涵。如謝安就曾對王羲之説“中年傷於哀樂，與親友别，輒作數日惡”，王羲之説“年在桑榆，自然至此”④，二人表達了對生命衰老的傷感和比較達觀的不同看法，王恭認爲《古詩十九首》中最好的詩句就是“所遇無故物，焉得不速老”⑤，是時光的飛速流逝折射了人的生命的衰老，因此如何對待生命、關注

① 田余慶著：《東晉門閥政治》，北京大學出版社 1989 年版，第 108 頁。

② 柳詒徵：《劬堂隨筆——讀〈三國志〉》，《中國歷史文獻研究集刊》第四集，第 168 – 169 頁。

③ 《三國志》卷三十八《許靖傳》，中華書局 1987 年版，第 964 頁。

④ 楊勇校箋：《世説新語校箋》第一册《言語》，中華書局 2006 年版，第 107 頁。

⑤ 楊勇校箋：《世説新語校箋》第一册《文學》，第 255 頁。

生命是很重要的，如王羲之認爲生命只是宇宙間的一個過程，自言“固知一死生爲虚誕，齊彭殤而妄作”①，表達了對生命的深深的熱愛和感悟，將内心的自覺和對生命意識的深刻理解展現了出來，充分體現了對真正獨立人格的追求與個體意識的高揚。正是這種對生命的關注和重視，深刻地影響了裴松之，這在《三國志注》中有較充分的體現。它主要表現爲對軍閥屠戮百姓的憤恨，對個體生命的重視。第一是表現爲對統治者傷害百姓的不滿與憤恨，如《董卓傳》裴松之評論董卓的殘暴行爲，認爲“董卓自竊權柄，至於隕斃，計其日月，未盈三周，而禍崇山嶽，毒流四海。其殘賊之性，實豺狼不若。‘書契未有’，斯言爲當”②，明確表達了對董卓殘害百姓、禍亂國家的行爲的痛恨。《賈詡傳》中記賈詡建議李傕、郭汜帶兵攻長安，裴松之對此是痛恨不已，説“臣松之以爲傳稱‘仁人之言，其利博哉’！然則不仁之言，理必反是。夫仁功難著，而亂源易成，是故有禍機一發而殃流百世者矣。當是時，元惡既梟，天地始開，致使厲階重結，大梗殷流，邦國遘殄悴之哀，黎民嬰周餘之酷，豈不由賈詡片言乎？詡之罪也，一何大哉！自古兆亂，未有如此之甚”③，以痛心疾首的情感表達了對賈詡此舉給百姓和國家造成的巨大災難的憤恨，表達了對殘害百姓的人的極度不滿。《于禁傳》記于禁舊友昌豨曾叛曹，曹操讓于禁征討，後昌豨投降于禁，但于禁仍將其殺死，裴松之對于禁的這種行爲也很不滿，説他“不爲舊交希冀萬一，而肆其好殺之心，以戾眾人之議”實在是無法原諒的行爲，所以當于禁後來成了蜀國俘虜，又在死後被加以惡謚時，裴松之説“宜哉”④，痛快地表達了他認爲于禁活該的心情。同樣的行爲還有陸遜，《陸遜傳》記嘉禾五年陸遜派遣周峻等人率兵偷襲石陽，“斬首獲生，凡千餘人”，對此行爲，裴松之同樣不滿，質問爲何要“潛遣諸將，奄襲小縣，致令市人駭奔，自相傷害？俘馘千人，未足損魏，徒使無辜之民横罹荼酷，與諸葛渭濱之師，何其殊哉”⑤，明確地指出這種行爲“徒使無辜之民横罹荼酷”，所以他後來“祚無三世，及孫而滅，豈此之餘殃哉”，也是反映了對陸遜傷害百姓、不愛護人民的極度不滿和對陸遜家後來遭遇的幸災樂禍的心情。其他還有如孫權派人去公孫淵處宣達賜命，不顧眾人只派數百人護送的建議，派遣了將兵萬人左右，結果導致兵没，裴松之明確地説“是何不愛其民，昏虐之甚乎”⑥，對孫權的行爲提出了強烈的質問。還有《滿寵傳》記滿寵拷問楊彪事，裴松之也直斥爲“酷吏之用心”。許靖爲避孫策兵而率眾人去交州，自言到交州後計爲兵害

① 《晉書》卷八十《王羲之傳》，中華書局1996年版，第2099頁。
② 《三國志》卷六《董卓傳》“臣松之以爲”，第217頁。
③ 《三國志》卷十《賈詡傳》“臣松之以爲”，第328頁。
④ 《三國志》卷十七《於禁傳》“臣松之以爲”，第524頁。
⑤ 《三國志》卷五十八《陸遜傳》“臣松之以爲”，第1351－1352頁。
⑥ 《三國志》卷四十七《吴主傳》“臣松之以爲”，第1139頁。

及病亡者，十遺一二，裴松之對他的這種行爲不理解也很不滿，説“許靖羈客會稽，閭閻之士，孫策之來，于靖何爲？而乃泛萬里之海，入疫癘之鄉，致使尊弱塗炭，百罹備經，可謂自貽矣”①，許靖雖是無心或是好意，但結局是導致了衆多人死亡，因此這種行爲同樣該抨擊。除了裴松之自己的評論外，他還引用他人的評論對這種殘害百姓，不愛護百姓生命的行爲進行批評，如朱桓殺左右人員及對之勸諫者，裴松之引孫盛言發表看法，批評朱桓是“桓之賊忍，殆虎狼也，人君且猶不可，况將相乎”②。吕岱將已投降的士徽等人殺死，裴松之也同樣引孫盛言評論説“吕岱師友士匡，使通信誓，徽兄弟肉袒，推心委命，岱因滅之，以要功利”，由此可知“吕氏之祚不延者也”③，依然表達了對吕岱殺害士徽等人的生命的憤恨。而對愛惜百姓、珍惜人的生命的人物，裴松之則表示了欣賞與稱讚，如《黄權傳》記黄權在伐吴時因道路隔絶，不得不投降了曹魏，相關部門要將黄權妻子抓起來，劉備拒絶了，“待之如初”，裴松之以此和漢武帝相比，認爲劉備在這方面比漢武帝要强多了，“《詩》云‘樂只君子，保艾爾後’，其劉主之謂也”④，表達了對劉備由衷的稱讚。陸抗在吴晉邊境處同羊祜一樣採取不擾民的措施，裴松之也引習鑿齒之言給予了肯定。蔣琬和費禕遵循諸葛亮治國的成規而無所改革，確保了邊境的安寧和百姓的安居，裴松之認爲二人“未嘗徇功妄動，有所虧喪，外卻駱谷之師，内保寧緝之實，治小之宜，居静之理，何以過於此哉”，對二人的這種愛護人民的做法給予了充分肯定，對二人也給予了高度讚揚，等等。由這些論述，可以看出裴松之對愛護百姓、重視個體生命的思想的推崇和對殘害百姓、不珍惜人民生命的行爲的痛恨。盧建榮先生在其《裴松之歷史評論的思想根源——兼論尊經傳統的回應》一文中將裴松之的這一思想歸結爲裴松之具有人道主義價值觀，這是確然之論，但裴松之的這種對生命的重視實際是對時代思想的一種反映，是士人個體意識覺醒後所體現出的對個體的關注、對生命價值的重視的一種體現，它反映了裴松之也與時代的其他士人一樣，深刻體會到生命價值高於一切，不管是普通百姓還是士人，同樣都該珍惜生命，珍惜個體價值，這種思想還通過他對士人的行爲的評價表現出來。

第二是關注士人個體價值，高揚士人個體意識。如梁習和王思事，《梁習傳》記王思和梁習兩人都擔任曹操西曹令史，王思因向曹操回報事情時不符合曹操心意，曹操大怒，準備給王思重刑，恰好王思外出，梁習代之應對，結果被抓起來，正好王思跑回來“自陳己罪，罪應受死”，曹操感動，將之釋放。對這件事，裴松之評論説：“習與王思，同寮而已，親非骨肉，義非刎頸，而以身代思，受不測之禍。以之爲義，無乃乖先

① 《三國志》卷三十八《許靖傳》“臣松之以爲”，第966頁。

② 《三國志》卷五十六《朱桓傳》“孫盛曰”，第1314頁。

③ 《三國志》卷四十九《士燮傳》“孫盛曰”，第1193－1194頁。

④ 《三國志》卷四十三《黄權傳》“臣松之以爲”，第1044頁。

哲之雅旨乎！史遷云‘死有重於太山，有輕於鴻毛’，故君子不爲苟存，不爲苟亡。若使思不引分，主不加恕，則所謂自經於溝瀆而莫之知也。習之死義者，豈其然哉！"①這裏裴松之引司馬遷的話明確提出了士人之死要有價值，要死得其所，"君子不爲苟存，不爲苟亡"，要活得有尊嚴，高揚個體價值，而死也要"不爲苟亡"，同樣要體現出士人獨有的個體價值才可，但梁習這麼做談不上這點，"以之爲義，無乃乖先哲之雅旨乎"，因此對梁習之不愛惜自己生命、不珍惜個體價值的做法提出了批評，也顯示了裴松之本人對個體生命價值的重視，和對士人個體價值的關注，正是因爲這一思想，他對士人要有獨立情操、可以自由擇主而不必做無謂犧牲等都進行了充分表達。如《何夔傳》記曹操經常對掾屬進行杖打，何夔爲此常畜毒藥，誓死也不要受辱，裴松之引孫盛言認爲士人"苟有疵釁，刑黜可也"，但如果進行杖打就不是待士之道了，而士人也應該"度德投趾；可不之節，必審於所蹈"，所以那些有着高尚情操的士人"抗心于青云之表，豈王侯之所能臣，名器之所羈紲哉"②，強調了士人應有強烈的對個體生命的價值和尊嚴的意識，也正因此，士人才能"抗心于青云之表"，充分地表現出對個體的高揚的意識和自我價值的追求，也體現了對生命的尊重與生命價值的重視。《袁紹傳》記田豐因勸諫袁紹導致最後被殺，裴松之也引孫盛言表示"君貴審才"，但同時做臣子的也可以觀察一下主子是否可以依靠，如果不合適，當然有自由選擇的權利。"《詩》云‘逝將去汝，適彼樂土’，言去亂邦，就有道可也"③，明確地表達了士人的個體不受束縛的意願。又如臧洪因袁紹不發兵救張超而與袁紹鬧翻了，後被袁紹圍困殺死，裴松之引徐眾《三國評》批評臧洪何必誓守窮城而不知變通，結果導致身死殄民，實在令人悲哀，同樣明示了士人應懂得珍惜生命、不必做無謂犧牲的思想。

第三是認爲士人要懂得全身而處。由於強調自我意識，注重個體生命，士人們與其被險惡的政治環境吞滅，不如注重自身安全，懂得全身而處，在生活中尋求個體的價值，守住自己的精神家園。如《張温傳》記張温雖很有才華，但最終被廢，裴松之對此有感而發："張温之廢，豈其取名之多乎！多之爲弊，古賢既知之矣。是以遠見之士，退藏於密，不使名浮於德，不以華傷其實，既不能被褐韞寶，挫廉逃譽，使才映一世，聲蓋人上，沖用之道，庸可暫替！温則反之，能無敗乎？"④ 所以士人最重要的是要在險惡的社會環境中尋求自身安全，這是當時士人對生命意識覺醒的深刻體驗，也是高門玄學中人的自處之道，可見裴松之對時代特點領略是很深刻的。它充分反映了對個體生命價值的重視。又如《趙達傳》記趙達推算東南有王者氣，可以避難，因此渡江，孫

① 《三國志》卷十五《梁習傳》"臣松之以爲"，第470頁。

② 《三國志》卷十二《何夔傳》"孫盛曰"，第380頁。

③ 《三國志》卷六《袁紹傳》注引"孫盛曰"，第201頁。

④ 《三國志》卷五十七《張温傳》"臣松之曰"，第1334頁。

盛評論趙達此舉不能預睹魏承漢緒之兆，而流竄吴越，裴松之不同意孫盛觀點，指出："自中原酷亂，至於建安，數十年間，生民殆盡，比至小康，皆百死之餘耳。江左雖有兵革，不能如中國之甚也，焉知達不算其安危，知禍有多少，利在東南，以全其身乎？"① 同樣也指出了趙達注重全其身的正確性。總之，從裴松之《三國志注》中發表的史學評論中，可以窺見裴松之是受到當時時代特點深刻影響的，因而同樣出現了對生命價值的關注，個體意識的高揚和士人個體價值存在的重要意義的闡述，顯示了對生命内涵的深入領略和對生命意識覺醒的體悟。正是由於注重個體意識，更多地體現了他對人的關注，對人的價值的關注。

三是注重人物品評。這一時代特徵爲裴松之史注披上了濃厚的文學色彩。人物品評起源於漢代末年，東漢後期，外戚、宦官專權，共同把持朝政，東漢王朝面臨崩潰邊緣。作爲中流砥柱的士大夫階層對這一自毁基業的行爲自不能漠視，於是士人以清議形式展開對政治的批判，《後漢書・黨錮列傳序》記載："逮桓靈之間，主荒政謬，國命委於閹寺，士子羞於爲伍。故匹夫抗憤，處士横議，遂乃激揚名聲，互相題拂，品覈公卿，裁量執政；婞直之風於斯行矣。"② 這種具有明顯政治色彩的清議很快形成一股强大的輿論力量，"危言深論，不隱豪强。自公卿以下，莫不畏其貶議"③，終於導致了東漢歷史上兩次有名的"黨錮之禍"，幾乎把當時的所謂"清流"——士大夫官僚一網打盡，摒棄於政權之外。但這種"激揚名聲，互相題拂"的風氣並没有隨着黨錮之禍而停止，品藻人物的風氣就此興盛起來。《後漢書・許劭傳》言"許劭，字子將，汝南平輿人也。少峻名節，好人倫，多所賞識。若樊子昭、和陽士者，並顯名於世。故天下言拔士者，咸稱許、郭。……初，劭與（從兄）靖俱有高名，好共覈論鄉黨人物，每月輒更其品題，故汝南俗有'月旦評'焉"④，可見士人並不因政治的黑暗而停止對政治的評議和對人物的正確評價，士林的相互題拂轉而在社會上形成了一股强大的勢力，尤其月旦評逐漸成爲士人們品評人物的代言詞，經月旦評評論過的人物"所稱如龍之升，所墜如墜於淵，清論風行，高唱草偃，爲衆所服"⑤。如《後漢書・許劭傳》説袁紹就很畏懼月旦評，"（袁紹）去濮陽令歸，車徒甚盛，將入郡界，乃謝遣賓客，曰：'吾輿服豈可使許子將見。'遂以單車歸家"；曹操爲了得到許劭的評價，"伺隙脅劭，劭不得已，曰：'君清平之奸賊，亂世之英雄。'操大悦而去"⑥，都形象地反映了士人對這種

---

① 《三國志》卷六十三《趙達傳》"臣松之曰"，第 1426 頁。
② 《後漢書》卷六十三《黨錮列傳序》，中華書局 1987 年版，第 2185 頁。
③ 《後漢書》卷六十七《黨錮列傳序》，第 2186 頁。
④ 《後漢書》卷六十八《許劭傳》，第 2234－2235 頁。
⑤ 《謝承書》卷四《許劭傳》，載（清）汪文臺輯《七家後漢書》，河北人民出版社 1987 年版，第 74 頁。
⑥ 《後漢書》卷六十八《許劭傳》，第 2234 頁。

品評的重視。這種品評往往和人才推舉聯繫起來，得到好評的人往往會名聲大振，朝廷一般會根據名聲進行征辟，得以任用，所以這種品評很快得到士人的追逐，在社會上很快盛行起來。如郭林宗評袁奉高和黄憲“奉高之器，譬諸氿濫，雖清而易挹。叔度汪汪若千頃陂，澄之不清，淆之不濁，不可量也”①，李膺評價荀淑和鍾皓“荀君清識難尚，鍾君至德可師”②，等等，這種品評大多著眼于道德情操，但因着政治的迫害也開始發生變化，逐漸脱離政治範疇，將重心轉向人物的抽象評論如才性、儀容等。進入魏晉時期，這種品評的風氣一直在士人間長久存在，隨着九品中正制的建立，統治者一直試圖將漢末以來存在于士人間的這種品評納入政府管理，但正如胡寶國先生所指出的，“從史料上看，魏晉時期皇權的努力似乎收效不大。士人彼此之間的互相品評仍然是常見的事情”③。而且這種品評隨着士人的個體意識的覺醒和玄學的興起盛行起来，如《世説新語·品藻篇》記載“正始中，人士比論，以五荀方五陳：荀淑方陳寔，荀靖方陳諶，荀爽方陳紀，荀彧方陳群，荀顗方陳泰。又以八裴方八王：裴徽方王祥，裴楷方王夷甫，裴康方王綏，裴綽方王澄，裴瓚方王敦，裴遐方王導，裴頠方王戎，裴邈方王玄”，形象地將幾大家族的傑出人物進行了評價、比對，顯示了人物品評的盛行。《世説新語》中對之記載頗多。與人物品評風氣的盛行相適應，三國時期劉劭在理論上對之進行了闡述，著成《人物志》一書。《人物志》本意在爲曹魏政權選拔人才提供理論上的依據，以建立一套適合曹魏形勢需要的新秩序，然而在文中大量地討論了有關人物品鑒的事情，對人物的才能和情性、資質、儀容等都進行了探討，尤其著重於外貌與人物内在的關聯。他把人物分爲十二類，每一類别都概括出顯著的特點，如文章家“能屬文著述”，驍雄家“膽力絶眾，才略過人”等，顯示了士人自我意識的增強，開始注重自身的才性，爲士人的品鑒提供了理論上的依據。

從兩晉時期的品評來看，隨着士人個體意識的覺醒和高揚，人物的品評更多地體現於人物性格、才學、特徵、内涵、風度、神韻等方面，著力於體現人物的與眾不同之處，如《世説新語》記載：“撫君問孫興公：‘劉真長何如？’曰：‘清蔚簡令。’‘王仲祖何如？’曰：‘温潤恬和。’‘桓温何如？’曰：‘高爽邁出。’‘謝仁祖何如？’曰：‘清令易達。’‘阮思曠何如？’曰：‘弘潤通長。’‘袁羊何如？’曰：‘洮洮清便。’‘殷洪遠何如？’曰：‘遠有思致。’‘卿自謂何如？’曰：‘下官才能所經，悉不如諸賢，至於斟酌時宜，籠罩當世，亦多所不及。然以不才，時複托懷玄勝，遠詠老、莊，蕭條高寄，不與時務經懷，自謂此心無所與讓也。’”④ 這裹司馬昱向孫綽詢問他對劉惔等人的看

① 《後漢書》卷五十三《黄憲傳》，第1744頁。

② 楊勇校箋：《世説新語校箋》第一册《德行篇》，第6頁。

③ 胡寶國著：《漢唐間史學的發展》，商務印書館2005年版，第148頁。

④ 楊勇校箋：《世説新語校箋》第二册《品藻篇》，第465頁。

法，孫綽對他人及自己進行了品評，著力點都在神韻、風姿、特徵等方面，可知此時的品評已顯示了個體的獨特性，並由外而内進行了深刻而準確的刻畫，顯示了士人的個體意識的覺醒在人物品鑒上的影響。尤其如司馬昱問殷浩“‘卿定何如裴逸民?’良久答曰:‘故當勝耳!’”和殷浩回答桓温“我與我周旋久，寧作我”[①] 等，都充分顯示了個體意識的高揚在品鑒中的凸顯，反映了品評中的士人的自我意識的強烈；再如“劉丹陽、王長史在瓦官寺集，桓護軍亦在坐，共商略西朝及江左人物。或問:‘杜弘治何如衛虎?’桓答曰:‘弘治膚清，衛虎奕奕神令。’王、劉善其言”[②]，這裹桓伊對杜弘治的評價是從外貌上，衛虎則著重於神態，同樣顯示了此期人物品評的特點，其他不再舉例。從這些例子中，可以看到人物品評的最主要之點在於抓住人物最主要的特點加以描述，這個特點也許是神態方面，也許是外貌方面，抑或是風度、内涵等，無一不是人物最顯著之處，也是最能突出人物性格特色、使之與他人絶然不同的徵象之處，這就象王恭評價謝安“濃至”，評價“長史虚，劉尹秀，謝公融”[③]，都是用一兩個字就突出了幾個人的特徵，充分反映了品評的特點，也顯示了此時期品評之風的盛行。這種風氣對裴松之同樣是有深刻影響的，事實上，裴注的最主要之處即在於通過對人物事迹、言語、上疏、論議等的補充，凸顯出人物的個性，刻畫出人物的與衆不同之處，將之内涵充分地展現出來，這是裴注的最主要之點。無論是以細節刻畫，還是進行言語表述、場景描述等，都是爲了充分地展現人物的性格特徵，他的個體意識和獨特的精神面貌等，凸顯出人物的獨立性和靈動性，展示他們的奕奕風采。

裴注中也有不少關於人物品評的記載，如《何晏傳》注引《魏氏春秋》記何晏對夏侯玄、司馬景王等人的品鑒:“晏嘗曰:‘唯深也，故能通天下之志，夏侯泰初是也；唯幾也，故能成天下之務，司馬子元是也；惟神也，不疾而速，不行而至，吾聞其語，未見其人。’蓋欲以神況諸己也。”[④] 這裹何晏以“唯深”“唯幾”“惟神”來品評他人和自況，是對夏侯玄等人的内涵、性格等特點的描述；《荀彧傳》注引皇甫謐《逸士傳》記許劭對許靖和荀爽的品鑒；《國淵傳》注引《玄别傳》記鄭玄品評國淵“美才也，吾觀其人，必爲國器”[⑤]，是從國淵的才能著眼；《龐統傳》注引張勃《吴録》記龐統對顧劭、陸績等人的品評，也從各人的才能與内涵品鑒；注引蔣濟《萬機論》中蔣濟對樊子昭和許文休的評價，是對二人的外貌、神態等方面的品評；《法正傳》注引《三輔决録注》中記法正祖父法真評價胡廣“有公卿量”，將其才能、品德等特點表現

---

① 楊勇校箋:《世説新語校箋》第二册《品藻篇》，第464頁。
② 楊勇校箋:《世説新語校箋》第二册《品藻篇》，第467頁。
③ 楊勇校箋:《世説新語校箋》第二册《品藻篇》，第487頁。
④ 《三國志》卷九《何晏傳》注引《魏氏春秋》，第293頁。
⑤ 《三國志》卷十一《國淵傳》注引《玄别傳》，第339頁。

了出來；等等，不再舉例。從這些舉例可看出當時的品鑒是比較流行的，而且都是對人物的獨特之處進行品評，因此，受這種品鑒風格影響的裴松之在注文中同樣以這樣的方式來描繪人物的性格、品德、個性、容貌、神態等與衆不同的地方，以突出人物的個性，如魏文帝曹丕説孟達"聞卿姿度純茂，器量優絶"①；記韓珩"清粹有雅量"②；寫傅巽"瑰偉博達，有知人鑒。……目龐統爲半英雄，證裴潛終以清行顯"③；陳登"忠亮高爽，沈深有大略"④；夏侯和"清辯有才論"⑤；荀悦"清虚沈靜"⑥；袁萬"精辯有機理，好道家之言"⑦；崔琰"清忠高亮，雅識經遠"⑧；陳群嘆華歆"可謂通而不泰，清而不介者矣"⑨，"其智可及也，其清不可及也"⑩；華歆之子華表"性清淡，常慮天下退理。司徒李胤、司隸王弘等常稱曰'若此人者，不可得而貴，不可得而賤，不可得而親，不可得而疏'"⑪；鄭泰對董卓評價張孟卓"坐不窺堂"，"孔公緒能清談高論，噓枯吹生，無軍帥之才，負霜露之勤"⑫；《吴曆》云謝厷"才辯有計術"⑬；等等，都是以簡潔的語言描繪出士人們的内在神韻。至於通過細節刻畫、語言敘述等方式來刻畫人物的典型特徵，在文中表現更爲突出，不再贅述。

總之，人物品評的盛行對裴松之產生了影響，品藻注重人物特點的風格爲裴松之所吸收，反映到裴注中，便是善於從描寫人物的最顯著的特點著眼，描寫人物的個性、神態、風貌、神韻、内涵等與衆不同之處，給人物增添了許多靈動、活潑的神采，進一步活化了人物，展示出人物的典型特色，給《三國志》增添了許多色彩，使之達到了"絢素有章"，充分顯示了它的濃郁的文學色彩，這，就是裴注的重點所在。

---

① 《三國志》卷三《明帝紀》注引《魏略》，第93頁。
② 《三國志》卷六《袁紹傳》注引《先賢行狀》，第207頁。
③ 《三國志》卷六《劉表傳》注引《傅子》，第214頁。
④ 《三國志》卷七《陳登傳》注引《先賢行狀》，第230頁。
⑤ 《三國志》卷九《夏侯淵傳》注引《世語》，第273頁。
⑥ 《三國志》卷十《荀彧傳》注引張璠《漢紀》，第316頁。
⑦ 《三國志》卷十一《袁涣傳》注引《袁氏世紀》，第336頁。
⑧ 《三國志》卷十二《崔琰傳》注引《先賢行狀》，第369頁。
⑨ 《三國志》卷十三《華歆傳》注引華嶠《譜敘》，第404頁。
⑩ 《三國志》卷十三《華歆傳》注引《傅子》，第404頁。
⑪ 《三國志》卷十三《華歆傳》注引華嶠《譜敘》，第406頁。
⑫ 《三國志》卷十六《鄭渾傳》注引張璠《漢紀》，第509頁。
⑬ 《三國志》卷五十八《陸遜傳》注引《吴曆》，第1353頁。

關於《論語新編新釋》的若干思考及做法

臨沂大學　王春華

摘　要　《論語》所藴含的思想本身有着嚴密的邏輯體系，這就是以“修己安人”爲基本内核，然後展開，而形成的修身、齊家，從政治國，教育教學，培育英才，使天下有道，人民安樂，天地鬼神人物和諧相處的體系。然而，自西漢形成並流傳至今的二十篇編纂格局，並未能很好體現這一邏輯體系，二十篇的大多數篇都缺乏論證中心，全書各篇的編排也缺乏内在邏輯性，因此對《論語》有打破二十篇的格局，重新加以編纂的必要。經反復研究，把《論語》重新編纂爲五篇，即（一）修身齊家論，（二）從政治國論，（三）教育教學論，（四）處世論，（五）道德與哲學。每篇又分爲若干章。使全書做到每篇有明確的中心，全書結構合理，邏輯嚴密。在重新編纂的基礎上，又對《論語》作了新的詮釋。

關鍵詞　論語　邏輯　重新編纂　詮釋

《論語》是一部記述孔子及其弟子言行的語録體著作，其最早編纂者是孔門弟子及再傳弟子。自西漢以來，逐漸形成了“二十篇”的編纂格局，這種格局一直流傳至今。然而這種編纂格局，並不完全符合《論語》本身的思想邏輯，因之，有打破現有的編纂格局，對《論語》進行重新編纂的必要。同時在重編的基礎上，也有必要重新詮釋。

一、《論語》原編的成功與不足

人們不難發現《論語》所藴含的思想本身有着嚴密的邏輯性，這就是以“修己以安人”爲基本内核，然後展開，形成修身齊家，從政治國，教育教學，培育英才，使天下有道，人民安樂，並形成天地鬼神人物和諧相處的現實體系。但是，《論語》二十篇的編纂格局並没有很好地體現這一體系。當然，也應該承認，由於語録體文獻本身的相對獨立性，使現在通行的二十篇編纂格局的《論語》在一定程度上或部分地體現了《論語》固有的思想邏輯。

從現行“二十篇”的篇名來看，《學而第一》《爲政第二》《八佾第三》《里仁第四》《公冶長第五》《雍也第六》《述而第七》《泰伯第八》《子罕第九》《鄉黨第十》《先進第十一》《顔淵第十二》《子路第十三》《憲問第十四》《衛靈公第十五》《季氏第十六》《陽貨第十七》《微子第十八》《子張第十九》《堯曰第二十》。這在一定程度上體現了好學修身而後從政治國，然後達到平天下的邏輯，《論語》本身有“學而優則仕”的觀念。《左傳・襄公三十一年》有“（僑聞）學而後入政”的說法，可見，好學、修身、從政是當時社會上通行的邏輯思維，也是《論語》固有的邏輯之一。從這一點上看，二十篇的格局，體現了《論語》固有的思想邏輯。

但是，從另一點說，二十篇的篇名，僅與各篇的首章有關，而與其他章無關，這又造成了篇題與其内容的割裂。另外，在二十篇中，大多數篇章在内容安排上，缺少邏輯性，篇與篇之間也缺乏内在聯繫。

《學而第一》，因首章首句爲“子曰‘學而時習之’”，故取“學而”爲名，全篇共16章。涉及到“學”的僅5章，其中部分章還與其他方面有交叉。其餘論修養的有6章，論孝的有4章，論從政治國的有2章，論仁、禮的各1章。雖名“學而”，但“學”並非本篇中心。其他方面與篇題不符，這就影響了全篇的邏輯性。

關於《學而》的編次問題，《皇侃義疏》云：“自《學而》至《堯曰》凡二十篇首末相次無别科，而以《學而》爲最先者，言降聖以下皆須學成。故《學記》云：‘玉不琢，不成器；人不學，不知道。’是明人必須學乃成。此書既遍該衆典以教一切，故以《學而》爲先也。”實際上，能夠體現皇侃這一見解的在本篇中僅有《學而》的第一章，而其他各章，特别是那些與學無關的章節，是無法體現這一點的。

《爲政第二》，全篇共42章。因首章首句爲“爲政以德”，故名。從内容來看，論述爲政及與從政有關的有6章，與教育、學習有關的有6章，論述孝道的有4章，其他評價顔回1章，處世方法2章，用人方法1章，君子2章，修德1章，禮1章，祭祀及義1章。可見，全篇並無中心議題，當然，把《爲政》次於《學而》之後是符合邏輯的，已如上述。

《八佾第三》，全篇共26章。因首章首句爲“孔子謂季氏‘八佾舞於庭’”，故取名“八佾”。從内容看，論樂的有7章，論禮的有11章，其他8章論仁德、祭祀、夷狄等。應該說，本篇以禮樂爲中心，兼論其他，邏輯性較強。把《八佾》編次於《爲政》之後，皇侃、邢昺皆認爲禮樂爲從政治國的重要措施，故編次適當，以今觀之，只能說大體上是合理的。

《里仁第四》篇名取自首章首句“子曰‘里仁爲美’”。全篇26章，其中“子曰”24章，子與曾參對話1章，記子游言論1章。從内容看，論仁的8章，道德修養的6章，論孝的4章，論道的2章，論君子小人的2章，論義、禮、利及處世方法各1章，全篇偏重於論仁，但還不能説以仁爲中心論點，因涉及到其他方面的還較多。

另外，《里仁》編次於以論禮樂爲主的《八佾》之後，似不合乎孔子的本意。雖然古代的邢昺，近代的錢穆等諸位先賢皆曾爲《里仁》次於《八佾》之後尋找理由，但無奈孔子明言“繪事後素”，禮後於仁（《論語・八佾》），所以《里仁》編次於《八佾》之後，也不怎麼合乎孔子的思想内在的邏輯。當然，《八佾》也不純粹是講禮儀、祭祀的，也有其他内容。今日觀之，此種糾結，屬於無可無不可之類。

《公冶長第五》，品評自己的弟子及部分其他人物最後亦論及孔子自己。此篇内容比較集中，體現了孔子在推行“修己安人”的主張時，知人論世的若干狀況，總體上符合《論語》的内在邏輯。

《雍也第六》，本篇共 30 章，前 15 章是繼前篇而來，對諸弟子做出評論，特别是重點評價讚揚了顔回；後 15 章對其他問題如人性、文質、鬼神、仁智、變革、教學内容、博施濟眾、中庸等若干問題作闡述，這些問題皆在孔子思想體系之中，但論述時缺乏中心，邏輯不嚴密。

《述而第七》，本篇主要是通過孔子本人的話，介紹孔子品行、思想、教學内容、教學方法、特點及孔子若干生活起居狀態，生態思想等。此篇因以介紹孔子爲中心，故内容比較集中，但同樣存在篇題與其内容，大部分不相符的問題。

《泰伯第八》，本篇共 21 章，其中 1、18、19、20、21 共 5 章讚美堯、舜、禹、泰伯、文王、武王等古帝王聖賢的美德懿行。其他共 11 章記述孔子關於《詩》《書》《禮》《樂》的教化作用，用民的策略，執政的方法等等多方面内容，另有 5 章記述曾子言論，其中 1 章是對顔回的讚揚，2 章論述君子、士人道德修養，2 章記述曾子臨終言論。邢昺曰：“此篇論禮讓仁孝之德，賢人君子之風，勸學立身，守道爲政，嘆美正樂，鄙薄小人，遂稱堯、舜及禹、文王、武王。以前篇論孔子之行，此篇首末載賢聖之德，故以爲次也。”從以上對本篇的介紹及邢昺的評述可以看出，本篇内容比較龐雜，似無中心。

《子罕第九》，本篇 31 章。首章謂“子罕言利與命與仁”，故以“子罕”爲篇題，以下諸章涉及到多方面的問題，如天道、禮的損益、思想方法（絶四、叩其兩端），重實際，改之、繹之爲貴等；教學方法，臨終關懷，從政、修養、交友以及儒家氣象（不可奪志，歲寒松柏）等等。所論如珠璣羅列，可惜缺乏一根串爲一體的紅線，使人有無章法之憾。

《鄉黨第十》，本篇名爲《鄉黨》，因首章有“孔子於鄉黨”之句，故名。實際記述孔子平日於鄉黨、朝廷、宗廟之言行舉止，乃至生活起居情況，以表明孔子時時處處皆恪守禮儀的美德。但本篇所述並不限於以上内容，還有“康子饋藥”1 章（《論語》10・16），彰顯了孔子的養生意識。“廄焚”（《論語》10・17），彰顯了孔子的尊重人性的理念。而“朋友死”1章（《論語》10·22），表明了孔子推己及人的人道觀念。而全篇最後1章（《論語》10·27），爲“色斯舉矣，翔而後集”，孔子贊其：“山梁雌雉，時哉！時哉!”表現了孔子希望能把握機遇，有所作爲的思想。總之，本篇的內容也不純粹，篇題“鄉黨”，很難概括本篇内容及主旨。

《先進第十一》，全篇26章。除首章表現了孔子希望改革世卿世禄用人制度的思想外，其餘25章都與其弟子有關。其中有15章（《論語》11·3－11·7，11·13－11·19，11·24－11·26）是對其弟子的評價，另外，專談顔回死事的有4章，其餘是回答弟子問題和對弟子進行施教。從内容來看，涉及到許多方面，似無中心。至於爲什麼在《鄉黨》之後編入《先進》一篇，邢昺認爲：“前篇論夫子在鄉党，聖人之行也。此篇論弟子賢人之行，聖賢相次，亦其宜也。”可供參考，篇題爲“先進”，除與首章外，與其餘各章皆無關係。

《顔淵第十二》，全篇共24章。本篇較多涉及到“仁”的問題，有“顔淵問仁”“仲弓問仁”“司馬牛問仁”“樊遲問仁”和曾子關於“以友輔仁”的論述，總共5章，這5章是《論語》全書中論證“仁”最爲集中的篇章之一。除此之外，本篇有“子貢問政”“哀公問（年饑）于有若”“齊景公問政”“子張問政”“季康子問政（共3章)”，共7章。其中齊景公問政時，孔子提出了著名的“君君，臣臣，父父，子子”之論。其餘是諸弟子問君子，問明，問崇德、辨惑，問友，還有孔子關於其他方面的論述，而本篇中，子貢關於“文猶質也，質猶文也”即文質統一的論述，是值得注意的。總之，本篇内容亦涉及到很多方面，全篇的中心應是孔子對“仁”和“政”的回答，但其他方面也很重要。

關於本篇爲何編于《先進》之後，皇侃、邢昺等先賢作了説明，但不能令人滿意。如皇侃認爲：“所以次前者，進業之冠，莫過顔淵。故《顔淵》次《先進》也。”這種説法幾乎一點道理也没有。因爲“先進”之名來源於“先進于禮樂，野人也”一句，“先進”二字並没有“道德學業爲衆人之先”的意思。邢昺認爲：“此篇論仁政明達，君臣父子，辨惑折獄、君子文爲，皆聖賢之格言，仕進之階路，故次《先進》也。”這種認識稍強於前論，但亦非確論。這説明，篇次的安排也缺乏必然的聯繫，因而出現了衆説紛紜的狀況。

《子路第十三》，全篇30章。其中有16章，是其他人向孔子“問政”，孔子作了回答。另外14章是孔子論仁、德、恭、忠、恥、信、中行、善人以及和與同等，最後兩章論教民的重要性。因首章首句爲“子路問政”，故以名之。邢昺以爲：“此篇論善人君子爲邦教民，仁政孝弟，中行常德，皆治國修身之要，大意與前篇相類，且回也入室，由也升堂，故以爲次也。”此説有一定道理，但仍限於篇名的聯繫，而未能顧及全篇内涵的分析。而實際上由於每篇都是内容龐雜，所以無法找出篇與篇之間的内在聯繫。

《憲問第十四》，全篇 44 章。本篇記述孔子關於士人修德修身和出仕從政之道的論述，同時記述了孔子對若干人從政的評價，教導弟子學習他人從政的經驗。本篇第 12 章（《論語》14·12）論述了士人在修身中如何做才能達到“成人”的問題。第 42 章，孔子回答了子路如何才能成爲“君子”的問題，孔子認爲，通過“修己以敬——修己以安人——修己以安百姓”的路徑，就可以成爲君子。這是整篇《論語》的中心思想，也是全書的內在邏輯，也是“仁”的基本內核。邢昺曰：“此篇論三王二霸之跡，諸侯大夫之行，爲仁知恥、修己安民，皆政之大節也，故以類相聚，次於問政也。”所論內容大致如此，但本篇內部結構難盡如人意。

《衛靈公第十五》，全篇共 42 章。因首章首句爲“衛靈公問陳於孔子”，故名。本篇有多方面的內容，首 2 章追述孔子周遊列國在衛、在陳之事。以下用 8 章論述處世方法，用 7 章論述德行修養，用 3 章論述治國及君臣關係，用 8 章論述“仁”與“恕”，專論“君子”的有 7 章，論教育教學及言語的有 6 章，另有 1 章評論歷史人物。其中有不少章節，亦非含義單純，而是具有多重意義。前賢皇侃、邢昺等對本篇皆有評價，可惜疏漏太多，未明其義。而實際上，要在本篇找出一個中心，確非易事。

《季氏第十六》，全篇共 14 章。篇名取首章首句“季氏將伐顓臾”之前二字。其作“孔子曰”者有 11 章，這與前 15 篇中的“子曰”不同。另有未表明“子曰”或“孔子曰”的有 2 章，陳亢與伯魚問答一章，從內容來看，也涉及到治國、修德、交友、天命、教育等較多方面。其中首章載孔子“有國有家者，不患寡而患不均，不患貧而患不安”的名句。第 2 章載孔子關於“天下有道”與“天下無道”的論述。因而本篇是表現孔子政治思想的重要篇章。由於全篇涉及面廣，故仍感論證中心不明確。

《陽貨第十七》，全篇共 26 章。篇名取自首章首句“陽貨欲見孔子”。陽貨本爲季氏家臣，此處取以爲篇名，與其他各章內容無關。從內容來看，首章記述孔子關於學習與出仕的關係，以下有 9 章多多少少與此題有關。以下有 5 章論君子小人的不同，有 4 章專論修德，有 3 章論述仁、孝，另有 3 章分別論述天道、禮樂和處世。總之，《陽貨》篇，涉及內容亦較廣泛。前賢皇侃、邢昺曾分析爲何把《陽貨》篇編次於《季氏》之後，但他們僅能就各篇首章而言，無法對全篇內容作出分析。

《微子第十八》，全篇共 11 章。因首章首句“微子去之”，故以名篇。本篇篇幅雖短，但也有五個層次：第一層即第 1、2 章記述殷末三仁及柳下惠事，表現了寧爲玉碎的品格。第二層記述孔子不能在齊魯二國行政的原因，即第 3、4 章。第三層是記述孔子周遊列國時，遇到接輿、長沮、桀溺和荷蓧丈人的幾件事，即第 5、6、7 章。第四個層次是孔子對前代逸民的評價，並表達了自己努力與時俱進，無可無不可的應世態度，這就是第 8、9、11 章。最後一個層次是記述周公爲兒子伯禽制定的用人政策，即第 10

章。全篇亦無明顯的中心。

《子張第十九》，全篇25章。因首章首句爲“子張曰”，故名。朱熹《四書章句集注》曰：“此篇皆記弟子之言，而子夏爲多，子貢次之。蓋孔門自顏子以下，穎悟莫若子貢；自曾子以下，篤實無若子夏。故特記之詳焉。”其中記述子張言論3章，主要是記述道德修養方面的事。子夏言論12章，其中涉及到學習的即有3章，論述容貌舉止的有1章，其餘各章主要論述德行修養。子游言論3章，其中有2章是對子夏門人和子張的平議，另一章是關於“喪致乎哀而止”的論述。記曾子言論4章，1章是對子張的評議，2章是對孝的闡述，另1章表現了曾子愛民的思想。最後部分是記述子貢言論，共6章。其中1章是對商紂的客觀評價，子貢可以説是歷史上第一個爲商紂翻案的人。另有4章是對孔子的評價，子貢認爲孔子繼承“文武之道”，是日月，是“不階而升”的“天”，没有人能趕上或超過孔子。另有1章是子貢論“君子之過”。總之，本篇記述幾位有影響的孔子弟子的言論，但弟子們各論其事，全篇没有形成一個中心。

《堯曰第二十》，共3章。本篇取名的方法與以上各篇相同。第1章的前3段是記述堯、舜、禹、湯和周初治國平天下的若干情況，第2段是孔子關於治國的若干主張。對本章歷來有人認爲語意不完整，可能有殘缺。第2章是孔子回答子張“何如斯可以從政”的問題，孔子提出了“尊五美，屏四惡”的主張。第3章中，孔子提出了君子應該“知命，知禮，知言”的問題。作爲《論語》的末篇末章，具有概括全篇的含義。本篇篇幅雖短但卻是《論語》中少有的主題明確，論述集中，邏輯性強的篇章，全篇從總結歷史經驗，分析現實需要和執政者個人素質三個方面，論述了從政治國的重要問題，特别是“允執其中”和“萬方有罪，罪在朕躬”的思想，在治國過程中，具有久遠的思想價值。

通過以上分析，可以看出，現在通行的《論語》二十篇中的大部分篇章，内部邏輯性不強，每篇缺乏明確的中心，論述問題不夠集中。只有少數篇章，有較強的邏輯性。而在篇次的安排上，也缺乏内在的邏輯性，各篇之間内在聯繫。

二、《論語》的編纂格局不是一成不變的

以上幾點成爲我們要重新編纂《論語》的基本理由。另一方面，《論語》二十篇的格局也不是從來就如此的，即使是，也是可以更改的。

經專家研究，人們大體上可以瞭解今本《論語》的文本源流。曹魏時，何晏等人撰寫《論語集解》，當時以漢代形成的《張侯論》爲底本，以鄭玄的《論語》爲參校。而鄭本出自《魯論》《古論》《齊論》，篇章基本上從《魯論》；《張侯論》亦出《魯論》《齊論》，篇章亦從《魯論》。但是，《魯論》《齊論》是否就是最早的源頭呢？

石永楙（1909－1975）先生於上世紀四十年代作《論語正》（中華書局2012年版）

一書，對《論語》的名稱、文本變遷作出研究並得出新的結論。

石先生首先引用王充《論衡·正説》説明問題。《論衡·正説》曰："説《論語》者，皆知説文解語而已，不知《論語》本幾何篇?""《論語》者，弟子共記孔子之言行，敕記之時甚多，數十百篇。""漢興失亡，至武帝發取孔子壁中古文，得二十一篇，齊、魯二，河間九篇，三十篇。"

至昭帝女讀二十一篇。宣帝下太常博士，時尚稱書難曉，名之曰傳，後更隸寫以傳誦。初，孔子孫孔安國以教魯人扶卿，官至荆州刺史，始曰《論語》。今時稱《論語》二十篇，又失齊、魯、河間九篇，本三十篇，分佈亡失，或二十一篇。目或多或少，文贊或是或誤。説《論語》者，但知以剥解之問，以纖微之難；不知存問本根，篇數章目，温故知新，可以爲師，今不知古，稱師如何?"

王充這一段話，可以告訴當今人兩個問題：一是《論語》篇數的變化；二是《論語》名稱的變化。

關於篇數，孔門弟子所記孔子之言行，最初的有"數十百篇"，但當時的篇幅皆較短，不像後來的"二十篇"格局，每篇那樣長。而這數十百篇的區分也不多麼嚴格。正如石永楙所言："本經最初之文，統首尾一篇而已。"[①] 後來爲了閲讀方便才有分篇。

分篇情況是：漢武帝時孔壁出古文二十一篇稱《古論》，出《魯論》二十篇傳十九篇，《齊論》二十二篇（多《問王》《知道》），還有河間本《論語》九篇，本三十篇。

後來，《魯論》《齊論》及河間本皆不傳，唯有古文二十一篇得以傳播，昭帝女讀時，尚爲二十一篇，後經張禹、劉向、劉歆等人的整理，《論語》始形成二十篇的格局。

關於《論語》之名。《論語》一名的由來，班固《漢書·藝文志》曰："《論語》者，孔子應答弟子、時人及弟子相與言而接聞於夫子之語也。當時弟子各有所記。夫子既卒，門人相與輯而論纂，故謂之《論語》。"

《漢書·藝文志》此説，影響較廣。而《論衡》卻稱：《論語》初稱爲《傳》，後更隸寫以傳誦，孔子十二世孫孔安國以書教授子弟時，始稱爲《論語》。

石永楙先生接受此説，經研究，又指出，在此之前，《論語》初稱爲《傳》，後又直稱爲《孔子》，這與諸子百家的命名相同。後又簡稱爲《論》或《語》，後逐漸定稱爲《論語》。

石永楙先生認爲，今本《論語》二十篇的格局，不符合孔子的原意，因而經過研究考證，嘔心瀝血，寫成《論語正》一書。全書學習《齊論》《魯論》分爲上下兩篇，上篇爲"知道篇"，下篇爲"問王篇"（"知道""問王"本爲《齊論》的篇名）。上篇

① 石永楙：《論語正·敘例》，中華書局2012年版。

又分爲五章，分別是："知道第一""四教第二""成章第三""雅言第四""仁方第五"；下篇"問王篇"，分爲四章，分別是："正名第六""士恥第七""絶四第八""問王第九"。這樣原《論語》二十篇480余章的格局即被改纂爲上下兩篇，共九章的格局。每章之内，究竟輯録原二十篇的哪些篇章，石先生十分注重其内部的邏輯性，使每章内容盡力做到銜接自然，渾然一體。

對石永楙先生的改纂工作及當代專家的觀點，我們無意評説是非，我們認爲，這種狀況只能説明《論語》的編纂狀況不是從來就是二十篇的格局，而是在一定歷史條件下可以改變的。

對於《論語》的編纂結構，日本學者亦有所研究，如伊藤仁齋（1627－1705）把《論語》分爲上、下論。他認爲前後兩卷體裁不同，是分前後兩次編纂而成的。持類似意見的學者還有太宰春臺（1680－1747），物徂徠（1666－1728）等。但這些學者都没有衝破《論語》二十篇的編纂框架，只是在原框架内探索。

三、《論語》新編的基本結構

我們自幼誦讀《論語》，大學畢業以後又從事歷史文獻的教學與研究，對於《論語》在編纂上的不足早有所體會，重編《論語》是我們久已産生的願望，近來在師友的督促與指導下，我們決心把久已産生的願望變爲現實的行動。

本着按照《論語》所反映的孔子思想本身的邏輯，並盡量與現當代人思維、語言習慣相銜接的原則，我們把原二十篇改變爲五篇，即：

第一篇修身論，第二篇從政治國論，第三篇教育教學論，第四篇處世論，第五篇道德與哲學。

第一篇修身論，分爲10章，分別是：一、好學，志道；二、依仁，遵禮；三、躬行，辨惑；四、修德，遊藝；五、孝悌，誠信；六、省己，交友；七、重名，求實；八、養生，生態；九、容貌，顔色，辭氣；十、成人，君子。

第二篇從政治國論，分爲3章，分別是一、修身爲國；二、從政治國方略；三、有道，無道。

第三篇教育教學論，分爲5章，分別是：一、資材類別，二、教育對象，三、教學内容，四、教學態度，五、教學方法。

第四篇處世論，分爲6章，分別是：一、敬天道，事鬼神；二、遵奉先王，效法先賢；三、知人論世，企望改良；四、修己安人，博施濟眾；五、處世良方；六、言貌，情感，氣象。

第五篇道德與哲學，分爲12章，分別是一、仁論；二、義論；三、禮論；四、知（智）論；五、信論；六、忠論；七、直論；八、勇論；九、善論；十、恥論；十一、形實統一，質文並重；十二、折中適度，扣其兩端。

每章之下，還根據內容，分爲若干節，各節皆有標題。

我們認爲把《論語》由二十篇的編纂格局改編爲現在的五篇，是符合孔子思想的固有邏輯的。孔子作爲一位政治家、哲學家，他思想的核心就是"仁"，而"仁"又可拓展爲"修己""安人"兩個相區别而又緊密聯繫的層面。"修己"層面就是後世儒家所強調的修身、齊家。在《論語》原二十篇中，幾乎每篇都有"修身"的内容，"齊家"的内容雖少一些，但仍然體現了孔子重視"齊家"的思想。"安人"就是從政、治國、安民，其目標就是"天下有道"，使"禮樂征伐自天子出"，"政不在大夫"，"庶人不議政"。因此，這次改編，設置了"修身論"和"從政治國論"兩篇。孔子是一位哲學家，但他首先是注重現實、注重人事的政治家，所以，必須設置這一方面的篇目。

在當時的歷史條件下，孔子四處碰壁，政治理想不能實現，因而轉而從事《詩》《書》《禮》《樂》的整理和人才的培育，同時這也是他傳承薪火，繼續實現自己理想的途徑。他從事教育教學數十年，弟子三千，賢人七十有二，在教育教學規律的發現、把握，在教育哲學的創建等方面做出巨大貢獻，這一方面在原二十篇《論語》中，也有大量的記述。爲了彰顯孔子在這一方面的成就，故設立"教育教學論"篇目，以使今人從中得到啓發、借鑒，以促進新時期文化教育事業的發展。

以上幾項並不能包括孔子終生活動的全部，因而設置"處世論"篇目，把孔子除修身、齊家、從政治國和教育教學之外的言論全部囊括其中。人的一生有各種活動，但也可概括爲一種，這就是爲人處世，因此"處世論"，實際也可以包括以上各項活動，但爲了突出孔子在各方面的貢獻，還是縮小"處世"的範圍，把它確定爲本書的一個篇目吧。

根據《論語》和《孔子家語》等文獻所提供的資料，孔子認爲宇宙可分爲天、人、鬼神等層次，而人又分爲多種等次。據此，我們在"處世論"篇中，設置了相應篇目，以反映孔子在這方面的思想。天在孔子心目中，有兩種品格，一方面是天道自然，"天何言哉？四時行焉，百物生焉，天何言哉？"另一方面是"天命可畏"，他繼承了殷周以來的"天命觀念"。

但孔子在"天"的問題上，採取了積極有爲的態度，他以天道自任，以自強不息的精神對待天的運行變化。

在正確處理與天道鬼神有關的事物的同時，孔子注重人世間的事務，他效法先王，品評先賢，借鑒往昔，知人論世，修己安人，博施濟眾，在這個過程中，形成了一套處世要方，特别是他注重把握時機，無可無不可的靈活態度，更令後人佩服。該篇對上述問題也都設置了相應的篇目。

在"處世論"全篇最後，還設置了"言貌、情感、氣象"一章，這也是任何人在處世過程中必然遇到並需正確處理的問題，可惜這方面資料較少，不能令人滿意。

在列置“修身”“從政治國”“教育教學”和“處世”諸篇之後，仍然感到没有完全把《論語》原有的思想表現出來，因此，又列出道德與哲學篇（12 論），這也體現了孔子作爲哲學家的特點。

應該説，設置上述各種篇目，符合或基本符合《論語》固有的邏輯和思想主旨，使每篇有一個中心。改變了原來篇題與内在主旨不相符合的狀況。但是這種根據現代人的思維規律而設置篇目的做法，也並非盡善盡美，也可能會有因篇題的設置反而限制或割裂了對原有思想内涵的理解，這是需要進一步改進的。

從文獻學發展的規律看，古代文獻在形成與流傳過程中，卷帙的分化變化是十分正常的，後編者往往根據自己掌握資料的狀況和時勢發展的需要對原已編成的文獻重編重纂，以適應當代人們的需要。這種重編重纂，一般不會損傷原文獻的價值，因爲文獻的價值主要在其每章每句的含義，特别是語録體文獻，每章乃至每句往往具有較強的獨立性，因而對全篇重編，一般不會影響其價值。而古文獻也只有採取新的結構與形式，才比較容易與現代人的生活、思維銜接，才能發揮應有的積極作用。

這次重編《論語》，僅是打破原來“二十篇”的格局，遵循其固有的邏輯性，盡量採用古今共通的語詞，設置篇章標題，使之能更好地與現當代人的思維、閱讀習慣相銜接，應該説，這樣做不僅不會損傷《論語》原有的價值，而且會使《論語》原有的價值更易於爲今人所接受與理解，使《論語》所涵蘊的普世價值發出更耀眼的光芒。

這次對《論語》的重編，是一個重要的學習過程，究竟如何，還要接受實踐的檢驗。我們將根據檢驗的結果做出新的努力，讓《論語》的研究、宣傳與普及工作做得更好。

四、對《論語新編》的詮釋

在《論語》新編的基礎上，我們又對《論語》的全部内容進行了詮釋。詮釋主要包括三部分内容：一是對每條内容涉及到的詞語（包括人物）的注釋及有關事件發生背景的介紹。二是對每條所具有的思想價值的判斷。這也就是説明其思想内容的理論意義及現實意義。三是對《論語》的内在邏輯和“仁學”的有關問題，作了力所能及的探討。

在第一部分中，主要是有分析地採用了歷代有代表性的注家的觀點。如古代何晏、皇侃、陸德明、韓愈、李翺、邢昺、朱熹、王夫之、戴望、劉寶楠、俞樾、毛奇齡、黄式三等，近代的石永楙、程樹德、楊樹達等以及當代的楊伯峻、黄懷信、楊朝明、高尚榘等諸先生的論著都成爲這次詮釋的重要參考。

在有分析地採用前人觀點的基礎上，也對若干問題作了補充式訂正。例如對“深則厲，淺則揭”（新編1·7·2·14，原編《憲問》14·39）的解釋，就屬此類情況。按：“深則厲，淺則揭”，語出《詩經·邶風·匏有苦葉》。關於渡水，前人有“由膝以下爲揭，由膝以上爲厲”（《爾雅》）的說法。《十三經注疏》在注此句時，有“以衣涉水爲厲，由帶以上也。”但一些注家（如朱熹）注釋時只強調“以衣涉水爲厲”，沒有注意到“由帶以上也”一句，因而發生了誤會，於是有人把“深則厲”釋爲“水深就穿着衣服趟過去”，這樣就使人感到不合邏輯，難以理解。實際情況是，古人把渡水分爲不同層次，先揭、次涉、次厲。膝以下爲揭，膝以上爲厲。水淺則可揭衣而過，但深過腰帶以後，過河時爲保持禮儀，即不再脱去上衣，而是“以衣涉水”，這就是“厲”。這樣說明，就比較容易理解了。

在這一部分中，我們還注意採用前人有創建的一些觀點，如對“唯女子與小人爲難養也”（新編1·5·1·19，原編《陽貨》17·25）一句，我們即採用了石永楙先生的解釋，他釋此句爲“只有女子奉事作爲小人的丈夫，是很難處理的一件事……”我們認爲這樣詮釋較符合孔子原意，故採用之。

第二部分内容是對《論語》的每條都作了思想價值的判斷。一般用幾句話給以評判，有的還採用了“按”的形式進一步分析說明。多數評判語比較簡略，但個别條目，文字太少說不明白，也只好使用較多文字了。

在這種思想價值的判斷中，注意了兩方面問題：一是盡量挖掘出孔子思想的理論價值、現實意義；二是要客觀地承認與分析孔子思想在若干方面所具有的不可避免的歷史局限性。

關於孔子思想的理論意義，可以以“子張問善人之道。子曰：‘不踐跡，亦不入於室。’”（新編1·1·2·21和5·9·1·2，原編《先進》11·20）一條來說明，這一條表層的意思是孔子說“善人”，如果“不踐跡”，也就不可能達到登堂入室的地步。在這裏，孔子基於自己對文化思想繼承與發展的認識，不經意地說出文化思想發展的一般規律。這就是任何時代的新的思想，雖然是由當時的經濟因素和政治因素決定的，但它總是從從前的某種思想資料出發的，只有在這個基礎上，它才發展得更好更高。對於這一規律，馬克思主義的創始人之一恩格斯在《社會主義從空想到科學的發展》中，曾作了明確的闡述（《馬克思恩格斯選集》第3卷第404頁）。孔子與恩格斯相隔二千餘年，而且在不同的國度中，卻在文化發展規律的認識上達到基本的一致，這不能不令人感到驚奇。這也正說明了孔子思想的理論價值。類似的還有新編5·4·2·1（原編《衛靈公》15·33），孔子對事物發展過程中知（智）、仁、莊、禮等的相互關係的説明，實際上是把事物的發展看作一個多極矛盾，即矛盾的多方面共同作用的結果，這種認識也是超前的。除此之外，還有若干。

關於孔子思想的歷史局限性，這也是《論語》詮釋中不可回避的問題。對孔子一味地肯定、歌頌，並不是真正的肯定，而結果只能是適得其反。科學的態度，只能是堅持歷史唯物主義的原則，實事求是地指出其局限性。如“子曰：‘君子喻於義，小人喻於利。’”（新編5·2·1·3，原編《里仁》4·16）這是孔子關於義利關係的名句，而實際上這樣的結論有很大的片面性，“義”與“利”二者是對立統一的關係，是不能完全割裂開來的。孔子之後的荀子已經明白了這個道理，他説：“義與利者，人之所以兩有也。雖堯、舜不能去人之欲利……雖桀、紂不能去民之好義。”（《荀子·大略》）爲了防止人們因争奪利益而造成混亂，他提出了“以義制利”的理念，並設計了一套策略，以治理國家。

近代馬克思、恩格斯曾指出：“我們應當首先確定一切人類生存的第一個條件，也就是一切歷史的第一個前提，這個前提就是：人們爲了能夠‘創造歷史’，必須能夠生活。但是爲了生活，首先就需要衣、食、住以及其他東西。”（《馬克思恩格斯全集》第3卷人民出版社1960年第31頁）後來恩格斯又以更明確的語言指出：“人們必須首先吃、喝、住、穿，然後才能從事政治、科學、藝術、宗教等等。”（《馬克思恩格斯選集》第3卷第574頁）。因此，任何的“義”都是以一定的利爲基礎的，義與利是無法完全分開的。堅持和維護國家、民族的最大利益就是凜然大義，危害和出賣國家民族利益，就是爲非作歹，就是非正義，君子既喻於義，同時也就喻於國之大利。“小人”之所以爲“小人”，就是因爲他們没有維護國家民族的大利（大義），而僅僅看到自己的一點蠅頭小利，甚至要去損害國家民族之利。這樣詮釋之後，即可看出孔子思想的局限性。類似情況還有若干。

除上述情況外，還有一種情況就是：限於當時的歷史環境，孔子對某些複雜情況認識不足。當時他所反對或指責的，今天看來，未必正確。對此，也必須予以指出。如新編1·6·2·14（原編《公冶長》5·25）所謂“匿怨而友其人”的問題，就屬此類。我們認爲：“‘匿怨’即把怨恨藏於心中而在表面上不顯露出來，這樣就違背了交友要誠信的原則。所以，使左丘明爲恥，孔子亦爲恥。但是，由於社會生活的複雜性以及政治鬥争的策略需要等原因，匿怨而笑對敵人，或‘匿怨而友其人’這種情況的存在，還是有一定的合理性的，有時甚至必須這樣做。故對之一般的埋怨或指責是不必要的。”

我們在詮釋過程中，注意密切聯繫現實情況，發掘孔子思想的價值。例如在注釋新編1·7·2·3（原編《學而》1·6）“不患人之不己知，患不知人也”時，我們首先詳細詮釋了此條的本來意義，又説“此言實爲千古至理名言。在當前的社會主義現代化建設和改革開放中，做到‘知人’是開展各項工作的基礎。‘知人’就是全面瞭解他人的狀況，這個‘他人’不只限於身旁之人，而是包括整個外部世界，特別是國際上的情況。由此，可以看出孔子思想的價值所在。”這樣詮釋就可以使讀者站到更高的角度來認識孔子，使孔子研究與現實的聯繫更密切了。

第三部分内容是在詮釋過程中，對《論語》的内在邏輯和“仁”學的有關問題作了進一步的探討。

《論語》本身所固有的邏輯是我們這次重新編纂《論語》的依據，前面已經作了説明。這個邏輯就是以“修己以安人”“修己以安百姓”爲核心而逐步展開的。新編的各篇、章的内容也是按照這個邏輯確定的。在詮釋中，也注意了對這一邏輯的運用。例如，對於《論語》原編首篇首章即“學而時習之”等三句的解釋。過去在研究中對其重要性已有較多認識，但對“學”字的詮釋亦有不當之處。如有的學者，把“學”詮釋爲“學説”，而這種説法實際上是違反了《論語》内在的邏輯性。因爲《論語》的固有邏輯是“修己以安人”“修己以安百姓”。“修己”就是《論語》固有邏輯的起始階段，而“修己”就是以“學”開始的，所以“學”是《論語》邏輯的起點。而這個起點又是和人生的起點一致的。孔子曰：“吾十有五而志於學”。所以，可以説《論語》原編首篇首章的“學而時習之”之“學”不是指“學説”或其他什麽，而就是指一般意義上的“學習”，特别是少年兒童的學習。這就是運用《論語》的固有邏輯，糾正錯誤詮釋的事例。

對於“仁”的有關問題，如何爲“仁”，“仁”的内涵是什麽？爲什麽説“爲仁由己”以及“仁”與其他道德和哲學範疇的關係等問題，也在詮釋過程中，在力所能及的範圍内予以探討與説明。

在這個過程中，也涉及到一些應作進一步討論的問題。如在詮釋新編1·2·1·1（《述而》7·6）之“依于仁”時，我們寫了這樣的一段話：“‘仁’作爲一個道德規範和哲學範疇，其内涵、外延都是隨時代的變化而變化的。當今‘爲仁’的要義，就是要代表全國最大多數人民群眾的利益，爲實現中國夢而奮鬥。”這樣説，是否正確，我們認爲應該再作進一步討論。同樣情況的還有新編5·3·2·1（《八佾》3·4）關於“禮之本”的問題，我們雖然運用《論語》《孔子家語》等有關資料作了説明，但覺得尚需進一步討論。

以上是關於《論語》新編及詮釋的主要情況，簡述如此。不當處，請專家學者批評指正。

漢晉齊魯《春秋》經傳詮釋流派綜述*

曲阜師範大學　閆春新

對於今古文經學流派的劃分，馬宗霍先生的《中國經學史》一書中有較爲經典的詮釋："所謂今古文者，初本皆指字體，蓋依類象形爲之文，形聲相益謂之字。古曰文猶今曰字，其經之書以古體字者即爲古文，其經之書以今體字者即爲今文。秦以前通行古體，故孔子書六經，左丘明述左氏傳皆以古文，其時今體未興，則亦無所謂古……漢通行隸書，諸儒傳經自必亦以隸體書之。然使古文不出，則亦無所謂今，則今古之名實則相對而立……及孝成帝以後，陳發秘藏，令光禄大夫劉向校理舊文，於是古文始顯……嗣後古今文並行，學者各就所傳，援文生訓，而爲之説，至於東漢遂有今學古學之分。"可見古文經學和今文經學是一個相對的概念，西漢之初古文經並不流行，所以也没有古文、今文的概念，只是在西漢後期古文經被發現並開始流行之後，才出現了今古文經概念之分。西漢前期由於古文經未流行，且經師多堅守師法，故而"則前漢多專一經，罕能兼通"。至於後漢，以鄭玄爲代表的的經學家，打破了今古文經的界限，雜糅諸經，因而出現了今古文相容派這一特殊的概念。如同漢晉經學發展的總過程一樣，漢晉的《春秋》學家之中，西漢一代也主要爲今文經學家，古文經學家以及今古文相容派經學家主要集中在東漢（賈逵、鄭玄與王肅）與魏晉京洛時代（杜預），東晉江左一帶則進一步出現了以魯學文本爲基礎、整合《穀梁春秋》經傳及其三傳的融通派（范寧）。由於年代久遠，許多經學家的詮釋内容都已經遺失，能見到相關内容的，只有《春秋穀梁傳注疏》等著作所徵引的幾位經學家。筆者將結合唐晏在《兩漢三國學案》中對經學流派的劃分，先對秦漢時期齊魯故地的幾位《春秋》經學家作重點的論述，而對於漢代其他的《春秋》學家，在本文末對其重新按今文經學派、古文經學派

* 基金項目：本論文得到山東省高等學校青年骨幹教師國内訪問學者項目經費資助；又爲"山東省社會科學基金資助項目"（14CZXJ05）《齊魯文化視閾下的漢唐〈春秋〉學研究》、2015 年度儒家文明協同創新中心後期資助項目《齊魯儒者與漢唐〈春秋〉學之生髮》的階段性成果。

以及今古文兼通派的分類以表格形式列出。

一、今文經學派

劉向

劉向，字子政，本名劉更生，是楚元王劉交的四世孫①。劉向是西漢時期一位重要的《穀梁》學家，是今文經學流派中的重要人物。劉向十二歲時，由其父保任其爲輦郎，成年以後被提拔爲諫大夫。宣帝時期，《穀梁春秋》初立官學，“征更生受《穀梁》，講論五經于石渠。”劉向的《穀梁》學與尹更始、周慶、丁姓、王彦等《穀梁》學家在當時並稱五家《穀梁》之説。劉向所處時代經學昌盛，由於受到社會上講習經典的風氣影響，同時由於成帝時劉向曾受命校理經籍，因此劉向不僅研習《穀梁》，同時還兼通諸經。《漢書》記載，劉向的經學始于治《易》、受《穀梁》同時還涉及《禮》學、《詩》學、《書》學等等。單就《春秋》學來講，除《穀梁春秋》以外，劉向還對《公羊春秋》多有涉及，清儒唐晏的《兩漢三國學案》就把劉向既列入了“春秋穀梁派”又列入了“公羊顔氏派”。劉向撰有《春秋穀梁傳説》一卷，《漢書·儒林傳》對此並無記載，唯獨《晉書·五行志》對此進行了徵引；《春秋穀梁傳注疏》之中，也對劉向的《穀梁説》有大量的引用。其内容多言災異，與他的《洪範五行傳論》相表裏，清人馬國翰對其進行了輯佚，得其内容十六節。下文將有所涉及，此處僅將部分的詮釋内容進行列舉，對於劉向相關的具體經學思想不再加以贅述。列表説明如下：

序號	《穀梁春秋》	《春秋穀梁傳説》
1	“夏，四月，辛卯昔，恒星不見。夜中星隕如雨。”	“隕者象諸侯隕墜，失其所也。又中夜而隕者，象不終其性命，中道而落。”
2	“大無麥、禾。”	“水旱當書，不書水旱而曰大無麥禾者，土氣不養，稼穡不成。”
3	“秋，七月，禘於大廟用致夫人。”	“夫人，成風也。致之於大廟，立之以爲夫人。”
4	“秋，八月，辛卯，沙鹿崩。林屬於山爲鹿。沙，山名也。無崩道而崩，故志之也。其日，重其變。”	“鹿在山下平地，臣象，陰位也。崩者，散落，背叛不事上之象。”
5	“十有六年，春，王正月，戊申，朔，隕石于宋五。”	“石，陰類也。五，陽數也。象陰而陽行，將致隊落。”

① 刘向祖籍爲沛縣，雖非漢之齊魯故地人，但屬周漢之際齊魯文化輻射區，故録之以爲齊魯學人。

续表

序號	《穀梁春秋》	《春秋穀梁傳説》
6	“是月，六鷁退飛，過宋都。”	“鶂，陽也。六，陰數也。象陽而陰行，必衰退。”
7	“秋，七月，有星孛入於北斗。孛之爲言猶茀也。其曰入北斗，鬥有環域也。”	“北斗貴星，人君之象也。茀星，亂臣之類，言邪亂之臣，將並弑其君。”
8	“三年，春，王正月，郊牛之口傷。經文：改卜牛。牛死，乃不郊。”	“宣公區霿昏亂，故天下不饗其祀。”
9	“夏，五月，壬辰，雉門及兩觀災。”	“雉門，天子之門。而今過魯制，故致天災也。”
10	“六月，辛醜，亳社災。”	“災亳社，戒人君縱盜，不能警戒之象。”

何休

何休是東漢的經學大家，字邵公。《後漢書》對何休的評價極高，稱其“爲人質樸訥口，而雅有心思，精研《六經》，世儒無及者。”何休學識淵博，著述繁多，但最具代表性的還是其《春秋公羊解詁》一書，何休《解詁》之中清晰地展現了自己所構建的《公羊》理論體系，融入了他的一系列政治思想和經學思想。此書在後世的影響極其深遠，清人孔廣森對《公羊解詁》評價極高，同時又指出了何休在書中訛傳《春秋》大義以及主觀臆斷之弊。例如何休的“三科九旨”理論中所涉及的《春秋》“王魯”思想就爲許多經學家所詬病。除作《公羊解詁》之外，何休“又注訓《孝經》《論語》、風角七分，皆經緯典謨，不與守文同説。”同時“追述李育意以難二傳，作《公羊墨守》《左氏膏肓》《穀梁廢疾》”①，其中《穀梁廢疾》一文，站在《公羊》學的立場，從不同的角度對《穀梁春秋》所傳之義進行了質疑和批判，也是漢代《穀梁》學的重要内容。《穀梁廢疾》在流傳過程中早已散佚，只能從後世的輯佚版本中看到部分殘缺不全的内容。何休對於《穀梁春秋》的非難和質疑，雖然不是從正面對《穀梁》學理論的延伸和發展，但是從側面來看也是對《穀梁》學内容的豐富和完善，促進了漢代《穀梁》學的進一步成熟。《春秋穀梁傳注疏》對何休的《穀梁》學詮釋内容進行了廣泛地徵引。對於何休的《穀梁》學思想，此處僅將部分相關的詮釋内容進行列舉，下文中將對何休的《穀梁》學思想内容展開論述。列表説明如下：

---

① 當代學術新鋭許雪濤先生對《左氏膏肓》甚有研究，兹不多引。如他認爲，《左氏膏肓》是東漢公羊家何休對左氏詰難的作品，隋以後與鄭玄《箴膏肓》合爲一書，此書於宋代佚失，現《四庫全書》和刘逢禄有輯佚本。何休對《左氏》的批評的範圍包括《左氏》對《春秋》書法的解讀、對《春秋》經文的判斷、敘事等幾個方面的諸多内容，在此過程中使用了若干種方法。請見：許雪濤：《何休〈左氏膏肓〉與公羊、左氏之争》，《中國哲學史》2010年第2期，第63－72頁。本文僅就其考其《谷梁廢疾》分析其公羊固守派的《春秋》經傳詮釋特質。

序號	《穀梁春秋》	何休詮釋内容
1	賵者何也？乘馬曰賵，衣衾曰襚，貝玉曰含，錢財曰賻。”	天子馬曰龍，高七尺以上。諸侯曰馬，高六尺以上。卿大夫、士曰駒，高五尺以上。”
2	“志疏數也。八日之間，再有大變，陰陽錯行，故謹而日之也。”	“夏之正月，未可大雨震電，此陽氣大失其節。猶隱公久居其位，不反於桓，失其宜也。”
3	“名從主人，物從中國。故曰郜大鼎也。”	“周家以世孝，天瑞之鼎。諸侯有世孝者，天子亦作鼎以賜之。禮：祭，天子九鼎，諸侯七，卿大夫五，元士三也。”
4	“邾人、牟人、葛人來朝。”	“桓公行惡，而三人俱朝事之，三人爲衆，衆足責，故夷狄之。”
5	“王使榮叔來錫桓公命。”	“桓弑逆之人，王法所宜誅絶，而反錫命，悖亂天道，故不言天王也。”
6	“秋，七月，齊王姬卒。”	“内女卒日，此不日者，恩實輕於内女。”
7	“國曰災，邑曰火。火不志，此何以志？閔陳而存之也。”	“月者，閔之。”
8	“夏，公會齊侯於頰穀。公至自頰穀。孔子曰：‘笑君者罪當死。’使司馬行法焉，首足異門而出。齊人來歸鄆、讙、龜陰之田者，蓋爲此也。”	“齊侯自頰穀歸，謂晏子曰：‘寡人獲過於魯侯，如之何?’晏子曰：‘君子謝過以質，小人謝過以文。齊嘗侵魯四邑，請皆還之。’”

二、古文經學派

張恭祖，生卒年不詳，東漢末年經學家。今東昌府區人①。博學多聞，大司農鄭玄曾就學於張，張恭祖授之以《古文尚書》《左氏春秋》《古文尚書》等經籍。從所授典籍看，其應爲兩漢齊魯故地儒者中的古文經學派。

三、今古文兼通派

鄭玄

鄭玄（127 年－200 年），字康成，東漢北海高密（今屬山東）人，爲東漢後期兩

① 商代末期，爲紂王庶兄微子的封地，史稱“微子城”。西周爲“郭國”領域。春秋戰國時屬齊國。秦始置縣，名聊城，屬東郡。兩漢仍屬東郡。三國時屬魏國平原郡，晉代屬平原國。南北朝時，初屬魏郡，後屬北魏平原郡，爲平原郡之治所。隋開皇三年（583 年），平原郡廢，隋開皇十六年（596 年）於王城置博州，遂屬博州。大業初年博州撤銷，改屬武陽郡。唐武德四年（621 年），重置博州，轄聊城，以聊城爲其治所。唐天寶元年（742 年），爲博州博平郡領。天佑三年（906 年）後，曾一度改爲聊邑，但隸屬未變。後晉及宋代至金，均屬博州，皆以聊城爲治所。

漢經學特别是古文經學之集大成者。曾入太學受今文《京氏易》學與《公羊春秋》等今文經學内容，又從東郡張恭祖學《古文尚書》《周禮》《左傳》等，後師從馬融，學古文經學。鄭玄因而學問廣博，對今古文經學都了然於胸，繼而在注經過程中“括囊大典，網羅眾家”① 而自成一家，人稱“鄭學”。

東漢以來，古文經漸興，雖然東漢一朝始終未得立於官學，但是古文經學的繁盛確是不争的事實——朝野之中研習古文經之人比比皆是；遍及全國的私學之中，傳授的也基本都是古文經學。今文經學則處於日漸衰落的趨勢，東漢後期大體能固守公羊學的今文經學家，也只有何休一人。而鄭玄則在此學術背景下，以古文經學爲主，兼採今文經學，遍注群經而整齊各家，這是他的學説在當時能得到普遍認可的重要原因，因而在鄭學興起後其前的各家經學也就自然逐漸黯淡了。吴雁南先生的《中國經學史》指出：“鄭學的興盛，不僅標誌着漢代今古文經學之争的終結，達到了經學的統一，同時也標誌着漢代經學的衰亡。”②

因爲西漢與東漢，一直都把今文經學作爲正統官學。兩漢的今文經學，一則作爲政府特意設置用以傳授專門一家之學的博士，其學問必須強調學術門派的純正性，否則，如混雜他家别派，便會被政府免官，這在史書中多有記載；二則其經傳詮釋更需學理上的家法、師法的固守與弘揚，若過度地游離於師説，就會泯滅這一專門一家之學的詮釋個性，而最終使其自動消亡。基於此兩點，在兩漢今文經學的發展過程中，先是今文經中的魯學與齊學都認爲自身傳記更符合經義；接着顔、嚴兩家又各守師説；而古文經興起後，又與今文經展開對壘，直至相互抵觸和非難，兩者各不相讓，在學術上也基本不在相互尊重的情況下彼此交流和混合。鄭學的特點之一，就是在治學上，打破學術偏見，雜糅諸家。正是鄭玄打破了門户上的各執己見，博採眾長，吸收各家精華，才使得齊魯經學繼漢初官方化之後在漢末的又一次升華。自此以至魏初，齊魯經學才在全國有鄭本這一標準經義本，而以鄭學一統天下。

鄭玄精通諸經，他的《春秋》學成就也是極高的。③ 鄭玄針對許慎的《五經異義》著有《駁五經異義》一書，書中鄭玄提出了許多不同於許慎的經學觀點，此外鄭玄還作《發公羊墨守》《起穀梁廢疾》《箴左氏膏肓》，分别對何休的《公羊墨守》《穀梁廢疾》《左氏膏肓》加以批駁。何休見到鄭玄所作之書後感嘆道：“康成入吾室，操吾矛，

---

① 東世澂（編注）：《後漢書選》卷35《鄭玄傳》，中華書局1966年版，第105頁。

② 吴雁南等（主編）：《中國經學史》，福建人民出版社2001年版，第142頁。

③ 郑玄《六藝論》曾指出：“《左氏》善於禮，《公羊》善於讖，《谷梁》善於經。”其兼容綜合，重點落在“善於禮”的《左氏傳》上。《後漢書》本傳及《儒林列傳》均未提及鄭玄注過《左氏傳》，但《世説新語·文學》篇中記，鄭玄曾注《左氏傳》，一次與服虔相遇，聽服虔談注《左氏傳》的内容，覺得與己見相同，就説：“吾久欲注，尚未了。聽君向言，多與吾同，今當盡以所注與君。”遂爲《服氏注》。若《世説新語·文學》此處所記可靠，鄭玄似有尚未完稿的《左氏傳》注專著。

以伐我乎!"① 其中《起穀梁廢疾》一書中的駁論及《春秋穀梁傳注疏》所集鄭玄注,內容精短,但能夠有力地展現出鄭玄的《春秋》學思想和成就,也是漢代《春秋》經傳詮釋中非常重要的一部著作。其部分注文及相應經傳原文,列表說明如下:

序號	《穀梁春秋》	鄭玄詮釋內容
1	"八月,庚辰,宋公和卒。"	"《禮·雜記上》曰:'君薨,赴於他國之君,曰寡君不祿,敢告於執事。'《曲禮下》曰:'壽考曰卒,短折曰不祿。'君薨,赴而云'不祿'者,臣子之於君父,雖有壽考,猶若短折,痛傷之至也。若赴稱'卒',是以壽終,無哀惜之心,非臣子之辭。鄭國來赴,書以'卒'者,無老無幼,皆以成人之稱,亦所以相尊敬。"
2	"著於上,見於下,謂之雨;著於下,不見於上,謂之隕,豈雨說哉?"	"眾星列宿,諸侯之象。不見者,是諸侯棄天子禮義法度也。"
3	"有二事偶,則以後事致。後事小,則以先事致。其以伐楚致,大伐楚也。"	"會爲大事,伐爲小事。今齊桓伐楚而後盟於召陵,公當致會;而致伐者,楚強莫能伐者,故以伐楚爲大事。"
4	"(僖公九年)葵丘之會,陳牲而不殺。"	"盟牲,諸侯用牛,大夫用豭。"

向鄭學挑戰的王肅

漢末以來,經學是鄭玄一家之學的天下。由於鄭玄兼綜今古,遍注群經,學問淵深廣博,而且弟子眾多,幾遍天下,因此被人稱爲經神,王粲談到鄭康成,稱伊洛已東,淮漢之北,一人而已,可見鄭玄是如何被人推崇。在當時,鄭學是最有勢力的顯學。三國時期,也有學者對鄭學表示不滿,對鄭玄的經注有所駁正,例如吳國的虞翻,就對鄭玄的《易注》多所批評,說鄭注未得其門,難以示世;又奏鄭玄解《尚書》違失事目,凡四事;並稱玄所注五經,違義尤甚者百六十七事,不可不正。但絲毫未能動搖鄭學的地位。當時敢於並且有能力公然向鄭學挑戰的,當推同爲齊魯學者的王肅。

王肅(195 年—256 年),字子雍,東海郡郯(今山東郯城西南)人,是漢魏之際的名臣兼名儒王朗之子,曹魏儒家學者。王肅生於會稽。黃初中,爲散騎黄門侍郎。後官至中領軍,加散騎常侍。肅承賈逵、馬融之學,曾爲五經及《國語》等書作注,於《春秋》撰有《春秋例》《春秋三傳》二書。均佚。且其所注《尚書》《詩》《論語》《左傳》等,在晉代列於學官,立有博士。王朗師事楊賜,楊賜世傳今文《歐陽尚書》。

① 束世澂(編注):《後漢書選》卷 35《鄭玄傳》,中華書局 1966 年版,第 105 頁。

“朗著《易》《春秋》《孝經》《周官》傳，奏議論記，鹹傳於世。”王肅本人也是個官僚兼學者。從家學淵源來看，他似乎是個今文學者；但他又善賈、馬之學，像個古文學家。王肅與鄭玄一樣，也是屬於兼綜今古的一派，但他卻很不喜歡鄭學（不好鄭氏），他也如鄭玄一樣遍注群經，綜合今文、古文經義，融爲一體，以試圖取鄭學而代之。

舊時學者一般認爲，鄭玄混淆今古家法；但王肅反對鄭玄，絶不是站在辨清今古家法的立場上，而是以今文説反對鄭玄的古文説，以古文説反對鄭玄的今文説，可以説是完全出自個人的好惡。王肅在曹魏時很有權勢，他的女兒嫁給了司馬昭，篡魏的司馬炎就是他的外孫，因此在魏晉之際有不少學者宗主王學。史載高貴鄉公在太學與諸儒講論經義，帝問以鄭玄與王肅對《尚書》曰“若稽古”一語的解釋何者爲是，儘管皇帝偏向于鄭説，博士庾峻仍然對以肅義爲長。王肅所注的《尚書》《詩》《論語》《三禮》《左傳》，以及他所編定的其父所著《易傳》，特别受到官方的推崇，皆列於學官。

王學與鄭學對經典的訓釋多有不同，尤其是在古代郊廟典禮方面，王、鄭的説解歧異很大。爲了争勝于鄭玄，王肅還徵引了當時少有流傳且很有争議的《孔叢子》《孔子家語》等書；他撰《聖證論》，托言孔子之説，以攻駁鄭玄。王學的挑戰引起了鄭門弟子的反擊，唐人元行沖所撰《釋疑》云：“子雍規玄數十百件，守鄭學者，時有中郎馬昭，上書以爲肅謬。”又有王基，“散騎常侍王肅著諸經傳解及論定朝儀，改易鄭玄舊説，而基據持玄義，常與抗衡。”又有鄭玄之門人孫炎，字叔然，人稱“東州大儒”，“肅集《聖證論》以譏短玄，叔然駁而釋之，及作《周易》《春秋例》，《毛詩》《禮記》《春秋三傳》《國語》《爾雅》諸注，又注書十餘篇”。王學的擁護者亦不甘寂寞，孔晁、孫毓等申王駁鄭，一時間王、鄭是非之争成了經學上的一個熱門話題。王肅所注《左傳》，在魏晉之際頗爲盛行。此書三十卷，《隋書·經籍志》尚有著録，可知是唐以後才亡佚的。今所見王注的輯本，只有大約四五十條，已很難窺其全豹了。昔人對王肅的學術似乎有些偏見，例如清儒皮錫瑞説：兩漢經學極盛，而前漢末出一劉歆，後漢末生一王肅，爲經學之大蠹。二人黨附篡逆，何足以知聖經！如果説皮氏之説還只是基於道德義憤的話，那麼另一位清代學者臧琳則直探王氏的本心：“王肅注書，只嫉鄭君之賢而欲出其上，遂逞其庸妄之見以顛倒六經，肅之罪甚於始皇。而晉唐以來，儒者罕覺其謬，遂至轉相授受，多爲小人所欺。”

按臧氏的議論，主要是就《尚書》《毛詩》《禮記》三書的王肅注而發的，若是用來説王肅的《左傳》注，似乎有欠公道。從今日僅存的幾十條注文來看，《左傳》王注應該是一部很有價值的著作。這幾十條王注的半數以上，都被後來杜預的《春秋經傳集解》所吸取，可見這不是一部庸妄之作。而且説王肅故意處處與鄭玄爲難，恐怕也不是事實。例如隱西元年都城過百雉，對“雉”字的注解，王肅就與鄭玄相同；僖公十五年之箕子，服虔、杜預以爲是紂之庶兄，而鄭玄、王肅則都認爲是紂之諸父。就是與鄭玄立異之處，其中也不乏值得重視的意見。例如對於昭公十三年的鄭伯男也，而使從公侯之貢一句，鄭玄解釋説：男謂子男也。周之舊俗，雖爲侯伯，皆食子男之地，這是説鄭雖爲伯爵，封地卻只相當於男；而王肅則説：鄭伯爵而連男言之，猶言日公侯足句，辭也，這是説伯男連言，就好像公侯連言一樣，不過是一種籠統的提法。王肅此説，似乎較鄭説更爲合理一些，因此爲杜預所採用。①

齊魯故地及其僑姓除了這幾位重要《春秋》學家以外，漢晉還有許多重要的《春秋》學家在《春秋》經傳詮釋上做出了重要貢獻。然而，由於年代久遠，他們的詮釋内容早已經散佚，如今我們已無法見到他們具體的《春秋》經傳詮釋内容。現將這一部分經學家，連同上文所介紹的幾位重要《春秋》學家，在《兩漢三國學案》的流派劃分基礎之上，按照本節的流派劃分標準，重新進行列表總結，現列表如下：

流派名稱	代表人物
今文經學派	申公、瑕丘江公、榮廣②、皓興公、蔡千秋③、江博士、王亥、申章昌、房鳳、丁恭、王龔、蕭秉④、梅福、翟方進、侯霸、唐譚、夏侯勝、韋賢、史高、麋信、何休、董仲舒、甄宇、甄普、甄承、孔宙、祝睦
古文經學派	張恭祖⑤
今古文兼通派	蕭望之、嚴彭祖、鄭玄、承宫⑥、劉兆、氾毓、徐邈、王朗、王肅

① 趙伯雄：《春秋學史》，山東教育出版社2004年版。

② 榮廣，漢博士，魯國人，字王孫。從師瑕丘江公受業《穀梁春秋》及《詩》，“盡能傳其《詩》《春秋》，高材捷敏”，多次在辯論中難倒公羊學大師睢孟，對復興穀梁春秋學起到重要作用。著名弟子有沛縣蔡千秋（字少君）、梁國周慶（字幼君）、丁姓（字子孫）、汝南人尹更始；其中蔡千秋同時師從皓星公，學問最爲篤實。

③ 蔡千秋，西漢經學家。字少君，沛（今沛縣東）人。受《穀梁春秋》於魯榮廣，又事皓星公，爲學最篤。宣帝即位，聞衛太子好《穀梁春秋》，以問魯人丞相韋賢、長信少府夏侯勝及侍中樂陵侯史高，皆言谷梁子本魯學，公羊氏乃齊學，宜興《穀梁》。千秋時爲郎，召與《公羊》家並説，上善《穀梁》説，擢爲諫大夫、給事中，後左遷平陵令。復求能爲《穀梁》者，莫及千秋。上愍其學且絶，遂以千秋爲郎中户將，選郎十人從之受業。因沛縣雖爲楚國故地，但因楚並魯而首受齊魯文化影響，屬文化區域的齊魯故地，故録之。

④ 疑蕭秉爲春秋魯國故地蘭陵蕭氏，故録之。

⑤ 东汉末年经学家。今山东聊城东昌府区人。博学多闻，大司马郑玄曾就学于张，张授以《周官礼记》《左氏春秋》《古文尚书》等经籍。

⑥ 琅邪姑暮人承宫虽为丁恭的学生从习《严氏春秋》，但此前曾从乡里儒者徐子盛受《春秋经》，疑应为今古文兼通派。

疑古思潮下的宋代易學研究嬗變管見*

曲阜師範大學文學院　王長紅

摘　要　疑古思潮的興盛使人們對有關《周易》經、傳的傳統認識受到極大衝擊，在顛覆傳統的效應中，很多宋代學者紛紛對易學史上幾成定論的有關《周易》作者的觀點進行了再認識和再思考，並以此爲基礎"毀《周禮》，疑《孟子》，譏《書》之《胤征》《顧命》，黜《詩》之《序》"，將濫觴於唐朝中後期的疑古思想推向縱深。他們在對傳世儒家經典進行全面清算的同時，創建了新的治經方法；亦有部分學者對理學家們以《繫辭傳》等爲基礎所建構和苦心經營的理學形上學體系提出質疑和否定，並以《彖傳》《象傳》爲新的理論基點嘗試架構新的哲學體系予以反駁，或以歷史考據的方法去揭露理學空疏和荒謬之處。

關鍵詞　疑古思潮　易學研究　宋代學術　嬗變影響

疑古之風早在趙宋之前已悄然吹起。如朱維錚先生主張其源于"唐宋間的經學更新運動"，認爲劉知幾已"疑經""惑經"①。而張富祥先生則認爲"文獻學上的疑古辨僞，還在先秦時期已有萌芽。例如孔子主張'多聞闕疑'，子貢質疑'紂之不善，不如是之甚'，孟子強調'書盡信，不如無書'，韓非提出要'定儒、墨之誠'，這些名言都已包含了文獻辨僞的成分。下至漢、唐之間，文獻辨僞的言論和事例不絶如縷，以致唐代劉知幾作《史通》，徑以《疑古》和《惑經》名篇，矛頭直指先秦儒家經典。不過辨僞真正形成一種活潑潑的的思潮，現今公認還是在宋代"，"較早在這方面做了一些啓發性工作的是歐陽修，他的《易或問》和《易童子問》至今仍被認爲是宋代最早的辨僞專著"。② 目前學界一般認爲疑古思想濫觴于趙宋之前，但真正形成一種思潮還是在

---

* 本文爲"教育部人文社會科學青年基金項目《宋人筆記易學文獻整理與研究》"（項目批准號：13YJCZH165）和"曲阜師範大學科研啓動基金資助項目《宋人筆記易學文獻整理與研究》"的階段性成果之一。

① 朱維錚：《中國經學史十講》，復旦大學出版社2005年版，第21頁。

② 張富祥：《宋代文獻學研究》，上海古籍出版社2006年版，第246－247頁。

宋代，自從歐陽修《易童子問》否定孔子作《文言傳》《繫辭傳》《説卦傳》《序卦傳》《雜卦傳》後，否認孔子作今本《易傳》（以下簡稱《易傳》）之風漸熾，並以此爲契機，進而對包括書學、詩學、禮學等在内的宋代學術的整體發展，乃至清代學術和上世紀初期古史辨的興起都産生了巨大影響。今擬從疑古思潮對今本《周易》（以下簡稱《周易》）作者的懷疑和否認、疑古思潮與改經、疑古思潮中新治經方法的創建和新理論體系的建構三個層面，管窺其對包括易學在内的宋代學術的衝擊和影響，以求教于方家。

一、疑古思潮與疑經：對《周易》作者的懷疑和否認

有關《周易》的作者，司馬遷曾説“伏羲作八卦，周文王演三百八十四爻而天下治”（《史記·日者列傳》），“（文王）囚羑裹，蓋益《易》之八卦爲六十四卦”（《史記·周本紀》），“孔子晚而喜《易》，序《彖》《繫》《象》《説卦》《文言》”（《史记·孔子世家》）。其後，班固繼而承之，亦認爲“（伏羲氏）始作八卦，以通神明之德，以類萬物之情”，“文王以諸侯順命而行道，天人之佔可得而效，於是重《易》六爻，作上下篇”，“孔氏爲之《彖》《象》《繫辭》《文言》《序卦》之屬十篇”，① 進而提出了學術史上著名的“人更三聖，世歷三古”② 之説。班、馬之後，伏羲畫卦、文王重卦、孔子作傳之説在唐初孔穎達等人撰《五經正義》前幾成定論。然此説在疑古盛行的兩宋時期飽受質疑和挑戰，這種質疑和挑戰肇始于對《易傳》作者的懷疑和否認。自從歐陽修《易或問》《易童子問》之後，很多學者對孔子與《易傳》諸篇的關係進行了種種推斷。有的肯定孔子作《説卦傳》，如宋祁以爲“孔子敘乾爲玉、爲金，坤爲牛、爲輿之類，本釋他卦所引，非徒言也”③；有的主張孔子作《繫辭傳》、其餘篇章乃孔子後學集其訓解而成，如王觀國就是其中的代表之一，他曾説：“今世傳王弼《易》第七、第八卷分系辭上下者，誤也。此非繫辭也，乃孔子所作《易》之《大傳》耳……《乾》《坤》卦與《大傳》中有子曰之稱者，乃孔子嘗爲訓傳，而門弟子纂集成書，故有子曰之稱。”④ 即在他看來，《繫辭傳》爲孔子所作，《文言傳》與《系辭傳》之所以含有“子曰”二字，是因爲孔子曾爲之作過訓解，後由弟子記録下來而成；有的則徹底否定孔子作《易傳》之説，僅認爲其“述”《彖》《象》二傳，如葉适説：“言‘孔氏爲之《彖》《象》《繫辭》《文言》《序卦》之屬’，亦無明據。《論語》但言‘加我數年，五十以學《易》’而已，《易》學之成與其講論問答，乃無所見，所謂

① 班固：《漢書·藝文志》，《漢書》，中華書局 1962 年版，第 1704 頁，

② 班固：《漢書·藝文志》，《漢書》，中華書局 1962 年版，第 1704 頁。

③ 宋祁：《宋景文筆記》，《全宋筆記》第一編第五册，大象出版社 2003 年版，第 56 頁。

④ 王觀國：《學林》，上海古籍出版社 1992 年版，第 2－4 頁。

《彖》《象》《繫辭》作于孔氏者，亦未敢從也"①，即他認爲孔子作《易傳》之説無文獻佐證，故不認可此説，但因“《彖》《象》辭意勁厲，截然著明，正與《論語》相出入，然後信其爲孔氏作無疑。至所謂《上》《下繫》《文言》《序卦》，文義複重，淺深失中，與《彖》《象》異，而亦附之孔氏者，妄也。自顔曾而下，訖於子思孟子，所名義理，萬端千緒，然皆不若《易》《象》之示人簡而切，確而易行。學者誠有志於道，以是爲經，而他書特緯之焉可也"②，即他認爲《彖傳》《象傳》雖不是孔子所作，但二者文風與《論語》相同，所釋經義合孔子之學，可“信”爲孔子所“作”，因此其認爲學者解經不以《彖傳》《象傳》“違而他求則遠矣”，因爲《文言》《繫辭》《説卦》《序卦》“嘐嘐焉非《易》之正”。③ 等等，不一而足。

疑古之風由傳及經，很多學者在否認孔子作傳之説的基礎上，進而對《周易》古經的作者亦有所疑，並自標新説。有的認爲周公和孔子作卦爻辭，如王觀國曾説：“虙犧作八卦，而文王重之爲六十四，則爻辭乃文王所作也。方文王重爻之時，箕子之明未夷，至紂不道，箕子奴，然後箕子之明始夷。武王伐紂，一戎衣而天下大定，乃反商政。釋箕子囚，封比干墓，式商容閭。當此時，箕子之明雖夷而利貞，故明不可息也。以此考之，則箕子之明夷，其在武王之時乎？文王重爻之時，於明夷六五之辭，不應預言箕子之明夷，此學者素以爲疑也。趙賓訓《易》，欲避此疑，故謂箕子者，陰陽之氣，萬物方荄茲，非商紂之箕子也。顔師古不悟其意，乃引《明夷》卦爻之辭以釋之，夫學者豈不知商之有箕子耶？趙賓之説雖鑿，而師古原不曉其因也，或説謂文王重卦，而其辭則周公、孔子之作，如此則明夷言箕子不礙矣。”④ 在王觀國看來，如果按照伏羲畫卦、文王重卦説，文王則爲爻辭的作者，但文王之時箕子尚未明夷，因此文王無法預言箕子明夷之事，因此其批評顔師古之注《漢書》，不明此處文王作爻辭與箕子明夷之間的矛盾，故而提出卦爻辭爲周公、孔子所作説。有的則認爲伏羲創六十四卦、文王作卦辭、周公作爻辭，如南宋王應麟曾説：“伏羲之《易》，當以圖觀，文王以後始有書。艾軒云：‘《易》不畫，《詩》不歌，無悟入處。’誠齋云：‘卦者其名，畫者非卦也，此伏羲氏初制之字也。’愚按，《易緯·乾鑿度》以八卦之畫爲古文天、地、風、山、水、火、雷、澤字”⑤“《爻辭》周公所作”⑥。在王觀國看來，伏羲之時只有卦畫，至文王始有文字，即他認爲畫卦重卦之人爲伏羲、卦辭的作者爲文王、爻辭的作者爲周

① 葉适：《習學記言序目》，上海古籍出版社1992年版，第35頁。

② 葉适：《習學記言序目》，上海古籍出版社1992年版，第35頁。

③ 葉适：《習學記言序目》，上海古籍出版社1992年版，第1頁。（按，葉适對《易傳》作者的認識經歷了從早期的肯定到晚期的否定過程，詳見王長紅《宋人筆記所載易學資料述論》，山東大學博士論文，2006年。）

④ 王觀國：《學林》，上海古籍出版社1992年版，第13－14頁。

⑤ 王應麟：《困學紀聞》，上海古籍出版社2015年版，第90頁。

⑥ 王應麟：《困學紀聞》，上海古籍出版社2015年版，第296頁。

公。有的則徹底否認傳統的伏羲畫卦、文王重卦之説，如葉适説："按易之初一畫，卦分而爲十二，二卦對立而爲六十四，畫之始終具焉。聖人非罔民以自神者，而學者多異説，不知過也。按班固用劉歆《七略》記《易》所起，伏羲文王作卦重爻，與《周官》不合，蓋出於相傳浮説，不可信"。[①] 在葉适看來，《易》之初，混沌爲一，後經陰陽分化，才有陰陽之爻，又經陰陽兩爻的組合而成《乾》《坤》二卦及六十四别卦，歷代聖人並未借《周易》的神秘性愚弄百姓，是學易者附會聖人而已；並依據《周禮·春官·太卜》"太卜掌三《易》之法，一曰《連山》，二曰《歸藏》，三曰《周易》，其經卦皆八，其别卦皆六十有四"，認爲《周易》與《連山》《歸藏》一樣，原本就有八經卦、六十四别卦，無需伏羲畫卦、文王重卦，所以班固所主張的"伏羲文王作卦重爻""蓋出於相傳浮説，不可信"等等。

眾所周知，漢儒解經嚴守師法家法，不敢越雷池半步，形成了别具特色的章句之學，此後魏晉隋唐諸儒較之漢儒有過之而不及，其解經主張疏不破注，形成了經學史上與章句之學一脈相承的注疏之學，對治學之法和和解經思想的傳承起了很大的推動作用，但同時也遏止了學術發展和創新，從而造成了經學研究的僵化，從而不利於儒家思想的進一步發展，更是危及到自身的話語權，尤其是在外來佛教和本土道教的雙重夾擊下，其在學術、政治中獨尊的地位岌岌可危。在此種情勢下，以復興儒家獨尊地位爲己任的宋代學者對前賢的經學研究進行了徹底清算，他們對《周易》經、傳的作者問題進行的種種推斷，儘管因文獻匱乏等因素，我們已很難厘清孰是孰非，但卻開啓了宋代易學乃至整個宋代學術求新求變之風，他們以此爲基礎，修訂"古本《易》"、創建新的治經方法、架構新的理論體系等，爲宋代易學注入新活力，進而扭轉了儒學的發展方向。

二、疑古思潮與改經：編訂"古《易》"和增删改字

宋代學者在疑古思潮的浸染下，並未止步于《周易》經、傳的作者問題，而是以此爲基礎對《周易》經、傳的編排順序進行了再審視，並且對《周易》文字進行了增删和改動，將疑古思潮進一步深化。

一方面，編訂"古本《易》"。如前文所述，既然《周易》古經的作者不明確、《易傳》又非孔子所作，既然《周易》的形成經歷了"人更三聖，世歷三古"的漫長歷

① 葉适：《習學記言序目》，上海古籍出版社 1992 年版，第 35 頁。

史時期，合傳於經必爲後人所爲，《周易》經、傳應開排列已成爲當時很多學者的共識①。那麼《周易》最初的面貌如何？何人何時將《易傳》與《易經》合二爲一？自古以來，眾説紛紜，莫衷一是。② 在此種情勢下，以自標新義、自創新説而著稱的兩宋學者自然也對“古本《易》”的原貌進行了種種推測，並且對《周易》的篇章次第進行了重新調整，編訂了很多所謂的“古本《易》”。據《宋史·藝文志》及其他宋代官私書目和宋人學術筆記可知，王洙、邵雍、吕大防、晁説之、薛季宣、李燾、程迥、吕祖謙、吴仁傑、周燔等人皆編訂過“古《周易》”。相比而言，周燔在“古本《易》”的編訂頗具特色。《困學紀聞》載：“《古易》五家：吕微仲、晁以道、睢陽王氏、東萊吕氏、九江周燔。又有程迥、吴仁傑二家。”③ 由此可知，周燔作爲與王洙、吕大防、晁以道、程迥、吕祖謙、吴仁傑齊名的古《易》大家，其編訂的古《易》在宋代已爲學人關注。周燔認爲，古本《易》經傳各分卷帙，後世學者爲便於學習和誦讀而將《彖》《象》散入各卦之中，然而“先儒分之，失其次第”。

另一方面，增刪、篡改、移動《周易》文字。他們的懷疑步伐並未戛然而止于《周易》篇章順序的編排上，而且還對自認爲訛誤、脱衍的經、傳文字在缺乏文獻佐證的情況下進行了改動。“古本《易》”的編訂，是疑古思潮深化的必然結果，使宋代經學由“疑經”發展到“改經”，並波及到其他儒家經典。如朱熹除以吕祖謙的《古周易》爲底本撰寫《周易本義》而使經、傳分離外，而且還割裂《小序》、改動文字以求押韻而成《詩集傳》一書等。總之，學者“改經”風靡一時，“毀《周禮》，疑《孟子》，譏《書》之《胤征》《顧命》，黜《詩》之《序》”（《困學紀聞·卷八》），將疑古思潮推向極致。

三、疑古思潮的深化和回應：新治經方法的創建與新理論體系的架構

宋代學者並不是純粹疑經、改經，而是藉此創建新的治經方法。在很多學者看來，既然包括《易傳》《詩序》等很多漢代以前的解經闡經之作，都存在這樣那樣的問題，

① 如程大昌認爲古人對像《論語》這樣的聖王經典所作訓解皆獨自成書，如《中庸》《孟子》，因此王弼本《周易》合傳於經失其本來面貌（參見程大昌《續考古編》，中華書局 2008 年版，第 366 頁）；王觀國亦認爲古本《易》經、傳是分離的，他説：“《彖》《象》《文言》不分在諸卦，蓋別爲篇簡者也”，“今世所行王弼《易》，乃《彖》《象》相雜之《易》，非古本《易》也。”（參見王觀國《學林》，中華書局，第 2 -4 頁）

② 對於《周易》原貌，從漢至宋學者論説紛紜，主要有以下三説：鄭玄合傳於經説，主此説者只要以《三國志·魏書·高貴鄉公曹髦傳》；費直雜傳於經説，此説多爲宋代官私目録所持；始于費直、卒亂于王弼説，如孔穎達、程大昌等人。筆者認爲鄭玄合傳於經説較之其他二説可信，因爲由曹髦與淳於俊之間的問答可知，《周易》在漢代存有多種版本，而曹髦貴爲帝王，其所見必爲最好最通行的版本，因此當其看到鄭氏《易注》將《彖注》《象注》與卦爻辭參雜排列時非常奇怪，而淳於俊的回答既指明了原因，也明確指出了合傳于經始于鄭玄（參見王長紅《宋人筆記所載易學資料述論》，山東大學博士論文，2010 年）。

③ 王應麟：《困學紀聞》，上海古籍出版社 2015 年版，第 105 頁。

那麼漢唐之際的注解更是自不待言，在這種思維定勢的影響下，他們自然認爲漢唐傳説必然有違經義，因此主張治經抛棄傳説，讀研義理，從而形成了風靡兩宋、歷經元明而不衰的宋學，革除了注疏之學的僵化之弊，爲經學發展注入新風。然宋學重義理闡釋而輕文字訓詁，有空疏之嫌，因而在疑古大潮之中，亦有部分學者對儒家經典的文字訛誤、脱衍、訓詁及典章制度的考辨、歷史事實與歷史人物的考證等予以獨特關注，又形成了歷史考據的治經方法，給宋代學術帶來少許厚重感。如洪邁的《容齋隨筆》一書，或藉他書所載，或據字形、字體，或文注互證，校勘經傳之文二十處；虞翻釋《坎》卦之上六爻"系用徽纆，寘于叢棘"時所説的"獄外種九棘"，後人多不解其義，洪邁據《周禮》《禮記》所載典章制度，疏證"九棘"的來龍去脈，言而有據，使人對虞氏之誤了然於胸。等等。

亦有部分學者本之疑經，在否定孔子與《繫辭傳》關係的基礎上，將懷疑精神引向以《繫辭傳》爲主要立論基礎所構建的程朱理學，進而架構新的理論體系對其予以反駁和挑戰，從而使疑古思潮在兩宋呈現出縱横交織的局面。如南宋永嘉事功學派的集大成者葉适，在繼承歐陽修疑古思想和事功學派重要代表人物薛季宣"改經"傳統的基礎上，否定孔子與《易傳》的著作關係，認爲孔子不是"作"而是"述"《彖傳》《象傳》，這對於以《易傳》尤其是《繫辭傳》爲主要理論依據的程朱理學的宇宙本體論和創化論而言，不亞於是釜底抽薪，動摇了其立世基礎，也否定了其正統性；並以《彖傳》《象傳》爲基點，依據張載的氣論説，以孔子未言"太極"爲由，提出了以"氣"（"物"）爲萬物之源的本體論及"氣"經陰陽交感而成萬物的創化論，與理學家們以"理"爲本、物生於"理"的本體論和創化論截然不同。正因葉适主張以"氣"爲本、"氣"生萬物的本體論和創化論，所以其認爲《周易》通過對萬物之"象"的模擬來體現其德行及安身立命之"理"，而且此"理"不能脱離"象"（"氣"或"物"）而存在，因此認爲只有將從宇宙萬物中體認的"理"與萬物相結合，才能檢驗"理"的正確與否，體現了其以"物"（"器"或"氣"）爲本、"物→理→物"的認知論和踐行觀，並基於孔子所述之《彖傳》《象傳》崇尚陽剛、强調自强不息等因數，形成了一套以事功爲目的、以知行合一的修德觀和踐行觀爲主體内容的易學哲學體系，與當時内省尚虚、以"理"爲本的程朱理學形成鮮明對比，並對後來王夫之等人的樸素唯物思想産生了重要影響。

四、結語

綜上所述，以洪邁、王應麟等人爲代表的歷史考據視野下的治學路數，爲兩宋學術注入新鮮血液，開清代考據學之先河，他們開創的很多考據方法和基本原則多爲乾嘉學者所信守；宋代學者對儒家經典的懷疑精神影響深遠，清代前期崔述輕視傳注、回歸原典的疑古思想，以及將疑古推向極致的康有爲的僞經説與上世紀二三十年代的古史辨派皆與之一脈相承，是其在後世的迴響和昇華；葉适等人以疑古爲契機對程朱學説所作的一系列"破""立"工作，在理學思想的統治下，形成了關注社會現實、强調事功的新思想學説，儘管仍未完全脱離程朱理學的窠臼，但在學説的貫徹途徑和終極目標的實現上已與之有明顯差異，對推動思想和學術的進步與社會的發展起到了積極作用。要之，宋代疑古思潮對《周易》經、傳傳統認識的駁疑、編訂的"古本《易》"，以及對其他儒家經典進行的再思考、再編排，對兩宋至清末民初的學術發展打下深深的烙印。

從書院學規看清人“實學”的開展

——以蘇州書院爲例

臺灣康寧大學　陳玫玲

一、前言

後世探討清代學術變遷有二變之説，如謝國楨先生（1901－1982）《近代書院學校制度變遷考》一文；徐啓彤先生在《清代吴地書院的演進與學術思潮》一文中，提出“清代學術思潮，應當指漢學的興盛和經世致用的提倡，而清初的程朱理學，則不在其列”①。之外，又有皮錫瑞（1850－1908）《經學歷史》經學三變之説。據此分析，兩者皆是標舉以經學爲中心思想。即是以經學爲根柢，學術的傳播與變遷，所有的轉捩點幾乎與書院有密切關係。歷來書院教育，頗有益於學者傳授、學子進修，爲培養人才體系之補充。甚至併合着藏書、刻書等文化傳播功能，爲學者所矚目。然近年來研究著作，凡述其書院皆關注在歷史沿革、職能、學脈，或者僅探討某一書院專題研究及其相關文獻，如劉玉才先生之《清代書院與學術變遷》。至於歷代學規、章程、考課制藝等匯編，如《中國歷代書院志》《中國書院學規集成》，皆以蒐集文獻爲目標，僅能視爲一種工具類書。顯然，不管二變、三變之説，皆無確切的定論。由是，筆者藉着現有的匯集文獻，觀察書院學規、章程之内容，站在前人的肩膀上前進，加以延伸三個議題：一是清初“實學”的思潮，是與明末清初“實學”的發展不同的；二是希望能厘清清代考據學是源於“理學”的發展，也就是以“實學”面貌具體展現；三是雖然戊戌變法失敗後，朝廷保守派主張廢除學校，恢復舊有的書院。但是對於西學的傳授，新式學堂的建立仍未停歇。容納歐美西方之科學，變更學習的方法，是爲了應映時代的走向。“致用爲要”一直是清代提倡學風、培植人才，與教育學程的宗旨。因此本文嘗試以時間順序爲主軸，並以横線的論述來劃分清代書院的特色，希望能凸顯出“實學”的發展與演進。

---

① 徐啓彤著：《清代吴地書院的演進與學術思潮》，《蘇州大學學報》，第2期（1994年），第86頁。

（一）“實學”之釋義

何佑森先生（1931－2008）論述清代學術，簡而言之：“二十世紀以來的中國學術，大體上發展的是清人所提倡的實學”①。所謂“實學”一詞，何先生提出一個觀點，在不同的時代，不同的環境中，各有一個特定的含義。② 宋、元、明、清時期，學者對“實學”所賦予的内涵，大致是依從“實體達用”的準則。③ “實學”一詞源自於宋代程顥（1033－1107）“治經，實學也”④，從程朱理學的觀點而論，教育學習的意義之下，治經就是在“實學”，意指問學之“實事求是”。發展到清代，學者將“理”和“實物”結合爲一，認爲事物中的理才是實理，離開事物所探討的理是虚理。繼承了明末東林學者高攀龍（1562－1626）極力倡導“實事”和“實行”，將“事”與“學”聯繫在一起，認爲“事即是學，學即是事”⑤。“學”只是學術學問，“事”指有關國家、人民之事。李顒提出“明體達用”的書目，將經書列於榜首，企圖恢復儒學的通經致用傳統。顔元依據《周禮》的主張，指出：“《周禮・大司徒》以鄉三物教萬民而賓興之”⑥，具體説明一個人的學問，如果離開經世濟民、空談而不實行，便不是學問。這與明末清初崇實黜虚的爲學態度具有其關聯性，而其普遍性的意義就在於學以致用的價值，透過程朱理學中的踐履功夫，達到致用的功效。⑦ 清末的朱一新（1846－1894）檢視清初的學風認爲：“亭林、桴亭雖皆重實學，皆主經世。……天文、輿地、律吕、禮樂、河漕、兵制、農田、水利無不究心而一歸於儒術。蓋朱子爲學之方，本自如此。”⑧ 由此可知“經世”“實學”二者關係密切，實學即是實用之學。《中國儒學史》更明確直言：“‘實學’思潮的興起是由當時的社會經濟基礎所決定”⑨，是從宋明理學中分化出來的新社會文化型態。一反過去空談義理“性、心、道”的陳規陋習，改爲徵實、客觀考察。把學術的研究範圍，擴張到自然、社會、天文、風俗、河槽、兵工等等，以“經世致用”爲目的，以“實事求是”爲治學標竿。由此可知，“經世致用”一直是教育之宗旨，然依據學規章程之設定來看，清代前中兩期，着眼於“經世”之旨歸，是藉經學之義理來治事。直到鴉片戰争及太平天國之亂後，“致用”之學才倍加重

① 何佑森著：《明末清初的實學》，《清代學術思潮》，臺灣大學出版社2009年版，第76頁。

② 何佑森著：《明末清初的實學》，《清代學術思潮》，臺灣大學出版社2009年版，第75頁。

③ 葛榮晉：《中國實學思想史導論》，《儒學與實學》，中華書局，影印《20世紀儒學研究大系》，2003年12月，第431頁。

④ ［宋］程顥：《二程遺書》，上海古籍出版社1995年版，卷1，第7頁

⑤ 東林書院志整理委員會：《東林書院志》，中華書局2004年版，卷5，第89頁。

⑥ ［清］顔元著；王星賢點校：《顔元集・學校》，中華書局1987年版，卷5，册（上），第9頁。

⑦ 張江藩著：《張伯行經世實學研究》，臺北市立教育大學中國語文學系語文教學碩士論文，2010年1月，第6－7頁。

⑧ 朱一新著：《無邪堂答問》，中華書局2002年版，卷5，第209頁。

⑨ 趙吉惠、趙馥洁著：《中國儒學史》，中州古籍出版社1991年版，第750頁。

視，以“時務”爲重，調整課程安排。簡而言之，清代實學之發展，可從書院教育之條規、内容等觀察，是有其變化及歷史背景。（請参見紫陽書院、正誼書院、學古書院、書院改制等論述）

（二）書院與學規之關係

錢穆先生説：“考近三百年學術思想之轉變。於書院之興廢及其内容之變革，蓋不可不注意也。”① 吴中地區自明代以來是文教最盛行之地域，學風是以博雅好古著稱，金石收藏之風也最興盛。錢牧齋《蘇州府重修學志序》説明蘇州之學自胡安定以來“一以經術爲本，師以此教，弟子以此學……萬曆之季，以繆妄無跡相夸，而士以讀書爲諱”。② 所以明人之學一是以陽明之學而已，二是所習不脱離《五經要義》及朱子之濂洛諸儒遺書。書院的講習内容，不出這兩種範疇，一是帖括科舉之俗學，二是繆妄無稽之心學。清代學風之轉變，可説是於“講道談性命之學的反感”③。致使當代學者，希冀藉書院講學之傳授，復倡講學之法。就其内容以諷議朝政，評裁當時人物居多，蔚成風潮。近人對於書院的研究，往往關注書院與科舉的關係，或者是書院與學術思想的變遷，“清初講學之影響於清學者仍非淺”④。但是書院的學規建立，是以朝廷實際需要的人才，作爲考量之因素。由此學規，我們可以從歷代的政治或者是社會關懷上，呈現出不同程度的應對與方針。它的教學内容隨着社會、政治、經濟、學術的發展而産生變化。⑤ 因有其社會的需要，所以才有因應之道。政策的施行，需藉書院的傳授，而加以傳導。且經由“習”之課程，而達到經世實學之功。就其教學内容，大抵以經史爲重心，列爲八個項目：經學、史學、文學、詩學、小學、算學、制藝帖括、自然科技。宋代書院的課程以《五經》爲主，至南宋時朱熹《四書集注》出，就逐步被取代，致使成爲各書院必讀教材。

學規之義，有學約、講規、開示等，其稱名如院志、課藝、章程、考課、制藝、揭示、學訓等。究其内容乃依據各書院及地方、對象的不同而各有異。大抵涵蓋三點：一是確立辦學宗旨、辦學方針；二是規定進德修業的次序、日常倫理規範的建立；三是指示課程的内容，讀書方法、治學的門徑。至此，傳導的理念除繼承了宋代朱熹（1130－1200）以降之儒家思想外，也涉及創辦者與主持者的專業背景，依此來制定學程。然仍以儒家的立德爲基本要務，當爲教育的準則，並要求學子必須恪遵“躬行實踐”於日

① 錢穆著：《引論》，《中國近三百年學術史》，臺灣商務印書館1996年版，第22頁。

② 《江蘇書院志初稿》，江蘇教育出版社，影印《中國歷代書院志》，《1931年江蘇國學圖書館年刊》，1995年版，册（1），第33頁。

③ 龔鵬程著：《經學、復古、博雅及其他》，《晚明思潮》，商務印書館2005年版，第300頁。

④ 《江蘇書院志初稿》，江蘇教育出版社，影印《中國歷代書院志》，《1931年江蘇國學圖書館年刊》，1995年版，册（1），第22頁。

⑤ 楊布生；彭定國著：《中國書院與傳統文化》，湖南教育出版社1992年版，第15頁。

常人倫中。承襲明末清初黄宗羲（1610－1695）倡導“矯良知之弊，以實踐爲主”之主張，及清初三大家顧炎武等人所謂的“經世致用”“回歸六經”之指要，希求學子能從經典的義理内涵中，得到治國的指導方針。“理學家提倡的踐履”，與程朱理學形而上的義理之學有很大的差别。現觀書院教育的學規、課藝、章程等内容，書院之間是有一種等級上的差異。根據學子的年齡與程度，形成不同階層教育體系。其中所謂的高等書院，是隸屬於州、府、道、省、聯省管轄範圍。以江蘇爲例，在清代創建有115所，《江蘇書院志初稿》記載“舊有書院之外，清代刱建者，曰紫陽、曰正誼，爲最大”①。蘇州書院除舊有書院之外，清代創建有3所，學古爲清末書院。紫陽、正誼兩書院規模最大，與江寧的鍾山書院並駕齊驅。蘇州的紫陽、正誼、學古書院的建立，剛好符合了清代初期、中期、晚期的學術特色。三書院的學規、章程、揭示，或者是課藝等的内容，大體是以經學爲教育中心，至於算數、輿地、小學、史學、金石等學科，則視實際需要增減課程。尤其清代中晚期時，在内憂外患之下，課程内容爲滿足時代的需求，響應馮桂芬主張“中學西用”口號。將内容和形式改造，把西學、新學融入課程裏，設立了新式書院。文獻資料顯示，歷來的紫陽書院有三百多處，單單在康熙時期江南地區的紫陽書院就有二處（蘇州、杭州）。蘇州書院的發展，以紫陽書院、正誼書院、學古書院爲代表。從教育學術史的角度觀察，書院教育内容的變化，反映出由傳統書院向近代學堂轉變的趨勢。明確指出“實是求是”乃是其教育原則，以“致用”爲最終目的。

二、程朱“理學”盛行——蘇州紫陽書院

《中國儒學史》指出順治、康熙、雍正時期的理學，指的是清廷及儒臣的理學。這時期的理學已失去明末遺民理學的朱王兼采、批判王學的空疏精神。② 當時的湯斌、魏象樞、李光地等人則藉着日講、經筵把尊朱的主張，傳授給康熙，鼓吹“天命、天理、人事”。把“人事”之功立於天命之上，把朱熹當成爲廟堂之學，陸隴琪説：“朱子之學，孔孟之門户也。學孔孟而不由朱子，是入室而不由户也”③，這時候的程朱理學復行於世。康熙皇帝説：

> 自漢以來，儒者世出，將聖人經書多般講解，而愈講而愈難解矣。至宋時，朱子輩注《四書》《五經》，發出一定不易之理，故便於後人。朱子輩有功於聖人經

① 《江蘇書院志初稿》，江蘇教育出版社，影印《中國歷代書院志》，《1931年江蘇國學圖書館年刊》，1995年版，册（1），第55頁。

② 趙馥洁著：《中國儒學史・清代卷》，中州古籍出版社1991年版，第7－9頁。

③ ［清］陸隴其著：《答李嘉善李子喬書》，《陸稼書先生文集》，臺灣商務印書館，影印《叢書集成初編》，19年版，第16頁。

書者，可謂大矣。①

自漢以來，將孔子《六經》傳下來的古籍，專以注疏注解刑事，來解釋經義。因時代久遠、語音變化等因素，致使後人難以理解。朱熹注解了《四書》《五經》，聖人之説才逐漸彰顯，易於後人所接受。據此，本文論述的重點與時代的順序將以《中國儒學史》的劃分爲標的，從康熙年間紫陽書院創建時開展。

（一）書院建立緣起

清初是清代理學教育形成至關重要的時期，其中張伯行（1651－1725）對於書院教育的重要作用，近人的研究只關注他的《正誼堂全書》的刊刻與教育的傳播。事實上張伯行的書院創立起點，是根據清人的“踐履實學”具體的開展。清代首創蘇州地區書院是在康熙五十三年張伯行創立，乃爲官方之學，隸屬省會書院。創立的緣起是張伯行擔任蘇州府巡撫之時，感念吴中人文鼎盛，歸諸於禮樂教化的興盛。自孔子以來，雖有門下三千人之多，也只有顔回與曾參爲入室的弟子。歷年來學者都在“尊德行”“道問學”之中不斷争訟，朱子之學也在迭晦迭明中擺蕩五百年。紫陽書院的以“紫陽”命名，除崇尚朱子之説外，提出了“學者之所以爲學，與教者之所以爲教，當以紫陽爲宗”。② 以恪遵朱子之教爲宗，且以程朱理學當爲正統官學，申明躬行實踐爲主體，貫徹朱子所言“主敬以立其本，窮理以致其知，反躬以踐其實”。

紫陽書院的沿革，創始人是清代理學家張伯行；雍正三年布政使鄂爾泰增廣學舍，建春風亭於中堂之西；乾隆十三年知府傅椿改建大門爲東向；道光二年巡撫魏元煜重修；咸豐十年毁於兵燹，平息後，權借梵門橋巷之邵氏宅爲考校之所；同治十三年巡撫張樹聲在舊地重建。中間有康熙御書匾額“學道還淳”；乾隆十六年御賜“白鹿遺規”匾額；同治十三年御書“通經致用”。御賜匾額，間接地道出清代之理學特色，“程朱之學”；標舉出治事經濟之學的首務，乃在於貫通經學。《張伯行記》一文記載，書院是取材於座落書院旁已毁的寺廟，建造的時間大都取之於農暇之時。以下是書院結構的説明：

> 紫陽書院地，度於學宫之旁。材取於僧廬之毁，工成於農隙之餘。中爲崇祀紫陽夫子之堂，旁爲諸生講學、藏修之舍，庖、廩、湢、浴靡不畢具。經始於癸巳之冬，落成於甲午之春。暨茨丹□翼如嚴如，諸士子可以朝斯夕斯若工人之居，肆以

① ［清］康熙：《聖祖皇帝庭訓格言》，上海古籍出版社，影印文淵閣《四庫全書》，1990年版，册（717），第656頁。

② ［清］李銘皖、馮桂芬編：《同治蘇州府志・學校》，成文書局影印《中國地方志叢書》據清光緒9年刊本，1970年版，卷25，册（6），第819頁。

成其器矣。①

從書院“崇祀朱子其中”“講明朱子之道”“欽定紫陽全書以教天下萬世”等情況來看，説明了創建之初是以朱子之學爲宗，即是正統之學。

（二）書院的學規

當時所謂的“學規”乃是指“書院的規章制度之一，内容包括修品立業、讀書治學兩方面”②。基此原則、論述之重點是探討學規是係於學子以敦品勵學爲教育訴求，另需參酌朝廷政策，以實務所需爲考量。除了確認辦學、講會的宗旨之外，更重要是在日用倫常的的建立。清代華希閔（1672—1731）在《紫陽書院記》一文中，提及創立紫陽書院之用心，在於衛道。而所謂正學，以紫陽之學爲大。創立動機在於宣揚程朱，維護道統之學：

紫陽之論學也，曰居敬，曰窮理。而其論治必本二帝三王之道。……今天天子崇尚正學，海内蒸蒸向風，而吴中爲尤盛。凡承流宣化于吴者，莫不道宣德意。創立書院以教多士，其衛道之心亦及紫陽之心也。故爲道，其作興之意如此。③

華希閔曾承事于張恪公與吴存禮（?）兩公之後，於紫陽書院創立的意圖，除因吴中地區在明清已是人文薈萃，首善之地。就其學術發展的潛力，是具有其指標性。學規的内容，因時因地因書院而各不相同。書院最早建立的學規是在宋代，以朱熹《白鹿洞書院揭示》爲最著稱。宋理宗時，曾手書賜示國子監諸生，並頒行地方府、縣學之書院。從此《揭示》遂成天下共同遵守的學規，並傳至朝鮮、日本。學規的建立除依循《白鹿洞書院揭示》外，課程的設計，則參酌書院山長的學海經歷，加以安排。無論是正面的引導或者是反面的戒斥，皆可視爲書院教育實踐理論的依據。以下是紫陽書院學規的制訂，及其變遷：

1. 康熙時期：張伯行書院的理學之風與教育理念是緊密相係的，依據書院的章程與讀書日程法的頒定，可以看出“居敬立本”是其教學的目標。據《學規類編》的編纂，考見當時學規的設立，應是參酌《白鹿洞遺規》與程端禮《分年讀書法》。加之

---

① ［清］李銘皖、馮桂芬編：《同治蘇州府志·學校》，成文書局影印《中國地方志叢書》據清光緒 9 年刊本，1970 年版，卷 25，册（6），第 819 頁。

② 季嘯風主編：《中國書院辭典》，浙江教育 1996 年版，第 711 頁。

③ 華希閔著：《延緑閣集》，北京出版社，影印《四庫未收書輯刊》，2000 年版，輯（9），卷 8，册（17），第 683 頁。

“存養”“靜敬”“省察”等道德觀，以實踐作爲養成功夫，依此體現了道德實學的具體化。[①] 張伯行利用了二程的實下作工夫治學與治事。舉凡成德、成聖或是成事，皆圍繞在“敬”字内。比朱熹更進一步發展出窮理致知，踐履時存於敬，知行並重的體系。以下是他的看法：

> 爲學如喫飯，無論家常飯食，須是吃在腹裏，方纔會飽。若不實在喫，只向口頭講，雖説甚麼精饌，説甚麼美味，非不傾耳可聽，終是濟不得飢。[②]

再好的精饌美食，若不親自品嘗，終究是紙上談兵，徒勞無益。唯有親身體驗才能得知其微妙之處。“善教者無他法，只是教人實下手作工夫”，“功夫”是具體的實踐，要求生徒學子讀書當以“治事”“經義”二科爲研治的對象。如以《紫陽書院示諸生》列八項課程，其中：“每日早晨，先看《四子》《五經》各一、二章，務必逐字逐句於身心上體驗”；“學者之心思，日用則日出，不行札記，必致遺忘”，其目的是“務要明白顯快，發前人所未及，録就呈閲，余將驗爾諸生之實學焉”。主張讀書筆記之重要，由此心得藉此悟出聖人之要義，又須着眼在經世治務的探究，[③] 又《紫陽書院讀書日程》説明治學之要點“必潛思玩索，身體力行，凡有所得，即記於是日課程之内”[④]，課程内容專講經書發明。讀史態度“見古人有法可傳處，便欣然神往，恨不得與之同堂。……”，使之以古鑑今，希求讀史論斷，留心世務之遞變。總之，書院日程或者條録，無非是希冀未來國家人才能“惟欲漸摩陶淑於其中，則氣質自化，德行自堅，粹爲一代名儒爾”。成爲一代名士，當以道德知識返身於力行實踐，“踐之以身，藴之爲德行，發之於事業”[⑤]。之後，更要留心於兵刑、農桑、水利、民生、日用等世務，從倫理的踐履推而修齊家、治天下。展現以實學爲時下作工夫的理路，提出“躬行實踐”，務求“有用之學”，切身於日用倫常爲始。顯然，以上論述已脱離了儒家“經世致用”的舊思維，依從時代的變遷，賦予新的致用内容。道德實踐貫穿於人事，“乘此餘閒，

---

① ［清］張伯行著：《雜著》，《正誼堂文集》，莊嚴文化，影印《四庫全書存目叢書·别集》，1997年版，卷12，册（254），第156－157頁。

② 徐世昌著，陳祖武點校：《困學録》，《清儒學案》，河北人民出版社2008年版，第500頁。

③ ［清］張伯行著：《雜著》，《正誼堂文集》，莊嚴文化，影印《四庫全書存目叢書·别集》，1997年版，卷12，册（254），第156－157頁。

④ ［清］張伯行著：《雜著》，《正誼堂文集》，莊嚴文化，影印《四庫全書存目叢書·别集》，1997年版，卷12，册（254），第156－157頁。

⑤ ［清］張伯行著：《雜著》，《正誼堂文集》，莊嚴文化，影印《四庫全書存目叢書·别集》，1997年版，卷12，册（254），第158－159頁。

即當留心世務，淹貫博通，務在有裨實用”①。“明體達用”之特徵愈趨顯著。

2. 雍正時期：《鄂文端公年譜》記載，雍正三年布政使鄂爾泰增廣學舍於紫陽書院旁，附建春風亭於中堂之西。並會課公餘之時，與賢卿名士互相唱和，閒暇之時並與之談論經、史及經濟方略。當時與之學者，無不傾心於論述，具前人所未發之見識，據此收載分編爲古今文集，提名爲《南邦黎獻》，以“黎獻思臣之意”旨規。② 雖然讀書課藝與院規學治皆已遺失，無從考證。然仍可顯見於張伯行之《文集》。觀此著作《南邦黎獻》，“經世致用”的特徵，愈來愈被彰顯出來。於“經濟民生”之實學，應是與政治上的策施，是一體兩面。

3. 乾隆前期：乾嘉時期的書院之發展，一是書院講學由程朱理學轉變爲經史考據之學。依此《改建正誼書院記》一文，兩院的學規是相同，“余平吴之次年，建復紫陽書院。課《四書》文、試帖如舊制，其明年將復正誼書院，舊制與紫陽同。以肆業人衆，故分之”③。就督促生徒學習方面，除了考課的方式不變外，讀書日程的内容已漸漸受其矚目。其具體的施行策略，要求院生須每天應作讀書劄記。一如《紫陽院讀書日程表》論述：一是經書發明；二是讀史論斷；三是古今文；四是雜著。以下是張伯行設計讀書日程的用意：

> 今與諸生約：每日工課大略有四，悉書于策，洎乎浹月，將考厥成焉。濬經史之精英，爲太平之黼黻，發程朱之秘鑰，成一代之碩儒，無怠無荒，毋爲畊夫織女之所竊笑，予有厚望矣！④

據此，義理文章著重於程朱理學之外，並提及學習詩書，可以涵養性情；識讀史書，可以增長精神氣勢；論述古今之，可以概聞其見識。又主張經書乃義理之淵源，廣納百川，旨歸同於一，各家之門，各有景致，隨時觸發其意趣。⑤ 陳宏謀在《紫陽書院諸生約言》一文中，仿照了張伯行的《讀書日程》，並加以調整變通，希望學子生徒做到人品、學問、文章齊頭並進。藉以敦崇實學，及修習古先聖賢之訓約，更能刪除浮泛

① ［清］張伯行著：《雜著》，《正誼堂文集》，莊嚴文化，影印《四庫全書存目叢書・别集》，1997年版，卷12，册（254），第156頁。

② ［清］鄂容安等撰：《鄂文端公年譜》，上海古籍出版社，影印《續修四庫全書・傳記》，2002年版，册（554），第555頁。

③ ［清］馮桂芬：《改建正誼堂書院記》，《顯志堂稿》，上海古籍出版社，影印《續修四庫全書・别集》，2002年版，卷3，册（1535），第521頁。

④ ［清］張伯行著：《雜著》，《正誼堂文集》，莊嚴文化，影印《四庫全書存目叢書・别集》，1997年版，卷12，册（254），第158頁。

⑤ ［清］張伯行著：《雜著》，《正誼堂文集》，莊嚴文化，影印《四庫全書存目叢書・别集》，1997年版，卷12，册（254），第158頁。

不切實際的風氣。以下是陳宏謨（1696－1771）的觀點：

> 今與諸生約：仍尊前定條規，嚴定考課，禁止出入，填明課簿，行無愧之事，讀有用之書，日就月將，親師取友，絶紛馳之心，惟寸陰是惜。……有此志向功夫，發爲文詞，自各道其心之所得，闡發聖賢之義理，一切陳言剿襲惡調，似是而非之謬見，不期去而自去，文格不期高而自高。人品、學問、文章一齊長進，博取科名，如拾芥耳。①

依從“填明課簿”的論述，仍示意程端禮（1271－1345）的《讀書分年日程》方法，爲課藝的重點。若能每日檢視其讀書心得，且能日積月累持之以恒，則能成就千古不朽之大業。誠如張伯行言：“至若講義，既不順聖賢口氣，尤易發明書理，諸生宜各抒心得，大暢欲言，專在羽翼經傳，不詭於道，則經學明而人心正”②。

4. 治學的精神與特色：清代書院取代官學成爲培養人才的主要機構，而科舉制度幾乎成爲知識分子仕進的唯一階梯。絶大多數書院的教學内容與課程，也不能免俗地圍繞科舉制度而進行。教書的内容以考課爲中心，傳授《四書》《五經》《制義》等。尤其是康熙皇帝（1654－1722）更編纂了《性理精義》《欽定紫陽全書》，以示程朱理學爲學術思想之正宗。直到了鄂爾泰（1677－1745）重葺紫陽書院時，召集當時江蘇的文人雅士所作之詩與文，彙刻爲《南邦耆獻集》，學術風潮致使一變。以下是當時的記載：

> 紫陽創於張伯行，而盛於鄂爾泰。雍正初年，鄂爾泰爲蘇藩，訪求才彦，召集省會，爲春風亭會課。躬宴之於署齋，已復留若干人肄業於書院。鄂爾泰與蘇之紳耆，及一時召集之士所作之文、若詩，彙刻爲《南邦耆獻集》。書院之由講求心性，變爲稽古考文，殆以是爲津渡。此康熙已降書院之美談。③

講求心性之學變爲“稽古考文”，從此書院不再以程朱理學爲主要教學内容，不僅講授《四書》《五經》及制義。而且爲了培養實務型人才，很重視訓詁、考據、治術的

---

① 鄧洪波主編，［清］陳宏謀著：《紫陽書院諸生約言》，《中國書院學規集成》，上海文藝公司2011年版，第253－254頁。

② ［清］張伯行著：《雜著》，《正誼堂文集》，莊嚴文化，影印《四庫全書存目叢書・别集》，1997年版，卷12，册（254），第156頁。

③ 《江蘇書院志初稿》，江蘇教育出版社，影印《中國歷代書院志》，《1931年江蘇國學圖書館年刊》，1995年版，册（1），第56頁。

教學，這是吴地最早提倡漢學之始，並涵蓋了講習經史詞章之學。

顯然，理學内容之轉變是異於前朝，明末清初的學術宗旨以《六經》爲主，認爲道學應源於經學。魏象樞（1671－1687）説：

> 夫人有真學問，然後有真心術，有真心術然後有真品誼，然後有真文章、真幹濟。其大原皆本於有《六經》。《六經》，古人之文也，伸正不伸邪，榮義不容勢，而古人之習見矣；心亦強而有智，力亦強而有功，而古人之學見矣。……①

依此，《六經》是古人之文，但其特質在於伸張正義、光榮道義，使心強而有智。這就是古人強調的平日的習見與學見的中心思想，並以此考核朝廷士人時“宜以通經爲優劣”。② 應當網羅精通經學的人才爲國效力。到了康熙的中晚期，熊賜履將周、程、張、朱視爲接續孔、孟的真傳者，以程、朱學術爲道統正傳。這時理學的内涵並不全然關注在哲學的層面，而是將綱常倫理的道德規範，是否能躬行實踐。康熙常説：“所行之事全與其言悖謬，豈可謂之理學?”又“若口説雖不講，而行事皆與道理脗合，此即真理學”③。總而言之，清代程朱理學其特色，乃是一種道德實踐哲學，不管是理學經世或者自身修養兩方面，於維護綱常倫理之旨都是一致的。“道學者必在身體力行，見諸行事，非徒託之空言”。④

三、考據之學盛行——蘇州正誼書院

康熙年間，皇帝接受經筵講官陳廷敬（1638－1712）的“道學即在經學中”⑤ 之意，並多次提示不通《五經》《四書》，則就不能通性理。若要治天下、移風易俗，就須尊崇經學。於是從民間到官方，從明朝遺民到清朝貴族，都把弄清六經的本義，或者是把“回到六經”當作儒學的新方向。⑥ 回到《六經》的準備工作，首先是辨别儒經的真僞。清初儒者們對經書的辨僞，就是要弄清哪些是聖人的本義，哪些是聖人真正的遺教，從而當作治國平天下的指導方針。這就是清代考據學發展的緣起，仍然是以社會、

---

① ［清］魏象樞著：《重經學端士習正文體議》，《寒松堂全集》，莊嚴文化，影印《四庫全書存目叢書·别集》，卷12，册（213），第560頁。

② ［清］魏象樞著：《重經學端士習正文體議》，《寒松堂全集》，莊嚴文化，影印《四庫全書存目叢書·别集》，卷12，册（213），第560頁。

③ 中國第一歷史檔案館整理：《康熙起居注》，中華書局1984年版，册（3），第2222頁。

④ 中國第一歷史檔案館整理：《康熙起居注》，中華書局1984年版，册（2），第1194頁。

⑤ ［清］喇沙里、陳廷敬奉敕編：《日講四書解義序》，《日講四書解義》，“國立編譯館”影印《欽定四庫全書本》，册（1），第1頁。

⑥ 李申著：《簡明儒學史》，中國人民大學出版社2006年版，第290－291頁。

政治的實際需要爲出發點，就此“實學”之思想以具體的考據之學而開展。以下是李申先生的進一步闡述，“清初理學轉變爲考據學”的觀點。

> 弄清了儒經的真偽，下一步就是正確理解儒經。清初儒者認爲，要正確理解儒經，弄清經中的文物制度，歷史事實是前提。爲了弄清古代的文物制度、歷史事實，一門被稱爲考據學的學問發展起來。①

考證的本意和初衷都是爲了理解儒經，目的是從經義當中得到治國的方法。書院的教授内容，也因爲學術風氣的不同，發展乾嘉時期以樸學爲特色的風潮。柳貽徵在《江蘇書院志初稿》對乾嘉時期的考據學大盛也進一步説明：

> 第綜有清一代而論，書院風氣與朱明回殊。其課帖括者，無論矣。乾嘉以來，崇尚樸學，轉於古學法有合。②

書院的講學風氣是與明代性質有所不同，除了科舉制義文字爲授課主要内容之外；宋明理學没有涉及到的問題，就非採用漢唐注疏之學。這是“轉於古學法有合”的緣由，也是漢學發展之初衷，從“回歸六經”爲了“經世致用”而開展。

何先生（1931－2008）曾具體的説明清初實學與乾嘉實學的不同：

> 清初的“實學”，所重的是現實歷史中的新事物，乾嘉“實學”所重的是古代文獻中的舊事物，對新舊事物的研究，正反映了清代初、中兩期“實學”的不同内容。③

清初學者認爲研究事物的學問才是有用的“實學”，而乾嘉學者繼承的戴震(1723－1777）的“實事求是”的精神，講求的是“科學的方法”。事實上，乾嘉時期的考證學風，是緣起清初理學的發展；漢學發軔於清初，鼎盛在於乾、嘉兩朝，從致用而學術，轉變爲爲學術而學術。以考據爲手段，接着以考據爲目的，使治學方法趨於樸實，反明而復漢注疏之學，達到“明小學而通經義”。這與道、咸二朝以後的中西學的開展是不同的思潮。當時的“實學”思潮是迫於時勢所趨，非一二人力所能爲者，着重點在於

---

① 李申著：《簡明儒學史》，中國人民大學出版社2006年版，第292頁。

② 《江蘇書院志初稿》，江蘇教育出版社，影印《中國歷代書院志》，《1931年江蘇國學圖書館年刊》，1995年版，册（1），第40頁。

③ 何佑森著：《明末清初的實學》，《清代學術思潮》，臺灣大學出版社2009年版，第86頁。

“時務”。①

（一）書院創立的緣起

雍正十一年（1733）後，清朝書院的發展進入了一個新的階段。明令各直省省會均設立書院，並各賜帑今以爲經費。以下是説明雍正對書院經濟上給於支持的論旨：

> 督撫駐劄之所，爲省會之地，着該督撫商酌奉行，各賜帑金一千兩，將來士子群聚讀書，須預爲籌劃，資其膏火，以垂永久。其不足者，在於存公銀内支用。封疆大臣等並有化導士子之職，各宜殫心奉行，黜浮崇實，以廣國家菁莪棫樸之化，則書院之設於士，習文風有裨益，而無流弊，乃朕之所厚望也。②

這論旨不僅意味着雍正皇帝對書院的措施，從壓抑轉爲提倡，由經濟上給予實際的支持。至此以後，各地陸續並快速地新建一大批的書院，截止到道光十九年的鴉片爆發的前夕。

正誼書院在蘇州府學東的可園内，與滄浪亭僅距有一橋之隔。可園乃是沈德潛（1673－1769）的故居，乾隆（1711－1799）時因爲“一柱樓”之案而受株連。嘉慶九年由兩江總督鐵保（1752－1824）提議、巡撫汪志伊（？－1818）創建。咸豐十年（1860）遭受到英法聯軍之兵燹，不久即由李鴻章（1823－1901）購於民居而改建。同治十年，巡撫張樹聲（1824－1884）於舊地重建，奏頒“正誼明道”匾額。之前，同治四年李鴻章曾撥入正誼書院的田若干畝，歸給紫陽書院；又張樹聲也曾將舊置田産撥入紫陽書院；可見兩院不管是財務、主講山長、教席皆是互通有無。李鴻章購併民居改建的書院時，初時授課内容“經藝”是與紫陽書院同。③ 所謂的“正誼”，意在培養士氣，端正人心。鐵保在《正誼堂書院記》一文中説到建造的原因在于“慮士風之不古”，希望能夠“使多士束身名教，争自濯磨，從此文治蒸蒸日上，士風古而民風亦與之俱古”④。崇尚古學，改正人心藉此能端品勵學，影響吴中士人。從授課與書院財産的互通中觀察，清代中期時的正誼、紫陽兩書院，彼此教育的性質與歷任的山長，皆有重疊之處與一致性。

（二）課藝之建立

清初的書院，除了以八股文爲教學内容外，也有以傳習理學爲主。清朝中期以後，這

---

① 謝國楨著：《近代書院學校制度變遷考》，《瓜蒂庵文集》，遼寧教育出版社1996年版，第32－66頁。

② 陳谷嘉、鄧洪波主編：《中國書院史資料》，浙江教育出版社影印《清朝文獻通考·學校考》，卷70，1998年版，册（中），第855頁。

③ 《江蘇書院志初稿》，江蘇教育出版社，影印《中國歷代書院志》，《1931年江蘇國學圖書館年刊》，1995年版，册（1），第55頁。

④ ［清］李銘皖、馮桂芬編：《同治蘇州府志·學校》，成文書局影印《中國地方志叢書》據清光緒9年刊本，1970年版，卷25，册（6），第820－821頁。

種書院慢慢没落。尤其在乾隆、嘉慶年間，注重傳習經史詞章之學的書院，很自然成爲傳播漢學的基地。馮桂芬（1809－1874）《改建正誼書院記》一文中提到，學規的建立是以北宋胡瑗（993－1059）大學法爲基礎。主要是建立學者的德行道藝，與今天授課内容有所不同。以下是對清中期的學規課藝的内容有詳細的説明：

> 史稱胡安定教授蘇湖，立經義、治事兩齋；又稱范文正守郡立學，延安定爲師。考是時未有學蒞，教事者以禮聘不以選授。殆後文正天章閣十事之疏既上，始命郡縣立學，取安定學法爲太學法。著爲令至於今不廢，非即今延山長選内課法乎?①

於道德之實踐中有明確的規範外，内容已著重在經學古義方面。課程仍依舊安定教法，區分爲經義、治事兩科進行。以下是對所謂的古學的説明：

> 古來之學本無不聚，後世名存實廢之，學始不然，而書院則轉存古學之法。然所習僅制藝文字，猶無當也。務令究心經史有用之學，無失文昭遺意。斯於古學法有合焉。②

除了課藝文字的學習之外，務令學者能兼通經史，以治世爲用爲訴求，才能符合古學之義。把安定教法之兩科（治事與經義）合而爲一，強調以"通經致用"爲依歸。因此授課的内容也分爲"制藝"與"經古"兩方面："江蘇巡撫駐蘇州，蘇之人文固勝。益以省治所在，大府倡立書院。分課制藝、經古。其風氣不下於江寧揚州"③。李鴻章在重建正誼書院時，提及書院初期授課内容當與紫陽書院同，皆以"經藝課士"。後則轉爲專講"經解古學"，藉由儒經的義理之學，作爲培養治國人才的教材。當時主持的書院山長，皆是當時才德兼備一時之選。從雍正初年的"稽考古文"到乾隆時的陳祖範（1676－1754）《書院條規》規定"每月課文二次，講書六次，或《四書》、或經、或史，不拘長短"。④將經、史、科舉文字《四書》涵蓋於課程。又規定每月讀書筆記："諸生各列功課簿一本，各將每月所讀何書、所看何書，或臨某帖逐一注明，以備掌院不時取閱"，柳詒徵（1880－1956）認爲依此可以考見當時紫陽書院的梗概。劉玉才先生認爲書院學術的轉變，

① 轉引自《江蘇書院志初稿》，江蘇教育出版社，影印《中國歷代書院志》，《1931年江蘇國學圖書館年刊》，1995年版，册（1），第40頁。

② 《江蘇書院志初稿》，江蘇教育出版社，影印《中國歷代書院志》，《1931年江蘇國學圖書館年刊》，1995年版，册（1），第40頁。

③ 《江蘇書院志初稿》，江蘇教育出版社，影印《中國歷代書院志》，《1931年江蘇國學圖書館年刊》，1995年版，册（1），第55頁。

④ 《江蘇書院志初稿》，江蘇教育出版社，影印《中國歷代書院志》，《1931年江蘇國學圖書館年刊》，1995年版，册（1），第58頁。

由講習程朱理學轉而變爲研究經史、博習詞章，紫陽書院儼然是吴派的學術中心。[①] 另一方面，當時掌教的學者，例如王俊（?）、吴大受（1662－1722）、沈德潛（1673－1769）、王昶（1724－1806）、錢大昕（1728－1804）等人，其學術背景皆是乾嘉考證學派。這些人很自然就把書院當作他們傳播經史詞章的基地，而且積極宣揚他們的漢學主張，促進了考據學的發展。若依“經世實學”的角度觀察，“達用”的意識確實淡化了。若從著作舉列的情況觀察“經世”思想，其乾嘉學者不僅是批判宋明理學内部的空疏，堅持“實事求是”的治經精神，未嘗不是推動中國“實學”的進一步發展。[②] 以下是清中期從乾隆中期、嘉慶、道光初期的乾嘉學派的設立學規的説明：

1. 乾隆中期：沈德潛講學於紫陽書院之後，設立規則十條，其中每月一課、四書題二、當日繳古文詩各一等考課内容。除了文章詞史之外，勉勵士子更要講求實用之學，以民生經濟爲重。

> 粵西榕門陳大中丞撫吴，陳公研窮碩學於明理之外，務期實用。凡水利、農田、兵刑、備荒諸政，必悉心講求。每試《四書》一題，或論或策一題，評定後必做題解一篇，以事諸生。公與掌教共之，而南崖太史胸有經畫，雖大小扣而皆鳴。書院中不只求文辭之工已。[③]

沈德乾在掌教紫陽書院時，並不以文辭顯耀，導引士子。而是倡議返躬踐履、行己治人有體有用之學。《紫陽書院規條十則》正是有感於乾隆初期的官方政策指導，爲士子指引爲學之門徑。課藝内容涵蓋了考證經史，仍聚焦在民生經濟的議題上。但是在《規條》中又“既宗經，又當證之以史學”[④] 之語，透露出經史之學興起的訊息。中後期以後，宗漢學派日益興盛，學術風氣就此轉變爲考證之學。此時，紫陽書院肄業的生徒皆爲一時之選，以經術、詩古文相砥礪，蔚然而成風。考證内容的博雜，離社會實用主張越來越遠，尤其是錢大昕掌教紫陽書院十六年後，除精研古學之外，並把“通經致用”的宗旨發揮在考證學上。希望能夠“因文見道於經”，以下是段玉裁（1735－1815）對他的看法：

---

① 劉玉才著：《乾嘉學術與書院的關係》，《清代書院與學術變遷研究》，北京大學出版社 2008 年版，第 76－77 頁。

② 葛榮晉：《中國實學思想史導論》，《儒學與實學》，中華書局，影印《20 世紀儒學研究大系》，2003 年 12 月，第 445 頁。

③ 《江蘇書院志初稿》，江蘇教育出版社，影印《中國歷代書院志》，《1931 年江蘇國學圖書館年刊》，1995 年版，册（1），第 59 頁。

④ 《江蘇書院志初稿》，江蘇教育出版社，影印《中國歷代書院志》，《1931 年江蘇國學圖書館年刊》，1995 年版，册（1），第 59 頁。請參見該書記載《沈歸愚年譜》，“每月一課《四書》題二，當日繳古文詩題各一五、日繳朱生多英邁者。”

> 先生始以辭章鳴一時，既乃研精經史，因文見道，於經文之舛誤，經義之聚訟而難決者，皆能剖析源流。凡文字、音韻、訓詁之精微，地理之沿革，歷代官制之體例，氏族之流派，古人姓字里居官爵，事實年齒之紛繁，古金石刻畫篆隸可訂六書故實，可裨史傳者，以及古九章、算術，自漢迄今中西曆法，無不了如指掌。至於累朝人物之賢奸，行事之是非疑事難明者，大典章制度，昔人不能明斷其當否者，皆確有定見。盖先生致知格物之功，可謂深矣。①

段玉裁清楚敘述了錢大昕的學術成就，一生精研經史、文字、金石之學；兼通天文、數學、輿地、典章制度等等。尤其擅長子史的考訂與校勘。錢大昕於嘉慶九年病逝，從他受業的學生約有 2000 人。顯見，其考證之學並未納入書院的學規中，直到正誼書院的創立，已是嘉慶年間了。

2. 嘉慶時期：《書院史話》一書中，樊克政先生認爲，建于嘉慶年間的書院以杭州的詁經精舍和廣州學海堂最具代表性，又是同清代的漢學興起有密切的關係。阮元就在詁經書院創立時，明確將經史訓詁之學的教育，作爲辦學的宗旨②，這是清嘉慶六年，阮元主學政浙江時，選刻杭州課藝之風氣，收輯的標準是創辦初期一些高材生優秀的課卷或者是主講者的學程之作。付梓爲《詁經精舍文集》，開清代書院選刻課藝之風氣。考課的内容有《十三經》《三史》《史記》《漢書》《後漢書》等疑義，並兼及小學、算法、詞章。希望透過"專勉實學"③，達到"以勵品學"和尊經崇漢的宗旨。肆後，一些規模大或者是聲名顯赫的書院，大多仿效其課藝的内容，確立了以考據學爲特色的一代學術風潮。正誼書院的宗旨乃是沿袭紫陽書院與鍾山書院的學風。錢大昕在嘉慶九年，於紫陽書院逝世後，正是正誼書院創立的時間。因此才有"創建初期以紫陽同"之說，延續着吴地考據學派之教學内容。其創建的目的是以經史實學去补救書院墮落爲科舉的流弊，同時也是爲了適應新的學術形勢和教育的需求。意在推古求新，上承了乾隆時期的漢學的特色，也有下開中西具體實學的觀點。

3. 道光時期：陶澍（1779－1839）在撫蘇時，曾對紫陽與正誼書院告示爲學之摘要，希望學者能夠勤修功課，循名責實，培養出真儒。一、爲學必先立志，因爲"志者氣之帥，學問事業皆從此出，而尤以刻苦二字爲入門著腳之方"；二、爲學必須植品，所謂"行己有恥，可以爲士。能知恥，始能植品"；三、爲文宜先宗經，"制義代聖賢立言，必須義理融熟，始能言之有物"；四、讀書宜親友，"學問之道，嚴師爲難，以友輔仁，自制

① ［清］段玉裁著：《錢研堂文集序》，《經韻樓集》，鳳凰出版社 2010 年版，第 179－180 頁。

② 樊克政著：《書院史話》，社會科學文獻出版社 2012 年版，第 115－116 頁。

③ ［清］林柏桐著：《學海堂志・設學長》，廣文書局 1971 年版，第 17－20 頁。

藝以及詩古文辭皆不可無淵源，不可無根據”。[①] 魏源(1794－1856) 曾爲他作傳：“少負經世志，尤邃史志、輿地之學，所至山川，必登覽形勢，訪察利病。典試四川，著《蜀輶日記》……”[②] 又“生平所至興革，務挈大綱，導大窾，若治安徽之荒政，之水利，之清釐庫帑……”[③]，主張經世不流於口頭上，而是實地而作。道光初期的紫陽、正誼書院，學規的基礎仍在于立身處世的原則之下。李星沅（1791－1851）曾擔任陶澍的幕僚，他曾敘述其課程：“每月課以‘經解’‘詩古’‘文辭’”[④]。以制義與經解兩科相互學習，揭示讀書人必須“於通精致用之途，不欲以流俗自畫大之。”言而有物，無信不徵的治學精神。[⑤] 道光二十年（1832）林則徐擔任江蘇巡撫時，公餘之暇爲諸生講學，特別強調“講求文藝，鑑別人倫”，不時的命題考課，要求學生要“廣博見聞，學以致用”。當時的“學以致用”，明顯關注在社會實際生活，了解民生疾苦。[⑥] “通經史即于體用兼備”，即是書院“經世”之説的重點。林則徐以經世務實享譽當時，尤其是以禁煙抗英的事件流傳萬世，他的經世思想，對馮桂芬（1809－1874）產生重要影響。

4. 同治時期：談到近代教育的影響或者是中西教育體制，就必須提到馮桂芬的教育思想。治學方法承襲朱珔古文義理的考辨之學，主張“大之考鏡古今得失，匡時濟世，坐言起行；小之亦作一經，與《雅》《頌》比烈”[⑦]，著有《説文假借義正》等。道光二十五年開始，馮桂芬先後主講惜陰堂、紫陽、正誼書院二十餘年。其中正誼書院3年，“馮桂芬殫力經世之學，亦以肄業生爲兩院院長，士林尤推重焉”[⑧]。从現存的《正誼書院課選三集》的內容看，除經史之外，授課內容涉及了時政、軍事、天文、輿地、小學、水利、河渠、算學等。充分貫徹了“經世實學”的實踐。尤其在鴉片戰爭以後，西方的入侵，充分暴露日漸加深的民族與社會危機。全國上下讀書人，體認到程朱理學不足以應付列強的侵略，秉棄漢學脱離現實生活的學風，強烈主張“經世致用”的學問。全面改革內政，向西方學習，全國上下只爲了抵禦外強。這發想導源於社會的需要，寄望於西方的科技文明，提出以“國計民生者”爲利益，開啓了近代教育的中西體用的先河。《校邠廬抗議》一書的完成，代表清末仕人具體提出全面教育思想的改

① ［清］陶澍著：《蘇州紫陽、正誼兩書院告示》，《陶文毅公全集》，上海古籍出版社影印《續修四庫全書·集部》，2002 年版，卷 50，册（1503），第 601－602 頁。

② ［清］魏源著：《行狀》，《陶文毅公全集》，2002 年版，卷末，册（1504），第 231 頁。

③ ［清］魏源著：《陶文毅公神道碑銘》，《魏源集》，鼎文書局 1977 年版，册（上），第 330 頁。

④ 《惜陰書舍戊申課藝序》，《顯志堂稿》，上海古籍出版社，影印《續修四庫全書·別集》，2002 年版，卷 2，册（1535），第 491－492 頁。

⑤ ［清］馮桂芬：《惜陰書舍戊申課藝序》，《顯志堂稿》，卷 2，册（1535），第 491－492 頁。

⑥ 《吴大瀓序》，《顯志堂稿》，第 480 頁。有誤

⑦ 《惜陰書舍戊申課藝序》，《顯志堂稿》，第 491－492 頁。

⑧ 《江蘇書院志初稿》，江蘇教育出版社，影印《中國歷代書院志》，《1931 年江蘇國學圖書館年刊》，1995 年版，册（1），第 61 頁。

革。借助西方之科技文明抵禦外侮，中間涉及了教育方針，需採納西學。在政治體制上，也須作一些改變，如公黜陟、汰沉員、復鄉職、變科舉、興水力等等，在近代有其獨特價值。以下是陳正清先生的評論與觀點：

> 馮桂芬的這些變法思想，據他自己説，有的參酌古制，即依據中國傳統文化資源，加上自己的想法；有的是“羼以夷説”，即參照了西方的學説。《校邠廬抗議》的很多設想，在後來被付諸實施或部份成爲現實了。如興辦船砲局，外語學校，改革官制等，有些思想在以後其他改良派那裡得到發展。①

馮桂芬所處的年代，正是中國社會遭受劇烈變動的時期，他的教育思想自然具有其鮮明的時代意義。除了繼承魏源“師夷”思想之外，提出全面“採西學”，“以中國倫常名教爲原本，輔以諸國富強之術”的中西體用主張。從經學教化爲本，提出訴求，若要培養人才，必須對書院進行全面的改革。簡而論之，同治時期的教育改革，繼承了林則徐、魏源的以西方科學爲主導，進行對社會的改革的主張。他們所關注的地方，在於社會的現實，擴大授課的内容，倡導社會實踐之學，藉此培養大批有用之材。②

依此，紫陽書院、正誼書院，不管是學規之建立或者是書院創建，可觀察到兩個層面，以下分別説明：

1. 學風轉變初因：順治開始，清初的儒學的發展，先受晚明影響，遂使王學向朱子學轉變，朱子學登上廟堂受到清廷的支持。同時倡導漢學的趨向也不斷的擴大，《四庫全書》的編纂導致考證之學復興，也就是東漢古文經學的倡導發展。漢學家精於考據，疏於義理，埋首於故紙堆不問世事；在他們一味倡導復古之下，嘉、道年間政治腐敗、社會變動加劇，導致了比漢學更古並具有濟世特色的今文經學復興，呈現了復古開新的局面。③ 這時期的經學特點是借經議政，立足於現實，對經義加以發揮，於是又不同於乾、嘉前期的經世思潮。簡而言之，清中期的學術轉捩點是以從對儒學具體的研究中，企圖尋求古義實踐致用爲目的。治經注重在章句訓詁，試圖建構不同於宋明理學的義理學，提出了“後世談經相率，而入於浮虚者，還聖門六藝，以濟實用而已”。又“從古經舊注，發明吾道定旨”④ 的課題。此時之經學的特色涵蓋了復古之風、群經辨

① 陳正青著：《點校説明》，《校邠廬抗議》，上海書店出版社 2002 年版，第 2－3 頁。

② 王衛平、王坤著：《馮桂芬書院教育實踐及其教育改革思想》，《江蘇大學學報》，第 11 卷第 1 期（2009 年 1 月），第 78－83 頁。

③ 趙馥洁著：《中國儒學史·清代卷》，中州古籍出版社 1991 年版，第 7 頁。

④ ［清］費密著：《題辭》，《弘道書》，上海古籍出版社影印《續修四庫全書·子部》，2002 年版，册（946），第 3 頁。

僞、對經籍的編輯。直到了嘉、道年間，涌現一批以救世爲主的經學家，探求“經術爲治術”的主張。[①] 其代表人物有龔自珍、魏源、林則徐等人，首開風氣之先，反對乾嘉學派的漢學和宋明理學，主張恢復清初實學的“致用”之學，藉經學的復興來倡導世務。所謂的“經世致用”，即是學術研究和現實的政治連繫在一起，用於改革社會。藉提今文經學的微言大義，以爲致用。又是近代思想的起點，張豈之先生認爲：“是具有從一思潮向另一種思潮轉變的過渡性特點”，是近代思想的起點，明清實學的終點站了。[②]

2．書院山長與書院之關係：根據書院山長著作與學術背景角度觀察，嘉慶時期在鍾山書院的前期，清代楊繩武（1595－1641）《鍾山書院規約》奠定了漢儒訓詁之學的基本方向，錢大昕與朱琦（1769－1850）兩人先後掌教於鍾山書院，並完成了《二十二史考異》一書。正誼書院的改制學程，可從朱琦的《課藝序》看出端倪，秉持錢大昕的實學流派，以詩賦經解課士。在《右春坊右贊善前翰林院侍講朱蘭坡先生傳》提到朱琦講學以通經學古爲先。“尤留心文獻，爲文原本經術，教士以通經學古爲先。與桐城姚姬傳、陽湖李申耆並負儒林宿望，蓋鼎足而三”[③]。當時的姚鼐（1741－1815）、李申耆（1769－1841）皆執掌鍾山書院，朱琦更在紫陽、正誼三書院，垂教有三十年之久。鍾山書院的授課內容有“以經學勖士，成就者多。每月立小課，以經解詩賦試之，刊有鍾山書院課藝”[④]；有正誼書院課藝序中提出：“朱琦正誼書院，《經解詩賦録序》：‘書院之例率以制藝試帖爲主，而按月别命經解詩賦諸題，間及雜文’”[⑤]。學規內容除了科舉主要科目之外，經解詩賦也别立門目，突顯出經學古義是“經世”的要務。科舉是仕進的門路，而古學是培養治理國家的能力，兩者相提並重。這樣的課程安排，都是經過錢大昕、盧文弨（1717－1795）、姚鼐等人數十年來的倡導，完全符合實學爲教的理念。

四、清末之中西體用——學古堂書院

太平天國時期，江蘇的書院大都毀於兵燹。直到戰亂平息後，面對列強的侵略，清朝政府在“中學爲體，西學爲用”的思潮中，開展了自救性的“洋務運動”。同治、光緒年間的書院的改革也就包含了改造傳統舊書院，和創建新型書院兩種層級。葛先生

---

① ［清］魏源著：《學篇九》，《魏源集·默瓢上》，册（上），第24頁。

② 張豈之著：《中國儒學思想史》，水牛圖書出版社1992年版，第469頁。

③ ［清］李元度著：《天岳山館文鈔》，岳麓書社2009年版，卷12，第313－314頁。

④ 《江蘇書院志初稿》，江蘇教育出版社，影印《中國歷代書院志》，《1931年江蘇國學圖書館年刊》，1995年版，册（1），第44頁。

⑤ 《江蘇書院志初稿》，江蘇教育出版社，影印《中國歷代書院志》，《1931年江蘇國學圖書館年刊》，1995年版，册（1），第61頁。

認爲:

> 書院成爲科舉的附庸，傳統學術導向泥古忽今，皆不能適應救亡圖存的行事需要，有識之士陳積弊，呼吁改革，這對蘇州書院的發展趨向產生了重要影響，研究實學通經致用的優良傳統，得以發揚光大。①

總而言之，傳統書院大多淪爲科舉考試的附庸，除朝廷受到西方列強的威脅之外，書院本身也存在因積習陋規太深而不得不變的內在問題。江蘇的書院興復後，繼承了原有的經古傳統，值得注意的是在課試的過程中，復活了通經致用的宗旨。李鴻章聘任馮桂芬講習於正誼書院，他的“中西體用”之説，抨擊書院歷來所習制舉的文字陋風，殫力於經世之學，尤受到推崇。至是，相沿已久的經史考據學風開始産生變革。課試經古的書院，漸漸廢除以科舉爲目的的制藝課程，而以儲才致用爲原則，探求經世如何致用？江蘇地處東南沿海，有較多的開放口岸，較早受到西方經濟、文化、教育的影響。隨着洋務運動的興起，傳統舊書院也開始借鑑西方的教育制度，進行了一些改革並參入西學課程，目的是適應近代社會所需。例如同治十三年的上海格致書院，維新派的王韜（1828－1897）曾被聘爲山長，書院以傳授西方科學爲主，“延聘西方教習化學、礦學，按期延請中西名人講演格致學理”②。王韜是馮桂芬的學生，提出這樣的教育理念是其來有自。完全不同於傳統的書院，在近代教育史上是獨樹一格的。蘇州的正誼書院也在光緒二十三年，增添了西學課程設置。因此我們可以推論，光緒二十年甲午戰争之後，新學化的主張，在經古書院的教學基礎上，已出現了不同程度的改革。強烈的外在環境影響之下，以經史聯繫的現實而發展，便把西學納入了解決危機的範疇。可見經世致用的開展，不斷影響清代整個學術思潮。學古書院的創立，具體代表了中西體用的新學化開展。③

（一）書院創立緣起

黄彭年（1824－1890）同治間授命修復關中的書院，並儲置經史子集及經世有用的書，督課經史實學。光緒初年應李鴻章之邀，重修蓮池書院爲諸生肄業古學之所，河北學風爲之一變。購書數萬卷建藏書樓，包括了新譯西學，如生物、光電、化學諸書。並設有講堂與齋舍等。光緒十四年，擔任江蘇布政使在蘇州建立學古堂，地點在正誼書院可園東側的故址。以下是學古堂創立的記載:

① 葛飛著:《晚清書院制度的興廢》，《史學月刊》，第1期（1994年1月），第104－108頁。

② 《民國上海縣志》，卷九。

③ 參見《東華續録・光緒》，卷141、149，册（385），皆有詳細記載。

> 章鈺《陶樓文鈔跋》：光緒時有四年戊子，貴築黄子壽先生開藩吴中，用前掌教蓮池故事，就正誼書院西偏可園，建學古堂。購書數萬卷，遴選諸生可肄業。①

《江蘇書院志》記載其教學性質與規模是與惜陰書舍同“經古課程”：“光緒中，黄彭年布政使。建學古堂以經古課士，蓋等於江寧之惜陰焉”②。胡玉縉（1859－1940）、章鈺（1864－1934）、雷浚、諸可寶（1845－1903）講讀期間，造就大量人才。他治學秉持漢學家法“不徒託空言以播爲口説，與庸常拥皋比爲山長者，故自不同耳”③，可見同光之際，提倡經古學風最爲有力者，當屬黄彭年。

（二）章程之設定

章程不同於學規，強調的是細密和其生徒的日常的實踐性。内容大多爲教材的選擇、山長的聘任、課時的安排，與書院的經費籌措等。意在書院的維繫與正常的運作。所設選的章程有其時代性，尤其是制定者的代表性。盛朗西（1901－1974）先生認爲：“書院與書院之間，亦互通生氣，如徽州汪知墨、陳二典、胡淵、江祐、吴慎、朱宏、施璜輩，講朱子之學於紫陽書院”④。因此書院之間講學内容或者章程的設立，皆有依據山長或者院長的學海經歷，彼此互通並仿傚之處。黄彭年在課士之外，常採逐日札記教學之法，又參仿了蓮池書院的事例，訂定章程。世稱與蓮池同法，⑤ 其章程如下：

> 課程以經爲主，由諸生自報專經外，旁及小學、四史、文選、算學等。每月繳日記一册，由山長詳定等次，前列者酌給獎金有差。歷届山長吴縣雷浚、慈銘、林頤山、吴縣袁寶璜，均由藩司訂聘。光緒三十年，改爲存古學堂。⑥

要求肄業生寫日記，其用意是藉着逐事而記之得養成中，讓諸生都能“得失自知，長短自見”。⑦ 札記治學是阮元創設詁經精舍、學海堂採用的教學方法，源起於元代程端敏的《讀書日程分年法》。《藝風堂文集》記載了學古堂之制度，一如阮元創建的詁經精

---

① 《江蘇書院志初稿》，江蘇教育出版社，影印《中國歷代書院志》，《1931年江蘇國學圖書館年刊》，1995年版，册（1），第56頁。

② 《江蘇書院志初稿》，江蘇教育出版社，影印《中國歷代書院志》，《1931年江蘇國學圖書館年刊》，1995年版，册（1），第56頁。

③ 張舜徽著：《清人文集别録》，湖北新華書店2004年版，第487頁。

④ 盛朗西著：《中國書院制度》，華世出版社1977年版，第163頁。

⑤ 《陶樓學案》，《清儒學案》，册（4），第6435頁。

⑥ 《江蘇書院志初稿》，江蘇教育出版社，影印《中國歷代書院志》，《1931年江蘇國學圖書館年刊》，1995年版，册（1），第56頁。

⑦ ［清］黄彭年著：《蓮池日記序》，《陶樓文鈔》，上海古籍出版社影印《續修四庫全書·集部》，卷9，册（1553），第80頁。

舍，與江蘇《南菁書院》、粵之學海書院同。例如頒發課程，簿首注明習某書，内分句讀、評校、抄録、著述四欄，諸生按日填入簿内。以考據訓詁之方法治經，求經文史學切實學問之研究。提倡“事必求概柢，言必求其依據”。當時這些書院的主講人有俞樾、繆荃孫等人，皆沿襲考據學的研究手法，實踐證明，行之有效，故在晚清崇尚經古的書院，頗爲流行。[①] 課程的設立注重於個人的資質，重視個人的志趣與培養自學的能力爲主要考量。直到清同治間，考據學家代表人物俞樾（1821 – 1907）在晚年時，憂傷於時局之下，提出以“中西之學”爲治學之道的看法：

> 先生訓詁主漢學，義理主宋學，教弟子以通經致用，蔚然爲東南大家。晚歲憂傷時局，常語人曰，形而上者謂之道，形而下者謂之器，以中學爲體者道也，以西學爲用者器也。病中猶以毋忘國本，垂爲家訓。[②]

俞樾理學的道器之説，詮釋中西之學的觀點，確實反映了當時“中學爲體，西學爲用”的迫切。全國上下時時以仿效西法爲主，可惜清人態度在根本上仍未能有所改變。光緒年間新學化的學堂，應映時代的需求，紛紛籌設與創立，突顯了實學中西化的具體性。以下是近人徐啓彤先生的分析，清末新建的書院，崇尚實學，强調致用，而不重舉業的吴地書院約有 50 餘所：

> 如江陰南菁書院，光緒十年（1884 年）由江蘇學政黄體芳創建，其建制仿詁經精舍，專講經學、古學，兼及性理、天文、算學、輿地、史論等。當時博通經史的學者張文虎、黄以周、繆荃孫等先後任主講席。此類書院還有同治四年（1865 年）創建的龍門書院創建的上海龍門書院；同治十二年（1973 年）創建的上海詁經精舍；光緒十四年（1888 年）創建的蘇州學古堂等。[③]

書院課試經古，注重專經的學習，一般書院生各報專經，以日記考其勤惰，學者能依其性情學識，發揮專長。並以中西實學爲宗旨，務期能夠實現明體而達用的教育理念。這種課程設置，爲以後書院實施近代新學的專門化，與分類制度奠定了基礎。學古堂書院的創建人黄彭年，《清儒學案》論述其學術成就爲：

---

① 劉玉才著：《清代書院與學術變遷研究》，北京大學出版社 2008 年版，第 186 頁。

② ［清］繆荃孫著：《俞先生行狀》，《藝風堂續文集》，上海古籍出版社影印《續修四庫全書・集部》，卷 2，册（1574），第 181 頁。

③ 徐啓彤著：《吴地書院的創建與發展》，《鐵道師院學報》第 4 期，1995 年版，第 29 – 33 頁。

> 陶樓爲學，根本盛大，無門户之見，入建讜言，出宣善政，皆折中經術，體用兼該。平生以實學倡導後生，殫竭心力，惜所遇限之，不得進行其志。①

黄彭年學術的重點在實學的開展，倡導體用兼備。

學古堂書院專課經古之學，並非阻斷士人的科舉之仕途。主要的用意是通過經古之學，擴寬他們的學術視野。學生在舉業之外，諸如經學、小學、版本、目録、辭章、史學、算學，甚至西學方面都能有所見樹與啓發。這表明，學古書院通經致用的學術成就已開始和治世救國的現實政治結合一起。《蓮池課藝序》一文，表達了他辦學的動機：

> 取前人之文，日夜誦讀之，倣而傚之迨其成也。足以弋取科第，馴至於公卿。則是教者，竭其聰明才力授人；以揣摩迎合之術，鏗鏘無用人文，壞人才而害國家，學者之誤教者之罪也。然則宜如之何？曰："文者，弟子以餘力學之者也。言者，心之聲也。文之實在行，行之實在心，心術端行誼立文。文雖不工稱善人焉，況充實而有光輝，文未有不著者。"願與吾徒共勉之。②

教育者除了竭盡心力教育學子，篩取有用之時文來勉勵學生之外。最終的目的在於心智之養成，使其行誼端正，爲國家培養有用之人才。學程的改訂是爲了應社會而轉型，並調整其改革的方向。直到甲午戰爭之後，世人對書院章程的設定，又感覺到不合時宜的地方，突顯出人才儲備的急迫性。首先之要務，在於全面地增設學堂與整頓書院。

五、書院的改制

進入十九世紀的八十年代，西學運動進入了開辦學堂時期。光緒二十年（1894），甲午海戰，中國敗於學習西方的日本。面對這個殘酷的事實，只有師法明治維新，急忙推出戊戌變法運動，於是進入了同治年以來書院改革的最高潮。人們認爲"時局日急，只有興學育才爲救危之法"，而"整頓書院，尤刻不容緩，此省先變，則較他省先佔便利，此府先變，則較他府先佔便利"③。興學育才才是救危存亡的最便利方法，書院的改革就在如此的政局中快速發展。大體上可歸納爲三類，一是變通章程整頓書院，二是創建新型的實學書院，三是改書院爲學堂。其中以變通書院章程，併課以天算、格致等

① 《陶樓學案》，《清儒學案》，册（4），第6434頁。

② ［清］黄彭年著：《陶樓文鈔》，上海古籍出版社，影印《續修四庫全書·別集》，2002年版，册（1553），卷9，第79－80頁。

③ 林增平、周秋光編：《熊希齡集》，湖南人民出版社2008年版，册（上），第49頁。

學最爲重視。“凡天文輿地農務兵事，與夫一切有用之學，統規格致之中，分門探討，務臻其奥”①。講求實學，爲整頓書院或增設學堂爲當時之急務。書院改制的過程中張之洞（1837－1909）無疑是一個頗爲關鍵性的人物，《勸學篇》總結了從馮桂芬開始的“中學爲體，西學爲用”的理論“意在規時勢，綜本末也”②。依張之洞的看法，學西學之前，必須要“以中學固其根柢，端其識趣”③，其具體做法爲：

今日學者，必先通經，以明我中國先聖先師立教之旨；考史，以識我中國歷代之治亂、九州之風土；涉獵子、集，以通我中國之學術文章。然後擇西學之可以補吾闕者用之，西政之可以起吾疾者取之。④

張之洞知道，當時之世要治國平天下，確有其自身無法彌補的缺陷。所以需要西學來彌補，來治療，這就是“中學爲體，西學爲用”的含義。光緒二十三年開始，書院爲順應變法的潮流，逐步改書院爲學堂，培養學貫中西，足以致用的事務人才。

遵照學堂的辦法，嚴立學規，改訂課程。光緒二十四年，慈禧太后諭旨：

書院之設，原以講求實學，並非專尚訓詁詞章，凡天文、輿地、兵法、算學等經世之務，皆儒生份内之事。學堂所學，亦不外乎此。是書院之與學堂，名異實同，本不必定須更改。現在時事艱難，尤應核實講求，不得謂一切有用之學，非書院所當有事也。⑤

這諭旨説明即便是保守派，也已經接受了經世致用的觀念，不再認同過去的書院學術取向。光緒二十七年（1901）張之洞與劉坤一（1830－1902）聯名上奏，重提書院改學堂之議《變通政治摺》：

成事必先正名，三代皆名學校，宋人始有書院之名。宋大儒胡瑗在湖州設學，分經義、治事二齋，人稱爲湖學，並未嘗名書院。今日書院積習過深，假借姓名希圖膏奬，不守規矩動滋事端，必須正其名曰學，乃可鼓舞人心，滌除習氣，如謂學

① ［清］朱壽朋著《東華續録·光緒》，上海古籍出版社，影印《續修四庫全書·史部》，2002年版，卷141，册（385），第8頁。

② ［清］張之洞著：《勸學篇序》，《張文襄公古文》，上海古籍出版社，影印《續修四庫全書·集部》，2002年版，卷2，册（1561），第400頁。

③ ［清］張之洞著：《勸學篇·循序第七》，《張文襄公全集》，中國書店1990年版，册（4），第559頁。

④ 《勸學篇·循序》，《張文襄公全集》，册（4），第559頁。

⑤ 《東華續録·光緒》，卷149，册（385），第98頁。

堂之名不古，似可即名曰各種學校，既合古制，且亦名實相符。[①]

清廷採納了這建議，正是下達書院改制，通令各省所有書院，省城均設大學堂，各府及直隸州均設中學堂，各州縣均改爲小學堂，並多設蒙養學堂。教育體制着實做了根本性的變革，“論者曰‘此可謂能治其本，深得培養人才之道矣’”[②]，而科舉制度在光绪（1905）三十一年正式廢止。蘇州三書院的改制也因之改設學堂，而書院學校制度就此廢止了。紫陽書院於光緒二十八年（1902）改爲校士館，廢科舉之後，原址擴建爲江蘇師範學堂，至1927年與諸校合併爲蘇州中學；正誼書院於1902年由江蘇巡撫聶緝規正式改爲蘇州府中學堂，1912年江蘇省都督府下令撤銷蘇州府中學堂，整建制並入蘇州第一中學，形成現在的蘇州一中；學古堂於光緒三十一年（1905）改爲遊學預備科，招考英、法、日文學生三班，擇優質學生送出國留學，光緒三十三年（1907）改爲存古堂。

六、結論

清初順康時期對於書院採取壓制措施，導源於明中期東林書院講學之自由風氣，直到雍正十一年，對書院採取鼓勵與統一管理的政策，並在各府、州、縣建立新的書院，納入官學的軌迹。致使清代書院的創建超越任何一朝代約3868所，爲唐代82.3倍，宋代的5.4倍，元代13.1倍，明代2.3倍。雍正以後江蘇省創建書院有115所，占全國79%，[③] 其創建的目的是以經史實學去救書院避免其墜落爲科舉的附庸，意在推古求新重振書院事業。[④] 近人往往認爲清代學術思潮，只有漢學的興盛與經世致用的提倡。包括近代史學家謝國禎先生認爲，清代學術的轉變有二，一是阮元創立的詁經精舍，使考據訓詁之學確立於學程内；二是甲午戰争後，中西學之融合。事實上，從書院的學規章程中可以看出，以實學爲中心思想、經世致用的精神至始至終皆是清代學術的要點。由此，筆者認爲清代“實學”的發展，究其原因可分三點説明：

（一）明末理學之反動

清初的程朱理學的官學化，乃是緣起於明末王學之空疏，理學内部的轉變。剔除了性理之學，重視經學與道統結合；由尊孔孟之《六經》轉向爲程朱理學正統性。康熙中後期以後，程朱理學偏重“踐履實學”，我們可以從紫陽書院的學規章程裏觀察出，

① ［清］張之洞著：《變通政治人才爲先遵旨籌議摺》（《張文襄公奏議》，上海古籍出版社，影印《續修四庫全書・史部》，2002年版，卷52，册（511），第124頁。

② 《中國書院制度》，第236頁。

③ 朱漢民、鄧洪波、高峰煜著：《長江流域的書院》，湖北教育出版社2004年版，第146－153頁。

④ 鄧洪波著：《中國書院史》，“國立臺灣大學”出版社2005年版，第538－539頁。

教學的內容是以經濟日用爲主體，以重經術致用爲學術的宗旨。另一方面明末清初遺民時期，顧炎武等人提出了“經學即理學”的主張，這種“實是實學”的學術風氣，導致了雍正期、乾隆前期，考據學開始發展，興盛時期在乾隆中期至嘉慶年間，形成清代學術的特色。當時的着力點在於經學的提倡，在先聖先賢經典裏，找出致用的指導方針。“回到六經”的原典觀是清初三大家的共同理念，也是林師慶彰先生提出“清代回歸原典”運動的開端。回歸原典就要講求經書的真僞，義理學的開展，無非就是探求古人的真義。阮元以實學爲教是其轉捩點，以經史考據學確立於書院的章程。道光初期的陶澍爲正誼書院的《揭示》，提出的爲學之要以外，更強調了經史之學是治術的必修與講求。經古之學的設置，根據於詁經精舍的創立，書院的講學內容，由程朱轉向漢宋考據之學。學術的傳播以書院的教育最爲突出，是國家培養經世致用人才的所在地，因此書院的官學色彩也是最爲明顯的。

（二）對抗列強

康熙後期，紫陽書院的學規章程，強調了民生經濟的興水利、重農業等課題。清初“實學”的性質則是爲了治國，鞏固清政權的穩定。顧炎武等人與清初實學的目的不同，但是都強調學問的實用性。直到了鴉片戰争之後，面對外來的侵犯與國家存亡之危機感，書院教育的課程也在這種變革中，由傳統走向近現代化。書院教育的課程安排，隨着新時代的轉换，而不得不改革與改制。光緒十四年黄彭年學古堂書院的創立，課程以經古爲主，學生專精一經之外，旁及了小學、四史、算學等，並新譯西學生光、電、化諸書。這表明了蘇州書院通經致用的學術宗旨與治世救國連接在一起。總之，清代前中兩期，着眼於“經世”之要旨，藉經學之義理來治事。直到鴉片戰争及太平天國之亂後，“致用”之學才倍加重視，以“時務”爲重，調整課程安排。清代蘇州書院的流變，在歷史的進程中，顯露出自身文化與學術發展的特點。尤其是在清末時期，強烈地反映出對社會的適應性與文化的融合性。值得深入思考的是，學規與章程的設立，具體的促進學術的繁榮；教育的改革、人才的培養，體現出經濟致用的特點，與時代需要並進。

（三）添加西學成分

從甲午戰争之後，書院的改制與學程的變更，皆是緣起於“時務”的需要，重點在中學爲體，西學爲用。面對當時殖民帝國的侵略，希望學習西方科學的技藝，能挽救喪國的危機。在《正誼、平江書院改章》一文中提出改章的宗旨：“使之知帖括、考據之外，尚有所謂時務也”。① 以“經術作政論”② 把經學的研究與時務結合，從而把其經

① 《正誼、平江書院改章》，《中國書院學規集成》，册（下），第2017頁。

② 梁啓超著：《清代學術概論》，上海古籍出版社1998年版，第2頁。

學研究與前人區分，把清代的學術推向一高峰。這批人藉着書院的講學，如黄彭年的蓮池書院、蘇州的學古書院等，爲晚清培養不少學術後進，注入新的力量。經世之學風的興起，導致了儒學又發生重大變化，即是在中西學的矛盾中會通，建立了一個新的思想體系，應付時代的變局。根據儒家的“内聖外王”的原則，由“實體”轉向“達用”，把内聖的道德内省，轉化爲切於實際的“達用”之道，緊密結合“經濟之學，即在義理之中”①。即是修身、齊家、治國、平天下的“經國濟民”的“經世實學”，這種基本内涵一直影響了清末學者皮錫瑞、康有爲、梁啓超等人。

引用書目（依照出版時間順序）

一、傳統文獻

［清］李銘皖、馮桂芬編：《同治蘇州府志》，臺北：成文書局影印《中國地方志叢書》據清光緒9年刊本，册（六），1970年。

［清］曾國藩全集，湖南：岳麓書社，1995年。

二、近人著作

盛朗西著：《中國書院制度》，臺北：華世出版社，1977年3月。

張正藩著：《中國書院制度考略》，臺北：中華書局，1981年3月初版。

陸寶千著：《清代思想史》，臺北：廣文書局，1983年9月。

趙吉惠、郭厚安、趙馥洁、潘策主編：《中國儒學史》，新鄭：中州古籍出版社，1991年6月。

楊布生、彭定國著：《中國書院與傳統文化》，武漢：湖南教育出版社，1992年3月。

張豈之著：《中國儒學思想史》，臺北：水牛出版社，1992年4月。

柳詒徵著：《江蘇書院志初稿》，南京：江蘇教育出版社影印《中國歷代書院志》，册（一），1995年。

錢穆著：《中國近三百年學術史》，臺北：臺灣商務印書館，1996年7月。

謝國楨著：《瓜蒂庵文集》，瀋陽：遼寧教育出版社，1996年9月。

季嘯風主編：《中國書院辭典》，杭州：浙江教育，1996年。

梁啓超著：《中國清代學術史》，上海：上海古籍出版社，1998年

鄧洪波編：《中國書院章程》，長沙：湖南新華書店，2000年10月。

---

① ［清］曾國藩著：《致澄弟温弟沅弟季弟》，《曾國藩全集·家書》，岳麓書社1995年版，第20頁。

鄧洪波編:《中國書院學規》,長沙:湖南新華書店,2000 年 10 月。

《續修四庫全書》,上海:古籍出版社,2002 年。

梁啓超著:《中國近三百年學術史》,天津:天津古籍出版社,2003 年 5 月。

鄧洪波著:《中國書院史》,臺北:“國立臺灣大學”出版,2005 年 6 月。

龔鵬程著:《晚明思潮》,北京:商務印書館,2005 年 8 月。

李申著:《簡明儒學史》,北京:中國人民出版社,2006 年 6 月。

龔書鐸主編,史革新著:《清代理學史》,廣州:廣東教育出版社,2007 年 1 月。

劉玉才著:《清代書院與學術變遷研究》,北京:北京大學出版社,2008 年 3 月。

徐世昌著,陳祖武點校:《清儒學案》,石家莊:河北人民出版社,2008 年 12 月。

何佑森著:《清代學術思潮》,臺北:“國立臺灣大學”出版中心,2009 年 4 月。

汪學群著:《中國儒學史・清代卷》,北京:北京大學出版社,2011 年 6 月

鄧洪波主編:《中國書院學規集成》,上海:上海文藝出版,2011 年 6 月。

樊克政著:《書院史話》,北京:社會科學文獻出版社,2012 年 1 月。

戈春源著:《清代蘇州的紫陽書院》,《鐵掉師院學報》,第 2 期(1993 年),頁52 - 53。

廖志豪著:《蘇州的府學、書院、社學與義塾》,《鐵道師院學報》,第 2 期(1993 年),頁 49 - 51。

徐啓彤著:《清代吴地書院的演進與學術思潮》,《蘇州大學學報》,第 2 期(1994 年),頁 81 - 87。

徐啓彤著:《吴地書院的創建與發展》,《鐵道師院學報》,第 4 期(1995 年),頁 29 - 33。

吴以寧著:《錢大昕教育成就述論》,《固員師專學報》,第 5 期總第 59 期(1996 年),頁 81 - 85。

徐靜玉著:《近代江蘇書院的新學化傾向》,《南通師範學院學報》,第 15 卷第 4 期(1999 年 12 月),頁 89 - 92。

王明芳著:《論乾嘉學者與藏書家、書院及其江南學風之間關係》,《山東社會科學》,(2003 年 5 月),頁 95 - 99。

葛榮晉著:《中國實學思想導論》,《儒學與實學》,2003 年 12 月,頁 431 - 453。

林國標著:《清初理學的研究及其方法》,《湖南社會科學》,(2004 年 3 月),頁35 - 37。

王記録、馬小龍著:《錢大昕學術淵源辨析》,《蘭州學刊》,第 4 期總 163 期(2007 年),頁 165 - 168。

王晉玲、李峰著:《清代蘇州書院教育述論》,《蘇州科技學院學報》,第 25 卷第 4 期(2008 年 11 月),頁 68 - 71。

王衛平、王坤著：《馮桂芬書院教育實踐及其教育改革思想》，《江蘇大學學報》，第 11 卷第 1 期（2009 年 1 月），頁 78－83。

王勝軍、唐業陽、吴增禮著：《論張伯行書院教育思想及其影響》，《廣西民族大學學報》，第 31 卷第 6 期（2009 年 11 月），頁 180－183。

宋巧燕著：《清末書院教育家俞越》，《人物春秋》，第 12 期（2011 年），頁 50－53。

孫迎慶著：《蘇州書院：延續城市的文脉》，《文化長廊》，第 2 期（2011 年），頁 55－57。

《改建正誼書院記》：“夫天下之有學，自文正發其端，而蘇郡爲權輿。”

《蓮池日記序》：“籌千金購書二萬卷，區其類曰經學、曰史學、曰論文，置司書。立齋長使諸生得縱觀。”

《左傳譯文》舉正

山東大學文學與新聞傳播學院　杜以恒

摘　要　《左傳譯文》充分吸收了當代研究成果，代表了《左傳》今譯的最高水準。筆者拜讀之餘，發現若干尚可商榷之處，略加考辨，就正于方家。

關鍵詞　《左傳譯文》　沈玉成　《春秋左傳注》　《春秋經傳集解》

《左傳》作爲十三經之“大經”，備受重視。現在較爲通行的《左傳》版本是楊伯峻先生的《春秋左傳注》（中華書局 2009 年第 3 版），而較爲通行的譯本則是與之配套的沈玉成先生的《左傳譯文》（中華書局 1981 年第 1 版）（下稱《譯文》）。沈玉成先生作爲楊伯峻先生的學生，應老師的邀請撰寫《譯文》，在《譯文·説明》中，沈先生説：“不避舉鼎絶臏的危險，勉力承擔了這一任務。”[①]《譯文》四十萬字，譯文十分簡明，學術水準受到學界的一致高評。

然而《譯文》中也存在一些尚可商榷之處，前人曾經對這部書的問題進行過一些探討[②]，凡前人已指出的，本文不再涉及。以下就新發現的若干問題進行討論。

1.《左傳·隱公三年》：

不赴于諸侯，不反哭于寢，不祔于姑，故不曰薨。不稱夫人，故不言葬，不書姓。爲公故，曰“君氏”。（正文引自楊伯峻《春秋左傳注》，下同。）

《譯文》第 6 頁：

没有給諸侯發訃告，安葬後没有回到祖廟號哭，没有把神主放在婆婆神主的旁

① 沈玉成：《左傳譯文》，中華書局 1981 年，第 1 頁。

② 前人研究成果見附録。

邊，所以《春秋》稱之爲“卒”而不稱“薨”。又因爲她没有稱爲“夫人”，所以不記載下葬的情況。《春秋》還没有記載她的姓氏。只是爲了她是隱公的生母，所以稱之爲“君氏”。

按：此例訓詁與標點有誤。

（1）將“反哭于寢”譯爲“安葬後没有回到祖廟號哭”是不準確的。《儀禮·既夕禮》：“乃反哭，入，升自西階，東面。衆主人堂下。”鄭玄注：“反哭者，於其祖廟。”① 又有“送適殯宫，皆如啓位，拾踊三。”② 反哭，就是在死者下葬之後，喪主由墓地先返回祖廟號哭，再回到殯宫號哭。杜預注：“既葬，日中自墓反，虞于正寢，所謂反哭于寢。”③ 孔穎達《春秋左傳正義》（下稱《正義》）：“是既葬，日中自墓反，虞于正寢。正寢即殯宫也。”“殯宫”實際上就是正寢，只不過死者死後葬前殯棺於此，所以臨時稱爲殯宫。反哭是包含兩個過程的，在祖廟和正寢的號哭都是反哭。此處沈先生將“寢”譯爲“祖廟”，正是考慮到了在祖廟號哭的情況，然而此處沈先生可能并没有考慮到在正寢的號哭也是反哭的組成部分。此處《左傳》原文既然爲“反哭于寢”而不是“反哭于廟”，翻譯時我們也應當遵循《左傳》本義，將“寢”譯爲“正寢”或“路寢”。

（2）將“不祔于姑”譯爲“没有把神主放在婆婆神主的旁邊”是不準確的。“姑”的本義是“婆婆”，《説文》：“姑，夫母也。”④ 但是此句中的“姑”不應當譯爲“婆婆”。“姑”在《儀禮》中還可以指“皇祖姑”，即女子丈夫的祖母，此句之“姑”當取此義。“祔于姑”是古代正妻（即夫人）喪禮的一部分。《儀禮·士虞禮·記》：“將旦而祔，則薦。卒辭曰：‘哀子某，來日某，隮祔爾于皇祖某甫，尚饗。’”⑤“婦，曰孫婦于皇祖姑某氏。”⑥ 從祔祭時夫人要説的“辭”中我們可以知道，“姑”是“皇祖姑”。《禮記·喪服小記》：“其妻祔於諸祖姑，妾祔於妾祖姑，亡中一以上而祔，祔必以其昭穆。”⑦ 古代夫人去世，神主（即牌位）要入祖廟。祖廟牌位的擺放須遵循昭穆制度。《禮記·王制》：“天子七廟，諸侯五廟，大夫三廟，士一廟。”魯國是諸侯國，可以立五廟。當然，春秋之時禮崩樂壞，諸侯祖廟的數量並不完全依照廟制的規定，但

① ［清］胡陪翬：《儀禮正義》，江蘇古籍出版社1993年段熙仲點校本，第1905頁。

② ［清］胡陪翬：《儀禮正義》，江蘇古籍出版社1993年段熙仲點校本，第1908頁。

③ ［晉］杜預：《春秋經傳集解》，上海古籍出版社1986年點校本，第18頁。

④ ［清］段玉裁：《説文解字注》，中華書局2015年影印，第621頁。下文多引《説文》，皆據此本，不再贅注。

⑤ ［清］胡陪翬：《儀禮正義》，江蘇古籍出版社1993年段熙仲點校本，第2058頁。

⑥ ［清］胡陪翬：《儀禮正義》，江蘇古籍出版社1993年段熙仲點校本，第2060頁。

⑦ ［清］孫希旦：《禮記集解》，中華書局1989年沈嘯寰、王星賢點校本，第886頁。

這並不影響昭穆制度，我們且以諸侯五廟論。五廟之中，中央是始祖廟，坐北朝南，放置諸侯國始祖的神主。在始祖廟左邊，也就是東邊，是兩個昭廟，右邊，也就是西邊，是兩個穆廟。昭穆有點像今天的“輩分”，只不過是循環的。《周禮・春官・小宗伯》：“辨廟祧之昭穆。”鄭玄注：“自始祖之後，父爲昭，子爲穆。”① 始祖無昭穆，始祖之子爲昭，始祖之孫爲穆，始祖之孫之子，又爲昭。一代昭、一代穆，如此循環往復。但昭的神主入昭廟，穆的神主入穆廟。因此，同昭穆的神主放置在祖廟同一側，且他們之間一定是祖孫關係，是隔一代的。父子永遠不可能同昭穆，進而父子的神主絕不可能在祖廟中被放置在同一側。在這些男性神主的後面，跟着他們的夫人的神主，自然，她們的神主也只能和同昭穆的女性在一起。新去世夫人的神主，自然是和她的皇祖姑，也就是丈夫的祖母在一側。“祔”是士虞禮的組成部分，即夫人神主在依附於其丈夫神主之前，先將神主放在她皇祖姑牌位的側後方，一同接受祭祀，以示認祖歸宗。所以這句話之中的“姑”，也只能是《士虞禮・記》中所説的“皇祖姑”，若譯爲“婆婆”，則出現了不同昭穆的神主並立於祖廟同一側的現象，有違禮制。《春秋經傳集解》杜預注：“卒哭而祔于祖姑。”孔穎達《春秋左傳正義》：“是祔于姑者，祔于祖姑也。”楊伯峻《春秋左傳注》：“以死者之主祔於祖姑。”② 綜合來看，此句之“姑”爲“皇祖姑”。

（3）將“姓”譯爲“姓氏”不準確。古代姓、氏是兩個概念，春秋時期的女子没有氏，只有姓。“不書姓”就是“不記載她的姓”。

以上三點是此句的訓詁問題，下面再談此句的標點問題。

（4）楊伯峻先生《春秋左傳注》及《春秋經傳集解》③ 句讀均可商榷。《春秋經傳集解》之句讀爲：“不赴于諸侯，不反哭于寢，不祔于姑，故不曰薨。不稱夫人，故不言葬。（另起一段。）不書姓，爲公故，曰君氏。”杜注：“夫人喪禮有三：薨則赴于同盟之國，一也；既葬，日中自墓反，虞于正寢，所謂反哭于寢，二也；卒哭而祔于祖姑，三也。”“赴于諸侯”“反哭於寢”“祔于姑”均爲安葬國君夫人的禮節，這些禮節的完備與否決定了國君夫人的合法性。“曰薨”“稱夫人”“言葬”“書姓”皆爲《春秋》記載夫人喪葬的專有筆法，體現了對國君夫人的尊重以及對其地位的認可，妾則不能這樣記載。此句正確因果關係是：“不赴于諸侯，不反哭於寢，不祔于姑”這三種原因造成了四種結果，即“不曰薨、不稱夫人、不言葬、不書姓”。在這個三因四果之後，還有個獨立的因果句，那就是“爲公故，曰君氏”。“爲公故”是原因，“曰君氏”

① ［清］孫詒讓：《周禮正義》，中華書局 1987 年王文錦、陳玉霞點校本，第 1435 頁。

② ［唐］孔穎達：《春秋左傳正義》，北京大學出版社 1999 年整理本，第 72 頁。

③ ［晉］杜預：《春秋經傳集解》，上海古籍出版社 1986 年點校本，第 18 頁。

是結果。正常情況下，諸侯的妾在《春秋》中是不記載的。雖然聲子只是魯隱公父親魯惠公的妾，但聲子畢竟是魯隱公的生母，《春秋》爲了照顧這一關係，特別給了她一個稱呼，即“君氏”。若聲子是魯惠公正夫人，則按照《春秋》慣例，應稱之爲“惠子”，而不是“君氏”。這種情況在《春秋左傳》中也僅有一處。沈先生在翻譯的時候既没有按照慣例依照楊伯峻先生的句讀，也没有按照《春秋經傳集解》的句讀，而是將“不書姓”與前後獨立開來，邏輯關係更加難以理清。

綜合以上四點來看，這一句正確的標點應爲：“不赴于諸侯、不反哭於寢、不祔于姑，故不曰薨、不稱夫人，故不言葬、不書姓。爲公故，曰君氏。”正確翻譯：没有派人給諸侯發訃告，安葬後没有回到正寢號哭，没有把神主放在皇祖姑神主的旁邊，所以《春秋》稱之爲“卒”而不稱“薨”、没有稱她爲夫人，也没有記載她下葬的情況、没有記載她的姓。只因爲她是隱公的生母，所以稱之爲“君氏”。

由此可見，《春秋左傳》和“三禮”之校讀，尤爲重要。當然，通過沈先生對“姑”和本句句讀的翻譯處理上，我們似乎也可以發現，沈先生在翻譯《左傳》時也並非完全依照楊伯峻先生的《春秋左傳注》。

2.《左傳·隱公三年》：

> 君子曰：“信不由中，質無益也。明恕而行，要之以禮，雖無有質，誰能間之？

《譯文》第6頁：

> 言語不發自衷心，即使有人質也没有用處。設身處地互相諒解而後行事，又用禮儀加以約束，雖然没有人質，又有誰能離間他們？

按：此處“明恕而行”譯爲“設身處地互相諒解而後行事”欠佳。顯然，“相互諒解”是指“恕”，“設身處地”乃譯者補出的內容，“明”則被忽略。《説文》：“明，照也。”“明”的本意是照射，與昏暗相對，又引申爲“清楚明白”“懂得明瞭”“照亮”等義項。《説文》：“恕，仁也。”恕的本義就是仁，後引申出“寬恕”的義項。先秦典籍中，除《左傳》這一例外，幾乎没有別處出現“明恕”。關於明恕的理解，也存在“並列”和“動賓”兩種觀點。並列也就是將“明”“恕”視作兩個動詞並用，動賓則是“恕”作爲“明”的賓語。《宋書·禮志二》：“三年之喪，自古達禮，誠聖人稱心立衷，明恕而行也。”[①] 此處亦有“明恕而行”，然而此“明恕”乃晉武帝于詔書中稱頌

① 上海書店：《二十五史》，上海古籍出版社1989年影印南昌府學刻本，總第1674頁（第三册46頁）。

聖人重視三年喪禮，並不存在“寬恕”的問題。綜合來看，這里“明”應當譯爲“明達”。“恕”爲了兼顧本義和引申義，可譯爲“寬仁”。“明恕而行”當譯爲“明達寬仁而後行事”。

3.《左傳·隱公三年》：

> 對曰：“群臣願奉馮也。”

《譯文》第6頁：

> 孔父回答說：“群臣願意侍奉君王的兒子馮啊！”

按：翻譯時補出了“君王”一詞，這個詞在《譯文》中經常使用。春秋時期雖然周室衰微，但是除了南方自稱王的楚國、吴國，在中原地區名義上還是只有一個周王的，作爲春秋霸主的齊桓公，尚且要提倡“尊王攘夷”。至於争相稱王，也是戰國中後期的事情。此句所謂的“君王”是宋穆公，宋國國君由於是商之後裔，封爵較高，爲公爵，然宋君雖位極諸侯國，卻不是王。翻譯諸侯國領袖宜用“國君”，不宜用“君王”。且在此處還要注意對稱和他稱的問題。本句話是“孔父”這位大夫在宋穆公臨終之時對他的保證，君臣之間是面對面的，稱呼也應當是對稱，即“君”。至於“國君”，則是他稱。故而此句可譯爲“群臣願意侍奉君的兒子馮啊！”

4.《左傳·隱公三年》：

> 驕、奢、淫、泆，所自邪也。

《譯文》第7頁：

> 驕傲、無禮、違法、放蕩，這是走上邪路的由來。

按：“淫”譯爲“違法”不妥。孔穎達《正義》：“驕謂恃己陵物，奢謂夸矜僭上，淫謂耆欲過度，泆謂放恣無藝。”① 《説文》：“淫，侵淫隨理也……一曰久雨爲淫。”“淫”的本義是浸淫、浸漬或者持久下雨。此句話後隔三句話處，便有一句話又涉及到“淫”，“且夫賤妨貴，少陵長，遠間親，新間舊，小加大，淫破義，所謂六逆也。”這

① ［唐］孔穎達：《春秋左傳正義》，北京大學出版社1999年整理本，第80頁。

是石碏提出的“六逆”説。“六逆”中的“淫破義”《譯文》翻譯成“淫欲破壞道義”。“驕、奢、淫、泆”和這“六逆”都是由“公子州吁”不端品行而引發的政論，但是“淫”的翻譯卻不同。且將“淫”譯爲“淫欲”，乃增字爲訓，不妥當。楊伯峻《春秋左傳注》在此處也只是引用了孔穎達的《正義》而未作新解。此處參考孔穎達《正義》，應將“淫”統一譯爲“縱欲”。

5.《左傳·莊公三十一年》：

> 三十一年夏六月，齊侯來獻戎捷，非禮也。凡諸侯有四夷之功，則獻于王，王以警于夷，中國則否。諸侯不相遺俘。

《譯文》第61頁：

> 三十一年夏六月，齊侯前來奉獻俘獲的戎人，這是不合於禮的。凡是諸侯討伐四方夷狄有功，奉獻給周天子，周天子用來警誡四方夷狄；在中原作戰就不這樣。諸侯之間不能相互贈送俘虜。

按：(1)“捷”譯爲“俘虜”不妥。《説文》：“捷，獵也。軍獲得也。”“捷”本義爲田獵、戰争所得，可引申爲勝利、成功。杜預對經文“六月，齊侯來獻戎捷”的注：“捷，獲也。”孔穎達《正義》：“捷，勝也。戰勝而有獲，獻其獲，故以捷爲獲也。”[①]《春秋左傳》中多次出現“獻捷”，指戰争勝利後，將獲得的戰利品奉獻給友好同盟的諸侯國或者天子。這個“戰利品”有三種情況，一是只有俘虜，二是只有器物，三是既有俘虜又有器物。《左傳·襄公八年》：“鄭伯獻捷于會，”這次獻捷則是“獲司馬燮，獻于刑丘”[②]。《左傳·僖公二十八年》：“丁未，獻楚俘于王，駟介百乘，徒兵千。”[③]這次獻捷既有俘虜又有器物。《左傳·襄公二十五年》：“鄭子産獻捷于晉。”杜預注：“獻入陳之功，而不獻其俘”。[④] 此處獻捷又是僅有器物而無俘虜。孔穎達《正義》：“此經言獻捷，傳言遺俘，則是獻捷，獻囚俘也。”[⑤] 上文已引過孔説，孔穎達以爲，雖然“捷”的本義是戰利品，但是此處《春秋經》説“獻捷”，《左傳》説這樣的“獻捷”是“非禮”的，並且還補充説“諸侯不相遺俘”，言外之意就是這次齊國來是奉獻上了

① ［唐］孔穎達：《春秋左傳正義》，北京大學出版社1999年整理本，第296頁。
② ［晉］杜預：《春秋經傳集解》，上海古籍出版社1986年點校本，第842頁。
③ ［晉］杜預：《春秋經傳集解》，上海古籍出版社1986年點校本，第375頁。
④ ［晉］杜預：《春秋經傳集解》，上海古籍出版社1986年點校本，第1036頁。
⑤ ［唐］孔穎達：《春秋左傳正義》，北京大學出版社1999年整理本，第296頁。

俘獲的戎人，因此不符合禮儀，本來諸侯之間是不能相互贈與俘虜的。沈先生的翻譯和孔穎達的説法是保持一致的。然而此處卻不能從孔、沈之説。此處雖然已經明確齊國來奉獻了俘虜，但是並没有任何證據證明齊國來僅僅帶了俘虜而没有器物，又考慮到“捷”的三種情況，愚以爲將“捷”譯爲“戰利品”比較穩妥。

(2) 此句將“中國則否”譯爲“在中原作戰就不這樣”不妥。《詩經·小雅·六月序》：“《小雅》盡廢，則四夷交侵，中國微矣。”① 華夏族建國於黄河流域，自以爲居天下之中，所以自稱“中國”。把周圍地區則稱爲夷狄、四方。“中國”的本義應爲華夏族所建之國。後來由於華夏族所建之國多位於中原地區，故而“中國”亦泛指中原地區。“夷夏之辨”在《春秋》中是非常嚴格的，夷狄之國和華夏族各國禮儀規範截然不同。春秋之時，地區已經不是劃分夷夏的依據。齊國本身所處的就不是中原地區，而是原來東夷的位置，但是它仍舊是華夏族。春秋時主要是以血緣和是否實行華夏禮樂制度來劃分夷夏。地理分佈上，華夏與夷狄早已你中有我、我中有你。所以將“中國”譯爲“中原地區”没有意義。這里應當取“中國”之本義，即“華夏各國”。

綜合上述兩點，此句正確翻譯應爲：三十一年夏六月，齊侯前來奉獻對戎作戰的戰利品，這是不合於禮的。凡是諸侯討伐四方夷狄有功，奉獻給周天子，周天子用來警誡四方夷狄；華夏各諸侯國之間就不這樣。諸侯之間不能相互贈送俘虜。

6.《左傳·莊公三十二年》：

> 三十二年春，城小穀，爲管仲也。

《譯文》第61頁：

> 三十二年春，齊國在小穀築城，這是爲管仲而築的。

按：沈先生補築城這一動作的主語“齊國”，然而恰恰是這一補充值得商榷，實際上在小穀築城是齊國和魯國的聯合行爲。《春秋經·莊公三十二年》第一條：“三十有二年春，城小穀。”《春秋》是魯國的國史，只記載和魯國有關的事件以及周王朝、諸侯國赴告的大事。這件事自然不屬於周王、諸侯國國君征戰、去世之類的大事，如果是齊國獨力而爲，則不必赴告。就算齊國真的向魯國赴告了小穀築城這件事，也不能直接記載“城小穀”，最起碼應爲“齊城小穀”。在《春秋》中，如果事件不加主語，那麼主語就是魯國，此爲《春秋》通例。且在《春秋經傳集解》中，杜預對傳文“三十二

① ［清］阮元：《十三經注疏（清嘉慶刊本）》，中華書局2009年影印，第907頁上。

年春，城小穀，爲管仲也”的注爲“公感齊桓之德，故爲管仲城私邑。”[1]“公”就是指魯莊公。《春秋經傳集解》中杜預對經文“三十有二年春，城小穀。”亦有注：“小穀，齊邑，濟北穀城縣城中有管仲井。”小穀是齊國的領地，魯國不可能完全獨立地在他國爲他國大夫營建私邑。《左傳·昭公十一年》：“齊桓公城穀而寘管仲焉。”[2] 杜預注：“城穀在莊三十二年。”[3] 楊伯峻注：“此穀即小穀。”再結合這段時間齊魯兩國外交關係良好的史實，我們可以基本認定，這是齊國和魯國事先商定的一次聯合行動。至於“城小穀”這個事件是魯國爲主還是齊國爲主，兩條材料相互矛盾，不得而知。此句補充的主語，應爲“魯國、齊國”或“齊國、魯國”。《春秋》和《左傳》，凡例很多，這些凡例是春秋筆法的構成部分，釋讀《春秋左傳》，不可不察其例。

7.《左傳·僖公十四年》：

> 十四年春，諸侯城緣陵而遷杞焉。

《譯文》第 86 頁：

> 十四年春，諸侯在緣陵築城而把杞國遷去。

按：此處“緣陵”爲地名，應加專名號，《譯文》只加“緣”字，蓋排印之誤。此類問題在《譯文》中不勝枚舉，僅列一例以代之。

8.《左傳·莊公三十一年》：

> 虢公使祝應、宗區、史嚚享焉。

《譯文》第 61 頁：

> 虢公派遣祝應、宗區、史嚚去祭祀了。

按：在此，祝應、宗區、史嚚都加上了專名號。在《春秋左傳注》及配套的《譯文》中，兩位先生對所有官名加人名的稱謂都加了底綫。而且在翻譯的時候，完全不翻

---

① ［晉］杜預：《春秋經傳集解》，上海古籍出版社 1986 年點校本，第 208 頁。
② 楊伯峻：《春秋左傳注（修訂本）》，中華書局 2009 年第 3 版，第 1328 頁。
③ ［晉］杜預：《春秋經傳集解》，上海古籍出版社 1986 年點校本，第 1343 頁。

譯，只是作爲一個人名加到句子里面，如此欠佳。據《周禮》諸篇可知，祝、宗、史是三個官職名稱，不必加專名號，且當翻譯。“祝應、宗區、史嚚”當譯作“太祝應、宗伯區、太史嚚”。上海古籍出版社點校的《春秋經傳集解》在這個問題上十分注意，所有類似組合中只在後面單字人名處加底綫，前面的官職並不加底綫。例如：“虢公使祝應、宗區、史嚚享焉。”[①] 然而，《春秋經傳集解》附帶的人名索引都是祝應、宗區、史嚚，而並非應、區、嚚。楊伯峻《春秋左傳詞典》亦如此。大概是因爲方便檢索，且中國姓氏自古有“以官爲氏”的説法。雖然如此，“史”終歸是一個職官，其後不僅可以加嚚，還可以與任何名字相配合。在古籍整理中，如何平衡檢索和達義的矛盾，也是一個可以探討的問題。

《左傳》距今年代久遠，部頭又大，又牽涉不少典章禮制、曆法名物，理解起來並非易事。對於研讀《左傳》的學者來説，《春秋左傳注》和《左傳譯文》是不可或缺的參考書籍。雖然筆者在這里勉力找出幾條尚可小改的地方，但是相對《譯文》四十萬字，以及沈玉成先生極短的翻譯時間來説，出問題的比例實在是微乎其微。更何況在翻譯時沈玉成先生又要以《春秋左傳注》爲本，自主施展的空間有限，很多地方的處理亦未必爲其本意。總的來説，沈玉成先生在翻譯的時候重視“信”，兼顧“達”與“雅”的風格是古典翻譯的典範。

附録：《左傳譯文》質疑類論著

1. 張歸璧:《〈左傳譯文〉商兑——兼談古籍今譯的“信”》,《教學與管理》1988 年第 1 期,第 34 - 38 頁。

2. 曾鋼城:《〈左傳譯文〉指瑕》,《懷化師專社會科學學報》1988 年第 1 期,第 71 - 76 頁。

3. 曾鋼城:《〈左傳譯文〉指瑕(續)》,《懷化師專社會科學學報》1989 年第 1 期,第 90 - 94 頁。

4. 賈則複:《對沈玉成〈左傳譯文〉中一些詞句的淺見》,《陝西師大學報(哲學社會科學版)》1993 年第 2 期,115 頁。

5. 陳恩林:《〈左傳譯文〉糾謬七則》,《古籍整理研究學刊》1996 年第 5 期,第 16 - 19 頁。

6. 莊建東:《沈玉成先生〈左傳譯文〉質疑》,《河南新鄉高等專科學校學報》2000 年第 3 期,第 36 - 38 頁。

7. 馬秀琴:《〈左傳譯文〉獻疑》,東北師範大學碩士學位論文,2006 年 5 月。

---

① ［晉］杜預:《春秋經傳集解》，上海古籍出版社 1986 年點校本，第 209 頁。

盧宣旬摘録整理《禮記注疏校勘記》訛誤考辨

南京師範大學　井　超

摘　要　阮元《禮記注疏校勘記》分爲單行本和摘録本兩個系統，版本眾多。摘録本系統是與阮刻《禮記注疏》相配合的，方便查檢，故經常被人使用。然其經過了盧宣旬等人的摘録整理，存在很多問題。文章取中華書局1980年影印本《禮記注疏》所附《校勘記》與不同系統的多種版本對校，發現和探討了盧宣旬等對原校勘記進行轉换時産生的訛誤，指明錯誤原因，提出了修改意見。

關鍵詞　阮元　盧宣旬　禮記注疏校勘記　十三經注疏　禮記

阮元校刻之《十三經注疏》附《校勘記》自刊刻以來，通行兩百年，至今仍無法被替代。阮刻本的優異得益於其較爲精密的校勘，校勘的具體成果則保留在《十三經注疏校勘記》中。阮元《十三經注疏校勘記》先是單獨成書，後又在刊刻《十三經注疏》時，經盧宣旬等人摘録整理，逐條附於每卷之末，因此形成了兩個不同系統的版本，我們稱之爲“單行本系統”和“摘録本系統”。

就版本流傳上看，單行本系統最早的版本爲嘉慶十一年（1806）文選樓刻本。嗣後，又有附段玉裁序文的版本，此本序文落款有“嘉慶戊辰酉月”字樣，故習慣稱其爲嘉慶十三年（1808）文選樓本[①]。後隨用隨改，嘉慶二十一年（1816）十二月，阮元上《恭進十三經注疏校勘記摺子》，稱“連年校改方畢，敬裝十部，進呈御覽”[②]，可見阮元進呈嘉慶皇帝的是在原版基礎上又進行了修訂的版本。此本經過修改，訂正了不少

① 刊成於嘉慶十一年十月的《十三經注疏校勘記》無段玉裁《序》，日本京都大學人文科學研究所藏有一套。（詳參關口順撰，水上雅晴譯注：《〈十三經注疏校勘記〉略説》，《經典與校勘論叢》，北京大學出版社2015年版，第221－235頁）嘉慶十三年文選樓本則有序文。筆者推測，雖爲同版，後者方爲《十三經注疏校勘記》的正式刊印本，前者類似今天的“徵求意見本”。

② 阮元：《揅經室二集》卷八，《續修四庫全書》第1479册，185頁上。

問題，而後印此本者將阮元此摺子也刊印於書首。① 《清經解》重刻《十三經注疏校勘記》，依據的也是嘉慶二十一年的修訂本。隨着《清經解》的不斷刻印，此本成爲單行本中較爲易得且頗具代表性的版本。摘録本系統則隨着阮刻《十三經注疏》的流傳而産生了很多版本，其中嘉慶二十年（1815）江西南昌府學開雕本是初刻本，而中華書局 1980 年影印本則爲目前的通用本，被廣泛徵引。②

摘録本系統是在盧宣旬負責下，集衆人之力完成的。因其附在阮刻《十三經注疏》之後，成爲了我們時常查用的版本。所以，摘録本《校勘記》的質量究竟如何，值得深入探究。

我們選取《經解》本和中華本《禮記注疏校勘記》，對其文字差異進行了全面比勘，發現其中的文字不合之處非常多。根據對這些不合之處的系統研究，我們發現絶大多數不一致處都有其具體的原因，並未出現訛誤。但是，也有很多差異反映出摘録本系統存在一些問題。這些問題投射到中華本上，主要包含三種錯誤：一是因轉换校勘記導致的錯誤；二是因刊校疏失而産生的差異；三是阮刻本流傳過程中所産生的訛誤。這三種錯誤中，盧宣旬等人對原校勘記進行轉换時産生的訛誤，是最爲複雜難辨的一種，需要對校《禮記注疏校勘記》兩個系統的不同版本才能發現和解決。本文即對此問題進行系統説明。

籠統來説，《禮記注疏校勘記》是阮元囑洪震煊所撰③。洪震煊撰校勘記，出校文字④大多依據其底本元刊明修十行本，但也有很多出校文字與底本不同的情況。到了盧

① 據筆者調查，上海圖書館、南京圖書館所藏光緒間蘇州官書坊重刻本《十三經注疏校勘記》首即有阮元的摺子。上引之關口順文稱：“東京大學文學部、東洋文化研究所，以及靜嘉堂文庫所藏各本均是附載《序》和《進表》的，這些版本中的校語基本上與初印本一致，與初印本不同之處幾乎僅在於卷首附加上列二文，以及《總目》末葉刻入的校字者名字從嚴杰改爲阮亨。”關氏未暇對兩個版本的異同進行全面探討，故而對兩個版本間的差異説得極爲委婉。他衹是列舉了幾處不同，未有太多校勘證據，故所得結論頗爲可疑。筆者將蘇州官書坊本與嘉慶十三年文選樓本《禮記注疏校勘記》進行比勘，發現二者文字上的差異，除了改字外，甚至還有抽换删改條目的例子（詳見井超《阮元〈禮記注疏校勘記〉研究》，南京師範大學 2015 年碩士研究生畢業論文，指導教師：王鍔教授）。可見阮元所謂“連年校改方畢”，并非虚言，而《總目》末葉刻入的校字者名字從嚴杰改爲阮亨，也必有一定的道理。

② 本文所引用《禮記注疏校勘記》的版本及簡稱如下：《續修四庫全書》據南京圖書館藏嘉慶十三年文選樓本影印本，簡稱“文選樓本”；上海書店 1988 年影印之《清經解》收録本，簡稱“《經解》本”；中華書局 2009 年影印嘉慶二十年南昌府學開雕本，簡稱“南昌府本”；中華書局 1980 年影印本，簡稱“中華本”。

③ 《禮記注疏校勘記》的作者可以籠統説爲阮元囑洪震煊撰，但實際上其作者情況非常複雜。劉玉才先生《阮元〈十三經注疏校勘記〉成書蠡測》（《國學研究》2015 年第 35 卷，第 1－17 頁）一文，根據《周易注疏校勘記》稿本、謄清本和刻本的文本狀況，揭示了《校勘記》成書的複雜過程，他指出：“筆者根據《周易注疏校勘記》的稿本、謄清本和刻本提供的綜合信息，推測其纂刊流程如下：一、分任者李鋭完成初稿并作自我修訂；二、嚴杰校補調整；三、阮元批校；四、謄清成稿；五、孫同元復核，並有少量增補；六、嚴杰校定（或如方東樹言，與段玉裁同校）；七、刊刻成書（刊本校樣仍有少量增補）。從稿本到刻本，文字内容甚至文本結構都有更動，而這些變化寓含有豐富的學術信息。”這是根據新材料對此問題最前沿的研究成果。本文主要側重於説明洪震煊的初校部分，故對此問題不再展開論述。

④ 阮元的校勘記由兩部分組成：前一部分作大字，摘取被校字詞所在的語句；後一部分作雙行小字，是對校勘結果的表述。爲行文方便，本文稱前一部分爲“出校文字”，稱後一部分爲“校語”。

宣旬摘録整理《禮記注疏校勘記》時，他要遵循阮元提出的對底本“不輕改字”① 的原則，還要盡量使校勘記的出校文字與底本一致。所以《禮記注疏校勘記》所涉底本文字，凡是洪震煊不依底本出校的，就與“不輕改字”的原則產生了矛盾。盧宣旬需要對這種出校文字與底本文字不合的校勘記進行處理。

盧宣旬在摘録《禮記注疏校勘記》時，對出校文字與底本不合的校勘記大致有四種處理方式：一是改底本，不改校勘記；二是不改底本，也不改校勘記；三是改底本，改校勘記；四是不改底本，改校勘記。四種方式中，第一種處理方式不合阮元定下的改字原則，但將底本改爲與出校文字相同的字，就不需要改動原校勘記，直接寫録即可，不會出現錯誤。第二種處理方式較爲簡單，仍是直接寫録原校勘記，也不改底本文字。如此一來，底本文字與出校文字不一致，讀者需要在理解上下一番功夫。第三種處理方式將底本改作别字，同時轉換校勘記，不合乎阮元改字原則，同時徒增工作量，是不可取的，也容易出現問題。第四種處理方式合乎阮元的改字原則，不改變底本的文字，而是將校勘記的出校文字改爲與底本相同，對相應的校語進行轉换。四種處理方式中，後兩類處理方式容易産生轉换錯誤，針對此情況，我們對中華本《禮記注疏校勘記》進行了全面考察，同時對轉换過的校勘記進行了正誤判斷。

盧宣旬在摘録整理《禮記注疏校勘記》時，到底轉换了多少校勘記呢？我們抽取中華本《禮記注疏》前二十卷所附《校勘記》，對其中經盧宣旬轉换過的校勘記進行了統計，總共有九十八條，約佔前二十卷校勘記總數的百分之三。這其中有很多轉换出現問題的情況。經過盧宣旬等人的轉换，這些校勘記前後意義發生變化，影響了校勘記的正常使用，給讀者提供了錯誤信息，是絶對不可取的。我們在對校過程中，找出了這些錯誤的校勘記，對其進行查證核實②，提出了修改意見。舉例如下：

---

① 對於底本改字的問題，阮元在《重刻宋板注疏總目録》後有一段話：“刻書者最患以臆見改古書，今重刻宋板，凡有明知宋板之誤字，亦不使輕改，但加圈於誤字之旁，而别據《校勘記》，擇其説附載於每卷之末，俾後之學者不疑于古籍之不可據，慎之至也。”（阮元校刻：《十三經注疏》附《校勘記》，中華書局 1980 年版，第 2 頁）也就是説，整理者即使明知底本有誤，也不輕易改字，而是在誤字旁加一小圈，把相應的校勘記摘録附在每卷末尾。盧宣旬基本上遵循了這一原則。

② 爲説明是非，我們對石經、岳本、閩本、監本、毛本等也進行了查考，雖然所引用的版本未必是阮元當時校勘所用的版本，但是也能或多或少地説明一些問題。爲了在按語中將我們所用版本與阮元所用版本進行區别，特意使用了區别于校勘記所用之簡稱。引證各書版本及簡稱如下：《景刊唐開成石經》，中華書局 1997 年影印本，簡稱“唐石經”；《禮記》，《中華再造善本》據中國國家圖書館藏宋淳熙四年撫州公使庫刻本影印，簡稱“撫州本”；《禮記》，乾隆間武英殿刻“仿宋相臺五經”本，簡稱“岳氏本”；《禮記注疏》，《中華再造善本》據中國國家圖書館藏宋紹熙三年兩浙東路茶鹽司刻宋元遞修本影印，簡稱“八行本”；《附釋音禮記注疏》，《中華再造善本》據北京市文物局藏元刻明修本影印，簡稱“元十行本”；《禮記注疏》，東京大學東洋文化研究所藏嘉靖中福建刊本，簡稱“李元陽本”；《禮記注疏》，南京圖書館藏明萬曆北京國子監刻本，簡稱“明監本”；《禮記注疏》，哈佛大學漢和圖書館藏明崇禎毛氏汲古閣刻本，簡稱“毛晉本”；衛湜《禮記集説》，廣陵書社 2007 年影印之《通志堂經解》所收本，簡稱“衛湜《集説》”。

一、改底本又改校勘記之例

1. 地有形：惠棟校宋本"地"下有"體"字。此誤脱也，閩、監、毛本同。（卷二十五）①

超按：南昌府本與中華本同。文選樓本、《經解》本此校記作：地體有形：惠棟校宋本如此，閩、監、毛本脱"體"字，此本"地"字脱、"形"誤"君"。② 據單行本校勘記，此本誤作"體有君"。洪震煊將出校文字改爲惠棟校宋本的文字，與底本不合。盧宣旬爲圖簡便，直接將正文改爲同閩、監、毛本一樣的字，再據此轉换校勘記。盧氏所轉校勘記與原校勘記意思不合，也與底本情況不符。若依中華本正文，此校記應改爲：地有形：閩、監、毛本同。此本作"體有君"。惠棟校宋本"地"下有"體"字，是也。③

2. 不敢唾洟：閩、監、毛本"洟"誤作"咦"，石經同，岳本同，嘉靖本同，衛氏《集説》同。《釋文》出"唾涕"云"本又作'洟'"，《通典》六十八亦作"洟"。（卷二十七）④

超按：南昌府本與中華本同。文選樓本、《經解》本此校記爲：不敢唾洟：閩、監、毛本作"洟"，石經同，岳本同，嘉靖本同，衛氏《集説》同。此本"洟"誤"咦"，《釋文》出"唾涕"云"本又作'洟'"，《通典》六十八亦作"洟"。⑤ 元十行本作"不敢唾咦"，李元陽本、明監本、毛晉本、唐石經等皆作"不敢唾洟"，與單行本校勘記所述一致。盧宣旬將此校勘記相應正文改爲"不敢唾洟"，因單行本校勘記中提到了"此本'洟'誤'咦'"，與其所改相齟齬，所以他轉换了校勘記。轉换後的校勘記與原校勘記意思不符，是錯誤的。此校勘記當改從單行本。

3. 相梨曰攢之：閩、監本同，石經同，嘉靖本同，衛氏《集説》同。毛本"梨"作"棃"，岳本同。（卷二十八）⑥

超按：南昌府本與中華本同。文選樓本、《經解》本此校記爲：相梨曰攢之：閩、

---

① 《十三經注疏》附《校勘記》下册，第 1452 頁上欄第 4 行。括號中所注爲中華本《禮記注疏》卷數，下皆同。

② 《清經解》第 5 册，第 710 頁中欄第 13 行。

③ 按：查元十行本，此處作"國有君"，與洪震煊所校元十行本作"體有君"的情況不符。原因大致有二：可能是洪震煊所校十行本與《中華再造善本》影印之十行本有此差異。也可能是洪震煊在寫此條校勘記時，一時疏忽，誤將此本認作"體有君"。具體何種原因不詳，故暫依洪氏校勘記所言。另外，本文對中華本校勘記所做修改，出校文字全部依照中華本校勘記所對應的正文。

④ 《十三經注疏》附《校勘記》下册，第 1465 頁下欄倒第 10 行。

⑤ 《清經解》第 5 册，第 713 頁中欄第 12 行。

⑥ 《十三經注疏》附《校勘記》下册，第 1471 頁下欄倒第 19 行。

監本同，石經同，嘉靖本同，衛氏《集説》同。毛本“棃”作“梨”，岳本同。[①] 查唐石經、李元陽本、明監本等皆作“棃”，毛晉本、岳氏本作“梨”，正與單行本所言合。而元十行本作“柤棃曰攢之”，摘録本相應正文作“柤梨曰攢之”，盧宣旬妄改底本及校勘記，不知何據。此校記應改爲：柤梨曰攢之：岳本、毛本同。此本及閩、監本“梨”作“棃”，石經同，嘉靖本同，衛氏《集説》同。

4．證君有善與爲法式也：閩、監、毛本同。惠棟校宋本“爲”上有“下”字，衛氏《集説》同。（卷五十五）[②]

超按：南昌府本與中華本同。文選樓本、《經解》本此校記作：證君有善與下爲法式也：惠棟校宋本如此，衛氏《集説》同。此本“君”誤“若”“下”字脱，閩、監、毛本同。[③] 元十行本作“證若有善與爲法式也”，李元陽本、明監本、毛晉本同，與單行本校勘記所言合。摘録本相應正文作“證君有善與爲法式也”，盧宣旬改正文并改出校文字及校語。但據其所改，閩、監、毛本作“證君有善與爲法式也”，顯係誤改。此校勘記當改爲：證君有善與爲法式也：此本及閩、監、毛本“君”誤“若”。惠棟校宋本“爲”上有“下”字，衛氏《集説》同，是也。

以上四例，情況較爲複雜，各有不同，但都是既改底本文字，又轉换了校勘記，且於轉换校勘記過程中，出現了錯誤。

二、不改底本改校勘記之例

1．是唯義與道：惠棟校宋本“與”作“爲”，閩、監、毛本同。（卷五十四）[④]

超按：南昌府本與中華本同。文選樓本、《經解》本作：是唯義爲道：惠棟校宋本作“爲”。此本“爲”誤“與”，閩、監、毛本同。[⑤] 元十行本作“是唯義與道”，摘録本相應正文同。單行本校勘記出校文字與底本文字不合。盧氏不改底本文字，將出校文字改作“是唯義與道”，同時轉换了校語。但據盧氏所改，閩、監、毛本是與惠棟校宋本同，顯然與原校勘記之意不合。查李元陽本、明監本、毛晉本，皆作“是唯義與道”。此校記當改爲：是唯義與道：閩、監、毛本同，惠棟校宋本“與”作“爲”。

2．其事則〇煩事煩則致亂也：按閩、監本、衛氏《集説》、此本“事則”下“〇”衍。毛本“事則”下空闕，亦非也。（卷五十五）[⑥]

---

① 《清經解》第5册，第714頁中欄第21行。

② 《十三經注疏》附《校勘記》下册，第1652頁上欄第8行。

③ 《清經解》第5册，第767頁上欄第15行。

④ 《十三經注疏》附《校勘記》下册，第1645頁下欄第2行。

⑤ 《清經解》第5册，第765頁上欄第18行。

⑥ 《十三經注疏》附《校勘記》下册，第1653頁上欄倒第6行。

超按：南昌府本與中華本同。文選樓本、《經解》本此校記作：其事則煩事煩則致亂也：閩、監本如此，衛氏《集説》同。此本"事則"下衍"〇"，毛本"事則"下有空闕，並非也。[①] 元十行本"事則"下有"〇"，摘録本相應正文與之同。因單行本校勘記出校文字與底本不同，盧氏對其進行了轉换。依其所改，閩本、監本、衛氏《集説》皆有"〇"，但查李元陽本、明監本、衛湜《集説》等，皆無"〇"。此校記應改爲：其事則〇煩事煩則致亂也：閩、監本無"〇"，衛氏《集説》同。此本"事則"下"〇"衍，毛本"事則"下有空闕，並非也。

3. 此一節廣明事君之道：閩、監、毛本同。惠棟校宋本"廣"下有"明"字，衛氏《集説》同。(卷五十四)[②]

超按：南昌府本與中華本同。文選樓本、《經解》本此校記作：此一節廣明事君之道：惠棟校宋本有"明"字，衛氏《集説》同。此本"明"字脱，閩、監、毛本同。[③] 元十行本作"此一節廣事君之道"，摘録本相應正文與之同。經查，李元陽本、明監本、毛晉本作"此一節廣事君之道"，正與元十行本同。顯然是盧氏忘記了改出校文字。此校記當改爲：此一節廣事君之道：閩、監、毛本同。惠棟校宋本"廣"下有"明"字，衛氏《集説》同。

4. 故知二人容尸與侑侑也：惠棟校宋本、衛氏《集説》同。此本"侑"字誤重，閩、監、毛本同。(卷四十七)[④]

超按：南昌府本與中華本同。文選樓本、《經解》本校語與中華本同，出校文字作"故知二人容尸與侑也"。元十行本作"故知二人容尸與侑侑也"，摘録本相應正文與之同。盧氏既依底本改出校文字，也應當對校語進行相應的轉换。但盧氏未轉换，致使校勘記出現訛誤。此校記當改爲：故知二人容尸與侑侑也：閩、監、毛本同。惠棟校宋本無重"侑"字，衛氏《集説》同，是也。

5. 入門而金作示情也：惠棟校宋本如此。此本"者"字脱，閩、監本同。毛本"者"字有，"也"字脱。(卷五十)[⑤]

超按：南昌府本與中華本同。文選樓本、《經解》本校語與中華本同，出校文字作"入門而金作示情也者"。元十行本作"入門而金作示情也"，摘録本相應正文與之同。盧氏既依底本改出校文字，也應當對此校語進行相應的轉换。但盧氏未轉换，致使校勘記出現訛誤。此校記當改爲：入門而金作示情也：惠棟校宋本"也"下有"者"字。

① 《清經解》第 5 册，第 768 頁中欄第 15 行。

② 《十三經注疏》附《校勘記》下册，第 1646 頁中欄倒第 6 行。

③ 《清經解》第 5 册，第 766 頁上欄第 20 行。

④ 《十三經注疏》附《校勘記》下册，第 1596 頁下欄第 13 行。

⑤ 《十三經注疏》附《校勘記》下册，第 1616 頁中欄第 8 行。

此本“者”字脱，閩、監本同。毛本“者”字有，“也”字脱。

6. 即安謂夫人寢也：惠棟校宋本有“就”字，衛氏《集説》同。此本“就”字脱，閩、監、毛本同。（卷四十四）①

超按：南昌府本與中華本同。文選樓本、《經解》本校語與中華本同，出校文字作“即安謂就夫人寢也”。盧氏依底本改出校文字爲“即安謂夫人寢也”，則此校記之“有‘就’字”所指不明，當改爲“‘謂’下有‘就’字”。

7. 同並不得以杖即位也：惠棟校宋本有“故”字，《續通解》同。此本“故”字脱，閩、監、毛本同。（卷四十四）②

超按：南昌府本與中華本同。文選樓本、《經解》本校語與中華本同，出校文字作“同故並不得以杖即位也”。盧氏依底本改出校文字爲“同並不得以杖即位也”，則此校記之“有‘故’字”所指不明，當改爲“‘同’下有‘故’字”。

8. 言述行上帝德：惠棟校宋本有“之”字，宋監本、岳本、嘉靖本、衛氏《集説》同。此本“之”字脱，閩、監、毛本同。（卷五十四）③

超按：南昌府本與中華本同。文選樓本、《經解》本校語與中華本同，出校文字作“言述行上帝之德”。盧氏依底本改出校文字爲“言述行上帝德”，則此校記之“有‘之’字”所指不明，當改爲“‘帝’下有‘之’字”。

以上八例，第一、二兩例，盧氏將出校文字改爲底本文字，同時轉换了校語，但將校語轉錯。第三例，轉换了校語，但忘記了改出校文字，導致校勘記出錯。第四至八例，皆將出校文字改爲底本文字，但未轉换校語，由此産生了差錯。

綜合來看，上面所舉證的十二條校勘記，係盧宣旬對原校勘記轉换時産生的訛誤，如果不是對校其他版本，很難發現。而在阮元的《十三經注疏校勘記》中，其他各經也存在這種情況。特别是單行本《尚書注疏校勘記》《儀禮注疏校勘記》，其出校文字所依據的都是毛本，與刊刻所依據的底本並不相同，這種因轉换所致錯誤的數量可想而知，這不能不引起我們的關注和重視。④

① 《十三經注疏》附《校勘記》下册，第1577頁下欄第5行。

② 《十三經注疏》附《校勘記》下册，第1578頁中欄倒第12行。

③ 《十三經注疏》附《校勘記》下册，第1646頁上欄第7行。

④ 杜澤遜先生《阮元刻〈尚書注疏〉校勘記“岳本”辨正》（發表於《文獻》2014年第2期，後收入《微湖山堂叢稿》，上海古籍出版社2014年版，第38－47頁）一文，根據“岳本”爲單注本，衹有經文、注文及簡單的音切，不應出現在疏文校記這條線索，辨正了南昌府學刻《尚書注疏》的三十八條校勘記中的“岳本”當爲“毛本”之誤。而這些錯誤，正是由於盧宣旬在轉换底本時的疏失所致。本文深受杜先生大作的啓發，竊仿其例而成。摘録本《十三經注疏校勘記》中這類問題需要系統梳理，我們現在所發現的問題，衹是冰山一角。

“以讖解經”的學術風潮與王逸的《楚辭》闡釋*

西華師範大學 羅建新

摘 要 在東漢思想文化領域中，讖緯佔據了主導性地位，而出於維繫儒術獨尊地位之慮，儒生經師多藉讖緯來訓詁文辭，闡説經意，試圖利用讖緯的神聖性來論證儒經之權威性，這就使得此期經學研究呈現出“以讖解經”之特徵。受此種學術風潮影響，王逸在通過強調《離騷》“依經立義”、尊其爲“經”等方式回應班固等人之批評的同時，還採取“以讖解經”之方式來闡釋《楚辭》：或直接引用讖緯文獻以詮釋字詞、疏通大意，或依讖緯“陰陽五行”與“天人感應”諸説來闡發主旨，使得《楚辭章句》中展現出濃郁的讖緯色彩。王逸所建構的此種依託讖緯觀念、以君臣關係爲核心的《楚辭》闡釋模式，既與當時權力階層所期望傳播的政治觀念相契合，又易於被具有讖緯話語體系之集體共識的士人所認可，而這對其書之保存與流傳而言，無疑具有重要意義。

關鍵詞 以讖解經 《楚辭章句》 以緯注騷 意義

在東漢思想文化領域中，有“内學”“秘經”“靈篇”等稱謂的讖緯已成爲顯學：光武、明、章、和、安、順諸帝，莫不信讖，至有“案七經讖”以祀宗廟、定辟雍、議封禪、黜官吏、選賢良、赦天下者；沛、楚、濟南、東平、阜陵諸王，多爲“章句内學”，其中有受詔而“以讖記正五經雜説”者；儒生文士則“争學圖緯”，以通緯爲榮。受此影響，諸多經師於箋注詮釋經籍時，多參稽讖緯，以至於在學界形成一種“以讖解經”之風潮，並因此而生成大量關涉儒家五經的讖緯論述。

一、“言五經者皆憑讖爲説”之風潮的盛行

因統治者崇信讖緯，故在東漢之際，“五經之義，皆以讖決”，無論是治古文經者，還是習今文經者，多藉讖緯來詁訓字詞，解説經旨，闡揚儒術，“於是五經爲外學，七

* 基金項目：2014 年度國家社會科學基金青年項目“歷代《楚辭》圖像文獻研究”。(14CZW039)

緯爲内學，遂成一代風氣”。[①]

東漢今文經師多習讖緯，如彭城姜肱“博通五經，兼明星緯”，陳留申屠蟠“博貫五經，兼治圖緯”，廣漢景鸞“理《齊詩》、施氏《易》，兼受河洛圖緯”，會稽韓説“博通五經，尤善圖緯”，南陽樊英“習《京氏易》，兼明五經，善風角、星算，河洛七緯”，汝南廖扶“專精經典，尤明天文、讖緯”，北海公沙穆長“習《韓詩》《公羊春秋》，尤鋭思河洛推步之術”，等等。可以説，讖緯已成爲他們所必備的知識構成，而在統治集團確立今文經學與讖緯相結合之闡釋標準後，其以讖緯解經亦是自然之事了：景鸞“作《易説》及《詩解》”[②]，文句兼取《河》《洛》；何休解詁《春秋公羊》，直接徵引《乾鑿度》《考靈曜》《含文嘉》《稽耀嘉》《元命苞》《文耀鉤》《保乾圖》《感精符》《運鬥樞》《鉤命決》《援神契》諸篇之文辭近四十餘處；郗萌撰《春秋災異》，其中多“集圖緯、讖、雜佔”[③] 之類文辭；其他援引讖緯以解孟氏《易》、梁丘《易》、京氏《易》、三家《詩》、歐陽氏《書》、大小夏侯《書》、大小戴《禮》諸作則廣泛見於相關經籍者[④]，可以説，東漢“今學經師幾乎無勿言圖讖者”[⑤]。

與今文經師篤信讖緯所不同的是，東漢初之古文經師對讖緯態度冷淡，桓譚、鄭興、尹敏諸人因反讖緯而仕途失意，甚至遭殺身之禍。而在光武帝宣佈圖讖於天下後，古文經師爲求得生存與發展之空間，遂改變態度，轉而選擇借助讖緯來解説經義，以期獲得官方支持。如在設經學博士問題上，陳元、范升等“多引圖讖”[⑥] 以説光武帝，使《左氏春秋》得以立學官，儘管其旋即被廢，然此種援引圖讖以解《左氏春秋》之做法能獲得官方認可的觀念，無疑已爲諸多古文經師所知悉，而這就爲其從事以讖緯解古文經之工作提供了重要啓迪。迨至建初四年，章帝於白虎觀講議五經同異，原本反對讖緯的賈逵卻上疏言《左氏》與圖讖多有相合處，使得皇帝由此更重古文經，令賈逵“發《左氏傳》大義長於《公羊》《穀梁》二傳者三十七事”，並“自選《公羊》嚴、顏諸生高才者二十人，教以《左氏》”[⑦]，這些儒生後多被選爲千乘王國郎，“朝夕受業黄門署，學者皆欣欣羡慕焉”，在此種政治利益之指引下，以讖緯解經自爲古文經師所樂於從事了。

東漢經學領域中所存在的此種“以緯解經”之風習在兼通今、古文經的鄭玄那裏體現得尤爲明顯：康成“睹秘書緯術之奥”，曾爲《洛書》《易緯》《書緯》《詩緯》

---

① 皮錫瑞. 經學通論［M］. 北京：中華書局，1954：109.
② 范曄. 後漢書［M］. 北京：中華書局，1965：2572.
③ 魏徵等. 隋書［M］. 北京：中華書局，1973：941.
④ 鄭傑文. 齊派今文經學與讖緯關係的初步考察［J］. 齊魯學刊，2003（5）：17－20.
⑤ 錢穆. 兩漢經學今古文平議［M］. 北京：商務印書館，2001：247.
⑥ 范曄. 後漢書［M］. 北京：中華書局，1965：2582.
⑦ 范曄. 後漢書［M］. 北京：中華書局，1965：1239.

《禮緯》《禮記默房》《樂緯》《春秋緯》《孝經緯》《尚書中侯》諸書作注；而且，在箋注群經之際，其或直接徵引讖緯原文，或暗用讖緯語詞典故，或以讖緯之“祥瑞災異”理論來詮釋經旨，試圖以經證緯，以緯證經，借助于經緯互證來調和今古文之争。由於康成在遍注群經之際，於讖緯有廣泛涉獵，以至於陳振孫發出“大儒如鄭康成，專以讖言經”[①] 之感慨。

由此看來，在東漢經學領域中，今、古文經師皆廣泛援引讖緯理論及相關古史、傳説、天文、地理、禮儀制度等方面之論述來詮釋儒家經典，宣揚各家觀點，從而在整個學術文化領域中形成了“以緯注經”之特徵。

這種情況的出現，除卻與文化背景、政治局勢、今古文經論衡諸因素有關外，對經學地位的維護與鞏固亦是一個重要原因。自武帝“罷黜百家，獨尊儒術”後，經學逐漸成爲整個社會中的主流意識形態，與之相應，經師儒生在政治、文化、學術上皆具有較高地位。而在東漢之際，由於受到統治者的重視與大力提倡，讖緯的地位有了極大提高，甚至淩駕於儒經之上。出於適應現實需求、維護經學地位之需要，經師們便援引讖緯來解説經義，試圖借助於讖緯之神聖性來進一步論證儒經的權威性，從而爲經學地位的穩固提供重要依據。與之相應，在東漢的經學著述中，無論是古文經學，還是今文經學，大都表現出與讖緯相結合之特徵。

二、《離騷》稱“經”與“以讖解騷”

有漢一代，作爲官方正統思想的儒家思想，對時人之心理結構與認知標準産生重要影響，“尊經”“言必稱經”幾乎成爲學人所普遍尊奉的思維模式與價值取向。而在東漢關於屈原問題的論争中，這種“宗經”思想更是與雙方的評判標準密切結合的。

對於屈原及其作品，淮南王劉安“以爲《國風》好色而不淫，《小雅》怨誹而不亂。若《離騷》者，可謂兼之。蟬蛻於濁穢之中，浮游於塵埃之外，皭然泥而不滓，推此志，雖與日月争光可也”[②]，亦即《離騷》比肩於“經”，屈原並駕聖賢，給予極高評價。然而，班固卻有反面意見，其在《離騷序》中指責屈原“露才揚己，競乎危國群小之間，以離讒賊。然責數懷王，怨惡椒、蘭，愁神苦思，強非其人，忿懟不容，沉江而死，亦貶絜狂狷景行之士”，思想行爲不合儒家規範，且《離騷》亦“多稱昆侖，冥婚宓妃虚無之語，皆非法度之政，經義所載”[③]，完全與“經義”相悖。可見，無論是劉安的推許，還是班固的評判，其評判屈原與《楚辭》的重要標準皆爲是否合于

① 陳振孫. 直齋書録解題［M］. 上海：上海古籍出版社，1987：80.

② 洪興祖. 楚辭補注［M］. 北京：中華書局，1983：52.

③ 洪興祖. 楚辭補注［M］. 北京：中華書局，1983：51.

經學。

面對此種狀況，王逸在章句《楚辭》時，於序中明確指出：“且人臣之義，以忠正爲高，以伏節爲賢。故有危言以存國，殺身以成仁。……今若屈原，膺忠貞之質，體清潔之性，直若砥矢，言若丹青，進不隱其謀，退不顧其命，此誠絶世之行，俊彥之英也。而班固……虧其高明而損其清潔者也。昔伯夷、叔齊讓國守分，不食周粟，遂餓而死，豈可復謂有求於世而怨望哉！且詩人怨主刺上，曰：‘嗚呼！小子，未知臧否，匪面命之，言提其耳！’諷諫之語，於斯爲切。然仲尼論之，以爲大雅。引此比彼，屈原之詞，優遊婉順，寧以其君不智之故，欲提攜其耳乎！”[①] 極力褒揚屈原在作品中表現出的形象，認爲它體現“忠貞之質”與“清潔之性”，符合儒家人臣“忠正”的評判標準，大力張揚、充分顯露自無不可；同時，以“伏節”“殺身以成仁”之標準，援引伯夷、叔齊不食周粟餓死首陽山之例，爲屈原自沉做辯護；繼而，以《毛序》爲據，對屈原“責數懷王，怨惡椒、蘭”問題提出非議；最後，借助於儒家經典，對《離騷》進行“依託五經以立義”的考索：“‘帝高陽之苗裔’，則‘厥初生民，時惟姜嫄’也；‘紉秋蘭以爲佩’，則‘將翱將翔，佩玉瓊琚’也；‘夕攬洲之宿莽’，則《易》‘潛龍勿用’也；‘駟玉虬而乘鷖’，則‘時乘六龍以禦天’也；‘就重華而陳詞’，則《尚書》咎繇之謀謨也；‘登昆侖而涉流沙’，則《禹貢》之敷土也。”[②] 旨在通過將《離騷》文辭與儒經進行比附，以證明其確係“法度之政，經義所載”，具有與“經”相等同之地位。

通過此番基於經學標準之評判後，王逸更是直接將《離騷》名之曰“經”，撰制《離騷經章句》，其此種做法除卻是爲匹配“章句”這種注經專用的闡釋體例外，更多地是爲提升《楚辭》之地位而採取的。亦即，通過直接尊奉《離騷》爲“經”，來迎合那種“尊經”“宗經”的價值判斷，以消解諸如班固之類的批評觀點的理論基礎，從而使得屈原與《楚辭》能夠在經學主導的思想文化體系中存在下去。對此，姜亮夫先生曾有“蓋王逸欲以《離騷》當‘經’……此漢世經生結習，欲以尊其所好”[③] 之説，堪爲的論。

儘管已稱《離騷》爲“經”，使其能進入儒家價值評判體系，以避免學者的經學批評。然而，安帝、順帝時，讖緯日隆，朝廷“皆爲章句内學”，以讖緯解經成爲學術潮流，章句之學多呈現出讖緯化趨勢[④]，生活於此期且進入朝廷任校書郎之王逸，自然會受到此種風潮的影響，而援引讖緯以注騷，借助于讖緯的崇高性與神聖性來進一步提升

① 黄靈庚．楚辭章句疏證［M］．北京：中華書局，2007：560－562.

② 黄靈庚．楚辭章句疏證［M］．北京：中華書局，2007：563－564.

③ 姜亮夫．重訂屈原賦校注［M］．天津：天津古籍出版社，1987：1.

④ 楊權．論兩漢章句之學的讖緯化［J］．現代哲學，2002（4）：72－76.

《楚辭》之地位，則既能迎合學術風潮，又能進一步宣揚《楚辭》所具有的“經”之特徵，自然會被其所採用。故而，儘管叔師之《楚辭章句》“多傳先儒之訓詁”，然細讀文本，實不難從中探尋出讖緯之印迹。

三、王逸《楚辭章句》中的讖緯敘述

在章句《楚辭》的過程中，王逸既直接引用讖緯文獻以詮釋字詞、疏通大意，又依讖緯之“陰陽五行”與“天人感應”諸觀念來闡發主旨，使得《楚辭章句》中展現出濃郁的讖緯色彩。

（一）徑取讖緯文獻以注騷

在《楚辭章句》中，涉及對讖緯文獻之直接運用者有三處：

其一，《九懷·株昭》“神章靈篇兮”句，注曰：“河圖、洛書，緯讖文也。”實際上，“河圖”“洛書”之藴涵有一變化發展歷程：其初始含義是對《周易》卦形來源及《尚書·洪範》“九疇”創作過程之交代；繼而，復具指稱帝王受命祥瑞之意義；至以其爲“緯讖文”者，乃漢世學者之認識也，如桓譚《新論·啓寤》：“讖出《河圖》《洛書》，但有朕兆而不可知。”《後漢書·張衡傳》：“圖讖成于哀、平之際也。且《河洛》《六藝》，篇録已定，後人皮傅，無所容篡。”① 則其時學者多以《河圖》《洛書》爲相關讖緯文獻合編之名也。顯然，王逸此處對《河圖》《洛書》的解釋，當是取用讖緯之説。

其二，《離騷》“邅吾道夫昆侖兮”句，注曰：“《河圖·括地象》言：‘昆侖在西北，其高萬一千里，上有瓊玉之樹也。’”又，《天問》“何所不死”句，注曰：“《括地象》曰：‘有不死之國。’”清黃奭《漢學堂經解·河圖括地象》：“鄭氏注曰：‘廣被不遺謂之括，象猶貌也。審諸地勢，措諸《河圖》。’宋均曰：‘《括地象》者，窮地儀也。’”② 可知《河圖·括地象》乃載記天下地理情況之書，漢時又簡稱《括地象》，如《後漢書·公孫述傳》：“《括地象》曰：‘帝軒轅受命，公孫氏握。’”李賢注：“《録運法》《括地象》並《河圖》名也。”③《離騷》所言之昆侖，《山海經》《尚書》《莊子》等已有涉及，然其論述之集中性、豐富性及對昆侖重要性之強調卻多不及緯書。在《河圖》中，昆侖爲“地之中”，“縱廣萬里，高萬一千里，神物之所生，聖人、仙人之所集也。出五色云氣，五色流水，其泉東南流入中國，名曰河也。其山中應於天，最居

---

① 范曄. 後漢書［M］. 北京：中華書局，1965：1912.

② 黃奭. 漢學堂經解［M］. 揚州：廣陵書社，2004：1362.

③ 范曄. 後漢書［M］. 北京：中華書局，1965：538.

中，八十城佈繞之”①，地位尤其重要。因昆侖是屈子祖先高陽氏之發祥地②，在其心目中有崇高地位，故王逸取用緯書材料箋注屈辭，更能將屈原對祖先的景仰之情暗示出來。

其三，《九嘆·逢紛》“紫貝闕而玉堂”句，注曰：“《援神契》曰‘江水出大貝’也。”此所引《援神契》屬《孝經緯》之篇目。《爾雅·釋魚》：“貝，大者魧，小者鰿。余泉，白黄文。”郭璞注：“今細貝亦有紫色者，出日南。今之紫貝，以紫爲質，黑爲文點。”③ 紫貝本爲自然物，無特殊含義；蓋因其少見，故被珍視，以至在緯文中被賦予祥瑞之意義，成爲上天認可、表彰人間君主的佐證，如《禮緯·鬥威儀》：“君乘金而王，其政蕩平，則海出大貝。”④ 叔師於此蓋是用讖緯所賦予之大貝的祥瑞意義來闡釋劉向因追念屈子忠信之節而“騁詞以耀德”之意旨。

（二）利用讖緯思想以解騷

儘管讖緯之思想蘊涵甚爲豐富，然概括論之，“陰陽五行”“天人感應”實乃其核心之所在，而這兩方面的內容，在王逸《楚辭章句》中皆有鮮明體現。

1. 以“陰陽五行”觀念解騷

讖緯之陰陽五行爲統攝宇宙萬物之核心：萬物無法游離於陰陽五行之外而存在，其變化亦可由陰陽五行來加以解釋。在章句《楚辭》時，王逸基於此而做出如下闡釋：

其一，將陰陽與四時結合，以陽氣（純陽、少陽）與陰氣（盛陰、太陰）之運轉來解釋節侯更替與萬物消息的具體情形。如《大招》之“青春受謝，白日昭只”，注：“歲始春，青帝用事，盛陰已去，少陽受之，則日色黄白，昭然光明，草木之類，皆含氣，芽蘗而生。”《懷沙》之“冥淩浹行，魂無逃只”，注：“歲始春，陽氣上升，陰氣下降，玄冥之神，遍行淩馳於天地之閑，收其陰氣，閉而藏之，故魂不可以逃，將隨太陰下而沉没也。”《懷沙》之“滔滔孟夏兮，草木莽莽”，注：“孟夏四月，純陽用事，煦成萬物。”《九思·哀歲》之“旻天兮清涼，玄氣兮高朗”，注：“秋冬陽氣升，故高朗也。”《離騷》之“朝發軔于天津兮，夕餘至乎西極”，注：“言己朝發天之東津，萬物所生，夕至地之西極，萬物所成，動順陰陽之道，且亟疾也。”將陰陽四分以與四時相配，讖緯多所涉獵，如《易緯·乾鑿度》：“天地有春秋冬夏之節，故生四時。四時各有陰陽剛柔之分，故生八卦。八卦成列，天地之道立，雷風水火山澤之象定矣。……八卦之氣終，則四正四維之分明，生長收藏之道備，陰陽之體定，神明之德通，而萬物

① 董治安等．兩漢全書［C］．濟南：山東大學出版社，2009：19664．

② 張崇禎．昆侖文化與楚辭［J］．蘭州大學學報，2003（1）：11－16．

③ 阮元等．十三經注疏［C］．北京：中華書局，1980：2641．

④ 趙在翰．七緯［M］．北京：中華書局，2012：311．

各以其類成矣。"[①] 而在王逸注中，"始春"之時，"盛陰"（相當於"太陰"）已去，"少陽受之"，陰陽二氣之運行狀況爲"陽氣上升，陰氣下降"；迨至"孟夏"，則"純陽用事"；于秋冬之際，陽氣減退、陰氣增長[②]。亦即，陰陽變化乃是四季運轉與自然物變化之動力，亦是社會、人生諸種現象發生發展的依據，而這與讖緯陰陽四時之論一致。可見，叔師於此當有對讖緯之借鑒。

其二，將五方納入到陰陽五行系統，且據緯書標明與方位相配的五行、干支和神帝名稱等資訊。如《離騷》之"朝濯發于湯穀兮"，注："湯谷在東方少陽之位。"《遠遊》之"吾將過乎句芒，歷太皓以右轉兮"，注："東方甲乙，其帝太皓，其神句芒。"《九章·惜誦》之"令五帝以𥏡中兮"，注："五帝，謂五方神也。東方爲太皞，南方爲炎帝，西方爲少昊，北方爲顓頊，中央爲黄帝。"《大招》之"魂乎無西"，注："西方金行。"在讖緯觀念中，五方被納入陰陽五行的理論體系中與八卦、干支等相結合，"夫萬物始出於震，震，東方之卦也，陽氣始生，受形之道也，故東方爲仁。成於離，離，南方之卦也，陽得正于上，陰得正於下，尊卑之象定，禮之序也，故南方爲禮。入於兑，西方之卦也，陰用事，而萬物得其宜，義之理也，故西方爲義。漸於坎，北方之卦也，陰氣形，盛陰陽氣含，信之類也，故北方爲信。夫四方之義，皆統於中央，故乾、坤、艮、巽，位在四維，中央所以繩四方行也，故中央爲智"[③]，從而構成解釋萬物運行特徵的理論框架。而在叔師注中，東方屬少陽之位，與干支之甲乙相配，其帝太皓，其神句芒；西方與五行之金、干支之庚辛配，其帝少皓，其神蓐收，此種論述與緯書一致，亦爲王逸以緯解騷之表徵。

其三，以陰陽及具有陰陽屬性之自然物來比附人類社會中的君臣、夫婦諸關係。如《離騷》之"眾女嫉余之蛾眉兮"，注："女，陰也，無專擅之義，猶君動而臣隨也，故以喻臣。"《涉江》之"陰陽易位"，注："陰，臣也。陽，君也。"《九辯》之"願皓日之顯行兮，云濛濛而蔽之"，注："日以喻君。"《離騷》之"前望舒使先驅兮，後飛廉使奔屬"，注："月體光明，以喻臣清白也。飛廉，風伯也。風爲號令，以喻君命。"緯書多以陰陽論人倫，將自然與人事結合起來，以爲世間角色皆可在自然中找到象徵物，如《春秋緯·感精符》："三綱之義，日爲君，月爲臣。"[④]《易緯·稽覽圖》："霧之比，陰亂陽。"鄭玄注："臣亂其君政事。"[⑤] 當讖緯風行之際，此類比附論述普遍存在于時人之話語體系中，而王逸在章句《楚辭》時亦會受到影響，其認可以人事比附飄風、

① 趙在翰．七緯［M］．北京：中華書局，2012：32.
② 趙在翰．七緯［M］．北京：中華書局，2012：33.
③ 趙在翰．七緯［M］．北京：中華書局，2012：528.
④ 趙在翰．七緯［M］．北京：中華書局，2012：70.
⑤ 趙在翰．七緯［M］．北京：中華書局，2012：402.

云霓等自然現象的闡釋方式，並屢屢“引類譬喻”，建構起“善鳥香草以配忠貞，惡禽臭物以比讒佞”的《楚辭》意象闡釋體系，爲後人提供了再闡釋之綱領，其中讖緯之功當不可没。

2. 以“天人感應”觀念解騷

在讖緯思想體系中，天、人間存在着交感關係：天以某種神秘力量對人加以制約，而人亦可憑精神、行爲等使天産生相應的反應，而此種反應又多以天象或自然物發生變異作爲標誌。這种觀念在《楚辭章句》中亦有體現。就王逸注文而言，其傳遞出如下觀念：

其一，天據萬民德行而確定授以王命的人選，並置以爲君；同時，又通過災異與瑞應等手段監控其行爲，善者佑之，惡者罰之。如《離騷》之“覽民德焉錯輔”，注：“皇天神明，無所私阿。觀萬民之中有道德者，因置以爲君，使賢能輔佐，以成其志。”《天問》之“天命反側，何罰何佑?”注：“言天道神明，降與人之命，反側無常，善者佑之，惡者罰之。”《涉江》之“鸞鳥鳳皇”，注：“鸞、鳳，俊鳥也。有聖君則來，無德則去。”合而論之，叔師是以爲君王由上天所置，亦即皇權乃是天命所授，而上天又對人世行使評判權，對有德者乃通過出現鸞、鳳等祥瑞以示嘉獎；對於失德者乃予以懲罰，甚至剥奪其王位而另授有德者，而這與《春秋緯·演孔圖》“天子皆五帝精寶，各有題敘，以次運相據起，必有神靈符紀，使開階立遂”①，《易緯·乾鑿度》“王者之法天地，施政教，而天下被陽德，蒙王化”②，《春秋緯·感精符》“王者上感皇天，則景星見”“鸞鳳至”“王者德澤旁流四表，則白雉見”③，諸論述顯然是一致的。

其二，人君應敬畏天命，其行爲之順應天道與否會通過自然現象之變化而展示出來，並最終影響着其結局。如《離騷》之“周論道而莫差”，注：“殷湯、夏禹、周之文王，受命之君，皆畏天敬賢，論議道德，無有過差，故能獲夫神人之助，子孫蒙其福佑也。”“夫唯捷徑以窘步”句，注：“桀、紂愚惑，違背天道，施行惶遽，衣不及帶，欲涉邪徑，急疾爲治，故身觸陷阱，至於滅亡，以法戒君也。”《九辯》之“收恢臺之孟夏兮”，注：“夫天制四時，春生夏長，人君則之，以養萬物；秋殺冬藏，亦順其宜，而行刑罰。故君賢臣忠，政合大中，則品庶安寧，萬物豐茂。上暗下僞，用法殘虐，則貞良被害，草木枯落。”依緯書之説，人君應尊奉天道，並據四時五行之運轉特徵而採取相應的統治措施，以求天人相符，如《尚書緯·考靈曜》：“春發令於外，行仁政，從天常，其時衣青。夏可以毁金銷銅，使備火，敬天之明，其時衣赤。中央土，舉有道

① 趙在翰. 七緯［M］. 北京：中華書局，2012：378.
② 趙在翰. 七緯［M］. 北京：中華書局，2012：36.
③ 趙在翰. 七緯［M］. 北京：中華書局，2012：521.

之人，與之慮國，可以殺罪，不可起土功，犯地之常，其時衣黃。秋無毀金銅，犯陰之剛，用其時持兵，宜殺猛獸，其時衣白。冬無使物不藏，毋害水道，與氣相保，其時衣黑。”① 人君德行優劣與政治措施合理與否能與自然發生感應，並通過具體節侯、氣象之變化而體現出來，如《尚書緯·考靈曜》：“故政失於春，歲星滿偃，不居其常；政失于夏，熒惑逆行；政失于季夏，填星失度；政失于秋，太白失行，出入不當；政失於冬，辰星不效鄉；五政俱失，五星不明，年穀不登。春政不失，五穀孳，夏政不失，甘雨時，季夏政不失，地無災，秋政不失，人民昌，冬政不失，少疾喪，五政不失，百穀稚熟，日月光明。”② 王逸在章句《楚辭》時，屢次強調王者應對天命保持畏慎與戒懼，在政治活動中亦應據天地自然之運行特徵而採取相應措施，且政治行爲之合理與否也會招致氣象的變化，這些闡釋在理念上當與讖緯有關。

四、王逸“以緯注騷”的意義

“昔漢武愛《騷》，而淮南作《傳》”，受此種風習之影響，有漢一代，諸多學者皆爲《楚辭》做過注釋，相關成果甚繁多，如王逸《離騷經後敘》曰：“淮南王安作《離騷經章句》，則大義粲然……至劉向，典校經書，分爲十六卷。孝章即位，深弘道藝，而班固、賈逵復以所見改易前疑，各作《離騷經章句》，其餘十五卷闕而不説。”在劉向、班固、賈逵等人所作注解皆已亡佚的情況下，何以王逸之章句能獨存？在淮南王劉安奉武帝之命而作的《離騷經章句》也無法保存下來的今日，何以仍可見到多種版本的《楚辭章句》？這不由得讓人揣測，王逸《楚辭章句》中應是掌握了若干漢代政治、學術中的關鍵話語，因而能獲得廣泛認同並得以保存下來。在一定程度上，這種話語當和讖緯有關。

從鄒衍到董仲舒，漢人以集體創作建構出一個以陰陽五行之象比附人間種種事物與關係的宇宙框架，在經由讖緯“以指象爲言語”③ 之言説模式的強化後，諸多常見自然現象與其背後特定人事喻意之關聯已經成爲人所共知的固定化模式，如日爲君，則日食表示國君爲奸佞欺蒙；地爲臣，則地震表示臣子有篡奪皇權之意；風雹雨雪乃是冤屈鬱結之故，當普施恩澤以化解之；珍禽奇獸、靈草寶鼎乃爲祥瑞，爲上天之獎賞，等等，而這種理解模式作爲一種集體共識普遍存在于漢人的生活與思考習慣中。王逸則利用這種集體共識，將人們所普遍接受的讖緯喻意體系引入《楚辭》闡釋，建構起依託於陰陽、祥瑞災異等觀念的、以君臣關係爲核心的理解模式，這既與當時權力階層所期望傳

---

① 趙在翰．七緯［M］．北京：中華書局，2012：208.
② 趙在翰．七緯［M］．北京：中華書局，2012：203.
③ 班固．漢書［M］．北京：中華書局，1962：1476.

播的政治觀念相契合，又易於被在讖緯佔主導地位的學術界與具有讖緯話語體系的士人所認可，從而能緊扣着漢人對話的重要焦點與議題，爲其所普遍接受，並進而傳播、流傳開來。

参考文献

[1] 皮錫瑞．經學通論[M]．北京:中華書局,1954.

[2] 范曄．後漢書[M]．北京:中華書局,1965.

[3] 魏徵等．隋書[M]．北京:中華書局,1973.

[4] 鄭傑文．齊派今文經學與讖緯關係的初步考察[J]．齊魯學刊,2003(5):17－20.

[5] 錢穆．兩漢經學今古文平議[M]．北京:商務印書館,2001.

[6] 陳振孫．直齋書録解題[M]．上海:上海古籍出版社,1987.

[7] 洪興祖．楚辭補注[M]．北京:中華書局,1983.

[8] 黄靈庚．楚辭章句疏證[M]．北京:中華書局,2007.

[9] 姜亮夫．重訂屈原賦校注[M]．天津:天津古籍出版社,1987.

[10] 楊權．論兩漢章句之學的讖緯化[J]．現代哲學,2002(4):72－76.

[11] 黄奭．漢學堂經解[M]．揚州:廣陵書社,2004.

[12] 董治安等．兩漢全書[C]．濟南:山東大學出版社,2009.

[13] 張崇禎．昆侖文化與楚辭[J]．蘭州大學學報,2003(1):11－16.

[14] 阮元等．十三經注疏[C].北京:中華書局,1980. 2641 頁。

[15] 趙在翰．七緯[M]．北京:中華書局,2012.

[16] 班固．漢書[M]．北京:中華書局,1962.

清華簡《尹誥》《尚書・太甲上》《咸有一德》《史記》所記《咸有一德》及《禮記・緇衣》所引《尹誥》之關係探論*

周口師範學院文學院　老子文化研究院　唐旭東

摘　要　《史記》關於成湯滅夏還于亳，伊尹作《咸有一德》的記載是可信的。"清華簡"《尹誥》固然可以按照以作誥主體命名的方式命名爲《尹誥》，也可以按照取首句詞語命名的方式命名爲《咸有一德》。"清華簡"《尹誥》前半部分或者全文就是曾經一度亡佚了的《史記》所載的《咸有一德》。《禮記・緇衣》所引《尹誥》兩句並非引自"清華簡"《尹誥》篇，而是引自異名異文但都可以以"作誥主體＋文體名稱"方式命名爲《尹誥》的《尚書・太甲上》和《咸有一德》。學界糾結這一問題的關鍵或根源在於早期文獻的篇名不定，同篇異名與異篇同名現象的存在。只要明瞭了這個關鍵之點，問題將迎刃而解。

關鍵詞　清華簡《尹誥》《尚書・太甲上》《咸有一德》《史記》所記《咸有一德》《禮記・緇衣》所引《尹誥》關係

《尚書・太甲上》《咸有一德》，《史記》所記《咸有一德》及《禮記・緇衣》所引《尹誥》之關係問題本就是《尚書》學史上一段扯不清的公案，近年來清華簡《尹誥》的出現，更使這一段公案變得更加複雜和撲朔迷離。於是在有的學者本就懷疑今傳《尚書》中二十五篇爲僞作的基礎上，更加入了清華簡《尹誥》證僞《尚書・咸有一德》甚至"證僞僞古文《尚書》"的説法。① 到底實際情況如何，兹不揣側陋，對此問題做

* 本文爲作者主持的周口師範學院高層次人才科研啓動金資助項目"古文《尚書》文系年注析"（項目編號：zknuE05）的階段性成果。

① 2010年1月20日《東方早報》（上海）載《"清華簡"之〈楚居〉：詳細記録楚國歷史》一文，其中"《尹誥》證僞僞古文《尚書》"一節載李學勤説："根據'清華簡'《尹誥》的内容，可判斷它就是《禮記》所引用古文尚書《尹誥》的原本，而今本僞古文尚書《咸有一德》可判定爲僞作。"2012年1月6日《北京日報》《"清華簡"證實：古文〈尚書〉確系僞書》一文載清華大學劉國忠教授説："從'清華簡'提供的這些證據來看，傳世兩千多年的古文《尚書》確實是一部僞書，自北宋以來，許多學者對它的懷疑和否定是完全正確的。"

一番梳理，以求教於大方之家。

一、《史記》所記《咸有一德》與《尚書·咸有一德》各有其文

據《史記·殷本紀》：“（湯）既絀夏命，還亳，作《湯誥》……以令諸侯。伊尹作《咸有一德》，咎單作《明居》。”則成湯滅夏還于亳，伊尹作《咸有一德》，其作時爲商初，內容不詳。而《尚書序》載“伊尹作《咸有一德》”，正文前的弁言載：“伊尹既復政厥辟，將告歸，乃陳戒於德。”“既復政厥辟”顯然承接前三篇《太甲上》《太甲中》《太甲下》，指伊尹放太甲于桐宮思過，自己攝位執政，三年後太甲改過歸善，伊尹復迎並還政於太甲之事，正如李民、王健《尚書譯注》所言，“説的是太甲返回亳都後，伊尹還政於他。此時伊尹年事已高，將回到自己的私邑，恐怕太甲舊病復發，二三其德，便勸勉他保持純一之德。當時的史官記録了此事，便有了本篇”①。據《尚書·咸有一德》本文來看，其主旨在於告誡太甲“天難諶，命靡常”，要“常厥德，保厥位”。文以夏桀背棄先祖遺德遂致敗亡而湯與自己咸有一德，故能滅夏興商爲例，説明天命靡常，必須常德保位的道理，突出強調了“一德”的重要性。然後著落于新王，聯繫實際教導和鼓勵新王應如何作爲，才能做到“克一”“終始惟一”。最後總結全文對新王提出告誡。全文緊緊圍繞“一德”問題展開論述，實際上時時透露出作者恐怕太甲舊病復發，二三其德的擔憂。可知今傳《尚書·咸有一德》爲伊尹復政於太甲，將告老致仕回歸封國之前，所作誥辭，訓誡対象爲帝太甲，而《史記》所記《咸有一德》乃成湯滅夏回到亳邑以後，伊尹所作誥湯之言，二者作時及作訓対象皆不同。但由於二者標題相同，這就造成了《尚書》學史上《尚書·咸有一德》與《史記》所記《咸有一德》作時之爭以及《尚書·咸有一德》真僞的一段公案。如《史記》司馬貞《索隱》：“《尚書》伊尹作《咸有一德》在太甲時，太史公記之於斯，謂成湯之日，其言又失次序。”② 司馬貞認爲《咸有一德》只有《尚書》所載的《咸有一德》一篇，《尚書》謂太甲時伊尹作《咸有一德》，而司馬遷卻説成湯之時伊尹作《咸有一德》，二者矛盾，故而據《尚書·咸有一德》判定司馬遷所記《咸有一德》爲次序錯亂。後世甚至有人根據《尚書·咸有一德》與《史記》所記《咸有一德》同名異文而判定《尚書·咸有一德》爲僞作。到底司馬遷關於成湯伐桀滅夏之後伊尹作《咸有一德》的記載對不對?《尚書·咸有一德》是否僞作? 下面試作一分析。

就《史記》中大量採用《尚書》資料並以譯寫《尚書》原文的方式作爲《史記》的內容來看，司馬遷顯然是熟悉《尚書》的，又曾師從古文《尚書》大師孔安國，應該知道《尚書》有《咸有一德》篇，而且跟他在《史記》中記載的《咸有一德》不同。司馬遷既然明知道這個問題卻仍然這樣記載，只能説明他明確知道《史記》所載之《咸

① 李民，王健. 尚書譯注［M］. 上海古籍出版社，2004：137.

② ［漢］司馬遷. 史記［M］. 北京：中華書局，1959：98.

有一德》確實與《尚書·咸有一德》不同，二者各自爲篇，各有其文。或許他覺得這在他和他的時代看來實在不是問題。但他没有想到後世卻迷惑於此，引起了一段公案。

實際上，古籍文獻早期篇名未定，不同的文章被不同的人命名，由於採用的命題原則和方法相同，所以其早期篇名很可能相同，比如湯一生中可能發佈過很多誥辭，其所作所有誥辭如果採用“作誥主體＋文體名稱”的方式命名皆可命名爲《湯誥》，伊尹一生輔佐商湯、帝太甲、帝沃丁，所作誥訓之辭當亦不止一篇，其所作所有誥訓之辭皆可按“作誥（訓）主體＋文體名稱”命名爲《尹誥》或者《伊訓》《尹訓》，所以必然出現很多同名異文的情況，如《尚書·湯誥》與《史記》所載《湯誥》《尚書·康誥》與《史記》所載《康誥》①。衆所周知，《尚書·康誥》爲周公旦命衛康叔封于衛並對他如何執政進行告誡指導之辭，而《史記》所載之《康誥》爲周“康王即位，遍告諸侯，宣告以文武之業以申之，作《康誥》”②，二者雖然同名異文，但皆爲真正的文獻，並没有哪一篇爲僞作。今傳《尚書·咸有一德》爲伊尹復政於太甲後，將告老致仕回歸封國之前，所作訓誡太甲保持“一德”之誥辭，而《史記》所記《咸有一德》是伊尹所作訓導告誡商湯之言，二者作者皆爲伊尹，但作時及作訓对象皆不同，可知二者確實各爲誥辭，各自爲篇，各有其文，屬同名異文，清華簡《尹誥》前一段甚至全篇很可能即《史記》所記《咸有一德》，下文將詳細論述。司馬貞《索隱》所言“《尚書》伊尹作《咸有一德》在太甲時，太史公記之於斯，謂成湯之日，其言又失次序”乃是因爲未能弄清古人對文篇命名的不同原則與方法就以爲兩篇同名文章只能是一篇而導致迷惑與誤判，至於那些斷定《尚書·咸有一德》爲僞作者也因未能弄清古人對文篇命名的不同原則與方法就以爲不應該有兩篇内容不同的同名文獻，所以據此斷定二者必有一僞，並斷定《尚書·咸有一德》爲僞作，這同樣是因未能弄清古人對文篇命名的不同原則與方法而造成的誤判。

二、清華簡《尹誥》前段即《史記》所記《咸有一德》

（一）清華簡《尹誥》前段與《史記》所記《咸有一德》作時與心態的一致性

清華簡《尹誥》的前半部分甚至全篇很可能就是《史記》所記之《咸有一德》。③

---

① 唐旭東.“清華簡”不足證僞古文《尚書》［C］.//謝飄雲，馬茂軍，劉濤.中國古代散文研究論叢（2012卷）［M］.廣州：世界圖書出版廣東有限公司，2013：131.

② ［漢］司馬遷.史記［M］.北京：中華書局，1959：134.

③ 清華簡《尹誥》内容分兩部分，所謂《尹誥》當指第一部分，就其主體内容來看，爲伊尹總結夏敗亡的原因，告誡商湯滅夏以後當以夏桀之敗亡爲鑒之辭。後半部分我根據言説方式將其命名爲《伊尹謨》，主要内容爲伊尹與商湯謀議怎樣使“遠邦歸志”的問題，亦即“吾何祚於民，俾我衆勿違朕言”的問題。伊尹給商湯出主意是“後其賚之”，亦即賞賜他們，商湯採納了伊尹的建議，“致衆於亳中邑”，將有夏之財寶、土地賞賜、分封給遠方的諸侯、民衆。作爲帝王與重臣謀議政事之文，本文文體當爲謨。因爲這次討論是伊尹發起，故仿《臯陶謨》命名之例，以伊尹爲題命名爲《伊尹謨》。

爲便於理解，茲引述清華簡《尹誥》前段如下：

惟尹既及湯咸有一德。尹念天之敗西邑夏，曰："夏自絶其有民，亦惟厥衆，非民亡與守邑。厥辟作怨於民，民複之用離心。我捷滅夏，今後胡[①]不監?"（《清華大學藏戰國竹簡（一）·尹誥》）[②]

"西邑夏"顯然是相對于商的都城亳邑而言的，從"尹念天之敗西邑夏"一句可知，清華簡《尹誥》當作于商湯伐桀滅夏回到亳邑以後，爲伊尹總結夏敗亡的原因，告誡商湯滅夏以後當以夏桀之敗亡爲鑒之文，與商代統治者滅夏之初急於總結夏朝敗亡教訓以保新朝永固的心態也是完全符合的。而據《史記·殷本紀》："（湯）既絀夏命，還亳，作《湯誥》……以令諸侯。伊尹作《咸有一德》，咎單作《明居》。"説明《史記》所記《咸有一德》也是商湯伐桀滅夏回到亳邑之後伊尹所作，顯然《史記》所載《咸有一德》的創作時間跟"清華簡"《尹誥》具有一致性。今傳《尚書·湯誥》中商湯先向夏萬方百姓解釋伐桀滅夏之原因，表達滅夏興商後奉天命以臨萬民之時"栗栗危懼，若將隕於深淵"的心情；然後誡敕諸侯各守典常，以承天休；最後懇切希望各諸侯理解體會自己的衷心，永保上天之休。據《史記·殷本紀》："湯歸至於泰卷陶，中𡈼作誥。"今傳《尚書·仲虺之誥》共分兩個部分：第一部分爲仲虺寬解安慰成湯之辭：伐桀乃奉天救民，可以無慚；湯深受民衆歡迎和愛戴，可以無慚。第二部分：勸勉成湯繼續施行德政，以德政吸引民衆之心，永保天命。《史記·殷本紀》所載《湯誥》則要求諸侯們"勤力乃事"，"毋不有功於民"。可見，今傳《尚書·湯誥》《仲虺之誥》和《史記·殷本紀》所載《湯誥》都強調以勤力和德政爭取民心，永保天命，而當時商湯和大臣們的這種觀念實際上是在吸取了夏桀暴政而致失去民心與天命導致國祚斷絶的教訓的基礎上産生和樹立起來的，這三篇文章在主題和創作心態上是有一致性的。雖然《史記·殷本紀》所記《咸有一德》的内容和主題已經不得而知，但從《尚書·仲虺之誥》《尚書·湯誥》和《史記·殷本紀》所載《湯誥》與清華簡《尹誥》主題與心態的一致性和《史記》所記《咸有一德》與《仲虺之誥》《湯誥》創作時間上的連續性來看，《史記·殷本紀》所記《咸有一德》很可能跟清華簡《尹誥》前段所表現的内容、主題和心態也是一致的。

（二）清華簡《尹誥》可以被命名爲《咸有一德》

余嘉錫説"古書多摘首句二字以題篇"[③]，其實這種説法只是反映了絶大多數詩文

① 胡，或以爲當讖讀作"害"，義通"胡""何"。

② 清華大學出土文獻研究與保護中心. 清華大學藏戰國竹簡（一）［M］. 上海：中西書局，2011：133.

③ 余嘉錫. 古書通例［M］. 上海：上海古籍出版社，1985：28.

篇章的命名情況，實際上早期文獻的命名方式中有取開頭一句的幾個字、一個詞或者幾個詞作爲篇名的方式，即余嘉錫所謂“摘字名篇”①，像《詩經》《論語》《孟子》諸書諸多例子且不説，單説《尚書》中採用這樣的命名方式的文篇就有《高宗肜日》《西伯勘黎》等篇。如《高宗肜日》開篇：“高宗肜日，越有雊雉。”其實該文主要記載的是帝祖庚于丁日祀于高宗武丁廟，時有雉呴驚王，祖己乃訓于王，作此訓辭②，核心意思是告誡帝祖庚典祀之時不要特別豐厚於禰廟，是要求他從根本入手，敬天敬德，祈天永命。如果仿效《尚書·湯誥》《仲虺之誥》《召誥》等篇以“作誥主體＋文體名稱”的命題方式可以命名爲《祖己之誥》，如果仿效《尚書·康誥》採用“被誥客體＋文體名”命名的方式可以命名爲《祖庚之誥》，但這裹採用的是取首句命名的方式。又如《西伯勘黎》首句：“西伯既戡黎，祖伊恐，奔告于王。”其實全文記載的是西伯勘黎事件發生後祖伊對商紂的誥辭，如果採用“作誥主體＋文體名”命名的方式，可以命名爲《祖伊之誥》，但這裹採用了取首句兩個詞命題的方式。由此可以説明清華簡《尹誥》如果以“作誥主體＋文體名稱”命名的方式自然可以命名爲《尹誥》，但其首句即爲“惟尹既及湯咸有一德”，如果像《尚書·高宗肜日》《西伯勘黎》那樣採取首句詞語命名的方式也可以取首句“惟尹既及湯咸有一德”中“咸有一德”四字命名爲《咸有一德》。這樣，清華簡《尹誥》就和《史記》所記的《咸有一德》出現了同名的情況，加上二者作時和創作心態的一致性，我們有理由相信清華簡《尹誥》前段即一度亡佚了的《史記》所記之《咸有一德》。

三、《禮記·緇衣》所引《尹誥》文句並非出自“清華簡”《尹誥》

“清華簡”的整理者判定古文《尚書》爲僞作的主要證據是“惟尹既及湯咸有一德”和“尹念天之敗西邑夏”兩句皆出於“清華簡”《尹誥》篇，“根據‘清華簡’《尹誥》的内容，可判斷它就是《禮記》所引用古文尚書《尹誥》的原本”③，而孔氏

---

① 余嘉錫．古書通例［M］．上海：上海古籍出版社，1985：29－30.

② 或以爲祖己對商高宗武丁的告誡之辭。

③ 二者文字略有差異。《禮記·緇衣》引作：“《尹吉》曰：‘惟尹躬及湯，咸有壹德。’”“《尹吉》曰：‘惟尹躬天，見於西邑夏，自周有終，相亦惟終。’”鄭《注》認爲“吉”當作“告”，通“誥”，言其皆爲《尹誥》之文。而“天”當爲“先”之誤。見孔穎達《禮記正義》，中華書局影印阮校《十三經注疏》本，1980年第1648、1649頁。而清華簡《尹誥》分别作“惟尹既及湯咸有一德”，“尹念天之敗西邑夏”，且缺“自周有終，相亦惟終”兩句。

古文《尚書》中這兩句分別見於《咸有一德》與《太甲上》①，不但篇名與《禮記·緇衣》鄭注不合，而且分置在兩篇文章當中，故而判定《尚書·咸有一德》甚至二十五篇爲僞作。而實際上《禮記·緇衣》篇所引《尹誥》文句與清華簡《尹誥》和《尚書·咸有一德》《太甲上》相比，與何者更爲接近，清華簡《尹誥》到底是否像有些學者說的"就是《禮記》篇所引古文尚書《尹誥》的原本"，實在有必要重新加以討論。

（一）《禮記·緇衣》所引《尹誥》"惟尹躬及湯咸有壹德"更可能引自《尚書·咸有一德》

清華簡《尹誥》第一句作"惟尹既及湯咸有一德"，而《尚書·咸有一德》作"惟尹躬暨湯咸有一德"，《禮記·緇衣》所引《尹誥》作"《尹吉》曰'惟尹躬及湯咸有壹德'"②，將三者相比較，《尚書·咸有一德》與《禮記·緇衣》所引《尹誥》的差異只有《尚書·咸有一德》"暨"《禮記·緇衣》作"及"，《尚書·咸有一德》"一"《禮記·緇衣》作"壹"，但兩者在意思上没有任何差别。而《禮記·緇衣》所引《尹誥》"惟尹躬及湯咸有壹德"與清華簡《尹誥》首句"惟尹既及湯咸有一德"相比，"躬"字缺少了，又多了一個同義連詞"既"。意思上雖然三者差别不太大，但畢竟可以看出《禮記·緇衣》所引《尹誥》"惟尹躬及湯咸有壹德"與《尚書·咸有一德》"惟尹躬暨湯咸有一德"差别較少，而與清華簡《尹誥》"惟尹既及湯咸有一德"差别較大。這種不同的差異情況，只能使我們更相信《禮記·緇衣》所引《尹誥》"惟尹躬及湯咸有壹德"更可能引自《尚書·咸有一德》，而並非引自清華簡《尹誥》。至於《禮記·緇衣》載所引文句出自《尹誥》，而並非《尚書·咸有一德》，實際上也容易解釋。蓋早期文獻篇名未定，《尚書·咸有一德》作爲伊尹復政於太甲以後，將告老致仕回歸封國之前所作訓誡太甲之誥辭，如果採用全文關鍵字命名的方式，自然可以命名爲《咸有一德》，《尚書》採用類似命名方式的還有《洪范》《武成》等篇。如果按以"作誥主體+文體名稱"命名的原則，當然也可以稱爲"《尹誥》"，亦即是說，今傳《尚書·咸有一德》先秦可能曾被稱爲"《尹誥》"。蓋古籍文獻早期篇名未定，同一篇文章被不同的人以不同的原則和方法命名，其早期篇名很可能不同。正如余嘉錫所言"古書書名，本非作者所自題。後人既爲之編次成書……所傳之本多寡不一，編次者亦不一，

① 其文分别作："惟尹躬暨湯，咸有一德"和"惟尹躬先見於西邑夏，自周有終，相亦惟終"。見孔穎達《尚書正義》，中華書局影印阮校《十三經注疏》本，1980年底165、164頁。謹按：《禮記·緇衣》與《太甲上》"自周有終，相亦惟終"兩句皆不見於"清華簡"《尹誥》。《尚書》"惟尹躬先見於西邑夏，自周有終，相亦惟終"一句與《禮記·緇衣》所引大同小異，且更合于鄭玄所見《尹誥》文本，説明《尚書》此句比《緇衣》所引更可靠。而且此句明明《禮記·緇衣》有引，而所謂的作僞者（實際子虚烏有）不根據《禮記》經文和鄭《注》把它編入《尹吉》或《尹誥》，也不是作僞者應有的心態，説明其自有依據，自有所本。

② 鄭《注》認爲"吉"當作"告"，通"誥"。見孔穎達《禮記正義》，中華書局影印阮校《十三經注疏》本，1980年版，第1648頁。

則其書名不能盡同"[①]，書的命名如此，文篇的命名其實也是如此。

（二）《禮記·緇衣》所引《尹誥》"惟尹躬天見於西邑夏，自周有終，相亦惟終"更可能引自《尚書·太甲上》

清華簡《尹誥》第二句作"尹念天之敗西邑夏"，而《禮記·緇衣》所引《尹誥》作"惟尹躬天見於西邑夏，自周有終，相亦惟終"[②]。其差異在於：第一，清華簡《尹誥》第二句的意思是"伊尹念及天之敗亡西邑夏"，而《禮記·緇衣》所引"惟尹躬天見於西邑夏"（鄭玄注《禮記·緇衣》已經指出"天"當作"先"）的意思是"我伊尹先看到西方安邑夏的君主……"[③]，可知清華簡《尹誥》第二句"尹念天之敗西邑夏"的意思與《禮記·緇衣》所引"惟尹躬天見於西邑夏"根本不是同一個意思。第二，《禮記·緇衣》所引《尹誥》有"自周有終，相亦惟終"兩句八個字，而清華簡《尹誥》缺。可知雖然《禮記·緇衣》載所引文句"惟尹躬天見於西邑夏，自周有終，相亦惟終"出自《尹誥》，卻並非出自先秦與清華簡《尹誥》相同的篇章。

而《尚書·太甲上》作"惟尹躬先見於西邑夏，自周有終，相亦惟終"，可知《禮記·緇衣》所引《尹誥》與《尚書·太甲上》這三句除了"先"誤作"天"（鄭玄已經指出這種錯誤），没有任何差異。這種不同的差異情況，只能使我們更相信《禮記·緇衣》所引文句"惟尹躬天見於西邑夏，自周有終，相亦惟終"更可能出自《尚書·太甲上》。而《尚書·太甲上》作爲伊尹作誥訓誡年輕的新王太甲之誥辭，如果按以"作誥主體＋文體名稱"命名的原則，當然同樣也可以命名爲《尹誥》。而且李零《簡帛古書與學術源流》更是直接認定《禮記·緇衣》所引"《尹誥》即《書序》的《咸有一德》，屬於所謂《古文尚書》"[④]。

綜上所述，由於《禮記·緇衣》所引《尹誥》兩句與清華簡《尹誥》篇差别較大，而與《尚書·咸有一德》和《太甲上》更接近，故論定《禮記·緇衣》所引《尹誥》"惟尹躬及湯咸有壹德"更可能引自《尚書·咸有一德》，所引《尹誥》"惟尹躬天見於西邑夏，自周有終，相亦惟終"更可能引自《尚書·太甲上》，而並非引自先秦與清華簡《尹誥》相同的篇章。而這兩篇《尚書》文都可以以"作誥主體＋文體名稱"命名的原則命名爲《尹誥》。清華簡《尹誥》並非像有些學者説的"就是《禮記》篇所引古文尚書《尹誥》的原本"。

---

① 余嘉錫. 古書通例［M］. 上海：上海古籍出版社，1985：36.

② 鄭《注》認爲"天"當爲"先"之誤。見孔穎達［唐］《禮記正義》，中華書局影印阮校《十三經注疏》本，1980年版，第1649頁。

③ 參考李民、王健《尚書譯注》（上海古籍出版社，2004年新1版，第128頁）、黄懷信《尚書注訓》（齊魯書社，2002年版第133頁）和江灝、錢宗武《今古文尚書全譯》（貴州人民出版社，1992年第2版第137頁）翻譯。

④ 李零. 簡帛古書與學術源流［M］. 北京：三聯書店，2004：234.

進一步引申來説，清華簡《尹誥》連證明《禮記·緇衣》所引《尹誥》兩處引文出自清華簡《尹誥》都做不到，哪里還有能力證僞《尚書·咸有一德》甚至“古文《尚書》”①？

（三）可能的原因

1.《禮記·緇衣》的記載可能是引述者把文獻名稱搞錯了

這種説法的意思是明明引述者（《禮記·緇衣》載爲孔子）引用的是《尚書·咸有一德》與《太甲上》的句子，卻誤以爲引用的是先秦《尹誥》篇。但這種可能的概率似乎不太大，因爲兩處引用兩篇不同名稱的文獻，卻把兩篇文獻的名稱全都弄錯了，這種可能性應該很小。

2. 引述者所見之《尚書·咸有一德》《太甲上》名稱曾皆爲《尹誥》

因爲《尚書·咸有一德》和《太甲上》皆爲伊尹所作訓誥太甲之辭，故按照以“作誥主體＋文體名稱”命名的原則和方法，亦可命名爲《尹誥》，很可能引述者所指的《尹誥》就是《尚書·咸有一德》和《太甲上》，或者説引述者所見之《尚書·咸有一德》與《太甲上》名稱曾皆爲《尹誥》。今清華簡雖出土《尹誥》篇，但《禮記·緇衣》所引卻並非出自與清華簡《尹誥》相同的先秦文章。

因爲古籍文獻早期篇名未定，同一篇文章被不同的人以不同的方法和原則命名，其早期篇名很可能不同，同名異文的情況也所在多有。異名同文的情況如文十八年《左傳》載魯太史克引《誓命》，内容見於《逸周書·大匡解》，則可能魯太史克所見《大匡》篇名爲《誓命》，而逸周書的編者則命名爲《大匡》，後人作解，又加“解”字，作《大匡解》；定四年《左傳》載衛子魚稱引“命蔡之書”，内容見於《尚書·蔡仲之命》，則衛子魚以爲用“命蔡之書”指稱《尚書·蔡仲之命》，别人也能明白他所指的是《尚書·蔡仲之命》，不會産生誤解，或者可能他所見的《尚書·蔡仲之命》題名就叫“命蔡”或者“命蔡之書”；哀十一年《左傳》載吴伍子胥引《盤庚之誥》，内容見於《尚書·盤庚》，則可能伍子胥所見《尚書》版本中《盤庚》稱《盤庚之誥》，或者他把《盤庚》稱爲“盤庚之誥”别人也能明白是指的《尚書·盤庚》，不會引起誤會；《國語·周語上》載内史過引《湯誓》，内容見於今《尚書·湯誥》，則内史過所見《尚書·湯誥》可能亦名《湯誓》。翻開先秦典籍，如果留心此事，會發現先秦文獻中類似的情況還有好多。這些異名同文的情況，並不能證明有人作僞，卻恰好可以作爲

① 這裹清華簡整理者所謂的“古文《尚書》”是按傳統的説法，把今傳《尚書》五十八篇分爲今文《尚書》和古文《尚書》兩部分，其中三十三篇爲今文《尚書》，爲某個作僞者把伏生今文《尚書》拆分成三十三篇，將之視爲真《尚書》篇，將另外二十五篇視爲古文《尚書》，傳統的説法認爲古文《尚書》是不知道孔安國、或者劉歆或者王肅或者皇甫謐或者梅賾等僞造的。而我則認爲今本《尚書》五十八篇雖然在流傳過程中也有所變化，但仍是貨真價實的孔氏古文《尚書》，這裹不作討論。

《禮記·緇衣》的引述者所見之《尚書·咸有一德》與《太甲上》很可能曾皆題名爲《尹誥》的有力旁證。而清華簡《尹誥》與《禮記·緇衣》所引《尹誥》篇名相同的情況又説明作爲同名異文,《禮記·緇衣》所引《尹誥》不必一定出自與清華簡《尹誥》相同的先秦《尹誥》篇,而上面的比較也確實證明了這一點。

四、結論

1. 清華簡《尹誥》《尚書·咸有一德》《太甲上》與《禮記·緇衣》所引《尹誥》皆爲真文獻,《史記》關於成湯滅夏還于亳,伊尹作《咸有一德》的記載是可信的。

2. 清華簡《尹誥》也可以按照取首句關鍵字命名的方式命名爲《咸有一德》,清華簡《尹誥》前半部分或者全文就是曾經一度亡佚了的《史記》所載的《咸有一德》篇,或者説《史記》所載《咸有一德》即今清華簡《尹誥》前半甚至全文。

3. 清華簡《尹誥》篇按照"作誥主體+文體名稱"命名的方式當然也可以命名爲《尹誥》,但並非《禮記·緇衣》所引《尹誥》兩句的真正出處。或者説因爲《禮記·緇衣》所引《尹誥》兩句與清華簡《尹誥》篇差别較大,實際上並非引自清華簡《尹誥》篇,而是引自異名異文但卻與《禮記·緇衣》所引《尹誥》兩句更接近且都可以根據以"作誥主體+文體名稱"命名爲《尹誥》的《尚書·太甲上》和《咸有一德》。

4. 學界糾結這一問題的關鍵或根源在於没有弄明白早期文獻的篇名不定,同篇異名與異篇同名現象的存在。只要明瞭了這個關鍵之點,問題將迎刃而解。

5. 清華簡《尹誥》連證明《禮記·緇衣》所引《尹誥》出自清華簡《尹誥》篇或者清華簡《尹誥》篇相同的先秦《尹誥》篇都做不到,更没有能力證僞《尚書·咸有一德》甚至古文《尚書》。

參考文獻

[1] [唐]孔穎達. 尚書正義[M]. 北京:中華書局,1980年影印阮校十三經注疏本.

[2] [唐] 孔穎達. 禮記正義[M]. 北京:中華書局,1980年影印阮校十三經注疏本.

[3] 清華大學出土文獻研究與保護中心. 清華大學藏戰國竹簡(一)[M]. 上海:中西書局,2011.

[4] [漢]司馬遷. 史記[M]. 北京:中華書局,1959.

[5] 李民,王健. 尚書譯注[M]. 上海:上海古籍出版社,2004.

[6] 黄懷信. 尚書注訓[M]. 濟南:齊魯書社,2002.

[7] 江灝,錢宗武. 今古文尚書全譯[M]. 貴陽:貴州人民出版社,1992.

[8] 余嘉錫. 古書通例[M]. 上海:上海古籍出版社,1985.

[9] 李零. 簡帛古書與學術源流[M]. 北京:三聯書店,2004.

讀《詩經》札記

山東師範大學文學院　魏代富

摘　要　關於《詩經》的研究論著自古及今可謂數不勝數，衆多學者對《詩經》的探索使其發展越來越趨於成熟。但是之所以對《詩經》的研究永無止歇，主要在於時代久遠和衆多學者在社會環境、個人學識方面存在的差異。本文是我在讀《詩經》過程中寫的幾條劄記，其主要内容是對一些字義、詞義的考證，同時涉及由字義、詞義推敲整篇詩歌的主旨。

關鍵詞　詩經　字義　句義　詩義

《召南·羔羊》

“素絲五紽”“素絲五緎”“素絲五總”，毛《傳》釋曰：“紽，數也。”“緎，縫也。”“總，數也。”按照《詩經》的用詞習慣來説，這三個詞應該表示相同或相近的意思，《傳》既云“數”又云“總”，是兩者不能同一。王引之《經義述聞》認爲：“紽、緎、總皆數也。五絲爲紽，四紽爲緎，四緎爲總。”王氏的説法引起了很大的反響，爲現在注釋《詩經》者所採用。如果單從字義來説王氏的説法確實有道理，但是《詩序》解釋此詩章旨説“在位皆節儉正直”，如果採用王氏之説，那麼整個詩篇中就難以看出在位者的“節儉正直”。而且通過詩中的描述來看，應該是詩人對所賦物件視覺的直觀表述，如果按照王氏的説法，則“素絲”三句，只能是詩人的猜想、推測了。徐鴻均《讀毛詩日記》認爲：“五，古文作X，當讀爲交午之午。……午者，縱横也。”把“五”解釋成縫製羔裘的線縱横交錯的樣子，因爲精緻的衣服要求縫合之處儘量看不出痕跡，這位在位者的衣服不僅看得出，而且縱横交錯，正好能顯示出此人的“節儉”。關於紽、緎、總，我認爲都是漁網。毛《傳》：“紽，數也。”“數”讀如《孟子》“數罟不入洿池”的“數”，趙岐《注疏》：“數罟，密網也。”緎，即罭字，《説文》：“罭，網也。”總，《釋文》：“緵字又作總。”《廣雅·釋器》：“緵罟謂之九罭。九罭，魚網也。”因爲漁網是縱横交叉編織而成，所以這裏借用比作衣服縫口處素絲的形狀。

《召南·騶虞》

“壹發五豝”，鄭《箋》云：“君射一發而翼（按：驅也）五豬者，戰（按：此處不作“使戰慄”解，乃喻其如戰時不殺老弱）禽獸之命。必戰之者，仁心之至。”方玉潤《詩經原始》云：“田獵之禮，亦不過獵人盡物，物不盡殺之意也云爾。”都是認爲有五隻小豬，但是只射出一支箭，表示射獵者懷有仁慈之心。今人的解釋多認爲是讚美獵人射技高超，則是把這句話解釋成射一支箭而中五隻小豬。但是驅獸五而射一發的解釋顯得過於迂腐，而射一發而中獸五則顯得過於誇飾，恐都未必合于詩意。吴翌鳳《遜志堂雜鈔》云：“射十二箭爲一發，《騶虞》詩注以爲中必疊雙爲言，試思一箭亦豈能中五豕乎？”吴氏把一發解釋成十二箭（按：此蓋據《漢書·匈奴傳》“矢四發”之注，文云：“射禮三而止，每射四矢，故以十二矢爲一發。”），如果這樣詩中騶虞的射計又顯得過於拙劣了。我認爲：這裏的“五”乃是“午”的假借（古從五、從午之字通，《周禮·壺涿氏》：“則以牡橭午貫象齒而沈之。”鄭注：“故書午爲午。杜子春云：‘五貫，當爲午貫。’”《左傳·成公十七年》之夷陽五，《國語·晉語》作夷陽午），《説文》：“午，牾也。五月，陰氣午逆陽，冒地而出。此與‘矢’同意。”《説文》：“矢，弓弩矢也。從入，象鏑栝羽之形。”許慎言“午”與“矢”同意者，取“矢”從入之形。從入者，矢取貫物之形也。古從“午”之字多與“觸”有關，亦由此引申出，如《説文》“啎”字，後世多借“忤”，抵觸之意。又有“逜”字。《爾雅·釋詁》：“遘、逢、遇、遻（即逜）也。”逜和逢、遇的意思相近。《莊子·達生》：“死生驚懼不入乎其胸中，是故逜物而不慴。”《莊子口義》：“遻（即逜）物而不慴，言雖爲物所遻觸而其神不動，故不懼也。”逜和觸意思相近。此處言“壹發午豝”，即一發即射中之意。

《鄘風·蝃蝀》

《蝃蝀》一詩，《詩序》云：“止奔也。衛文公能以道化其民。淫奔之恥，國人不恥也。”方玉潤《詩經原始》駁之曰：“此詩若以刺淫爲辭，則‘遠父母兄弟’及‘大無信’‘不知命’之言終覺費解。”其説甚是。《詩序》從“蝃蝀在東，莫之敢指”出發，認爲彩虹乃象徵淫蕩之物，由此得出“淫奔之恥”的結論。我認爲此詩當是婦女爲丈夫所拋棄而思歸於父母之所的意思，詩旨略同於《泉水》《竹竿》。“莫之敢指”的“指”不是我們現在所説的指向，而是期望的意思。《莊子·知北遊》：“東郭子曰：‘期而後可。’”郭象注曰：“欲令莊子指明所在。”是以期爲指，那麼指也可以爲期。“莫之敢指”是説“不敢懷有期望”，與下文“朝隮於西，崇朝其雨”相對。前言“蝃蝀在東”，後言“朝隮於西”，是指彩虹之位置不定；彩虹乃雨後放晴之物，下文又言“崇朝其雨”，則是忽現忽隱。“蝃蝀在東，莫之敢指”“朝隮於西，崇朝其雨”都是興中含有比義，和文中的“大無信”相對，作者通過此來指斥男子的負心薄幸。

《鄭風・子衿》

《子衿》一詩，《詩序》云：“刺學校之廢也。世亂則學校不修焉。”朱熹《詩集傳》以爲是淫詩，方玉潤於《詩經原始》中力駁朱子之説，而返諸《詩序》。解讀此詩的關鍵，全在“嗣”字。毛《傳》以爲：“嗣，習也。古者以舞教樂，誦之歌之，弦之舞之。”以嗣爲習，故與學校之事相聯繫。但是《釋文》引《韓詩》作詒，《魯詩》也作詒。又屈原《惜誦》“固煩言不可結而詒兮，願陳志而無路”王逸注：“詒，遺也。《詩》曰：‘詒我德音。’”陳喬樅云：“必是引《魯詩》‘子寧不嗣音’而釋之曰‘詒我德音’也。”所以“子寧不嗣音”的意思應該是：你難道不會傳個音訊嗎？從這個角度出發，此詩應該是描述了這樣一種情形：一對青年男女偶爾鬧了點小小的矛盾，彼此裝作不理對方。但是在獨處時，既抑制不住内心的思念，又不想首先向對方認錯，在如此的心理矛盾下，産生了這首詩。“縱我不往，子寧不嗣音”“縱我不往，子寧不來”，品其語氣，是小女子含嗔之意。

《魏風・伐檀》

“坎坎伐檀兮，置之河之幹兮。”檀，毛《傳》解釋説：“伐檀以俟世用，若俟河水清且漣。”《正義》云：“坎坎然身自斬伐檀木，置之於河之厓，以爲輪輻之用。”都認爲“檀”就是檀木，古今諸家也没有提出異議。其後的《小雅・杕杜》之“檀車幝幝”、《大雅・大明》之“檀車煌煌”都談到檀車，是因爲檀木的木質堅硬，是製作車輪輻的良好木材。但是我們細細地思考一下，這首詩是運用了重章疊句的手法，“伐檀”對應的是下文的“伐輻”和“伐輪”，而輻、輪都是車的具體某位置的部件，這裏卻解釋爲“檀木”，恐未必妥當。我認爲：此處“檀”本作“轁”，後人未見過此字便妄改爲“檀”。轁，即輚字。古單、亶可相通。(《書・盤庚》“誕告用亶”，《釋文》云“馬本作單”。《小雅・天保》“俾爾單厚”，《潛夫論》作“俾爾亶厚”。《大雅・板》“下民卒癉”，《釋文》出“僤”字云：“本又作癉，沈本作擅。”《周頌・昊天有成命》“單厥心”，《國語》作“亶厥心”。《荀子・正論》“堯舜擅讓”，一本作“撣讓”，今通謂之“禪讓”。《集韻》：“儃，態也。亦作僤。”）輚，《玉篇》釋曰“輞也”，因爲其環繞車輪周邊像網狀。《説文》没有“輚”字，有“輮”字（此據《説文》段注本，大徐本《説文》作：“輮，車軔也。”所釋不同），云“車網也”，《釋名》“輞，關西曰輮”，是一物而異名。輮，又或簡寫作柔，王褒《僮約》“斷柔（此處柔一本誤作槧）裁轅”，《御覽》注：“柔，車網也。”輚、輮，又或稱作枒（牙）、渠（詳見段氏《説文解字注》之輮字注）。《韻會》又收有“轆”字，云“車輞也”，也是一物而異名。

《唐風・揚之水》

“揚之水，白石鄰鄰。”鄰鄰，毛《傳》云：“清澈也。”（此承《説文》“水生厓石間，鄰鄰也”而釋）前文“鑿鑿”“皓皓”的對象都是説石，此處獨言水，恐怕未必準確。此處“鄰鄰”當是“磷磷”之借，謂白石圓潤光澤。《釋文》：“鄰，本又作磷。”《集韻》：“磷，石貌。”司馬相如《上林賦》“磷磷爛爛”，郭璞注曰：“玉石符采映耀也。”

《秦風・蒹葭》

“道阻且躋”的“躋”，毛《傳》云：“躋，升也。”鄭《箋》云：“升者言其難至如升阪。”意思很是曲拗。這首詩的前面説“道阻且長”，後面説“道阻且右”（《箋》云：“右者，言其迂回也。”《正義》：“出其左亦迂回。言右，取其與涘、沚爲韻。”）都是説道路或漫長或迂回而難以行走，皆就路本身的狀況而言。如果把“躋”解釋爲“難至如升阪”，那麼就是從人的角度出發了，體例上不一致。按：古“躋”同於“隮”，《書・微子》的“予顛隮”一本作“予顛躋”。《孔傳》釋“顛躋”作“顛隕隮墜”，阮元《經籍纂詁》載馬注云：“隮，猶墜也。”是“隮”不僅有上升的意思，還有下墜的意思。段玉裁《説文解字注》中説：“按升降同謂之躋，猶治亂同謂之亂。俗作‘隮’，《顧命》‘由賓階隮’、《毛詩》‘朝隮于西’‘南山朝隮’、《周禮》‘九月隮’皆訓升。《左傳》‘知隮於溝壑矣’則訓降。”是躋亦有降意，所以這裏的“躋”不能僅僅訓釋爲“升”，而是一字包含上升、下降兩個意義，這裏説的是道路上下升降、坎坷不平的樣子。猶下文之説右，其實是忽左忽右，迂曲婉轉。

《陳風・墓門》

“夫也不良，國人知之。知而不已，誰昔然矣？”鄭《箋》云：“群臣皆知之。”蘇轍的《詩集傳》解釋説：“佗之不良，國人莫不知之者。知而不之去，昔者誰爲此乎？”都是认爲詩的諷刺對象没有道德，是國人都知道的事情。但是我認爲這裏的“國人知之”應該解釋爲“國人使知之”，“知”是使動用法，猶下文的“歌以訊之”説用歌唱的方式告訴他。已，止也。“昔然”謂“知而不已”，“知而不已，誰昔然矣”是説“誰以前就知道了卻不停止呢”，是反詰語氣。下文説既不以我告之意爲是，乃至國家擾亂才又想着我，二句的意思是相近的。此詩的意思是説處在上位的人聽到賢者的勸誡而置之不理，及其社稷擾攘、國家傾頽之際反而希望先前進善言的賢人能夠與其共患難。賢人非常痛恨這種做法，所以寫了這首詩來諷刺他。

《陳風·澤陂》

“碩大且儼”，毛《傳》云：“儼，矜莊貌。”《釋文》說：“儼，一本作曮。”《韓詩》字作“嬐”。薛君的《韓詩章句》解釋説：“嬐，重頤也。”重頤，今俗稱作“雙下巴”。今人的譯著多從這個解釋，如程俊英的《詩經注析》、陳子展的《詩經直解》、周振甫的《詩經譯注》。但是此詩的上章説“碩大且卷”以及《唐風·椒聊》中的“碩大無朋”“碩大且篤”都是所寫描述之人的身形儀態，是一種總的概括，表現爲大的方面。這裏的“碩大且儼”在句型上完全相同，卻解釋爲“重頤”，則是對具體相貌進行描述，表現爲小的方面，恐怕未必正確。我認爲這裏的“儼”本字當作“㱾”，《説文》云：“㱾，好也。”《韓詩》作“嬐”，是用了借字。古厭、㑒聲同可以相假借，《書·禹貢》“厥篚檿絲”，《史記·夏本紀》引作“其篚酓絲”。“儼”與“嬐”都是借字，大概許慎時“㱾”已經借爲“嬐”，許氏不知，誤以爲本字。其後《廣雅》釋“嬐”爲“美也”，則是用了“㱾”的本義。

《小雅·魚麗》

“鱨鯊”，“鯊”具體是什麼魚，現在的注釋者多不能知曉。程俊英的《詩經注析》懷疑即是現在的泥鰍，陳子展的《詩經直解》既説“此在今魚類學上屬何種類，待考”，又説“豈所謂銀飄或飄雨耶”，也只是無依據的推測。《爾雅·釋魚》云：“鯊，鮀。”陸璣《毛詩草木鳥獸蟲魚疏》云：“鯊，吹沙也，似鯽魚狹而小，體圓而有黑點，一名重唇，籥鯊常張口吹沙。”《爾雅注疏》從之。清徐珂《清稗類鈔·動物類》：“鯊，小魚也，產溪澗中，長五寸許，黄白色，有黑斑，鰭大，尾圓，腹鰭能吸附於他物，口廣鰓大，常張口吹沙，故又名‘吹沙魚’。”這種魚在我的家鄉山東日照莒縣很常見，俗呼爲“沙裏趴”，聊城的臨清地區呼爲“草魚棒子”。身通體淺黄，背部有黑斑，闊嘴、厚唇，唇上有短須。不善於在水中遊動，經常趴臥沙上。生命力很強，在一般的小河淺流中都能見到。《正義》云：“時捕魚者施笱於水中，則魚麗歷於罶者，是鱨鯊之大魚。”只是以意解之，這種魚長不大，長到十五厘米的就已經很難見到，而且那時其肉已經老澀，不如小者吃起來鮮美。且笱口小而腹大，大魚很狡詐，對勉強容身而過的口絶對不會鑽進去，所以很難捕獲。這種事情問經常捕魚的人，都是很清楚的。自古及今解析《詩經》的人，多生長在貴胄厚禄之家，不知農漁田獵之事，望風空談，恐怕很難得到詩的本意。

又黄震的《黄氏日鈔》記載：“王雪山謂後有魚麗之陣，陣凡五，每陣又各有五，敵入其中者無有不著。然則罶者，曲薄也，雖不盡與陣法相似，而曲薄周匝，魚之入其中亦無得而脱也。爲魚麗之陣，其殆取《魚麗》之詩之義乎？”黄氏以爲魚麗之陣取名《魚麗》這首詩是正確的，但是王雪山所詮釋的陣法的具體形態則是錯誤的。《左傳》：

“奉公爲魚麗之陳，先偏後伍，伍承彌縫。”其《注疏》云：“司馬法：車戰二十五乘爲偏，以車居前，以伍次之。承偏之隙而彌縫闕漏也。”按照司馬法的描述，其具體陣法應該是：把兵車放置在陣前，兵車之間必然會存有一定的縫隙（縫隙大約能容一兩個人），遣五人處於縫隙之後。待衝擊之時，敵人閃過兵車，從縫隙中沖入，則五人共同攻擊，使敵人有進無出。此處是取“罶”之意，而以《魚麗》名之。

《小雅·采芑》

“方叔涖止”，《傳》：“方叔，卿士也，受命而爲將也。”馬瑞辰《毛詩傳箋通釋》注解：“卿士不見《周官》。《商書·微子》有曰：‘卿士師師非度。’《商頌》亦曰：‘降予卿士。’則其稱蓋始于商而周因之。士，事也；卿士謂卿之有事者。蓋不常設，命將出師始以卿士稱之。”馬氏認爲“卿士”是“卿事”是對的，但是説“命將出師始以卿士稱之”則是不正確的。《令彝》銘文載：“王令周公子明保尹三事四方，受卿事寮。丁亥，令矢告于周公宫，公令徃同卿事寮。”其下面又載：“眔卿事寮、眔者尹、眔裏君、眔百工。眔者侯：侯、田、男，舍四方令。”《毛公鼎》銘文載：“父歆，已曰及兹卿事寮、太史寮，于父即尹，命汝攝司公族、三有司、小子、師氏、虎臣與朕褻事。”《令彝》主要談的是明保（明保其人，或言周公孫名明者，或言周公子伯禽，或言《書》之君臣）主持祭祀的事情，《毛公鼎》則是記載周王（宣王時期）勉勵毛公勤力國政並賞賜他東西的事情，都和“出師”没有關係。而且《令彝》“卿事寮”與“者（諸）尹”“裏君”“百工”對舉，《大雅·假樂》“百辟卿士”，“卿士”與“百辟”對舉，則卿士應該是國家重臣（若司馬、司空之類）的泛稱，就如同輪人、扁人同列於百工。《左傳·隱公三年》：“鄭武公、莊公爲平王卿士。”杜預注云：“卿士，王卿之執政者。”當以杜説爲是。

《小雅·車攻》

“四牡龐龐”，龐龐，毛《傳》云：“充實也。”段玉裁《説文解字注》：“龐，謂屋之高者也，故字從廣。引申之爲凡高大之稱。”其援引的例句就是“四牡龐龐”。又馬國翰《目耕帖》卷十七載：“《集韻》平聲上，一東：‘龐、驡，充實也。’引《詩》：‘四牡龐龐，或從驡（當做馬）。’按：驡，本字。龐，古文假借字。”我認爲兩家的説法都是不準確的，龐、驡都是“騯”的假借。《説文》：“騯，馬盛貌。《詩》曰：‘四牡騯騯。’”騯，上古音並母陽部；龐、驡，上古音並母東部，古東陽合韻，可相假借。又“四牡彭彭”的“彭”也是“騯”的假借，《毛詩稽古編》卷二十七：“《出車》《北山》《大明》《烝民》《韓奕》《駉篇》‘彭彭’皆當作‘騯’。”（古籍中凡陽部、東部字連屬者，似皆有宏大、眾多之義。《齊風·載驅》：“汶水湯湯，行人彭彭。”毛傳：

“湯湯，大貌。彭彭，多貌。”《小雅·北山》：“四牡彭彭，王事傍傍。”毛傳：“彭彭然不得息，傍傍然不得已。”此毛傳有誤，“彭彭”亦當如上作壯碩解。“傍傍”當作多解，言行人衆多。又“滂滂”，《吴越春秋·勾踐入臣外傳》“血流滂滂”，言流血衆多。又“逢逢”，《大雅·靈臺》“鼉鼓逢逢”，《埤蒼》云：“逢逢，鼓聲也。”蓋言鼓聲大也。又有“喤喤”“鍠鍠”“鏘鏘”“穰穰”，《周頌·執競》“鐘鼓喤喤，磬管將將，降福穰穰”，喤喤，《漢書·禮樂志》作“鍠鍠”；將將，《禮樂志》作“鏘鏘”，前兩者言聲之大，後者言福之多。又“瀼瀼”，《鄭風·野有蔓草》“零露瀼瀼”，毛傳：“瀼瀼，盛貌。”凡此之謂，不可枚舉也。其所同者，諸字皆屬陽部、東部。審其緣由，蓋陽部、東部之字讀之，其音宏，故多有大、盛之義。單字亦多如此，如狀、滂、汸、莽、漭、奘、駔、泱、茫、潢、亢、洸、侊、京、兄、厖、洪、洚、鴻、封、豐、隆、侗、塚之類皆是也。

《小雅·庭燎》

“庭燎之光”，《毛傳》：“庭燎，大燭也。”《詩集傳》要：“諸侯將朝，則司烜以物百枚，並而束之，設於門内也。”程俊英《詩經注析》：“用麻、秸等紮成。庭燎，在宫庭中燃起的火炬。”按：燎，本字當作“尞”。《説文》：“尞，祡祭天也。”又《説文》：“祡，燒柴尞祭天也。”段《注》曰：“凡祡尞作柴燎者皆誤字。”是“祡”“尞”本意皆爲薪柴。《禮記·月令》“以供郊廟及百祀之薪燎”，鄭《注》曰：“大者可析謂之薪，小者合束謂之柴，薪施炊爨，柴以給燎。”蓋“尞”本是衆纖微之木合而爲之，纂束一起。此字後又延伸爲二字，若做薪柴以供炊飲用則加木旁，變爲“橑”。《晏子春秋·内篇一·五》：“無委積之氓，與之薪橑，使足以畢霖雨。”《管子·侈靡》：“雕卵然後瀹之，雕橑然後爨之。”戴望注：“橑，薪也。”橑，《説文》解作“椽”，是其本意，如《楚辭·九歌》“桂棟兮蘭橑”。另《説文》又有“轑”，云“車蓋弓也”，後“橑”與“轑”“橑”與“燎”漸相借用。如《周禮·冬官考工記》“弓鑿廣四枚”注“弓蓋橑也。漢世呼弓爲橑子，所以庇車者”，《論衡·説日》“系明月之珠于車蓋之橑”，此“橑”“轑”借用之例。上文《禮記·月令》之“薪燎”及《晏子春秋》之“薪橑”，此“橑”“燎”借用之例。

《小雅·正月》

“憂心愈愈，是以有侮”，鄭《箋》云：“我心憂政如是，是與訛言者殊途，故用是見侵侮也。”以“侮”爲侮辱的意思，《正義》《詩集傳》等都同意這種解釋。我認爲此處得“侮”當是“痗”的假借，同于《衛風·伯兮》中“使我心痗”（《傳》：“痗，病也。”）的“痗”。這句話當與上章中的“癙憂以痒”相對（《傳》：“癙、痒，皆病也。”《博雅》：“瘽，病也。”），意思是因爲憂心過度而導致生了疾病。從心理學和生理學上講，一旦人懷有憂慮就會使人的飲食減少，由於大腦的過度運轉使對運動産生厭倦情緒，兩方面結合就會使人的身體機能下降，容易引起疾病。這在古人詩中是常見的事情，如謝惠連的《西陵遇風獻康樂》云：“積憤成疢痗，無萱將如何。”曹植的《贈白馬王彪》云：“憂思成疾疢，無乃兒女仁。”如果解釋爲侮辱，讀起來顯得句意很不通順。

同篇“婚姻孔云”，毛《傳》云：“云，旋也。”《正義》言：“毛以爲，言幽王彼有旨酒矣，又有嘉善之殽矣，禮物甚備足矣，唯知以此禮物協和親比其鄰近之左右，與妻党之昏姻甚相與周旋而已，不能及遠人也。”是以“云”爲“周旋”（此從《説文》“云象回轉之形釋”，云，甲骨文作“[illegible]”，象氣之迴旋）的意思。但是從整個《詩經》來考察，和這個句型相同的句子均不如此解釋。“父母孔邇”“駟驖孔阜”“辰牡孔碩”“德音孔昭”“憂心孔疚”“玁狁孔棘”“皇父孔聖”“謀夫孔多”“盜言孔甘”“祀事孔明”“飲酒孔偕”“牖民孔易”“昊天孔昭”“蹶父孔武”“戎車孔博”“路寢孔碩”皆爲名詞（或名詞片語）＋副詞＋形容詞結構，“孔”作狀語修飾後面作謂語的形容詞。此處“云”如果釋爲“周旋”，那麼就成爲一個動詞，所以這種解釋是不正確的。我認爲，這裏的“云”應當爲“員”的假借，在古代兩字音相同（同在文部，《左傳》“伍員”杜注“音云”），可相假借（《書・秦誓》“日月逾邁，若弗云來”，《正義》：“員即云也。”《出其東門》“聊樂我員”，《釋文》：“員本作云。”《説文》：“䰰通作妘。”《石鼓文》“員獵員遊”即“云獵云遊”）。“員”又借爲“圓”（《孟子》“規矩方圓之至也”，“方員”即“方圓”），《説文》：“圜（即圓），全也。”《玉篇》：“圓，周也。”是周遍、完備的意思。《文心雕龍・明詩》“自商暨周，雅頌圓備”，“圓備”即“完備”。這裏是説詩人諷刺的對象既有協和洽比的鄰居，又有完備的婚姻，以用來襯托“念我獨兮”的悲涼與悽愴。

《小雅・大東》

“睠言顧之，潸焉出涕。”睠，《毛傳》：“睠，反顧也。”《箋》《正義》從之。也就是説，睠和顧在這裏屬於意義相近的兩個動詞。但是我們來考察《詩經》中所有相同句型的用法，卻發現没有和這句一樣的。《柏舟》“静言思之”、《終風》“寤言不寐，願言則嚏”、《泉水》“駕言出遊”、《定之方中》“星（此處意爲趁着天未亮）言夙駕”、《女曰雞鳴》“弋言加之”、《杕杜》“會且近止”、《彤弓》“受言藏之”、《吉日》“駕言徂東”、《小明》“興言出宿”、《瓠葉》“酌言嘗之”、《桑柔》“瞻言（此處省略動詞至）百里”都是表示語義上的遞進關係，所以“睠言顧之”也應該如此。按：此處睠應該和《小明》“睠睠懷顧”的“睠睠”是一個意思，眷、睠古通（《皇矣》“乃眷西顧”,《魯詩》作“乃睠西顧”)。睠睠懷顧,李善注《文選》引作“眷眷懷顧”,眷眷,留戀不舍的意思。無論從句法和意義上講,“睠言顧之”和“睠睠懷顧”表達的都是相同的意思。

《小雅·鼓鐘》

“鼓鐘伐鼛,淮有三洲,憂心且妯。”妯乃怞之借,《説文》:“怞,恨也。《詩》曰:憂心且怞。”《韓詩》作“憂心且陶”。案:陶古音與怞相近(《尚書》中的皋陶,古書中或作皋繇、咎繇、咎陶),可假借,陶也就有了悲傷的義項。古籍中陶多和郁連用,《尚書·五子之歌》:“郁陶乎予心,顔厚有忸怩。”《正義》注:“郁陶,言哀思也。”宋玉《九辯》云:“豈不郁陶而思君兮,君之門以九重。”王逸注“郁陶”曰:“憤念蓄積盈胸臆也。”揚雄《方言·卷一》:“鬱悠、懷、惟、慮、願、念、靖、慎,思也。晉、宋、衛、魯之間謂之郁悠(郁悠猶郁陶也)。”後世典籍中亦多見,此處略舉幾例。《全唐文·卷八百一》:“既可逭乎災眚,亦聊釋乎郁陶。”徐陵:“郁陶思君未敢言,寄聲浮云往不還。”周必大:“悔負毗陵約。長歌散郁陶。”謝玄暉:“朋情以郁陶,春物方駘蕩。”楊琫:“晨昏苦郁陶。”吴長元:“慷慨一傷懷,覽古心郁陶。”歐陽詢:“郁陶懷所親,引領情緬然。”王安石:“已將流景供談笑,聊爲知音破郁陶。”(閻若璩《尚書古文疏證》中認爲“郁陶”没有悲傷哀思的意思,並作爲《五子之歌》是僞作的證據,其實是不能成立的。)

《小雅·信南山》

“中田有廬,疆埸有瓜,是剥是菹。”

此句鄭玄《箋》注曰:“中田,田中也。農人作廬焉,以便其田事。於畔上種瓜,瓜成又入其税,天子剥削醃漬以爲菹。”後世的辯説争論多集中在當時的民衆是否有進貢瓜以供祭祀醃漬的義務。清代的于鬯在他的《香草校書》中提出了新的問題,他認爲“中田有廬”和“疆埸有瓜”是對文,所以“廬”也應該是瓜果一類,而不是草廬。他考證説:“廬(按:此處爲便於問題的清晰,故用繁體)之言盧也,廬諧盧聲,故得通借,即壺盧是也。”其後又云:“以下文剥菹獻祖爲專承瓜,不乘廬,則‘中田有廬’一句不成閑語乎?……且上章云‘疆埸翼翼,黍稷彧彧’二句爲對文,則‘中田有廬,疆埸有瓜’亦對文可知。”我認爲于氏的説法未必正確。首先,從前文“疆埸翼翼,黍稷彧彧”來看,是説田間的疆界劃分得很整齊,中間長滿了茂盛的莊稼。如果把“廬”解釋爲“壺盧”,也就是説,在田中間又種了壺盧,既與前章所敘述的矛盾,而且在古代典籍中也没有這樣的記載。其次,壺盧是蔓生植物,需要依靠一定的載體向上蔓延,無論是在公田的中間有樹或者在其地埋上竿木供其生長,這在當時都是不現實的。再次，按照于氏的説法，如果解釋成草廬，“中田有廬”就成了閑文。可是在《詩經》當中，這種純粹起興作用的句子比比皆是。就以上章的“疆埸翼翼，黍稷彧彧”來説，其後句的“曾孫之穡，以爲酒食”也只是承接了“黍稷彧彧”。所以，只從對文方面入手，而不考慮當時的社會環境是不正確的。

《小雅・何草不黄》

“有棧之車”，毛《傳》云：“棧車，役車也。”鄭《箋》、朱熹《詩集傳》皆從之。但是《杕杜》中的“有杕之杜”的“杕”，《傳》云“特生貌”，這兩句句法相同，“有棧之車”釋爲棧車，恐怕未必正確。孔穎達大概已經認識到這個方面，所以他在《正義》中説：“有棧是車狀，非士所乘之棧名也。”但是對於“有棧”到底是怎樣一個“車狀”，卻没有作進一步的説明。我認爲此處的“有棧”即“棧棧”，應當解釋作車小貌，與前“芃”釋作“小獸貌”相應。古從戔者多與小、少、淺相涉及。如戔，《集韻》：“戔戔，淺小之貌。”淺，《荀子・修身篇》：“少聞曰淺。”帴，《廣韻》：“小兒藉也。”《類篇》：“褓也。”又《詩》“小戎俴收”之俴意同淺。

《大雅・板》

“昊天曰明，及爾出王。昊天曰旦，及爾遊衍。”游衍，毛《傳》云“遊行衍溢”，是以衍爲水溢出之衍。鄭《箋》：“羨，溢也。或作衍。”蓋羨古代有饒足富餘的意思，所以毛、鄭兩家都訓作“溢”。但是上文的“出王（往）”二者意義相連屬，若訓衍爲溢，則與游意義相差甚遠。馬瑞辰意識到此點，故在其《毛詩傳箋通釋》中説道：“《小爾雅》：‘延、衍，散也。’遊衍即放散之義，溢與散義正相成。”按：馬氏訓爲放散亦未必準確，此處遊衍當是遊行之義。此處羨、衍均是延的假借。古羨可假作延，張衡《東京賦》“乃羨公侯卿士”，李善注引薛琮曰：“羨，延也。”朱駿聲《説文通訓定聲》：“羨，假借爲延。”古衍亦可假借爲延，《周禮・春官・大祝》“二曰衍祭”，鄭玄注：“衍字當爲延。”《唐風・椒聊》“蕃衍盈升”，玄應《一切經音義》引作“蕃延盈升”。《集韻》：“莚，蔓延也。或作衍。”延有行之義，《説文》：“延，長行也。”《玉篇》：“延，行也。”

《魯頌・泮水》

“憬彼淮夷，來獻其琛：元龜象齒，大賂南金。”此段前三句諸家所釋無異議，其争論集中於“大賂南金”。大賂，毛《傳》：“賂，遺也。”鄭《箋》：“大猶廣也。廣賂者，賂君及卿大夫也。”馬瑞辰《毛詩傳箋通釋》：“大賂南金與元龜象齒對言，南金爲獻琛之一，大賂當爲大輅之假借。”俞樾《群經評議》：“上文曰‘來獻其琛’，既言獻，不必更言賂矣，‘賂’當讀爲‘璐’。”于鬯《香草校書》：“古蓋讀‘貝’爲‘賂’，大賂者，大貝也。”按：馬氏之説蓋據音同假借，但是大輅以北方所制爲佳，此言“琛”，必非周魯所習見者，故馬氏之説未必是。又俞氏之説，頗合典籍所載，如《戰國策・楚策》載：“黄金、珠、璣、犀、象出於楚。”但是缺乏直接證據。當以于氏之説爲是，《易林・萃・中孚》：“元龜象齒，大賂爲寶。”《比・噬嗑》：“元龜象齒，寶貝南金。”既言“大賂”，又言“寶貝”，則“賂”當釋爲“貝”。

《魯頌・閟宫》

“龍旗承祀，六轡耳耳。”毛《傳》：“耳耳然至盛也。”馬瑞辰《毛詩傳箋通釋》：“耳耳即爾爾之假借。《説文》：‘爾，麗爾，猶靡麗也。’單言爾亦爲盛，《采薇》詩‘彼爾維何’，《傳》‘爾，華麗貌’是也。重言之則曰爾爾。”按：耳耳、瀰瀰、彌彌、瀰瀰、爾爾、缉缉古音同可相假借。《新臺》“河水瀰瀰”之瀰瀰（或作彌彌），毛《傳》“瀰瀰，盛貌”，是瀰瀰、彌彌與耳耳之意同。又《玉篇》：“缉，六轡盛貌。”《廣韻》：“缉缉，轡盛貌。”是耳耳即缉缉之證。又《載驅》“四驪濟濟，垂轡瀰瀰”，瀰瀰，《釋文》作爾爾，《通雅》：“耳耳猶瀰瀰也，耳、爾古通。”是耳耳、爾爾、瀰瀰古通之證。（毛《傳》釋“垂轡瀰瀰”之瀰瀰爲“眾貌”，恐未確，亦當解釋爲盛貌。）

《商頌・那》

“顧予烝嘗，湯孫之將。”鄭《箋》：“將猶扶助也。嘉客念我殷家有時祭之事而來者，乃太甲之扶助也。”歐陽修《詩本義》：“云湯孫之將者，謂能將祀事也”，是以將爲助義。朱熹《詩集傳》“此湯孫之所奉者，庶幾其顧之也”，是以將爲奉持義。按：此處當是言其祖先來享其祭祀，則湯孫之福特大也。在當時人們的觀念中，祖先能夠降臨享用子孫們供祀的物品，預示着子孫將獲得祖先的福佑。如果祖先不降臨或者説不享用子孫們的祭祀，那預示着子孫將有禍患。此句當聯繫下首詩《烈祖》來解，《烈祖》末句是“來假來饗，降福無疆。顧予烝嘗，湯孫之將”。“來假來饗”和“顧予烝嘗”相對，“降福無疆”和“湯孫之將”相對，言湯孫受福之大，《烈祖》上有“我受命溥將”，將猶溥也，謂廣大。“有娀方將”，將謂壯大。

《陳氏禮記集説補正》解經特點探究

南京師範大學　張　琪

摘　要　《陳氏禮記集説補正》成書於清初，受其創作主旨及時代學術風潮影響，該書在解經方面特點非常突出。本文試圖從宏觀上概括其主要特點，結合相關例證分析，力求深入探究，以揭示該書價值。

關鍵詞　陳氏禮記集説補正　解經　特點

成書於清初的《陳氏禮記集説補正》，是一部專門批評補正陳澔《禮記集説》的著作，《四庫全書總目提要》對此書評價頗高[①]。但是一直以來，關於它的研究總是不夠深入全面，還有許多問題亟待解決。本文在標點校勘原文的基礎上，特別對其解經特點作相關探究，以揭示該書之價值。概而言之，《陳氏禮記集説補正》之解經特點有如下數端：

一、意主糾駁

《陳氏禮記集説補正》一書最大的特點在於糾駁方面，它具有極強的針對性，從多個層面對陳澔《禮記集説》做了補正，立場十分鮮明，風格十分突出，具體表現如下：

1. 批陳澔《禮記集説》解經之簡

陳澔在《禮記集説序》中言："蓋欲以坦明之説，使初學讀之即瞭其義，庶幾章句通，則藴奥自見，正不必高爲議論而卑視訓詁之辭也。"[②]《四庫全書總目提要》也説："蓋説《禮記》者，漢、唐莫善於鄭、孔，而鄭注簡奥，孔疏典贍，皆不似澔注之淺顯。宋代莫善于衛湜，而卷帙繁富，亦不似澔注之簡便。"[③] 由此可見，陳澔《禮記集

---

① ［清］永瑢《四庫全書總目》，中華書局1965年版，上册第173頁。

② 儒藏本《禮記集説》，北京大學出版社2009年版，第7頁。

③ 《四庫全書總目》上册，第170頁。

説》最大的特點是淺顯，爲此陳澔在注解時或簡化刪改鄭注孔疏，或概括禮制、禮義，或對複雜考據略而不談。這樣簡化處理，雖有利於初學者，但有時也會使禮義不明、禮制不備，乃至有所謬誤，例如：

卷十六《内則》：三牲用藙。《集説》："藙，茱萸也。"竊案：鄭注："藙，煎茱萸也。"不但以茱萸釋藙，而必曰煎，則有人工作之矣。猶秋用芥，以"芥醬"釋之也。故孔氏引賀氏説，申之曰："今蜀郡作之，九月九日取茱萸，折其枝，連其實，廣長四五寸，一升實可和十升膏，名之藙。"《集説》既從舊注，以芥爲芥醬矣，於茱萸獨去煎字，何也?①

按：陳澔解經，意在使讀者明經意，於器物知其大概即可。鄭注釋"藙"爲煎的茱萸，而陳澔在引用此條時去掉了"煎"字，直接釋"藙"爲茱萸，從本質上來説是不錯的，但是如此解釋就讓人不明白這茱萸到底是直接採摘來的，還是經過加工的，不利於讀者瞭解禮制器物原貌。《禮記集説》中此類引鄭注孔疏而刪字的情況數量不少，作者俱有辯論。

卷三十五《投壺》：設中。《集説》："取中以進而設之。"竊案：此中設於何處也？孔氏曰："司射西階上取中，稍進，東面而設中也。此中亦設於西階上也。"②

按：《儀禮》中禮節繁多，複雜難明，涉及到具體的細節更是讓人窮於探究，因此世人常嘆其難讀。陳澔在注解《禮記》時遇到此類禮節時，往往不會深究，只要能讓人明其義理即可，故而類似上例中但解"設中"而不管其設於何處的解説時常有之。這種注解固然是因陳澔以淺顯爲宗旨而起，但一味淺顯確實也不利於考察禮儀制度的實際狀況，《陳氏禮記集説補正》於此多有批評。

2. 批陳澔本人解經之虛妄

陳澔本人解説《禮記》經文，時有根據自己的理解，不管禮義，妄自解説的，不仔細考察，究其原委，往往會輕易看過，錯會經文主旨。這點前人多有詬病，《陳氏禮記集説補正》則用力更多，逐一批評糾正，如：

① 影印文淵閣《四庫全書》本《陳氏禮記集説補正》第 144 頁。按：引文中首列經文，次列陳澔之集説，"竊案"部分乃《陳氏禮記集説補正》之補正。下文所引原文俱同此體例。

② 《陳氏禮記集説補正》，第 261 頁。

卷一《曲禮上》：很毋求勝，分毋求多。《集説》："況求勝者未必能勝，求多者未必能多。"竊案：毋求勝、毋求多，乃不忮不求，懲忿窒欲之事。毋求多即與毋苟得相似，財利者，人所最易惑者也，故再言之。陳氏乃云求勝未必勝，求多未必多，却不免計較得失，若是則可以必勝、必多，將不難爲之矣。①

按：此二句鄭注、孔疏俱以"有小小鬩很，當引過歸己，不可求勝""所分之物，毋得求多也"解之，頗中禮義，後儒亦多持此説。陳澔此言，不思經文之大義，只是隨口解説，欲加發揮，反而過猶不及，不似聖人之言。這種解經方式，《禮記集説》中往往有之，並非個例，故而《陳氏禮記集説補正》作者匡正其失，解經務求準確適中，迴歸聖人本意，正是有感而發，有的放矢。

3. 批陳澔《禮記集説》所引諸家説中之誤

陳澔《禮記集説》之名，實由集諸家之説而來，因此書中大量引用了前人的觀點，這些觀點正確與否，頗值得考量。《陳氏禮記集説補正》於此十分關注，並且對其中有誤者做出了辨正，下舉例以説明：

卷五《檀弓上三》：朝奠日出，夕奠逮日。《集説》："方氏曰：'朝奠以象朝時之食，夕奠以象夕時之食，孝子事死如事生也。'"竊案：方氏之説似是而非，若云事死如事生，則生時不但朝夕二食而已，更有午食，何以日中不奠？故不如鄭注爲精。鄭氏曰："陰陽交接，庶幾遇之。"吴氏申之，曰："陰闇陽明，日出者，由闇而明，陰交接陽也。及日將入，由明而闇，陽交接陰也。奠者，所以聚死者之神。死而神混於天地陰陽之中，故於天地陰陽交接之際求之。"②

按：此處解釋"朝奠""夕奠"之事，方氏以象"朝時之食""夕時之食"爲説，言"孝子事死如事生"，實屬臆測，未明禮義。《儀禮》中之禮節多有寓意，何時行何禮節，必有講究。此處鄭玄、吴澄以"天地陰陽交接之際"釋行朝、夕奠之原因，深合禮義，較方氏更勝一籌。

卷十六《内則》：有善則記之爲惇史。《集説》："方氏曰：'五帝之憲也，而老者未嘗無言，要之以德爲主耳。故曰有善則記之，蓋可記者言故也。'"竊案："有善"之善，蓋指老者之德行而言，非謂記其善言也。故孔疏云："老人有善德行則

① 《陳氏禮記集説補正》，第17頁。

② 《陳氏禮記集説補正》，第63頁。

記録之，使衆人法則，爲惇厚之史。"《集説》以爲可記者言，謬矣。若徒記善言，何以爲惇史?①

按：此處引孔疏解"有善"之善爲"善德行"，批評方氏"善言"之説。惇史即是惇厚之史，其中所記的内容是爲了使衆人法則。那麼可使衆人法則的不僅有善德行，善言亦可爲人法則，方氏説固然不全面，孔疏亦未必盡之，兩説相合乃善。

二、廣征博引，多方採納，證明己説

《陳氏禮記集説補正》在解經過程中，廣泛援引各家觀點，多方採納，其性質頗類似"集説"，但是又有所不同，因爲作者會對所引衆家觀點區分對錯，厘定是非，給出己見，體現了作者本人的解經意志。爲方便説明，下面將此書引用各家説概況列於表中。所列皆是引用次數較多者，還有引用次數雖不多，但是在經學上有較大成就或與本文某項研究内容相關者。

朝代	所引人名	引用次數	朝代	所引人名	引用次數
東漢	鄭玄	約 150 條②	南宋	項安世	5 條
南朝梁	皇侃	5 條		朱熹	26 條
北朝	熊安生	12 條		劉礪	約 8 條
唐	陸德明	6 條		輔廣	5 條
	孔穎達	約 150 條		應鏞	3 條
北宋	張載	18 條		黃震	3 條
	程頤	3 條	元代	吴澄	117 條
	吕大臨	13 條	明代	胡廣	16 條
	陸佃	約 50 條		黃乾行	13 條
	陳祥道	33 條		徐師曾	9 條
	葉夢得	7 條		郝敬	13 條
	方慤	67 條	清代	顧炎武	4 條
	馬晞孟	16 條		陸元輔	9 條

① 《陳氏禮記集説補正》，第 146 頁。

② 按：此類統計中出現約數，主要是由《陳氏禮記集説補正》所引諸家稱謂不明確引起的。如其中可確定爲陸佃的有 41 條，其他尚有稱"陸氏"者，不可確考，故取約數。下仿此。

除以上所引諸家外，還有長樂黄氏、延平周氏、晏氏、李氏等，被徵引次數在 3 次左右，但不可考其姓名生平。其餘如程大昌、吕祖謙、何孟春、伊繼山、金華邵氏、信齋楊氏、廣安游氏、吴興敖氏、金仁山氏、華谷嚴氏、慈湖楊氏、臨川王氏、秦溪楊氏、朱汝礪氏、汪氏、張氏、饒氏等，被徵引或一次，或兩次，於全書影響不大，故不列入表中。

由表中所列數據可以看出，《陳氏禮記集説補正》徵引鄭注孔疏條數最多，俱在 150 條以上，其次是吴澄 117 條，其次方慤 67 條，其次陸佃約 50 條，其次陳祥道 33 條，其次朱熹 26 條，其餘俱在 20 條以下。若以學派師承劃分，鄭玄、孔穎達可謂一脈相承，爲一派；據《宋元學案》，陸佃、陳祥道、馬晞孟、方慤俱是王安石門下，可稱王氏"新學"一派；吴澄爲朱熹四傳弟子，二人又可稱一派。如此可見，三派被徵引條目數量都不少，這種現象首先反映了《陳氏禮記集説補正》作者的廣博見聞，旁徵博引，所用材料十分豐富；其次反映出作者多方採納，並不專於一家一派之言，並不固守"漢學""宋學"之壁壘，凡能爲其所用者，凡言之有理者，皆爲收納；第三，這還反映了作者解經言必有據，援引先儒之説，少有空言。

《陳氏禮記集説補正》所引諸家注解甚多，但卻不是爲了附從這些觀點，而是爲了化爲己用、論證自己的想法。與自己見解相合者，自是"先得我心"，就拿來用爲論據。有與自己見解不相合者，則或存異，或存疑，但是更多的是批判。通過這種批判他人論點，樹立起自己的觀點，其間又廣引諸説，務求有理有據，論證詳實。以下舉例以説明：

> 卷二十一《少儀》：毋測未至。《集説》："君子以誠自處，亦以誠待人，不逆料其將然也。未至而測之，雖中亦僞。"竊案：《集説》蓋本"不逆詐、不億不信"之意，恐非記者之旨。孔氏云："未至之事，聖人難之，凡人固不可預。欲測量之也，若終不驗，則傷知也。"胡氏亦云："測未至，謂幸中，如子貢二説甚當。子張問十世可知乎，夫子不過即三代已往之因革以斷之，非若讖緯術數之家用其私智以推測也。至人且然，況學者乎。"①

按：《陳氏禮記集説補正》作者認爲，還未發生之事，本就難以預料，如果強行預料，結果卻不中，就會傷智，因此聖人不爲。這與陳澔用"君子以誠待人、待己"之解不同，故而引用孔疏和胡氏的觀點，來證明自己觀點與多數解經家相同，是陳澔錯而自己對。觀此條注解，陳澔之説確實不如《陳氏禮記集説補正》高明。

---

① 《陳氏禮記集説補正》，第 177 頁。

卷三十五《深衣》：制：十有二幅，以應十有二月。《集説》引楊氏説，具詳於"續衽，鉤邊"之下。竊案：鄭氏以來，皆謂深衣之裳以六幅分爲十二幅，故楊氏尚仍其誤，不知記所謂制十有二幅，以應十有二月者，兼衣六幅、裳六幅言，非專指裳也。蓋深衣之裳，每幅裁爲二片，而顛倒縫之，仍爲一幅。以其未裂而言，則曰六幅；以其既裂而言，則曰十二片；以其裂而復縫言之，則仍曰六幅。非有十二幅也。若如舊説，則裳之幅應月，而衣之幅獨不應月乎？惟衣裳合爲十二幅，則衣六幅象六陽月，裳六幅象六陰月，而其義始備。此吴興敖氏、臨川吴氏之説，予更爲申明之。①

按：鄭注："裳六幅，幅分之，以爲上下之殺。"此楊氏所本，《陳氏禮記集説補正》作者以爲深衣之制不是如此，另爲一説，所引乃是敖氏、吴氏之説，並加以申明。

除所引諸家觀點較多外，《陳氏禮記集説補正》所引用的各類書籍也不在少數。"十三經"中，《禮記》《儀禮》《周禮》自不必説，其他如《周易》《尚書》《詩經》《春秋》《左傳》《公羊傳》《爾雅》《孟子》等俱有涉及；史書類中，主要引書有《史記》《漢書》《後漢書》《三國志》等；子書類中，《老子》《莊子》《吕氏春秋》《白虎通義》等往往被引到。許慎《説文解字》、陸德明《經典釋文》等被徵引次數較多。其他諸書如朱熹《四書章句集注》、黄震《黄氏日鈔》、黄乾行《禮記日録》、吴澄《禮記纂言》等，隨所引到之人而連帶提到。這些引書也都是爲了配合《陳氏禮記集説補正》作者的論證，也是作者見聞廣博的體現。

三、與鄭注孔疏時立異同

鄭注孔疏是諸多《禮記》注解著作中最重要的兩部，後世習禮、研禮者都給予了高度的重視。陳澔《禮記集説》中所引觀點最多的就是鄭注孔疏，《陳氏禮記集説補正》也是，但在對二者的態度上，兩書有所不同。陳澔《禮記集説》凡所引用鄭注孔疏者，基本上是以贊成其觀點爲主。在對二者的利用上，或是刪減注疏内容，或是簡化注疏之文，或是對注疏加以總結，或是对注疏加以補充。陳澔雖不盲從鄭注孔疏，但是也絶少對其提出質疑辨正。

相比之下，《陳氏禮記集説補正》在對鄭注孔疏的處理上則有其特别之處，即它所持的是一種辯證的態度，對鄭注孔疏觀點有贊同，也有批評指正。而贊同和批評指正兩種在此書中所佔比例幾乎相當，可見作者對鄭注孔疏並没有表現出十分明顯的傾向性，只是就事論事，取其所需而已。以下分而論之：

① 《陳氏禮記集説補正》，第260頁。

1．贊同鄭注孔疏的情況

《陳氏禮記集説補正》在批駁陳澔及諸家觀點、補充某些經文的注疏的情況下，引用鄭注孔疏，對其態度是贊成的，例如：

> 卷四《檀弓上二》：遇舊館人之喪。《集説》："舊館人，舊時舍館之主人也。"竊案：鄭注舊館人謂"前日君所使舍己"。孔疏曰："知非舊所經過主人者，若是經過主人，當云'遇舊主人之喪'，故禮稱皆云主人。左傳云'以爲東道主'，又云'昔我主於趙氏'，皆稱主人爲主。今云館人，明置館舍於己，故以爲君所使舍己者。"《集説》殊未分明。①

按：此解"舊館人"之義，陳澔以爲乃是"舊時舍館之主人"，鄭注孔疏注解相承，都以爲是"前日君所使舍己者"，《陳氏禮記集説補正》從鄭、孔之説，不以陳澔之説爲然。

> 卷二十一《少儀》：犬則執緤，守犬、田犬則授擯者，既受乃問犬名。《集説》："乃問犬名，無解。"竊案：鄭氏云："守犬、田犬問名，畜養者當呼之名，謂若韓盧、宋鵲之屬。"孔氏云："田犬、守犬有名，食犬無名。"可補《集説》之闕。②

按：守犬是長久蓄養用來看守財物的犬，田犬是用來捕獵的犬，二者需有稱呼，以與蓄養人相熟識，聽從使唤。而食犬則是專門用來宰殺食肉的犬，故而不需名字。陳澔於此無解，作者取鄭注孔疏以補之。

2．批駁鄭注孔疏的情況

《陳氏禮記集説補正》在按語中一般先追溯陳澔之説本自何人，往往追到鄭、孔，若發現有不妥當之處，即加駁正。在此情況下，表面上是補正陳澔《禮記集説》，實際針對的是鄭注孔疏。這種批駁大體分兩種，一是認爲鄭注孔疏完全錯誤，加以駁正；二是鄭注孔疏不完備，取他説加以補充，舉例如下：

（1）認爲鄭注孔疏完全錯誤，加以駁正

> 卷四《檀弓上二》：冉子攝束帛、乘馬而將之。《集説》："攝，貸也。"竊案：

① 《陳氏禮記集説補正》，第 48 頁。

② 《陳氏禮記集説補正》，第 178 頁。

鄭注："攝，猶貸也。"孔疏："孔子之使未至，貸之束帛、乘馬而行禮。"此《集説》所本也。然以貸訓攝，於義未當。愚謂攝猶"攝祭""攝王""攝位"之攝，江陵項氏曰："攝，代也。孔子之賻贈未至，冉有爲之代出束帛、乘馬是也。"①

按：此條經文原文爲："伯高之喪，孔氏之使者未至，冉子攝束帛、乘馬而將之。孔子曰：'異哉！徒使我不誠於伯高。'"解"攝"字，孔疏從鄭注之義，但是在注解"孔子曰"至"伯高"一段時，孔疏曰："冉有代孔子行弔，非孔子本意，是非孔子忠信，虚有弔禮。"② 又似乎訓"攝"爲"代"。孔穎達在疏解鄭注時，多是闡發鄭玄之解，但是並不是説他自己没有見解，這種見解有時會在别的地方表現出來，因此這裏就出現了同一個字有不同注解的情況。此條中孔穎達應該是主張訓作"代"的，與鄭玄不同。《陳氏禮記集説補正》也主張訓作"代"，並引江陵項氏的觀點爲證，批駁鄭注之誤。

卷五《檀弓上三》：未仕者不敢稅人。《集説》："稅人，以物遺人也。"竊案："稅人"之稅當作"祱"。郝氏曰："'稅'與'禭'同，贈死者衣服也。未仕者，則衣服不備，不敢禭人，而謂以物遺人，非也。"③

按："集説"中"稅人，以物遺人也"一句實際上出自孔疏。作者認爲此處孔穎達解"稅人"作"以物遺人"不正確，故而引郝氏之説，主張"稅"解作"禭"，意思是贈死者衣服，似乎更加精確。

（2）補充鄭注孔疏不完備者

卷十四《禮器》：五獻之尊，門外缶，門内壺。君尊瓦甒。此以小爲貴也。《集説》引疏曰："壺大一石，瓦甒五斗，缶又大於壺。"竊案：鄭注云："缶大小未聞。"故《集説》亦不言數。然案方氏則云："《爾雅》言盎謂之缶。雖不言其所容，以算法推之，掬四謂之豆，積之至于缶二謂之鍾，則缶蓋四石之名也。"缶之名雖同，缶之用則不一。有用之以盛酒者，若坎所謂用缶是也；有用之以汲水者，若比所謂盈缶是矣；有用之以節樂者，若離所謂鼓缶是矣。陸氏又謂燕禮司宫尊于東楹之西兩方壺，豈所謂門内壺者耶？公尊，瓦本在尊南上，豈所謂君尊瓦甒者

① 《陳氏禮記集説補正》，第47頁。
② 《禮記正義》上册，第269頁。
③ 《陳氏禮記集説補正》，第64頁。

耶？士旅食于門而兩圜壺，豈所謂門外缶者耶？圜壺雖非缶，其陳設之序則然。①

按：此條是考證器物，缶的大小，鄭注言未聞，孔疏只言比壺大，具體也不詳。《陳氏禮記集説補正》引用方氏之説，認爲缶容四石，無論此説正確與否，但比鄭、孔進一步。又言同是稱作缶，用途卻不一樣，有用來盛酒的，有用來汲水的，有用來節樂的，較之鄭、孔又詳細。

卷二十九《祭統》：夫祭有十倫焉：見事鬼神之道焉，見君臣之義焉，見父子之倫焉，見貴賤之等焉，見親疏之殺焉，見爵賞之施焉，見夫婦之别焉，見政事之均焉，見長幼之序焉，見上下之際焉。此之謂十倫。《集説》："鄭氏曰：'倫，猶義也。'"竊案："倫"之爲解"義"字，不足以盡之。《增韻》曰："倫，次序也。"《廣韻》曰："倫，等也。"長樂陳氏曰："鬼神、父子、親踈、夫婦、長幼五者，内之倫也。君臣、貴賤、爵賞、政事、上下五者，外之倫也。"嚴陵方氏曰："鬼神則變化有所通，故曰道。君臣則嚴謹有所守，故曰義。父子則恩孝有所順，故曰倫。貴賤則名位有所差，故曰等。親踈則遠近有所間，故曰殺。爵賞則恩惠有所及，故曰施。夫婦則内外有所辨，故曰别。政事則多寡有所一，故曰均。長幼則先後有所次，故曰序。上下則情意有所接，故曰際。夫祭以鬼神爲主，故首言鬼神之道。至於惠之之道，則祭之末也，故以上下之際終焉。夫先後有序，如此所以謂之倫也。"②

按：此條"倫"字，鄭玄解作"義"，十倫即是十義。《陳氏禮記集説補正》認爲不夠明確，引《增韻》《廣韻》，解"倫"字作"次序""等"，又引長樂陳氏、方慤之説，詳細解釋了經文的意思，最終得出"十倫"不僅僅指"十義"，還包含上下尊卑、長幼先後的次序的結論，比鄭注具體詳實。

3. 存異、存疑的情況

《陳氏禮記集説補正》有時對鄭注孔疏與其他諸家觀點難以取捨，無法判斷孰是孰非，就會採取存異、存疑的做法。當然這種處理態度在此書中所佔比例很小，以下舉一例以見之：

卷七《檀弓下二》：穆公召縣子而問然。《集説》："無解。"竊案：鄭氏曰：

① 《陳氏禮記集説補正》，第125頁。

② 《陳氏禮記集説補正》，第233頁。

"'然'之言'焉'也。"山陰陸氏曰:"問然,問其所以然。"《集説》無解,未知孰是。①

按:此句原文爲:"歲旱,穆公召縣子而問然,曰:'天久不雨,吾欲暴尪而奚若?'曰:'天則不雨,而暴人之疾子,虐,毋乃不可與!'"而在《檀弓上》篇中有"陳莊子死,赴於魯,魯人欲勿苦,繆公召縣子而問焉"一句,正與此句句式相同,兩文互證,可知此處"然"字當作"焉"講。山陰陸氏以"問其所以然"爲説,雖可通,恐非記禮者本意。

四、漢學、宋學並存,義理爲主,考據爲輔

經學劃分爲漢學、宋學始於清代。漢學又指考據之學,漢代學者研究經學注重名物、訓詁,其治學根本方法在"實事求是""無征不信",其研究範圍以經學爲中心,而衍及小學、音韻、史學、天算、水地、典章制度、金石、校勘、輯佚等。而引證取材,多極於兩漢。宋學與漢學相對,"即宋明理學,其學術要旨,在於闡發儒家經典所蘊含的義理,褒貶議論,重視發揮"②。學術史上,漢學派和宋學派頗有些對立,但是在《陳氏禮記集説補正》中,二者都有所體現,也並没有偏向哪方的意思,從此書所引諸家中可以看出,鄭玄、孔穎達被引次數最多,而張載、朱熹、吴澄等理學家被引次數,合起來也幾乎與鄭孔相當了。可見此書作者兼收並蓄,不管什麼學,只要能爲所用,就一併收納。

與漢學、宋學相對應的就是考據和義理。宋學家自然是厭煩名物制度考據的瑣碎,故而一味的在闡釋義理上下功夫。到了清代中後期,以乾嘉學派爲代表的考據家們,反而又很厭棄用義理的方法解經,於是大力地在考據上做文章。《陳氏禮記集説補正》成於清初,正是宋明理學已露弊端,頗有些人開始反動,而乾嘉學派又未成氣候之前,那時正是二者的過渡期,還没有樹立起森嚴的門户壁壘,是以在書中,考據和義理兩種方法都有運用,相互交融。不過康熙朝時代,康熙皇帝本人篤好學術,尤尊朱熹,上有好之,下必從之,故而考據之學雖已露端倪,義理之學仍舊稱尊。反映在《陳氏禮記集説補正》中,便是義理爲主,考據爲輔了。當然,這衹是造成這種情況的外在原因,内在原因是陳澔《禮記集説》以講義理爲主,故而《陳氏禮記集説補正》因循之,"大抵考訓詁名物者十之三四,辨義理是非者十之六七"③。

① 《陳氏禮記集説補正》,第79頁。

② 王記録、李艷:《漢學、宋學和清代史學》,《山西師大學報》第32期,2005年1月,第81-85頁。

③ 《四庫全書總目》上册,第173頁。

五、溯源陳澔及諸家之説本自何人

《陳氏禮記集説補正》按語中一般會先指明“集説”中之觀點本自何人，有時在辯證中引用别人觀點，也指出其淵源。這種嚴謹的考證，不僅爲讀者提供了方便，而且表現了作者實事求是的態度、深厚的學術功底。這也是此書解經上的一個重要特點，以下具體討論：

1. 溯源陳澔之説所本

這種情況在《陳氏禮記集説補正》中佔很大比例。此書“集説”中列出陳澔自己發明、闡述禮義的内容，在“按語”中首先考明陳澔所説本自何家。經統計，陳澔之説絶大部分可以從鄭注孔疏中找到淵源，少部分是本自其他解經家之觀點，舉例如下：

> 卷二《曲禮下》：在朝言禮，問禮對以禮。《集説》：“朝廷之上，凡所當言者，皆禮也，一問一對，必稽於禮。”竊案：鄭氏曰：“於朝廷無所不用禮。”孔氏曰：“朝事既重，謀政不輕，殷勤戒之，言及問對，則宜每事稱禮也。”《集説》本之，然一事而分爲三條，未免支離。吴氏曰：“在朝議禮，問此一禮則對以此一禮。”其説爲當。①

按：此條討論“在朝言禮，問禮對以理”的問題。《陳氏禮記集説補正》列出鄭玄和孔穎達的觀點，再和陳澔的説法相對比，明顯可以看出陳澔觀點是引申自鄭注孔疏，只是求之過甚，發揮太多，反而支離。

> 卷九《月令一》：立春之日，天子親帥三公、九卿、諸侯、大夫，以迎春於東郊。《集説》：“迎春東郊，祭太皞、勾芒也。後倣此推之。”竊案：賈逵、馬融、蔡邕皆謂太皞及勾芒，以上云“其帝太皞，其神勾芒”也。《集説》固有所本矣。②

按：此條討論天子立春時東郊祭祀的對象的問題。陳澔《禮記集説》認爲祭的是太皞、勾芒，《陳氏禮記集説補正》首先指明陳澔之説是本自賈逵、馬融、蔡邕，然後才討論具體的問題。

2. 溯源陳澔所引諸家説之所本

陳澔《禮記集説》中時常引用其他解經家的觀點，《陳氏禮記集説補正》於這些解

---

① 《陳氏禮記集説補正》，第32頁。

② 《陳氏禮記集説補正》，第93頁。

經家的觀點本自何處，也有所考證，但是所佔比例不大，舉例説明如下：

卷七《檀弓下二》：仕而未有禄者，君有饋焉曰“獻”，使焉曰“寡君”。違而君薨，弗爲服也。《集説》《王制》云：“位定然後禄之。”葢初試爲士，未廩禄者，有饋於君，則稱“獻”。使他國，則稱“寡君”。此二事皆與羣臣同，獨違離之後而君薨，則不爲舊君服，此則與羣臣異。所以然者，以其未嘗食君之禄也。又引方氏曰：“湯之於伊尹，學焉而後臣之。方其學也，賔之而弗臣，此所謂仕而未有禄者，若孟子之在齊是也。惟其賔之而弗臣，故有饋焉，不曰‘賜’而曰‘獻’，將命之使不曰‘君’而曰‘寡君’，葢‘獻’爲貢上之辭，而‘寡’則自謙之辭故也。以其有賔主之道，而無君臣之禮，故違而君薨，弗爲服也。其曰違，則居其國之時，固服之矣。”竊案：二説中方氏爲優，《集説》初一條本之注、疏，削之可也。然方氏又有所本，臨川王氏曰：“君有饋焉，而解曰有饋於君，似非臣之饋君，謂之獻，豈問有禄未有禄乎？”老泉蘇氏曰：“禮曰：‘仕而未有禄者，君有饋焉曰獻，使焉曰寡君。違而君薨，弗爲服也。’古之君子重以其身臣人者，葢爲是也哉？子思、孟軻之徒至於是國，國君使人餽之，其詞曰：‘寡人使某有獻於從者。’布衣之尊而至於此，惟不食其禄也。”李氏曰：“立於其朝矣，命廩人繼粟，庖人繼肉，而不以官定食，所謂仕而未有禄者也。饋焉則獻，使焉則不以主君，賔焉而不臣之也，賔之故有獻而無賜。《玉府》之職曰：‘掌王之獻玉。’是王有獻賢之禮也。”長樂陳氏曰：“賔之而弗臣，故有饋焉，不曰賜而曰獻，其將命之使，不曰君而曰寡君，若子思之仕魯，孟子之仕齊是也。違而君薨弗服，則在國而君薨，爲之服矣。”山陰陸氏曰：“未純於臣，則雖君饋之，猶曰獻。雖違之他邦，弗爲君服。”案此數家之説，方氏所本也，勝注、疏多矣。①

按：此例中言方氏之説本自臨川王氏、老泉蘇氏、李氏、長樂陳氏、山陰陸氏數家。實際情況中，此以上數家可能相互之間有所借鑒，方氏也未必就將這幾家觀點盡數看過，但是作者在這裏這樣指出，卻是從學術史的角度出發，將關於這個問題的研究狀況一一展現，有點綜述的味道，也自有其特別意義。

3. 溯源其他諸家説之所本

《陳氏禮記集説補正》在補正陳澔《禮記集説》觀點時，經常引用到其他人的説法，對於其中一些人的説法也偶爾考證其所本，例如：

① 《陳氏禮記集説補正》，第72頁。

卷二《檀弓上二》：行道之人皆弗忍也。《集説》："行道之人皆有不忍於親之心，然而遂除之者，以先王之制，不敢違也。"竊案：行道有兩説：鄭氏謂行道猶行仁義。臨川呉氏本之，謂稍知率性之道而行之者，其性必過厚，故以禮制其情，則皆有所不忍也。方氏、胡氏則以爲行道之人與《孟子》所謂"行道之人弗受"同。《集説》雖不分别言之，應是從鄭注之説，然而謬矣。①

按：此例中《陳氏禮記集説補正》辯駁陳澔的觀點，引用到了吴澄的説法，在吴澄之説前先列鄭注，並指出後者對前者的繼承發揮，來龍去脈，十分清楚。

根據上面的論述，我們可以看出，《陳氏禮記集説補正》溯源諸家説所本的做法，較之其他解經家，的確特點突出。不能否認，這樣的工作，是需要以廣博見聞和博覽眾家爲支撐的，没有這個條件，在當時那種文獻檢索條件較爲落後的情況下，要做到這個地步，也是難以想象的。

六、結語

綜上所述，《陳氏禮記集説補正》一書在解經方面有其與眾不同之特徵。這種特點一方面是由其著書本旨所決定的，即針對陳澔《禮記集説》進行批駁糾正，目標明確。此外，我們也能看到時代學術風潮的影響。《陳氏禮記集説補正》成書時代恰逢宋學向漢學轉變的過渡期，人們學術思想相對活躍開放，並不固守壁壘，因此該書體現出的漢、宋兼採特徵十分突出。

何焯評《陳氏禮記集説補正》只言"不足據"三字，所針對的是該書的作者問題，後人對此書多有非議，也是因爲该书的作者問題。由於大家的注意力主要集中於作者歸屬的問題上，又加上作者身份確有可疑，故而顯得此書本身似乎也没什麼成就了，實際上此書頗有可道之處，有些學者也有所闡述，需要引起大家的注意。

① 《陳氏禮記集説補正》，第45頁。

北大所藏汪龍《毛詩申成》稿本初探

北京大學　朱天助

摘　要　清儒汪龍治《詩經》學著有成就，然其所著《毛詩申成》未刊，學者無緣得見。今北京大學圖書館所藏汪龍《毛詩申成》，實爲其稿本。其書可與《毛詩異義》相參考，具有重要學術價值。汪氏治學，善於比較毛《傳》和鄭《箋》的異同，也善於吸收各家考證之成果。本文略舉數例，以引起學界的重視。

關鍵詞　汪龍　《毛詩申成》　《毛詩異義》　治學述要

汪龍（1742－1823），字豈潛，號叔辰，歙古城關人，乾隆五十一年舉人。其學出自丁傑門下，學有根柢。① 又以經書受知于大興朱珪。矻矻治學，“數十年來家居教授，以通經爲汲汲也”②。張之洞《國朝著述諸家姓名略》列汪氏入經學家。③

汪龍于諸經中，對毛《詩》學研治殊深，以爲《毛傳》“獨得《詩》之正傳”，而鄭玄《箋》“學益深邃”，故考稽《傳》《箋》同異，數十年成《毛詩異義》（下簡稱《異義》）四卷、《毛詩申成》十卷。汪氏又輯考鄭氏《詩譜》，校補孔疏脱訛，附録《異義》之後。汪氏年過七十，交于段玉裁，得其《説文注》，復據此書補正《異義》若干條，重寫定本。段玉裁也采汪氏詩説七條入《説文注》。清胡培翬《研六室文鈔》卷十有《汪叔辰先生别傳》，《清史稿列傳》二百六十八録其《傳》，清桂文燦《經學博采録》卷八也收其《傳》。

汪氏治《毛詩》學卓著，然困居鄉間，其所著二書，身前俱未付梓。寢疾畀其《毛詩異義》于弟子鮑方椝，嘆言“一生精力萃於此書，以貧不能付梓爲恨”。後鮑氏不負所托，刊成《毛詩異義》。唯汪氏身後寂寥，門庭凋零，研習此書者尠。其《毛詩

① 馬步蟾修，夏鑾纂：《徽州府志》卷11之3《儒林傳》，臺北成文出版社《中國方志從書》影印道光七年刊本，1975年版，第28頁。

② 見鮑方椝刊《毛詩異義》的跋文，民國21年《安徽叢書》影印南陵徐氏藏絜齋鮑氏刊本《毛詩異義》。

③ 張之洞撰、范希曾補正，孫文泱增訂：《增訂書目答問補正》，中華書局2011年版，第580頁。

申成》一書，則無學者尋其遺稿以整理刊行。

筆者幸得見汪氏《毛詩申成》手稿，校録其書條注和按語數條，以略窺其學旨趣，旨在初探其書而爲之表彰。

一、《毛詩申成》略述

《毛詩異義》四卷、《毛詩申成》十卷兩書，汪氏寢疾前均畀予受業弟子鮑方槼。後鮑氏僅刊成《毛詩異義》四卷，刊本全稱《毛詩異義附詩譜》（後簡稱《異義》）。今常見本有民國二十一年《安徽叢書》影印南陵徐氏藏絜齋鮑氏刊本[①]。《毛詩申成》（後簡稱《申成》）十卷則未付梓。清何紹基《重修安徽通志》之卷336《藝文志》著録"《毛詩申成》十卷"。清桂文燦《經學博采録》略記此書流傳云："其《申成》一書，徵引極爲詳備，王拔萃鼎祚珍藏之，惜乎其未並梓也。"[②] 其後不詳何故，流入北京大學圖書館。

《北京大學圖書館藏古籍善本書目》云：

> 《毛詩申成》十卷，清汪龍撰。清鈔本。十六册，北京大學圖書館藏，索書號：093·2/3101。[③]

書名頁題作"《毛詩申成》卷第一"，下署"汪龍學"。其下篇名"《毛詩國風》"空兩格獨成一列。其後"《周南·關雎詁訓傳》第一"則頂格另起一列。卷末記"《毛詩申成》卷十終"。知汪氏分全書作十卷，書内尚有藏印：風雨樓。

卷内副頁録三條題記：

（一）《乾鑿度》曰："泰表，戴榦。"注：表者，人形體之彰識也。榦，盾也。泰人之表戴榦。（《隋書》六十九《王劭傳》）

《稽覽圖》曰："治道得，則陰物變爲陽物。"注："蔥變爲韭，亦是。"（同上）

《易緯》曰："伏戲矩衡神。"注："法玉衡之神。"（同上）

筆者按：以上注語皆爲鄭玄注，題記略之。

（二）《隋書》："采擿經史謬誤，爲《讀書記》三十卷，時人服其精博。"

（三）漢以策經取士，謂之制科。凡孝弟力田，賢良方正皆以策試行之。其云察廉舉孝則兼制耳。其四科條例曰"經中博士"則策以經；曰"文中禦史"則間及雜文。

---

① 筆者按：下文所引《毛詩異義》皆據民國21年《安徽叢書》本，不再細注。

② 桂文燦著，王曉驪、柳向春點校：《經學博采録》，華東師範大學出版社2010年版，第33頁。

③ 北京大學圖書館編：《北京大學圖書館藏古籍善本書目》，北京大學出版社1999年版，第14頁。

東漢申明其制，諸生試家法，謂習經相傳之法也。魏晉南北朝一遵其法，隋唐於雜文中加以詩賦，於制科外别立秀才、明經、進士諸科，皆特重經學，而或兼詩賦，或兼策對，於試經後及之。其諸科試法有用帖經，帖經之後，繼以問經。問經之後，或試策、試文、試詩賦。

帖經者，以所習諸經，掩其兩端，中間惟留一行，乃裁紙爲帖，而帖三字於其中，或帖孤章，或帖絶句，或帖疑似與參互之文。使循所見字而括得之，謂之例括。每帖十必括五六，謂之中括。或曰"漢有策經、射經法"，帖經即射經，問經即策經。問經者，經義也。

宋人仍之，元初取士，承金章宗朝十二科詞曲舊法。仁宗延佑二年始創八比，立鄉、會二試，曰舉人，曰進士，不用大、小、中三經名目，而以小經中《論語》《孟子》，合之《禮記》之《大學》《中庸》，名之四書。又以《禮記》合《周易》《毛詩》《尚書》《春秋經》名"五經"，通謂之書義以取士，而漢以來策經之法變矣。

筆者按：上條節引自毛奇齡撰，毛遠宗所輯的《經問補》卷二[①]，文句略有改動。

書内多括删條注，兼倒乙線，所附按語多可與《申成》互證，知此書絶非清鈔本，實爲汪龍撰述之底本。比如《申成》之《墉風·柏舟》之"髧彼兩髦，實維我儀"句，浮簽批注云：

> 案：髦當作𩬌，《説文》云："𩬌，發至眉也，從髟敄聲。《詩》曰'紞彼兩𩬌'。"《儀禮·既夕記》注："兒生三月，鬋髮爲鬌，男角女羈，否則男左女右，長大猶爲飾存之，謂之髦。"（其後小字細注）云：寫時再查對。

此書實爲汪氏撰述的資料長編。比如卷首補注《詩經》的傳承，《關雎》篇上眉批：

《玉海》三十八引《序録》云："子夏授曾申，曾申授李克，李克授孟仲子，孟仲子授根牟子，根牟子授孫卿，孫卿傳毛亨，亨授毛萇。"

也輯引《毛詩》古字音訓，卷内《甘棠》篇，《傳》"憩，息也"，上批：《説文》作"愒，息也"。還輯引許慎《説文解字》、吕祖謙《吕氏家塾讀詩記》、戴震《毛鄭詩考證》、嚴粲《詩輯》等説法。批注内容龐雜，尚待校理。

據鮑氏《毛詩異義跋》，汪龍言："又著《毛詩申成》十卷，與此書可相輔，而徵引尤備。刊《異義》成，倘不爲博雅君子所鄙棄，以次舉焉可也。"可知《申成》實是

① 毛奇齡撰，毛遠宗所輯的《經問補》三卷，文淵閣《四庫全書》經部第185册，臺灣商務印書館1983年版，第237頁。

未定稿，還須全面刪訂。

鮑方渠所得《申成》底本，既卷帙浩繁又無所旨歸，當然無法刊行。桂文燦嘆言《申成》“惜乎其未並梓也”，並不瞭解實情。

二、《申成》與《異義》之關係

《毛詩申成》全書無序跋，不詳書名何意。《毛詩異義》卷前所附汪氏《毛詩異義述》，則略言其書名之由來：

昔許叔重以《五經》傳説，臧否不同，撰《五經異義》。鄭氏有《駁異義》。今茲名書，蓋本許氏，亦以竢窮經稽古，學爲儒宗者爲之駁正焉。

至於《申成》與刊本《異義》之關係：兩書雖不同，但《毛詩異義》確有不少條注脱胎自《毛詩申成》。比如：《申成》之《秦風·駟驖》“輶車鸞鑣，載獫歇驕”句，上有浮簽云：“補《左傳疏》，詳《異義》。”又如：《周頌·有瞽》其後按：“《春官·小師疏》引《通卦驗》注云：‘蕭管形象鳥翼。’”句，後又墨筆刪去，改作“案：《廣雅》云‘蕭大者二十四，管小者十六，管有底’”云云，此案語即見於《毛詩異義》。

細審兩書條注，主要有以下三種情況：

(一)《申成》與《異義》詳略互見

《申成》略而《異義》詳者，比如：

(1)《申成》之《關雎》“參差荇菜，左右流之”句，《釋文》云“王申毛，如字”。墨筆上批：“‘左右’從《箋》，訓助。王氏説非。”且於此句夾注：“《箋》云‘左右，助也’。”

此條《毛詩異義》詳解云：

《釋文》云：“左右，王申毛如字。鄭音佐佑。”玩其語意，王作“𠂇又”字解。疑魏末，“𠂇又”字已通作“左右”，然王説不如《箋》義優。

(2)《申成》之《關雎》“窈窕淑女，鐘鼓樂之”句，注文擇録《白虎通·禮樂》引《樂記》曰“絲曰弦，金曰鐘，皮曰鼓”云云，後批：“補琴瑟。”《毛詩異義》則於“琴瑟”二字詳解：

琴瑟鐘鼓，祭時所設。善乎孔氏之申毛也。曰：“琴瑟樂神，何言友樂，豈得以祭時之樂樂友、樂淑女乎。”

以上兩條，《申成》批注與《異義》條注相比，《異義》詳而有序，汪氏於後者多有修訂。然也有《申成》詳而《異義》略者，比如：

《大雅·云漢》“旱既大甚，滌滌山川，旱魃爲虐，如惔如焚”句，後按云：

案：《説文》“滌，灑也”，《傳》訓“滌滌”爲旱氣，恐人不曉其義，故以山無木，川無水申之。謂山川枯竭，滌滌然皆旱氣也。“憚勞”，《爾雅》作“癉”，音義同。《釋文》引《韓詩》云“憚，苦也”。勞苦，人所畏，故《箋》云‘猶畏’。字讀雖異，義得兩通。

刊本《異義》此條則略作：

“我心憚暑”，“憚”《傳》訓“勞”，《箋》訓“畏”，《釋文》引《韓詩》訓“苦”，三説各通，而《韓》義與毛近。案：訓勞，字本作“癉”。

(二)《申成》與《異義》條注互補

《申成》也有不見於《異義》的條注，比如：

(1)《申成》之《云漢》“旱既大甚，藴隆蟲蟲”句，引毛傳鄭箋後按：

《説文》“藴，積也”，《釋言》曰“鬱氣也”，《釋文》引《韓詩》作“鬱隆烔烔，氣之鬱積”，又云“本作煴”，亦作“鬱”也。旱時則暑也。《説文》曰“隆，豊大也”，不得與“藴”連爲義，故以爲雷聲隆隆。然《説文》曰：“雷，陰陽薄動也。”旱時陽亢而陰爲所脅，常薄而爲雷，今時猶然，俗謂之旱雷。蟲蟲，《爾雅》作“爞爞”，邢《疏》云“音義同”，暑氣蒸鬱，陰陽相薄，隨激而散，而旱氣益烈矣。

(2)《申成》之《周頌·雝》“《雝》，禘大祖也”句，引鄭箋孔疏後按：

文王亦身非天子而《疏》言如此者，時已追文王也。又《白虎通》曰：“後稷爲始祖，文王爲大祖。”《有瞽疏》“大祖謂文王”，本此《箋》。

以上兩條，刊本《異義》皆無録。至於《異義》條注未見於《申成》者也很多，兹不具録。

（三）《申成》與《異義》觀點不同

偶見二者觀點相反的條注，比如：

(1)《申成》之《衛風·淇奥》“有匪君子，充耳琇瑩，會弁如星”句，按語：

案：“充耳”指冕服言，又《箋》云：“會，謂弁之縫中，飾之以玉，皪皪而處，狀似星也。”《正義》引鄭注“弁師”云：“皮弁，則侯、伯璂飾七，子、男璂飾五，玉亦三采。”《傳》詳“會”之義，《箋》詳其制，二意得兼通也。

《異義》釋此句則全從段玉裁《説文解字注》“膾”字條下之説，以爲當作“膾弁如星”，今本蓋後人妄改。

(2)《周頌·維清》“迄用有成，維周之禎”句，《傳》“迄，至；禎，祥也”後按：

“禎祥”，《爾雅》“禎”作“祺”。此經“禎”字，《釋文》《正義》、宋本、唐石經亦作“祺”。然“禎”與“成”韻。又《説文》云：“禎，祥也。祺，吉也。”則《爾雅》上“祺”字，正當作“禎”。（後句“然禎與成韻”云云有墨筆括弧）

《申成》以爲此句當從“禎”字。今刊本《毛詩異義》此條則云：

“維周之禎”，《傳》云：“禎，祥也。”《疏》云：“禎，祥。《釋言》文。”案：《釋言》云“祺，祥也”，《釋文》經文作“祺”，云“言其祥也”。《爾雅》同。徐云“本又作禎”，與崔本同。《疏》亦謂定本、《集注》作“禎”，則經文本作“祺”也。又《疏》文“禎，祥”亦當作“祺”，觀下引“舍人注‘祺福之祥’”可見其引某氏引《詩》，亦本作“祺”，下引“定本”乃别其異。宋本《疏》文，“禎祥”“某氏引《詩》云‘維周之禎’”二“禎”字，皆作“祺”。

《異義》則以爲古本皆作“祺”，後至“定本”才改作“禎”字。與上《申成》的觀點不同。

總體上，刊本《異義》因屬定本，條注縝密有序；而《申成》條注按語則多爲草創，多推斷而少實據。比如：

(1)《申成》之《秦風·車鄰》“今者不樂，逝者其耋”句，毛《傳》云：“此言‘八十曰耋’者，耋有七十、八十，無正文也。以仕者七十致事，仕者慮己之耋，欲得早致事，故以爲八十也。”此句上附浮簽云：

案：《曲禮釋文》云“本或作八十曰耋，九十曰耄”，則此《傳》，《曲禮》文也。陸氏謂“後人妄加”，或未可據。

《異義》無録《車鄰》此條，蓋以上屬推斷語，未入刊本。又如：

(2)《衛風·淇奥》“寬兮綽兮，猗重較兮”，引毛《傳》“重較，卿士之車”句，上附浮簽批云：

《疏》“倚此重較之車”，則“猗”本作“倚”，當從《疏》改。“重較”參戴東原《釋車》補。

此論較武斷，刊本《異義》無收。

兩書條注存在以上複雜的關係，因此，《申成》不是《異義》的底本。一下探討汪龍詩學觀點，則參考兩書不同的觀點。

三、治學述要

汪氏治《毛詩》，除以小學人經學的方法外，還包括：

（一）善於比較毛《傳》鄭《箋》的異同，尤其重視訓詁通例，以毛《傳》注毛《傳》，以鄭《箋》訓鄭《箋》。（二）疏通孔《疏》詮釋毛《傳》、鄭《箋》的內在矛盾。（三）輯考各家訓釋所據底本及異文。（四）補訂鄭玄《詩譜》，據此考訂孔《疏》的脱訛。汪氏綜合運用以上方法，故能稽考殊深。今將汪氏《毛詩申成》和刊本《毛詩異義》之精要略舉如下：

（一）重視毛《傳》、鄭《箋》訓釋異同

《異義》雖主述《毛傳》，訓釋卻不主一家。《清史稿》之《列傳》二百六十八言汪氏：

嘗讀《詩·生民》《玄鳥》二篇，疑鄭《箋》“跡乳卵生”之説，不若《毛詩》謂“姜嫄簡狄從帝嚳祀郊禖”之正，遂稽《傳》《箋》同異。①

據《清史稿》之言，意者汪氏申毛《傳》而黜鄭《箋》；然此論以偏概全。今刊本

① 趙爾巽等撰：《清史稿》之《列傳》268 第 43 册，中華書局 1977 年版，第 13230 頁。

卷前汪氏《毛詩異義述》即言：

> 龍不揆愚昧，掇取《傳》《箋》與諸家述《毛》及《正義》《釋文》異同著於篇，凡説可兩通則存而不論，若義當一是而意有從違，乃加辨斷，其有前人所論定者，采録其語定而從之，述爲《毛詩異義》。

汪氏《異義》雖主述毛《傳》，卻不主一家。不當定其爲申《毛傳》之作。汪氏主在分析《傳》《箋》各自優長，並不認爲鄭《箋》有意“苟爲異者”，比如《毛詩異義述》舉例言：

> 鄭注《周禮·封人》“設其楅衡”，不從先鄭杜子春注，而謂“楅設於角，衡設於鼻”，及箋《詩》“夏而楅衡”，則同《傳》，以爲“楅衡其牛角，爲其觸抵人”。《説文解字》云“楅，以木有所逼束也”，“衡”字注云“牛觸，横大木其角”。是楅、衡本一事，《禮注》分之，不若《詩箋》爲當矣。然則鄭於《傳》義其有不同，殆非苟爲異者。

清桂文燦《經學博采録》即言《異義》：“意主述毛，而立論必持其平，一字之異，必詳考而證明之。”①《申成》《異義》此類例子尚多，略舉如下：

(1)《申成》之《唐風·采苓》“人之爲言，苟亦無信，舍旃舍旃，苟亦無然”句，後按：

> 案：《箋》訓“苟”爲“且”，雖與《傳》異，義實相通。

此條《異義》有出，詳云：

> 《疏》引鄭答張逸云“篇義云好聽讒，當似是而非者”，然如《傳》解，未見不爲好聽讒也。至《傳》訓“苟”爲“誠”，《箋》訓“苟”爲“且”，義得相通。

以上汪龍于毛、鄭訓詁差異中見其同。

(2)《申成》之《周頌·酌》“我龍受之，蹻蹻王之造，載用有嗣”句，引毛傳孔疏後按：

---

① 桂文燦著，王曉驪、柳向春點校：《經學博采録》，第33頁。

案：《傳》訓“龍”爲“和”，蓋必古有是訓，今不可考矣。以意求之，《乾》卦純陽而六爻象則取于龍，陽爲德則龍有和義。

刊本《異義》也詳釋之云：

“我龍受之”，《傳》訓“龍”爲“和”，謂“以天人之和而受殷”，《箋》訓“龍”爲“寵”，元本《蓼蕭》；但《傳》於彼即爲“寵”。此及《商頌·長髮》特改訓“和”，必古經師相傳，義本如此，此篇經義皆當以《傳》爲正。

（二）疏通孔《疏》釋毛《傳》、鄭《箋》内在的矛盾

汪氏《毛詩異義述》即言：

顧《棫樸箋》不以六師爲六軍。孔氏稽之《鄭志》，謂非定解。由所注者廣，未及改正。即是以思其得，無異所不當異者乎？而《正義》申述，又或異其所同，或同其所異，是蓋不可以無辨也。

汪氏以爲孔《疏》引申毛《傳》鄭《箋》，也有未當處，今舉數例如下：

(1)《申成》之《墉風·君子偕老》“瑳兮瑳兮，其之展也。蒙彼縐絺，是紲袢也”句按：

案：《傳》訓“展衣”，以丹縠爲之。《疏》言不知所出，而云“孫毓推之，以爲褘衣赤，褕翟青，闕翟黑，鞠衣黄，展衣赤，褖衣黑”，“以婦人尚華飾，亦爲色之著”，“白，疑於凶服”。《箋》易《傳》云展衣宜白。《疏》云：“言宜者，無明文。《周禮》之注，差之以爲然也。”是《傳》《箋》推明六服之色，皆以天地四方相次。《傳》意有所避忌，《箋》則不闕西方耳。蓋古制不可考，而持之各有其故，不得以《箋》易《傳》也。又《説文》作襄，亦以爲丹縠衣。《説文》“紲，系也”，引《詩》作“褻”。“袢”，云“無色”，徐氏鍇引《傳》而申之曰：“袢煩溽也，近身衣也。”“延”有長義，“袢延之服”，《傳》意或謂内衣縐絺，外覆以展衣而長。《疏》以“紲袢”爲去熱，“袢延”爲熱氣，或系往古方言，不得其解，故複爲説。俟識者論定。

以上比較各家異同，説可兩通故闕疑待定。今刊本《異義》則略言：

"展衣",《傳》謂以丹縠爲衣,《説文》同,孫毓從《傳》。《箋》謂展衣宜白。從先鄭《内服》注。皆無明文,説可兩是。

(2)《異義》之《小雅·雨無正》條注云:

五章"哀哉不能言",《傳》云:"哀賢人不得言。""哿矣能言,巧言如流",《傳》云:"可矣,世所謂能言也。巧言從俗,如水轉流。"言幽王信讒,賢者言與俗忤,唯巧佞之人善於從俗也。《箋》釋"不能言"爲言之拙,"巧言"爲善言。《疏》引《表記》"辭欲巧"證之,謂毛與鄭同失經傳之意。《論語》言"巧言令色,鮮矣仁",又記聖人與左丘明同恥。《巧言》大夫傷讒詩,以《巧言》名篇。《表記》當是記人辭誤。(此句爲雙行小字,乃汪龍按語。)

以上辨孔《疏》引申《傳》《箋》未當之處。
(3)《申成》之《般》"敷天之下,裒時之對,時周之命"後按:

案:《傳》訓"裒"爲"聚",《箋》訓爲"衆",義通也。《疏》亦以爲異,非。

(4)刊本《異義》之《般》釋云:

《敘》云"巡守而祀四嶽河海也。般樂也。"今本般樂也,作注文。《疏》云:"經無般字,《敘》又説其名篇之意,般樂也,爲天下所美樂,定本'般樂'二字爲鄭注,未知孰是。"《釋文》云:"般,樂也。崔《集注》本用此注爲《敘》文。"案:《酌》《桓》《賚》三《敘》皆申説名篇之義,此亦宜然,作《敘》文爲是。"于皇時周",《箋》釋"皇"爲君,《疏》謂毛於"皇"字多訓爲美,因從王肅申《傳》。然《皇矣傳》訓"皇"爲"大",從"君"義轉,《傳》亦不專以皇爲美。此經可同之鄭也。

《皇矣傳》即《大雅·皇矣》篇"皇矣上帝"句,《毛傳》訓"皇爲大"。
(三)推考各家訓釋所據底本及異文
汪氏《毛詩異義述》言:

鄭《箋》之外,述《毛》者,魏晉而下,世不乏人。《正義》主宗毛、鄭,唯鄭與毛異，乃取王肅諸人之説以申《傳》，否則略焉。今諸家述《毛》，其書已亡，《釋文》間存各家音義，于孔氏所遺，尚可尋討。中固有失經傳之意者，亦有優於鄭義者。而孔氏、陸氏所據經本復各不同，其所申解，亦或有異。且有誤解經義而自異于毛、鄭者，是又不可以不考也。

汪氏注重推考各家音訓所據底本異同，常能於眾説紛紜處擇善而從。比如：《申成》之《陳風·月出》"勞心懆兮"（懆，今本作慘）句，按曰：

案：慘，七感反。《方言》云"殺也"，《説文》云"毒也"，音義皆與《詩》不協。蓋"懆"字轉寫誤爲"慘"耳。懆，千到切；故與照、燎、紹韻。《説文》"懆，不安也"，引《詩》"念子懆懆"。今《詩》中《正月篇》"憂心慘慘"，《北山篇》"或慘慘劬勞"，《抑》篇"我心慘慘"，皆"懆懆"之訛。《釋文》於《北山》篇云，字作"懆"，于《白華篇》"念子懆懆"，云亦作"慘慘"。蓋二字音義未能決定也。（其後引《段氏音韻表》等，然又用墨筆删去。）

今刊本《異義》略敘上言又云：

《段氏音韻表》曰："慘本音在第七部。《月出》合韻照、燎、紹字。"《正月》十一章沼、樂、照、虐爲韻。《抑》篇作"懆"，引吴棫曰："開元中修《五經文字》，'我心慘慘'爲'懆'。"龍案：《北山篇》《釋文》"慘"字又作"懆"，是唐初經本亦有未訛之處。《白華篇》，《釋文》"懆懆"亦作"慘慘"，則又轉據誤本。

阮元《毛詩注疏校勘記》也指出"慘"爲"懆"字之訛，且云"毛晃、陳第、顧炎武諸人論之詳矣"①。

汪氏晚年得交段玉裁，《申成》各條浮簽也常輯引段氏《説文注》。比如：《褰裳》二章"子不我思，豈無他士"，上附浮簽云："補段説。"《小戎》"四牡孔阜，六轡在手"上批："補段説。"今刊本《毛詩異義》之《目録》後附題記：

十八季獲交金壇段懋堂先生，讀其所注《説文》，鄉所疑義得補正者若干條，重寫此爲定本，叔辰氏識。

① 阮元校刻《十三經注疏》，中華書局1980年版，第380頁。

此時段氏《説文注》剛成書，汪氏已能嘆服其小學成就。

（四）補訂鄭玄《詩譜》

汪氏輯考群書所引《詩譜》，臚舉各家引文，以證彼此訛舛。

《申成》録鄭玄《周南召南譜》云："周公封魯，死謚曰文公。召公封燕，死謚曰康公，元子世之，其次子亦世守埰地。在王官，春秋時，周公、召公是也。"後按：

案：《檀弓疏》引《詩譜》曰："元子伯禽封魯，次子君陳守埰地。"當是"謚曰文公"下脱文，觀下亦"世守采地"可知。但上"周公封魯"，"封魯"二字衍。

刊本《異義》所附《詩譜》下詳考云：

《檀弓》疏引《詩譜》曰："元子伯禽封魯，次子君陳守埰地。"當是此《譜》。"謚曰文公"下脱文，其上"周公死"句中衍"封魯"二字，觀下文"召公封燕，死謚曰康公，元子世之。其次子亦世守埰地"，亦可知。今脱此二句，文義遂不綴續。

其下復有汪氏雙行小字按語：

《鄭譜》殘闕，歐陽氏得其殘本於絳州，取《正義》所載補足之而不知《正義》所載亦有訛脱，如此條。孔作《正義》時，已同今本，故其申述不甚明晰。凡遺文，審其文義，知屬何譜者，則於本篇舉以補正，其餘不可定者，别録於後。

汪氏《毛詩異義述》言："復考正鄭氏《詩譜》，附於篇末。"汪氏所訂的《詩譜》，詳見《毛詩異義》卷末附録。

汪氏窮治《毛詩》的成就，《異義》卷首所附長白麟慶的《序》，即云：

其於《傳》《箋》與諸家之異同者，辨别論定；《詩譜》之脱誤者，詳加考正，以免穿鑿魯莽之病。非精心瘁力，歷數十年不能至是。不特有功毛、鄭；即質之朱子，亦將心許焉。此真嘉惠來學之書。

長白麟慶的評價，並非溢美之言，以上所舉數例可知。

四、結語

北大圖書館所藏汪龍《毛詩申成》並非清鈔本，而是其稿本。《毛詩申成》與《毛詩異義》條注互有異同，可相爲表裏。汪氏治學，不僅詳辨毛傳鄭箋之異同，疏通孔疏引申毛傳鄭箋的疏失，也善於借鑒各家詩説和訓詁優長。因此於諸家争鳴處能擇善而從。補正《詩譜》之訛舛，更是鄭學之功臣。本文略述汪氏《毛詩申成》稿本的學術價值及其治學特點，實爲學者深入研究，拋磚引玉。

國學本科教育與中學歷史教學芻議*

——以曲阜師範大學歷史文化學院“卓越人才國學班”爲例

曲阜師範大學歷史文化學院　趙滿海

一、導言

二十世紀九十年代以來，隨着中國經濟的迅速發展和綜合國力的日益壯大，中國人在深刻反思教條主義和“全盤西化”論弊端的基礎上，在全球化時代背景下，開始更加理性、更加積極地看待中國傳統文化的正面價值，形形色色的“國學熱”持續發酵。如何引導這種“國學熱”向健康、理性、積極的方向發展，教育系統無疑要承擔重要的責任。2014 年，教育部發佈了《完善中華優秀傳統文化教育指導綱要》，規定日後要在包括中小學歷史課等一系列課程中增加中華優秀傳統文化内容的比重，並且鼓勵各地各學校充分“挖掘和利用本地中華優秀傳統文化教育資源，開設專題的地方課程和校本課程”①。此後不久，教育部社會科學司負責人也在答記者問的一次談話中指出，當前我國優秀傳統文化教育的現狀存在一些突出問題，如“重知識講授輕精神内涵闡釋的現象比較普遍”，“教育内容的系統性、整體性不足”，“師資力量不足，教師隊伍整體素質有待提升”。②

創辦國學班的一大目標，就是在國家高度重視傳統文化教育的大背景下，爲廣大中小學提供高素質的師資力量，以便更好地弘揚中國優秀傳統文化。

進入新世紀以來，教育部先後制定了《普通高中歷史課程標準（實驗）》和《義務教育歷史課程標準》，對中學歷史課程的性質、基本理念、設計思路、内容、實施建議

* 本文屬於曲阜師範大學校級教改項目《本科國學人才培養研究與探索》（jg05044）的階段性成果。本文共約11000 字，其中部分内容已發表於《中學歷史教學參考》（2015 年第 12 期），約 5500 字，此次發表屬於原稿全部内容。

① 《完善中華優秀傳統文化教育指導綱要》，2014 年 3 月 26 日，教育部官方網站。

② 《加強傳統文化教育增強青少年學生的民族文化自信和價值觀自信——教育部社會科學司負責人就〈完善中華優秀傳統文化教育指導綱要〉答記者問》，2014 年 4 月 1 日，教育部官方網站。

等進行了高屋建瓴的論述。它既要求學生借助歷史課程的學習樹立正確的世界觀、人生觀和價值觀，還要求學生通過探究性學習培養發現問題、解決問題的獨立思考的能力，促進學生的全面發展。①

爲了實現上述教學目標，首先要實現歷史知識之間的貫通，把政治、經濟和思想文化史聯繫起來，"從而形成對一個時代的整體認識"②。其次，是實現不同學科之間的貫通。如在學習古典文學作品的過程中，要求教師不僅要從歷史與社會結合的角度介紹這些作品的社會基礎與背景，而且要講出這些優秀作品的思想性與藝術性。③ 前者是歷史學的傳統做法，後者則是古典文學的看家本領。第三，在目前的中學教材中，存在數量相當可觀的文言文資料，並要求學生逐漸形成較強的閱讀、分析、解決古代文獻的能力。

這就對未來的歷史教師提出了更高的要求。目前看來，高等學校歷史學的核心課程包括：中國通史、世界通史、史學概論、中國歷史要籍介紹及選讀、外國歷史要籍介紹及選讀、中國史學史、西方史學史等。④ 基本上仍以概論性、通史性的課程爲主，從知識結構和能力養成上來説，很難滿足未來中學對歷史教師的要求，也不利於學生研究能力、創新能力的培養，設立國學班就是希望從改革教學培養方案入手，通過改造本科生的知識結構，來更好地爲中學歷史教學服務。

二、辦學理念和辦學措施

（一）辦學理念

自國學班成立以來，各界朋友不止一次地詢問該國學班的特色與定位。我想朋友們之所以會提出這樣的問題，是因爲在此之前不少兄弟院校已經成立了國學班，不少學者還呼籲應該把國學列入教育部學科目録中。就筆者目力所及，國內所成立的國學班大多設在綜合性大學之中，奉行學術精英教育的理念，致力於培養在傳統文化研究領域的拔尖人才。爲了實現這個目標，這些學校投入極大的人力、物力、財力，大多奉行全校範圍內優選生源、小班教學、長線培養、淡化現代學科界限意識、強化經典閱讀的目標，其本科生畢業後通過推薦或考試而深造的比例相當高。

---

① 中華人民共和國教育部制定：《義務教育歷史課程標準（2011 年版）》，北京師範大學出版社 2012 年版，2014 年印刷，第 6 頁。《普通高中歷史課程標準（實驗）》，人民教育出版社 2003 年版，2010 年第 6 次印刷，第 1 頁。

② 人民教育出版社課程教材研究所歷史課程教材研究開發中心編著：《普通高中課程標準實驗教科書：歷史 3 必修——教師教學用書》，人民教育出版社 2007 年第 2 版，2010 年第 12 次印刷，第 1 頁。

③ 《普通高中課程標準實驗教科書：歷史 3 必修——教師教學用書》，第 1 頁，第 119 頁。

④ 中華人民共和國教育部高等教育司編：《普通高等學校本科專業目録和專業介紹》，高等教育出版社 2012 年第 1 版，第 123 頁。

曲阜師範大學素來重視傳統文化研究，以培養中學優秀教學人才爲己任。我們國學班的辦學理念跟上述兄弟院校相比，其共同的地方是注重經典研讀，力圖打通學科界限，致力於培養基礎扎實、視野開闊的研究性人才。但也有一些差異，我們立足於師範教育，肩負着爲廣大中學培養師資力量的責任。爲了與中學教育諸學科尤其是歷史課程相銜接，有關的通史、概論性課程還是不可或缺的，這些是那些綜合性大學不需要考慮的因素。

基於以上考慮，我們國學班的培養目標有幾個，在學生畢業之際：

第一，優選一批基礎扎實、創新能力強、對傳統文化有濃厚興趣的同學推薦或考取更高層次學校的研究生，以便從事傳統文化的深入研究；

第二，優選一批基礎扎實、表達能力強、溝通能力強的同學，在本科畢業後進入各級中學從事歷史教學工作，同時能夠承擔起各種與傳統文化密切相關的校本課程的教學任務。

其他同學根據社會需要和個人特長爭取進入國家機關、新聞出版、文教事業及各類企事業單位工作。其中第二類國學人才是我們的強項，也是其他綜合性大學所不具備的一些優勢。

（二）辦學措施

爲了實現上述目標，我們在課程設置、教學方法、課堂延伸、教學交流、教育實習等各方面做了不少摸索，現在分別論述如下。

1. 課程設置

課程設置是實現辦學目標的有力保障。爲了實現我們的辦學理念，學院給國學班設置了單獨的培養方案和教學計劃。他們的課程分以下幾類：第一類是全校公共課；第二類是歷史學專業基礎課；第三類是國學類課程（基礎課、方向課、任選課）。

其中國學類基礎課和方向課的開設順序是：

第一學期：國學概論、古代漢語；

第二學期：經部文獻研讀1、中國經學史；

第三學期：經部文獻研讀2、訓詁與古音學；

第四學期：史部文獻研讀、子部文獻研讀；

第五學期：集部文獻研讀；

第六學期：中國哲學史、西方哲學史；

第七學期：西方經典研讀；

從第五學期到第八學期，學院將爲學生提供佛教與中國文化、道教與中國文化、中國古代史專題（分斷代進行）、中國古代史史料學、出土文獻選讀、中國傳統學術史、《説文解字》導讀、文物鑒賞基礎、書法鑒賞、中國服飾史、中國建築史、海外中國學專題等30門任選課（每門1個學分），讓學生完成其中三分之一即可。

之所以如此設置課程，主要出自以下考慮：

首先，這是充分吸收了古人治學方法合理内核的結果。

清人張之洞曾在《書目答問》中指出："由小學入經學者，其經學可信；由經學入史學者，其史學可信；由經學、史學入理學者，其理學可信；以經學、史學兼詞章者，其詞章有用；以經學、小學兼經濟者，其經濟成就遠大。"如果能順利地完成上述課程的學習，就能對中國傳統學術文化的基本面貌、治學宗旨、研究方法等有一個基礎性的認識。學生在畢業後，日積月累，自然有成，不管是從事專業研究工作，還是從事中學歷史教學工作，這種訓練模式都是行之有效的。

其次，它也是平衡傳統與現代、中學與西學的一種嘗試。與古代社會相比，傳統學術與文化所依賴的社會結構與經濟基礎已經發生了天翻地覆的變化，在中國日益走向現代化、全球化的今天，我們在固守傳統文化理念的同時，也必須充分吸收包括西方在内的一切域外優秀文化。中國哲學史是傳統典籍與現代哲學理念碰撞的產物，西方哲學史、西方經典研讀課程的設置旨在擴大學生的視野，使得他們能在中外比較的眼光下更加理性地看待我們的傳統文化。

第三，課程體系中任選課的設置則是充分考慮了傳統文化的多樣性結構與學生的個性發展。這樣一來，最後培養出來的學生除了具備一些基本的素養外，每個人的知識結構中還有不少與眾不同的内容，這對於他們日後充分發展自己個性、成就自己的一番事業至關重要。

2．教學方法

由於國學班採取小班教學的模式，所以在很多課程的講授上使得師生高度互動成爲可能。尤其是經典研讀課。如筆者曾經爲2012級學生講授《禮記》，在完成有關禮、禮書、禮學史的講授之後，精選了若干篇章，事先將學習資料發給學生，讓他們點讀、查閱資料，上課時讓同學們分段閱讀，由老師答疑解難。在該課程完成之後，學生普遍反映這種教學方式能更好地帶動學生的學習熱情，而且有助於將以往所學習的一些理論與方法融會貫通，從而取得了較好的教學效果。

3．課堂延伸

在常規課堂講授相關課程的同時，學院高度重視從不同學科的視角來豐富同學們的認識。自2013年起，學院先後邀請10位校内外專家爲大家開壇講學，這些學者的學科背景涉及到歷史學、語言學、文學、哲學、社會學等不同的領域，而每次講解的主題與傳統文化有着千絲萬縷的聯繫，受到同學們的熱烈歡迎。

4．教學管理

每個國學班專門配備了一位專業班主任，筆者是2012級國學班的班主任。班主任的一個重要職責就在於隨時瞭解學生思想動態，與學院和有關專業教師積極溝通，從而很好地幫助學生完成學業。爲了達到這個目的，筆者定期與同學們見面，充分瞭解他們的思想動向。課後佈置作業時，讓同學們寫一份課程總結，對教師授課過程中存在的一些問題暢所欲言，如果確實合理的，就力争在下次授課時予以改進。每當學生們參與了一項重要的集體活動之後，筆者也會讓他們寫一份總結，如《見習總結》《實習總結》。每個學期結束之後，讓他們就該學期所學、所想及下一步的打算寫一份《學期總結》。這樣一來，書面材料和日常交流材料相結合，使得我們很好地把握學生的思想動向，從而推動了各項工作的順利進行，也加深了師生之間的友誼。

5. 社會實踐

學生們每年有兩個假期，這是他們就業前接觸社會、瞭解社會從而爲日後適應社會做準備的良好時機。除了學院給他們佈置的其他社會考察任務之外，今年筆者申請到一個校級教改專案：《本科國學人才培養研究與實踐》。其中一個子課題就是充分瞭解傳統文化教育在山東各地中學中開展的情況，目的就在於爲培養國學師資力量做出針對性的準備。爲此筆者花費了近一個月的時間，先後接觸了來自各級中學的 30 多位同學，對這個問題有了一個初步的瞭解。而後精心設計了一份調查提綱，最後委託國學班和其他班級中的 30 多位志願者趁暑期回到自己的母校，充分利用自己的人際關係，搜集了這個領域的第一手資料。他們的中學教師在給我們提供寶貴資料的同時，還提出了不少進一步工作的建議，而同學們的交際能力在這個過程中也有很好的提升。

三、國學教育與中學教育的有機銜接

上述措施在提高國學班學生各項能力的同時，也爲他們日後去中學從事歷史教學工作提供了一個很好的提高機會。

（一）奠定了閱讀古籍的堅實基礎

在目前的中學教材中存在大量文言文資料，如果不能準確地理解這些資料，不僅不能順利回答立足於這些資料基礎上的問題，也容易養成一種粗枝大葉的不良學習習慣。要想改變這種局面，無疑對老師閱讀古籍的能力提出了很高的要求。

在初中階段的課本上往往在引文後面附上譯文，以便幫助學生更加順利地理解原文。如七年級《歷史》教材在討論秦朝滅亡原因時引用了《過秦論》中一句話："一夫作難，而七廟隳，身死人手，爲天下笑者，何也?"隨後將這句話翻譯爲"一人發動起義，就使得整個王朝都崩潰了，秦二世也死於他人之手，被天下恥笑，這是什麼原因呢?"這句話的大意不錯，但是如果有學生提問，"王朝崩潰"和"七廟隳"有什麼關係？課本上卻沒有講到這個問題，注解裏也没有涉及。

同類型的問題在中學課本中並不少見。爲了讓學生在日後碰上這類問題能夠很好地應對，學院爲大一新生開設古代漢語，爲大二學生開設訓詁與古音學。這些課程不僅包括語言學知識和古文選段，還會提供閱讀古書必須掌握的天文、曆法、地理、官制、禮俗等方面的知識。完成這兩門課程的學習之後，以後碰上類似問題時，學生就能不僅知其然，而且還能知其所以然。即使教材中没有提供答案，這些學生成爲教師之後依然能夠依據所學知識進行自己的研究，爲中學生提供參考答案。這不僅有助於加深學生對課本知識的理解，也有助於提高教師的威信，提高教學品質。

（二）注重歷史教育的整體性

中學教材中談到不少問題，相互之間存在密切聯繫，但是由於時間錯位或者其他原因而語焉不詳，這就極大地影響到中學生對歷史問題的理解。

如漢武帝接受董仲舒“罷黜百家，獨尊儒術”的主張並付諸實施，是漢代的一件大事，也是中國思想史上的一件大事。初中教材對這個問題論述得非常簡單，没有交代漢武帝接受這個主張的原因，也没有談及“儒術”的内涵。高中課本比初中課本要深入得多，不僅提到了接受、推行這種主張的時代背景，而且指出“儒術”與儒家、法家、道家、陰陽五行家之間的關係。在同一節提供了這麼一個思考題：“想一想，漢武帝既然‘獨尊儒術’，爲什麼在他的統治思想中又雜糅了一些其他學派的思想？”①

這個問題設計得非常好，不僅考查學生的記憶能力，也考查學生的分析、思考能力，既涉及不同學派之間的鬥争與融合，也必須考慮學術思想與社會發展之間的關係。但是課本在講授諸子百家的時候没有講到陰陽家的思想，也没有講到董仲舒從道家、陰陽家那裏吸收了哪些因素，董仲舒的思想在當時爲什麼能爲漢武帝接受。這些問題僅借助教科書是無法解決的。

其實，在董仲舒思想被漢武帝接受之前，許多學者已經就儒學如何服務當時社會提供了許多思路，但有的人備受冷遇，個别人甚至遭致殺身之禍，那麼董仲舒的思想爲什麼最後能取得成功？他與前輩學者相比，在處理政治與學術關係上有何獨到之處？我們不得不對這一系列問題做出綜合的思考。也就是不能就董仲舒而論董仲舒，既要考慮經學自身發展的歷史、經學與諸子百家的繼承與發展關係、經學思想與社會發展之間的聯繫。

爲了增強學生在這方面的知識積累，我們爲國學班開設了中國經學史、經部文獻研讀、子部文獻研讀三門課，就從這兩個角度來講授這些内容，希望能使同學們更深入地理解經學本身，從而能做到“以己之昭昭”使人昭昭。

---

①《普通高中課程標準實驗教科書：歷史3必修》，人民教育出版社2007年第3版，2010年第4次印刷，第8、9頁。

（三）強化不同學科之間的交流與合作

凡是人類過去所創造的一切或與人有關係的一切内容，都屬於歷史研究和歷史教育的對象，其中部分内容也在其他學科的視野之内，如唐詩、宋詞、元曲就是歷史學與文學共同的研究對象。那麼在歷史課上如何來講授這些内容呢？在《高中歷史 3 教學用書》的編者看來，在講授這些問題的時候，首先組織學生討論宋詞繁榮的原因，引導學生理解文學與古代社會的文化、經濟及政治之間的内在聯繫；其次，在講授那些代表性詞人及其代表作品時，還應該“評析和鑒賞宋詞高度的思想性和藝術性”①。分析文學作品與時代之間的關係是歷史專業的特長，而評析、鑒賞古典文學作品思想性和藝術性則非我們所長。

考慮到中學教材中存在大量的哲學作品、文學作品，要想完整地理解這些作品，光看字面意義是不夠的，爲此我們請文學院教師爲學生們開設了集部文獻研讀，不僅要帶着同學們閲讀、記憶若干古典文學名篇，而且還要教給他們一些專業的文學鑒賞理論與方法，從而希望他們在已有歷史思維特點的基礎上，增加一些其他學科的視野，從而更加深入、全面地理解古典作品之美，提高廣大中學生學習中國優秀傳統文化的積極性、自覺性，也希望其中的精金美玉能夠種入他們的心田，影響至深。中國哲學史、西方哲學史課程的開設也是出自同樣目的，希望能更深刻地理解哲人的思想並古爲今用。

（四）研究能力的培養

在準確理解古典哲學、文學、歷史作品的同時，新時期的中學歷史教學對學生發現問題、分析問題、解決問題的能力格外重視。

如商鞅變法問題上，教材提供了兩個測試題：第一，簡要分析商鞅變法的歷史作用。第二，怎樣看待商鞅變法的歷史局限性？

爲了幫助學生更好地理解這個問題，教材提供了兩段古文，其一出自《戰國策·秦策三》，該文高度評價了商鞅改革爲秦國的富強所做出的貢獻。“夫商君爲孝公平權衡，正度量，調輕重，決裂阡陌，教民耕戰，是以兵動而地廣，兵休而國富，故秦無敵於天下，立威諸侯。”另一條材料出自《史記·商君列傳》，該文則更強調了商鞅爲人刻薄寡恩的品質，並將他的人生悲劇歸因於此。“商君，其天資刻薄人也。跡其欲幹孝公以帝王術，挾持浮説，非其質矣。且所因有嬖臣，及得用，刑公子虔，欺魏將卬，不師趙良之言，亦足發明商君之少恩矣。余嘗讀商君《開塞》《耕戰》書，與其人行事相類。卒受惡名於秦，有以也夫。”而後要求學生在閲讀上述材料的基礎上回答：“你認爲應

① 《普通高中課程標準實驗教科書：歷史 3 必修教師教學用書》，第 119 頁。

當怎樣評價商鞅和他在秦國的變法?”① 這需要學生首先要能讀懂這些古文，而且能分辨出這兩種評價的差異性，還能結合當時的社會背景和歷史唯物史觀的基本原理來對這個問題做出合理的評價。

有些題目則不是簡單地回答一個問題，還要求就某一個主題展開研究，撰寫歷史小論文。如高三歷史教材就佈置過這麼一堂“探究活動課”，要求學生以“中國傳統文化的過去、現在與未來”爲主題，收集材料，展開研究，撰寫歷史論文，其重要目的在於“通過對傳統文化未來的探討與預測，培養創新思維能力”②。

論文撰寫對人的要求是全方位的，包括發現問題的能力、搜集資料的能力、閱讀分析能力和寫作能力，它不僅有助於調動廣大同學學習的積極性，在完成這些環節中也很容易發現學生以往學習中存在的一些問題，是檢驗教學效果的一個好辦法。

爲了提高國學班本科生在這方面的能力，學院爲國學班開設了經部文獻研讀、史部文獻研讀、子部文獻研讀、集部文獻研讀等核心課程。其中一個重要目的就在於讓他們通過閱讀原始文獻提高問題意識、鍛煉研究能力。

在《史部文獻研讀》課中，授課教師爲國學班同學講授了《史記》，選擇的讀本是日本學者瀧川資言所作的《史記會注考證》。課後作業是首先查找瀧川資言在撰寫這部巨著的時候參考了哪些文獻，並在此基礎上就《孔子世家》中的某個問題搜集相關資料寫一篇小文章。

學期結束後，不少同學在《學期總結》中反映：通過這門課收穫良多。首先，他們發現幾乎每句話、每個問題都存在多種解釋，歷史真相到底是什麼？歷史問題油然而生，這就極大地強化了同學們的問題意識，並找到了入手途徑。其次，通過統計該書的參考資料，同學們意識到了治學的不易。看到學生有了這樣的認識，筆者感覺老師們的辛苦没有白費，通過這種精讀經典的方式，對於培養學生發現問題、思考問題、解決問題、撰寫論文確實是一個很好的鍛煉，如果同學們日後進入中學從事歷史教學，一定能夠很好地勝任自己的工作。

（五）涵養情性，變化氣質

在中學教育階段，在注重學習知識的同時，幫助他們樹立正確的世界觀、人生觀、價值觀至關重要。《義務教育歷史課程標準》規定歷史教學的重要任務之一在於“以人類優秀的歷史文化陶冶學生的心靈，幫助學生客觀地認識歷史，正確理解人與社會、人與自然的關係，提高人文素養，逐步形成正確的價值取向和積極向上的人生態度，適應

① 《普通高中課程標準實驗教科書歷史選修 1：歷史上重大改革回眸》，人民教育出版社 2007 年第 2 版，2013 年第 7 次印刷，第 29 頁。

② 《普通高中課程標準實驗教科書歷史 3（必修）》，人民教育出版社 2007 年第 3 版、2010 年第 4 次印刷，第 50 頁。

社會發展的需要”。

既然對中學生有這個要求，對準備擔任中學歷史教師的本科生當然應該提出更高的標準和要求。能否從傳統典籍中汲取有益的營養，古爲今用，在很大程度上決定了他們日後的教學境界和教學能力。

中國人一向以文質彬彬、温文爾雅爲人所稱道，但是近年來有關中國人各種不文明、不禮貌言行的報導屢屢見諸報端、網絡，如何在物質文明迅速發展的今天，重拾禮儀之邦的美德，讓我們更加文明，讓人際關係更加和諧，是擺在傳統文化研究者面前的重要課題。今年國學班同學有幸聆聽了彭林先生題爲《禮樂中國》的講座，不少同學爲彭先生淵博的知識、儒雅的氣質、知行合一的精神所感化。其中所講書信部分深深地感染了一位同學，她在聽過這次講座之後通讀了《曾國藩家書》，由於正趕上父親節，她便按照傳統的書信禮儀給她的父親寫了千字的文言書信，整篇書信全部用繁體字書寫，内容豐富、情深意切，我想任何一個父親看到孩子這種書信後都會由衷地爲孩子的成長而感到驕傲與自豪。爲了説明國學教育對廣大同學人格教育方面的積極意義，在征得該同學的同意後，我將這篇書信全文附上，以供大家欣賞：

父親大人尊鑒：

自五一假後，久疏通問，時在念中。女近年於外讀書，一别數月，彌添懷思。惟又慮及您日勞事煩，恐多有打擾，不敢予信。雙親大人常年勞心勞力，備極經營，家中大小瑣細諸事皆躬親之，未免過於勞苦，而女不在身側，實于心不安。況二大人年壽日高，精力日邁，正宜保養神氣，稍稍作息。伏望訓令姊、弟，襄理家務，以減辛勞。勤儉本持家之道，而人所處之地各不同。萬望祖母、父母親大人眠食如常，闔家平安，即爲至幸。待女休假歸家，即時看望。

今夏育銘弟考試後，有何打算或安排？不知勤惰若何？弟尚年幼，不免貪玩，但萬不可爲考試文章所誤。殊不知看書與考試全不相礙，彼不看書者，亦仍不利考如故也。我家小弟，無論考試之利不利，總應以看書爲急。不然，則年歲日長，學問文章不成，不免吃思想知識貧弱之大虧。或經史子集，或文學小説，或哲思名篇，每日總宜看二十頁，使充其頭腦與内心。另每日宜關注報刊時事新聞，當有必要之人文關懷；對本國以往歷史應略有所知，尤必兼具温情與敬意。高考成績即日公佈，弟必牢騷抑鬱憤懣不平，此人之常情也。然弟或可外出遊歷，以廣耳目，以豁心胸。或尋鐘愛之事，樂此不疲。誠望弟爲發奮自立之人，萬不可懶散自棄，家中亦勿以瑣事耽擱。願弟能鑒我苦心，結實用功也。

不知今歲大姊工作事務如何？考而得之，幸焉；考而不得，亦幸焉。人生在世，何可不瀟灑度日？凡富貴功名，皆有命定，半由人力，半由天事；惟學作聖賢，全由自己做主，不與天命相干涉。女有志學爲聖賢，多覽經籍文章，潛移默化之中，漸知舉止端莊，言不妄發，深感讀書使人明智達理。每每感懷，自實至幸，謝雙親大人自幼教導，悉心照顧，盡心培養，使女有幸踏入大學之門，長經驗見識。

大學三年匆匆而過，回顧以來，常覺羞愧。女不聰慧，發奮功夫亦不足夠，萬不及姊大學之功績。每每念此，遂暗自神傷，自況無顔見父母。想女從小做事，每遇難題，常戰戰兢兢，左右爲難，當斷不斷；也偶有任性，傷及至愛家人。在此致歉，惟望包容諒解。今後必更多坦誠溝通，不再爲難堪之事。

因明年畢業，常常思慮，未嘗没有大志向。但念及家庭、性格、年齡、喜好、現實諸事，思前想後，仍以平常之人而走平常之路，不求功名利禄，只求歷練成長。雖有負眾親朋、師長、好友之厚望，卻更合世事發展演化之常理，請雙親大人不必過多擔憂。

書短意長，恕不一一。不揣冒昧，匆此佈臆，幸勿見笑。專此謹稟。

恭請

福安

次女

拜上

乙未羊年端午

看完這篇書信後，我作爲她的老師感到十分欣慰，也更加堅定了我們的辦學理念。當然從形式上來説，我希望她能用更加樸實、更爲親切的媒介來表達這種思想，因爲自五四運動之後，白話文畢竟已經成爲當代的通行語言了。當然面對今日電腦普及、臨筆忘言的窘境，該同學的這種舉動權當矯枉過正吧。

（六）教學實踐能力的培養

上文所述主要從課程設置、教學方法、課外學術活動等角度談到了國學教育對於提高同學們綜合素質的作用，這些對於他們未來走上中學教學崗位無疑是十分重要的。但是實踐效果到底怎麽樣，教育實習就是一個很好的考驗。在上個學期開學後，國學班學生在學院老師帶領下，奔赴五個中學開展實習。在教育實習的過程中，除了運用豐富的知識來完善自己的課堂教學，更多的同學則是力圖在教學中去踐行《論語》《禮記》中的那些精闢的教學理念。

1. “三人行，必有我師焉”

由於先天條件與後天環境的差異，每個人在性格、愛好、氣質、知識結構、學習能力上都會有一定的差異，金無足赤、人無完人，如何在工作後處理好與同事之間的關係，在很大程度上取决於如何看待每個人優點與缺點。在這次實習過程中，不少同學充分認識到這一點，有位同學這樣寫道："不管是去聽老師講課，還是從我們同學自己的備課試講中，我發現每個人身上都有自己所需要學習的東西，老師們講課時的知識體系構建、面對學生的自信大方，同學們新穎的講課方式、有意思的導入等都是我需要學習借鑒的。"①

在這種心態的影響下，我相信她在每一天都會取得進步。

2. "因材施教"

目前中學每個班級一般來説人數都比較多，每個人的興趣、愛好、性格、特長都有很大區别，在完成教學基本任務的前提下，教師有責任根據每位同學的特徵引導他們走上適合自己發展的道路。不少同學在這次實習過程中都非常注意這個問題，如某位同學剛開始實習時，没能充分考慮到學生們的個體差異，導致教學效果不佳。後來，通過反思自己教學行爲，並與指導教師取得充分溝通的情况下，她認識到應該"根據學生的個體差異，因材施教"。在她所帶的學生中，有幾個學生壓力大、厭學，她"不再像以前一樣，要求她們必須死記硬背文化知識。而是建議一個身體素質比較好的孩子朝體育方面去發展，一個愛繪畫並且很有天賦的孩子朝美術方面去發展，使她們找到自己的特長，重新樹立學習的信心"②。

看到同學們能在實習過程中充分利用已經學過的國學知識，活學活用，學以致用，每位關心他們成長的老師都會由衷地感到高興。

四、國學教育的反思與展望

上文主要分析了我們國學教育在培養優質中學優秀教師方面的優勢，大多談了一些正面的東西。由於辦學時間較短，有些問題還缺乏深入的思考，在與校内外同行和國學班同學多次交流的情况下，我認爲下列問題還有很大的改進餘地：

（一）教學負荷量較重

2012 級國學班是我們的第一届"卓越人才國學班"，他們在學完歷史系學生所有課程之後，又學習了國學通論、古代漢語、訓詁與古音、《論語》導讀、三禮通論、史部文獻研讀、子部文獻研讀、易學概論、《尚書》導讀等九門專業課，我們還計劃在大四第二個學期爲他們開設集部文獻研讀課程。同學們在收穫大量知識與能力的同時，普遍反映了他們的意見，由於課程較多，一方面導致各門專業課課時較少，很多内容無法充分展開；另一方面，學生在學習過程中非常疲倦，其中一個學期幾乎天天滿課，包括晚

① 《2012 級國學班實習總結》

② 《2012 級國學班實習總結》

上，在這種狀態下，對提高學習效率而言是十分不利的。

但是如果拋開歷史類核心課程，另起爐灶，這又與我們的教育理念有悖。所以如何處理傳統歷史教學課程體系與國學課程體系之間的關係是目前還需要繼續考慮的問題。

（二）教育見習中存在的問題

我們秉承“讀萬卷書，行萬裏路”的爲學宗旨，組織學生赴安陽殷墟進行教育見習，不少同學在後來的報告中高度評價了這次見習活動，認爲它把實物與課本教育有機地結合起來，對於調動大家學習的積極性發揮了很大的作用。也有同學對三代考古有着濃厚的興趣，當“站在 H127 甲骨坑旁，我無法想像當時的發掘者們是怎樣歡呼跳躍着來慶祝這一舉世矚目的發現，但我發現，這份震撼在這裏延續留存了近一百年，至今讓每個駐足的參觀者都爲之歡欣鼓舞。而這樣的感悟，是書本不能賦予的”①。

迄今爲止，我們已經成功地組織兩届國學班去殷墟學習參觀。上個學期曾有機會與信陽師範學院的領導交流，他們對組織學生去著名的書院參觀非常重視，其重要目的就在於讓學生們感受書院教育的魅力。其實國内不少國學院或國學班都聲稱自己在辦班過程中汲取了書院教育的優良傳統。這個看法對我觸動很大。我想首先瞭解目前傳統書院在中國的生存境況，如果這些地方除了保留有一些建築遺跡，還能開展一些較高水準的教學活動，在學院經費足以支持的情況下，争取日後也能組織學生們去那些著名的書院感受一下。

（三）開展文化傳播管道的問題

國學班肩負着傳承、傳播中華優秀傳統文化的艱巨任務。除了在中學歷史教學中承擔這個傳播者的角色之外，在學校之外的機關、單位、工廠、農村傳播這些知識也是非常有必要的。在與外國友人交流的過程中，我們也希望能充當一個重要的角色。

如何完成這個任務，除了通過課程體系改革來完善自己的知識結構之外，恐怕還需要社會各界的支持，希望這篇小文的發表能爲這個任務的完成提供一個小小的契機。

也希望各位對傳統文化感興趣的同仁對本文多提寶貴意見，幫助我們把國學班建設得更好！

---

① 《2012 級國學班學期總結》

《禹貢》中的“枲”“紵”“絺”考

曲阜師範大學文學院　宋海燕

絲、麻、葛是古代人們所賴以爲衣履的幾種原料，富貴人家可以穿絲織衣服，一般人平日只能穿以麻、葛織品製成的衣服，因而又稱“麻衣”“布衣”，後來成爲庶人平民的代稱，枲、紵和絺是古代大多數人們製作衣履的原材料，本文通過查閱典籍，對其在文獻中的記載做一簡要歸類，淺要談一下它們在植物特徵、用途、産地、進貢等方面的情況，以對這些材料作一瞭解。

一、枲

青州、豫州貢枲，“枲”，孔穎達注：“麻也。”《爾雅・釋草》：“枲，麻。”刑昺疏云：“麻，一名枲。”“枲，麻也。”可見枲又稱麻，是麻的通稱，關於麻，宋代沈括的《夢溪筆談》：“中國之麻，今謂之大麻是也……張騫始自大宛得油麻之種，亦謂之麻，故以‘胡麻’别之，謂漢麻爲‘大麻’也。”可知通常所説的麻指的就是大麻，即枲麻，又稱漢麻。

（一）“枲”的植物特徵

李時珍《本草綱目》中對“大麻”有較詳細的記載：“大麻即今火麻，亦曰黄麻，處處種之，剥麻收子。有雌有雄：雄者爲枲，雌者爲苴。大科如油麻。葉狹而長，狀如益母草葉，一枝七葉或九葉。五六月開細黄花成穗，隨即結實，大如胡荽子，可取油。剥其皮作麻。其稭白而有棱，清虚可爲燭芯。《齊民要術》云：麻子放勃時，拔去雄者。若未放勃，先拔之，則不成子也。其子黑而重，可搗治爲燭。”詳細介紹了大麻的各項植物特徵，大麻又名“火麻”“黄麻”，爲種植較爲普遍的雌雄異株植物，葉形細長形狀如益母草葉，一株可有七葉或九葉，麻五六月份開花結穗，果實可以榨油，麻稭潔白有棱，可作燭芯，皮纖維可作麻絲，麻子黑而重，搗爛之後可點燃作燭火之用等。

大麻是我國最古老的麻類作物，爲一年生直立草本，高 1 – 2 米，栽培可達 3 – 4 米，《荀子・勸學篇》：“蓬生麻中，不扶而直。”可知大麻株杆筆直。大麻是雌雄異株的植物，許多典籍中都有相關記載，《周禮·天官塚宰》中有“典絲”“典枲”，其“典枲”，賈公彥注：“枲，麻也。案《喪服傳》云：‘牡麻者，枲麻也。’則枲是雄麻，對苴是麻之有黂實者也。”可知枲是雄麻，又稱牡麻，“苴”是雌麻，是麻中結有果實者，又稱子麻，《喪服傳》：“苴絰者，麻之有黂者也。”《詩經·豳風·七月》：“七月食瓜，八月斷壺，九月叔苴。”孔穎達注：“《喪服》注云：‘苴，麻之有實者。’”可知苴是可結子實的雌麻。《管子·地員》中有關於麻生物形態的描述：“麻大者，如箭如葦，大長以美；其細者，如蘿如蒸。欲有與各，大者不類，小者則治，揣而藏之，若眾練絲。”雌麻如箭如葦，高大挺直，雄麻則如蘆葦細柴，幹短葉小，雌者纖維粗硬，枲麻治理後，纖維則細柔如絲，這些都是我國古代人民對於大麻雌雄異株這一植物生理特徵的重要發現。

苴麻結出的果實叫“黂”。郭璞注《爾雅》：“禮記曰：‘苴麻之有黂。’”刑昺釋：“黂者，即麻之子也。”麻黂又稱“麻藍”“麻青”，《本草綱目》中云：“此當是麻子連殼者。”即黂是包殼的麻仁，麻黂“氣味辛、平、有毒”。麻仁則甘平無毒，麻仁外殼包裹嚴密，極難去除，且麻殼光滑堅硬，麻仁軟而易破，因而無論是用碾壓的方法，還是舂搗的方法，都很難將殼與仁分離，但只要方法得當，經過一系列加工後還是可以取到麻仁的，《本草綱目》中記：“麻仁極難去殼。取帛包置沸湯中，浸至冷出之。垂井中一夜，勿令著水。次日日中曝幹，就新瓦上挼去殼，簸揚取仁，粒粒皆完。”將麻黂用帛包裹放入沸水中，浸過之後取出，懸垂井中一夜，第二天中午放在太陽下暴曬，即可取到麻仁，這裏利用的是熱脹冷縮的原理使麻殼與仁分離。

（二）“枲”的用途

《本草綱目》中提到“剥其皮作麻”，可知大麻的皮纖維可製成麻絲，《齊民要術》中引崔實云：“牡麻，無實，好肌理，一名爲枲也。”可知作麻絲的爲雄麻纖維，雄麻皮纖維柔細，可以製成較爲精細的織物，枲麻是古時人們衣履的主要原料，古代提到的布，一般都是大麻纖維織成的。《説文解字·巾部》：“布，枲織也。”可知古人所穿的衣服，大部分是以枲麻布製成的，《天工開物》：“凡衣衾挾纊禦寒，百有之中止一人用繭綿，餘皆枲著。”麻布是中國古代基層人民所穿用的最主要的織物。

我國利用大麻紡織的歷史非常久遠，據考古報告称，在中國三十多個省市自治區發現的早期居民遺址中，幾乎都有紡輪出土，而紡輪是紡織工具中的主要部件，可見新石器時代的人們已普遍利用麻類作物進行紡織。五十年代，在陝西西安半坡遺址出土的許多陶器底部，都發現有布紋席紋和其他編織印紋，證明當時的人們已經利用麻葛等來織布，此遺址距今已有 5000 多年，是一處典型的母系氏族公社時期的村落遺址。此外，我國河北省覃城臺西村的商代遺址、福建武夷山商代船棺、山西運城絳縣横水鎮西周倗國墓地、陝西徑陽高家堡早周遺址、河南浚縣辛村的西周遺址等多處遺址中，也都發現有大麻的殘片，可見大麻在早期人們生活中的應用是很普遍的。此外，許多古籍中也有相關記載，《周禮・天官塚宰》中設有“典枲”：“掌布緦、縷、紵之麻草之物，以待時頒功而授齎。”賈公彥注：“云授齎者，亦如《典婦功》注謂以女功事來取者。”《周禮・天官》：“典婦功掌婦式之法，以授嬪婦及內人女功之事齎。”“事齎”，鄭玄注：“謂以女工之事來取絲枲。”鄭眾也云：“女功事資，謂女工絲枲之事。”可知進貢的麻草之物，主要是用來治理麻絲，《天官》“九貢”：“二曰嬪貢。”鄭玄謂：“嬪貢，絲枲。”可知周時期進貢絲麻織品。此外還有“九職”：“七曰嬪婦，化治絲枲。”孔疏云：“治理變化絲枲，以爲布帛之等也。”將蠶麻絲等製成布帛之類，《禮記・喪服》：“司寇惠子之喪，子游爲之麻衰，牡麻絰。”鄭玄注：“凡服，上曰衰，下曰裳，麻在首、在腰皆曰絰。”這裏的衰、絰即是以牡麻絲織成的喪服和喪帶。此外，麻布還可製成牛衣、朝服、戰服等。

大麻纖維還可製成麻繩、麻線、漁網，還可以用來造紙。1957年，在我國陝西西安灞橋的一座漢墓中，發現有一疊麻紙，經鑒定，其年代約爲公元前二世紀，紙張經剥揭共有八十多片，這是目前我國發現的最早的麻類纖維紙張。此外，新疆羅布淖爾的漢代烽隧遺址、甘肅居延地區漢代烽塞遺址和陝西扶風縣的一處西漢窖藏中，均發現了大麻紙張，《後漢書・蔡倫傳》：“自古書契多編以竹簡。其用縑帛者，謂之爲紙。縑貴而簡重，並不便人。倫乃造紙，用樹膚、麻頭及敝布、漁網以爲紙。”古時人們書寫多用竹簡或縑帛絲織品，但由於竹簡笨重，帛物價格昂貴，因此蔡倫用樹皮、麻頭、破布、舊漁網等作爲造紙原料，發明了紙張，這之中除樹皮外，其餘均屬麻類纖維，可見麻是造紙的主要原料，而紙的發明，也是我國對世界科技文化的重要貢獻。

雌麻纖維品質較差，用途較少，主要是利用其果實。《齊民要術》中引崔實云：“苴麻子黑，又實而重，搗治作燭，不作麻。”又云：“（胡麻）、（麻子）此二實，足供美燭之費也。”可知雌麻子實黑色，實而重，搗爛之後可作燭火，《周禮・秋官司寇》中掌火禁的“司烜氏”：“凡邦之大事，共墳燭、庭燎。”鄭玄注：“故書‘墳’作‘蕡’。鄭司農云：蕡燭，麻燭也。”凡國有大事，就點燃蕡燭，可知麻蕡可作燭火照明；此外，麻蕡還用於祭祀等多種儀式活動中。《周禮・天官塚宰》中的“籩人”：“朝事之籩，其實麷、蕡、白、黑、形鹽、膴、鮑魚、鱅。”“朝事”，鄭玄注：“謂祭宗廟薦血腥之事。”“蕡”，鄭注：“枲實也。”賈公彥疏：“蕡爲麻子。”“籩”，鄭注：“竹器如豆者，其容實皆四升。”可知籩是盛放物體的竹制容器，盛放麥、蕡、稻、黍等物，以供宗廟祭祀。此外，《有司徹》中記舉行儐尸禮，“興，取籩于房，麷、蕡坐設於豆西，當外列，麷在東方”。鄭玄注：“麷，熬麥也。蕡，熬枲實也。”這一活動中也多次用到麻蕡。

麻仁通常可以食用，《詩經・豳風・七月》：“七月食瓜，八月斷壺，九月叔苴。”

鄭玄注：“苴，麻子也。”“叔”，《毛詩正義》引《説文》云：“叔，拾也……然則叔苴謂拾取麻實以供食也……拾取以供羹菜。”可知麻子可以充作人們吃的糧食；《禮記·月令》中記每年的“孟秋之月”“仲秋之月”“季秋之月”，“天子食麻與犬”，將麻仁搗碎和狗肉一起煎煮，可以起到調味的作用。因麻殼有毒而仁無毒，因而《綱目》中云：“故周禮朝事之籩供蕡。月令食麻，與大麻可食、蕡可供稍有分别。”麻子還可以用來榨油，《齊民要術·荏蓼》中談到荏油色緑可愛，氣味香美，用來炸餅，雖不比芝麻油，“而勝麻子脂膏”。麻子脂膏即麻油。

麻子還是很好的肥料和飼料。《周禮》：“草人掌土化之法……凡糞種……彊集用蕡。”鄭玄注：“土化之法，化之使美。”“凡所以糞種者，皆謂煮取汁也。”將麻子煮汁作爲肥料灑在田裏，可使土地變得肥美。此外，明代徐光啓的《農政全書》中談到用大麻子飼養豬和雞，可使豬“立肥”，使雞“常生卵不抱”。可知麻子是飼養家畜的很好飼料。

此外，大麻的各部分還可作藥物之用。如麻勃，《本草》：“一名麻花。”可治健忘、惡風、經閉等，但因麻花有毒，過多服用會令人發狂；麻蕡可治勞傷，破積散膿，“久服，通神明，輕身”。麻仁除作食物外可用來榨油，還可做藥物，《本草綱目》：“張仲景麻仁丸，即此大麻子中仁也。”《神農本草經》中記：“（麻仁）主補中益氣，久服肥健。不老神仙。”可知麻仁有養心益血、延年益壽的作用。此外，麻仁還主治大便燥結，還可治療“乳婦産後餘疾”，“通乳汁，止消渴”。《齊書》中記：“宣帝陳皇后生高帝，高帝年二歲，乳人乏乳。後夢人以兩甌麻粥與之，覺而驚，乳因此豐足。”麻粥即麻仁熬制的粥，可知麻仁有通乳的功效，而麻葉可烏髮、治瘧，麻根可治難産，止血治淤等。

（三）“枲”的産地

大麻主要盛産于我國的黄河中下游流域，即古代的中原地區，沈括所説的：“中國之麻，今謂之大麻是也。”“中國”，即主要指中原地帶，《周禮·夏官司馬》：“河南曰豫州，其山鎮曰華山，其澤藪曰圃田，其川滎雒，其浸波溠，其利林、漆絲枲。”可知河南土地適宜種麻，《詩經·陳風·東門之枌》中記“子仲之子”：“不績其麻，市也婆娑。”《正義》云：“言陳國男女棄其事業，候良辰美景而歌舞淫泆。”可見春秋戰國時期，陳國曾普遍種植和紡織大麻，陳國位於今河南省淮陽一帶，屬於中原地帶，中國的陝西、山西、山東、四川、内蒙古等地也普遍種植大麻，《詩經·豳風·七月》中記一年中的忙碌活動：“九月築場圃，十月納禾稼。黍稷重穋，禾麻菽麥。”九月築打穀場，十月裏收麻穀等農作物，麻與黍稷菽麥一同被看作人們生活中重要作物，可見在當地種植普遍。豳地，今陝西彬縣，爲陝西境内。《淮南子》：“汾水濛濁而宜麻。”汾水爲山西省中部。《漢書·貨殖列傳》“齊帶山海，膏壤千里，宜桑麻”，“鄒、魯濱洙、泗……頗有桑麻之業”，可知麻在山東也普遍被種植。《舊唐書・食貨志》：“玄宗幸巴蜀，鄭防使劍南，請於江陵稅鹽、麻以資國，官置吏以督之。”唐杜甫有“蜀麻吴鹽自古通，萬解之舟行若風”的詩句，可見當時四川種麻之盛。《後漢書》：“五原土宜麻枲，而俗不知織績。”五原地處内蒙古河套平原，這個地方也適宜種麻。除這些地方外，中國的安徽、黑龍江等地也都普遍種植麻，麻在這些地方的稱謂也各不相同：在黑龍江、内蒙古，人們稱線麻；在安徽，人們稱爲寒麻；在廣西，稱火麻；云南，稱云麻；新疆稱大麻；河南稱魁麻。從這些不同的稱呼中，我們也可以看出大麻在我國的種植和分佈是非常廣泛的。

麻作爲古代人們的衣履材料，是生活中的重要農作物，古代曾列爲“五穀”，《周禮・天官》中“疾醫”，“以五味、五穀、五藥，養其病”，鄭玄注：“五穀，麻黍稷麥豆也。”將麻作爲五穀之一。《史記・天官書》中預測年歲豐歉，接着所説的作物，就包括麻在内的麥、稷、黍、菽等五種。《吕氏春秋・審時》中談到六種作物的栽種情況，也將麻與稷、黍、稻、菽、麥等並列。作爲衣食之端，古代封建統治者是高度重視麻的種植在國家穩定和人們生活中的作用的，《管子》中：“務五穀，則食足，養桑麻、育六畜，則民富。”“行其山澤，觀其桑麻，計其六畜之産，而貧富之國可也。”將桑麻的生産作爲人民富裕、國家富強的重要保障。此外，麻穀的種植是國家穩定的重要物質基礎，《鹽鐵論・園池》中：“夫男耕女績，天下之大業也。故古者分地而處之，制田畝而事之。”文中提到，耕種、織績爲天下大事，因而歷代帝王高度重視，而如今國家卻：“設機利，造田畜，與百姓争薦草，與商賈争市利，非所以明主德而相國家也。”因此，建議君王應將“匹夫之力，盡于南畝，匹婦之力，盡于麻枲。田野辟，麻枲治，則上下俱衍，何困乏之有矣?”建議統治者應鼓勵人們回歸土地，勤於耕種、織績，“田野辟，麻枲治”，則國家安定而無匱了。《漢書・魏相丙吉傳》中也説：“五穀熟，絲麻遂，草木茂，鳥獸蕃，民不夭疾，衣食有餘。若是，則君尊民説，上下亡怨，政教不違，禮讓可興。夫風雨不時，則傷農桑；農桑傷，則民飢寒；飢寒在身，則亡廉恥，寇賊奸宄所繇生也。”人民衣食有餘，則君尊民説、上下無怨、政通民和、禮讓可興，若衣食匱乏，則人民飢寒，飢寒在身則民無廉恥，於是作奸犯科者滋生，國家也就會陷入混亂，中國作爲傳統的農業大國，五穀桑麻無疑對國家人民都是非常重要的，“倉廩實而知禮節，衣食足而知榮辱”，是被歷代統治者反復論證過的，因而麻谷作爲人們的衣食之源，不僅是重要的生存資料，也是國家穩定繁榮的物質基礎。

（四）“枲”的種植和加工

麻穀關係到國計民生，因而其種植也變得尤爲重要，西漢氾勝之的《氾勝之書》，東漢的崔實，北魏賈思勰的《齊民要術》等都有相關記載和論述，本文這裏作一簡要介紹。

《詩經·齊風·南山》中：“蓺麻如之何？衡從其畝。”鄭玄云：“種麻者必先耕治其田，然後樹之。”也就是説種麻前要先耕治好田地，土壤的品質對麻的生成影響很大，《氾勝之書》中記：“種枲，春凍解，耕治其土。春草生，布糞田，復耕，平摩之。”開春解凍後就應開始耕治麻田，待春草長出以後，對田進行施肥，然後再次翻耕，可見大麻的種植對土壤的要求很高，不僅要肥沃，還需深耕。

首先，土壤要肥沃。《齊民要術》中引崔實云：“正月糞疇。疇，麻田也。”正月時節就應該對麻田施肥，使田變得肥沃，《齊民要術》中也説：“麻欲得良田，不用故墟。地薄者糞之。”種麻需用良田，不可用廢墟，用廢墟種麻，就會有莖葉早死的危險，且“不任作布”，種出的的麻也不能用來織布，因而若田地貧瘠，就應先上糞，以保證田的品質。

再者，田地要多次翻耕，“耕不厭熟”，《齊民要術》中記，若能“縱横七遍以上，則無葉也”。可知種麻的田地要經過多次翻耕。

麻的種植時間應適宜。《氾勝之書》云：“種枲太早，則剛堅、厚皮、多節；晚則不堅。”種麻太早，結出的麻杆就會很堅硬，皮厚而多節，種植太晚，皮會不堅牢，因而種植時間應該合適。具體來説，《要術》中引崔實曰：“夏至先後各五日，可種牡麻。”崔實認爲夏至前後五天是種麻的較好時間，《要術》中則云：“夏至前十日爲上時，至日爲中時，至後十日爲下時。”認爲夏至前十天是下種的最好時節，其次是夏至，最次是夏至後十日，“夏至後者，非爲淺短，皮亦輕薄”。若種植太晚，不僅麻杆矮小，外皮也會很輕薄，可見種麻要在適宜的時間段内。

此外，麻種得不可太稠密或太稀疏，“概則細而不長，稀則粗而皮惡”。種得太密，長出的麻杆會細而不長，種得太稀，麻杆會長得很粗，麻皮也差，因而麻的株距要合適。麻在生長過程中，應時時關注，如時時驅趕鳥雀、鋤草等，當麻穗放出如灰樣的花粉時，也就到了該收穫的時候，收穫過早過晚都不宜，“未勃者收，皮不成，放勃不收而即驪”。若花粉還没放出就收，則麻皮還没長好，花粉放出後還不收的話，麻杆就會變得又黄又黑，因而時間上要把握好。收穫時，或割或拔，可隨各地習慣，收穫時還要將麻的葉子清理乾净，以防腐爛影響麻杆的品質。紮麻時，“束欲小，縛欲薄”，捆要紮的小，鋪麻要薄，爲使麻儘快晾乾，晾麻每日還需勤翻轉，“一宿輒翻之，得霜露則皮黄也”。否則被霜露打後，麻皮會變得發黄。

雌麻的種植與雄麻方法相同，不過也略有差異，如在種植時間上，雌麻比雄麻略早：“三月種者爲上時，四月爲中時，五月初爲下時。”三月份種雌麻是最好的時節，其次是四月，最遲是五月初。在雌麻結果實的過程中還需要同時種植雄麻，《齊民要術》中有：“既放勃，拔去雄。”（若未放勃去雄者，則不成實。）雄麻應在放出花粉後再拔去，若花粉還未放出就拔去雄麻的話，雌麻就結不出子實來，可知雌麻在結子的過程中需要雄麻花粉受精。

關於麻子的成熟時間，《詩經·豳風》中“九月叔苴”，《正義》云：“叔苴謂拾取麻實以供事也……以麻九月初熟，拾取以供羹菜也。”《本草綱目》中有“麻子九月采”，可知麻子成熟季節爲九月份，《齊民要術》中云：“霜下實成。”認爲下霜後，雌麻子實即成熟，此時，應“速斫之”，儘快將麻株砍下，不可延遲太久，“其樹大者，以鋸鋸之”。若麻株過大，就用鋸子鋸，可知相較雄麻，雌麻的纖維是很粗硬的。

麻從收穫到紡織成布，中間需要很多道工序，其中的一項即爲“漚麻”，《陳風·東門之池》中：“東門之池，可以漚麻。”鄭玄注：“漚，柔也。”“于池中柔麻，使可緝績作衣服。”《正義》進一步解釋：“東門之外有池水，此水可以漚柔麻草，使可緝績以作衣服。此云‘漚，柔’者，謂漸漬使之柔韌也。”漚麻，將麻放入水池中進行浸泡，主要是利用水中天然繁殖的細菌，使其分解出大麻韌皮中的膠質，使纖維變得更加柔韌。漚麻的時間很重要，《氾勝之書》中認爲：“夏至後二十日漚枲，枲和如絲。”即現在的陽曆七月中旬，大概認爲此時氣温較高，適宜於細菌繁殖，便於脱膠，《齊民要術》中則認爲：“暖泉不冰凍，冬日漚者，最爲柔韌也。”在冬天没有上凍的水中漚麻最爲合適，二者説法不同。

此外，漚麻過程中對水質、水量也有要求，《齊民要術》云：“欲漚清水，生熟合宜，濁水則麻黑。”漚麻應用清水，漚到生熟合宜，若用濁水，漚出的麻就會發黑。再者，漚麻在水量、時間上也應合適。“水少則麻脆”，水太少漚出的麻就會發脆。“生則難剥，太爛則不任”，漚的時間太短，麻皮過生，會很難剥，相反，漚得太爛，麻也就不能用了。

漚麻是制衣前必需的一道工序，漚麻之池稱爲“麻池”，是古代人們日常生活中的重要工具，《晉書·載記石勒下》中就記載了後趙明帝石勒早年與鄰居李陽爲争“麻池”而互相大打出手的例子：“勒令武鄉耆舊赴襄國。既至，勒親與鄉老齒坐歡飲，語及平生。初，勒與李陽鄰居，歲常争麻池，迭相驅擊。至是，謂父老曰：‘李陽，壯士也，何以不來？漚麻是布衣之恨，孤方崇信于天下，寧讎匹夫乎！’乃使召陽。既至，勒與酣謔，引陽臂笑曰：‘孤往日厭卿老拳，卿亦飽孤毒手。’因賜甲第一區，拜參軍都尉。”“飽以老拳”“毒手”等詞語即出自於此，反映了“麻池”在古代人們生活中的重要性。

二、紵

（一）“紵”的理解及其植物特徵

豫州貢“紵”，《正義》注：“紵，直吕反。”“字又作‘紵’。”《説文解字》中釋：“紵：麻屬。細者爲絟，粗者爲紵。”可知“紵”是一種麻類植物的纖維，用這種纖維織成的布，紋理細密者稱“絟”，粗疏者稱“紵”，《説苑・尊賢》中引逸詩云：“詩曰：‘綿綿之葛，在於曠野，良工得之，以爲絺紵。”將“紵”作爲葛制的織品，宋代袁文《甕牖閑評》卷四中引晁無咎詩云：“上山割白紵，山高葉摵摵，持歸當户績，爲君爲絺綌。”認爲“紵”可作絺綌，“絺”，《説文》云：“細葛也。”“綌”，《説文》云：“粗葛也。”可知絺、綌均爲葛制類織品，這裹的“紵”自然也當理解爲葛類了，但“紵”與“葛”其實是兩種不同的植物，“紵”屬於蕁麻科植物，又稱“紵麻”，而葛是多年生的豆科蔓生草本植物，二者不同，麻、葛、絲是古時人們賴以爲衣履的幾種基本原料。

關於紵麻的記載，《詩經・東門之池》中：“東門之池，可以漚紵。”孔穎達引陸機《草木蟲魚疏》云：“紵，亦麻也。科生數十莖，宿根在地中，至春日自生，不歲種也。荆揚之間，一歲三收。今官園種之，歲再刈，刈再便生。剥之以鐵若竹，挾之表，厚皮自脱，但得其裹韌如筋者，謂之徽紵。今南越紵布，皆用此麻。”紵是麻的一種，爲多年生宿根性草本植物，紵麻根宿於地中，“至春日自生”，因而不需要每年播種，據現代研究，其宿根年限可達 10 – 30 年以上，可見生命力相當頑強，紵麻纖維堅韌，可用來織布。宋代蘇頌的《本草圖經》中也有關於紵麻的描述：“紵根舊不載所出州土，今閩、蜀、江、浙多有之。其皮可以績布。苗高七、八尺，葉如楮葉，面青背白，有短毛。夏秋間著細穗、青花，其根黄白而輕虚。二月、八月采。”也提到了紵麻的一些特點，如根、皮、葉、花、産地、收成等，紵麻可長至七八尺高，皮纖維可用來織布，葉子形如楮葉，表面青色背面白色，且生有白色細毛，夏秋之際長細穗、開青花，根黄白顔色，一年可兩收或三收，産地主要集中在中國西南地區等。

（二）“紵”的産地和進貢

關於紵麻的産地，許多典籍都有相關記載。《詩經・陳風》中提到“東門之池，可以漚紵”。《左傳・襄公二十九年》中記：“（吴季劄）聘於鄭，見子産，如舊相識。與之縞帶，子産獻紵衣焉。”杜預注：“吴地貴縞，鄭地貴紵，故各獻己所貴，示損己而不爲彼貨利。”吴季劄來到鄭國見到子産，二人各獻己所貴，以示交好，徐渭認爲“陳、鄭皆豫州，紵固其土宜也”。作爲豫州貢紵的依據，《孔疏》則認爲：“杜以縞是中國所有，紵是南方之物。非土所有，各是其貴。”與徐渭觀點相左，孔穎達認爲紵是南方之物，非中原所有，物以稀爲貴，因而子産會以本土不常有的紵衣相贈，這一解釋是有根據的。元人王禎的《農書》中云：“南人不解刈麻（大麻），北人不知治紵。”中國北方的天氣相對乾燥寒冷，不太適宜紵麻生長，因而長期以來，紵麻的種植主要集中在我國的西南地區。《漢書・地理志》中記南越，“男子耕農，種禾稻紵麻，女子桑蠶織績”。《後漢書・卷七十六循吏列傳第六十六》記南陽茨充代衛颯爲桂陽太守時，“善其政，教民種植桑柘麻紵之屬，勸令養蠶織履，民得利益焉”。桂陽爲今湖南省東南部，也屬於中國的南部地區。此外，三國時期的吴地也是紵麻的主要産地，胡渭《錐指》中："迨晉世有白紵舞，江左歌辭極狀舞衣之精妙，則吴地亦貴紵矣。"《晉書·志第十三》中也記："《白紵舞》，案舞辭有巾袍之言。紵本吴地所出，宜是吴舞也。晉《俳歌》又云：'皎皎白緒，節節爲雙。'吴音呼緒爲紵，疑白紵即白緒也。"可知紵麻曾爲吴地特産。唐代時期，麻紵産地主要集中在荆、揚地區，《錐指》云："延及唐時，《通典》言貢紵布者，宣、常、湖、吉、袁、郢、復、嶽、郴、朗凡十州，皆荆、揚之産。陸機所謂一歲三收矣。此古今風土之變也。"宋及明清時期，紵麻的種植範圍逐漸擴大，遍及中國西南地區，《本草圖經》中云："紵根……今閩、蜀、江、浙多有之。"從一角度上來説，誠如徐渭所云："此古今風土之變也。"

紵自古被作爲貢品。《周禮·地官司徒》中"掌葛"，"凡葛征，征草貢之材于澤農，以當邦賦之政令"。鄭玄注："草貢出澤，蘋紵之屬可緝績者。"紵麻列於被徵之例，以供紡織之用，《天官塚宰》中有"典枲"一職，"掌布緦、縷、紵之麻草之物，以待時頒功而授齎"。負責將紵麻葛等材料分配給女工，以紡織成布，《天官塚宰》中還有"九貢"，其中"七曰服貢"，鄭眾云："服貢，絺紵也。"可知還需進貢紵麻布。《禹貢》中豫州貢"絺、紵"，關於這裏的"紵"，眾説紛紜，如《禹貢錐指》中引林之奇云："顔師古謂織紵爲布及練，然經但言貢紵，成布與未成布，不可詳也。"顔師古認爲進貢的是紵麻織成的布和練，林氏反對這一説法，他認爲《禹貢》只説貢紵，並未説成布與未成布，蔡沈《書集傳》中也復述了這一看法，徐渭《錐指》中云："葛成布，有絺綌之名。紵成布無他名，仍謂之紵而已。"因而這裏進貢的"紵"有可能是紵麻，也有可能是紵麻布，但徐氏又認爲"紵在絺下，則亦是布也"。文中紵在絺下，因而應理解爲紵麻布。

隨着紵麻種植範圍的擴大和紡織技術的提高與成熟，後世進貢的紵麻和紵布數量也逐漸增多。《宋書·本紀》中記宋武帝時："梁州……送紵絹萬匹。"隋唐時期，江南地區的紵麻生産急劇增加，據陳清奇先生在《我國古代麻類作物的利用和分佈》一文中統計，唐開元二十五年間，全國的十個道中，調賦紵布的就有三個道，包括了 93 個州府，主要集中在我國的"福建、浙江、江西、江蘇、安徽、湖南、湖北、四川和河南南部，及貴州部分地區等"。宋代時期，江西漸漸成爲紵麻的種植和紡織中心，有多處進貢紵布，如北宋《元豐九域志》中就記載江西袁州、筠州等五地向朝廷進貢精品紵布，其時，宜豐的白紵布也因産量大、品質好而譽滿京華。明清時期，江西各府縣廣大農村已普遍種植紵麻，並逐漸形成萬載、棠陰、宜黄、宜豐等夏布生産和貿易中心，湖南的瀏陽、湘鄉、攸縣、茶陵等地也出産紵布，尤其瀏陽的夏布，織工精巧，質地細膩，明時被列爲朝廷貢品，到清中葉時期已負盛名，並遠渡重洋，銷往日本、朝鮮、南洋等地。民國時期，全國紵麻、夏布的種植和産量持續增長，宜春、宜豐等地出産的夏布，質地優良，花色品種多樣，遠銷海内外。當今，隨着人們生活水準的提高，審美觀念的改變，崇尚緑色自然、反璞歸真意識的逐漸提高，夏布因自然獨特的肌理效果、地域民族的風格特徵，越來越受到廣大消費者的喜愛，江西的萬載縣、重慶的榮昌縣、湖南瀏陽等地成爲夏布的主要産區。

（三）紵的加工及用途

人們利用紵麻紡織的歷史很早，二十世纪五十年代，在浙江錢山漾新石器遺址中，出土了一批竺麻平紋織物，距今約四千七百多年，其纖維細度和密度與現在的粗布差不多，反映了當時紵麻紡織技術已達到了相當的水準。商至漢代的墓葬中，也出土有大量的紵麻殘布，如福建武夷山商代船棺、山西絳縣横水西周倗國墓地、江蘇六合仁和東周墓、陝西寶雞西高泉春秋墓葬、江西貴溪春秋晚期至戰國早期崖墓、湖南長沙 406 號楚墓、河北正定中山國墓、湖南長沙馬王堆 1 號漢墓、朝鮮平壤附近東漢王盱墓等都發現有紵麻殘布，大部分爲白色平紋，紡織精細。

人們種植紵麻，主要利用其纖維紡織成布，製成衣服或帷幕。紵麻布製作程式複雜，要經過種麻、浸麻、剥麻、漂洗、績麻等 12 道手工工序，其中“浸麻”的工序在《詩經》中即有記載，《陳風・東門之池》中云：“東門之池，可以漚麻。”“東門之池，可以漚紵。”“漚”，注：“柔也。”鄭玄箋：“于池中柔麻，使可緝績作衣服。”漚麻，將麻放入水池進行浸泡，使之自然發酵，使麻部分脱膠，以變得更爲柔韌，紵屬於麻屬，漚紵也是如此，《天工開物・夏服》中記：“凡紵皮剥取後，喜日燥幹，見水即爛。破析時則以水浸之，然只耐二十刻，久而不析則亦爛。”也提到紵麻在破析之前要經過浸泡，但浸泡時間不可過長，太久就容易腐爛。

紵麻原本是淡黄色，經過漂白加工可變爲純白，《周禮・考工記》中“㡛氏”“以涚水漚其絲，去地尺暴之。晝暴諸日，夜宿諸井。七日七夜，是謂水湅”。“涚水”，鄭玄謂“以灰所泲水也”，“漚，漸也。楚人曰漚，齊人曰涹”，大致是將麻絲水中加入灰，經過晾乾，暴曬數日以達到漂白的效果，《天工開物》中也記將紵麻先用稻灰、石灰水煮過之後，用水漂清，曬乾以後即變成白色，白色紵麻織成的布稱白紵。《周禮・天官塚宰》中“典枲掌布緦、縷、紵之麻草之物，以待時頒功而授齎”。鄭玄注：“白而細疏曰紵。”段玉裁釋《説文》“紵”字也認爲：“布白而細曰紵。”這裏的“紵”即白色紵麻布，近年出土的許多紵麻殘布均爲白色平紋，製作精細，可以證明這一點，如湖南長沙 406 號戰國楚墓中出土的紵麻殘布，爲白色平紋，經密、緯密分别爲每厘米 28 根和 24 根，製作精細，河北正定中山戰國國墓中出土的紵麻殘布，爲白色，經密、緯密分别爲每厘米 20 根和 12 根，紡織也很細密，均反映了紵麻布“白而細疏”的特點。

白紵潔白輕盈，透氣性好，韌性強，吸濕和散熱效果都好，古人往往將其製成夏衣，因而又稱“夏布”。《禮記・喪服大記》中：“凡陳衣、不詘，非列采不入，絺綌紵不入。”鄭玄注：“絺、綌、紵當暑之褻衣也。”“褻衣”，這裏指内衣，貼身穿的衣服的意思，可知“紵”可作暑天穿的夏衣，《淮南子·人間訓》中也説：“冬日被裘罽，夏日服絺紵”。

夏布潔白輕盈，清爽離汗，自古深受人們的喜愛，晉俳歌云：“皎皎白緒，節節爲雙。”《太平御覽》引《古樂府》云：“《紵歌》曰：‘紵實如月，輕如云，色似銀。袍以光，軀巾拂塵，制以爲袍餘作巾。’”《太平御覽六百九十三卷》讚美白紵輕盈、潔白的特點，適合制袍作巾。宋范成大《晚春》詩之一：“輕颸宜白紵，時節近清微。”談到白紵輕盈的特點。

（四）白紵舞與白紵涵義的延伸

由於紵麻布質地細膩，色彩潔白，質地輕盈，古人用這種布做成舞衣跳舞，顯得格外輕盈、婀娜多姿，《史記·司馬相如列傳》中：“鄭女曼姬，被阿錫，揄紵縞，雜纖羅，垂霧縠；襞積褰縐，紆徐委曲，郁橈谿縠……縹乎忽忽，若神仙之彷彿。”描寫了舞女身著絲織、紵衣跳舞時的曼妙姿態。三國時期，紵麻是吴國特産，織造白紵的女工在勞動之餘，以一些簡單的舞蹈動作來讚美自己的勞動成果，創造了“白紵舞”的最初形態，並在民間流傳開來。到了晉代，白紵舞逐漸受到貴族的喜愛，並成爲宫廷豪族的常備的娛樂節目。《樂府詩集》引《宋書·樂志》云：“《白紵舞》，按舞辭有巾袍之言，紵本吴地所出，宜是吴舞也。”舞蹈的同時還有舞曲、歌辭，晉代曾有《白紵舞歌詩》三首，其一云：“質如輕云色如銀，愛之遺誰贈佳人。制以爲袍餘作巾，袍以光磲機巾拂塵。麗服在禦會嘉賓，醪醴盈樽美且淳。清歌徐舞降祇神，四座歡樂胡可陳。”《樂府題解》云：“古詞盛稱舞者之美，宜及芳時爲樂。”詩中誇讚白紵的輕盈潔白，及華服和舞者之美。之後，許多文人都有歌詠白紵舞的詩作，如南朝梁代沈約，奉梁武帝之命寫成《四時白紵歌》，分爲《春白紵》《夏白紵》《秋白紵》《冬白紵》《夜白紵》5章，南朝齊代、宋代的鮑照和湯惠休也分别創作有《白紵歌》，唐代時期的許多著名詩人，如李白、王建、柳宗元、元稹等也都有相關詩作，可見當時這一舞蹈仍有流行。

由於麻紵布一般爲平民所服，“白紵”還往往表現爲士人未得功名時所穿的衣服，進而又可指代古人的青春年少時期，如唐代張籍《白紵歌》：“皎皎白紵白且鮮，將作春衣稱少年。”劉成禺《洪憲紀事詩》之一：“白紵輕衫紫玉歌，府中狎客妙年多。”提到了白紵輕盈的特點，並與人的年少時節聯繫在一起，《樂府詩集》雍陶詩中：“公子風流輕錦繡，新裁白紵作春衣。金鞭留當誰家酒，拂柳穿花信馬歸。”展現了詩人年輕時風流倜儻、意氣風發的精神面貌，宋代陸遊的《貧病》詩：“行年七十尚攜鋤，貧悴還如白紵初。”清蒲松齡《聊齋志異·僧術》：“謂君騰達已久，今尚白紵耶？”“白紵”又指代士人功名未就的時期。

三、絺

（一）“絺”的植物特徵

青州、豫州貢“絺”：僞孔云：“絺，細葛……敕其反。”《詩經·葛覃》：“葛之覃兮，施于中谷，維葉莫莫。是刈是濩，爲絺爲綌，服之無斁。”鄭玄注：“葛所以爲絺綌。”“精曰絺，粗曰綌。”可知絺是葛制的紡織物，是紡織細密者，粗疏者稱“綌”。

絺的原料是葛，葛是一種豆科多年生蔓草，《詩經·樛木》：“南有樛木，葛藟纍之。”“纍”，鄭玄注：“纏繞也。”《大雅·旱麓》：“莫莫葛藟，施於條枚。”孔穎達注：“言莫莫而蔓延也，是葛也藟也，乃施於木之條枚之上而長也。”可知葛與藟均爲蔓生植物，纏繞其他植物生長，《本草圖經》中有關於葛的描述：“葛根，生汶川山谷，今處處有之，江浙尤多。春生苗，引藤蔓，長一二丈，紫色，葉頗似楸葉而青：七月著花，似豌豆花，不結實；根形如手臂，紫黑色，五月五日午時采根，暴幹。以入土深者爲佳。今人多以作粉食之，甚益人。下品有葛粉條，即謂此也。古方多用根。”詳細介紹了葛的許多特徵，葛是一種分佈較爲廣泛的植物，多長在南方江浙一帶，春天發芽，藤蔓紫色，可長一二丈，葛葉青色形如楸葉，七月份開花，花朵與豌豆花相似，葛不結果實但長有碩大的葛根，葛根紫黑色，形如手臂，五月份成熟後刨取曬乾，可以製成澱粉，葛根用途頗多，既可作爲糧食，又可作藥物，葛的莖皮纖維可以紡織，《詩經·葛覃》中有：“葛之覃兮，施于中谷，維葉萋萋。是刈是濩，爲絺爲綌，服之無斁。”孔穎達注：“言葛之漸延蔓兮，所移在於穀中，生長不已，其葉則莫莫然成就。葛既成就，已可採用，故后妃於是刈取之，於是濩煮之。煮治已訖，后妃乃緝績之，爲絺爲綌。”可知葛長成以後，經過浸漬煮淪，可提取其纖維織布，“絺”即是葛纖維織成的紋理較爲精細的布。

（二）“絺”的進貢和用途

絺作爲貢物，《周禮》中有記載，當時設立了許多徵收、治理葛麻材料和纖維的職位，如《地官司徒》中“掌葛”：“掌以時征絺綌之材于山農。凡葛征，征草貢之材于澤農，以當邦賦之政令，以權度受之。”設立“掌葛”官職，專門徵收“絺、綌之材”和“草貢之材”，即徵收麻、葛等作爲紡織原料，《天官》中有“九職”：“七曰嬪婦，化治絲枲。”孔疏云：“治理變化絲枲，以爲布帛之等也。”“嬪婦”將蠶葛麻等絲製成布帛之類。此外，《周禮·天官·大宰》中還有“九貢”：“以九貢致邦國之用……七曰服貢。”鄭玄認爲：“服貢，絺紵也。”孔穎達也云：“‘服貢，絺紵也’者，豫州所貢。”可知當時豫州進貢葛麻織品。

葛纖維用途廣泛，可以搓成繩子，編成籃筐、製成鞋子等，《魏風·葛屨》和《小雅·大東》中都有：“糾糾葛屨，可以履霜。”可知葛可編織成鞋子，也可製成衣服，葛與枲麻、紵麻、蠶絲均爲古人所賴以爲衣履的幾種原料。

葛織物吸濕、散濕性良好，清涼離汗，古人通常用來製作夏衣。《詩・邶風・緑衣》中："絺兮綌兮，淒其以風。"鄭氏箋云："絺綌所以當暑。"《莊子・雜篇》中："冬日衣皮毛，夏日衣葛絺。"《漢書・嚴朱吾丘主父徐嚴終王賈傳》中也云："故服絺綌之涼者，不苦盛暑之鬱燠。"可知絺布適合製作夏衣，《墨子・辭過》中："爲衣服之法：冬則練帛之中，足以爲輕且煖；夏則絺綌之中，足以爲輕且凊。"凊，即清涼的意思，絺布衣服輕薄涼爽，因而適合夏天穿著，徐渭《錐指》中云："禹時青、豫既貢絺，揚之島夷又貢卉服。先儒以爲即葛越。"《尚書正義》中云："葛越，南方布名，用葛爲之。左思《吴都賦》云：'蕉葛升越，弱於羅紈。'是也。"絺布"輕且凊"，因而古人認爲《禹貢》青州、豫州所貢的絺即葛越，也是左思《吴都賦》中提到的"弱於羅紈"的"蕉葛升越"之類的織品，此織品認爲是比絲織品更爲柔弱的高級織物。

葛越是南方葛布的名稱，因産于越國，故稱葛越，《淮南子・原道訓》中有"幹越生葛絺"，《吴越春秋・勾踐歸國外傳》中記："越王曰：'吴王好服之離體，吾欲采葛，使女工織細布獻之，以求吴王之心，於子何如?'群臣曰：'善。'乃使國中男女入山采葛，以作黄絲之布……越王乃使大夫種齎葛布十萬。"可知春秋時期，南方的越國産葛布資料，也以出葛麻布著稱，而左思《吴都賦》中説到的"蕉葛"，有不同的説法，一種將其看作夏布，《文選・吴都賦》中："蕉葛升越，弱于羅紈。"注："蕉葛，葛之細者。"可看作大致同于上文的葛越，是一種製作工藝比羅紈更爲精細的織品。另一種解釋，《藝文類聚・果部下》"芭蕉"中引《廣志》云："芭蕉一曰芭苴，或曰甘蕉……其莖解散如絲，績以爲葛，謂之蕉葛，雖脆而好，色黄白，不如葛赤色也，出交趾建安。"認爲蕉葛是芭蕉的莖纖維織成的織品，但纖維顔色黄白，與葛藤的紫色不同，多産於交趾地區，即今越南地帶。下文又引《南州異物志》云："甘蕉草類……此蕉有三種，一種子大如手拇指，長而鋭，有似羊角，名羊角蕉，味最甘好；一種子大如雞卵，有似羊乳，名牛乳蕉，微减羊角；一種大如藕，長六七寸，形正方，少甘，最不好也。取其闔，以灰練之，績以爲采。"將甘蕉分爲三類，一種稱羊角蕉，即香蕉，味道甘甜，一種稱牛乳蕉，一種大如蓮藕，形狀正方形，味道也最差的可供紡織，文中又引《異物志》云："芭蕉莖如芋，取鑊煮之如絲，可紡績爲絺綌。"又引梁沈約《詠甘蕉詩》云："抽葉固盈丈，擢本信兼圍，流甘拚椰實，弱縷冠絺衣。"綜上所述，可知芭蕉一名甘蕉，其中的一種莖較肥大，煮制加工後可供紡織，織成的布也稱絺綌，但《天工開物》中説："又有焦紗，乃閩中取芭蕉皮析、績爲之，輕細之甚，值賤而質枵，不可爲衣也。"由此我們認爲，左思《吴都賦》中的"蕉葛"有可能非此類芭蕉紡織的布。

絺在貴族生活中的用途很多，許多儀式活動和日常生活中都用到。絺可作蒙東西的布，《儀禮・士虞禮》中："當户，兩甒醴、酒，酒在東。無禁，冪用絺布。"冪，《周禮·天官》中記：“冪人掌共巾冪。”鄭玄注：“共巾可以覆物。”可知冪是蓋東西的巾布，又云：“祭祀，以疏布巾冪八尊。”“八尊”，賈公彥疏：“祭天無灌，唯有五齊三酒，實於八尊。”“五齊三酒”，爲未經過濾的五種薄酒和三種過濾去糟的酒，稱爲“八尊”，這些酒均以疏布覆蓋，之所以用到疏布，鄭玄注：“以疏布者，天地之神尚質。”賈公彥也云：“舉天地則四望、山川、社稷、林澤皆用疏布，皆是尚質之義也。”古人認爲天地之神崇尚質樸，因而祭祀用的酒應以疏德葛麻布等覆蓋，《儀禮》中記舉行士虞禮，即以絺葛布覆蓋酒壇，《大射儀》中記舉行射禮儀式，“冪用錫若絺”，蒙酒的布也用到絺布。此外，《禮記·曲禮上》中：“爲天子削瓜者副之，巾以絺。爲國君者華之，巾以綌。”孔穎達注：“此爲人君削瓜禮也。”此儀式中，爲天子削好的瓜用細葛布蓋好送上，國君之瓜削好後則以粗葛巾覆蓋送上，以示“削瓜等級不同”，這些都用到了葛布。

絺還可用作貴族洗澡的浴巾。《禮記·喪大記》中：“浴水用盆，沃水用枓，浴用絺巾。”賈公彥疏：“‘浴用絺巾’者，絺是細葛，除詬爲易，故用之也。”洗澡用絺布更易除垢，絺與綌用作浴巾，還用於不同的物件，《禮記·玉藻》中記：“浴用二巾，上絺下綌。”鄭玄云：“浴巾二者，上體下體異也。”《正義》云：“此一節明卿大夫以下所居處及盥浴，並將朝君之義。”洗澡時上身下身分别用絺和綌，此爲卿大夫以下盥洗之禮，《儀禮·士喪禮》中：“浴巾二，皆用綌。”鄭玄注：賈公彥疏：“此士禮，上下同用綌。”可知在周代的禮樂制度下，葛布在貴族日常生活中的用處是有區别並相當講究的。

細葛布還可作蚊帳，王夫之《讀通鑒論》中記：“闇而弱者之用兵，其防之也，如張幮帳以禦蟁蠓，薄絺疏綌使弗能入焉，則鼾睡以終夕。”絺綌紡織稀疏，因而既透氣，又可阻擋昆蟲蚊蠅的飛入，可使人酣睡終夕。

當然，葛布主要用途還是縫作衣服，用作夏衣，《禮記·月令》中：“孟夏之月……天子始絺。”絺織品單薄、稀疏，古人外出，通常外加套衣，否則會被認爲不敬，《禮記·玉藻》：“振絺綌不公門，表裘不入公門。”鄭玄注：“二者形且褻，皆當表之乃出。”《禮記·曲禮》中也記：“龜筴，幾杖，席蓋、重素、袗絺綌，不入公門。”鄭玄注：“袗，單也。孔子曰：‘當暑，袗絺綌，必表而出之。’《論語·鄉黨》爲其形褻。”孔穎達疏：“上無衣表，則肉露見，爲不敬，故不著入也。”“二者皆上加表衣乃出也。”絺因輕薄透明，單穿的話會露出肉來，通常會被認爲不敬，因而若外出，一定要外加套衣。

以上主要介紹了古代人們賴以爲衣履的幾種基本原料，時至今日，我們的衣服材料已日益豐富，但這些原材料同樣在我們生活中起着非常重要的作用，且成爲許多材料的來源，枲、紵、絺三種植物作爲古代人們，尤其平民服飾的主要原材質，不僅解決了人們的穿衣問題，其在衆多典籍的相關記載，也成爲豐富我國古代文學意蘊的重要載體。

参考文献

[1] 孔穎達. 毛詩正義[M]. 北京:北京大學出版社,1999.
[2] 顧頡剛,劉起釪. 尚書校釋譯論[M]. 北京:中華書局,2005.
[3] 孔穎達. 尚書正義[M]. 北京:北京大學出版社,1999.
[4] 趙守正. 管子注譯[M]. 南寧:廣西人民出版社,1987.
[5] 胡渭. 禹貢錐指[M]. 上海:上海古籍出版社,2006.
[6] 鄭玄注,賈公彥疏. 周禮注疏[M]. 北京:北京大學出版社,1999.
[7] 杜預注,孔穎達疏. 春秋左傳正義[M]. 北京:北京大學出版社,1999.
[8] 孔穎達. 毛詩正義[M]. 北京:北京大學出版社,1999.
[9] 郭璞注,刑昺疏. 爾雅注疏[M]. 北京:北京大學出版社,1999.
[10] 李恩江,賈玉民. 説文解字譯述[M]. 鄭州:中原農民出版社,2000.
[11] 鄭玄注,賈公彥疏. 周禮注疏[M]. 北京:北京大學出版社,1999.
[12] 鄭玄注,孔穎達疏. 禮記正義[M]. 北京:北京大學出版社,1999.
[13] 胡道靜. 夢溪筆談校證[M]. 上海:上海古籍出版社,1987.
[14] 鄭玄注,賈公彥疏. 儀禮注疏[M]. 北京:北京大學出版社,1999.
[15] 李時珍. 本草綱目[M]. 北京:華夏出版社,2009.
[16] 繆啓愉. 齊民要術校釋[M]. 北京:中國農業出版社,1998.
[17] 郭茂倩. 樂府詩集[M]. 北京:中華書局,1998.

《尚書・酒誥》大義研究

曲阜師範大學歷史文化學院　山東理工職業學院　徐新強

摘　要　《尚書・酒誥》是西周初年周公鑒於夏商周三朝興替的省思，告誡康叔勿蹈殷商酗酒亡國覆轍的一篇诰辞，可以看作当时的禁酒令。作爲中國最早的官方正式頒佈的禁酒文誥，其“無彝酒、飲惟祀、德將無醉、執群飲”等酒禁思想及蘊含其中的“仁”的思想對周王朝及其後歷代都産生着深遠的影響。

關鍵詞　《尚書》　《酒誥》　禁酒　仁学思想

《酒誥》出自《尚書・周書》，爲周公姬旦所作。“三監之亂”後，周初統治者重新制定了對殷商遺民的管治政策，“頗收殷餘民，以封武王少弟封爲衛康叔”①，衛即殷商故都。鑒於夏、商滅亡及“三監之亂”的教訓，周公旦在康叔前往封地時告誡康叔勿蹈殷人酗酒亡國的覆轍而作《酒誥》。作爲禁酒令，《酒誥》不僅敘述了周初禁酒的原因與舉措，也從不同的角度展現了西周初年的社會、政治、風俗等多方面的現實狀況；我們不僅從中看到其禁酒思想，還能窺得殷周時期禮制、内外服官制、周公神權法思想、殷鑒思想甚至西周飲酒禮制等内容。前人對《酒誥》的研究也多在周人禮制、官制、禁酒思想、執政思想等方面論述，代表性的研究有阮明套《從〈酒誥〉看周代的飲酒禮——兼論殷周禮制的損益》，主要比對殷周飲酒情況的因襲與變化來考證殷周禮制的變遷；張利軍《〈尚書・酒誥〉所見商代“内外服”考論》以《酒誥》中所記載殷周内外服職事描述爲依據，用甲骨文、金文的考證來驗證記載的真實性，同時該文還對周人的借鑒意識即殷鑒思想進行了論述；梁鳳榮《〈酒誥〉周公神權法思想管窺》《從〈酒誥〉看周公的執政思維特點》等則是從《酒誥》來看西周時期的執政思想等。

《孔叢子・論書》篇載“《秦誓》可以觀議，‘五誥’可以觀仁”；《尚書大傳・略説》載“‘六誓’可以觀義，‘五誥’可以觀仁”。此皆孔子論《書》時所述，因此我

① ［漢］司馬遷．史記［M］．北京：中華書局，1959：132．

們說《酒誥》除了其禁酒本意外，還包含着中國傳統文化中早期的“仁”的思想發端。前人對《酒誥》的研究多以禁酒思想探討爲主而輔之以禮制、官制、殷鑒等研究，而很少有人觀照其“仁”的思想内涵。因鑒於《尚書》的佶屈難讀，本文寫作時以梳理《酒誥》禁酒的思想内容爲線索分析《酒誥》篇章大意，繼之闡釋誥文中蘊含的“仁”的思想，而前人已涉及的禮制、殷鑒等内容不再做重複探討。

一、《酒誥》的禁酒思想

據《戰國策·魏策》記載：“昔者帝女令儀狄作酒而美，進之禹。禹飲而甘之，遂疏儀狄，絶旨酒，曰：‘後世必有以酒亡其國者。’”這應該是世界上有記載的最早的禁酒令，它伴隨着酒的產生而出現。

大禹作爲中國第一個王朝夏的高祖，他發佈的禁酒令對後世並没有起到太大的警戒作用。而《酒誥》作爲中國最早的官方正式頒佈的禁酒令，其禁酒思想成爲了中國歷代禁酒的主導内容，對周王朝乃至周後的歷代產生了十分重大的影響，其禁酒思想主要包括：

一是祀兹酒。《酒誥》第一段便開宗明義“祀兹酒”，即禁止喝酒。[①] 並指出之所以能周革殷命正是因爲對酒的節制；而商紂之亡國與夏桀相似，就是酗酒喪德。因此周公在《酒浩》開篇便極其嚴肅地向即將赴任的康叔發出了嚴峻的禁酒“誥詞”：

> 王若曰：“明大命于妹邦。乃穆考文王，肇國在西土，厥誥毖庶邦庶士越少正御事，朝夕曰：‘祀兹酒。’惟天降命，肇我民，惟元祀。天降威，我民用大亂喪德，亦罔非酒惟行；越小大邦用喪，亦罔非酒惟辜。”

這是周公禁酒的理論依據。其意是：文王君臨西方的時候，就告訴許多屬國和許多官史以及一切公職人員：“禁止喝酒呀！這是上天降下的命令，文王受命改元事與我民更始。”他又説：“上天降下威嚴，我們的人民因大亂而失掉了他們的德行，這無非是喝酒造成的過愆；再有大大小小的國家的喪亡，也無非是喝酒造成的罪惡。”[②] 在誥令中周公首要提及文王和上天，讓他們作爲禁酒的主導者，一方面有威懾百姓的作用，另一方面也説明了禁酒的必要和不可違抗。周立之初，周統治者也曾思考、追問“商何以亡?”《史記·周本紀》記載“武王已克殷，後二年，問箕子殷所以亡。箕子不忍言殷

① 顧頡剛，劉起釪. 尚書校釋譯論［M］. 北京：中華書局，2005：1380－1381.

② 顧頡剛，劉起釪. 尚書校釋譯論［M］. 北京：中華書局，2005：1380－1381.

惡，以存亡國宜告"[①]。這是武王問殷商遺臣箕子殷何以亡。而對這個問題思考得最徹底的應該是周公了，他提出剛制禁酒，正是出於對夏商周三朝興替的反思。史載夏、商兩朝末代君主桀、紂皆是縱酒貪飲之人："桀既棄儀義……日夜與末喜及宮女飲酒，無有休時。爲酒池可以運舟，一鼓而牛飲者三千人，醉而溺死者，末喜笑之以爲樂。"[②]紂亦奢飲"以酒爲池，懸肉爲林，使男女裸，相逐其間，爲長夜之飲"[③]。由於桀、紂二人各爲夏商末代亡國之君，於是關於夏、商滅亡的原因，古人都從桀、紂身上找到嗜酒亡國的歸咎："桀以醉亡天下。"[④] 因而，桀、紂二人向來被視爲以酒亡國的典型。

關於殷滅周興的原因，《酒誥》中也有與酗酒亡國類似的提法，例如："庶群自酒，腥聞在上，故天降喪于殷。"[⑤] 同時，周人認爲所以能克受殷命，其主要原因在於"不腆於酒，故我至於今，克受殷之命"[⑥]。非但如此，周人对奢酒的政治危害在認識上更進一層，認爲導致臣民處下亂上、失德敗行以及自夏、商以來大大小小諸侯國滅亡的原因在于奢酒過度："我民用大亂喪德，亦罔非酒惟行；越大小邦用喪，亦罔非酒惟辜。"[⑦] 出於對"嗜酒亡國"的反思，周公頒佈《酒誥》於天下，規定凡聚眾飲酒者處死："群飲，汝勿佚，盡執拘以歸於周，予其殺。"[⑧] 在周統治者看來，飲酒會引起社會混亂，這是一種嚴重的、不符合國家長治久安的活動。因此，後人在對比殷商和周初執政者不同的酒政措施後，得出"商辛耽酒，殷道以之亡；公旦陳誥，周德以之昌"[⑨] 的結論。這樣，統治者及其臣民嗜飲縱酒或戒飲禁酒，便成爲直接影響其政治統治興或亡的關鍵因素。

商代末期，飲酒的風氣極盛，傳世青銅器中屬於酒器的居多。在河南殷墟文化遺址中具有代表性的商代末期的銅器中發現，三百五十多件器皿中，酒器佔二百三十多件，幾佔三分之二。而飲酒器卣、觚、斝等在墓葬中都是不可或缺的器物。《尚書·微子》記載："我祖底遂陳於上，我用沉酗於酒，用亂敗厥德於下。"可見殷末殷民重酒，奢華之風，對酒的嗜好已到了無法抑制的地步，尤其是君主及官僚，以致酗酒誤國、喪國。康叔所封之衛國即是殷商的故城，而其臣民幾乎皆是殷商的遺臣舊民，作爲周初清醒的政治家，周公認識到不改變臣民的嗜酒陋習必將危及到社會的穩定與國家的安定，

---

① ［漢］司馬遷．史記［M］．北京：中華書局，1959：131.

② 張敬．列女傳今注今譯［M］．臺北：臺灣商務印書館，1994：263.

③ ［漢］司馬遷．史記［M］．北京：中華書局，1959：105.

④ 王先慎著，鍾哲點校．韓非子集解清［M］．北京：中華書局，1998：176.

⑤ 顧頡剛，劉起釪．尚書校釋譯論［M］．北京：中華書局，2005：1407－1408.

⑥ 顧頡剛，劉起釪．尚書校釋譯論［M］．北京：中華書局，2005：1401.

⑦ 顧頡剛，劉起釪．尚書校釋譯論［M］．北京：中華書局，2005：1381.

⑧ 顧頡剛，劉起釪．尚書校釋譯論［M］．北京：中華書局，2005：1410.

⑨ ［北齊］魏收．魏書［M］．北京：中華書局，1974：1087.

於是在康叔上任之前以此訓之。

由此，後世談論飲酒誤國、亡國的觀點，皆起源于《尚書・酒誥》。

二是無彝酒、飲惟祀，德將無醉。值得注意的是《酒誥》中對飲酒的限制並非絕對的。在特殊場合、特殊時期可以飲酒，但飲酒要有節制：

> 文王誥教小子："有正、有事，無彝酒；越庶國，飲惟祀，德將無醉；惟曰我民迪。"

文王告誡一班年輕後進，無論是各部門的首長还是辦事的職員，都不能因常喝酒而把喝酒當作正常的生活。當和許多分封國國君舉行朝聘會盟等活動尤其是舉行祭祀活動時，雖然爲了祭祀會盟禮節不得不喝酒，可是大家也要用德行來控制自己，不落到沉醉的地步。①

《酒誥》開篇就講，當年文王在西方執政的時候，多次告誡屬國諸侯和各級官吏，禁止飲酒，因爲飲酒會使人喪失道德，會使國家喪亡。這裏又提到"德將無醉"，也就是説要以道德自我約束，不要喝醉。在開篇兩段誥文中接連提到酒與德的關係問題，這裏也反映了西周時期"天命無常，惟德是輔"以及"以德配天"的天命觀思想。殷商時期的天命思想雖然不如周代那麼明顯，但是有一點可以確定，即在殷人的思想觀念中，上帝既然將統治的權力交給殷商王朝的君主，那麼上帝就會永遠保佑殷商大命，殷王朝就會萬世不絶。商紂王在臨死之前那一聲"我生不有命在天"的慨嘆，恰恰説明商人對上帝和天命信仰的僵化。②

"天命無常""以德配天"的天命觀思想是西周統治者對三代興亡特别是周代商命的反思與總結，也是西周政治制度的基础之一。而"德將無醉"正是"以德配天"的天命觀思想的反映。通觀《酒誥》我們可以發現酒在周人的生活中發揮着多重作用。一方面，強調酒只在祭祀時才能飲用，認爲祭祀時祭祀者可以通過飲酒與上帝、祖先神"對話"，以領會上帝或祖先神的意圖。其次，飲酒體現注重禮節化、政治化的作用，飲酒是禮儀活動和政治活動中必不可少的環節，但在禮節化或政治化的活動中飲酒時必須"以德自將"。

《酒誥》中還將飲酒與品德相聯繫，通過飲酒來觀察一個人的品性和德行，例如周公告誡周的官吏不要"自暇自逸"，更不可"緬於酒"，他還説勤勉政事的官員"不惟不敢，亦不暇"，這一觀點是《酒誥》作爲禁酒令對後世産生的另一積極影響。

---

① 顧頡剛，劉起釪．尚書校釋譯論［M］．北京：中華書局，2005：1388.

② 林存光．中國古典和諧政治理念與治國方略研究［M］．北京：中國社會科學出版社，2013：60.

“德將無醉”，不僅指有品德的君子“無彝酒”，不會以酒亂行、喪失品德；同時也指品德高尚的人對自己、對酒都有清醒的認識，不但能使自己不至於醉酒失德而且還能以酒而成事。例如《論語》就記載孔子“惟酒無量，不及亂”①，就定下了酒德的基本規範，即每個人飲酒的能力不同而不限制量，最重要的是自我控制，以不醉、不亂爲限。孔融更是認爲“酒之爲德，久矣！天垂酒星之曜，地列酒泉之郡，人著旨酒之德。堯不千鐘，無以見太平；孔非百瓢，無以堪上聖。樊噲解戹鴻門，非豕肩鍾酒，無以奮其怒。趙之斯養東迎其主，非飲卮酒，無以激其氣。高祖非醉斬白蛇，無以暢其靈……”。（《與曹操論酒禁書》）而李白“鬥酒詩百篇”等諸多典故更是對後一觀點起到推动作用。

三是惟土物愛。“惟土物愛”，僞《孔傳》釋爲“唯土地所生之物皆愛惜之”。關於對糧食作物的愛惜，《酒誥》是這樣闡述的：

> 小子！惟土物愛，厥心臧。聰聽祖考之彝訓，越小大德。

文王説：“年輕人，你們要記住，我們的人民應該訓導他們的子孫，讓他們知道土地上長出來的東西是可愛的，不應該浪費掉，這樣就可以改善他們的内心，使他們聰敏地聽從祖父們的訓言。不管是小德或是大德，年輕人都應該一例的注意。”②

釀酒對糧食的耗費頗大，農耕社會尤其是商末周初正處於奴隸社會和封建社會的連接點，生產力水平不發達，糧食產量十分有限，西周王朝還没有完全解決民眾食飽問題，因此周人素來重視耕作，他們的始祖后稷便是堯舜時教民稼穡的農官，周初統治者深知稼穡之艱辛和“理民之道，地著爲本”的道理，周公告誡康叔“純其藝黍稷”便是“周以農事起家，常以農事勸勉”的體現。節約糧食，是《酒誥》頒佈的另外一條重要原因。因釀酒靡穀耗糧，爲節約糧食，每當莊稼欠收、米價踴貴之時，因備戰備荒禁釀禁飲的做法同樣影響着周王朝及其之後的歷代的禁酒思維。

四是厥父母慶，自洗腆致用酒。《酒誥》要求剛制禁酒，但它又是有區别的禁酒：君王、貴族在祭祀及會盟時可以飲酒；普通百姓在孝養父兄長輩之時亦可飲酒。《酒誥》禁酒對象是有明確區分的，可以説是曉之以理、動之以情、剛柔並濟。誥詞所要求的戒酒對象首先是王公諸侯，正如上文所提到的對他們的要求是“無彝酒，飲惟祀，德將無醉”；其次，對普通百姓也做了類似規範，但對庶民大眾的要求則要顯得寬鬆和優容：

① 楊伯峻. 論語譯注［M］. 北京：中華書局，1980：102.

② 顧頡剛，劉起釪. 尚書校釋譯論［M］. 北京：中華書局，2005：1388.

> 小子！惟一妹土，嗣爾股肱，純其藝黍稷，奔走事厥考厥長；肇牽車牛遠服賈，用孝養厥父母；厥父母慶，自洗腆致用酒。

“所以，沬邑地方的人民呵！你們應當練習手足的勤勞，專力種植黍稷上，奔走着爲你們的父親和兄長們服務。或者辛勤地牽了車子和牛遠無的出去經商，用賺來的東西來孝養你們的父母。那時你們的父母必然歡慶得很，做兒子的就要趁着這個機會，自己洗浄了杯盤，備上豐盛的筵席，闔家喝一回酒了。”①

由此可以看出，對庶民大衆的禁酒要求顯然要寬容許多。老百姓在勞作收穫之後孝養父母，爲父母祝福、共聚天倫之時可以闔家飲酒。西周後世對這一思想不斷地加以詮釋與發展，形成了綿延于中華文明的“酒以敬老”的尊老、敬老傳統。尤其在政府的倡導之下，不但允許百姓用酒肉孝敬父母和尊長，而且還定期組織宴飲活動，來款待功勳卓著的老臣和高壽的百姓，以示清平盛世。清康乾時期的“千叟宴”，正是對這一傳統思想的弘揚。

而這一傳統的形成、傳承是基於酒的一大屬性，即“飲惟祀”所傳達的對於祖先和長輩的感恩和膜拜，認爲酒是尊之以禮的尚品。

五是執群飲。《酒誥》對於禁酒的要求不但表現在禁酒的對象上，還表現在對酗酒、對群飲等飲酒形式的嚴格控制上。

> 予惟曰：汝劼毖殷獻臣、侯、甸、男、衛；矧太史友、内史友、越獻臣百宗工；矧惟爾事，服休、服采；矧惟若疇；圻父薄違，農父若保，宏父定辟；矧汝剛制於酒。
>
> “厥或誥曰：‘群飲’，汝勿佚，盡執拘以歸於周，予其殺。又惟殷之迪諸臣惟工乃湎於酒，勿庸殺之，姑惟教之。有斯明享，乃不用我教，辭惟我一人弗恤、弗蠲，乃事，時同於殺。”
>
> 王曰：“封！汝典聽朕毖。勿辯乃司民湎於酒！”

周公告誡康叔，你應當去告教殷商的遺臣和侯、甸、男及衛諸國君，以及太史們、内史們、管理遺臣氏族的宗官，以及你的隨從官員，像侍候燕息的近臣和陪伴朝祭的從臣，以及你們那三位尊官，那就是討伐叛逆的圻父、安保君民的家父、執行法律的宏父以及你自身，都該在酒上做堅決的克服呀！

“如果有人來報告你説‘正有一群周朝派來的人一塊兒在喝酒’，你就該一個都不

---

① 顧頡剛，劉起釪．尚書校釋譯論［M］．北京：中華書局，2005：1388．

遺漏地抓住了送到周都裹來，我可以給他們定成死罪。再説，如有殷家所登用的舊臣和百官，爲了一時改不過舊習慣，還在喝酒，那就不必殺他們，姑且去教育他們。他們受了這般顯明的恩惠，倘使還不肯聽从我的教訓，那就逼得我不去顧惜他們、開導他們，這班人正同於聚衆狂飲的周臣，也該一例領受死罪。”

王説：“封呀！你應當常常聽我的教訓。你的第一件任務就是切不要讓治民的官吏沉湎在酒裹呀！”①

《酒誥》中周公反復告誡各級官吏，一定要汲取殷商嗜酒亡國的歷史教訓，並對殷商的“崇飲”風尚嚴加斥責，認爲“庶群自酒，腥聞在上，故天降喪于殷”。他不希望周的官員們“惟荒腆於酒，不惟自息乃逸”。同時勸誡官吏專心政事，要“惟助成王德顯”，不要“自暇自逸”，更不可“緬於酒”。周公甚至將飲酒列爲對官員考察的科目，認爲勤勉政事的官員“不惟不敢，亦不暇”。

同時，周公在《酒誥》中發出的誥令是十分嚴厲的。他要康叔對殷商的舊臣和諸侯國君以及相關的僚吏進行規範約束，同時還對各級官吏以及康叔本人發出禁酒戒令，且是“剛制於酒”。這也是《酒誥》的禁酒要義所在。周公對從上至下的掌管實權的人物進行耐心説服和正面教導，要他們從國家治理的高度以及這些臣屬的自身利益出發，吸取殷商由盛而衰及至滅亡的歷史教訓而行“剛制於酒”之法。周公知道，除表達禁酒的必要之外禁酒還必須歸於實處，對違犯之人輔以相關的懲罰，這樣才不致空談禁酒。於是，周公十分明確地宣佈了對違犯禁酒令的人所採用的嚴厲懲罰：如果有人聚在一起飲酒的，決不能放過他們，把他們全部抓送到我這裹，我把他們殺掉。同時，作爲政治家的周公對殷商舊臣及遺民飲酒是區别對待的，殷商遺民飲酒不直接給他們定死罪，而是要對他們進行教導，教導之後如果再犯則同對待周人一樣定罪，先教而後誅主要體現了區别對待的禁酒政策的靈活性。

周公頒佈的禁酒令對西周王朝各階層具有普遍約束力，但其重點還是西周的爲政者，而對普通民衆則以教化手段爲主。周公意識到如果上層統治者因飲酒失德誤政，就會直接危及到國家和政權的穩定，因而對他們的要求是“無逸”和“剛制於酒”。正是由於周公的嚴厲禁酒，最終起到了闽制上層爲政者享樂的成效。以至“成王不失守成之君，康王也可謂清明之主”。史稱“成宣之治”，這與周公的禁酒令及相關訓政是息息相關的。

二、《酒誥》對孔子“仁”的思想影響

孔子是中國數千年文化的集大成者，孔子儒學的核心内容之一即“仁”的思想。

① 顧頡剛，劉起釪. 尚書校釋譯論［M］. 北京：中華書局，2005：1410.

而孔子“仁”的思想源于對周公的學習。儒，作爲一種職業，可能開始于殷商。“而一種非常真切、不可質疑的事實是，先有儒，後有孔，及到孔子的時代，儒已經呈現出若干種類，儒者的流品也已經非常的複雜。於是，孔子只是儒門眾多流派中的一支而已。相對於孔子，儒的存在與歷史發源應該更爲久遠”，“春秋之後那些一度專以祝、宗、卜、史爲職業的人群進一步分化，一部分經過自覺改造而轉化爲可以爲上層貴族相禮、教書的知識分子”①。因此説，儒或儒學不是從孔子才有，它是早于殷商至少不會晚于西周初就已經出現並發展成熟。柳詒徵《中國文化史·孔子》中說，“孔子者中國文化之中心也。無孔子則無中國文化。自孔子以前數千年之文化賴孔子而傳；自孔子以後數千年之文化，賴孔子而開”②。孔子是在學習與總結前儒的基础上而形成了儒家學派。從文獻來看西周制禮作樂的周公正是儒學創始人，在其制禮作樂過程中形成的重要文獻資料《尚書》對孔子的影響則更加直接。

《尚書·酒誥》中除其禁酒思想外，篇章之中還透露出早期“仁”的思想端倪。周代商而立，周人發現“天行靡常”的真理，於是提出“惟德是輔，以德配天”的德治思想，而德治思想的最重要的體現則是其“仁”政的實施。因此，正如孔子論《書》時所言“七觀説”中“五誥可以觀仁”，《酒誥》通篇閃耀着“仁”的思想光芒。“仁”是孔子的核心思想之一，而孔子“仁”的思想與《尚書》、與《尚書》五誥有着十分重要的聯繫。《史記·孔子世家》：“孔子以詩書禮樂教，弟子蓋三千焉，身通六藝者七十有二人。”③《孔子家語》亦云：“吾聞孔子之施教也，先之以詩書，而道之以孝悌，説之以仁義，觀之以禮樂，然後成之以文德，蓋入室升堂者，七十有餘人，其孰爲賢?”④由此可以看出《詩》《書》對孔子的影響。《論語·述而》：“子所雅言，詩、書、執禮，皆雅言也。”⑤ 這是孔子對弟子進行“《詩》教”與“《書》教”的實證。孔子曰：“入其國，其教可知也。其爲人也，温柔敦厚，詩教也；疏通知遠，書教也。”⑥ 孔子是“《書》教”的最早提出者和踐行者，而孔子論《書》正是孔子“《書》教”實踐的體現，《論語》中多處記載了孔子教學時論《書》、引《書》的言論，例如《憲問》：子張曰：“書云‘高宗諒陰，三年不言’⑦，何謂也?”子曰：“何必高宗，古之人皆然。君薨，百官總已以聽於塚宰三年。”⑧ 這是孔子給弟子教授《尚書》的記載。另有《爲

---

① 余治平. 論儒的最初職業與身份自覺［J］. 社會科學，2011 第 10 期.

② 柳詒徵撰，蔡尚思導讀. 中國文化史［M］. 上海古籍出版社，2001：263.

③［漢］司馬遷. 史記［M］. 北京：中華書局，1959：1938.

④ 王國軒，王秀梅譯著. 孔子家語［M］. 北京：中華書局，2009：95.

⑤ 楊伯峻. 論語譯注［M］. 北京：中華書局，1980：71.

⑥ 王國軒，王秀梅譯著. 孔子家語［M］. 北京：中華書局，2009：71.

⑦ 概引自《尚書·無逸》，文字有省略。

⑧ 楊伯峻. 論語譯注［M］. 北京：中華書局，1980：158.

政》：或謂孔子曰："子奚不爲政？"子曰："《書》云：'孝乎惟孝，友于兄弟，施于有政。'是亦爲政，奚其爲爲政？"① 除《孔叢子》《尚書大傳》及《論語》外，《禮記》《韓詩外傳》《史記》《説苑》《孔子家語》等書中均有孔子從事《書》教的相關記載。

又，子夏問《書》大義。子曰："吾於《帝典》見堯、舜之聖焉，于《大禹》《皋陶謨》《益稷》見禹、稷、皋陶之忠勤功勳焉，於《洛誥》見周公之德焉。故《帝典》可以觀美，《大禹謨》《禹貢》可以觀事，《皋陶謨》《益稷》可以觀政，《洪範》可以觀度，《秦誓》可以觀義，"五誥"可以觀仁，《甫刑》可以觀誡。"② 由以上論述得知，孔子"仁"的思想與《尚書》與"五誥"有着源流的關係。

從以《論語》爲主的儒家相關經典中我們可以總結出孔子"仁"的思想主要反映在三個層次，首先是"愛人"，即"仁者愛人"；其次，"忠恕"之道亦爲"仁"，亦即"己欲立而立人，己欲達而達人""己所不欲，勿施於人"的要求；第三，"克己復禮爲仁"。

我們以《酒誥》中"仁"的思想内容爲參照，來看孔子"仁"的思想。

首先，《酒誥》中"惟土物愛"的思想表現的是統治者對民的體恤，是爲"仁"。"純其藝黍稷，奔走事厥考厥長……用孝養厥父母，厥父母慶，自洗腆，致用酒。"是周人在祭祀祖先、孝養父母、爲君長奔走時飲酒表達對父母、君長的崇敬孝養之心，這是子女對父母、君長的孝養之愛亦是爲"仁"。孔子繼承了"仁"的原始意涵並把它進一步深化爲普世要求，在"親親"的基础上發展至"仁者愛人"。這一主張要求統治階級體察民情、愛惜民力，是爲"仁"；作爲子女，孝養父母尊長也是爲"仁"。同時，孔子把傳統"親親"的仁道實踐，發展爲適用於大眾的"孝悌"。"宗族稱孝焉，鄉黨稱悌焉。"（《論語·子路》）"孝悌"在孔子這裏，已不囿限於親親的範圍，而成爲處理所有人際關係的基本態度，每個人對他人充滿友愛之心是爲"仁"。

其次，《酒誥》中周公不僅説明了飲酒的隱患，同時還制定了相應的嚴格的政策，群飲"予其殺"。就殷商遺民則區別對待，"又惟殷之迪諸臣惟工乃湎於酒，勿庸殺之，姑惟教之"。因爲體諒到殷商遺民祭祀、飲酒的風俗與習慣，一時没能克制而飲酒，要先教化他們。這不但包含周公治政策略，更體現出其"己所不欲，勿施於人"、先教而後誅的"恕"的思想内涵。《酒誥》中又有，"古人有言曰'人無于水監，當於民監'"③，這裏便體現了周人重視民心、民意，"己欲立而立人，己欲達而達人"的思想。

而《論語·里仁》有：子曰："參乎！吾道一以貫之。"曾子曰："唯。"子出，門

① 楊伯峻．論語譯注［M］．北京：中華書局，1980：20－21．

② ［漢］孔鮒著，王鈞林，周海生譯著．孔叢子［M］．北京：中華書局，2009：16．

③ 顧頡剛，劉起釪．尚書校釋譯論［M］．北京：中華書局，2005：1409．

人問曰："何謂也?"曾子曰："夫子之道，忠恕而已矣!"

"而孔子和子貢有過這樣一段對話：子貢問曰：'有一言而可以終身行之者乎?'子曰：'其恕乎！己所不欲，勿施於人。'（《衛靈公》）這裏孔子没有提'忠'，在形式上更符合那個'一'的要求。其實，'恕'是統攝着'忠'的，因爲'恕'和'忠'都是講的待人接物時要將心比心；不過一個從消極方面來説，一個從積極方面來説罷了。"① 而"己欲立而立人，己欲達而達人"則是與"忠"相一致。孔子認爲，"忠恕"之道亦爲"仁"，可見《酒誥》先教而後誅、"監於民"等思想是孔子"忠恕"之道的源起之一。

第三，《酒誥》中説，"飲惟祀，德將無醉""丕惟曰：爾克永觀省，作稽中德"，這些都是對周人的要求，周公要求後進才俊應該以"德"克制自己，並對自己做長期的觀察與檢討而使自己的德行符合於"禮"的要求，這是周人"以德配天"的思想體現。而孔子提出"克己復禮爲仁"，這是"禮"的主張，要求克制自己，使自己言行符合"禮"的要求。同時，孔子心目中的禮已不全是"周禮"，他已對其進行了發展而加入"仁"的内容，但它仍是以維護舊的統治制度爲目的的。因此説，《酒誥》中"德將無醉"等思想也影響着孔子"仁"的思想的形成。

雖然《酒誥》僅是《尚書》"五誥"中篇幅較短小的一篇，但在其中幾乎能找到孔子"仁"的核心思想内涵的所有影子，因此孔子説"五誥可以觀仁"，而"仁"也是《酒誥》所流露出的主要思想内容之一。

三、西周時期禁酒的相關文獻記録

《尚書》是周公制禮作樂的理論文獻，作爲中國第一部完整的國家典章制度的理論基础，對周代及後世産生了不可低估的影響。《酒誥》是從治政角度對飲酒與國家政治關係進行反思而作的經典篇章，同時也是周公向周人昭示其神權法制思想的誥詞。

西周的禁酒文獻，除《酒誥》外最主要的還有大盂鼎銘文、毛公鼎銘文等。大盂鼎是西周初康王二十三年盂爲祭祀其祖南公而鑄，《大盂鼎》記載："王若曰：'盂，丕顯文王，受天有大命，在武王嗣文作邦，闢厥慝，匍有四方，畯正厥民。在雩（於）御事，摣酒無敢酖，有柴烝無敢擾。故天翼臨子，法保先王，匍有四方。我聞殷墜命，唯殷邊侯、甸，雩（于）殷正百辟，率肄於酒，故喪師……'"② 銘文中，周康王向盂講述文王、武王的立國經驗，告誡盂要效法其祖先，忠心輔佐王室。銘文中"丕顯文王受天有大命"體現了周人的天命觀，"在雩（於）御事，摣酒無敢酖，有柴烝無敢擾"

① 馮建國. 龐朴學術思想文選［M］. 上海：上海古籍出版社，2013：3.

② 顧頡剛，劉起釪. 尚書校釋譯論［M］. 北京：中華書局，2005：1418.

則是説周人在舉行飲酒禮的儀式上，没人敢喝醉，在舉行柴、烝一類的祭祀上也不敢醉酒。而“我聞殷墜命，唯殷邊侯甸與殷正百辟，率肆於酒，故喪師矣”，則同《酒誥》所説“庶群自酒，腥聞在上，故天降喪于殷”在文字及其文意上都是一致的，是周康王告誡盂，商内、外臣僚沉湎于酒，以致於亡國。《大盂鼎》所透露出的對於周人禁酒立國和商人嗜酒誤國這一前車之鑒的警示和《酒誥》的禁酒思想如出一轍，與周初禁酒思想一脈相承。

毛公鼎則是西周晚期，毛公瘖爲了報答天子恩寵讚美天子輝煌美德所鑄的青銅器。《毛公鼎》記載“善效乃友正，母敢湛於酒，汝母敢墜在乃服，恪夙夕，敬念王畏不賜”①。其大義是要毛公爲其僚屬做好榜樣並教導他們，不能酗酒，不能從自己的職位上墜落下來，時刻勉力，恭恭敬敬地記住守業不易的遺訓。《毛公鼎》反映的則是到了西周末期周王朝的最高統治者仍在告誡其諸侯及其屬僚，不能飲酒。“《大盂鼎》作于西周初康王時期，而《毛公鼎》作於西周後期的宣王時期，兩者相去近三百年，而其禁酒思想與宗旨不變，足知其爲周人固定一貫的政策。”②

除大盂鼎銘文、毛公鼎銘文外，能反映西周時期酒政思想的記載還有清華簡《耆夜》。清華簡《耆夜》記載周武王征伐耆國得勝歸周後，在宗廟舉行“飲至”禮的情形，由此可見此處飲至典禮是一個祭祀先祖的活動，是以征戰的勝利來告慰祖先。祭祀活動中周公舉爵，向武王、畢公敬酒。周公敬酒與《酒誥》中的禁酒規定似乎是矛盾的，然而此處非但不矛盾，它還正契合於《酒誥》“飲惟祀”的思想。“在祭祀中，周公雖然作了飲酒詩以勸酒，但勸酒、飲酒並非《耆夜》的思想主旨，周公隨後所賦《蟋蟀》才是全篇重點。清華簡《耆夜》説周公勸酒後，‘秉爵未飲，蟋蟀（躍）（登）於堂’，一隻蟋蟀登上堂席，周公心有所感，賦《蟋蟀》一首，‘蟋蟀在堂，役車其行（休），今夫君子，不喜不樂。夫日□□，□□□荒，毋已大康，則終以康，康樂而毋荒，是惟良士之方’。周代以農曆十月爲歲末，蟋蟀作爲一種節氣的侯應，意味着一年即將結束。周人戡黎歸來，正盡情享受勝利的喜悦，周公見蟋蟀登堂，感嘆歲月飛逝，即賦《蟋蟀》説‘毋已大（太）樂，則終以康。康樂而毋荒，是惟良士之方’。周公認爲，韶華易逝，因此享樂但不能過度，酒美卻不能縱飲，這是君子處世行政的準則，極富哲理内涵。”③ 周公意識到嗜飲享樂與國家興亡的内在關聯，在眾人觥籌交錯之際，他賦《蟋蟀》詩，説“毋已大（太）樂，則終以康”，提出勿過度享樂以免荒廢政務的勤政理念，與《尚書·酒誥》“不因嗜酒荒怠政事”的思想完全相同。從清華簡《耆

① 顧頡剛，劉起釪. 尚書校釋譯論［M］. 北京：中華書局，2005：1418.
② 顧頡剛，劉起釪. 尚書校釋譯論［M］. 北京：中華書局，2005：1418.
③ 李學勤. 論清華簡《耆夜》的《蟋蟀》詩［J］. 中國文化，2011.

夜》到《尚書·酒誥》，周公都在告誡各級官吏不要沉湎酒事，以致荒廢國政，由此可看出周公對酒的態度是一致的。周之後的歷代封建王朝的統治者，從國家社稷興亡著眼，大多效法周公頒佈禁酒令。因此説周公禁酒，對整個封建時代的禁酒思想影響至爲深遠。

四、《酒誥》對中國歷代禁酒思想產生的影響

《酒誥》從側面反映了酒禁在商周時期的重要影響及周公對商王朝滅亡原因的認識。由此可見，周公頒佈《酒誥》源自於一種深沉的憂患意識，有着明確的政治目的，即《召誥》“惟王受命，無疆惟休，無疆爲恤”的憂慮[①]，《酒誥》是吸取殷商亡覆教訓而頒佈的政治文誥，並成爲中國古代禁酒的主導思想。其不但對周王朝有着重要的政策指導作用，同時對西周後的中國歷代社會都產生着不可磨滅的影響，而後世談論飲酒誤國、亡國的觀點，多起源於此。

1978 年在河南出土的“云紋銅禁”，據考證爲春秋時期曾問鼎中原楚莊王之子楚國令尹子庚隨葬品。禁，是起於西周前期的承尊器，是古代貴族在祭祀、宴饗時擺放卣、尊等盛酒器皿的幾案。之所以稱“禁”，因周人鑒於夏、商兩代滅亡之因均在嗜酒無度而稱“禁”。由此可見，至春秋時期各諸侯國依然深受西周初年“祀兹酒、飲惟祀”等禁酒思想影響。

查閱《四庫全書》，我們不難發現，西周以後歷代關於禁酒法令或直接提到禁酒的文獻數十處，單單在其史部《史記》《後漢書》《三國志》《晉書》《宋書》《魏書》《周書》《隋書》《南史》《北史》《新唐書》《舊五代史》《金史》《元史》《明史》《新元史》《資治通鑒》《續資治通鑒》等史料中直接提及禁酒的文獻就有三十九處。

秦提倡法家思想而依“法”治國，施行嚴刑峻法，其中亦不乏關於禁酒的嚴苛法令。如《睡虎地秦墓竹簡》中載有：“百姓居田舍者毋敢醢（沽）西（酒），田嗇夫、部佐謹禁御之，又不從令者有罪。”[②] 秦朝禁酒如此嚴格，是因爲禁止群飲的法令與秦朝保證社會平穩、維護其專制集權統治目的相一致的。其實秦早在商鞅變法的時候就有了關於控酒的法令，即政府對酒徵收十倍于成本的重税來控制人們飲酒，它雖然不是直接的禁酒法令，但對酒徵收重税的做法不僅爲他們節省了糧食，而且還爲他們增加了國家財政收入，也達成了禁酒的目的。到了漢武帝天漢三年，爲了減少日益增長的軍費開支，漢武帝對酒徵收重税的做法進一步得到改進，施行變相的禁酒制度——“榷酒”制度。無論是對酒課以重税還是“榷酒”制的實施，二者皆在控酒的同時增加了政府

① 顧頡剛，劉起釪．尚書校釋譯論［M］．北京：中華書局，2005：1434．

② 睡虎地秦墓竹簡整理小組編．睡虎地秦墓竹簡［M］．北京：文物出版社，1978：20．

收入，這可以説是後人對周公《酒誥》禁酒思想的創新和發展。

而漢承秦制，西漢時期除了“榷酒”制外也有相應的禁酒法令。《史記》載，漢高祖劉邦向來不注重酒禮，其酒後斬蛇起義成一時之佳話。其稱帝后，“群臣飲酒争功，醉或妄呼，拔劍擊柱，高帝患之”①。於是叔孫通爲之制禮，“至禮畢，復置法酒。諸侍坐殿上皆伏抑首，以尊卑次起上壽。觴九行，謁者言‘罷酒’。御史執法舉不如儀者輒引去。竟朝置酒，無敢讙譁失禮者。於是高帝曰：‘吾乃今日知爲皇帝之貴也。’乃拜叔孫通爲太常，賜金五百斤。”② 由此我們可以看出，漢初統治者也同樣意識到群飲酒或酗酒的危險而作酒禮以約束之，這實與周公作《酒誥》的初衷相契合，與“爾克永觀省”“無彝酒，德將無醉”的思想亦相符。另，在西漢文帝時期即已實施了“禁群飲”的禁酒令，“漢律，三人已上無故群飲酒，罰金四兩”③。這是漢初，國家肇立，統治者爲防反對力量聚眾飲酒滋事，而作此規定。

由上我們可以看出秦、漢時期的“禁群飲”制度，實際上正是受《酒誥》“執群飲”思想的影響，並依其而制。

秦、漢以後幾乎整個封建社會的歷代統治者出於本朝的現實原因考慮都頒佈過禁酒法令或展開過禁酒活動，例如：

《金史》“宜禁天下酒曲，自京師及州郡官務，仍舊不得酤販出城”④。

《論衡》“酒糜五穀，生起盜賊，沉湎飲酒，盜賊不絶，奏記郡守，禁民酒。退題記草，名曰《禁酒》”⑤。

《晉書·帝紀第十》記載“冬十月，姚興帥侵魏，大敗而旋。是歲，饑，禁酒”⑥。

《舊五代史》卷一百一十（周書）太祖紀一，“先是，軍中禁酒，帝有愛將李審犯令，斬之以徇”⑦。

三國時期，劉備、曹操、吕布等人也都曾頒佈過禁酒令：

《三國志·簡雍傳》有一段關於蜀國爲了籌措軍糧禁酒的材料非常典型。其載云：“時天旱禁酒，釀者有刑。吏于人家索得釀具，論者欲令與作酒者同罰。”⑧

《後漢書·孔融傳》説：“時，年饑兵舉，操表制酒禁。”⑨

---

① ［漢］司馬遷. 史記［M］. 北京：中華書局，1959：2722.

② ［漢］司馬遷. 史記［M］. 北京：中華書局，1959：2723.

③ ［漢］司馬遷，［宋］裴駰. 集解史記［M］. 北京：中華書局，1999：294.

④ ［元］脱脱等. 金史［M］. 上海：上海古籍出版社，1986：1154.

⑤ 黄暉. 論衡校釋［M］. 北京：中華書局，1990：1182.

⑥ ［唐］房玄齡. 晉書［M］. 北京：中華書局，1974：254.

⑦ ［北宋］薛居正. 舊五代史［M］. 北京：中華書局，1976：1451.

⑧ ［晉］陳壽. 三國志［M］. 北京：中華書局，1999：720.

⑨ 許嘉璐，安平秋. 二十四史全譯［M］. 上海：漢語大詞典出版社，2004：1398.

《後漢書·劉焉袁術吕布列傳第六十五》記載，爲防止諸將飲酒誤事，吕布特别頒佈了禁酒令①。

《太平御覽》引《魏略》説："太祖（曹操）時禁酒，而人竊飲之。"

又據《新唐書·食貨四》載云："唐初無酒禁……肅宗以稟食方屈，乃禁京城酤酒，期以麥熟如初。"由於此類禁酒由糧食匱乏引起，以穀糧的損耗爲標準，故一旦五穀豐登，糧食盈餘，朝廷便解禁開釀，任由民間沽飲如常。

以上是由於莊稼欠收、食糧減産，因釀酒費糧，爲減少糧食的消耗或因備戰備荒各朝採取的禁酒措施的部分文獻記載。在中國古代各類酒禁中，爲節穀省糧以度糧荒而禁釀禁飲最常見、最普遍，而這種禁酒的思想也恰恰是《酒誥》中"惟土物愛"思想的延伸。

另據《魏書·刑罰志》載："是時，年穀屢登，士民多因酗酒致訟或議主政。帝惡其如此，故一切禁之，釀、酤、飲皆斬之。"在此，禁酒是在"年穀屢登"而不用顧慮"釀酒靡穀"的背景下施行的，而導致政府實施如此嚴厲酒禁的原因是士民酗酒致訟、議政的現象如此嚴重以致造成社會混亂，此時如不嚴格禁酒，勢必危及王朝的專制統治。由此我們可以明白，此時統治者禁酒，根本目的並不爲節糧，而在於維持專制統治和社會秩序的穩定。

另因各種天災發生或臨時性因事而實施酒禁是歷代專制王朝酒政管理中頗爲常見的共性現象。

《漢書·景帝紀》：中和三年，"夏，旱，禁酤酒"；

南朝"（宋）文帝元嘉十二年，丹陽、淮南、吴興、義興大水，斷酒"，"永明十一年，以水旱成災，權斷酒"。

唐文宗太和七年，"詔曰：准令，國忌日禁飲酒"，這是古代社會生活中常見的一種臨時性忌飲禁令。

另據《元史·仁宗紀》載，延祐元年，"汴梁、南陽、歸德、汝甯、淮安，水，敕禁釀酒"②。

《元史·文宗紀》：天曆元年，"汴梁、河南等路及南陽府頻歲蝗旱，禁其境内釀酒"③。

在此類材料中，朝廷酒禁通常有地域性限定，直接導致酒禁的原因大多是旱災、水災、蝗災等自然災害。儘管這些災異現象引起的禁酒本身已經藴含着節糧抗災的現實内

① 許嘉璐，安平秋．二十四史全譯後漢書［M］．上海：漢語大詞典出版社，2004：1453.
② 許嘉璐，安平秋．二十四史全譯元史［M］．上海：漢語大詞典出版社，2004：471.
③ 許嘉璐，安平秋．二十四史全譯元史［M］．上海：漢語大詞典出版社，2004：589.

容，但古人多認爲，災異現象産生多是因人的失德而上天降怒所致，是上天對人所施行的懲罰。而要消除災異，平息上天的怨怒，就必須約束、修正人的種種失德行爲。而禁制或限制飲酒，正是人們放棄奢侈的享樂自我克制、自我修正以附和天意、消除災異的具體表現，而這種思維與做法正是來源於《酒誥》“弗惟德馨香祀、登聞於天，誕惟民怨，庶群自酒，腥聞在上，故天降喪于殷，罔愛于殷，惟逸。天非虐，惟民自速辜”的天命觀思想。

元、明、清時期的禁酒令：

《元史·世祖本紀》中“申嚴酒禁，有私造者，財産子女没官，犯人配役”① 的記載，則表明某些朝代對酒禁犯者實施“罪及子女”的連坐懲罰。因爲成吉思汗最忌飲酒誤事，所以元代禁酒令非常嚴苛。元世祖在1283年宣佈嚴禁私人釀酒、賣酒，“有私造者，財産子女入官，犯人配役”，在1290年又將處罰變更爲“犯者死”。

有關明代頒佈禁酒令、禁種糯米的史事，顧炎武《日知録之餘》卷二有載：《太祖實録》：戊戌年（1358）十二月，下令禁酒。丙午年（1366）二月，下令禁種糯。其略曰：“予自創業江左，十有二年，德薄才菲，懼弗勝任。但以軍國之費，不免科征於民，而吾民效順，樂於輸賦，固爲可喜。然竭力畎畝，所出有限，而過取之重，心甚憫焉。故凡有益於民者，必力行而申告之。曩以民間造酒醴，糜米麥，故行禁酒之令。今春米麥價稍平，予以爲頗有益於民，然不塞其源，而欲遏其流，不可得也。其令農民今歲無得種糯，以塞造酒之源。欲得五穀豐積而價平，吾民得所養，以樂其生，庶幾養民之實也。”②《續資治通鑒》卷二百十九元紀三十七亦有載：“辛巳，吴下令禁種糯稻。其略曰：‘曩以民間造酒醴，糜費米麥，故行禁酒之令。今春米麥價稍平，然不塞其源而欲遏其流，不可也，其令農民今歲無得種糯，以塞造酒之源。’”③

《明史》有記載：“初，太祖克婺州，禁釀酒。大海子首犯之。太祖怒，欲行法。時大海方征越，都事王愷請勿誅，以安大海心。太祖曰‘寧可使大海叛我，不可使我法不行’，竟手刃之。”④ 可見，其時禁酒令之嚴苛。

元明時的禁酒重刑與周人的剛制禁酒乃是異曲同工。

到了清乾隆元年（1736）十一月禮部侍郎方苞提出，西北五省每年因造酒而耗費大量糧食，北方平原素無塘堰以資灌溉，糧食産量本來就少，且水上交通不便，一遇荒歉之年，運輸甚感艱難，豈能任“歲耗千數百萬石之穀”？方苞還提到，酒不但“耗民

---

① 許嘉璐，安平秋．二十四史全譯元史［M］．上海：漢語大詞典出版社，2004：213.

②［清］顧炎武著，黄汝成集釋，樂保群，吕宗力校點．日知録集釋［M］．上海：上海古籍出版社，2006：1917－1918.

③［清］畢沅．續資治通鑒［M］．北京：中華書局，1979：5962.

④［清］張廷玉等著．明史［M］．北京：中華書局，1974：3879.

財，奪民食"，平民百姓還常因喝酒而起争鬥、獄訟，乃至發生命案，"載在秋審之册，十常二三"，因此必嚴禁。他進而提出對策："禁造燒曲，毁其燒具；已燒之酒，勒其自賣；已造之曲，報官註册。"對那些"逾限而私藏燒曲燒具、市有燒酒者"，一旦發現，隨即對地方官做降職等嚴肅處理。

乾隆二年（1737）五月，乾隆帝基本採納方苞的建議，嚴令直隸等西北五省禁造燒酒，並在上諭中歷數禁酒的種種理由與好處，大致有：養民之政，莫先於儲備，以使粟米有餘；欲使粟米有餘，必先除去耗穀甚多的燒酒。而燒酒之盛行，則莫如河北等五省。因飲酒有害而無益，乃祖乃父酒禁纂嚴，只因官員陽奉陰違而未收實效。與其禁於已饑之後，節省于臨時，不如禁於未饑之前，積貯于平時。如果禁酒，北方五省一年可多千萬余石米穀，禁酒有利無弊。發初于乾隆初年的這次禁酒，相較以往，有規模大、範圍廣、禁令嚴、持續時間長等諸多特點。後來該禁令被纂入清朝法律條文中，對全國產生了持久而深遠的影響。

自西周《酒誥》頒佈以來，我國古代社會歷代都有酒禁的法令或活動，對歷代酒禁法令和活動也有很詳細的記載和梳理。最爲詳實的當屬清顧炎武在《日知録》中附録二《日知録之餘》卷二中的《禁酒》篇，其中記載了從西周《尚書》中《周書·酒誥》，"厥或誥曰'群飲'，汝勿佚，盡執拘以歸於周，予其殺"始至元代"至大二年二甲戌，弛中都酒禁。十月辛酉，弛酒禁，立酒課提舉司"。其間歷代近一百篇禁酒法令。① 另東晉葛洪著《抱樸子外篇》中《酒誡卷》中也有對禁酒的詳實論述。②

古代，"有禮之會，無酒不行"，所以，酒禮當作重要的法令寫進歷朝歷代的政治制度中，對宗廟祭祀、宴饗燕禮、鄉飲酒禮等都做了嚴格規定。然而，現實生活中的飲酒禮儀，確如《莊子》所言"以禮飲酒者，始乎治，常卒乎亂"，於是政府又不得不嚴加制裁和防範。縱觀中國歷史，自西周始至秦漢、明清各種禁酒法令屢見不鮮。漢唐以降，政府時因"酒耗民食"而屢頒禁令；然迄清代康雍年間，禁酒之令尚屬"歉歲禁酒而豐歲開通"的權宜之策。乾隆初年所頒佈的禁酒令，則標誌着禁酒政策由此前的暫時性舉措，變爲一項後世嚴格執行的成文法規。而歷代禁酒法令無不閃耀着《尚書·酒誥》"無彝酒、飲惟祀，德將無醉；惟土物愛；厥父母慶，致用酒；執群飲"等的思想光輝，其禁酒的原因和採取的措施於《酒誥》之中皆能尋出他們的影子，《酒誥》不但對整個周王朝具有政策性指導作用，而且構成了中國古代禁酒的主導思想，它對周後的歷朝歷代都產生了巨大的影響。

---

① 顧炎武著，黄汝成集釋，欒保群，吕宗力校點. 日知録集釋［M］. 上海：上海古籍出版社，2006：1908－1918.

② 楊照明. 抱樸子外篇校箋［M］. 北京：中華書局，1991：566－601.

五、《尚書·酒誥》的現實意義

《尚書》絶大部分屬於當時官府處理國家大事的公務文書，準確地講，它應是一部體例比較完備的公文總集①。李學勤先生也曾指出："《尚書》本爲古代《曆書》，是我國歷代統治者治理國家的'政治課本'和理論依據。""《尚書》在先孔時期仍是一開放的、以類相隨的存在系統。《尚書》被初步編成以後，由'典《書》者'所掌，除被史官用以贊治之外，還與《詩》《禮》《樂》一起成爲官府造士的專用教材。"② 正是由於《尚書》其作爲中國古代統治者治理國家的教材功用，才會使其産生的那天起一直爲後世傳播、闡釋、使用。"用是研究的目的，也是傳《書》、釋《書》的最終落脚點。編纂《書》的資料因用而産生，編纂《書》的資料在多個層面上得以多次收集整理，進而使《書》得以編纂定型亦是因用而實現，諸子百家之《書》學觀的差異也是因用而有别，《尚書》在周秦時期的傳播與焚、禁厄運的出現，更是因用而催生。在對用《書》理論的爬梳中，我們不僅能夠進一步廓清《尚書》在周秦史學思想生成中所發揮的主流影響地位，探尋到《尚書》所藴含的有關社會盛衰興亡變動規律的歷史超越性，以及《尚書》所體認的以'德'以'和'經世理民等中華主流文化價值的普適性，而且還能夠更多地理解《尚書》在文學史料學意義上的價值，以及儒家《書》教文藝思想在早期以現實主義爲根本特徵的文藝理論生成中所佔據的重要地位，窺視到同一時期不同使用者的文學觀差異以及各個時期文學爲政治、宗教等服務的流變規律。"③

諾貝爾獎獲得者漢内斯·阿爾文曾説："如果人類要在21世紀生存下去，必須回到2500多年前，去汲取孔子的智慧。"衆所周知，孔子的思想源頭來自于西周初周公旦的制禮作樂，而孔子的"仁""義"的核心思想則與《尚書》"五誥""六誓"的文誥有着重要聯繫。孔子一心嚮往周朝。他曾由衷地讚嘆："郁郁乎文哉，吾從周。"（《八佾》篇）又説："如有用我者，吾其爲東周乎?"（《陽貨》篇）孔子之所以一生仰慕周公，正是因爲周公設計和創制了周朝的一整套政治制度和禮樂文化。對周公的熱愛，竟能讓孔子常常夢見周公。晚年時，他還在感嘆："甚矣吾衰也。久矣吾不復夢見周公。"（《述而》篇）意思是説自己太衰老了，以至於近來不再夢見周公了。

《尚書》自其編纂成册起於我國幾千年的歷史文化中一直處於經典地位，它對中國整個封建社會産生了不可磨滅的影響，今天我們研究《尚書》依然有着重大的現實意義。當前我國正處於深化改革和發展的新起點，又處於社會矛盾凸顯期，社會管理難度

---

① 中國最早的公文總集——《尚書》[J]. 應用寫作. 1991年第3期.

② 馬士遠. 周秦《尚書》流變研究 [D]. 論文2007：7.

③ 馬士遠. 周秦《尚書》流變研究 [D]. 論文2007：5.

大，因此我們有必要回首歷史，回顧《尚書》等經典，汲取古人智慧，解決我們今天社會發展、治國理政過程所面臨的問題。作爲我國歷史上第一部禁酒令《尚書·酒誥》禁酒思想對我們仍具有借鑒意義。

首先《酒誥》中提到，"丕惟曰：爾克永觀省，作稽中德"，即要求周的官員們，要長期的經常的作檢察與反省，這樣自己的行爲就不會不合于道德①。關於自我反省的思想，儒家學派也深受其影響，例如《論語·學而》中有"吾日三省吾身——爲人謀而不忠乎？與朋友交而不信乎？傳不習乎"②。2013 年 6 月 18 日，習近平總書記在党的群眾路線教育實踐活動工作會議中提出，黨的群眾路線教育實踐活動要著眼於自我浄化、自我完善、自我革新、自我提高，以"照鏡子、正衣冠、洗洗澡、治治病"爲總要求。這是新時代中共作爲執政黨爲保持自身的先進性和純潔性、鞏固執政基础和執政地位和解決群眾反映強烈的突出問題的必然要求，這與《酒誥》中"爾克永觀省"的思想是相通的。

其次，《酒誥》裏説，"惟御事厥棐有恭，不敢自暇自逸，矧曰其敢崇飲。越在外服：侯、甸、男、衛邦伯；越在内服：百僚、庶尹、惟亞、惟服、宗工，越百姓、裏（居）［君］：罔敢湎於酒。不惟不敢，亦不暇"，是稱讚殷商的先聖君主爲了敬天和愛民都經久的保持他們的德行，不敢暇逸嗜飲，他們的朝内官員（内服）和地方官員（外服）都不敢沉湎於酒，不但不敢，也没有這空工夫飲酒，尤其是沉湎於酒往往會耽誤正常的工作。比照我們工作、生活的實際情況，"舌尖上的浪費"，浪費的不僅僅是我們的資源、精力，還有我們思考、工作的時間；因飲酒影響分析問題、解決問題準確性，耽誤工作、作出錯誤的決策的情況時有發生。因此，減少單位中不必要的迎送儀式、飲酒應酬，讓我們有更多的時間、精力深入一線和實踐，有助於我們集中精力工作，提高效率，保證品質，打造和諧環境。"禁酒令"使得"領導少了酒氣，多了基層的地氣；幹部少了酒氣，多了帶兵的鋭氣；戰士少了酒氣，多了訓練的虎氣；部隊少了酒氣，多了安全發展的底氣"。

再次，《酒誥》講到，"誕惟厥縱，淫佚於非彝，用燕喪威儀，民罔不盡傷心""弗惟德馨、香祀登聞於天，誕惟民怨，庶群自酒，腥聞在上，故天降喪于殷，罔愛于殷，惟逸"；"罔敢湎於酒。不惟不敢亦不暇"。這是譴責殷商的末代君主唯知肆意享樂、荒湎於酒，招致上天降喪于殷而自取滅亡，沉溺酒色、荒淫無道與兢兢業業、勤儉愛民的兩個對立面形成了鮮明比照，當其時人心向背，不言自明。"歷覽前賢國與家，成由勤儉敗由奢"，2013 年 9 月 6 日，中共中央政治局常委、中央紀委書記王岐山到天津，就

① 顧頡剛，劉起釪．尚書校釋譯論［M］．北京：中華書局，2005：1415.

② 楊伯峻．論語譯注［M］．北京：中華書局，1980：3.

深入落實八項規定精神、糾正享樂主義和奢靡之風進行調研時強調，狠抓黨風建設，促進民風轉變、移風易俗。歷史多次告誡我們，一個政權，一個政黨，其前途和命運最終取決於人心向背，取決於人民對其作風和紀律的評判。在群眾眼裏，領導幹部的一言一行都代表党的形象，都體現黨的作風和紀律，是映照奢與儉的明鏡，是取信於民的憑據。

最後，《酒誥》還提出"我民用大亂喪德，亦罔非酒惟行；越小大邦用喪，亦罔非酒惟辜""越庶國，飲惟祀，德將無醉"，意思是強調飲酒容易以酒亂性，喪失品德，以至喪身亡國；同時還説只有在國家之間朝聘會盟、祭祀等特定的場合才能飲酒，還要以道德自我約束，不致醉酒。酒會混亂人的思維，影響人的言行舉止，如果浸淫其中便會不能自拔而導致失德亂行、飲酒滋事。飲酒更不利於人的德行修養，大吃大喝容易使人養成驕奢淫逸、揮霍浪費、貪圖安逸、貪污腐化等不良德行和違法違紀行爲，許多貪官污吏鋃鐺入獄的教訓屢屢證明着這一點。因此説，今天的我們更應該以勤儉節約作爲標準、節制飲酒、養德養身、提升人生境界。

縱觀歷史上對於禁酒的法令尤其是"執群飲"的法令，主要在於"無節制"，不但破壞了禮制規範，而且引發諸多的政治危機和社會問題。作爲執政黨，我們清醒地認識到飲酒帶來的一系列的負面影響，因此自 2012 年年底以來，中共中央相繼出臺"八項規定""六項禁令"以及《中央軍委加強自身建設十項規定》等，對三公消費做出嚴格限制，其中有嚴禁公款吃喝浪費的若干條款。這些規定、禁令雖不是明確的禁酒令，但其主旨思想在《酒誥》中都能有所體現，這也正是被老百姓稱作政壇"禁酒令"的原因。

當代社會，"群飲"雖然已經成爲人們工作與生活中不可或缺的内容，現代法律中也找不到對於"執群飲"有法可依的條令，但《尚書·酒誥》中"禁群飲、德將無醉、勿湎於酒"等所體現的基本思想和初衷，需要今天的我們在法律、道德和生活習慣中繼承和發揚。

參考文獻

[1] [漢]司馬遷. 史記[M]. 北京:中華書局,1959.
[2] 顧頡剛,劉起釪. 尚書校釋譯論[M]. 北京:中華書局,2005.
[3] 張敬. 列女傳今注今譯[M]. 臺北:臺灣商務印書館,1994.
[4] 王先慎著,鍾哲點校. 韓非子集解清[M]. 北京:中華書局,1998.
[5] [北齊] 魏收. 魏書[M]. 北京:中華書局,1974.
[6] 林存光. 中國古典和諧政治理念與治國方略研究[M]. 北京:中國社會科學出版社,2013.

[7] 楊伯峻. 論語譯注[M]. 北京:中華書局,1980.
[8] 王國軒,王秀梅譯著. 孔子家語[M]. 北京:中華書局,2009.
[9] [漢] 孔鮒著,王鈞林、周海生譯著. 孔叢子[M]. 北京:中華書局,2009.
[10] 李學勤. 論清華簡《耆夜》的《蟋蟀》詩[J]. 中國文化,2011.
[11] 睡虎地秦墓竹簡整理小組編. 睡虎地秦墓竹簡[M]. 北京:文物出版社,1978:20.
[12] [元]脱脱等. 金史[M]. 上海:上海古籍出版社,1986:1154.
[13] 黄暉. 論衡校釋[M]. 北京:中華書局,1990.
[14] [唐] 房玄齡. 晉書[M]. 北京:中華書局,1974.
[15] [北宋] 薛居正. 舊五代史[M]. 北京:中華書局,1976.
[16] [晉] 陳壽. 三國志[M]. 北京:中華書局,1999.
[17] 許嘉璐,安平秋. 二十四史全譯[M]. 上海:漢語大詞典出版社,2004.
[18] [清] 顧炎武著,黄汝成集釋,欒保群、吕宗力校點. 日知録集釋[M]. 上海:上海古籍出版社,2006.
[19] 楊照明. 抱樸子外篇校箋[M]. 北京:中華書局,1991.
[20] [清] 張廷玉等著. 明史[M]. 北京:中華書局,1974.
[21] [清] 畢沅. 續資治通鑒[M]. 北京:中華書局,1979.
[22] 中國最早的公文總集——《尚書》[J]. 應用寫作,1991 年第 3 期.
[23] 馬士遠. 周秦《尚書》流變研究[D]. 論文 2007.
[24] 周葦風.《周易·噬嗑》卦與周公禁酒關係考論[J]. 古籍整理學刊,2012 年第 2 期.
[25] 李賀秋. 從《尚書·酒誥》看酒與商周國家的興亡[J]. 文教資料,2006 年 1 月下旬刊.
[26] 司加飛. 從《尚書·酒誥》看中國酒文化之酒禁篇[J]. 文史知識,2010 年第 10 期.
[27] 林永強. 關於漢代"群飲酒之禁"的釋析[J]. 蘭州學刊,2008 年第 4 期.
[28] 馮建國. 龐朴學術思想文選[M]. 上海:上海古籍出版社,2013.

"思無邪"新探

曲阜師範大學孔子文化研究院　　楊秀娟

摘　要　"思無邪"出自《詩經·魯頌·駉》，孔子引以概括《詩》三百篇，後人説解繁多，聚訟紛紜。其關鍵問題在於，本義説解與斷章取義交叉纏繞，或者説《詩經》"思無邪"與《論語》"思無邪"含混不清。"思無邪"在《詩經》中的本義當作"無回，無違"，由這個本義並結合《論語》上下文，其在《論語》中的語境義應該是無違周德。

關鍵詞　思無邪　本義　語境義

清代學者方玉潤説："六經中唯《詩》易讀，亦唯《詩》難説。"[1]這句話道破了《詩經》研讀者的心聲。《詩》之難説，原因複雜，而自先秦时人们用《詩》、説《詩》採取斷章取義的方法，無疑對《詩》的多重闡釋造成了巨大的影響。對此，夏承燾先生指出："先秦古書像《論語》《荀子》，引《詩》已有'斷章取義'的例子（《禮記》的《表記》《坊記》《緇衣》裏也有），孟子説《詩》，主張'不以文害辭，不以辭害意，以意逆志'。'文'指字義，'辭'指章句之義，'意'指讀者的意思，'志'是詩的本意。到了漢代董仲舒，進一步説'《詩》無達詁'，是説《詩》可以隨自己的意思做解釋，以合當時的用途。"[2]《詩經·魯頌·駉》"思無邪"一句，歷來聚訟紛紜，正是本義説解與斷章取義交叉纏繞的結果，或者説是《詩經》"思無邪"與《論語》"思無邪"的含混不清。因此對"思無邪"的理解當分别探尋其在《詩經》中的本義和在《論語》中的語境義。

一、"思无邪"本义新探

《詩經·魯頌·駉》全詩如下：

駉駉牡馬，在坰之野。薄言駉者，有驈有皇，有驪有黄，以車彭彭。思無疆，思馬斯臧。

駉駉牡馬，在坰之野。薄言駉者，有騅有駓，有騂有騏，以車伾伾。思無期，思馬斯才。

駉駉牡馬，在坰之野。薄言駉者，有驒有駱，有駵有雒，以車繹繹。思無斁，思馬斯作。

駉駉牡馬，在坰之野。薄言駉者，有駰有騢，有驔有魚，以車祛祛。思無邪，思馬斯徂。

對“思無邪”本義的理解，前人主要是抓住了“思”“邪”二字，這本没有錯，但是大多數學者没有將“思無邪”放在全詩之中做整體的觀照，從而使得各種試圖探得“思無邪”本義的努力又落入了斷章取義的窠臼。

前人對“思”的解釋多受《論語》中孔子之説的影響，將“思”看作實詞，如鄭玄《箋》“思尊伯禽之法，專心無復邪意”；孔穎達《正義》完全同意鄭《箋》的説法；朱熹《詩集傳》“思無疆，言思慮之深廣無窮也”；王安石“思無期，思之久也。思無邪，一出於正”；王先謙《詩三家義集疏》“上思，思慮；下思，語詞”。另外，很多現代的《詩經》注本也以“思”爲實詞。比較而言，將“思”釋爲虚詞的较少，如陳奂《詩毛氏傳疏》“思，詞也”；王引之《經傳釋詞》中對“思”作爲虚詞的用法概括爲三類：用於句尾爲語已詞，用於句首爲發語詞，用於句中則爲句中語助[3]；于省吾對陳奂和王引之的解釋深爲讚賞，“陳奂以思爲語詞是對的，思爲發語詞，詳《經傳釋詞》”[4]；劉淇在《助字辨略》中也認爲“凡思字在句端者，發語辭也，如伊、維之類。在句尾者，語已辭也，如兮、而之類”[5]。通檢《詩經》可以發現，“思”字用於句首幾乎全爲虚詞，只有《邶風·泉水》“思須與漕，我心悠悠”一句例外，但此句是承接上一句“我思肥泉，兹之永嘆”而來，很明顯是省略了“我”字，所以這一例也可排除。因此，“思”字作虚詞解更合乎《詩經》用字的規律。

對“邪”字的解釋幾乎没有争議，多釋爲不正。對此，于省吾先生從文字學的角度做了新的闡釋。他認爲，無疆、無期、無斁、無邪同例，“斁”字讀作“度”，“邪”字讀作“圄”，通“圉”，無疆即無止已，無期即無算，無斁（度）即無數，無邪（圉）即無邊，詞異而義同，皆是讚揚牧馬之繁多。于先生的解釋爲我們理解“思無邪”的本義提供了一條溯本求源的路子，但他釋“斁”爲“度”似乎有些牽強，《周南·葛覃》“爲絺爲綌，服之無斁”中的“斁”解釋爲“厭棄”，自來没有異議，兩處意思應當没有差別；釋“邪”爲圄、圉也讓人覺得過於迂回曲折。其實，《説文解字》中有兩個字：衺、褢，交部曰“褢者，衺也”，衣部“衺”下曰“褢也”，兩個字互爲訓釋。段玉裁《説文解字注》“褢，今字作回”，“衺，今字作邪”，又舉了兩個例子：《小旻》：“謀猶回遹。”《傳》曰：“回，邪也。”《大明》：“厥德不回。”《傳》曰：“回，違也。”可見，“思無邪”或可作“思無衺”，衺、窶義本相通，無衺即無回、無違。

前人過多的關注“思”和“邪”的解釋，而没有將“思無疆，思馬斯臧”“思無期，思馬斯才”“思無斁，思馬斯作”“思無邪，思馬斯徂”四句話聯繫起來，忽略了對臧、才、作、徂四字的分析和對詩文的整體觀照。

臧：鄭《箋》謂：“善也。”

才：《説文》：“才，草木之初也。”段注：“草木之初而枝葉畢寓焉，生人之初而萬善畢具焉，故人之能曰才。”

作：《説文》：“起也。”朱熹《詩集傳》：“奮起也。”

徂：鄭《箋》：“猶行也。”

從臧、才、作、徂四字的意思來看，此詩四章是一個層層遞進的關係，“思馬斯臧”是在馬尚未行動起來之前讓人一看就覺得是良馬、善馬，“思馬斯才”是説馬欲起步而尚未起步時展現出來的才能，“思馬斯作”是説馬兒剛剛騰蹄躍起，“思馬斯徂”是説馬兒向前奔跑起來。四章对馬的描述由静入動，由淺入深。

綜上所述，“無疆”即無止，“臧”即善、好、優良；“無期”即無限，“才”即才能；“無斁”即無厭，“作”即騰蹄躍起；“無邪”即無回，“徂”即往前跑。“思”字既爲虚詞，則四章的後兩句去掉虚詞後當分别爲：無疆，馬臧；無期，馬才；無斁，馬作；無邪，馬徂。每一章先從外貌進行描述，最後則綴以強烈的感嘆讚語，翻譯成白話文即：（説）不盡啊，馬兒（真是）好；無限量啊，馬兒才能（高）；不厭棄啊，馬兒跑起來；不回頭啊，馬兒向前奔！

二、“思無邪”在《論語》中的語境義

《論語·爲政》：“子曰：《詩》三百，一言以蔽之，曰：思無邪。”對《論語》中的“思無邪”大多數學者理解爲思想純正。苞氏曰：“歸於正也。”皇侃《疏》：“言爲政之道，唯思於無邪，無邪則歸於正也。衛瓘曰：‘不曰思正，而曰思無邪，明正無所思邪，邪去則合於正也。’”[6]對此有學者指出：“兩千多年來學者們的各種解釋和争論有一個突出的特點，即從思想道德方面立論者居多，所謂‘歸於正’‘思想純正’‘思想不邪惡’……對‘思無邪’的理解之所以很難跳出思想内容的圈子，除了孔子本人一貫強調思想修養這一因素之外，恐怕在很大程度上還跟‘思無邪’的‘思’字有關……‘思’字在詩中作爲語辭並無實際意義……問題在於相當多的人根據春秋時賦詩言志往往是斷章取義這一史實，認定孔子借用《駉》篇的‘思無邪’一語也是斷章取義，與原詩内容並無瓜葛，因此斷言，‘思’字雖在詩中無義，而孔子用之則有義。”[7]這一觀點可謂切中肯綮。用《詩》斷章取義雖爲古人成法，但並非完全拋開原詩，戴

震於《毛郑詩考證》中說："古人賦《詩》，斷章必於義可交通，未有盡失其義誤讀其文者。"所以要理解"思無邪"在《論語》中的語境義，既要將其放在《論語》中考察，又要不脫離《詩經》中的本義。

有的研究者循着于省吾"無邪"即無圄、無圉的觀點，認爲"思無邪"就是無邊無際，或指思想内容而言，如"孔子所説的'思無邪'也正是借用了《詩經·魯頌·駉》中'思無邪'的本意來概括《詩經》的，應作無圉（無邊）解，指的是《詩經》的内容廣闊無邊、包羅萬象之意"[8]，或指功用而言，如"'思無邪'既不是對《詩》的思想内容的概括，也不是強調學《詩》、讀《詩》之法，而是指稱《詩》全面而廣泛的社會文化功能，實質是強調學《詩》的重要意義"[9]。然而這種説解最大的問題就是没有真正將"思無邪"放在《論語》中考察。

《論語》中的"思無邪"見於《爲政》第二章，其前一章爲："子曰：'爲政以德，譬如北辰，居其所而衆星共之。'"其後一章爲："子曰：'道之以政，齊之以刑，民免而無恥；道之以德，齊之以禮，有恥且格。'"《論語》的編排並非雜亂，而是有章法可循，这个观点已为大多数学者所接受。翁中和先生認爲："吾既深於《論語》，後漸悟其書，章句次序之美，首《學而》，終《堯曰》凡二十章，莫不備具至完美之條理。"[10]南懷瑾先生也説："在我認爲，《論語》是不可分開的，《論語》二十篇，每篇都是一篇文章。……整個《論語》二十篇，連起來，是一整篇文章。"[11]《爲政》第一章和第三章都是以"德"爲中心，中間夾着"思無邪"必然也要從"德"字上理解。

由上文所述，"思無邪"在《詩經》中的本義是無回、無違，那麼在《論語》中應從這個意思上延伸出去，結合上下兩章的語境，孔子引《詩》並以"思無邪"概括《詩》三百，當是指爲政應無違德，首章從正面説爲政以德，次章從反面説爲政無違德，第三章則更爲具體。那麼這個"德"又是什麼意思，是誰之德呢？這就要從《魯頌·駉》的内涵説起。

關於《駉》的題旨，《毛詩序》謂："頌僖公也。僖公能遵伯禽之法，儉以足用，寬以愛民，務農重穀，牧於坰野，魯人尊之，於是季孫行父請命於周，而史克作是頌。"對這首詩的作者與寫作年代，歷來多有争議，姑且不論，但説這首詩是讚頌魯侯能尊周禮，富民強國當無疑義。全詩極言馬之繁盛強壯，正是對魯國國君能承襲周禮，治國有方，爲政以德的無限讚賞。孔子思慕周公，踐行和傳承周禮，在《論語》中隨處可見。所以，《爲政》開篇提出"爲政以德"，繼而引《魯頌·駉》"思無邪"之語，意在君子爲政無違周德。

參考文獻

[1] 方玉潤撰,李先耕點校:《詩經原始·凡例》,中華書局,1986 年 2 月,第 4 頁。
[2] 夏承燾:《“采詩”和“賦‘詩’”》,《中華文史論叢》第一輯,1962 年 8 月。
[3] 王引之:《經傳釋詞》卷八,中華書局,1956 年,第 175 頁。
[4] 于省吾:《澤螺居詩經新证澤螺居楚辭新证》,中華書局,2003 年 4 月,第 116 頁。
[5] 劉淇:《助字辨略》,中華書局,1954 年 10 月,第 23 頁。
[6] 皇侃撰,高尚榘點校:《論語義疏》,中華書局,2013 年 10 月,第 23 頁。
[7] 杜道明:《“思無邪”辨正》,《中國文化研究》,1999 年夏之卷(總第 24 期),第 117 頁。
[8] 孫以昭:《“思無邪”新探》,《安徽大學學報》,1998 年第 4 期,第 60 頁。
[9] 趙玉敏:《“思無邪”辯證》,《學術交流》,2007 年第 6 期,第 156 頁。
[10] 翁中和:《人天書·自序》,翁後人自印本,1941 年,第 6 頁。
[11] 南懷瑾:《論語別裁》,復旦大學出版社,2007 年,第 9 頁。

荀悦《申鑒》：以仁義爲本的儒家治國方略

曲阜師範大學歷史文化學院　陝西商洛學院　張建會

摘　要　面對即將傾倒的帝國大廈，荀悦立足現實，在反思國家衰落原因的基礎上，針對東漢一代存在的種種社會問題，荀悦在其《申鑒》中提出了眾多具有針對性的探索。然而在荀悦的種種治國方略中，處處閃爍着儒家的“仁義”光輝，諸如在對待人民的問題上，秉承儒家“以人爲本”的原則；在制度建設方面，同樣是在仁與義的指導下，進行制度建設。因此可以説荀悦以“仁義爲本”的儒家治國方略在某種程度上跟孟子的“仁政”有異曲同工之妙。

關鍵詞　荀悦　仁義　以人爲本　治國方略

荀悦，字仲豫，東漢末潁川潁陰人。《後漢書·荀悦傳》記載：“悦年十二，能説《春秋》。家貧無書，每之人間，所見篇牘，一覽多能誦記。性沉静，美姿容，尤好著述。”[①] 針對當時的社會實際，荀悦在其作品中對歷史的發展與變化進行了總結，尤其是在其作品《申鑒》中，系統地提出了改革當前時弊，振興漢室的種種具有針對性的治國方略。當我們仔細去研讀荀悦的種種措施，發現其中處處蘊含着儒家的“仁義”思想，跟孟子的“仁政”有異曲同工之妙。因此，筆者試從荀悦的諸多治國方略入手，闡釋其中蘊含的儒家仁義觀念，不足之處還望眾家指正。

一、荀悦的“仁義”理論

荀悦在《申鑒》開篇即指出：“夫道之本，仁義而已矣。五典以經之，群籍以緯之，詠之歌之，弦之舞之。前鑒既明，後復申之。故古之聖王，其於仁義也，重申而已。”（《申鑒·政體》）在荀悦看來，治國之道的根本在於仁義，五經和群籍是仁義的經緯，人們舞蹈歌頌的也都是仁義的。從上述這段話我們可以得出荀悦的仁義理論包括

---

① 范曄：《後漢書》，中華書局2012年版，第2058頁。

以下三點：一是儒家的仁義是治國之道的根本；二是仁義存在於五典經籍之中，存在於人們的舞蹈歌頌之中；三是主張施行仁義，要像古代的聖人學習，即要借鑒前人，也就是儒家所説的“法先王”。

爲了進一步説明他的仁義理論，荀悦引用了《易・説卦》裏“立天之道曰陰與陽，立地之道曰柔與剛，立人之道曰仁與義”。在荀悦看來，管理和統治人民的“道”（這裏可解釋爲方法策略）同樣在於“仁與義”。爲此，荀悦還再一次強調“仁義以經其事業，是爲道也”。即用仁與義來管理和治理國家才是最正確的道路，也才是治國理政之正道！

緊接着，荀悦圍繞着“故凡政之大經，法教而已”中的“法與教”進一步闡釋了他的仁義理論。荀悦指出“仁也者，慈此者也；義也者，宜此者也”。在荀悦看來，在施行法與教的時候有慈愛之心就是仁，法與教施行的合時宜並且得當就是義。這樣儒家的仁義就被荀悦賦予了治理政事的内涵。“是故好惡以章之，喜怒以莅之，哀樂以恤之。”荀悦認爲施行教化時喜，施行刑法時則怒；施行教化以爲樂，施行刑法以爲哀。簡單而言，就是用慈愛之心施行法與教就是“仁”，法與教施行的恰當得時宜就是“義”[①]。以仁義爲本的治國策略體現在具體的策略上就在於法與教，也就是荀悦所説“仁義以經其事業，是爲道也”的原因所在。如果統治者都能夠秉承仁義去統治和管理社會，就能夠達到荀悦所説的“三才允序，五事交備，百工惟厘，庶績咸熙”（《申鑒・政體》）的理想社會。

通過荀悦對仁義的理解，可以看出在治國策略上，荀悦是一位典型的儒家學者，所以説荀悦以仁義爲本的治國方略和孟子的仁政有異曲同工之妙，因爲在他們的種種治國理政策略中處處體現着儒家的仁義光輝。

二、荀悦“仁義爲本”指導下的治國方略

（一）“民存則社稷存，民亡則社稷亡”的民本認識

荀悦作爲一名優秀的史學家、政治家和思想家，在目睹了漢王朝興旺衰敗的歷史過程之後，最大的感觸就是治國理政最重要的應該“以爲人本”，提出“人主承天命以養民者也，民存則社稷存，民亡則社稷亡”（《申鑒・雜言上》）。荀悦認爲君主雖然是承接天命，應該按照天的旨意去管理和養民，人民存在，這個國家社稷才會存在，失去人民，國家社稷將不復存在。爲此他進一步指出：

天下國家一體者也，君爲元首，臣爲股肱，民爲手足。下有憂民，則上不盡

① 關於義字，《説文解字》中有“合理的當之義”。

樂。下有飢民，則上不備膳。下有寒民，則上不具服。徒跣而垂旒，非禮也。故足寒傷心，民寒傷國。（《申鑒·政體》）

在荀悦看來，國家作爲一個整體，君主、大臣和人民是一體不可分的，人民被視爲國家的"手足"。同時作爲元首的君主，應該充分考慮人民的感受，當下層老百姓有所擔憂、飢寒交迫之時，君主應該有體恤之心，此時應該減少自己的膳食，節省衣服，不能忘記立國之本的人民正生活在水深火熱之中。在國家鬧饑荒的時候，君主如果依舊是奢侈揮霍，不考慮人民的感受，就會使人民對這個國家寒心。人民如果對國家對君主失去信心的話，那麼整個國家也就會有所損傷。

同時，在君、臣、民關係上，荀悦認爲"皇作極，臣作輔，民作基"，人民不僅是國家的手足，還是整個國家的基礎或基石。没有人民的國家，稱不上國家。這都足以看出荀悦對人民在整個國家中的地位的看重。因此，荀悦認爲"聖王先成民而後致力於神。民事未定，郡祀有闕，不爲尤矣"。所以説"這是荀悦深透探析了人民群眾參與社會生活、推動歷史發展諸活動後對其地位、作用所下的結論，是他民本思想在政治哲學中最爲進步、積極的論斷"①。

1. 愛民、恤民

從"仁與義"出發，首要的就是要愛民、恤民。荀悦認爲：

或曰："愛民如子。仁之至乎？"曰："未也。"曰："愛民如身。仁之至乎？"曰："未也。湯禱桑林。邾遷於繹，景祠於旱，可謂愛民矣。"曰："何重民而輕身也？"曰："人主承天命以養民者也。民存則社稷存，民亡則社稷亡。故重民者，所以重社稷而承天命也。"（《申鑒·雜言上》）

在荀悦看來，愛民如子不是仁義之至，愛民如身雖然算得上是仁義之至，但還不一定，需要在心裏把人民放在重要的位置上，時時刻刻牢記人民的重要性，能夠像商湯、邾文公和齊景公那樣捨身爲民，爲了人民能夠捨棄自己的身體和生命，這才是真正的愛民。

在愛民的基礎上，荀悦進一步指出君主還應該"恤民"，即關懷和體恤人民，荀悦指出："惟先哲王之政，一曰承天，二曰正身，三曰任賢，四曰恤民，五曰明制，六曰立業。承天惟允，正身惟常，任賢惟固，恤民惟勤，明制惟典，立業惟敦，是謂政體

① 尤佳、周斌：《荀悦的歷史動力觀——兼論其"大一統"史觀》，載於《江西社會科學》2007年第10期。

也。”（《申鑒·政體》）可見荀悦將“恤民”當作爲政之大體的一個部分，同時還要求“恤民惟勤”，即體恤人民應該是經常性的，要把對人民的體恤養成一種長效機制，不能時斷時有。

2. 養民、富民

在愛民、恤民的基礎上，就應該想着如何讓人民過上幸福的日子，那就是需要養民、富民。爲此，荀悦又提出：“治世所貴乎位者三：一曰達道於天下，二曰達惠於民，三曰達德於身。”（《申鑒·政體》）養民富民，最基本的就是要多予少取，不與民争利，多多給予人民一些恩惠，只有這樣才能讓人民手有餘留，生活富裕。

在農業生産方面，荀悦提出：“故在上者先豐民財以定其志，帝耕籍田，後桑蠶宫，國無遊民，野無荒業，財不虚用，力不妄加，以周民事。是謂養生。”在這裏荀悦提倡君主和皇后等身體力行，帶頭興農桑。荀悦還提出“絶末伎，同本務”，“興農桑以養其生”等措施。“本務”即農桑。這都足以看出荀悦對農業生産的重視。重視農業生産就是重視農民，在古代農業人口佔大多數的中國，農民生活安定富裕，國家也就安定祥和。

與此同時，荀悦認爲君主應該“有公賦無私求，有公用無私費，有公役無私使，有公賜無私惠，有公怒無私怨。私求則下煩而無度，是謂傷清。私費則官耗而無限，是謂傷制。私使則民撓擾而無節，是謂傷義。私惠則下虚望而無准，是謂傷正。私怨則下疑懼而不安，是謂傷德”（《申鑒·政體》）。人主若追求如此“五私”，就會傷清廉、傷制度、傷正義、傷公正、傷德行。而這些最終將會傷害老百姓，如果老百姓被傷害了，那麽人民就會憤怒，就會反抗，就會推翻君主的統治。因此，君主應該時時刻刻想着國家，想着天下大衆，以大公無私的精神和胸懷治國理政。

3. 教民、安民

荀悦不止一次的説過，爲民就應首先考慮解決人民的温飽問題，人民有了吃穿才能接受教化，這也是對孔子“富然後教”的觀點的深刻體會。關於對人民的教化上，荀悦主張“德刑並用”，他認爲：

> 常典也。或先或後，時宜。刑教，不行勢極也。教初必簡，刑始必略，事漸也。教化之隆，莫不興行，然後責備。刑法之定，莫不避罪，然後求密。未可以備，謂之虚教。未可以密，謂之峻刑。虚教傷化，峻刑害民，君子弗由也。設必違之教，不量民力之未能，是招民於惡也，故謂之傷化。設必犯之法，不度民情之不堪，是陷民於罪也，故謂之害民。莫不興行，則一毫之善可得而勸也，然後教備。莫不避罪，則纖介之惡可得而禁也，然後刑密。（《申鑒·時事》）

在這裏荀悦雖然提倡德刑並用，但在具體實施上同樣體現着儒家的仁義思想。荀悦認爲對人民進行教化，德和刑孰先孰後應該根據具體的現狀進行，而且在開始的時候教化必須要簡單明瞭，刑法同樣需要簡單，要有一個循序漸進的過程，然後才能進一步的完備。如果不能，那就成了虛教和峻刑，會有傷教化和害民。同時在設定規則和法律之時，還要進一步考量人民的接受能力，如果不參考人民的接受能力和實際現狀，一味地設立那些人民必定會犯的刑法，那就是害民之舉。

（二）荀悦“仁義爲本”指導下的制度建設

荀悦認爲君主不僅在治國理政的時候要牢記仁義之心，而且在國家制度建設上，也應該時刻遵循儒家的仁義原則，充分考慮人民的承受能力和現實關切，處處體現人文關懷，正如上文所説的德刑並用中的循序漸進一樣。

首先，荀悦認爲在斷獄判案的時候，應該審慎對待。對於嫌疑人無罪則免，有罪則罰，冤屈則洗雪，奸凶則懲處，這樣的話，人情才會得以剖白。對此，荀悦指出：

> 惟慎庶獄，以昭人情。天地之大德曰生，萬物之大極曰死。死者不可以生，刑者不可以復。故先王之刑也，官師以成之，棘槐以斷之，情訊以寬之，朝、市以共之，矜哀以恤之，刑斯斷，樂不舉，刑哉刑哉，其慎矣夫。（《申鑒·政體》）

荀悦用“死者不可以生，刑者不可以復”來説明審慎斷獄決案的重要性。進而用《周禮》中判決案件的流程表明對於每個案件判決的慎重程度。也正如他在《申鑒》中説的“善惡要於功罪，毁譽效於准驗”那樣，“要於功罪”進行“准驗”。若“賞罰失實”，則會産生“以惡反之，人焉飾哉”的後果。

其次，對於肉刑，荀悦認爲“死者不可以生，刑者不可以復”，所以對於肉刑需要更加審慎，荀悦指出：

> 肉刑，古也。或曰：“復之乎?”曰：“古者人民盛焉，今也至寡。整眾以威，撫寡以寬，道也。復刑非務，必也生刑而極死者復之可也。自古肉刑之除也，斬右趾者死也。惟復肉刑，是謂生死而息民。”（《申鑒·時事》）

漢人對肉刑議論紛紛，仲長統則認爲應該恢復肉刑，原因在於對於一些犯罪行爲，殺之則量刑過重，拘髡則懲罰過輕，應該有一種“中刑”如“肉刑”般恰當的方式來懲罰罪犯。漢景帝時期先後三次減輕笞刑，然而此後，中罪既不當死處之以鞭笞，又以罰輕而不足懲戒，也就有了所謂的“死者既重，而生刑又輕，民易犯之”現象的産生。

正如《漢紀》中所説的“孫卿之言既然，今之除肉刑者，本欲以全人也。今去髠鉗一等，轉而入於大辟。以死罔民，失其本意矣。故死者甚眾，刑重之所致也”[①]。因此中罪往往加罪而處死，雖然有輕刑之名，但實際上卻是重刑。這也就是仲長統提倡恢復肉刑的原因所在。荀悦此議實則是不忍復肉刑以殘害人民，所以要僅改死刑者可復斬右趾。由於“刑者不可以復”，荀悦提倡判案一定要審慎。

再次，荀悦對赦宥也提出了自己的看法。荀悦還單獨強調了赦令，他認爲：“惟稽五赦，以綏民中。一曰原心，二曰明德，三曰勸功，四曰褒化，五曰權計。凡先王之攸赦，必是族也。非是族焉。焉刑兹無赦。”（《申鑒・政體》）即凡是有上述五種情形的都可以酌情予以赦免。另外，我們還可以看出，赦令也是君主愛民、恤民的舉措之一。

最後，關於復仇，荀悦亦提出了自己的見解。眾所周知，漢代復仇之風盛行。荀悦首先肯定了復仇屬於“古義範疇”，既不能縱容也不能嚴厲禁止，而是應該“有縱有禁，有生有殺。制之以義，斷之以法，是謂義法並立”。爲此，荀悦提出具體措施：“使父仇避諸異州千里，兄弟之仇避諸異郡五百里，從父、從兄弟之仇避諸異縣百里。弗避而報者，無罪。避而報之，殺。犯王禁者，罪也；復仇者，義也，以義報罪。從王制，順也；犯制，逆也，以逆、順生殺之。凡公命行止者，不爲弗避。”（《申鑒・時事》）這樣既能夠使人們爲了血緣等關係爲自己的親屬報仇，同時還能使這一行爲得到一定的控制和約束。

此外，荀悦還認爲，國家應該建立武備力量，以防戰争的發生，保護國家，指出：“周之末葉，兵革繁矣，莫亂於秦，民不荒殄。今國家忘戰日久，每寇難之作，民瘁幾盡，不教民戰。是謂棄之，信矣。”（《申鑒・時事》）認爲只有建立正常的武備制度，才能避免一旦出現戰争，急忙徵兵入伍，卻又没有時間教民打仗，從而出現戰争失利的現狀。

綜上所述，荀悦本着“仁義爲本”的原則去認識人民，進行制度建設，他最終目的就是爲了給當時的漢獻帝（包括後來的統治者）總結統治經驗，達到“四患既蠲，五政既立，行之以誠，守之以固，簡而不怠，疏而不失。無爲爲之，使自施之；無事事之，使自交之。不肅而治，垂拱揖遜，而海内平矣。是謂爲政之方也”（《申鑒・政體》）的社會理想和政治目的。

---

① 張烈：《兩漢紀》，中華書局2002年版，第425頁。

三、結語與啓示

不可否認，荀悦雖然作爲一名地主階級史學家，但面對即將傾倒的帝國大厦，能夠以清醒的頭腦，本着“仁義爲本”的原則去總結歷史得失，爲當時和後來的統治者提供借鑒經驗，這一點是功不可没的。尤其是他提出“民存則社稷存，民亡則社稷亡”的民本認識，以及在仁義爲本原則下的國家制度建設，給後世統治者提供了重要的政治借鑒。不僅如此，荀悦以仁義爲理論指導，對當下我們國家建設社會主義和諧社會，實現中國夢，有着重要的理論意義和現實意義。

莊子《尚書》學研究述略

曲阜師範大學孔子文化研究院　鍾雲瑞

摘　要　《尚書》作爲上古三代的政教之書，儒家學派將之作爲立言治世的依據。莊子是戰國時代道家學派的顯學，其學術源于王官之學，精通儒者之學，乃是卜子夏之緒餘。莊子之學以老子思想爲宗，然而對老子學説有所揚棄。《莊子》引《書》、論《書》，吸取《書》學要義而駁難儒學，關於“六經”之論述，開後世解經之先河。於《莊子》用《書》可窺探戰國《書》學流佈情況，亦助於《書》教傳統研究。

關鍵詞　莊子　《尚書》　引論　六經　《書》教傳統

《尚書》作爲上古三代的原始文獻資料，藴含着豐富的教化思想，是禮樂教化的重要載體。孔子開科授徒，以《書》爲教本，之後《書》學思想成爲儒家學者立言治世的文本依據。莊子及其學派作爲道家的顯學，在戰國時代的文化争鳴中與儒家交鋒最甚，《莊子》一書多次引《書》論《書》，對《書》學思想進行吸收後加以闡釋發揮，使之符合己説，以與儒學相論難辯駁。本文通過梳理《莊子》書中關於《書》篇文獻的記載，試圖對莊子《尚書》學思想進行探究，以期考察《莊子》在推動《書》教傳統發展方面所起的作用。

一、莊周事略及學術淵源

關於莊周的生平事迹，《史記·老子韓非列傳》載於老子之後，其文爲：

> 莊子者，蒙人也，名周。周嘗爲蒙漆園吏，與梁惠王、齊宣王同時。其學無所不闚，然其要本歸於老子之言。故其著書十余萬言，大抵率寓言也。作《漁父》《盗蹠》《胠篋》，以詆訿孔子之徒，以明老子之術。[1] 2143

莊子的著作，《漢書·藝文志·諸子略》道家類載“《莊子》五十二篇”，班固自

注："名周，宋人。"[2] 1730 今《莊子》殘存三十三篇，其中内篇七，外篇十五，雜篇十一。晉司馬彪注本是《莊子》最早的注本，此後，郭象《莊子注》三十卷，唐代成玄英《莊子疏》，清代郭慶藩依據郭注成疏作《莊子集釋》，是較爲流行的版本。

莊子的學術源於春秋時代的王官之學。王官之學的核心要旨是六藝之學，而諸子之學皆是六藝之學的分支流派，至於莊子所屬的道家，班固謂："道家者流，蓋出於史官，歷記成敗存亡禍福古今之道，然後知秉要執本，清虚以自守，卑弱以自持，此君人南面之術也。"[2] 1732 道家是先秦時代的顯學，而莊子一派又是道家的顯學，故莊子之學源於六藝之術。莊子對於儒家學説常譏諷詆毁，由此可反證莊子于儒家理論必然相當熟悉，得儒學之精髓要義而知其弊端所在，這一點恰與墨子有相似之處。

莊子精通儒者之學，蓋所聞于卜子夏之儒學。韓愈《送王秀才序》云："蓋子夏之學，其後有田子方；子方之後，流而爲莊周，故周之書，喜稱子方之爲人。"[3] 261 近人劉異《孟子春秋説微》採用韓愈之説，云："莊生學本子夏。《史記・儒林傳》'田子方受業于子夏'，韓愈《送王秀才序》'子夏之後有田子方，子方之後流而爲莊周'。閻若璩《困學紀聞注》'子方侍坐魏文侯，自稱其師東郭順子爲真人爲天人，正莊周所宗尚者'。由此類推，則莊子《春秋》之説，亦必有所本。"[4] 509 按《史記・儒林傳》載："如田子方、段幹木、吴起、禽滑釐之屬，皆受業于子夏之倫，爲王者師。"[1] 3116 據此，田子方爲莊周之師，而田子方、魏文侯等人皆是出於子夏之後學。章學誠《文史通義・經解上》對此曾有論斷："莊子曰：'孔子言治《詩》《書》《禮》《樂》《易》《春秋》六經。'又曰：'繙十二經，以見老子。'荀莊皆出子夏門人，而所言如是。"[5] 93《莊子》一書多次稱道六經，解讀儒家經義能夠得其要旨，故章氏斷定莊子之學源出於子夏。

莊子之學作爲戰國中期道家學派的顯學，其學以老子思想爲宗。《史記》説莊子"其學無所不闚，然其要本歸於老子之言"。對於儒學之態度，二者一致，《老子傳》謂"世之學老子者則絀儒學"，《莊子傳》曰"作《漁父》《盜蹠》《胠篋》，以詆訿孔子之徒，以明老子之術"，對儒學均持譏諷批評的態度。《莊子・天下》篇敘述關尹老聃之學，對老子之學極爲讚嘆，"關尹老聃乎！古之博大真人哉！"[6] 1091 莊子虚静無爲思想皆是源于老子，胡适謂："莊子的學説，只是一個'出世主義'。他雖與世俗處，卻'獨與天地精神往來……上與造物者遊，而下與外生死無終結者爲友'。中國古代的出世派哲學至莊子始完全成立。"[7] 184 對於老子的思想，莊子並没有完全接受，郭沫若在《十批判書》中認爲："在莊子或其後學自然是以關尹、老聃爲合乎他們所理想的人格了。然而從莊子的思想上看來，他只採取了關尹、老聃清静無爲的一面，而把他們的關於權變的主張揚棄了。"[8] 205 馮友蘭也有相同的見解："吾人可見《老》學猶注意於先後，雌雄、榮辱、虚實等分别。知'堅則毁''鋭則挫'，而注意於求不毁不挫之術。莊學則

‘外死生，無終始’。《老》學所注意之事，實莊學所認爲不值注意者也。”[9]143莊周之學是對老子之學的揚棄，近代學者已然辯駁明白，玆不再贅述。

二、《莊子》引《書》考述

通過稽考《莊子》全書，其徵引文本與《尚書》有關者共四篇，分别是《天道》《天運》《盜蹠》《在宥》，玆分别對其内容與《尚書》進行比較研究，以討論二者之間是否存在聯繫。

1.《天道》：

> 故《書》曰：“有形有名。”形名者，古人有之，而非所以先也。[6]477

劉起釪認爲此句乃是逸《書》内容，而據唐代成玄英《疏》云：“書者，道家之書，既遭秦世焚燒，今檢亦無的據。”[6]478認爲此“書”乃是道家的典籍，且在唐代之時，已經對“有形有名”出自何篇無所稽考，而將其原因歸結于秦朝的焚書。若將“有形有名”放在《天道》篇進行考查，聯繫上下文義，則旨在强調帝王無爲、臣下有爲的主張，闡明一切政治活動都應遵循固有的規律，爲帝王統治尋求合乎自然的治世哲理。《天道》篇所闡述的“形名”思想在《尚書》之中並未體現，故筆者以爲此“《書》曰”内容並非《尚書》逸篇文本。

2.《天運》：

> 巫咸祒曰：“來！吾語女。天有六極五常，帝王順之則治，逆之則凶。九洛之事，治成德備，監照下土，天下戴之，此謂上皇。”[6]499

劉起釪認爲此乃概括稱引《洪範》内容。[10]18按成《疏》云：“六極，謂六合，四方上下也。五常，謂五行，金木水火土，人倫之常性也。”俞樾《諸子平議》釋“六極五常”爲《尚書·洪範》第九疇之“五福六極”，云“常與祥，古字通。……然則五常即五福也。下文曰‘九洛之事，治成德備’，其即謂禹所受之《洛書》九類乎！”郭慶藩《集釋》云：“家世父曰：九洛之事，即禹所受之九疇也。莊子言道有不詭于聖人者，此類是也。”[6]499－500

關於“九洛之事”與《尚書·洪範》“九疇”相關，指九類大法：一、五行，二、五事，三、八政，四、五紀，五、皇極，六、三德，七、稽疑，八、庶征，九、五福六極。[11]449－450“巫咸”，見於《尚書·君奭》篇，“在太戊，時則有若伊陟、臣扈，格于上帝，巫咸乂王家”，孔《傳》曰：“巫咸治王家，言不及二臣。”[11] 647 則巫咸是商王朝的賢臣，而成玄英謂“巫咸，神巫也”，本文以爲成《疏》所言不確。《莊子·天運》篇所載巫咸袑即是《君奭》中的賢臣巫咸，而《天運》“六極五常”“九洛之事”，未必就一定是《洪範》內容。筆者以爲，戰國中期，社會上可能流傳著此一類的諺語或文辭，莊子或莊子後學在編纂《天運》篇時，采擷這些文句以入其書，《天運》所言雖非必然出自《洪範》，但二者之間應該有一定的聯繫。

3.《盜蹠》：

> 滿苟得曰：“……故《書》曰：‘孰惡孰美？成者爲首，不成者爲尾。’”[6] 997

劉起釪認爲“《書》曰”內容是没有篇名的逸《書》，[10] 42 但成《疏》云：“所引之《書》，並遭燒滅，今並無本也。”考諸《盜蹠》篇的大義，似乎《尚書》之中没有與之思想相合者。此處涉及子張和滿苟得的對話，子張主張仁義禮信，宣導貴賤倫理秩序，以求顯榮利達；滿苟得則主張士人的行爲應順着自然的本性，指出儒者言行常相違背，用“堯殺長子，舜流母弟，疏戚有倫乎”對儒家的等級倫理思想進行批判，故《盜蹠》篇所引内容，大概與《尚書》無關。

4.《在宥》：

> 昔者黃帝始以仁義攖人之心，堯舜於是乎股無胈，脛無毛……堯於是放讙兜於崇山，投三苗於三峗，流共工於幽都，此不勝天下也。[6] 382

成《疏》云：“《尚書》有殛鯀，此文不備也。四人皆包藏兇惡，不遵堯化，故投諸四裔，是堯不勝天下之事。”[6] 384 成玄英認爲此處與《尚書》存在聯繫，按今本《舜典》“流共工於幽州，放驩兜於崇山，竄三苗于三危，殛鯀於羽山，四罪而天下咸服”[11] 88，可見《在宥》文句確實化用了《舜典》之文而成。黃帝垂拱而王天下，堯舜卻勞身苦形，有爲而治，于治理天下卻不能勝任，延及驩兜、三苗、共工擾亂天下。儒家稱道堯舜以仁義治理天下，莊子託名黃帝無爲而治，一爲頌揚堯舜，一爲非議堯舜，二家之思想差異於此可見一斑。

三、《莊子》論《書》考述

該部分主要對《莊子》論《書》的内容予以考察，分別涉及《天道》《天運》《徐無鬼》《天下》四篇，《莊子》論《書》的最大特點是“六經”並論，將《書》學思想包含在“六經”之中，玆對四篇文本進行討論。

1.《天道》：

> 世之所貴道者書也，書不過語，語有貴也。語之所貴者意也，意有所隨。意之所隨者，不可以言傳也，而世因貴言傳書。[6] 492

按成《疏》云：“書者，文字。世俗之人，識見浮淺，或托語以通心，或因書以表意，持誦往來，以爲貴重，不知無足可言也。”[6] 492《天道》篇在此處的大義爲：世人所珍貴的道載見於書，書不過是語言，語言有它的可貴處。語言所可貴的是意義，意義有所指向。意義所指向的，卻不能用語言來表達，而世人因爲珍貴語言才傳之於書。[12] 414主旨在於指出“意之所隨者，不可以言傳”的道理，因而世之所貴的書，並不可貴。文章圍繞的中心點還是“形”與“名”的關係問題，而這些均未見於《尚書》思想，故此處所指的“書”並非專指《尚書》，而應當理解爲書簡、書籍。

2.《天運》：

> 孔子謂老聃曰：“丘治《詩》《書》《禮》《樂》《易》《春秋》六經，自以爲久矣，孰知其故矣；以奸者七十二君，論先王之道而明周召之跡，一君無所鉤用。甚矣夫！人之難説也，道之難明邪？”老子曰：“……夫六經，先王之陳跡也，豈其所以跡哉！”[6] 533

此處出現《詩》《書》《禮》《樂》《易》《春秋》六經並稱，“六經”之名出現，以《天運》篇爲最早。1993年湖北郭店楚墓竹簡的發現，佐證了《天運》“六經”之名的準確。李學勤等人認爲楚墓主人“東宮之師”曾任楚太子的老師，“參考墓的年代，這位太子當即懷王太子橫，後來的頃襄王，墓主的死在頃襄王即位以前”[13] 14。莊子與梁惠王、齊宣王同時，而楚頃襄王即位已經是戰國末期，所以楚墓竹簡埋葬之時，晚于莊子的生平，但距離莊子並不十分遥遠。故兩相比較，可以對“六經”之名進行確定。玆列舉《郭店楚墓竹簡》中涉及的有關内容，以備學者參考。

> 《詩》《書》《禮》《樂》，其始出皆生於人。《詩》，有爲爲之也；《書》，有爲言之也；《禮》《樂》，有爲舉之也。（《性自命出》）[14] 179
>
> 觀諸《詩》《書》則亦在矣，觀諸《禮》《樂》則亦在矣，觀諸《易》《春秋》則亦在矣。（《六德》）[14] 188

3.《徐無鬼》:

> 徐無鬼出，女商曰："先生獨何以説吾君乎？吾所以説吾君者，横説之則以《詩》《書》《禮》《樂》，從説之以《金板》《六弢》，奉事而大有功者不可爲數，而吾君未嘗啓齒。"[6] 815

成《疏》云:"《詩》《書》《禮》《樂》，六經。《金板》《六弢》，《周書》篇名也，或言秘讖也。"[6] 815 此處《詩》《書》並論，説明了"四經"的致用功能。然而聯繫上下文義，女商平時和武侯談《詩》《書》《禮》《樂》，卻未嘗見武侯啓齒，而徐無鬼拜見魏武侯，用相馬之術引發了武侯的喜悦，藉以譏諷《詩》《書》《禮》《樂》的無用，諷刺意味極強。其實，這正符合莊子嘲諷儒家的思想，《詩》《書》乃是儒家立言處世的根本，是儒學的歸旨所在，莊子一派抓住儒家學説的要義加以批判，是熟稔儒學内涵而知其弊端所在的反映。

4.《天下》:

> 其在於《詩》《書》《禮》《樂》者，鄒魯之士、搢紳先生多能明之。《詩》以道志，《書》以道事，《禮》以道行，《樂》以道和，《易》以道陰陽，《春秋》以道名分。其數散於天下而設於中國者，百家之學時或稱而道之。[6] 1062

《天下》之文極其精要地評述了先秦各家的學説，從莊子學派的觀點出發，對各家學派作出褒貶，同時對莊子思想也做了高度的概括，是中國學術史最早的一篇。此處總述古代學術思想的演變，對六經的功能和價值予以深刻的分析，這一觀點對後世儒家學者產生了深遠的影響，解讀六經，皆以《天下》篇所言爲根柢。

《禮記·經解》篇論述六經要義，文旨同《天下》一致，云:

> 孔子曰：入其國，其教可知也。其爲人也，温柔敦厚，《詩》教也；疏通知遠，《書》教也；廣博易良，《樂》教也；絜靜精微，《易》教也；恭儉莊敬，《禮》教也；屬辭比事，《春秋》教也。[15] 1903

《荀子·儒效》篇于戰國末期議論六經要義，沿用《天下》説法，云:

> 《詩》言是，其志也；《書》言是，其事也；《禮》言是，其行也；《樂》言

是，其和也；《春秋》言是，其微也。[16] 133

漢代學者繼《荀子》之後討論六經價值，依然襲用《莊子》旨意，司馬遷於《史記·太史公自序》云：

> 《易》著天地陰陽四時五行，故長於變；《禮》經紀人倫，故長於行；《書》記先王之事，故長於政；《詩》記山川谿谷禽獸草木牝牡雌雄，故長於風；《樂》樂所以立，故長於和；《春秋》辯是非，故長於治人。是故《禮》以節人，《樂》以發和，《書》以道事，《詩》以達意，《易》以道化，《春秋》以道義。[1] 3297

《史記》所言是對《禮記·經解》篇的詳細論證，以闡明六經的功用乃是道志、事、行、和、陰陽、名分，這一論點被後世廣泛採用，如上引唐代成玄英的疏解，至清代皮錫瑞作《經學歷史》，還對《莊子》此説加以評判，曰“蒙吏荒唐，解道《詩》《書》《禮》《樂》”[17] 31，於此可見《天下》所論六經要義之影響至深至遠。

四、莊子《書》學價值意義

春秋戰國時期，周天子勢微，諸侯強大，周初以來的宗法制政治、經濟、文化體系逐漸崩潰，爲尋求治國治世的良策，諸子百家紛然並起，各學派之間形成了互相評論和闡釋的關係。到莊子之時，不同學術觀點按照自身的發展邏輯，吸收其他學派的思想成果來充實自己。《尚書》作爲上古三代政教之書，記載了大量先王政治活動和施政言論，是儒家開科授徒的政治教科書。莊子學派對儒家之《書》學思想進行積極闡釋，吸納其中的精髓，加以改造利用，以引《書》、論《書》的形式充實自己的理論體系，同時借《書》學内容對儒家本身的思想進行駁難，衍化出儒道不同的《書》學脈絡體系。

《莊子》論《書》包含於討論“六經”的範疇之内，《天運》《徐無鬼》《天下》三篇論述“四經”或“六經”的大義主旨，對《書》教傳統的發生、演變、流傳具有奠基性的作用。《天下》篇所言“《書》以道事”，後代學者沿用其説，《荀子·勸學》：“《書》者，政事之紀也。”漢代《史記·滑稽傳》：“《書》以道事。”以上諸家在《尚書》乃古史之書，記述先王政事的態度上，意見一致。莊子及其莊學一派，在自身學説發展的過程中引《書》、論《書》，無疑推動了《尚書》在戰國時代的流傳，以此窺見儒家以外的諸子學派對《書》的態度，同時對研究《書》學思想影響不同學派的學術歷程也有積極的意義。

参考文獻

[1] [漢]司馬遷. 史記[M]. 北京:中華書局,1982.

[2] [漢]班固著,[唐]顔師古注. 漢書[M]. 北京:中華書局,1962年.

[3] [唐]韓愈撰,馬其昶校注. 韓昌黎文集校注[M]. 上海:上海古籍出版社,1986年.

[4] 劉異. 孟子春秋説微[M]. 國立武漢大學文哲季刊,1935(3).

[5] [清]章學誠著,葉瑛校注. 文史通義校注[M]. 北京:中華書局,1985.

[6] [清]郭慶藩撰,王孝魚點校. 莊子集釋[M]. 北京:中華書局,2012年.

[7] 胡適. 中國哲學史大綱[M]. 上海:上海古籍出版社,1997年.

[8] 郭沫若. 十批判書[M]. 北京:東方出版社,1996年.

[9] 馮友蘭. 中國哲學史[M]. 重慶:重慶出版社,2009年.

[10] 劉起釪. 尚書學史[M]. 北京:中華書局,1989.

[11] [唐]孔穎達正義,黄懷信整理. 尚書正義[M]. 上海:上海古籍出版社,2007年.

[12] 陳鼓應. 莊子今注今譯[M]. 北京:商務印書館,2007年.

[13] 李學勤. 先秦儒家著作的重大發現[M]//郭店楚簡研究,《中國哲學》第二十輯,瀋陽:遼寧教育出版社,1999年.

[14] 荆門市博物館. 郭店楚墓竹簡[M]. 北京:文物出版社,1998年.

[15] [唐]孔穎達正義,吕友仁整理. 禮記正義[M]. 上海:上海古籍出版社,2008年.

[16] [清]王先謙撰,沈嘯寰、王星賢點校. 荀子集解[M]. 北京:中華書局,1988.

[17] [清]皮錫瑞著,周予同注釋. 經學歷史[M]. 北京:中華書局,2011年.